제2판

정당정치의 진화

진영재

연세대학교 대학출판문화원

제2판
정당정치의 진화

지 은 이 진 영 재
펴 낸 곳 연세대학교 대학출판문화원
주 소 서울시 서대문구 연세로 50
http://press.yonsei.ac.kr
e-mail: ysup@yonsei.ac.kr
전 화 02) 2123-3380~2
팩 스 02) 2123-8673
등 록 1955년 10월 13일 제9-60호
인 쇄 화신문화(주)

2020년 2월 28일 초판 발행
2021년 1월 29일 2판 1쇄

ISBN 978-89-6850-532-4 (93300)

값 29,000원

제2판을 출간하며

'정당정치의 진화'가 대한민국학술원 우수학술도서로 선정되어 연구자 입장에서 큰 보람을 느낍니다. 필자는 한국의 정치학도로서 해당 저서에서 제시된 다양한 논점과 논의들이 한국정당정치의 발전에 건설적 기여를 할 수 있기를 소망합니다. 나아가 한국의 정당들이 소승적 차원의 권력갈등에서 벗어나 대승적 차원의 기관 목적에 충실하여 '민생복리'(民生福利)를 구현해 낼 수 있기를 기원합니다.

해당 저서가 2020년 2월에 제1판을 출간한 지 10개월 만에 제2판을 출간하게 되었습니다. 해당 저서에 관심을 보여주신 독자분들에게 머리 숙여 감사드립니다. 제2판 서문을 쓰는 시점은 2020년 12월 초인데, 거대 여당인 '더불어민주당'과 제1야당인 '국민의힘'의 양당체계가 형성되어 있습니다. 불과 수 개월 전에 제1야당은 '미래통합당'의 명칭을 갖고 있었습니다. 2022년 4월의 대통령선거를 앞두고서 차기 대선주자 여론조사가 한창인데, 여론조사마다 약간의 차이는 있지만, 일반적인 경향성을 보면, 공교롭게도 야권의 인물로 구분되는 후보군에서 선호도 상위 3인은 윤석열, 홍준표, 안철수인데 이들 모두 현재 제1야당 소속이 아닙니다. 제1야당은 이들 대선후보들과의 관계여부에 따라서 다시 정당 이합집산에 노출될 수 있습니다. 이는 '국민의힘'이 강력한 대선후보를 내지 못하는 경우 또 다시 이합집산의 대상이 될 수 있음을 의미합니다. 더 짧게 보면, 2021년 4월에는 서울시장 보궐선거와 부산시장 보궐선거가 있어 그 선거결과에 따라서 기존 정당체계가 유지될지, 아니면 또 다시 정당이합집산으로 갈지 영향을 받게 될 것입니다. 이상의 상황들이 반복된다면 정당론 관련 단행본들의 한국정당변천사의 도표들은 대통령 5년 단임제란 임기와 맞물려서 5년 단위로 업데이트되어야 할지도 모르겠습니다.

해당 2판에서는 1판에서 불명확한 주어로 표현상 이중해석의 여지가 있는 부분들을 보완했습니다. 누락된 출처들과 오타들을 수정했습니다. 해당 저서의 편집과 출판과정에서 수고해 주신 연세대학교 출판문화원에 감사드립니다. 지난 1년간 코로나 상황에서 사회적 고통이 지속되어 안타까움을 느끼며 조속히 벗어나기를 기원합니다.

2021년 1월

연희관 206호에서

저자 진영재 씀

머리말

본 저서는 한국민주주의와 한국정당정치의 발전을 위하여 "우리가 어떻게 생각하고 무엇을 해야 하는가?"에 대한 필자의 연구 종합물이다. 정당발전모델도 외국적인 것에서 벗어나 한국적이어야 한다는 논의들이 최근 들어서 더욱 늘어나고 있다. 몸을 옷에 맞추는 것이 아니라, 옷을 몸에 맞추라는 것이다. 하지만, 보다 좋은 모습을 위하여서는 몸을 단련하여 보기 좋은 옷에 몸을 맞추도록 노력이 필요할 수도 있을 것이다. 따라서 사안은 그렇게 일방향적이고 단순한 것이 아니며 복잡다기한 것이다.

정당발전모델에 대한 외국의 모델을 무분별하게 빌려왔다는 반성들이 있지만, 그러한 논의들이 한국정당발전의 논의에 결코 헛된 것들은 아니었을 것이다. 정당발전모델에 한국적인 것과 외국적인 것이 그렇게 분명히 구분되는 것은 아니다. '정당정치'라는 용어와 형식은 자유주의체제의 보편적 공용어이지, 어느 특정 국가만의 배타적 용어가 아니다. 외국모델을 논의하되 결코 외국모델에 함몰되지 말고, 더 멀리 갈수 있는 이정표 역할을 해준다면 우리는 우리의 것과 외국의 것 모든 것을 논의해야만 한다.

그렇다고, 한국적인 것에 천착하자는 주장에 어떤 흠결이 있다는 것이 결코 아니다. 아니, 그런 주장이 없으면 오히려 이상할 것이다. 정당도 하나의 생명체로서 환경에 적응하면서 진화하고 있다. 개별 국가는 그 국가마다 특정한 정치발전의 역사적 경로가 존재하기에 정당정치의 형식과 내용에는 국가간 상호 차별성이 있다. 한국가 내의 정당은 그러한 정치발전 경로의 산물이라고 할 수 있다. 한국은 정당정치의 역사가 긴 것도 아니지만, 이제 결코 짧지도 않다. 전자민주주의 시대에 한국은 정당발전모델을 선도하면서 더 멀리 갈 수 있는 잠재력을 지닌 국가이다.

단행본을 집필하는 도중에 한국정당정치에서 발생하는 많은 사건들을 보면서 필자에겐 원고의 내용과 형식을 변경하거나 중지하는 일이 빈번하였다. 2015년 정월에 탈고하려던 계획을 접게 되었다. 필자가 집필을 시작한 2011년 중순 이후에도 정당들은 계속 이합집산하였고, 심지어 주요 정당들도 당명개정, 분당, 합당을 지속하였고, 정당해산판결, 대통령탄핵 등이 있었다. '촛불혁명'을 주창하는 문재인 정부가 2017년 5월에 들어섰다. 진보의 전유물로 여겨지던 '광장민주주의'는 우파의 2019년 '10월 광화문집회'를 계기로 새로운 국면을 맞고 있다. 정당에 의한 '대의민주주의'는 어떻게 될 것인가? 한국정치는 긍정적으로 보자면 역동적이고 부정적으로 보자면 불안정하다.

한국정당정치와 관련하여 주요한 이슈들에 연계된 1970년부터 2019년까지 약 50년의 기간 동안 국내외 연구자들에게서 출간된 정당관련 연구물들의 선별과 비판을 통해 평소 필자가 세미나와 출간된 글에서 주장했던 내용들에 대한 생각을 정리하였다. 새롭게 출간되는 연구물들에 영향을 받아서 필자가 과거에 갖고 있던 생각들이 바뀐 부분들도 있다. 독자들이 본문을 쉽게 읽을 수 있도록 하고, 필자의 사유체계에 연관된 출처와 내용들을 각주에서 설명하려다 보니, 각주의 내용이 길어졌다. 독자들이 각주의 내용을 본문 못지않게 적극적으로 활용한다면 정당정치 발전에 관한 사유체계를 정리하거나 현실적 대안을 구상하는 데 도움이 될 것으로 믿는다. 같은 연구 출처들을 통해서도 다양한 대안들이 가능하다. 다양한 옵션들이 있고, 특정한 하나의 옵션이 다른 것들보다 우월한 것은 아니다. 인용된 많은 연구서들은 현실정치 과정에서 나타난 경험적 증거를 바탕으로 한 것들이 대부분이어서 유념해서 본다면 유용할 것이다. 본 저서를 통해서 연구자들뿐만이 아니라, 정치권에 몸담고 있거나, 정치에 관심이 있는 모든 사람들이 현실적 대안을 마련하는데 도움이 되었으면 하는 바람이다.

1999년 이후 연구실 조교로서 대화와 토론의 상대로서 필자에게 많은 학문적 영감을 주었던 그러나 2019년에 애통하게 요절한 노정호 교수를 기리며, 고인의 명복을 빈다. 본 저서를 완성하는데 여러 사람들로부터 도움을 받았다. 다양한 통계자료에 접근하도록 허락해 준 입소스 정진우 팀장에게 감사한다. 정당관련 법령과 규칙들을 검토해준 최종호 변호사에게 감사한다. 정당활동과 국회의원비서관 경력을 지닌 성치훈 박사과정생과의 대화가 유용했다. 원고 리뷰 과정에서 박성호 박사과정생의 의견은 큰 도움이 되었다. 박상현, 양규식 석사의 의견에 감사한다. 강신재 박사과정생, 이지수와 도재훈 학 · 석사연계과정생의 도움에 감사한다. 연세대학교 대학출판문화원 편집부에 감사드린다. 해당 저서에 있는 오류는 모두 필자의 책임이며 도움을 준 분들과는 무관한 것이다.

본 단행본의 내용과 형식에 대해선 독자가 판단할 것이다. 필자가 정당에 대한 생각을 정리하면서 좌충우돌하던 지난 4년간 정당론 강의에서 멀어져 있었다. 본 연구서는 일정 수준, 추상적 수준에 머물러 있지만, 독자들이 한국정당발전을 위하여 적절한 생각과 건설적 논의를 하는데 단순히 관념적 차원을 넘어서서 현실적이고 구체적인 대안을 생각하는데 도움이 되기를 희망한다. 2020년 4월의 21대 총선을 앞두고 여전히 정당들의 이합집산이 예상되고 있다. 2020년 1학기에는 연세대학교 정치외교학과에 정당정치 강의가 예고되어 있다. 모든 독자들로부터 기탄없는 의견을 기대한다.

2019년 11월 5일
한국학술연구원 Korea Observer 편집장실에서

연세대학교 정치외교학과 교수
진 영 재　씀

연구를 시작하며

"어떻게 생각하며, 무엇을 볼 것인가?"

민주주의를 수행하는 '정치과정'(political process)에 대한 평가는 수없이 많은 관련 지수들이 종합되어 이루어진다. 그렇게 하여 개별 국가별로 산출된 '민주주의 성취도 수준'이 국가상호간에 비교된다. 한국의 해당 지수는 소위 서구의 선진민주주의국가들과 비교해서도 낮은 위치에 있지 않다. 외국의 권위지인 이코노미스트(The Economist)에서 21세기 이후 전 세계 국가들을 대상으로 1-2년마다 실시된 '민주주의 지표'(democracy index)를 보면 아시아 국가에선 한국과 일본만이 대략 세계 20위 수준에서 오르내리고 있음을 알 수 있다. 이렇게 보면 최고의 수준은 아닌 것으로도 생각이 되지만, 10위안에 오르내리는 국가들을 보면 모두 유럽의 인구 소국들이다. 만약 국가 인구 규모 5천만 정도를 기준으로 해서 본다면 한국은 대략 세계 10위 안팎의 민주주의 수준으로 평가된다고 할 수 있다.[1] 이렇게 본다면 한국은 적어도 외향적으로는 정치선진국인 것이다. 물론 매년 또는 격년으로 발표되는 해당 지수는 기관마다 또 당해 국가의 상황에 따라서 변화가 있게 된다.

'한국정치'의 수준에 대한 평가는 '국외'보다 '국내'에서 현저히 낮다. 많은 한국민들이 생각하기에 한국정치의 수준이 일류일 수 없고, 그렇다고 이류인 것 같지도 않고, 오히려 삼류에 가깝다고 생각하는 사람들이 많다. 그 단적인 이유는 급속히 변해가는 사회환경 속에 있는 '한국정당정치의 현실'때문이다.[2] 한국의 정당들이 민생을 위한 정책에 타협점을 도출하지 못하고 '진영(陣營)논리'에 입각한 자신들의 이득 영역을 확보하기 위한 싸움에 휩싸여 있다. 그들이 사회내 이념갈등을 완화하지 못하고 오히려 확대재생산하고 있다. 한국민들은 다원화된 매체와 모바일 매체를 통해서 '한국정당정치'의 현실을 매일 실시간으로 체감한다. 한국정치과정에서 벌어지는 정당의 행태들을 외국 평가기관들이 체감하지 못하고 피상적인 숫자만으로 평가하기 때문에 그런 좋은 평가가 나온다고 말하는 사람들도 있다. 다른 나라의 정당정치 역시 유사하게 낮은 수준이거나 더 못한 수준일는지도 모른다. 그렇다면, 한국정당정치는 무엇이 문제인가? 많은 연구자들은 한국정당정치의 가장 고질적인 문제이자 특성으로 해방이후, 그리고 1987년 체제이후에도 지금까지 선거 때마다 반복되는 "정당간 이합집산(離合集散)"을 지적한다.

그렇다면, 한국정당정치발전을 연구하는 연구자들이 가장 고민하여야 할 문제는 정당의 이합집산을 '상수'(常數, constant)로 놓고서 정당발전모델을 생각해 볼 것인지, 아니면, '변수'(變數, variable)로 놓고서 정당발전모델을 논할 것인지로 귀결될 수밖에 없다. 한국정치과정에선 당분간 정당간 이합집산을 '상수'로 놓고서 연구하는 것이 더 현실적일 것이다. '진성당원'을 강화해야 한다고 하지만, 과연 한국정당정치에서 진성당원 강화프로그램이 가능한 것인가? 이미 많은 주요한 경험적 연구에서

1 이코노미스트의 '민주주의지수' 평가모델은 다섯 가지 분야의 점수를 종합한 것이다: ①다원주의(pluralism) ②시민자유(civil liberty), ③정부의 기능(functioning of government), ④정치참여(political participation), ⑤정치문화(political culture). 상위에 관련된 설문 60개에 대하여 응답한 유목값(선택지 또는 선택항목들)에 따라서 점수를 부여하고, 이를 '산술평균화'(arithmetic mean)하여 0점에서 10점 사이의 지수가 결정된다.(자세한 설명은 'Democracy Index 2018'의 'the Scoring System'을 참고.) 다음의 네 가지 영역을 종합적으로 고려해서 민주주의지수가 결정된다: ①국가단위의 선거가 자유롭고 공정한지 여부, ②유권자의 안정성, ③정부에 대한 외부의 영향력, ④정책 이행의 공무능력. 민주주의지수에 따라 네 가지 범주로 그 수준을 분류하기도 한다: ①완전한 민주주의(full democracy: 8점 이상), ②약점있는 민주주의(flawed democracy: 6–8점), ③혼합체제(hybrid regimes: 4–6점), ④권위주의체제(authoritarian regimes: 4점이하). 민주주의지수 결정에 있어서 정당에 관한 직접적인 질문은 한 개 뿐이다. 비판적으로 보자면, 직접적으로 정당과 관련된 사항을 묻는 문항이 적기 때문에 한국이 민주주의 등위평가에서 높은 평가를 받는다고 생각하는 사람도 있을 것이다. 한국의 민주주의수준 평가지수가 높은 등위를 차지하는 가장 큰 요인은 '선거관리'부분이다. 효율적이고 투명한 선거관리부분은 공히 최고 수준이다. 이는 이코노미스트뿐만 아니라 세계최대 민주주의 데이터베이스인 V-Dem의 지표들을 살펴봐도 알 수 있다.

2 한국정치과정에서 정치불신과 '정당지지'(또는 '정당일체감')의 연관성에 관한 연구는 다음을 참조할 수 있다. 서현진, "정치신뢰와 정당지지", 윤종빈(외), 미래정치연구소(편), 『정당이 살아야 민주주의가 산다』 (서울: 푸른길, 2015), pp. 105–114. 서현진, "한국유권자의 정치적 신뢰와 정당정치", 『신아세아』 13:3 (2006), pp. 68–92. 윤종빈, 김윤실, 정회옥, "한국 유권자의 정치신뢰와 정당일체감", 『한국정당학회보』, 14:2 (2015), pp. 83–114.

입증되었듯이 20세기 말부터 시작된 '정당일체감'의 약화는 전지구적 현상이다. 정당발전과정에 반드시 진성당원의 시대를 경험해야만 한다는 강박관념에서 벗어날 필요가 있을런지도 모른다. 진성당원이 없는 정당정치 현상을 '상수'로 놓고서 연구하는 것이 더 한국의 현실을 직시할 수 있을 것이다. 엄밀한 의미에서 동원된 당원은 진성당원이라기에는 하자가 있다. 이상은 본 연구가 현실에서 괴리되지 않은 정당발전모델이 무엇인지에 답하려는 문제의식의 출발점이다.

동서고금(東西古今)을 막론하고 '정당정치'는 '선거정치'와의 함수관계 속에서 형성된 것이다. 선거정치를 떠나서 정당정치가 형성될 수 없고, 이러한 단순한 상황이 경시된다면 한국에서 현실적인 정당발전모델을 상정하기 어려울 것이다.[3] 급변하는 모바일 SNS시대에 복잡다기한 '정체성의 정치'(identity politics)가 대세이며, 모든 정치상황과 정치인들의 행태가 실시간으로 중계되고 있다. 정체성의 정치란 소위 같은 성향과 이익을 공유하는 집단을 단위로하여 형성되는 정치인데, 이런 사회환경에서 시민들에게 '좋은 정당'이란 정책적 유연성을 지닌 정당이다. 그렇지 않다면, 정체성이 다른 집단간에 분열과 대립, 그리고 갈등의 확대재생산이 있을 뿐이다. 국가와 사회의 의제설정과 정책결정에 있어서 '중도좌파'는 일정 부분 우쪽으로 이동할 줄도 알아야 하고, '중도우파'는 일정 부분 좌쪽으로 이동할 줄 알아야만 한다. 그러지 않으면 파국이며 국민들에게 피해가 돌아가게 된다. 이것은 단순한 '절충주의'나 '회색분자'와는 다른 것으로, 말하자면, '유기적 정책정당'(organic policy party)으로 거듭나는 것을 의미하는 것이다.[4]

정당의 모든 일정은 선거승리를 위한 목적과 연계되어 돌아가고 있다. 변동성이 심한 현대사회에서 정당이 진성당원을 길러낸다는 것은 과거보다 쉽지 않은 일이다. 짧게는 한 해 걸러 두 해 마다 있는 한국의 선거과정에서 경쟁하는 정당들이 긴 호흡으로 이념적 일관성을 지닌 진성당원을 길러내는 프로그램을 개발하고 집중하는 것은 그다지 현실적이지 않을 것이다. 시민들 입장에서 어떤 획기적인 정치적 사건들을 계기로하여 자발적으로 기간당원으로 정당에 가입하는 것이 사회적 유행이 되기 전에야 '동원된' 당원들에게 정당일체감을 기대하기는 쉽지 않다. 상당부분 인물호감도가 투영된 정당에 대한 지지가 대세일 것이다. 정당이 진성당원을 길러내는 데 노력을 기울여야만 한다는 당위성으로부터 출발하여 진성당원을 길러내는 정당프로그램을 개발하여 노력한다면. 그러한 정당프로그램은 진성당원 중에서 선거후보자를 공천할 준비가 되어있어야만 한다. 과연 그런가? 진성당원에도 종류와 수준이 있겠지만, 특히 현재의 시대상황에서, 내가 주인으로서 역할하지 못하는 기관에 충성심을 다하라는 프로그램은 지극히 피상적인 것이어서 명칭만 '진성당원', '기간당원'이라고 할 뿐이다. 자신에게 공천권은 물론이고 피공천자로서의 자격이 있을 때, 현대적 의미에서의 진성당원인 것이다. 더욱이 기간당원들의 의사와 상관없이 주요 정치인들만의 의사와 선호에 의해서 반복되는 정당간 이합집산의 피해는 고스란히 진성당원의 몫이며, 나아가 국민의 몫이 된다.

정당은 '공공재'(public goods)를 창출하기 위한 국가단위의 기관이지만, 자선단체

3 '정당정치'는 민주주의를 수행하기 위한 여러 가지 방식중의 한 종류이다. 스트롬(K. Strøm)에 따르면, 정당이란 기관을 중심으로 수행되는 민주주의의 성격을 정리해 보면 다음과 같다. 우선, 정당정치는 '직접민주주의' 유형이 아닌 '간접민주주의' 유형으로 '대의민주주의'(representative democracy)의 형식을 취하고 있다. 그리고, 정당정치는 '대의민주주의'의 유형 중에 국가의 운영을 직업별 기능영역 단위에 기초한 '조합민주주의'(corporatist democracy) 유형과 대비되어 '선거민주주의'(electoral democracy)의 형식을 취하고 있다. '선거민주주의'란 지역별로 선출된 대표자들로 민주주의를 수행하는 것을 말한다. 조합민주주의는 '기능이 중시된'(소위, 'functional') 직능별 분리가 있으며, 선거민주주의에서는 '물리적인 행정구역이 중시된'(소위 'territorial') 지역별 분리가 나타난다. 마지막으로 정당정치는 '선거민주주의'의 유형 중에서도 '무당파성'(non-partisan)에 기초한 '다원민주주의'(pluralist democracy)와는 대조적으로 '당파성'(partisan)에 기반한다. 종합하면, '정당민주주의'(party democracy)는 다른 어떤 민주주의 유형들과 비교하여 그 사회에 나타난 '사회균열'을 반영하는 당파성에 기초한다. 이에 대한 보다 자세한 논의는 이에 대해서는 Karre Strøm, "Parties at the Core of Government", in Russell J. Dalton and Martin P. Wattenberg (ed.) *Parties without Partisans: Political Changes in Advanced Democracies* (New York: Oxford University Press, 2000), pp. 180-207. 유권자들의 목표는 자신의 입장(또는 선호)을 가장 잘 반영하는 정당 후보자들을 의회에 보내는 것이다. 의회에서 발생하는 정당간 갈등은 필연적인 것인데, 이를 슬기롭게 극복하는 것이 정치의 관건이 된다. 하지만 시대의 흐름 속에서 '진성당원'(또는 '기간당원')이 줄어드는 것이 현실이다. 정당이 당파성을 띤 당원들에 기초하는 기관이라는 모습에서 벗어나 대의정치를 수행하는 기관적인 모습만이 남는 방향으로 진화하는 성향도 배제할 수 없는 것이다. SNS시대에 당파성에 기초한 '정당민주주의' 만으로 정치의 선진화를 기대하는 것은 어려우며, 보완적 기제가 필요하다고 주장하는 논의들이 많다. 정당민주주의의 '대체재'(the alternatives)는 존재하기 어렵더라도, '보완재'(the supplementaries)가 필요하다는 주장인 것이다. 이에 대한 보다 자세한 논의는 윤성이,『한국정치론: 민주주의, 시민사회, 뉴미디어』(서울: 법문사, 2015), "제4장, 어떤 민주주의를 할 것인가?" pp. 277-310. 최근 정치인들의 'YouTube' 정치는 정당민주주의에 보완재로 작용하고 있다. 현재와 같은 세상의 분위기라면 'YouTube'정치가 '정당민주주의'의 형식보다 접근성과 유용성에서 우월할 수 있다. 나아가 요즘 경제화폐의 형식으로 논의되는 '블록체인'의 개념이 원용된 '블록체인 정당'(bloc-chain parties)이 '정당민주주의'의 형식으로 발전될 가능성도 생각해 볼 수 있다. 이연호, 기여운, "블록체인 기술은 굿 거버넌스(Good Governance)를 만들 수 있는가?: 에스토니아 사례의 함의", 『세계지역연구논총』 36:2 (2018), pp. 191-122.

4 그람시(A. Gramsci)는 '유기적 지식인'(organic intellectuals)의 개념을 제시한 바 있다. '유기적 지식인'이란 직업적 분류에 기초한 '전문지식인'과는 다르다. 그람시에 따르면, 부르주아의 뿌리를 갖고 있으면서도 그러한 계급적 이익에 함몰되지 않고 총체적으로 노동자들의 이익도 함께 고려할 수 있고, 노동자의 뿌리를 갖고 있으면서도 부르주아의 이익을 종합적 수준에서 고려할 수 있는 지식인이 '유기적 지식인'이다. 이렇게 본다면 '유기적 지식인'은 자신의 계급정체성을 잃지 않으면서도 자신의 계급정체성의 한계를 조망할 수 있는 존재이기에, 단순히 계급간의 절충주의자도 아니고 회색분자도 아니다. '중도정당'은 정당경쟁이나 정책결정과정에서 획일적으로 중간값에 위치하는 정당이 아니다. 경쟁상대들의 존재를 인정하고 고려하여 자신의 정체성에서 유연성을 갖고 종합적으로 보다 더 큰 그림을 그릴 수 있는 정당을 의미한다.

와는 다르다. 따라서, 정당에게 부과되는 의무와 함께 그들에게 주어지는 권리도 균형감 있게 인정되어야 한다. 기관으로서의 정당이 지녀야 할 규범성 내지는 도덕성은 함수관계를 지닌 주변 환경 변수들과의 관계에서 '격조(格調)있는 균형감으로' 정해져야만 하는 것이다. 여기서 격조있는 균형감이라고 함은 소위 정당과 유권자의 관계를 규정함에 있어서 전적으로 '수탁자모델'(trustee model)도 아니고, 그렇다고 전적으로 '파견인모델'(delegate model)도 아닌 선에서의 '균형감'이다.[5] 정당소속 정치인들이, 유권자들이 선택해서 의회로 파견되었기에, 유권자들의 원격조정에서 자유로울 수 없지만, 그렇다고 꼭두각시는 아니다. 유권자들도 일단 자신이 선출한 정치인들의 선제권과 판단능력을 신뢰하여 때로는 그들의 '선제적 권한'(the initiatives)을 인정할 수 있어야 한다는 것이다. 이렇게 본다면, 민주시민이 된다는 것은 쉽지 않은 일이다. 민주시민은 자신이 세금을 내고 운영하는 국가에 대한 적극적인 참여의식과 함께 정치적 불만에 대하여 일정수준 '정치적 인내심'(political tolerance)도 필요로 할 것이기 때문이다.[6] 결국 앞서 언급한 '균형감' 있는 시민의식이란 '참여의식'과 '정치적 인내심' 사이의 균형감이라고 할 수 있다. 언제까지 지켜볼 것인지, 언제 거리로 나갈 것인지, 아니면 임기를 보장하여 맡길 것인지는 시민 개개인의 '양심의 자유'의 문제이자 '시민의식' 수준에 따른 것이다.

선거는 정당간에 후보자간에 공직 담임을 놓고 이루어지는 경쟁이다. 아마 가장 치열한 경쟁이라고 해도 과언이 아니다. '기업간 경쟁' 이상으로 치열하다. 모든 것이 유권자들에게 노출된다. 특히 SNS시대, 인터넷 시대에는 정당 및 후보자들의 선거시기뿐만이 아니라 평상시에도 일거수 일투족이 실시간으로 현장중계되고 있다. 이른바 '정치시장'(political market)인 것이다. 정치시장에서의 현실을 '경제시장'(economic market)과의 유추를 통해서 볼 수 있다.[7] 경제시장에서 기업간 경쟁에는 '인신공격'의 필요는 드물고, 제품을 만드는 경쟁과정이 소비자들에게 공적으로 노출되는 것도 아니고, 결과물인 '상품'으로만 어필하게 된다. 소비자와 기업의 관계는 상품제조과정에 대한 정보는 필요 없거나 생략된다. 기업은 결과물로서의 좋은 상품을 제조하여 소비자에게 어필하면 그만인 것이다. 소비자들은 최종 결과물인 상품이 값싸고 품질 좋으면 구입하는 것이지, 기업이 상품의 제조과정에서 겪었던 고충이나 애환을 생각하면서 상품을 구매하지는 않는다. 상품이 마음에 들지 않아도, 상품을 제조하는 과정에서 기업이 고생했을 것이라는 정서만으로 상품을 구입한다거나, 아니면 반대로, 상품이 좋은데도 제조과정에서 별로 노력을 하지 않았을 것이라는 이유로 상품을 구입하지 않는 소비자는 없다. 더욱이, 상품을 구입한 후에 마음에 들지 않으면 반품도 자유로운 것이다.

정치시장은 이와는 다르다. 정치시장의 '정당', '유권자', '정치인', '정책'은 각각 경제시장의 '기업', '소비자', '기업가', '상품'으로 유추해 볼 수 있다. 정치시장에서는 정당이나 소속 정치인들이 정책산출과정에서 보여주는 모든 행태들이 공개된다. 유권자들이 정당이나 정당 소속 정치인들에게 지지를 보내거나 투표하는 것을 기업에서 소비자들이 기업에서 상품을 사는 것에 비유할 수 있다. 소비자들은 최종 결과물인 상품만 보고 느끼지만, 유권자들은 정당의 정책산출의 결과물이 산출되기까지의 모든 과정들을 보고 듣고 느끼면서 지지를 보내거나 거부하는 것이다. 더욱이 일단 투표를 한 후에, 불만이 있다고 해서, 임기를 지닌 정치인들을 교체하는 것은 사실상 불가능에 가깝다.[8] 모든 과정이 투명하게 공개되는 것은 결코 문제가 될 수 없다.

5 '대리인(代理人)의 개념'을 참조할 수 있다. 안순철은 '대표제'의 개념을 '소세계'의 개념(전체에 대한 부분의 개념), '대리인'의 개념[파견인인가? 아니면 수탁인(受託人)인가?], '정당인'의 개념(자신을 추천해준 기관에 대한 소속 개념)이란 3가지 개념의 조합으로 설명한다. 보다 자세한 내용은 안순철, 『선거체제비교연구: 제도적효과와 정치적 영향』(서울: 법문사, 2000), pp. 51–55.

6 정치적 인내심과 민주주의의 관계에 대해서는 다음을 참고: John L. Sullivan, James Piereson, and George E. Marcus, *Political Tolerance and American Democracy* (Chicago: University of Chicago Press, 1982), Robert S. Gilmour and Robert B. Lamb, *Political Alienation in Contemporary America* (New York: St. Martin's Press, 1975), James L. Gibson, "Political Intolerance in the Context of Democratic Theory", in Russell J. Dalton and H. D. Klingemann (eds.) *The Oxford Handbook of Political Behavior* (Oxford, UK: Oxford University Press, 2007), pp. 323–341. 정치적 인내심의 수준이 아주 낮은 경우, 투표하지 않는 상황(non–voting)이 존재할 수도 있다. 유권자들이 선출자들의 선제적 권한을 인정하지 않는 경우이다. 또한 '무투표'(non–voting)는 정치적 불만의 상태에서만 발생하는 것이 아니고, 주요 정당중에서 누가 되든 잘 할 것이라는 정치적 만족의 상태에서도 발생할 수 있다. 이것은 대의제민주주의에서 정당들의 정치적 선제권을 전적으로 인정하는 상태를 말한다. George F. Will, "In Defense of Nonvoting", Newsweek (October 10, 1983), p. 96.

7 James M. Buchanan, *Politics as Public Choice* (Indianapolis, IN: Liberty Fund, 2000), Dennis C. Mueller, *Public Choice III* (Cambridge: Cambridge University Press, 2003), 김재한, 『정치마케팅』(춘천: 한림대학교 출판부, 2012).

8 헌법개정시 '국민소환'(recall)제도가 논의되는 이유이다. 대의민주주의의 한계를 극복하는 고전적 방식 3가지는 '국민발안'(the initiative) '국민투표'(referendum) '국민소환'이다. 국민소환제도는 여러 선거수준에서 가능할 수 있지만, 상대적으로 하나의 단위로 응집성을 지닌 '풀뿌리 민주주의'(grass–root democracy) 정치수준에서 이루어지는 것의 긍정적 효과가 크다. 보다 '소'(小)지역적이고 구체적인 사안을 중심으로 형성된 지역현안들을 대상으로 불만이 표출되는 경우에 사용되어야 논란이 적기 때문이다. 한국선거수준에서 보면, 지방선거에서 기초의회의원, 기초자치단체장이 우선적 대상이 된다. 광역의회의원이나 광역자치단체장도 그 대상이 될 수 있지만, 보다 여러 종류의 하위집단들이 존재하는 상황에서 소환제도는 하위집단들 간의 이견으로 실행 자체가 어렵고, 또 다른 정치 갈등의 소재가 될 수 있다. 전국적 수준에서의 대통령, 국회의원, 장관 등에 대해서는 '탄핵'(impeachment)이란 제도가 존재한다.

'공적영역'의 정당과 '사적영역'의 기업은 분명히 다른 것이다. 정당의 정책결정에서는 결과물뿐만이 아니라 그 모든 과정에서 모든 언행이 공개된다. 그래서 정당이나 정당소속 정치인들에게는 결과물을 만들어내는 정책산출능력뿐만이 아니라 그 과정들도 평가의 대상이 되기에 그들은 '혐오감'의 대상으로 전락할 개연성이 높다.[9]

정치시장은 정당과 유권자와의 관계가 기본이지만, 그것이 전부는 아니다. 정치시장의 또 다른 관계는 정당간의 경쟁관계이다. 이것은 경제시장에서 기업과 기업간에 경쟁하는 것과 다르지 않다. 이합집산을 반복하거나 계속 당명을 바꾸고 있는 한국정당정치의 또 다른 특색 중의 하나는 '비상대책위원회' 정치이다. 선거이후 패배한 정당에는 거의 무조건 '비상대책위원회'가 만들어진다고 해도 과언이 아니다. 선거의 패배는 고스란히 당대표 및 지도부의 책임인 것도 또 다른 특색의 하나일 것이다. 이것은 정당이 인물위주의 정치의 한계성을 극복하려는 의식을 갖고 있으면서도, 당대표 및 당지도부에 의존하고 있음을 반증하는 것일 수 있다. 당대표의 존재감이 선거에 영향을 미칠 수밖에 없음을 받아들인다고 하더라도, 정당 구성원들이 패배에 대한 책임을 함께 하는 정서는 찾아보기 어렵고, 소수의 특정 인물들을 교체하는 것과 정당개혁의 동의어로 취급된다. 이는 당지도부의 선거준비과정에서 공천리더십에 대한 교감이 적었기 때문에 발생하는 문제이기도 하다. 정당정치가 기관중심이 아니고 인물중심인 상황을 벗어나지 못하는 순환고리가 지속된다. 정당이 선거에 이기고 지는 것은 병가지상사(兵家之常事)이며, 정당간 다수 의석이 교체되거나 정권이 교체되는 것은 유권자 입장에서 민주주의가 제대로 수행되는 증거인 것에 불과한 것이다. 반대로 선거패배란 개별 정당조직의 차원에선 정치권력을 되찾기 위한 조직발전의 계기가 발생한 것이다. 이런 측면에서 본다면, 유권자 입장에서의 정당개혁 프로그램과 개별정당조직 입장에서의 정당개혁 프로그램이 일치할 수 없다.[10] 이런 이유로 정당개혁 프로그램은 한 가지로 규정되기 어려운 것이다. 다시 말해서, 같은 주제 하에서도, 주어가 바뀌면 그 주어에 따라서 술어 및 술어의 내용이 바뀔 수밖에 없는 것이다.

정당의 선거승리를 위하여 선거직전에 벌어지는 정당간 이합집산의 문제점은 비효율적 정치과정에 높은 정치비용이 드는 상황을 초래하기 때문이다. 정당은 생물이기에 이합집산 그 자체를 나쁘다고 할 수 없지만, 정도와 수준의 문제일 것이다. '정책연합'은 드물고 '선거연합'이 주종을 이룬다. 타협을 통한 처리보다는 강행처리와 이에 대한 결사반대라는 구도 속에 정당들이 존재한다. 정당은 서로 다른 생각을 가진 이념 집단이기에 이것 역시 전적인 비난의 대상은 아니다. 단, 이 역시 정도와 수준의 문제인 것이다.

우리 실생활에 연관된 법안을 처리하는 곳인 국회의 구성단위는 '정당'이기에 정당정치가 제대로 서지 않으면 사실 제대로 된 의회민주주의를 기대할 수 없다. 민주주의 수행 평가를 위한 여러 가지 지표들 가운데, 의회민주주의의 수준은 중요한 지표이다. 어떤 곳에서건 정치가 발전하려면 궁극적으로 '정당정치'가 개과천선(改過遷善) 해야 함은 비단 한국정치만의 상황은 아닐 것이나, 한국정치과정에 대한 연구에서는 정당정치가 어떤 모습에서 시작되어 어떤 방향으로 어떻게 변해가고 있는지 조감도(鳥瞰圖)가 존재하지 않는다. 그 때 그 때 되가는 대로 상황에 맡기는 것이 현실이다. 의회정치는 전(全)지구적 현상인데, 정당발전모델은 어떤 보편적 형태가 존재하지 않는 것인가? 서구선진민주주의 국가들 중심의 정당발전 모델들을 한국에 적용하는 것에 대한 한계로 인해 '한국적 정당발전 모델'을 고민하기도 한다.[11] 여기서

9 정당이나 정치인들은 국민들에게서 '격'(格)을 인정받아야만 한다. "아무나 정치를 해서는 안되며, 할 수도 없다"는 말은 결코 '엘리트주의'(elitism)가 아니며, 상식적인 차원의 말이다. 미래 정치지도자를 꿈꾸는 젊은이들은 우선 훌륭한 민주시민이 되어야 한다. 민주시민으로서의 자질을 갖추기 위한 첫 덕목은 함께 더불어 사는 사회에서 '공공성'에 대한 개념을 갖는 것이다. '공공성'에 대한 자질이 자발적으로 형성되기 쉽지 않다. 소위 루소가 말하는 '교육'의 중요성이다. 서로 다른 사람들이 모여 사는 곳에서 '자유주의'(liberalism)를 결코 포기할 수 없는 이유가 된다. '계몽시민'으로서의 기본 소양을 위해서 올바른 '민주시민교육'을 받아야만 한다. 이를 위해선, '초·중·고'에서의 시민교육이 이루어져야 한다. '대학교' 및 '재교육' 과정에서도 '정치학' 개론 수준의 최소한의 기본 지식을 보다 많은 사회 구성원들이 습득할 필요가 있다. 국가공무를 담당하는 자들은 '정치학 개론' 수준의 기본 지식을 반드시 이수할 필요가 있다. 기본 덕목과 소양을 갖추지 못한 자가 행하는 정치는 그 사회에 혼란을 초래할 뿐이다.

10 키(V. O. Key)는 정당의 모습을 3가지 방향에서 바라보았는데, '유권자 속에서의 정당'(party in the electorate), '조직으로서의 정당'(party as organization), '정부 속에서의 정당'(party government)이 그것이다. V. O. Key, *Politics, Parties, Pressure Groups* (New York: Crowell, 1964). 이 중에서 특히 유권자 속에서의 정당은 유권자가 판단하는 정당인데, 인터넷 정치과정에서 정당과 정치인들의 소위 '현물가치'가 정해지기도 한다. 이렇게 본다면 미래 정당은 '대의민주주의'를 수행하는 기구로서의 역할뿐만이 아니라 '참여민주주의'(participatory democracy)의 기제가 되는 역할을 동시에 할 가능성도 있다. Carole Pateman, "Participatory Democracy Revisited", *Perspectives on Politics*, 10:1 (2012), pp. 7–19.

11 김용호, "한국정당연구의 학문적 정체성 확립을 위한 성찰", 『한국정당학회보』 7:2 (2008), pp. 65–81. 주인석, "한국정당발전의 유형화에 대한 비판적 검토", 『한국정당학회보』 8:1 (2009), pp. 5–36. 강원택, "한국정당연구에 대한 비판적 검토: 정당조직 유형을 중심으로", 『한국정당학회보』 8:3 (2009), pp.119–141. 장훈, 『20년의 실험: 한국정치개혁의 이론과 역사』 (파주: 나남, 2010). 이동윤, "한국 정당연구의 비판적 검토; 논쟁적 비판을 위한 재검토", 『한국정당학회보』, 9:1 (2010). pp. 183–201. 박경미, "한국정당모델에 관한 탐색적 연구", 『한국정당학회보』 11:1 (2012), pp. 31–57. 윤종빈, "한국정당연구의 이론적·방법론적 대안의 모색", 『미래정치연구』 3:1 (2013), pp. 5–18. 정회옥, "한국정당연구의 실증적 방법론 탐색", 『미래정치연구』 3:1 (2013), pp. 101–124. 조진만, "정당 정책연구소의 현실 분석과 제도적 개선방안 모색", 『의정논총』 9:1 (2014), pp. 113–142. 이재묵, "엘리트 정당 양극화와 유권자 투표 참여 및 정치 관심도: 18대 대선을

한 걸음 더 나아가, 개혁의 방안뿐만이 아니라 개혁을 이루기 위한 개혁전략과 전략을 추진하는 주체의 성격 및 추진과정에서의 환경변수들에 대해서 종합적으로 살펴볼 수 있을 것이다.[12] 한국 고유의 정당발전 모델이 무엇인지 생각해 본다는 의미는 한국적 상황을 고려해서 정당발전 모델을 고민해 본다는 것인데, 이 역시 간단한 사안이 아니다. 왜냐하면 정당개혁을 통한 정당발전이란 정당생존을 위한 노력의 일환이며, 정당이란 일종의 기관자율성(institutional autonomy)를 지닌 주체이다. 반드시 시민사회에 대한 소극적 객체가 아닌 것이다. 한국정당조직의 생존에 관한 경험적 사실들을 보면 거시적 차원에서 가장 크게 영향을 미친 변수는 정당간 통합, 분당, 창당이었다.[13] 한국정치과정에서 정당의 생존에 가장 중요한 요인이 '정당연합', '정당통합', '정당분리'의 성사와 실패 문제이지, 정당조직의 구조적 개편이나 입법과정에서 법안 통과의 성공과 실패 등을 통한 정당의 부침은 아니었다. 한 마디로, 주요 선진국의 정당발전모델이란 것이 정당조직 내부의 정체성 및 정책적 위치의 입지 재설정과 관련된 것이 주종을 이루는 반면에, 한국의 경우엔 정당간 이합집산을 통한 정당의 집바꾸기 형태가 주종이라고 해도 과언이 아니다. 주요 선진민주주의 국가들의 정당연구들의 경험적 배경이 한국과는 다른 것이다.[14] 이러한 차이점을 바탕으로 외국의 모델과 한국적 모델의 이원성 내지는 일원성에 대해서 부연하고자 한다.

첫째, 한국적 모델이란 한국의 특별한 이유들을 통해 정당발전모델을 만들겠다는 것인데, 이것이 쉽지 않다. 판단과 비판이 비교관점을 벗어나서 존재한다는 것은 자칫 '내재적 접근법'의 오류에 빠질 수 있기 때문이다. 만약 한국적 특수상황을 고려하여, 그래서 반복되는 이합집산에 노출되어 있는 한국정당의 현실을 감안하면 오랜 기간을 같은 당명으로 '제도화된 정당'(institutionalized party) 모델보다는 '무정형'(無定型, amorphous)의 '변성(變成)정당'(metamorphous party)모델을 중심으로 정당발전모델을 상정하는 것이 현실적일는지도 모른다. '무정형의 변성정당'이란 선거경쟁에서의 생존을 위해선 언제든지 이합집산을 통한 변형(즉 탈당 분당, 합당, 창당)을 계속하는 정당을 말한다. 그렇다면 '무정형의 변성정당들'이 경쟁하는 정치체계가 과연 바람직한 모습의 정치체계를 형성할 수 있을 것인가? 결국 무정형의 변성정당들은 정치엘리트들의 생존과 재선의 욕구를 반영한 소위 정치기득세력들이 그 생명력을 이어가기 위한 정당일 가능성이 높다.[15] 하지만, 정치엘리트들의 재선 욕구가 없는 곳을 상정하고 정당발전모델을 만들기는 어려운 것도 사실이다.[16] 종합하자면, 한국정당발전모델에서 현행의 대통령선거제도와 국회의원선거제도가 그대로 유지되는 한 당명개정, 합당, 분당 등의 정당간 이합집산을 통한 소위 '무정형의 변성정당' 형식은 유지될 가능성이 높다.[17]

둘째, 어떤 모습이 정당의 발전된 모습일지에 대하여 학자들 간에 뚜렷한 동의

중심으로", 『의정연구』 20:1 (2014), pp. 145–168. 임성학, "한국의 정당분권과 지방분권: 메시지, 정치적 분권과 재정적 분권", 『한국과국제정치』 34:1 (2018), pp. 109–140. 최준영, 구본상, "정당 중심의 국회 상임위원회: 상임위 구성 이론의 비판적 검토와 경험적 증거", 『한국정당학회보』 17:4 (2018), pp. 69–98. 윤광일, "균열구조와 19대 대선: 완전한 균열로서 지역균열", 『한국정치연구』 27:1 (2018), pp. 241–280.

12 정진민, 강신구, 최준영, 채진원, 서정건, 이현우, 안병진, 임성호, 『정당정치의 변화, 왜 어디로』 (서울: 형설출판사, 2015). 장훈, "한국의 정당개혁" 『계간사상』 41 여름호 (1999), pp.70–90.

13 김현우, "한국 정치와 정당 통합의 문제", 『사회이론』 17 (1999), pp.165–194. 심지연, "한국의 정당과 정당제도: 1948–1960", 『동북아연구』 4 (1998), pp. 47–92. 이렇게 본다면, 개별 정당들은 주요 정당의 경우 군소정당들을 포섭하여 몸집불리기를 하거나, 군소정당의 경우 주요 정당의 그늘로 들어가서 정당이 생존하게 된다. 생존이 아닐는지도 모른다. 정당간 통합이 있는 경우, 이는 정당명칭을 바꾸어야 하는 문제이기 때문이다. 과거 명칭의 정당은 사멸한 것이다. 이런 방식의 정당이합집산의 계기가 인물중심의 정치, 지역주의 정치, 독재정부하에서 제1야당에 힘실어주기 등의 요인들과 연관되어 있다고 한다면, 그 요인들은 개별정당내의 정당개혁 노력을 약화시키는 반작용적 측면이 있었던 것이다. 1987년 체제 이후의 정당이합집산의 유형에 관한 구체적인 논의는 진영재, 박준식, "한국 정당통합 및 연합 유형과 선거 결과와의 관계에서 나타난 특질: 1987년 민주화 이후를 중심으로", 『한국정치학회보』 42:2 (2008), pp. 129–149.

14 외국의 정당연합이론에 관한 연구들은 대부분 정당간 '정책연합'을 기반으로 한 것이다. 일반적으로 정당간 정책연합이란 선거 후(後)에 의석수와 정당이념을 중심으로 형성된다. 반면에 '선거연합'이란 선거 전(前)에 발생하는 것이다. '정책연합'이 '선거연합'을 가져오기도 하고, '선거연합'으로 '정책연합'을 유인하기도 한다. 한국정치과정에서의 정당이합집산이란 철저히 '선거연합'적인 것이고 '정책연합'과는 유리되었다고 볼 수 있다. 정당간 연합이론과 실제에 관한 보다 자세한 논의는 제4장을 참고하면 된다. William Riker, *The Theory of Political Coalitions* (New Haven: Yale University Press, 1962), Abram De Swaan, *Coalition Theories and Cabinet Formations* (Amsterdam: Elsevier, 1973), David Austen-Smith and Jeffery S. Banks, "Elections, Coalitions and Legislative Outcomes", *The American Political Science Review* 82:2 (1988), pp. 405–422. José Antonio Cheibub, Adam Przeworski and Sebastian M. Saiegh, "Government Coalitions and Legislative Success under Presidentialism and Parliamentarism", *British Journal of Political Science* 34:4 (2004), pp. 565–587. 김수진, "한국정치 균열구조의 전개와 담합정당체제", 『역사비평』 49 (1999), pp. 241–262. 진영재, "유효정당수(Effective Number of Parties) 계산법의 문제점: 정당연합이론을 중심으로", 『한국정치학회보』 33:4 (2000), pp. 327–341. 홍재우, "선거제도와 연합정치: 이론, 원칙 그리고 쟁점", 『선거연구』 2:2 (2012), pp. 87–126. 조성대, "민주화 이후 한국 대통령선거에서 제3후보 현상과 선거연합에 관한 연구", 『선거연구』 3:1 (2013), pp. 73–107.

15 과연 정치리더들의 행태를 사익추구 이외에도 '공익을 위한 사명감'이란 차원에서 볼 수 있을는지 의문이다. 직업소명 의식보다는 "직업이 가져다주는 최소한의 책임의식 정도"로 한정될 것이다. 그러나, 이것마저도, 보수와 혁신의 진영논리가 모든 것을 흡수하는 한국정치과정에선 논쟁거리가 될 수 있을 것이다. 한국과 같이 '보혁갈등'이 심화된 곳에서 소수의 주목받는 기득 정치인을 중심으로 이합집산하는 것이 보수층과 진보층의 승리를 만족시켜주기 위한 기동성있는 대처라는 주장도 가능하기 때문이다.

16 Walter J. Oleszek, *Congressional Procedures and the Policy Process* (Washington: Congressional Quarterly Press, 1978). David R. Mayhew, *Divided We Govern: Party Control, Lawmaking, and Investigations, 1946–2002 2nd ed.* (New Haven: Yale University Press, 2005)

17 이런 측면에서 2019년 11월현재 국회 '정치개혁특별위원회'에 상정되어 있는 국회의원선거제도 개정안으로

가 있는 것은 아니다. '정당'이란 '사회균열'을 반영하여 정치균열화된 것이기에 정당 구성원들이나 사회집단과의 연계를 강조하는 '대중정당모델'이 옳은 것인지, 아니면, 의회에 진출한 당원들의 의정활동과정에서 효율성과 통합성을 강조하는 '원내(院內) 정당모델'이 옳은 것인지, 어느 일방향의 확고한 증거가 있는 것도 아니다. 한편에서는 국회입법의 효율성을 강조하면서 국정안정과 함수관계를 지닌 원내정당모델이 강조된다.[18] 또 다른 한편에서는, SNS시대인 현재에는 다시 정당과 시민사회의 연계를 강조하기도 하는데, 이는 결국 대중정당모델로서의 '원외(院外)정당모델'과 무관하지 않다.[19] 자유민주주의체제하에서 다양한 정당들이 존재하며, 정당정치는 어떠한 모습으로 이루어져야 하는지에 대하여 동서고금의 '비교정당사적인 시각' 뿐만이 아니라 시대의 변화와 함께 진화되고 있는 모습으로서의 정당모델을 생각해 볼 필요가 있다. 어떤 하나의 정당모델이 향후 절대적 가치를 지닌 것으로 보존되어야 할 필요가 없음은 물론이지만, 현실정치에서 전혀 배제할 수 없는 어떤 변수가 있다면, 그것을 '변수'로 취급하지 말고 '상수'로 취급하여 정당발전모델의 방향을 상정하는 것이 민복(民福)에 도움이 될 것이다. 그렇게 본다면, 진화하는 기관으로서의 정당은 시대변화와 국민요구의 다변화에 어떻게 기동성있게 대처할 수 있는지에 대한 논의가 정당발전모델의 중심내용이 될 개연성이 크다. 정당이란 궁극적으로 사회균열이 정치균열화한 것이다. 시대변화와 국민요구에 발 맞추어 한국정당정치 발전을 위한 현실적 방안들이 무엇인지 고민할 필요가 있다.

분명한 것은, 다음의 두 가지이다. ①한국적 상황을 고려한다는 것은 왜 한국정당의 모습이 현재의 모습을 갖게 되었는지 파악하는 것이며, 이는 결국 한국적 정당태동의 모습을 고려하는 것에서부터 출발해야 한다. 어떤 사회상 속에서 어떤 균열을 반영하면서 어떤 모습으로 변화해 왔는지에 대한 구체적인 검토가 필요하다. 보다 원초적인 한국정당의 모습에 대한 진단을 통해서 현재와 미래에 대한 처방도 가능할 것이다. ②시대가 변화하고 있다는 점이다. 정당발전모델에 대해서 하나의 모습이 있기보다는, 시대가 변화하며, 이에 맞추어 정당도 진화하고 있고, 따라서 정치과정에서 정당정치의 모습도 진화하고 있다는 것이다. 본 연구 단행본의 목적은 통시적으로 한국정당사에서 있었던 주요 사건들을 회고 비판하면서, 이를 보다 보편화된 시각 속에서(즉, 비교이론의 틀 속에서) 살펴보고자 하는 것이다. 정당발전문제에 한국정당에 관한 다양한 주요 '이론들'과 함께 '경험적 증거들'을 연관시켜서 독자들의 정치적 직관에 도움이 되고자 한다. 정당론을 가르치는 교육자의 입장에서 정당이론에 관한 논의들이 현실세계에 대한 경험적 이해와 별도의 세계에 존재할 가능성에 대해서 주의할 수밖에 없었다. 이론이 반드시 현실에 맞추어서 존재하는 것은 아니다. 사회과학 이론들은 '규범적' 측면을 내포하고 있고, 따라서 소위 "그렇게 해야 바람직하다"라는 논조인 경우엔 이론이 현실과 유리되어 그 자체로서 음미될 필요가 있다. 그럼에도 불구하고, 이론이나 규범과 같은 관념적 세계에 마침표를 찍어서는 곤란하다는 것이다. 현실 정치세계에서 벌어졌던 경험적 사건들과 연계시켜 음미하면서 "왜 정치현실은 이럴 수밖에 없을까?"와 함께, 문제점들을 해결하기 위해서 "무엇을 해야하는가?"에 대하여 생각하는 것이 필요하다. 해당 연구는 과거부터 현재 SNS 시대에 이르기까지 정당에 대한 주요 이론들을 한국민의 입장에서 반추하고 정당사에 기록된 사건들과 연계시켜 보다 바람직한 정당정치과정이 나가야 할 방향을 숙고해 볼 것이다. '정당정치'의 진화하는 모습을 이론화하여 구체적으로 분석하면서, 정당정치에 관련된 여러 차원들의 전체론적 접근(holistic approach)이 필요할 것이다.[20] 본 연구서는 정당사, 정당조직, 정당공천, 정당간 선거경쟁, 입법과정에서의 정당, 변화하는 시민사회에서의 정당 등을 연결시켜 사유하면서 '전체론적이 시각'에서 정당정치를 조망해 보고자 한다.

제기된 '준(準)연동형비례대표제'(즉 전체 의석수의 50% 연동제, 즉 150석에 대한 연동제)의 국회통과여부는 제법 큰 의미를 지닌다. 연동 수준이 50%로 제법 높기 때문에 군소정당들이 국회에서 많은 의석수를 배정받는 계기가 될 수 있기 때문이다. 해당 제도는 한국의 정당체계를 주요 2개정당체계에서 4-5개 정당체계로 개편할 가능성이 농후하다. 결국 2019년 12월에 통과된 안은 47석 비례구 내에서 30석으로 한정하여 연동제를 적용하는 최종안이 국회를 통과하였다.

18 원내정당에 대한 논의는 다음을 참고: 임성호, "원내정당화와 정치개혁: 의회민주주의 적실성의 회복을 위한 소고", 『의정연구』 9:1 (2003), pp. 133-166. 최장집, 박찬표, 박상훈, 『어떤 민주주의인가: 한국 민주주의를 보는 하나의 시각』 (서울: 후마니타스, 2007). 정진민, 『한국의 정당정치와 대통령제 민주주의』 (서울: 인간사랑, 2008). 원외정당에 대한 논의는 다음을 참고: 강원택, "한국 정당 연구에 대한 비판적 검토: 정당조직 유형을 중심으로", 『한국정당학회보』 8:2 (2009), pp. 안철현, "대중정당론과 원내정당론 논쟁에 대한 비판적 고찰", 『사회과학연구』 28:4 (2012), pp. 117-133. 119-141. 정진민, "한국의 새로운 정당모델: 대안 정당으로서의 유권자정당", 『세계지역연구논총 32:3 (2014), pp. 7-36.

19 SNS시대의 시민사회와 정당의 연계 및 관계에 대해서는 다음을 참고할 수 있다. 임혁백,, 『신유목적 민주주의: 세계화, IT혁명 시대의 세계와 한국』 (서울 :나남, 2009). 윤성이, 민희, "디지털 시대의 정당개혁", 『한국시민윤리학회보』 23:2 (2010), pp. 131-151. 조화순, 『소셜네트워크와 정치변동』 (파주: 한울, 2012). 강원택, 『인터넷과 한국 정치: 정당정치에 대한 도전과 변화』 (서울: 집문당, 2007).

20 Howard L. Reiter, "The Study of Political Parties, 1906-2005: The View from the Journals", *American Political Science Review*, 100:4 (2006), pp. 613-618. 라이터는 미국의 정당정치연구에 관해 주요 저널에 발표된 100년치(1906-2005) 문헌들을 리뷰한다. 라이터는 정당연구의 분기점을 1950년부터 1965년사이에 일어난 '행태주의적 접근'(behavioral approach)이 도입된 이전 시기(1950년 이전)와 이후 시기(1950-1965)

첫째, 헌법, 정당법, 선거법, 국회법 등의 법적 체계(legal system)이다. 서로 다른 생각을 지닌 개별 정당들은 헌법, 정당법, 선거법, 국회법의 테두리에서 경쟁하고 타협한다. 정당간(政黨間: inter-party) 게임의 규칙으로서 해당 법적 구조의 변화와 함께 정당의 진화하는 모습의 현 주소를 파악해 본다면, 우리가 희망하는 정치과정과 정당정치의 모습을 그려보는데 유용할 것이다. 궁극적으로 정당이란 국가의 해당 헌법체계내에서 민복을 위해서 행동하는 기관임을 잊어서는 안 된다.[21]

둘째, 개별 정당내(政黨內: intra-party; 이후 약칭 '당내') 게임의 규칙을 살펴보아야 한다. 개별 정당의 조직적 특성은 당내의 다양한 문제에 연관되어 영향을 미친다. 그리고 시간이 흐르면서 정도의 차이가 있을 뿐이지 정당의 조직적 특성은 변화하게 된다. 정당내 활동의 궁극적 결과물은 '후보자 공천'(candidate nomination)으로 표출된다. 국회가 바뀌려면 국회의원이 바뀌어야만 한다. 각 정당이 국가와 국민의 민복을 위해서 일할 수 있는 양심과 능력을 겸비한 자를 추천해 내지 못하면 정치과정이 낙후될 수밖에 없다.

셋째, 정당법, 선거법, 국회법 등의 형식은 분명히 '법적인 것'(legality)이지만, 현실세계에서 정당이란 기관의 행동 과정은 그 대부분이 '정치적인 것'(politics)이다. '정치'와 '법'은 상통하기도 하지만, 상반되는 입장에 있기도 하다. '법적 타결'이란 자구와 문구에 얽매여서 타협하는 것이며, '정치적 타결'이란 자구에 얽매이지 않고 "상호 주고 받으면서" 소위 대승적으로 타협하는 것이다. 이때, 어떤 '정치체계'(political system)에 형성된 '정당체계'(political party system: 달리 말하면, 정치체계가 어떤 정당들로 구성되어 있는지)는 정당정치과정에 영향을 미치게 된다.[22] '정당체계'에서 '체계'의 문제를 더 직설적으로 표현하자면 정치현실에서 활약하고 있는(또는 영향을 미치는) "행위자(player)의 수(數)"를 말한다.[23] 물론 어느 규모의 정당까지를 영향을 미치는 행위자로 볼지에 대해서는 다양한 견해가 존재한다. 일반적으로 어떤 플레이어가 특정 사건에 개입했을 때와 개입하지 않았을 때 그 산출된 결과물에 차이가 있는 경우 영향이 있다고 볼 수 있다.

넷째, 정당간 게임은 '선거'(election)를 통해서 그 결과가 산출된다. 정당들은 각각 후보자를 공천하며, 각 정당에서 공천된 후보자들은 본선거에서 국민들의 표를 얻기 위한 경쟁을 한다. '정당경쟁'(party competition)은 국회에서 정책조율을 하는 과정에서도 드러나지만, 가장 첨예한 대립은 선거과정에서 표출된다. 공약은 선거경쟁의 가장 중요한 부분이지만 이것이 전부는 아니다. 선거경쟁에서 후보자들로 보고 있으며, 이전 시기에는 정당의 조직이나 역사에 대한 연구가 주종이면서 규범적 측면이 강조되었던 반면에, 이후 시기에는 정당의 대중들에 대한 행태나 입법과정에서의 행태를 실증적으로 분석한 것들이 주종이었다. 20세기말 21세기초반기 최근까지는 정치과정과 정책결정과정에서 정당의 이념적 기구로서의 행태가 주로 연구되고 있음을 파악한다. 결론적으로 라이터는 민주사회에서 정당정치의 발전을 위해서 규범과 실증이 분리되지 않고 종합화된 '전체적(全體的)접근법'(holistic approach)이 바람직하다고 주장하고 있다. 바람직한 이론들이 현실의 정당정치에서 실현될 수 있는 노력들이 필요한 것이며, 이를 위해서, 정당에 대한 지엽적이고 파편화된 분석 이상으로 문제해결을 위한 '전체적인 접근'의 중요성을 강조하고 있는 것이다.

21 양승태는 국가분단상황이란 한국정치사의 특성상 정당들이 대한민국의 국가정체성을 넘어서서 정치를 할 위험성에 대해서 지적하고 있다. 양승태, "국가정체성의 문제와 한국의 정당: 거대 담론의 출발을 위한 정치철학적 시론", 『한국정치학회보』 45:4 (2011), pp. 5–27. 대한민국의 정체성에 관한 보다 더 자세한 논의는 양승태, 『대한민국이란 무엇인가: 국가 정체성 문제에 대한 정치철학적 성찰』 (서울: 이화여자대학교출판부, 2010)를 참조할 수 있다. 대한민국의 정당활동관련 주요법규들은 다음과 같이 정리된다.

종류	명칭	개정일
법(10)	정당법	2018. 8. 14 일부개정
	공직선거법	2018. 4. 6 일부개정
	선거관리위원회법	2016. 1. 15 일부개정
	불법정치자금 등의 몰수에 관한 특례법 (약칭 불법정치자금법)	2017. 10. 31일부개정
	국민투표법	2016. 5. 29 타법개정
	주민투표법	2017. 7. 26 타법개정
	주민소환에 관한 법률	2018. 4. 6 타법개정
	정치자금법	2017. 6. 30 일부개정
	공공단체등 위탁선거에 관한 법률 (약칭 위탁선거법)	2017. 12. 26일부개정
	지방교육자치에관한 법률	2012. 1. 26 타법개정
규칙(15)	공공단체등 위탁선거에 관한 규칙	2018. 9. 21 일부개정
	선거관리위원회법 시행규칙	2018. 6. 1 일부개정
	불법정치자금 등의 몰수보전 등에 관한 규칙	2007. 3. 29 타법개정
	당내경선 위탁사무 관리규칙	2014. 7. 29 타법개정
	국회의원선거구 획정위원회 구성 및 운영 등에 관한 규칙	2011. 4. 5 일부개정
	국회의원선거구 획정위원회 설치 및 운영에 관한 규칙	2015. 6. 19 제정
	공직선거관리규칙	2019. 5. 30 일부개정
	선거방송토론위원회 구성및운영에 관한 규칙	2018. 4. 6 타법개정
	인터넷선거보도심위위원회의 구성 및 운영에 관한 규칙	2016. 1. 15 타법개정
	선거여론조사심의위원회의 구성 및 운영에 관한 규칙	2017. 2. 24 일부개정
	정당사무관리규칙	2019. 5. 30 일부개정
	정치자금사무관리규칙	2018. 1. 19 일부개정
	주민소환관리규칙	2019. 5. 30 타법개정
	주민소환에 관한 법률 시행령	2015. 12. 30타법개정
	주민투표관리규칙	2011. 5. 20 일부개정

22 이런 경우, '정당체계'(political party system)는 '정치체계'(political system)에 포함되는 하나의 부분이 된다. 정치체계내에서 정당체계의 역할은 시민들의 요구를 집약하여 정책을 산출하는 것이다.

23 다당체계(multi-party system)의 형태는 소위 10개 이상의 정당이 난립하는 '분극적 다당제'와 5개 정당이하로 구성되는 '온건 다당제' 사이에서 다양하다. Giovanni Sartori, *Parties and Party Systems* (Cambridge: Cambridge University Press, 1976). 하지만, 테일러(M. Taylor)의 연구에 의하면 다당제의 정치과정은 경험적으로 '3자 경쟁구도'로 수렴된다. 이것은 실제정치과정에선 정당간의 경쟁구도가 3자 구도로 정리된다는 것을 의미한다. 다자구도는 '삼자구도'로 환원될 수 있다는 보다 자세한 설명은 Frank C. Zagare, *Game Theory: Concents and Applications* (Newbury Park, CA: Sage Publications, 1984), pp. 64–91에 설명되어 있는 "4. N-Person Games"를 참조하면 된다. Michael Taylor and V. M. Herman, "Party Systems and Government Stability", *The American Political Science Review* 65:1 (1971), pp. 28–37. 다당체계하의 정당 경쟁구도에 대한 보다 자세한 논의는 다음을 참고. Marek M. Kaminski, "A General Equilibrium Model of

은 득표 활동을 위해서 유권자들의 시류(時流)를 거슬러 행동하기 어렵다.[24] 정당간에 정당정체성과 이념의 연장선상에서 정책대결을 할 수도 있고, 시류에 따른 포퓰리즘(populism)에 의거할 수도 있다. 유권자들의 모습도 진화하고 있다. 과거 '진성당원'(active partisans)들을 기반으로 당세를 확장하는 것이 주요했다면, 이제 '진성당원'의 추구는 "그러면 좋은 것"이지, "그래야만 되는 것"은 아니라고 생각한다. SNS시대의 시민들에게는 부담스러운 당원의 개념보다는 기동성이 뛰어난 '지지자'(supporters)의 모습이 더 현실적일 수도 있다. 정당은 '당원전략'을 추구할 수도 있고, '지지자전략'울 추구할 수도 있다. 물론 동시에 두 전략을 모두 택할 수도 있을 것이다. 세상의 변화에 정당이 적응해 가는 것은 정당의 외부환경이 바뀌기 때문이다.

다섯째, 정당에게 선거가 중요한 이유는 의회내 '의석수' 때문이다. 의석수에 가장 영향을 미치는 것은 '선거제도'인데, 일단 정당들은 현행 선거제도를 대부분 받아들인다. 당연하지만, 현재 의회 구성원들이 해당 선거제도의 결과로 의회에 진출한 사람들이기 때문이다. 정당에게 선거의 결과물로 형성된 의석수를 바꿀 수는 없지만, 현실정치과정에선 '정당연합'(party coalition)을 통해서 의석수를 변경시키는 것과 다름없는 효과를 가져올 수 있다. 국회 입법과정에선 정당간 타협이 필수이고, 그런 경우 정당연합이 매우 현실적인 기제로 작용한다. 다양한 정당연합의 형태를 이해할 때, 현실 정치세계에서의 정치판세에 대한 적합한 해석이 이루어 질 것이다. 2019년 4월과 5월에 '패스트트랙'을 통한 여야갈등에서 나타났듯이 이제 입법과정에서 정당연합이란 사실상 정당의 효과적인 의정활동을 위한 주요 기제가 될 수 있다.[25] 정치의 명분이 '투쟁'이 아닌 '타협'이란 방향성을 갖는 한, 특정 정당이 다른 정당과의 연합을 이끌어내는 능력은 중요한 변수가 될 것이다.

여섯째, 본 연구는 현 시대 상황을 주의하고자 한다. 이제 모든 정치현상은 실시간으로 중계되고 있다고 해도 과언이 아니다. 정당과 정치인들의 일거수 일투족이 실시간으로 현장 중계되고, 이에 대해서 네티즌(netizen)들의 댓글이 첨언되고 있음은 주지의 사실이다. 정치 정보 공유의 정도가 전국민에게서 거의 평준화되었다고 할 수 있다. 영향력 있는 논객들이나 정치인들은 SNS를 통해서 시민들과 연결되고, 팔로어(follower)의 숫자는 가장 직접적인 영향력 평가지수로 작용하고 있다. 개인들도 영향력 있는 유투브(YouTube)를 개설하여 사회적 영향력을 발휘할 수 있는 시대이다. 이는 한국사회에서 정당에 의한 '대의민주주의'의 영역과는 별도로 직접민주주의적 성향이 강조된 '전자민주주의'(electronic democracy)가 현실적으로 작동하고 있음을 보여준다. 현재는 SNS시대이며 또 다른 어떤 세계가 펼쳐지기 전에 당분간 다양한 종류의 정치행위들은 'SNS 시대'라는 형식과 내용으로 흘러갈 것이다.[26] 물론 'SNS 시대'의 모든 내용이 과거 '오프라인(off-line)시대'의 존재물의 형식이나 내용과 단절된 것은 아니다. 종합적으로 소위 '혼합민주주의'(hetararchy)의 시대에 정당정치의 좌표는 과거와 동일 선상에서만 이해되기는 어려울 것이다.

본 연구에서 관점의 주체는 '한국인'이다. 해당 명제는 일반이론서로서의 '정당론'을 쓰건, 비교이론서로서의 '정당론'을 쓰건, 아니면 한국정치과정론의 일부로서

Multi-Party Competition", *Social Change and Welfare* 26:2 (2006), pp. 333-361.

24 한국선거과정을 이해하는데 도움이 되는 정치인들이 하는 말이 있다. 현실선거과정을 보면, 선거승리를 위해 선거판세에서 가장 중요한 것은 선거시기의 '바람'(風)이고, 다음으로 중요한 것이 '선거구도'(즉 양자구도인지, 삼자구도인지 경쟁구도의 문제)이다. 인물효과는 3번째로 중요한 사안에 지나지 않는다는 것이다. 선거직전에 발생하는 특정의 사건, 사고, 정치인들의 언행 등은 해당 선거에서 일종의 '바람'[또는, 풍조(風潮)]을 형성한다. 노무현 대통령 임기에 있었던 '총선'전에 있었던 '탄핵풍'은 노무현 대통령이 창당한 '열린우리당'이 1당이 되도록 하였고, 당시 '한나라당'은 완패하였다. 커다란 바람속에서 세부적인 이슈나 인물효과는 거의 없는 것과 같다. 어떤 사람들끼리 경쟁하느냐에 따라서 선거결과는 달라진다. 다자구도의 여론조사에서 1위를 한 후보자가 양자구도의 여론조사에서 1위를 한다는 보장은 결코 없기 때문이다. 노태우-김영삼-김대중-김종필의 다자구도와 노태우-김영삼(김대중)의 양자 구도는 선거결과에 차이를 가져올 수밖에 없다. 김대중-이회창 구도와 김대중-이회창-이인제 구도는 선거결과에 차이를 가져 왔다고 보는 것이 옳다. 이는 현실세계에선 선거승리를 위한 선거연합이 강하게 존재하는 이유가 된다. 조성대, "민주화 이후 한국 대통령 선거에서 제3후보 현상과 석연합에 관한 연구", 『선거연구』 3;1 (2013), pp. 73-107. 손성민, 김준석, "후보단일화, 그리고 '권력나누기'의 메커니즘: 한국 대통령 선거연합 형성의 신호게임(signaling game) 접근", 『한국정당학회보』 11;1 (2012), pp. 113-138.

25 2019년 국회 '정치개혁특별위원회'에서 논의된 '선거법개정(안)'의 내용은 양당체계로의 유지인지, 다당체계로의 전환인지에 대한 분수령이 될 수 있다. 정당연합형태의 구체적인 내용은 국가의제설정부분의 정당-입법부 관계 부분에 상술되어 있다.

26 정치행위에서 "행위"는 매우 폭넓은 개념이다. 정치행위는 다차원적 구성체로 정치적 이슈에 주목하는 정치적 관여(political involvement)와 공동체 활동에 참여하는 방식의 정치적 개입(political engagement), 그리고 실제적인 행동인 정치적 참여(political participation)로 구성되어 있다. David Easton, "A Re-assessment of the Concept of Political Support", *British Journal of Political Science* 5(1975), pp. 435-457. 성동규, 양소정, 김양은, 임성원, "온-오프라인 정치참여에 대한 미디어 영향력 비교 연구: 뉴스이용 미디어에 따른 수용자 세분화를 중심으로", 『사이버커뮤니케이션학보』 24 (2007), pp. 5-50. Geraint Parry, George Moyser, and Neil Day, *Political Participation and Democracy in Britain* (Cambridge: Cambridge University Press, 1992). 밀브래스와 고엘(Milbrath & Goel)은 정치행위를 정부를 지지하거나 정부에 영향을 주기 위해 추구하는 모든 개인 시민의 행위라고 정의했다. Lester W. Milbrath and Madan Lal Goel, *Political Participation: How and Why Do People Get Involved in Politics?* (Chicago: Rand McNally College Pub. Co., 1977). 이는 전통적 의미의 정치적 참여(political participation)뿐만 아니라 커뮤니케이션행위와 여론형성과정을 포함한 폭넓은 개념으로 정의할 수 있다. 이와 관련하여 정치심리학 관련 연구에서는 정치적 관심, 정치지식, 정치에 대한 신뢰, 정당 충성도를 정치행위의 중요한 구성요인으로 보았다. Sidney Verba, Kay L. Schlozman, and Henry E. Brady, *Voice and Equality: Civic Voluntarism in American Politics* (Cambridge, MA: Harvard University Press, 1995). 이에 본 연구에서는 정치적 결과에 영향을 주기 위해 사람들이 추구하는 직접적인 행위뿐만 아니라 후보자에 대한 평가 역시 정치행위로 정의될 수 있다고 판단하였다.

'한국정당론'을 쓰건 타당할 것이다. 본 단행본의 주요 독자는 한국민이며, 따라서 단행본에서 서술되는 모든 설명에 대한 독자들의 공감 내지 반감의 수준은 우리 한국민들이 현재 체험하는 한국정당정치에서 비롯될 수밖에 없기 때문이다. 연구자들에게 회자되는 레입하트(Arendt Lijphart)의 '민주주의 유형'(pattern of democracy)에 관한 이론의 착상과 '협의민주주의'(consensus democracy)에 대한 주안적 설명은 그가 네덜란드 출신이기에 네덜란드식으로 체화된 해법과 무관하지 않을 것이다.[27]

'정당'이란 기관의 성격을 '국가'의 성격에 유추시켜서 생각해 볼 수도 있다. 마르크스(K. Marx)가 국가는 소멸한다고 하였지만, 국가 소멸가능성이 희박하다고 본 '국가이론가들'이 '네오마르크스주의자들'(neo-Marxists)이다. '정당'이란 기관은 어떤 형식으로건 진화하면서 모습을 이어나가게 될 것이며, 소멸가능성은 높지 않다. 시대의 변화 속에서 정당은 이제 단순히 '대의민주주의'를 위한 기관이 아니며, '참여민주주의'를 조장하기도 하는 기제로서의 역할을 맡을는지도 모른다. 정당은 진화하고 있는 것이다. 정당이 어떻게 진화하고 있는지 살펴보고, 이로부터 미래 정당정치의 방향성에 대한 직관을 고양하는 것이 본 연구의 목적이다. 이를 위해서 세부 주제들과 이에 따른 논점들을 세분화하면 다음과 같다.

첫째, 본 연구서는 과거로부터 현재까지 정당정치가 어떤 모습으로 '진화'(evolution)하고 있는가에 대한 보다 장기적인 관점에서의 조감도를 도출해 보고자 한다. 정당은 사회적 환경에 적응하면서 생존해 나가는 존재이다. 사전적 정의에 의하면, 진화는 어떤 개체가 변화에 상호작용하면서 '적응'(adaptation)한 결과물로서 이해된다.[28] 어떤 개체나 사회적 환경에 적응을 해나가는 과정에서의 진화가 이루어진다. 진화란 중립적 개념이어서 개체는 복잡화되기도 하고, 단순화되기도 하고, 방향은 바람직한 방향일 수도 있고, 부정적인 방향일 수도 있다. 본 연구서는 미래의 정당정치의 방향성에 대한 감각을 위해선 단순히 변화에 대한 논의보다는 '진화'의 관점에서 변화를 논해보고자 한다.

둘째, 정당이 태동하는 단계에서의 사회균열과 정당의 모습을 살펴보고자 한다. 관념의 세계에서 정당의 '존재의 이유'(raison d'être)는 정당이 사회균열을 반영하는 것이지만, 현실 세계에선 그 역(逆)도 가능할 수 있다. 정당이 사회균열을 이끄는 교조적 역할을 할 수 있는 것이다. 달리말해서 정당이 사회균열을 창출하기도 하는 것이다. 현재의 모습은 갑자기 나타난 것이 아니라 과거로부터 왔고, 현재의 모습은 미래의 모습에 영향을 미칠 것이다. 특히 어떤 형태가 만들어질 때 '초기값'(initiating point)에 대한 논의가 중요하다. 현재 한국정치에서 두드러진 정당균열구조인 이념갈등구조가 새롭게 이식된 성격의 것인지, 과거로부터 있었던 성격의 것인지를 파악하는 것이다. 한국정당의 태동과정에서의 특성과 이러한 특성들이 시대가 흐르면서 어떻게 진화되어 왔는지를 살펴본다. 정당의 과거 모습을 살펴보는 것은 그 자체로서 유용하다기보다는, 현재시점에서 우리가 어떤 관점을 갖고, 미래에 어떤 대안과 해결책을 마련하는가에 영향을 미치기 때문에 유용하다. 한국정당사의 시점을 원거리 시점에서는 19세기 말로, 중거리 시점에서는 1919년의 '임시정부'시절로, 근거리 시점에서는 1948년 공화국 수립이후로 구분해 보고자 한다. 정당정치의 모습이 우리 고유의 것은 아니므로, 특히 미국정당태동과정에서의 균열과 그 내용, 그리고 제도화되어 가는 과정 등을 비교관점에서 살펴보면서 논의의 보편성을 유지하고자 한다.[29] 근대적 의미의 한국정당태동과정에서의 특질들을 분석하여 한국정당들의 한국적 상황과 특질을 규명해 보고자 한다. 정당의 진화방향에 대한 적합한 비판을 위해선 정당 태동의 초기값들이 어떠했는지에 대해서 규명할 필요가 있을 것이다. 한국정당정치의 현실을 보면서 많은 학자들이 이제 더 이상 외국의 이론들이 아닌 우리 현실에 적합한 정당모델을 개발해야 한다는 데 뜻을 모으고 있는 듯하다. 이런 경우, 한국정당들의 태동 모습에 대한 규명은 한국정당모델의 방향성을 논의하는데 유용할 것이다. 그렇게 본다면, '인물주의 정당모델'이나 '지역주의 정당모델'이 우리 한국의 정당모델일는지도 모른다는 도발적 주장도 가능할는지 모른다. 또한 반복되는 정당간 이합집산을 '정당정치 역동성'의 발로로 주장하는 것도 가능할 것이다. 한국에서 비판받는 지역주의에 의거한 정당 역시 다른 국가들에서도 많은 정당들이 전통

27 Arendt Lijphart, *Patterns of Democray: Government Forms and Performance in Thirty-Six Countries* (New Haven: Yale University Press, 1999).

28 이렇게 본다면, 진화(E)는 변화(c)와 적응(a)의 '기댓값'(expected value)으로 표시될 수 있을 것이다. $E=c \cdot a$.

29 정당의 태동과정과 관련하여 미국정당사에 주목하여 비교하려고 하는 이유는 다음과 같다. 첫째, 18세기말에 건국된 미국은 정당태동의 초기값을 구성하는 내용이 단순 명확하여 이해에 도움이 된다. 미국은 정당사가 긴 정치사 속에서 장기간 발현되었다기보다는 국가태동과 함께 정당사가 시작되어, 정당균열의 역사가 간략하고 명확하다. 둘째, 미국에선 국가독립시기의 정당태동사가 그 이후 정당사에 영향을 미쳤다는 것이다. 한국의 정당사 역시 국가독립을 위한 '임시정부' 기간이 그 이후 정당사에 지대한 영향을 미칠 수밖에 없었다. 본 연구의 '정당조직' 부분에서는 독일, 프랑스, 영국, 일본 등의 상황도 함께 고려한다. 그러나, 이들 네 나라는 모두 독립전쟁의 시기를 거치면서 정당사가 형성된 것은 아니다. 정당태동시점의 연구부분에선 특히 미국의 경험등을 비교하려는 이유가 그것이다. 직관적으로도, 기관중심의 정치가 아닌 인물중심의 정치가 강력히 상존하는 모습은 국가독립운동과정에서 보여지는 특색으로 그 이후 남겨진 유산으로 이해될 수도 있다.

적인 우세 지역기반을 갖고 있다. 정도와 수준의 문제일 것이다.

셋째, 정당조직이 어떻게 진화하고 있는지에 대한 통시적이고 비교적인 관점에서 논의를 해 보고자 한다. 한국인의 관점에서 웨어(A. Ware), 맥키(Mackie), 로즈(R. Rose) 등의 유럽선거정당사 연구들에 나타난 독일, 프랑스, 영국, 미국, 일본 등에서 나타난 주요 정당조직사를 리뷰하며 비판적으로 고찰해 보고자한다. 정당사 속에서 과연 그러한 변화를 이끄는 주요한 동인(動因)이 무엇인지 살펴보고자 한다. 비교관점에서 통시적으로 정당조직의 변화나 개혁을 이끌어내는 힘의 원천을 본다면, 그 연장선상에서 정당의 변화방향에 대한 직관을 늘리는 데 도움이 될 것이다. 정당조직의 문제란 '당내'(intra-party)의 문제이다. 한 정당이 존재하면 구성원들 사이에서는 정당의 노선(路線)과 정책에 대한 파벌간 격론과 경쟁이 불가피하다. 정당조직의 유지와 활성화에는 '당내 민주주의'가 중요한 것이다. 다양한 정당들이 존재하며, 정당들은 서로 다른 존재이유를 갖고 있을 것이다. 개별 정당들의 다양한 존재이유들을 보다 효율적으로 실현하여 정당의 존재감을 증명하는 전략은 다양하게 나타날 것이다. 이론적으로 정당이 활성화되는 가장 직접적이고 바람직한 방식은 '진성당원'이 증가하는 것이다. 하지만, 모든 정치일정과 활동이 현장중계되는 모바일매체에 근거한 SNS시대의, 그리고 경제시장에서의 기업들과는 다르게, 공적인 희생양이 되기 쉬운 정치시장에서의 정당들은 사회구성원들로부터 혐오감과 불신의 대상으로 전락하기 쉽다. 이런 시대변화 속에서 과거와 동일한 수준의 '진성당원'을 모집해야만 한다는 강박관념을 갖는 것이 과연 적합한 정당발전의 모델인지에 대해서 심의할 필요가 있을 것이다.

넷째, 기관의 존재이유는 시대변화에서 유리되어 논의될 수 없을 것이다. 정당이 환경의 변화에 어떻게 적응하는지 살펴보고자 한다. 시대변화와 정당조직의 변화와 적응 그리고 공천과정의 변화를 통해서 바람직한 공천제도를 중심으로 한국의 정치상황과 정치문화에 부합하는 공천제도에 대해서 논의해 보고자 한다. 세속적 차원에서, 모든 정당에 공통되는 존재이유는 정당원들을 공직에 '공천'하고 유권자들의 지지여부에 따라서 공무를 담임하는 것이다. 이것은 '대의민주주의'(representative democracy)의 형식이 유지되는 한 사실일 것이다. 대의민주주의를 하려면 대의자뿐만이 아니라 유권자들이 대의자들을 판단할 수 있는 매개기관이 필수적인데, 그 매개기관이 '정당'인 것이다. 명칭을 '정당'으로 부르건, 아니면 다른 명칭으로 부르건 간에 대의제를 수행하는 매개기관의 존재는 필연적인 것이다. 대의민주주의를 수행하기 위한 매개기관은 복수로 존재하면서, 서로 경쟁하고, 대의기관의 구성원을 천거하게 된다. 각급 수준의 선거에서 정당의 공천방식이 어떤 형식을 취하고 있고, 변화하는 내용의 의미가 무엇인지 논의가 필요하다.

다섯째, 유권자, 시민사회 및 정당관련 법규들에 적응되어 나타난 정당 유형의 상관성을 살펴본다. 현재 한국정당들은 '지구당'이 폐지된 상황에 적응하고 있다. 단순다수제-소선거구제가 지속적으로 유지된다면, 지구당이 다시 부활할는지도 모른다. 유권자들의 이념도 특정 사회, 특정 시대에 상대값으로 형성되는 것이다. 어떤 사회, 어떤 시대에나 상대적 좌파-상대적 우파가 있는 것이다. 법체계도 마찬가지이다. 헌법, 정당법, 선거법, 국회법 등 정당에 영향을 미치는 관계 법령들은 정당의 조직활동의 범위와 내용의 한계를 상호 규정하며 영향을 미치기에 정당은 외부 관계법령들과의 관계 속에서 그 모습을 드러내게 된다.

여섯째, 현실정치세계에서 정당이란 다른 정당과의 경쟁과 타협을 통해서 존재한다. 경쟁구도의 형성과 변화를 기본으로 하여 타협의 상황과 조건을 살펴볼 필요가 있다. 먼저, 정당경쟁에 있어서는 각급선거들에 나타난 정당경쟁을 살펴보고 선거과정에 나타난 정당행태를 통해서 한국정당이 어떻게 변화해야 하는지에 대한 방향성을 진단할 수 있다. 정당의 가장 적나라한 모습은 선거과정에서 나타나기 때문이다. 정당간 경쟁구도 형성은 선거로부터 비롯되며 단층적인 것이 아니다, 선거는 다양한 각급 선거들로 구성되어 있기에 다층적이다. 대통령선거, 국회의원선거, 각급 지방선거 등을 통해서 정당경쟁구도가 형성된다. 정당간 경쟁의 내용은 '정책차별성'을 통해서 알 수 있다.[30] 하지만, 정당이 경쟁만 하는 것은 아니다. 또한 의석수가 많다고 해서 반드시 입법효율성으로 연결된다는 보장도 없다. 특히 한국정치의 경우 그런 성향이 있다. 여당이 과반수 의석을 차지해도, 야당의 사생결단에 가까운 투쟁이 있는 경우, 여당의 입법효율성은 낮을 수밖에 없다. 역으로, 적은 의석수를 가지고도 정책연합을 통해서 정당은 소기의 입법화에 성공할 수도 있다. 선거후 형

30 정책차별성의 문제는 정당정치의 내용을 규정하는 기본 요소이다. 한국정치과정에서 '노동당'은 노동자들의 규모에도 불구하고 의석수의 한계를 갖고 있다. 기존의 주요정당에 중도좌파적 정당이 있어서 보다 좌파적인 정당의 역할을 상당부분 대체할 수도 있기 때문이다. 하지만 정당정치에서 노동당의 존재가 갖는 의미를 파악하기 위해선 그러한 노동당의 존재가 있을 때, 기존의 정당들이 갖는 정책차별성과는 다른 구도의 정책차별성을 가져오는가를 파악해야 한다. 이성희, 진영재, "민주노동당의 국회진출과 한국 정당의 정책차별화 가능성", 『의정연구』 12:2 (2006), pp. 223-254.

성된 의석수가 해당 임기동안 변화되는 것이 아니라면, 결국 정당들은 정당은 소기의 목적을 달성하고자 '연합'을 통한 타협을 추구할 수 있다. 정당연합이 활성화된 곳에서 정당들에게 과반수 의석의 점유만이 능사는 아닐 것이다. 실제로 다정당 경쟁체제하에서 한 개의 정당이 의석의 과반수를 점유한다는 것이 쉬운 일이 아니다. 연합이론에 따른 실제 사례들과 그 내용을 보면서 앞으로 정당의 진화 모습에 대해서 논의해 보고자 한다.

정당은 국가의제를 설정하고 국정운영을 하는 정치단위이다. 정당이 입법부와 행정부의 공무담임자가 되어 국가의제를 설정하고 국정운영을 하기 위해서 바람직한 정당의 진화 방향에 대해서 논의해 보고자한다. 현재 대통령 1인의 역할이 강조되는 '대통령제'하에서 낮은 수준의 정당제도화에 머물고 있다.[31] 정당이 입법부 및 행정부와의 관계를 어떻게 설정하는지에 대한 논의는 한국정당정치가 발전하기 위한 방향을 설정하는데 중요할 수밖에 없다. '의원내각제'로의 개헌을 주장하는 일군의 학자들의 논리적 근거는 '정당중심의 정치'로 회귀하자는 것이다. 이것은 '대통령제'가 개인 '인물중심'이고, 상대적으로 '의원내각제'는 정당이란 '기관중심'임을 의미한다고 보기 때문이며, 일리가 있는 주장이기도 하다. 단, 한국정치문화에서 한국정치과정에서 과연 의원내각제가 정당중심으로 기능할지에 대한 확신은 금물이다. 만약 한국식 인물중심의 정치의 부정적 측면이 의원내각제와 결합한다면 국민들이 제어할 대상은 대통령 1인이 아니라 국회의원 300명이 될 수도 있다. 일본에서도 권력구조의 채택과 작동은 '정치문화'적인 요소도 도외시할 수 없다. '대통령제'의 주창자들은 '대통령제'가 갖고 있는 단점들에도 불구하고, 일단, 한국민들이 '의원내각제' 도입에는 별 관심이 없음을 지적한다. 동시에 '의회민주주의'에 대한 실망감과 더불어 '참여민주주의'의 속성이 강조되는 현 시점에서 "내 손으로 국가지도자를 직접 선출한다"는 기제로서의 대통령제 포기는 쉽지 않을 것이다. 그래서, 의원내각제 주창자들은 한국의 권력구조 논의 자체의 한계가 대통령제를 고수하는 이유로서 '한국민들의 정서'를 거론하는 데 있다고 본다. 이때까지 익숙한 대통령제를 포기할 수 없다는 어떻게 보면 제도논쟁과는 상관없는 영역 때문에 "한 걸음도 못나간다"고 비판한다.

해외언론에선 지구상에서 전자민주주의를 시행한다면, 아마도 한국이 가장 먼저 시행하는 국가가 될 것이란 이야기가 보도되곤 한다.[32] 인터넷, SNS시대에 비단 한국만의 현상은 아니지만, 특정 정치인을 지원하는 세력들이 등장하며 정치결과에 큰 영향을 끼치고 있다는 것이다. '정체성의 정치'(identity politics)도 또 다른 의미에서

'대의민주주의'와 갈등 소지가 많은 흐름이다. 네티즌(netizen) 정치집단들이 영향을 미치고 있으며 이들의 정치과정에서의 역할은 정당이 포괄할 수 있는 범위를 넘어섰다. 시민사회의 정치체제와 과정이 온라인(on-line)화할수록 시간 · 공간적 제약을 넘어서게 되어 직접민주주의에 유사한 정치가 기능적으로 실현되는 효과를 가져온다.[33] 전자민주주의가 완벽히 구현되는 사회에서 정당의 존재가치는 낮아질 수밖에 없다. 그런 이유로 대의민주주의의 기저인 정당정치는 '온라인정치'와 상반되는 방향에 있어, 소위 정-반-합의 발전방향이 요구되는지도 모른다. 다양한 정체성을 기반으로 한 사회집단들이 과연 하나의 정당을 통해서 이익집약과 이익표출을 할 수 있는지에 대한 고민들은 정당정치과정에서 '대체재와 보완재 논쟁'을 불러일으키게 된다.

"그래서, 무엇을 어떻게 할 것인가?" 앞 부분의 논의들을 정리하여 민주주의 수행과정에서 한국정당정치의 현실을 업그레이드하기 위한 논의를 진행하고자 한다. 정당이 변화되는 사회환경에 맞추어 적응하며 생존하는 것은 정당조직이 갖고 있는 내부 역량의 문제이다. 다양한 정당조직은 상이한 가치관에 따라서 서로 다른 개혁프로그램을 갖게 된다. 이런 경우, 정당발전을 위한 하나로 고착화된 모델을 상정하

31 안순철, "제6공화국헌법 국회통과 30주년기념 학술회의 (한국정치학회: 2017. 10. 12) 국회의원회관 제2소회의실 '제3회의'(15:50-17:50): 1987년 민주헌정체제와 2017년 개헌논의. 한국정치과정의 제도 개혁논의에서 가장 근본이 되는 부분일 것이다. 현재까지 있어왔던 수많은 정치개혁 논의는 '대통령제'를 전제로 한 것이며, 만약 개헌시 권력구조가 '의원내각제'나 '이원집정부제'로 개편된다면, 이에 따라서 수많은 연관 제도개혁이 예상된다.

32 앨빈 토플러(Alvin Toffler)는 미래사회가 정보화 집중사회라고 보았고, '디지털 매체'를 통해서 구현된다. 2017년 10월 29일 이후 대규모로 확산된 '광화문 촛불집회'와 같이 구체적이고 강력한 정치영향력을 지닌 '전자직접민주주의'가 실체를 드러낸 적은 전 세계에 없었다. '광화문 촛불집회'는 박근혜대통령의 퇴진에 가장 큰 영향을 미친 요인일 것이다. 김형오 (전)국회의장에 따르면, 2003년에 한나라당이 디지털 정당화를 추진하며 '디지털위원회' 위원장을 맡은 일이 있는데, 당내 정치구호나 쇼윈도우 정책의 한계를 보이면서 유야무야된일이 있다. 이때, 디지털화에 성공했다면 한나라당은 세계 최초의 디지털 정당이 되었을 것이며, 한국의 디지털민주주의 구현을 실현했을 것으로 회상하고 있다. 김형오 "정보화사회의 도전과 한국전자민주주의의 가능성에 관한 연구" 경남대학교 박사학위 논문 (1998).

33 James R. Simmons, "Digital Democracy: Discourse and Decision Making in the Information Age", *Social Science Computer Review* 21:1 (2003), pp. 123-124. Stepehn Coleman, "New Mediation and Direct Representation: Reconceptualizing Representation in the Digital Age", *New Media & Society* 7:2 (2005), pp. 177-198. Pantelis Vatikiotis, "New Media, Democracy, Participation and the Political", *Interactions: Studies in Communication & Culture* 5:3 (2014), pp. 293-307. 김용철, 윤성이, 『전자민주주의: 새로운 정치패러다임의 모색』 (서울: 오름, 2005). 류석진, 강원택, 김면회, 김용복, 임혜란, 장우영, 조희정, 한영빈, 『전자투표와 민주주의: 9개국 비교 연구』 (고양: 인간사랑, 2009).

는 것은 현실성이 낮을런지도 모른다. 더 근본적으로는 사회현상을 제도가 쫓아가지 못한다는 것을 유념할 필요가 있다. 소위 '아날로그정당'과 '디지털유권자' 사이에는 '제도지체현상'이 일어나고 있다. 과거 오그번(W. F. Ogburn)은 한 체계내에서 한 부분이 심하게 변했는데, 다른 부분이 쫓아가지 못하면 두 부분 사이에서 기존에 존재했던 상호 적응의 관계를 벗어난 부적응이 발생하는 '문화지체현상'을 설파한 적이 있다. 여러 가지 의문이 생긴다. 실시간 모바일 매체의 상용화와 시민들 속성의 변화는 이제 구성원들에 의한 자동통제정당화 체계로서의 '블록체인정당'(blockchain party)을 예고하고 있는지도 모른다.[34] 그렇게 본다면, 실시간 모바일 시대에 여러 가지 복합화된 현상이 드러난다. 국고보조금이 유지되는 한 정당체계는 '카르텔정당체계'의 모습으로 유지되면서도, 개별정당의 차원에선 소위 '선거전문가형정당'과 '참여형정당'의 복합적 모습으로 변해갈 수 있다. 이 두 가지 사안은 모순되는 듯하지만, 함께 갈 수도 있다. 정치발전을 위한 하나의 통합된 형식으로서의 '정당모델'이 존재할 수도 있지만, 우월한 발전모델이 없는 상태에서 다양한 정당조직유형이 병립할 수도 있다.

한국정치발전을 위한 정당모델이란 단순히 당내조직개혁을 통한 모델이라기보다 더 거시적으로 정당간 경쟁구도속에서 찾는 것이었으면 한다. 정당의 당내조직개혁 모델이란 개별정당의 문제이다. 물론 개별정당의 문제도 중요하다. 하지만 정치라는 것은 정당들이 경합하면서 만들어지는 결과물이다. 한국정치사에서 중도정당은 기관으로서 존재하는데 실패하였다. 개별정당들이, 특히 그들이 집권정당으로서 정책결정과정에서 나타내는 이념적 집착과 고집에 따른 모든 폐해는 국민들의 몫이다. 레입하트의 언급처럼, 양당체계는 '중도좌파-중도우파'라는 형식으로 구성될 개연성이 크다. 그런데, 중도파의 규모가 중도좌파나 중도우파 각각의 규모와 거의 대등한 곳에서는(즉, 중도파 1/3, 중도좌파 1/3, 중도우파 1/3인 경우), 기능적으로 존재하는 중도정당에 대한 기대감을 갖을 수도 있다. 한국은 대략 적게는 25%에서 많게는 40%의 부동층(floating voters)이 있다고 보는데, 해당 부동층을 '중도층'으로 해석할 수도 있다.[35] 물론, 중도정당이 기관으로서 존재하려면 중도좌파-중도우파 정당들과 선거경쟁을 해야하는데, 이는 중도정당의 선거전략이 갖는 한계 때문에 쉬운 일은 아니다.[36] 더욱이 중도정당의 뿌리가 없었던 곳에서 일정 수준 제도화된 중도정당이 기관으로서 존재하기 위해선 특별한 '중대선거'(重大選擧, critical election)를 계기로 가능한 일이다. 물론, 그러한 '중대선거'란 특정한 정치적 사건들에 대한 유권자들의 반응이나 아니면 다당체계를 강력하게 유인하는 선거제도의 개혁을 통해서 가능할 수도 있다. 만약, 한국의 정당체계가 장시간동안 양당체계적 관성의 법칙이 있다면, 기능적으로 존재하는 '중도정당'을 기대하는 것이 현실적일 수도 있을 것이다. 그리고 해당 시기의 국가의제서정과 입법정책의 책임은 집권정당에게 돌아가게 된다.

34 블록체인기술은 경제시장에서처럼 정치시장에 그대로 적용될 수 있다. 현재 오프라인(off-line)상에서 이루어지는 정치행위(특히 유권자들의 투표행위)들이 온라인(on-line)화 하는데 가장 큰 문제점은 보안과 이로 인한 신뢰감 부족이다. 오프라인상에서는 오류가 있더라도 정정하는 절차를 이해 당사자들이 공유하면서 직시(直視)할 수 있는데 반해, 온라인상에서 사소한 오류가 발생하면 이는 곧 해당 이벤트 자체에 대한 불신이 된다. 블록체인기술이란 '분산장부기술'(distributed ledger technology)을 통해서 구성원들 내부거래에 분산성, 투명성, 익명성이 유지된다. 장부를 소수만 갖고 있으면 조작이 가능하지만 구성원들이 모두 공유하는 경우 조작이 불가능하다는 원리이다. 제3의 공인된 기관이 없이 구성원들만의 거래 및 관계로 이루어지며, 그래서 P2P(peer to peer)거래가 가능한 것을 말한다. Daneil Drescher, *Blockchain Basics: A Non-Technical Introduction in 25 Steps* (Berkeley, CA: Apress, 2017). Malcolm Campbell-Verduyn eds., *Bitcoin and Beyond: Cryptocurrencies, Blockchains, and Global Governance* (New York: Routledge, 2017). 블록체인정당에선 구성원들 모두가 정당원이자 의회의원이 된다. 블록체인정당내의 당내민주주의도 논의될 수 있다. 블록체인정당끼리 경쟁하는 경우, 정당들간에 국가의사결정에 대한 지분의 문제가 발생할 수도 있다. 다양한 의사결정의 이슈들이 온라인상에서 빈번히 실시간적으로 논의되고 결정되면서, 사회의 제도변화에 대한 급변성이 높아지고, 예측성이 낮아지게 된다. 과연 바버(Benjamin Barber)의 말처럼 디지털 기술 사회일수록 구성단위인 시민들의 개인의식 수준이 더욱 중요해질 수밖에 없다. 그런데, 2019년 10월 네이처(Nature)지에 '양자컴퓨터'(quantum computer) 개발에 관한 연구물이 게재되면서 블록체인화폐인 비트코인값이 폭락했다. 양자컴퓨터의 기술이 블록체인이 보장하던 보안성이 무너뜨릴 수 있다는 점 때문이었다. 물론, 이더리움의 창시자인 비탈릭 부테린은 양자컴퓨터의 우월화는 검증되지 않았고, 실용화는 먼 훗날의 일이라고 주장했다. 이렇게 본다면, 블록체인화폐나 블록체인정당도 어떤 운명에 처하게 될지 더 지켜보아야 할 것이다. 결론적으로, 어떤 디지털 기술형식이 만들어지는 것은 순간이지만, 그러한 기술을 사회구성원들에게 적용하여 어떤 운영체계와 합의형식을 만드는 것은 지난(至難)한 과정일 것이다. 디지털기술은 현재의 대의민주제 오프라인 정당정치를 보완하는 형식인 '보완재'로써 발전해 나갈 것이며, 한 순간에 현재의 정치형식을 변경하는 '대체제'가 될 수는 없다. 심지어 'IT민주주의'시대에도 의견과 자료집약과정에 대한 '신뢰성'을 담보할 수 있는 매개체로서 '전자대의기구'가 형성될 수도 있다. 전자민주주의 방식하에 신뢰성에 대한 문제는 장지현, 이정철, 전봉신, 장연성, "블록체인 기반 정치후원 시스템", 한국정보기술학회 Proceedings of KIIT Conference, pp. 80-81. 이준복, "블록체인에 기반한 전자민주주의 구현방안 연구: 신뢰성을 확보한 전자투표 시스템 구축을 중심으로", 『법과정책』 25:1 (2019), pp. 215-244을 참조할 수 있다.

35 평균 부도층의 규모를 35%전후로 본다면, 한국의 대략적 이념분포는 우파 1/3, 좌파 1/3, 그리고 중도 1/3로 구성해 볼 수 있다. 중도우파정당과 중도좌파정당이 선거전략 차원에서도 중도층을 공략할 필요성이 큰 것이다.

36 서구의 선거정당사를 보면, 중도좌파정당이나 중도우파정당이 상대정당과의 타협 속에서 중도정책정당으로 기능하는 것이 경험적으로 나타난 사실이다. 이는 각 장의 결론 부분들에서 상술하기로 한다. 안병영, "중도 정치가 길이다" 『철학과 현실』 봄호(2019), pp. 33-57. 안병영은 오스트리아, 독일, 스웨덴, 영국의 예를 통해서 중도좌파 정당과 중도우파 정당이 정책적 전문성에 기반한 이념적 유연성을 갖고 중도정책으로 성공적인 국정운영을 하고 있음을 주장한다. 박명림은 스웨덴, 네델란드, 핀란드, 나아가 미국의 예를 들면서 이념적 유연성을 통한 연합정치가 성공적 국정운영에 중요하다고 본다. 박명림은 한국에서도 김대중과 김종필의 DJP연합이 단순히 선거연합을 넘어서서 집권이후에는 정책연합적 성격으로 연장되었음을 주장한다. 박명림, "연합정치, 정권교체, 대통령리더십", 박명림 편 『1987년 민주헌정체제의 등장과 운영 II: 김대중』 (파주: 카오스북, 2017), pp. 23-71.

집권정당이 성공하는 정치를 이루어내는 것은 이념에 집착하여 사회갈등을 확대재생산하는 '정치꾼들'을 배제하고 '국가대계'(國家大計)와 '민생'(民生)을 위한 '정책전문가들'을 십분활용하여 집권 기간동안 정책적 유연성을 발휘하며 경쟁상대인 중도우파나 중도좌파 정당을 끌어 안게 되어 중도적 정당으로 기능하려는 노력에서 비롯될 수밖에 없다.

책을 읽기 전에

'진화'(進化, evolution)의 의미

모든 개체와 기관은 '자율성'(autonomy)을 지니고 있다. 대의민주주의하에서 정당은 기관자율성을 지니고 환경에 적응하며 생명력을 이어간다. 정당이란 기관(또는 정당에 몸담은 구성원들)은 하나의 자율성을 지닌 기관으로서 환경에 적응하여 변화하여온 결과물인 것이다. 모든 정당들이 생명력을 이어가는데 성공하는 것은 아니다. 그런 정당들도 있고, 그렇지 못한 정당들이 더 많다. 정치를 논하는데, 주어가 '정당'일 경우에는 정당이 행하는 행위들은 나름의 이유를 가지고 있고, 나아가 그러한 행위들이 합리화될 가능성이 크다. 어찌보면, 정당을 주어로 할 때는 한국의 정당들이 행하는 것 그 자체가 한국적 정당모델인지도 모른다. 정당개혁을 위한 프로그램들의 개편 필연성이 '시민'들에게서 제시되어도, 개편의 '현실성'은 정당이 그렇게 실천해 주는 것에서 비롯될 수밖에 없는 측면이 있는 것이다.

한국 국민들은 한국정당정치의 실망스러운 모습이 구태의연하며 별로 변하지 않는다고 느낀다. 정당조직은 생존과 득세를 위해서 이를 둘러싼 환경에 적응하여 진화하고 있다. 현재 정당의 모습은 하루아침에 형성된 것이 아니고, 여러 해를 지나면서 정당을 둘러싼 정치환경(즉, 정치문화 및 정치제도들)에 적응한 결과물이다. 의도된 개혁프로그램이 원하는 결과물을 가져온다고 확언할 수 없다. 우리는 지금의 정당모습에서 또 다른 변화를 요구하지만, 현재의 모습은 적응기간을 통해서 이미 변화한 결과물의 측면도 있기 때문이다. 어떤 한 시점에서의 정당의 행태가 생존과 득세를 위해서 환경에 적응하면서 변화한 결과물로서 존재하는 것이라면, 이미 적응된 결과물이 쉽게 바뀌지는 않을 것이다. 정당의 현재 모습을 변화시키려면 또 다른 환경을 조성해서 또 다른 적응의 시간을 거쳐야만 정당의 변화된 모습을 볼 수 있다. 정당을 변화시키는 환경에서 가장 큰 역할을 하는 것은 제도나 프로그램이라기 보다는 궁극적으로 '시민'들일 것이다.

보통 우리가 정당개혁프로그램이라고 이야기하는 것이 정당에 변화를 일으키는 동인을 제공하는 행위인데, 정당은 기존에 해오던 '타성'(惰性)이 있어서 예기치 않은 또 다른 방향으로의 변화를 일으킬 수도 있다. 판도라의 상자와 같다. 상자의 뚜껑을 열 때 갖고 있었던 의도와 기대들이 한 번 뚜껑을 열고난 이후에는 어떤 방향으로 흘러갈지 예측하기 쉽지 않다. 그렇기에 제도개선에만 열을 올리지 말고, 현 제도 속에서 공공성의 기치위에 지혜를 함께 하는 것도 개혁프로그램 이상으로 중요하다. 개혁 당시의 원하던 방향으로 정당이 진화해 나갈지 아닐지는 일정 시간이 흐르고 난 이후에야 그 판단이 가능할 것이다. 그래서 정당개혁 프로그램을 만드는 것은 조심스러운 일이다.

연구자들이 특정한 제도에 대한 우월성이나 선호에 집착하기보다는, 다양한 옵션들이 존재하며 옵션들 나름대로의 이유를 인정할 수 있는 여유를 가졌으면 한다. 특정한 옵션만이 최선이 아니며, 모든 옵션들이 그 나름대로의 의미를 지니고 있음은 분명하다. 연구자들에게 특정 제도와 프로그램이 다른 것들보다 우월하다는 이론적 강박관념이 지나쳐선 안된다. 옵션은 다양하며 선택은 자유로운 것이다. 물론, 제도논쟁 자체가 무의미한 것은 결코 아니기에, 특정 제도 선택에 대한 사회적 합의가 형성된다면 그렇게 하여야 할 것이다. 새로운 제도와 처방들이 오히려 현실적 문제에 대한 긍정적인 처방으로 작용하지 않고 상황을 악화시킬 수도 있다. 특정 제도나 프로그램의 우월성에 대한 논의에만 집중하면서, 선택된 제도가 사회에 긍정적으로 정착되도록 하는 논의는 소홀히 될 수 있다. 제도나 프로그램은 선택 이전보다도 선택한 이후의 운용이 더 중요하다. 어떠한 이유에서이건 제도나 프로그램이 선택되었다면, 그것들의 장점이 극대화되고 단점이 최소화되는 방향으로 노력해 나가야 할 필요가 있다.

파네비앙코(Angelo Panebianco)는 그의 명저 『정당: 조직과 힘』에서 '발전'(發展, development)은 몇 개의 유형을 선험적으로 상정한 후에, 특정 유형이 더 선진적인 것으로 예정하는 논리인데 반하여, '진화'(進化, evolution)란 사회적 맥락을 중시하며, 그 속에서 개체가 적응해 가는 모습을 설명해가는 논리라고 보았다. 정당이 환경에 적응하며 변화하는 경향성이나 방향성을 본 단행본에서는 '진화'라고 부른다. 진화란 것이 긍정적인 의미도 아니고 부정적인 의미도 아니며 가치중립적 용어의 성격이 강하다. 사회내에 존재하는 모든 개체들은 사회변화에 적응하면서 생존해 가는 것이며, 특정 단계에서 그것이 발전인지, 퇴보인지를 판단하기는 어렵다. 지금 시점에서는 문제가 많은 듯하여도 과거시점에서는 전략과 선택을 통한 최선의 적응을 한 결과로서 현재의 모습일 수도 있다는 것이다. '단순다수제 소선거구제'는 '유신체제'하에서의 지역구 동반당선을 피하기 위한 제도인데, 지금은 '비례성'만을 이유로 논란의 대상이 되어 있다. 대의제에서 책임정치를 강조하는 경우, 책임의 소재 명확성을 강조하는 '대표성'도 선거에서 중요한 차원이다. '대통령단임제' 역시 제3, 제4, 제5공화국의 문제점을 극복하기 위한 결과물이었다. 제도 개편논의에는 역사적 이해와 함께 신중함이 필요한 것이다. 그렇다고 그런 논의 자체가 잘못이란 것이 아니라, 지나친 아이디어의 난무가 문제일 수도 있다는 것이다. 제도의 변경은 바뀌야만 한다는 공론이 다수의 뜻으로 형성되고, 그에 대한 사회적 합의가 상식적 수준에서 도출될 때만이 이루어지는 것이다. 그렇지 않으면 정당정치는 정파들에 유리한 제도논쟁 속에서 '정쟁'(政爭)에 함몰되어 '민생'(民生)과 유리된다. 시대가 급변하고 있기 때문에, 현재에는 문제점이 아닌데 미래에는 문제점으로 부각될 수 있고, 반대로 현재에는 문제점인 것이 오히려 미래에는 문제점이 아닐 수도 있다. 사안이 복잡한 것이다.

현재의 현상을 파악하고 제도 개편에 관여하는 모든 이들에게 해당 사회에 대한 역사적 이해와 함께, 문화적 차원에 대한 종합적 이해가 요구된다. 한국정치에서 '군소정당'이 발현하지 못하는 것은 대통령제하에서 대통령을 배출해야만 될 수 있는 '주요정당'의 위치, 여당에 대한 대안세력으로서 제1야당을 집중하여 밀어주는 유권자 행태, 단순다수대표-소선거구제, 국고보조금제도 등과 같은 정치환경에 종합적으로 장기간 노출되어 있기 때문일 것이다. 만약 유권자들이 기존 주요 정당들에 심한 혐오감을 보이고, 군소정당의 역할이 필요하다고 절실히 느낀다면, 사실 단순다수대표-소선거구제하에서도 얼마든지 제3당, 제4당이 존재할 수 있다. 1996년에 '자민련'이 있기도 했고, 2016년에는 '국민의당'이 있기도 했다. 소선거구제와 단순다수대표제가 결합하면 양당체계를 유인한다는 '듀베르제의 법칙'(Duverger's law)이 한국에서도 전능한 것은 아니다. 단순다수대표-소선거구제가 한국의 지역주의와 결합하면서 양당체계가 아닌 제3당으로서의 '자민련'을 포함한 삼당체계(영남, 호남, 충청)를 만들기도 했다. 국민들의 두 주요 정당에 대한 혐오감은 인물적 효과와 함께 '국민의당'을 제3당으로 만들기도 하였다.

한국적 '양당정치'는 단순히 제도의 결과물이 아니고, 한국정치문화와의 결합물이다. 한국적 '지역주의'와 함께 한국정치문화의 핵심이라고 할 수 있는 지방분산적 힘보다는 중앙을 향해서 모든 것이 빨려 들어가는 소위 그레고리 헨더슨(Gregory Henderson)이 주장했던 '회오리바람의 정치'(Politics of Vortex)라는 '한국문화' 속에서 정당조직이 적응한 결과물인 것이다. 그래서 중단기적 시간하에선 잘 바뀌지 않을 것이다. 1987년 제6공화국 출범이후에도 한국에서 정당의 이합집산이 많았다. 해방정국에서 일시적으로 무소속도 많았고 '다당체계'였지만, 제1공화국이 출범한 이후 곧이어 사실상 '양당체계'로 재편되었다. 2공화국에서 5공화국에서도 사실상 '양당체계'로 기능하였다. 6공화국 출범 당시에는 김영삼과 김대중의 분열로 일시적으로 다당체계였지만, 곧이어서 2개의 양대 주요 정당체계로 개편되었다. 종합적으로 1948년 1공화국 수립이후 한국의 정당체계는 2개의 주요정당을 중심으로 운영되어 온 셈이다. 해당 시대 속에서 정당들은 명칭을 바꾸거나 분당, 합당, 창당 등을 통해서 2개의 주요 정당체계를 강화시키는 방향으로 진화해 왔다고 볼 수도 있다. 대통령을 배출해야만 정당의 득세와 생존에 유리하니 대통령제라는 권력구조가 양당체계에도 영향을 미쳤을 것이다. 유권자의 입장에선 정당의 이합집산이 부정적일 수 있지만, 정당의 입장에서만 보자면, 생존과 득세를 위한 필연적인 적응의 과정으로 볼 수도 있다. 주어가 무엇인가에 따라서 상황은 다를 것이다. 결론적으로, 우리는 현 시점에서 정당의 행태가 불만스러워 이를 바꾸려고 하는 경우엔, 그 정당의 행태는 정당 나름대로 장시간 환경에 적응한 결과물이란 최소한의 인식이 필요할 것이다.

'좋은 정치'와 '국민을 위한 정치'는 그것이 양당체계가 되었건 다당체계가 되었건 어떤 정치체계마다 존재하는 두 세 개의 주요 정당들이 '중도우파'와 '중도좌파'로서 경쟁하는 경우에 '정책적 유연성'을 지닌 정당이 되어서 경쟁하는 일이다. 특히 정권을 잡은 여당의 역할이 중요한데, 집권정당의 책임정치는 해당 정당이 이념적 유연성을 가진 중도적 정책정당적으로 기능하는 것이 골자이다. 이렇게 본다면, 중도정당은 반드시 기관으로서 존재할 필요는 없으며, 정치과정에서 중도좌파와 중도우파가 중도로 다가서는 경우 기능적으로 존재할 수 있는 것이다. 정치체계내의 어떤 정당도 상황에 따라서 중도정당으로 기능할 수 있는 것이다. 정당이 집권하는 상황에서 중도정당으로 기능하는 것이 매우 중요하다. 이렇게 보면, 집권정당의 책임이 막중한 것이다. 그러한 책임과 부담이 싫다면 아예 집권하려는 노력을 하지 말아야 한다. 정치에서 개혁은 수단이지 목적이 아니다. '정치'의 궁극적인 목적이 '사회통합'인 것을 잊지 말아야 한다. 이를 위해서 정치세력은 특히 집권세력은 사회갈등을 완하하여 사회통합과 민생복리를 성취해야만 한다. 정치가 사회갈등을 확대재생산하고 기득세력의 보존을 위해서 진행된다면 이는 실패한 것이다.

한국정치의 가장 큰 문제점은 보수와 진보간 '진영(陣營)정치'의 확대재생산이다. 정당이 이념갈등을 완화시키지 못하고 오히려 증폭시키면서 강화하고 있다. 정당이 이념적 정체성에서 자유롭다는 것이 말처럼 쉬운 일이 아니다. 나아가, 이는 정당 존립에도 위기를 초래할 수도 있다. 이제 대의민주주의만으로는 안되며, 일정 수준 참여민주주의가 필요하다는 세간의 불만은 정당정치의 설자리를 약화시키게 된다. 급변하는 모바일 SNS시대에 있어서, 정당이 정책적 유연성을 갖지 못하면 그것 역시 정당존립에 해가 될 수도 있고, 정치권에 커다란 갈등을 확대재생산하는 결과를 초래한다. 한국정치과정에서 두 개의 주요정당이 이념갈등을 확대재생산할 수밖에 없다면, 필자는 중도정당이 정치권에서 물리적으로 존재하는 것이 아니고 기능적으로 존재하는 것이 한국정치상황에 더 맞는 모델이 아닌가 조심스럽게 생각해 본다. 두 개의 주요 정당으로 이루어진 양당체계에서 제3의 대안으로서 중도정당이 창당되어도, 결국, 양당체계적 속성으로 인해 정치권이 재편될 가능성이 상존하기 때문이다. 물론, 중도정당이 기관으로서 존재하면서 삼당(또는 다당)이 거의 비슷한 세력을 가진 기관들로서 경쟁하는 구도가 만들어져도 좋고, 아니면 중도정당이 존재하지 않는 양당의 경쟁하에서 두 정당이 중도로 다가서는 이념적 유연성을 지닌 정당으로 기능할 수만 있다면, 양당 경쟁구도가 만들어져도 좋을 것이다. '진영논리'가 확대재생산되는 상황을 완화시키는 의미가 있을 것이다. 특정 사회의 역사적, 문화적 배경 속에 자리잡은 양당체계가 다당체계보다 우월하다거나, 그 역이 사실이라거나 하는 논쟁에서 그다지 큰 의미를 찾기 어렵다. 이런 논쟁은 대통령제와 의원내각제의 논쟁과 같은 거시적 수준의 것이다. 필자는 지난한 권력구조 논쟁 속에서 대통령제 혹은 의원내각제 자체의 정치적 특성을 논하는 것, 각각의 개별적 정치과정을 살피는 것이 단순히 제도간 우열을 가리기 위한 비교를 하는 것보다 더 의미가 있다는 점을 강조한 적이 있다. 정당체계의 논쟁도 이와 일맥상통한다고 볼 수 있다. '어떤 정당체계가 더 좋은가?'를 고민하기보다는 '어떻게 사회통합을 위해 더 기여할 수 있는 정당정치를 만들 수 있는가?'를 생각해봐야 한다는 것이다. 집권하는 정당이 정책전문성을 지닌 중도정당으로 정치권에서 실질적으로 구현되는 것이 중요하다. 그렇게 함으로써 정책중심의 정당이 사회의 갈등을 확대 재생산하지 않고 완화시키면서 국민통합의 길로 나가야 한다. 그러한 방향으로 한국의 정당과 정당체계가 진화하기를 기대해 본다. 그렇게 하기 위해서 가장 중요한 것은, 국회가 정치꾼이 아닌 정책전문가로 채워지는 일이다. 이러한 필자의 기대는 낙관적이지만은 않다. 지금까지의 한국정당정치의 모습은 분명 관성의 법칙으로 한국정치과정에 작용할 것이기 때문이다. 진화의 내용과 방향은 '필연'과 '우연'의 결합에 의해서 형성될 것이기에, 우연의 부분까지 예측할 수는 없다. 필자는 한국정당정치와 선진민주주의 국가들의 경험적 사실 부분들을 토대로 필연이라고 생각하는 부분만을 이해하려고 노력할 것이다.

한국사회는 두 개의 진영으로 쪼개져서 '광장민주주의'가 빈번히 펼쳐지고 있다.[1] 이는 한국의 정당정치의 측면에서 보자면, 정당이 사회갈등을 해소하면서 국민통합을 이루어내는 정치 본연의 기능을 수행함에 있어서 실패한 것이다. 국민이 정당을 정치과정 상의 의사소통 기구로 충분히 신뢰하지 못했기 때문에 제도권 밖의 정치과정을 통해서 그들의 목소리를 내려고 한 것이다. 건강한 정당정치가 한국민주주의 발전에 필수적이기 때문에 지금의 상황에서 더욱 더 정당정치에 대한 냉철한 진단과 효과적인 처방이 요구된다. 국민의 눈높이에 맞는 정당정치가 이루어지는 경로가 한가지로 존재하는 것은 아니라고 본다. 한국정당들이 국민의 눈높이를 맞추는 정당이 된다는 것은 민생과 관련한 정책에 더욱 집중하는 정당이 되는 것이며, 이념적 갈등을 확대 재생산하지 않는 것임은 자명하다. 민생복리에 집중하기 위해서는 중도좌파이건 중도우파이건 두 개의 주요 정당들이, 특히 집권정당이 되었을 때, 이념적으로 정책적으로 유연성을 갖고 중도정책으로 다가설 수 있어야 한다. 정당이 자신의 정체성을 버리지 않으면서도 다른 정체성을 지닌 집단과 어울릴 수 있는 '유기적 기관'(organic institution)으로 진화해야만 한다. 그렇게 함으로써 정당정치가 민생복리에 집중하면서 사회통합을 이루어낼 수 있을 것이다. 그 사회에서 주요한 정당들이 사회의 갈등을 완화시키고 민생복리를 추구하지 못하면서 소위 유기적 기관으로 진화하지 못한다면 정당정치를 기반으로 하는 대의제 정치의 앞날은 당분간 희망적이지 않다.

1 한국정치과정에서 '광장민주주의'는 하나의 고유명사가 되고 있다. '광장'(廣場, square)이라는 장소에서 나타나는 참여민주주의(participatory democracy)의 한 유형으로 볼 수 있다. 2019년 10월에 조국장관퇴임건으로 보수진영은 '광화문집회'로 진보진영은 '서초동집회'로 양 진영간 세 대결을 하였다. 제도권 정치과정을 통한 참여가 아닌, 비제도권 정치과정 상에서 민주시민의 목소리가 직접적으로 발현되는 것이다. 시민들은 주권자이지만 정책결정권한이 주어진 것은 아니어서 광장민주주의가 상식을 넘어서는 순간에 혼란을 초래할 수밖에 없다. 참여민주주의와 현대 민주주의 사회에서의 '광장'의 의미에 대해서는 다음을 참고. Carole Pateman, Participation and Democratic Theory, (Cambridge: Cambridge University Press, 1970), Chwe Michael, Rational Ritual: Culture, Coordination, and Common Knowledge, (Princeton: Princeton University Press, 2001). 대의민주주의하에선 정당과 시민들 사이의 '민주적 연계성'(democratic linkage)의 형식과 내용이 '민주주의' 성취에 골간을 이루게 된다. 시민들의 참여민주주의적 욕구는 정당과 시민들 사이에 형성되는 '민주적 연계성'의 낙후성에서 비롯된다. 이에 대한 종합적 논의는 Russell J. Dalton, David M. Farrell, Ian McAllister, Political Parties & Demcratic Linkage: How Parties Organize Demcracy (New York: Oxford University Press, 2013). 달튼, 파렐, 맥앨리스터는 결론 부분(pp. 215-234)에서 '정당진화'(party evolution)에 대해서 논의하고 있다. 결론 부분에서 그들은 민주주의 수행에 대한 정당정치의 '비관론'과 '낙관론'에 대한 궁극적 판정이란 정당이 변화하는 환경에 적응하면서 시민들과의 민주적 연계를 얼마나 성공적으로 수행해 나가는가에 달려 있음을 지적한다.

CONTENTS

제 1 장

정당과 태도 초기값의 특성 논의

제1장

정당과 태동 초기값의 특성 논의

정당은 시민들의 요구를 대의하는 기구로서 '대의민주주의'(代議民主主義, representative democracy)에 필수불가결한 정치적 수단이다. 그런데 정당은 단순히 여론을 수렴하는 기구가 아니며, '기관자율성'(institutional autonomy)을 지닌 존재이다. 정당의 최대 목적은 '기관으로서의 정당'의 득세와 생존이다. 기관목적을 수행하기 위해선 시대 상황에 적응해 나가는 것이 필요하다. 이는 '정당'이란 조직이 시대와 환경에 적응하여 진화해야 함을 뜻한다.[1] 득세와 생존을 결정짓는 가장 큰 기제는 다른 정당과의 선거경쟁이다. 그래서 정당의 개혁프로그램은 해당 선거를 전후해서 집중되는 경향이 있으며, 정당전략의 백미는 역시 선거전략을 통해서 나타난다.

고전적 정의에 의하면 '정당'(政黨, political party)이란 "비슷한 주의 주장을 가진 사람들이 모여서 국가적 차원의 이익을 논의하는 집단"이다.[2] 복잡 다원화된 현대사회의 현실에선 정당에 반드시 비슷한 주의 · 주장을 가진 사람들만이 모여 있는 것은 아니다.[3] 정당내 구성원들의 이념적 편차는 생각 이상으로 다변화될 수도 있다.[4] 정치과정에 대한 관심이나 권력에 대한 야망을 지닌 자들에게 이념이란 반드시 목적이 아니고 수단인 경우도 있기에, 현실 정치인들의 이념적 일관성에 대한 편차는 일반인들이 생각하는 것보다 클 수 있다. 그래서, 정당에 대한 고전적 정의만으로 현실정치과정에서 정당을 이해하는데는 한계가 존재할 수밖에 없다.

정당에 관한 고전적 정의를 발전시킨 것은 '기능주의자들'(the functionalists)인데 그들은 정당의 기능적 측면에 주목하여 정당은 국가의제설정과 정책결정기능의 중심 축이자, 사회와 국가를 연결시켜 주는 교량으로서 운반자(vehicle)의 기능을 한다고 보았다.[5] 정당이란 기관에게 기대하는 교량의 역할이란 보다 구체적으로 시민들의 다양한 요구를 효율적으로 집약하는(즉, 대푯값으로 만드는) '이익집약'(interest aggregation)기능과 이를 정책으로 전환하고 입법화하는 '이익표출'(interest articulation)의 기능으로 구분된다. 정당이란 시민들의 요구를 파악하고 집약하여 이를 정책화하며, 정책화는 입법화(rule-making)로 마무리된다. 정당은 최종적인 정책을 산출하여 정당이 대변하는 시민들의 다양한 이익을 여하한 대푯값으로 집약하며, 이를 입법화과정에서 최종적으로 정책입법으로 완성시키는 기능을 얼마나 원할하게 수행하는가에 따라서 정당의 '순기능'과 '역기능'이 판단된다.[6] 이렇게 본다면, 정치과정에서 정당의 이념은 일종의 수단이며, 정당의 목적은 다양한 사회구성원들의 이익을 집약하고 표출하여 '민생복리'(民生福利)를 챙기는 것에 있다. 만약, 역으로,

1 Leon D. Epstein, "Political Parties", Handbook of Political Science: Nongovernmental Politics, Volume 4. (NY: Addison-Wesley, 1975), pp. 229-277.

2 Edmund Burke, Thought on the Present Discontents, Vol.1 (1770), p.530.

3 따라서 이러한 맥락에선 어차피 순수한 이념정당이 있기 어려우며, 어떤 정당이 집권하건 수렴된 정책을 만든다는 의미에서 집권 그 자체가 강조되기도 한다. Downs는 정당은 정책을 만들기 위해서 집권하는 것이 아니라, 집권하기 위해서 정책을 만든다고 보았다. 따라서 이러한 입장에 선다면 정당이 일관된 정책성향을 갖는 것은 아니다. Anthony Downs, An Economic Theory of Democracy (New York: Harper & Row, 1957).

4 김영태, "당원의 이념적 · 정책적 태도와 정당경쟁구도", 『한국정당학회보』 8:1 (2009), pp. 197-224.

5 '기능주의자들'이란 분류는 '체계'(system)을 통해서 사물을 이해하는 일군의 학자들을 일컫는다. '정치체계이론'(political system theory)에 따르면, 대의민주주의하에선 국민들의 요구가 정치체계에 투입되면 정부는 정책을 산출하게 되는데, 정부의 정책산출과정에서 정당이 중심적 역할을 한다고 보았다. David Easton, "An Approach to the Analysis of Political System", World Politics, Vol. IX: April (1957), pp. 383-400. 아몬드(G. Almond)는 '정치체계와 수행방식'(political system and performance style)의 도식화를 통해서 정당이 정치체계의 투입(input)기능에서 시민들의 다양한 이익들을 결집하고(interest aggregation), 이를 표출하는 역할을 한다고 보았다(interest articulation). 아몬드는 한 단계 더 나아가 그 정치체계가 수행방식에 걸맞는(즉, 사회마다 독특한 수행방식으로서) 문화적 특성을 갖게 된다고 보았다. 문화의 성격을 양 극단점으로 이해하는 경우, "보편적(universal), 보급확산적(diffuse), 업적중시적(achievement-orient), 탈(脫)감정적(affective-neutral), 집단중시적(collective-oriented)"인 형태의 점과 "특별한(particularistic), 독특한(specific), 감정적(affective), 자기중시적(self-oriented)"인 형태의 점으로 분류할 수 있다. Gabriel A. Almond and James S. Coleman, The Politics of the Developing Areas (Princeton, N.J.: Princeton University Press, 1960).

6 David Easton, The Political System (Englewood Cliffs, NJ: Prentice-Hall, 1965). Gabriel Almond and Bingham Powell, Comparative Politics: System, Process, and Policy (Boston: Little, Brown & Company, 1978);

정치과정에서 정당의 이념이 목적이 되고, 민생복리가 수단이 된다면 국민들이 불행한 것이다.

1. 속성

'정당'이란 단어의 의미를 직역하여 정의한다면 "하나의 '정파'(政派)로서 이른바 '정치공동체'(political community)적인 집단"을 의미한다. 그렇지만, 모든 정파들이 정당은 아니다. '정당'이란 용어의 어원(語源)은 'party'라는 용어와 'factions'[정파(政派) 또는 도당(徒黨)]이라는 용어를 구분했던 볼테르(Voltaire)에게까지 거슬러 올릴 수 있다. 정당(party)과 구분하여 정파(faction)는 혐오감이나 해악성과 연관된 경멸감이나 비난적 내용을 함축하는 부정적 어휘라고 하였다.[7] 21세기 초반기의 사회적 보편타당성을 고려하면서, '정당'의 기본적 속성으로 크게 다음과 같은 네 가지 성격을 상정해 볼 수 있을 것이다.

첫째, 정당은 국가 공무직에 당내 구성원들이나 관련자들을 후보자로 천거하여 국가운영에 관련된 '공직'(governmental office)을 맡도록 한다. 후보자들은 해당 선거경쟁을 통해서 승리하는 경우 해당 공무를 담임하게 된다. 공무를 담임한다는 의미는 국가와 사회를 운영하는 '법을 만드는 역할'(role of law-making; 즉, 입법부)이 그 핵심이며 나아가 만든 '법을 집행하는 역할'(role of law-executing; 즉, 행정부)을 하는 것이다.[8] 그래서 정당이란 선거 승리를 조직의 목적으로 하는 기관이라고 하였다.[9] 이러한 기관목적에서 정당은 '이익집단'(interest groups) 또는 '시민단체'와 차별성이 있다.

둘째, 정당은 좁게는 해당 정당의 당원이나 지지자들의 이익을 반영하고, 보다 넓게는 국민들의 이익을 위한 '이익집약'(interest aggregation)의 기능을 한다. 정당의 대국민 이익집약은 정당이 입법활동을 위한 여론수렴의 최종기관이 되는 것인데 여론조사, 정당사무처, 정당내 자체 연구기관, 당원, 그리고 특히 공무담임자들을 통해서 다양하게 이루어진다. 이익집약이란 정치과정에서 정당정치는 사회의 이슈들과 관련하여 대중화되고 명료화되는 당파성(the partisan), 이념성(the ideological)을 띠게 되는데, 특히 집단 대중 동원의 상황에서는 당파성과 이념성이 확대재생산될 가능성을 지닌다.[10]

셋째, 정당은 시민들에게 '책임성'을 지닌 집단이다. 대의민주주의하에서 시민들로부터 공무담임의 권한을 위임받은 정당은 시민들의 요구에 응답할 책임성을 지닌다.

시민들의 요구들을 효율적으로 집약하고 표출하기 위하여 정당은 '당헌'(黨憲)과 '당규'(黨規)를 기반으로 국가와 국민을 위한 이슈들과 연관된 정책프로그램들을 제시하고 이를 법으로 만들어 국민들이 체감하도록 한다.[11] 요구의 집약과 표출은 '입법'(the legislature)을 통해서 현실화 되는데, 입법 수준들은 중앙과 지방, 입법부와 행정부 등 형태와 종류는 다양하다. 입법은 입법부만 하는 것은 아니다. 국회에서 통과되는 법도 있고, 행정부 자체적으로 입법하는 '행정입법'도 있다.[12] 입법부와 행정부에 공통적으로 관여하는 기관이 바로 정당이다. 결론적으로, 입법활동은 정당이 하는 것이다.

7 Giovanni Sartori, Parties and Party Systems (Cambridge: Cambridge University Press, 1976), pp. 3–4. 두 개의 단어 'faction'과 'party'는 라틴어 'facere'(특정한 정치그룹에 기울어져서 행동하는 것을 의미)와 'partire'(나누다, 함께하다는 의미)에서 각각 유래했다. 중립적인 용어인 'Party'와 비교하여 'Faction'은 분열과 갈등이라는 해악의 상황에 연계된 부정적 용어로 사용된다. 두 단어의 상대성은 분명하다. 볼링브로크(Bolingbroke)는 정치를 풍자하면서 ".....Party is a political evil, and the faction is the worst of all parties..." 라고도 했다. Henry St. John Bolingbroke, "The Idea of a Patriot King", History of Economic Thought Books, McMaster University Archive for the History of Economic Thought, number boling1738. 한국정치에서 정당의 기원을 조선중기 '당쟁'(黨爭)에까지 거슬러 올리기도 하지만, 이는 '정파'와 유사한 것으로 보는 것이 적절할 것이다. 이른바 일반명사로서 당쟁이 쓰이는 경우, 유사이래 인류가 정치공동체 사회를 만들어 살기 시작한 이후에 당쟁이 없었던 시기는 없었을 것이다.

8 Gabriel A. Almond and James S. Coleman, The Politics of the Developing Areas (Princeton, N.J.: Princeton University Press, 1960).

9 Maurice Duverger, Les Partis Politiques "Political Parties" (Paris: Armand Colin, 1951), pp. 62–65; Leon D. Epstein, Political Parties in Western Democracies (New York: Praeger, 1967), p. 9; 참고로, 정당의 목적이 선거경쟁 승리를 위한 것임을 강조하면서도, 선거경쟁에서 정당간 정책 수렴성을 강조한 고전적 연구는 Anthony Downs, An Economic Theory of Democracy (New York: Harper & Row, 1957), p. 25. 선거경쟁에서 정당간 정책 차별성을 강조한 고전적 연구는 Sigmund Neumann (ed.), Modern Political Parties: Approaches to Comparative Politics (Chicago: University of Chicago Press, 1956), p. 396로 구분된다.

10 스트룀(Strøm)은 민주주의 수행을 위한 '선거민주주의'(electoral democracy)를 두 가지 대비되는 형태로 분류한다. '정당민주주의'를 당파성을 지닌 민주주의 수행 형태로 분류하여, 무당파성(non–partisan)을 지닌 민주주의 수행 형태로서의 '다원민주주의'(plural democracy)와 대비시킨다. Kaare Strøm, "Parties at the Core of Government", in Russell J. Dalton and Martin P. Wattenberg(eds.) Parties Without Partisans: Political Change in Advanced Democracies (Oxford: Oxford University Press, 2000), pp. 180–207. '당파성'이나 '무당파성; 관한 초창기 논의로서 유럽정치과정에 대한 연구로는 Maurice Duverger, Les Partis Politiques "Political Parties" (Paris: Armand Colin, 1951), 미국정치과정에 대한 연구로는 Sigmund Neumann ed., Modern Political Parties: Approaches to Comparative Politics (Chicago: University of Chicago Press, 1956)을 참조할 수 있다.

11 샷츠슈나이더(E. E. Shattschneider)로 대표되는 일군의 학자들은 '책임정당학파'(responsible–party school)라고 불린다. 이들은 정당이 책임정당으로 기능하기 위해선 보다 중앙집권화되고, 이슈중심의 정당프로그램을 마련하여야 하며, 입법과정에서 응집성있는(즉, 일체화되어 함께 행동하는) 자세가 요구된다고 주장하였다. 보다 파편화된 현재 SNS시대에서는 조금 고리타분하게 느껴질 수도 있지만 책임있는 정당이란 주제 하에선 시대를 초월하여 반추해 볼 가치가 있다고 할 것이다. E. E. Shattschneider, Party Government (NY: Reinhart, 1950).

12 행정입법은 시민에 대한 '법규명령'(Rechtsverordnungen)과 행정기관 내부에 대한 '행정규칙'(Verwaltungsvorschriften)의 두 가지로 분류된다. 형식면에서 보자면, '대통령령', '총리령', 그리고 각 부처 장관

넷째, 정당이란 기관은 '효과적 민주주의'(efficient democracy)로서의 기제 역할을 한다. 여기서 '효과적'이라고 함은 구성원이 극단의 다수일 때 혼란을 피하기 위한 최선의 방식으로서의 '대의민주주의'를 말한다.[13] 다수의 요구사항들을 몇 개의 큰 생각의 덩어리로 묶고, 그러한 생각들을 대표하여 실천할 수 있는 대리인을 두는 것이다. 그렇지 않고 모두가 참여하는 직접민주주의는 시공간적으로 불가능하거나 혼란이 초래될 수 있다. '대의민주주의'(representative democracy)가 유지되는 한, '정당'이란 기구를 대체할 '대체재'(the alternative)는 존재하기 어렵다.[14] 대의민주주의에 대한 불만 표출이 심화되고 있는 현 시대에도 '직접민주주의'(direct democracy)의 성향이 강조되는 '참여민주주의'(participatory democracy)는 '보완재'(the supplementary)로서 기능하고 있으며, 정당이 정치 기본단위가 되는 '정당민주주의'(party democracy)의 '대체재'로서는 역부족이다.[15]

이상의 네 가지 속성들을 종합하여 볼 때, 정당정치의 문제는 이러한 것이다. 정당이란 원초적으로 '당파성'과 '이념성'을 갖고 있기에 '정당들간의 상호경쟁'(inter-party competition)에선 해결점을 찾기 어려운 평행선을 달리면서 정당간 갈등이 심화되어 대의제 민주주의의 수행에 부정적인 상황을 초래할 수 있다. 또한 '정당민주주의'란 '대중민주주의'를 위한 '대중조직'이 되지 못하고 관료주의에 휩싸이거나, 정당조직이 영향력 있는 특정 외부 단체나 인물에 의해서 좌지우지 될 수 있다. '당내민주주의'(당내민주주의, intra-party democracy)의 문제가 발생할 수 있다는 뜻이다. 또한 미국과 영국의 정당들을 비교했던 오스트로고르스키(M. Ostrogorski)는 20세기 초반에 미국의 정당들이 소위 정치인들에 대한 뒷배를 봐주는 외부의 주요 세력가들에 의해서 모든 것이 좌지우지됨['보스정치'(boss politics)]을 경고한 바 있으며, 지방정치가 발전한 곳에서의 영국의 정당들 역시 지방의 특화된 이슈에 국가사무가 함몰될 수 있음을 지적한 바 있다.[16] 실제로 미국은 1971년 '연방선거운동법'을 계기로 1960년대 이전에 극성을 부리던 다양한 사조직 세력자(세력자)에 의한 인물중심의 '머신정치'를 극복하고 공식적인 조직인 정당을 중심으로 한 기관중심의 정치과정이 이루어지게 된다.[17] 정당 원외세력들의 압력이 긍정적인 정당정치의 기능에 폐해가 될 수 있다고 주장했던 오스트로고르스키의 지적은 SNS사회에서도 여전히 유효하며 과거완료형이 아니다.[18] 독일의 '사회민주당'을 연구했던 미헬스(R. Michels)는 소수자들 중심의 간부정당조직이 아닌 심지어 다수자들 중심의 대중정당에서도 정당조직이 관료화되고 소수에게 권력이 집중되는 '소수지배의 철칙'(iron law of oligarchy)이

나타나고 있음을 지적했다.[19] 오스트로고스키나 미헬스는 원외이건 원내이건 소수의 세력가들이 정당의 다수 구성원들을 압도할 수 있음을 경고하고 있는 것이다.

포괄적인 의미에서 민주주의를 수행하는 '정치'라는 것이 '정당'이 아닌 다른 수

들에 의한 '부령'이 전자에 해당되고, 고시, 훈령, 예규, 통첩 등과 같이 행정기관의 편의에 의해서 제정되는 (그러나, 헌법에는 규정되어 있지 않은) 규칙의 종류들이 후자에 해당된다. 한국정치과정에서 행정입법의 의회입법에 대한 상대적 의미에 대한 종합적인 논의는 조정관, "한국에서의 행정입법과 행정부, 의회관계", 김영래 외, 한국정치학회(편), 『한국 의회정치와 제도개혁』 (파주: 한울아카데미, 2004), pp. 156–179. 조정관은 대통령제국가인 한국의 행정입법에 대한 의존이 상당한 수준이라고 본다. 참고로, 행정입법에 대한 민주적 통제는 ㉠행정부 내부의 행정통제, ㉡여론의 통제, ㉢사법부의 사후통제, ㉣의회의 통제가 있는데, 아무래도 의회의 통제가 가장 효과적인 통제방법이다.

13 이렇게 본다면 '효과적'이라 함은 일견 '효율적'(efficient)이라는 개념과도 일맥상통한다. 하지만 '효율적'이란 어휘는 정치가 실현하려는 '민주주의'와 상충되는 어휘로 행정학에서와 달리 정치학에서는 잘 사용하지 않는다. 결과물 이상으로 과정을 중시하는 민주주의를 이루어 가는 과정은 결코 효율적이지 않기 때문이다. '효과적'이라는 어휘도 약간의 어폐가 있음을 인정해야 할 것이다. 왜냐하면 정당정치가 제대로 작동하지 않는 경우, 국민들의 요구사항을 수행하는 기관으로서 정당은 결코 효과적인 결과물을 산출할 수 없기 때문이다. 정당에 대한 혐오감이 높은 수준에 있는 사회에서 대의민주주의를 '효과적 민주주의'라고 생각하는 사람들은 드물 것이다.

14 심지어 '직접민주주의' 하에서도 '매개집단'의 역할을 하는 기관이 필요하다고 보는 견해도 있다. 그 기관도 일종의 '정당'이란 것이다. 민주주의의 성취를 설명하려는 다양한 민주주의 이론들에서 민주주의 수행의 촉진제(또는 매개체)는 궁극적으로 '이념적 정파'이며, 이는 '정당'이란 이름으로 부를 수 있을 것이다. 개별 정파이념의 옳고 그름이나 효율과 비효율을 판단하는 것은 사회구성원들이다. 이에 대해서는 다음 연구의 민주주의모델 논의들을 참고. Carole Pateman, Participation and Democratic Theory (Cambridge: Cambridge Univeristy Press, 1970), David Held, Models of Democracy (Cambridge: Polity Press, 1987). Ian Shapiro, The State of Democratic Theory (Princeton, N.J.: Princeton University Press, 2003).

15 Kay Lawson and Peter Merkl, When Parties Fail: Emerging Alternative Organizations (NJ: Princeton University Press, 1988), pp. 1–12. 2019년 9월 이후 한국정치과정에서 표출된 '광장민주주의'는 '직접민주주의'라든지 '참여민주주의'와는 차이점이 있다. 광장민주주의는 주권자인 시민들의 집단으로서 그 요구를 시위할 수 있지만, 상대방과의 이견을 조율하여 정책결정을 할 수 있는 권한은 없기 때문이다. 정책결정으로 수렴될 수 없는 형태는 혼란으로 귀결될 가능성이 높다. 아테네 직접민주주의로서의 '아고라 광장의 정치'는 그 곳에서 정책결정이 이루어졌었다. 아고라광장에서는 주권과 권한이 동시에 존재했던 것이다.

16 Moisei Ostrogorski, Democracy and the Organization of Political Parties (London: Macmillan, 1902). 여기서 오스트로고르스키가 말하는 '보스정치'는 윌슨(J. Wilson)이 20세기 초반과 중반의 정치를 묘사하면 사용하였던 용어인 '머신정치'(machine politics)와 일맥상통한다. '머신정치'란 기계에 스위치를 누르면 기계가 작동하듯이, 보스가 조직원들에게 명령하면 일사불란하게 작동하는 보스의 사조직에 의한 인물중심의 정치를 말한다. 미국정치에서 '머신정치'를 사례별로 분석한 고전적 연구는 James Q. Wilson, The Amateur Democrat: Club Politics in Three Cities (Chicago: Univeristy of Chicago Press, 1962).

17 이렇게 본다면, 미국정치가 '정당중심'의 정치가 아닌 '후보자중심'의 정치라고 보는 견해는 미시적일뿐더러 비(非)역사적 견해일 것이다. 미국사에서 사조직을 중심으로 한 후보자중심의 정치는 19세기말에서 20세기 중반까지 극성을 부리다가, 1971년 연방선거운동법을 계기로 정당이란 기관중심의 정치로 넘어온 것이다. 미국대통령선거과정에서 후보자가 갖는 효과를 과대해석해선 곤란하며, 이러한 후보자효과 역시도 양대 정당의 기관경쟁구도 속에 있다고 할 것이다.

18 Moisei Ostrogorski, Democracy and the Organization of Political Parties (London: Macmillan, 1902).

19 Robert Michels, Political Parties (1915, translated in 1945, by Eden and Cedar Paul) (NY: Free Press, 1945).

단들에 의해서 추구될 수도 있을 것이다. 그런 경우, 과연 정당이라는 조직이 대의민주주의를 위한 후보자의 선택, 정부 정책 등을 독점한다거나 하는 상황에 대해선 이견이 존재할 수 있다. 더욱이, 그 사회에서 시민들의 정당에 대한 신뢰도가 낮은 사회에선 이러한 이견들이 정치불만족으로 연결되어 표출될 것이다.

2. 정당의 탄생과 초기값 분석

물리학자(物理學者)들은 어떤 현상과 그 상황의 발전에 '초기값'(initiating point)이 중요하다는 점을 종종 언급한다. 정당의 형성과 발전에 대한 이해에는 '초기값'에 대한 이해가 중요하다.[20] 정당에 대한 고전적 정의와 기능주의자들의 정의가 있기는 하지만, 특정 국가의 역사적 경로에 따라선, 그러한 정의로 정당의 역할을 이해하는 데 한계가 있다. 교과서적인 기능주의자들의 정의에 따르면, 정당의 역할은 시민들의 요구로부터 시작된다. 시민사회의 긍정적 기능이 정당의 긍정적 기능을 가져오는 출발점인 것이다. 시민사회의 기능이 취약한 경우엔, 정당의 시민사회에 대한 '교조적(教條的) 기능'이 강화될 수밖에 없다. 정당은 시민들의 이익을 집약하고 표출하며 정책으로 입법화하는 '교량적(橋梁的) 기능'보다는 정치지도자들의 시민사회에 대한 '교조기능'이 두드러진다는 의미이다. 근대사회에서 정당이 태동하던 시기엔 시민사회 형성의 정도나 시민의식이 현대사회와 같지는 않았기 때문에 정치지도자들의 시민사회에 대한 교조기능이 강할 수밖에 없었다. 근대사회의 전통이 정당정치의 진화과정에서 약화되거나 소멸될 수도 있지만, 그렇지 않을 수도 있다. 주권은 시민들에게 있지만, 대의제(代議制) 정치과정에서의 정책결정의 선제권과 권한은 '정치인들'에게 있기 때문이다. 역사적으로 정당균열의 가장 큰 중심축이면서도 지속되고 있는 '좌-우'라는 정당경쟁구도는 정당이 단순히 사회의 요구를 반영하는 기구였다면 가능하지 않았을 것이며, 이는 정당이 고유의 권한이나 목적을 갖고서 사회를 주도한 정당 자율성의 결과일 것이다.[21]

정당이 역사 발전 경로상의 산물로 이해되는 경우, 정당은 특정 사회내에 존재하는 '사회균열'(social cleavage)을 반영하여 '정치균열'(political cleavage)화한 기관으로 정의된다.[22] 물론 정당은 시민들과의 정치커뮤니케이션 과정에서 시민들의 여론을 수렴하는 기능만 담당하는 것은 아니다. 정당이란 기관은 시민들에 대하여 이슈나 정책에 대한 교조기능(教條機能)도 동시에 갖는다.[23] 즉, 정당은 태생적으로 이념성과 당파성에서 자유로울 수 없다는 것은 '사회균열'을 반영하기 때문인데, 그렇게 사회균열을 반영한 정당은 정당 자신의 이념이나 정책이 다른 정당들에 비해서 더 민복(民福)에 유리하고 우선한다는 것을 시민들에게 선전하게(더 강한 표현을 쓰자면, "가르치게") 된다. 현대의 SNS시대에도 정당은 이념적으로 여론을 주도하는 교조기능을 여전히 갖고 있으며, 모바일 매체는 정당의 교조기능에 효율적 수단으로 작용할 수 있다. 교조기능은 긍정적일 수도 있고 부정적일 수도 있다. 부정적으로 사용될 경우, 현실 세계에선 '정치균열'이 '사회균열'의 형식과 내용을 과대포장하거나 과소평가하게 된다.[24] 정당이 갈등을 완화하지 못하고 증폭시키는 것은 정당이 자신의 기득권을 지키기 위해서 사

20 정당을 정파와 구분할 필요는 있을 것이다. 정당을 대체하는 개념으로 정파라는 것을 보자면, 건국신화, 군왕체제, 견제받지 않는 통치권(입법부 없는 행정부), 중앙집권적 이데올로기 등 모든 것이 보다 더 깊은 원초적 초기값이 될 것이다. 여기서 '초기값'이라고 함은 근대적 의미의 정당[적어도 근대적 맹아(萌芽)로서의 정당]을 말한다. '정파'가 없는 정치는 없으며, 근대적 의미의 '정당'은 포괄적 의미에서의 '정파'라는 것과는 구분되는 개념이다. 정파라는 개념으로 이해한다면 고대국가, 근대국가까지 그 연원을 거슬러 올릴 수도 있다. 진덕규, 『한국정치의 역사적 기원』 (서울: 지식산업사, 2002)를 참조할 수 있다.

21 진영재, 서명호, "유럽국가들의 '정당체계'와 '정당'의 지속과 변화 양태에 관한 비교 분석", 『국제정치논총』 48:2 (2008), pp. 197–215.

22 Seymour Martin Lipset and Stein Rokkan, "Cleavage Structures, Party Systems, and Voter Alignment: An Introduction", In Party Systems and Voter Alignments, Lipset and Rokkan (eds.) (New York: Free Press, 1967), pp. 1–61.

23 이를 특히 강조한 학자는 '비관적 다원주의자'로 분류되곤 하는 슘페터(J. Schumpeter)이다. Joseph Schumpeter, Capitalism, Socialism, and Democracy (NY: Harper & Row, 1942). 슘페터는 민주주의가 궁극적으로 정치엘리트들의 판단에 의거할 수밖에 없으며, 시민들이 할 수 있는 일은 정치엘리트를 잘 선택하는 것으로 한정되는 경향이 있음을 지적한다. 시민들의 교육 및 교양수준이 높아진 현대사회에서도 그에 대한 확신이 없기에 [즉, 중우정치(衆愚政治)의 가능성 때문에], 능력있고 양심있는 대표자를 뽑는 것은 여전히 양질(良質)의 정치과정을 형성하는데 근본적 요소로 해석된다. Martin Carnoy, State Theory (Princeton, NJ: Princeton University Press, 1984), pp. 33–39.이러한 견해의 연장선상에서 생각한다면, 정당의 공천제도가 정치의 질(質, quality)를 근본적으로 좌우하게 될 것이다. 능력과 양심을 겸비한 정치인을 통한 정치는 정당이 어떤 인물들을 공천하느냐에 달려있다. 한국정당정치에서 '공천혁명'이 필요한 이유가 될 것이다.

24 '선거'는 사회균열과 정치균열 사이의 상호관계를 판단하는 가장 표면화된 기제이다. 사회균열이 정치균열로 전환되는 것은 선거를 통해서 정당이 의회 의석수를 차지하면서 표면화된다. 따라서, 정당의 '선거사'는 단순히 의석수 획득의 역사가 아니고, 해당 정당의 사회균열 반영의 척도로 사용될 수 있다. 그렇지만, 사회균열이 정치균열화할 때, 모든 사회균열들이 정당의 의회 의석수로 반영되는 것은 아니다. 선거에서 정당이 득표하지 못한 것은 그만큼 해당 정당이 사회균열을 반영하지 못하고 있거나 반영하려는 의지를 사회에 인식시키지 못했기 때문이다. 다양하게 존재하는 사회균열들이 모두 동등한 가중치로 존재하는 것도 아니며, 유권자들 입장에서 선택할 때, 정당만 보고 투표하는 것이 아니고, 인물을 보고 투표할 수도 있기 때문이다. 이갑윤, 이현우 (편), 『한국의 정치균열 구조: 지역, 계층, 세대 및 이념』 (서울: 오름, 2014). Jeff Manza, Social Cleavages and Political Change: Voter Alignments and U.S. Party Coalitions (New York: Oxford University Press, 1999). Douglas W. Rae and Michael Taylor, The Analysis of Political Cleavages (New

회적 갈등을 확대재생산하기 때문이다. 사회갈등이 증폭되는 상황에서 정당이나 이에 몸담고 있는 정치인들이 사회적 불만에 대한 대리만족을 제공할 수 있기 때문이다. 와중에 인기영합을 위한 자극적인 '포퓰리즘'에 의존하기도 한다. 현재 한국사회의 모습을 볼 때 정당이 사회의 이념갈등을 부추기면서 이념갈등을 축소하고 완화시키기 보다는 오히려 확대재생산하고 있다.[25]

립셋(S. Lipset)과 로칸(S. Rokkan)은 정당들간의 경쟁구도[즉, 정당체계(political party system)]는 그 사회내에 존재하는 이익갈등의 구도속에서 만들어진 정당들로 구성된 것으로 본다. 특정한 사회균열로 표현되는 사회집단들이 "정치적인 조직화를 통해서 만들어낸", 또는 "자신들의 이익을 실현하는 데 필요한" 기구가 바로 정당인 것이다. 앞서 지적한 바와 같이, 현실세계에선 이미 존재하는 정당이 자신의 존재감과 세력의 유지를 위해서 사회균열을 조장할 수도 있다. 립셋과 로칸에 따르면, 유럽역사를 통해 16세기 국가혁명 시기에 나타난 중앙집권과 지방분권 사이의 균열, 국가중심과 교회중심 사이의 균열, 18세기 산업혁명이후 노동자의 이익과 농민의 이익사이에 발생한 균열, 자본가와 노동자 사이의 균열에서 발생하는 다양한 이익구조를 반영하는 기관이 정당이라고 본다. 여기에 1980년대 이후 '삶의 행복과 질'을 중시하며 '양'보다는 '질'을 중시하는 사회균열구조는 '물질주의'와 '탈(脫)물질주의' 사이에 또 다른 균열축을 만들고 있다.[26] 이렇게 본다면, 현대 정당체계 속에서 존재하는 '보수당', '자유당', '노동당', '사회당', '공화당', '민주당', '사회민주당', '기독민주당', '농민당' 등의 명칭들은 일부의 변주(變奏, variations)를 인정한다면 앞에서 언급된 사회균열들의 대략적인 조합으로 설명이 가능하다.[27]

사회균열은 시간이 흐르면서 변하기도 하고, 중첩되기도 한다. 물론 근대적 의미에서의 정당이 태동하던 19세기 중반기에는 시민들의 사회균열을 반영하여 정치세력들의 정치균열이 형성된 것은 아니다. 시민사회의 영향력이 미약한 시기에는 정치지도자들의 정치균열이 곧 사회균열을 결정하기도 했다. 미국 의회출판국에서 나온 '선거사국제연감'(International Almanac of Electoral History)은 선거사를 중심으로 정당사를 기록하고 있는데, 이에 따르면 미국의 현존하는 정당들은 전 세계에서 가장 오랜 선거역사를 가지고 있다.[28] 국가건국의 과정에서 사회균열이 어떻게 정치균열화되고 있는지, 혹은 그 반대로 정치균열이 사회균열을 조장하는 경우도 포함하여, 미국의 정당태동사에 나타난 경험적 사실들을 분석하고 이를 한국정당사와 비교하여 음미해 보는 것은 유용할 것이다.[29] 시간의 흐름 속에서 기존의 정치균열에 새로운 정치균열이 중첩하면서 정당정치가 발전하게 된다. 개념도는 다음과 같이 그려 볼 수 있을 것이다.

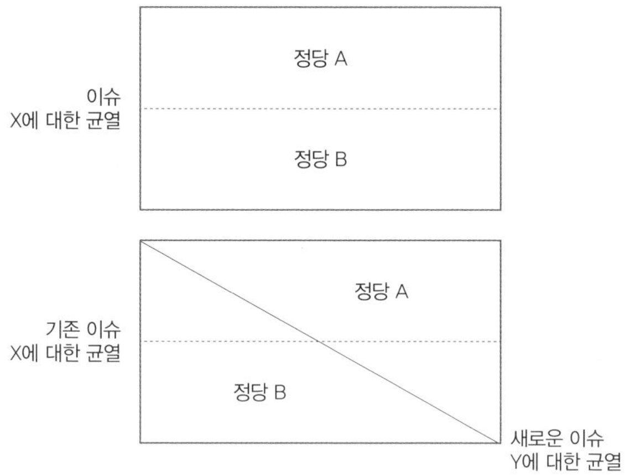

Haven: Yale University Press, 1970).

25 Chung Jin Min, "Party-System Change in Post-Democratization Korea: A Partisan Realignment Perspective", Korea Observer 33:1 (2002), pp. 47-65. 채진원, 『무엇이 우리 정치를 위협하는가: 양극화에 맞서는 21세기 중도정치』(서울: 인물과사상사, 2016).

26 Ronal Englehart, Culture Shift in Advanced Industrial Society (NJ: Princeton University Press, 1990). Russell Dalton, Citizen Politics (NJ: Chatham House, 2002), 3rd Edition.

27 이것은 폰 바이메(von Beyme)의 연구를 참조할 수 있다. Klaus Von Beyme, Political Parties in Western Democracies (New York: St. Martin's Press, 1985). 보다 자세한 내용은 본 연구서의 '정당조직' 부분을 참조하면 된다. 한국정당연구를 위한 거시접근 방법들이 기존에는 서유럽 대중정당 중심으로 되어 있지만, 거시적 관점에서 비교역사방법은 한국과 비교의 적실성이 있는 후발민주화국가와의 비교연구로 전환할 필요가 있다는 주장이 있는데 유념할 만하다. 장훈, "한국정당연구에서 거시 역사접근의 재구성: 연구 주체성, 역사연구, 사회과학 이론의 균형을 찾아서", 『한국정당학회보』 13:2 (2014), pp. 5-30. 만약 그렇다면, 필자는 이러한 생각에 동의하면서도, 후발민주국가들을 비교하는 것 못지않게, 결국 개별 국가들의 지리적, 민족적 특수성과 연관된 해당 '지역연구' 개념이 더 적합할 수도 있다는 생각을 하게 된다. 한국의 경우, 동아시아지역에서 일본이나 중국과의 비교정당연구를 말한다. 어떤 경우이건, 논점이 일반이론을 중심으로 진행되려면, 서유럽정당사를 참조하는 것을 피할 수는 없을 것이다.

28 참고로 맥키(T. Mackie)와 로즈(R. Rose)는 근대적 의미의 정당을 판단하기 위한 선거의 기점으로 미국은 1828년, 영국은 1885년, 스웨덴은 1887년, 일본은 1902년 등으로 기록하고 있다. 선진민주주의사회 25개국에 관한 기록인데, 보다 자세한 내용은 Thomas T. Mackie and Richard Rose, International Almance of Electoral History (Washington D.C.: Congressional Quarterly Press, 1991).

29 미국과 한국 모두 '대통령제'(presidentialism)라는 정부형태를 채택하고 있으며 식민지배 시기를 거쳤다는 것도 미국을 한국에 비교해 보려는 필자의 의도이다. 두 국가 모두 식민지배 시기에서 국가독립 시기를 거치면서 근대정당들의 형태가 발현되고 있으며, 그 발현과정에서의 사회균열과 정치균열을 비교해 보려는 것이다. 아무래도 정당태동 초기 단계에선 정치지도자들의 인물중심의 정치로 정치균열이 사회균열을 선도하며 정당의 대중들에 대한 교조기능이 두드러진다.

한국의 근대국가 형성과정에서의 정당사를 보면 1910년부터 1945년까지의 임시정부시기, 1945년부터 1948년까지의 미군정시기, 그리고 1948년이후 공화국 수립이후 현재까지 수 많은 정당들이 명멸하였다. 한국정당사 100년을 보다 거시적 차원에서 보자면, 1987년 이전에는 한국정치사의 특성상 정당의 교조기능이 강할 수밖에 없었다. 1987년 민주주의체제 이후에 비로소 사회균열이 정치균열에 효과적인 영향력을 보여주기 시작했다고 볼 수 있을 것이다. 왕조체제 말기의 근대화 시기, 일제의 침략, 해방과 남북분단, 경제발전과 민주화의 과정에서 한국정당사의 특징은 많은 부분 사회균열을 반영한 정치균열로서의 정당이 우세했다기 보다는 유력 정치인들을 중심으로 형성된 정당(즉, 정치균열)이 사회균열을 주도한 느낌이 강하다.[30] 미국의 사례는 정치균열과 사회균열의 상호작용을 알기에 좋은 예가 된다. 미국은 국가건국이 되면서 정당이 태동할 때, 그 시기의 특성상 '건국의 아버지들'(Founding Fathers)들의 교조기능이 크게 작용하고 있었다. 현재 미국의 정치과정은 '공화당'과 '민주당'이란 두 개의 거대 양당체계로 운영되며, 전 세계에서 가장 극단적인 형태의 양당체계를 형성하고 있다.[31] 미국에서 정당태동 초기 정치균열 구조는 지금 존재하는 민주당과 공화당간의 주된 정치경쟁의 내용과 일치하는 것은 아니었다. 사회균열구조가 진화하고, 이에 맞추어서 정치균열구조도 진화하는 경우도 있고, 아니면 사회균열구조가 진화하는데, 정치균열구조가 이를 쫓아가지 못하는 경우도 있을 것이다.

18세기말 미국이 건국되던 당시 정치과정에서 두 개의 커다란 사회이슈에 의한 사회균열 구조가 존재하고 있었다. 미국건국과정에서 첫 번째 정치균열은 지도자들 사이에서 새로운 연방국가를 형성하는 헌법의 인준과 연관된 것이었다. 해밀턴(A. Hamilton)은 당시 새로운 정부의 힘은 경제력(또는 경제적 안정성)에서 나온다고 생각하여 연방정부가 연방정부 및 주정부들에 대한 재정을 조달하거나 재정적자를 인수하는 소위 '해밀턴프로그램'을 제시하였고 이는 워싱턴(G. Washington)과 그 세력들에 의해서 지지를 받았다. 이 프로그램을 통해서, 미국연방은행은 주정부에 대한 세금부과의 권리에 대한 근거를 갖게 되는 것이다. 1787년 연방정부의 주정부에 대한 재정적 중심역할을 인정하던 워싱턴, 해밀턴, 아담스(J. Adams)는 연방주의자당(the Federalist Party)이라는 정치단체를 조직하여 새로운 헌법에 의한 정부를 지지하면서 1816년까지 정부를 이끌어가게 된다. 이에 대항하여, 새로 제정된 헌법이 개인 및 각 주(州)의 권리를 침해한다는 생각을 가졌던 제퍼슨을 중심으로 한 '반연방주의자들'(Anti-Federalists)은 1789년을 기점으로 그룹을 형성하고[공화당(the Jeffersonian

Republicans)], 1796년에는 '민주공화당'(the Democratic Republican)이 출범한다.[32] 이러한 연방정부와 주정부에 대한 재정조달이나 재정적자 인수에 대한 서로 다른 견해로 정치권에 일종의 균열이 발생하게 된다.[33] 소위 '연방파'와 '주정부파'로 균열이 있었던 셈이다. 해당 균열은 미국정치가 진화해 오는데 초기값으로 작용했다.

건국의 엘리트들이 중심이 되어 미국이 건국된 이후에 사회구성원들에 의한 사회질서가 형성되면서 미국의 정당은 보다 현대적 의미의 정당으로 진화해 가는데, 이 때 작동된 대표적 초기 사회균열 축들은 농업종사자-도시거주자, 노예제 찬성-반대로 형성되었다. 이는 '잭슨의 민주당'(Jacksonian Democrats)과 이에 대응하는 '휘그당'(the Whigs)이란 정치균열로 반영된다. 잭슨의 민주당이 대변한 사회균열은 남부농업종사자들과 뉴욕의 평등주의자들의 연합이라고 할 수 있다. 이들 민주당은 반(反)엘리트주의의 기치도 동시에 있었다. 그런데 여기에 가세한 것이 '자유노동제'와 '강제노동제' 이에 따른 '노예제 찬성'과 '노예제 반대'에 대한 사회균열구조였다. 19세기 중반이전에 북부는 공장 및 공장노동에서 '자유노동제'를 주창했고, 남부는 대규모 농장에 투자와 이에 따른 노동력의 수요가 증가로 '강제노동제'를 주창했다. 이 때, 북부의 자유노동제 주창자들은 자신들을 '공화인'(the Republicans)이라고 불렀다.[34]

'공화당'이란 해당 명칭이 현재의 미국 '공화당'(Republican Party)과 동일한 정당

30 김수진, "균열구조의 발전과 한국정당정치의 전개: 역사적 고찰", 한국정치학회, 춘계학술대회논문집, 1998.

31 '극단적인 형태의 양당체계'란 군소정당이 거의 존재하지 않고, 두 개의 정당이 의회의 거의 모든 의석수를 점유하고 있는 상태를 말한다. 영국도 양당체계로 분류하지만, 보수당과 노동당을 제외한 정당들도 전체 의석수의 15%-20%를 차지하는데 반해서, 미국의 양당체제는 사실상 군소정당의 의석수는 사실상 0%로 나타난다. Thomas T. Mackie and Richard Rose, International Almance of Electoral History (Washington D.C.: Congressional Quarterly Press, 1991). pp. 438-501.

32 당시 '제퍼슨의 공화당'은 지금의 미국 '공화당'과는 다른 것이다. 19세기 초에 연방정부에 대항하여 주정부의 권한과 개인의 권리를 주창하던 자들은 자신들을 '공화주의자들'(Republicans)라고 불렀다. 1824년 선거를 계기로 아담스(J. Adams)의 '국민공화당'(the National Republicans)과 잭슨(A. Jackson)의 '민주공화당'(the Democratic Republicans)의 두 그룹으로 분당(分黨)된다. '제퍼슨의 공화당'에서의 '공화당'은 현재 미국정치과정에서의 '공화당'(the Republican)과 다르다. 제퍼슨의 공화당은 현재 미국정치에서의 '민주당'(the Democrat)으로 승계된다. 미국의 건국 초기에 '공화주의'[주(州)의 독자성과 주들간의 화합을 중시한다는 의미에서의 '공화']라는 말은 '연방주의'의 상대어로 쓰이고 있었음에 유의해야 할 것이다. L. Sandy Maisel, Parties and Elections in America: The Electoral Process (NY: Random House, 1987), pp. 23-46.

33 Louis Sandy Maisel, Parties and Elections in America: The Electoral Process (NY: Random House, 1987), pp. 26-28.

34 앞서 지적한 바와 같이 18세기 말에 연방권한확대에 반대하여 주정부권한보유를 주창했던 '반(反)연방주의자들'의 그룹이었던 '제퍼슨의 공화당'도 자신들을 '공화주의자'라고 불렀다.

의이름으로 공식 사용된 것은 1854년이다. 그 해 3월에 위스컨신주의 변호사 보베이(Alvon Bovay)는 크게 세 개의 그룹들[㉠휘그당, ㉡자유의 땅(Free Soil Party), 그리고 제퍼슨의 정치단체에 연원을 둔 '민주-공화주의자'(Democratic-Republicans) 내부에서 특히 ㉢'자유노동-반노예'를 주창했던 사람들]을 규합하게 된다. 이들은 1854년 하원의원선거에 진출한 의원들을 중심으로 5월에 워싱턴에 모여서 당의 명칭을 '공화당'이라고 정하며 7월에는 미시간주의 잭슨에 모여서 최초의 '전당대회'(全黨大會)를 개최한다. 여기서 공화당은 자유노동(Free Labor), 자유언론(Free Speech), 자유의 땅(Free Soil), 자유 인간(Free Man)을 당의 모토로 하며, 이른바 '자유'의 기치를 기반으로 반(反)노예정책을 당의 기조로 하게 된다.[35]

거시적으로 보자면, 미국의 정당사가 국가독립과 건국과정에서 소위 정치적 차원이라고 할 수 있는 연방헌법에 대한 찬반여부, 그리고 경제적 차원이라고 할 수 있는 자유노동에 대한 찬반 여부 등으로 균열구조가 형성되었음을 알 수 있다. 상대적 의미에서 보자면, 앞서 연방주의자와 주정부주의자의 균열 (즉, 연방헌법에 대한 찬반여부)은 정치균열이 선행하면서 정당이 형성되는 측면이 강했다. 반면에 그 이후 '휘그당', '자유의 땅', '공화당'과 같은 경우엔, 자유노동에 대한 찬반여부, 도시-농촌 거주, 노예제 찬반 등의 사회균열을 반영하면서 정당이 형성되기 시작한 것이다.

정치현실이 흥미로운 것은 사회균열을 반영하는 주요이슈의 수와 비례하여 정당이 태동하는 것은 아니라는 점이다. 기존의 이슈 몇 개를 통합하여 새로운 정당이 흡수하면서 최대수가 아닌 최소수의 정당이 그 사회에 존재하는 경향이 현실적인 것이다. 이것은 유권자들의 '요약적 심리성향'(psychological predisposition) 때문이라고 할 수 있는데, 즉, 유권자들에게 모든 사회이슈들이 똑같은 수준에서 중요하게 인식되는 것도 아니고, 몇 개의 당대의 주요 이슈들(salient issues)을 중심으로 정파를 파악하고 그들에게 지지를 보내기 때문이다. 따라서 기존에 형성되어 있는 사회균열구조를 반영한 정당균열구조에 또 다시 새로운 사회균열구조가 발생한 경우, 새로운 사회균열구조는 기존의 정당균열구조에 중첩되기도 하고, 새로운 정당을 추가하면서 정당균열구조를 만들기도 한다. 미국정치에 나타난 정당균열구조는 다음과 같이 진화한 것으로 해석해 볼 수 있다.

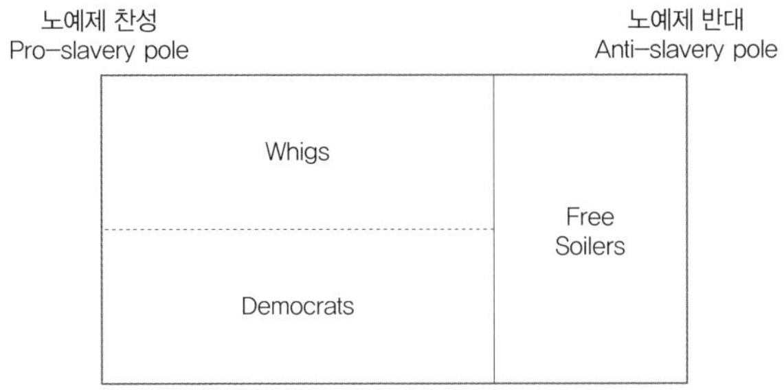

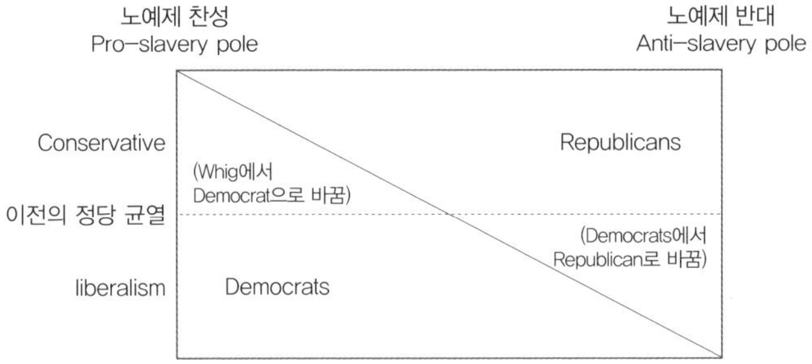

한국의 정당사는 식민지시대와 독재시대를 거치면서 진화해 왔다. 한국은 왕조체제 말기에 개화와 수구의 세력대립은 물론이고, 이마저도 국권을 침탈당하며 정파들의 목표는 국권회복을 위한 것이었다. 상당기간을 선거와도 유리된 상태에서 정당이 진화한 것이다. 이런 상황에선 정당이 다양한 사회균열을 반영하는 정치기관으로 제도화되어 가는 것이 사실상 불가능하였다. 국가독립운동과정에서도 주요 정치인들을 중심으로 한 정파들의 이념균열은 극심하였고 결국 한반도 분단으로 귀결되었다.

근대화시기와 임시정부시기에 시작된 정당의 모습은 사회균열의 주요 이슈들을 반영할 수 있는 것들이 아니었으며, 이런 점은 미국의 정당사와 가장 근본적인 차이점이 된다. 미국정당사를 보면 정당사의 초기 시점인 1828년부터 정당들의 태동은 곧 이어서 선거를 통해서 심판받으면서 정당들이 제도화되어 온 것이다. 초창기 미국정치사에선 정치균열이 사회균열을 주도한다고 해도, 사회균열을 반영할 수밖에

35 이러한 공화당의 모토는 '친유니온'(親, union) 노선적인 것이었다. 공화당의 급격한 당세 확장은 미국에서 '남북전쟁'을 가져온다.

없는(비록 전부는 아니어도) 선거를 통해서 정당들이 정리되면서 현재의 정당체계가 정착되어 온 것이다. 한국정당사는 초기값에서 엘리트들의 정치균열이 선거와 유리되어 존재했고, 그러한 전통에서 깊게 뿌리내린 '인물중심'의 정당행태가 지금도 상당부분 지속되고 있다.[36] 인물중심 정당행태를 판단하는 가장 명확한 기준은 선거에서 인기있는 인물을 중심으로 기관인 정당이 이합집산을 거듭하는 행태를 말한다.[37] 미국이나 한국이나 초창기 정당태동의 모습은 모두 인물중심의 정당일 수밖에 없었어도, 초창기에서부터 사회균열을 반영할 수 있는 선거를 치루면서 정당정치가 정착되어 온 곳과 그렇지 않은 곳의 차이가 있는 것이다.

한국정당사에서 정당태동의 시초는 구한말 근대화 과정에서 소위 '개화당'(開化黨; '독립당', '개화독립당', '혁신당'이라고도 함), '사대당'(事大黨, '수구당', '사대수구당' 이라고도 함), 그리고 '점진파'(漸進派 또는 '중간파'라고도 함)라는 삼분(三分)의 정치균열로 부터 찾아 볼 수 있다.[38] 왕조체제하에선 정치균열과 사회균열의 상호작용은 희박한 상황이다. 19세기말 사대당은 청나라에 세력배경을 둔(즉, 조선왕조 체제이후 청나라와의 주종관계를 받아들이는) 당시 민비 외척세력(外戚勢力)과 지주계층 등을 중심으로 한 정파이다.[39] 이들은 대원군의 세력이 임오군란(1882)을 계기로 거세되자 강력해진 청나라의 힘을 배경으로 하였다. 곧이어, '개화파'의 갑신정변(1884)을 계기로 민태호, 민영목, 윤태준 등이 살해되면서 당세가 위기를 맞았으나 서울에 있던 청군의 개입으로 향후 10년간 계속 세력을 유지하였다. 이후에도 1894년 청일전쟁에서 일본이 승리하면서 당세에 위기가 왔지만, 1896년 '아관파천'(俄館播遷)을 계기로 민종묵, 조병식, 조병직 등이 러시아의 세력을 등에 업고 사대당의 세력을 유지한다. 결국 1904년 이후 러일전쟁에서 패한 러시아 세력이 물러나면서 당세도 끝나게 된다.

'개화파'는 임오군란을 계기로 형성된 정치세력이었는데, 일본의 유신(維新)을 본받아서 청나라와의 종속관계를 단절하고(즉, 자주독립국을 목표로 하고), 이를 위해서 실무적으로 피폐된 '내정(內政)개혁'이 필요함을 강변한 정파이다. 이를 위해서 일본공사 다케조에(添進一郎)를 통해 일본의 조선 주둔병사들을 빌려서 갑신정변으로 거사하게 되지만, 위안스카이(袁世凱)가 이끄는 청나라 병사들에게 홍영식과 박영교가 살해되고 김옥균, 박영효, 서재필 등은 일본으로 망명하게 된다. '아관파천'이후 당세는 사실상 절멸상태가 된다.

주목해 볼 만한 것은 '중간파'이다. 당시 청나라와의 주종관계 유지를 주장하는 수구파와 일본의 신문물(新文物)을 받아들이자는 개화파 사이에서 중도노선(中道路線)을 취한 사례로 해석해 볼 수 있다. 일본과 친선하면서 청국의 후원도 배제할 수 없다는 것이다. 이들은 조선이 자생력을 지니기 전까지는 당분간 청국과의 주종관계를 유지하면서 국력을 배양하여 점진적으로 강국에 도달하여,[40] 그 이후엔 청국과 일본의 세력을 물리쳐 '민족자주국가'를 형성하자는 '실용주의'면서도, 소위 '민족주의'적인 색채와도 일맥상통하는 부분이 있다. 대원군의 집권시에는 민족주의 세력의 지지를 받는 쇄국주의(鎖國主義)가 있었으며, 김홍집, 어윤중 등의 인물을 중간파로 분류해 볼 수 있을 것이다. 임오군란이후에 대원군이 거세되고 개화파가 등장하면서 정파의 위세는 크게 약화된다. 정당정치 초기의 모습에서부터 '중도파'는 입지가 약했다. 일반적으로 전통사회에서 근대화사회로 가는 상황에선 근대와 수구의 변증법적 통합으로서의 '중도'가 힘을 발휘할 수도 있지만, 중도를 추구할 인물의 입지가 약했던 것으로 추측해 본다.

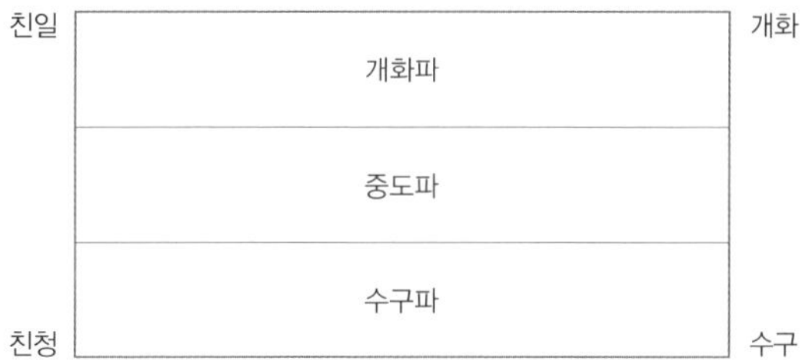

36 대통령제라는 정부형태가 인물중심의 정치를 부추기며, 정당기관 중심의 정치에 방해가 된다는 주장도 음미해 볼 만하다. 안순철, "내각제와 다정당체제: 제도적 조화의 모색", 진영재(편) 『한국권력구조의 이해』 (서울: 나남, 2014), pp. 123-162. 논점은 미국도 대통령제란 것인데 미국에선 정당정치과정이나 선거과정에 인물효과가 작동하더라도 제도화된 정당이란 기관이 있는 상태에서 작동하는 인물효과라는 것이다. 반면에 한국은 하나의 명칭으로 장기적으로 존속한 정당이 없는 상태에서 인물효과가 정당기관효과를 넘어서서 정당의 이합집산을 보다 쉽게 이끌어 낸다.

37 주인석, "정당의 분열과 통합: 기원적 특징과 조직변화", 『21세기정치학회보』 22:1 (2012), pp. 135-160. 해당 연구를 보면, 21세기에 들어서 '열린우리당'과 '민주노동당'이 조직적 지속성 유지에 실패한 공통 이유는 '카리스마적 리더의 부재'가 공통 요인이다.

38 한태수, 『한국정당사』 (서울: 신태양사, 1961), 이기하, 『한국정당발달사』 (서울: 의회정치사, 1961), pp. 5-8. 김현우, 『한국 정당통합 운동사』 (서울: 을유문화사, 2000), 진덕규, 『한국정치의 역사적 기원』 (서울: 지식산업사, 2002), 심지연, 『한국정당정치사: 위기와 통합의 정치』 (서울: 백산서당, 2004).

39 민영익을 정파의 리더라고 볼 수 있으며, 민태호, 민영목, 민종묵, 윤태준, 이조연, 한규직 등이 중심인물이다.

40 그래서, 당시 개화파와 수구파 사이에서 중도파를 일명 '점진파'(漸進派)로도 칭한다. 이기하, 『한국정당발달사』 (서울: 의회정치사, 1961), p. 7.

한국정당사의 초기점에 형성된 세 부류의 정파에 의한 정치균열구도가 쇠하고 일본의 청일전쟁과 러일전쟁의 승리이후 을사조약을 거쳐 한일합병까지 존재한 또 다른 정치균열구도는 1896년에 결성되었던 '독립협회'와 이에 대항하여 1898년에 결성된 어용단체인 '황국협회'간에 형성된 일종의 '여야(與野)균열구도'로 유추해 볼 수 있을 것이다. 이를 기존에 '수구-개화의 균열구도'라는 틀 속에서 이해할 수 있음도 물론이다. 하나의 명칭을 유지하는 제도화된 정당이 존재하지 않고 이합집산과 통합을 거듭하는 정당들 속에서 보인 경쟁구도는 '여야구도'라는 주장이 있다.[41] 독립협회와 황국협회간의 여야균열구도와 함께 '신민회' 및 '대한협회'와 '일진회'(一進會)의 구도 역시 '여야구도'로 이해할 수도 있을 것이다.

독립협회는 자주독립과 내정개혁을 모토로 하여 갑신정변당시 미국으로 망명하였던 서재필이 중심이 되어, 이상재, 윤치호, 이완용, 윤치호, 이승만 등의 개화지식인들 30여명이 참여한 정파이다.[42] 독립협회는 당시 정부에 대한 '야당의 역할'을 하고 있었다고 해석해 볼 수 있다. 독립협회는 '독립신문'을 발간하고, 토론회, 연설 등을 통한 민중계몽운동을 벌이면서 민족의 개화사상과 자주의식을 고취하였다. 독립협회가 개최한 만민공동회를 통해 '헌의6조'를 결의하면서 고종은 협회의 해산을 명한다. 일부 '만민공동회'의 이름으로 유지되었으나 1899년에 사실상 정파로서의 움직임이 정지되었다. '황국협회'는 '독립협회'에 대항하기 위해 당시 정부에서 결성한 일종의 어용단체이다. 독립협회가 민중 속에서 세력을 확장하자, 정부의 수구파들은 전국의 보부상들을 끌어 모아 조병식을 회장으로 '황국중앙총상회'를 조직하였다. 이후 이름을 황국협회로 바꾸고 이기동이 회장을 맡고 전국의 보부상을 동원하여 만민공동회를 습격했으며, "고시문(告示文) 사건"을 일으킨다.[43] 결국, 1899년 고종이 만민공동회를 해체하면서 그 원조 집단인 독립협회도 사실상 해체되었고, 그 카운터파트였던 황국협회도 동시에 해산된다.[44]

1906년에 안창호가 중심이 되어 결성된 '신민회'도 민족부흥 애국운동 정파인데, 차별성이 있다면, 시대 상황속에서 비밀결사의 형태를 띠었다. 양기탁, 이동휘, 이동녕, 신채호, 전덕기, 노백린 등이 참여하였다. 해당 정파는 이른바 듀베르제(M. Duverger)가 언급했던 '세포(cell)조직'의 형태에 해당하는 조직이었다. 회원조직은 종적인 점조직으로서 위아래의 두 사람만이 알고 있었다. 회원은 800여명에 달한 것으로 파악되고 있다. '신민회'의 해당 정파는 1912년 테라우치(寺內正毅) 암살사건에 연루되어 이후 해산된다. 이렇게 본다면 이들 '독립협회'와 '신민회'는 일제침략의 시

그림 1-1 1910–1919 정당균열 구조의 대강

대상황속에서 교조기능이 강조될 수밖에 없는 정파였으며, 사회균열수렴 기관으로서의 정파적 역할은 있기 어려웠다.

1907년 서울에서 결성된 애국계몽단체로 '대한협회'도 있다. 대한협회는 기존에 '애국'의 기치를 걸고 존재하던 보수파(공진회, 대한구락부) 및 개화파(자강회, 서북학회) 제 단체들이 함께 참여한 일종의 통합 정파로 해석할 수 있다.[45] 윤치호를 회장으로 하여, 권동진, 남궁억, 장지연, 오세창 등이 국력배양, 애국사상고취, 국권회복의 기치아래 '대한협회회보'를 발간하였다. 70개 지소를 두고 활동하였으나, 통감부의 감시가 강화되면서 회원들의 일부가 친일단체인 '일진회'와 연합하면서 정파의 정체성 자체가 약화되었다.

41 조중빈, "유권자의 여야성향과 투표행태", 이남영(편)『한국의 선거 I』(서울: 나남, 1993), pp. 49–65. 사실상 계층정당이 발달하지 않았고 제도화된 정당이 없는 곳인 한국의 정당사의 특성상 '여당성향'과 '야당성향'의 투표행태가 존재한다는 주장이다. 특히 여당성향과 야당성향은 이념적 균열구조가 심화되지 않은 상태에서 1960년대이후 1980년대중반까지 한국투표행태의 요약적 심리성향(psychological predisposition)으로 작용하였다는 것이 조중빈의 주장이다. 이러한 연구의 연장선상에서 여야균열구도를 상정해 보았다.

42 이기하,『한국정당발달사』(서울: 의회정치사, 1961), pp. 9–12. 독립협회 내부에는 두 개의 그룹이 있었는데, 국가정책을 비판하여 개혁정치의 실효성을 이끌어내자는 '강경파'(주로 소장그룹)와 계몽운동에 전념하면서 신문화창달을 위한 연구활동으로 한정하자는 '온건파'(주로 노장그룹)로 나뉘어 졌다. 초대 회장에 이완용, 서기에 이상재가 피선되었다. 독립협회에서 소장파 그룹을 중심으로 정부의 정책방향에 대한 공격이 심화되면서 소위 '관료파'회원들은 탈퇴하였으며, 이후 소장파 그룹인 서재필, 이승만, 이상재, 윤치호, 남궁억 등의 인물들이 남아서 협회를 이끌게 된다. 독립협회의 발족 당시에는 당시 정부요인들도 다수 참여하였는데, 이완용, 이채연, 안경수 등이다.

43 이유인과 홍종우는 "독립협회가 왕정을 폐하고 공화체제를 세우려는 민심을 선동하는 벽보를 붙였다"는 고시문을 게시한다. 이로 인해서 독립협회의 간부였던 이상재, 남궁억 등 17명이 검거된다. 하지만, 독립협회의 사실규명을 위한 상소로 고종은 독립협회 간부들을 석방하고, 황국협회의 조병식 일파를 투옥시킨다.

44 고종이 1899년에 만민공동회의 지도자들에게 사형(최정식) 또는 종신형(이승만)을 내리면서 독립협회는 사실상 해체된다.

45 공진회(共進會)는 1904년 11월에 황국협회에서 활동했던 윤효정, 나유석 등이 진명회(進明會: 회장 나유석)를 결성하고 과거를 뉘우치면서 세워진 단체로 정부에 대하여 황실의 권위, 정부명령, 국민의 권리와 의무에

1919년 '3 · 1운동' 이후 4월에 상해 임시정부가 수립되면서 나타난 정파의 균열구조는 '민족주의' '공산-사회주의', 일부 '중도파'간의 균열구조로 해석이 가능하다. 1919년 '3 · 1운동'을 계기로 1919년 4월에 중국 상해(上海)의 프랑스 조계지(租界地)에 '대한민국임시의정원'이 설치되고, '임시정부'가 구성된다.[46] '임시정부'를 한 덩어리의 민족주의 정파로 보는 경우, 우파 '민족주의'와 좌파 '사회주의'의 이념균열이 존재했다. 1917년 10월 러시아에서 레닌(Lenin)의 볼셰비키당이 중심이되어 케렌스키(Kerensky)의 사회당정부를 붕괴시키고 공산당정부가 수립되었다. 이에 영향을 받아 하바로브스크에선 1918년 6월에 이동휘, 장도정, 김진 등이 '한인사회당'이 결성한다.[47] 연해주 이르크추쿠에선 1919년 김철훈, 남만춘, 김만겸, 문창범, 한명서 등이 중심이 되어 '고려공산당'이 조직된다.[48] 하지만, 공산당 활동을 하는 주요 인사가 동명의 이름으로 당을 창당하면서 사회주의 정파들은 활동 근거지 중심의 다양한 조직들로 존재하게 된다. 정당형태가 인물중심의 정당일 수밖에 없는 당시의 상황상 정당을 조직한 주요 인물들이 이념이나 행동노선에서 이견이 표출되거나 활동 거점을 옮기는 경우엔 조직도 와해될 수 있는데, '한인사회당'도 둘로 갈라진다.[49] '민족주의' 계열이 상해를 거점으로 헌법을 제정하고 계속적으로 수정 보완하면서 '임시정부'라는 하나의 통합된 조직으로 뭉친 것과는 대조적이다.[50] 그 만큼 세력의 크기나 결집능력에서 큰 차이가 있었다.[51] 이렇게 사회주의 정파들은 일본의 패전이 가까워 오는 시점에 형성된 '건국동맹'이 있기 전에는 다양한 정파로 흩어져 있었으나,[52] 1944년 8월 10일 서울에서 '조선건국동맹'을 조직하여 하나의 세력으로 규합하게 된다.

근대화과정에서 개화-수구의 중도파가 있었듯이 '신간회' 조직을 '민족주의세력'과 '사회주의세력'의 '중도파'로 해석해 볼 수 있다. 이는 구한말 민족주의 세력과 이념을 배경으로 쇄국정책을 폈던 대원군의 입장을 당시 경쟁하던 정파들과의 상대적 입장에서 볼 때, '중간파'로 간주할 수 있는 것에 비유될 수도 있을 것이다. 당시 '사회주의세력'들의 좌익운동과 '민족주의세력'의 우익운동은 국론분열을 가져오게 된다. 당시 일본에선 정치이념이 도구적 성격보다 목적으로 작용하면서 발생하는 부작용에 대한 논의와 함께 '마르크스주의'에 대한 비판과 자성이 번지고 있었다. 이러한 분위기는 한반도로 번져서 일부 좌익운동가들에게도 영향을 미치게 되고, 결국 민족주의계열과 사회주의계열이 하나의 단일노선으로 대동단결을 기하는 계기를 만들게 되었다. 1926년 10월에 안재홍, 신석우, 백관수 등 30여명이 사회주의자들, 언론인, 기독교인 등을 포괄하여 '신간회'(新幹會)를 기획하고 1927년 2월에 신간회를 공식

창립하게 된다(회장 이상재, 안재홍, 김병로, 홍명희, 조병옥, 허헌 등). 좌우가 통일 전선을 형성하고 참여자들이 지회, 분회 조직을 두며 2만명을 넘는 정도로 세력이 확장되었지만, 좌익의 수뇌부가 일경에 검거되고, 민족주의파에서 당권을 장악하면

대한 건의를 하였다. 이후 공진회로 개명하면서 초대 회장에 이준을 선출하였다. 대한구락부(大韓俱樂部)는 1905년 11월에 고종퇴위에 반대성토를 하였던 항일운동단체이다. 대한자강회(大韓自强會)는 1906년 장지연, 윤효정, 나수연, 김상범 등의 '헌정연구회'에서 윤치호를 회장으로 하여 새로 발족한 그룹이다. 서북학회(西北學會)는 1908년 1월에 안창호, 이갑 등이 중심이 되어 〈서북학회월보〉를 간행하고 전국순회를 통해서 애국계몽운동을 펼쳤다.

46 '3·1운동'와 임시정부로 이어지는 사상적, 정치적 배경은 Korea Observer, Vol. 50, No. 2 Summer(2019)에 실린 3·1운동과 민족주의 관련 특집호를 참조할 수 있다. 임시정부를 구성하기 위하여 1919년 3월 하순경부터 여러 곳에서 상해로 모여 들었다. 국내(선우혁, 김철, 서병호, 최창근, 현준), 러시아(여운형), 일본(이광수), 미국(여운홍) 등이 프랑스 조계지 보창로(寶昌路)에 임시사무실을 두었다. 현준을 총무로 하여 각국에 선언서를 보내 임시정부 구성 협의절차를 시작하였다. 서울의 독립단본부에서 이봉수가 파견되어 왔고, 이동녕, 이시영, 조완구, 조성환, 김동삼, 조영진, 조용은, 이춘숙, 이규갑, 홍도, 손정도 등 30여명이 방문하여 협의하게 되었다. 4월 11일에 각지방대회(各地方大會)를 개최하여 임시의정원을 설치하고 이동녕을 의장으로 선출하였다. 국무의원들은 서울의 본부와 회의한 후 선거하여 국무총리 이승만, 내무부장 안창호, 외무부장 김규식, 법무부장 이시영, 재무부장 최재형, 군무부장 이동휘, 문교부장 문창범을 선출하였다. 4월 13일에 안승원, 김병조, 장덕노, 이원익, 조상경, 김구, 양준명, 이유필, 고일청, 김인서, 이규서 등이 계속 집결하면서 참여자 수가 천여명에 달하였다. 여기서 '의정원법'을 제정하였고, 이는 '임시정부헌법'을 제정하는 근거가 된다.

47 '한인사회당'이 같은 이름으로 두 번에 걸쳐 조직되었다. 1919년 이동휘가 임시정부의 내각의 군무총장으로 들어가면서 임시정부와 연계됨과 동시에 행동 중심지를 상해로 옮기자 1920년 3월에 블라디보스토크에 남아 있던 장도정, 김진, 전일이 주도가 되어 '한인사회당'을 재조직한다.

48 정식 명칭은 '전로(全路)고려공산당'[보리스 스미야스키, 최고려, 오하묵, 이성(본명 이재복) 등이 참여]이다. 참여자는 보리스 스미야스키, 최고려, 오하묵, 이성(본명 이재복) 등이다. 1921년에 이동휘가 상해에서 동명의 '고려공산당'을 조직(김입, 박지순, 이한영 등이 참여)하였기 때문에, 처음에 조직된 김철훈 주도의 조직을 '이르쿠츠크 고려공산당', 후일 이동휘 주도의 조직을 '상해 고려공산당'이라고 구분한다.

49 이동휘라는 인물을 중심으로 할 경우엔, 한인사회당은 상해고려공산당으로 연결된다고 구분해 볼 수도 있다. 이에 대한 구분은 진영재, 『한국정치: 통치구조, 정당, 선거』(서울: 법문사, 2018), 제2판, pp. 172-176.

50 임시정부도 1925년 3월 이승만대통령의 탄핵을 계기로 '현상유지파'(김구, 이시영 등), '개조파'(안창호), '창조파'(이동휘)로 분열이 발생했지만, 권력구조를 '대통령제'를 '국무령제'로 바꾸면서 난국을 극복하게 된다. 진영재, 『한국정치: 통치구조, 정당, 선거』(서울: 법문사, 2018), 제2판, pp. 35-41.
'정당'을 태동의 초기적 단계에서 포괄적으로 '정파'라는 것으로 이해할 때 '만민공동회'(1898)를 하나의 정파로 이해할 수 있을는지도 모른다. '임시정부'는 민족주의(우파) 독립세력의 정파로 해석하고, '만민공동회'는 입헌주의 세력의 정파로 해석할 수도 있을 것이다. 서희경의 연구에 따르면, 헌법의 기본정신이자 대한민국의 정체인 민주공화의 기원을 1898년 만민공동회에 둔다. 서희경, 『한국헌정사, 만민공동회에서 제헌까지』(파주: 창비, 2012).

51 이것은 현재 남한과 북한의 국민국가정당성(nation-state legitimacy)을 판단하는데 중요한 기준이 될 것이다. 고려공산당을 조직한 이동휘도 임시정부에 참여하였으며 이런 이유는 고려공산당의 잔존 세력들이 조직을 재구성한 이유가 되기도 한다. 이동휘는 임시정부 가입을 기점으로 임시정부 내외에 상해파 고려공산당을 조직한다. 임시정부라는 통합된 기관을 중심으로 활동하지 않고, 임시정부에 참여한 후에 별도의 공산당을 조직하였다는 점에서 이동휘의 임시정부 참여는 공산당 전략에 불과한 것으로 해석해 볼 수 있다.

52 그 외에도 국내에선 '노동공제회'(1920: 박중화, 박이규, 유병덕, 이우세, 김두희, 정태신, 남상협, 장덕수, 고순흠 등), '북성회'(1902: 일본유학생동우회, 김찬, 권오설, 안기성, 윤덕병, 이봉수, 구연흠, 김경재 등), '조선

서 분규가 확장된다. 경성지회의 해산 주장으로 전국대회를 통해 1931년 5월에 해산된다. 중도통일노선은 이전 대원군 정파와 마찬가지로 실패로 끝났다.

신간회의 좌우합작운동은 사회균열의 다양화에도 영향을 미쳤는데, 유교의 남존여비사상과 대척되는 '여성운동'을 주도한 정치균열세력으로 '근우회'(槿友會)란 선각자적인 단체가 있었다.[53] 근우회는 조선여성의 지위향상과 이를 위한 단결을 모토로 1927년 5월에 서울 중앙기독교청년회관에서 조직된다.[54] 김활란, 유영준, 유각경, 정칠성, 홍애시덕, 정종명 등이 주도하였다. 근우회는 여성운동이란 이슈 축과 함께 동시에 좌우합작운동의 연장선상에 있었다. 따라서 태동 단계에서 신간회의 영향을 받았고, 신간회가 약화된 이후 그 분위기를 반영하여 근우회의 활동도 약화되었다.

좌우이념을 넘어서서 합작과 통일전선을 구축하는 시도는 모두 실패로 끝났다. 상반되는 이념적 정체성을 분명히 지닌 두 개의 정당이 경쟁하고 있는 경우, '선명성'(鮮明性)이 약한 정당이 그들 두 개의 이념 집단들과 경쟁하는 데는 한계가 있었다. 중도정당이 기관으로서 존재하기가 쉽지 않은 것이다.[55] 정치균열 경쟁은 이념적 정체성을 기반으로 이루어지는 것이 대세이고 현실이기에, 중간적 입장은 아무래도 내부분란에 휩싸이거나 외부적 경쟁력이 약화되며 기관의 장기적 존속이 약화되기 일쑤이다. 현재도 한국정당정치과정에서 중도파의 중요성을 언급하는 연구들이 있음에도 불구하고 현실적으로 중도정당이 서지 못하는 이유가 될 것이다.[56] 좌우분열의 심각성은 임시정부헌법에도 나타나고 있다. 1927년 임시정부헌법 3차개헌의 주요 목적중의 하나는 좌우로 분열된 정파들을 하나로 통합하는 '민족유일당'(民族唯一黨)의 추구와 이를 통한 '이당치국'(以黨治國)이었다. 민족유일당은 일종의 '중도통합'이었는데, 이를 추구하던 정치 실험도 실패로 끝났다.[57]

일본 패전의 전운이 깊게 감돌던 1944년 8월에 국내 및 국외 사회주의자 정파들은 서울 경운정의 현우현의 사택에 모여서 '조선건국동맹'(朝鮮建國同盟)의 조직을 기획한다. 여운형이 주동이 되고 조동우, 황운, 이석구, 김진우 등이 함께 하였다.[58] 해방전까지 정당조직은 지하조직의 형태를 띠었다. 1945년 8월 국가해방이 오면서, 조선건국동맹은 지하조직을 벗어나 기구를 확대하여 '조선건국준비위원회'(朝鮮建國準備委員會: 이후 약칭 '건준')로 확대 발전된다.[59] 따라서 해방정국에서 가장 먼저 조직을 체계적으로 정비한 곳은 사회주의 정파였다.[60] 하지만, 건준은 내부 노선분열로 인하여 결국 고려공산당 박헌영, 서중석, 이관술, 이강국, 최용달 등이 주도한 '조선인민공화국'(朝鮮人民共和國: 이후 약칭 '인공')이란 정파로 변화된다.[61] 반대급부공산당'(1925: 김재봉, 박헌영, 김약수, 유진희, 김찬, 조동우 등) 등이 조직되고 있었다. 이기하, 『한국정당발달사』(서울: 의회정치사, 1961), pp. 20-22.

53 당시 유교단체들도 반탁독립운동과 통일국가건설운동에 적극적으로 참여하였음을 고찰한 연구도 있다. 유교계의 최고 지도자인 김창숙은 최고 유학자라고 할 수 있는 정인보, 무정부 계열인사(이정규, 이을규 등)과 함께 '유도회총본부'를 구성하여 김구의 반탁노선에 큰 힘을 보태게 된다. 이황직, "해방직후 유교단체들의 성격에 관한 연구" 『현상과 인식』 38:1-2 (2014), pp. 115-149.

54 '근우회' 태동을 이해하기 위한 거시적 차원의 변수를 '신간회' 결성이란 사회분위기라고 한다면, 조직의 태동 연원은 그 이전의 '조선여성동우회'(정칠성, 박원희, 정종명, 주세죽 등)의 조직으로 볼 수 있다. 1924년에 조직된 동 단체에서 주장된 내용은 좌우분열이 된 상태에선 효과적인 여성운동을 기할 수 없다는 것이었다.

55 중도정당이 성공하기 위한 가장 큰 조건은 중도정치를 이끌 수 있는 리더십을 지닌 정치인의 존재일 것이다. 즉, 특정 시국에서 중도정치를 이끄는 정치인이 중도좌파나 중도우파를 이끄는 사람보다 더 강력한 리더십을 발휘하고 이를 대중들로부터 인정받는 상황에서 중도정당의 창당내지는 정국주도가 가능할 것이다.

56 정당간 경쟁에서 중도정당이 존립하기 어려운 상황들을 다음과 같이 정리해 본다. 첫째, 중도정당의 제도화에는 태동과정 그 자체가 중요할 수도 있다. 처음부터 중간이나 중도라는 입장이 일족(一族)에 의한 정체성으로 출발하지 못하고, 두 개 이상의 집단이 모여서 정체성을 취합하는 형식의 절충주의적 성격을 갖는 경우 중·장기적으로 중도의 입장을 견지하며 존속하지 못하는 경우가 많다. 둘째, '정당간 경쟁'(party competition)의 속성은 상당 부분 정당이 취하는 입장에 대한 '선명성 경쟁'으로 이어진다. 선명성 경쟁은 '정당일체감'(party identification)이나 '정당충성도'(party loyalty)가 낮아지고, 선거과정에서 '진성당원'이 줄어들며 단순히 '지지자'(supporters) 위주로 바뀌는 현실과 무관하게 존재한다. 영국정치과정에서 보수당-자유당 양당체제에서 보수당-노동당 양당체제로 바뀐 현실은 단순히 단순다수제-소선거구제에 있는 것이 아니다. 자유당은 노동당의 출현으로 보수당과 노동당 사이에서 중도정당의 위치에 서게 되면서 선명성 경쟁에서 두 정당에게 밀리게 되고, 이것은 유권자들에 대한 호소력에서 열세의 위치에 서게 된다. 단순다수제-소선거구제의 지역구 경쟁에서 자유당은 노동당에 밀려 제3당의 위치로 낙후된다. 대통령선거와 같이 전국수준에서 1명을 선출하는 제도에서는 전국수준에서 '중도적 위치'에 선 사람이 유리할 가능성이 커질 수도 있다.

57 대한민국임시정부 헌법3차개정에 관한 보다 자세한 논의는 진영재, 『한국정치: 통치구조, 정당, 선거』(서울: 법문사, 2018), pp. 43-52.

58 해당 정파는 조국건설을 수행하기 위한 위원장을 여운형으로 하고, 내무부(內務部)와 이에 연계된 전국적인 조직망을 기획하여 사회주의 동맹체의 외연확장과 조직강화를 기도하였다. 후에 이여성, 김세용, 이걸소, 최병철, 방승환, 김갑문, 이만규, 허규, 이상백, 이수목, 정재철 등이 가맹하며 확장된다. 한태수, 『한국정당사』(서울: 신태양출판사, 1961), pp. 19-24.

59 '건준'은 위원장 여운형과 부위원장 안재홍 사이의 갈등이 격화되며, 1945년 8월 31일에 안재홍이 사퇴한다. 이로 인해서 건준의 '유지파'와 '해산파'가 대립하게 된다. 때를 맞추어 '고려공산당'(장안파: 이영, 정백 등이 1945년 8월 16일 서울장안빌딩에서 결성)과 대립하며, 박헌영, 이강국, 서중석 등이 주동이 되어 '조선공산당'(재건파)을 별도로 조직하고, 연이어 재건파는 1945년 9월 6일 '조선인민공화국'을 선포한다. 이기하, 『한국정당발달사』(서울: 의회정치사, 1961), pp. 44-54.

60 당시 사회주의자들의 소수 일파는 정백(鄭栢)을 중심으로 하여 민족주의세력의 대표자인 송진우와 사회주의(공산주의)세력의 대표자인 여운형의 합세(즉 좌우합작)를 강구했지만, 송진우 측의 미온적 태도로 뜻을 이루지 못했다. 두 가지 이유를 생각해 볼 수 있다. 첫째, 민족주의세력과 사회주의세력의 합작을 원했던 정백과 이영 등은 소위 '고려공산당'을 창당한 주역이었다. 정백과 이영은 1945년 8월 16일 저녁에 서울 장안(長安)빌딩에서 '고려공산당' 창당을 주도한 바 있었다. 거간의 위치에 서 있는 사람의 정체성은 분명한 공산주의자였다. 해당 '고려공산당'을 이르쿠츠크파 공산당이나 상해파 고려공산당과 구분하여 '장안파 고려공산당'이라고도 한다. 둘째, 민족주의세력의 거두인 송진우와 그 세력은 실무행동강령보다는 일단 미군의 서울 입성, 해외독립투사들과 임시정부 주도세력들의 환국 등을 대기하며 판세를 관망하자는 대의명분을 유지하고 있었다.

61 '민족주의 세력'이 건국의 실무준비과정에서 과도한 자신감 내지는 신중함으로 그 특징이 표현될 수 있다면, '인공'세력의 정당조직의 기동성은 음미할 만하다. 물론 이러한 기동성은 내부 및 외부와의 합의과정이 일체

적으로 해석하자면, 건준의 여운형은 인공의 박헌영과 구분되니 '중도파'로 해석이 가능할 것이다. 연장선상에서 해방이후 남한에서 가장 먼저 국가건립을 준비한 세력은 중도파로 볼 수도 있다.

남한에 우파세력이 아닌 중도파 세력이 정치일정을 주도하는 것은 애시당초에 한계가 있을 수밖에 없었다. 한반도는 1945년 제2차세계대전 패전국인 일본에 대한 승전국인 미 · 소연합국의 전리품이 되면서, 38선을 중심으로 분단된다. 한반도 분단으로 '공산-사회주의' 좌파세력은 북한에 정부를 수립하고, 임시정부를 중심으로 한 '민족주의' 우파세력은 남한에 대한미국 정부를 수립한다. 남한의 우파세력은 남북통합을 원했지만, 북한의 좌파세력은 북한만의 분할통치를 원했다. 1945년 11월에 북한에는 이미 김일성 좌파 공산주의 정권이 들어선다. 결국, '조선건국동맹'은 '인공' 및 '재건파공산당'의 등장으로 인한 변고를 겪고, 1945년 10월 11일에 공식적으로 해산한다. 그리고 동년 11월 12일에 서울 경운동 천도교회관에서 1천여명이 모여서 여운형을 위원장으로 하는 '인민당'(人民黨)을 창당한다. 이로 인해서 좌익은 '인민당'과 박헌영의 '조선공산당'으로 이분화된다.

일제가 물러나고 남한에 미군정이 시작되는 상황에서 개별 정파입장에선 미소연합군에 대한 입장정리와 중경(重慶)임시정부요인들에 대한 지지여부는 가장 중요한 두 개의 현실정치사안이었다. 송진우, 김성수, 서상목, 김병규, 이병희, 장택상, 김준연 등을 주도로 한 민족주의 계열은 1945년 9월 7일에 동아일보사강당에서 '국민대회준비위원회'(이후 약칭 '국준')를 개최한다. 여기서 한민당은 미소연합군에 대한 감사의 뜻을 표명하고, 임시정부에 대한 지지를 의결한다.[62] 송진우를 위원장으로 선출하며 민족주의 계열의 '국준'이 사회주의 계열의 '건준'과 대항하는 정당경쟁구도가 형성된다. 곧이어, 9월 16일 천도교강당에서 '한민당'(韓民黨)을 창당한다. 여기

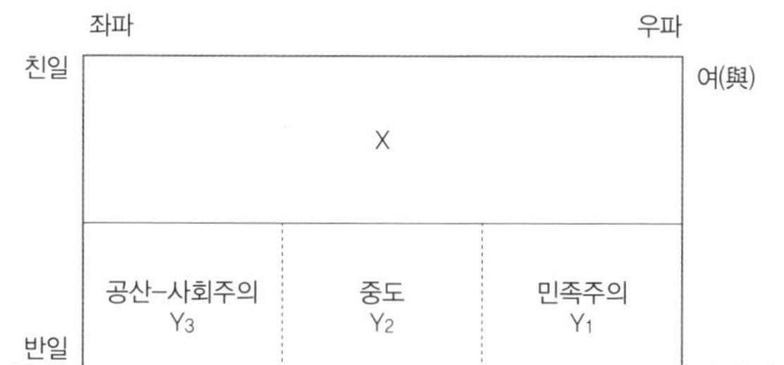

그림 1-2 1919-1948 정당균열 구조의 대강

서 이승만, 김구, 이시영을 영수로, 송진우를 수석총무로 선출하였다. 한민당의 창당은 '인민공화국' 타도를 가장 큰 우선과제로 삼았으며 미군정에 적극 협력하였다. 창당과정에선 조선민족당(김병로, 조병옥 등이 기획중) 및 한국국민당(김도연, 장덕수, 윤보선 등이 기획중)의 창당계획들을 모두 무산시키면서 해당 세력들을 포섭통합하여 발족한다.[63] 임시정부 김구 주석은 1945년 8월 해방이후 3개월이 지난 11월에야 개인의 자격으로 미군정하 치하의 남한에 귀국하게 된다.

해방정국이 '민족주의세력'을 대표하는 '국준'과 '사회주의세력'을 대표하는 '건준'의 양당경쟁구도에 있었음은 분명하다. 동시에 우파통합운동과 좌파통합운동의 당파경쟁적 노력이 동시에 진행되고 있었다. 남한의 미군정하에선 사회주의세력들에게 불리한 경쟁이었다. 큰 틀에서 논의하자면, 우파통합운동의 결과물이 송진우 주

생략된 일방적인 것으로, 근본적으론 무리수였다는 해석이 옳을 것이다. 이들은 1945년 8월 31일까지 145개 지역에 '인민위원회'를 설치했고, 이어 건준의 해산파와 연계하여 동년 9월 6일 비오는 밤에 경기여고 강당에서 600여명의 대표자가 모여 인민대표자회의를 개최한다. 이곳에서 이들은 '인민위원'이란 이름으로 헌법기초위원 55명의 명단과 함께, 임시정부조직법안(주석 이승만, 부주석 여운형, 국무총리 허헌, 내무부장 김구, 외무부장 김규식, 재무부장 조만식, 문교부장 김성수, 사법부장 김병로, 경제부장 하필원, 체신부장 신익희)를 통과시키고 조직선포식(서기장 이강국, 법제국장 최익한, 기획국장 정백)을 한다. 근시적인 연원으로 보자면, '인공'은 '조선공산당'[소위 '재건파(再建派)공산당'; 이것은 1925년의 조선공산당과도 일부 구분됨]과 연계된 조직이다. 박헌영은 과거 이르쿠츠크 공산당의 전위조직(前衛組織: vanguard team)인 '고려공산청년회'를 주도하며 상해파 고려공산당과 맞선 바 있다. 소위 재건파공산당은 '장안파'를 타도할 목적으로 그들을 타락자들(특히, 좌우합작 알선건과 관련하여)이라고 공격하며 해산케 하고, 1945년 9월 8일 계동회의에서 조선공산당 재건준비위원회를 구성하고, 동년 9월11일 통일된 '조선공산당'을 조직한다. 조선공산당은 이후 독립운동이나 국가재건보다 적화(赤化)운동으로 기운다. 한국공산주의 정파에 대한 총체적인 연구는 서대굿, 『한국공산주의운동사연구』(서울: 화다, 1985)

62 한태수, 『한국정당사』(서울: 신태양사, 1961), 이기하, 『한국정당발달사』(서울: 의회정치사, 1961), 김현우, 『한국 정당통합 운동사』(서울: 을유문화사, 2000), 진덕규, 『한국정치의 역사적 기원』(서울: 지식산업사, 2002), 심지연, 『한국정당정치사: 위기와 통합의 정치』(서울: 백산서당, 2004). 강정인, 서희경, "김성수와 한국민주당연구: 한국보수주의 정치이념의 기원과 연속성을 중심으로" 『한국정치학회보』 47:1 (2013), pp. 103-126.

63 1945년 12월 30일에 수석총무인 송진우가 암살되는 불운을 맞게 된다. 하지만 1946년 2월 미군정 최고자문기구격인 '민주의원'에서 절대다수의석을 차지하여 당세를 구가한다. 대한민국에서 공화국의 시발점이 된 1948년 5월 10일 총선거에선 200석 중에서 한민당은 29석을 차지하는데 불과하여 당세가 약화된다 (무소속 85석, 대한독립촉성국민회 55석, 대동청년단 12석, 조선민족청년당 6석 등). 이렇게 된 가장 큰 요인은 역시 '인물중심'의 정당이란 성격 때문이다. 송진우가 암살된 이후의 어려움과 함께, 공동 영수로서 추대되었던 이승만의 영향력하에 있었던 '독립촉성중앙협의회'의 존재는 민족주의 세력의 엄브렐러(umbrella) 기관으로서 한민당의 현실적 통합 능력을 갖기 어렵게 하는 측면도 인정될 것이다. 1949년 2월에는 '민주국민당'(이후 약칭 '민국당')으로 재편되면서 다시 제1야당으로 거듭나게 된다. 이러한 역사성 때문에, 과거 만년여당인 박정희 정부하에서 제1야당의 뿌리로 존재하였다. 그러나 이 역시도, 당시 야당 지도자이던 김영삼 김대중의 분열(지역주의로의 분열)과 1991년 '3당합당'(여당과 야당의 합당)으로 인해서 이제 '한민당'의 본류가 그대로 유지되면서 현 시점에 존재한다고 보기는 어렵다.

도의 '한민당'으로 귀결된 듯도 하지만 '독립촉성중앙협의회'(이승만)이나 '비상정치회의'(김구) 등의 미묘한 분파적 흐름이 있어 나름대로 복잡하였고,[64] 좌파통합운동의 경우엔 '남조선노동당'과 '사회노동당'으로의 분열이 발생하였다.[65] 현실정치세계에서 정파가 존재할 때, 각 정파는 자신을 중심으로(주어로 하여) 판세와 실리를 해석한다. 한민당이 공동 영수로 추대했던 이승만은 1945년 10월 23일 이후에 이미 우익 정파인 '독립촉성중앙협의회'(이후 약칭 '독촉')를 발족하고 있었다. 여기에는 한민당 세력, 국민당 세력, 심지어는 조직화 초기에는 조선 공산당을 비롯하여 국내 2백여개의 대소 정파들이 참여하고 있었다.[66] 따라서 민족주의 세력으로서의 우파의 구심점이 '독촉'인지 아니면 '국준'인지에 대해서는 서로 다른 해석이 가능하다.[67] 군소정당들도 다수 존재하였으며,[68] 특히, 각 이념정파 내부에선 '중간파'들로서 소위 '중도우파'와 '중도좌파'도 존재했다는 점이다.[69] '민중동맹'은 중도우파적 성격의 정당이었으며, '사회민주당'은 중도좌파적 성격의 정당이었다.[70]

1909년 일제에 의해서 국권을 뺏긴 상태에서 1945년 해방되었지만, 완전한 해방은 아니었다. 승전국인 미 · 소연합국은 패전국인 일본에게서 전리품인 한반도를 얻었다. 미국과 소련은 한반도를 두 지역으로 분단하고, 남한은 1945년 9월 7일부터 1948년 5월 10일 총선으로 1공화국의 수립절차에 들어가기 전까지 3년간 '미군정'(美軍政)의 통치하에 있었다. 따라서 대한민국 정당태동사에서 나타난 정치균열은 주로 국가건국 및 건국시 이념의 채택문제와 깊은 관계를 맺고 진행된 것이었다. 소위 립셋이나 로칸이 언급했던 사회이익과 결부된 사회균열구조를 반영한 것으로 설명하는 것에는 한계가 있다. 미국정치의 경우엔, 현재 미국에 존재하는 '민주당'과 '공화당'의 정책적 입지의 초기값으로 해석될 수 있는 '연방' 대 '반연방', '북부상공인' 대 '남부농업노동자' 등의 사회균열을 반영하면서 정당들이 제도화가는 것을 알 수 있다. 1945년 또는 1948년이후 70여년을 넘어선 현재에도 같은 이름하에 장기적으로 존재하는 소위 '제도화된 정당'(institutionalized political parties) 없이 정당간 통합과 분당을 지속하고 있다.[71] 반면에, 한국정당체계의 경우, 일단 남북(南北)이 분단되어 이념적으로 자유롭지 않았음은 정치현실에서 사회균열을 반영하는 과정에서 한계로 작용할 수밖에 없었다. 그러나 1987년 대통령직선제의 부활을 계기로 출범한 소위 '민주주의체제'로서의 '제6공화국'에선 '지역갈등'과 더불어 '남남(南南)갈등'의 축으로 '보수'와 '진보'간 '이념갈등'이 정당간 경쟁구도에 반영되어 확대재생산되고 있다. 나라마다 역사적 특성이 있어서 단순비교는 어렵겠지만, 또한 여당에 의한 장기집권은 한국정치과정에

그림 1-3 1948-1971 정당균열 구조의 대강

64 '비상정치회의'의 조직은 이승만 주도의 독립촉성중앙협의회와 임정요인(臨政要人)들 사이의 과거사문제 및 이로 인한 미묘한 권력관계로부터 비롯된다. 한태수, 『한국정당사』(서울: 신태양출판사, 1961), pp. 69-90. 임시정부의 마지막 주석은 김구이며, 이승만은 과거 임시정부하에서 탄핵으로 물러난 바 있다. 이렇게 이승만 주도의 정국을 탐탁치 않게 생각하는 임정요인들을 중심으로 1945년 12월 23일에 '특별정치위원회'(조소앙, 김명준, 김성섭, 최동오, 장건상, 유림, 김원봉, 안재홍 등)가 구성되고 이미 과거 임정시절부터 해방된 정국의 처음 단계에선 필요한 것으로 논의되던 '비상정치회의'를 친일파 및 반민족주의자의 제외, 좌우통일전선구축 등을 모토로 하여 '국민대표대회'를 소집할 것을 김구 주석의 이름으로 발표한다.

65 '협치'의 문제를 보자면, 양당경쟁체제가 다당경쟁체제보다 갈등이 더 극렬화되는 경향이 있다. 삼자경쟁구도의 경우엔 한 개 정당이 양 정당 사이에서 중간자 역할을 할 수 있지만, 양 정당의 경쟁구도에선 그러한 중간완충지대 역할을 할 존재가 없기 때문이다. 따라서 사회주의세력에 3개의 분파[조선공산당(위원장 박헌영), 신민당(위원장 백남운), 인민당(위원장 여운형)]가 존재하다가 1개로 통합하는데 실패하고 2개의 분파[남조선노동당(박헌영), 사회노동당(여운형)]로 정리되었다는 것은 오히려 분열의 수준이 심화되었다는 것을 의미한다. 남한에서 좌익세력들의 합당운동은 1945년 8월 29일 북한에서 '북한공산당'(책임비서 김일성)과 '조선신민당'(주석 김두봉) 간의 결판으로 '북조선노동당'을 결성케 된 것에 영향을 받았다. 남한에서 합당이 실패하게 된 것에는 합당결정과정에서의 '좌우합작승인문제', 절차적 문제 등과 함께 또 다른 주요 이슈인 '신탁통치'문제가 제기되면서 구성원들 사이에 복잡한 분란이 시작되었기 때문이다. 보다 자세한 논의는 이기하, 『한국정당발달사』(서울: 의회정치사, 1961), pp. 139-141.

66 이에 참여했던 박헌영은 조직이 출범한후 11월 16일 해당 협의회에서 친일파와 민족반역자의 제거를 요구했고, 이러한 요구가 받아들여지지 않자 탈퇴한다. 1946년 2월 8일에는 '대한독립촉성국민회'로 재출범하게 된다 (총재 이승만; 부총재 김구·김규식; 고문 권동진, 김창숙, 함태영, 조만식, 오화영; 회장 오세창).

67 이승만 대통령은 대한민국임시정부의 초대 국무총리(의원내각제 구상에서)이자, 초대 대통령(대통령제 구상에서)이다. 따라서 200여개 단체가 모인 '독촉'은 현실 정치과정에서 송진우 주도의 '국준'을 넘어선다. 실제로 한민당의 현실적 정치중심세력은 '독촉'이었다고 볼 수 있다. 보다 장기적인 시각에서 '국준'에서 연결되는 '한민당'이 우파 구심점으로 주요하게 언급되는 것은 공화국 수립이후 보다 장기적인 시각에서 한국정치사를 볼 때, 한민당이 제1야당의 뿌리역할을 해왔다는 것이 영향을 미칠 것이다. 대조적으로 장기적 시각에서 이승만 대통령의 '자유당'은 그렇지 못하다.

68 '대한여자국민당', '사회민주당', '민중공화당', '국민당' 등이다. 보다 자세한 논의는 이기하, 『한국정당발달사』(서울: 의회정치사, 1961), pp. 139-141.

69 이기하, 『한국정당발달사』(서울: 의회정치사, 1961), pp. 5-8.

70 '민족혁명당'을 중도좌파의 정당에 포함시키기도 한다.

71 김용호, "민주화이후 한국 정당정치의 제도화 연구를 위한 예비적 고찰", 『미래정치연구』 6:1 (2016), pp. 5-25. 김용호는 1987년 민주화체제이후 한국정당정치의 4가지 차원(정당간 경쟁패턴의 안정성, 정당의 사

서 '여당(與黨)성향'과 '야당(野黨)성향'이라는 독특한 유권자 행태를 유인하기도 했다.

과거라는 시대상황과 맞물려, 정당태동기에 주요한 정치지도자를 중심으로 정당이 조직되는 것은 비단 한국만의 사례는 아니다. 많은 사람들이 지적하는 '인물중심의 정당'의 문제점이란, 정치지도자가 당명을 단순히 선거유불리 내지는 이미지쇄신이라는 이유로 바꾼다는 것이다. 실제 정당의 내용은 전혀 바뀐 것이 없는 상태에서 옷만 갈아 입는 형상이다. 정당간 '분당', '합당', 그로 인해 발생하는 당명 변경의 문제의 핵심에는 '현역의원들의 재선을 위한 계산'이 자리하고 있다. 누구도 이것을 제어하지 못한다. 과거 김영삼, 김대중 시절 '민주화의 열망'으로 국민들이 단합했을 때에도 '분당'과 '합당'은 결국 권력투쟁의 산물로 환원된다. 매체의 변화는 정치권에 가장 큰 영향을 미치는 요인이다. SNS시대에 한국정당사에서 반복되는 분당과 합당의 모습이 어떻게 개선될지에 대해서 많은 논의가 있지만, '대통령제'라는 특색(즉, 대통령을 배출할 가능성이 낮은 정당은 정당으로서 경쟁력이 현저히 약화될 수밖에 없는 상황)과 맞물려서 국회의원들의 '재선'에 대한 욕구는 대통령으로 당선될 수 있는 자들을 중심으로 이합집산을 부추긴다. 결코 단순히 통제될 문제가 아니다.[72] 일단, 국회의원들을 공천한 '정당조직'이나 보다 직접적으로 '공천제도'와의 관계에서부터 정당이합집산의 문제에 대한 해결의 실마리를 찾아볼 수 있을 것이다. 물론, 이것도 단순한 문제는 아니다.[73] 정당활동의 자유란 분당, 탈당, 합당 등을 자유롭게 할 수 있는 자유도 포함한다. 오히려 그러한 가능성을 지나치게 제한하는 것이야말로 바람직한 '정당정치'의 모습이 아닐 가능성이 크다. 앞서 보았지만, 어떤 형식의 사회균열이건 이를 반영하는 '정당조직'이란 것은 태생적으로 같을 수 없는 것이어서, 모든 정당조직이 하나의 성격으로 일반화될 수 있는 것이 아니며, 그렇기에 어떤 바람직한 하나의 모습을 상정하여 이를 정당조직의 발전모델로 부과하기 어렵기 때문이다.

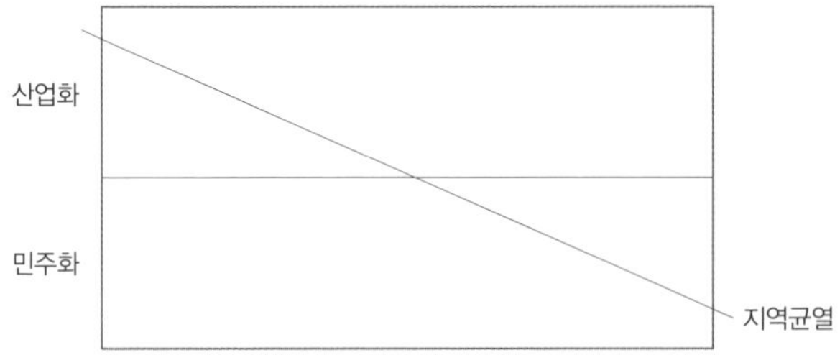

그림 1-4 1971-1987 정당균열 구조의 대강

1987년 이후 6공화국체제하의 대한민국은 헌법 전문(前文)에 표방하였듯이 "자유적 민주질서를 더욱 공고히 하는" 체제이고, 그런 연장선상에서 정당설립과 활동의 자유가 보장된 체제이다. 작금의 한국정치현실은 '우파'와 '좌파'의 극심한 대립으로 인한 정치불안정을 반영하고 있다. 이러한 대립구도에 대해서 1997년 김대중정부나 2003년 노무현정부의 출현과 함께 이해하려는 시각들도 있지만, 대한제국이 형성되고 일본의 한반도 침략이 노골화되던 19세기말 20세기초까지 거슬러 올라갈 수 있다. 독립운동과정에서도 우파의 임시정부 및 '민족주의세력'과 좌파의 '사회주의-공산주의세력'은 두드러진 정당균열구조였다. '신간회'란 중도파 정당이 존재했지만 그 존재시기는 매우 단기적이었고, 1945년에서 1948년까지의 대한민국공화국 수립과정에서도 '국가준비위원회'와 '조선건국준비위원회'의 대립으로 좌-우 균열은 연장된다.

현재 한국정치균열구도에서 '우파'와 '좌파'의 대립구도의 성격은 이러한 역사적 배경하에서 '일당독재 대 반독재('이승만정부 사사오입개헌이후), '산업화세력 대 민주화세력'(1963년 박정희 정부이후), '친북 대 반북'(1997년 김대중 정부이후)이란 균열구도가 복합적으로 누적되면서 진화된 것으로 볼 수 있다. 특히 남한과 북한의 국력의 현저한 격차가 드러나기 시작한 1990년대 이후엔 우리사회의 정치균열구도에서 '우파'와 '좌파'를 구분하는 주요한 기준으로 '친북' 대 '반북'의 구도가 두드러지게 되었다.[74] 현 시대 한국에서는 '보수'와 '진보'라는 가치를 중심으로 각각 차례대로 '우

회적 기반의 견고성, 정당이 확보한 정치적 정당성의 수준, 정당의 지도자에 대한 의존성)의 정도를 분석한다. 그 결과 정당간의 지역주의 경쟁패턴은 높은 수준이고, 주요 정당들의 사회적 기반은 허약하며, 정당의 정치적 정당성의 수준은 매우 낮으며, 정당이 정치지도자에게 의존하는 정도는 매우 높은 수준으로 본다. 종합적으로 이렇게 낮은 수준의 정당제도화는 한국의 역사적 맥락에 근거하는 것으로 보았다.

72 가장 중요한 것은 국회의원들이 직접 정당법이나 선거법을 개정하는 주체가 된다면, 이는 근본적으로 고치기 어렵다는 것이다. 제3의 기관으로서 '헌법기관들'인 '중앙선거관리위원회'나 '헌법재판소' 등을 생각할 수도 있다. 전자는 합당과 분당 및 당명변경에 관한 적합성 심사를 맡을 수는 있지만 사후(事後)의 사무여서 적극적이기 어렵다. 후자 역시 '정당해산'에 관한 판결을 내릴 수 있는 권한을 갖고 있지만, 분당, 합당, 당명변경의 사무를 판단하는 주체로서는 충분히 '정치적'일 수 없다. 이에 유용하게 사용될 수 있는 것이 '국민투표법'이라고 본다.

73 반복되는 '분당'과 '합당', 그리고 '당명변경'을 제한하거나 통제하는 방식은 많다. 첫째, '정당법'에서 그렇게 규정하면 된다. 둘째, '선거법'에서 그렇게 할 수도 있다. 하지만, 분당과 당명변경이 신당 창당의 일환이라면 자칫 정당설립과 활동의 자유를 억압하는 반헌법적인 것이 된다.

74 '우파'와 '좌파'의 균열과정에서 '지역주의'도 복합적 작용요소일 것이다. 이는 특히, 인물중심의 정치가 두드러졌던 '박정희 시대'와 '삼김시대'(三金時代)에 그러했다. 김영삼과 김대중이 모두 물러난 2003년 이후의 지역적 이념성향을 보면, 김대중을 지지하던 호남은 이후에 진보성향이 상대적으로 강했으며, 김영삼을 지지하던 영남은 이후에 보수성향이 상대적으로 강했다.

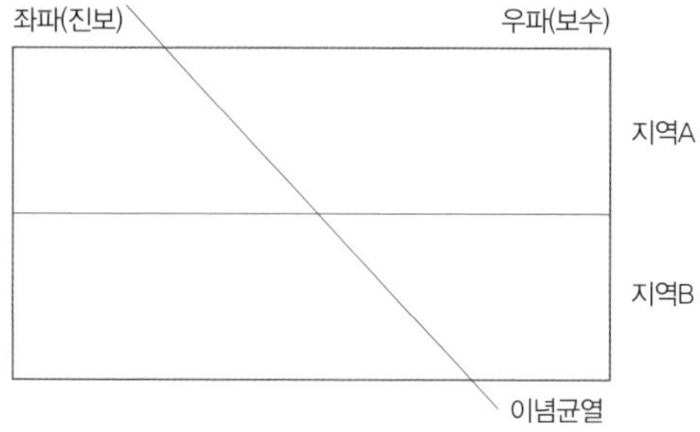

그림 1-5 1987-현재 정당균열 구조의 대강

파'와 '좌파'라는 집단으로 이해되면서 우파는 '보수'와 좌파는 '진보'라는 용어와 동의어로 사용되기에 이르렀다.[75]

한국정치과정에서 '보수'와 '진보'의 대립구도가 심해지고 있음을 고려할 때, '중도파'의 존재문제에 대한 논의가 필요하다. 두 가지 차원으로 나누어 본다면, '가능성'과 '필요성'이다. 먼저 '가능성'에 대해서 논의해 본다면 중도파의 등장은 가능하지만 시간이 소요될 수 있다. 하지만, 보수정권과 진보정권을 거치면서 이념갈등이 확대재생산되는 '진영정치'에 국민들의 실망감이 커질수록, 중도정당이 들어설 가능성은 상존한다. 개별 균열구도하에서는 중도파가 있기 어렵지만, 두 개 이상의 균열구도가 복합적으로 작용하는 균열구도하에서는 '중도'라는 입지가 창출될 수도 있다.[76] 소위 이념적 일관성(진보-민주화-친북; 보수-산업화-반북)을 지니지 않고, 민주화세력이면서 반북일 수 있으며, 산업화세력이면서도 친북일 수도 있다는 것이다. 경제적 자유주의에 반감이 없는 진보도 있고, '온정주의'를 표방하는 보수도 있다. 개혁에 적극적인 미래지향적 보수도 있고, 과거청산에 반감을 지닌 진보도 있다. 즉 이렇게 다양한 사회적 구성원들의 분포를 대표하는 중도정당의 가능성을 배제할 수 없을 것이다. 문제는 그러한 사회균열구도를 정치균열구도화 하기 위해선 중도를 표방하는 정당이 선거경쟁에서 득세하여야 하는데, 현실정치에서 이것이 쉽지 않다. 한국의 단임제 대통령제하에서, 그리고 대통령이 주요 인사권을 중심으로 정치일정을 압도하는 상태에선, 일단 대통령선거에서 유력한 대통령후보를 내야하는데, '진보' 대 '보수'의 과열된 '진영(陣營)대결'의 구도를 극복하는 '중도' 표방의 정치를 하기가 쉽지 않다. 국회의원선거에서도 '단순다수 소선거구제'가 유지되는 한 군소정당이 새로이 정치권에 진입하기 쉽지 않다.[77] '선명성'(鮮明性)과 '차별성' 나아가 일부 '선동성'

이 전략적으로 요구되는 선거경쟁과정의 특성상 중도적 입장의 정당들은 대중들에게 어필하는데 한계가 있기 때문이다. 역사적으로도 '신간회'가 있었고 최근에 '바른미래당'이 중도정당의 실험지였는데, 상징성과 선언적인 의미를 넘어선, 정치적 결과물로서 세속적인 성공을 했다고 보기는 어려울 것이다.

'중도정당'을 정의하는 방식은 다양할 것이다. 극단의 이념에 방역선을 치고 실효성있는 민생복리정책을 위하여 경쟁 정당과 합의와 상생을 추구하는 정당으로 볼 수 있다.[78] 정당이 집권했을 때, 자신의 이념적 정체성을 넘어서서 야당과 '정책연합'을 실현하는 정당으로 볼 수 있다.[79] 그렇다면 종합적으로, '중도'의 개념을 '이념적 유연

75 이는 '우파'와 '좌파'의 일관된 이해를 더욱 복잡하게 만드는 요소이다. 왜냐하면 '보수'와 '진보'라는 개념은 '일반명사'인데 반하여, '우파'와 '좌파'라는 용어는 교과서적으로 '고유명사'로 분류될 수 있기 때문이다. 진영재, 『정치학총론』 (서울: 연세대학교 대학출판문화원, 2019), 5판, pp. 71-80.

76 영남은 김영삼의 지지세력들로 보수성향이 강하고, 호남은 김대중의 지지세력으로 진보성향이 강할 때, 영남에서의 진보와 호남에서의 보수는 일종의 '중도적' 개념으로 볼 수 있다는 의미이다. 영남이면서 보수, 호남이면서 진보라는 '중첩된 균열구조'가 아니라 '교차(cross-cutting)된 균열구조'의 경우, 선명성이 약화된다는 의미에서 중도라는 성격으로 이해할 수 있다. 이에 대해서는 김재한, "분열사회와 다수제/합의제," 『분열의 민주주의』 (서울: 소화, 2001), pp. 29-71. 김재한, "한국정치시장의 현황," 『합리와 비합리의 한국정치사회』 (서울: 소화, 1998), pp. 99-163. '중도'의 창출 가능성과 그 내용에 관해서는 다음의 연구들을 참고할 수 있다. James Adams and Samuel Merrill, "Why Small, Centrist Third Parties Motivate Policy Divergence by Major Parties", American Political Science Review 100:3 (2006), pp. 403-417. 채진원, "진영논리의 극복과 중도정치에 대한 탐색적 논의", 『민주주의와 인권』 14:1 (2014), pp. 307-343. Thomas M. Meyer and Bernhard Miller, "The niche party concept and its measurement", *Party Politics* 21:2 (2015), pp. 259-271. Roi Zur, "Stuck in the middle: Ideology, valence and the electoral failure of centrist parties", British Journal of Political Science (2019), pp. 1-18.

77 한국정치과정에서 중도정당이 기관으로서 태동하는데 가장 효과적인 방식은 '대통령선거'에서 중도를 표방하는 유력한 정치지도자가 국민으로부터 지지를 얻어 집권하는 것이다. 2012년에 '안철수현상'은 일종의 중도정치적 성격이 있었다. 선거구도에서도 박근혜(우파)-문재인(좌파)에 상대적인 중도였다. 중도를 표방하는 정당이 군소정당으로부터 시작하는 경우엔, '국회의원선거'에서 의석수를 많이 차지하는 것이 핵심일 것이다. 그러기 위해서는 '지역구 중심의 1위 대표제' 보다는 '전국득표율에 따른 비례대표제' 중심의 국회의원선거제도가 필요할 것이다. 물론 전국득표율에 따른 비례대표제가 중도정당만 유인하는 것은 아니고, 극좌나 극우의 군소정당들도 일부 의석수를 차지하게 될 수 있다. 한국정치과정에서 중도정당의 존립은 '눈덩이효과'(snow-ball effect)와 비견될 수 있다고 생각한다. 일단 중도정당이 어느 수준이상 의석수를 갖고 정착하게 되면, 의외로 한국정치과정에서 양 극단적 대립을 표방하는 정당들이 쇠퇴할 수도 있을 것으로 전망한다. 한국민들의 양 정당의 극단적 대립에 대한 정치혐오감이 그만큼 크기 때문이다. 보다 거시적으로 대통령제하에서 중도를 표방하는 파괴력을 지닌 유력 대선후보가 존재한다면, 한국에서 중도정당의 태동시기를 앞당길 수도 있다. '단순다수제 소선거구제' 국회의원 선거하에서도, 먼저 중도를 표방하는 대통령을 배출한 후에, 정치적 영향력을 바탕으로 정계개편을 통해서 중도표방의 정당을 '제1당'으로 변신시킬 수도 있을 것이다. 하지만, 이런 경우, 대통령 퇴임후에도 정당의 '중도성향'이 유지될 수 있을지는 보장할 수 없을 것이다.

78 안병영, "'중도정치'가 갈 길이다", 『철학과 현실』, 봄호(2019), p. 39.

79 박명림, "연합정치, 정권교체, 대통령리더십", 『김대중: 1987년 민주헌정체제의 등장과 운영 II』 (파주: 카오스북, 2017), pp. 31-44.

성'으로 정의하는 것에 무리가 없을 것이다. 이렇게 '중도'의 개념을 정의하는 경우엔, 기존의 진보정당도 보수정당도 모두 '중도정당'이 될 수 있을 것이다.[80] 중도정당이 반드시 기관의 형태로 존재할 필요는 없다. 정당은 선거경쟁에서 득세하려는 목적을 지니고 있는데, 선거경쟁에서 유리하지 않기 때문이다. 한국정치과정에서 소위 중도층이라고 하는 세력들은 선거에서 '부동표심'(浮動票心: floating votes)의 '유동층'[(流動層); 소위 스윙보터(swing voters)]을 말하는 것이다. 중도우파-중도좌파가 경쟁하는 구도하에서 상황에 따라서 어느 쪽도 지지할 수 있는 사람들인 것이다. 물론 기관으로서 중도정당이 존재한다면 더욱 바람직할 수도 있지만, 한국정치과정의 특성상 기관으로서의 지속성이 현실적 문제로 대두될 수 있다.

따라서 기관적 중도정당이 아닌 '기능적 중도정당'을 상정해 본다. 지나친 이념적 굴레에서 벗어나서 국가대의를 논의하는 정당이 되기 위해서 이념적 유연성을 지니도록 정치인들을 중심으로 시민들 모두가 노력을 한다면 보다 살기 좋은 세상이 될 것이다. 한국민들 다수는 지나친 이념적 대립에 환멸을 느끼면서도 이념적 강성활동가들과 이들에게 동원된 무리들에게 휘둘리고 있다고 본다. 한쪽의 이념적 집착은 반작용으로 상대방의 이념적 집착을 불러온다. 갈등의 골은 깊어지고 확대재생산 될 수밖에 없다. 중도정당은 반드시 '기관적 실존 형태'로서 '중도정당'이 존재할 필요는 없을 것이다. 중도좌파 정당이건 중도우파 정당이건 국사를 논하고 국정을 운영하는 과정에서 서로가 조금 더 다가서게 되면 중도정당이 될 수 있을 것이다.

한국정당 태동의 역사적 배경에서 보듯이 이념적 균열이 주된 것이었으며, 이러한 이념적 균열은 지금도 가장 큰 정당균열의 축이다. 정당조직이 선거중심의 조직으로 진화해 나간다는 것은 이념적 균열의 힘이 약화된다는 것과 동의어로 쓰일 수 있지만 한국의 경우엔 전혀 그렇지 않다. 오히려 이념적 균열이 선거를 성공적으로 거두기 위한 수단으로 확대재생산되고 있는 것이다. 한국사회의 심화된 정당간 이념갈등의 수준을 볼 때, 이념이 살기좋은 세상을 만들기 위한 적절한 수단의 범위를 넘어서서, 이념 그 자체가 목적이 되는 경우에 발생하는 역기능에 유의해야 한다.[81]

기실, 정당간의 경쟁의 성격이나 이념의 내용이 국가정체성을 넘어서 존재하는 것일 수는 없을 것이다. 해당 국가에 존재하고 활동하는 정당들이 해당 국가의 역사적 존재성 자체는 인정함이 정치적 당위이며, 이러한 정치적 당위가 약화될 때, 국가정체성의 위기가 발생하게 된다.[82] 한국정치과정에서 나타난 정파들간의 극심한 대립과 갈등의 반복은 사실상 19세기말 이후 20세기 중반에 이르러 1948년에 제1공화국이 들어서기까지 '근대화', '국가독립', '이념갈등'의 축 속에서 이해될 수 있다. 한반도의 분단과 남한에서 자유민주주의 공화체제 설립이후 지금까지 '이념갈등'은 지속되고 있다. 1909년 이후 국가독립운동과정에서 표출된 이념갈등은 '민족세력'과 '공산-사회세력'으로 분열되며 이러한 모습은 결국 1945년이후 한반도의 분단으로 귀결된다. 국가지금도 대한민국 사회에서 보수와 진보를 구분하는 가장 큰 입장대립은 '북한에 대한 태도와 인식'에서 나타난다.[83] 더 심각한 것은 이러한 이념갈등이 정당간 대립과 경쟁의 차원이 대한민국의 정체성 문제에까지 이를 수 있다는 것이다.

거시적 차원에서 두 가지가 대한민국 정당발전을 위한 모델이라고 본다. 첫째, 중도정치를 가능케 할 수 있는 정책적 중도정당을 유인하는 모델이 한국정당발전을 위한 모델이다. 보다 근본적으로, 냉혹한 국제질서하의 한반도 분단을 받아들인다고 할지라도, 독립운동과정에서 해방정국에서 중도파의 역할이 좌파와 우파를 압도하였다면 한반도는 하나의 모습으로 있었을 수도 있지 않을까? 정파들에 의한 정당정치의 차원에서 보자면 중도파의 빈약한 세력과 활동이 한반도 분열의 또 다른 원인이라고 생각해 본다. 역사적 교훈을 도외시해서는 발전적 대안이 마련될 수 없다. 현재 이념갈등이 심화되고 있는 대한민국의 개별 정당들은 모두 이념적 정체성에 근거한 정당간 차별성을 선언하면서도 사회 공공성에 기반하여 이념갈등을 최소화하고 이념적 유연성을 지닌 당헌, 당규를 마련해야만 한다. 특히 집권하는 정당들은

80 김영삼 정부시절의 '노사관계개혁위원회'도 중도적 노력으로 해석된다. 노무현 정부 여당인 '열린우리당'의 경우, 초기와 달리 중기와 말기의 입장은 중도로도 파악된다. '열린우리당'의 '한미FTA'와 '이라크파병'은 중도로의 노력으로 해석될 것이다. 박용수, "노무현대통령 한미FTA 추진이유: 대통령리더십을 통한 접근", 『평화연구』 19:1 (2011), pp. 39-74.

81 이동수, 유불란, 이병택, 김경희, 서희경, 이지수, 홍태영, 소진형, 『한국의 정치와 정치이념』 (고양: 인간사랑, 2018), 저자들은 이념이 이념 그 자체를 우선시 하고, 국가사회의 통합과 발전에 대한 고민이 적은 경우엔 역기능을 초래할 수 있음을 유의해야 한다고 주장한다. 이념은 인간사회의 통합과 발전을 위한 도구이다. 수많은 전쟁(내전)상황에 돌입하게 된 역사적 사례들을 보면, 이념 그 자체가 우선시되는 목적이 되어 발생한 것이었다.

82 양승태의 연구에 따르면, 대한민국에서 서로 다른 정파들이 양립 불가능한 역사관이나 이념을 척도로 하여 대한민국의 실상을 해석하며 현저하게 다른 또는 양립할 수 없은 해결책을 제시하면서 국가정체성의 위기가 운위되고 있다고 한다. 해당 연구에서 척도의 종류는 민주, 공화, 자유, 평등, 인권, 정의, 박애, 복지, 공동체, 민족 등으로 다양하며, 역사적으로 존재했던 모든 주의, 신앙, 도덕가치 등을 포괄한다. 양승태, "국가정체성 문제와 한국의 정당: 거대 담론의 출발을 위한 정치철학적 시론", 『한국정치학회보』 45:4 (2011), pp. 5-27.

83 진영재, "'신지정학'과 한국민의 통일인식", 서울대학교-연세대학교 통일대비국가전략연구팀(편) 『통일의 신지정학』 (서울: 박영사, 2017), pp. 121-140, 진영재, "인식조사에서 나타난 '통일'과 '평화': '공존'선호자와 '통합'선호자들의 행태 차이를 중심으로", 서울대학교-연세대학교 통일대비국가전략연구팀(편) 『평화의 신지정학』 (서울: 박영사, 2019), pp. 103-172.

정책전문성을 확보하기 위하여 이념적 유연성을 강제적으로도 확보해야만 한다. 둘째, 정당간 이념갈등을 최소화하는 모델이 한국정당발전모델이다. 대한민국의 정당정치가 혼란하지 않기 위해선 정당 스스로가 대한민국의 헌법하에서 활동하는 국민의 기구라는 의식과 실천이 필요할 것이다. 대한민국의 제6공화국 헌법은 전문에 '자유 민주적 기본질서'를 표방하고 있다. 자유민주적 기본질서에서는 대의민주주의에 필수적인 시민적, 정치적 자유나 권리를 표방하는 '입헌주의'가 중요하다. 헌법에서는 반드시 국가의 기본질서를 전문에 명기하여 국가정체성의 기본에 흔들림이 없도록 하여야만 한다. 이념갈등이 심화된 한국사회에서, 미시적으로는 정당 자율적인 정당발전 프로그램이 다양하게 존재하더라도, 거시적으로는 중도우파-중도좌파 정당이 자유롭게 경쟁하되 '자유민주주의' 대한민국의 정체성을 지키는 테두리에서 경쟁하는 것이 한국정당발전모델의 기본이 된다.

제 2 장

정당조직과 정당개혁

제 2 장

정당조직과 정당개혁

개체나 조직의 존재이유(raison d'être)는 다양하다. 19세기 중반이후에 반복되는 선거 속에서 변화하여온 정당의 모습은 과거의 모습으로부터 '진화'(evolution)를 거듭하고 있다. 사회환경은 고정된 것이 아니고 변화하고 있기 때문에 개체나 조직이 이러한 환경에 맞추어서 '적응'하려는 노력은 필연적으로 개체나 조직의 변화를 초래한다. 변화하는 환경에 적응하지 못하는 개체나 조직은 사멸한다. SNS시대로 사회적 변화는 정당에게도 변화할 것을 요구하고 있다. 정당은 '개혁'(reform)을 통해서 정당조직의 득세를 도모한다. 이렇게 본다면 '정당개혁'이란 정당의 사회변화에 적응하려는 노력의 일환이다. '개혁'을 하는 시점에선 그러한 개혁프로그램이 '개정'(改正)으로 판단될 지, '개악'(改惡)으로 판단될 지는 모르는데, 시간이 흐른 후에 그 결과물로서 판단될 수밖에 없기 때문이다.[1] 보다 장기적인 관점에서 보자면, 정당조직이 변화하는 모습에는 어떤 경향성이나 방향성이 존재한다. 앞서 언급한대로, 환경에 적응하며 변화하는 경향성이나 방향성을 해당 연구에선 '진화'라고 표현하고 있다.

자유주의 체제하에서 정당은 '헌법'과 '법률'에 의하여 활동의 자유가 보장된다.[2] 대한민국 6공화국 헌법은 정당설립의 자유를 인정하며, '복수정당제'(複數政黨制)를 보장하고 있다.[3] 헌법은, 여기서 한 걸음 더 나아가, 민주주의의 실현수단으로서 정당내부의 민주적 성격을 강조하며 공공성을 지닌 조직적 기반을 구비할 것을 요구하고 있다.[4] 이는 정당내 민주주의의 실현이 곧 국가 민주주의 실현을 위한 기본 과정임을 의미한다.

'정당민주주의'란 정당이 기본 단위가 되어 작동되는 '대의민주주의'를 말한다. 민주주의란 다양한 의견이 경합하는 곳이며, 정당민주주의 역시 다수의 정당이 경합하면서 유권자들로부터 선거를 통해서 선택을 받아 공무를 담임하게 된다. 한국 '정당법'에서 '정당'은 "국민의 이익을 위하여 책임있는 정치적 주장이나 정책을 추진하고 공직선거의 후보자를 추천 또는 지지함으로써 국민의 정치적 의사형성에 참여함을 목적으로 하는 국민의 자발적 조직을 말한다"고 정의되어 있다.[5] 궁극적으로 정치과정에서 정당

1 1987년 6공화국 체제이후, 정당에 대한 국고보조금의 증가, 선거방송 허용과 같은 제도들의 도입은 자금의 투명성 및 자유경쟁 선거를 지향하는 '개방형 정당체계'를 이루고자 하는 것이었다. 하지만, 오히려 소수 주요 정당들을 중심으로 '봉쇄적 정당체계'를 이루는데 연계된 것으로 평가되기도 한다. 곽진영, "한국정당체계의 민주화: 정당–국가간 관계를 중심으로", 『의정연구』 11 (2001), pp. 34–62. 참고로, 정당국고보조금제도는 제5공화국헌법에서 시작되었다. 한국정당정치에서 '봉쇄적 정당체계'를 형성하는데 일차적으로 함수관계에 있는 제도 요인은 '단순다수 소선거구제'일 것이다.

2 현행 6공화국헌법 전문에 기록된 '자유적 민주질서'의 가치는 훼손되어서는 안 될 것이다. 반(反)헌법적인 것이기 때문이다. 한국사회에서 국가정체성과 정당의 관계에 대한 논의는 중요하다. 이에 대해서는 양승태, "국가정체성 문제와 한국의 정당: 거대 담론의 출발을 위한 정치철학적 시론", 『한국정치학회보』 45:4 (2011), pp. 5–27.

3 『헌법』 제8조 1항. 여기서 '복수정당제'란 '일당제'(一黨制)에 대한 여집합적(餘集合的) 논리로서의 복수정당제이다. '일당제'는 독재정권의 수단이거나 '전체주의'(totalitarianism)의 증거이다. Juan José Linz, *Totalitarian and Authoritarian Regimes* (Boulder, C.O.: Lynne Rienner Publishers, 2000). 과거 대한민국임시정부에서 김구주석이 추진하였던 '민족유일당' 운동은 다르다. 대한민국 임시정부는 독립운동세력들간의 이념분열과 파당간 무리한 경쟁이 국가독립운동에 저해가 된다고 판단하여 '민족유일당' 운동을 추구한 적이 있다. 당시 '민족유일당' 운동은 실패로 돌아갔다. 최근에도 한국정치과정에서 정당간 갈등의 수준이 지나친 수준으로 격화되면서 '민족유일당' 운동이 필요한 것이 아닌지 반문하게 되지만, 어떤 이유로도 자유주의체제하에서 '단일정당제'란 정당화될 수 없다. 견제세력이 없는 일당체제는 결국 '파쇼(Fascio)세력'을 의미하기 때문이다.

4 『헌법』 제8조 제2항. 한국에서 정당관련 조항을 헌법에 처음으로 포함시킨 것은 1960년 제정된 제2공화국헌법에서였다. 현재 한국은 1987년 제정된 6공화국 헌법하에 있다. 6공화국 헌법 8조3항을 보면 "정당은 법률이 정하는 바에 의하여 국가의 보호를 받으며, 국가는 법률이 정하는 바에 의하여 정당운영에 필요한 자금을 보조할 수 있다"라고 되어 있다. 8조3항은 정당은 헌법과 법률(즉, 정당법)에 의하여 기관의 존재가 보호되며, '국고보조금'을 지원받는 기관이라는 의미이다. 정당은 국민의 세금에서 출원되는 국고보조금으로 운영되는 공기관이란 의미인 것이다.

5 『정당법』 제2조 [시행 2019. 2. 15; 법률 제15750호, 2018. 8. 14 일부개정]. 보편적 차원에서 '정당'의 내용을 구성하는 두 차원은 ①비슷한 주의, 주장을 가진 사람들의 결사체로서, ②공동의 노력으로 '국민적 이익'을 증진시키기 위한 결사체라는 것이다. 한국 '정당법'의 규정에는 ①의 내용은 언급되어 있지 않으며, ②의 내용만이 언급되어 있다. 정당에 대한 고전적 정의는 ①의 내용을 강조한다. Edmund Burke, *Thoughts on the Cause of the Present Discontents*, 1770. In Susan E. Scarrow (eds.) *Perspectives on Political Parties* (New York: Palgrave Macmillan, 2002).

이란 기관의 존재이유는 국민의 정치적 의사형성에 참여하는데 필요한 조직을 확보하고, 민주적인 조직과 활동을 보장함으로써 민주정의 건전한 발전에 기여함에 있다.[6]

정당정치의 실상에 대한 논의에서 그 적실성의 문제는 두 개의 차원에서 비롯되는 4개의 개념을 적합하게 구분하는가에 달려 있다. 많은 사람들이 정당정치의 현실과 문제를 비 판할 때, 개별 정당 내부의 문제['정당내'(政黨內, intra-party): 약칭 '당내']와 여러 정당들 사이의 관계에 대한 문제['정당간'(政黨間, inter-party): 약칭 '당간']를 구분하지 않고 '정당'이란 하나의 개념 속에서 비판하는 경우가 있다. '당내'의 문제란 것은 개별 정당 내부의 문제를 말한다. 개별 정당들은 정당태동 및 운영과 관련하여 서로 다른 조직적 특성을 갖고 있으며, '당내'의 문제란 이에서 비롯되는 문제이다. 후보자 공천은 개별 정당을 단위로 이루어진다. 반면에 '당간'의 문제란 여러 정당들이 모여서 이루어지는 정치체계를 의미한다. '정당체계'(political party system)로서 '일당체계'인지, '양당체계'인지 '삼당체계'인지, 아니면 '다당체계'인지에 따라서 정치과정은 차이를 보인다.[7] 정당정치를 비판함에 있어서 유사한 문제는 또 있다. 개별 정당에서 의회로 진출한 정당원들의 문제[원내(院內)]와 의회로 진출하지 않은 모든 정당원들의 문제[원외(院外)]를 구분해야 한다. 하나의 정당조직을 중심으로 당내, 당간, 원내, 원외의 문제는 서로 상호 연관되어 있을 수밖에 없지만, 정당정치의 문제점을 파악하고 이에 대한 적합한 해결책을 제시하기 위해선 원인적 요소로서 이들 4가지 정당내, 정당간, 원내, 원외의 영역을 구분할 필요가 있다. 우리가 정당정치의 문제점으로 지적하는 내용이 당내문제로부터 발생하여 정당간의 문제로 확산된 것인지, 정당간의 문제점인데 개별 정당조직에도 영향을 미치는 문제로 확산한 것인지 구분하는 것은 정당정치의 문제점들의 바람직한 해결책을 찾는데도 긴요할 것이다.

'정당조직'(party organization)이란 개별 정당 단위의 조직을 말하며, 그렇기에 근본적으로 정당조직이란 기관내부의 문제와 연관된 차원의 것이다. 다양한 정당들은 서로 다른 조직적 특성을 갖게 된다. 정당내부의 문제는 정당외부의 문제와 유리되어 존재하는 것은 아니다. 예를 들면, 정당조직이 변화하고 개혁해야 하는 동인이 경쟁하고 있는 상대 정당의 득세에 대한 자극으로부터 시작될 때, 정당조직의 변화는 개별 정당조직 내부의 문제이지만, 해당 정당조직을 둘러싼 외부의 환경 요인들(즉, 경쟁정당)과 상관없이 분리된 것은 아니란 의미이다.

어떤 정당조직이 태동한 후에는 기관으로서의 생명을 이어가려는 노력이 필요하다.[8] 시민들 속에서 그 존재를 이어가는 정당도 있지만, 중 · 장기적으로 소멸하는 정당이 오히려 더 많을 것이다. 장기간 동일한 정당명칭을 유지하면서 존속된 '제도화

6 『정당법』 제1조 [시행 2019. 2. 15; 법률 제15750호, 2018. 8. 14. 일부개정].

7 '정당체계'란 정치과정에서 서로 경쟁하는 정당의 규모와 수에 연관된 개념이다. 정당이 의회에 진출하여 정치권력에 영향을 미치는 상황을 중심으로 설정된 개념이다. 따라서, '의석수'(seats)를 중심으로 한 실질적 영향력 행사 개념이 주종을 이룬다. 따라서 정당체계는 '원외세력'보다는 상대적으로 '원내세력'을 중심으로 한 개념이다. 정당체계를 산정하는 방식은 크게 두 가지로 엑스타인의 '정당간 의석수 편차'를 중심으로 한 방식과 락소 · 타가페라의 정당의석수의 집중화 정도에 의해서 계산된 '유효정당수' 계산방식이 있다. Harry Eckstein, "Parties, Political: Party Systems" In David Shills (ed.) *International Encyclopedia of the Social Sciences* (New York: Macmillan Company and Free Press, 1968), Vol. 11, pp. 441-443. Markku Laakso and Rein Taagepera, "The 'Effective' Number of Parties: A Measure with Application to Western Europe", *Comparative Political Studies* 12:1 (1979), pp. 3-27. 보다 자세한 논의는 본 연구서 제4장을 참조할 수 있다. 물론, 선거결과로 정당이 얻은 의석수가 아닌 정당 득표수(votes)를 중심으로 정당체계를 구성해 볼 수도 있다. 정당의 의석수는 선거제도에 크게 영향을 받는다. 선거에서 정당이 얻은 '득표수 비율'(the ratio of votes)과 '의석수 비율'(the ratio of seats)이 1:1에 가깝게 나타나는 선거제도는 정당이 후보자명부를 갖고 있고, 유권자는 정당에 1표를 행사한 후에, 정당득표비율대로 의석수 비율을 정하는 것이다. 득표율의 소숫점 처리방식에 따라서 의석수배분에 차이가 있다. 다양한 선거제도와 비례배분방식에 따른 다양한 의석수 계산법은 신명순, 진영재, 『비교정치론』 (서울: 박영사, 2016), pp. 341-378을 참조할 수 있다.

8 관념의 세계에서 정당의 모습은 이념적 정체성을 통하여 타기관과 차별성이 있는 기관으로 상정된다. Maurice Duverger, *Political Parties*, Robert North (trans.) (New York: John Wiley, 1959). 하지만, 현실의 세계에서 이념적 선명성과 함께 이념적 일관성을 지닌 교과서적 '이념정당'(ideological party)보다는 선거승리를 위해서 보다 많은 유권자를 포섭하기 위한 이념의 '포괄정당'(catch-all party)의 성격을 무시할 수 없다. 'Catch-All party'는 '전취정당'(全取政黨)으로도 번역된다. Otto Kirchheimer, "The Transformation of the Western European Party System" In Joseph LaPalombara and Myron Weiner (eds.) *Political Parties and Political Development* (Princeton, NJ: Princeton University Press, 1966). pp. 177-200. 여기서 '포괄정당'이란 것의 범위와 수준에 대해서 논의가 필요하다. 한가지 일관된 기준이 있기 어렵다. 어떤 정당이 원한다고 해서 '포괄정당'이 될 수 있는 것은 아니다. 그것은 정치체계 내에서 경쟁하고 있는 상대 정당들의 이념적 위치에 따라서 상대적으로 결정되는 것이기 때문이다. 극단적인 예로, 만약 어떤 정치체계 내에 '환경' 이슈에만 전념하는 '환경정당'이 존재한다면, 여타의 정당들의 '환경' 문제에 대한 상대적 위치는 '환경정당'을 중심으로 정해질 수 있다. 나아가, 환경문제 차원에 관한 한 여타의 정당들이 환경문제를 흡수한다고 해도 포괄정당이 되는데 한계가 존재할 수 있다. '전취정당'(catch-all party)이란 덩치가 큰 주요정당들(major parties)의 선거전략이지, 덩치가 작은 군소정당(minor parties)의 선거전략이 될 수 없다. 따라서, 현실정치과정에서 '포괄정당'은 '주요 정당'(major party)이 차지할 수 있는 특권이며, '군소정당들'(minor parties)에게는 해당이 되지 않는다. Bernard Grofman, "Downs and Two-Party Convergence", *Annual Review of Political Science* 7 (2004), pp. 25-46. 포괄정당이란 정치시장이 근본적으로 '카르텔 정당체계'(cartel party system: 소위 2개 내지 3개 미만의 큰 정당들이 정치과정을 압도하고 있는 정당경쟁체계)에서 가능성이 높다. Richard S. Katz and Peter Mair, "Changing Models of Party Organization and Party Democracy: The Emergence of the Cartel Party", *Party Politics*, 1:1 (1995), pp. 5-28. 카르텔 정당체계에서 보이는 '포괄정당'의 가장 전형적인 모습은 커다란 두 개의 주요 정당이 경쟁하는 체제에서 서로 상대방 이념을 침범해 들어가는 상황에서 가장 극적으로 드러난다. 물론 여기에도 전제조건이 있다. 주요 정당들이 이념적으로 포괄화하는 것에 대해서 실제 이득(예를 들면, 의석수 증가)이 있어야 하는데, 이는 유권자들의 이념분포와 깊은 연관성이 있다. 유권자들의 분포와 관련된 보다 자세한 논의는 '중위투표자이론'(median voter theorem)을 참조하면 된다. Anthony Downs, *An Economic Theory of Democracy* (New York: Harper & Row, 1957). Amihai Glazer and Bernard Grofman, "Why Representatives are Ideologists though Voters are Not", *Public Choice* 61:1 (1989), pp. 29-39.

된 정당'(institutionalized political parties)이 없는 것이 한국의 정치현실이다.[9] 고전적 의미에서 '정당조직'이란 정당이 기관으로서 존속하기 위한 사무운영을 포함하여 시민들로부터의 지지를 받기 위한 전략을 진두지휘하는 곳이다. 그렇기에 '정당조직'이란 앞서 언급한 4가지 개념들 중에서 '당내'의 문제 차원에 있는 것이다. 정치현실에서 정당조직의 가장 큰 목적은 해당 정당이 선거를 통해서 국가사무를 담당하기 위한 '공직자'(公職者, office-holders)를 배출하는 것이다. '정당조직'은 적합한 수준의 '당내민주주의'(intra-party democracy)를 통하여 국가의 공직을 수행하기 위한 후보자들을 '공천'(candidate nomination)을 하는 것에 사무의 초점을 맞춘다. '당내민주주의'가 강조되는 이유는 정당조직이 단순히 자기조직만을 관리하는 행정조직이 아니고, "시민사회-국가-정당"이 함께하는 '거버넌스'(governance)를 이루고 있기 때문이다.[10] '거버넌스'란 "사회체계의 주요 구성단위들이 대등한 관계속에서 상호 조정하는 관계"를 의미하는데, 대의민주주의 도구로서 정당과 참여민주주의적 속성의 시민사회는 상호 조정의 관계에 있게 된다.[11] 바람직한 정당조직에 관한 논의에서 그 핵심은 정당이 얼마나 민주적인 절차에 의하여(또는 당원들이 받아들일 수 있는 공감대를 형성하면서) 공직 선거에 후보자들을 공천하느냐에 관한 것이다.

정당이란 조직이 태동한 후에 지속적으로 생존해 나가기 위해선 시대변화에 적응하며 진화를 거듭하게 된다.[12] 여기서 시대변화에 적응한다는 의미는 두 가지일 것이다. 하나는 정당조직의 운영과 활동에 관한 규율들 속에서 시민들의 보다 많은 지지를 받기 위한 조직의 전략이 마련되어야 한다. 정당조직의 규율이란 기관 목적과 강령을 기록한 '당헌'(黨憲, party constitution)과 이에 근거하여 규정된 정당의 세부 운영 규칙으로서의 '당규'(黨規)에 의거한다. 하지만, 국가 속의 정당조직은 '헌법', '정당법', '공직선거법', '정치자금법' 등 외부 법체계의 영향을 받게 된다.[13] 한국은 정당의 조직 및 다수정당체계를 헌법이 보장하고 있다. '정당활동의 자유'에 대한 보장은 '전체주의적'(totalitarian)체제로 전락할 가능성이 극히 낮아, '자유주의적'(libertarian) 체제를 유지하기 위한 핵심 기제가 된다.

당원의 자격은 법률로 정하게 된다.[14] 정당조직은 '당원'(黨員, party member)의 수(數)를 증대하는 노력 속에서, 시민들의 '여론' 동향을 파악하며 정당이 어떻게 시민사회의 요구에 반응하여야 할지, 또는 시민들에게 정당의 정책방향을 어떻게 설득해 나아갈지에 대한 전략을 논의하게 된다.[15] 그래서, 정당은 정당원(party member)이나 정치자금(political money) 등을 관리하기 위한 정당조직을 필요로 한다. 정당조

9 'institutionalized'를 '제도화된'으로 번역하는 경우와 '기관화된'으로 번역하는 경우에 어감이나 의미에 차이가 발생한다. 어떻게 번역하건, 'institutionalized'가 갖는 의미의 핵심은 정당이 일정 기간 이상을 '생존'하는 것의 문제로 귀결된다. '제도화'란 단어의 어감상 당헌, 당규를 통한 제도를 구비하면 제도화된 정당이란 느낌을 가질 수 있지만, 단순히 형식적 차원의 제도적 구비 여부만으로 그 정당을 제도화된 정당이라고 지칭하지는 않는다. 형식적 차원을 넘어서 실질적 차원의 제도화된 정당을 이해하는데 두 가지 관점이 있다. 첫째, 파네비앙코의 관점인데, 정당이 외부환경에 대한 기관의 '자율성'(autonomy)을 지니는지의 여부와 정당이 정당과 연관된 하위집단들에 대한 권위를 갖는 '체계성'(systemness) 여부를 통해서 제도화된 정당을 이해하는 것이다. Angelo Panebianco, *Political Parties: Organization and Power* (trans.) Marc Silver (NY: Cambridge University Press, 1988). 둘째, 헌팅턴의 관점인데, 선거경쟁에서 득표율의 많고 적음에 상관없이 반복되는 선거 속에서 장기간 생존을 이어가야지 제도화된 정당이라고 지칭된다는 것이다. 비록 일정 시기에는 높은 득표율을 지녔으나, 중, 장기적으로, 당명을 바꾸거나 소멸된 정당들은 제도화된 정당이 아니다. 제도화된 정당으로 인정되기 위해선 당명을 바꾸지 않은 상태에서 지속하면서 소멸해서는 안된다. 지속적으로 정당이 존속한다는 것은 해당 정치체계 내에서 유권자들로부터 인정받아서 그 존재가 해당 사회내에 장기간 동안 존속하면서 정착되었음을 의미한다. '제도화된'의 의미는 '정착화된'(settled down)의 의미가 강하고, '기관화된'의 의미는 '인물중심'과 대조적 의미로서 '기관중심'으로서 정비된 모습이 연상된다. Samuel Huntinton, *Politial Order in Changing Societies* (New Haven, CT: Yale University Press, 1968).

10 김용철, "네트워크 사회와 정부-시민관계", 『OUGHTOPIA』, 25:2 (2010) pp. 103-131. 곽진영, "정당 쇠퇴론에 대한 대안적 설명 틀로서의 거버넌스: 이론적 논의", 『한국정당학회보』 1:1 (2002), pp. 65-88. 송효진, 고경민, "SNS 정보서비스의 질, 정치적 효능감, 그리고 정치참여의 촉진" 『한국정당학회보』, 12:1 (2013), pp. 175-216. 이규정, "정치의 미디어화와 정부" 『한국정치학회보』 47:5 (2013), pp. 169-189. 디지털네트워크(모바일 매체 및 SNS시대) 환경에서 시민사회와 정당의 관계에 대한 두 가지 상반된 견해가 존재한다. 하나는 '정당쇠퇴론'의 입장인데, 그동안 정당이 행해왔던 의제설정, 이익집약 등의 정치과정에서 매개집단으로서의 기능이 과거보다 약화된다는 것이다. 이에 대해서는 김성태, 이영환, "인터넷을 통한 새로운 의제설정모델의 적용: 의제파급과 역의제 설정을 중심으로" 『한국언론학보』, 50:3 (2006), pp. 175-204을 참조할 수 있다. 반면에 '정당유지론'의 입장은 정당이 과거 '이념정당'에서 '포괄정당' 내지는 '카르텔정당'으로 계속 사회환경에 적응하면서 존재해 왔듯이, 또 다른 적응을 해 나갈 것이란 입장으로 이에 대해선 강원택, 『인터넷과 한국정치: 정당정치에 대한 도전과 변화』 (서울: 집문당, 2007)을 참조할 수 있다.

11 특히, 해당 상황은 국가권력이 분화되는 상황에서 진행될 수 있다. 보다 자세한 논의는 다음을 참고. John Pierre and B. Guy Peters, *Governance, Politics and the State* (New York: Palgrave Macmillan, 2000). Bob Jessop, "Capitalism and its future: remarks on regulation, government and governance", *Review of International Political Economy* 4:3 (1997), pp. 561-581.

12 M. Ostrogorski, *Democracy and the Organization of Political Parties* (1902; Chicago: Quadrangle Books, 1964); Robert Michels, *Political Parties: A Sociological Study of the Oligarchical Tendencies of Modern Democracy*, Eden and Cedar Pau (trans.) (1915; New Work: Free Press, 1962).

13 한국정치과정에서 정당조직의 활동에 직접, 간접으로 연관된 법령은 대략 25가지 정도이다. 이중에 10가지는 '법률'이고, 15가지는 '규칙'이다. 먼저 관련 법률은 정당법, 공직선거법, 정치자금법, 선거관리위원회법, 불법정치자금등의 몰수에 관한 특례법(약칭 '불법정치자금법'), 국민투표법, 주민투표법, 주민소환에 관한 법률, 공공단체등 위탁선거에 관한 법률(약칭 '위탁선거법') 지방교육자치에 관한 법률이다. 관련 규칙으로는 정당사무관리규칙, 정치자금사무관리규칙, 공직선거관리규칙, 공공단체등 위탁선거에 관한 규칙, 선거관리위원회법 시행규칙, 불법정치자금 등의 몰수보전 등에 관한 규칙, 당내경선 위탁사무 관리규칙, 국회의원선거구 획정위원회 구성 및 운영 등에 관한 규칙, 국회의원선거구 획정위원회 설치 및 운영에 관한 규칙, 선거방송토론위원회 구성 및 운영에 관한 규칙, 인터넷선거보도심의위원회 구성 및 운영에 관한 규칙, 선거여론조사심의원회 구성 및 운영에 관한 규칙, 주민소환관리규칙, 주민소환에 관한 법률시행령, 주민투표관리규칙으로 정리해 볼 수 있다. 해당 연구에서는 관련 세부주제와 이슈에 따라서 25개 법규체계들을 살펴보면서 정당정치의 발전을 논하게 될 것이다. 부록에서 제시된 QR코드를 이용할 수 있다.

14 「정당법」 제37조 제1항 [시행 2019. 2. 15; 법률 제15750호, 2018. 8. 14 일부개정]. 정당활동의 자유에서 논쟁이 되곤 하는 이슈가 바로 '당원의 자격'의 범위이다. 현재 한국의 「정당법」 제22조는 '교원'과 같은 특정 직업군을 중심으로 자격이 제한되는데, 구체적인 내용은 다음과 같다. 선거법 제22조 ①국회의원 선거권이

직의 업무는 ①선거 준비와 보조, ②일단 형성된 정당과 당원을 유지하고 확장하는 일, ③정당의 공공정책과 전략고안으로 대별된다.

첫째, 선거에 출마하는 후보자들을 공천하고 보조하는 역할은 당조직의 업적이 평가되는 가장 직접적인 영역이다. 선거에 실패하면 당조직은 부분적이건 전체적이건 개혁의 대상이 되곤 한다. 정당조직이 어떤 다양한 형태를 띄건 선거경쟁에서 승리하기 위해서 가용할 수 있는 모든 자원들을 동원하려는 노력을 하게 된다. 선거를 준비하고 보조하기 위해서는 필연적으로 '정치자금'이 필요하다.[16] 정당조직 행동 중 어떤 것은 단지 선거시기에만 행해지는 반면, 자금 모금이나 지역구를 통한 일반 유권자와의 관계는 지속적으로 이루어진다. 때로는 의원 개개인이 정당의 조직처럼 행동하기도 한다. 예를 들면 의원 개인은 자신의 유세를 위해서 자금을 모금할 수도 있고, 공공관계 활동 같은 것은 그 주제에 전문성을 가진 상업적 회사에 정당지도자 개인이 계약을 줄 수도 있다. 보통선거권이 확대되어 정착되는 1950년대 이후의 세계 정당사에 나타난 특징은 증가하는 선거비용과 까다로운 유권자들을 잡기 위해 선거와 연관된 활동에 주의를 집중시키는 조직전략이 주를 이루고 있다고 해도 과언이 아니다. 현실정치에서 선거의 승리가 정당의 최대목표이기 때문이다. 조직적 폐쇄화를 통해 커다랗고 자체 유지적인 당원을 갖고 있는 공산당(극좌)내지 민족주의당(극우) 같은 정당을 제외하면, 선거 활동비용의 증가는 정당조직을 운영하는데 커다란 제약이다. 선거 활동비용 모금이 쉽지 않은 것이다. 모금한다고 해도 그런 것은 정치자금 스캔들에 휩싸이기 일쑤다. 정당조직은 선거승리를 위해서 해당 사회의 법적체계 속에서 선거 제반업무를 무리 없이 관리해야만 하는 것이다.[17]

둘째, 일단 정당이 기반자원을 세우면(즉 창당 이후 어느 정도 세를 결집하게 되면), 정당은 그것을 유지하기 위해서 조직을 관리하고 다른 자원들을 충당해야 한다. 이런 사무를 체계적으로 하기 위해선 정당의 조직화된 행정이 필요하다.[18] 이때 정당조직은 다양한 사회자원들을 동원하여 정당조직을 유지하고 발전시킨다. 예를 들어 당보(黨報)를 발행하며, 당비를 모금하고, 정당 후원자나 후원단체들을 위해서 장소를 제공하고 이익을 제공해야 한다. 정당기관사무에 고용된 직원들에게는 보수를 지급해야 한다. 시초로부터 거대한 관료조직을 갖고 있던 독일 사민당 같은 고전적 당원기반을 가진 정당이 한 극단에 있다. 다른 한 극단에는 우리가 본 것처럼, 선거인단의 수준이 의회 후보자를 지명하기 위해 매 3~4년마다 함께 모이는 단체 로서의 의미가 강한 캐나다의 자유당과 같은 정당도 있다.

셋째, 공직에 선출된 정당 대의원을 위해 새로운 공공정책과 전략을 고안하는 것이다.[19] 새로운 공공정책의 고안은 조직활동의 주요한 영역은 아닐 수도 있으나,

있는 자는 공무원 그 밖에 그 신분을 이유로 정당가입이나 정치활동을 금지하는 다른 법령의 규정에 불구하고 누구든지 정당의 발기인 및 당원이 될 수 있다. 다만, 다음 각 호의 어느 하나에 해당하는 자는 그러하지 아니하다. 〈개정 2011. 7. 21., 2012. 1. 26., 2012. 2. 29., 2013. 12. 30., 2017. 12. 30.〉 〈1〉. 「국가공무원법」 제2조(공무원의 구분) 또는 「지방공무원법」 제2조(공무원의 구분)에 규정된 공무원. 다만, 대통령, 국무총리, 국무위원, 국회의원, 지방의회의원, 선거에 의하여 취임하는 지방자치단체의 장, 국회 부의장의 수석비서관 · 비서관 · 비서 · 행정보조요원, 국회 상임위원회 · 예산결산특별위원회 · 윤리특별위원회 위원장의 행정보조요원, 국회의원의 보좌관 · 비서관 · 비서, 국회 교섭단체대표의원의 행정비서관, 국회 교섭단체의 정책연구위원 · 행정보조요원과 「고등교육법」 제14조(교직원의 구분)제1항 · 제2항에 따른 교원은 제외한다. 〈2〉. 「고등교육법」 제14조제1항 · 제2항에 따른 교원을 제외한 사립학교의 교원. 〈3〉. 법령의 규정에 의하여 공무원의 신분을 가진 자. ②대한민국 국민이 아닌 자는 당원이 될 수 없다.

15 정당은 내부에 '연구소'를 둔다. 정당의 자체 연구소에 정당의 운영비용을 투입한다는 것은, 기업의 R&D(Research and Development: 연구개발) 투자와 비견될 수 있다. 기업은 현재의 단기적 이익에 만족하지 않거나 비록 손해가 났더라도 보다 장기적인 이득을 위해서 연구개발에 대한 투자를 게을리 할 수 없다. 이것은 기업이 변화하는 시장에 적응하는 방법이다. 마찬가지로 정당도 변화하는 정치 환경 및 여론에 대응하기 위해서 연구개발에 투자해야 하는데, 그것이 바로 정당조직 내 연구소 운영비용이 된다. 현재는 국고보조금의 일정 부분을 정당이 연구개발비로 할당하게 되어 있으나, 국정감사에 나타난 연구소 운영비용을 보면 진정한 의미에서의 정책연구개발비라기 보다는 인건비로 사용되는 경향이 지적되기도 한다. 정당조직은 이를 위해서 정당조직 내부에 '연구소'를 두고 있다. 2019년 현재, 더불어민주당은 '민주(정책)연구원', 자유한국당은 '여의도연구원'을 두고서 여론을 파악하여 조직의 운영과 발전을 위한 전략을 연구하고 있다.

16 한국의 경우 「정치자금법」 [시행 2017. 6. 30] [법률 제14838호, 2017. 6. 30, 일부개정] 제3조에 따르면 '정치자금'은 일반명사가 아닌 고유명사이다. '정치자금'의 종류와 내용은 ①당비(명목을 불구하고 정당의 당헌, 당규에 의하여 당원이 부담하는 금전, 유가증권, 그밖의 물건), ②후원금('후원회'에 기부하는 금전이나 유가증권 그밖의 물건; 여기서 '후원회'라고 함은 정치자금의 기부를 목적으로 설립 · 운용되는 단체로서 관할 선거관리위원회에 등록된 단체를 말함), ③기탁금(정치자금을 정당에 기부하고자 하는 개인이 법규정에의거하여 선거관리위원회에 기탁하는 금전이나 유가증권 그밖의 물건), ④보조금(정당의 보호 육성을 위하여 국가가 정당에 지급하는 금전이나 유가증권), ⑤정당의 당헌 · 당규에서 정한 부대수입, 정치활동을 위하여 정당(중앙당창당준비위원회를 포함), 「공직선거법」에 따른 후보자가 되려는 사람, 후보자 또는 당선된 사람, 후원회 · 정당의 간부 또는 유급사무직원, 그 밖에 정치활동을 하는 사람에게 제공되는 금전이나 유가증권 또는 그 밖의 물건이며, 이상에서 열거된 사람(정당)의 정치활동에 소요되는 비용으로 규정된다.

17 한국정치과정에서 이와 관련된 법률과 규칙은 『공직선거법』 [시행 2018. 4. 6] [법률 제15551호, 2018. 4. 6 일부개정]; 『정치자금법』 [시행 2017. 6. 30] [법률 제14838호, 2017. 6. 30, 일부개정]; 『정치자금사무관리 규칙』 [시행 2018. 1. 19] [중앙선거관리위원회규칙 제472호, 2018. 1. 19, 일부개정]; 『공직선거관리규칙』 [시행 2019. 5. 30] [중앙선거관리위원회규칙 제495호, 2019. 5. 30, 일부개정]; 『불법정치자금 등의 몰수에 관한 특례법』 (약칭: 불법정치자금법) [시행 2017. 10. 31] [법률 제14968호, 2017. 10. 31, 일부개정]; 『불법정치자금 등의 몰수보전 등에 관한 규칙』 [시행 2007. 3. 29] [대법원규칙 제2079호, 2007. 3. 29, 타법개정] 로 정리될 수 있다.

18 정당조직은 정당의 정치자금에 보다 많은 기여를 하는 자들에 의한 '금권정치'(金權政治)에 휘둘릴 개연성이 있다. 보다 많은 금전적 기여를 한 자들이 정당내의 정치적 지분을 갖게 되는 것이다. 이를 방지하기 위한 제도적 장치가 '국고(國庫)보조금제도'(또는 '국가보조금제도')이다. 국민의 세금으로 정당사무에 필요한 금액을 지원하는 것이다. 이런 점에선, '국고보조금제도'의 명분이 있으나, 해당 제도가 '카르텔정당체제'를 고착화한다는 비판의 소리도 존재한다. 김수진, "한국정치 균열구조의 전개와 담합정당체제", 『역사비평』 49 (1999), pp. 241-262. 곽진영, "한국 정당체계의 민주화: 정당-국가간 관계를 중심으로", 『의정연구』 11 (2001), pp. 34-62.

19 『정당법』 제38조[시행 2019. 2. 15; 법률 제15750호, 2018. 8. 14 일부개정]에 정당활동을 보장하는 장치로

많은 정당에게 그것은 최소한의 조건이다. 한국 정당들도 정책개발의 취지아래 국고보조금의 지원 으로 '정책연구소'를 운영하고 있으나, 정책개발 성과는 낮은 수준으로 평가된다.[20]

정당에게 국고보조금을 법 · 제도화한 국가에서 주요 정당들은 내부에 일종의 '정책연구소'를 두고 일정 수준의 정책개발 노력을 한다. 정책연구소의 성공적 운영을 위해서는 연구소 조직의 자율성과 운용의 독립성이 가장 중요한데, 그래야만 당내의 특정 정치세력이나 유력 정치인들에 사적으로 종속되지 않은 전문성 있는 책임있는 정책기관이 될 수 있기 때문이다.[21] 정책연구소의 운용의 기초는 재정인데, 운용 비용은 정당규모와 무관할 수 없다.[22]

현대국가는 다양한 사회균열과 다양한 종류의 정책들이 복합적으로 연계되어 있기 때문에 어떤 정책들은 '행정부'에 소속된 전문기구나 전문가들을 활용할 수 있는 여당만이 만들 수 있는 것이 많다. 야당이 할 수 있는 것은 다른 가능한 접근법이나 대안을 제시하는 정도에 머무르거나, 일단 그들이 정부에 들어가면(여당이 되면) 존재하는 정책을 어떻게 대체하거나 발전시킬 수 있는가 하는 정도로 접근하는 것이 일반적인 상황이다.[23] 한국의 경우엔 여당일 때와 야당일 때 입장의 편차가 더욱 심하다. 여당은 다시는 야당이 되지 않을 것처럼 국정에 임한다. 여당은 '당 · 정협의회' 등을 통해서 국가정책의 의제설정과 방향을 독점한다.[24] 야당은 집권 이후를 전제로 정책을 발전시키는 것이 아니고, 근시안적인 시각에서 여당과의 정쟁에 나서는 행태를 보여 왔다. 물론 이는 군사정부 또는 소위 '제왕적 대통령제'하에서 불가피한 현상이기도 했다.[25] 야당은 여당이 정책추진에 성공하는 경우, 정권교체의 기회가 축소된다고 생각하고 있다. 정권교체를 넘어 정책의 본질이 지속되며 다듬어지고 섬세하게 된다기보다는, 아예 단절되는 것이 보통이다. 특히, 많은 한국민들은 정권마다 바뀌는 남북문제접근법이나 외교정책 및 교육정책과 관련해서는 그 폐해를 충분히 체감하고 있다.

각 정당은 각자의 자원의 특정한 조합에 따라 효율적인 방법으로 이들 자원을 활용하기 위한 방법에 대해 서로 다른 생각을 갖고 있을 수 있다. 정당조직은 각 정당마다 다양하다. 각 정당이 갖고 있는 정당조직 사이에는 왜 차이점이 생기는지, 어떠한 배경에서 생기는지, 그러한 상이한 정당조직은 어떤 결과를 초래하는지에 대한 논의가 정당조직 이론의 핵심을 이루고 있다. 정당조직 운영의 기본원리와 조직이 형성되고 제도화되는 기본유형을 이해하는 것에서 시작하는 것이 바람직할 것이다.

'정책연구소'의 설치와 운영을 법제화하고 있다. 동시에 정책연구소의 운영은 국가의 정당에 대한 '국고보조금정책'의 주요 항목이다. 구체적인 내용은 다음과 같다. 제38조 ①「정치자금법」 제27조(보조금의 배분)의 규정에 의한 '보조금 배분대상정당(이하 "보조금 배분대상정당"이라 한다)은 정책의 개발 · 연구활동을 촉진하기 위하여 중앙당에 별도 법인으로 정책연구소(이하 "정책연구소"라 한다)를 설치 · 운영하여야 한다. ②국가는 정책연구소의 활동을 지원할 수 있다.

20 이재철, 당위남, "정당 정책연구소의 현황과 과제: 여의도연구원, 민주정책연구원, 미래정치센터 분석", 『사회과학연구』 25:3 (2018), pp. 57-76. 해당 분석에 따르면, 모든 정책연구원들이 공히 국고보조금 의존도가 높았고, 지출에서 정책개발비가 차지하는 비중이 높았음에도, 실적가운데 정책개발 성과의 비중은 높지 않았다. 해당 연구는 정책연구소에 국고보조금을 지급함에 있어서, 재정자립성과 연구전문성을 중심으로 정책개발 실적을 평가할 수 있는 모델을 개발하여 지급수준의 적합성을 보장할 필요가 있음을 주장하고 있다. 이밖에도, 한국의 정당의 정책연구소들이 독일이나 미국의 정책연구소들과 비교할 때, 정책 제안 및 생산 기능에 취약함과 동시에, 특히 장기적인 정책과제의 제시에 미흡하고 사회적 기여도가 낮다는 점도 지적되고 있다. 한의석, "정당 정책연구소 발전방안 모색: 외국의 사례와 한국적 함의", 『미래정치연구』 5:1 (2015), pp. 49-67.

21 김형준, 김도종, "한국 정당 정책연구소 운영 성과 분석 및 발전 방안", 『현대정치연구』 4:1 (2011), pp. 5-38.

22 서현진, 임유진, "정당 정책연구소의 재정 자립 방안에 관한 연구", 『미래정치연구』 6:1 (2016), pp. 27-46. 정책연구소가 단순히 정당활동 및 선거지원을 위한 보조기구가 아닌 독립적 정책연구기관으로 발전하기 위해서 근본적인 것이 재정자립이다. 해당 연구는 국고보조금을 정책연구소에서 직접 수령하는 방식, 원내 정당들에게 국고보조금을 균등하게 배분하는 방식, 민간으로부터의 후원금 허용 방식 등을 현재 논의되고 있는 재정자립 방안으로 소개하고 있다.

23 웨어의 연구에 따르면, 이것은 유럽의 정당정치에서도 예외가 아니다. Alan Ware, *Political Parties and Party Systems* (Oxford: Oxford University Press, 1996), pp. 112-119.

24 '당·정협의회'는 여당과 행정부의 회의를 말하는데, 여당의 당대표, 원내대표, 정책위의장, 상임위원회의 장 등과 부처 장관 및 차관 등이 함께 모여 국가정책을 조율하는 회의이다. 대통령의 공약을 지키기 위해서 여당 차원에서 행정부와 함께 국정을 조율하는 긍정적 측면도 있다. 하지만, '당·정협의회'는 국정이 '입법부 대 행정부'의 구도로 움직이지 않고, '여당 대 야당' 구도로 움직이게 하는 중심축이 될 수도 있다. 특히 최근에는 '당·정·청협의회'라고 하여 청와대의 비서진이 참석하는데 이는 바람직하지 않다. 행정체계상 청와대의 비서진은 스탭(staff)이고 라인(line)이 아니다. 대통령제 권력구조하에서 '당·정협의회'가 '당·정·청협의회'로 확대되는 경우, 청와대 비서진이 정당과 장관을 바이패스하거나 군림할 수 있다. 청와대 참모들의 부패 독직 사건이나, 장관이나 기관장들에 대한 월권행위는 결코 우연이 아니다. 결론적으로 '당·정협의회'가 아닌 '당·정·청협의회'는 정당정치를 정치과정에서 없앨 수 있다. 필자는 정당정치의 선순환 측면에서 '당·정협의회'는 일부 필요성을 인정하더라도 '당·정·청협의회'는 바람직하지 않다고 본다.

25 입법화된 정책의 시행에 대한 순기능을 확보하기 위한 해당 정책에 대한 감사(監査) 전문성의 확보와 맥을 같이 한다. 정책을 시행한 업무에 대한 감사를 통하여 정책이나 제도시행의 장단점을 경험적으로 파악하는 것이 최선이기 때문이다. 대통령제 하의 한국정치과정에서 가장 높은 감사 전문성과 자원을 확보한 '감사원'은 행정부 소속으로 '여당'과의 친화력 속에서 운용될 수밖에 없다. 제도적 차원에서 행정부 소속의 감사원이 행정부를 감사하는 것은 바람직하지 않다. 여기에는 두 가지 대안이 존재한다. 하나는 입법부 소관으로 감사기구를 옮기는 것인데, 이런 경우, 여당과 야당을 떠나서 모든 국회의원들이 감사기구를 활용할 수 있어서 정책적 전문성을 높이는 데 도움이 될 것이다. 반면 국회의 행정부에 대한 '발목잡기 정치'가 우려된다는 주장도 있다. 두 가지 주장을 종합하여 생각할 수 있는 또 다른 대안은 '감사원'을 행정부와 입법부 모두로부터 독립된 헌법기관으로 만드는 것이다. 이런 경우, '감사원장'은 여당과 야당의 합의에 의해서 임명될 것이다. 행정부와 입법부, 여당과 야당을 모두 상대하면서 정책감사 전문성을 보조할 수 있는 기구로 작동하려면 충분한 인력과 재원의 확보가 필수적인 문제일 것이다.

1. 정당조직의 기본유형들

정당조직이 변화한다는 것은 특정 유형에서 또 다른 유형으로 변화하는 것으로 이해하는 것이 보다 용이하다.[26] 듀베르제는 정당조직의 유형을 다음의 두 가지 차원으로 구성했다. ①정당구조가 '직접적'(direct)인가 '간접적'(indirect)인가, ②정당조직의 기본적 요소는 무엇인가 하는 것이다. 단일의 조직(직접적 구조, 즉 '직접정당')인 정당과 다른 단체들의 연합인 정당(간접적 구조, 즉 '간접정당')으로 구분한 것인데, 1950년대 초반에 이러한 유형을 고안한 듀베르제에 따르면, 간접적 구조는 훨씬 덜 보편적인 듯도 하지만, 흥미롭게도 이념적 사회당(socialist parties)이나 종교적 가톨릭당(catholic parties)이 대부분 이러한 형태를 띠고 있는 것으로 보았다. 사회당은 노동조합과의 관계, 가톨릭당은 종교조직과의 관계가 정당조직에 영향을 미칠 수 있기 때문에 간접정당 구조일 것을 추론해 볼 수도 있다. 물론 사회주의정당이나 가톨릭정당의 모든 형태가 간접적 구조인 것은 아니다. 노동조합, 협동단체, 그리고 소(小)사회주의단체에 의해 설립된 영국 노동당은 대부분 간접적인 조직으로 남아 있는 반면, 그 시대 프랑스의 SFIO(Section Française de l'Internationale Ouvrière: 프랑스 사회당의 1969년 이전의 명칭)는 항상 직접적 구조였다. 이것은 해당 국가의 역사와 정당이 발전하는 과정에서 여러 다양한 세력들과의 역학관계 속에서 형성되는 것이기에 단순 유형화하기 어렵다. 다만 '직접'의 의미를 '순수'로 '간접'의 의미를 '혼합'으로 이해한다면, 현실적으로 대부분의 정당들은 다소다마 간접적인 구조일 것이며, 순수하게 직접적 구조의 정당은 있기 어렵다. 이러한 구분은 정도의 차이일 것이다. 듀베르제는 간접적인 사회당이나 가톨릭당만큼은 아니더라도 농민당의 형태에서도 간접적 구조를 향한 경향이 있다는 점에 주목했다. 직접적 구조의 정당은 보다 소수의 기득계층을 중심으로 형성된 정당이며, 간접적 구조의 정당은 보다 많은 사회세력들이 연루된 정당이라고 이해되기도 한다. 그렇게 본다면, 20세기 정치에서는 간접적 구조가 정당의 진화방향이었으나, 파편화된 사회집단들의 '정체성의 정치'(identity politics)가 강조되는 21세기에 직접적 구조의 정당들이 태동하며 진화할 가능성도 무시할 수만은 없을 것이다.

그렇다면 한국의 정당은 어떠한가? 적어도 1945년 해방 이후부터 2002년에 끝난 '3김시대'(三金時代)까지 한국의 정당은 인물중심의 소수 기득계층을 중심으로 한 정당이 대세였을 것이다. 또한 이런 맥락에서 정당의 이합집산이 이루어졌다.[27] 2003년

(김대중 정권의 끝자락) 3김시대이후 2020년까지도 정당이합집산은 지속되면서 제도화된 정당기관이 존재하지 않는데 이렇게 본다면 인물중심의 정치는 반복되고 있음을 반증하는 것이다. 한국의 정당사에서 지금까지의 정당은 직접정당에 가깝다고 하겠다. 부분적이긴 하지만 군사독재 시절 민주화 운동에 전념했던 야당의 경우 '재야(在野)세력'(반체제 인사들, 종교단체, 학생세력 등의 세력들)과의 연계가 이루어졌다는 측면에서 간접적 구조를 완전히 배제할 수는 없을 것이다.[28] 그러나 이러한 경우에도 야당의 지도자인 김영삼, 김대중 두 인물을 중심으로 민주화운동이 전개된 것이 대세였으므로 단순히 간접적 구조로 분류할 수는 없다. 간접적 구조를 인정하더라도, 한국 정당들의 더 큰 논점은 당원의 위상문제에 있다. 한국의 정당은 당내 조직 면에서 전당대회를 최고의결기구로 상정하고 있다. 하지만 기능적으로 당원의 전당대회는 사실상 당내 지도부의 각본을 추인하는 '궐기 · 단합대회'적 성격을 보인다.[29] 결국 여당이든 야당이든 한국의 정당은 총재와 소수의 당간부, 그리고 핵심 사무처 요원에 의해 운영된 셈이다. 따라서 당 내부의 '중앙위원회'(또는 중앙상무위원회: 즉 당내 대의기구)는 사실상 결정기구라기보다 동의기구적 성격이 강했다. 결국 이는 상의하달(上意下達)식의 비민주적 당내조직의 문제를 야기해 왔다.[30]

정당이 일사불란하게 움직일 수 있는 응집력을 지닌 조직으로 발전하는 과정에

26 이것은 현실세계를 이해하는데 '이론'이 유용함을 말한다. 혹자는 정당정치의 현실을 이해하는데, 이념형적인 유형의 분석이 허구적인 것이라고 비판하지만, 이것은 잘못된 것이다. 이론, 이념형, 유형, 모델 등은 결코 관념적인 것이 아니며 경험적 사실들을 추상화한 것이다. 즉, 현실세계에서의 경험적 사실로 검증(verification)되지 않은 것은 소위 유형, 모델, 이론적 수준에서 논의될 수 없다. 사회과학에서 이론, 이념, 모델, 유형 등은 논점과 내용을 체계적으로 전달하기위해서도 필요불가결한 요소들임에 유념할 필요가 있다. 많은 학자들에게서 유형, 모델, 이론 이라는 명칭으로 불리우는 대부분은 다양한 국가에서 다양한 현실 상황에서 나타난 경험적 증거를 바탕으로 한 것임에 유의해야 한다. 현실과 이론은 분리되어 논의할 수도 있지만, 연관된 것이다. 현실만을 강조할 때, 발전을 위한 노력은 무익한 행위가 된다. 반면 이론과 모델에만 집착할 때 이상주의에 빠져 현실과의 괴리가 발생한다.

27 김종범 · 김동운, 『해방전후의 조선진상: 독립운동과 정당 급(及) 인물』 (서울: 조선정경연구소, 1945); 이기하 · 심지연 · 한정일 · 손봉숙, 『한국의 정당: 제1편, 8 · 15에서 자유당붕괴까지』 (서울: 한국일보사, 1987); 신명순, "한국의 정당과 정당정치," 민준기 · 신명순 · 양성철 · 이정복 · 장달중 공저, 『한국의 정치』(서울: 나남, 1998), pp. 155-189; 김용호, 『한국정당정치의 이해』, (서울: 나남, 2001), 특히 제2장 "한국정당의 주요특징"pp. 97-109 부분을 참조할 수 있다.

28 학생운동 세력을 포함해서 생각해 볼 수 있다. 김도종, "학생운동의 정치적 역학관계와 동태," 한흥수 편, 『한국정치동태론』, (서울: 오름, 1996), pp. 431-450.

29 신명순, "정당의 조직," 윤정석 · 신명순 · 심지연 편저, 『한국정당정치론』 (서울: 법문사, 1996), pp. 109-143.

30 배성동, "한국의 정당과 정치: 민주적 정당정치의 구조적 조건", 『한국논단』 8 (1990), pp. 38-45.

서 정당의 하부조직으로서 '지부(支部)조직'들의 건립과 이에 대한 '중앙당'의 통제 역할은 중요할 수밖에 없었다. 이렇게 본다면, 지부조직에 대한 중앙당의 통제력이 강화되는 '대중정당'이 대체적인 정당의 진화 방향이라고 볼 수 있다. 하지만, SNS시대에 사안은 보다 복잡해 지고 있다. 즉, 모바일매체의 시대로 들어서면서 중앙당의 기획된 통제력이 없더라도 대중들의 자발적이고 즉흥적인 세력결집이 가능해지고 있기 때문이다. 듀베르제는 '직접적' 구조의 정당에서 '간접적' 구조의 정당들에 이르기까지 정당들이 근간하는 조직의 유형을 간부조직(the caucus), 분파조직(the branch 또는 지부조직), 세포조직(the cell), 그리고 전투대조직(the militia) 으로 구분한다.

첫 번째 조직유형인 '간부조직'(the caucus)은 정당 발전사의 측면에서 볼 때 가장 오래된 형태다. 그것은 민주주의 이전 시대와 민주화 초기시대에 입법의회에서 정당조직의 지배적 형태였다. 간부회의는 소수의 인원으로 구성되며, 단지 암묵적으로 신규 회원을 선출하거나 공식적 지명에 의해 당원을 확보한다. 달리 말해 간부회의 정당구조는 정치엘리트에 기반한 정당이다. 민주주의 이전 시기에는 종종 국정의 연계와 조정을 위한 영역이 국가 입법부에 있었다.[31] 그러나 특히 투표권의 확장과 함께 발달한 선거동원에 대한 압력으로 공식적 국가 정당조직이 설치됐다. 조직의 간부회의적 형태는 듀베르제의 범주 중 하나인 정당원의 명사정당과 연결될 수 있다. '명사정당'은 전형적인 유럽의 역사에서 지방 분권화되고 약하게 짜 맞춰진 간부회의에 상응한다.

두 번째 유형인 '분파조직'(또는 지부조직: the branch)은 듀베르제가 당원과 관련해서 분류한 정당유형과 연관된다.[32] 지부조직은 전형적으로 대중당원 정당에서 갖는 구조다. 분파구조는 두 가지 관점에서 간부회의 구조와 다르다. 첫째, 분파구조는 자원을 증가시킴에 있어 그들의 처분대로 할 수 있는 당원을 다수 모집하려고 한다.[33] 비유적으로 말하면, 분파구조가 운영하려는 당원조직은 유동성이 있어 같은 주의 주장을 갖고 있는 회원은 자유롭게 늘리되, 반대로 기존 회원이 그렇지 않은 경우 그들 나름대로 회원을 벌할 수 있는 구조다. 또 이런 결정을 간부회의에 맡기지 않고 당원의 의견을 수렴해서 하게 된다. 둘째, 분파에 기초한 정당은 또한 다른 분파가 서로 연결되는 방법에서 간부회의에 기초한 정당과 다르다. 개별적 간부회의가 중앙의 정당조직에 상대해서 높은 자율성을 유지하는 반면, 분파정당은 중앙부로부터 좀 더 세부적으로 통제된다. 당내 기율(party discipline)이 강한 것이다. 정당의 기원과 관련해서도 분파정당과 간부정당은 중요한 차이가 있다. 간부정당이 내부적으로(정치엘리트에 의한 민주주의 이전의 입법부 안에서) 창조된 데 반해, 원래의 분파정당, 그리고 특히 사회주의정당은 외부에서(어떤 정치체제의 정치적 권력에서 배제된 자들에 의해) 창조됐다.

세 번째로 '세포조직'(the cell)은 공산당에 의한 피조물인 셈이다. 간부정당과 마찬가지로, 그러나 분파정당과는 다르게, 공산당은 그들의 전체적인 당원수보다는 질에 보다 더 관심을 가졌다. 그들은 받아들이는 사람들을 다스리는 원칙이 중앙부에 있으며, 지역 정치상황에 의해 움직이지 않는다는 점에서 간부정당과 다르다. 나아가 공산당은 주요 조직적 단위가 지리적인(선거적 단위나 범위에 연결된) 것이 아니라 작업장 수준에 따른 것이라는 점에서 분파정당이나 간부정당과 다르다. 무산계급의 동원은 거주지역보다는 공장(또는 작업장)에서 정치적 조직을 발전시킴으로써 훨씬 잘 성취될 수 있다는 가정에 서 있다. 자본주의 전복을 준비하는 데 선거활동은 한 가지 방법일 뿐이며, 아주 중요한 방법은 아니다. 이것은 공산당의 보다 넓은 목적성을 반영한 것이다. 한국에서 과거 남로당(남조선노동당)은 그 한 예가 될 수 있다.[34]

31 이것은 서구 의회 정당 발전사에서 보이는 '의회통치권'(parliamentary sovereignty) 현상이다. 한국의 경우는 해방 이전엔 입법부의 경험이 전무에 가깝고, 단지 행정부의 경험만이 왕조시대 이후부터 이어져 왔다. 이것이 바로 한국의 입법부가 행정부에 비해 약한 이유일 수 있다. 이정복, "제1부 한국의 정치제도", 민준기 · 신명순 · 양성철 · 이정복 · 장달중,『한국의 정치』(서울: 나남, 1998), pp. 19–97.

32 'The branch'는 '지부(支部)조직'으로 번역할 수도 있고 '분파(分派)조직'으로 번역할 수도 있는데, 미묘한 뉘앙스의 차이가 존재한다. 그런데, 용어로 인해 연상되는 내용은 다르다. '지부조직'에서는 중앙당이 지역에 '지부' 조직을 설치하며 중앙당에 지부가 상당 수준 장악된 상태가 연상된다. 이른바 중앙에서 지역으로 '영토적 확산'에 의한 정당조직화가 연상된다. 반면 '분파조직'에서는 중앙당에 대한 지역당의 자율성과 독립성이 더 연상된다. 사실 국가에 따라서 그리고 다양한 정당에 따라서 두 용어 사이에서 더 적합한 용어는 상황적인 것이다. 본 연구에서는 두 용어를 자유롭게 사용한다. 종합적으로, 현대사회에서 정당조직이 군대조직이 아닌 이상 the branch라는 것은 the headquarter(본부, 중앙당)에 대해서 (정도의 차이가 있더라도) 최소 수준의 자율성과 독립성은 존재하기에 '분파조직'이라는 용어가 '지부조직'이라는 용어보다 더 다양한 상황을 포괄할 수 있는 용어인 듯하다. 하지만, '분파'라는 번역이 '파벌'을 의미하는 'division'이란 단어를 연상시킬 수도 있기에 주의를 요한다.

33 다수의 당원 모집은 보다 다양한 지역을 포괄하면서도 지역을 단위로 이루어지게 된다. 이런 연유로 대부분의 국가에서 당원들의 당원명부 열람에 관한 형식과 내용은 지구당을 중심으로 하는 경우가 일반이다. 한국의「정당법」(시행 2019. 2. 15; 법률 제15750호, 2018. 8. 14 일부개정)의 경우에도 '시·도당'을 중심으로 하고 있다. 당원명부는 '시·도당'에 비치하며(「정당법」 제24조), '중앙당'이 '시·도당'의 당원명부에 근거하여 당원명부를 전산조직에 의하여 통합관리하게 되어 있다(「정당법」 제24조 제2항). 만약 '중앙당'의 당원명부와 '시·도당'의 당원명부가 일치하지 않는 경우에는 '시·도당'의 당원명부로 인정한다(「정당법」 제24조 제2항). 당에서 '탈당'하는 경우에 탈당의 효력은 중앙당이 탈당신고서를 접수한 때에는 즉시 탈당증명서를 교부하고, 해당 시·도당에 통보하여 당원명부의 기제를 말소하게 한다.

34 김영환, "8 · 15 후 남한 좌익정치세력의 3당 합동에 관한 연구"(연세대학교 석사학위논문, 1988).

넷째, '전투대조직'(the militia)은 이탈리아의 파시스트당(Partito Nazionale Fascista), 독일의 나치당(Nationalsozialistische Deutsche Arbeiterpartei) 등 극우정당이 채택한 조직형태다. 전투대는 심지어 공산당 이상으로 관습적인 선거정치로부터 떨어져 나와 많은 과업을 수행하도록 고안된 조직이다. 듀베르제에 따르면 전투대는 당원들이 군대노선에 의해서 등록된 '사적'(private) 수준의 군대다. 전투대의 전투적 특성은 그것의 조합뿐 아니라 구조에서도 나타난다. 후자는 점점 더 큰 단위를 형성하기 위해 피라미드를 세우는 매우 작은 집단에 기초한다. 예를 들어 다단계 상품판매를 위한 '점조직'이란 것이 있는데 이와 비교가 가능하다고 본다.

듀베르제는 조직적 유형을 단순히 구분하는 것에서 더 나아가, 어떤 종류의 조직적 형태가 정당조직의 형태로 더 우월한 것인지에 대한 판단을 추구한다. 민주사회에선(즉 반복되는 선거를 통해 정당이 유권자들로부터 심판받는 사회에선) 대규모의 대중당원에 기초한 분파정당이 간부정당보다 더 우월하다. 궁극적으로 민주주의에서 미래의 정당조직을 결정하는 주요 논리는 선거경쟁에서 가능한 한 경쟁력 있는 당을 만들기 위해 조직을 조정하도록 하는 것이다. 득표를 위한 경쟁과 정당 충성자들의 지지를 유지해야 하는 부담 때문에, 간부정당은 지부조직에 의한 분파정당으로 전환하거나 분파정당의 많은 특징을 받아들여야 한다. 결국 간부정당도 분파정당의 잡종적 유형이 되는 것이다. 그렇다고 해서 간부정당의 형태가 사라지는 것도 아니며, 오히려 대중정당 역시 외부적인 지부조직형태와는 달리 내부적으론 간부회의를 중심으로 당이 운영되는 '명사정당'일 수도 있다. 미헬스가 말하는 20세기 초 독일 사민당의 모습은 '과두지배의 철칙'(iron law of oligarchy)이었다. 현재 많은 정당들이 '선거전문가정당'의 형태를 띄고 있다고 본다면 이는 명사정당의 간부회의의 모습에 가까울 수도 있어, 최근의 정당사를 보면 정당의 조직적 진화가 명사정당에서 대중정당으로 이루어졌다는 단선적인 이해는 적합하지 않을 수도 있다. 복합적인 차원에서 현재의 '선거전문가정당'은 대중정당으로 분류되지만, 실질적으로 정당의 운영과 선거전략은 소수의 '선거전문가들'의 관여로 결정되므로, 사실상 소수가 다수를 교조(教條)하고 있으며, 이는 또 다른 의미에서 '간부회의'의 형식에 의거한 '명사정당'의 현대판이라는 주장이 가능하다. 세포 정당조직과 전투대 정당조직은 특정한 정치적 목적을 가진 정당에 적절하나, 대부분의 정당에서 이러한 유형은 부적합하다. 그러므로 간부정당에 주요한 도전세력을 제공하는 것은 분파정당이며, 분파정당은 대규모의 정치적 자원을 획득하는 데 더 적합하다. 현대사회에서는 대부분의 정당이 이러한 형태를 추구한다. 2002년 한국의 대통령선거에서 나타난 새천년민주당이나 한나라당의 '국민참여 경선제도' 도입은 결국 커다란 그림 속에서 이해하자면 정치적 자원을 획득하는 과정으로 이해될 수 있고, 이는 분파정당에 충실하기 위한 하나의 노력으로 볼 수도 있다.

물론 듀베르제는 모든 정당이 조직의 관점에서 동일하다고는 주장하지 않는다. 그는 정당의 특수한 조직의 역사가 어떻게 구조를 변화시킬 수 있는가를 보는 데 주의를 기울였다. 그는 또한 분파정당이 만들어지는 데 한 가지 방법(또는 동인)이 아니라 다양한 경로가 있다는 것을 인식하고 있다. 그럼에도 불구하고 그의 주장의 초석은 '좌파로부터의 오염'이다. 사회당의 조직형태는 다른 가능한 형태보다 우월했고, 지금까지 그래 왔으며, 앞으로도 다른 정당에 의해 모방될 것이라는 게 그의 주장이다. 노동조합이나 사회당의 조직적 우월성은 '수의 힘'(powers of number)이라는 철학을 배경으로 한다.[35] 사회당의 분파조직적 형태는 선거조직에 필요한 자원의 습득을 제공할 수 있는 큰 기회 때문에 우월하다는 것이다. 이른바 '수로 밀어붙인다'는 것이다. 1인 1표제가 민주주의의 보편적 제도로 대변되면서 사회당의 조직적 우월성은 설득력이 있다.

레온 엡스타인(Leon Epstein)은 듀베르제의 주장을 좀더 단순화시켜 현실을 바라보았다. 듀베르제가 선거경쟁의 역할이 정당조직의 형성이나 변화에 영향을 준다고 본 반면, 엡스타인은 정당조직을 득표경쟁을 위한 단순한 반응 이상도 이하도 아니라고 하였다. 엡스타인은 듀베르제의 분석이 유럽적 상황에 한정된다고 보았다. 듀베르제는 미국의 정당을 '생존하고 있는 조직적 화석'(surviving organizational fossil)이라고 보았다. 미국 정당은 사회당의 주요한 선거도전에 직면한 적이 없기 때문에 간부회의 조직형태를 포기하지 않았다. 대조적으로 엡스타인은 미국식 정당이 사실상 현대 선거유세에 가장 적합하다고 주장했다. TV유세나 여론조사의 시대에 정당은 유권자를 동원하기 위하여 다수의 당원을 반드시 필요로 하지는 않는다. 오히려 정당에 필요한 것은 이러한(그리고 관련된) 용역을 살 수 있는 자금이며, 자금은 대규모의 대중당원 모집을 통해서보다는 이익집단이나 개인적 기부자들로부터 보다 쉽게 얻을 수 있다. 나아가 지나친 대규모 당원은 정당지도자가 다른 정당의 후보자들에 대응하는 선거전략을 고안하는 데 제약이 되기도 한다. 그래서 정당지도자는 지도

35 James DeNardo, *Power in Numbers* (Princeton, NJ: Princeton University Press, 1985).

자와 활동가 사이의 느슨한 연계에서 올 수 있는 융통성을 필요로 한다. 결론적으로 엡스타인에 따르면 자유민주주의에서 정당조직의 미래를 특성화하는 것은 좌파로부터의 전염이 아니라 '우파로부터의 전염'인 셈이다. 미국에서 공화당이 그 예다.

듀베르제와 엡스타인중 누가 옳은지는 상황적인 것일 수 있다. 주로 간부회의 구조를 갖고 있던 정당은 그러한 구조를 여전히 유지할 수 있었으며 당원 수에 의지하지 않아도 여전히 '선거전문가정당'의 맥락에서 선거 경쟁력을 갖고 있다. 이렇게 본다면 당원수의 규모를 기반으로 하는 '좌파로부터의 전염'은 그다지 강하지 않았던 셈이다. 그러한 정당은 독일 FDP (Freie Demokratische Partei: 자유민주당)이며, FDP는 공식적으로 당원을 등록시켰지만 능동적인 당원모집 정책을 추구하지 않았으며, 오히려 작은 규모에 선택된 것을 자부심으로 여긴다. 당원수를 확장하고 분파적 구조를 발전시키는 것이 필연적인 정당에서는 종종 그 결과가 정당조직의 잡종화였다. 그러나 좌파로부터의 오염이 절대적 현상이 아닌 것과 마찬가지로 '우파로부터의 오염'도 절대적인 것은 아니었다. 느슨하고 중앙집권화되지 않은 정당조직의 미국적 모델은 유럽정당들처럼 조직화된 좌파 정당모델과는 다르다. 선거유세에 TV와 같은 매체가 대규모 정당원을 불필요하게 만들었다는 엡스타인의 주장과는 반대로, 독일의 CDU(Christlich Demokratische Union: 기독민주연합)의 경험은 여전히 대중 선거인단을 동원하는데 전통적인 분파적 형태의 정당구조가 핵심적 역할을 하고 있다는 것을 보여준다. CDU는 SPD(Sozialdemokratische Partei Deutschlands: 사회민주당, 이후 '사민당')처럼, 보다 강력한 당원 수에 기초한 조직을 세우려고 했다. 근본적으로 이러한 정당조직 전략은 사회에서 지부조직망이 약한 정당은 세력을 확산하여 전국적인 대중들의 지지를 얻는 데 불리할 수밖에 없을 것이란 시각에 근거한 것이다. 또 다른 예는 1994년 이탈리아 총선전에 실비오 베를루스코니(Silvio Berlusconi)에 의해 창당된 '포르자 이탈리아당'(Forza Italia)이다. 정당 지원자 조직과 정당 지도력 사이의 관계에서 포르자 이탈리아는 순수한 엡스타인 모델이었다. 정당을 창당할 때 베를루스코니의 주요 재원은 막대한 자금을 동원한 대중매체 부분, 특히 TV의 광범위한 통제였다. 하지만 그런 것이 유럽의 정당체계에 전반적인 변화를 주는 것(즉 우파로부터의 오염)으로 해석하기에는 특수한 예로 생각된다.

한국의 경우는 어떠한가? 한국에서는 주요정당이 이념에 기초한 정당이 아니어서 당원의 정서적 유대감도 적고, 자발적으로 (상징적이고 형식적이 아닌) 당비를 내는 당원수가 지극히 적은 상황에서는 당원 규모에 따른 정당조직의 힘을 논하기는 어렵다.[36] 현재 한국사회는 좌파이념이 금기시되던 시대를 넘어 보혁갈등이 구체화되고 있다.[37] 사회주의 이념정당의 활성화와 이에 따른 좌파식 정당구조가 어느 정도 수준에서 예상되기도 한다. 이렇게 본다면 듀베르제의 설명이 보다 더 시대를 초월한 명제로 받아들여질 수도 있다. 실제로 진보정당인 '더불어민주당'은 기간당원 100만시대를 선언하고 있다. 하지만 상황은 단순하지 않다. 선거 직전에 급증하는 당원수를 보면서 한국의 정당정치를 '당원'중심의 정치라고 보는 사람은 드물다. 우리 사회에서 활성화된 온라인(on-line)정치, 미디어정치, 전자민주주의(electronic democracy)적 측면을 본다면 엡스타인의 명제가 설득력을 갖는 측면도 있다. 보다 구체적인 상황을 중심으로 논의가 필요할 것이다.

파네비앙코는 정당조직에 대해 듀베르제나 엡스타인보다 좀더 구체적인 분석을 제시했다. 파네비앙코가 정당조직을 설명하는 논리의 핵심은 어떻게 정당이 형성됐는가 하는 정당 기원(genetic)에 대한 문제이며, 또 하나는 그러한 정당이 어떻게 '제도화'(institutionalization)되어 가는가 하는 과정의 (결과론에 치중하는 것이 아닌) 문제였다. 파네비앙코는 정당이 어떻게 형성됐는지를 이해하면 결국 그 정당의 미래 모습을 예견할 수 있다고 보았다. 나아가 초기의 정당형성이 결국 제도화의 유형을 결정한다고 보았다. 즉 정당이 사회에 적응하면서 진화해 나간다면, 정당의 현재나 미래가 과거의 모습에서 자유로울 수 없다는 것이다. 파네비앙코는 특정 정당의 조직적 기원이 특성화되는 방식을 결정하는 세 가지 주요한 요인이 있다고 주장했다.

첫째는 '영토적 침투'(territorial penetration) 또는 '영토적 확산'(territorial diffusion)

36 심지연 · 김민전, "정치자금제도의 투명성, 민주성 확보방안," 2002년 한국정치학회 춘계학술회의(5. 18), 외교안보연구원.

37 송복, 『한국사회의 갈등구조』 수정증보판 (서울: 경문사, 1997). 여기서 송복은 한국사회의 두드러진 갈등구조를 지역갈등, 이념갈등, 세대갈등의 세가지 축을 중심으로 파악한다. 한국정치과정에서 지역갈등은 1971년 박정희-김대중의 대선과정에서 발현된 측면이 강하다(1971년-현재). 이념갈등은 1997년 김대중-이회창의 대선과정에서 두드러지기 시작하였다(1997년-현재). 세대갈등은 노무현-이회창의 대선과정에서 두드러지기 시작하였다(2002-현재). 현재 한국정치과정에서 가장 두드러진 갈등구조는 보수-진보간 '이념갈등'의 축인데, 두 진영은 특히 '북한에 대한 태도'(보수는 상호주의, 진보는 포용주의)를 중심으로 형성되지만, 2017년 박근혜대통령 탄핵사건을 계기로 보수-진보간 진영논리는 더욱 확대재생산되고 있다. 이러한 보수-진보 진영간 세대결 양상은 이제 '대의민주주의'를 넘어서서 '광장민주주의'로 확산되고 있다. 이에 대한 자세한 논의는 제6장을 참조하면 된다. 유럽의 정당정치과정에서 보수와 진보가 교대로 집권하는 것이 사회갈등완화의 축으로 작용하였던 반면에, 한국에서는 보수와 진보의 정권교체가 '야당으로의 전락'은 정당의 몰락을 의미하는 분위기를 형성하고, 이는 정당경쟁에 사생결단의 문화를 형성하며 사회갈등을 확대재생산하고 있어 우려스럽다.

의 기초 위에서 건립된 정당인지 아니면 이 두 가지 과정의 조합 위에서 조직됐는지에 대한 판단이다. '영토적 침투'란 중앙당이 중심이 되어 지방이나 지역적 조직을 현존화시키는 과정이다. 대조적으로 '영토적 확산'은 지방 정치엘리트의 독립적 집단이 자율성을 유지하면서 그러한 자율적 조직들이 전국수준에서 확산되며 조직되는 것이다. 일견 영토적 침투가 단지 듀베르제의 외부적으로 창조된 분파정당(또는 공산당)을, 영토적 확산은 내부적으로 창조된 간부정당의 형식을 기술하는 방법인 듯하다. 그러나 파네비앙코는 이러한 비교를 거부하면서 어떤 간부정당은 (자유당을 주목하면서) 영토적 확산을 경험했으며, 다른 정당은(특히 보수당은) 영토적 침투를 경험한 측면이 있다고 주장한다.[38] 한국의 경우 정당은 영토적 확산 또는 영토적 침투, 아니면 양자에 의해서 창출됐는가? 개별적 특수상황이 존재할 수도 있겠지만, 한국의 경우 이제까지 영토적 침투형태가 주종이라고 볼 수 있을 것이며, 이는 특히 현존하는 모든 한국정당들에게도 예외가 아니다.[39]

둘째, 정당을 후원하는 외부적 기관의 존재와 부재 여부다. 정당의 지도력은 내적으로 정당화됐는가, 아니면 외적으로 정당화됐는가? 그리고 만약 외부적이라면, 그것은 초국가적인가? 정당이 외부조직에 의해 후원되는지 아닌지는 당조직이나 지도력의 정통성에 영향을 미친다. 내부적으로 정통화된 정당에서 지도력은 정당 내부 그 자체에서 권위를 이끌어 낸다. 외부적으로 정통화된 정당에서 권위는 후원하는 기관에 있다(어떤 경우엔 서유럽에서 공산당의 경우 외부적 정통성은 초국가적인 것이다. 외부적 정통성은 국가 외부의 조직, 즉 모스크바 코민테른에서 왔다). 비록 듀베르제의 '간접정당'이 외부적 정통성의 예라고는 하지만, 그의 범주는 파네비앙코의 범주와 일치하지는 않는다. 외부적 정통성은 필연적으로 간접적 정당구조를 만들어 내는 것은 아니다. 한국의 경우 독재시대에 특히 제1야당의 경우는 민주화요구를 위해 거대여당과 맞서 싸울 수 있는 외부적 후원조직(즉 선명 야당을 주장하는 재야세력들과 비제도권적인 투쟁을 병행하기 위해서)의 힘을 필요로 했다. 어떤 측면에선 유권자뿐만 아니라 선명야당 투쟁을 지원하는 외부세력들로부터 제1야당의 정통성이 영향을 받는 측면이 있었다.

셋째, 카리스마적 지도자가 정당의 형성에 연루돼 있는지 여부다. 만약 있다면, 카리스마적 지도자는 정당형성에 어떤 역할을 했는가? 한국의 정당이합집산의 역사는 정치적 카리스마를 지닌 인물을 중심으로, 아니면 이합집산 당시의 기준에서 볼 때 정권을 창출할 수 있는 가능성이 있는 인물들을 중심으로 정당 이합집산이 있어

왔다. 이승만 독재시대, 군사독재 시대, 그리고 '3김시대'에 이르기까지 그래 왔다.[40] 이런 경우 어느 정도의 민주주의가 존재한다고 해도 대개 당내민주주의의 문제는 거의 도외시되고, 정당간 집권을 위한 경쟁만이 존재한다. 물론 군사독재하에서는 정당간 경쟁도 매우 한정된 형태를 띠게 된다. 특히 김영삼, 김대중, 김종필이란 카리스마적 지도자들은 그들의 지지배경을 바탕으로(한국의 경우 지역주의) 반복되는 정당의 이합집산을 가져오게 된다.

파네비앙코는 위와 같은 정당의 기원적 형태를 바탕으로 정당이 어떻게 제도화돼 가는가(즉 제도화의 정도)에 주목해 정당조직을 이해하려고 했다.[41] 파네비앙코가

38 웨어(A. Ware)는 파네비앙코의 접근법은 과대 이론화돼 있으며, 그는 사례연구를 그의 이론적 모델에 맞추기 위해서 사례들을 재단하고 있다고 주장한다. 파네비앙코는 상대적으로 사례연구를 거의 제시하지 않기 때문에, 그의 방식에 맞는 하나의 사례의 오류는 그의 전체 모델의 타당성에 심각한 결과를 가져온다. 웨어는 그러한 문제점을 보여주는 것으로 영국 보수당 조직을 해석함에 있어서 파네비앙코가 지나치게 간부적 정당조직으로 해석하고 있다고 주장한다. Alan Ware, *Political Parties and Party Systems* (Oxford: Oxford University Press, 1996), p. 104.

39 현재 한국의 정당법은 최소한의 정당조직의 형식이 '중앙당'을 중심으로 되어 있다고 볼 수 있다. 현재 정당법상 정당은 '중앙당'과 '지구당'으로 구성되는데, 지구당의 형식인 '시·도당'의 창당에는 중앙당 또는 그 창당준비위원회의 승인이 있어야 하기 때문이다 (「정당법」 제9조). 또한 '시·도당'의 등록신청에는 중앙당 또는 그 창당준비위원회의 창당승인서를 첨부하게 되어 있다 (「정당법」 제13조). 동시에 현행 한국의 정당법은 중앙당이 법정 '시·도당'의 수를 5개 이상 갖는 것으로 정하고 있다 (「정당법」 제17조). 단, '당원'이 되고자 하는 자는 '시·도당'(또는 그 창당준비위원회)에 입당신청을 하여야 하지만 (「정당법」 제23조 1항), 입당의 효력은 중앙당 또는 그 창당준비위원회에서 접수한 때에 발생하는 것으로 규정되어 사실상 중앙당의 우위를 인정하는 형식을 취하고 있다(「정당법」 제23조 3항).

40 한국정당사에서 김영삼, 김대중, 김종필에 의한 '3김시대'의 시대구분은 상황에 따라선 모두 세 가지로 할 수 있다. 하나는 1970년 신민당에서 1971년 대통령선거를 앞두고 발생한 '40대 기수론'(40代 旗手論: 김영삼, 김대중, 이철승 등을 중심으로 강력한 야당을 젊은 정치인들 중심으로 재건하여 민주공화당의 박정희와 경쟁하겠다는 움직임)을 중심으로 한다면, 1970년을 시발점으로 볼 수 있다. 1971년 대통령선거에서 신민당의 김대중후보는 민주공화당의 박정희후보에게 패한다. 두 번째는 1979년 10·26사태(박정희 대통령 시해사건)이후 유신시대(1972–1979; 제4공화국)가 끝나는 시점으로 볼 수도 있다. 그런데 곧이어 1980년 5·17사태로 전두환 군사정권이 들어선다. 따라서 지극히 짧은 '1980년의 봄'만이 존재했다. 세 번째는 정권을 잡는 시기를 중심으로 규정하는 것인데, 1993년 김영삼의 집권시기 이후를 기준으로 하는 것이다. 1997년에는 김대중이 집권하게 되었다. 김종필은 집권하지 못했지만, '3당합당'과 'DJP연합'을 통해서 김영삼과 김대중의 정권창출에 모두 관여하였다. 또한 김영삼 정권시기에 '자유민주연합'(자민련)을 창당하여 제3의 정당을 이끌었다. 3김시대가 끝나는 시기는 김대중의 집권이 끝나는 2003년이다.

41 파네비앙코는 정당조직의 제도화 정도(즉, 제도화의 수준)을 측정하는 두 가지 방식을 소개한다. 하나는 정당이 그 환경에 대해 갖고 있는 '자율성'의 수준이다. 이것은 정당이 지지자나 외부적 조직 등과의 관계를 정당이 통제하는 정도를 의미한다. 이런 의미에서 고도로 제도화된 정당조직은 그의 주변에 대해 광범위한 통제를 행할 수 있으며, 필요할 때 그를 둘러싸고 있는 환경을 변형시킬 수 있는 정당조직이다. 약하게 제도화된 정당은 그를 둘러싸고 있는 환경에 대한 자율성이 약해 환경에 순응하고 적응해야 한다. 제도화의 두 번째 차원을 파네비앙코는 '체계성'(systemness)의 정도라고 불렀다. 권위의 많은 부분이 정당 내부의 하위집단들에게 주어지면 이는 체계성이 낮은 것이다. 중앙의 자원통제에 의해 하위집단이 기능하는 경우 체계성이

이해한 제도화는 다소 추상적인 설명이기는 하지만 "어떤 실체가 어떤 목적에 대한 하나의 수단이 되는 것을 멈추고, 대신에 본질적으로 그리고 자연히 그 자체가 가치 있는 것으로 되어, 목적이 실체에서 분리될 수 없으며 구분할 수도 없는 것을 의미한다." 달리 말하면 어떤 정당조직이 그를 둘러싼 환경에 적응하며 그 존재가치를 인정받아 사회에 정착하면서 기관으로서 일정수준의 안정성을 유지하는 것이다.[42]

모든 정당이 "생존하기 위해서는 어느 정도 제도화돼야 하나, 어떤 경우에는 제도화과정이 강력한 기관을 발생시키는 반면, 다른 경우에는 약한 기관을 발생시키기도 한다." 왜냐하면 어떤 정당이 상당한 득표율을 기록했지만 결국 장기적으로 생존하지 못하고 소멸할 수도 있기 때문이다. 이는 정당조직이 장기간에 걸쳐 그 사회에서 기관으로서의 가치를 인정받아 정착한 것이 아니고(즉, 기관효과가 아니고), 인물효과에 의한 단기적인 득세에 한정된 약한 조직의 정당이었기 때문이다. 반대로 낮은 득표율을 반복하는 정당이어도 일시적인 인기에 영합하지 않고 오히려 정당의 계도(啓導)적 기능을 강화하면서 장기간 그 사회에서 생존을 이어간다면, 그 정당은 강한 조직을 지닌 정당으로 평가될 수도 있다.[43]

파네비앙코의 정당조직에 관한 이론의 핵심은 특히 정당조직의 기율이나 '체계성'[systemness: 달리 표현하자면, 정비된 조직을 통하여 하위집단들에 대한 상의하달의 흐름의 원할함]의 차원으로 이해되는 정당의 제도화와 정당의 기원 사이에 어떤 관계가 형성되는가 하는 점에 있다. 이는 몇 가지로 정리된다. 첫째, 영토적 침투를 통해 발전한 정당은 단기간에선 강력한 기관으로 발전하는 경향이 있다. 왜냐하면 창당 엘리트들이 처음부터 취한 정당형태를 통제할 수 있기 때문이다. 그러나, 한국의 정당사를 보더라도, 독재정부하에서 지도자들이 영토적 침투의 형태로 발전시킨 자유당, 민주공화당, 민정당과 같은 정당들은 지도자의 몰락과 함께 사라졌다. 둘째, 영토적 확산을 통해 발전한 정당은 제도화되는데 보다 많은 시간을 필요로 하는 경향이 있다. 왜냐하면 정당의 자원을 통제하기 위한 경쟁이 창당 엘리트들 사이에 있기 때문이며, 정당내에서 파벌의 정치가 지속되면서 정당이 제도화되기에, 파벌은 언제든지 정당에서 분리해 나갈 수도 있다. 대략 일본의 자유민주당(자민당)이 이에 해당하는데, 민주당은 자유민주당의 분파세력에 의해 창당되었다. 셋째, 외부로부터 정통화된 정당은 약한 제도화를 경험하는데, 후원단체들이 정당을 통제하려고 하기 때문이다. 대다수의 사회당에 노동조합이 영향력을 갖는 경우가 이에 해당한다. 이 경우는 정당의 강력한 제도화와 후원단체의 정치적 선제권이 서로 상충될 수 있다.

넷째, 카리스마적 지도자는 정당이 제도화되는 것을 그 자신의 권력에 대한 위협으로 보아 거부하는 경향이 있다. 일종의 딜레마인 것이다. 여기서 정당이 기관으로서 제도화되는 경우 정당의 존속을 위해서 차기 정당지도자를 정당이 선출해야 한다. 당연히 카리스마적 독재자는 자신이 정당을 통제하려는 성향이 있기에 또 다른 정당지도자를 만들어 내려는 진정한 의미에서의 정당제도화를 거부하게 되는 것이다.

한국 정당사에서 박정희의 '민주공화당'은 그 좋은 예다. 박정희는 공화당의 일부 측근에게 3선개헌을 지시했으며, 나아가 '유신체제'의 장기집권 정당으로 발전하면서, 동시에 김종필 등과 같은 제2의 지도자를 인정하지 않았다. 흥미로운 것은 파네비앙코의 경우 '내적 정당화'(internal legitimation)가 영토적 침투와 병행하는 곳에서는 매우 강력한 제도화가 이루어질 것이라고 본 점이다.[44] 한국의 경우를 예시해 보면,

높은 것이다. 파네비앙코는 낮은 수준의 체계성을 가진 정당조직은 일반적으로 환경에 대해 자율적이기 어렵다는 점에서 두 가지 차원이 경험적으로 연관되어 있다고 주장한다. Angelo Panebianco, *Political Parties: Organizations & Power* (Cambridge: Cambridge University Press, 1988), pp. 53-67.

42 예를 들어 보자. 한국에서 2000년대 들어 본격적으로 제도권에 들어선 어떤 군소정당이 2020년까지의 반복되는 선거에서 5%의 득표율에 계속해서 머물러 있었다고 가정해 보자. 이 경우 해당 군소정당은 비록 적은 득표율에 머물러 있기는 해도, 일정 규모의 유권자들에게 제도화된 존재로 가치를 인정받게 됐다고 볼 수 있다. 그리고 지속해서 5% 내외의 지지가 있었다면 이는 나름대로 안정된 가치다. 비록 적은 수의 득표율로 제도화된 정당이어도 그 사회에서 나름대로 존재 가치를 인정받은 정당의 위치를 차지하고 있는 셈이다.

43 계도적 기능을 강화한다는 것은 고정된 이념을 갖는다는 의미는 결코 아니다. 시대를 초월하여 일관된 이념적 강도를 갖춘 '절대 좌파 정당'이나 '절대 우파 정당'은 없다. 시대가 변하면서 어느 정도의 이념적 변화는 불가피하다. 어떤 시대에 어떤 사회를 중심으로 '상대적 좌파'와 '상대적 우파'가 있다고 보는 것이 보다 설득력이 있다. 예를 들면, 독일의 현재 사민당은 과거의 사민당 보다 우파여도, 현재 기민당 보다는 상대적 좌파이기에 사민당은 여전히 좌파 정당인 것이다. 정당이 생존을 이어가는 현실적 방식은 반복되는 선거에서 최소한의 의석수를 차지하면서 의회에 진출하는 것이다. 어떠한 정당도 상당기간을 의회에 진출하지 못한 채 그 사회에서 '제도화된 정당'으로 자리매김할 수는 없다. 선거제도는 정당의 의회내 의석수에 가장 직접적으로 영향을 미친다. Rein Taagepera and Matthew S. Shugart, *Seats & Votes: The Effects and Determinants of Electoral Systems* (New Haven: Yale University Press, 1989). 동시에 의회의 의석수의 규모는 정당체계를 형성하는데 또 다른 주요 변수가 된다. Matthew S. Shugart and Rein Taagepera, *Votes from Seats: Logical Models of Electoral Systems* (New York: Cambridge University Press, 2017).

44 파네비앙코는 영국 보수당을 그 예로 보았다. 비슷하게 초국가적인 '외부적 정통성'(extranational external legitimation)은 매우 강력한 제도화를 일으키는 영토적 침투를 가져온다. 공산당은 그러한 예다. 공산당은 민족과 국가를 넘어선다. "만국의 노동자여 단결하라"는 구호는 그러한 의미이다. 반면에 영토적 확산은 상대적으로 제한된 제도화를 만들어 낸다. 영토적 확산은 후원하는 조직의 도움이 필요한 경우가 많은데, 파네비앙코는 그러한 예로 영국 노동당과 종교적 정당을 언급한다. 마지막으로 그는 내적 정당화가 있으나 집단이 중앙부에 대한 거부권을 행사할 수 있는 하위집단들의 연합적 경우에 주목하면서, 이런 정당들(예를 들면, 프랑스의 사회당과 독일 기독교민주당)의 제도화는 약한 성향을 보일 것으로 예상한다. 물론 이상에서 언급된 제도화란 체계성을 중심으로 한 개념일 때를 말한다. Angelo Panebianco, *Political Parties: Organizations & Power* (Cambridge: Cambridge University Press, 1988), pp. 130-141.

박정희의 공화당은 영토적 침투는 있었지만 진정한 의미에서 내적 정당화가 있었다고 보기 어려우며, 이는 공화당이 강력한 조직으로 생명을 유지할 수 없는 이유였다. 반면에 내적 정당화는 인정되지만 영토적 침투에 한계가 있는 경우도 있다. 예를 들면 김영삼의 신한국당이나 김대중의 새천년민주당은 나름대로 내적 정당화는 있었으나, 전국적 수준에서의 영토적 침투가 불가능해 지역정당으로 남았다. 그리고 지역주의 타파가 사회이슈로 돼 있는 곳에서 그러한 정당은 강력한 제도화에 한계를 보일 수밖에 없었으며 궁극적으로 다시 이합집산하게 된다.[45]

정당조직이 하나의 유형화된 조직형태로 존재하는 것이 현실에 부합하지 않는다고 생각할 수도 있다. 앞서 언급했던 '선거경쟁모델'은 정당조직의 형태로 '포괄정당'[또는 전취정당(全取政黨)]을 상정하게 된다. 마찬가지로 '제도화모델'은 정당조직의 형태로 '이념정당'을 상정한다. 대조적으로 '자원동원 접근법'은 정당조직이 단일적 성격의 정당조직일 필요가 없으며 시대적 맥락이나 사회적 요구에 따라서 각 정당이 이용 가능한 특정 종류의 자원을 동원하는 정당조직의 형태를 강조한다. 정당조직의 최대 목표는 기관의 생존을 이어나가며 선거에서 의석수를 많이 차지하는 것인데, 특히 자유민주주의체제의 정당경쟁구조하에서는 그러한 정당의 목적을 달성하기 위한 단일의 최적화된 정당조직 유형이 시대적 맥락을 넘어서서 하나의 형태로 존재한다고 보지 않는다.[46] 결국 각 정당조직은 해당 조직이 동원할 수 있는 자원에 따라서 전략이 결정되기에 이념정당조직의 전략화도 있고 포괄정당조직의 전략화도 있다고 보는 것이다.

정당조직은 다양한 활동을 한다. 선거유세를 하고, 지도자나 행동가 사이에서 계약을 하기도 하고, 이슈에 대한 대중들의 지원을 동원하기도 한다. 모든 이러한 활동은 돈이나 열성당원의 노동력 같은 자원을 필요로 한다. 일반적으로 카리스마적 지도자 같은 요소는 자원이 빈곤한 정당에서는 영향을 끼치기 쉬우나, 자금이나 당원수가 풍부한 정당에는 영향력을 발휘하기가 쉽지 않다. 캣츠(S. Katz)와 메이어(P. Mair)는 20세기말이후 많은 국가에서 정당체계가 '카르텔정당체계'로 진화하였다고 보는데, 이는 근본적으로 정당의 자원동원 능력과 연관된 것이다. 자유민주주의체제하에서 경제시장은 이론적으로 완전경쟁을 추구하지만 현실적으로 영향력 있는 두세개의 기업이 시장을 장악하게 된다. 대기업은 시장에서 살아남기 유리한 상황에 있으며 자본동원능력, 상품회전률, 상품개발전략, 선전비용지출 등에서 시장우위를 점하게 된다. 작은 기업들이 시장에서 함께 경쟁하기는 쉽지 않고, 새로운 작은 기업들이 시장에 진입하기도 쉽지 않다. 정치시장도 마찬가지이다. 두 세개의 '주요정당'들이 정치시장을 장악하면서 기존의 군소정당은 어려운 경쟁을 하며, 새로운 군소정당이 진입하기도 쉽지 않다. 이른바 경제시장에서의 기업카르텔이나 정치시장에서의 정당카르텔은 닮은 꼴이다.

큰 규모의 자금에 접할 수 있는 정당은 대규모 당원수에 관심이 없을 수 있다. 역으로, 한국의 경우 '3김씨' 같은 카리스마적 지도형태가 정당조직을 좌지우지할 수 있는 것은 제도화된 정당자금의 통로나 진성당원 수가 상대적으로 빈곤한 상태에서 거금의 정치자금이 비공식적 통로를 통해 거래된 그 당시 상황에서 나타난 현상이라고 볼 수도 있다. 돈이나 노동력은 종종 하나를 다른 하나로 대체할 수 없다. 중요한 점은 정당이 발전하려면 잠재하는 새로운 자원을 어떻게 인식하고 이를 이용하는가에 있다. 만약 정당을 지지하면서도 적극적으로 참여해 정당활동을 할 시간이 없는 사람들이 있다면, 직접 현장활동에 참여하지 않고도 그러한 역할을 하게 할 수 있다. 현재 '전자민주주의'의 틀에서 '인터넷 선거운동' 같은 것은 그런 예다. 이런 경우 기존의 '오프라인'(off-line)을 넘어서 '온라인'(on-line)상에서 인터넷의 활용은 잠재적 자원을 인식한 것이다. 한국에서 2002년 대통령선거에서 노무현 후보의 승리는 젊은 층의 인터넷 자원을 효율적으로 동원한 결과였다.[47]

새로운 잠재적 자원을 동원하는 것도 필요하지만, 기존의 자원을 유지하는 것도 필요하다.[48] 영국 노동당의 경우 1980년대 말까지 개인 당원을 모집하는 데는 거의

45 이갑윤, 『한국의 선거와 지역주의』(서울: 오름, 1998), 특히 "제3장 지역격차와 지역감정: 기존연구의 검토" pp. 41-62를 참조할 수 있다.

46 상이한 '정치경제체제' ['자유주의 정치경제체제'와 '사회민주주의 정치경제체제']는 정당의 사회적응방식에 차이를 가져오며, 지배정당체제가 어떻게 형성되느냐에 영향을 미치게 된다. '지배정당체제'는 한 국가의 정치경제체제의 구축과 운영을 통해 행사되는 특정 정당의 '배타적 권한'을 의미한다. 지배정당의 출현과 지속에는 정당간 비타협적 계급대립이 중요한 요인으로 작용한다. 역사적으로 '자유주의', '사회민주주의', '신자유주의'의 정치경제체제는 지배정당의 출현 및 지속과 뚜렷이 연계되었지만, 계급정치의 쇠퇴와 연관되었던 '케인즈주의' 정치경제체제는 정당지배체제의 해체를 가져왔다. 서유럽의 정당정치의 전개와 진화양상에 대한 비교적이고 통시적인 연구는 김수진, 『민주주의와 계급정치: 서유럽 정치와 정치경제의 역사적 전개』(서울: 백산서당, 2001)을 참조할 수 있다.

47 이상근, 진영재, "한국정치과정에 나타난 특정 정치인 지원세력 형성과 정치참여 과정: '친노집단들'을 중심으로", 『한국사회학』 41:2 (2007), pp. 175-210.

48 한국정치에서는 보통 '집토끼 대(對) 산토끼 가설'로서 나타난다. 예를 들어, 선거과정에 있는 진보정당(또는 보수정당)의 후보자가 보다 많은 득표를 하기 위해서 "기존의 자기지지층(즉, 집토끼)을 즐겁게 하는 정책적 입장을 고수할 것인지, 아니면, 중도층이나 일부 상대지지층(즉, 산토끼)을 즐겁게 하는 정책적 입장을 피력할 것인지" 고민하는 것이다. 이에 대해서 이론적 입장은, 결국, 기존의 지지층 분포가 가장 중요하다는 것이고, 둘째, 양극화된 양자 구도하에선 중도층으로의(즉, 산토끼로의) 확장전략이 중요하다는 것이다. 한국선거과정에 관한 어떤 연구에 따르면, 중도유권자의 분포가 양극단의 유권자 분포보다 많다는 것을 전제로 한 경우, 이는 '중도유권자'의 '경제적 선택'이 선거의 승패를 가르기 때문이란 것이며, 이때, 중도적 입장의 경제

주의를 기울이지 않았다. 1950년대 말 100만이었던 당원수는 1983년 조사에서 30만 당원 이하로 급락했으며, 1990년대이후 2000년대 초반의 경우엔 노동당 약 40만명의 수준을 보였다.[49] 노동당의 선거활동을 위한 자금의 대부분은 가입된 노동조합으로부터 왔다. 많은 선거구에서 조합은 투표율 확대나 제반 선거 활동을 돕기 위해 당원들을 정렬시켰다. 정당 자신의 자원에 의존하는 직접정당과 비교해서, 상대적으로 노동당은 외부 자원인 노동조합의 도움으로 당원 규모의 축소에 큰영향을 받지는 않았다. 1970년대에는 정치적 극단주의자들이 지역 선거구 정당에 들어온다거나 지역 유권자들에 침투하기가 더 쉬워졌고, 노동당의 중앙당 지도력을 어렵게 만들었다. 그러나 노동당은 당원수의 감소를 역행시키려는 노력은 거의 시도하지 않았다. 간접정당에서 특정 이익집단(노동조합, 사업조직, 또는 무엇이든지)과 정당의 연계가 밀접한 경우 정당은 그러한 연계의 보존에 의존해서 이익을 볼 수 있었다. 정당이 잠재적으로 이용 가능한 자원이 다양하다는 사실은 정당조직에게 유리하게 작용할 수도 있다.

자원동원접근법의 시각을 지닌 웨어는 듀베르제나 엡스타인처럼 어느 특정한 정당조직의 형태가 미래에 지배적(즉 앞서 지적한 바대로, 사회당 아니면 공화당과 같은 형태)이라는 주장에 별로 동의하지 않는다. 웨어는 듀베르제나 엡스타인은 시대상황에서 자원동원의 중요성을 인식하지 않았다고 본다. 그 시대 상황속에서 정당 자신이 선거에서 경쟁성을 통해 득세할 수 있도록 자신의 가용한 자원을 이용한다는 것이 그렇게 많은 종류의 잡종적 정당조직이 있는 이유다. 자유민주체제하에서 다양한 정당들은 서로 다른 방식으로 간부회의나 분파의 조합된 형태로 다양한 정당조직을 구성하고 있다. 그러므로 정당은 당원의 기반을 발전시키면서 어떤 특정한 조직의 약점을 보충하는 방향으로 움직일 수도 있고(1970년대 독일 CDU에서 발견되는 것처럼), 동시에 노르웨이의 정당들처럼 대중당원조직에서 전문화된 직업주의나 소비자주의적 성향을 지닌 지지자들을 포괄하는 정당조직으로의 변화가 감지된다.[50] 대중당원조직과 비교하여, 노르웨이에서 감지되는 직업주의적, 소비자주의적 정당조직은 변화하는 시대 상황속에서 이슈선정과 정책대응에 대한 높은 기동성을 갖게 한다.

그렇다면 자원획득과 정당간 경쟁 사이의 관계는 무엇인가? 자유주의체제에서 정당은 선거에서 득표를 위한 자원들을 얻고 가용하기 위해서 자유롭게 경쟁한다고 가정할 수 있다. 그러나 이러한 가정은 캐츠(Katz)와 메이어(Mair)에 의해 의문시 되었다. 국가 안에서 정당 'X'가 좀더 많은 자원을 가질수록 정당 'Y', 'Z'은 선거에서 정당 'X'와 경쟁하기가 더 어려워진다. 그들은 정당의 새로운 형태인 '카르텔정당'(cartel party)이 자유민주주의 체제에서 발생하고 있다고 본다. 카르텔정당은 정당과 국가의 상호침투나 정당 상호간의 공모로 특징지을 수 있다.[51] 캐츠와 메이어는 ①정당에 대한 국가자금의 증가, ②선거유세에서 '인쇄매체'와 달리 국가적 통제에 종속될 수 있는 '전자매체'의 증가 등이 정당과 국가의 상호침투에 중요한 두 가지 요인이라고 보았다.[52] 캐츠와 메이어에 따르면 기존의 주요 정당들은 그들 자신을 유지하기 위해, 그리고 새로운 정당의 탄생을 막기 위해 자원에 대한 통제를 하게 된다. 그리고 의회에서 의석수를 바탕으로 그러한 힘을 지니고 있다. 정당들 사이의 '카르텔화'(cartelization)는 단순히 정당 사이의 조직경쟁 수단을 변화시키는 것이 아니다. 정당경쟁의 카르텔화는 개별정당이 당원적 기반을 발전시키고 확장시키려는 동기를 약하게 하거나 없앨 수 있다. 한국의 경우도 정치환경 자체가 카르텔화 정당을 촉진

적 정책이 선거승리에 유리하다는 것이다. 보수, 중도, 진보의 세 그룹 유권자들에 대해서 두 개의 안만을 제시하고 투표를 한다면, 그룹별로 선호순위가 중요하며, 특히 병그룹의 선호순위가 결정적으로 중요하다. 그룹별 선호가 투표에 미치는 영향을 도식화하면 다음과 같다. 투표자 성향이 [갑(보수〉중도〉진보), 을(진보〉중도〉보수), 병(중도〉보수〉진보)]인 경우 투표결과는 '보수 대 중도'는 중도승리, '보수 대 진보'는 보수 승리, '중도 대 진보'는 중도 승리로 나타난다. 이 경우 보수 1, 중도 2, 진보 0으로 정리된다. [갑(보수〉중도〉진보), 을(진보〉중도〉보수), 병(중도〉진보〉보수)]인 경우 투표결과는 '보수 대 중도'는 중도승리, '보수 대 진보'는 진보승리, '중도 대 보수'는 중도승리로 나타난다. 이 경우 진보 1, 중도 2, 보수 0으로 정리된다. 더 자세한 논의는 윤창현, "윤창현교수의 이슈경제학: 투표이론응용", 『한국경제』(2007년 7월 23일자 경제교실면). 특히 중도투표에 대한 동기유발을 포함한 보다 자세한 이론논의에 관해서는 Jack Hirshleifer and Amihai Glazer, *Price Theory and Applications* (New York: Prentice-Hall, 1992), pp. 479-487를 참조하면 된다. 허쉴라이퍼와 글레이저에 따르면, 중도적 투표성향이란 일반 선거인단의 행태로서뿐만이 아니라 정책결정과정에서 입법자들에게도 나타나는 성향이다.

49 Patrick Seyd and Paul Whiteley, "British Party Members: An Overview", *Party Politics*, 10: 4 (2004), pp. 355-366. 참고로 해당 연구에 나타난 경쟁정당의 당원 규모를 보면 보수당 40만, 자유민주당 10만명의 수준을 보이고 있다.

50 Derek W. Urwin, "Norway: Parties between Mass Membership and Consumer Oriented Professionalism?" in Alan Ware (ed.), *Political Parties: Electoral Change and Structural Response* (Oxford: Basil Blackwell, 1987), pp. 198-199.

51 Richard S. Katz and Peter Mair, "Changing Models of Party Organization and Democracy: The Emergence of the Cartel Party," *Party Politics* 1 (1995), pp. 5-28.

52 국가의 전자행정체계가 발전할수록 모든 개인정보와 집단정보는 전산화되어 실시간으로 통제될 수 있다. '인쇄매체'와 달리 '전자매체'는 대량의 정보를 순식간에 처리할 수 있다. 개인이나 집단의 모든 전자화된 정보를 보유한 국가행정체계는 국가의 의도에 따라서는 개인과 집단을 실시간으로 감시하거나 통제할 수 있다. 중앙정부차원에서뿐 아니라 지방정부차원에서도 모든 개인정보의 전자화가 일어날 수 있고, 중앙정부와 지방정부가 개인의 모든 정보를 공유하면서 국가의 개인정보에 대한 완전한 장악이 가능하다. 어찌 보면, 자유주의시대의 역설로서 개인들은 자신의 모든 정보가 전자화되어 '통제된 자유주의'하에서 살고 있는 셈이다. 국가의 의도에 따라서 개인들의 전자정보가 사용될 수 있는 상황에서 개인정보의 전자화는 단순히 '투명성'을 위한 기제라고만 볼 수 없을 것이다. 국가는 언제든지 개인들의 정보를 들여다보고 조사할 수 있다.

하는 구조라는 연구가 있다. 미디어 선거제도, 국고보조금제도, 원내의석 봉쇄조항 등은 주요 정당을 제외한 군소정당들에게 불리하다는 것이다.[53]

카르텔 정당이 정당간의 문제에서 중요한 이슈라면, 정당 내의 중요이슈는 역시 '당내민주주의'(intra-party democracy)와 관련해서 정당통제의 문제다. 정당조직이 정당을 통제하는 데 어떤 차이가 있는가? 이것은 20세기 초에 독일의 미헬스(Robert Michels)가 독일 사민당 연구를 하면서 보여준 이슈였다. 미헬스는 "조직의 발전은 필연적으로 과두제를 초래한다"는 '과두지배의 철칙'(iron law of oligarchy)을 발견했다. 이는 "집단이 형성되면 그 집단의 이념성과 상관없이 집단을 이끄는 것은 소수 엘리트"라는 뜻이다. 듀베르제와의 비교를 통해서 미헬스의 법칙을 보다 입체적으로 설명해 보고자 한다.

듀베르제에 따르면 정당의 두 가지 주요형태는 (엘리트에 기반한) 간부회의 · 명사정당과 (당원에 기초한) 지부 · 대중정당이다. 미헬스에 의해 제기된 것은 당원에 기초한 정당의 조직적 효율성과 관련해서였다.[54] 당원에 기초한 정당의 작동원리는 그들이 당원, 즉 정당에 기여하는 회비, 시간, 노력에 응답해 정당을 통제하는 지분이 주어진 사람들(즉, 당원)을 모집하는 것에 기초한다. 이론상 당원이 그들 사이에서 정당(정당의 목적과 전략)을 통제한다. 즉 정당은 내적으로 민주적이다. 이것은 독일 사민당[SPD(Sozialdemokratische Partei Deutschlands)]에 의해 발전된 정당모델이며, 다른 지역의 많은 사회당에 의해 모방되게 된다. 미헬스의 주장은 일단 다양한 과업을 수행하기 위해 정당조직이 설립되면, 당원들에 의한 직접민주주의를 넘어서서 조직 안에서 주요 직책을 갖는 소수의 인물들이 효과적인 조직 통제를 하게 된다는 것이다. 이론상 대중정당은 당원 모두의 것으로 민주적으로 보이지만, 현실적으로 정책결정은 다른 곳에서 소수에 의해서 행해진다.

조직의 통제에 관한 상황은 조금 더 복잡하다. "미헬스가 제안한 것처럼 당원에 기초한 대중정당에서도 소수 조직이 정당 안에서 권력의 분배에 그렇게 강력한 영향력을 행사할 수 있을까?"하는 의문이 발생하기 때문이다. 비록 엘리트가 당원에 기초한 정당을 통제한다고 해도 여전히 조직에 대한 '통합된 통제'(unified control)는 아닐 수 있다. 유럽의 초기 정당사를 보면 당원에 기초한 정당에서 지도력의 두 가지 원천에 대한 구분이 있었다. '조직 지도자'와 '의회 의원'이 그것이다. 소위 '원외'(院外)와 '원내'(院內)의 문제이다.[55] 정당내에서 원외와 원내가 분리되어 역학관계에 있다면 이는 통합된 통제는 아니다. 중부와 동유럽의 사회당에선 원외조직이 우세했다. 예를 들면 조직 지도자는 항상 정당이 연합정부에 들어가는지, 비공식적으로 소수정부를 지지하는지에 대한 결정에 책임이 있었다. 대조적으로 영국 노동당에서는 의회 의원들이 원외조직(노동조합)으로부터 일정 수준의 독자성을 확보하였다. 제2차세계대전 이후 TV와 라디오의 보급 이전엔 정당의 원외조직이 선거유세에 막강한 힘이었지만, TV와 라디오 매체가 보편화되면서 선거유세의 기법이 변화하였고 해당 지역구 의원들은 원외의 힘을 별도로 빌리지 않아도 되었다. 대부분의 정당에서 힘의 균형은 의회 의원이나 다른 선거로 선출된 공직 사무원 쪽으로 움직이는 경향이 있다. 이렇게 본다면, 영국의 노동당은 하나의 집단이 당을 통제하는 것이 아니고(비록 힘의 균형이 완전한 상태는 아니지만), 두 개 이상의 집단들[당지도부, 노동조합진영, 의회노동당, 당내 좌파(Labour Left)]이 역학관계 속에서 당을 통제하기에 당내민주주의에 대해선 비관보다는 낙관을 할 수 있다는 것이다. 이를 한국의 정당사에 빗대어 보면, 완전히 일치하는 것은 아니지만 '원외세력'(즉, 조직지도자)과 '원내세력'(즉, 의회의원)에 견주어 볼 수 있을 것이다. 물론 한국 정당사에서 원외세력은 철저히 소외된 세력이었으나, 앞으로의 정치개혁에서는 (전자매체의 발전을 통해서 참여민주주의 행태가 강화된 대중정당의 형태를 띠는 경우) 원내와 원외의 균형이 이루어질 수도 있다.

당내 지도력이 통합되지 않고 원외와 원내로 분리된 상태의 당내민주주의를 생각할 수도 있지만, 당원의 영향력이 강해 관료주의적 당조직의 부재가 발생하는 경우도 당내민주주의 한 예가 될 수 있다. 이에 대한 좋은 사례는 처음에 직업정치인 집단의 출현을 막으려고 착수된 서독의 녹색당(Green Party)이다. 이러한 목적에서 그들은 2~3년마다 선출된 정치인들을 순환시키는 것과 같은 다양한 수단을 소개했

53 Kwak, Jin Young. "The Party-State Liaison in Korea: Searching for Evidence of the Cartelized System", *Asian Perspective* 27:1 (2003), pp. 109-135.

54 "결국 사회당 같은 대중당도 (보수당 같은 엘리트당이 아닌데도) 소수 엘리트가 이끄는가?" 하는 질문과 일맥 상통한다. 이렇게 본다면 '엘리티즘'(elitism)은 두 가지 논리로 나타나며 구분할 필요가 있다. 하나는 엘리트가 사회를 이끄는 것이 바람직하다는 논리이고, 또 다른 하나는 바람직함과 상관없이 어떤 조직이건 엘리트가 이끄는 형태로 나타나는 현상을 피하기 어렵다는 논리이다. 특히 후자 입장의 논거는 다수가 이끄는 것보다 결집된 소수가 이끄는 것이 조직의 효율성에 더 유리하기 때문이다. 구태여 구분한다면, 미헬스의 입장은 후자로 이해될 수 있다.

55 한국에서 '당대표'는 정당의 원외와 원내를 모두 아우르는 대표이고, '원내대표'는 그 정당 소속의 국회의원들의 대표이다. 당대표와 원내대표 사이에는 권력 긴장관계가 형성된다. 형식적으로 김대중 정권이후, 그리고 실질적으로 노무현 정권이후 '당권'과 '대권'을 분리했다는 의미는 당대표가 그 지위를 유지하면서 대통령 후보에 나갈 수 없다(또는 대통령이 당대표를 겸직할 수 없다)는 것이며 이는 행정부에 대한 권력과 입법부에 대한 권력을 분리했다는 의미를 지닌다.

다. 정당은 직원들에게 봉급을 지급하지 않거나 '강제적 무상 서비스계약'(imperative mandate)을 실시했다. 녹색당의 예는 만약에 정당 회의에 규칙적으로 연루되거나 참석하는 상대적으로 큰 규모의 안정된 당원이 없다면 단순히 지지자들의 자원봉사와 같은 안이한 수단에 의한 형태로 당내 민주주의를 추구하는 것은 현실성이 낮음을 보여준다. 아무래도 정당에는 상시직 직원들도 있고, 활동가들도 있고, 의회에 진출하여 정책결정에 관여하는 원내 세력들도 있는 것이다. 궁극적으로 정당은 권력을 추구하는 기관이지, 봉사활동을 하는 기관은 아닌 것이다.

당조직이 당원의 이익과 요구에 부응하기 위해서 하는 일은 정확히 무엇인가? 미헬스의 주장은 정당조직에서 당직자들이 당원의 이익과 부합하지 않는 그들 자신의 이익을 추구한다는 것이다. 사회당에서 일정 수준의 안정된 봉급을 받는 관직자들은 중산계층이 되며, 그들은 정당의 노동계층의 개혁요구와는 달리 현상유지를 통해서 일련의 이익을 얻기도 한다. 고정된 수입에 의존하는 봉급생활자인 개인당원은 무산계층의 개인당원과 그들의 이익을 구분할지도 모른다. 현대의 정당조직은 아래로부터의 요구의 통로로 일하는 것을 중시한다. 조직은 그 자체의 생명력을 발전시킨다. 그러므로 전반적 관점에서, 사회당 당직자들은 확실히 그들이 무산계층 당원과 함께 하는 것처럼 일하는 그러한 정당 조직을 구성하는 것이 대세라고 봐야 한다. 당직자들이 당원들과 구분되는 이익구조를 갖고 있으면서도(正), 당원들에 대한 의무감을 동시에 지니고 있다면(反), 그 종합적인 귀결(合)은 정당의 주요 당직자들은 일정 수준 '위험 회피적 행태'(risk-averse)로 나타날 것이다. 그들은 자신들의 직업을 위험하게 하는 것을 원하지 않으며, 동시에 그들 자신이 조직을 보호하기 위한 의무를 갖고 있다고 인식하기 때문이다. 이러한 이유로 정당의 존재를 위협하는 과격한 정책과 전략이 당원들에게서 나올 때 당직자들은 그것을 거부하는 정책이나 전략을 쓰기도 한다. 조직에 의해 제공된 자원이 평당원들보다 주요 당직자들에게 좀 더 접근 가능하고, 어떤 정당에서나 정책이나 전략적 선제권은 당원보다는 관직자나 지도자들에게서 발전하게 된다. 이런 의미에서 정당조직은 그것을 이용하기에 최선의 위치에 있는 사람들에게 특권이 될 수밖에 없다.

어떤 정당에서건 조직형태에는 차이가 있다. 조직은 필연적으로 모든 당원의 영향력을 일정 수준 보호하게 된다. 당원에 기초한 정당들은 효과적인 당내민주주의가 실행되는 정도에 따라 당내민주주의 수준에 차이가 있다. 그러나 당내민주주의의 절차를 고안하는 것은 매우 복잡하다. 예를 들면 당원이 충분히 그들의 권리를 누리는 곳에서 지역단위로 정책결정의 분권화는 중앙관리의 힘을 감소시킬 수도 있고, 여기서 그치지 않고, 동시에 평당원이 정당 전체의 이름으로도 깨기 어려운 지역적 '봉토(封土)주의'(fiefdom)를 만들 수 있다. 지역적 봉토주의내 당원들만의 특권 구조는 바람직한 당내민주주의의 방향이라고 하기 어렵다. 분권화는 민주주의와 동일한 것이 아니며, 때로는 민주주의를 성취하는데 저해 요인이 될 수도 있다. 상황에 따라선 중앙집권화가 효율성과 개혁추진력을 효율적으로 담보해 줄 수 있으며, 상황에 따라선 분권화가 계속 추진되어야만 한다. 현재 한국에서 당원이 권리와 이익을 충분히 보장받고 있다고 생각하는 사람은 적다. 하지만, 대부분의 유권자들 자신이 당원이 되는 것에 별 관심이 없다면, 그래서 동원된 당원이 다수라면, 그러한 당원들에게 권익을 보장하는 것이 민주주의는 아니다. 결국 다양한 형태의 정당조직이 지속될 뿐 아니라 어떠한 변화의 일률적인 방향도 없는 듯하다. 정당조직의 취약성의 원인들이 서로 다르므로 그들이 주도한 개혁도 서로 다르다. 이렇게 본다면 모든 정당이 똑같은 정당 조직 개혁의 방향을 요구받는 것은 바람직하다고 보기 어려운 것이다.[56]

2. 선진민주주의국가의 정당조직 진화의 20세기 경험들

정당조직은 왜 변화하는가? 시대의 변화에 적응하여 생존하려는 노력이 정당을 변화시키게 된다. 따라서 특정 정당의 모습은 일관된 것이라기 보다는 시대의 변화 속에서 정당들의 경쟁과정에서 상호작용하여 만들어진 결과물로 이해하는 것이 사실에 가깝다. 정당조직은 자유로운 것이어서 원래의 모습을 지니고 있기에, 몇 개의 이념형으로 유형을 규정하는 것은 쉽지 않은 듯하다. 그럼에도 불구하고 사회과학에서 '이념형'(ideal type), '모델'(model), '준거틀'(framework) 등이 필요한 것은 상황에 대한 설명에 기준점이나 논점을 제공하여 공유된 의식을 형성하는데 유리하기 때문이다.

56 서로 다른 조직이 서로 다른 프로그램을 갖는 것은 자연스러운 것이다. 정치현장의 한 당직자는 한국정치과정에서의 두 주요 정당의 조직 차이점을 다음과 같이 언급했는데, 참고할 만하다. '새누리당'(2019년 현재 '자유한국당')과 '더불어민주당'의 차이를 새누리당은 '주식회사'이고 더불어민주당은 '자영업자들의 협동조합'으로 비교하였다. 주식회사는 조금 더 힘의 우위관계 속에서 위계서열이 존재하며, 보스형 정당의 성향이 짙다. 반면에 자영업자들의 협동조합의 경우엔 동료형 정당의 성향이 짙어서, 다양한 의견들이 표출되는 장점이 있으며, 그런 의견들이 정제되지 않고 표출된다는 단점이 있다. 윤종빈, 정회옥(외), 미래정치연구소(편), 『정치현장에서 진단하는 한국정당과 민주주의』 (서울: 푸른길, 2017) ('인터뷰 대상자 02'), pp. 158-159.

달리 말해서 다양한 상황들을 포괄하여 설명을 시도하는 경우엔 일정 수준의 추상성(抽象性, abstractness)이 요구될 수밖에 없기 때문이다. 그렇다면, 기존의 정당에 관한 모델이나 유형이 앞으로의 정당변화를 논하는데 현실성이 없다는 주장은 지나친 것이다. 현실 속에서의 정당조직을 논하기 위해선, 다양한 종류의 모델이나 유형을 인지하는 것과 함께 구체적인 정당조직의 변화 모습을 특정한 역사 속에서 인지하는 일을 동시에 해내야만 할 것이다. 한국의 정당발전모델을 논함에 있어서, 보편성을 인지하기 위한 비교관점과 특수성을 인지하기 위한 역사적 관점이 동시에 요구되고 있다.

"한국정당발전모델은 서구의 발전유형과는 구분되어 존재한다"라는 주장은 보편성과 일반화를 추구하는 입장에선 적절하지 않을 것이다.[57] 보편성과 규범성의 차원에서 일정 수준의 추상성이 담보되면, 대의민주주의란 보편적 가치에 합당한 기관적 모습에 서양적인 것이 따로 있고, 동양적인 것이 따로 있는 상황을 미리 전제할 필요는 없다. 한국정치문화와 역사에 한정되는 한국정당발전방향을 정할 때 소위 '내재적 접근접'이란 함정에 빠질 수도 있다. "우리의 특수성을 고려하여 이럴 수밖에 없다"는 소리는 전적으로 맞는 것은 아닐 수도 있다. 한국에서 어떤 정당발전모델이 현실에서 성공적으로 수행되고 있는데도 불구하고, (그것은 한국만의 특수한 것이어서) 다른 여타의 국가들이 주목하지 않는 (또는 주목할 수 없는) 한국만의 유일한 고립모델로서의 정당발전모델이란 것은 존재하지 않는다.

한국정당조직을 하나의 이념형과 연계시켜서 논하는 것이 잘못된 것은 아니다. 문제는 정당정치의 이념형은 일종의 '사물'(死物)인데, 정당정치의 현실은 '생물'(生物)이다. 예상하지 못한 상황들이 발생하는 주요한 요인은 행위 주체들이 고정되어 있는 사물(死物)이 아니라 상황에 따라서 적응하고 변화하는 생물(生物)이기 때문이다.[58] 정당조직이 존속하려면 그 때 그 때 환경에 적응하여 진화를 하게 되는데, 아니 해야만 하는 것이다. 이어지는 내용을 통해 주요 선진민주주의 국가들의 정당조직의 변화과정에 영향을 미친 요인들은 무엇인지 종합적으로 살펴보고자 한다. 근대적 의미의 정당조직이 형성되는 초기시점이후 정당조직이 발전되는 내용을 보면, 어떤 정당조직이건 하나의 일관된 유형으로 구분되는 조직으로서 발전되기보다는 주위의 환경이나 정치역학에 적응하며 보다 혼합적인 형태를 띠게 된다. 독일, 프랑스, 영국, 미국, 일본의 정당조직 변화와 발전의 모습을 비교관점에서 리뷰하면서 한국정당조직에 대한 발전적 논의가 무엇인지 보고자 한다.[59]

대한민국의 경우엔 1909년부터 1945년까지 역사의 단절을 경험했다. 대한민국은 1919년부터 1945년까지 임시정부를 통해서 '정당'이 존재하였다. 따라서 '선거민주주의'와 연계된 정당은 아니었고 '의회주의'와 연계된 정당만이 있었다고 볼 수 있을 것이다.[60] 1945년부터 1948년까지 미군정하에서 정당들의 정치자율성은 제한될 수밖에 없었다.[61] 그러한 역사적 상황이 근대적 의미의 정당태동의 지연에 영향을 미친 것은 당연하지만, 사실 서구 선진민주주의 국가들에서도 보통선거권에 기반한 대중정당의 역사는 우리보다 훨씬 오래전은 아니다. 20세기 초반(제1차세계대전이

57 Giovanni Sartori, *Parties and Party Systems: A Framework for Analysis* (Cambridge: Cambridge University Press, 1976). 사르토리를 포함하여 보편화와 일반화를 통해 '이론' 혹은 '분석의 틀'을 도출하려는 연구자들의 경우, 이 점을 분명히 하고 있다.

58 "정치는 생물(生物)이다"라는 표현을 쓰는데, 이것은 예상하지 못한 방향으로 변화가 발생한다는 의미이다. "정부에 정책(政策)이 있으면 국민은 대책(對策)이 있다"라는 표현에서도 대책이 가능한 것은 정책을 인지하고 그러한 정책에 적응하려는 생물이기에 가능한 것이다. 어떤 개체이건 변화하는 주변 환경에 맞추어서 개체의 생존과 이익을 지키려는 성향은 본능인 것이다. 그런 각자도생하려는 개체들이 상호작용한면서 예상하지 못한 또 다른 상황을 창출하는 것이다. 2020년 21대 국회의원 준연동형비례대표제의 채택의 명분은 정당득표율에 근거한 의석수배정으로 사표를 줄여서 군소정당들도 의회에 진출하게 하는 것이다. 준연동형비례대표제의 채택은 군소정당의 의회진출을 예상하게 되지만, 결과는 예상하지 못한 방향으로 흐를 수도 있다. 주요 정당의 대책은 '위성정당"(衛星政黨, satelite party) 전략이었다. 주요 정당들이 연동형제도에서 비례구를 배정받지 못할 것이 예상되자 비례구의석수를 배정받기 위한 위성정당인 '비례민주당' '비례자유한국당'을 별도로 두고자 한 것이다.

59 5개 나라들을 선정한 이유는 다음과 같다. 첫째, 선거역사가 100년 이상인 국가들을 포함하여 보다 장기적인 정당의 역사를 지닌 국가들을 대상으로 하였다. 둘째, 권력구조가 의원내각제, 대통령제, 이원집정부제인 국가들을 모두 포함시켰다. 셋째, 소위 '선진민주주의' 국가로서 한국에서 정치제도 개선 논의가 있을 때마다 회자되는 국가들을 대상으로 하였다. 넷째, '정당체계'(party system)이 다당체계(multi-party system)와 양당체계(two-party system)를 포괄하면서도, 동일한 정당체계내에서 변주를 고려하였다. 예를 들면, 양당체계더라도, 미국은 형식과 실질 모두에서 양당체계이며, 영국은 형식적으로는 다당체계이면서도 기능적으로는 양당체계이다. 다당체계에서도 독일은 소위 '완화된 다당체계'로서 2개 내지 3개의 정당이 비등하게 경쟁하는 구도로 1개 정당이 과반수를 차지할 가능성이 낮은 반면에, 반면에 프랑스는 다당체계임에도 1개 정당이 과반수를 차지할 가능성이 높다. 일본은 형식적 다당체계임에도 '일점반'(一點半; 1.5) 정당체계라는 극단적 상황이 상당기간 지속되었다. 물론 이러한 것에 영향을 미치는 두 축은 권력구조 형태와 선거제도임은 자명하다.

60 선거를 통해서 의회가 구성되기 때문에 선거와 의회라는 두 개의 영역은 일종의 연계된 영역이다. 하지만, 정당의 관점에서 국가찬탈과 같은 극단적 상황하에선 선거실시가 불가능한 상태에서 저항세력들이 모여서 의회를 구성하게 된다. '임시정부'하에서 정당들이나 정파들이 그런 것이다. '선거민주주의'는 보통선거권을 지닌 대중들의 선거참여로 행해지는 민주주의를 말한다. '의회민주주의'를 구분한다면, 대한민국의 의회민주주의 역사는 임시정부 의정원으로 거슬러 올라가지만, '선거민주주의'는 1948년 5월 10일 제헌국회가 성립되면서부터이다. 1948년 7월 17일 제헌(制憲)이 이루어지고 대한민국의 제1공화국 수립과 더불어 한국에서 '선거민주주의'와 '의회민주주의'라는 두 개의 형식이 함께 충족된 정치과정이 형성된다. 진영재, 『한국정치론: 통치구조, 정당, 선거』(서울: 법문사, 2018), pp. 3-10 참조.

61 한태수, 『한국정당사』(서울: 신태양사, 1961), pp. 19-58. 이기하, 『한국정당발달사』(서울: 의회정치사, 1961). 김현우, 『한국 정당통합 운동사』(서울: 을유문화사, 2000), 진덕규, 『한국정치의 역사적 기원』(서울: 지식산업사, 2002), 심지연, 『한국정당정치사: 위기와 통합의 정치』(서울: 백산서당, 2004) 참조.

후) 또는 중반(제2차세계대전 종전후)에야 대중정당의 조직형태를 발전시키게 된다. 소위 선진민주주의 국가들의 초기대중정당체계는 19세기말에 비롯되며, 특히 당원수 자체가 대단한 힘이었던 대중정당은 독일의 '사회민주당'[Sozialdemokratische Partei Deutschlands (SPD); 이후 약칭 '사민당']이 그 대표적인 예이다.[62] 그렇지만 듀베르제가 제시한 이념형에서처럼 모든 대중정당들이 당원수를 정당의 주요 자원으로 삼은 것은 아니었다. 사민당의 정책결정구조도 미헬스가 지적한 바와 같이 소수에 의한 지배구조였다. 오히려 정치적 결사체로서의 정당조직의 진화는 당원수보다는 선거정치 및 국가와의 관련성 속에서 변화하고 적응하는 모습을 보여준다. 선거정치와의 연계성이 정당의 진화하는 모습에 영향이 컸다면, 정당의 선전매체나 국가로부터 정당재원을 보조받는 방식이 중요했을 것이다. 예를 들면 선거경쟁에 텔레비전 미디어매체의 도입이라든지 정당에 대한 국가지원금의 존재와 규모가 중요했었던 것으로 판단된다.

정당조직을 진화의 과정으로 파악할 때, 어떤 형태가 다른 형태의 진화된 모습인지에 대한 논의가 있을 수 있다. 이념형으로서의 '간부정당'은 보다 분권화되고 자율성을 지닌 소수의 명망가들이 모인 '회의체' 중심의 정당조직이며, 상대적으로 '대중정당'은 다수의 평당원들이 여러 지부들에 소속되며 그 지부조직들은 중앙집권적 통제가 가능한 정당조직이다. 우리는 보통선거권의 확대라는 민주주의의 흐름에 따라 보통 '대중정당'을 '간부정당'으로부터 진화된 형태로 보는 경향이 있다. 대중정당은 위계적 중앙집권적 조직으로 여러 지부들을 통제하며 대중동원에 유리하나, 계급사회의 유물이라고도 할 수 있는 간부정당은 대중들로부터 소외된다는 것이다. 현대의 대중정당 시대에 해당 주장이 틀리지 않은 듯 하지만, 맞는다는 확증도 없다. 시대의 흐름 속에서 대중정당에게 밀려서 퇴화된 듯 했던 간부정당이 오히려 인터넷, 모바일, SNS시대인 현재에 다시 머리를 들고 있기 때문이다. 정치적 무관심이나 대의민주주의에 대한 혐오감이 극대화된 현시대에 형식은 대중정당이지만, 내용은 간부정당과 유사한 기능을 하고 있는 정당들도 많다. 현대정당의 모습을 '선거전문가정당'이라고 본다면, 듀베르제가 말하는 당원중심의 대중정당과는 거리가 있고, 이것은 오히려 '간부정당'에 유사하다고 해도 과언이 아니다. 형식은 대중정당이지만 실제는 간부정당처럼 기능한다는 의미이다. 선거과정에서 당원들이 공천권이나 선거전략의 방향을 결정하는 것이 아니고 소수의 전문가나 간부들이 결정하는 것이다. 대중들이 당원들로서 참여하지만, 이는 형식에 머무르게 되고, 실질적인 당 조직의 운영은 당내 최고위원회 내지는 그들이 지목한 소수의 선거전문가를 중심으로 움직인다. 정당의 관료화와 엘리트화는 일정 수준 피할 수 없는 영원한 논쟁거리이다.

미헬스는 독일의 사민당(SPD)이 진정한 의미의 대중정당인지에 대해서 일부 의구심을 표하기도 했다. 정당에 기여하고(즉, 당비를 내고) 그 지분을 소유한 다수의 존재보다 중요 정당정책과 운영에 '소수지배의 철칙'이 작동하는 곳을 진정한 의미의 '대중정당'이라고 할 수 있는지는 의문이다. 지금 우리가 한국에서 정당발전모델을 말할 때, 소위 서구의 '대중정당모델'을 원용하여 한국에 적용하려는 무리수가 보인다고 주장하지만, 유럽선거정당사를 보면 아예 지금 우리가 이상형으로 삼는 대중정당이 우리가 생각하는 것처럼 그렇게 보편적으로 존재하지 않았음에도 유의할 필요가 있다. 원래 정당이란 기관은 권력의 화신들이 몸 담고 있는 권력의 정점인 기관이다. 선출은 대중들이 모여서 하지만 운용은 소수 권력자들이 하게 된다.

대체적인 경향을 보면 조금 이른 국가들은 제1차세계대전을 기점으로, 조금 늦은 국가들은 제2차세계대전을 기점으로 보통선거(또는 평등선거)로의 변화가 시작되었다.[63] 프랑스를 보면, 4공화국 말기에(1958년에) 단지 '공산당'(PCF: Parti Communiste Français)만이 대중정당이라고 할 수 있는 지부조직 형태의 광범위한 조직을 갖고 있었다.[64] 여타의 정당들이 공산당과 같은 수준의 대중정당조직은 아니었

62 참고로, 독일 사민당(SPD)은 1875년에 두 집단 Allgemeiner Deutscher Arberiterverein과 Sozialdemokratische Partei가 합한 것이다. 독일의 시초 선거로 기록된 1871년선거와 1874년 선거에서는 두 집단이 따로 선거에 참여하였다. Thomas T. Mackie and Richard Rose, *The International Almanac of Electoral History* (Washington D.C.: Congressional Quarterly, 1991) Fully Revised Third Edition, pp. 160–162. 당원수의 많고 적음을 판단하는 기준은 주관적 영역의 것이다. 분명한 것은 19세기말 20세기초의 대중정당들은 당원수 증원의 숙제를 안고 있었다. 19세기말 20세기초에 넘쳐나는 당원수를 경험한 것은 프랑스, 영국 등과 비교할 때 독일의 사민당 뿐이었다. Alan Ware, *Political Parties and Party Systems* (Oxford: Oxford University Press, 1996), pp. 112–123.

63 '보통선거'(universal suffrage)란 인종, 성별, 종교, 재산, 지위 등에 대한 차별없이 일정한 연령에 도달한 경우엔 선거권을 부여하는 제도를 말한다. '평등선거'란 투표 참여자들이 동등한 투표수를 갖는 상황을 말한다. 남녀보통선거가 시작된 연도를 보면, 독일(1919), 미국(1920), 캐나다(1920), 영국(1928), 프랑스(1946), 일본(1945), 대한민국(1948) 등이다. UN회원국 197개국에 대한 자세한 내용과 논의는 신명순, 진영재, 『비교정치론』(서울: 박영사, 2016), 4판 pp. 314–325를 참조하면 된다.

64 프랑스 공산당은 1924년부터 선거에 참여하였다. Thomas T. Mackie and Richard Rose, *The International Almanac of Electoral History* (Washington D.C.: Congressional Quarterly, 1991) Fully Revised Third Edition, pp. 141. 앞서 지적한 대로, '대중정당'을 '간부정당'과 구별되는 엄격한 의미로 보자면, 정당에 가입한 당원들의 숫자가 많은 것만으로 '대중정당'이라고 볼 수 없으며, 소수자 지배를 벗어나 당내 민주주의가 얼마나 확보되는가를 보아야 할 것이다. 전체주의 국가에서 집권정당의 많은 당원수는 동원된 당원들로 꼭두각시이다.

다. 그렇다고 해서 다른 정당들이 공산당처럼 광범위한 대중조직을 통해서 정당과 유권자 사이의 낮은 '정당일체감'(party identification)을 극복하려는 조직프로그램을 작동시키지는 않았다.[65] 가장 중요한 이유는 당시 공산당은 4공화국 그 자체의 안정성에는 위협이 되었으나 다른 정당들의 조직개혁을 자극할 만한 선거적 위협은 되지 못했다.[66]

오히려 프랑스의 경우 정당조직의 개편의 대강은 경쟁하는 정당의 조직적 발전에 의한 것이라기보다는 제5공화국의 권력구조의 개편과 연관되어 진행되었다. 프랑스는 제5공화국에서 대통령제를 채택하였다. 당시 간부회의에 기반한 정당조직을 가졌던 중도파나 우파의 정당들, 그리고 적은 당원수를 가진 사회당은 대통령 선거에서 경쟁성을 갖기 위해 유권자들과 연계할 수 있는 새로운 방법을 발전시켜야만 했고, 이는 정당조직의 개편으로 이어지게 된다. 대통령 선거유세는 특히 텔레비젼 중계와 유세의 중요성과 연계되어 경쟁하는 정당들로 하여금 전통적으로 매우 느슨하고 지방분권화된 조직을 효율적으로 중앙집권할 수 있는 정당조직의 필요성을 가져오게 된다.

프랑스 제5공화국 이후 대통령제는 인물중심의 정당조직 형성에 기여한다. 드골(Charles de Gaulle)에 의한 정당 '드골주의자들'(Gaullists)은 인물중심 정당으로 분류된다. '드골주의자들'은 드골이 대통령직에서 물러난 이후 인물중심의 정당적 성격을 벗어나며 기관중심의 정당으로 존속된 경향이 있다.[67] 대개 인물중심의 정당은 높은 수준의 중앙집권적 경향을 보이는데, 사실 대중정당이 지부조직들을 통해서 위계성을 확보하고 높은 수준의 중앙집권화 경향을 보이는 것과 다르지 않다. 이전의 프랑스 기준에서 고도로 중앙집권화된 RPR(과거의 드골주의자 정당)은 사회당[(Parti Socialiste(PS); 1969년이후의 명칭]이나 작은 중도-우파 정당들의 '프랑스민주주의연합'(UDF: Union pour la démocartie français)의 조직공고화를 위한 개혁프로그램에 영향을 미친다.[68] 이것은 좌파가 우파보다 위계질서와 중앙집권화에서 우월한 정당조직을 갖는다는 통념과는 다르다는 것을 보여주는 예가 될 수 있다. 소위 기관의 조직적 우월성을 통해 선거득표에서 우위를 표현한 '좌파로부터의 전염'은 일반이론 수준의 것은 아닐 수 있다.[69] 우파와의 선거경쟁을 위해서 사회당은 1969년에 SFIO(Section Français de l'Internationale Ouvrère)와 다른 작은 사회주의 집단들을 포괄시켜 정당조직을 개혁했으며, 또 다른 합당들이 1971년에 일어났다.[70] 프랑스에서 20세기 중반에 가장 득세한 정당은 인물중심의 정당이었던 것이다. 대개 인물중심의

65 '정당일체감'이란 유권자가 정당에 대해서 갖는 충성심을 말한다. '정당충성도'(party loyalty)라고도 한다. Martin P. Wattenberg, *Decline of American Political Parties, 1952–1996* (Cambridge: Harvard University Press, 1998) 5th Edition. 정당들은 다양한 대중동원 프로그램을 통해서 당원을 늘려가고 당원들의 충성심을 확보한다. 일반적으로 좌파가 우파보다 더 우월한 대중동원 프로그램을 갖고 있고, '공산당'은 가장 강력한 대중동원 프로그램을 갖고 있는 정당이다.

66 프랑스 공산당의 의회(Assemblée Nationale)선거에서 유효득표수를 살펴보면, 26.1%(1945), 26.2%(1946, 6월선거), 28.6%(1946, 11월선거), 26.7%(1951), 25.9%(1956), 18.9%(1958)로 나타난다. 즉, 프랑스 공산당 조직은 대략 15년간 유권자의 1/4정도에 해당하는 지지층을 안정되게 확보하고 있음이 드러난다. 하지만, 1958년 이후에는 1978년까지 대략 20%의 지지층으로 유권자의 1/5에 해당하였다. 1981년 이후 20세기 말까지는 대략 10%의 지지층으로 유권자의 1/10에 해당하는 지지층을 갖고 있었다. 득표율과 의석률의 대략적 계산은 Thomas T. Mackie and Richard Rose, *The International Almanac of Electoral History* (Washington D.C.: Congressional Quarterly, 1991) Fully Revised Third Edition, pp. 143–155을 참조하였다.

67 드골은 1967년에 대통령직에서 물러났다. 인물중심적 성격을 갖고 태동한 정당들의 특성은 정당명이 자주 바뀐다는 것이다. 해당 정당은 1976년이후 현재까지도 'RPR'의 명칭으로 불리우곤 한다. 정당명이 바뀌는 것은 단순히 형식의 문제가 아니며, 조직의 내용을 새롭게 하려는 노력의 일환으로 보는 것이 적합하다. 하지만 그러한 노력은 성공할 수도 있고 실패할 수도 있다. 드골주의자 정당의 당명은 다음과 같이 변화를 거듭한다. 1946년 11월에 드골연합(the Union Gaulliste)이었다; 1951년 선거에서 the Rassemblement du peuple français이다. 1956년 선거에서는 the Républicains sociaux이다. 1958년 선거에서는 UNR(the Union pour la nouvelle république), the CDRR(Centre de la Réforme républicaine), RF(Renouveau et fidelité), IGC(independent Gaullist candidates)의 연합체적 성격이었다. 1962년과 1967년에는 UNR과 UDT(Union démocratique du travail), 그리고 the Centre de la réforme republicaine의 후예자들 자처하는 세력들의 연합체적 성격이었다. 드골이 물러난 1967년 이후의 선거에서부터는 UDR[the Union des démocrates pour la Ve république: UDR의 구체적 어휘도 1968년 선거에서는 the Union pour la défence de la république와 같은 해에 the Union des démocrates pour la république]로 다시 개명한다. 1976년 12월에 RPR(the Rassemblement pour la république)이다. 복잡한 정당사 때문에, 보통 정당명을 '드골주의자들'이라고 하거나 'RPR'로 대변하기도 한다. Thomas T. Mackie and Richard Rose, *The International Almanac of Electoral History* (Washington D.C.: Congressional Quarterly, 1991) Fully Revised Third Edition, pp. 136–143을 참조하여 정리하였다. 참고로 2002년에는 UNP로 재등장하기도 한다.

68 UDF는 의회에서 지스카르 데스텡(Giscard d'Estaing's)을 지원하여 '드골주의자연합'에 대항하기 위해 1978년에 형성되며 선거에 참여하였다. Thomas T. Mackie and Richard Rose, *The International Almanac of Electoral History* (Washington D.C.: Congressional Quarterly, 1991) Fully Revised Third Edition, pp. 136–143.

69 대통령제하에서 인물중심의 한국의 정당사는 프랑스와 유사점이 있다. 남북분단하의 한국정당사는 프랑스와 이념적 자유성에서 차이가 있기 때문에 단순비교는 곤란하다. 이념적으로 자유로웠던 20세기 초반의 임시정부시절을 보면 조직정비는 우파의 민족주의 계열이 더 체계적 수준에서 우선적으로 시행하였다고 본다. 이것은 다양하게 흩어져 있는 공산주의자들의 재조직화에 영향을 미친다. 본 책의 제1장을 참조.

70 SFIO는 1910년부터 선거에 참여하였으며, 1969년 이전의 사회당이라 함은 보통 SFIO를 말한다. 1910년 선거에는 사회주의자들이 SFIO와 '급진사회당'(Radical Socialist Party: Parti républicain radical et radical socialiste)로 이분화되어 있었다. 급진사회당이 참여한 마지막 선거는 1973년 선거이다. SFIO는 1901년에 '급진주의자들'(Radicals)와 '급진사회주의자들'(Radical Socialist)들이 통합하며 설립되었다. 1945년 10월에는 '우파적사회주의자'(right-wing socialists)과 '민주주의사회주의자저항연합'(UDSR: Union Demócratique et Socialiste de la résistence)를 포함한다. 1946년에는 급진사회당과 합하면서 'PGR'(the Rassemblement des Gauches Républicaines)을 형성한다. 1967년과 1968년 선거에서 SFIO는 다시 한 번 급진당과 PGR 연합전선을 편다. 1973년에는 급진사회당의 대다수가 Mouvement Réformateur의 일부로 참여하고, 결국 1978년에 '프랑스민주주의연합'(UDF) 창단의 일원이 되기도 한다. 급진사회당에서 떨어져 나온 좌익세력들인 the Movement des Radicaux de Gauche는 1973년 이후에는 PS(사회당)에 합류한다. 이렇게 본다면 PS는 SFIO와 급진사회당의 60년에 걸친 통합결과물이라고 하겠다. 물론 이때도 급진사회당내의 중심적

정당은 특정 정치인을 지지하기 위한 도구적 성격이 강하며, 특정 정치인의 정치영향력(또는 대중인기도)에 따라 흥망성쇠를 같이한다.[71] 특히 이것은 권력구조의 형태가 대통령직선제인 것과 무관할 수는 없다. 2017년 마크롱의 '중도정부'가 서게 되고 사회당의 영향력이 약화한 것에는 프랑스가 처한 시대적 사회적 상황 속에서 '인물에게 거는 기대'라는 측면이 작용하고 있다.[72]

중요한 것은 인물중심의 정당이건 기관중심의 정당이건 많은 당원들을 갖고 있다고 하더라도 그것은 진정한 의미에서(또는 이념형으로서의) '대중정당'과는 괴리가 있을 수 있다는 것이다. 프랑스 정당들은 이웃국가 독일에 비해서 적은 당원수를 갖고 있다.[73] 의원내각제와 비교하여 대통령제라는 권력구조하에서는 이념적으로 분명한 인물 개인을 중심으로 형성된 정당들이 정권을 독점할 수 있는 상황이 더 많이 기대되기에, 정당간의 연합에 대한 동기부여가 낮은 수준에 머물 수밖에 없을 것이다.[74] 프랑스의 경우를 보면 분명히 독일, 이탈리아, 네덜란드에서 발견되는 폭넓은 범위의 정당연합을 통한 연합정부와는 다르다. 정당이 단독으로 정권을 차지할 가능성이 높으면서, 좌파와 우파가 번갈아가면서 정권을 잡는 경우엔, 언젠가 자신에게도 차례가 온다고 생각되고 그로 인해서 정당연합에의 동기는 낮을 수밖에 없다. 거시적 차원에서 보자면, 프랑스에서는 제5공화국의 대통령 직선제의 도입에 따른 정당간 선거경쟁이 정당조직의 개편으로 이어지는 계기가 되었지만, 많은 수의 당원들에게 의존하는 분위기에 있지 않았던 프랑스에서는 대중정당조직의 형태가 소위 이념형적인 대중정당의 모델은 아니었다. 즉, 적어도 20세기 프랑스에선 '명사정당의 간부회의모델'에서 진화된 형태로 '대중정당의 지부조직모델'이 존재했다고 도식화하기는 어렵다. 때로는 간부조직으로도 지부조직이 허약한 상태에서도 중앙집권적 동원능력을 보여줄 가능성이 있다. 프랑스 정당정치의 경우를 보면 특히 대통령선거의 경우엔 상당부분 정당조직을 통해서 하지 않고서도 정치지도자의 인물중심적 인지도에 의존하여 선거를 영향력있게 치를 수도 있겠다는 직관을 갖게 한다.

2017년이후 프랑스 대선과 총선은 또 다른 프랑스 정당정치에서 '정당조직'의 변화 가능성을 열어 주었다. 바로 '중도정치'의 가능성이다. 이것을 제도적인 차원에 초점을 맞추어 살펴보면, '결선투표제'가 가져온 또 다른 효과라고 할 수 있다. 즉, 1차투표에서 유권자들 입장에선 사표방지심리에서 벗어나 후보자를 지지할 수 있고, 정당들의 입장에선 정당간 선거연대를 선거전이나 선거초기에 미리 시도할 이유가 없기 때문이다. 반드시 그런 것은 아니지만, 단순다수제로 1차선거로 끝나는 경우엔 중도좌파와 중도우파의 사생결단의 싸움이 일반이다. 절대다수의 지지를 받을 필요가 없기 때문에 여타의 정파를 포용할 필요성도 낮다. 중도우파와 중도좌파의 싸움이라고 하지만 선명성 경쟁이 주를 이루는 경우엔 오히려 극우와 극좌의 성향을

급진주의자들은 독립적으로 행동한다. Thomas T. Mackie and Richard Rose, *The International Almanac of Electoral History* (Washington D.C.: Congressional Quarterly, 1991) Fully Revised Third Edition, pp. 141-143. 하지만 프랑스 사회당은 마크롱대통령과 그의 정당 '전진하는 공화국'의 득세로 2016년 선거에서 결국 몰락에 가까운 퇴보를 하게 된다.

71 역설적으로, 인물중심의 정당에서 특정 인물이 떠나거나 배제되고 나서 기관중심의 정당으로 거듭나는 경우의 수도 존재한다. 장기적 관점에서 보면, 드골(Charles de Gaulle)에 의한 정당 '드골주의자들'(Gaullists)은 드골이 떠나고 난 후에 오히려 RPR로 기관이 제도화된다. 과정에서 당명은 10여차례 바뀌는 내홍을 겪게 된다. 흥미로운 것은 우파성향의 인물정당의 중앙집권적 성향으로 인한 조직 응집성이 역으로 좌파정당들에게 정당조직개편의 분위기를 가져왔다는 것이다. Alan Ware, *Political Parties and Party Systems* (Oxford: Oxford University Press, 1996), pp. 112-114.

72 George Ross, "The French Enigma: Macron, Centrist Reformism, and the Labor Movement", New Labor Forum, 28;1 (2019), pp. 76-83. '중도정당'이 들어 서게 된 것은 '인물효과'와 '시대효과'의 복합일 것이다. 2012년에 들어선 사회당 올랑드 정권의 무능과 함께, 2017년의 프랑스 대선결과는 프랑스 유권자들이 사회문제를 해결하는데 전반적으로 기축 정당들인 '사회당'과 '공화파보수당'의 제반 사회문제들(높은 실업률, 재정적자, 이민문제, 사회적 불평등, 테러 등)에 대한 문제 해결 능력이 결여됨에 대한 비판이었다. 윤기석, "2017년 프랑스 대통령선거와 정당체계 재편이 한국에 주는 시사점",『선거연구』1:8 (2017), pp. 279-309. '중도정당'에 대한 시도는 마크롱이 처음은 아니며 2007년 대선이후로 보는 것이 좋다. 2017년 선거로 들어선 마크롱 정부 정책의 성격을 '중도우파'로 분류하기도 하지만 당시 대선과정을 보면 '중도파'로 분류하는 것이 더 정확할 수 있다. 마크롱은 선거과정에서 전통적인 이념의 좌우대립을 지양하고 중도후보로서의 정체성을 강조했는데, 이는 '원조 중도'라고 할 수 있는 바이루(François Bayrou)가 후보를 사퇴하고 마크롱 지지를 선언하는 2017년 2월에 마크롱의 지지율이 급등하며 당선예측이 나오기 시작했다는 점이다. 2017년 프랑스 대선에서 마크롱의 중도자유주의 이념이 기성정당에 대한 정책적 불신속에서 세계화와 유럽통합에 대한 프랑스의 입장을 정리하면서 부상했던 극우포퓰리즘에 대한 대안 세력이었다. 오창룡, 이재승, "2017년 프랑스 선거에서 중도주의의 전략적 함의: 마크롱의 자유주의 노선을 중심으로",『EU연구』48 (2018), pp. 145-172. 오창룡, "2017년 프랑스 선거와 신자유주의 정당정치의 통치불가능성",『진보평론』제73호 (2017), pp. 184-205.

73 프랑스 주요 정당의 당원수를 보면, 사회당(PS 11만명), 공화주의자당(LR 24만명), 국민전선(FN 8.5만명), 프랑스공산당(PCF 5만명) 정도로 나타난다. 독일과 비교하면, 기민당(CDU 45만명), 사민당(SPD 45만명), 기사당(CSU 15만명), 녹색당(Grünen 6만명). 드나르도는 보다 많은 참여자가 갖는 힘의 대표적인 보기들로 혁명에 참여한 대중의 수, 대중정당의 당원 수 등을 꼽는다. 대중정당의 가장 큰 무기는 '당원의 수'(the number of party membership)라는 의미에서 보자면, 당원수가 적은 정당들은 상대적으로 약한 '대중정당'일 수밖에 없을 것이다. James DeNardo, *Power in Numbers* (Princeton, NJ: Princeton University Press, 1985).

74 영국의 경우에도 이념적 차별성이 확실한 보수당과 노동당이 번갈아 정권을 잡게 되는 상황이 반복되면서 다른 유럽국가들에 비해서 정당연합에 대한 동기부여가 낮게 된다. 차이점이 있다면, 영국의 보수당이나 노동당은 인물중심이 아닌 기관중심의 제도화된 정당인 반면에, 프랑스의 경우엔 인물중심의 정당이기에 정당의 통합, 분당, 소멸 등의 가능성이 상대적으로 높아서 동일한 이름으로 유지되는 정당의 생존기간이 짧아질 가능성이 높다. 실제로 정당의 존속기간을 보면 프랑스에서는 주요 정당의 생존기간이 상대적으로 영국보다 짧다. 프랑스와 영국에서 20세기에 명멸한 정당들과 정당들의 생존기간 및 선거득표율에 관한 구체적 자료는 Thomas T. Mackie and Richard Rose, *The International Almanac of Electoral History* (Washington D.C.: Congressional Quarterly, 1991) Third Edition, pp. 130-155(France), pp. 156-183(Germany)을 참조하면 된다.

부추긴다. 중도적 성향의 정당이 없는 한국의 경우, 결선투표제를 시행하지 않는 이상 중도성향의 정당이 단독으로 대통령선거에서 승리하기란 쉽지 않다. 중도정치로 표방된 마크롱의 '전진하는 공화국'(La République en marche)은 2017년 총선에서도 압도적인 승리를 거두었는데, 대통령선거 직후에 열린 총선의 '밀월선거'(honeymoon election)의 성격을 감안하더라도, 두 개의 기축정당으로서 주요정당이었던, 좌파 사회당과 우파 공화당을 넘어선 중도정당의 승리는 프랑스 정당조직의 선거중심의 정당조직화에 또 다른 계기라고 할 수 있을 것이다.[75]

독일의 경우도 선거는 당원만으로 하는 것은 아니라는 생각을 갖게 한다. 특수한 역사적 경로로 보자면, 독일의 선거정당사는 프랑스와 다르다. 독일은 프랑스 보다도 당원수가 많은 대중정당의 이념형에 가깝다. 독일의 경우 정당조직 개편의 동인은 '사회민주당'(SPD: 또는 이후 약칭 '사민당')의 대중조직적 발전이 여타 정당들에게 정당조직 개혁으로 영향을 미치게 된다.[76] 사민당은 사회주의를 표방하는 '대중정당' 조직으로 분파조직의 형태를 갖고 있다. 1875년 고타(Gotha)에서 설립된 사민당은 빠른 속도로 조직적 자원을 얻었으며, 1878년에 SPD는 50여개에 달하는 신문(국가, 지역일보, 월보, 주보)을 자기 마음대로 할 수 있었으며 이로 인해서 매우 강력한 의사소통의 망을 소유했다.[77] 특히 1890년에 사회주의자에 대한 국가 억압이 끝난 이후엔 대규모의 강력한 '관료조직'[즉, 당료조직(黨僚組織)]을 발전시켰다.[78] 1909년까지 SPD는 중앙에서 주변부로 확장되는 관료적 구조와 정당에 대한 지배연합의 강력한 통제를 가지고 강력한 당료조직 건설, 자체경비조달, 중앙집권화를 성사시켰다.[79] 교과서적인 이념형 대중정당이 완성된 것이다. 비록 제1차세계대전 이전에 라이히스탁(Reichstag)에 대한 선거가 있었지만 독일은 완전한 자유민주주의 국가는 아니었기에 라이히스탁은 고문적 기구의 성격이 강했다.[80] 바이마르공화국(Weimar Republic, 1918-33)에선 중도우파라고 할 수 있는 카톨릭정당만이 광범위한 대중조직을 갖고 있었다. 그 이후 중도파-우파 위치에선 국가사회주의자들인 나찌정당이 나올 때까지 광범위한 대중조직들을 지닌 정당이 없었다.

노동조합과 정당의 관계를 보면 좌파 정당조직들 간에 차별적 특성이 드러난다. 독일은 프랑스나 영국의 경우와 차별성이 있다. 영국 노동당은 노동조합의 의회의원 분파에 의해서 창설되었다.[81] 반면에 프랑스 사회당은 20세기초에 생디컬리즘(syndicalisme)의 영향하에 있었던 조합운동에서 독립되어 발전하였는데, 그 이유는 과격한 조합운동주의자들은 선거-정당-의회라는 제도권적 정치 자체를 인정하지 않았기 때문이다.[82] SPD는 1890년대 중반이후 대략 1910년까지 조합의 확장시기에는 이미 하나의 강력한 조직이었기에, 외부 조직(즉, 노동조합)을 품을 수가 있을 정도였다. 그래서 프랑스나 영국과 비교하여, 독일 SPD는 정당과 조합의 관계가 소위 '동반자적 관계' 내지는 정당이 '부분적으로 주도하는 관계'로 묘사될 수 있다. 영국에선

75 대통령제 하에선 대통령을 배출할 수 있는 여부는 정당조직의 득세와 생존에 중요하다. 한국정치에 '중도정당'의 실험이 성공적이기 위해서 '결선투표제'는 '비례대표제'의 확대 도입 이상의 실효적 의미가 있을 것으로 생각한다. 대선 과정에서 결선투표제는 정당간의 연합은 정당을 보다 더 이념적인 유연성을 지닌 정당으로 만들어 줄 개연성이 높기 때문이다. 타가페라와 슈가트에 따르면, 1970년 칠레대통령선거에서 사회주의자인 아옌데(Allende)가 선거과정에서 분산된 좌파세력들과 일부 중도파 세력을 끌어안지 못한 것은 단순다수제의 대통령선거제도 때문이었다. 만약 50%이상의 득표로 당선되는 절대다수대표제였다면 (즉, 결선투표제였다면) 아옌데는 분산된 좌파와 함께 중도파까지를 아우르려는 노력을 하였을 것이며, 그런 경우, 피노체트(Pinocet)의 군사쿠테타는 그렇게 쉽게 성공할 수 없었을 것이다. 중도파는 물론이고 또 다른 좌파세력들은 군사쿠테타를 수수방관하였다. Rein Taagepera and Matthew S. Shugart, *Seats & Votes: The Effects and Determinants of Electoral Systems* (New Haven: Yale University Press, 1989), pp. 1–2.

76 Alan Ware, *Political Parties and Party Systems* (Oxford: Oxford University Press, 1996), pp. 112–114.

77 Angelo Panebianco, *Political Parties: Organization and Power* (Cambridge: Cambridge University Press, 1988) pp. 72–76.

78 그렇게 된 이유는 소위 사민당이 하나의 통합된 기구로부터 출범한 '직접정당'이 아닌 '간접정당'으로 태동되었기 때문이다. 즉, 존재하던 두 개 사회주의집단의 연합에 의해서 만들어지면서 '직접정당'보다 상대적으로 자원의 확장과 조직화가 용이하였다.

79 Angelo Panebianco, *Political Parties: Organization and Power* (Cambridge: Cambridge University Press, 1988) pp. 72–76.

80 입법의회(legislature)보다 상대적으로 더 고문적(顧問的) 성격의 기구이다. 일반적으로 고문적 성격의 기구는 구성원들의 기관내 지위에 대한 집착이나 기관의 정책결정과정에서의 자율성이 높지 않으며, 기관의 구성원에 포함되기 위한 선거경쟁이 과열되지 않는다. 고문적 성격이 강한 의회는 구성원의 역량보다 구성원에 포함되어 품위를 유지하는 것이 중요하다.

81 이것의 원래 명칭은 노동대표위원회(the Labour Representation Committee; 1900–1906)이다.

82 프랑스 정당사에서 사회당은 노동조합과 분리하여 독자적으로 행동하였는데, 그것은 정당주의자들(선거를 통해서 의회에 진출해야 한다는 주의자들)이 무정부주의자들에게 내부 권력투쟁에서 패했기 때문이다. 물론 처음부터 노동조합 내에서 무정부주의자들이 득세했던 것은 아니다. 생디컬리즘은 19세기말에서 20세기초에 프랑스와 이탈리아를 중심으로 일어났던 노동조합운동을 말한다. 특히 생디컬리즘은 '조합'(생디카)만을 노동자들을 위한 조직으로 간주하며, 노동자들을 위한 정치기관으로서 정당이란 조직을 인정하지 않았다. 따라서 정당–선거–의회로 구성되는 정치과정을 배격하였다. 이들은 생산과 분배의 관리를 모두 조합에서 장악하고 새로운 세상을 위한 총파업과 무장봉기를 추구했다. 이러한 무장봉기의 추구는 1890년이후 테러리즘이 민중들로부터 소외되면서 무정부주의자들은 노동조합과 세력연합을 하게 된다. 이후 무정부주의자들이 1995년 결성된 프랑스노동총동맹(CGT)노동조합내에서 '사회주의자'들과 대립하며 권력을 장악하게 되자, 사회당(정당을 중심으로 한 노동운동 주창자들)은 노동조합과 분리하여 행동하게 된 것이다. 이것은 정당의 노선이 정당조직 내부의 문제로서 형성될 수도 있지만, 외부 세력들과의 역학관계로 인해서 결정될 수도 있음을 의미한다. 한국의 경우에도 현재 '정의당'이 노동자정당을 표방하고 있으며, 외부에 노동자조직으로 '민주노총'(상대적 급진)과 '한국노총'(상대적 온건)이 있다. 이들 3자 사이에 어떠한 역학관계는 한국노동자정당의 성격과 진화경로에 영향을 미칠 것이다.

'노동당'(Labour Party)이 조합이란 모집단에서 분파된 의원조직으로서 출발하면서 정당은 조합에 부분적으로라도 추종하는 관계가 형성된다.[83] 프랑스에선 앞서 지적한 바와 같이 정당과 조합의 관계가 분절되어 있었다.

독일의 사민당처럼 정당의 대중조직이 굳건한 경우, 그리고 정당입장에서 외부조직인 조합과 동반자적 관계이거나 오히려 조합을 부분적으로 주도하는 경우, 일반적으로 '공간이론가들'(spatial theorists)들이 언급하듯이 이념적으론 좌측에서 좀 더 중도쪽(또는 우파쪽)으로 움직이면서 온건해 질 개연성이 높아진다.[84] 왜냐하면 좌측으로 이끄는 힘은 일반적으로 조합의 요구에 의한 것인데, 조합이 정당과 동반자적 관계여서 각을 세우지 않고, 나아가 정당조직의 지도부와 연계되어 조합의 노선과 정책이 결정되기 때문이다. 미헬스의 '소수자 지배'(oligarchy)를 조금 더 과장하자면, 단순히 사민당 정당내부에서의 문제가 아니라, 정당과 조합을 합한 집단에서의 '소수자 지배'가 행해지고 있는 것이다.

문제는 사민당 정당조직이 당원의 감소와 함께 굳건한 조직으로서의 위치가 흔들리게 되면서 발생한다. 역시 대중정당의 힘은 당원 숫자로부터 나온다.[85] 제2차세계대전이후 SPD의 당원수는 장기적 감소 추세에 들어갔으나, 당원수가 많은 곳에선 당원의 장기적인 감소추세 그 자체에 큰 영향을 받지는 않았다. 문제는 연방독일 헌법하에선 노동조합이 정당에 봉급을 지급하는 것을 금지했기 때문에, 그 결과 SPD은 조합동맹과의 상호관계에서 재무적 실익이 없었다.[86] 이러한 상황에서 당원수의 많고 적음에 둔감하게 된 결정적 계기는 정당간의 선거경쟁에 텔레비전 유세가 등장하면서 부터이다. 상대적으로 당원 수가 적고, 그래서 조직적 현장 유세에 어려움이 있던 상대 정당들, 특히 '자유민주당'(FDP: Freie Demokratische Partei; 이후 약칭 '자민당')이 텔레비전 유세로부터 상대적 이득을 얻게 되었기 때문인데, 이렇게 선거경쟁에서의 유불리를 조성하는 환경변수는 정당조직의 진화에 영향을 미치는 가장 주요한 요인중의 하나일 것이다.[87] 현재 선거 승리에 가장 중요한 영향을 미치는 요인들 중의 하나라고 할 수 있는 '정보매체'는 이미 20세기 중반부터 그 위력을 발휘하기 시작한 것이다. 오늘날 대의민주주의의 한계를 극복하기 위한 비판들은 모두 인터넷 모바일 매체로 변화된 세상에서 가능한 것이다. 파편화된 개인들이 실시간으로 정치정보를 접하고 의견을 개진할 수 있는 매체로의 변화는 이제 '대의제'의 불가피성(不可避性)마저도 비판의 대상으로 삼기에 이르렀다.

제2차세계대전이후 선거경쟁에 참여하기 시작한 '자민당'의 경우는 프랑스의 경험과 비슷하다고 할 수 있다. SPD가 연방 수준에서 관직을 차지할 기회를 갖는 상황에서, 또한 훌륭한 자원들을 갖고 있는 상대방들에 직면하여, 자민당은 선거적으로 경쟁력을 갖출 필요가 있었다.[88] 증가하는 선거 경쟁은 텔레비전 유세에 지배되었으며, 이것은 중앙적으로 조직화되어 단체들을 대상으로하던 선거 유세의 전통을 흔들어 놓았다.[89] 텔레비전 유세는 보다 개인적인 유권자들을 파고 들었다.[90] 결론적으로

83 영국 노동당은 1900년 선거부터 참여하였다. 노동당 조직은 1918년 선거이후엔 '협동 당'(Co-operative Party)을 포괄한다. 1918년 선거를 계기로 노동당이 세력을 늘리는 출발점이 되고(1910년 12월 하원선거 노동당 42석, 보수당 235석, 자유당 272석; 1918년 하원선거에선 보수당, 382석, 노동당 61석, 자유당 36석), 1922년 선거(보수당 344석, 노동당 142석, 자유당 62석)이후엔 과거 '보수당-자유당' 양당체계를 '보수당-노동당'의 양당체계로 전환하는 계기가 된다. 이러한 변환에 '소선거구-단순다수제'가 주요한 영향이 있었으며, 동시에 노동당 조직의 '협동당'을 포괄하려는 조직개혁프로그램의 노력이 보다 근본적인 선거경쟁력(특히 자유당에 대한 것)으로 작용하였음을 주목할 필요가 있다. Thomas T. Mackie and Richard Rose, *The International Almanac of Electoral History* (Washington D.C.: Congressional Quarterly, 1991) Third Edition, pp. 446. 영국에선 "노동당 위원은 더 이상 노동자가 아니다"라는 말이 있는데, 이것은 역설적으로 노동당 위원이 여전히 노동조합의 일원인 것은 분명한데, 시원치 않은 일원이란 의미이다. 아예, 정당과 조합이 분리되어 있다면 이런 말이 없었을 것이다.

84 Anthony Downs, *An Economic Theory of Democracy* (New York: Harper & Row, 1957). James M. Enelow and Melvin J. Hinich, The Spatial Theory of Voting: An Introduction (Cambridge: Cambridge University Press, 1984). Bernard Grofman, "Downs and Two-Party Convergence", *Annual Review of Political Science* 7 (2004), pp. 25-46.

85 2017년 기준으로 독일의 당원수는 사민당(443,125명), 기민당(425,910명), 기사당(CSU, 140,983명), 녹색당(65,065명), FDP(63,050명), the Left(62,300명), AfD(27,621명)

86 FRG(Federal Republic of Germany)의 별칭은 1991년에 독일이 통일되기 이전의 '서독'(West Germany)를 말한다. 이는 독일의 북동부 지역[즉, 과거의 '동독'(East Germany)]을 제외한 지역이다. FRG는 1949년-1990년까지의 독일을 지칭하기도 하지만, 공산체제였던 동독이 서독에 편입된 형태를 띠기 때문에 1991년 이후에도 '독일'은 FRG로 표기된다.

87 참고로, 독일 '자민당'은 1949년부터 선거경쟁에 참여하였다. Thomas T. Mackie and Richard Rose, *The International Almanac of Electoral History* (Washington D.C.: Congressional Quarterly, 1991) Fully Revised Third Edition, p. 161.

88 FDP에 대한 사회적 분위기와 선거 득세는 아데나워 수상의 연립내각에서 FDP가 차지한 내각 내 장관의 수로 나타난다. 여기서 FDP는 사실상 CSU와 동등한 득세를 보여주었다. 아데나워는 총 4번의 내각을 구성하였는데, 1기(1949, 9-1953, 10)에서 CDU(6), CSU(3), FDP(3), DP(2); 2기(1953, 10-1957, 10)에서 1차(1953-55) CDU(8), CSU(2), FDP(4), DP(2), GB/GHE(2), 무소속(1); 2차(1955-56) CDU(10), CSU(3), FDP(4), DP(2), GB/GHE(2), 무소속(2). 3차(1957년 10월에서 1961년 11월까지)는 참여하지 않았고, 4차(1956, 11-1957)의 경우 CDU(10), CSU(3), FDP(2), DP(2)이었다. 3기(1957, 10-1961, 11)에는 CDU가 12석, 13석을 차지하면서 주도하였다. 이후 4기에 FDP는 다시 참여하게 되는데, CDU(12), CSU(4), FDP(5)석이었다. 김영태, "독일의 권력구조와 한국적 적용의 논점", 진영재(편) 『개헌』 (서울: 카오스북, 2017), pp. 227-285. 해당 논문의 역대 독일연방의 정부구성 부분(p. 249)을 참조할 것.

89 William E. Paterson and Gordon R. Smith (eds.) *The West German Model: Perspect ives on a Stable State* (New York: Routledge, 1981).

90 호별(戶別) 선거운동은 많은 사람들이 집단적인 단지에 몰려서 살고 있는 곳에선 지배적인 선거유세의 형태

텔레비젼 유세는 정당중앙조직의 역할은 대중정당처럼 유지되어도, 정당의 방향이 지역화되지 않고 전국화되는 것을 요구하였기에 소위 지부조직(분파조직)이 필요성이 낮아졌다. 정당 진화는 중앙집권화는 유지되면서, 개별지방에서의 역할보다 전국에서의 역할이 강조되는 방향으로 진행된 것이다.

FDP의 선거경쟁에서의 유리성에 대항하여 SPD가 택한 대항전략은 '연합화'였다. 단순히 여러 정당의 연합이라기 보다는 SPD가 연합의 중심체로서 역할을 하는 소위 연합형성과정에서부터 적극적으로 '정치적 선제권'(political initiatives)을 행사하는 전략이다. 적극적 정당원이 많은 것은 큰 강점이지 흠은 될 수 없다. 정당연합에서 SPD가 선제권을 행사하는 경우 연합화를 통해서 상대적으로 군소정당들은 지부적 역할을 하고, SPD는 전국조직의 중심적 역할을 할 수 있는 당조직의 효과를 볼 수 있다. 실제로 SPD는 다른 정당들과의 선제적 연합에 의해서 집권(1966-82)을 지속적으로 이어갈 수 있었다. 앞서 프랑스의 인물주의적 성향이 강한 정당 '드골주의자'들은 드골의 은퇴 후 기관중심의 정당으로 거듭나기 위해서 10여차례에 걸쳐 당명을 변경하였다. 대조적으로 독일의 SPD는 기관중심의 정당이었고 통합과 분당을 통한 당명의 개정이 아니라, 자신의 모습을 온전히 갖추고 유지하는 상태에서 여타 정당과의 '연합전략'(coalition strategy)을 통해서 선거경쟁을 하였음을 알 수 있다. 이러한 정당태동의 초기값은 이후 정당진화의 모습에 지속적으로 영향을 미칠 수밖에 없다. 기관중심의 독일정당, 인물중심의 프랑스정당이라는 스테레오타입적 이미지는 정당태동의 초기값이나 정당발전사를 투영하고 있다.

독일정당발전사의 특징은 3~4개 정당이 경쟁하며 연합정치의 가능성이 상존했다는 것이다. 정당조직의 진화는 선거경쟁을 통해서 이루어지는 것이다. SPD는 그 자신만이 연합전략을 독점할 수는 없었다. 제2차세계대전이후 국가부흥의 시기에 선거경쟁에 참여한 주요정당들로서 FDP뿐만이 아니라 '기독민주연합'(CDU: Chlistlich Demokratische Union; 이후 약칭 '기민련') '기독사회연합'(CSU: Chlistlich Sozaiale Union; 이후 약칭 '기사련')도 역시 그러한 연합전략이 정당조직에 이익을 가져다준다는 것을 잘 알고 있다. 오히려 적극적으로 SPD의 정당조직 연합전략에 대항하여야만 했다. 연합전략에 대항하는 최선의 전략은 '맞(대항)연합전략'일 것이다. FDP에게 텔레비젼에의 접근은 당원수가 적은 조직의 명백한 약점을 극복할 수 있는 수단이 되었다. FDP는 항상 연합지지전략을 통해서 어떤 연합정부의 일원이 될 수 있었기에 연합화를 지지하는 위치에 있었다.[91]

FDP와 비교하여 CDU 정당조직의 문제점은 1950년대와 1960년대에 너무 간부회의 형식이 강한 정당이었다는 것이다. FDP는 지부조직을 통한 대중정당이었음에도 불구하고 SPD만큼의 세력확장이 어려웠던 반면에, CDU는 간부회의 중심의 명사정당의 성격이 강했다. 그같은 상황에서 CDU는 정당조직에 근거한 효율적인 선거경쟁을 할 수 없었음은 물론이다. 1933년 후에 지하로 갔었고 제2차세계대전 직후에 강력한 조직을 세운 오랜 역사의 SPD와는 달리 CDU는 1940년대 후반에 어떠한 대중적 조직도 없었다.[92] 1950년대의 경제기적은 CDU에게 선거적 성공을 가져왔으나, 1960년대의 선거경합은 부족한 당원의 CDU에겐 역부족인 상황이었다. 이러한 역경이 자극이 되어 CDU가 1970년대에 보다 광범위한 당원수를 발전시키도록 정당조직을 자극했으며, 다른 한편으로는 정당에 대한 국가의 자금지원정책을 지지하게 된다.[93] 연합세력이 되어야만 정권을 담임할 수 있고, 연합세력이 되어 정권을 담임하면 정당은 국고보조금을 통해 보다 용이하게 세력을 이어갈 수 있다. 따라서 독일의 선거는 연합을 위한 세력들이 서로간에 정책적 갈등을 완화하는 방향으로 움직이게 하였고, 대부분의 정당들은 국가 자금을 정당에 제공하는 정책에 협조하는 분위기를 형성했다.[94]

가 아니었으며, 영국에서 명백한 지방 정당에 대한 대표파견이란 유세 전략은 독일에는 없었다.

91 1966~1969년의 키싱어 내각의 SPD/CDU 대연합에서는 아니었다. FDP는 아데나워 내각이 1963년 3월에 물러나고 연이어서 에하르트 내각이 들어섰을 때는 참여하였지만, 에하르트 내각이 다시 물러나고 키싱어 내각이 들어섰을 때는, SPD가 연립내각에 참여하였고, 이때 FDP는 정당의 정체성 문제를 기반으로 연립내각에 참여하지 않는다.

92 SPD는 1871년 선거에서부터 참여하였고, CDU는 1949년 선거부터 참여하였으니 두 정당의 창당역사의 기간적 차이는 사실상 80년에 이른다. 이것은 근본적으로 전혀 다른 세기의 정당이라고 해도 과언이 아닌 것이다. SPD는 독일제국, 바이마르공화국, 제1차세계대전, 제2차세계대전을 모두 넘어온 백전노장인데 반해서, CDU는 제2차세계대전이후 국가부흥기에 창당된 정당인 것이다. CSU와 FDP 모두 1949년부터 선거경쟁에 참여하였다.

93 국가가 정당에게 보조금을 주는 상황을 일컬어서 "국가의 정당침투"란 표현을 하기도 한다. 국가에서 정당에게 국가보조금을 지원하는 것의 가장 기본적인 목적은 '금권정치'(金權政治)를 막는다는 것이다. 정당이 운영비용을 당원들에게만 의지하는 경우, 정당지분의 1/n이란 취지하에 구성원들 모두가 함께 공유하고 나누어 갖는다는 효과를 기대하지만, 현실적으론 당원 중에서 재산가가 거액을 기부함으로써 소수 재력가의 영향력하에 놓이는 부정적 효과가 발생한다. 정당이 국가보조금을 받아서 운영되는 경우엔 돈이 없는 사람들도 부담없이 정치에 참여하거나 정당에서 공직 후보자로 추천될 개연성이 높아진다. 정당이 국가로부터 정당운영자금을 보조받게 되면 정당의 카르텔화(cartelization) 현상이 이루어지는데 그 특징을 정리해 보면 다음과 같다. 기존의 정당들을 중심으로 정당정치가 이루어지면서 새로운 정당이 정치체계에 새로이 진입하기 어려워진다. 그래서 기존의 정당들이 제대로 못하더라도 '대마불사'(大馬不死)의 차원에서 유지된다. 큰 정당들(또는 큰 연합세력들)은 국고보조금을 받으면서 재원적으로 여유가 있다. 정당카르텔화의 주역의 단위는 개별정당이어도 되지만, 연합된 세력도 하나의 세력으로 될 수 있다, 독일은 바로 후자의 경우가 된다. 몇 개의 정당이 연합하여 공무를 담임하게 되고, 국가보조금을 나누어 갖게 된다.

94 더 정확히 이야기하자면, 독일의 경우는 '양분화'(兩分化)된 경쟁구도가 아니라, '삼분화'(三分化)된 경쟁구

영국의 경우 정당조직의 발전에 관하여, 특히 '보수당'(Conservative Party)의 정당조직과 관련하여, 두 가지 종류의 서로 다른 설명이 있다.[95] 하나는 파네비앙코(A. Panebianco)의 설명이고, 또 다른 하나는 웨어(A. Ware)의 설명이다. 파네비앙코는 영국의 보수당이 의회엘리트가 창당하며 지역정당조직에 대한 설립과 감독을 위해서 '영토적 침투'가 이루어진 정당조직이라고 본다. 즉, 파네비앙코는 영국의 보수당의 여러 지역정당조직들이 높은 수준의 독립성과 자율성을 갖고 있다는 일반적 통념은 잘못된 것으로 본다. 보수당의 중앙당 조직이 지역 대리인들을 모집하거나 지역 후보자선택에 관하여 통제하는 수준이라는 것이다. 이러한 견해와는 달리, 웨어는 보수당 조직의 영토적 침투를 일반화하여 이해할 수 없으며, 일부지역에만 한정된다고 본다. 일반적으로 보수적 정서의 지역들로 인지되는 곳, 예를 들면 영국 중부의 '-셔'(-shire)로 끝나는 명칭의 주(州)에서는 보수당 중앙당 조직 차원에서 후보자를 내지 않았고 지역 엘리트에게 위임하였다.[96] 19세기말에는 영국에서 보수당의 의회정당(즉, 정당조직 내에서 의회에 진출한 자들)을 중심으로 지역유권자들을 동원하기 위한 지역보수연합체의 설립이 시도되었으나(즉, 영토적 침투를 시도하였지만), 이미 지방정치 세력이 존재한 지역에서는 영토적 침투가 이루어지지 않았다는 것이다. 즉 보수당 중앙당은 전통적으로 보수적 지주들의 영향력이 상당한 지역에서는 그 지역에 있는 보수(연합)세력의 독립성과 자율성을 존중하였던 것이다.[97] 웨어는 후보자를 선택하는 것에서는 보수당이 권한을 행사하지만, 지역에서 보수당의 정신과 일치하는 것으로 생각되는 지역엘리트를 거부할 수 있는 권한을 행사할 정도로 중앙당이 강하지 않았다고 본다.[98]

영국의 보수당의 초창기 모습이 '간부회의-명사정당'의 모습이 있다고 해도, 중앙당 조직의 역할에 의한 지역조직들을 관리하려는 노력은 분명 '분파조직-대중정당'으로의 진화를 의미할 수 있다고 해석해 본다. 중앙당 조직의 입장에선 일부 지역에서만 중앙당의 권력을 행사하는 것보다는 모든 지역을 포괄하여 후보자를 공천할 수 있는 능력을 갖는 방향으로 가는 전략이 필요했다. 그러니까 보수당이 '분파조직-대중정당'의 모습으로의 진화하기 위해선 중앙조직은 모든 지역에 대한 영토적 침투를 계속하여야만 한다. 보수당은 영토적 침투를 실행하며, 보수당의 의회 지도력이 다양한 지역에서 발생하는 정책적 사안들에 대한 도전들에서 보다 자유롭기를 원했다. 그러기 위해선(즉, 원내 지도력이나 정책방향을 수월하게 하기 위해선) 중앙당이 모든 지역들에 대해서 후보자를 공천할 수 있을 때 그 개연성이 높아진다. 즉, 중앙당 차원에서 다양한 지역의 정책적 사안들을 총괄하여 관리할 수 있기를 원한 것이다. 보수당은 지역에서 후보자 공천에 영향력을 행사하기 위해서 지역엘리트(또는 지역정당)의 세력을 약화시켜야 한다. 만약 중앙당 조직이 지역정당의 수중에서 후보자를 선택할 수 있는 권한을 약화시키기 위해서 보수당이 선택한 전략은 '지역유권자연합'의 발기 및 활성화 전략이다. 19세기말에 '프림로즈연합'(the Primrose Leagues)는 일종의 지역유권자 단체인데, 지역유권자들이 중앙당과 지역당을 모두 쳐다볼 수 있는 상황에서, 지역유권자들이 지역당과 비교하여 중앙당이 자신들을 더 만족시킬 수 있다는 생각을 갖게 되면, 힘의 균형은 중앙당으로 넘어 올 수 있다는 것이다.

도이다. 더 구체적으로 묘사하자면, 커다란 양분구도와 함께 이에 미치지 못하는 그러나 무시할 수 없는 또 하나의 세력이 존재하는 형태의 삼분화 구도이다. 군소정당도 연합에 참여하여 국고보조금의 혜택을 누리곤 한다. 앞에서 지적한 바와 같이 녹색정당(Die Grünen)은 정당의 기반을 형성하는 세력들에 대한 지도자의 반응성을 촉진시키는 정당조직을 만들려고 시도하였다; 그러나 정당기반세력들은 공식적으론 당원으로 등록하지 않는 경향이 강했다. 결과는 활동가들에 의해서 공급되는 노동력과는 별개로, 정당은 상대적으로 사적(私的)으로 제공되는 재력에는 거의 접근하지 못했다. 1983년 이후에 정당의 생존은 의회 대표성을 얻으려는 모든 정당에 제공되는 국가 자원에 부분적으로 의존했다. 녹색정당은 생존이 연합화에 의해서 가능할 수 있는 고전적 보기이다.

95 영국 보수당의 선거경쟁은 1885년부터이다. 해당 정당은 스코틀랜드(Scotland)에서는 '동맹주의자 정당'(the Unionist Party)으로 알려진 정당이다. 1974년 2월 선거때까지 '울스터 동맹주의자 정당'(Ulster Unionist Party)과 연합하였다. Thomas T. Mackie and Richard Rose, *The International Almanac of Electoral History* (Washington D.C.: Congressional Quarterly, 1991) Fully Revised Third Edition, p. 442.

96 잉글랜드 중부지역의 이름에서 '-shire'로 끝나는 곳을 말한다. 웨스트 미들랜즈(West Midlands: 헤리퍼드셔, 슈롭셔, 스태퍼드셔, 워릭셔, 우스터셔)와 이스트 미들랜즈(East Midlands: 더비셔, 노팅엄셔, 링컨셔, 레서터셔, 노샘프턴셔)로 구성된다. Alan Ware, *Political Parties and Party Systems* (Oxford: Oxford University Press, 1996), pp. 102-103.

97 이것은 보수당 중앙당 정당조직 차원의 의도적인 조직전략의 일환일 수도 있다. 왜냐하면 보수당 조직내에서 소매상인들과 같은 집단의 지분은 작을 수밖에 없었는데, 보수적 지주들의 정당내 공식 지분에 참여하지 않게 되어(또는 적게 되어) 보수당 조직내에서 다양한 세력들간에 정치지분에 대한 불균형을 막을 수 있었기 때문이다. 그리고 이러한 경향은 1974년에 있었던 '지방정부개혁' 프로그램이 있기 전까지 계속된다고 본다. Alan Ware, *Political Parties and Party Systems* (Oxford: Oxford University Press, 1996), pp. 102-103.

98 웨어는 보수당의 중앙당이 갖고 있던 후보자 공천의 원칙은 "그 자신을 보수당이라고 생각하는 어느 누구도 보수당원"이라는 것이며, 이러한 정신이외의 어떠한 이념적 '리트머스 시험'(litmus test)도 없었다고 생각한다. 보수당 중앙당이 그 만큼 당원심사의 기준에 대해서 너그러웠다는 의미이다. Alan Ware, *Political Parties and Party Systems* (Oxford: Oxford University Press, 1996), p. 104. 극단적인 대조가 가능하다. 정당 중앙당조직은 후보자를 공천함에 있어서 엄격한 기준을 제도화할 수도 있다. 벨기에 사회당의 경우엔 후보자로 공천받기 위해선 다음의 조건들을 모두 만족시켜야만 한다. 첫째, 최근 5년간 당비를 내는 당원이어야 할 것. 둘째, 자녀가 있는 경우 반드시 공립학교에 보내거나 재학할 것. 셋째, 반드시 조합(Co-op)에서 일정 금액 이상의 상품을 구입할 것. 넷째, 당이 발행하는 '당보'(黨報)를 정기구독하고 있어야 할 것; 다섯째, 가족들도 당원이나 청년에 가입할 것 등이다. Gideon Rahat and Reuven Y. Hazan, "Candidate Selection Methods: An Analytical Framewo가", *Party Politics* 7:3(2001), pp. 297-322. 단, 해당 비교는 영국 보수당 태동의 초창기와 벨기에 사회당의 현대화된 모습을 비교한 것이어서 감안하면서 그 의미를 파악할 필요는 있을 것이다.

지역세력이 추천하는 후보자보다 중앙당이 거론하는 후보자가 그 해당 지역의 유권자단체를 더 만족시킬 수 있다면 지역엘리트세력은 공천 권한을 계속 유지하기 어렵다. 보수당 중앙조직은 지역단위 수준의 유권자 연합의 성장을 유도하고 고양하게 된다.[99] 지역유권자연합의 요구들을 취합한 중앙당은 다시 지역당에 중앙당의 정책적 기풍을 만들어 부과할 수 있게 되는 것이다. 이러한 보수당의 전략은 분파/대중정당 모델로 진화하는 과정의 것이었다. 여기서, 유권자단체란 어떤 지역단위에서 그 지역의 엘리트세력을 견제하는 의미에서의 단체이다. 보다 거시적인 전국적 차원에서 보자면, 보수당은 다양한 지역조직들을 활용하여 전국적 차원에서 자신들의 적이 될 수 있는 사회조직들(특히 노동조합단체들)의 역할을 제한하는 것이다.

보수당 중앙당의 조직전략이 전국적 차원에서 활동하는 사회단체들의 역할을 제한하는 것이면서도, 지역차원에선 의회정당의 엘리트에 위협이 되지 않으면서도 지역토호들을 견제하는 지역유권자단체의 역할을 보조하는 것이었다. 이러한 보수당 조직의 방향은 19세기 중엽이후엔 "중립적인 시민봉사"라는 전통을 조성하고 발전시키게 된다.[100] 이러한 내용의 추상화 수준을 높여 보자면, 보수당은 '정당의 사회침투'와 '사회의 정당침투' 사이에서 중립적인 입장을 취하게 된 것이다. 물론 이것은 보수당의 입장이며, 경쟁상대인 상대적 좌파 정당인 노동당의 기본 전략은 지역은 물론이고 전국차원에서 다양한 사회단체의 활성화이다. 다양한 사회단체의 활성화는 '자유주의'라는 역사의 흐름에서 누구도 거스를 수 없는 대세이다. 따라서 보수당의 의도대로 '중립적'이라는 입장은 쉽게 유지되고 공고화될 수 없었다.

정당은 사회에만 침투하는 것이 아니다. 국가에도 침투한다. '1974년 지방정부개혁'이 보수당에게 불리하게 작용하자, 보수당은 국가에 대한 공식적 정당 침투를 시행한다. 보수당 조직의 전략은 다양한 정치관련 조직들(예를 들면, 언론, 방송, 지식인 단체 등)을 포함하여 '준(準)정부기관'(quasi-governmental institution)에 보수당 세력을 임명하거나 장악하는 것이다. 이른바 '정당의 국가침투'를 수행하는 것이다. 앞서 국가의 정당에 대한 '국고보조금'의 지급이 '국가의 정당에 대한 침투'라고 한다면, 정당의 국가정책관련자들의 정치화는 '정당의 국가에 대한 침투'라고 할 수 있을 것이다. 보수당 대처(M. Thatcher) 정부는 다양한 수준의 공무원들과 소위 '준(準)정부기관'들을 보수당의 색채로 정치화하게 된다.[101]

보수당의 사회와 국가에 대한 이러한 당조직의 전략이 혼합되면서 당 조직은 권력이 중앙부와 주변부로 나누어진 혼합정당으로 진화하게 되는 경향이 있다. 보수당은 분명히 노동당보다 덜 중앙집권적이어서 고전적인 대중정당-지부조직 모델과 비교하여 '비(非)관료주의적' 정당이다.[102] 현실적으로 '정당의 사회침투' 방향에서 근본적으로 상대정당인 노동당이 상대적 우위가 있었기에, 보수당이 택한 '정당의 국가침투'란 전략은 정당의 득세를 위해선 현실에서 모든 수단과 방법을 동원함을 보여준 것이다. 당연한 이야기일 것이다. 보수당은 당원수의 확장 경쟁에서도 노동당보다 불리할 수밖에 없었기 때문이다.[103]

영국 '노동당'(Labour Party) 조직은 여러 가지 측면에서 보수당의 그것과는 차별성이 있다. 상대적으로 보수당이 '직접적'(direct) 조직인데 반하여, 노동당은 정당 정책 결정의 모든 수준에서 많은 득표요인을 갖고 있는 협조적 사회단체나 노동조합과의 관련성 속에서 '간접적'(indirect) 조직의 성향이 강하다.[104] 하지만, 영국의 노동

99 Alan Ware, *Political Parties and Party Systems* (Oxford: Oxford University Press, 1996), p. 116.

100 Alan Ware, *Political Parties and Party Systems* (Oxford: Oxford University Press, 1996), p. 117.

101 2018년 기준으로 당원수를 보면, 노동당(54만명), 보수당(12만4천명), SNP(12만5천명), 자유당(9만9천명) 등이다. House of Commons Library, Brifing Paper (Number SN05125, 3 September 2018), p. 4. 영국에선 이것을 '준국가위원회'(quangos)라고 하였다. Alan Ware, *Political Parties and Party Systems* (Oxford: Oxford University Press, 1996), pp. 117-118. 이것은 정부공식기관이 아닌 각종 '위원회'(committee)를 두어 정부공식기관을 장악하는 것을 말한다. 특정 정부하에서 정부의 색채에 맞는 정책추진력을 높이기 위하여 '공식 부처'(ministry)를 통해서 정책을 수행한다기 보다는 별도의 연관 '위원회'를 만들고, 그 위원장과 위원들을 집권정당의 의도를 반영하는 인사를 임명하는 것이다. 여기서 중요한 것은 위원장이나 위원은 사회적으로도 집권정당의 색채를 선전하고 추진하는데 유리한 인사로 고려하는 것이다. 예를 들면, '국방부장관'이 업무를 추진하기도 하지만, 집권자(또는 집권정당) 차원에서 '국방개혁위원회'를 만들어서 정책을 추진하게 된다. 공식부처인 장관도 집권당의 의견이 반영되겠지만, 집권당이 당파적으로 국가를 운영할 수 없기에 상대적으로 중립적인 성향의 필요성이나 의무감이 작용하는 반면에, 상대적으로 '위원회'는 당파성을 강하게 띠면서 활동하게 된다. 해당 위원회는 소위 임기응변적(ad hoc) 기관으로 기관의 일시적 성격이 강하고, 공식과 비공식의 사이에 있다. 다양한 성향의 정당이 경쟁하는 자유주의 체제하에서 국가정책이 특정 당파성에 좌지우지되는 경우 득보다 실이 많음은 자명하다. 국가라는 장(場) 속에서 정당들은 일정한 임기를 가지고 순환하면서 정책을 개발하는 것이다. '준국가위원회'를 만드는 해당의 정당전략은 특히 진보정권에서 빈번히 이용되는 듯하다.

102 중앙조직이 지부조직들과의 관계에서 위계질서(즉, 중앙집권적 조직화) 상황에 있다는 것은 자연스럽게 해당 정당의 '관료주의적 성향'을 조장한다. Richard S. Katz and Peter Mair (eds.) *How Parties Organize: Change and Adaptation in Party Organizations in Western Democracies* (London: Sage Publications, 1994). Nicole Bolleyer, "New Party Organization in Western Europe: Of Party Hierarchies, Stratarchies and Federations", *Party Politics* 18:3 (2012), pp. 315-336.

103 1950년대 이후 당원수의 감소와 텔레비전 선거 유세로 인한 증가하는 지출은 큰 기부자들로부터 자금을 얻어오려는 압박을 갖게 했다. 사기로 기소된 사업가가 보석으로 나와 정당 금고에 큰 기부금을 지급했을 때인 1993년에 이것은 스캔들로 불거졌다. 보수당의 힘은 큰 사업가들로 부터의 통 큰 기부인데, '부패'라는 측면에서 조명되면 통 큰 기부라는 것은 취약할 수 있다. Alan Ware, *Political Parties and Party Systems* (Oxford: Oxford University Press, 1996), pp. 118-119.

104 고세훈, 『영국노동당사: 한 노동운동의 정치화 이야기』 (서울: 나남, 1999). 고세훈은 노동당 정치가 노동조합의 적극적 관심과 태만이 정해주는 한계 내에서 결정되어 왔다는 입장에 있다. 그러면서도, 노동당 정치의 핵

당을 보수당과 비교하는 것보다는 독일의 '사민당'과 비교하는 것이 더 적합할 것이다.[105] 좌파정당은 좌파정당끼리 비교하는 것이 비평을 위해서 더 적절하다는 의미이다. 독일의 사민당과 비교하여 영국의 노동당은 원내세력은 원외세력으로부터의 독립성이 상대적으로 강하다. 어떤 상황에서도 유권자들로부터 선택된 의회 후보자가 지닌 책임의 성격은 우선적으로 유권자들에게 응답하는 의원이 되는 것이지, 정당의 원외세력에게 응답하는 의원이 되는 것은 아닐 것이다.[106] 노동당의 경우, 연례회의가 정당의 정책을 결정한다는 점에서 또한 공식적으로 민주적이다. 하지만, 현실적으로 의회의원들은 정당이 정부직에 있거나 야당직에 있을 때 회의(Conference)에 의해서 결코 속박되어지지 않는다. 이렇게 원외가 원내를 강하게 속박하지 않는 전통은 20세기말 21세기초 '신자유주의'의 물결에서 노동당의 토니 블레어 정권이 '제3의 길'(The Third Way)의 정책을 수행하는 과정에서도 나타난다.[107]

보수당 중앙당 조직이 지역의 지나친 독자적 권력을 경계하기 위해서 중앙집권화를 시도하였다면, 오히려 노동당의 지역정당 세력들은 독자적 자율성을 발전시킬 만한 자원들을 결하고 있었다. 따라서 노동당은 노동조합이 각 지역에 갖고 있는 자원들을 활용하는 경향이 강했기에 원외정당의 성격이 약화되기도 어려웠다. 이런 측면에서 노동당은 간접정당의 형식을 유연성 있게 활용하는 것이 중앙당의 적응 전략이라고 해석할 수도 있을 것이다.

영국의 정치체계는 정당에 대한 국가 보조기금의 부재, 단일 과반수 정부의 존재, 그리고 적어도 대처 행정부가 들어서기 전까지 1980년대까지 중도적 국가 행정부의 전통 등의 분위기가 존재했다. 이런 분위기 속에서 노동당은 좌파정당임에도 불구하고 서유럽에서 가장 낮은 수준에서 '연합화 전략'을 지닌 정당의 전통을 갖게 되었다.[108] 국가내에서 한 개의 정당이 과반수 의석수를 얻어서 정부를 형성할 수 있는 경우엔 그리고 그러한 현상이 반복되는 경우 선거경쟁과정은 각 정당들(또는 유권자들)에게 두 가지 종류의 상반된 메시지를 전달하게 된다. 하나는 나의 정당도 곧 이어 정권을 담당할 수 있다는 메시지이고, 또 다른 하나는 나의 정당은 장기간 정권을 담당할 수 없다는 메시지이다. 전자는 주로 2-3개의 주요정당에 해당되는 내용이며, 후자는 많은 수의 군소정당들에게 해당되는 내용이다.

두 개의 주요정당이 번갈아 가며 정부 권력을 차지하게 되는 경우에도 몇 가지 상반된 상황이 존재한다. 하나는 미국과 같이 거의 완벽에 가까운 '양당체계'(two-party system)로 수렴하여 선거경쟁을 하는 경우이다. 또 다른 하나는 몇 개의 '중소(中小)정당들'이 있더라도 영국과 같이 보수당-노동당 거대 양당체제로 실질적 정국이 운영되는 것이다. 마지막으로 특이한 경우가 있는데, 20세기 일본에서와 같이 '일점반정당체계'(one-and-half party system)처럼 아예 양당체계가 무색할 정도로 오히려 한 개 정당의 득세를 다른 정당이 얼마나 견제할 수 있느냐는 선거경쟁을 하는 경우이다.

일본은 아시아에서는 소위 '자유민주적선거'의 가장 긴 역사를 갖고 있는 국가이다.[109] 일본 정당사를 여러 관점에서 시기 구분할 수 있겠지만, 일본 '자유민주당'[自由民主黨; 이후 약칭 '자민당'; the Liberal Democratic Party (LDP)]의 성립이전과 이후로 하는 것도 의미가 있을 것이다.[110] 자민당은 전후 20세기 중반이후 선거경쟁

심적 상호자들로서 당지도부, 노동조합진영, 의회노동당, 당내 좌파(Labour Left)의 역학관계를 고려하고 있다.

105 좌파와 우파를 비교하는 것은 관념적 차원에 머무르게 되며, 좌파는 좌파끼리, 우파는 우파끼리 비교하는 것이 보다 경험적 차원으로 끌어내리게 된다. Charles E. Lindblom, Politics and Markets: The World's Political Economy System (New York: Basic, 1977). 좌파와 우파가 경쟁하면 논쟁에 평행성이 있을 뿐이다. 우파와 우파가 논쟁하면서, 시장질서 자유방임의 수준으로 할 것인지, 온정적 자유주의로 할 것인지를 논하면서 정책적 결말이 맺어진다는 의미이다. 마찬가지로, 좌파와 좌파가 논쟁하면서, 언제, 얼마나, 어떻게 나누어 갖을 것인지를 논할 때 정책적 결말이 도출된다는 의미이다.

106 의원의 행태는 어떤 수준의 정당기강을 갖고 있는 정당에서 공천받았느냐에 따라서 달라진다. 크게 3가지 유형으로 대별될 수 있다. '정당인모델'(partisan model)은 정당에서 공천된 의원이 정당의 명령에 일사불란하게 움직이는 유형을 말한다. 반면에 정당과는 일정수준 유리되어 의원이나 유권자의 의도대로 의정활동을 할 수도 있다. '수탁자모델'(trustee model)은 의원이 유권자로부터 선출된 이후에는 의원 자신의 의지에 따라서 자유롭게 의정활동을 하는 것이다. 유권자는 선거시기에만 의원의 업적과 공과를 판단하면 된다. '파견인모델'(delegate model)은 의원은 의회에 진출하고 난 후에도 지속적으로 유권자의 원격조정에 의해서 움직이게 된다. 선거시 뿐만이 아니라 임기중 내내 지역구 유권자의 동향과 여론을 예의주시하여야만 한다. SNS 시대인 현재에는 '파견인모델'로 가는 성향이 있다.

107 Alan Ware, *Political Parties and Party Systems* (Oxford: Oxford University Press, 1996), pp. 118. 웨어는 영국 노동당의 정책적 성공의 시기를 2차세계대전 이후의 기간(1945-61)에서 찾기도 한다. 이때 영국은 戰後 영국재건을 위한 사회분위기 하에 있었으며, 노동당은 戰時 연합정부의 일원으로서 많은 정책들을 위임받아 [사회정책에 대한 '비버리지 보고서'(Beveridge Report: "요람에서 무덤까지"라는 구호로 대변되는 보장정책)를 포함하여] 정책을 이행하게 된다. 그러니까 노동당의 성공적 시기는 노동당 자체의 역량에 의한 것이었다기 보다 사회분위기에 편승한 것이었다는 해석도 가능하다.

108 Alan Ware, *Political Parties and Party Systems* (Oxford: Oxford University Press, 1996), pp. 118-119.

109 일본정당사는 1889년 '메이지헌법'으로 상원인 '귀족원'과 하원인 '중의원'이 만들어진 이후, 1890년 하원선거에서 득세한 '자유당'(自由黨)과 '입헌개진당'(立憲改進黨)에서부터 찾는 것이 좋겠다. 여기서 자민당의 득세란 전후(戰後) 1945년 이후를 말하는 것이다. 일본의 정당사는 1940년에 소위 '대정익찬회'(大政翼贊會; '천황지배보좌협회')가 성립되면서 정당해산이 이루어지고 극우파에 의한 '군부내각'(軍部內閣)만이 존재했던 시기(1940-1945)를 중심으로 그 전과 그 후로 나누어서 살펴보는 것이 적합할 것이다. 정당해산시기(1940-1945)를 중심으로 전(前)시대 정당조직에 관한 연구는 Robert A. Scalapino, *Democracy and Party Movement in Pre-War Japan* (Berkeley, CA: University of California Press, 1962)을 참조하였다. 후(後)시대는 J. Masumi, Postwar *Politics in Japan, 1945-1955* (Berkeley, CA: Institute of East Asian Studies, University of California, 1955); H. Baerwald, *Party Politics in Japan* (Boston: Allen & Unwin, 1986)를 참조하였다.

체제에서 압도적인 우위를 이어오며 정부를 장악하여 온 정당이다. 2009년에 야당시절을 잠시 거쳐서, 다시 독주체제를 유지하고 있는 정당이다. '자민당'은 1955년 11월에 '자유당'(自由黨)과 '민주당'(民主黨)이 합당한 정당이다.[111] 2009년에 '자민당'에서 분당한 '민주당'에게 일시적으로 정권을 내주기는 했지만, 2차세계대전 종전이후 2019년 현재까지도 '자민당'의 독주는 계속되고 있다. 오히려 일시적으로 정권을 내준 이후에 다시 정권을 찾아 왔기에 그 독주 체제의 이미는 더욱 각별하다고 해석해 볼 수 있다. 자민당에 대항할 세력들은 여러 개의 분립하며 존재해 왔지만, 자민당 조직에 대항할 만한 세력으로 결집될 만한 원인으로 작용할 수 있는 중심적 '사회균열' 축이 현재로선 뚜렷하게 존재하지 않는다.[112] 그렇다면 자민당이 정권을 내주었을 때 정부를 차지했던 정당조직은 무엇인가? 자민당이 잠시 정권을 잃었던 시기를 보면 정권을 차지했던 정당조직은 두 종류이다. 하나는 자민당내의 파벌로서 그들이 당권경쟁이나 당내민주주의 논쟁 속에서 분당했던 세력들이다. 이들은 '민주당'으로 분당하였는데, 이것은 소선거구제를 적용한 1996년 선거이후 일본의 양당체계적 성향으로의 변화와 관련되어 있다.[113] 또 다른 하나는 무라야마 내각인데 결국 '사회주의 정당'의 연립정권'이다.

큰 그림에서 본다면, 1910년대에 자민당의 초기 정당조직으로서 '입헌정우회'(立憲政友會)는 '간부회의' 조직이자 이와 연관된 지방세력가들의 '지방조직'과의 연계성을 통한 형식을 취하고 있었다. 지역의 세력가들에 의한 영향력에 기초한 정당조직 모델이라고 할 수 있다. 이것은 1925년에 남성 보통선거권의 소개 이전에 작동하고 있었던 정당조직 모델이지만 그 이후에도 일본 선거유세에서 가장 효과적으로 작동하는 모델로 평가되고 있다.[114] 이렇게 된 것의 단적인 이유는 우파 정당으로서의 '자민당'에 대응할 만한 좌파 정당이 제도화되지 못했기 때문일 것이다. 1920년대 후반에 좌익계 정당들이 우후죽순처럼 결성된다. 중요한 것은 이들 사회당 계열 정당들이 구심점을 찾지 못하였고, 그 가장 큰 이유는 구심점을 이룰만한 중심인물을 찾기 어려웠기 때문이다. 또한 노동자-농민 정당들은 공식화된 정당조직으로서 선거경쟁에 참여하지만, '공산당'이나 '공산전선조직'등은 공식적 선거에는 참여하지 않는다.[115] 그리고, 1940년 군사내각의 등장과 정당해산조치, 1945년이후 세계정치질서에서 미국의 군사동맹국으로서 우익의 득세 등이 영향을 미치면서 사회당과 공산당 계열 정당조직들은 선거경쟁에서도 그 입지가 좁아진다.[116]

1990년대에 일본은 '선거사국제연감'에 아시아 국가로서는 유일하게 등재되었으

110 사쓰마(薩摩)와 조슈(長州) 위주의 메이지유신으로 관료와 군대가 이들 두 개 번에 의해서 장악되며 지역적 대립축이 있었다. 이러한 상황은 일본정치과정에서 관료집단이 정당 정치인들과 갈등과 및 밀착을 형성하게 된 기원이었다. 1890년 최초 선거이후 제국의회가 개최되었다. 자유당, 개진당, 동맹구락부 등의 '정당'과 '관료'의 대립구도 속에서 정치가 이루어졌다. 1905년 러일전쟁 말기에 카츠라 타로(桂太郎)를 필두로하는 '관료세력'과 사이온지 긴모치(西園寺公望)를 필두로하는 '정당세력'('정우회'세력)이 교대로 내각을 구성하는 시기[이른바 케이엔시대(桂園時代)]가 8년동안 지속되기도 하였다. 일본정치에서 1928년에 보통선거가 처음 실시되어 노동자정당이 등장하였다. 1928년-1932년의 시기를 '정당내각시기'라고 하는데, 이는 선거경쟁에서 다수를 차지한 정당이 내각을 구성하며 의원내각제를 시행하기 시작하였기 때문이다. 1차세계대전이전까지는 농업대 공업의 대립축이 분열축으로 인식된다. 1차세계대전이후엔 자본가 대 노동가의 대립축이 분열축이 있었다. 하지만, 일본에서는 이러한 대립축이 노동자 계급정당을 강화하는 방향으로 발전되지는 못했다. 가장 구조적인 원인은 정당간 대립이 정책대립이 아닌 인물들간의 파벌대립으로 형성되었기 때문이다. Scott Flanagan and Bradley Richardson, *Japanese Electoral Behavior: Social Cleavages, Social Networks and Partisanship* (London: Sage Press, 1977). 또한 2차세계대전이전에는 지주계급을 지지기반으로 하는 '자유당'세력과 도시 중간층에 지지기반을 둔 '헌정당'이나 '민정당'과 같은 진보당 계열의 균열이 있었다. 2차세계대전이후엔 특히 정치체제에 대한 반체제 정치균열도 존재하며 공산당이 존재한다. 미국과 일본의 안보관계설정에서 보수정당들과 혁신정당들 간의 대립이 발생하기도 한다. Arendt Lijphart, *Pattern of Democracy* (New Have: Yale University Press, 1999), pp. 62-89.

111 '민주당'은 1900년 형성된 '입헌정우회' 멤버들로부터 전통이 이어지는 정당조직인데, 1940년 군부정치가 행해지면서 정당이 해산될 때 까지 동명(同名)으로 남아 있었다. '자유당'은 1953년에 조직되었는데 1946년에는 '일본자유당'(日本自由黨), 1949년에는 '자유민주당'으로부터 이어진 정당이다.

112 Ronald J. Hrebenar, *The Japanese Party System: From One-Party Rule to Coalition Government* (Boulder, CO: Westview Press, 1986)에서 보다 구체적인 논의를 찾아볼 수 있다.

113 '소선거구제'는 1994년 정치개혁의 결과 도입되었으며, 1996년 선거에서 시행되었는데, 이후 일본정치에는 '중 · 대선거구제'에서는 나타나지 않았던, '자민당'과 '민주당'의 양당체계적 성향이 나타났다. 하지만, 1994년 이전의 '중 · 대선거구제'하에서도 한 지역구에서 다수의 후보자가 선출될 수 있음으로서 자민당 이외의 또 다른 주요한 정당이 득세할 기회는 얼마든지 있었다. 결론적으로, 1996년 이후 일본에서 나타난 양당체계적 성향은 단순히 '소선거구제'로의 변화뿐만이 아니라, 민주당이 신생정당임에도 창당 시점갖고 있었던 자민당 주요세력들의 정치력이 작용한 것이었다. 자민당내 킹메이커였던 오자와 이치로(小澤一郎) 간사장(幹事長)은 자민당을 탈당하기 전인 1989년에는 가이후 도시키(海部俊樹) 내각을 세우기도 하고, 1991년에 탈당하여 '신생당'(新生黨)을 만들며 1993년 호소카와 모리히로(細川護熙) 연립내각과 1994년 하타 츠토무(羽田孜) 연립내각을 세우기도 하였던 배후 실세였다. 결론적으로, 일본에서 일점반정당체계적 성향(또는 자민당의 독주체제)이 무너진 것은 자민당의 일부 세력이 분할되어 만들어진 구도였다.

114 Haruhiro Fukui, *Party in Powre: The Japanese Liberal Democrats and Policy Making* (Berkeley: University of California Press, 1970).

115 전시내각(戰時內閣) 이후의 시기를 보면 1946년에 '일본사회당'[日本社會黨, 이후 약칭 '사회당'; the Japan Socialist Party (JSP); 1958년 이후 선거에 참여]으로 결집하는 듯 하지만, 1948년 12월에 일본사회당내 좌익세력이 분당하여 '노동농민당'(1949, 1952, 1953, 1955년 선거에 참여)을 조직한다. 또한 일본사회당에서 1948년 3월에 일부 세력들이 떨어져 나와 '사회혁신당'(1949년 선거에 참여)을 조직하였고, 곧바로 1951년 2월에 '사회민주당'이 출범한다. 하지만, '사회민주당'은 '농민협동당'과 합당하여 '협동당'(1952년 선거에 참여)을 구성한다. 1952년에는 '사회당좌파'(1952, 1953, 1955년 선거에 참여)와 '사회당우파'(1952, 1953, 1955년 선거에 참여)으로 분리된다. 1960년에는 '사회당'에서 우익계열인 '민주사회당'이 분리되고, 1979년에는 '사회당'내 우익세력이 다시 한 번 분당하며 '사회민주연합'을 조직한다. 그리고 이렇게 분당된 좌익내의 상대적 우익성향의 정당들은 사회당과 20세기말까지 선거경쟁을 지속하게 된다. Thomas T. Mackie and Richard Rose, *The International Almanac of Electoral History* (Washington D.C.: Congressional Quarterly, 1991) Fully Revised Third Edition, pp. 279-289.

116 사회당세력은 '사회당좌파'와 '사회당우파'로 나누어서 1952, 1953, 1955년 선거에서 경쟁한다.

며 선거역사가 100년이 넘는 곳이다.[117] 대개 이런 국가들의 정당조직 경쟁 초기에 나타나는 특성들은 그 사회에 이념적 차별성을 지닌 '우파'와 '좌파'의 조직화 경쟁이 나타난다. 일본의 경우에는 '자민당'(LDP)과 '일본사회당'(JSP; 약칭 사회당)으로 그 선거경쟁 구도를 그려볼 수 있다. 하지만, 선거경쟁이라고 하기에는 그 균형점이 대단히 기울어져 있다. 일본에도 군사내각시기(1940-1945)와 제2차세계대전의 패전국가로서 미군정시기(1945-1952)가 존재하면서 일본의 정당사는 특수한 상황을 경험하기도 한다. 특히, 1928년부터 활성화되었던 각종 좌익 정당조직이 1940년이후 군사내각하에서 해체되면서 일본에서 좌익의 전통은 독일, 프랑스, 영국 등과 비교하여 낮은 수준의 정당조직으로 제도화된다.[118] 1946년에 일본사회당 정당조직이 다시 공식적으로 결성되어서도 사회당내에서 우익계열 파벌들의 분당이 지속된다. 결론적으로, 자민당이라는 거인에게 대항하는 과정에서 사회당은 정당조직의 응집력에서 성공적인 행보를 보이지 못했던 것이다. 패전국가 국민으로서 국가재건과정에 경제안정과 번영을 희구하던 일본국민들의 정서와 맞물려서 이념적으로도 좌익은 성공하기 쉽지는 않았다.

일본에서 자민당 일당우위체제가 장기간동안 집권으로부터 배제된 사회당의 역사와 조합된 것이었다면 사회당은 득표추구의 선거중심정당이라기 보다는 교조적인 이념추구정당이라는 스테레오타입을 가질 수도 있을 것이다. 그러나, 종합적으로 볼 때, 사회당은 이념추구만큼이나 결코 득표추구에 무감각하지 않은 나름대로 선거결과 및 의석수에 민감한 정당이었다. 1947년 4월 총선거에서 제1당이 되었던 사회당은 다른 보수당들과의 중도연립을 시도한 바도 있는데, 권력장악을 위한 연합을 위해서 자신의 이념으로부터 상당한 정책적 양보를 한 결과였다.[119] 사회당의 반복되는 분열은 인물들이 주도권과 이익극대화를 추구하는 과정에서 빚어진 결과이며, 이념간의 대립은 불가피한 형식이었다.[120] 결국 인물중심의 파벌정치는 자민당만의 문제는 아니었던 것이다. 자민당에게 또 다른 필적할 만한 선거경쟁상대가 없었거나, 사회당을 중심으로 좌익이 더 응집성을 보이지 못했던 것은 '이념'의 문제만 있는 것은 아니고, 일본 특유의 인물중심적 '파벌정치'가 존재하기 때문일 것이다. 같은 이념성향을 공유하는 정당 내에서도 소위 뒷배를 봐주는 '후원자'에게 의존하여 정당조직이 형성되는 경우, 정당의 응집성은 낮아질 개연성이 높아진다.[121]

일점반 정당체제적 현상은 독재국가가 아닌 자유주의 선거경쟁체제에선 예외적인 현상이다. 이것은 자민당이나 사회당에 정당조직의 개혁을 위한 긴장감을 유지하

117 '선거사국제연감'(International Almanac of Electoral History)은 국가단위에서의 자유주의적 선거역사를 기준으로 모두 25개국의 득표수와 의석수의 원자료들을 그들 국가들의 기본적 정당사와 함께 제공하고 있다. 해당 책자는 대략 10년단위로 미국의회출판국에 의해서 1974, 1982, 1991년 세 번에 걸쳐 출판되었다. 해당 책자를 편집한 맥키(T. Mackie)와 로즈(R. Rose)에 의하면 25개 국가 선정의 기준은 자유민주주의 다정당(multi-party) 선거경쟁체제를 장기간 유지해 온 국가들이다. 해당 25개 국가들은 오스트렐리아, 오스트리아, 벨기에, 캐나다, 덴마크, 핀란드, 프랑스, 독일, 그리스, 아이슬란드, 아일랜드, 이스라엘, 이탈리아, 일본, 룩셈부르크, 말타, 네덜란드, 뉴질랜드, 노르웨이, 포르투갈, 스페인, 스웨덴, 스위스, 영국, 미국 이다. Thomas T. Mackie and Richard Rose, *The International Almanac of Electoral History* (Washington D.C.: Congressional Quarterly, 1991) Fully Revised Third Edition.

118 1920년대 중후반에 형성되어 1928년 선거이후에 좌파 정당들이 본격적으로 선거에 참여하기 시작했다. 이때 형성된 좌익 정당들은 다양였고 더 중요한 것은 사실상 분열에 가까운 수준에서 선거경쟁을 하고 있었다. 전시내각(戰時内閣) 이전의 시기를 보면, '일본농민당'(1928년 선거에 참여); '노동농민당'[1928, 1930년(이때는 '신노동농민당'으로 선거에 참여)]; '노농당'(勞農黨; 1928년 선거에 참여); '사회민중당'(1928, 1930, 1932년 선거에 참여); '일본대중당'(1930년 선거에 참여); '전국대중당'(1932년 선거에 참여); '사회대중당'(1936, 1937년 선거에 참여); '국민동맹'(1936, 1937년 선거에 참여)으로 분극적으로 파편화된 형태를 보인다. Thomas T. Mackie and Richard Rose, *The International Almanac of Electoral History* (Washington D.C.: Congressional Quarterly, 1991) Fully Revised Third Edition, pp. 279–289.

119 이기완, "연합정책협정과 정당내 · 정당간 정치: 가타야마 중도연립내각을 중심으로", 『국제 · 지역연구』 13:1 (2004), pp. 19–38. 사회당은 권력장악이라는 목표하에 자유당, 민주당 양당에게 상당한 정책적 양보를 할 뿐만 아니라, 애매모호한 4당 연합정책협정을 체결하여 가타야마 테츠(片山哲) 중도연립내각을 성립시킨다.

120 권순미, "정당분열의 합리적 기초: 1959년 일본사회당 분열에 대한 게임이론적 분석", 『아세아연구』 45:4 (2002), pp. 191–214. 권순미는 1959년 일본사회당내에서 '우파'[사민주의노선, 국민정당조직 주창; '좌파'(마르크스–레닌주의, 계급정당조직 주창)]의 탈당(이후 1964년 민사당 결성) 사건을 일본사회당이 향후 40년간 정권에서 멀어지게 된 초기값으로 해석하고 있다. 1958년선거에서 사회당은 33%의 득표율을 기록했지만, 1960년 선거에서는 28%의 지지만 받았다. 일본 사회당이 왜 급진노선을 장기간 유지하였는가에 대해서 많은 연구들이 '일본노동조합총평의회'이 사회당내의 일상조직활동, 좌우파벌의 노선투쟁에 개입하며 좌파에게 유리한 방향으로 이끌며 조직분열의 악순환을 초래했다는 것이다. 권순미는 이러한 이념중심의 사회당의 분열을 설명하는 시도들은 두 가지 근본적인 문제점을 갖고 있다고 파악하고 있다. 첫 번째 문제점은 좌파 정치인들이 이념을 위해서 득표확대나 의석수 증가에 무관심한 행위자로 간주하는 것이다. 사회당내의 조직분열은 당내에서 경쟁하는 상대방의 선호구조를 정확히 알 수 없는 불확실한 상황하에서 차기 당권경쟁에서 보다 유리한 위치를 선점하고자 했던 개별행위자들의 합리적 선택의 결과로 본다. 두 번째 문제점은 사회당내 좌파 활동가들의 이데올로기 추구행위와 득표율 추구행위를 배타적인 관계로 상정한다는 것이다. 특히 당내에서 '일본노동조합총평의회'가 현직의원의 당내 영향력을 약화시키는 일환으로 '자동 대의원제'를 폐지하고, 당내 '우파'들은 자신들에게 불리해진 이러한 당내 제도변화에 대한 상호작용으로 탈당이란 강경책을 선택했다는 것이다.

121 인물중심의 파벌정치도 두 종류로 나누어 볼 수 있을 것이다. 하나는 기관의 존재를 벗어나지 않는 범위내에서(즉, 기관의 존재를 중시하면서) '파벌정치'를 하는 것이고, 또 다른 하나는 기관의 존재를 벗어날 수도 있는 '파벌정치'이다. 자민당에서도 1990년대 중반에 '민주당'이 독립하여 몇 번의 연합정권을 형성한 예가 있다. 이러한 경험은 후자의 경우일 것이며, 더 중요한 것은 이러한 경험의 기억이 유지되면서 후일에 다시 나타날 가능성을 배제할 수 없다는 것이다. 스캇은 그의 고전적 연구에서 동아시아정치(보다 더 근본적으로 동아시아 사회생활)의 전통적 특성으로 언급하였던 'patron–client relationship'(후견자–수혜자 관계)은 일본에선 소위 '오야붕(親分)–꼬붕(子分)'의 관계로 묘사된다. James Scott, "Patron–Client Politics and Political Change in Southeast Asia", *The American Political Science Review* 66:1 (1972), pp. 91–113. 일반적으로 정치적 후견주의란 문화적 특성과 연계된 것으로 이해되기에 특정한 지역들, 예를 들면, 슬라브족, 라틴아메리카, 아시아 지역에서 두드러지는 현상으로 이해되기도 한다. 이선우, "탈공산 신자유주의 경제개혁과 정치적 후견주의: 체제이행기 러시아에서의 국가–상업은행 간 연합의 정치동학", 『한국정치연구』 18;1 (2009), pp. 229–257. 최근에는 킷셀트와 윌킨슨의 연구에서 이러한 후견자–수혜자 관계는 인간사회에

는 데 긍정적으로 작용하기 어려울 것이다. 두 개의 큰 정당이 이미 예고 되어진 선거결과를 상정하면서 타성적으로 선거경쟁에 임하며 매너리즘에 빠지게 될 가능성이 큰 것이다. 개별 정당 단위에서 정권을 잡기 어려울 때, 정당은 합당이나 분당, 내지는 연합화의 어려움을 고려하면서까지 정당조직의 정체성과 적응성에 고민한다. 일본에서 정당조직의 발전은 선거경쟁을 통한 상호적 자극에 의한 것이 아니었다.

그렇다면, 의문은 왜 자민당과 같은 인물중심의 정당이 특정 인물의 쇠락과 무관하게 정당조직을 계속해서 이어 왔으며, 더군다나 그것도 일점반 정당체제를 장기간 이어오고 있을까 하는 점이다. 자민당은 프랑스 사회당(SFIO)과 마찬가지로 '직접정당'의 성격으로 분류될 수 있다. 자민당 내에서 정당조직은 몇 명의 인물을 중심으로 한 '파벌'(faction)들의 경쟁과 합의로 운영된다. 각 지역별로 각 후보자들은 개인별 사조직을 중심으로 선거유세조직을 운영한다. 정당조직내 '파벌'의 지도자는 단순히 자신의 역량만으로 되는 것이 아니고 기존에 존재하는 파벌조직에 가입하고, 그 전통을 이어가는 조직형태이다. 그러니까 인물중심의 정당이더라도 그 인물은 정당 내의 주요 인물들의 전통을 이어받고 있으며, 그것이 곧 '파벌'의 정당성이 되는 것이다. 주요 인물이 정치적 은퇴를 하더라도 그 전통이 파벌 내에서 이어지고 있는 것이다. 나아가 그러한 파벌들의 정치적 정당성은 근본적으론 자민당의 득세에 기여했던 과거의 기록들로부터 나오는 것이기에, 정당조직은 유지된다.[122] 따라서 자민당을 단순히 인물중심의 정당조직이라고도 하는 것은 적절하지 않고, 여러 파벌들의 존재와 그들간의 갈등이 '자민당'이라는 하나의 기관이 유지되는 구조적 요인으로 작용하기에 '기관중심'적 성향도 균형을 이루고 있다고 보아야 한다. 특이한 점은 자민당 조직에서 파벌지도자들은 영국 보수당이 19세기 후반에 추구했었고, 1970년대에 독일 CDU가 추구했던 당원수 확장과 동시에 정당정체성의 문제와 연관하여 발생했던 정당지도력(또는 정당의 정책방향)에 반대하는 당원들과 파벌지도자들 간의 갈등상황이 거의 없었다. 자민당은 여타 국가들의 간부회의에 기초한 정당들보다도 '대중정당'의 방향으로 나아가는 변화가 적었으며, 그러한 압박을 적게 느꼈다. 이러한 성향을 앞서 지적한 '파벌정치'의 성향과 종합하자면 LDP는 '간부회의'적 기원을 많이 반영하는 일부 '대중정당' 형태의 '혼합적 형태'일 것이다.

'혼합적 형태'를 달리 표현하자면, 개인 후보자(전국적 정당조직 차원에서가 아니라)에 의해서 형성된 대중조직이 선거경쟁에서 중요한 역할을 하는 형태가 된다. 그렇다고 해서 후보자 중심의 지역정당조직이 중앙정당조직에 대해서 독자적 영향력을 행사하는 수준은 아니다. 자민당이 산출하는 공공정책은 '이념적 정체성'에 의하여 산출되는 것이라기보다는 정당지도자, 공무원 관료조직, 그리고 이익집단의 상호협동의 산물이다.[123] 비록 정당이 정책 발전의 목적을 위한 그 자신의 입장을 갖고 있더라도, 정당(정치조직)은 관료조직(행정조직)과의 상대성에서 볼 때 공공정책과정에서 상대적으로 약한 영향력을 갖고 있다. 1995년 이후에 소개된 중의원(衆議院, 하원) 소선거구제 선거 체계는 정당조직과 관련한 자민당의 전략의 변화에 영향을 미치게 된다. 중 · 대선구하에서 당내 파벌들의 이름으로 복수의 후보자를 지역구에 공천하던 1995년이전과 달리, 그 이후엔 소선거구제하에서 당대표 중심으로 정당의 이름으로 단일 후보자를 공천하게 됨으로써 과거보다 덜 후보자 중심적인 조직의 형태로의 진화를 조장할 것이다. 결론적으로 일본정치에서 소선거구제의 도입이 인물중심보다는 좀 더 정당기관 중심적인 방향으로 재구조화를 시키고 있는 것이다. 소선거구제하에서 당대표의 권한이 강해지면서 상대적으로 집권정당의 당대표를 중심으로 한 내각의 힘은 관료조직에 대해서 과거보다는 강해지게 되었다.[124]

일본에서 자민당의 독주 그늘에 있는 일본사회당은 듀베르제가 정당 근대성의

편재하는 현상으로 보면서 '민주사회의 정책 및 책임성 수준'과도 연계된 것으로 인식한다. Herbert Kitschelt and Steven I. Wilkinson (eds.) *Patrons, Clients, and Policies: Patterns of Democratic Accountability and Political Competition* (Cambridge: Cambridge University Press, 2007).

122 선거결과와 정당조직의 유지에는 상호관련성이 있을 것이다. 어떤 이유에서이건 특정 정당조직의 선거결과가 압승을 거듭하는 경우에, 그 정당이 분당되어 해체될 가능성은 낮다. '좋은 선거결과'와 '정당조직의 유지'라는 두 현상은 상호 확대재생산될 개연성이 클 수밖에 없다. 일본의 자민당 경우는 캐츠와 메이어가 주장한 '카르텔 정당체제' 속에서의 정당 득세 현상으로 설명하는 것보다 단순히 선거결과로 설명해 볼 수 있을 것이다.

123 Chalmers Johnson, *MITI and the Japanese Miracle* (Palo Alto, CA: Stanford University Press, 1982).

124 김상준, "일본의 의원내각제: 제도와 관행" 진영재(편)『개헌: 1987년 제6공화국헌법과 2017년 개헌논의』(파주: 카오스북, 2017), pp. 207-210. 전반적으로, 일본정치과정에서 내각은 처음부터 정책을 입안하고 구체적인 정책을 결정하기 보다는 '성 · 청'(省 · 廳) 관료에 의해서 제안되고 합의된 정책을 추인하는 성격이 짙다. 물론 국가의 거시적 방향을 내각이 지시하고 성청관료들이 검토할 수도 있지만, 이것 역시 구체적인 정책발전은 관료가 할 수밖에 없다. 내각 내의 각 대신들은 수상에 의해서 임명된 의회의원이라고 할지라도, 대신들은 자신이 수장인 성청관료가 제안한 법안과 정책을 추진하는데 더 몰두하게 된다. 대신은 정치인으로 단기간 동안만 재직하는데 반해서 주요 관료들은 고위 공무원시험에 선발되어 하부조직으로부터 올라온 소위 '커리어 관료'(career bureaucrats)이기에 장기적으로 근무하며 관료조직의 상하좌우를 연결하여 통솔하는 현장에서의 실무능력을 지닌다. 커리어 관료가 올라가는 최상위 직책은 사무차관(事務次官)이다. 따라서 정책결정에 있어서도 내각회의 전에 열리는 성청 사무차관회의가 보다 구체적이고 실질적인 논의와 결정이 이루어지는 회의로 간주된다. 정책결정에서 내각보다 관료들이 더 실질적 영향력을 갖고 있으며, 관료는 의회보다 여당 의원과 더 밀접한 관계를 갖게 된다. 의회에서 실질적 입법활동은 여당과 내각에 의해서 이루어지기 때문이다. 입법활동에서 중요한 것은 정당본부인데, 자민당의 경우 정무조정회(政務調整會; 소위 '政調會'), 부회(部會), 조사회(調査會) 등이 있다. 부회를 통해서 관료가 자민당의원을 바로 접촉하여 정책을

특징으로 간주한 지부조직에 기초한 중앙집권적 조직적 특성을 갖고 있으면서 2019년 현재 100만 당원이 가입해 있다.[125] 영국 노동당에 비하여 일본사회당은 '직접정당'(direct party)적 성격이 강하다. 당원이 부족한 '직접정당'의 조직은 선거경쟁에서 한계를 갖게 마련이다. 장기적인 미래의 선거에서 일본사회당이 자민당에 대하여 경쟁력을 갖기 위해서는 자원의 조달 및 증대 차원에서 '노동조합'과의 연계 및 여타 좌익정당과의 선거연합을 통한 '간접정당'으로의 진화가 필요할 수 있다.[126] 분명히 일본사회당의 정체성은 '협동조합주의'(unionism)로 대변된다. 공식적인 노동조합과의 연계 선언은 사회균열 축과 재원조달 문제를 일본사회당에게 유리한 방향으로 확장시켜 줄 수 있지만, 정치권에서의 정치균열을 조장할 수도 있을는지 모른다.[127] 또한 타정당과의 연합에도 득보다는 실이 많을 수도 있다. 섣부른 '간접정당화'는 선거경쟁에서 실이 될 수도 있다. 현실정치에서 좌익과 우익의 성향은 좌익과 한 사회 내 유권자들 성향의 분포가 갖는 특징적 환경과 연관되어 가치와 위치가 상대적으로 변화하는 것이며, 절대적인 하나의 가치로 환원되어 단순화되거나 고착화되는 것은 아니다.[128] 일본에서는 같은 사회주의 내에서도 좌익과 우익으로 나뉘어서 선거경쟁을 한 바 있다.

일본사회에서 '개혁'의 이미지를 선취한 정당은 이념적으로 중도위치에 있는 것이 공명당(公明黨)이다. 공명당은 불교종교단체인 '창가학회(創價學會)의 선거경쟁을 위한 정당조직이다. 1961년 11월에 공명정치연맹(公明政治聯盟)으로 출범하여 1964년에 공명당으로 개칭하였다. '민주사회당'와 함께 온건적 혁신의 노선을 걷고 있지만, '시민운동'의 차원에서는 이념적 색채가 낮은 공명당이 더 선취권을 갖고 있다고 할 수 있다. 일본 유권자들의 20세기의 정당의 평균득표 경향의 분포는 자민당 55%, 사회당 20%, 공명당 10%전후, 공산당 9%전후, 민주사회당 7% 전후의 분포를 보여 왔다.

동양과 서양의 차이를 인식함에 있어서 어느 지역의 정당들이 더 기관중심이고 어느 지역의 정당들이 더 인물중심인가에 대한 스테레오타입적 분류에 대한 연구를 뚜렷이 찾기는 어렵다. 직관적으로 대의제와 정당정치란 것이 서구 정치사의 산물이니만치, 서양은 기관중심적 정당정치와 친화력이 있는 듯하고, 동양은 인물중심적 정당정치와 친화력이 있는 듯도 할 것이다. 일본은 동양에선 가장 적극적으로 서구의 문물을 받아들이면서 소위 '근대화'에 최초로 성공하였고, 그러한 '근대화'는 소수 엘리트들의 주도로 이루어졌으며, 이는 일본정당조직의 특성에도 그대로 반영될 것이다. 일본의 당조직은 태생기에서부터 '인물중심'일 수밖에 없으며, 이는 모든 정당들의 조직이 '개인후원회'를 중심으로 하는 제도로서 운영되는 역사적 문화적 배경이다. 이것은 단순히 일본의 '55년체제' 이후 '중선거구제'라는 제도적 특성보다 훨씬 그 뿌리가 깊은 일본정당태동에 관한 역사적 문화적 배경의 구조속에서 이해할 수 있을 것이다.[129] 일본정당정치의 조직적 특성을 정당과 유권자의 관계 속에서 볼 때, '후견인주의적 연계'가 약화되고, '카리스마적 연계'가 강화되고 있다고 보는데, 두 연계 유형의 차이점에도 불구하고 두 연계 유형 모두는 결국 인물중심의 정당조직이란 특성의 하위 개념들에 불과하다고 생각할 수 있을 것이다.[130] 앞으로 일본 정당조직의 변화 관건은 소위 대중들의 주요한 "포퓰리즘적 요구 수용을 할 수 있는 인물"이 제3

설명하게 되며, 부회에서 거의 모든 정부법안을 심사하게 된다. 참고로, 정책분야를 중심으로 전문화된 의원들을 '족의원'(族議員)이라고도 한다. 바로 족의원의 등장을 정당이 관료사회에 대한 역학관계에서 더 힘을 발휘할 수 있는 현상으로 해석해 볼 수 있다.

125 영국의 노동당이 60만-70만영 당원 시대였던 1970년대 전후(1980년대에는 30만명 정도)와 비교해 볼 때, 그리고 일본의 인구를 감안할 때 자민당은 지부조직에 기초한 정당임에도 상대적으로 적은 당원수의 정당조직으로 존재해 왔다. 1994년 선거법 개정이전에는 '개인 후원단체'적 성격이 강한 정당조직이어서, 공식적으로 당원에 가입하지 않은 상태에서 후원단체로서만 있었던 것도 자민당의 공식 당원수가 상대적으로 적은 이유일 것이다. Steven Fielding, *The Labour Party: continuity and change in the making of 'new' labour* (New York: Palgrave Macmillan, 2003).

126 비록 일본사회당이 항상 공명당이나 공산당의 두배 정도의 득표를 항상 얻었어도, 수입은 두 정당보다 적었다. 분명한 것은 21세기에 이르러서도 사회당은 일본정당체계에서 제2당의 위치에 있다고 할 수 없으며, 오히려 신생 중도우파정당들과의 경쟁에도 노출되어 있다.

127 1980년대에 일본사회당 조직은 노동조합과 경쟁자적 역할을 하기도 했다.

128 '극우파'와 '극좌파'는 여기에서 예외일 것이다.

129 정당체계 및 행태에 가장 큰 영향을 미치는 변수들 중의 하나가 '선거제도'이다. 일본 정당정치의 형태가 변화한 것은 1994년에 호소가와(細川) 연립정권시 도입된 '소선거구비례대표병립제'이다. 이전의 선거제도는 한 선거구에서 2-6명의 의원을 선출하는 '중 · 대선거제도'였다. '중 · 대선거제도'는 한 지역구에 동일한 정당에서 복수로 출마가 가능한 제도여서 '정당간' 정책 경쟁보다는 오히려 '정당내' 파벌경쟁 구도가 형성되어 왔다. '중 · 대선거제도'는 개인후원회를 중심으로 하는 후보자 중심의 정당정치가 이루어진 원인 중의 하나였다. 양기호, "일본중의원 소선거구제 비판에 관한 일고찰: 96년 총선과 신선거제도 비판논의를 중심으로",『한국정치학회보』 31;2 (1997), pp. 277-295. 일본정당체계의 미래에 관한 상반된 견해들도 존재한다. 전통적으로 '일당우위제'(소위 '1.5당제')였던 일본의 정당체계가 1994년 '소선거구비례대표병립제' 도입이후 '양당체계'적 성향이 강화되거나 수렴될지, 아니면 일당우위제와 군소정당들의 존재들로 이어질지에 대한 상반된 견해들이 존재한다. 고선규, "일본의 선거제도 개혁과 양당제",『일본학보』, 51, pp. 387-402. 이갑윤, "일본의 선거제도 개정과 정당제의 변화", 이면우(편),『일본의 국가재정립: 정치제도의 변화를 중심으로』(서울: 한울, 2006), pp. 49-79. 김용복, "일본 선거제도 개혁과 정당체계의 변화: 양당제의 가능성과 한계",『한국정당학회보』 11:1 (2012), pp. 229-257. 제럴드 커티스, 박철희(역),『흔들리는 일본정당정치』(서울: 한울, 2003). T. J. 펨펠, 최은봉(역),『현대일본의 체제이행』(서울: 을유문화사, 2001). 진창수, "일본정당정치의 변동과 정책변화: 2001년 성청개혁을 중심으로",『일본연구논총』 23권(2006), pp. 39-80. 이이범, "2003년 일본 총선결과분석과 정당시스템의 변화",『일본연구논총』 19권(2003), pp. 1-27.

130 일본정당조직에서 두드러진 특성 중의 하나가 '후견인주의'(clientalism)인데, 이는 정당조직내에서 소위 뒷배

의 정당조직으로부터 배출되느냐에 달려있는 것이 아닌지 예측해 본다.[131] 경험적 사실에서 유추해 보자면, 2017년 프랑스 마크롱이 제3의 중도파 정당으로서 정국을 장악했던 것은 결국 기성정당에 대한 정책적 불신속에서 세계화와 유럽통합에 대한 프랑스의 입장들을 정리하면서 부상했던 극우포퓰리즘에 대한 대안 세력이었으며, 이는 가장 폭 넓은 지지층을 형성하게 된다. 바이루에 의해서 주창되는 원조 중도세력이 마크롱에 의한 신흥 중도세력으로 포괄되었던 것은 마크롱의 인물효과를 의미한다. 프랑스의 2017년도 경험은 일본의 앞날에도 적용해 볼 가치가 있을 것이다.

일본에서 '자민당' 조직의 변화는 인물효과로 인한 것이었다. 소위 '킹메이커'로 불리던 오자와의 탈당과 신흥정당의 창당[신생당(新生黨)]은 자민당 조직도 철옹성이 아님을 알려주었다.[132] 여기에 덧붙여서 1994년 일본의 선거제도 개편은 정당체계에도 일부 변화조짐을 가져오게 되었다. 자민당 조직에서 오자와의 탈당은 파벌간의 세력 다툼의 연장선상에 있는 것으로, 오자와는 자민당을 탈당하기 직전에는 가이후 내각(1989-1991)을 성사시켰다. 신생당을 창당한 이후에는 호소카와 연립내각(1993-1994), 하타 연립내각(1994)을 성사시켰다. 신생당의 내분이후 오자와는 모든 야당들을 통합하여 '신진당'(新進黨, 1994)을 만들었고, 분열하자 다시 '자유당'(自由黨, 1998)을 창당했다. 오자와의 자유당은 2003년에 '민주당'(民主黨)에 합류하였고, 자유당과 합친 '민주당'은 2009년에 하토야마 유키오(鳩山由紀夫) 내각을 출범하게 된다.[133]

2009년에 자민당이 야당을 경험하게 되면서 보수정당들이 다변화되는 효과가 발생한다. 개혁보수를 지향하면서 중도층을 포괄하는 보수정당조직들이 나타나거나 보다 극우화된 '태양의당'[太陽の黨, 2012: 이시하라 신타로(石原愼太郞) 동경 도지사가 이끄는 정당] 이 나타나면서 보수의 스펙트럼이 더욱 넓어지게 된다.[134] 2012년 선거는 지역구별로 자민당, 민주당, 제3세력이 3자대결을 벌인 구도였는데, 대부분 자민당 후보가 승리하여, 과거의 일점반 정당체계까지는 아니더라도, 양당체계라고 하기가 무색하였다. 특히 2012년 선거에서 제3세력은 '일본유신의회'[日本維新の會: 오사카 시장 하시모토 토루(橋下 徹)가 오사카지역 정당을 전국정당화 한 것], '일본미래의당'[日本未來の黨: 민주당의 오자와가 탈당하여 만든 정당] 등이었는데, 제3세력은 특히 다시 민주당의 표를 잠식하는 효과를 가져왔다. 이렇게 본다면, 일본의 현 정당체계는 여전히 자민당이 주도하는 정당체계이며, 두 개의 거의 대등한 정치세력이 맞서는 일반적 의미에서의 '양당체계'와는 거리가 있다. 자민당과 그에 대등한 세력의 정당이 맞서는 실질적인 양당체계의 형태로 진화하는 데는 자민당이 보다 더

야당을 경험하는 시기가 많아져야만 가능할 것이어서 더 시간이 걸릴 수 있겠지만, 일본사회의 응집성과 다양성을 동시에 고려할 때, 미국형 양당체계나 영국형 양당체계보다는 자민당에 대한 대항마 역할을 하는 존재를 발전시키는 방향으로 정당정치가 진화할 가능성이 클 것으로 조심스럽게 예측해 본다. 자민당에 대한 대항마가 단일 정당으로 형성될 수도 있고, 단일 정당보다는 몇 개의 '중소(中小)정당들'이 연합한 정당들로 형성될 수도 있음을 고려한다면, 일본의 집권가능 정당세력은 '삼분'(三分)구조로 진화할 가능성도 점쳐볼 수 있을 것이다.

앞서 언급한 대로, 두 개의 정파가 경쟁하는 '양당체계'에는 미국형과 영국형이 있지만, 우리는 보통 미국의 정당체계를 '양당체계'의 대명사처럼 사용하고 있다. 영국형 양당체계가 형식은 다당체인데 기능적으로 양당체인데 반하여 미국형 양당체계는 실질적 기능은 물론이고 형식도 양당체여서 거의 완벽에 가까운 양당체라고 할

를 봐주는 두목과 그 그늘 밑에서 정치적 입지를 다져 나가는 부하의 관계를 말하는 것이다. 정당조직의 외부와의 관계에서 '정당-유권자 관계'에 주목하자면, 1990년대 중반이후에 일본정당정치에서 '후견인주의적 연계' 성향이 과거보다 약화되고 있음에 주목할 필요가 있다. 일본정당정치 전반에 '후견인주의적 연계'가 약화되고 '카리스마적 연계' 방식이 나타나고 있다는 것이다. 한의석, "일본정치의 변화와 정당-유권자 연계: 2000년대 정당정치를 중심으로", 『한국정치학회보』 48:4 (2014), pp. 75-95. 적어도 해당 연구에선 유권자-정당의 연계를 '후견인주의적 연계', '정책적 연계', '카리스마적 연계'로 구분한다. '후견인주의적 연계'나 '정책적 연계'가 아닌 '카리스마적 연계'가 나타날 경우엔 포퓰리스트적인 정치인의 등장 가능성이 높아질 수 있다. 후견인주의적 연계이건, 카리스마적 연계이건 두 유형의 차이점에도 불구하고 모두 '인물중심적' 성향으로 이해하는데 지장이 없을 것이다. 정당-지지층 관계의 유동성과 정당 대응 전략을 볼 때, 일본 참의원(參議員) 선거에서 대선거구제의 제약, 그리고 이익대표의 성격을 띠는 전국구(비례구) 참의원의 특징을 바탕으로 자민당이 후견주의적 연계에 지지구조를 구축하는 전략은 여전히 남아 있다. 따라서 그러한 정당조직 내부의 문화적 성향이 하루아침에 없어지지 않고, 아직은 후견주의적 연계가 작동하며 앞으로 점차 없어질 것이란 연구도 있다. 이에 대해서는 이주경, "일본 참의원 선거와 정당의 집표전략: 자민당 사례를 중심으로" 『현대정치연구』 8:1 (2015), pp 39-72. 이주경은 자민당이 정책에 대한 유권자 관계를 설정함에 있어서 유권자들의 '반후견주의적 정서'를 받아들이고, 정치가의 전략적 선택에 따라서 새로운 연계로의 이행을 해오고 있다고 보고 있다. 그 과정에서 당내 의결기관의 역할을 축소하고 수상의 정책결정리더십을 강화하여 정책응집성을 증가시켰는데, 이는 정당의 유권자에 대한 정책요구에 응답하는 기동성을 높일 수 있다. 이주경, "일본 정치개혁 이후 자민당의 정책변경 분석", 『21세기정치학회보』 26:1 (2016), pp. 213-238.

131 이렇게 본다면, 기존의 정당들보다는 신흥정당으로부터의 정당조직변화를 생각하게 된다.

132 박철희, "일본 야당세력의 재편과 정당경쟁체제", 『한국정치학회보』 40:5 (2006), pp. 279-299. 박철희, "일본의 체제변환과 자민당의 불안정한 우위", 『한국정치학회보』 38:3 (2004), pp. 297-317.

133 2009년은 소선거구제(비례구병립형) 도입(1994)이후 3번 이상의 선거를 치룬 시점이 된다. 중선거구제에서 소선거구제 도입이후에 제2의 정당이 도약이 제도적 효과로 해석된다면, 제도적 효과에는 일정 정도의 시간이 소요된다고 볼 수 있다.

134 '일본유신의회'는 '태양의당'과 2012년 11월에 합당하면서 보수 우경화된 정당으로서의 색채를 나타낸다. 이렇게 제3세력으로 또 다른 우파세력들이 분립하게 되면서 오히려 제2당의 위치를 우파들끼리 경쟁할 수도 있다. 자민당과 경쟁하는 것은 중도인 공명당이나 좌파인 사회당은 또 다른 우파세력들과 경쟁하게 된다.

수 있기 때문이다.[135] 양당체계는 의원내각제보다는 대통령제라는 정부형태와 더 친화력이 있다는 주장때문에라도,[136] 대통령제의 역사적 원형 국가로서 미국의 정당조직은 항상 주요 논쟁의 대상이 되어 왔다. 정작 권력구조의 차원이 아닌 정당정치의 차원에서 보자면, 그러한 논쟁을 촉발하는 배경에는 미국의 정당조직은 지방당이 중앙당으로부터 자유롭다는 스테레오타입적 생각이 있다. 나아가 중앙당의 권한이 너무 강하면 정당민주주의에 방해가 된다는 시각도 배경이 된다. 그래서 미국의 정당조직에 관한 가장 빈번한 질문은 다음의 두 가지로 요약된다. 첫째, 미국 정당조직은 다른 자유민주주의하의 정당들과 비교해서 중앙당의 권한이 사실상 없고 지방분권적 성향이 강한가 (즉, 중앙집권적 권한을 결여하여 조직화되어 있지 않은가)? 둘째, 민주당과 공화당 사이에 어떤 의미있는 차별성이 존재하는가?[137] 두 가지의 질문에 대한 답은 한 시점을 중심으로 답할 수 있는 성질의 것이 아니며, 보다 통시적인 관점에서 답하는 것이 적합하다고 본다.

1776년에 국가 독립을 선언한 이후, 미국정당사는 몇 개의 구분되는 시기를 중심으로 정당조직의 진화를 거치게 된다. 구분이 되는 기간은 정치사적 기간 구분을 통해서 살펴볼 필요가 있다. 우선, 미국정당사는 대립되는 두 개 정파의 경쟁구도 속에서 정당조직이 진화하여 왔다.[138] 현재 양당체계의 모습의 시발점이 되는 몇 개의 과거 시점들을 고려할 필요가 있다. 첫째, 양당제의 선거경쟁의 시발이 된 시점이다. 둘째, 전세계적으로 보통선거 실시와 함께 선거인단의 수가 급격히 증가하면서 '사회당'의 융기가 시작된 1900년대를 전후한 시점이다. 마지막으로, 미국선거사를 이전과 이후로 구분함에 빠질 수 없는 것이 1971년 의회를 통과한 '연방선거운동법'(Federal Election Campaign Act)을 기점으로 변화한 정당정치의 모습이다.

미국정치사에서 선거균열이 명확해지기 시작한 것은 1800년의 선거이다. 당시 '연방주의자'와 '공화주의자'가 있기는 했지만, 공화주의자들이 1824년 선거까지 어떤 특정한 반대세력에 구애되지 않는 우위에 있었다고도 할 수 있다. 당시의 정당조직은 당연히 간부회의 형태를 갖고 있었다. 정당조직은 다양한 주(州)입법부(state legislatures)들과 의회(the Congress)안에서 정치인들의 모임이었고, 대중 선거인단 수준(즉, 전국대회 수준)에서 '민주-공화당원'(Democratic-Republicans)이나 '연방주의자'(Federalists)의 조직된 선거인단의 수는 매우 적은 수준이었다. 따라서 공식적으로 전국수준에서 중앙집권화된 당조직이 필연적인 것은 아니었다.[139] 1824년 선거를 전후하여 '제퍼슨공화주의자당'(Jeffersonian Republican Party)안에서 아담스(J. Adams)

의 후예인 '국가공화주의자들'(the National Republicans)과 잭슨(A. Jackson)의 후예라고 할 수 있는 '민주공화주의자들'(the Democratic Republicans)으로 뚜렷한 균열이 발생한다.[140] 1924년 선거에서는 '아담스'가 승리하여 대통령이 되었다. 해당 정치균열 간의 세력대결에서 특히 잭슨은 '기저에 있는 지지자들'(grass-root supporters)을 조직하여 1928년 선거에서 대통령에 당선된다. '잭슨민주당'(Jacksonian Democrats)이 지

135 영국은 보수당과 노동당은 3자리 의석수, 스코틀랜드국민당(SNP)과 자유민주당(과거 자유당)이 2자리 이상의 정당이다. 미국은 공화당과 민주당이 3자리수이고, 2자리수의 의석수 정당은 하나도 없다.

136 Scott Mainwaring, "Presidentialism, Multiparty Systems, and Demcoracy: The Difficult Combination" *Comparative Political Studies*, 26:2 (1993), pp. 198–228.

137 웨어(A. Ware)는 미국의 민주당이 상대정당(즉, 공화당)에 대한 상대적 좌파정당으로 기능하는 것이 아니라고 보며, 민주당과 공화당이 유럽기준에서 보자면 사실상 '쌍둥이 정당'(tweedledee–tweedledum party)에 유사하다고 본다. 또한 미국의 '민주당'은 유럽의 '민주당'과 비교하여 국가개입정책(특히, 루즈벨트의 대공황 시기처럼)을 채택한다고 본다. Alan Ware, *Political Parties and Party Systems* (Oxford: Oxford University Press, 1996), pp. 60–62. 미국의 정당이 이념적 변종이라는 인식은 밀리언셀러인 고전적 소설들(특히 영국의 소설들)에서도 언급된다. 엠블러(E. Embler)는 미국의 정당적 특징을 다음과 같이 묘사한다. 피서지에서 여행객들이 만나서 한 여행객이 자기 나라의 정치기구를 소개하면서 "정당이 2개 있을 뿐입니다", "공화당과 민주당인데 두 당 모두 보수당입니다, 물론 공화당이 민주당보다 우익입니다"라는 구절이 나온다. "저 사람들은 정책적 차이가 없는 정당들의 나라에서 온 사람들"이란 분위기로 흘러가는데 그 나라는 물론 미국을 말하는 것이다. Eric Embler, *Epitaph for a Spy* (New York: Random–Vintage, 1938) revised version(1952). 콜만(J. Coleman)은 유럽인들의 미국 정당에 대한 비난처럼 공화당과 민주당이 소위 '쌍둥이 정당'이 아님을 주장한다. 민주당의 정책이 가장 우쪽으로 왔을 때도 공화당보다는 좌측에 있었고, 공화당의 정책이 가장 좌측으로 왔을 때도 민주당보다는 우측에 있었다는 것이다. James Coleman, "The Positions of Political Parties in Elections", In *Probability Models of Collective Decision Making* (edited by) Richard G. Niemi and Herbert F. Weisberg (Columbus, OH: Merrill, 1972). 힙스(D. Hibbs)는 공화당과 민주당의 거시경제정책에서 이념적 차별성이 있음을 주장한다. Douglas A. Hibbs, "Political Parties and Macroeconomic Policies", *American Political Science Review*, 71(1977), pp. 1467–87. 정당의 차별성은 지극히 상대적인 것이어서 좌파, 우파란 개념은 그 사회내에서 경쟁하는 정당들끼리의 상호 위치에 의해서 결정되는 것이지, 절대적 기준으로 정해지는 것이 아닐 수 있다. 이회창–노무현–권영길의 대선 경쟁구도에서 권영길이 있는 한 노무현은 상대적 중도 일 수 있으며, 이는 선거경쟁에서도 유리하게 작용했을 것이다.

138 정당경쟁구도의 역사에서 사실상 중도의 정파가 별도로 없다. 이것은 앞서 살펴본 어떤 나라에서도 보기 어려운 현상이다. 그럼에도 미국정당경쟁구도를 여타의 유럽국가들과 비교할 때, 중도좌파인 민주당과 중도우파인 공화당의 이념적 거리가 그다지 멀지 않아서, 어떤 정당이건 집권할 경우엔 마치 중도처럼 기능하고 있다. 중도정당이 별도로 없어도 두 정당이 정치력에 의해서(대통령의 정치리더십을 포함하여) 합의점을 찾고 의회정치를 이끌어 나가고 있다. 결론적으로 미국의 양당경쟁구도는 사회갈등을 완화하는 방향으로 기능한다고 할 수 있다. 반면 한국의 양당경쟁구도는 오히려 사회갈등을 확대재생산하고 있다. 한국의 정당경쟁구도가 양당체계로 수렴해 왔으며, 당분간 지속될 것이라는 관점에서 보면, 미국의 양당경쟁구도처럼, 비록 중도의 제3당이 별도로 존재하지 않더라도 한국의 보수–진보 두 정당이 중도적 입장에서 사회갈등을 완화하는 정치를 해 나갈 수도 있을 것이다.

139 L. Sandy Maisel, *Parties and Elections in America* (New York: Random House, 1987), pp. 29–31.

140 미국의 초기 정당균열의 성격 파악에 잭슨시기는 중요하다. 종합적인 리뷰는 James C. Scott, "Patronage Regimes and American Party: Development from 'The Age of Jackson' to the Progressive Era", *British Journal of Political Science* (2005), pp. 39–60.

지자 조직을 확장하려는 노력을 강화했을 때, 반대급부적으로 잭슨을 반대하는 '휘그당'(the Whig)이 1834년에 조직된다.[141] 그리고 이때 대통령을 지명하는 수단으로서 '전국대회'(national convention)는 의회의 존재감과 영향력을 넘어서는 정도가 되었다.[142] 결론적으로, 미국선거과정에서 1830년대에 선거인단 규모의 증가와 선거로 뽑는 많은 관직의 증가가 결합하면서 정당조직으로 하여금 대중정당화로의 진화를 촉진했다. 조직화된 정당의 미국적 경험은 두 가지 특성을 갖고 있다.

첫째로 미국 정당조직은 '대중정당'으로의 변화가 있었지만, 그렇다고 해서 '간부회의'의 역할이 사라지지 않고, 오히려 20세기 초 · 중반의 소위 '보스정치'(boss politics) 또는 '머신정치'(machine politics)로 이어진다. 만약, 간부회의가 1830년대에 시작된 대중조직의 강화라는 형식으로 확실히 진화되었더라면, 20세기 초반 미국정치과정에 '머신정치'는 없었을 것이다. 이것은 20세기 초반까지도 미국의 정당조직이 간부와 보스가 중심이 된 '인물중심'의 정당이라는 성격을 벗어나지 못했기 때문이다. '대중정당'이라고 하여 반드시 이념이나 기관을 중심으로 한 정당일 이유는 없지만, 어쨌든 일종의 '후원자', '간부', '보스'에 기초한 정치기구라는 성격을 벗어나지 못했던 것이다. 이러한 성향은 20세기 중반까지도 지속되었다고 보아야 한다.[143]

미국의 정당조직은 파네비앙코의 지적처럼 '영토적 확산'에 의한 것임은 분명하지만, 연방제 국가로서 지방분권화가 뚜렷한 곳에서 영토적 확산이 일어났기에 일반적 의미의 '영토적 확산'으로 이해하기보다는 '영토적 침투'라는 관점도 배제할 수 없다. 이것은 큰 그림에서 1971년 의회를 통과한 '연방선거운동법'의 이전과 이후로 나누어서 이해하는 것이 좋다고 생각한다. 우선 1970년대 이전을 보면, 피상적인 국가수준이나 州(state) 수준에서의 정당조직보다는 정치 실무의 현실적 작동단위인 '도시'(city)나 카운티 정부(county government)[144] 수준에서의 정당조직은 나름대로 강력한 수준에 있었다. 하나의 커다란 도시 카운티를 갖는 어떤 주에서 그 카운티의 정당지도자는 주 정당 수준에서도 역시 지도자가 될 수 있다. 그러나 어떤 단일의 지배적인 카운티가 없는 곳에선 주 내부의 서로 다른 카운티 지도자들간의 경쟁이 심화될 수 있고, 그러한 경쟁에 대해서 중앙정부는 특별히 관여하지 않는다. 어떤 상황이든간에, 주 정당조직에 대해 카운티 정당조직은 높은 수준의 자율권을 갖는다. 주 정당조직에 대해서 카운티 정당조직은 국가적 정당의 관점에서 완전히 자율적이다. 이러한 정당조직의 작동과정이 미국정치과정에서 지역의 유력인사 중심의 '보스정치'와 '머신정치'를 가능케 한 것이다.

여러 가지 견해가 있겠지만, 미국정당조직이 인물중심의 대중정당이 아닌 기관중심의 대중정당으로 진화된 획기적 계기는 1971년에 의회를 통과한 '연방선거운동법'으로 보아야 한다. 왜냐하면, 미국정당이 대중정당의 형태이면서도 인물중심의 정당이지 못한 가장 큰 이유는 지역 정치유력자와 재력가 중심의 '금권정치'(金權政治)와 연계된 것이기 때문이다.[145] 1971년을 계기로 '주정당위원회'[State Central Committee; 전국정당조직과 지역정당조직의 사이에 있는 중간조직]는 피상적인 역할에 머무르지 않고 모금활동의 정례화, 선거인명부의 작성과 관리, 지역 당보(黨報)의 발행, 지역정당조직에 대한 지원, 정당관련인들의 정책개발 지원 및 협조, 여론동향 파악을 위한 여론조사 실시, 포괄적인 선거후보자 지원 등 구체적이며 실질적인 조직활동을 하고 있다.[146] 주별 독립성이 인정된 연방제 국가에서 정당의 중간조직인 '주정당위원회'가 실질적으로 기능한다는 것은, 결국 중앙당 조직이 작동하는 성질의 것으로 보아야 할 것이다. 따라서 적어도 1971년 이후의 미국의 정당들이 중앙당 조직 차원의 조직적 응집력을 결여하고 있다는 말은 과장된 것이다. 선거과정에서 후보자가 얼마나 중앙당의 도움이 필요하느냐는 것은 중앙당 조직의 지역당 조직에 대한 위계화와 함수관계에 있을 수밖에 없다. 1971년 연방선거운동법 이후 후보

141 Michael F. Holt, *The Rise and Fall of the American Whig Party: Jacksonian Politics and the Onset of the Civil War* (Oxford: Oxford University Press, 2003). 참고로, 휘그당은 클레이(Henry Clay), 웹스터(Daniel Webster), 링컨(Abraham Lincoln)의 정치적 둥지이다.

142 L. Sandy Maisel, *Parties and Elections in America* (New York: Random House, 1987), p. 32.

143 이에 대해서 20세기 초반 '진보당'(the Progressives)은 대통령선거 수준 아래의 후보자들을 선택하는데 직접예비선거를 제시하기도 하였다. 하지만, 개혁가들은 정당이 주(州)법에 의해서 행하는 예비선거를 선출된 선거구(precinct) 또는 區(ward) 위원회 멤버들로 구성할 것을 요구했는데, 이것은 '옥상옥'(屋上屋)을 만드는 결과를 초래할 수도 있는 것이다. 선거구나 구 단위에서도 여전히 또 다른 수준의 '보스정치'가 행해지거나, '머신정치'의 연장선상에 있을 개연성이 크기 때문이다. 당원수에 기초한 정당 형태의 방향으로 발전할 수 있는 어떤 가능성과는 유리된 것으로 평가될 수 있다. 참고로 '진보당'은 20세기 초반에 결성되었는데, 공화당의 이전 대통령이었던 시어도어 루즈벨트(Theodorre Roosevelt)가 후원자였다. 이는 같은 당의 현직 대통령인 태프트(W. Taft)에 대한 반대를 선언하며 조직된 정당이다. 소위 '큰사슴정당'(Bull Moose Party)이라고도 했다.

144 저자 주: 카운티는 도시와 주의 중간에 있는 행정구역단위이다.

145 해당 법을 계기로 입후보자는 선거자금의 규모와 출처 및 경비를 구체적으로 공개하여야만 한다. 미국정치에서 선거자금과 표의 매수 현상에 대한 규제법안들이 그 이전에 몇 차례 시도되었지만 실패했었다. 해당 법이 1971년에 통과된 이후에 '워터게이트(Watergate) 사건'을 계기로 1974, 1976, 1979년에 걸쳐서 보완된다. 미국의 선거자금법이라고 할 수 있는 '연방선거운동법'이 실행되고 보완되는 1970년대를 계기로 미국의 정당조직은 후원자-보스중심의 정당에서 벗어나 기관중심의 대중정당으로 거듭날 수 있는 기반이 확고해진다.

146 주의 재정상태에 따라서 유급직 및 상근직 직원수에 차이가 있다.

자는 필연적으로 정당의 지원을 필요로 하는데, 지역 사조직의 폐해를 제거한 후에는 후보자를 도와줄 수 있는 조직은 상대적으로 중앙당 조직과 연계된 공조직일 수밖에 없기 때문이다. 동시에 비록 중앙당이 주별 정당조직을 통해서 전국정당의 목표를 달성하려고 하지만, 중앙당 조직의 집권화 정도를 판단하기 위해서 연방국가에서 하나의 중앙당 조직으로 위계화된 방식을 기대하는 것은 무리일 것이다.

전국대회(National Convention)에 위원단을 선출하는 규칙과 관련해서도 중앙당의 힘은 증가하여 왔다. 미국에서 정치권력의 정점은 '대통령'이지 '주지사'(Governors)가 아니다. 주지사는 대통령직에 출마하는 경우는 많아도, 전직 대통령이 주지사직에 도전하려고 하지는 않는다. 대통령 선출과 밀접하게 연계된 '전국대회'에 대한 중앙당의 권한은 당조직을 위계화하는 데 긴요한 요소일 수밖에 없다.[147] 상대적 관점에서 공화당이 민주당보다 지방분권화에 철저한 듯하다. 대통령 지명 과정의 개혁에서 공화당은 선거인단 선택의 규칙을 고안하는데 있어서, 민주당과 비교했을 때, 주 정당의 보다 더 큰 자율성을 유지하고 있다.[148]

민주당과 공화당이 서로 차별적인 정당조직인지, 아니면 쌍둥이(tweedledum-tweedledee)에 불과한 정당조직인지에 대해서도 논란이 많다. 분명 유럽정치의 입장에서 보면 정책적 차별성이 두드러지지 않을 수도 있다. 콜만(J. Coleman) 등의 학자들이 주장하는 것처럼, 특정 정치체제내에서 유권자들에게 상대적 좌파, 상대적 우파로 인식되는가가 중요한 것일 수 있다. 서로 다른 정치체제를 비교하면서 좌파와 우파를 비교하면, 어떤 체제에서 좌파는 사실상 다른 체제에서는 중도파에 불과할 수도 있다. 동시에 두 정당이 추구하는 정책의 차별성에 대한 구체적인 경험증거가 중요할 것이다.[149] 민주당과 공화당은 중도좌파-중도우파로서 정책적 차이에도 불구하고, 정책결정과정에서는 서로 중도로 조금씩 다가서면서 최대한 정책타협을 통한 합의점을 찾아낸다.[150]

앞서 19세기말에서 20세기 초에 여러 선진민주주의 국가들에서 정당조직이 진화하는 모습을 살펴보았다. 정당은 다른 정당과의 경쟁을 통해서(또는 선거를 통해서) 그 사회에 존재가치를 입증한다. 앞에서 보았듯이 너무도 자연스러운 종합적인 결론은 독일, 영국, 프랑스, 미국의 주요 정당들에서 나타난 조직 변화의 동인은 결국 타 정당과의 경쟁에서 살아남기 위한 선거경쟁력의 추구에 있었다. 정당조직의 진화과정은 전반적으로(특히 프랑스의 경우나 자민당이 있기 이전의 일본에서처럼) 정당이 념이나 정체성을 찾아가며 이를 조직화해 가는 과정과 높은 연계성이 인정된다. 하지만 현실정치에서 정체성을 추구하던 정당의 생존은 철저히 타정당과의 경쟁 및 득세를 염두에 둔 조직전략 및 이에 적응하기 위한 변화에 의존했다.[151]

정당조직의 변화를 관찰하면서 그것이 갖는 의미를 세 가지 정도로 정리해 볼 수 있다. 첫째, 정당조직이 '간부회의-명사정당'의 모습에서 '지부(분파)조직-대중정당'의 모습이 더 강화되는 방향으로 진화하는 것은 어느 나라에서나 공통적인 모습이다. 이것은 '보통선거'(또는 '평등선거')의 확대라는 역사의 수레바퀴와 함께 한 것이다. '대중정당'이 여전히 형식적인 당원 숫자증감의 차원에 머무르며, 당원들에 의한 실질적인 권리의 공유화(예를 들면, 공천권 행사)가 이루어지는 것은 아니라는 비판이 항상 있었다. 오히려 현대로 오면서 복잡다기한 사회과정에서 기동성이 필요한 경우, 규모가 큰 대중정당은 효율적 운영을 위해서 더욱 관료화되는 역설이 존재한다. 기관중심이란 이미지의 대중정당에서도 정당지도자가 당료(黨僚)들을 장악하고 이들을 중심으로 인물중심 성향을 띄게 될 가능성이 상존한다. 둘째, 정당의 정착단계에서 '직접정당'의 조직적 형태를 띠는지, 아니면 '간접정당'의 조직적 형태를 띠는지가 정당의 변화되는 모습의 초기값으로서 중요했다. 정당조직이 진화하는데 정당의 정책방향에 영향을 미치는 외부기관과의 연관성이 중요했던 것이다. 특히

147 미국의 중앙당의 역할은 미약한 것으로 4년마다 열리는 '전당대회'에서의 역할이 모든 것이라는 견해는 지나치게 과장된 것이다. 주마다 코커스 및 전당대회가 있더라도 그것은 대통령선거제도가 주별로 합산하는 방식을 따른다. 근본적으로 미국은 '연방체'(federal system)인 것이다. 연방제 국가에서 정당이 중앙당의 역할과 힘을 '단일 국가'와 같은 맥락에서 중앙당이 전국을 장악하는 것으로 판단하는 것은 오류에 가깝다. 동시에 미국은 '연합체'(confederal system)는 아니어서 정당의 중앙당의 권한(중앙당의 주정당에 대한 역학관계에서)은 일정 수준 이상에 있다고 보는 것이 좋을 것이다. 결론적으로 공화당과 민주당의 중앙당을 마치 연합체 국가의 중앙당 수준으로 파악하는 것은 문제가 있다는 의미이다. 공화당과 민주당의 중앙당 역할이 주정당과의 관계에서 그렇게 미약한 것이었다면 미국의 양당체계는 이미 무너졌을 것이다.

148 두 주요정당의 조직적 힘에 있어서 어떤 중요한 차이가 있는가? 대답은 '그렇다'에 더 무게가 실린다. 공화당 조직은 민주당 조직보다 보다 더 큰 자금에의 접근성을 갖고 있다. 논쟁적이기는 하나, 자금접근성에서 불리한 민주당의 경우보다 당내 후보자들간의 유세에서 좀 더 화합성을 유지하는 분위기가 있다.

149 John J. Coleman, Kenneth M. Goldstein, and William G. Howell, *Understanding American Politics and Government* (New York: Longman, 2011).

150 조정관은 미국정치에서 '합의적 정치문화'의 존재가 대통령제의 권력분립하에서도 행정부-입법부의 상호 합의기능에 기반이 된다고 지적한다. 조정관, "대통령제 민주주의의 원형과 변형: '한국형' 대통령제의 특징과 제도운영의 문제" 진영재(편) 『한국권력구조의 이해』 (서울: 나남, 2004), pp. 65-109.

151 권력 게임에서 '기대반응의 전략'[rule of expection(anticipation) & reaction]을 의미한다. '기대반응의 전략'이란 상대방이 어떻게 행동할 것인지를 미리 예상하면서, 그렇게 상대방이 행동할 것에 대비하면서 행동하는 것을 말한다.

이러한 연관성은 '노동조합'과 '중앙당'의 상호역학관계를 통하여 '좌파정당'조직의 진화과정에 나타난다.[152] 좌-우파를 총괄하여 외부자원의 활용은 정당의 득세에 영향을 미친다. 보다 많은 당원수가 내부자원이라고 할 때, 특히 외부자원으로 중요한 것은 선전미디어매체와 정당활동자금이었다. 정당활동자금을 국가가 지원하는 국고보조금제도가 있는 곳에서 국고보조금의 수혜 여부는 정당의 생존과 득세에 중요할 수밖에 없었다. 선거경쟁에서 낙후되면 정당은 도태될 상황으로 가게된다. 셋째, 정당간의 선거경쟁이 정당조직의 진화에 영향을 미친다. 여타 정당의 조직적 득세는 다른 정당의 조직에도 자극을 주게되고, 변화를 유도한다. 정당의 존립과 득세에 '확산적 조직'의 형태인지 '침투적 조직'의 형태인지는 그렇게 중요하지 않았다.[153] 독일의 사민당을 제외하면 사실상 대부분의 정당들은 '침투적 조직'의 형태를 띠고 있었다.[154] 종합하면 정당조직을 진화시키는 가장 큰 동력은 역시 선거경쟁에서 득세하는 것이다. 아마도 한국정당의 진화하는 모습을 여기에 대입하면, 유권자들에게 새롭게 거듭나는 모습을 보여주기 위해서, 비록 궁여지책이지만, 시시때때로 이합집산하거나 당명(黨名)만이라도 바꾸어서 선거경쟁력을 담보하려 들며 생존해 나가는 행태를 생각해 볼 수도 있다. 물론 이것을 바람직한 진화의 형태로 인식하는 사람은 매우 드물 것이다.

앞서 제1장에서 1945년 이전 개화기로부터 임시정부시절의 한국의 정당들의 태동기 모습을 살펴보았다. 1945년 이후의 한국정당들은 다음과 같은 도해가 가능할 것이며, 인물중심 대중정당이자 침투적 조직의 정당이었다고 할 수 있다. 특히 1948년에서 1987년까지를 정리해 보면, 여당의 지위에 있었던 정당들은 재원의 활용에 있어서는 간접정당조직의 성격이 강했다. 여당은 관변단체와의 연계를 통한 정당조직을 운용하였고, 야당은 종교, 시민, 학생단체와의 연계를 통한 정당조직이었다. 이러한 모습은 1987년 제6공화국이후에도 예외가 아니다.

앞서 제1장 한국정당의 태동기 부분에서 보았듯이 한국정당의 균열구도에서도 좌파-우파의 이념적 경쟁은 하나의 중심 균열축이었다. 임시정부시절이나 해방직후에도 정당균열구도는 '민족주의 우파' 대 '사회-공산주의 좌파'의 모습이었다. 일부 연구는 한국정치과정에서의 정당균열구도가 "권위주의적 반공보수정당 또는 (신)자유주의 보수정당" 대 "탈권위주의적 진보정당"의 구도이거나, 아니면, "권위주의적 반공보수정당 또는 탈권위주의적 (신)자유주의 보수정당" 대 "탈권위주의적 진보정당"이 경쟁하는 구도로 전망하고 있다.[155] '탈권위주의'는 시대의 흐름이며 어떤 개체도 이를 거스르기 어렵다고 한다면, 정당이 '권위주의적' 행태를 유지하는 것은 자멸하는 길이다. 따라서 "탈권위주의적 (신)자유주의 보수정당" 대 "탈권위주의적 진보정당"의 대결구도가 형성되어 흘러가고 있다고 보는 것이 적실성이 있다고 본다.

3. 정당개혁에 영향을 미치는 변수들

'정당개혁'의 설정 단계에서 복합적 사안들을 구분하거나 종합하는 지혜가 요구된다.[156] 개혁은 발생 차원에서 두 가지 종류로 구분된다. 하나는 기관 내적으로 '자생적인 개혁'을 하는 것이고, 또 다른 하나는 기관 외부에서 '부과되는 개혁'을 하는 것이다. 정당조직의 개혁을 논함에 이 두 가지 차원을 구분하는 것이 유용할 것이다.

기관 내적인 자생적 개혁은 기관이 변화되는 환경에 맞추어 적응하려는 노력의 결과물이다. 일반적으로 기업의 경우가 이에 해당한다. 생산자로서의 기업조직과

152 한국의 민노당과 한노총, 민노총의 관계가 그것이다. 민노당의 일부 세력이 현재 정의당을 구성하고 있다.

153 보다 구체적으로 정당간 선거경쟁의 내용을 근본적으로 결정하는 것은 '선거제도'이다. 이것은 3장과 4장에서 자세히 살펴본다.

154 '침투적 조직'인가 '확산적 조직'인가를 판단하는 문제는 연구자의 주관성에 많이 좌우될 수 있다. 독일의 사민당(SPD)도 엄격한 의미에서 '확산적 조직'이라고 하기에는 복합적 측면이 존재한다. 독일의 사민당이 하나의 '역사적 원형'으로 인지될 때 갖는 '대중정당'의 이미지는 '침투적 조직'인데, 왜냐하면 이미 중앙당조직 아래 지부조직으로 일사불란한 모습으로의 사민당이기 때문이다. 중앙당의 권한이 강하지 않은 상태에서의 지부조직-대중정당의 타이틀을 갖게 되는 것은 현실적이지 않기 때문이다. 어차피 정당이란 소수 정치사회지도자들의 선발대적 역할(the role of vanguard)로 이루어지는 측면이 강하다는 것이다. 이렇게 보면, 대부분의 정당들의 초기 모습은 '인물정당' 및 '간부회의'의 조직적 형태와 유사할 수밖에 없으며, 지부조직을 지닌 권위있는 중앙당의 모습은 '침투조직'의 모습과 유사하다. '확산조직'에서 일사불란함을 요구하는 중앙당을 연상하기는 쉽지 않다.

155 정병기, "민주화 이후 한국 정당체제의 현황과 전망: 보수적 지역주의 카르텔 정당체제의 형성과 해체", 『대한정치학회보』 17:2 (2009), pp. 45-71.

156 정당정치란 의회정치 및 선거정치와의 상호작용으로 이루어지는 것이기에 정당정치의 영역을 배타적으로 구분하기는 어렵다. 박찬욱은 한국의 민주주의 공고화 수준을 정당-의회-선거의 제도화 수준을 통해서 분석한다. 박찬욱, "민주화와 정치제도화" 『한국사회과학』, 19:1 (1997), pp. 23-58. '정당정치의 제도화' 수준은 정당과 대중의 연계, 정당의 자율성과 그 기능 수행의 효율성, 정당조직의 민주화, 정당체계의 안정성과 경쟁성을 통해서 결정된다. '의회정치의 제도화' 수준은 정책형성, 연계와 대표, 체제의 통합과 정당화란 기능을 효과적으로 수행할 수 있는 수준에 의해서 평가된다. '선거정치의 제도화'는 공정하고 공명한 선거의 정착여부에 달려 있다. 따라서, '정당개혁'이라고 할 때, 정당개혁의 내용을 정당내부 조직에만 국한할 수는 없을 것이다. 해당 연구서에서는 정당개혁에 관련된 내용을 다룸에 있어서, 정당의 내부조직과 관련된 부분을 2장에서 먼저 다루고, 정당간의 문제인 선거경쟁 및 의회내 정당정치와 연관된 부분은 4장과 5장에서 별도로 다룬다.

소비자 사이의 관계를 보면, 기업은 소비자의 행태 변화에 맞추어서 상품을 생산하여 기업 이윤을 추구한다. 소비자 환경변화에 적응하지 못한 기업은 결국 도태된다. 시장경쟁하의 기업들은 구태여 외부에서 개혁 프로그램을 만들어서 강요하지 않더라도 개혁 프로그램이 자발적이고 자생적으로 운용될 가능성이 높다. 오히려 어줍지 않은 설익은 외부적 개입이나 조언이 시장질서 속에서 기업의 환경 적응성을 망칠 수도 있을 것이다.[157] 그러니까, 개혁이란 것은 외부에서 부과되지 않고 자발적이고 자생적일 때 오히려 무리수도 적고 실효성도 더 높을 가능성이 있다. 어찌 보면, 당연한 이야기이다.

'정당개혁'은 어떠한가? 외부에서 부과되는 '정당개혁' 프로그램도 생각해 볼 필요가 있다. 모든 정당조직은 조직마다 조직 차별성이 존재한다. 이것은 시간이 흘러도 변하기 어렵다. 우선, 정당은 각각 서로 다른 태동사를 갖고 있고, 정당 지지세력이 다르며, 정당 규모도 다르다. 가장 중요하게는 조직이 지향하는 정책과 세계관이 다르다. 정당개혁 프로그램이 일률적으로 어떤 정당에게나 적용되는 모델로 외부에서 부과되는 경우엔 의외로 정치영역에 무가치적 혼란을 양산할 개연성이 있다.

'기업-소비자'의 관계와 '정당-유권자'의 관계를 단순하게 유사한 것으로 유추할 수는 없다. 이는 앞서, '연구를 시작하며'에서 자세히 언급한 바가 있다. 정당개혁 프로그램은 기업개혁과는 다른 차원의 문제로 그냥 맡겨 놓을 수는 없다고 한다면, 국민의 세금으로 운영되는 기관이기 때문에 그렇다. 그렇다고 해서, 난무하는 아이디어들이 외부에서 잘못 주입되는 경우엔 오히려 개혁에 혼란을 부추길 가능성도 배제할 수 없다. 이 두 가지 점을 균형감 있게 고려하는 것이 중요할 것이다. 정당개혁은 사회적 요구로 이루어질 수도 있지만, 정작 정당개혁이 이루어지려면 정당 자신이 이를 실행에 옮겨야만 한다.[158] 정당 개혁의 실행은 외부 연관 제도들의 구조적인 제도개선이 선행되어야만 가능할 수도 있다.[159]

여전히 문제는 남는다. '개혁'만이 능사는 아니다. 정당이 개혁만 하다가는 제대로 일하기 어렵다. 개혁이란 '가능한 것'이 있고, '시도할만한 것'이 있는 것이다. 현재의 '현안'(懸案)을 제쳐두고 미래의 '개혁'에만 매달리는 것은 문제다. 개혁이라고 해서 항상 바람직한 순기능만 보장하는 것이 아니다. '개악'(改惡)이 되어 악순환의 기능을 가져올 수도 있음을 유의해야 한다. 단기적 시각에서 개선(改善)이지만 장기적으로는 반(反)개혁적일 수도 있다. 정치인들의 개혁은 하나의 명분인 것이고, 배경에는 특정 집단의 논리와 이득구조가 도사리고 있음을 유의해야만 한다. 정치인들은

'정치적 인간'이기 때문이다.[160]

한국의 정당들은 '정책정당'이 아니라고들 한다. 정치학에서 고유명사로서의 '정책정당'이란 용어는 단순히 정책을 많이 만들어내는 정당을 뜻하는 것이 아니고, 정책적 일관성을 지닌 정책을 생산하는 정당을 뜻하는 것이다. 그러니까, 학문의 영역에서 '정책정당'이란 오히려 '이념정당'과 친화력이 있는 용어인 것이다. 그래서, '정책정당'화하는 것을 마치 '이념적' 집착이나 이념적 고수의 상황인 것처럼 이해하고 행동하는 것을 유의해야만 한다. 의회의 현실정치과정에서 정당이 정책정당이 되려면 자신의 이념적 정체성을 잊지 않으면서도(자신들을 지지해 준 유권자들을 생각할 때), 정당간 협상에서 이념적 정체성에 집착하지 말고 타협과 협상으로 이끌어 내야 한다. 최종적으로 정당간의 합의를 통해서 국민의 민복을 위한 정책을 결과물로서 산출해 내어야만 정책정당이 되는 것이다. 그러기 위해선, 진보좌파정당은 조금 더 중도로, 보수우파정당은 조금 더 중도로 다가서야 하는 것이다. 그래서 '정치력'이 필요한 것이다. 학문적 용어와 현실세계 모두를 종합하여 이해하자면, 보수우파정당과 진보좌파정당이 정책정당이 되는 길은 서로의 이념적 거리를 멀게 하지 않고 서로 가까이 다가서면서 의회에서 정책적 타협을 거두는 길을 의미한다. 물론 이렇게

157 정치권에서 기업개혁을 하려고 하지만, 정치권이 개입하지 않아도 기업은 자생적으로 개혁할 수밖에 없다. 지나친 간섭이 오히려 기업의 자생적 개혁을 망칠 수도 있다. 상품의 개발과 판매에서 기업은 태생적으로 개혁하지 않으면 생존할 수 없다. 정치권에서 정당은 기업만큼 개혁하지 않아도 살아남을 가능성이 높다. 정당은 선거시기에만 실효적 평가를 받는다. 그나마도, 신생정당들이 진입하기 어려운 '카르텔정당체계'(cartel party system)하의 주요 정당들은 새로운 정치적 도전에서 무관한 '안전지대'에 있다고 비판받고 있다.

158 현대사회에서 '소셜 미디어' 매체와 '사회운동'은 '선거결과'와 함께 정당개혁에 영향을 미치는 주요한 요인이다. 서정건, 김예원, "소셜 미디어 시대의 사회운동과 정당정치: 미국의 소득 불평등과 '점령하라' 운동(Occupy Movement) 사례를 중심으로", 『한국정당학회보』 13:2 (2014), pp. 101-129. 서정건과 김예원은 2011년 월스트리트(Wall Street)의 '점령하라' 운동을 분석하면서, 기존의 정당정치에선 소득불평등의 이슈가 제대로 다루어지지 않았음에도, 대통령과 여론을 포함한 차원에서는 소셜미디어 중심의 사회운동과 정당시스템간의 상호작용이 있었음을 주장한다. 신진욱, 김진두, 정보영, "사회운동은 어떻게 보수정당의 복지정책을 바꾸는가?: 정치매개모형을 통한 반값등록금운동 사례 분석: 2008-2011", 『한국사회학』 52:1 (2018), pp. 1-37. 해당연구는 사회운동과 그 이슈에 대한 정치사회적 반응이 폭발하는 것은 무엇보다도 정당간 선거경쟁이 격화되어 사회운동의 요구를 수용하거나 억압하는 것이 정치적 이해관계에 실질적인 영향을 미치게 될 때라고 주장한다.

159 독일에서 '녹색당'이 성공한 군소정당으로 존립할 수 있는 것은 이념적 유연성을 지니고 '마르크스정당'에서 환골탈태한 자신의 노력도 있지만, 근본적으로 군소정당이 존립할 수 있는 독일식 연동형비례제라는 선거제도의 환경이 주요한 요인이라고 해석할 수도 있다.

160 Harold Lasswell, *Power and Personality* (New York: W.W. Norton & Company, 1948). 라스웰은 '정치적 인간'이란 '사적 이익'이나 '사적 동기'를 '공적이익'으로 합리화시키는 인간이라고 정의한다.

정책적 타협을 함에 있어서는 집권 여당의 역할이 더 막중함은 물론이다.[161]

최근의 한국정치과정을 보면, 보수-진보 정당간에 진영갈등이 첨예화되고, 의회정치는 실종되고, 오히려 '장외정치'(場外政治)를 통해 사회의 갈등을 확대재생산하고 있다. 이런 상황에선 정당이 선거시기에 제기된 주요 민생복리 이슈에 관여하여 '정책선거'에 순응하는 기관으로 진화하는 것도 정당간 갈등을 완화시킬 수 있는 한 가지 방법일 수 있다.[162] 포괄적 의미에선 '정책선거'에 순응하는 정당도 '정책정당'의 일종이다. 근본적으로, 한국의 정당들이 소위 정책중심적이지 못한 이유는 한국선거에서 유권자들이 국민들의 실생활과 연관된 정책들을 그리 중시하지 않고 진영논리에 관련된 상징적 이슈에 관심을 두는 것에서 기인할 수 있다.[163] 이런 경우엔, 정당개혁프로그램이라는 것이 더욱 복잡해질 수 있다. 선거에서 득표에 유리한 인기정책에 집중하는 모습은 포괄적으로는 '정책정당'이라고 할 수 있더라도, 정당의 대중들을 향한 '교조적 역할'은 약화된 것이다.[164]

결국, 무엇을 '상수'로 무엇을 '변수'로 할지를 결정해야 개혁프로그램이 적절히 논의되겠지만 이에 대한 합의는 사실상 전무한 상태라고 해도 과언이 아니다 . 이러한 문제점 하에서의 가능한 논의는 정당이란 기관이 갖는 근본적인 '존재의 이유'(raison d'être)나, 정당의 존재의 이유와 연관된 이슈들의 '필요성'과 '실현가능성'을 중심으로 논하는 것이 바람직할 것이다. 정당개혁프로그램에 관한 기존에 주요한 이슈들이 한국사회에서 "필요한 것인지?" 그리고 그러한 필요성에도 불구하고 현실적으로 "가능한 것인지?"는 두 개의 분리된 사안이다. 개혁의 범위와 규모를 판단하는 것은 단순히 '지식'(知識)의 영역이 아니고, '지혜'(智慧)의 영역에 해당할 것이다. 전능한 제도는 없으므로, 일단 법과 규칙이 개정되면 이를 순기능화하도록 하는 노력이 함께해야 함은 물론이다. 개혁의 규모와 범위를 말하자면, 헌법까지 연결될 것이다.[165] 역으로, 개헌의 수준과 내용에 따라서는 수 많은 하위 법체계가 모두 변해야 한다. 현 시점에서 정당개혁 프로그램들을 만드는 것은 개별 정당의 자유이나, 가장 큰 문제는 '실현가능성' 내지는 '실효성'이다. 어떤 정치체계이건 변하지만, 상당기간 변하기 어려울 듯한 소위 '구조 변수'(structural variables)들이 존재한다. 별로 변할 것 같지 않기에 '변수'가 아닌 '상수'(constant)로 취급할 필요가 있다. 예를 들면, 선거전후에 정당간 이합집산은 변수라기보다 상수에 가깝다.

정당조직의 가장 큰 목적은 선거경쟁체계에서 득세하는 것이다. 선거경쟁에서 순조롭지 않은 정당들은 정당조직의 개혁을 위한 압박을 받게 된다. 대개 정당조직의 개혁은 선거 직전이나 직후에 이루어진다. 해당 선거 직전에 이루어지는 정당개혁은 주로 유권자들을 위한 외연확장을 위한 것이 대부분이다.[166] 반면 정당개혁은 이전 및 차후 선거와 맞물려 선거에서의 성공과 실패에 대한 진단과 더불어 이루어지게 된다. 경쟁력있는 후보자를 공천해야 한다든지(공천제도의 문제), 보다 많은 유권자들의 요구에 다가서야 한다든지(유권자들의 이념 및 정책선호 분포상황) 하는 것이 주된 내용이다. 정당의 개혁이 유권자들에게 개혁으로서 받아들여지는 것은 별개의 문제이다.

161 James Madison, *The Federalist Papers*, No. 10, 51. 매디슨(J. Madison)이 지적했듯이 의회에서 '다수의 횡포'(majoritarian bias)와 '소수의 횡포'(minoritarian bias)가 모두 없어야만 한다. 숫적 우위를 과신하면서 생기는 '오만한 정치'와 숫적 열세 속에서 소수 이익집단들의 이익을 교묘하게 추구하는 '떼쓰기 정치'와 '투정하는 정치'가 없어야 한다. 상식적인 이야기이지만 쉽지 않다. 그래서 정치는 고도의 '예술'(Art) 행위와 비견된다. 최근에 의회정치에 '숙의(숙고, 심의)민주주의'(deliberative democracy)가 종종 논의되는 이유이다. 두 가지 의미이다. 첫째, 숫자를 바탕으로 무조건 표대결부터 하면 안된다. 대화와 타협을 통해서 합의점을 구해야 한다. 표대결은 최종단계에 불가항력일 때 하는 것이다. 둘째, 정치권의 문제는 정치권에서 풀어야 한다. 정치권의 문제를 상호 고소 · 고발을 남발하며 사법부의 판결에 맡기는 것은 결코 지양되어야 할 것이다.

162 장훈, "정책정당의 부침과 한국 민주주의 30년: 정책정당발전의 역사적, 이론적 제약과 한국정당의 변동", 17:3 (2018), pp. 5-23. 해당 연구는 한국정당정치에서 '정책정당'으로의 발전이 지체된 원인으로 1987년 민주화체제 이후 30년이 지난 지금까지 지속되어온 '강한국가-약한정당'이란 구조적 영향력에 주목한다.

163 김재한, "고효율·민주적 정책정당 실현을 위한 탈(脫)규제의 처방", 『한국정당학회보』 1:1 (2002), pp. 47-63. 김재한은 한국선거과정에선 특정 유권자들이 특정 정책을 지지하기 때문에 그에 해당하는 정치인을 지지한다기 보다는, 특정 정치인을 지지하기 때문에, 그 정치인의 정책을 지지하는 경우가 많음을 지적한다. 유권자가 정책중심으로 정당에 투표한다는 의미는 두 가지이다. ①유권자는 '정책-공약'을 중심으로 투표한다. ②정책을 판단하고 '전망적 투표행태'(prospective voting behavior)는 물론 '회고적 투표행태'(retrospective voting behavior)를 갖고 있어야 한다. 정당이 약속한 정책을 제대로 수행하는지에 대해서 판단할 수 있어야 한다는 것이다. 김재한은 시간이 흐르면서 한국정치에서도 정당간 경쟁에서 점점 정책의 비중이 커짐을 지적한다.

164 Torben Iversen, "The Logics of Electoral Politics: Spatial, Directional, and Mobilizational Effects", *Comparative Political Studies*, 27(1994), pp. 155-189. 아이버슨은 정당이 여론을 주도하고 사회에 바람직한 쟁점들을 정치화하는 역할을 해 나가는 역할을 중시하고 있다. 분명한 것은 정당이 단순히 여론을 추종하는 수동적인 집단의 역할에 머무를 수 없다는 것이다.

165 정치현장에서 근무하는 사람들에 대한 심층면접에 나타난다. 우리의 정당정치가 제대로 기능하지 못하는 근본적인 원인은 한국정치일정이 정당중심이 아닌 청와대 중심이라는 것이다. 윤종빈, 정회옥(외), 미래정치연구소(편), 『정치현장에서 진단하는 한국정당과 민주주의』 (서울: 푸른길, 2017), p. 395 ('심층면접 대상자 17'). 그리고 이는 '대통령의 권한이 강한 5년 단임제'의 특성에 기인한다. 한국의 모든 정치일정은 '대통령선거'에 집중되어 운영된다. 국회의원선거도, 지방선거도 지역별 이슈는 실종되고, 대통령에 대한 평가를 중심으로 이루어진다. 대통령을 차지한 정당은 장관과 관련 공기업 등 모든 고위정책결정직을 연관인사로 도배하게 된다. 윤종빈, 정회옥(외), 미래정치연구소(편), 『정치현장에서 진단하는 한국정당과 민주주의』 (서울: 푸른길, 2017), p. 248-249 ('심층면접 대상자 08'). 당연히 두 개의 주요정당은 사생결단의 투쟁만이 있을 뿐이다. 정당과 권력구조의 문제는 뒷 부분에서 따로 장을 마련하여 상술한다. 제5장 정당과 권력구조를 참조하면 된다.

166 이것도 주요정당인지 군소정당인지에 따라서 다르게 나타난다. 선거직전에 일어나는 '주요정당'들의 노력은 당원 수 확장 등에 연관되어 있다. 이른바 '산토끼'를 잡으려는 노력이다. 대조적으로 '군소정당'의 노력은 지지층인 '집토끼'를 확보하고, 자신들의 존재를 각인시키려는 것이다. 정치권에서는 '집토끼', '산토끼'에 빗대어 부동층을 '들토끼'로 표현하기도 한다.

'개혁'은 '개정'(改正)이라는 보장이 없으며, '개악'(改惡)이 될 수도 있다. 이것은 시간이 흐른 후에 판단이 가능하기 때문이다. 더 중요한 것은 개혁의 실효성이다. 개혁은 명분 그 이상으로 실효성이 담보되어야 하는데, 실효성에 영향을 미치는 것이 정당정치에 영향을 미치는 '구조적'인 변수들이 있다. 정당이 선거에 승리했다면 심각한 수준의 조직개혁 논의는 별도로 이루어지지 않았을 것이다. 선거가 끝난 후에 정당개혁 프로그램을 마련하더라도, 다음 선거까지 정당개혁 프로그램이 지켜지고 실천되느냐는 별개이다. 정당간 선거게임은 상대가 있는 게임이어서 상대 정당이 어떤 후보자들을 공천하느냐에 따라서 그 대항마(對抗馬)를 정하는 것이 현실이다. 이런 경우에 정당의 전략은 해당 선거 시기에 "제대로 된 사람을 원칙에 의해서 선출하면 되는 것"이지, 과거 개혁프로그램으로부터 생성된 개혁프로그램과는 무관할 수도 있다.[167] 정당이 제도화되기 위해선 '기관으로서의 제도화'가 중요하지만, 현실에선 '인물위주의 정치'가 형성될 개연성이 큰 것이다.[168]

또 다른 하나의 구조적 변수란 '양당체계'(two-party system)에 관한 것이다. 한국 정당정치는 형식적으로는 '다당체계'(multi-party system)의 형식을 갖고 있었던 때에도 실질 기능은 양당체계적인 것이었다. 말하자면, 미국식 양당체계라기보다는 두 개의 커다란 정당을 중심으로 몇 개의 군소정당들이 존재하는 영국식 양당체계와 유사하다. 정당정치개혁에서 가장 중요한 것은 정당간 게임 하에서 그 내용이 실효성을 갖게 되는데, '경제'를 우선시하는 한국정치의 특성상 양당정치가 강화될 수밖에 없다는 것이다.[169] 한국정치과정은 제3당이나 제4당의 의미가 유럽(특히 독일과 같은)에서와 같은 그런 의미의 것이 결코 아니다.[170] 우리의 선거정당사를 보면, 선거에서 유불리에 따른 분당이나 통합의 과정에서 발생한 정당들로 다당제가 형성된다고 보는 것이 적합하다. 제20대국회(2016-2020) 말기에 5개의 정당이 존재하지만, 유럽식으로 말하는 3당이란 (의석수의 많고 적음에 상관없이) 사실상 '정의당'이며, '바른미래당'이나 '민주평화당', '대안신당' 등은 파벌과 지역이 개입된 분당(分黨)의 결과물로 인식된다.[171] 언제든지 정당이합집산의 준비가 되어 있다. 단순히 선거개혁(안)이 SNS시대의 매체특성과 참여민주주의적 속성과 맞물려서 다당체계를 유도할 수도 있다. 문제는 현재 한국정치에 형성된 유형의 '양당정치'는 그 뿌리가 매우 깊은 것이어서, 단순히 형식적인 차원이 아닌 실질적인 3-4당체계로 변환되는데는 시간이 소요될 수 있다.[172] 더욱 중요한 것은, 다당체계라고 해서 지금보다 더 나은 정치과정이 한국정치에 형성될 것이라는 확신을 갖기 어렵다는 것이다. 국민들의 먹고

사는 문제, 경제활성화, 청년실업률, 안보, 사회안정 등이란 단순히 특정 정당의 이념적 전유물이 아니다. 자영업자의 비율이 높은 한국사회에선 유권자들의 '경제투표'(pocketbook voting)행태가 주요하게 나타나며, 남북 군사대치 상황에서 안보와 사회안정은 중요할 수밖에 없다.[173] 이런 상황에서 다당체계와 양당체계 상호간에 특정

167 해당 의견은 정치현장에서 일하는 당직자, 의원보좌진, 당 전문위원, 국회공무원 등을 대상으로 행한 심층면접 기록물의 한 부분이다. 윤종빈, 정회옥(외), 미래정치연구소(편),『정치현장에서 진단하는 한국정당과 민주주의』(서울: 푸른길, 2017), p. 298 ('인터뷰 대상자 11'). 정치현장에서 일하는 사람으로서 제시한 이러한 의견은, 역설적으로, 정당의 개혁프로그램이 막상 선거 시기에 즈음하면 현실성 있는 프로그램으로서 유지되기 어렵다는 것을 반증한다.

168 Russell J. Dalton and Steven Weldon, "Partisanship and Party System Institutionalization", *Party Politics* 13:2 (2007), pp. 179-196.

169 한국정치현장에서도 '양당정치' 성향을 체감하고 있다. 윤종빈, 정회옥(외), 미래정치연구소(편),『정치현장에서 진단하는 한국정당과 민주주의』(서울: 푸른길, 2017), p. 139 ('인터뷰 대상자 01'). 특히 한국선거과정에서 경제변수는 선거결과에 영향을 미치는 제1의 변수이다. 경제변수의 중요성에 관해서는 다음을 참고. 김재한, "제14대 대선과 한국경제",『한국정치학회보』27:1 (1993), pp. 99-120. 황아란, "경제투표에 대한 정치심리학적 접근",『한국정치학회보』34:2 (2000), pp. 193-212. 강우진, "제18대 대선과 경제투표",『한국정치학회보』47:5 (2013), pp. 213-233. 문우진, "경제투표, 선거심판과 민주주의",『평화연구』26:2 (2018), pp. 5-44. 이로 인한 한국의 국회 내 정당 양극화 문제와 그 해결에 대해서는 다음을 참고. 김형준, "사회 갈등 해결을 위한 국회의 역할과 과제: '국회 내 정당 양극화' 해소를 중심으로",『대한정치학회보』23:1 (2015), pp. 71-97.

170 그럼에도 불구하고, 한국에서 참고하는 많은 모델들(특히, 선거제도와 연관하여)이 독일식이라는 점은 유념할 필요가 있다.

171 2019년 12월 현재에 바른미래당에서 다시 '새로운 보수'(유승민 계)가 분리를 선언했다.

172 '실질적인 3-4당체계'란 두 개의 주요정당을 제외한 나머지 1개내지 2개의 정당의 의석수가 일정 수준 이상이 되어 정책입안이나 결정에 상당 수준의 영향을 미치는 경우를 말한다. 현재 한국 국회의원 300석 규모를 중심으로 이야기하자면, 두 개의 정당이 100석-130석 규모를 유지하고, 제3당이나 제4당이 각각 30석-50석 전후의 의석수를 갖는 것을 말한다. 두 개의 옵션이 있다. 하나는 '연동형 비례대표제'이다. 2019년에 국회 '정치개혁특별위원회'에서 논의되는 '준연동형비례대표제'는 정당별 의석수를 비례구 득표로 정하고, 이를 권역별 지역구의원으로 채우고, 나머지는(50% 연동형이어서 의석수가 남으니까) 현행처럼 비례구의 병립형처럼 채우는 것이다. 그런데, 독일식인 연동형은 문제가 있다고 본다. 단적으로 지역구표와 비례구표를 별도로 분리하면서, 비례구표로 의석수 대강을 정하는 것 자체가 불편하다. 한국의 국회의원선거제도에서 제3당이나 제4당이 진입하기 위해서 '중 · 대선거구제'는 또 다른 하나의 옵션인데, 현 시대 상황에서 나름대로의 효과성과 명분이 없는 것은 아니다. 국회의원 300석을 비례구 없이, 한 지역구에서 2-4인을 선출하는 것이다. 인구밀도가 낮은 지방의 경우 2인석으로 하고, 인구밀도가 높은 도시지역의 경우 3-4인으로 하면 된다. '중 · 대선거구제'의 가장 큰 장점은 현행 병립형제도에서 '비례구'의 문제를 포괄할 수 있다 현행 비례구는 제도 도입의 취지처럼 직능대표에 의한 정책전문성이 높지 않으며, 비례구에 추천되는 사람들의 의정능력은 항상 비판의 대상이었다. '중 · 대선거구제'는 정치신인의 정치권진입이 수월해지는 효과도 기대된다. 또한 지역주의 극복의 효과도 있을 것으로 예상되지만, 공천시 당내 파벌간 자기사람 심기는 근본적인 문제이다. 정당내 파벌간 갈등의 문제는 정당의 분당과 이합집산으로 이어질 수 있다. 또한 과거 '유신체제'나 '제5공화국'에서 '1구2인선거구제'가 운영되면서 여당은 어느 지역구에서건 무조건 동반당선된다(즉, 대충 당선된다)는 부정적 기억이 있다. 일본에서도 중 · 대선거구제가 정치개혁의 대상으로 이제 소선거구제로 바뀌었다는 논의 등이 결합하면서 '중 · 대선거구제' 도입이 쉽지 않을 것이다.

173 이현우, "한국에서의 경제투표", 이남영 편,『한국의 선거 II』(서울: 푸른길, 1998), pp. 99-150. 김도종 ·

정당체계가 더 우월하다는 명확한 증거는 찾기 어렵다.[174] 양쪽 정당체계상의 특징이 있으며, 그런 정당체계는 선거제도의 결과물이니 선거제도의 선택이 중요할 수는 있다. 그래서 특정 선거제도가 우월하다고 하지만, 특정 선거제도가 특정 정당체계와 함수관계는 있어도 좋은 정치와는 전혀 함수관계가 없다고 해도 과언이 아니다. 정당개혁에 대한 지나친 아이디어의 난무 속에서, 특히 선거제도를 중심으로, 지나친 실험정신을 경계하는 목소리도 유념할 필요가 있다.[175] 본론은 한국정치의 문제점이 양당체계에서 다당체계로 변화하면 개선될 것인가에 있는데, 사실상 다당체계로 변화한다고 해서 한국정당정치가 변할 것이라는 것에 커다란 확신을 갖기 어렵다. 한국정당정치의 낙후된 문제는 정당체계의 문제라기 보다는 거의 대체로 개별 정당조직내의 문제이다. 당내민주주의의 문제이고, 정책전문가나 훌륭한 정치인력을 찾아내고 공천할 수 있는 당내 공천제도의 문제인 것이다.

정당의 목적이 선거에서의 득세라고 해서, 정당 본연의 정체성을 근본적으로 훼손하면서까지 무조건 그렇게 한다는 것은 아니다. 그렇게 하는 것이 쉽지도 않다. 유권자들의 '요약적 심리성향'(psychological predisposition)속에서 각 정당들은 여러 정당들 속에서 이념적으로 상대적인 위치를 갖고 있다.[176] 정당이 이념적으로 변한다고 해도 유권자가 그렇게 인식하기 위해선 정책적으로 실현된 결과물을 보여주어야만 하며, 그것도 단기적으로 국한되는 경우엔 효과가 없을 것이며, 중 · 장기적으로 그렇게 해야만 한다.

1) 한국정치에서 '당원'(또는 '진성당원', '기간당원')의 문제

'당원'이라고 해서 모두 같은 당원이 아니다. 듀베르제는 정당이란 기관입장에서 당원의 종류를 다음과 같이 나누었다. 모두 4부류인데, 다음과 같이 구분되며 '진성당원'이란 '행동가'를 말하는 것이다.

Reuven Y. Hazan and Gid'on Rahat, Democracy within Parties, (New York: Oxford University Press, 2010), p. 97

듀베르제의 구분은 한 개의 특정 정당을 기준으로 그 정당을 위해서 '관여하는 정도'(degree of commitment)를 기준으로 한 것이다. 조금 더 시각을 넓혀서 어떤 정당이 경쟁하는 정당을 염두에 두고서 유권자들을 구분할 수도 있다. 정당은 특정한 집단으로부터 지지를 받는다. 정당의 기관 입장에서 사회구성원들은 '당원들'(party members),

김형준, "제16대 국회의원 선거결과에 대한 집합자료분석", 『한국정치학회보』 34:2 (2000), pp. 105-127. 유권자의 '경제투표'(economic voting) 행태에는 2가지 종류가 있는데, 개인의 주머니 사정을 고려하여 경제상황을 판단한 상황에서의 투표(pocketbook voting)와 전반적인 국가 경제상황의 온도를 고려한 상황에서의 투표(socio-tropic voting)이 있다. 이러한 행태는 더 근본적으로는 인간의 심리상태가 미래를 생각하면서 투표하는지(prospective voting), 아니면 과거를 회고하여 투표하는지(retrospective voting)의 행태와 연관된다. 이에 대한 이론적 논의는 James E. Alt and K. Alec Crystal, *Political Economics* (Berkeley: University of California Press, 1983), pp. 149-160 를 참조하면 된다.

174 두 가지 논점이 있다. 첫째, 이것은 '양당체계'가 '다당체계'보다 우월하다는 것이 아니며, 일종의 선택의 문제인 것이다. 그리고 그러한 선택에 있어서, 과거의 경험과 역사가 선택의 중요한 기준점이 된다는 의미이다. 둘째, 한국정치에서 양당체계가 현재의 불만족스런 정치를 만들었다는 반론도 가능하다. 기존에 잘하지 못했으니까 바꿔야하지 않느냐는 것이다. 한번 바꿔서 해보는 것이 필요하다는 것인데, 다당체계를 선호하는 입장에서는 그 이상의 경험적 증거가 필요하다고 본다. 정당체계란 유권자들이 모인 집합수준에서 나타난 현상이며, 실험정신만으로 논의될 성질의 것이 아니다. 제도변경에 대한 이해 당사자들의 합의는 차치하고라도, 문화변수를 도외시해선 개혁 실효성을 담보할 수 없다. 정치문화는 변화하는데 제도보다 더 시간이 걸린다. 현재 한국의 정치문화를 보면, 다당체계라고 해서 '합의주의' 정신이 더욱 고양될 것이란 증거를 찾기 어려운 것으로 체감된다. 정치문화는 그대로인 상태에서 다당체란 한국의회정치과정에서 정책결정과정에서 낮은 예측가능성으로 혼란을 야기할 수도 있다. 현행 국회의원 선거제도 자체는 '다당체계'와 거리가 멀다. 현재 국회의원의 6/5 가량을 단순다수-소선거구제로 선출하는 제도는 양당체계를 유인하는 성향이 큰 데 반해서, 현재 비례구의석수(전체의석수의 약 1/6정도)로는 사실상 다당체계의 '쇼윈도우' 효과에 불과하다. 선출직이라고는 하지만, 선거과정을 거치지 않은 비례구의원들의 의정활동에서의 업적도 의문시하는 사람들이 많다. 보다 많은 사람들이 더 큰 확신을 공유한 상태에서 '선거제도'의 개혁이 있어야 바람직하다. '혼합제도'가 종종 괴물을 만들어 낼 수도 있다. 다당체계로 가려고 한다면, 국회의원선거에서, 전국단일광역구로 정당기표를 통해서 정당득표율을 의석수로 환원하는 제도가 가장 좋다. 하지만, 과연 해당 제도를 정치권에서 도입할 수 있을 것인가? 더 근본적인 철학적 의문이 있다. 비례성이 중요하다면 과연 무엇을 위한 비례성인가? 득표 비례성이 진정한 대표성을 담보할 수 있을 것인가? 하잔(R. Hazan)과 라핫(G. Rahat)은 선거득표율만의 비례성은 비례성의 일부일 뿐이며, 오히려 대표성을 위한 진정한 비례성은 인구 구성비, 직업 구성비 등 그 분야가 다양함을 지적한다. Reuven Y. Hazan and Gideon Rahat, *Democracy within Parties* (Oxford: Oxford University Press, 2010).

175 다양한 시도를 해 본다는 것은 장점이 될 수도 있다. 윤종빈, 정회옥(외), 미래정치연구소(편), 『정치현장에서 진단하는 한국정당과 민주주의』 (서울: 푸른길, 2017), p. 298 ('인터뷰 대상자 03'), pp. 190-192.

176 조중빈, "총선의 정치적 의의와 행태분석: 유권자의 여야성향과 투표결정 시기에 따른 정당지지", 이남영(편) 『한국의 선거 I』, (서울: 나남, 1992), pp. 161-175. 유권자들이 정당이나 후보자를 지지함에 있어서 다양한 변수들을 갖고 복잡한 과정을 통해서 결정을 하는 것이 아니고, 단순히 한, 두가지의 관점(즉, 요약적 심리성향)을 갖고 그것을 통해서 모든 것을 필터링하고 결정한다는 것이다. 조중빈은 이념형 정당이 부재했던 1980년대까지의 한국유권자들의 투표행태 속에서 '여당성향' 및 '야당성향'이 요약적 심리성향으로 자리 잡았다고 본다. 박정희를 지지하는 산업화세력은 '여당성향'이 있다고 보고, 반면에 김영삼, 김대중을 지지하는 민주화세력은 '야당성향'이 있다고 본다. 그리고 이러한 요약적 심리성향이 1987년 민주화이후 1992년 총선에서도 나타났다고 본다.

'정당지지자들'(party supporters), 그리고 '비당원들'(non-members)로 구분될 수 있다. 정당이 곤란에 처하거나 보다 집중적으로 일을 처리해야 할 필요가 발생할 때, '당원들'은 그렇지 않은 '정당지지자들' 또는 '비당원들'보다 정당조직에 도움이 된다.[177]

유럽정당사를 참고한다면, 당원들에 기초한 '대중정당'은 '원외정당'과 친화력이 있다. 입법부에 진출한 의원들 중심의 '원내적' 이미지가 아닌, 전체당원중심의 '원외적' 이미지 때문일 것이다. 여기에 정당이념을 추가한다면, '대중정당-원외정당-좌파정당'이라는 개념적 조합과, '소수간부정당-원내정당-우파정당'이라는 개념적 조합이 형성된다. 이런 경우, 좌파정당의 경우 우파정당보다도 다수에 의한 '당내민주주의'가 더 발전했을 것이란 기대가 있다. 직관에 의한 관념상의 스테레오타입(상투적 표현, 고정관념)이니 경험적 사실과는 별개일 수도 있다.[178]

한국의 경우, 진보정당들에 대한 연구를 보면, 스테레오타입은 스테레오타입일 뿐이어서 진보정당들도 당내민주주의에 취약함을 알 수 있다.[179] 보다 근본적으로 이러한 문제는 진보정당만의 문제가 아니라, 보다 근원적으로, 인물중심적 한국정당 발전사의 특질에 기인한 당원구조에 있을 것이다.[180] 어떻게 보면, 한국정당사의 역동성은 '정당일체감의 감소와 더불어 나타난 당원수 감소'라는 선진민주주의 국가들의 전반적인 흐름과는 역행하는 듯하다. 왜냐하면, 박근혜 대통령 탄핵이후 문재인 정권이 들어서면서 '더불어민주당'이 2017년 10월에 '100만당원' 시대를 연 것으로 보도되고 있기 때문이다.[181] 당원의 수가 부분적으로 동원될 수밖에 없다고 하더라도 해당 보도에 따르면, 2017년 9월말까지 당비납부를 약정한 권리당원의 입당자 수가 100만명이 넘었다는 것이다. 더불어민주당이 24만명의 당원으로서 '100만당원운동'을 시작한 것이 2017년 6월 초에 대통령선거를 승리로 이끈 직후였으니, 불과 3달만에 4배로 불어난 것이다. 이러한 움직임은 상대 정당에게도 자극이 될 것임에 틀림없다.

1987년 체제가 시작된지 30년이 지났다. "한국정치과정에서 '당원'을 중심으로 하는 정당정치가 가능한가?" 기실 '진성(眞性)당원'이란 하나의 용어로 부르지만, '진성당원'의 수준은 천차만별이다.[182] '기간(基幹)당원'이 우리가 일반적으로 갖고 있는 직관에서의 '진성당원'이라기 보다는 '권리당원'에 유사한 듯하다.[183] 용어가 말하듯이 진성당원인 당원은 당이 나를 위해서 해주는 것보다 내가 당을 위해서 하는 것에 관심이 많다. 상대적으로 '기간당원' 또는 '권리당원'이란 정당이 당원들에게 무엇인가를 해 주지 않으면 허수화할 가능성이 있다.[184] 정당조직은 당연히 권리당원의 권한을 강화하는 방향에서 정당개혁안을 준비하게 되니 당원수의 규모는 단순히 상징적 의미를 넘어서 정당조직의 개혁을 이끄는 현실적 힘이 된다. 정당조직의 공고성(consolidation)과 진성당원의 수가 반드시 일치하는 것은 아닌 것으로 생각한다.

177 Paul Webb, Monica Poletti Tim Bale, "So who really does the donkey work in 'multi-speed membership parties?: Comparing the election campaign activity of party members and party supporters", *Electoral Studies*, 46 (2017), pp. 64-74.

178 Robert Michels, Political Parties (New York: Simon and Schuster, 1968).

179 민주노동당은 2004년에 원내진출과 공직 · 당직자를 당원 스스로 결정하는 '진성당원제'를 도입하면서 기성 정당체계에 바람을 몰고 왔다. 손우정은 한국 진보정당의 당원주도형 제도를 분석한 결과, 인민주권론에 기초한 '직접민주주의'를 공식적으로 표방하고 있지만, 사실상 당원보다 정당엘리트의 주도성이 관찰되는 이른바 '대의제' 수준에서 운영되었음을 지적한다. 따라서, 손우정은 한국 진보정당들의 내부 갈등과정에 당원주도형 제도로 전혀 작동하지 않아 실효성을 상실했고, 당원의 권한이 대의할 수 있는 공직 · 당직자를 선출하는 수준에 머물렀다고 주장한다. 이러한 당내민주주의의 수준 때문에 당내의 구조화된 정파간 갈등(분당으로 이어짐)과 과두제의 심화를 막을 수 없었다고 보고 있다. 정당인들의 권력투쟁의지는 우파보다 좌파가 더 강하다는 항간의 이야기도 있다. 손우정, "한국 진보정당 내부 민주주의 제도 연구: 민주노동당, 노동당, 녹색당, 정의당, 통합진보당 사례를 중심으로", 『기억과 전망』 32 (2015), pp. 247-292.

180 최근 연구분석에 따르면, 한국당원들의 경우 사회적 대표성에 있어서 전체 인구집단에서 크게 벗어나지 않으며, 정당지지자들에 비해서 더 양극화된 정도도 심하지 않다. 단, '당심'과 '민심'사이에 괴리가 있을 때, 당원은 당심에 더 가깝고, 지지자들은 민심에 더 가까웠다. 이에 대해서는 허석재, "누가 당원으로 가입하나?" 『한국의 당원을 말하다: 당원의 현재와 미래, 그리고 한국형 정당모델의 탐색』 윤종빈, 정수현(외) (서울: 푸른길, 2019), pp. 11-38. 당원이라고 함은, 특히 진성당원이라고 함은, '당비'를 내는 것이 중요한 기준들 중의 하나이다. 그런데, 한국의 경우 '당원'에 대한 규정이 정당마다 다르다. 2019년 상황에서 정의당이나 민주평화당의 경우 당비를 내는 당원과 그렇지 않은 당원을 구분하지 않는다. 이에 대해서는 한정훈, "누가 왜 당비를 내는가?" 『한국의 당원을 말하다: 당원의 현재와 미래, 그리고 한국형 정당모델의 탐색』 윤종빈, 정수현(외) (서울: 푸른길, 2019), pp. 39-78. 여기서 한정훈은 경험적 분석을 통해서 자발적 당원인 경우에, 당원과 소속 정당간 이념적 거리가 멀면 당비를 낼 확률이 낮아짐을 지적한다. 근본적으로 한국정당들에 있어서 당비를 내는 당원들에 대한 중요성이 하락하는 것은 '정부보조금제도'의 영향도 일부 있거나, 유권자와 정당이 맺는 관계의 다각화에 영향을 받게 되는 것으로 추측해 본다.

181 서혜림, "더불어민주당이 100만 권리당원 시대를 열었다" 연합뉴스 (2017. 10. 22. 오후 5시 송고). 2017년 시점에서 중앙선거관리위원회에 등록된 정당들은 모두 45개 정당이며, 당원수는 7,507,952(명)으로 되어 있다. '더불어민주당'은 3,568,111명, '자유한국당'3,227,708, '국민의 당' 285,023명, '바른정당' 67,053명, '정의당' 40,362명 등으로 되어 있다. 2017년 자료이니 이것은 2016년까지의 기록이라고 보는 것이 좋을 것이다.

182 정당이 '무당원제'(無黨員制)를 공표하기 전에는 정당의 구성 기본요소는 '당원'이다. '국민참여경선제'의 경우에도 기간당원과 일반참여자에게 동등한 투표권을 주기 않는다. 교과서적 의미에서 어떤 당원이 진성당원인지 아닌지를 판단하는 가장 명확한 근거는 정기적으로 당비내는 당원인 것만으로는 충분치 않으며, 선거에서 피공천자로의 자격여하에 달려있다. 어떤 당원이 진성당원이라면 그는 선거에서 공천받을 자격이 있다는 의미이다. 정당은 선거에서 승리하기 위해서 외부인을 '전략공천'하기도 하지만, 진성당원인 자를 선거에 공천하면 그만인 것이다. 인구에 회자되는 벨기에 사회당의 당원에 대한 공천자격을 보면, 진성당원은 선거에서 피공천자로서의 자격을 가진 자와 동일한 의미로 한정될 수 있다. 보다 자세한 내용은 3장을 참조할 수 있다.

183 과거 '노사모'(노무현을 사랑하는 모임)에서 '당원'(黨員)과 '당우'(黨友)를 구분한 것은 그러한 사례이다. 당원이 진성당원이라면, 당우는 기간당원 내지는 지지자에 유추될 수 있을 것이다.

184 해당 시점이 2018년 지방선거를 앞둔 시점이어서 지방선거출마를 준비하는 많은 수의 예비후보자들이 각자 지지자들을 '권리당원'으로 가입시키기 때문에 비롯된 현상과도 무관치 않을 것이다.

주목할 만한 연구들에 따르면, 진성당원의 수가 많아야만 정당조직이 공고한 것은 아니다.[185] 이것은 정당이 '당원의 수'에 기댈 필요가 없으며, 만약 정당조직이 몸집을 불리기를 원한다면 동시에 '정당지지자들'들이 정당활동의 수준에 있어서 '진성당원'의 역할을 대체할 가능성도 있다.

한국의 정당발전사의 가장 큰 특징은 국가독립의 과정 및 군부독재 극복의 과정 속에서 정당이 발전해 왔다는 것이다. 소위 레입하트가 서유럽의 통시적 경험적 분석을 통해서 제시한 '이념정당'들의 경쟁 유형들을 통해서가 아니었다.[186] 대중정당의 형태로 이념적 정체성에 기반하여 당비를 내는 당원 구조는 취약할 수밖에 없었다. 현재, 서구에서도 당원의 성향은 변화하고 있다. 서구에서도 '정당일체감'의 약화와 연결하여 당원구조가 과거보다 약화된 것이 사실이다. 현재 정당들의 가장 현저한 특징은 과거와 비교하여 낮은 수준의 '정당일체감'(party identification) 속에서 존재한다는 것이다.[187] 정당을 둘러싼 환경이 변한 것이다.[188] 이러한 환경은 과거보다 '적극적 당원'이 축소되고, 이제는 소위 달튼(R. Dalton)이 언급하는 "정당원 없는 정당정치"(parties without partisans)로의 상황이 전개된다는 것인데, '정당지지자들'의 자원봉사 행동들은 과거 공식적 당원들이 하던 일을 대체하거나 그 수준도 선거활동 수준에까지 이르러 있다는 것이다. 이것은 경험적으로 사실이다.[189]

그럼에도 불구하고 정당일체감이 일방적으로 약화되었다는 주장을 하기에는 상황은 좀 더 복잡한데, 왜냐하면, 정치적 사건들이 실시간으로 현장중계되고 이에 접할 수 있는 SNS시대에는 상대적 선호를 갖는 정당이 분명해 질 수도 있다는 사실 때문이다. 유사한 정치선호집단끼리 그들의 선호를 확대하고 강화할 수 있는 가능성 때문이다. 이렇게 본다면 과거와 비교하여 현재의 정당일체감의 감소문제는 당원 규모에서 비롯되는 양의 문제이지, 수준이나 질의 문제는 아닐 수 있음에 유의할 필요가 있다. 물론, 다양한 정치적 사건들 속에서 정당에 대한 지지를 철회하는 소위 유권자들의 유동성이 증가할 수도 있을 것이다.[190] 그래서 일방적으로 당원이 감소한다라고 단언하기에는 과거보다 상황이 단순하지 않다는 것이다.

그렇다면, 궁금한 것은 이들 정당지지자들이 어떤 유인으로 인해서 당원들에 버금가는 정당활동을 하게 되는가? 보통 정당지지자들은 일반유권자들보다 정당이나 후보자들에 대한 '동조화'(assimilation)의 경향이 강할 것이다. 보수와 진보의 정체성을 지닌 매체가 따로 존재하며, 보수집단과 진보집단은 자신들의 입장을 대변하는 매체와 채널에 집중함으로서 SNS시대가 사회의 소통을 원활히 하는 것이 아니라, 오히려 진영간 소통을 격리시키고 분리시키면서 진영간 갈등을 강화하고 있다. SNS시대의 아이러니가 아닐 수 없다.

정당 '동조화'현상을 한국정치현실에 적용할 때 '부동층'의 규모를 먼저 파악할 필요가 있다. 한국정치과정에서 일관된 정당지지자가 아닌 '부동층'(浮動層: floating voters)의 숫자를 추론해보면, 적게는 25% 많게는 40% 정도로 까지 알려지고 있다. 정당에 동조화하는 정당지지자들이 부동층에도 있을 가능성이 있다.[191] 이렇게 본다

185 공고한 정당조직이란 선거경쟁에서 조직활동으로 증명된다. 스캐로우와 게즈고에 따르면, 적은 수의 멤버들도 보다 넓은 선거기반들에 연결되어 활동하기 때문이다. Susan E. Scarrow and Burcu Gezgor, "Declining memberships, changing members? European political party members in a new era", *Party Politics*, 16:6 (2010), pp. 823–843. 쾰른의 통시적이고 거시적인 경험적 연구는 주목할 만하다. 쾰른은 1960년부터 2010년까지 50년동안의 유럽 6개국 47개 정당들의 개인당원들의 변화를 분석한다. 쾰른은 당원구조의 약화가 전지구적인 보편적 현상이라고 할 수 없으며, 국가들마다 차이가 있음을 지적한다. 특히, 해당 연구는 공고한 정당조직이 많은 수의 당원들을 갖고 있는 것은 아니라는 사실을 지적한다. Ann-Kristin Kölln, "Party membership in Europe: Testing party-level explanation of decline", *Party Politics*, 22:4 (2016), pp. 465–477.

186 레입하트는 경험분석을 통해 다음의 7가지 이슈차원을 사회균열축의 영향력의 크기별로 제시하며 '이념정당'들의 경쟁 유형을 나타내고자 한다: 1.사회경제적(Socio-economic), 2.종교적(Religious), 3.문화종교적(Cultural-ethnic), 4.도시-지역(Urban-rural), 5.체제-반체제(Regime support), 6.외교정책(Foreign policy), 7.탈물질주의(Post-materialist). Arendt Lijphart, *Patterns of Democracy: Government Forms and Performance in Thirty-Six Countries* (New Haven: Yale University Press, 1999).

187 Russell J. Dalton, *Citizen Politics in Western Democracies*, 2nd edition (Chatham, NJ: Chatham House, 1996). Russell J. Dalton and Martin P. Wattenberg, *Parties without Partisans: Political Change in Advanced Industrial Democracies* (Oxford: Oxford University Press, 2000).

188 환경변화의 가장 큰 동인은, 단연코, '매체'(media)의 변화이다. 그 핵심은 '모바일' 매체를 통해서 실시간으로 타인이나 기관과 연동된다는 것이다.

189 Justin Fisher, Edward Fieldhouse, David Cutts, "Members Are Not the Only Fruit: Volunteer Activity in British Political Parties at the 2010 General Election", *The British Journal of Politics and International Relations*, 16 (2014), pp. 75–95.

190 결국, 선거때마다 지지하는 정당이 고정되어 있지 않고 변화하는 '스윙보터'(swing voter)의 규모에 의해서 유동성의 수준이 결정될 것이다.

191 한국정치에서 '부동층'이란 투표행태에서 주로 '스윙보터'(swing voter)들을 일컫는 경우가 많다. 시기 상황마다 유권자들이 자신들의 이익과 연관시켜, 정당보다는 인물(후보자)을 중심으로 투표하는 경우 스윙보트의 성향이 높아질 수 있다. 부동층이란 지지하는 정당이 없는 유권자층을 말하는데, 반복되는 선거에서 일관되게 같은 정당들을 지지하지 않고 정당을 바꾸면서 투표하는 행태로 나타난다. 부동층의 존재와 발생의 원인들을 다음과 같이 정리해 볼 수 있다. 일반적으로, 유권자들이 기존 정당들에 대한 불신감의 수준이 높아서 특별히 지지할 정당이 없는 경우이다. 유권자들은 '최선(最善)의 선택'이라기 보다는 최악을 피하기 위한 '차악(次惡; less evil)의 선택'을 하게 된다. 여론조사기간에 아직 지지정당을 정하지 못한 경우에도 부동층으로 조사된다. 이에 대한 보다 자세한 논의는 진영재, 『부동층 유권자 형태 분석』 (서울: 집문당, 2002). 진영재, "부동층 집단의 세분화를 통한 부동층의 이해", 이현우, 권혁용(공편), 『변화하는 한국의 유권자 2』 (서울: EAI 동아시아연구원, 2008), pp. 207–228. 진영재, 김민욱, "18대 국회의원선거에 나타난 부동층", 김민전, 이내

면, 한국의 사회균열의 대표적인 것의 하나인 '보수-진보' 균열에 참여하는 유권자 수는 대략 60-75%가 되는 것이다. 전체 유권자의 적게는 3/5 정도, 많게는 3/4 정도가 진보를 대변하는 정당과 보수를 대변하는 정당의 균열구도 축을 중심으로 정치적 사안을 판단할 가능성이 있는 것으로 보인다.[192] 역으로 최소 1/4내지는 최대 2/5 정도는 이념성향이나 진영정치와 무관하다고 볼 수 있다.[193] 하지만, 부동층이란 것이 특정 시점에서 조사되는 유권자들이어서 또 다른 시점에는 보수진영이나 진보진영의 당원이나 지지자로 합류할 가능성을 배제할 수는 없다. 숫자로만 본다면 한국선거과정에서 중도정당이 득세할 가능성 있다고 봐야 한다. 문제는 어떤 인물이 어떤 선거전략으로 세력을 구축할지에 달려 있다.

정당일체감을 지닌 정당원들이 없는 것 자체를 지나치게 정당의 책임으로 환원할 것은 아닌데, 이것은 그럴 필요가 없어서이다. 정당일체감을 갖더라도 비용을 내고 정당활동을 하는 것은 부담이다. 정당은 국민의 세금인 국고보조금을 받고 있다. 비용을 내고 포털사이트를 사용하는 사람들은 없다. 비용을 받는 포털사이트는 망하게 될 가능성이 크다. 유권자들이 변한 것이다. 현대인들에게는 정당이 행하는 심각한 '정치'(the politics)의 영역만이 정치는 아니다. 정치는 오히려 보다 포괄적으로 일종의 놀이 형태로서 '정치적인 것'(the political)의 영역에서 다각적으로 시행된다.[194] 한 경험적 연구에 따르면, 불만족의 수준이 높은 한국정당정치의 현실에서도 정당지지자들은 그렇지 않은 사람들보다 정당이나 후보자들에게 더 '동조화효과'를 갖고 있는 사람들이다.[195] '동조화효과란 후보자를 지지하는 유권자가 후보자와의 이념거리를 실제보다 가깝게 인식하는 현상을 말한다. SNS 모바일시대에 유사한 유대감을 지닌 사람들끼리 실시간 소통이 이루어지면서, 자신의 입장과 타인의 입장이 동조화되는 방향으로 정체성이 확대강화 되어갈 개연성은 충분하다.

SNS 모바일시대에는 다양한 기관과 개인들이 '정당'을 대리하여 다양한 의제를 가지고 정치를 행한다. 일반인들도 국가의제에 대해서 자유롭게 의사표시를 하면서 영향력을 지니는 시대이기에, '정당일체감'은 이른바 여론을 주도할 수 있는 '유력인사일체감'으로 변모하고 있다. 아니 이미 변모했다. 당비를 내는 적극적 의미의 당원들의 수가 줄어든 것도 어찌보면 문제가 아닐 것이다. 현재 정당법은 국민의 세금을 정당운영비로 지급하는 '국고보조금' 제도를 채택하고 있다.[196] 모바일 매체의 생활기반화로 인하여 파편화된 개인들이, 자기 세금을 내기에도 골몰하는 개인에게, 정당이란 기관에 돈을 낼 필요성을 체감하는 상황을 기대하는 것은 무리일 것이다.[197] 비용을 낸다고 해도 당원으로서 상징적인 소액일 경우에 보다 많은 사람들이 참여할 것이다. 결국, 작금의 시대상황에서 유권자들은 정당을 통해서 자신의 선호를 표시하기 보다는 자기가 좋아하는 개인 정치인들을 단위로 해서 '후원금'을 내든지 말든지 할 문제에 불과한 것이다.[198]

영(공편) 『변화하는 한국의 유권자 3』 (서울: EAI 동아시아연구원, 2009), pp. 161-180.

192 부동층 수치에 대한 지난 20년간의 변화 추이는 6장을 참조할 수 있다. 2018년 현재 우리사회의 지속적으로 중요한 균열이었던 '지역균열'은 어느 정도 약화된 반면에, '이념균열'은 강화되면서 정당의 재정렬(realignment)이 형성되는 중심축으로 작용하고 있다. 곽진영, 김은경, "한국정당체계의 사회적 이익 반영 패턴의 변화: 13대총선-20대총선", 『사회과학연구』 44:3 (2018), pp. 161-184. 해당 연구는 한국사회에서의 세대균열, 계층균열, 지역균열, 이념균열을 비교하고 있는데 민주화이후 한국사회의 균열구조를 반영하면서 형성되는 정당체계에 '이념균열'이 가장 중요한 동인이었음을 주장한다.

193 25%와 40%는 묘한 숫자이다. 해석하는 사람들의 시각에 따라서 이념균열이 강한 쪽으로 해석되기도 하고(25%), 약한 쪽으로 해석될 수도 있다(40%).

194 '정치'(the politics)는 제도권적인 정치를 말하는 것이고, '정치적인 것'(the political)이란 비제도권적인 영역에서 벌어지는 포괄적인 활동을 의미한다. Chantal Mouffe, *On the Political* (Thinking in Action) (New York: Routledge, 2005).

195 장기영 · 박지영, "한국정당지지자는 대통령선거 후보자와의 '이념거리'를 어떻게 인식하는가?: 한국정당지지자의 투사효과 분석", 『한국정당학회보』 17:1 (2018), pp. 77-102. 이와 반대로 '대조화효과'(contrast effect)는 후보자를 지지하는 유권자가 후보자와의 이념거리를 실제보다 멀게 느끼는 상황을 말한다. 17대(2007년), 18대(2012년) 한국대통령선거를 분석한 결과, 저자들은 정당지지자들이 자신이 지지하는 정당후보자와의 이념적 거리를 '일반유권자들'보다 더욱 가깝게 인식하고 있었다.

196 정부의 국고보조금에 대해 정당이 지켜야 할 조건들에 대한 규정은 정치자금법 제5장 '국고보조금(제25조~제30조)에서 확인할 수 있다. 정치자금법 제28조 제1항에 따르면, "보조금은 정당의 운영에 소요되는 경비로서 다음 각 호에 해당하는 경비 외에는 사용할 수 없다."로 규정하며 9가지 용도를 제시한다. 9개 호는 다음과 같다. 인건비, 사무용 비품 및 소모품비, 사무소 설치 · 운영비, 공공요금, 정책개발비, 당원 교육훈련비, 조직활동비, 선전비, 선거관계비용. 이에 더하여 동 조항 제2항에서는 정당의 경상보조금 총액의 100분의 30이상은 정책연구소에, 100분의 10이상은 시 · 도당에 배분 · 지급하여야 하며, 100분의 10 이상은 여성정치발전을 위하여 사용하여야 한다고 규정하여 국고보조금 용도를 제한하고 있다.

197 아마도 당비를 내는 것은 당직자들에게 한하는 문제일는지도 모른다. 일반 당원들이나 지지자들에게 당비납부의 문제가 특히 한국적 상황에서 그다지 집중해야 할 논점이 아닐 수도 있다. 지금 포털사이트에서 사용료를 받는 곳은 거의 없다. 회원들에게 회원비를 받는 행태는 점차 감소되는 추세이며, 증가하지 않을 것이며, 포털사이트들은 회원들에게 무료가입으로 경쟁할 수밖에 없을 것이다.

198 이런 의미에서 정당후원금 제도로의 환원(2015년 헌법불합치 결정)은 사실상 과거시대로 회귀한 것이라는 비판에 직면하게 된다. 정당은 국고보조금을 받으면 되는 것이고, 국회의원들의 후원금을 상향조정하는 것이 오히려 시대정신에 친화적인 제도개선이었을 것이다. 후원금에 대한 한도액과 규제사안은 정치자금법 제3장 '후원회'(제6조~제21조)에서 확인할 수 있다. 정치자금법 상 개인이 연간 후원회에 후원할 수 있는 후원금 한도액은 다음의 표와 같다(정치자금법 제11조).

후원회지정권자	연간 후원금 한도액
대통령 후보	1천만원
여타 후원회지정권자	500만원

정당이란 조직은 이론적으로 정당 고유의 이념적 정체성을 지니고 있는 것으로 이해되지만, 현실의 정치과정에서 그러한 이념적 정체성이 뚜렷이 표명된다거나, 아니면 여러 가지의 정치적 사건 속에서 이념적 정체성을 유지한다거나, 나아가 입법과정에서 정당의 이념적 정체성을 실현하는 법안을 만드는 것은 별개의 문제일 수도 있다. 이것은 정치이론과 정치현실이 다르게 인식되는 가장 큰 이유가 된다. 다시 말해서, 정치이론과 정치현실이 다르다고 느끼는 것에는 정당정치의 현실이 있다. 정당은 이념집단의 성격이 강함에도 불구하고, 현실적으로 정당의 이익이나 생존과 관련하여 보다 복잡한 정치과정이 개입하게 된다. 더 근본적으로 정당은 하나로서의 기관이지만, 정당의 구성원들은 개인들로서 구성원들의 이익구조는 하나일 수 없기 때문이다. 그런데도 어떤 사안을 중심으로 모든 것이 집중화되거나 일체화되는 경향이 강한 것이 한국정치문화이다.[199]

정당조직은 18세기말 19세기초 이후 현재까지 시대상황을 반영하며 변화하여 왔다. 조직은 소수가 참여하는 '간부정당'이란 조직형태에서 다수가 참여하는 '대중정당'이란 조직형태로 변화하여 왔다. 정당 참여자 형태가 소수에서 다수로 변화된 것은 '보통' 및 '평등' 선거권의 확대가 가장 큰 원인이다. 하지만 현재 SNS시대에는 대중정당도 오히려 영향력 있는 소수가 중심이 되어 당을 운영하는 '선거전문가정당'으로 변화하는 조짐이 보이기도 한다.[200] 선거승리를 위한 소수의 전략가들이 정당의 전략을 기획하고 대중들은 기획의 내용을 판단하는 상황에만 참여하는 것을 말한다. 엄격한 의미에서 선거전문가정당은 간부정당과는 차별성이 있다. 대중정당의 형태를 띠고 있어도, 당원들이 정치적 무관심이 크고 정치적 영향력이 미미한 상황 하에선 정당의 정책방향이나 선거전략은 소수의 선거전문가들(즉, 선거전략가들)에게 의존하게 된다. 유권자들은 선거전략가들이 연출하는 상황을 보고 일희일비하게 된다.

대중정당이 선거전문가정당으로 전이될 때 발생하는 부정적 상황은 크게 두 가지이다. 첫째, 특히 한국과 같은 대통령제하에서 모든 정치과정이 선거과정(특히 대통령선거)에 연관되어 진행되는 경우이다.[201] 이런 경우, 정치과정에서 모든 입법과정과 선거과정은 대통령선거에 초점이 맞추어 진다. 총선도 지방선거도 모두 대통령선거의 전초전이 되며, 총선의 이슈도, 지방선거의 이슈도 해당 지역의 고유이슈가 아닌 대통령의 중간평가도 진행된다. 물론 모든 선거과정은 그대로의 사회상을 반영하기보다는 선거전략가가 기획한 사회상을 반영하게 된다. 주요한 사회적 의제설정도 방향도 소수의 선거전문가가 정하게 되는데, 이들 선거전문가는 정책전문가란 보장이 없다.

표의 대통령 후보란 '대통령후보자등 · 대통령선거경선후보자'를 지칭하며 구체적으로 '대통령선거의 후보자 및 예비후보자와 정당의 대통령선거후보자 선출을 위한 당내경선후보자'를 의미한다. 여타 후원회지정권자는 '중앙당, 국회의원, 지역선거구 국회의원선거의 후보자 및 예비후보자, 중앙당 대표자 및 중앙당 최고 집행기관(그 조직형태와 관계없이 당헌으로 정하는 중앙당 최고 집행기관을 말한다)의 구성원을 선출하기 위한 당내경선후보자, 지방자치단체의 장선거의 후보자'를 지칭한다. 광역의회의원과 기초의회의원 및 지방의회선거후보자들은 정치자금법 상 후원회지정권자의 대상이 아니기 때문에 후원회를 둘 수 없다. 연간 개인이 후원할 수 있는 후원금의 한도액은 총 2천만원을 초과할 수 없다. 후원인은 1회 10만원 이하, 연간 120만원 이하의 후원금을 익명으로 후원할 수 있다. 후원회가 연간 모금할 수 있는 한도액은 다음과 같다(정치자금법 제12, 13조).

후원회지정권자	연간 모금액 한도액
대통령 후보	선거비용제한액의 100분의 5
중앙당	50억원
국회의원 및 국회의원 후보자	1억 5천만원
당대표경선후보자등	1억 5천만원
지방자치단체장 후보	선거비용제한액의 100분의 50

중앙당의 경우 중앙당창당준비위원회후원회가 모금한 후원금을 포함한 액수다. 단, 신용카드 · 예금계좌 · 전화 또는 인터넷전자결제시스템 등에 의한 모금으로 부득이하게 연간 모금한도액을 초과하게 된 때에는 연간 모금한도액의 100분의 20의 범위에서 그러하지 아니하되, 그 이후에는 후원금을 모금할 수 없다. 대통령 선거, 임기만료에 의한 국회의원 선거, 임기만료에 의한 동시지방선거가 있는 해에는 모금 한도액을 2배로 증액할 수 있다. 연간 후원금이 한도액을 초과한 경우 다음해의 후원금으로 이월된다. 그런데, 정치자금법 상 후원금의 지출용도에 대한 규제사안은 특별히 존재하지 않는다. 후원금 모금방법은 다음과 같이 정리할 수 있다(정치자금법 제14조): a. 우편 · 통신(전화, 인터넷전자결제시스템 등)에 의한 모금; b. 중앙선거관리위원회가 제작한 정치자금영수증과의 교환에 의한 모금; c. 신용카드 · 예금계좌 등에 의한 모금; d. 그 밖에 정치자금법과 「정당법」 및 「공직선거법」에 위반되지 아니하는 방법. 단, 집회에 의한 방법으로는 후원금을 모금할 수 없다.

199 Gregory Henderson, *Korea: the Politics of the Vortex* (Cambridge, M.A.: Harvard University Press, 1968). 안순철은 한국대통령제의 폐해의 가장 기본적 현상으로 모든 정치일정이 대통령선거를 중심으로 형성되는 정치과정을 지적한다. 안순철, "내각제와 다정당체제", 진영재(편),『한국 권력구조의 이해』(서울: 나남, 2014), pp. 123-162.

200 소수의 선거전문가들이 다수의 대중들을 동원하는 전략에는 프레이밍, 의제설정, 점화전략 등이 있다. 정치행위에 대한 미디어의 효과는 프레이밍(framing), 의제설정(agenda setting), 점화효과(priming)를 바탕으로 검증되고 있다. 프레이밍에 기초한 연구들은 미디어 이용이 수용자의 정치참여에 직접적으로 영향을 미치는지를 중심으로 다루고 있다. 프레이밍은 같은 이슈에 대한 보도라 할지라도 미디어가 어떠한 관점을 가지고 보도를 하느냐에 따라 수용자에게 미치는 영향이 달라진다고 보고 있다. 미디어의 보도 내용이 긍정적인지 부정적인지에 따라 정당에 대한 지지도와 투표의사가 달라진다고 주장하는 연구는 Agnieszka Dobrzynska, André Blais, and Richard Nadeau, "Do the media have a direct impact on the vote? the case of the 1997 canadian election", *International Journal of Public Opinion Research* 15:1 (2003), pp. 27-43. 비록 프레이밍이 미디어의 메시지가 일정한 틀에 따라 정의되어 수용자의 인식에 영향을 미친다는 것을 전제하고 있지만, 수용자에게 실제로 어떻게 영향을 미치는지에 대해서는 명확히 제시하지 못 하는 한계를 지니고 있다. 이러한 프레이밍의 한계를 극복하고자 제안된 것이 의제설정이다. 의제설정은 특정한 이슈에 관련된 미디어의 의제가 수용자에게 전이되는 현상을 의미한다. 의제설정이론을 제안한 맥콤스와 쇼(McComs & Shaw)는 1968년 미국 대통령 선거에서 다양한 선거 캠페인 주제에 대한 미디어의 강조와 유권자의 인식 사이에 높은 관련성이 있음을 밝혀냈다. Maxwell E. McCombs and Donald L. Shaw, "The Agenda-Setting Function of Mass Media", *The Public Opinion Quarterly* 36:2 (1972), pp. 176-187. 하지만 미디어가 강조하는 의제가 항상 수용자들에게 중요한 의제로 인식되는 것은 아니다. 즉 미디어는 특정한 의제와 관련하여 수용자에게 직접적인 영향을 미치는 것이 아니라, 수용자의 인지구조에 잠재된 생각을 자극함으로써 수용자가 설정된 의제를 평가하도록 한다. Shanto Iyengar and Donald R. Kinder, *News That Matters: Television and American Opinion* (Chicago: University of Chicago Press, 1987). 이효성, "미디어 이용이 정당 지지에 미치는 효과", 『한국언론학보』 50:1 (2006), pp. 285-307. 이와 관련하여 텔레비전 뉴스가 수용자에게 선거 캠페인에 대한 의제를 설정하는 역할을 함으로써 후보자에 대한 평가의 기준을 제시하는

둘째, 다원화된 사회에서 세부 이슈를 중심으로 형성된 군소정당들은 그 분야에 대한 특정한 전문성이 없어도 먼저 의제를 선점했다는 이유만으로 정당의 주인이 되는 경우이다. 전문적 식견을 쌓지 않고도 생활속 관심만으로 흥미위주의 소수인들이 해당 분야에서 마치 전문가인양 행세하게 되면서 비롯되는 경우이다. 이런 경우, 특히 한국 정치문화 하에서, 해당 분야 전문가들이 새로이 영입되지 않고, 소위 터주대감들이 행세하게 되어 정당이라기보다는 '붕당'(朋黨)이나 '도당'(徒黨)의 성격을 띨 가능성이 있다. 두 가지 상황은 모두 경계해야만 한다. 악화가 양화를 구축할 수 있다.

유럽 일부 국가들의 정당사와 달리 한국정당사는 '진성당원'을 중심으로 한 정당사가 아니었다. 그렇다고 해서, 한국의 정당도 진성당원을 지닌 정당으로 진화하여야 한다는 것은 현실과는 거리가 먼 주장일 수 있다. 한국정치과정에서 만약 진성당원에 의한 정당정치가 실현되었다면, 또 다른 의미에서 정당정치의 발전이 있었을 것이다. 단순히 당원수 증가를 진성당원에 의한 정치와 연결시켜서는 안된다. '진성당원'을 중심으로 한 정당정치를 약화된 것은 아니라고 보는 주장들이 여전히 있음에도,[202] 강화되고 있는 것은 아니다. 진성당원에 의한 정치가 잘못된 것이 아니라, 진성당원에 의한 정치라는 현상이 약화된 것은 전지구적 현상으로, 특히 '탈물질주의적 성향'이 시대를 풍미하기 시작한 20세기 말에 이미 시작된 현상이다.[203] 한국정치에서 진성당원에 의한 정당정치를 주장하는 것은 심지어 "역사의 수레바퀴를 꺼꾸로 돌리려는" 방식으로까지 이해될 수도 있을는지 모른다. 이제는 소위 '지지자'(supporters)의 시대가 대세인 듯하다.[204] 더 단적으로 표현하자면, 부동층으로서 '스윙보터'의 시대인지도 모른다. 정당지지자들은 당비를 내는 형식이야 어떠하건 간에 특정 시점에 강력한 정당원으로 행동할 수도 있고, 특정 시점에는 유동층(流動層)으로서 정당에 대한 지지를 언제든지 철회할 수 있는 것이다. 시대의 흐름에 역행하기보다는 시대의 흐름 속에서 정당정치가 자리매김할 필요가 있을 것이다. 사회적 매체의 변화와 유권자들의 인식변화에 따라서 정당정치가 그렇게 진화하고 있는 것이다.

2) 중앙당과 지구당의 관계

현재 한국의 정당법을 보면, 정당은 수도에 소재하는 '중앙당'과 특별시·광역시·도에 각각 소재하는 '시·도당'으로 구성되며, '중앙당'이 중앙선거관리위원회에 등록함으로써 성립하는 것으로 규정되어 있다.[205] 중앙당 중심의 규정이다. 이러한 중앙당 조직 중심의 규정이 근본적으로 한국정당들이 분당과 합당을 쉽고 빠르게 하는 근본적인 이유가 된다는 지적도 있다.[206]

많은 사람들은 '분권화'란 시대적 흐름을 고려할 때, 지구당이 현재보다 많은

점화효과를 일으킨다는 연구도 있다. Shanto Iyengar, Mark D. Peters and Donald R. Kinder, "Experimental Demonstrations of the 'Not-So-Minimal' Consequences of Television News Programs", *The American Political Science Review* 76:4 (1982), pp. 848–858. 다양한 연구들이 점화효과를 바탕으로 미디어 이용과 정치행위의 관련성을 검증하였다. 제 17대 국회의원 선거에서 노무현 대통령 탄핵과 관련된 미디어 이용이 노무현 대통령의 평가에 유의미한 영향을 미쳤음을 밝혀내기도 했으며 제 17대 국회의원 선거 기간 동안 텔레비전 뉴스에서 강조한 선거 이슈가 수용자들의 인지에 영향을 미침으로써 후보자나 정당을 지지하는 결정적 기준으로 작용한다고 보기도 했다. 이효성 · 허경호, "미디어 이용이 정치 지도자의 평가와 정당 지지에 미치는 효과", 『한국방송학보』 18:4 (2004), pp. 191–226. 반현 · 최원석 · 신성혜, "유권자의 투표 선택과 뉴스 미디어의 점화효과: 17대 총선의 선거 이슈를 중심으로", 『한국방송학보』 18:4 (2004), pp. 398–443. 이처럼 다양한 연구들에서 프레이밍, 의제설정, 점화효과를 바탕으로 정치행위에 대한 미디어의 효과를 고찰하였지만, 대부분의 연구가 미디어 이용이 수용자의 인지에 미치는 영향을 중심으로 다루었다. 또한, 대부분의 연구는 횡단연구라는 한계점을 지니고 있다. 따라서 한 시점에서 자료를 수집하여 미디어 이용과 정치행위 간의 관련성을 볼 수 있을 뿐, 구체적으로 선거의 진행에 따른 수용자들의 미디어 이용이 정치행위 변인들에 어떠한 영향을 미치고, 나아가 투표 의도, 후보자 선택과 같은 최종 투표 행위에 어떠한 영향을 미치는지에 대한 연구는 부족한 실정이다. 이러한 맥락에서 본 연구에서는 TV, 신문, 인터넷 이용의 변화가 정치행위의 변화와 관련성이 있는지를 통해 "미디어에 대한 이용이 높을수록 정치행위를 할 때 그 미디어의 영향력이 높게 나타날 것인가?"라는 질문에 대한 답을 구하고자 한다.

201 이것은 단순히 정부형태가 '대통령제'라는 제도적 원인뿐만이 아니라 그 사회의 정치문화적 원인도 관련되어 있을 것이다.

202 Morris P. Fiorina, "Parties and Partisanship: A 40-Year Retrospective", *Political Behavior* 24:2 (2002), pp. 93–115.

203 Russell J. Dalton and Martin P. Wattenberg, *Parties without Partisans: Political Change in Advanced Industrial Democracies* (Oxford: Oxford University Press, 2000).

204 '진성당원'의 가장 큰 특성은 '당비'납부가 근간이 된다. 하지만, 이제 시대의 흐름은 '비용을 내지 않는 회원'들의 흐름으로 가고 있다. 현재 누구도 포탈사이트에 회원료를 내고 사용하지 않는다. 비용이 필요하다면, 이벤트에 따라서 실시간적으로 모금하는 것이며, 정기적으로 내는 당비는 시대의 흐름과 맞지 않는다. 우리는 '진성당원'의 수준에 대해서 서로 다른 생각들을 갖고 있다. 다시 말해서, 진성당원이라면 정당후보자가 될 수 있는 자격에 준해야 하는 것이다. 그렇다면 역으로, 진성당원이 정당후보자가 되지 못하고, 낙하산으로 인지도가 있는 인물을 공천한다면, 누가 진성당원을 할 것인가에 대한 생각도 함께 해야 할 것이다.

205 『정당법』 제4조 및 제5조[시행 2019. 2. 15; 법률 제15750호, 2018. 8. 14 일부개정].

206 박경미, "정당운영의 주체: 중앙당은 누구를 말하는가?" 윤종빈, 정회옥(외) 『정치현장에서 진단하는 한국정당과 민주주의』 (서울: 푸른길, 2017), pp. 31–39. 박경미는 한국정당조직에서 '시 · 도당의 정당등록요건이 지나치게 중앙당 위주로 되어 있다고 지적한다. 한국의 현행 정당법에 규정된 정당등록요건을 보면 '법정 시 · 도당의 수'(5개이상의 시 · 도당을 가져야 한다: 제17조)와 '시 · 도당의 법정 당원수'(시 · 도당은 1천인 이상의 당원을 가져야 한다: 제18조)의 요건을 구비하는 것으로 되어 있다. 이러한 정당등록요건 중에서도 1천명 이상의 당원을 모아야하는 시 · 도당의 자율성은 제한될 수밖에 없다는 것이다. 하지만, 당원모집의 책임을 궁극적으로 시 · 도당이 지고 있는지, 아니면 중앙당이 지고 있는지 애매하다. 한국정당의 특성상 중앙당 차원에서 모집된 당원들이 지역별로 분산되어 등록되어 있을 수도 있다. 중앙당이 시 · 도당에 모집인원을 할당 부과할 수도 있다.

권한을 가져야 한다고 생각한다. 한국정당이 중앙당 중심의 관료주의가 심하고 권위주의적이어서 지구당의 목소리가 더 많이 반영되어야 한다는 것이다. 그런데, 지구당이 과거보다 많은 권한을 갖는다는 것 자체는 정당이 '중앙당중심' 운영체제인가, '지구당중심' 운영체제인가 하는 문제와는 조금 결이 다른 이야기이다. 과거보다 지구당이 더 많은 권한을 가져도 여전히 정당이 중앙당중심일 수도 있다. 동시에 지구당이 정당민주주의에 부합하는 권한을 가질 준비가 체계적으로 정비되어 있는지의 문제도 생각해 보아야 한다.[207] 정당이 개혁프로그램을 정함에 있어서 우선 자당이 중앙당중심체제인지, 지구당중심체제인지, 아니면 '합의체'인지를 당헌과 당규에 분명하게 명시할 필요가 있을 것이다. 요구가 다원화되고, 갈등이 실시간적으로 증폭되는 사회에서 지구당 중심체제는 의외로 혼란을 부추길 수도 있다. 지구당 중심체제로 가는 경우엔 지금까지 한국사회에서 정당정치 개혁의 방향이었던 정치자금 투명화와 "돈 적게 쓰는 정치'의 단위를 지구당 중심으로 재정비할 필요도 있을 것이다.[208]

(1) '상향식' vs. '하향식': '제도'와 '문화'의 사이에서

우리는 보통 '상향식'이라고 하면 민주주의와 동의어로 생각하고, '하향식'이라고 하면 '반민주주의적인 것'으로 치부하는 경향이 있다. 그렇지 않다. 특히 정치과정에서 '개혁'이란 주제와 관련해서 그러하다. 구성원들 모두의 목소리를 조합하여 상향식으로 하나의 개혁안을 만들 때, 그 개혁안은 논점을 잃은 '중재안'에 불과할 수도 있어 개혁과는 거리가 생길 개연성이 높다. 어떤 조직이건 구성원들간에는 '전문성', '식견'(識見), '지혜', '양심', '책임감' 등에서 차이가 존재한다. 따라서 조직 개혁이 효율적으로 진행되려면 강력한 권한과 사명감을 동시에 지닌 자가 개혁을 행할 때 실효성이 있다. 예를 들어, '능력'과 '양심'을 겸비한 정당지도자가 있어서 공천개혁을 주도할 수 있다면, 단기간내에 효율적으로 이루어지게 될 것이다.[209] 공천개혁의 경우에 국민들 눈높이에 맞지 않는 무능력하고 비양심적인 현역정치인들을 물갈이하기 어려운 것은 그들 모두가 1/n의 지분을 갖고서 동일하게 목소리를 내는 '상향식' 공천 때문일 수도 있다. 이러한 상황을 단순히 '영웅사관'(英雄史觀)으로 치부해서는 안된다고 생각한다.

지방당의 중앙당에 대한 상향식만이 전능한 것은 아니다. 단순히 '하향식'이 문제인 것은 아니다. 내부 구성원들이 상식적으로 납득하기 어려운, 동시에 외부인들이 봤을 때 인정하기 어려운, '하향식'이 문제인 것이다. 역설적으로, '상향식'이란 자칫 당내에 복잡다기한 파벌들을 조성할 수 있는 기제이기도 하다. 지구별 특성이 강화된 상향식은 계파정치와도 연계되기 때문이다. 하향식을 인물위주의 정치와 연결시키기도 하지만, 지역별 특성을 강화한 상향식 역시 지역토호를 고착화하고 지역토호가 뒷배를 봐주는 인물들로 다음세대들이 재생산될 가능성이 농후한 것이다. 특히 한국정치문화를 고려할 때 그렇다.

결론적으로, 정당운영에 있어서 각 하부조직 단위별 내부에서 일방적인 하향식을 극복하는 상향식이 중요한 것이지, '중앙당'과 '지구당' 사이의 관계로서 상향식을 도외시하며 하향식을 도입하는 문제는 정당개혁프로그램의 필수적인 과제가 아니다. 중앙당 내부에서 당대표는 최고위원회 또는 상무위원회와 협의하면서 결정된 안건들에 대해서 정당성을 확보하는 것이 필요하다. 중앙당에서 최고위원회의 합의를 거친 사안들이 지역당에 전달되고 이러한 중앙당의 방침 아래에서 질서정연하게 움직이는 것은 결코 비난받을 일이 아니다. 지역당도 마찬가지이다. 지역당 내부에서 시도위원장, 원내위원장, 원외위원장이 마음대로 휘두르는 '권위주의'가 비난받을 일이지 '권위' 그 자체는 비난받을 일이 아니다. 당대표가 정당내부의 의사결정체계를 좌지우지하는 '권위주의'적 행태가 문제인 것이지, 당대표가 권위를 지니는 것 자체가 문제되어서는 안된다. 조직의 장이 권위를 지니지 못하면 구성원들이 불행한 것

207 이것은 지방자치의 권한을 위해서 가장 기본적 요건인 '지방재정자립도'가 어느 정도의 수준인가의 문제와 비유될 수 있다. 중앙정부로부터 상당수준의 재정을 지원받는 상태에서 지방자치의 권한만을 주장하는 것에는 한계가 있을 수밖에 없다. 인구가 서울과 수도권을 중심으로 집중되는 상황에서 지방의 재정자립문제는 난제이다. 지방의 소지역단위에서 정당조직이 얼마나 체계적으로 정비되고 운영되는지에 대해선 의구심이 많다. 지방의 소지역단위에서 벌어지는 생활정치에는 정당정치의 색채가 필요 없다. 지역 소단위의 당원들은 사실상 지역구 의원들을 정점으로 광역의회, 지방의회로 이어지는 지방의원들에 의해서 동원된 사람들이라는 것이 현실이다.

208 이정희, "지방정치와 정당정치의 윈윈 전략연구: 지구당부활과 지방선거 정당공천제 논쟁을 중심으로", 『현대정치연구』 8:2 (2015), pp. 71–95. 이정희는 지구당을 유지하려면 지구당의 재정적 투명성과 최소화가 보장되는 제도적 보완이 필요하다고 본다.

209 대통령제하에서 국민들은 내가 직접 선출한 대통령이 양심과 능력에서 '슈퍼맨'이기를 기대하는 심리가 있다. 권력이 집중된 대통령제는 단점만 있는 것이 아니다. 권력을 지닌 대통령만이 사회의 문제점들을 보다 효율적으로 관리하고 개선할 수 있는 것이다. 개혁이 단기간 내에 흔들림 없이 이루어지기 위해선 하향식으로 이루어지는 것이 상향식으로 이루어지는 것보다 더 실효적일 것이다. 구성원들만 차이가 있지 당대표와 원내대표도 대통령에 비견될 수 있다.

이다. 반복하지만, 권위주의가 문제이지 권위가 문제는 아니다. 정당개혁프로그램 자체가 결정상위기관이나 주요 당직자들의 권위를 훼손하는 방향이어서는 곤란하다고 본다. 지역당에서 좋은 의견이나 강력히 건의할 사안들이 있다면 중앙당에 요구하면 되고, 중앙당은 이를 반영하여 심사숙고하는 절차가 필요함은 물론이다. 따라서, 각 위원회 내부에서 상향식이 중요한 것이지, 중앙당과 지역당 사이에는 하향식과 상향식은 모두 활용될 수 있다. 한국정치문화나 작금의 현실하에서 하향식을 보다 순기능적으로 순화할 필요는 있을 것이다. 중앙당과 지역당의 관계에서 지역당의 중앙당에 대한 상향식만을 강조할 때 이것은 제도화된 지방선거 속에서 계파정치를 강화할 개연성과도 연관됨을 유의해야만 한다.

현실정치에서 하향식은 항상 진통이 예상된다. 그렇다면, 시대적 소명 중의 하나라고 할 수 있는 '상향식'의 정신을 하향식과 함께 조화롭게 실현하는 방법은 무엇인가? 지역정치 및 계보정치의 문제점을 극복하기 위해서, 당대표와 원내대표를 중심으로 각 결정 단위별로 그 내부에 일정 수준 이상의 다수가 참여하는 '협의체를 구성'하되 각 지역구 의원들이 지역구를 대표하는 구성원들의 조합적 모임이 되지 않도록 하는 것이 중요하다.[210] 결론적으로 '정당협의체'는 전국수준과 지역수준에 둘 수 있는데, 중요한 것은 (i)지역수준에서의 정당협의체는 현재 국회의원 지역구별로 두어서는 곤란하며 조금 더 광역 수준인 '권역별'로 두는 것이 바람직하다. 그렇게 하는 이유는 국회의원지역구 단위에서 협의체를 두게 되면, 그 협의체는 사실상 해당 지역구 현역의원이나 지역구위원장의 동원된 호위무사 수준이어서 사회발전을 위한 의제설정과 토론이 사실상 불가능하기 때문이다. 지역구들을 포괄하는 상위 단위에서 '협의체'가 구성된다면, 보다 객관적 차원에서 현안에 대한 시시비비가 가려질 수 있기 때문이다. 이런 경우, 전국 정당화와 지방분권의 정치를 동시에 추진되는 장점을 일정 수준 기대해 볼 수 있을 것이다. (ii)전국수준에서의 정당협의체는 '대의원회'로 대체하면 될 수 있다. 전국수준에서의 정당협의체는 권역별 정당협의체의 연합체로 보면 된다. 물론 구성원의 비율은 인구비율로 하면 될 것이다. 객관적 기준이 있기 어렵지만, '전자민주주의' 시대임을 감안하면서 또한 전당대회가 '협의체'라는 성격을 고려할 때, 전국수준에서 정당협의체의 규모는 대략 10,000명을 넘지 않는 수준에서 결정되는 것이 좋을 듯하다.

현재의 정당들은 과거 20세기 말엽 이전에 존재하던 수준의 '정당일체감'(party identification)과 비교하여 낮은 수준의 정당일체감을 지닌 상황에서 존재하고 있다.

정당의 의사결정체계를 다시 한 번 생각해 볼 필요가 있다. 정당의 의사결정이란 것이 당원이라는 공동체들의 1/n에 의한 단순한 조합은 아닌 것이다. 구성원들 모두가 진성당원이 아니기 때문이다. 정당이란 곳은 당의 정치지도자, 다선 의원들, 계파별 수장들, 진성당원들이 모여서 의사결정을 하는 곳이며, 이런 상황은 비단 한국만의 상황이 아닌 것이다. 문제는, 이러한 정당의 기본적 속성을 받아들이는 경우, 어느 수준의 규모와 범위의 의사결정까지를 과연 바람직한 '집단지성'에 의한 의사결정이라고 할 수 있는지가 관건이다.

지금 시대의 흐름은 '대의민주주의'에 모든 것을 맡길 수 없으며, '참여민주주의'적 속성이 보완되어야 한다는 요구가 나오는 상황이다. 시민들이 '대의민주주의'만으로 최소한의 만족이라도 얻을 수 있다면 좋지만, 오히려 '불만족'한 상황이 확장되고 있다. 정당이 시민사회의 '참여민주주의'적인 속성을 흡수하는 가장 좋은 길은 정당정치를 '원내정치'만의 정치로 가져가지 않고, '원외정치'도 포괄하는 것이다. 이런 경우, 앞서 이야기한대로 전국수준과 권역수준에서의 '협의체 구성'은 정당이 국민의 눈높이에 맞는 개혁프로그램을 마련하고 실행하는 출발점이 된다고 본다. 정당정치가 대의민주주의의 틀 속에 있는 것이라면, 참여인원의 확대우선이라는 일방향적 논의보다는 소위 '당무위원회'에 원외의 능력있는 당원들을 어떻게 포함시킬 것인가에서 논의를 출발시키는 것이 더 바람직할 것이다. 당내 권력역학 관계속에서 , '당무위원회' 구성을 별도로 논의하기보다는 전국수준과 권역별수준에서의 '정당협의체'

210 동일 정당 내에서 각 지역 단위별로 구성되는 '협의체'의 규모와 범위는 지역 간에 다를 수 있을 것이다. 이는 오히려 자연스러운 것이며, 시간이 흐르면서 서로 다른 지역들 간에 상호 비교관점도 생기면서 제도화된 협의체로 발전할 수 있을 것이다. 현재의 정당법상 중앙당 차원에선 '시 · 도당' 단위로 지역당을 관리하게 된다. '시 · 도당'은 그 영역내의 지구별 대비 중앙당의 역할을 하게 된다. '지구당'을 활성화해야 한다는 목소리가 있는데, 이것은 조금 더 신중할 필요가 있다. 우리가 현재, 지역구의원 중심의 선거제를 갖고 있지만, 여전히 혼합선거법이고, 비록 실현은 되고 있지 않지만, 군소정당들의 요구에 의해서 비례구를 늘리려는 시도들이 반복되고 있다. 앞으로 국회의원선거제도에서 오히려 비례구를 완전히 없애고 지역구의원을 중심으로 한 선출제로 간다면, 그 이후에 지구당을 부활시키는 것이 더 좋을 것이다. 사실, 국회의원들 입장에서 지구당의 활성화는 "돈 많이 쓰는 정치"로 환원이 우려될 수 있을뿐더러, '현역의원' 위주의 정치체계로 고착화 될 가능성이 농후하다. 이는 '공천제도'에도 바람직스럽지 않은 간접효과를 갖게 된다. 정치현실은 어떤 공천제도를 채택하건 어차피 '현직효과'(incumbent effect)가 있어서 정치신인에게는 어렵다. Robert S. Erikson, "The Advantage of Incumbency in Congressional Elections", *Polity* 3:3 (1971), pp. 395–405. Gary W. Cox and Jonathan N. Katz, "Why Did the Incumbency Advantage in U.S. House Elections Grow?" *American Journal of Political Science* 40:2 (1996), pp. 478–497. Markus Prior, "The Incumbent in the Living Room: The Rise of Television and the Incumbency Advantage in U.S. House Elections", *The Journal of Politics* 68:3 (2006), pp. 657–673. Dennis C. Mueller, *Public Choice III* (Cambridge: Cambridge University Press, 2003).

를 먼저 그 실현성이 높지 않기 때문에, '당무위원회' 구성을 별도로 논의하기보다는, 앞서 언급한 방식대로 전국수준과 권역별 수준에서의 '정당협의체'를 먼저 구성하고 그 곳에서 다시 '당무위원회'의 구성을 논의하는 것이 실현가능성이 높을 것이다.

(2) 전당대회, 대의원대회

'대의원대회'의 모든 문제는 '대의원'들이 동원된 사람들로 구성되는지 아닌지에 달려있다. 정당조직 개혁과 발전의 방향으로 '국민참여형정책정당화'란 용어가 있다. 현재 시대의 흐름에서 볼 때, 그리고 한국정당조직의 현실을 감안할 때, 해당 용어 자체의 지향성에 대해서 문제를 제기하는 사람들은 많지 않으리라고 본다. 문제는 '국민참여형정책정당화'란 실행과정에서 상치되는 두 개의 가치가 충돌할 수 있기에 그 실행과정에 있다. '정책정당화'란 일종의 이념중심적 책임정당과 친화력이 있고, '국민참여형'이란 포퓰리즘적 선거정당과 일정 정도의 친화력이 있다. 이렇게 대비되는 두 입장을 동시에 해결할 수 있는 하나의 전략은 존재하기 어려울 것이지만, 두 개의 목표를 동시에 수행하기 위해서 활용될 수 있는, 적어도 실행 절차상에서 정당조직내의 잡음을 최소화 할 수 있는 방법으로서 '대의원대회'를 보다 활성화할 수 있다고 본다.

정당의 중앙당 조직이 후보자들을 공천함에 있어서 중앙당의 역할을 축소한다고 하는 것에는 두 가지 측면의 의미가 있다. 상향식 공천을 한다는 의미는 사실상 중앙당이 간섭하지 않는다는 측면으로 이해되지만, 간섭을 하지 않는 것으로 충분하지 않고, 어떻게 상향식의 방식을 긍정적으로 제도화시킬 수 있을 것인가의 측면이 고려되어야 할 것이다. 정당민주주의를 위한 '상향식'을 제대로 실천하려면 기관중심의 정당구조를 지녀야 한다. 기관중심으로 거듭나는 정당개혁프로그램의 기본은 '전당대회'와 '대의원대회'를 어떻게 구성하여 어떤 권한을 부여하는가에 달려 있다.

한국정당의 문제점으로 그들이 '인물중심'의 정당임을 지적하는 연구가 많다. 작금에도 한국의 정당들이 분당, 합당, 당명변경 등을 통해서 이합집산을 반복하고 있는 것은 '기관중심'이 아닌 '인물중심' 적 성향 때문이란 것이다. 그렇다면, 인물중심의 정당에서 기관중심의 정당으로 되기 위해선 어떤 정치과정이 필요한 것인지가 핵심이다. 한국정치과정에서 필요한 것은 정당의 일정이 소수의 인물에만 과도하게 집중되지 않고, 정당 소속 의원들 모두의 의사일정이 의미를 갖는 정치과정이 필요하다는 것이다.[211] 한국정치과저에서의 정당이 인물중심의 정당의 꼬리표를 없애려면,

역설적으로 정당소속 국회의원들 개개인들 모두가 중심이 된 의정활동이 관심의 대상이 되어야 한다. 한국정치과정은 의정활동이건 정당활동이건, 당대표와 원내대표만이 정당활동의 중심이 되고 관심의 대상이 된다. 과거 3김시대 이전에는 사실상 정치독재에 가깝다고 할 정도의 인물중심의 정치체제였는데, 지금 민주화된 이후에도 한국정당정치는 기관중심이 아니고 소수의 인물중심이란 인상을 지울 수 없게 된다. 이것은 어느 정도 불가피한 현상이더라도 그 도가 지나치다. 이렇게 스포트라이트를 받은 한 두 명의 인사는 차후, 대선 및 주요광역자치단체장에 출마하려는 의도로서 정치를 하는 환경이 조성되며, 정당정치의 내용은 소수 주요 인물들의 정치로 평가받게 된다. 기관중심의 정치가 되기 위해선 '전당대회'와 '대의원대회'가 올바로 운영되는 것이 필수적이다. 이것은 선택의 문제가 아니다. 그렇다면 다수의 진성당원이 존재하지 않는 경우에 어떻게 '전당대회'와 '대의원대회'를 구성할 것인가?

정당조직에 중간매개체적인 '대의원회'(the representatives)의 역할을 강조하는 것은 소수에 의한 당지도부만으로 정당을 운영하는 것도 아니고, 동시에 개별당원들의 1/n을 강조하는 조직으로 운영하는 것이 아니라, 보다 정당기여도가 높은 당원들을 중심으로 정당을 운영하겠다는 철학이다. 그렇다면 '대의원회' 조직은 적극적 당원수가 많은 곳에서 적합한 제도인가? 아니면 오히려 적극적 당원수가 부족한 곳에서 적합한 제도인가? 두 곳 모두에서 대의원제도가 활용될 필요가 있다. '대의원회' 구성은 동원된 자들로 구성되지 말아야 정당성을 지닌다. 현역의원들의 입김에 의해서 동원된 다수로 형성된 '대의원회'는 있으나 마나한 조직인 것이다. 이렇게 본다면, 대의원회 구성을 어떻게 할 것이며, 정당의 정책결정에 있어서 매개체인 '대의원'의 역할을 어느 수준까지로 할 것인지의 문제는 정당개혁의 주요한 변수가 된다.[212]

211 혹자는 당대표와 원내대표로 정당 대표성이 집중되는 것이 오히려 기관중심의 의미가 아니겠냐고 반문할 수 있다. 비록, 당대표와 원내대표가 정당원들과 의원들에 의해서 선출되어 당의 대표성을 지니는 것이 분명하지만, 그렇다고, 모든 의사일정이 두 사람의 스포트라이트를 중심으로 이루어질 때 발생하는 폐해는 크다고 생각한다. 과거 김영삼, 김대중, 김종필과 같은 지역맹주에 의한 카리스마적 리더십을 지닌 인물이 없더라도, 그렇게 한 두사람으로 집중되는 의사일정은 오히려 인물정당으로의 성향을 정착시킬 뿐이다. 결국, 소수 인물에게 집중되는 정치일정이라는 의미에서 과거와는 또 다른 형태의 인물중심 정당일 뿐이다.

212 미국 대선의 경우, 2018년 민주당 대선 후보 경선과정에서 '슈퍼대의원' 제도 개혁이 있었는데 한국정치현실을 감안할 때 긍정적으로 참고해 볼 만하다. 슈퍼대의원은 전직 대통령, 전직 부통령, 연방 의원, 전국위원회 위원 등 당의 고위 지도자들로 구성된 당연직 선거인단이라고 할 수 있다. 슈퍼 대의원은 일반 대의원들과는 달리 자신의 주에서 가장 많은 표를 받은 후보를 뽑을 수도 있고, 자신의 소신대로 지지후보를 뽑을 수도 있다. 손병권, "민주당 대의원제도 개혁사에서 본 2018년 수퍼대의원 제도의 개혁: 2016-2018년 개혁의 내용, 원인, 그리고 함의", 『현대정치연구』 11:3 (2018), pp. 33-67.

동원된 대의원이 아닌 대우주인 전당원의 소우주로서의 '대의원'을 구성하는 것이 핵심이다. 그렇다면, 대의원의 전체 숫자를 정해 놓고, 기간당원들 내부에서 지역별 인구편차를 감안한 '추첨제'(lottery)가 최적의 대안이다.[213] 대의원의 임기는 길어서는 곤란하고 1년 정도로 하여 매년 대의원에 들어갈 사람들을 기간당원들 내부에서 추첨할 수 있다. 특히 정당원으로서 가입하여 정당원 상호간에 발생하는 차별성은 정당원들의 정당에 대한 주인 의식형성에 근본적으로 영향을 미치게 된다. 평등이라는 가치를 강조하는 한국의 사회적 성격과 연계하여, '추첨제' 활용의 유용성을 주장해 온 이지문의 논거를 보면, 추첨제는 피선거권의 평등이라는 형식상 기회의 평등이 아니라 선택되어질 실질적 평등 및 배분의 정의 확립이라는 면에서 평등에 기여한다. 전당원들을 대상으로 추첨을 통해 형성된 '대의원' 집단은 당원들에 대한 자부심도 높이며, 당원 확대 및 긍정적 의미의 당내민주주의 강화를 가져오는 근본적 기제가 될 것으로 예상한다. 추첨제는 '아무나 걸린다'는 부정적의미 이상으로 '동원'이나 '자가발전'의 폐혜를 막는 긍정적 의미도 있다.

또 다른 방식도 있다. 하지만 이 경우에도 '추첨제'가 활용될 수밖에 없다. 동원된 대의원회가 되지 않기 위해선 대의원회의 구성을 위한 선출방식은 소단위에서 대단위로의 단계별 선출인 '상계제'(上階制)로 할 필요가 있다.[214] 이런 경우, 대의원의 단위는 광역단위에서부터 시작하는 것이 바람직할 것이다. 전국대의원대회에 참여하기 위한 기초단위별 할당 인원수에 해당 하는 사람들을 기초단위별 당원등록자들 중에서 선출하는 것이다. 여기서도 선출방식은 '추첨제'를 활용하는 것이 바람직하다. 가장 잡음도 없고, 민주주의 시민교육효과도 있으며, 가장 중요한 점은 소위 원내세력들에 의해서 '동원된' 사람들이 아니라는 것이다. '추첨제'는 소위 '지역대의원'제도를 활성화시킬 수 있는 제도로 사용될 수 있다는 의미이다. 국회의원이 기초의원을 결정하는 현재의 상황에서 보다 질 높은 지방정치는 기대하기 어렵다.[215] 정당은 긍정적 의미에서 보다 역동적이 될 것이다. 지역구 의원들이 자신의 지역구를 지키는 것은 당연하지만, 정치신인들과 선의의 경쟁이 가능한 환경과 제도가 조성될 필요가 있다.[216] 정당조직에 심의과정이 필요한 경우엔 당직자들의 회의 이외에도 당원이나 지지자들 중 일부가 참여하는 배심원단이나 대의원회의를 구성하여야 하는데 이 때 '추첨제'를 활용하면 공천심사과정에서의 민주성이 보장되어 심사결과에 대한 승복이 용이해져 정당은 권위가 실추되지 않아 혐오감이나 불만의 대상이 되지 않을 수 있다.[217]

3) 디지털 시대의 정당개혁

매체의 디지털화로 인한 SNS 모바일 시대의 도래는 이제 대의민주주의만으로 민주주의가 기능하지 않을 것임을 예고하고 있다. 앞서 살펴본 바와 같이 20세기 중반의 TV라는 매체의 도입은 독일에서 기독사회당이 적은 당원수에도 불구하고 사회민주당 및 기민당과 선거경쟁에서 맞설 수 있는 가장 영향력 있는 변수였다. 모바일

213 이지문, "광장정치와 제도정치의 보합으로서 추첨시민의회 모색", 『NGO연구』 12:1 (2017), pp. 1-40. 이지문, "민주주의 가치구현을 위한 추첨제 의회 모색", 『대한정치학회보』, 19:3 (2012), pp. 71-98. 한국에서 실례가 있다. 2012년 3월 4일 창당한 한국의 녹색당은 당원총회, 대의원대회, 운영위원회를 의사결정기구로 두면서 대의원대회 경우 대의원 전부를 당원 중에 지역 · 성 · 연령을 고려하여 추첨으로 선출하기로 당헌으로 결정하였다(http://kgreens.org/; 창당대회 자료집). 추첨제와 '공공선'(public goods)의 관계 및 보다 종합적인 논의는 이지문, 『추첨민주주의 이론과 실제: 직접 · 대의민주주의를 보합하는 새로운 시민정치 패러다임의 모색』 (파주: 이담, 2012)를 참조할 수 있다.

214 '선출방식에 선거, 추첨, 지명 등이 혼합될 수 있다. 상계제'는 1946년 남조선과도입법정부에서 선출직 민선의원을 위한 선거제도였는데, 상향식으로 하나의 대의기구를 형성할 수 있는 방법으로, 현 시점에서 고려해 볼 만한 가치가 있다. 각 도와 서울특별시에서 인구 각 55만명당 1명을 선출하고, 인구 55만명에 미달하는 경우엔 각 행정단위 당 1명을 선출한다. 선거절차는 행정 하위단위부터 상위단위로 계단식으로 올라가게 된다. 각 리(里)·정(町) 은 대표를 2명씩 선거하고, 리·정 대표들이 모여서 소속 면(面)·읍(邑) 및 구(區) 대표들을 2명씩 선거하고, 다시 면·읍 및 구 대표들이 모여서 소속 군(郡) 및 부(府)의 대표들을 선출하면, 이들 군·부의 대표들이 각 소속 도 인구할당에 의해서 도 대표를 선출하게 된다. 이렇게 되면 유권자 개인의 입장에서 볼 때, 직접선거가 되지 않고, 결국 간접선거의 효과가 커지는데, 이를 '상계제(上階制) 간접선거'라고도 한다. 상계제 간접선거 형식은 인지도를 지닌 명망가가 최종 선정될 가능성이 높다. 진영재, 『한국정치: 통치구조, 정당, 선거』 (서울: 법문사, 2017), 제2판, pp. 74-76.

215 단적인 예가, 2018년 문경 · 예천 기초의원들의 '캐나다여행사건'이다. 이것은 기초의원들을 공천한 해당 정당의 지역구 의원의 책임으로 환원될 수밖에 없다. 한국 지방정치 수준과 구성방식의 폐해가 그대로 드러난 사건이라고 할 것이다.

216 현재 국회의원들은 능력보다 자신에 대한 충성심을 기준으로 자신의 지역구 관련 지방의원들을 공천하게 되고, 지역민들은 질 낮은 지방의원들의 수준에 실망하고 있다. 반대로 국회의원들도 기초의회의원이나 광역의회의원 지망했다가 떨어진 사람들의 근거없는 비난에 어려움을 겪고 있다. 이런 상황이라면 광역의원이나 기초의원이야 말로 능력있는 신인들이 대거유입되어야 하며, 아예, 지역구별로 일정 수준의 엄격한 자격심사를 한 후에 다수를 선정하여 이 들을 대상으로 추첨제를 시행하는 것이 오히려 지방의원들의 수준을 높이는 길이다. 현재와 같은 상황에선, 추첨제가 오히려 능력있는 신인들이 지방정치에 유입되는 효과를 가져올 수 있다.

217 추첨시민의회의 철학적 이론적 논의에 대한 문제는 이지문, "광장정치와 제도정치의 보합으로서 추첨시민의회 모색" 『NGO연구』 12:1 (2017), pp. 1-40. 이지문, "민주주의 가치 구현을 위한 추첨제 의회 모색" 『대한정치학회보』 19:3 (2012), pp. 71-98. 2017년 신고리 5 · 6호기 공론조사는 무작위 추첨과 숙의 과정을 내용으로 하는 추첨형 시민조직의 사례이며, 우려했던 것과는 달리, 성공적인 사례로 평가되고 있다. 이에 대해서는 서경석, "선거형 대의제의 대안으로서 추첨형 대의제" 『민주법학』 66:0 (2018), pp. 77-108. 서경석은 추첨절차와 숙의절차가 추첨제의 궁극적인 질을 결정할 것으로 본다. 통계적 '표본'으로서 의미를 지닌 추첨절차의 방법론적 논의는 진영재, 『사회과학연구조사방법론』 (서울; 박영사, 2011), '층화표본추출' (pp. 141-143) 부분에 그 예제가 자세히 소개되어 있다. 이관후는 추첨형 시민의회가 '참여민주주의'와 '숙의민주주의' 전개과정에서 나타난 산물로서, 여전히 그 개념의 불확정성 문제를 충분히 해결하지 못하고 있다고 본다. 이관후, "'시민의회'의 대표성", 『한국정치학회보』 52:2 (2018), pp. 31-51.

시대 디지털 민주주의 시대의 도래는 이와는 상대가 될 수 없는 수준에서 세상을 근본적으로 바꾸고 있다. 비록, 참여민주주의의 형식이 대의민주주의의 대체제까지는 아니어도, 보완재로 기능하고 있음을 보여주고 있다. 아니, 더 도발적인 표현을 하자면, 보완재로 기능하여야만 함을 시민들이 스스로 요구하고 있다.[218]

행정부와 입법부의 정책결정도 이제 SNS상에서 실시간 이루어지는 여론에 영향을 받을 수밖에 없다. 이제 국회의원들이 SNS를 통한 의사교환구조와 이에 영향을 받는 정책결정구조를 갖고 있다는 것이다. 단, 국회의원 개인들의 당파성에 따라서 네트워크를 형성하며 진영내부에서의 토론과 동조화는 활성화되어 있지만, 상대 진영과의 진정한 의사소통의 망을 형성하고 있는 것은 아니다. SNS시대에 개인들 간의 의사소통이 기하급수적으로 활성화되고 증가되고 있지만, 실상은 진영내부에서의 의사소통은 증가하며 동조화가 강화되어도, 진영을 넘어선 의사소통은 사실상 없는 것이다. SNS 매체가 오히려 유유상종(類類相從)의 문화를 조장하며 보수-진보간 진영정치를 확대강화하는 측면이 있는 것이다.

어느 수준까지를 '참여민주주의'의 형식으로 해야 할지 분명한 것은 아니다. 소위 '광장민주주의'라고 하는 거리에서 자신의 의견을 표출하는 단계에 이른 것을 참여민주주의의 실행으로 보아야 할지, 아니면 개인들이 모바일에 자신의 의견을 개진하는 것도 참여민주주의의 한 형식으로 볼 수 있는지의 문제이다. 정치인들은 '대의민주주의'(representative democracy)가 매우 단단한 형식으로 알고 있지만, 사실 기존에 직접민주주의 형식으로서 '참여민주주의'(participatory democracy)가 불가능했던 이유는 두 가지이다. 첫째, 다수의 사람들이 모여서 토의하고 의견을 교환하는 것이 시공간적으로 불가능했다. 둘째, 시민들 모두는 아니어도 중간적 형태의 시민들의 집합기관이 존재한다고 해도, 그것이 곧 결정권한을 지닌 기관은 아니기 때문이다. 이에 반해서 국회는 소수가 대의하고 있기에 모여서 토론과 의견 교환이 가능할뿐더러, 헌법을 통해서 권한을 부여 받아 정책결정을 할 수 있다.

SNS 모바일시대에 첫 번째 문제는 사실상 해결되었다. 정치적 사건들이나 사회적 이슈들과 관련하여 개인들은 의견을 개진함에 있어서 시간적 편차가 거의 없이 실시간으로 참여할 수 있다. 하지만, 문제는 그렇게 토의된 내용이 곧 정책결정의 결과로 이어지는 것은 아니다. 참여민주주의가 사회의 혼란을 부추길 수 있다는 것이 바로 그것이다. 정책결정은 없이 의견개진만 난무하다보니 이것은 사회구성원들에게 다시 불안감을 유인하게 된다.

서유럽에서 1960년대 말에 시작된 소위 '탈산업사회'의 시대적 흐름은 인간 사회의 '삶의 질'이 '산업사회'에서 소홀히 다뤄졌던 중요한 주제라는 것을 인식시키게 된다. 환경문제를 전담하는 별도의 독립된 군소정당조직인 환경정당이 고개를 들며 시민들에게 그 존재를 알리게 된다.[219] '탈산업사회'의 정당개혁 프로그램은 분명 '산업사회'의 그것과는 다를 수밖에 없다.[220] '정당정치'는 '간접민주주의'로서 '대의민주주의'의 형식을 유지한 상태에서 기능하는 것이다, 인간사회의 소통형식은 '인터넷 시대'도 넘어 이른바 '모바일-SNS시대'로서 '직접민주주의'로서 '전자민주주의'의 형식을 유지한 상태에서 기능하는 소위 '디지털 정당'으로의 진화를 예견하는 듯하다.[221] 정당조직은 이제 '참여민주주의'적 속성이 강화되는 환경이 적응하면서 진화하게 된 것이다. 결론적으로, 정보통신망이 발달한 시대에 정당은 오프라인(off-line)과 온라인(on-line)을 결합하여 활동하면서 시민들의 다원화된 요구에 응하는 소위 '플랫폼 정당'(platform party)으로서 기능할 필요가 있다는 주장들이 많다.[222]

218 류석진, "한국의 전자투표: 도입 논의와 시행사례를 중심으로", 『전자투표와 민주주의: 9개국 비교연구』 류석진(외) (서울: 인간사랑, 2009), pp. 301-330. 류석진은 전자투표가 선거의 일상화에서 유용한 기제임에도 부정선거의혹이 발생하면 국민의 신뢰를 약화시킬 수 있어 도입의 신중성이 요구됨을 지적한다.

219 Dick Richardson and Chris Rootes, *The Green Challenge: the Development of Green Parties in Europe* (London: Routledge, 1995). Thomas M. Meyer and Bernhard Miller, "The Niche Party Concept and its Measurement", *Party Politics* 21:2 (2015), pp. 259–271.

220 윤성이 · 민희, "디지털 시대의 정당개혁", 『한국시민윤리학회보』 23:2 (2010), pp. 131-151. 장우영, 송경재, "뉴미디어와 ICTs/Leadership 정당", 『21세기정치학회보』 20:2 (2010), pp. 1-30. 홍순식, "미디어의 진화와 정당의 변화에 관한 탐색적 연구: 인터넷에 따른 정당의 목표와 조직의 변화", 『기억과 전망』 24 (2011), pp. 201-234. 김범수 · 문상석, "인터넷의 등장과 정치변동: 정보화시대 국민참여경선의 등장의 의의와 한계", 『사회이론』 47 (2015), pp. 157-193.

221 김용철 · 윤성이, 『전자민주주의: 새로운 패러다임의 모색』 (서울: 오름, 2005). 박지영 · 윤종빈, "정보화 시대 대의민주주의 위기 극복을 위한 한국형 정당모델의 모색", 『미래정치연구』 9:1 (2019), pp. 119-142. 장우영, "융합으로서의 정치: 시론적 논의" 『미래정치연구』 6:1 (2016), pp. 179-200. 장훈, 『한국의 디지털 정당』 새사회전략정책연구원(KINS) 정책보고서 2 (2008. 8. 14). 강원택, 『인터넷과 한국정치: 정당정치의 도전과 변화』 아산재단 연구총서 243 (서울: 집문당, 2007). 허태욱, "스마트폰이 바꾼 세상, 블록체인이 한 번 더 바꿀 것: 유럽, 미국에서 확산되는 '디지털 사회혁신', '디지털 민주주의'", [여시재 인사이트/디지털과 사회] (2019. 10. 15.)

222 박지영, 윤종빈, "플랫폼 시대, 당원 인식을 통한 한국형 정당모델의 모색", 『한국의 당원을 말하다: 당원의 현재와 미래, 그리고 한국형 정당모델의 탐색』 윤종빈, 정수현(외) (서울: 푸른길, 2019), pp. 175-204. 해당 연구에서 플랫폼 정당의 개념도를 보면, 해당 플랫폼 정당은 '옴니채널'(omni-channel)을 강조하는 모델이다. 옴니채널이란 온라인과 오프라인을 유기적으로 융합하여 각 부분의 장점을 합한 것을 의미한다.

(1) 당내 선거와 시민참여

당원들은 자당을 대표할 사람들을 결정할 포괄적인 권한을 지닌다. 모든 선거가 적합하게 치러지기 위해서는 일단, 유권자들이 후보자들을 알아야만 한다. 이런 경우, 특히 한국의 선거문화 차원에서 보자면, 오픈프라이머리라는 제도는 그 좋고 나쁨을 떠나서 후보자들의 '인지도' 및 '인기도'의 성향에 따른 후보지명의 성격이 강하게 나타난다.[223] 당내민주주의를 위해선 폐쇄형 경선의 활성화가 외부조직에 의한 상향식 공천을 제도화하는 것보다 우선되어야 한다는 시각도 있다.[224] 공천제도로서 '오픈프라이머리제도'가 단순히 형식적 차원에 그치지 않고 "국민에게 공천권을 되돌려주는 것에 현실적 효과를 지닌 제도"로 발전시킬 수 있는지를 파악하는 것이 핵심이다. 그래서, '국민참여경선제'를 정당이 어떻게 활용하느냐는 현실적인 문제와 연관이 되는데, 정당입장에서 진성당원의 견고한 그룹이 존재하지 않는 경우에 선거과정에서 국민참여경선제를 포기하기가 쉽지 않을 것이다.

오픈프라이머리 제도는 두 가지 측면의 제도적 조응성 문제와 유리되어서는 그 장점과 단점을 논할 수 없다. 하나는 오픈프라이머리제도와 '각급 선거수준'과 조응성의 문제이다. 또 다른 하나는 오픈프라이머리제도와 다양한 '선거제도들'과 조응성의 문제이다. 차례대로 논의해 보고자 한다.

'대의민주주의하'에서 '정당'과 '시민'의 관계는 다차원에서 형성되겠지만, 두 영역의 관계를 논하는 궁극점에는 '책임정당' 여부가 존재한다. 정당이 시민의 요구에 책임성 있는 기관으로서 존재하느냐의 문제인 것이다. 시민들의 정치권에 대한 요구는 다양하겠지만 파편화되어서 영향력이 거의 없다. 파편화되지 않고 응집된 성향으로 영향을 미치는 대표적인 사례가 '시민단체운동'이다.[225] 정당이 충분한 수준에서 시민들의 만족감을 채워주는 수준이 아니라고 할지라도, 정당은 그러한 사회적 요구를 수용하면서 환경에 적응하려는 노력을 하게 된다. '시민단체운동'이 정당이나 의원들의 선거결과에 영향을 미칠 때 더욱 그러할 것이다.[226]

시민들이 정치권에 영향을 미치는 형식에는 두 가지 경우의 수가 있다. 하나는 시민단체운동을 통해서 정당정책에 영향을 미치는 것이고, 또 다른 하나는 정당이 시민사회와의 네트워크를 형성하는 주체가 되는 것이다. 그렇게 하기 위해서 정당이 시민사회와 네트워크를 형성하는 주체가 되어 이른바 시민플랫폼을 장착한 '네트워크정당'으로 진화하는 것이다.[227] 진성당원을 중심으로 한 대중정당모델이 시대상황과 더불어 약화되거나 또는 정당발전사 관점에서 태생적으로 한계에 이르면서 이제 정당이 다양한 시민단체들과 연계되며 그들의 본부 역할을 하는 개념으로 '플랫폼정당'이나 '네트워크정당'이 논의되기에 이른 것이다. 이런 상황이라면 '네트워크정당'은 정당재편의 두 가지 경우의 수인 '재정렬'(realignment: 주요정당들이 교체되면서 발생)과 '탈정렬'(dealignment: '시민단체'의 정치가 정당정치에 대안적 기구로서 기능하면서 발생)을 절묘하게 조합한 형식으로 진화하는 것을 의미하는 듯하다.

1993년 김영삼의 '문민정부'가 들어서고, 1997년 김대중의 '국민의 정부' 및 2003년 노무현의 '참여정부'로 이어지면서 '정치개혁'은 가장 중요한 화두였다. 특히 노무현의 참여정부시절에는 '범국민정치개혁협의회'가 출범하면서 정치개혁을 위한 요구를 공식적으로 요구하기도 하였다.[228] 스테레오타입화하여 본다면 '대의민주주의' 하의 정당정치에서 '수탁자모델'이 더 맞는 듯도 하지만, '파견인모델'도 무시할 수 없게 하는 논리적 기제가 바로 '책임정당'의 문제이다. 시민들이 정당이 공천한 정치인을 선택하면서, 자신들의 의지와 반하는 경우에 가만히 지켜볼 수는 없기 때문이다.[229]

223 그래서 능력이나 도덕성과 상관없이 인지도가 낮은 후보들은 인지도를 올리기 위한 홍보에 돈이 많이 드는 정치가 될 수 있다. 윤종빈, 정회옥(외), 미래정치연구소(편), 『정치현장에서 진단하는 한국정당과 민주주의』 (서울: 푸른길, 2017), p. 173 ('심층면접 대상자 02').

224 기현석, "정당의 민주적 공천방식 관련 논의에 대한 고찰" 『법학연구』, 29:4 (2018), pp. 131-162.

225 정상호는 '시민사회운동'을 사회운동, 신사회운동, NGO 모두를 아우르는 개념으로 사용한다. 정상호, "시민사회운동과 정당의 관계 및 유형에 관한 연구" 『한국정치학회보』 41:2 (2007), pp. 161-184. 정상호는 '시민사회운동'과 정당의 관계를 다음의 4가지로 유형화한다: 독자 정당 모델, 정책 연대 모델, 대안적 운동-정당 모델, 비정치 모델. 서유럽의 녹색당, 미국 · 영국 · 프랑스의 경우, 체제 전환기의 동유럽, 대한민국이 각각의 사례가 된다.

226 신진욱 · 김진두 · 정보영, "사회운동은 어떻게 보수정당의 복지정책을 바꾸는가?: 정치매개모형을 통한 반값등록금운동 사례 분석, 2008-2011", 『한국사회학』 52:1 (2018), pp. 1-37.

227 조희정, "전자민주주의와 인터넷 투표: 에스토니아 사례를 중심으로", 『한국정당학회보』 7:2 (2008), pp. 159-187. 민희 · 윤성이, "정보화 시대에 있어서 대의제의 적실성 탐색", 『21세기정치학회보』 19:2 (2009), pp. 147-171. Susan Scarrow, *Beyond Party Members: Changing Approaches to Partisan Mobilization* (Oxford: Oxford University Press, 2014). 채진원, "계파정치 극복을 위한 네트워크 정당모델과 오픈 프라이머리논의", 『정책연구』 (2015 가을호), pp. 143-179. 채진원, "시민정치의 흐름과 네트워크정당모델의 과제", 『민주주의와 인권』 16:1 (2016), pp. 5-50.

228 손혁재, "국회와 시민운동", 『의정연구』 9 (2000), pp. 68-89. 정상호, "정당개혁론의 재성찰: 시민참여, 책임정당의 길," 『시민과 세계』, 13 (2008), pp. 144-165. 중앙선거관리위원회 "제2기 범국민정치개혁협의회" 자료 (2004).

229 역사적 논리는 '납세자(納稅者) 정권'이다. 납세자 정권이란 국가에 세금을 낸 자들 (국가에 경제적 기여를 한 자들)이 정치기관으로 '의회'를 통하여 형성한 정권을 말하는 것이다. 진영재 『정치학 총론』 (서울: 연세대학교 대학출판문화원, 2019), 제5판, pp. 23-25. 역사적으로 부르주아(시민계급)는 국가에 세금을 내고, 정치적

한국정당조직은 인물중심적 성향이 강하다. 당권과 대권이 분리되기 이전에는 더욱 그러했다. '당권'과 '대권'의 분리란 행정부 수반으로서의 권리와 입법부에서 정당의 수장으로서의 권한을 모두 장악하는 상황을 지양하겠다는 것이다. 그러니까, 큰 맥락에서 보자면, '입법부'와 '행정부'의 권력분립에 더욱 충실하겠다는 것이며, 특히 '공천문제'를 중심으로, 당대표의 '공천권'에 관한 권한에 대통령이 가급적 관여하지 않겠다는 것이다.[230] 인물중심적 정당조직이란 전통을 지닌 상태에서 당권과 대권이 분리되다 보니, 당권을 장악하는 '당대표'와 대권을 장악하는 '대통령후보'를 어떻게 선출하고 있는지 중요할 수밖에 없다.

'3김시대'가 끝나가는 2002년을 즈음하여 정당의 지도부 선출방식에 커다란 변화의 흐름이 시작되고 있었다. 주요 정당들의 대통령 후보 선출 등의 공직후보자 선출과정에는 일반 유권자들의 의사가 반영되기 시작했지만 정당의 대표를 뽑는 전당대회에 당원이 아닌 유권자들의 의사가 반영되기까지는 좀 더 시간이 필요했다. 이는 공직선거 후보자와 달리 정당의 대표자는 대의원들의 손으로 선출하는 것이 바람직하다는 인식이 강했기 때문이다. 하지만 전당대회가 국민들로부터 '그들만의 리그'로 평가받는 현실 속에서 주목을 받지 못하면서 흥행에 실패하였고, 당내민주화의 흐름 속에 대의원이 아닌 일반 당원들의 참여 의지도 커지기 시작하면서 일반당원을 비롯한 일반 유권자들의 관심과 참여를 증가시키기 위한 방안들이 고민되기 시작했다. 21세기에 들어서 한국의 두 주요 정당 지도부 선출방식을 보면 다음과 같다.

표 2-1 2004년 이후 민주당 계열 지도부 선출방식

정당	시기	당선자	선출방식
열린우리당 ~ 민주당 ~ 민주통합당 ~ 새정치민주연합 ~ 더불어민주당	2004.1.11	정동영	대의원 100%
	2005.4.1	문희상	대의원 100%
	2006.2.18	정동영	대의원 100%
	2008.2.17	정세균	대의원 100%
	2010.10.3	손학규	대의원 70% + 당원여론 30%
	2012.1.15	한명숙	대의원 30% + 국민 선거인단 70%
	2012.4.13	이해찬	대의원 30% + 국민 선거인단 70%
	2013.5.4	김한길	대의원 50% + 권리당원 30% + 국민여론 20%
	2015.2.8	문재인	대의원 45% + 권리당원 30% + 당원여론 10% + 국민여론 15%
	2016.8.27	추미애	대의원 45% + 권리당원 30% + 당원여론 10% + 국민여론 15%
	2018.8.25	이해찬	대의원 45% + 권리당원 40%+ 당원여론 5% + 국민여론 10%

민주당 계열 정당의 경우 공직후보자 선출 과정에 가장 먼저 국민참여 방식을 도입했지만 당 지도부 선출과정에서는 폐쇄적인 방식을 유지했다. 대의원에 의해서 선출되던 지도부 선출방식은 2010년 '10.3 전당대회'에서 처음으로 일반당원들까지 참여범위가 확대되었다. 일반당원을 대상으로 한 여론조사 결과를 30%의 비율로 반영하기 시작하면서 민주당 계열 정당의 전당대회 방식에도 변화가 시작되었다. 그 이후 시민사회세력으로 이루어진 시민통합당와의 합당과 함께 치러진 2012년 '1.15 전당대회'에서 최초로 일반 시민들도 투표에 참여할 수 있는 참여경선 방식을 도입하였으며 참여를 극대화시키기 위해 모바일투표방식도 차용하였다. 하지만 모바일투표가 도입되면서부터 전당대회의 규칙을 두고 당내 계파 간 갈등이 첨예해지기 시작했다. 이는 2012년 '6.9 전당대회'에서 이해찬 후보에게 패배한 김한길 후보를 비롯한 이른바 '비노진영'의 의중이 반영된 것으로 볼 수 있다. 당시 이해찬 후보는 김한길 후보를 0.5% 차이로 누르고 당대표에 선출되었는데 세부결과를 살펴보면 김한길 후보는 30%가 반영되는 대의원 투표, 재외국민투표, 현장투표에서 모두 앞섰으나 70%가 반영되는 모바일 투표에서 62,735표를 얻어 65,214표를 얻은 이해찬 후보에게 패배하였다. 직후에 실시된 당내 대통령 후보 경선에서도 당심과 모바일 민심의 격차가 크게 나타나면서 논란은 계속되었고 결국 모바일투표 방식은 2013년 '5.4 전당대회'를 앞두고 폐지되었다. 2015년 2월에 실시된 새정치민주연합의 전당대회 역시

권한으로 투표권을 부여받게 된다. 경제적 기여를 대가로 정치적 권한으로 부여 받은 투표권은 단순히 세금을 냈기 때문에 반대급부로 준 형식적 차원의 것이 아니다. 적어도 과거에는 그런 형식적 차원의 것이었더라도 현대사회에서는 설득력이 없다. 국회가 갖는 권한 중에서 국민의 혈세(血稅)를 관리하고 감독하는 '재정에 관한 권한'을 중히 여기는 이유도 '납세자 정권'의 논리의 연장선상에 있다. 진영재 『정치학 총론』 (서울: 연세대학교 대학출판문화원, 2019), 제5판, pp. 194-195. 국가에 세금을 내는 주인된 자는 당연히 대표자들을 선출하여 국가사무를 운영하게 한 것이며, 그들 마음대로 국가사무를 운영하라고 전권을 준 것은 아니다. 많은 국가들이 '직접민주주의'의 요소인 '국민발의'(initiatives), '국민소환'(recalls), '국민투표'(referendum)을 병행하는 것이 그러한 이유이다. 신명순, 진영재, 『비교정치』 4판 (서울: 박영사, 2016), pp. 390-395.

230 당권과 대권의 실제적인 분리는 특히 '국회의원공천문제'를 중심으로 현실에서 구현된다. 1997년 김대중 정부가 들어서면서 시작되었고, 노무현정부에서 정착되기 시작하였다. 지역적 맹주로서 카리스마적 리더십을 지닌 김대중정부에서는 선언적 의미정도로 해석하는 것이 맞을 것이다. 형식만 당권-대권 분리일 뿐, 바랏츠(Baratz)가 권력(power) 이론에서 지적했던 '암묵적 힘의 관계'가 청와대와 정당 사이에 존재할 수밖에 없었다. 이전의 '삼김'(三金: 김영삼, 김대중, 김종필)과는 구분되는 리더십을 지닌 노무현 정부를 거치면서 정착되기 시작하였다. 반론도 존재한다. 특히 현장 국회의원들은 형식만 당권과 대권의 분리이지, 청와대의 입김이 국회 전반에 영향을 미칠 수밖에 없고, 그것도 일반인들이 상상하는 것 이상으로 크게 미친다고 생각하는 경우가 있다. 이것은 입법부-행정부 간의 권력분립문제를 떠나서, 모든 핵심적 권력기관장들(국정원장, 감사원장, 검찰총장, 국세청장)을 대통령이 직접 임명하는 현행 1987년 헌법체제에서는 불가피한 현상으로 받아들여지기도 한다.

출마예상자들이 선거인단의 비율을 놓고 갈등양상을 보인 끝에 방식이 결정되었으며 전당대회 마지막까지 룰에 대한 갈등은 계속되었다. 큰 그림에서 보자면, 민주당 계열 정당은 전당대회에 일반유권자들의 참여방식을 도입한 2010년부터 전당대회를 실시하면서 전체선거인단에서 권리당원의 구성비율은 30%에서 40%로 늘어났고, 국민여론은 20%에서 10%로 줄어들었다. 결론적으로 선거인단의 구성이 대의원 45%와 권리당원 40%로 합이 85%에 이른다. 대의원과 권리당원의 표심이 당대표를 결정하는 주요한 요인이다.

표 2-2 2002년 이후 자유한국당(2020년 이후 '국민의 힘') 지도부 선출방식

정당	시기	당선자	선출방식
한나라당 ~ 새누리당 ~ 자유한국당	2002.5.10	서청원	대의원 100%
	2003.6.26	최병렬	당원 50% + 국민선거인단 50%
	2004.3.23	박근혜	당원 50% + 국민여론 50%
	2004.7.19	박근혜	대의원 50% + 국민여론조사 30% + 인터넷선거인단 20%
	2006.7.11	강재섭	대의원 70% + 국민여론조사 30%
	2008.7.3	박희태	대의원 70% + 국민여론조사 30%
	2010.7.14	안상수	대의원 70% + 국민여론조사 30%
	2011.5.8	홍준표	선거인단 70% + 국민여론조사 30%
	2012.5.15	황우여	선거인단 70% + 국민여론조사 30%
	2014.7.14	김무성	선거인단 70% + 국민여론조사 30%
	2016.8.9	이정현	선거인단 70% + 국민여론조사 30%
	2017.7.3	홍준표	선거인단 70% + 국민여론조사 30%
	2019.2.27	황교안	선거인단 70% + 국민여론조사 30%

*선거인단: 전당대회 대의원, 전당대회 대의원이 아닌 책임당원선거인, 전당대회 대의원이 아닌 일반당원 선거인으로 구성된다.

공직 후보자 선출 과정에서는 민주당 계열 정당들이 일반 유권자들의 의사를 좀 더 반영하던 분위기와는 달리 전당대회에서는 한나라당에서 새누리당으로 이어지는 보수 정당이 먼저 일반 유권자를 참여시키기 시작했다. 한나라당은 두 번의 대선 패배를 겪은 뒤 2003년 '6.26 전당대회'에서 당 정치개혁특위의 개혁안에 따라서처음으로 국민선거인단을 50%의 비율로 반영하였다. 2004년 '3.23 전당대회'부터는 전당대회에 최초로 국민여론조사 결과를 반영하기 시작했다. 당시 한나라당은 노무현 대통령 탄핵 역풍의 흐름 속에서 분위기를 반전시키기 위한 수단으로 여론조사 방식을

도입하고자 했다. 그 이후 일반 유권자들에 대한 여론조사를 지속적으로 반영하였고, 2011년 '5.8 전당대회'부터는 70%의 비율로 반영하던 대의원 투표를 대의원을 비롯한 일반 당원과 책임당원까지로 참여 범위를 확대하였다. 여기에 당에 대한 지지가 약하고 당원 중 구성비율이 취약한 청년들의 경우 비당원들도 참여할 수 있도록 하는 등 전당대회 흥행을 통한 컨벤션 효과(convention effect)를 보기위해 노력했다. 자유한국당은 민주당과 달리 국민여론조사가 30%에 이르기 때문에, 당원들만의 표심으로는 당대표가 되기 어려울 수 있다. 당대표 후보자들의 경합이 치열한 경우, 국민여론조사가 결정적 요인이 될 수도 있고, 당원들의 표심에서 분명한 표 차이가 없는 경우, 국민여론조사에서 순위가 역전될 수도 있다는 의미이다.

종합하자면, 두 주요 정당들은 전당대회에서는 부분개방형 선거제도 속에서 여론조사라는 제한적인 방식으로 일반 유권자들의 의견을 반영하고 있다. 정당의 지도부를 선출하는 데 당원이 아닌 일반 유권자들이 참여하는 방식은 '여론조사'의 방식을 택함으로써 정당정치가 온전히 뿌리내리지 못하면서 일반 유권자들이 정당활동을 비롯한 정치활동에 참여하는 문화가 정착되어 있지 않은 한국의 현실에서 어쩔 수 없는 선택이었던 것으로 보인다.

대통령제하에서 당내 선거의 꽃은 대선후보경선이다. 두 주요 정당들은 일반유권자의 참여규모를 50%로 하거나, 아예 완전 국민경선제도로서 100%를 채택하고 있어, 국민경선제도를 기반으로 대선경선제도를 치루고 있다고 볼 수 있다. 다음에 정리된 표에 나타난 최근의 경향을 참고할 때, 당대표 선출과정에서는 민주당이 더 당원중심의 제도를 채택하고 있고, 대통령후보 선출과정에서는 자유한국당이 더 당원중심의 제도를 채택하고 있음을 알 수 있다. 정당전략 차원에서, 대선후보경선은 본선에서 상대정당 후보자에 대해 경쟁력을 지닌 후보자를 지명하는 것이기 때문에 당원들의 인기도를 반영하는 당원중심경선제도보다는 아무래도 국민경선제도를 채택하는 경우에 더 경선 흥행효과가 클 것으로 예상해 볼 수 있다.[231]

231 결국, 당원들이 중심이 되어서 공천권을 행사할 수 있는 선거수준은 대통령선거보다는 국회의원선거일 것이다. 이에 대해서는 제3장 정당공천 부분을 참조할 수 있다. 당내 대통령경선은 당내 계파간 대결보다 상대방 정당의 대선후보에 대한 대항마로서 본선에서 이길 후보자를 선출한다는 의미에서 당외의 일반국민들의 여론이 중요할 수밖에 없다. 당대표선출은 당내 계파간 표대결이 중심이 되어 이루어지기에 외부의 여론이 크게 반영될 필요성이 크지 않다.

표 2-3 제16대~19대 주요 정당 대통령후보 선출방식

	정당	종류	방식 및 규모
16대	한나라당	부분 개방형	대의원 30%+당원 20%+일반 유권자 50% 선거인단 규모 48,391명
	새천년민주당		대의원 20%+당원30%+일반 유권자 50% 선거인단 70,769명(인구 1,000명당 1명)
17대	한나라당	부분 개방형	선거인단 80%(대의원2 : 당원3 : 일반5)+여론조사 20% 선거인단 184,709명(유권자의 0.5%), 여론조사 6천명
	대통합민주신당	완전 개방형	선거인단 90%+여론조사 10% 지역 1,680,840명+모바일 238,725명, 여론조사 5천명
18대	새누리당	부분 개방형	선거인단 80%(책임2 : 당원3 : 일반3)+여론조사 20% 선거인단 201,320명, 여론조사 6천명
	민주통합당	완전 개방형	완전국민경선 100% 선거인단 1,083,589명
19대	자유한국당	부분 개방형	책임당원 현장투표 50% + 국민 여론조사 50% 책임당원 181,480명, 여론조사 6천명
	더불어민주당	완전 개방형	완전국민경선 100% 선거인단 2,144,840명

대선경선에서 국민참여경선제를 완전개방형으로 할 것인지, 부분개방형으로 할 것인지를 비롯하여 개방형 경선의 구성 비율은 어떻게 할 것인지, 경선 방식은 현장투표로 할 것인지, 모바일 투표로 할 것인지 ARS전화로 할 것인지 등이 명확하게 제도화되어있지 않다. 이렇게 매 번 바뀌는 제도는 당내 갈등을 불러 올 수 있다. 제도의 불안정에서 오는 갈등은 경선이 치러지는 중간에도 발생하였고, 경선 중간에 룰이 바뀌는 경우도 생겨났다. 문제는 선거 때마다의 상황과 분위기에 따라 자신들에게 유리한 방식을 주장하다보니 발생한 것으로 각자의 이해관계를 버리고 제도의 본질에 대한 근본적인 논의를 거쳐서 합의를 도출해야만 할 것이다.

(2) 책임정당과 포퓰리즘의 문제

정당의 책임정치란 입법과정에서 정책산출이란 결과물로서 시민에게 응답하는 것을 말한다. 정책산출은 정책결정과정에서 이념적 교조나 집착에서 벗어나 이념적 유연성을 가지고 임할 때 더 효과적이다, 의회입법과정에서 몇 개의 정당들이 입안된 정책들을 대상으로 결정과정에서 줄다리기를 하게 된다. 1948년 제1공화국 설립 이후 한국의 정당정치는 '여당 대 제1야당'이라는 두 개의 주요 정당이 주도하는 '양

당정치'적 성격으로 흘러왔다. 이것은 1987년 제6공화국 출범이후에도 변하지 않고 있다. 물론 2019년 현재 국회 패스트트랙에 실려 있는 '준연동형비례대표제'가 국회의원선거제도로 변경되어 시행되는 경우엔 '3당체계' 내지는 '4당체계'로 들어설 가능성이있다. 2020년 4.15총선에선 두 주요정당이 '위성정당'을 비례구에 설립하여, 선거결과 '양당체계'가 오히려 강화되는 것으로 나타났다.

1987년 민주화체제이후 한국정치과정을 주도하는 두 개의 주요정당을 국고보조금에 기생하는 일종의 '카르텔정당체계'내의 정당조직으로 규정하는 연구들이 많다. 이렇게 본다면, 주요 정당은 소위 '대마불사론'(大馬不死論)의 차원에서 시민들의 요구에 성실히 응하지 않아도 생존해 나가는 데 문제가 없다고 보는 시각이 있다.[232] 현재의 주요 정당체계가 잘 변화할 것 같지 않다는 시각인 것이다. 더 정확히 이야기하면, 카르텔정당체계하의 주요 정당들도 국민들의 눈높이에 맞추려는 노력을 하지만, 국민들 입장에서는 여전히 부족한 수준이고, 이는 특히 주요정당들의 경우, 국민들의 눈높이에 적응하려는 흉내만 내며, 성실하고 심각하게 노력하지 않는다는데 문제가 있을 수 있다. 그렇다면, '책임정당'(responsible parties) 논쟁이 불가피한데, 대의민주주의가 성공적으로 유지되기 위해서 정당은 '책임정당'이어야만 하기 때문이다. '카르텔정당체계'에서 최악의 상황은 주요정당들 중심으로 기능하는 상황을 의미하는 것이 아니다. 최악의 상황은 '책임정당'이 되어야만 하는 의식이 없이 타성에 젖어 자신들의 기득권적 지위를 유지하기에 급급한 상황을 말하는 것이다. 그러한 상황은 안정된 위치에 있는 자나, 아니면 그러한 구도를 깨기 위한 자들 모두에게 '포퓰리즘'을 확대재생산할 수 있는 유인을 제공한다. 안정된 상황에 있는 주요 정당들은 무책임성 때문에, 또한, 군소정당들에게는 획기적이고 감성적인 정책 제시를 통해서 그

232 곽진영, "한국정당체계의 민주화: 정당-국가간의 관계를 중심으로", 『의정연구』, 11 (2001), pp. 34-62. '카르텔정당체계'에 관한 논의의 가장 큰 논리적 허점은 오히려 '대마불사'라는 시각에 공존할 수 있다. 여기서 '대마'란 의석수를 기준으로 주요정당(major parties)들을 말하는 것이고, '소마'란 '군소정당'(minor parties)들을 말하는 것이다. 큰 거인이 넘어지면 더 일어나기 힘들 수도 있기 때문이다. 서서히 무너지기에 그 쇠락을 감지 못할 수도 있고, 그런 경우, 그래서 어느 순간을 넘어서면 완전히 무너지면서 끝장인 것이다. 이렇게 본다면 소마(小馬)는 자주 넘어질 수 있어도 오히려 죽지는 않는다는 것이다. 이른바 '소마불사론'(小馬不死論)도 가능하다는 것이다. 사실 카르텔정당체계라고는 하지만 한국정당사에서 이미 큰 정당들은 당명을 바꾸거나 통합과 분당을 거듭해 오고 있다. 통합과 분당을 하더라도 기존의 정당의 모습은 거의 변하지 않았으니 기존의 정당체계가 유지된다고 볼 수도 있고, 통합과 분당, 당명변경 자체를 또 다른 정당체계의 시작으로 볼 수도 있다. 객관적 기준이 있기 어렵다. 이렇게 본다면 '국고보조금'제도가 카르텔정당체계를 유인한다는 명제는 경험적으로 입증되었다고 보지만, 카르텔정당체계이기 때문에 변화나 적응의 과정이 없는 것으로 볼 수만은 없을 것이다.

러한 정치구도를 깨기 위한 필요성 때문에 포퓰리즘이 유인된다. 결론적으로, 정당 조직 최악의 참사는 책임정당이 되지 못하고 포퓰리즘 정당이 되는 것이다.

거시적 수준에서 보자면, 지금까지는 정당이 '책임정당'이 된다는 의미가 '지역수준'보다도 '국가수준'에서의 책임을 우선하여 말하는 것이었다.[233] 정당이 특정한 정체성을 지닌 집단들의 다양한 요구에 실용적인 논의와 처방내지는 상황적이고 기능적인 파편화된 주제들의 대중적 처방을 급조하는 것과는 상관없는 문제였었다.[234] '책임정당'에 대한 정의는 하나로 고정되어 있지는 않다. 미시적 수준에서 보자면, 선거공약을 지키는 정당이 책임정당이 되는 것이며, 이는 정당(또는 정당의 후보자나 정치인들)이 정책을 제안하고 실천하는 책임을 지거나 약속을 지키느냐는 문제로 제한된다.[235] 정당과 시민들 사이의 가장 큰 괴리는 정당들의 이슈 대응능력에서 비롯된다. 책임정당정치의 구현이 이루어지지 않는 경우, 부정적인 포퓰리즘적 양태가 정치과정에 나타난다.[236] '포퓰리즘'을 중립적 시각에서 본다면, 긍정적으로는 대의민주주의의 한계를 보완하기 위한 참여민주주의의 성격이 있는 반면에, 부정적으로는 '대중인기영합주의'적 측면을 지니고 있어 '책임정치'를 무너뜨리게 된다.[237]

유럽을 포함하여 전 지구적 현상으로 발생하는 '포퓰리스트 정당'적 움직임은 제도권 대의정치에 대한 불신과 혐오에 맞닿아 있다.[238] 특히, 한국사회와 같이 정당정치에 대한 불신감과 집단간 사회갈등의 수준이 높아서 보다 통합적 차원에서 이루어지는 '책임정치' 구현의 가능성이 낮은 사회에선 '포퓰리즘'의 발호가 문제화 될 개연성이 높다. SNS시대로 들어선 이후 기동성있는 모바일 매체를 통하여 '정체성의 정치'(identity politics)에 입각하여 다양하게 조직된 크고 작은 다양한 시민단체들은 그들의 이슈제기와 정책적 요구에 만족까지는 아니더라도 최소한의 결과물로서 응답해 주기를 희망한다. 하지만, 휘발성이 강한 그렇지만 요구의 강도가 높은 단기적인 이슈들과 특정 지역이나 특정 단체의 정체성에 한정된 이슈들은 사실상 현재 정당조직의 형태로는 유연하게 대처하는 것이 쉽지 않다.

근자의 정당정치에 대한 불만감의 근원을 보면, '대의민주주의'에 대한 대중들의 회의가 그 핵심이다. 생활정치로서 다양성을 추구하는 '정체성의 정치'와 일종의 통일성을 추구하는 '대의민주주의'는 긴장관계에 있을 수밖에 없다. 포퓰리스트 정치인들은 무능하고 부패한 정당정치를 극복하여 인민들의 정치참여 촉구와 대중들의 요구 충족을 해야함을 내세우지만, 단기적 이익추구, 소승적이고 감성적인 동원전략 등을 통해서 증오의 정치를 양산하게 된다. 포퓰리즘은 특정 인물을 배제하면서도 이를 특정 인물에 의존하여 권위주의적 양태와 질서를 재생산하는 특성을 보인다. 따라서, 정치과정에서 포퓰리즘의 득세를 극복하기 위해선, 정당체계내에서 정당들의 유권자들에 대한 요구 대변능력을 효율적으로 처리해야 하는데, 이는 궁극적으로 '당내민주주의' 수준과 연계되어 정당정치의 합리성과 책임성을 강화할 때 가능한 것이다.

정당조직과 시민사회의 관계에 있어서 포퓰리즘의 문제는 정당조직의 득세를 위하여 국가의 국고를 고갈시키며, 정당의 정책이 중 · 장기적으로 시민사회의 경제

233 지역구 수준에서 유권자들은 국회의원의 무능에 책임을 돌리면서 '공약'을 제대로 이행하지 못한다는 불만을 표출한다. 국회의원도 선심성 공약을 남발한 책임을 면하기 어려울 것이다. 이것은 국회의원을 지역구별로 선출할 때 발생하는 기본적인 문제점이다. 소위 국회의원의 자기 지역구를 위한 예산 우선할당 ['포크배럴'(pork barrel) 현상]도 이러한 현상의 연장선상에 있는 것이다. 유럽연합(EU)과 같은 경우엔, 정당이 국가에 대한 책임과 EU에 대한 책임으로 이원화될 수 있다. 이탈리아에서 2018년 3월 총선에서 32.7% 득표율로 1당이 된 '오성운동'의 주세페 콘테 총리가 이끄는 정당연합은 국가 빚이 GDP의 132%에 이름에도 불구하고 EU이 부채감축요구를 외면하고, 2019년 9월 10일에 다시 한번 상원에서 연정 신임안을 통과시키게 된다. 2018년 오성운동의 공약은 조건없는 기본소득보장, 무료인터넷서비스 제공, 주20시간 근로제 등의 포퓰리즘 공약이었고, 2019년에 추가로 감세정책의 일환으로 빈곤층에 부가가치세 인상폐지, 최저임금제도입, 난민정책 완화, 확장경제정책 유지를 내세우고 있다.

234 서복경, "정당개혁과 한국 민주주의의 미래: '원내정당화' 논의의 제고", 『동향과 전망』 60 (2004), pp. 11-39. 정상호, "정당개혁론의 재성찰: '시민참여 책임정당'의 길", 『시민과 세계』 13 (2008), pp. 144-165.

235 정당(또는 선거후보자들이나 현역 정치인들)은 득표를 추구하기에 유권자들에게 어필하는 정책을 제시할 동기가 존재한다. 영국, 프랑스, 미국의 책임정당 여부를 비교한 연구에 따르면, 정당경쟁이나 책임정부정당(responsible party government)이 제시한 정책은 유권자들이 자신과 상관없는 정책에 대해서 가졌던 선호에 대해서도 반응하는 것이었다. 유권자들에게 자신과 상관있고 그래서 특정한 방향으로의 진행을 선호하는 정책에 대해서 반응해 주는 것이 책임정당이라고 한다면, 단순히 여론조사에서 시민들이 선호하는 정책을 가장 잘 이행하는 정당을 책임정당이라고 할 수도 있다. James Frolik Adams, *Party Competition and Responsible Party Government: A Theory of Spatial Competition Based Upon Insights From Behavioral Voting Research* (Ann Arbor, MI: University of Michigan Press, 2001).

236 정병기, "서유럽 포퓰리즘의 성격과 특징: 프랑스, 이탈리아, 오스트리아, 벨기에, 노르웨이의 네오포퓰리즘 정당을 중심으로", 『대한정치학회보』 20:2 (2012), pp. 139-164. 정병기는 특히 서유럽에서 보이는 '네오포퓰리즘'이 후기산업사회이후 세계화, 유럽통합, 정당정치의 위기라는 환경속에서 배태되었다고 지적하며, 이를 극복하기 위해서는 정당체제의 이해관계 대변능력강화가 요구된다고 보았다. 그래서, 포퓰리즘은 신생 소수정당의 정치적 성공요인이 될 수도 있다. 이에 대해서는 박설아 · 류석진, "신생 소수정당의 성장과 포퓰리즘: 독일 대안당(AfD: Alternative für Deutschland)과 우파 포퓰리즘을 중심으로", 『한국정치연구』 27:1 (2018), pp. 493-520.

237 하상응에 따르면, 한국정치과정에서 포퓰리즘 성향이 높은 사람들은 정치에 대한 관심이 높고 정치참여에 적극적인 경향성을 띠고 있었다. 하상응, "한국 유권자의 포퓰리즘 성향이 정치행태에 미치는 영향", 『의정연구』 53 (2018), pp. 135-170.

238 윤덕희, "중 · 동유럽에서의 포퓰리즘 상승에 관한 연구", 『국가전략』 22:1 (2016), pp. 119-142. 윤덕희는 중 · 동유럽지역에서의 정치인들의 정치적 선동의 내용이 자유주의적 민주주의화와 약한 시민사회, 부패와 지배엘리트에 대한 불신, EU가입과 정체성 문제 등과 연관된 것임을 지적한다. 특히 유럽지역에서의 포퓰리즘은 유럽통합과 관련된 것이다. 또 다른 논의는 홍지영, "반기성정치적 관점에서 본 유럽회의주의: 포퓰리즘으로 인한 유럽통합 위기", 『국제정치논총』 59:2 (2019), pp. 91-124.

상황을 피폐하게 한다는 점이다. '베네수엘라 연합사회당'(United Socialist Party of Venezuela)의 차베스 정권은 포퓰리즘이 어떤 결말을 초래하는지 극명하게 보여준다. 국고는 고갈되고 나라는 파탄에 이르러 오히려 차베스에 열광하던 민중들은 도탄에 빠졌다.[239] 상황은 한 순간에 걷잡을 수 없이 악화되는 것이지 서서히 악화되는 것이 아니다. 20세기말까지 부유한 산유국가였던 베네수엘라가 어느 수준까지 회복할 수 있을지 불투명하다. 비록 정도는 다르지만, 영국의 브렉시트(Brexit)와 보수당의 행보 역시 그 경계선상에 있는 것은 분명하다.[240] 미국 오바마 행정부하에서의 민주당정책뿐만이 아니라 공화당의 대응에 실망한 사람들이 '차정당'(Tea Party)을 결성한 바 있다. 이들은 백인, 남성, 보수주의자이면서, 특히 세금 증액에 강하게 반대하는 사람들이다.[241] 한국에서도 이재명 지사나 허경영 대선후보의 행보가 포퓰리즘의 논쟁을 불러오기도 했다.[242] 문재인정부의 '청와대 국민청원제도'도 논쟁의 대상이 된 적이 있다.[243]

거인도 서서히 무너지지 않고 순식간에 무너질 수 있다. 그리고 한 번 무너지면 기동성 측면에서도 다시 일어나기가 쉽지 않다. 작금에 간혹 논의되는 '플랫폼 정당'(platform party)은 그런 의미에서 앞으로 많은 부분 시대의 변화를 반영하는 정당형태가 될 수 있음에도 불구하고 이합집산이 많은 한국의 정당발전을 위해서 바람직하다고 보기 어렵다.[244] 플랫폼 정당의 핵심은 조직적 '기동성'이다. 당원이 없어도 인물중심으로 지지자들을 중심으로 조직이 가동되는 것이다. 기존 당원들의 목소리에 지배되지 않는 정당은 가벼운 몸집으로 기동성을 발휘하게 된다. 또 다른 의미에서는 정책적 '유연성'이다. 당원 여부에 상관없이 자유롭게 문호를 열어놓고, 이념적 집착을 벗어나게 된다.[245]

역설적으로, 이념적으로 자유로운 경우, 흘러가는 방향은 포퓰리즘이 성행할 가능성이 높다. 그렇다면, 중요한 질문은 포퓰리즘을 막기 위해서 정당은 어떤 조직이 되어야만 할까? 한국의 대통령제하에서 대통령을 배출하지 못하는 정당은 결국 소멸한다는 항간의 이야기가 있다. SNS시대에 정당조직이 '네트워크 정당'이자 '플랫폼 정당'으로 가는 경우, 사회집단들의 네트워크가 포퓰리즘을 생성하는 플랫폼이 될 가능성에도 유의해야 할 것이다. 그렇다면, 이상에서 논의된 모든 변수들을 종합할 때, 한국에서 바람직한 정당조직이란 어떤 조직으로 추상화할 수 있을 것인가?

복잡다기하고 요구가 다원화하는 사회에서 한국형 정당조직모델이란 궁극적으로 시기와 상황에 맞추어 국민적 요구를 기동성 있게 반영하는 정당이 되어야 하며,

239 차베스 정권 초기와 중기, 베네수엘라 대중들의 국가자부심은 세계2위로 조사된 적도 있다. 이 때 베네수엘라인들의 국가자부심은 차베스의 '퍼주기 정책'에 대한 응답이었던 것이다. 신명순, 진영재, 『비교정치』(파주: 박영사, 2019), pp. 223-225.

240 특히 보수당 당수 보리스 존슨의 행태는 보수당의 행태라기 보다는 개인적인 것이다. 미국 트럼프(D. Trump) 대통령의 행보는 공화당에 의한 포퓰리즘은 아니며, 개인 스타일에 의한 포퓰리즘으로 볼 수 있다. 김현준과 서정민은 영국의 브렉시트 현상이나 미국의 트럼프 현상과 같이 선진민주주의 국가에서 포퓰리즘이 어떻게 나타나는가에 관심이 있다. 연구자들은 가장 일반적으로 사용되는 포퓰리즘을 이해함에 있어서 태거트(P. Taggart)의 행태적 이념적 측면에 강조를 두지 않고, 일종의 '정치적 양식'(political style)의 측면에 강조를 두고 이해한다. 근대사회 이후 진행된 사회적 상상이자 정치공동체를 사유하는 문화방식이기 때문에 후기산업사회 이후 정당정치에 대한 실망감에서 비롯된 일시적 현상이 아니라 근대 대중민주주의 사회에서 언제든지 발현하는 현상이라는 것이다. 김현준, 서정민, "포퓰리즘의 정치 개념 고찰: 문화적 접근의 관점에서", 『한국정치학회보』 51:4 (2017), pp. 49-74. 반면에, 정진영은 현재의 포퓰리즘이 세계화의 흐름으로 인한 '신자유주의'라는 흐름과 유관한 것으로 보기도 한다. 정진영에 따르면, 세계화의 흐름에서 신자유주의는 자유시장 경제원칙을 극단적으로 강조하게 되고, 정치의 영역을 지나치게 좁게 만들어 민주주의가 원활하게 작동할 수 없게 한다. 이런 분위기에서 발현하는 포퓰리즘은 인민주권의 원칙에 지나치게 집착하면서 자유주의의 제도적 장치들을 허물면서 민주주의 그 자체를 위협하게 된다. 정진영, "세계화와 자유민주주의 위기의 두 얼굴: 신자유주의와 포퓰리즘의 정치적 동학", 『한국정치학회보』 52:4 (2018), pp. 81-102.

241 Kevin Arceneaux and Stephen P. Nicholson, "Who Wants to Have a Tea Party?: The Who, What, and Why of the Tea Party Movement", *PS: American Political Science & Politics*, 45:4 (2012), pp. 700-710. 참고로, 아세노와 니콜슨에 따르면, '차정당지지자들'은 단순히 '자유주의자들'로 분류될 수 있는 것은 아니다.

242 채진원, "포퓰리즘의 이해와 이재명 현상에 대한 시론적 논의", 『사회과학논집』 50:1 (2019), pp. 53-76. 채진원은 정당 내에서 이재명이 대권주자로서 급부상한 원인을 분석하고 있는데, '적'과 '우리'라는 이분법 사용과 사회주의 성향의 급진정책 추구, 대의정치수단보다는 SNS를 통한 대중호소전략, 주류정치에 반대하는 아웃사이더로서 카리스마적 기질의 추구라는 측면에서 이재명을 '좌파포퓰리스트'로 분류하고 있다. 한국의 이재명과 미국의 샌더스를 비교해 보는 것도 의미가 있으리라고 본다. 조기숙, "2016 미국 대선에 나타난 포퓰리즘 연구: 이념적 포퓰리스트 트럼프, 전략적 포퓰리즘 샌더스", 『한국정치연구』 26:1 (2017), pp. 183-214.

243 직접민주주의 성향이 반영된 대의제의 보완재 정도로 본다면, 이는 오히려 국민들의 정치효능감(political efficacy)에 기여할 수 있는 제도로 이해될 수 있다. 이승원 · 임한샘 · 이현우, "청와대 국민청원 참여요인 분석: 포퓰리즘인가, 정치효능감인가?" 『OUGHTOPIA』 33:3 (2018), pp. 111-141. 어떤 사안이 포퓰리즘인지 아닌지를 구분하기 위해 해당 연구에서 사용한 대립가설들을 주목할 만하다. 두 가지 대립된 가설은 다음과 같다. 만약, 청와대 국민참여가 포퓰리즘 때문이라면, 참여자들의 인식에 정치불신감이나 대통령에 대한 카리스마적 인식이나 지지성향이 강하게 나타날 것으로 상정한다. 반대로 청와대 국민참여가 '정치효능감' 때문이라면, "나의 참여로 정부정책에 영향을 미치겠다"(내적효능감), "정부가 나의 요구에 반응하고 답변한다"(외적효능감)의 인식이 강하게 나타날 것으로 상정한다. 분석결과, 연구자들은 청와대 국민청원은 포퓰리즘적 인식과는 무관하고, 정치효능감 인식과 유관한 것으로 결론지었다. 참고로, 포퓰리즘은 정치인의 정치전략이라는 시각에서 본다면, 유권자들의 인식방향과는 무관할 수도 있음도 유의할 필요가 있다.

244 '플랫폼 정당'의 의미는 상황에 따라서 약간의 차이가 있다. 박지원 의원은 '민주평화당'을 분당하여 '대안정치연대'를 만들면서 '플랫폼정당'을 주장한 바 있다. 능력을 겸비한 인물들이 자유롭게 정당에 모여서 경쟁하며 그들 중에서 대통령후보자를 지명하려는 시도이다. 이것은 진정한 의미에서의 '플랫폼정당'이라기보다 한국대통령제하에서 대통령을 배출하지 못하는 정당은 정당으로서 사멸할 가능성이 높기에 나온 전략적 측면으로도 해석된다. 정치권에 교과서적 의미에서의 '플랫폼 정당'이 활성화되기 위해서는 '정당설립의 자유'와 관련된 법적구조를 보완할 필요도 있다. 기현석, "정당의 민주적 공천방식 관련 논의에 대한 고찰" 『법학연구』 29:4 (2018), pp.131-162.

245 심지어, 포퓰리스트 정당도 일시적인 조직으로서가 아니라 지속성을 유지하려면, 정책적 유연성이 필요하다. 이에 대해서는 장선화, "북유럽 포퓰리스트 우파정당의 성장과 정당체제 변화: 스웨덴민주당과 핀란드인당을 중심으로", 『한국정치학회보』 51:4 (2017), pp. 75-100. 장선화는 포퓰리스트 우파정당의 성장을 위해서

이는 정책적 유연성을 갖는 정당을 의미한다.[246] 궁극적으로, 정책적 유연성을 지닌 정당이란 현실정치에서 '중도정당'으로 기능하는 정당을 의미하게 된다. 중도좌파-중도우파가 중도에서 만나지 못하고, 극좌와 극우의 성향에 가깝게 서로 투쟁하며 갈등이 확대재생산 된다면 그 종착역은 좌파포퓰리즘과 우파포퓰리즘이 유인될 가능성이 높다. 경쟁하는 두 정당이 득세하기 위해서 무엇이든 할 것이기 때문이다. 중도좌파와 중도우파가 이념적 교조에서 벗어나 민생을 위한 중도로 다가서며 좌파포퓰리즘이나 우파포퓰리즘의 위험성에서 벗어나야만 한다. 중도정당이 하나의 기관으로 존재하며 그럴 수도 있지만 반드시 기관의 형태로 존재할 필요는 없다고 본다.[247] '중도좌파' 정당이 '중도우파' 정당과 타협하면서 조금 더 '중도'로서 기능한다면 그 때 중도정당이 되는 것이다. 그 역도 마찬가지이다. 특히 정권을 담당하는 정당은 야당에 비해서 중도정당이 되어야만 한다.[248]

2016년 프랑스에서 마크롱이 주도하는 '전진하는 공화국'이란 중도적 성격을 지닌 정당의 탄생은 세계화와 유럽연합(EU) 속에서 사회당의 한계와 일종의 우파포퓰리즘을 동시에 해결하는 하나의 대안으로 파악할 수도 있다고 본다. 달리 표현하자면, 프랑스의 중도정당이 결국 우파포퓰리즘에 대한 대안이었다는 것이다. 동시에, 정치역학으로 보자면, 오히려 포퓰리즘을 해결하는 길은 중도정당이 있어야 (아니면, 적어도 집권시에 중도정당으로 기능할 수 있는 정당이 있어야만) 가능한 것이다.[249]

그렇다면, 어떻게 정책적 유연성을 지닌 '중도정당'이 될 수 있을 것인가? 정당조직이 어떻게 개편될 때 앞서서 언급한 의미에서의 '중도정당'을 실현할 수 있을까? 정당의 이념적 집착성은 일부 최고위원들이나 당직자들, 정당 주요 요원들의 이념적 교조와 경직성에서 비롯된다. 이것을 깨기 위해선 우선 정당의 문호가 더욱 넓게 개방되어야 한다.[250] 현재 정당조직에는 '중도적 위치'에 선 자들이 들어설 틈이 없다. 탈산업사회에서는 과거 고전적 의미의 사회균열의 성격이 약화 되었다. 중산계층도 이제 '신중산계층'으로 분화하면서 정당을 지지하는 고전적 의미의 집단들이 변화하고 있다. 한국정당발전사가 서구와는 다른 발전경로를 갖고 있다면 정당을 지지하는 고전적 의미의 진성당원에 근거한 정당발전모델을 취할 수 없을 것이다. 유럽에서도 진성당원들의 숫자가 줄어들고 지지집단의 정치적 의미도 느슨해져서 '정당일체감'도 과거에 비해 감소하는 것이 보편적 추세이다. 그렇다면 우리의 정당발전모델이 반드시 서구적 의미에서의 진성당원을 확보하는 것을 목적으로 한 정당구조를 상정할 필요가 없을 듯하다.

한국정당조직 개혁의 핵심은 소수의 엘리트나 지도자 중심의 정당운영이 아닌 보다 많은 사람들이 관여하는 조직으로 탈바꿈하는 것이다. 정치과정이 소수의 엘리트들에 지배되는 경우 정치의 장은 그들 엘리트들의 자아실현을 위한 장으로 변질될 개연성이 높아진다. 보다 많은 사람들이 참여하는 정치가 과연 일반 대중들 모두가 참여하는 정치를 말하는 것인가? 일반 대중 모두가 참여하는 것이라기 보다는 특정 정당에 당원과 지지자들로 명부에 있는 사람들이 모두 참여하는 정치를 뜻한다는 것이 상식에 가깝다. 정당은 그 정당의 주요 당직자, 그리고 그 정당에 당원으로 가입한 사람, 당원으로 가입하지 않았더라도 특정 시점에 특정 정당의 지지자로 등록

의회내 협력가능성과 정당연합의 유연성이란 두 가지 조건들을 들고 있다. 장선화는 포퓰리스트 정당이 이념적 간극이 지나친 경우 두 가지 조건이 충족되기 어려움을 주장한다.

246 안병영, 『왜 오스트리아 모델인가: 합의와 상생, 융합과 재창조의 국가모델』 (서울: 문학과지성사, 2013). 이것은 '플랫폼 정당'이 갖는 기동성이나 유연성과는 일정 수준 차별성이 있다. 정보화 시대 플랫폼 정당모델에 대해서는 다음을 참고. 박지영 · 윤종빈, "정보화 시대 대의민주주의 위기 극복을 위한 한국형 정당모델의 모색", 『미래정치연구』 9:1 (2019), pp. 119–142.

247 손정욱은 '중도정당'의 중심적 역할이 있는 경우 이념적 유연성과 중재의 정치를 강조하는 좌우정당들을 정책적의 수렴해 내는 구심적 역할을 할 수 있다고 보았다. 손정욱, "노동시장 이원화와 반응성의 정치: 서비스업 임금 불평등과 중도정당 중심 정당체제의 정치경제" 『한국정치학회보』 53:1 (2019), pp. 31–60. 반면에 박명림은 중도좌파 정당들이 연합정치에 의한 정책적 유연성으로 중도정치를 행하고 있음을 보여준다. 박명림, "연합 정치, 정권 교체, 대통령 리더십", 박명림(편) 『1987년 민주헌정체제의 등장과 운영 II: 김대중』 (파주: 카오스북, 2017). pp. 25–71.

248 2018년도 멕시코 대통령선거는 이런 점에서 흥미로운 참조점이 될 수 있다. 1988년이후 멕시코 정당체계는 대략 PRI(제도혁명당, 중도파), PAN(국민행동당, 우파), PRD(민주혁명당, 좌파)의 세 정파로 나뉘어 있다. 2018년 멕시코 대선에서 처음으로 중도좌파인 로페스 오브라도르(López Obrador)가 정권을 잡게 되는데, 그는 중도정당인 PRI 출신으로서 PRD로 당을 옮겨 두 번에 걸쳐 대통령후보로 선출된다. 그는 다시 한번 좌파인 PRD를 떠나서 새로운 모레나당(Morena)을 창당하고 대통령에 당선된다. 결론적으로 오브라도르의 대선승리를 보다 거시적인 그림 속에서 파악하자면, 그의 정치역정은 대선에서의 좌파로서의 승리가 아니라 중도에 다가갈 수도 있는 가능성과 이념적 유연성 속에서 마련된 것이었다. 중도에서 탈퇴했지만, 중도로서의 가능성을 지워 버리지 않았고, 다시 한번 좌파로부터의 탈퇴로 이어지면서 대선 승리와 직결된 것이다. 물론 오브라도르의 정책적 이념적 성향은 앞으로 정치적 결과물들을 살펴봄으로써 정확하게 파악될 것이다. 김기현, "멕시코 좌파정당의 지형 변화: 민주혁명당의 분열과 모레나의 등장", 『라틴아메리카연구』 31:3 (2018), pp. 71–99.

249 특히 정당이 '여당'의 위치에 있을 때, 이념적으로 정책적으로 유연성을 지니고 중도정당으로 기능할 수 있는 능력이 중요하다. 한국정치에서처럼 '중도우파'와 '중도좌파'라는 두 개의 주요한 정당이 주도하는 정당체계라면 그리고 그 두 개의 정당이 서로 정권을 교체하면서 이루어가는 정치라면 그 두 개의 정당이 모두 집권시에 정책적 유연성을 지니고 '중도정당'으로 기능할 수 있는 능력이 필요할 것이다.

250 Kevin O'Leary, *Saving Democracy: A Plan for Real Representation in America* (Stanford, C.A.: Stanford University Press, 2006). 올리어리는 간접민주주의의 틀 내에서 커뮤니티 프로그램의 도입으로 엘리트와 대중 간 멀어진 거리를 좁힐 수 있는 방안을 제시하고 있다. 정당개혁의 방향도 이와 같이 '개방성 증대'에 초점을 맞춰야 할 것이다.

된 자들이 함께 끌어가야 한다. 보다 많은 사람들이 공천에 관여하여 선출한 인물들이 정책적 중도정당을 유인할 수 있다는 생각도 해 보는데 이에 대해선 기대가 있지만 확신은 없다.[251]

일반적으로, 정당조직 개혁의 모델로서 유럽의 대중정당(mass party) 모델과 미국의 선거전문가정당(electoral-professional party) 모델이 거론된다. 대중정당은 다수의 당원들에 의한 상향식 의사결정으로 당이 운영된다는 점에서 '원외중심 정당조직'과 친화력이 있다, 선거전문가정당은 원내의원과 정책전문가들이 중심이 되어 당을 운영한다는 점에서 '원내중심 정당조직' 과 친화력이 있다. 대중정당을 옹호하는 사람들은 한국 정당들의 무원칙한 이합집산을 지향하고 안정된 정당체계와 책임정당정치를 실현하기 위해서는 당의 정책적 · 이념적 정체성을 확립하고 당비를 내는 진성당원을 중심으로 지구당을 운영하며, 공직후보의 공천과 당 지도부의 선출을 상향식 의사결정방식으로 함으로써 당의 대중적 지지기반을 구축해야 한다고 주장한다.[252] 한편 미국식 선거전문가정당을 모델로 하여 정당조직 개혁을 추진할 경우, 정당의 구심력과 규율이 약화되어 국회의원들이 정치자금을 매개로 하여 개별적으로 특수이익집단의 압력에 노출될 것이며, 국회의 입법 및 정책심의 과정이 조직화된 이익집단들에 의해 지배될 위험이 있기 때문에 한국의 정당조직 개혁은 대중정당 모델을 지향해야 한다고 주장한다.[253] 원내중심정당 혹은 선거전문가정당의 모델에서는 정당지도자와 원내의원들, 공직 진출을 희망하는 예비 엘리트집단, 각 정책분야별로 전문적 지식을 갖춘 전문가들, 그 정당을 지지하는 이익집단이나 시민단체의 대표들, 그리고 여론조사 전문가와 대중 매체 활용 전문가 등이 중심이 되어 당을 운영한다. 정당의 핵심은 반드시 '당원'일 필요가 없으며, 일정 수준 정당조직에서 자유로운 해당 시점에서의 '정당 지지자'다. 한국정치과정에서 고비용 정치를 유발하는 '지구당' 제도를 폐지한 것은 '원내중심 정당조직'과 친화력이 있는 제도를 도입한 것이다. 지구당은 폐지하는 대신에 의원이나 후보자들의 개인 사무실이나 후원회 연락 사무소를 두어 평상시에는 민원 접수창구로 이용하고, 선거 시에는 선거운동본부로 이용한다. 당의 공직후보 공천은 일반 유권자들의 참여를 보장하는 개방식 예비선거제로 하며, 당 조직과 운영에서 원외정당적 요소(전당대회-당대표-당무회의-지도위원회-사무총장)보다는 원내정당 중심(의원총회-원내대표-정책위원회) 체제로 된다.[254] 해당 모델을 옹호하는 사람들은 당비를 내는 당원 중심의 대중정당은 산업화시대에 노동계급에 기반을 둔 정당에서나 찾아볼 수 있는 조직 형태라고 간주하고, 사회계층의 다원화, 대중화, 원자화가 급격히 진행되고 있는 탈산업화 시대에는 동질적인 정치적 목표를 공유하면서 당비를 내는 당원을 조직하기가 매우 어렵고, 비현실적이라고 본다. 특히 노동계급과 같은 특정 계층에 기반을 둔 정당이 아니라 다양한 계층의 유권자들로부터 폭 넓게 지지를 동원하려고 하는 포괄정당(catch-all-party)의 경우 그것은 더욱 어려운 일이다. 민주주의가 제도화되고 선거의 중요성이 더욱 높아짐에 따라, 그러면서도 유권자들의 정당일체감이 약화되고 투표의 유동성이 증가함에 따라 기존의 대중조직정당들도 점차 선거전문가정당으로 변해가고 있는 것이 일반적인 추세이다. 한국사회도 탈산업화 시대에 접어들고 있기 때문에 이러한 추세에서 예외는 아니며, 따라서 한국의 정당조직도 포괄정당 혹은 선거전문가정당으로 개편되어야 한다는 것이 이들의 주장이다.[255]

대통령제 하의 우리 정치현실을 감안할 때도 내각제 하에 흔히 보이는 대중당원정당 보다도 원내중심정당이 바람직한 발전 방향일지 모른다. 분점정부가 흔히 나타날 수 있는 대통령제 하에서는 정당의 규율이 약한 편이 대통령과 의회의 교착상태를 타개하는데 유리하기 때문이다.[256] 이념적 유연성을 통해서 중도우파정당이나 중도좌파정당 모두가 중도로 다가설 수 있는 것도 강한규율의 정당보다는 보다 유연한 규율의 정당에서 더 가능할 것이다. 정당의 강한 규율이 국회의원들의 자율적이고 생산적인 입법활동을 방해하고 국회를 비생산적인 정쟁의 장으로 전락시켜 왔다는 점을 감안하면 정당 규율의 약화가 오히려 의회정치의 활성화를 가져올지 모른

251 채진원, “진영논리의 극복과 중도정치에 대한 탐색적 논의”, 『민주주의와 인권』 14:1 (2014), pp. 307-344.

252 김수진, “민주이행기 한국 정당정치의 비판적 분석”, 『의정연구』 2 (1996), pp. 16-37.

253 박찬표, “한국 ‘정당민주화론’의 반성적 성찰: ‘정당민주화’인가 ‘탈정당’인가?”, 『사회과학연구』 11 (2003), pp. 137-164.

254 일반적으로 당대표가 의원직에 있는 경우가 대부분이기 때문에, 해당 분류는 스테레오타입이다. 이렇게 본다면, 정당조직에서 당대표와 원내대표의 역할을 이원화하지 않고, 원내대표만이 당대표를 맡게 한다면 분명한 원내중심정당조직이 될 것이다. 한국정치에선 당대표, 원내대표, 정책위의장, 당대표비서실장, 당사무총장을 당조직 5역으로 부른다. 스테레오타입화하면, 당대표-당대표비서실장-당사무총장의 역할은 ‘대중정당-원외정당조직’과 친화력이 있고, 원내대표-정책위의장은 ‘원내정당조직’과 친화력이 있다. 한국정치에서 당대표, 원내대표, 정책위의장은 선거를 통해서 선출하고, 당대표비서실장과 당사무총장은 당대표가 임명한다. 당내에서 정하기 나름이겠지만, 원내대표-정책위의장은 러닝메이트제로 하기도 하고, 원내대표 선출 후에 정책위의장을 임명하기도 한다.

255 김용호,『한국정당정치의 이해』 (서울: 나남, 2001); 정진민, 『후기 산업사회 정당정치와 한국의 정당발전』 (서울: 한울, 1998).

256 김세걸. (2003). “포스트 3김 시대의 정치개혁: 쟁점·전망·방향”, 『동아연구』 44 (2003), pp. 164-196.

다. 하지만, 한국정치문화를 감안할 때, 한국의회에서 여야가 극한 투쟁을 벌이는 모습이 과연 '원내정당조직'이나 '원외정당조직'과 연관된 유형이어서 발생하는 문제는 아니라고 본다. 단순히, 타협과 양보를 패배로 생각하거나, 위임은 약자가 하는 것이라는 의식차원의 것으로 말하자면 한국정치문화의 문제인 것이다.

원내정당옹호론자들이 주장하는 것과는 달리 권력구조와 정당모델 간에 정합성은 그리 높지 않다고 본다. 이미 채택된 권력구조가 정당조직의 유형에 미치는 영향보다는 한 국가의 독특한 사회적 균열과 역사적 유산이 훨씬 더 큰 영향력을 가진다는 것이다. 미국의 경우에는 대단히 "예외적인" 분권적 정당을 발전시켰지만, 다른 대통령제 국가들의 정당은 유럽형보다는 더 개별적이고 분산적인 양태로의 발전을 보이면서도 위에 언급한 미국형 모델에 비해서는 훨씬 더 집단적이고 응집적인 모습을 취하고 있다는 것이다. 한국의 경우도 대통령제이지만, 민주 대 반민주의 정치적 균열. 지역 균열, 보수-진보 이념균열을 기반으로 일정 수준의 응집적인 정당 조직의 역사를 가지고 있다. 자원동원이론의 입장에서 보면, 정당조직의 유형은 정당의 정치자금의 공급 방식과 깊이 관련된다.[257] 미국과 같이 기업 및 이익집단에 정치자금을 의존하는 경우, 개별 의원의 전문가 집단을 통한 정책입안기능이 절대적으로 중요하게 되고 따라서 원외에 대한 의원 자율성이 강하게 요구된다. 정당 자금이 국고보조금에 주로 의존하는 우리의 경우, 그리고 의원 개인의 정치자금도 소액 후원제로 주로 하고 있는 현실에서 미국식 선거전문가정당이 한국정당조직의 발전에 바람직하다고 말할 수 없으며, 그렇다면, 기반 조직에서 국민참여의 형태를 외면하기 어려울 것이다.[258]

4. 결론과 예상

정당조직은 환경 속에서 스스로 자유로운 것이다. 앞서 독일, 프랑스, 영국, 미국, 일본의 정당조직사에 대해서 리뷰해 보았지만, 하나로 수렴된 조직유형이 없으며, 이것은 하나의 우월한 형태의 정당조직을 상정하기가 어렵다는 의미이다. 정당조직이 자유롭다는 의미는 정당조직은 시간의 흐름 속에서 일관적인 모습을 유지해 온 것이 아니고, 혼합적인 실체로서 진화해 왔다는 의미이다. 영국의 정당조직에서 보듯이 중앙당이 강한 것 같으면서도 지역적 자율성이 분명한 상태에 기반하여 발현된 중앙당 중심의 조직이었다. 프랑스의 이념정당들의 이념적 경직성과 기관중심적인 성향뿐만이 아니라 인물중심적인 이합집산을 동시에 반영하고 있었다. 독일의 정당들이 대중정당적인 성격을 주로 발전시켰음에도 '간부정당'이나 '선거전문가정당'에서 보이는 특색들이 동시에 나타나고 있었다. 일본의 경우에 후원회중심의 인물중심 정당의 시대에도 인물들에 따라서 여러 정당들이 득세할 수 있다는 예상과는 달리 오히려 큰 정당 한 개가 득세하였다. 역설적으로 일본정당정치야말로 한 개의 정당조직이 압도하는 측면에서 볼 때, 기관중심 정당정치의 극단이라는 시각도 가능할 것이다. 와중에 한국정당조직들은 아직도 정당간 이합집산을 계속하고 있다. 그런데, 최근의 사례들을 보자면, 정당간 이합집산이 프랑스, 일본에서도 예외는 아니다.

정당조직이 과거의 사회환경에 적응하며 진화된 존재로 본다면, 정당조직이 처한 현재의 환경과 그 환경에 정당조직이 어떻게 대응하고 있는지를 이해한다면, 앞으로 정당조직의 진화방향을 이해하는데 긴요할 것이다. 앞서 논의한 정당조직의 초기값과 조직발전의 역사와 관점들의 바탕위에서 새로운 세상의 변화에 발 맞추어 정당조직 진화의 방향을 설정해 볼 수 있을 것이다. 그런 경우, 정당조직은 이제 '대의민주주의'적 속성에 '참여민주주의'적 속성이 혼합되는 시대상황에 적응해 나가야 할 것으로 예상된다. 한국적 정당발전모델을 상정해 본다는 노력과 또 다른 역설적 상황으로서 '세계시민민주주의'적 흐름을 도외시 할 수 없는 이유는 '해적당'과 같은 범세계 정당조직이 등장하는 현실 때문이다.[259] 이것은 '대의민주주의'가 구조적으로 잘못 되었기에 대체되어함을 의미하는 것이 아니다. '대의민주주의'를 기반으로 하되, 생활정치와 친밀성을 갖고 있는 '정체성의 정치' 및 '참여민주주의', 그리고 세계시민들이 실시간 온라인으로 연결되면서 보편가치가 국경을 넘어서는 '세계시민민주주의'의 속성들이 혼합적으로 나타나는 '혼합민주주의'의 시대라는 것이다.

달리 표현하자면, 대의민주주의의 첨병 기제로서 정당조직은 이제 '대의민주주

257 Alan Ware, *Political Parties and Party Systems* (Oxford: Oxford University Press, 1996), pp. 105-108.

258 이에 대한 보다 근본적 차원의 반론도 있다. 정당이란 것은 근본적으로 당원들이 중심이 된 곳이고, 그렇다면 후보자 공천과정에서도 당원들이 중심이 되어 당내경선을 제대로 해서 후보를 공천해야지, 인재영입을 통한 후보공천은 바람직할 수 없다는 것이다. 서복경, "인재영입대신 당내경선" 한겨레 22면 (2019년 11월 6일). 궁극적으로 "경선에 참여하는 당원의 규모와 질"이 당내경선을 활용할 수 있는지 아닌지의 관건이다.

259 한수경, "뉴미디어시대의 정치혁명과 그 의미", 『정치와 평론』 10 (2012), pp. 105-127. 장우영, "온라인 이슈와 해적당의 정치세력화", 『사이버사회문화』 4:2 (2013), pp. 63-98.

의'만으로는 안된다는 시대의 분위기를 거스를 수 없을 것이다. 이것은 '디지털사회혁신'(DSI: Digital Social Innovation)이 단순히 기술혁명을 넘어서서 세상의 질서 그 자체를 재구성하고 있기 때문이다.[260] 이러한 온라인상의 연계가 시민의 협의과정과 동의절차를 획기적으로 변화시키면서 정당과 시민들 사이의 거버넌스에서 투명성과 효용성을 제공하고 있다. 정당조직이 태생적으로 중앙집권에 의한 대의제, 관료제, 파벌문제에서 완전히 자유로울 수는 없겠지만, 이를 최대한 극복하는 정당조직의 모습으로 진화해 나갈 수밖에 없을 것이다. 민주주의를 수행하는 방식은 다양하다. 정당이란 대의제하에서 민주주의를 담보하는 핵심적 수단이며, 대의제란 국민국가-중앙집권-의회라는 형식의 산물이며, 대의제의 가장 핵심적 수단이 정당인 것이다.

앞서 정당조직의 관료화내지 엘리트화 경향은 현대 정당조직에서도 진행형임을 지적한 바 있다. 이러한 성향을 완화시키기 위해서 정당조직에서 중앙당이 축소된다는 것의 의미를 조직내 기구편제의 문제로 한정해서는 곤란하다. 원내조직에서 당대표, 원내대표, 정책위의장만이 언론이나 화제의 집중적 관심이 되며, 이들의 언행이나 일거수 일투족으로 정당의 지지도가 오르고 내리는 것은 바람직하지 않다. 모든 국회의원이 정치활동에서 사회의 주목을 받고 평가받음으로서 정당이 평가되어야 한다. 모든 다양한 입법정책들과 관련하여 모든 국회의원들의 다양한 의정활동이 주목 받게 되면 그 자체로서 정당조직의 분권화와 지역화가 이루어지게 된다. 동시에, 당대표-원내대표-정책위의장의 삼자관계를 말하자면, 특히 정책위의장의 역할이 상대적으로 강화되어야만 한다.[261] 더 바람직한 것은, 일부 당직자가 아닌 모든 의원들이 주목을 받는 정치로 나가야만 한다.

한국정당정치발전모델로서 '대중정당론 대 원내정당론'이란 이분법적 논쟁에 대한 재고의 필요성을 제기하고 있다. 소위 '강한정당론'과 '원내정당론'인데, 정당정치의 중심이 '정책정당'보다는 '정책선거'로 기울고 있음이 장시간에 걸쳐 나타나고 있다.[262] 6공화국 이후 장기적 관점에서 한국의 정당체계와 개혁방안은 정책정당화방안을 중심으로 마련될 것이다.[263] 당원참여의 대중정당을 고려할 때 우리는 초기 정당연구가 미헬스(Michels, 1915)가 지적한 '과두제의 철칙'(iron law of oligarchy)을 상기하지 않을 수 없다.[264] 당원중심의 대중조직이 이론상으로는 민주적이어야 하는데 필연적으로 과두제를 이끈다는 역설이 그것이다. 정당이 직접민주주의를 넘어서면, 그리고 다양한 과제를 수행하기 위해 조직을 구축하면, 그 조직 안에서 공직을 잡은 사람들은 효과적 통제를 생각하게 되고, 결과적으로, 전문가들의 지식과 기술에 의존하는 엘리트 지배가 확립된다는 것이다. 이런 점에서 정당조직은 소위 '엘리트민주주의'와 '관료주의'의 속성이 나타나게 된다. 이점에서 새로운 정당의 모델은 단순히 당비를 내는 당원의 확충과 형식적인 상향식 의사결정구조의 구축에 그치는 것이 아니라 직접민주주의의 확대를 통한 자발적 당원의 참여 활성화를 강조하게 된다.

요즘 '플랫폼정당'이란 용어가 종종 정치권에서 사용되고 있지만, '플랫폼정당'은 '틈새정당'과는 다른 것이다.[265] '틈새정당'이란 군소정당적 성격이 강하고 중장기적으로도 군소정당에 머무를 가능성이 큰 정당들을 말하며, 반면에 '플랫폼정당'이란 시간이 흐르면서 숫적 결집을 통하여 한국정치과정에서 대통령후보를 만들어낼 수 있는 잠재력을 지닌 정당을 말한다. 덧붙여서 직관적으로 틈새정당이란 하나의 정형(定形)으로서의 군소정당이라면, 플랫폼정당이란 한 순간에 확장될 수도 소멸될 수도 있는 무정형(無定形)의 성격이 강한 것을 말한다. 특히, 무당파가 많은 사회에선 '플랫폼 정당'이 실현될 가능성이 높을 것이다. 이런 이유들로 인해서, 플랫폼정당은 선거를 전후하여 형성될 수 있는 소위. 지극히 선거중심적 경쟁력이 강화된 정당이라고 할 수 있다.

한국선거과정에서 정당들의 반복되는 이합집산은 이제 변수가 아니라 상수에 가

260 허태욱, "스마트폰이 바꾼 세상, 블록체인이 한 번 더 바꿀 것: 유럽, 미국에서 확산되는 '디지털 사회혁신', '디지털 민주주의'", [여시재 인사이트/디지털과 사회] (2019. 10. 15.)

261 여야 간 쟁점법안 협상에서의 당대표-원내대표-정책위의장의 관계에 대해서는 다음을 참고. 이송호 · 정원영 · 조준택, "쟁점법안을 둘러싼 여야협상 기구와 절차 및 상호작용 행태에 관한 연구: 2013정부조직법 개정안 사례", 『정치 · 정보연구』 18:1 (2015), pp. 97-125. 추가적으로는, 전진영, "국회 원내지도부의 입법영향력 분석: 상임위원회 지도부를 중심으로", 『한국정당학회보』 13:2 (2014), pp. 193-218.

262 형은화, "열린우리당의 생성과 소멸에 관한 연구" 『현대사회과학연구』 17 (2013), pp. 143-173. 장훈, "정책정당의 부침과 한국민주주의 30년: 정책정당발전의 역사적, 이론적 제약과 한국정당의 변동", 『한국정당학회보』 17:3 (2018), pp. 5-34.

263 박명호, "민주화 이후 한국의 정당체계와 개혁과제: 정책정당화방안을 중심으로", 『사회과학연구』 9:1 (2003), pp. 30-53.

264 Robert Michels, *Political Parties: A Sociological Study of the Oligarchical Tendencies of Modern Democracy*, Eden and Cedar Pau (trans.) (1915; New Work: Free Press, 1962).

265 Paolo Gerbaudo, *The Digital Party: Political Organisation and Online Democracy* (London: Pluto Press, 2018). Gid'on Rahat and Ofer Kenig, *From Party Politics to Personalized Politics?: Party Change and Political Personalization in Democracies* (Oxford: Oxford University Press, 2018). 정진택, "스마트시민정당 사례분석에 관한 연구", 『디지털융복합연구』 9:1 (2011), pp. 137-151. Thomas M. Meyer and Bernhard Miller, "The Niche Party Concept and its Measurement", *Party Politics* 21:2 (2015), pp. 259-271. 신두철, "신생정당과 정당체제 변화: 독일 해적당과 녹색당", 『한독사회과학논총』 26:3 (2016), pp. 59-81.

깝다.[266] 이러한 상황에서 정당의 경쟁력은 정당조직이 저비용 정당정치를 실현할 때 가능하다. 이를 위해 당조직의 디지털화하된 운영은 필수일 것이다. 오프라인적 참여없는 온라인 운용은 한계가 있다. 당원에게 참여의 인센티브를 제공하기 위해서는 당내민주주의, 특히 직접민주주의의 확대가 보완재적 역할을 해야한다. 이를 위해 인터넷, 핸드폰을 이용한 전 당원 직접투표로 지도부를 선출하는 형태가 중 · 장기적으로 정착될 수도 있다. 당원들에게 직접 결정에 참여하는 정치의 기회를 부여하는 방안을 고려해야 할 것이다. 만약, 이렇게 당원들 모두에 의한 참여와 결정 양태가 활성화되고 정착될 수 있다면, 당원 이외의 사람들이 참여하는 당내 '국민참여경선제'는 또 다른 운명을 맞게 될 수도 있다.[267] 정당조직의 디지털 민주주의 확대를 위해선, 특히 오프라인 지구당이 없는 한국의 법적 현실에서, '인터넷지구당'(e-party)의 실현은 요긴할 것이다. 발달한 전자 매체를 기반으로 직접민주주의를 확대해 나간다면, 그리고 지역자치와의 긴밀한 결합 속에서 자발적 당원의 충원이 성공리에 이루어진다면 '국민참여 정책정당'의 실험은 나름대로 소기의 성과를 거둘 수도 있을 것이다.[268]

자유주의 체제에서의 선거경쟁과 관리는 정당조직과 유권자 모두의 것이다. '국민참여경선'과 '정책정당'이란 것도 그런 거시적 맥락에서 이해될 필요가 있다. 자유주의 체제라는 것이 다시 한 번 강조될 필요가 있다. 자유주의 국가에서 선거의 자유는 아무래도 관리공영제보다는 비용공영제에 더 방점을 두어야만 한다.[269] 선거법의 '비용공영제'가 언뜻 보기엔 군소정당의 불이익을 방지하는 장치인 듯하지만, 오히려 군소정당이 영원히 군소정당에 머무르게 하는 효과를 불러올 수도 있다. 동일한 비용이 군소정당에게는 상대적으로 큰 부담임은 물론이다. 이런 점에서 기탁금 제도도 마찬가지이다. 선거비용 조달문제가 정당과 후보자의 사전적 문제라면, 선거비용 보전문제는 사후적 의미의 문제일 것이다. '기탁금 제도'는 선거에서 후보자의 난립을 막기 위한 제도이다. 하지만, 최근에는 자유주의 체제에서의 기탁금 제도와 헌법적 타당성 여부가 논의되고 있다.[270] 기탁금제도는 자칫 '금권정치'의 틀에 들어 있을 수 있기 때문에 조심스러운 측면이 있다.[271] 그런데 이러한 논의는 대의제를 위한 선거의 논의이기에 정당정치가 현 시대상황의 변화를 담기에는 지엽적인 문제에 불과하다. 보다 더 큰 그림을 본다면, 지금 자유주의 사회는 이른바 '헤테라키'(heterarchy)의 시대로 변화해 가는 초입에 들어와 있다.[272]

정당은 헤테라키 시대에 적응하여 진화해야만 한다. 헤테라키는 두 가지 의미가

266 1987년 제6공화국출범이후의 정당이합집산의 구체적 내용은 제4장을 참고할 수 있다.

267 '국민참여정책정당'이 성공하느냐 실패하느냐는 당이 얼마나 진정한 '자발적 당원'(voluntary members)을 참여시키고 당내 민주주의를 성취하느냐에 달려있다. 기간당원의 확충이 또 다시 계파별 지지자 동원의 형태로 간다면, 그리고 중앙당 조직이 또다시 비대해진다면, 이는 소수 엘리트 중심의 대중동원형 정당으로 회귀하는 것을 의미한다. 노조와 같은 원외 대중조직에 기반하지 않는 정당의 경우 기간 당원의 확충은 계파별 대중동원형 정당으로 갈 수 있는 위험성을 내포하고 있다. 이렇게 된다면 이는 '국민참여 정당화'의 현실적인 어려움을 증명하는 것으로 되며, 이렇게 되면 원내중심정당론 혹은 선거전문가정당론이 그 정당성을 얻게 될 것이다. 자발적으로 참여하는 당원 없는 '상향식' 의사결정은 상부의 일부 지도자들에 의한 동원적인 세(勢) 대결을 야기하게 된다. 그리하여 이런 식의 권력투쟁은 통상 정당의 생명을 한시적인 것으로 끝내는 결과를 초래하게 된다. 참여형 당원 확충은 정치문화의 변화와 제도적 정비가 이루어질 때 가능하다. 자발적인 당원 참여를 실현하기 위해서는 전자 매체의 발달에 의존하는 직접민주주의의 확대만이 능사가 아니고 당원의 이해와 요구에 맞는 당원 활동이 제시될 때 가능하다.

268 '전자민주주의'를 통한 정보교환에 신뢰를 갖는 것은 쉬운 일이 아니다. 전자민주주의에 대한 사회적 합의나 기술력에 신뢰를 갖기 위해선 아직 시간이 더 필요할 것이다. 비록 시간의 흐름은 전자민주주의를 보완적으로 사용하는 체제로 가고 있는 듯하지만, 그 폐해를 지적하는 소리를 참고하며 그 폐해에 유의하고 보완점은 지속적으로 고민해야 할 것이다. 노정태의 시사철, "프듀101, 드루킹, 국민청원...'IT 직접민주주의'는 얼마나 허황한가" 조선일보(2019. 11. 16) B11. 노정태는 엠넷 오디션 프로그램 '프로듀스X101'과 '프로듀스48'의 순위조작 사건을 다루면서 조작의 가능성으로 인해 IT민주주의가 위험한 방식임을 경고한다. 인터넷, 모바일앱, 문자메시지 등이 대중이 뜻을 직접 파악할 수 있고, 그렇게 파악된 여론이 자동적으로 정당성을 획득하고, 국가의 정책도 그러한 흐름에 맞추어 간다는 믿음에 주의를 요하고 있다. 'IT민주주의'가 '숙의도 없고, 선거도 없고, 정국도 담합도 없는' 민주주의의 가능성을 제안하지만, 조작의 가능성에 상당 부분 노출되어 있다는 것이다. '국민청원'도 주도세력의 구미에 맞는 것을 골라서 정치쟁점화한다는 것이다. 이렇게 본다면, 전자민주주의에 의한 직접민주주의적 성향은 대의민주주의에 대한 '대체제'가 아니라 '보완재' 정도로 이해하는 것이 좋을 것이다.

269 '선거공영제도'는 크게 '관리공영제도'와 '비용공영제도'의 두 분야로 구성된다. 정당조직은 서로 다른 조직들이며, 선거활동의 자유를 보장하기 위해선 '비용공영제도'를 체계화하는 것이 앞으로의 방향일 것이다. 차재권은 한국의 정당정치구조에 적합한 선거관리체계의 변화 방향을 4가지 정도로 제안하는데, 비용공영제 위주의 선거관리, 소수 정당을 배려하는 국가보조금 지급, 예비 후보자에 대한 선거비용 규제 완화, 기탁금 반환기준의 하향조정으로 진입장벽 축소, 일괄공제제도(check-off system) 도입 등이다. 차재권, "선거공영제 개선 방안 연구: 미국 공영선거운동(CMC: Clean Money Campaign)의 교훈" 『21세기정치학회보』 19:1 (2009), pp. 143-170.

270 비례대표국회의원선거에 대한 문제점이 헌법불합치 판결을 받기도 하였다[헌재 2016. 12. 29. 2015헌마1160]. 길용원, "기탁금 제도의 헌법적 타당성에 대한 검토" 『선거연구』 9 (2018), pp. 145-170.

271 이종문, "기탁금제도의 실효성에 대한 재검토와 입후보 진정성 제고 방안" 『선거연구』 2 (2011), pp. 419-446. 1) 근본적으로, 교육감의 선거구 성격이 광역자치단체이기 때문에 선거비용은 많이 들 수밖에 없을 것이다. 다음의 두 가지 방법을 생각해 볼 수 있다고 생각한다. ㉠이것은 선거법상에서 공탁금의 규모 자체를 줄이는 것이 가장 직접적인 방법이다; ㉡단, 능력있고 양심있는 자를 금권정치로 부터 보호하는 방법은 정당이 공탁금을 법정 한도내에서(이것은 법정한도액을 정해야 할 것임) 보조할 수 있도록 하는 것이다. 교육자치단위를 기초자치단체수준으로 줄이는 것이 큰 액수의 선거비용을 줄이면서, 교육장(단위의 감소로)에 의한 자치가 발전될 수 있으나, 보다 많은 수의 선출직으로 이루어지는 교육공무원이 탄생하는 것이어서 현재 한국정치문화하에선 부담이 있다. 교육자치제도에 대하여 많은 연구자들이 한국도 미국과 같은 학교구(school district)제도를 도입해야 한다고 주장하며, 지금의 광역규모보다 자치단위가 작어지면 후보자의 책임성과 후보자와 유권자의 관계가 가까워질 것이나, 이것은 교육열이 세계 최고인 한국 현실에서 국가에 일관성 있는 교육정책을 시행하는데 또 다른 문제점을 발생시킬 가능성이 있다.

272 임혁백, 『신 유목적 민주주의: 세계화, IT혁명시대의 세계와 한국』 (서울: 나남, 2009). 임혁백 · 송경재 · 장우영, 『빅데이터 시대의 정치패러다임 변화: 헤테라키 민주주의의 전망』 (대구: 한국정보화진흥원, 2015). 임혁백에 따르면 복합지배민주주의(heterachial democracy)는 위계(位階, hierarchy)와 연계(network)를 효율적

있다. 첫째, 이질적인 다양한 사회집단들로 구성된 사회를 이끌어 가는 정치체제를 말한다. 이것은 다양한 삶의 관심사를 지닌 이질적 집단들이 행하는 '정체성의 정치체제'(identity politics)를 말한다. 정당은 다양한 사회집단들의 개별정책들을 중심으로 시민사회와 연계되기 때문에, 다양한 정체성을 지닌 사회집단들을 수렴하기 위해서 정책적 전문가들로 구성되어 정책적 유연성을 지니는 정당으로 진화해야만 한다. 둘째, 시민들이 민주주의를 성취하는 통로로서 이질적인 대의민주제와 참여민주제를 동시에 활용함으로써 발생하는 일종의 '혼합된 정치체제'를 말한다. 앞으로 미래사회는 더 이상 대의민주제만의 형태로써 정치체제가 운영되기는 어렵다고 본다. 이것은 소위 디지털 매체 혁신이 시민의사결정방식이 실시간적으로 빈번하게 사용될 수 있어 정치구조의 방식을 근본적으로 변환시키고 있기 때문이다. 이른바 '디지털크라시'(digitalcracy)의 시대가 된 것이다. 정당은 '헤터라키'와 '디지털크라시'에 적응하면 진화해야만 한다. 그렇지 않으면 소멸될 것이다. 대의제민주주의 체제는 대한민국이 후발이었어도 지금 전세계적으로 나타나고 있는 '혼합민주주의'적 속성의 체제는 대한민국이 선발일 것이다. 대의민주주의를 기반으로 참여민주주의적 속성이 보완되는 혼합민주주의를 구현함에 있어서 대한민국은 이제 선발국가로서 과거 대의민주주의 선진민주주의 국가들에 모범을 보여야만 한다.

현대 사회에서 대의제 국가정당성 위기의 근원을 달리 말하면, 정당정치에 대한 시민들의 불신으로부터 시작된다고 해도 과언이 아니다. 국가의 의제설정, 정책결정, 정책집행은 입법부와 행정부에서 이루어지지만, 그 행위의 단위는 '정당'이기 때문이다. 앞으로 정당은 정당체계와 선거정치에 대한 논의들(즉, 양당체계는 곤란하고 다당체계로 가야한다거나 아니면 양당체계를 유지한다거나)의 수준을 벗어나서 선거는 왜 하는 것이며, 정치는 왜 하는 것인가에 대한 기관소명의식을 깨우칠 때이다. 그렇지 않으면, 정당은 국가정당성의 위기를 책임지게 될 피고로서 국민법정에 서게 될 것이다. 다양한 이념적 정체성으로 구성된 국가에서 특정 정당이 집권세력으로 등장하게 될 때, 특히 집권정당은 이런 점을 유의해야만 한다. 이념적 교조와 집착을 버리고, 이념적 유연성과 정책적 전문성을 가지고 모든 국민의 삶을 되돌아보아야 한다.

한 국가의 '민주주의수준' 내지는 '정치수준'을 평가하는데 가장 중요한 변수는 '정당정치'의 내용과 수준이다. 세계가 평가하는 한국은 '민주주의수행평가'에서 제법 높은 위치에 자리매김하고 있음에도 국민들의 '정당정치'에 대한 신뢰도는 결코 높은 수준이 아니다.[273] 세상은 변화하는 것이고, 현재의 세상은 그 이전보다 더 급속히 변화하고 있다. 장기적인 시간 흐름 속에서 단기적인 시대 상황에선 그 시대 상황에 맞는 '정치개혁의 화두들'이 존재해 왔다, 이에 맞추어서 정당은 적합하게 변화하며 바람직한 방향으로 진화하고 있는가?

'그렇다'와 '아니다'를 반반(半半)으로 나누어서 한 쪽을 선택하라고 한다면 대답은 '그렇다'에 더 무게가 실린다. 1987년 6공화국의 출범을 계기로 사회변화 속에서 한국정치발전을 위한 노력이 끊임없이 지속되어 왔다. 시대상황마다 사회적 요구에 따른 많은 제도개혁들이 존재해 왔다.[274] 1994년이후 김영삼 정부에서의 4대동시지방선거의 확대실시와 '공직선거법'의 체계화, 1997년이후 김대중 정부시절 당내민주주의의 고양을 위한 '당권'과 '대권'의 분리, 2004년이후 노무현 정부에서의 고비용 정치자금의 근원지로서 '돈 먹는 하마'로 불리우던 지구당의 폐지 등은 시대적 소명에 답한 것이었다. 국회의원선거 1인2표제 도입, 정치자금 투명성을 강조하기 위한 '후원회제도'(후원인의 기부한도, 후원회의 연간모금한도액 등)의 정비, 기초의회의 중선거구제도입과 지방의원들의 유급제 도입, 부분적 '오픈프라이머리제도'의 도입 등이다. 소선거구제하에서 지구당을 폐지한 것이 문제도 있었지만, 더 큰 시대적 소명이란 그림 속에선 '돈 안 쓰는 정치'의 일환으로 보는 것이 타당하다.

정치인들이 말하는 정당의 개혁방향/모습과 정치학자들이 말하는 정당의 개혁방향/모습은 종종 다른 듯하다. 이것은 '직업으로서의 정치인'과 '정치인을 선출한 국민들' 사이의 기본적인 입장차이에서 비롯되는 것이다.[275] 정당정치에 가장 근본적

으로 조합한 '혼계'(混階, heterarchy)인 것이다. 대의민주주의가 공급자 중심의 위계형 모델이었다면, 헤테라키는 공급자와 수요자를 통합한 혼계형 모델이라고 보는 것이다.

273 단, 지금의 정당정치가 엉망인 것처럼만 보아서는 곤란하다고 본다. 사실(facts)에 대한 내용은 다음의 연구들을 참고할 수 있다. John H. Aldrich, *Why Parties?: A Second Look* (Chicago: The University of Chicago Press, 2011). Russell J. Dalton, David M. Farrell, and Ian McAllister, *Political Parties & Democratic Linkage: How Parties Organize Democracy* (Oxford: Oxford University Press, 2011), pp. 215–234. 정진웅, 「한국 '정당위기론' 비판」, 연세대학교 대학원 정치학과 박사학위논문 (2015).

274 장훈, "정당체제, 선거제도, 거버넌스: 비례제 국회의원 선거제도가 2016년에 도입가능성이 낮은 이론적 이유", 윤종빈(외) 미래정치연구소(편) 『정당이 살아야 민주주의가 산다』 (서울: 푸른길, 2015), pp. 38–45. 장훈에 따르면, 사회적 제도변동은 그 사회에서 일반시민들이 쉽게 이해하고 동의할 수 있는 '정치적 아이디어'(political idea)가 존재하는 경우에 가능하다고 본다. '정치적 아이디어'란 일반시민들이 쉽게 이해하고 동의할 수 있는 핵심개념어의 역할이 있을 경우에만 정치권에서의 제도변경이 가능하다는 것이다. 예를 들면, 한국정치과정에서 '비례제선거구'의 확대 도입 및 개혁 현실화 가능성이 낮은 이유는 '비례제'가 영향력을 발휘하는 핵심 개념어로서의 '정치개념'이 아니기 때문이란 주장이다.

275 정치인들의 현실정치에 대한 회고록은 그래서 유용하다. 김영삼, 『김영삼 회고록 1, 2, 3』 (서울: 백산서당, 2000). 김대중, 『옥중서신 1, 2』 (서울: 시대의 창, 2009), 이만섭, 『나의 정치인생 반세기』 (서울: 문학과사상사,

이고 큰 영향을 미치는 것은 '선거제도'이다. 정치개혁을 하기 위해서 가장 직접적이고 효과적인 방법은 '선거제도'를 개혁하는 것이다. 앞서 살펴본 바와 같이, 장기적 관점에서, 정당의 진화방향은 '선거에서의 득세'를 위한 정당의 전략적 대응의 결과였다. '선거제도'의 개혁은 정치인들의 입장과 생각이 강력히 반영되는 것이어서 문제가 있다. '선거제도'의 개혁 당사자들은 정치인들이 아닌, 국민들이어야 한다.

바람직한 방향으로의 진화는 자발적으로 되는 것이 아니라 정당조직과 유권자가 합심하여 노력할 때 이루어진다. 현재 한국사회의 문제점은 이념갈등이 확대재생산되는 것이며, 정당이 진영정치의 선발대 역할을 한고 있다는 점이다. 유권자들의 다수인 무당파 유동층을 반영하지 못하고 있다. 따라서, 앞으로의 한국정당조직 진화의 방향성은 정책적 유연성을 지닌 중도정당이자, 플랫폼정당(저비용, 기동성)에서 찾아야 한다. 보다 많은 정체성의 집단들을 다양하게 접하는 주요 정당들은 중도값으로 수렴하여 대표되고, 시간이 걸리겠지만 '전자민주주의'가 혼합적으로 작용하며, 플랫폼 정당의 모습을 띠게 될 개연성이 있다.[276]

이상에서 설명한 사회환경의 변화와 예상되는 정당조직의 변화모습을 종합적으로 고려할 때, 정책적 유연성을 지닌 중도정당으로 거듭나는 것이 바람직한 정당조직의 진화방향이라고 생각된다. 정당은 유사한 이념적 성향을 지닌 구성원들 내에서도 다양한 정체성을 지닌 집단들을 상대하며 그들로부터 지지를 이끌어내려 한다. 이런 경우, 선거전략적으로도 정책적 유연성을 지닌 중도정당은 효과가 있다. 정당의 전략적 차원에서도 이들의 요구를 수렴하는 대푯값은 중간값일 수밖에 없을 것이다. 특히, 집권에 성공하는 경우, 정당은 정책적 유연성을 지닌 중도정당으로 기능해야 정당간 갈등을 완화하고 국정운영의 효율과 성공을 담보하게 될 것이다.

한국정치의 가장 큰 문제점이 진영논리에 따른 정당갈등의 심화이다. '보수'가 강조하는 자유로서 자율의 가치나 '진보'가 주창하는 '평등'으로서의 '형평'과 '공동체'의 가치가 서로 갈등한다. 민주주의의 양대 산맥으로 '자유'와 '평등'은 모두 포기할 수 없는 가치이며 두 마리의 토끼를 모두 잡으려는 노력이 필요하다. 어렵기 때문에 하려는 것이 '정치'이며, 이는 '정당'이 해야 할 일이다. 양대 주요 정당 갈등의 심화는 사회갈등을 확대 재생산하면서 국민통합을 완화시키지 못하고 증폭시키면서 정치의 목적을 상실하고 있다. 주요 정치세력들이 정책적 유연성을 지닌 조직으로 진화하면서 합의와 상생을 추구하는 정당정치의 실현이 한국정당정치의 숙제가 될 것으로 본다.[277] 정당조직의 발전은 합의와 상생을 추구할 수 있는 조직이면 족한 것이다. 단적으로 한국정당정치가 민생복리를 추구하는 정치를 실현하기 위해선 정당들이 '진영(陣營)논리'에 빠져서는 안 된다. 정당이 이념의 색채를 완전히 빼는 것이 현실적으로 불가능하기에, 적어도 가능한 수준에서 최대한 이념의 거품을 빼자는 것이다. 그러기 위해선 일방이 밀어부치는 개혁이 아닌 '합의적 개혁'이 중요한 것이다. 물론 '합의적 개혁'을 이루기 위한 궁극적 수단은 '정치적 협치'일 수밖에 없다. 더 이상 정당이 정치권의 이견 조정을 법원의 판단에 맡기는 일을 멈춰야만 한다.

어떠한 정당조직의 개혁프로그램도 이러한 철학을 기반으로 하여 이루어지면 될 것이다. 조직의 개혁프로그램은 다양하며 특정 개혁프로그램만이 유능한 것이 아니고, 다양한 수단들이 존재한다. 정당과 시민사회의 관계는 변화하고 있다. 과거에는 공직자 선거경쟁을 구조화하는 주요한 역할을 정당(또는 정당 엘리트들)이 했다고 한다면, 현대에는 시민사회가 주도하는 선거를 통해서 정당이 형성되고 구조화되는 형태로 전환되고 있다고 하겠다. 대의제민주주의에서 선거가 필요없다면 정당도 필요없다. 사실 정당이란 선거를 위한 기구로 이해될 수 있다. 정당이 없으면 선거는 혼란 속에서 모든 사람들이 출마하는 경우가 발생할 수도 있기 때문이다. 정당은 자격있는 후보자를 선정하여 시민들이 보다 효과적인 선택을 하도록 도와주는 기구인 것이다.

그렇기에, "선거를 통해서만 민주주의가 가능할 것인가?"하는 문제는 대의제하에서 정당정치의 중요성을 암시하는 말로 해석해 볼 수 있다.[278] 선거는 대의제하에서 정당을 선택하기 위한 수단이니, 국민들의 눈높이에 맞는 제대로 된 정당조직이

2004), 오세응, 『잘못된 책임, 49%는 국민의 책임』(서울: 기파랑, 2014).

276 특정한 개별 이슈에 천착하고 이를 표방하는 군소정당들은 해당 이슈 차원에서 '중위의 값'보다는 '극단의 값'을 갖게 될 개연성이 클 수밖에 없다.

277 안병영은 주요 정치세력들이 양극단이 아닌 중위적 입장에서 만나서 합의와 상생을 추구하는 정치를 '중도정치'(中道政治)라고 하였다. 안병영에 따르면, 중도정치는 원칙이 없는 어중간한 양비론(양비론)이 아니며, 기회주의적 회색지대도 아니며, 소위, 미국의 역사학자인 트로이(G. Troy)가 언급했던, 이견을 조정하고 통합하는 '문제해결'의 변증법적 실천을 말한다. 해당의 문제해결이 국민적 공감대에 뿌리를 두고 있어야 함은 물론이다. 정치의 목적은 국민이 잘되고 나라가 잘 사는 것이기 때문이다. 안병영, "'중도정치'가 갈 길이다", 『철학과 현실』 봄호(2019), pp. 34-57. 안병영은 '중도정치'가 성공하기 위한 조건으로 몇 가지를 들었다. 첫째, 상대 진영이 변할 것을 기대하지 말고, 자신의 진영이 먼저 이념적 유연성을 지녀야만 한다. 특히, 정책결정과정에서 정치적 선제권을 행사하는 집권정당의 경우는 야당보다 자신이 먼저 움직여야 한다. 둘째, '극좌'와 '극우'에 대해서 지나친 관대함은 중도정치가 작용하는데 장애가 된다. 극좌는 중도좌파가 극우는 중도우파가 방역선(防疫線)을 칠 필요가 있다. 셋째, 정권은 임기를 지닌 한시적인 것으로 국가정책은 '이어가기'와 '쌓아가기'를 해야 한다. 민주사회에서 단절과 청산의 역사는 극단의 진영정치를 부추키게 된다. 넷째, 오스트리아의 경우를 볼 때, '정치적 협치' 뿐만이 아니라 '사회적 파트너십'이 작동하는 거버넌스가 유효하다.

278 David Van Reybrouck, 양영란(역), 『국민을 위한 선거는 없다』(서울: 갈라파고스, 2016)

없는 경우엔 정당을 선택하기 위한 선거는 무의미한 것이고, 그런 상황에서 왜 선거를 통해서만 민주주의를 하려고 집착하느냐는 의미로 이해된다. 어떤 이유에서이건, 대의민주주의가 순기능하기 위해선 의회의 구성원인 의원들의 전문성, 양심, 품격이 높은 수준에 있어야만 한다. 그러기 위해선, 정당들이 의회에 들어갈 후보자들을 제대로 공천해야만 한다. 종합하면 대의제가 순기능하기 위해선 정당공천개혁에 방점을 두는 것이 가장 좋은 방법이다.[279] 정당공천에 관해서는 다음 장에서 구체적으로 살펴본다.

279 일단, 정당끼리 공천제도가 같을 필요가 없지만, 같은 정당내에서 다양한 각급선거에 대처하는 정당의 공천제도도 같을 필요가 없는 것이다. 대통령이 하는 일, 국회의원이 하는 일, 그리고 광역단체장이 하는 일, 기초단체장이 하는 일, 시의원이 하는일, 기초의원이 하는 일은 다른 것이다. 예를 들어서, 동네에 좋은 아파트를 건립하는 일은 구청장과 구의원이 하는 일이지, 국회의원이나 대통령이 하는 일이 아니다. 윤종빈, 정회옥 (외), 미래정치연구소(편), 『정치현장에서 진단하는 한국정당과 민주주의』 (서울: 푸른길, 2017), p. 148 ('인터뷰 대상자 01').

제 3 장

정당공천:
무엇을 해야 하는가?

제 3 장

정당공천: 무엇을 해야 하는가?

정당정치와 민주주의의 발전을 위해서 가장 중요한 정치과정이 '공천'(公薦, nomination)이다. 따라서 공천개혁은 정당개혁의 핵심 사안이다. 정당들은 선거경쟁을 통해서 공무를 담임하게 될 후보자들을 추천하게 되는데, 그렇게 정당이 공식적으로 후보자를 내세우는 것을 '공천'이라고 한다. 한국정당정치의 수준을 높이는 지름길은 정당공천과정에 있다.[1] '당내민주주의'의 핵심은 정당이 공천한 후보자들이 당원들과의 공감대 속에서 구성되는 것이다.

한 가지 형태의 바람직한 '공천모델'이 존재하기는 어렵다.[2] 대안이 한 개로 존재하지 않는다는 것이다. 그 이유는 두 가지이다. 첫째, 개별 정당조직은 정당조직마다의 차별성을 지니고 있기도 하지만, 특히 기관적 자율성을 보장받는 조직이다. 그렇기에 어떤 공천모델을 채택하는 것인지는 정당의 자유이다. 둘째, 완벽한 제도는 존재하지 않는다. 세상이 무심하지 않아서, 만약 그런 제도가 있었다면, 당연히 그런 제도를 채택하는 것으로 수렴했을 것이며, 다양한 제도들이 존재하지 않았을 것이다. 국가마다 지역마다 상황이 다르고 사회 구성원들의 인식은 다양하다. 결국 특정 상황에서 '다른 조건들이 일정하다'(ceteris paribus)는 전제하에서 어떤 최적의 하위 제도들을 논하게 된다. 이마저도 최적의 제도로 논의될 수 있는 것들이 하나로 존재한다기보다는 몇 가지로 존재하는 것이 일반적 경우인 것이다.[3]

하잔(R. Hazan)과 라핫(G. Rahat)은 '공천'(candidate selection)과 '정치충원'(political recruitment)을 구분한다. 정치충원이란 개인이나 집단이 적극적인 정치적 역할을 맡도록 끌어 들이는 과정이고, 공천이란, 특정한 정당이 특정 시점에서 특정한 후보자를 선거경쟁을 위해 선택하는 것이다.[4] 시대의 변화와 함께, 이익표출과 같은 정당의 다른 기능이 약화되고 있는 상황에서 정당의 공천기능은 현대 정당정치의 가장 중요

1 최준영. "한국 공천제도에 대한 연구동향과 향후 연구과제", 『한국정당학회보』 11:1 (2012), pp. 59–85. 강신구. "어떤 민주주의인가? 제도와 가치체계의 조응을 통해 바라본 한국 민주주의의 발전방향 모색" 『한국정당학회보』 11:3 (2012), pp. 39–67. 진영재, "한국정당발전모델에 대한 일고찰 : 2012 대선정국과 정당구조 개혁", 『선거연구』 3권 (2012), pp. 27–64.

2 정당공천의 문제가 이론적으론 정당내부의 문제로 한정되지만, '선거경쟁' 과정에선 현실적으로 당내 문제로 한정될 수 없다. 정보가 공유되는 현대사회에서 유권자들은 공천이후의 정당 후보자들만 평가하는 것이 아니고, 정당의 공천과정도 인지하고 공천과정에서의 합리성도 종합적으로 평가하게 된다. 따라서, 정당이 선거에 승리하기 위해선 당내 공천과정의 공정성을 유권자들에게 합리화시켜야 한다. 당내 공천파동은 선거결과에 영향을 미치게 된다. 2016년 20대 국회의원선거에서 새누리당의 공천파동은 대표적인 예이다. 많은 선거예측조사 및 전문가들이 160석 정도의 1당을 예상했지만, 결과는 120석 규모의 2당으로의 전락이었다. 그리고 이러한 2016년 총선에서 2당으로의 전락은 2017년 박근혜대통령탄핵소추안의 국회의결에도 영향을 미치게 된다. 유권자들의 당내 공천과정에 대한 관심이 증대되는 환경과 공천파동을 완화하려는 필요성은 정당이 전략적으로 '개방형 예비경선'(또는 open primary)를 시행하는 동기가 된다.

3 개인이나 집단의 선호체계(preference system는 궁극적으로 그들의 '세계관'에 근거한다. 세계관이 다르면, 선호체계가 다르고, 이에 따라서 '최적점'(optimal point)을 어디로 위치시킬 것인가에 대한 인식이 다르게 된다. Dennis Mueller, *Public Choice II* (Cambridge: Cambridge University Press, 1989). pp. 373–444.

4 Reuven Y. Hazan and Gideon Rahat, *Democracy within Parties* (Oxford: Oxford University Press, 2010), pp. 3–6. 간혹 포괄적 의미에서 공천도 정치충원의 하위 개념이어서 두 가지를 구분하지 않고 사용할 수 있다. 하잔과 라핫이 '정치충원'과 '공천'을 구분하는 이유는, 개념적 혼용이 오기 때문이다. 아몬드(G. Almond)와 같은 '기능주의자들'(functionalists)은 '정치체계'(political system)를 설명할 때 사용되는 개념인 '투입기능'(input function)의 하나로 '정치사회화와 충원'(political socialization and recruitment)을 설명하고 있다. 따라서, 정당의 후보자 공천 행위를 특정 시점에 특정 국가에서 특정 정당이 행하는 후보자 선발의 의미로 한정하는 경우엔, 공천이란 행위는 사회화라는 행위와 다른 의미를 지니게 된다. 그러니까, 공천이란 개념을 정치충원이라고 한다면, 정치충원이란 개념이 포괄하는 '정치사회화'와는 연관성이 없다는 의미이다. 참고로, 아몬드와 콜만이 이야기한 4가지 투입기능 중에서 나머지 3개는 이익표출(interest articulation), 이익집약(interest aggregation), 정치적 의사소통(political communication)이다. 3가지 산출(output)은 각각 '입법'(rule–making), '법적용'(rule–application), '법판결'(rule–adjudication)이다. Gabriel A. Almond, "Introduction: A Functional Approach to Comparative Politics" In Gabriel A. Almond and James S. Coleman (eds.), *The Politics of the Developing Areas* (Princeton, NJ: Princeton University Press, 1960). 기능주의 내에서도 사회학자들과 정치학자들의 '투입'과 '산출'에 대한 내용에 다소 차이가 있다. 사회학자들의 개념은 사회전반에 대한 투입과 산출의 개념이어서 사회체계내(정치체계를 포함)의 모든 집단들이 주어인데 반해서, 정치학자들의 투입과 산출은 정치체계내에서 시민, 정당, 입법부, 행정부가 주어이다. 아몬드는 사회학자이고 이스턴은 정치학자이다. 기능주의를 도식화한 이스턴의 '체계이론'(system theory)의 원형에선, '투입기능'은 두 가지로 구성되는데, 그 하나는 국민의 '정부'(government)에 대한 '요구'(demands)이고, 또 다른 하나는 국민의 정부에 대한 '지지'(supports)이다. 여기서 '정부'란 입법부와 행정부를 총괄하는 것이며, 단순히 행정부만을 말하는 것이 아니다. 결국 입법부와 행정부를 구성하는 기관으로서 '정당'에 대한 요구와 지지를 말하는 것이다. David Easton, "An Approach to the Analysis of Political System" *World Politics*, 9:3 (1957), pp. 383–400.

한 기능 중 하나라고 볼 수 있으며 정당공천의 중요성은 더욱 높아지고 있다.[5]

다양한 공천제도들의 의미와 장단점을 살펴보기 전에, 문제의식을 분명히 할 필요가 있다. 정당이 자유롭게 자당의 후보자를 공천하는 것은 정당 고유의 권리임에 틀림없다. 그래서 정당의 공천은 법적규제를 받더라도 그 폭은 최소화된다.[6] 공천이 정당의 고유 권한이라고는 하지만, 유권자들의 시각에서는 그렇지 않다. 유권자들이 과연 정당이란 매개체를 통해서 선택의 자유와 차별성을 보장받고 있는지 반문하게 된다. 유권자들 입장에선 선택할 정당이나 후보자가 없을 수 있다는 의미이다. 정당이 비슷한 주의주장을 가진 사람들의 집합체라면, 그러한 주의주장을 가진 사람들을 공천해야 하지만, 실상은 그렇다고 확증할 수가 없다. 각 정당마다 자율성을 갖고 개별적으로 공천한 후보자들이 국민들의 시각에서 상대적으로 차별화된 정책적 위치를 갖는 것으로 인식되지 않는 경우, 사실상 대의제로서의 정당정치는 성공한 것일 수 없다. 정책적으로 차별성이 없는 정당들이 경쟁할 때 유권자들은 특정 정당에 투표할 동기가 약화된다. 그런 경우, 정당을 보면서 표를 던지는 '정당효과'는 최소화되고, 최소한 후보자 개인들의 전문적 식견과 능력을 보고 표를 던지는 '인물효과'에 기댈 수밖에 없다. 전체 유권자들을 하나의 '모집단'(population)이라고 가정한다면, 공천된 후보자들의 경쟁구도는 '모집단' 내에서 그러한 전체 유권자들을 구성하는 다양한 집단들을 적절히 대표하는 '표본'(sample)들로서의 경쟁구도일 때 바람직한 것이다.[7] 단순히 정당간의 권력투쟁이란 측면이 강화된 선거경쟁구도라면 유권자들의 입장에선 정당이란 매개체의 존재이유를 인식하기 어려울 것이다.

그렇다면, 모순된 상황이 발생할 수 있다. 정당조직은 자유로운 것이며, 따라서 개별 정당들은 자당의 상황에 적합한 공천제도를 자유롭게 채택할 수 있다. 그 결과 공천된 후보자들이 모여서 경쟁하는 선거구도는 유권자들의 눈높이와는 거리가 있어 불만족스러울 수도 있다. 개별 정당은 자당의 후보자를 공천하는 것에 집중하며, 다른 정당의 후보자가 누구로 결정되는지에 대해선 권한이 없다. 중도우파-중도좌파 정당의 양당경쟁체제하에서 경쟁정당들은 중도파 후보 2인을 추천할 수도 있으며, 이런 경우 유권자들은 정책차별성 경쟁이 아닌 인물경쟁이 강화된 선거구도에 들어가게 된다.[8]

자유주의 국가들의 정당사에 대한 통시적이고 비교적 관점에서, 정당조직의 진화에 영향을 미치는 변수들은 많지만, 통시적인 비교 관점에서 보자면, '선거경쟁'이란 변수가 가장 구조적인 변수임을 앞서 보았다. '선거경쟁'을 보다 구체적인 두 차원으로 구분하여 접근할 필요가 있다. 하나는 당내에서 후보자들간의 공천경쟁이고, 또 다른 하나는 정당간 경쟁이다. 앞서 당내 문제로서 정당조직의 문제를 다루었으며, 당내의 또 다른 문제로서 후보자간 공천경쟁의 문제(intra-party competition)에 집중하기로 한다. '정당간 경쟁'(즉, 선거경쟁)의 문제(inter-party competition)는 뒷장에서 '정당체계'의 문제와 함께 더 구체적으로 상술하고자 한다.

5 Richard S. Katz, "The Problem of Candidate Selection and Models of Party Democracy", *Party Politics* 7:3 (2001), pp. 277–296. 박명호, "2006 지방선거의 공직후보자 선정과정에 대한 분석: 열린우리당과 한나라당을 중심으로", 『정치 · 정보연구』 10:2 (2007), pp. 79–95. Reuven Hazan and Gideon Rahat, *Democracy within Parties: Candidate Selection Methods and Their Political Consequences* (Oxford: Oxford University Press, 2010). 최준영, "한국 공천제도에 대한 연구동향과 향후 연구과제", 『한국정당학회보』 11:1 (2012), pp. 59–85.

6 Austin Ranney, *Pathways to Parliament: Candidate Selection in Britain* (Wisconsin: University of Wisconsin Press, 1965). 정당공천의 자유는 유권자들의 선택의 자유와 연장선상에 있다. 그렇게 본다면, 정당후보자 공천을 위한 당내 경선과 선거운동은 분리된 것이라는 대법원의 판결은 문제가 있다. 지금 정치적 문제가 지나치게 법적 규제와 판결의 대상이 되고 있음은 유감이다. 이에 대해서는 나달숙, "정치관계법의 현황과 쟁점", 『법학논총』 41:3 (2017), pp. 3–33을 참고할 수 있다. 나달숙은 유권자들의 표현의 자유를 위축시키는 선거규제제도는 대폭 축소하여야 한다고 주장한다. 동시에 법인이나 단체의 정치자금 기부를 전면 금지하는 것은 과도한 제한일 뿐이라고 주장한다.

7 여론조사에서 '표본'(標本, sample)은 '모집단'(母集團, population)으로부터 추출된다. 간혹, 모집단과 표본의 관계를 '대우주'(universe)와 '소우주'(microcosm)의 관계에 비교하곤 하는데, 이는 단순히 크기의 문제를 말하는 것이 아니고, 구성의 '비례성'을 반영하고 있는 것이다. 전세계에서 '여론조사'로 공천을 하는 국가는 우리밖에 없다는 정당 활동가들의 비판은 귀담아 들을만하다. 윤종빈, 정회옥(외), 미래정치연구소(편), 『정치현장에서 진단하는 한국정당과 민주주의』 (서울: 푸른길, 2017), p. 252 ('심층면접 대상자 08'). 여론조사 방식이라는 것은 각급 선거종류에 따라서 그 적합성의 수준이 다르기 때문에 각급선거별로 분리되어 논의되어야 할 것이다. 3장과 4장의 각급 선거관련 부분에서 구체적으로 논의한다.

8 선거경쟁구도는 경우의 수가 다양하다. 정당간 경쟁구도는 중도우파–극좌, 중도좌파–극우, 중도우파–중도, 중도좌파–중도, 극좌–극우 등으로 다양하게 나타날 수 있다. 레입하트(A. Lihphart)의 경험적 분석에 따르면, 선거경쟁구도는 정당체계(political party system: 양당체계인지, 다당체계인지)에 근간하여 현실화된다. 다당체계(multi-party system)의 경우엔, 상위에 언급된 이념적 경쟁구도가 현실화될 수 있지만, '양당체계'(two-party system)의 경우엔 특히, 경험적 증거를 포함하자면, 중좌–중우의 구도로 수렴하여 나타나게 된다. Arend Lijphart, *Patterns of Democracy: Government Forms and Performance in Thirty-Six Countries* (New Haven: Yale University Press, 1999), pp. 63–65. 이것은 정당(또는 후보자) 입장에서 보자면, 유권자들로부터의 보다 많은 득표를 위해서이다. 이러한 관점은 '중위투표자이론'(median voter theorem)과도 일맥상통한다. 유권자들 입장에서 보자면, 본선거에서 유권자들이 마주하게 되는 정당의 이념경쟁구도는 정당이 '제도적 접근법'에 의거해서 후보자를 추천하는지, 아니면 '선거경쟁접근법'에 의거해서 후보자를 추천하는지에 영향을 받게 되는 것이다. 그리고 두 정당의 공천양태가 어떻게 조합되느냐에 따라서 유권자들의 선택이 결정되는 것이다. 정당이 어떤 후보자를 공천하느냐(즉, 이념형 후보자를 공천하느냐, 아니면 업무능력중심 후보자를 공천하느냐)에 따라서 유권자들의 인물본위(人物本位) 투표행태 또는 정당본위(政黨本位) 투표행태가 정해진다고 볼 수 있다. 자신이 지지하는 정당이 잘못된 인물 공천을 하는 경우, 유권자들은 다른 정당의 후보자에게 인물본위의 투표를 할 수 있다는 의미이다. 일반적으로, 인물본위의 투표행태는 '무당층'(無黨層, independents)에게서 나타난다.

1. 정치과정에서 공천의 의미

'정치'가 발전하는 가장 빠른 지름길은 "역량있고 양심적인" 정치인들을 선출하여 그들로 하여금 공무를 담임하도록 하는 것이다. '공천제도'가 정치개혁에서 가장 중요한 이유이다. '정당'이 득세하는 길은 선거에서 공천한 후보자들을 당선시켜 공직을 담임하는 것이다. 자신의 정당이 공천한 후보자가 다른 정당이 공천한 후보자에게 승리하기 위해서 발생하는 모든 문제들은 "어떤 후보자를 어떤 사람들이 어떻게 공천할 것인가?"의 문제로 환원된다.[9] 이론은 간단하다. 정당이 공천한 후보자들을 보다 많이 당선시키기 위해선 정당이 선거경쟁에서 타당의 후보자보다 더 국민의 마음을 얻어야 한다.[10]

그런데, 현실정치에서 국민의 마음을 얻는 것이 쉽지 않다. 우선 정당조직이 비슷한 주의 주장을 지닌 사람들이 모여 있다고 하지만, 의외로 내부 구성원들은 다양한 성격과 종류의 사람들이 관여하고 있으며 중앙당이 그들로부터 동의를 얻어서 합의적인 위계질서를 구축한다는 것이 쉽지 않다. 정치권력기구인 정당내에는 자연스럽게 유력한 정당지도자들의 '파벌'(factions)이 존재할 수밖에 없다. 정치과정은 '정당간 경쟁'과 함께 '정당내 경쟁'이 존재한다. 당내 유력 정치인들의 권력갈등으로 인해서 정당조직이 하나가 되어 유권자들의 요구에 기동성있게 대처해 나간다는 것이 간단한 일은 아니다.[11] 둘째로, 국민의 마음을 얻는다는 것은 매우 복합적인 사안들의 결과물이다. 시민사회란 다양한 '사회균열구조'를 반영하고 있으며, 정당은 대개 특정한 몇 개의 사회균열구조를 반영하게 되는데, 유권자들 일부의 마음만을 살 수 있을 뿐이다. 어떤 정당에 대한 '적극적 지지층'을 제외한다면, 많은 유권자들의 마음은 특정 시기에 정당지도자의 인물효과에 따라서 정당과 함께 할 수도 있고 정당을 떠날 수도 있다.[12] 한국의 경우, 전체 유권자의 대략 40% 정도가 이러한 '부동층'인 것으로 추측된다.[13] 종합적으로, 국민의 마음을 얻는 것과 권력의지를 실천하는 것 사이에 괴리가 발생할 수 있고, 정당내 유력 정치인들의 권력역학이 복합적으로 작용하며, 선거승리를 위해서 정당은 기꺼이 무리수를 두게 된다. 앞서 제기한 '양심있고 능력있는' 후보자가 아닌, "인지도에 따른 당선가능성"이나 "유력정치인들 각자의 측근세력"을 우선 공천하게 되는 것이다. 듀베르제(M. Duveger)에 따르면, 정치란 '통합'과 '분열'이란 모순이 종합적으로 나타나는 과정인데, 이것은 일반정치과정에서도 그러하지만, 정당조직에서 특히 공천과정에서 두드러진다.[14] 정당조직은 선거승리를 위해서 통합을 강조하며 한 목소리로 나가지만 정당조직 내부에는 파벌간 공천갈등으로 인한 내홍이 생긴다. 현실정치에서 정당은 선거경쟁에서 다른 정당들에게 승리

9 선거제도가 공천제도의 근본적 함수관계에 있는 이유이다. 소선거구제, 단순다수제, 비례대표제 하에서 정당의 공천전략은 상이하게 된다. 특히 공천제도에 가장 영향을 미치는 것은 District Magnitude의 문제이다. 보다 종합적인 연구는 다음을 참고. Reut Itzkovitch-Malka and Reuven Y. Hazan, "Unpacking Party Unity: The Combined Effects of Electoral Systems and Candidate Selection Methods on Legislative Attitudes and Behavioral Norms", *Political Studies* 65:2 (2017), pp. 452-474. Jorge M. Fernandes, Lucas Geese, and Carsten Schwemmer, "The impact of candidate selection rules and electoral vulnerability on legislative behaviour in comparative perspective", *European Journal of Political Research* 58 (2018), pp. 270-291.

10 정당이 국민들의 마음을 얻는다는 것은 일반적인 표현이다. 이는 현실적으로 모든 유권자들을 대상으로 한 것이 아니고, 특히 '부동표'(浮動票: floating votes)를 대상으로 한 것이다. 유권자들의 정당에 대한 지지표는 크게 '고정표'와 '부동표'로 대분된다. 해당 정당의 고정표는 정당의 노력에 상관없는 해당 정당에 대한 지지표를 말한다. 단적으로, '부동표'는 '고정표'에 대한 여집합적 개념으로 생각하면 된다. 이렇게 본다면, 부동표는 정당에 대한 지지를 시대상황이나 정당의 업적에 연관시키는 투표행태로 확대해석하는 것도 가능하다. 부동표는 투표선택에 신중을 기하는 과정에서 투표시기에 임박해서 결정을 하려는 성향으로 나타나기도 한다. 보다 자세한 이론적 논의는 진영재, 『부동층 유권자 형태 분석』(서울: 집문당, 2002).

11 한국정당정치에서 지속적으로 반복되는 '분당', '신당창당', '합당'은 그 내용(예를 들면, 노선갈등, 이익배분구조갈등,...)이 무엇이든 간에 당내 파벌 간의 분규의 결과물이다. 김현우, 『한국정당통합운동사』(서울: 을유문화사, 2000).

12 안용흔, "유력 정치지도자의 존재와 유권자의 투표참여: 19대 국회의원선거 사례를 중심으로", 『미래정치연구』 6:1 (2016), pp. 157-178. 안용흔은 경험적 분석을 통해서 "유력한 정치지도자"의 존재는 유권자들의 투표참여에 유의미하다는 결론을 얻었다. 대통령선거와 국회의원선거의 관계에서도 유력한 대통령후보가 윤곽을 드러낸 상태에서 국회의원선거가 치러지면 유권자들은 이들 유력한 후보자들에 대한 판단을 중심으로 하여 투표에 참여한다는 것이다.

13 여론조사에서 부동표의 직접적 증거는 "당신의 표심은 부동표입니까?"라고 물어서 그 분포를 파악하는 것에서 얻을 수 있다. 하지만, 이렇게 유권자들의 부동표심은 사건에 따른 상황적인 경우가 많기 때문에 개별자료를 얻는 과정에서 개인들에게 이렇게 묻기는 어렵다. 어떤 정치적 사건이 발생하고 진행되는 과정에서 아직 결말이 지어지지 않은 상황에선 개인들의 생각이 유동적이기 때문이다. 또 다른 부동표 파악을 위한 방법은 '좋아하는 정당이 없는 사람들'의 분포이다. 이것은 '부동표'의 규모를 파악하는 방식은 주요 정당들에 대한 '양비론'(兩非論)적 유권자의 규모를 파악하는 것이 일반적이다. 부동층을 '혐오 정당의 규모'를 통해서 이해할 수도 있다. 즉, 개인들이 '선호하는 정당'에 대하여 지지를 철회하는 경우 '혐오하는 정당'으로는 표심이 가지 않고, 동시에 '대안정당'을 찾기 어려워 부동표에 머무르게 될 개연성이 있다. 상대방 정당의 지지철회표를 그대로 지지표로 흡수하기 위해선 개인들에게 '대안정당'으로 인식되어야 하는데, '정당에 대한 혐오도'가 큰 경우 지지표로 돌아서지 않는 것이다. 2019년 9월 '조국법무장관임명건'에 대하여 정국이 장시간 요동치고 있을 때, 당시의 여론조사들을 보면, 문재인 대통령에 대하여 지지를 철회한 유권자들(즉, '더불어민주당' 지지자들)의 표심의 상당수가 '자유한국당'에 대한 지지표로 연결되지 않는 것으로 나타나고 있다. 여당에 대한 지지철회가 야당에 대한 지지로 연결되지 않는다는 것은 양비론적(兩非論的) '중도표심'(中道票心)의 존재를 시사한다. 21세기 한국정치과정에서 부동표 분포의 최저치는 25%정도, 최대치는 45%정도로 조사된다. 보다 자세한 수치와 내용에 관해서는 6장을 참조하면 된다.

14 정치인들이 '국가통합'을 위한 목적으로 정치를 하면서도, 정당간에는 선거승리를 위한 '분열'이 나타난다는 의미이다. 정당내에서도 파벌간에 후보자 공천을 위해서는 '분열'되어 경쟁하지만, 후보자가 결정되고 난 후에는 정당은 다른 정당에 대한 선거승리를 위한 '통합'을 강조하게 된다. 당내 공천과정에서 후보자들간에 경쟁이 과열될 경우엔, 본선거에 들어갔을 때, 공천에서 낙선한 후보자의 조직은 공천에서 승리한 자당 후보자에게 표를 던지지 않고, 오히려 경쟁 정당의 후보자에게 표를 던지는 경우가 비일비재하다.

할 수만 있다면 무리수를 두어서라도 그렇게 할 가능성이 농후한 것이다. 동시에, 선거패배를 감수하고서라도 당내 파벌들이 '자기사람심기'의 성향을 배제할 수 없기도 하니 복잡한 상황이 연출되는 것이다.[15] 그래서, 정당공천의 후유증은 정당이합집산으로 이어지기도 한다.

기본적으로, 정당의 후보공천 문제는 개별 정당 내부의 문제이다. 정당조직은 개별 정당이 갖고 있는 탄생배경이나 내용에 따라서 서로 다르다. 따라서 정당 내부의 합의가 중요하다. 내부에서 하향식 공천제도에 합의하였다면, 정당지도부가 중심이 되어 후보자 공천을 수행하면 된다. 상향식 공천제도에 합의하였다면, 다수의 당원들이 중심이 되어 후보자 공천을 수행하면 된다. 그런데, 한국과 같이 제도화된 정당이 존재하지 않아서 기관의 정당성이 낮고 당원구조가 취약한 곳에서는 공천문제가 정당을 분당으로 이끌기도 한다. 어느 정당이나 공천문제로 내홍을 겪는 이유는, 많은 유권자들이 정당에서 공천된 후보자에게 더 관심이 있으며, 그래서 정치지망생들에게 정당공천이 당선가능성에 근접하는 경로이기 때문이다.

정당에서 공천된 후보자들은 기존의 정당조직이 갖고 있는 모든 자원들을 활용할 수 있으며, 특히 이러한 자원의 활용도에 대한 차이는 의석수를 많이 갖고 있는 '주요정당'(major parties)들과 적은 의석수의 '군소정당'(minor parties)사이에서 크게 드러나게 된다. 정당의 후보자 공천은 정당의 성격을 반영하지만, 역으로 정당의 성격은 정당이 공천한 후보자들의 성향에 의해서 영향을 받는다. 공직활동의 성패는 당선자의 자질이나 행태에 의해서 영향받게 된다. 당선자의 자질이나 행태는 결국 정당이 어떤 공천제도를 통해서 어떤 후보자를 공천하였느냐에 달린 것이다. 따라서 공직활동의 성패를 결정하는 원천은 각 정당의 공천제도인 것이다.

어떤 공천제도가 바람직한 공천제도인가?[16] 이에 답하기 위해서 본 연구서는 먼저 "누가 원하는 공천제도인가?"를 논하는 것이 필요하다고 본다. 사회규범적 의미에선 단순히 시민들의 다수가 원하는 공천제도라고 해서 바람직한 제도라고 보기 어렵다. 단적으로, 포퓰리즘(populism, 인기영합주의)의 문제 때문이라고 할 수 있다. 포퓰리스트에게 유리한 공천제도가 사회규범적 차원에서 바람직할 수 없기 때문이다. 앞서 정당은 선거에서 승리하여 득세하려는 기관이기에 선거전략적 동기가 중시되고 포퓰리즘에 빠질 위험성이 상존한다. 선거때마다 정당들은 '전략공천지역'이란 명분하에 해당 지역에서는 소위 민주적 선출방식이 아닌 '임명제'를 고집한다. 이러한 움직임을 반드시 반민주주의적인 행위로만 매도할 수는 없다. 선거직전에 '인재영입위원회'를 가동하는 것이 어찌보면 공천과정이나 경선과정에서의 후보자들간의 공정한 경쟁을 깬다고 볼 수도 있지만, 진정성 있게 행해지는 경우엔, 선거전략 측면에서 비상식적인 것이라고 치부할 수는 없는 것이다.[17] 물론 인재영입위원회가 쇼윈도우적인 연출효과만이 있다면 이것 역시 일종의 포퓰리즘이다. 공천제도도 시대상황 속에서 제도개편의 필연성과 함께 그렇게 개편할 수 있는 실현가능성을 함께 고려하여야 할 것이다. 그렇다면 공천제도는 정당의 선거전략적 동기와 당내민주주의라는 두 부분이 복합적으로 고려되어야만 현실성을 확보할 수 있을 것이다.

앞서 하잔과 라핫이 '공천'을 '정치충원'과 구분한 이유로 '공천'이란 특정 국가에서 특정 시기에 특정 정당이 행하는 후보자 선출행위로 규정했기 때문이라고 지적한

15 '지역구'에서는 후보자의 선거승리가능성여부가 중요하게 작용하기 때문에, 함부로 자기사람 심기가 가능한 것은 아니다. 하지만, 선거경쟁의 치열성에 직접적으로 노출되지 않는 '비례구'에서는 이러한 일이 쉽게 행해질 수 있다.

16 하잔과 라핫은 정당의 후보자선택 분석틀을 구성하는 요소들로 '후보자격요건'(candidacy), '공천주체'(the selectorate), '분산화'(decentralization), '지명 대 선출'(appointment and voting systems)이라는 4가지 요소를 중심으로 살펴본다. 그리고, 현대 대의민주주의 사회에서 정당의 후보자 선택의 정치적 결과를 '참여'(participation), 대표성(representation), 경쟁성(competition), '반응성'(responsiveness)이란 4가지 요소를 중심으로 판단한다. Reuven Y. Hazan and Gideon Rahat, *Democracy within Parties* (Oxford: Oxford University Press, 2010), p. 18, p.88. 그들의 연구를 보게 되면, 현실적으로 '공천주체'와 '분산화'의 문제는 결국, 누가 공천권을 갖느냐는 의미에서는 사실상 동일한 내용을 다루고 있다고 볼 수 있다. 당지도부가 공천권을 가질 것인지, 아니면, 지역구에서 공천권을 갖을 것인지의 문제는 공천권 '분산화'의 문제이기도 하지만, 누가 공천권을 갖을 것인지 '공천권의 소재 문제'를 이야기하는 것이기 때문이다. 이것은 정당의 후보자 공천이란 것이 하나의 우월한 제도로서 제시되는 유형이 있기 어렵다는 것을 의미할 것이다. 현실정치과정을 보면, 공천결과에 가장 큰 영향을 미치는 것은 '공천주체'의 문제이다. 공천방식에 대한 정치적 결과물을 대의민주주의와 연관시켜 해석함에 있어서도 참여성, 대표성, 경쟁성, 반응성의 관계에서도, 높은 수준의 참여성이나 대표성이 높은 수준의 경쟁성이 반응성을 보장하는 것이 아니기 때문이다. '대표성'만 하더라도 '사회적 대표성'과 '지역적 대표성'은 서로 상충할 수 있음을 지적한다. 하잔과 라핫은 매틀랜드(Matland)의 연구를 인용하기도 하는데, 미국처럼 개방적인 공천과정보다 노르웨이와 같이 폐쇄적 공천과정에서(즉, 당내의 실권자가 지명제를 통해서 공천과정을 통제할 수 있을 때), 사회적으로 다양한 소수 집단들이나 이념적 분파성을 지닌 집단들이 당선가능성이 있는 순번이나 지역구를 차지할 수 있다는 점을 지적한다. Richard E. Matland, "Institutional Variables Affecting Female Representation in National Legislatures: The Case of Norway," *The Journal of Politics*, 55:3 (1993), pp. 737-755.

17 인재영입프로젝트는 주로 총선과정이나 자치단체장선거에서 '전략공천' 및 '비례구공천'과 연관된 것이다. 2016년 총선에서 더불어민주당(당시 민주당)의 승리는 공천심사위원장으로 김종인 씨를 영입하여 원칙있는 공천에서 국민공감을 얻었던 반면에, 자유한국당(당시 새누리당)은 인맥과 파벌에 의한 '공천파동'으로 자멸한 것이었다는 것이 중론이다. 20대총선은 대선을 앞둔 시점이었는데, 문재인 당대표가 인재영입위원장을 맡았다. 정치역학차원에서 보자면, 2017년 대통령탄핵의 실현은 20대총선에서 민주당이 입법부 제1당이 되었기에 가능한 것이었다. '인재영입위원장' 자체를 당내에서 맡느냐, 아니면 외부인이 맡느냐는 형식에 따라서 영입과정에 실질적 차이가 발생할 수 있을 것이다. 인재영입위원회의 위원들을 먼저 구성하고 차후에 위원장을 지목(또는 영입)하는 방식과, 위원장을 먼저 선택한 후에 위원장이 위원들을 지명하는 방식도 인재영입위원회의 운영에 큰 차이를 가져올 수 있다.

바 있다. 따라서 한국정치과정에서 공천제도의 내용을 비판적으로 고찰하는 방식은 ①"어떤 선거제도로 치뤄지는 어떤 종류의 선거에 어떤 후보자를 공천하고 있는지?" ②"누가 어떤 심사기준에 의거하여 후보자를 공천하고 있는지?"가 될 것이다. 이러한 두 가지 문제 의식을 ㉠정당의 기관목적과 심사기준들, ㉡공천의 주체문제, ㉢각급선거와 공천이란 세 분야로 나누어서 논해보고자 한다. 궁극적으로, 어떤 공천방식이 좋고 나쁨을 판단하는 기준은 과연 정치발전을 가져오는 바람직한 정치적 결과물을 산출하는가 아닌가인 것이다. 세 분야와 연관하여 이를 종합적으로 판단해 보고자 한다.

2. 정당의 기관목적과 심사기준들

정당의 기관목적은 두 가지이다. 하나는 경쟁하는 여타 정당과의 차별화된 정체성을 보이면서 기관의 존재이유를 유지하는 것이고, 또 다른 하나는 그러한 존재이유를 계속하여 유지하기 위해서 선거에 승리하는 것이다. 그런데, 선거에서 정당이 최소한의 의석수를 지녀야만 기관의 정체성을 실현할 수 있으니, 선거경쟁에서 정당의 득세는 중요할 수밖에 없다.[18] 보다 많은 유권자 정책선호분포를 보이는 곳에서 표를 얻기 위해서 정당은 타 정당과의 기관 차별성을 포기하는 상황에 처하게 되기도 한다.

정당의 기관목적에 대한 내용은 헌법과 정당법을 통해서 알 수 있다. 나아가 '헌법재판소'의 판결내용을 통해서도 정당의 기관목적을 파악해 보는 것도 유용하다. 2005년 3월 25일 대한민국 헌법재판소는 판결에서 "정당은 국민과 국가의 중개자로서 정치적 도관(導管)의 기능을 수행하여, 주체적 · 능동적으로 국민의 다원적 정치의사를 유도 · 통합함으로써 국가정책의 결정에 직접 영향을 미칠 수 있는 규모의 정치적 의사를 형성하고 있다. 정당은 국민의 정치적 의사형성의 담당자이며 매개자이자 민주주의에 있어서 필수불가결한 요소"라고 하였다.[19]

이러한 기관목적을 수행하는 정당은 기본적으로 두 가지의 모순된 상황 속에 존재하고 있다. 하나는 정당이란 조직은 태동단계에서 비슷한 주의 주장을 가진 사람들이 모인 결사체이다. 정당이란 조직의 존재이유와 사명감은 태생적으로 이념과 사상의 정체성을 반영한 것이다. 하지만, 그것이 전부는 아니다. 정당조직은 기관으로서 생존해 나가는데, 해당 정당에서 공천한 후보자들을 보다 많이 공직에 진출시켜야 한다. 이런 경우, 정당간의 경쟁에서 유권자들로부터 보다 많은 득표를 하기 위해선 이념적 정체성에만 매몰될 수도 없다. 물론 현실은 보다 복잡해서, 이념적 고수와 이념적 유연성 사이에서 기관 정체성을 지킬 때가 유리한 경우도 있고, 기관 정체성에 대한 유연성을 지닐 때가 유리할 때도 있다. 분명한 것은, 앞서 살펴본 바와 같이, 여러 선진민주주의 국가들에서 정당의 기관 진화를 이끌어 온 추동력은 '선거경쟁'이었으며, 이에 적응하여 살아남으려는 정당의 노력이 현재 정당의 모습을 만든 것이다. 그렇다고 정당들의 진화된 모습에 하나의 통일된 유형이 있는 것은 아니다. 자당(自黨)에서 공천한 보다 많은 수의 후보자들을 공직에 당선시키려는 정당의 기관목적에 관한 세가지 모델이 있다. 해당 모델이 중요한 이유는 정당의 공천전략이 마치 다양하고 복잡한 것처럼 여겨지지만, 실상 현실에서 정당 공천전략은 정당조직의 기관목적과 관련된 다음의 세 가지 모델들 중에서 어떤 모델을 중시하느냐에 달린 것이라고 해도 과언이 아니기 때문이다.[20]

첫 번째 모델은 듀베르제(Duverger)의 『정당론』(Political Parties)이나 엡스타인(Epstein)의 『서구민주주의의 정당』(Political Parties in Western Democracies)이란 고전적 연구로 대표되는 '선거경쟁 접근법'(electoral competition approaches)이다.[21]

18 정당 내부활동가의 공천을 통한 의회진입여부는 정당조직이 경쟁력있는 충원시스템을 구축하는 데 중요할 수밖에 없다. 공천이 선거승리를 위한 수단이라고 할 때 평시의 정당활동에 대한 기여도가 낮은 사람들인 '외부집단'이 정당에 투입된다면 정당내부의 활동가들의 사기진작에 장애가 된다. 소속 정당을 위하여 헌신하고 활동해 온 당직자나 실무자들의 당선경쟁력이 없다는 이유로 국회의원 공천에서 배제된다면, 정당 스스로 당내 정치전문가를 육성하고 의회로 충원하는 시스템 구축에 실패하는 것이다. 서현진, "정당활동가의 의회충원에 관한 연구: 19대 총선을 중심으로", 『한국정치연구』 23:1 (2014), pp. 75-100. 서현진의 경험적 연구에 따르면, 당선경쟁력에 영향을 미치는 요인이 정당내부경력이 아닌 정당외부활동경력(관료경력, 명망가, 시민운동 등)에 연관된 것이었다. 결론적으로 정당조직은 공천 및 개혁의 문제를 내부적으로 경쟁력있는 엘리트들을 육성하여 해결하기보다는 보다 용이하고 편리한 방법으로 새로운 외부세력들을 입성을 통하여 해결하려는 경향이 지양되어야 한다는 것이다.

19 헌법재판소 (2004. 3. 25.자 2001헌마 710결정).

20 Alan Ware, *Political Parties and Party Systems* (Oxford: Oxford University Press, 1996). 웨어는 Electoral competition approaches (선거경쟁접근법), Institutional approaches (제도적 접근법), Sociological approaches (사회학적 접근법)의 세 가지로 분류한다. 해당 모델은 정당조직에 관한 모델이면서도, 하나의 정당조직이 다른 정당조직과 경쟁하는 과정에서 나타나는 정당의 속성이 무엇인지에 중점을 둔 모델이기에 궁극적으로 '정당경쟁과정에서의 정당속성'에 관한 모델이라는 의미이다.

21 Maurice Duverger, *Political Parties* (London: Methuen, 1954); Leon D. Epstein, *Political Parties in Western Democracies* (London: Pall Mall, 1967).

이 접근법은 정당간의 경쟁이 각 정당으로 하여금 나름대로 특수한 조직형태를 띠게끔 한다고 본다. 이 접근법은 득표를 위한 경쟁에서 승리하려는 기관 목적이 정당으로 하여금 구조를 개혁하고 수정하도록 촉진한다고 본다. 결국 정당의 존재의미는 선거에서 승리해 집권하거나, 적어도 선전해 일정한 의석을 차지함으로써 국가 정책결정 과정에 영향을 미치는 것이기 때문이다.

두 번째는 파네비앙코의 『정당: 조직과 권력』(Political Parties: Organization and Power)에서 볼 수 있는 '제도화 접근법'(institutionalization approaches)이다. 제도화 접근법은 '정당간'(inter-party) 경쟁보다 '정당내'(intra-party) 문제나 정당이 제도화돼 가는 과정에 주목한다. 정당의 기관목적은 사회내 구성원들로부터 존재를 인정받고 그 사회에 장기적으로 정착하여 존속해 가는 소위 '제도화된 정당'이 되는 것이다. 정당조직은 단순히 선거를 위해, 그리고 선거에 승리하기 위해서 존재하는 기관은 아니라는 것이다. 물론 선거에서 승리하는 것은 정당이 차후 번영하는 정당으로 생존하는 데 도움이 될 것이지만, 보다 장기적인 시각에서 이념에 기반하지 않는 정당조직은 오랜 기관 자신들을 제도화하여 생존하는데 실패한다.[22] 제도화 접근법은 어떻게 조직이 형성되는지에 대한 동태성(dynamics)과 정당 내의 서로 다른 요소 사이의 관계에 훨씬 더 우선권을 둔다. 비슷한 주의 주장을 가진 사람들이 노선투쟁 속에서도 한 목소리를 내면서 단일한 최적의 조직형태로의 수렴하도록 강제하는 당내관계에 주목한다. 제도화모델을 보면 결국 정당이란 것은 선거에서 보다 많은 의석수를 차지하는 것 이상으로 정당 본연의 임무가 무엇인지에 대해 고민하게 된다. 정당이란 궁극적으로(적어도 규범적으로는) 비슷한 주의 주장을 갖고 있는 일파(一派)가 모인 곳이기에, 그런 주의 주장이 다양한 생각들을 지닌 일반 유권자들에게 반드시 환영 받기만을 기대할 수는 없다. 따라서 비록 작은 수의 지지층을 기반으로 하더라도 지속적으로 생존해 정치체계 내에 제도화된 정당으로 남는 것이 중요할 수도 있는 것이다.

세 번째 전통은 '자원동원 접근법'(resource mobilization approaches)이다. 이 접근법은 한 특정 정당이 갖고 있는 정당조직의 특성을 그 정당이 이용 가능한 특정 종류의 자원과 연결시켜 생각한다. 그러니까 해당 접근법은 일종의 '선거승리 지상주의'와 '이념적 집착주의'의 혼합적 형태로 이해해 볼 수도 있다.[23] 대부분의 현대 정당들에게 현실정치과정에서 사용될 개연성이 높은 방식일 것이다. 정당조직 형태는 정당이 그를 둘러싸고 있는 자원의 공급을 어떻게 할 것인가를 반영한 결과물이라고 본다. 그런 의미에서, 해당 방식은 '선거경쟁접근법' 보다도 최근에 강조되는 소위 '선거전략가정당'의 모습과 더 일치할 수 있는 것이다.[24] 선거전략가들 역시 전략이란 것이 이념적 유연성을 최대한 확보하되, 결코 이념성에서 자유로울 수 없다는 것을 알고 있기 때문이다. 이것은 사회운동 (또는 혁명) 연구에서 일종의 '동원이론'(mobilization theory)과도 일맥상통하는 부분이 있다.[25] 즉 아무리 정당이 좋은 자원에 둘러싸여 있다고 해도, 반대로 아무리 정당이 나쁜 자원을 배경으로 하고 있다고 해도, 결국 이들 자원을 어떻게 동원하는가 하는 것은 정당조직의 능력이라는 점에 주목한다. 물론 자원동원이 효율적일 경우 정당조직이 잘 정비돼 있다는 것이며, 반대의 경우는 정당조직이 미비한 상태라고 본다. 정당이란 기관의 목적은 당시 상황 속에서 자원동원을 최대화하는 조직의 정비에 있는 셈이다. 정당이 동원할 수 있는 자원들의 종류에도 정당에 따라서 차이가 발생한다.[26] 물론, 정당전략은 선거승리

22 폰 바이메(von Beyme)는, 유럽정당들을 볼 때, 정당연구란 이념적 조직들에 관한 비교연구라고 보았으며 이념에 기초한 정당만이 장기간동안 조직을 건사해 왔다고 보았다. Klaus von Beyme, Political Parties in Western Democracies (Aldershot: Gower, 1985), p. 29. 폰 바이메는 ⓐ사업및 산업영역에서 '공공소유'(public ownership)에 대한 입장(찬성-좌파적 이념; 반대-우파적 이념), ⓑ낙태나 동성애와 같은 개인적 권리에 대한 용인(찬성-좌파적 이념; 반대-우파적 이념)이라는 두 개의 차원의 조합으로 정당들의 이념형을 상정한다. 자유당[또는 급진당; ⓐ-우 ⓑ-좌], 보수당(ⓐ-우 ⓑ-우), 사회당[또는 사민당; ⓐ-좌 ⓑ-좌], 기독민주당(ⓐ-우 ⓑ-우), 공산당(ⓐ-좌 ⓑ-좌), 농민당(ⓐ-우 ⓑ-우), 지역인종당(좌, 우의 스펙트럼이 넓어서 좌-우와 상관없음), 환경정당(ⓐ-좌 ⓑ-좌), 극우정당(ⓐ-우 ⓑ-우).

23 달리 표현하자면, '선거경쟁접근법'과 '제도화접근법'의 복합유형이다. 정당이 전략을 운용함에 있어서 조직에게 유리한 자원들을 동원한다는 의미를 보다 극단적으로 표현해 본다면, 결국 어떤 한 시점을 중심으로(일반적으로는 선거시기가 되겠지만) 자신이 이념정당으로서 자원을 동원할 수도 있고 아니면 제도화정당으로서 자원을 동원할 수도 있다는 의미인 것이다. 단, '자원동원'의 유형은 단순히 '포괄정당'(catch-all party)을 의미하는 것은 아니다. 포괄정당이란 한 시점에서 이념적으로 유연성을 갖는 것을 의미하며, '자원동원정당'이란 한 시점에선 특정 이념정당이 되는 것이 자원동원에 유리하다면 그렇게 하기 때문에 '포괄정당'과는 구분되기에 두 개념은 동의어가 될 수 없다.

24 참고로, 다운즈(A. Downs)의 '선거경쟁정당'이란 유권자들의 보다 많은 표를 얻기 위한 정당을 말한다. Anthony Downs, *Economic Theory of Democracy* (New York: Harper & Row, 1957). 일반적으로, 다운즈주의자들(Downsians)이 선거경쟁이론에서 강조하는 것은 정당이 유권자가 가장 많이 분포하는 곳을 찾아간다. '선거전문가정당'은 유권자들이 분포에서 반드시 '중위투표자'를 상정할 필요는 없으며, 극단적으로 선거전문가들의 선거전략은 수동적으로 유권자가 많이 분포하는 곳을 따르는 것이 아니고, 적극적으로 이슈를 선점하여 유권자들의 분포에 영향을 미치려고 한다. 다운즈의 중위투표이론이 '수요측면의 이론'(demand-side theory)이라면, 선거전문가전략이론은 일종의 '공급측면의 이론'(supply-side theory)에 비견될 수 있을 것이다.

25 사회운동(social movements)의 동원이론에 관한 연구가 이에 해당된다. John D. McCarthy and Mayer N. Zald, "Resource Mobilization and Social Movements: A Partical Theory," *American Journal of Sociology*, 82:6 (1977), pp. 1212-1241.

26 정당이 동원하는 자원들은 해당 정당조직이 국가 및 시민사회와 어떠한 관계유형을 갖고 있느냐에 연관된 것이다. 정당이 동원할 수 있는 자원은 '정당과 국가와의 관계' 또는 '정당과 시민사회와의 관계'속에서 결정

에 집중되며, 선거과정의 차원에서 보자면, '전략공천'의 모습이 두드러질 수 있다.

정당경쟁과정에서 정당조직이 이상의 3가지 모델들 중에서 어떤 속성을 보이느냐는 해당 정당이 처한 당시의 상황, 당내 권력자들의 노선갈등, 시대상황에 따른 사회적 요구 등에 따라서 다르게 나타나거나 복합적으로 나타나게 된다. 한국정치과정에서의 '공천경쟁'이란 측면에서 본다면, 모든 유형들이 부분적으로 관련되어 있겠지만, 특히 선거직전에 반복되는 정당간 이합집산의 특성은 세 번째 유형의 성격으로 설명이 가능할 것이다. 한국의 주요 정당들이 선거에 즈음하여 설치하고 운영하는 "인재영입위원회"도 그 예가 된다.[27] 해당 위원회는 과거에도 없었던 것은 아니며 단지 '비공식'적으로 정당권력자의 의중에 따라서 행해져 왔으나, 당권과 대권이 분리되고, 당내민주주의가 일부 활성화된 현재에는 공식화된 기구형태로 운영되고 있다.[28]

최근 들어, 한국의 정당들은 국회의원선거 수준에서 '인재영입위원회'를 공천전략의 일환으로 사용하는 경향이 두드러진다.[29] 전략의 내용은 선거경쟁에서의 승리를 위해서 당시 사회에서 '대중적 인지도'가 높은 사람들을 자당에 영입하여 일종의 '세몰이'를 하는 것이다. 인재영입위원회를 구성하면서 세몰이를 하기 위해선, 단순히 한두명이 아닌 여러명의 '인재'들을 영입하여야 효과가 발생한다. 인재영입은 전국적 수준에서 관심을 보일 수 있는 '국회의원선거'나 '광역자치단체장' 정도 수준에서 있을 때 정당에 대한 선전효과가 클 것이다. 지역구 · 비례구 병립형에서 지역구 우선제도하에선 비례구 국회의원의 경우 인재영입의 파급효과가 상대적으로 크다.[30] 지역구가 전혀 없이, 국회의원 전원이 비례구만으로 구성된다면, 상대적으로 '인재영입위원회'의 활성화는 정당의 선거승리 전략에 더 큰 부분을 차지할 것이다.[31]

문제는, '인재영입위원회'가 당원들의 합의로 운영되는 방식인 경우, 당원들의 다수가 친분이 없는 사회의 인재들을 두루 추천한다는 것은 쉽지 않은 일이다. 당원들 주위의 사람이 아닌, 자신의 이익과 별로 상관없는 사람들을 추천하기는 어려울 것이다. 정당이 당원들의 결정에 따라야 함에도 불구하고, 당원들에 의한 상향식에 전적으로 긍정적인 효과를 기대하기 어렵다는 것이 딜레마이다. 이런 의미에서, 반드시 전국적인 차원이 아닌, 지역적 차원에서도 인물을 발굴하고 찾아낸 인물들을 실제로 공천하는 제도로는 당원뿐만이 아니라 일반시민도 공천과정에 참여하는 제도로서 '국민참여형'의 형태가 지속적으로 논의될 수밖에 없을 것이다. 정치개혁과 발전을 제도를 통해서 하는 것보다 인물을 통해서 하는 것이 한국정치과정에선 실효를

가질 수도 있다.[32]

정당의 지속적인 발전을 위해서 정당이 인재영입을 추구하는 것은 필연적인 것이다. 정당이 공천과정에서 인재영입위원회를 운영하는 것의 적실성을 논의하기 위해서 또 다른 논점인 '온라인 기간당원제'를 복합적으로 고려하면서 생각해 볼 필요가 있다. '온라인 기간당원제'는 유권자 입장에서 정당활동이나 의사결정에 참여하는데 '오프라인 기간당원제'보다 부담이 없기 때문에 당원수를 확장하는데 유리하다. 전자민주주의 시대에 온라인이 긍정적으로 활용되어야 함을 부정하는 사람들은 없다. 문제는 총선을 앞둔 시점에 지역별로 후보출마 예상자들 사이에서 권리당원 확보경쟁에 불이 붙으면서 정당의 '온라인 권리당원' 모집과정에서 주소지가 불법으로

된다. '정당과 국가와의 관계'의 의미는 다음과 같다. 국고보조금을 많이 받는 정당과 그렇지 않은 정당은 동원할 수 있는 자원의 종류와 양에서 차이가 있다. 국가에 의해서 불법인 정당은 지하정당활동으로 제한되거나 해산될 수 있다. '정당과 시민사회와의 관계'는 다음과 같다. 정당은 아무 자원이나 무조건 동원하는 것이 아니고 자신의 정체성과 연관된 또는 자신이 더욱 자신있게 활용할 수 있는 자원들을 동원하는데 집중하게 된다. 중도우파정당이 노동조합을 자원으로서 활용하는데는 한계가 있을 수밖에 없다.

27 한국선거에서 후보자 당선에는 '제도적 효과'보다 '후보자 개인의 선거경쟁력'(즉, 인물효과)가 당선결정요인으로 '후보자 개인의 선거 경쟁력'(즉, 인물효과)가 당선결정요인으로서 중요할 수도 있다. 김한나 · 박원호, "제20대 총선의 후보자 당선결정요인: 정당의 공천방식과 후보의 경쟁력을 중심으로", 『21세기정치학회보』 26:2 (2016), pp. 51-76. '인물효과'를 검증한다는 것은 생각보다 복잡한 일이다. 후보요인득표율'을 측정한 연구도 있다. 박성호 · 최선, "한국 국회의원 선거의 후보자 요인: 재출마 효과를 중심으로", 『미래정치연구』 8:1 (2018), pp. 87-115. 박성호와 최선은 '지역구 정당득표율'에서 '후보 득표율'을 뺀 값으로 순수한 후보자 효과를 측정한다. 연구 결과, 총선에서 동일한 지역구에 연속으로 출마한 비현직후보자의 득표율이 제고되는 것으로 나타났다. 이는 지역구의 정치인들이 취약 지역에서도 꾸준히 활동하면 당선의 가능성을 높일 수 있다는 것을 시사하는 것으로 후보공천과 선거전략에서도 유의미하게 검토될 필요가 있을 것이다.

28 여기서 공식화하였다는 의미는 '인재영입위원장'을 별도로 지명하고 활동한다는 의미이다.

29 일반적으로 인재영입 케이스는 보다 큰 규모의 선거단위에서 효과적으로 이루어질 것이다. 지방선거에서도 '광역자치단체장' 급에서는 인재영입을 통한 후보자 선정이 있을 수 있다. 극단적으로는 '대통령후보'로 지명할 사람이 마땅치 않을 경우엔 대통령후보도 인재영입전략의 대상이 될 수 있을 것이다. 정치현장에서 느끼는 '인재영입'은 국회에서 의정활동의 전문성과 유리된 '의외성'에 의해서 보조되는 이벤트성에 가까운 것이란 비판에 유념할 필요가 있을 것이다. 연장선상에서 '한풀이 정치'는 결코 바람직하다고 보기 어렵다. 윤종빈, 정회옥(외), 미래정치연구소(편), 『정치현장에서 진단하는 한국정당과 민주주의』 (서울: 푸른길, 2017), p. 344 ('심층면접 대상자 14').

30 일반적으로 영입된 인재는 '비례구'에 배정받게 된다. 지역구를 배정받는다는 것은 지역구에서 본선경쟁을 해야하는데, 후보자 입장에서 직능대표로서 보장된 순번의 비례구로 영입되는 것은 수락할 수 있어도, 과열되기 십상인 지역구 선거경쟁으로 갈 사람들은 많지 않다. 그렇게 본다면, 비례구를 지역구와 함께 운영할 때가, 지역구만 운영할 때보다도 인재영입위원회 전략이 더 입체화되고 활성화될 것을 예측해 볼 수 있다.

31 전혼잎, "[이슈레터] '신의 한 수?' 역대 총선 인재영입 성공 방정식 보니..." 한국일보(2019. 11. 9.)

32 [논쟁] "정치권 공천개혁, 해법은?" 한겨레 30면 (2012. 1. 17.)에서 고성국은 정치개혁에서 인물의 중요성을 주장한다. 추가로 고성국, 『정치타파』 (파주: 형설라이프, 2012)을 참조할 수 있다.

기재되는 사안이 발생하고 있다는 것이다.[33] 여전히 자발성보다는 동원에 의존하고 있는 것이 한국정치과정의 현실이다.

3. 공천의 주체 문제: 상향식, 하향식, 혼합식

어떤 후보자를 공천하느냐는 전적으로 정당내부에서 결정할 사항이라는 점을 모르는 사람은 없다. 그렇다면 정당의 '외부심사위원'들은 필요가 없으나, 공천과정에 외부심사위원 제도를 두기도 한다. 외부심사위원 제도에 논란이 있기도 하지만, 이 역시 정당이 내부에서 결정한 사안의 결과물일 뿐이다. 외부심사위원제도는 한국의 과열된 정치문화에서 그 판결의 정당성을 확보하기 위한 일부 구색맞추기적 성향이 있는 궁여지책이라고 보는 것이 사실에 가깝다.[34]

선거에 출마할 자당의 후보자 공천이 정당조직내의 소수 권력자들의 영향력에 좌지우지되는 것은 정치권력적으로는 문제될 것이 없다. 일상생활에 몰입된 국민들은 모든 정치과정에 관여한다기보다는 정당이나 지도자들에게 맡기고 위임하는 경향이 강한 것이 일반적인 상황일 것이다. 하지만, 국민들의 정당이나 정치인들에 대한 불신과 혐오감의 수준이 높은 곳에서는 이야기가 달라진다. 정당에 대한 불만으로부터 사회적 요구가 발생한다. 권위를 인정받지 못하는 정당이기에 '하향식'이 아닌 '상향식' 공천의 중요성을 요구하는 목소리가 커지게 된다.[35] 많은 국민들이 일상생활 속에선 정치에 그다지 신경 쓰지 않고 산다. 각 국가의 국민들마다 자국의 정당에 대해서 갖는 신뢰성(또는 최소한의 신뢰성)은 차이가 있을 것이다. 공천이란 것이, 근본적으로 권력투쟁의 성격을 지니고 있어서 순조롭고 온화할 수는 없지만, 이는 정도의 문제인데, 한국정당정치과정에서 나타난 '공천파동'은 국민들로 하여금 더욱 정당을 불신하게 만드는 악순환의 고리를 만든다.[36]

역사적으로, 그리고 정당이란 조직이 갖는 내재적 특성때문에라도, 정당조직의 건설과 운영은 소수의 정치지도자들의 역할이 강조될 수밖에 없다.[37] 당내 갈등은 소수 지도부의 파벌갈등이 그 기반이다. 한 정당 안에서 다양한 계파들이 당권을 잡기 위해 건강하게 경쟁하는 것은 긍정적인 일로 볼 수 있으며 이러한 경쟁이 심화될수록 정당개혁의 빈도가 증가하기도 한다.[38] 하지만 한국 정당들의 당내 경쟁은 그 정도가 건전한 경쟁을 넘어섰다는 평가가 많다. 그러한 당내 경쟁과 갈등이 정도를 지나쳐서 '분당'과 '합당', '신당 창당'을 반복하며, 지도부가 자신의 임기를 채우지 못하는 경우가 숱하게 발생했다. 현재의 더불어민주당으로 이어지는 민주당 계열 정당의

33 고은이, "국회는 세워둔 채 내년 총선 과열 조짐" 한국경제(2019년 6월 25일 화요일) A6면.

34 정당 외부에서 공천심사위원단에 포함된 사람들이 정치인들의 생사여탈권을 쥔 막강한 권한을 위임받아 행사했다고 보는 주장이 있지만, 이것은 사실을 제대로 판단하지 못하는 것이다. 오히려 심각한 문제는 당외부에서 공천심사위원단에 포함된 인사들이 최소한의 권한을 행사하지 못하고, 당내부의 권력역학에 이용되고 있다는 데 있다. 외부심사위원들은 사실상 정당내부의 권력게임의 객체이며 어떤 결정을 합리화해주기 위한 수단적 도구로서 전락되는 성향이 강하다. 어떤 제도에서이건 위원회가 구성된 경우, 그런 위원회가 소기의 목적을 제대로 못하는 것이 문제이지, 위원회 자체가 문제는 아닌 것이다. 외부심사위원회를 구성하는 것도 정당내부에서 결정한 것이지, 정당외부에서 결정하여 간섭하는 것은 아니다. 한국사회는 사회신뢰도가 낮은 수준에 있고, 따라서 '순응비용'이 높은 사회이다. 바로 이 '순응비용'을 위해서 외부심사위원들이 이용당하는 경우가 많다. '거래비용'과 '순응비용'의 이론적 논의에 관해서는 윤성이, 『한국정치』 제2판 (파주: 법문사, 2018), p. 309.

35 정당들은 선거를 앞두고 늘 상향식 공천에 의한 새로운 공천시스템을 내세우지만 실제 공천 과정에서는 새로운 모습을 보여주지 못하였고 정당 권력자들은 여전히 영향력을 행사하고 있다. 김한나 · 박원호, "제20대 총선의 후보자 당선결정요인: 정당의 공천방식과 후보의 경쟁력을 중심으로", 『21세기정치학회보』 26:2 (2016), pp. 51-76. 윤종빈, "19대 총선 후보 공천의 과정과 결과, 그리고 쟁점: 새누리당과 민주통합당을 중심으로", 『한국정당학회보』 11:2 (2012), pp. 5-37. 진영재, "한국정당발전모델에 대한 일고찰: 2012 대선정국과 정당구조 개혁", 『선거연구』 3 (2012), pp. 27-64.

36 일반적으로 '공천파동'은 '현역의원의 물갈이' 과정에서 두드러진다. 정당들이 실시하는 공천제도는 우선 하향식 공천과 상향식 공천 두 가지로 나눌 수 있는데 한국의 정당들은 두 가지 방식을 동시에 사용하고 있다. 하향식 공천은 지도부나 공천심사위원회에 의해 공천이 결정되는 방식으로 많은 경우가 현역의원을 교체하는 과정에서 이루어지기 때문에 당내 갈등을 발생시킬 가능성이 높다. 올해 4월에 실시된 20대 총선에서도 새누리당의 유승민, 이재오 의원 등 공천에서 배제된 현역의원 다수가 탈당 후 무소속으로 출마하면서 공천파동을 겪었다. 더불어민주당에서도 이해찬 의원이 공천배제에 항의하며 탈당 후 무소속으로 출마하는 등 하향식 공천에 의한 현역의원 배제로 인해 갈등이 발생했다. '더불어민주당'이 여당이 되고, '새누리당'(현재 '자유한국당')이 야당으로 역할이 바뀌게 된 가장 큰 계기는 20대국회의원선거 공천과정과 이로 인해 드러난 선거민심이었다. 당시 어떤 여론 조사기관이나 전문가들도 '새누리당'이 1당이 되지 않는다고 생각지 않았다(예상치는, 최대 160-170석 정도, 최소 140석 정도였다). 그러나, 당시 더불어민주당 공천심사위원장인 김종인 씨가 당에 들어가서 개혁공천을 시도하며, 국민과의 눈높이를 맞추려한 노력과 달리, 새누리당은 전면적인 공천파동에 휩싸였다. 결과는 예상과 완전히 달랐다. 더불어민주당의 완승이었다. 새누리당은 146석에서 122석으로 되었고, 더불어민주당은 102석에서 123석이 되었다. 해당 정치게임은 이것으로 끝난 것이 아니라는 데 의미가 있다. 박근혜탄핵은 사실상 더불어민주당이 1당이 되었기에 가능한 것이었다. 순수히 정치권력게임차원에서 보자면, 박근혜정권의 몰락은 20대국회의원 공천파동에서부터 시작된 것이다.

37 선드퀴스트(J. Sundquist)는 정당의 창당과 재편성에 다음 3종류 변수들이 중요하다고 지적한다. ①기존의 정당체계에 대한 불만의 강도와 확산정도, ②변화에 저항하여 현상을 유지하려는 힘의 정도, ③정치지도자들의 기술을 들고 있다. James L. Sundquist, *Dynamics of the Party System: Alignment and Realignment of Political Parties in the United States* Revised ed. (Washington, D.C.: Brookings Institution, 1983). 한국정치과정을 보면, 결국 ①의 상황이 있더라도 이를 결집하여 ②를 넘어서는 것은 궁극적으로 ③에 달려 있는 듯하다. 2012년에 한국사회에 있었던 '안철수 현상'도 결국 정치지도자로서의 기술과 역량의 부족으로 국민들의 정치개혁에 대한 열망을 실어내지 못하고, 결국 기존 정치세력들의 현상유지적 양당정치를 넘어서지 못하면서 쇠락한 것으로 해석이 가능할 것이다.

38 Shlomit Barnea and Gedeon Rahat, "Reforming Candidate Selection Methods – A Three Level Approach", *Party Politics* 13:3 (2007), pp. 357-394.

경우 2000년 이후 당대표(혹은 의장)을 역임한 사람 중 2년의 임기를 채운 경우는 정세균, 추미애 전 대표가 유일하다. 특히 당내 갈등이 극심했던 열린우리당 시절의 경우 2003년 10월부터 2007년 2월까지 10명의 당의장이 임기를 채우지 못하고 물러났으며 그 이후에도 대부분 선거 패배에 대한 책임을 지고 물러났다. 한나라당에서 새누리당으로 이어지는 보수정당도 정도의 차이가 있을 뿐 비슷한 양상을 보여 왔다. 2000년 이후 현재의 당대표 이전까지 총 11명의 당대표 중 8명의 당대표가 정해진 임기를 채우지 못하면서 권한대행체제(혹은 비상대책위원장체제)로 전환되었다. 이처럼 부끄러운 정당역사를 그려온 지나친 당내 갈등은 한국정치의 고질적인 문제점으로 항상 거론되고 있다. 단지, 정도의 차이일 뿐인 것이다.

"공천권을 국민에게 돌려주어야 한다"라는 화두는 SNS시대라는 시대적 흐름에서 나타난 시민사회의 '참여민주주의'적 성격의 강화와 정당에 대한 권위가 수준이하로 낙후되며 나타난 '대의민주주의'에 대한 실망감이 조합되어 발생한다.[39] 한국은 정당에 대한 '국고보조금'제도를 채택하고 있다. 정당이 국민의 국고보조금으로 운용되는 경우엔, "공천권을 국민에게 돌려주어야 한다"라는 주장이 더욱 설득력을 얻는다. 그렇다면, 국민이 정당의 후보자 공천결정 과정에 어느 수준까지 관여하게 되어야 하느냐는 의문이 생긴다.[40] 앞서 지적한 바와 같이, 정당조직이 국민의 세금으로 운용되고 있지만 정당조직은 당직자들이 운용하게 된다. 해당 정당조직의 당직자들에게는 '당헌'과 '당규'에 따라서 맡은 업무와 권한을 직업적으로 행사하는 문제이기에, 주요 당직자들의 권력을 무시할 수는 없는 것이다.

한국선거과정에서 '공천문제'와 관련된 많은 주제들은 '오픈프라이머리'(open primary) 제도를 어떤 수준에서 어떻게 도입할 것인가?" 하는 문제와 직 · 간접적으로 연관되어 있다.[41] '프라이머리'라는 용어는 정당내에서 차후 본선거에 나갈 후보자를 결정하는 정당내의 후보자간 경선을 말하는 것이다. 이른바 '본선'을 위한 '예선'이니 '예비선거'라는 명칭으로 부를 수 있다.[42] 한국의 경우엔, 노무현 후보자를 대통령 후보로 지명했던 2002년 이후 한국의 주요 정당들은 공직선거 후보선출을 비롯한 당내 선거에 '국민참여경선제'라는 명칭과 제도를 도입하였는데, 포괄적으로 같은 성격의 것이다.[43] 결국, 이러한 공천과정으로서 예비선거의 중요성은 '당내민주주의'의 실현을 위한 과정으로서 의미를 지니게 되는데, 한국정치문화하에서 '돈 안쓰는 정치'를 위한 개혁의 일환으로 2004년 3월 '정당법' 개정으로 진행한 '지구당 폐지'이후에 SNS시대의 정당개혁 프로그램과 연계되기도 한다.[44] 물론, 서로 다른 정당들은 서

로 다른 이유와 정당개혁 프로그램 속에서 '국민참여경선제'를 도입한다.[45]

'본선거'에 앞서 공천의 일환으로 '예비선거'(primary election)를 시행하는 것은 미국적 방식이며 보다 뚜렷한 이념적 차별성을 지닌 정당들간의 경쟁을 통한 정당사를

39 정진민, "정당의 후보선출과 공정성 : 유권자정당 모델을 중심으로", 『의정연구』 17:3 (2011), pp. 145-170.

40 정진민, "정당경선의 제도화 모색: 개방형 경선과 정치자금을 중심으로", 『한국정치외교사논총』 36: 1 (2014), pp. 183-207.

41 '개방형 예비경선제도' 정도로 번역될 수 있을 것이다. '폐쇄형'과 '개방형'으로 대별되며, 이는 당지도부-대의원-당원(기간당원, 일반당원)-당지지자-일반인 의 연속선상에서 상대적으로 결정되는 개념이다. 최태욱, "'준(準) 폐쇄형 예비선거제(Semi-Close Primary)를 법제화하자", 『왜 오픈프라이머리인가 토론회 자료집』 (2014), pp. 19-25. 김형준, "오픈 프라이머리 제도의 한국적 적용에 관한 고찰 : 미국의 경험을 토대로", 『비교민주주의연구』 6:2 (2010), pp. 35-68. 김종갑, "오픈프라이머리 도입 논의와 한국적 수용 가능성", 『사회과학연구』 15:2 (2007), pp. 214-236.

42 연방제인 미국의 경우 주별로 이루어지는 예비선거는 '전당대회'에서 후보자를 선출할 '대의원'을 선출하는 것이지, 직접 후보를 선출하는 것은 아니다. 하지만, 이것도 완벽한 표현은 아니다. 프라이머리에서 자당 내 대통령 후보에게 선호를 표시하면서, 해당 후보를 지지할 대의원을 선출하는 것이어서, 결국, 예비선거는 지지할 후보자를 선출하는 과정인 것이다. 일부 지역은 '코커스'(caucus)라는 명칭을 사용하기도 한다. 상대적 개념에서 '코커스'는 참여자의 수가 적어 '포괄성'이 낮고, '프라이머리'는 참여자의 수가 많아서 포괄성이 높은 것으로 대조해 볼 수 있다. 그러니까, '코커스'는 예비선거 참여인단(selectorate)에 참여하는 요건이 상대적으로 폐쇄되어 있는 경우에 사용한다. 또는, 전통적으로 '코커스'라는 명칭을 사용해 왔기 때문에 그렇기도 하다. 이현우 · 이정진, "미국대통령 예비선거 변천과정과 운영의 문제", 『미국학 논집』 39:2 (2007), pp. 155-182. 조성대, "2016년 미국 대선의 예비선거: 제도, 과정, 결과 및 함의", 『의정연구』 22:3 (2016), pp. 5-38. 예비선거유형과 정당별 채택 주는 다음과 같다. www.thegreenpapers.com.

43 성치훈, 진영재, "한국정당의 국민참여경선제 도입 적실성과 보완점: '제도'와 '유권자문화'를 중심으로", 『의정연구』 22:3 (2016), pp. 83-115. 김범수 · 문상석, "인터넷의 등장과 정치변동: 정보화시대 국민참여경선의 등장의 의의와 한계", 『사회이론』 47 (2015), pp. 157-193. 정만희, "오픈프라이머리(완전국민경선제) 도입론의 헌법적 검토", 『동아법학』 69 (2015), pp. 1-41. 강원택, "한국 정당정치의 위기와 해결 방안 : 당내 민주화와 국민참여경선을 중심으로", 『민주:한국민주주의의 내일을 열다』 5 (2012), pp. 128-143. 장승진, "경선제도에 따른 유권자 선택의 변화: 2008년 미국 대선 경선의 함의" 『한국정당학회보』 11;1 (2012), pp. 87-111. 신유섭, "대통령선거와 정치발전 : 국민경선을 통한 대통령 후보 선출과 정치발전", 『의정연구』 23 (2007), pp. 59-77. 이현우 · 이정진, "미국대통령 예비선거 변천과정과 운영의 문제", 『미국학 논집』 39:2 (2007), pp. 155-182. 도회근, "국민참여경선제와 미국 예비선거제의 비교", 『국제정치연구』 5:1 (2002), pp. 95-118.

44 정진민, "지구당 폐지 이후의 새로운 정당구조와 당원중심 정당운영의 범위", 『의정연구』 19 (2005), pp. 5-27. 윤종빈, "한국 정당운영의 현황과 당내 민주주의 실현을 위한 과제", 『선거연구』 1:8 (2017), pp. 207-228. 이정진, "정당공천의 민주화: 당원인식조사를 통해 분석한 바람직한 공천 방향", 『미래정치연구』 9:1 (2019), pp. 31-60.

45 박찬표, "국민참여경선제의 제도 차이의 발생 배경에 대한 연구: 16~18대 대선후보 경선제도 비교", 『미래정치연구』 6:1 (2016), pp. 65-87. 박수형, "대통령 후보선출제도 변화 연구 : 한국 정당은 왜 그리고 어떻게 '국민경선제'를 도입하게 되었나?" 『한국정치학회보』 48:4 (2014), pp. 197-223. 박수형의 연구에 따르면, 국민참여경선제 도입은 건전하지 못한 지역주의에 기반한 한국정당체계의 특성상 당내 소수파의 권력이익에 부응하는 정당민주화 아이디어가 발전하는 조건을 낳게 되고, 정당간 경쟁에서 파생된 당내갈등 및 정당개혁의 압박 속에서 국민참여경선제로 귀결된 것으로 해석된다.

지닌 유럽에서는 어색한 제도이다.[46] 공천권력을 공유해야한다는 주장들, 하향식보다는 상향식으로 이루어지는 공천을 해야한다는 주장들, 낮은 사회신뢰도의 정당정치를 개혁하기 위한 제도적 논의가 필요하다는 주장들에서 공통적으로 찾아볼 수 있는 핵심 논의는 '오픈프라이머리제도'에 대한 것이다.[47] 오픈프라이머리는 정당이 후보를 공천하는 과정에서 소위 '완전개방형경선'이라는 형식을 취하는 것인데, 정치현장에서는 '국민공천제'(또는 '국민경선제)라는 말과 동의어로 자주 쓰인다.[48] 오픈프라이머리에서 '개방'(open)은 유권자들의 참여의 범위에 따라서 크게 몇 가지로 대별된다. 먼저 정당소속에 관계없이 모든 유권자들이 자유롭게 참여하는 것이 '완전개방형'이다. 자당에 대한 지지를 표명한 유권자들에게 공천결정과정에 참여케하는 것이 '일부개방형'(또는 '일부폐쇄형')이다. '폐쇄형'은 자당의 당원들만이 참여한다. 이렇게 본다면, '폐쇄형'은 사실상, 정당내에서 소수의 당지도부나 공천심사위원회뿐만이 아니라, 당원들도 참여하며 공천결정이 이루어지게 된다. 한국에서는 "폐쇄형 오픈프라이머리"는 '오픈프라이머리'로 인식하지 않는 경향이 있다. 왜냐하면, 앞서 언급한 바와 같이, 한국에서 '오픈프라이머리'는 종종 '국민참여경선제'와 동의어로 쓰이는 경향이 있기 때문이다.

정리하면, 상향식 공천은 '후보선정을 위한 참여인단'(selectorate)을 어떻게 구성하느냐에 따라서 여러 가지 방식이 존재한다. '후보선정주체'(공천인단, 공천주체)에 참여하는 사람들을 배타적(exclusive)으로 할 것인지, 포괄적(inclusive)으로 할 것인지에 따라서 '당원'으로 한정되는 '폐쇄형'(closed primary)과 '일반 유권자'로 확장되는 '개방형'(open primary)으로 나뉘게 된다. 개방할 경우 그 비율과 방식은 어떻게 하는지에 따라 다시 '부분개방형'과 '완전개방형'으로 나뉘게 된다. 이와 같은 제도의 차이에 따라 선거의 결과가 상이해질 수 있기 때문에 이를 두고 후보자들 간의 대립과 갈등이 발생한다.[49] 한편에선, 이렇게 일반 국민들이 정당의 공천결정에 개입하는 것은 제도화되지 못한 한국 정당들의 발전과 정당정치 활성화에 도움이 되지 않는다는 주장도 제기된다.[50] 근본적으로 당비를 납부한 당원들의 권한과 그렇지 않은 일반인들의 권한이 같을 수 없다는 것이 핵심이다. 나아가 당원들의 자당의 선거승리에 대한 열정과 공천후보자들에 대한 정보체계는 일반인들의 그것들과는 차이가 있기 때문이라는 것이다. 정당입장에서 당원들이 공천후보자를 더 적합하게 선정할 수 있다는 것인데, 문제는 한국정치과정에서 동원되어서 '등록된 당원'과 당비를 내지 않았으나 정치에 관심있는 '지지자들' 사이에 과연 그러한 차이가 존재하겠느냐는 의문은 남는다. 중요한 것은 국민참여경선제는 정당이 선거전략 차원에서 자당에게 유리하다고 판단되어서 선택한 것이지, 국민들의 강요에 의한 것은 아니란 점이다.

4. 한국의 정치상황과 오픈프라이머리의 장단점 논의

민주주의 사회가 안정적으로 운영되기 위해서는 그 사회에 적용되는 제도에 대한 시민들의 광범위한 지지가 필수적이다.[51] '제도'라는 체계는 '위인설관'(爲人設官)을 피하기 위해서 필요한 것이지만, 모든 것을 제도에 맡기다 보면 예기치 않은 상황

46 안순철, 『미국의 예비선거: 비교정치학적 접근』 (서울: 단국대학교출판부, 2005). 손병권, "직접 예비선거제도의 기원 : 위스컨신주의 사례를 중심으로", 『한국정치학회보』 37:3 (2003), pp. 197-218.

47 예비선거제도는 민주적 상향식으로 스테레오타입화 되어 있지만, 미국선거사를 보면, 처음부터 그런 것은 아니었다. 미국정당정치에서도 초기에는 대의원 중심의 '간접예비선거'의 형태였다. 간접예비선거에서 선거부정을 극복하기 위한 방법으로써 1880년대 이후 주차원의 선거행정 체계화 및 법률제정과 강제화를 통해서 '직접예비선거'로 발전하게 된다. 손병권, "정당후보 선발에 관한 주정부 규제의 변천과정: 19세기 후반이후 직접예비선거 도입까지의 시기를 중심으로", 『한국정당학회보』 14:2 (2015), pp. 33-54. 참고로 손병권은 총선투표용지의 주정부 인쇄를 법률로 규정하여(특히 '호주식 투표제도' 도입으로 인해서), 정당의 공적기구화와 법적규제 대상이 되어 체계적인 선거행정이 일어나게 되었음을 지적한다. 도입하는데 주요한 역할을 하였다고 보았다. '호주식 투표제도'는 투표용지에 후보자 전원에 대한 선호기표를 하는 것을 말하며, 절대다수표를 획득한 1인을 당선자로 정한다. 절대다수자가 없으면 규정된 방식으로 표를 이양하여 절대다수자를 결정하게 된다. 신명순 · 진영재 『비교정치』 제5판 (서울: 박영사, 2019).

48 손병권, "직접 예비선거제도의 기원: 위스컨신주의 사례를 중심으로", 『한국정치학회보』 37:3 (2003), pp. 197-218. 장우영, "모바일투표 쟁점과 평가: 민주통합당 사례를 중심으로" 『한국정당학회보』 12:3 (2013), pp. 49-87. 장우영, 차재권, "소셜미디어와 선거정치: 오바마 웹캠페인의 연계와 동원전략" 『한국정당학회보』 10:2 (2011). pp. 5-41.

49 이러한 갈등은 당에서 정해놓은 경선의 룰(rule)이 세부적인 방식까지 정해져 있지 않거나, 경선이 시작되는 시점에 기존의 룰을 변경하게 될 때 발생한다. 특히 지방선거는 중앙당이 경선규칙을 다양한 상황 속의 각 해당 지역단체마다 일률적으로 동일하게 정하기도 어려울 수 있다. 2014년 제6회 지방선거에서 새정치민주연합의 경우 경기도지사 후보 경선에서는 여론조사 대상자를 어떻게 규정할 것인지가 명확히 정해져 있지 않아 세 명의 후보자가 이를 두고 다른 견해를 보이면서 갈등이 불거졌다. 당시 새누리당도 제주도지사 후보 경선에서 한 후보가 기존에 정해진 방식이 아닌 다른 방식으로의 변경을 주장하면서 다른 후보자들의 반발을 사며 갈등이 발생하기도 했다. 이러한 논쟁은 정당의 경선방식이 중 · 장기적으로 제도화되지 않는 한 선거가 있을 때마다 계속해서 발생될 것이다.

50 서복경, "인재영입대신 당내경선" 한겨레 22면 (2019. 11. 6.). 최태욱, "'준(準) 폐쇄형 예비선거제(Semi-Close Primary)를 법제화하자", 『왜 오픈프라이머리인가 토론회 자료집』 (2014), pp. 19-25. 강원택, "한국 정당정치의 위기와 해결 방안 : 당내 민주화와 국민참여경선을 중심으로", 『민주:한국민주주의의 내일을 열다』 5 (2012), pp. 128-143.

51 강신구, "어떤 민주주의인가? 제도와 가치체계의 조응을 통해 바라본 한국 민주주의의 발전방향 모색", 『한국정당학회보』 11:3 (2012), pp. 39-67.

이 만들어 질 수도 있다. 제도 그 자체는 생각이 없기 때문이다. 적어도 정치적 논의 과정 속에서 주의해야 하는 것은 제도의 결과가 항상 바람직한 결과만을 초래하지는 않는다는 점이다. 국민참여경선제와 같은 제도가 한국사회에 긍정적으로 정착하기 위해서는 정당 지지자들을 비롯한 유권자들이 추구하는 가치 속에서 형성된 정치문화와 새로운 제도가 조화를 이루어야 한다. 국민들의 참여를 가능케 하는 제도가 도입되었는데 정작 제도의 당사자가 참여하는 문화가 제대로 형성되어 있지 않다면 이 제도는 그 사회에서 긍정적인 역할을 하기 힘들 것이다.

한국정치과정을 흔히 "역동성이 있다"고들 한다.[52] 새로운 제도가 도입되고 그 제도의 적합성을 판단하기 위해서는 일정 정도의 적응기간이 필요하다. 한국정치과정에선 제도변경이 잦고, 효과도 즉각적으로 나타나지 않으면 시행했다가도 폐지하는 경우가 많다. 한국에서 2002년 대선 경선과정에서 국민참여경선제가 도입되었는데 아직 온전히 뿌리내렸다고 보기는 어렵다. 국민참여경선의 선거결과에 대한 긍정적인 효과와 부정적인 효과에 대한 논의들이 존재한다.[53] 크게 세 가지로 분류해 볼 수 있다. 첫째, 이 제도가 당내 민주화와 정당의 개방성 확대에 기여하였고, 후보자들의 본선경쟁력 강화에도 도움을 주는 등 긍정적인 역할을 하고 있다는 주장들이다.[54] 둘째, 정당정치의 기능을 약화시켰다는 주장들이다.[55] 셋째, 국민참여경선제에서 때로 불가피하게 사용되는 여론조사의 적실성에 대한 비판들이다.[56] 여러 가지 비판에도 불구하고, 국민들의 정당에 대한 신뢰감이 낮은 상태에서 상향식 공천의 목소리가 있는 곳에서 '국민참여경선제'를 포기하기란 어려울 것이다.

'국민참여경선제'와 '정당약화론'의 관계는 일부 과장되거나 오해가 있는 듯도 하다. 사실 한국정치과정에서 국민참여경선제는 정당이 선택하면서 시작된 것이지 국민들의 정당개혁에 대한 목소리를 반영하여 시작된 것이 아님을 유념할 필요가 있다. 어떤 정당이 자신의 정당입지를 약화시키는 어떤 제도를 받아들이지는 않을 것이다. 여기서 정당약화론의 핵심 논점은 정당의 책임정치가 약화된다는 것인데, 국민참여경선제가 약화시키는 것은 책임정치라기 보다는 유권자들의 '정당본위 투표효과'를 약화시키는 것이라고 보는 것이 정확할 것으로 생각한다. 국민참여경선제의 핵심은 경선과정에서 그리고 본선까지 '인물본위 투표효과'를 극대화시키는 후보를 공천하겠다는 것이다. 정당간 선거경쟁을 위한 정당내 공천에서 '인물효과'를 중심으로 공천한다는 것은(특히, 대선과정에서) 인물이 제도를 바꾸고 제도가 문화를 바꾼다는 신념에 의거한 것이다.[57] 이것은 한국정치문화의 특질을 경험적 차원에 근거해 볼 때, 설득력이 있다고 생각한다.

그렇다고 해서, 모든 정당조직이 '국민참여경선제'를 채택해야 하는 것은 결코 아니다. 그렇다면, 어떤 형태의 정당조직이 국민참여경선제를 채택하기에 바람직한가? 충분한 수의 진성당원들이 존재하는 정당조직은 어떤 옵션도 선택할 수 있는 자유로움이 있다. 정당공천과정에서 국민참여경선제를 통하지 않고 당원들만의 참여로 경선을 끝내고, 본선거에서 국민들의 심판을 받는 전략을 택할 수도 있다.

52 한국정치과정에서 소위 '광장민주주의'와 연관되어 있다. '광장민주주의'는 진보진영에서 시작되고 활성화된 정치기제였다. 2002년 미선이 · 효순이 촛불집회를 시작으로 최근에 이어지고 있는 대통령 탄핵 촛불집회까지 한국의 유권자들은 역사 속에서 늘 역동적인 모습을 보여 왔다. 2019년 10월의 조국장관 임명 및 퇴임건으로 진행된 보수진영의 '광화문집회'는 광장민주주의가 결코 진보의 전유물이 아님을 보여주는 계기가 되었다. '인터넷 모바일 강국'이라는 한국의 특성은 이러한 역동성을 더 증폭시켜주는 기제로 작용할 가능성이 크다. 대의민주주의하에서 주권은 국민에게 있지만, 권한과 결정권한은 대의자들에게 있다. 대의민주주의 체제하의 광장민주주의는 혼란을 초래할 가능성이 크다.

53 John M. Carey and John Polga-Hecimovich, "Primary Elections and Candidate Strength in Latin America", *The Journal of Politics* 68:3 (2006), pp. 530-543.

54 정만희, "오픈 프라이머리(완전국민경선제) 도입론의 헌법적 검토", 『동아법학』 69 (2015), pp. 1-41. 정진민, "정당의 후보선출과 공정성: 유권자정당 모델을 중심으로", 『의정연구』 17:3 (2011), pp. 145-170. 김형준, "오픈 프라이머리 제도의 한국적 적용에 관한 고찰: 미국의 경험을 토대로", 『비교민주주의연구』 6:2 (2010), pp. 35-68. 김석우, "17대 총선과 정치적 충원 : 당선자 결정 모델을 중심으로", 『한국정치외교사논총』 27:2 (2006), pp. 287-315. 모종린 · 전용주, "후보경선제, 본선경쟁력 그리고 정당 민주화: 2002년 6 · 13기초자치단체장선거를 중심으로" 『한국정치학회보』 38:1 (2004), pp. 233-253. 손병권, "직접 예비선거제도의 기원 : 위스컨신주의 사례를 중심으로", 『한국정치학회보』 37:3 (2003), pp. 197-218. 도회근, "국민참여경선제와 미국 예비선거제의 비교", 『국제정치연구』 5:1 (2002), pp. 95-118.

55 박찬표, "국민참여경선제의 제도 차이의 발생 배경에 대한 연구: 16~18대 대선후보 경선제도 비교"『미래정치연구』 6:1 (2016), pp. 65-87. 정진민, "정당의 후보선출과 공정성: 유권자정당 모델을 중심으로" 『의정연구』 17:3 (2011), pp. 145-170. 강원택, "당내공직후보 선출과정에서 여론조사 활용의 문제점" 『동북아연구』 14 (2009), pp. 35-62. 이동윤, "정당의 후보선출제도와 정당정치의 문제점: 제17대 대통령선거를 중심으로" 『한국정당학회보』 7:1 (2008), pp. 5-37. 김종갑, "오픈프라이머리 도입 논의와 한국적 수용 가능성" 『사회과학연구』 15:2 (2007), pp. 214-236. 이현우, "미국 예비선거 경험과 한국의 완전국민경선제" 『시대정신』 겨울호(2006), pp. 148-166. 도회근, "국민참여경선제와 미국 예비선거제의 비교" 『국제정치연구』 5:1 (2002), pp. 95-118.

56 최준영, "한국 공천제도에 대한 연구동향과 향후 연구과제", 『한국정당학회보』 11:1 (2012), pp. 59-85. 조진만, "여론조사 공천의 이론적 쟁점과 기술적 과제, 그리고 정당의 선택", 『의정연구』 36 (2012), pp. 131-155. 지병근, "서베이 민주주의(Survey Democracy)? : 6.2지방선거 후보공천사례를 중심으로", 『한국정치연구』 19 (2010), pp. 29-51. 윤종빈 · 박병훈, "당내 후보선출과정의 갈등과 여론조사: 최근 선거 사례를 중심으로", 『분쟁해결연구』 9 (2011), pp. 167-192.

57 고성국은 공천방법, 공천룰에 대한 핵심 테마는 "사람을 바꿔야 산다"는 것이라고 본다. 정당간 승부처는 '인물효과'에 의한 '사람'임을 주장한다. 이에 대해서 조성대는 국민참여경선이 시민역량 강화를 위한 정당민주화의 길로서 바람직하다고 보면서도, 제대로 된 후보자들이 경선에 출마할 수 있는 여과장치가 정당에 마련되어야 한다고 본다. 고성국과 조성대의 논의는 [논쟁] 정치권 공천개혁, 해법은? 한겨레 30면 (2012, 1, 17)를 참조하면 된다.

동시에, 많은 수의 진성당원이 있는 곳에선 오히려 자신있게 조직을 개방하여 국민참여경선제를 활용해도 당원들의 의중에서 벗어난 예상치 못한 방향으로 공천과정이 흘러가기 어려울 것이다. 현실적으로 한국정치과정에서 국민참여경선제라는 것은 진성당원이 충분치 않은 곳에서 선거전략적 차원에서 도입되는 측면이 강한 것이다.

국민참여경선제의 도입배경과 장점들을 분석한 연구들은 미국의 사례를 볼 때 국민참여경선제가 당내민주주의의 발전과 참여민주주의의 확대에 기여하며 후보자들의 자질과 능력을 시험할 수 있는 기회가 될 것이라는 점을 강조한다. 무엇보다도 공천의 민주성과 투명성을 제고함으로써 정당공천제도의 폐해를 극복할 수 있게 되었다는 것이다. 자발적으로 정당에 가입하여 적극적으로 활동하는 이른바 진성당원이 부족한 한국의 정당정치 현실 속에서는 일반 유권자도 공직후보자 선출과정에 참여시킴으로써 포괄정당화 하는 것은 불가피한 선택이며 이를 통해 정당 지지기반의 외연도 확대될 것이다. 또한 경선 과정을 통해서 후보자가 인지도를 높일 수 있는 기회를 갖게 되고 이미지를 개선 할 기회를 가질 수 있기 때문에 본선경쟁력의 강화로도 이어질 수 있다. 당의 지도부에 의한 하향식 공천이 아닌 상향식 의사결정을 통한 상향식 의사결정을 하는 것은 현행 헌법 제8조 제2항에 근거한 당내민주주의의 헌법정신에 부합하는 것으로 볼 수 있다.

이와는 반대로 국민참여경선제의 단점들을 비롯하여 한국의 유권자문화와 제도의 조응성에 대한 우려의 목소리들도 존재한다. 우선 국민참여경선제 찬성론자들의 주장대로 이 제도의 장점인 외연의 확대가 이루어졌다면 그 증거로 정당들의 당원수가 증가되었어야 한다. 하지만 국민참여경선제도가 도입된 이후의 정당 현황을 살펴보면 당원들의 증가는 선거 때 일시적으로 일어났을 뿐, 지속성을 나타내지 못하였으며, 적극적인 활동도 보이지 않았다. 또한 개방성의 확대란 정당의 근간이 당원에서 일반 유권자로 확대된다는 점에서 포괄정당화로 규정할 수 있다. 하지만 유럽의 경우에는 포괄정당화가 정당의 외연을 확장한다는 뜻으로 볼 수 있지만, 아직 정당들의 이합집산, 당명개정, 분당, 합당이 반복되는 한국의 상황에서 포괄정당화를 추구하는 것은 제도화된 정당으로서 정체성을 확립하는데 혼란을 가져올 수도 있기 때문이다. 또한 당내 여론 이외에 일반인들의 의사를 당내 공천에 반영하는 것은 정당의 의미를 약화시킬 수 있다는 비판도 존재한다. 선거에 대한 일반 유권자의 참여를 유도함으로써 그들의 관심은 높아질 수 있으나 정당의 정체성이나 대의제하에서 정당중심의 정치기능이 약화될 수밖에 없다는 것이다.[58] 이 외에도 이 제도는 후보자들로 하여금 정책선거보다는 대중적 인기를 얻기 위한 인물선거에 집중하게 할 가능성이 존재하고 후보자들이 정당의 정강 · 정책에 맞는 주장을 펼치기보다는 유권자의 기호에 맞는 주장을 펼치게 되면서 정당정치의 쇠퇴를 가져오게 할 가능성이 존재한다. 또한 경선과정에서 후보자들 간의 대립과 갈등이 치유되기 어려운 결과로 이어지기도 한다. 이러한 국민참여경선제의 단점들이 더욱 부각된 이유는 제도가 민심에 의한 요구가 아닌 각 정당의 위기극복을 위한 경선흥행을 위해 도입되었으며, 한국적 상황에 맞추기 위한 고려를 충분히 하지 않고 도입함으로서 제도적 부실과 불안정성이 높아졌기 때문이다. 국민참여경선제 도입에 더 적극적인 모습을 보여 온 민주당 계열의 정당이 완전개방형까지 나아갔던 것은 선거위기 외에 정당조직의 취약성과 같은 정당위기의 상황이 영향을 미쳤다는 분석도 존재한다.[59]

국민참여경선제의 대안적 방식으로서 '여론조사방식'과 관련한 연구들은 주로 여론조사방식의 제도적 정당성 문제, 부정적 측면을 밝혀내거나 개선방안을 논하고 있다.[60] 현대민주주의에서 여론조사는 분명 도구적 성격이 강하지만, 반대로 여론조사가 하나의 기준지표로 작용하기도 한다.[61] 이러한 연구들에 따르면 후보경선에서

58 정당 내부의 당직자나 당원들이 공천후보를 결정하는 것은 고전적 의미에서 '대의제'(代議制, representative regime)적인 경향이 강한 것이고, 정당 외부의 일반인들이 참여하여 공천후보를 결정하는 것은 상대적으로 '참여제'(參與制, participatory rgime)적인 경향이 혼합되는 것이다.

59 이정진, "정당공천의 민주화: 당원인식조사를 통해 분석한 바람직한 공천 방향", 『미래정치연구』 9:1 (2019), pp. 31–60.

60 윤정인, "정당공천의 기준으로서 여론조사 활용의 헌법적 문제점", 『법학논고』, 66 (2019), pp. 187–217. 윤정인은 헌법과 법률은 공직선거후보자 추천과정은 공직선거의 출발점이기에 그 절차가 민주적이어야 함을 규정하고 있지만, 여론조사가 공천의 전과정에 활용되면서 그 폐해가 심각한 것으로 파악한다. 후보자 공천과정의 시작점인 '자격심사단계'(cut–off)에서는 물론이고, 이를 통과한 후보자들간의 당내경선에서 활용되는 단계를 넘어서서 계파간 갈등이 심각한 경우엔 여론조사의 기술적 결함을 무시한 채 후보단일화의 수단으로 활용되기도 한다. "근본적인 결함을 지닌 여론조사 결과"가 무비판적으로 정당의 후보자 공천과정에 반영되는 경우, '공천신청자'에게는 선거에 입후보할 권리와 공무담임권에 관한 권리에 해가 되며, '당원'에게는 정당후보결정권한 및 당내의사결정에 참여할 권리에 해가 되고, 마지막으로 '유권자'에게는 '알권리' 및 '후보선택권'의 봉쇄에 영향을 미쳐 궁극적으로 '선거권'을 침해하게 된다. 결론적으로 윤정인은 정당공천이 잘못 운영되는 경우 그 폐해가 국가제도 전반에 미치는 영향을 고려하여 헌법적 통제가 이루어져야만 함을 주장한다. 물론, '잘못된 여론조사'를 전제로 하는 것이지만, 당내에서 공천과정에 여론조사를 도입하기로 합의한다고 해도 '제대로된 여론조사'를 하기는 쉽지 않다는 것이다. 특히, 선거구의 범위가 좁아질수록 여론조사 방식이 쉽지 않다. 지방선거인식조사가 대통령선거인식조사보다 어려운 이유이다. 이것은 인식조사에서 일반적으로 사용되는 '다단계계층층화추출'(multi–stratified sampling) 방식이 전국 지역단위에서는 용이하지만, 지역 소단위에서는 정보부재 등의 이유로 어렵기 때문이다. 이에 대해서는 진영재, 『사회과학연구조사방법론』 (서울: 박영사, 2011), pp. 139–148.

61 정한울, "외주민주주의 시대의 여론조사: 여론조사가 투표선택에 미친 영향", 『한국정당학회보』 15:1 (2016), pp. 63–105. 여론조사의 도구적 성격을 넘어서서 그 조사결과자체가 하나의 지표가 되어 선거결과

사용되는 여론조사 방식은 정당의 후보공천과정에서 인지도가 높은 후보에게 유리하기 때문에 후보자로 하여금 인기영합주의 전략을 선택하게 할 요인이 높아지게 되고 정당의 정체성에 맞는 후보자를 선출하는데 도움이 되지 않는다. 또한 자발적인 유권자 참여문화가 형성되지 않았을 경우 조직동원에 의존하는 선거가 이루어지기 때문에 오히려 상향식 공천방식의 근본적 취지인 공천민주화에 걸림돌이 된다고 경고한다. 한국의 경우 여론조사 방식이 더 큰 문제점을 내포하고 있는 이유는 여론조사의 낮은 응답율로 인한 조사의 정확성 저하를 고려하지 않고 수 년 간 여론조사를 진행해 오면서 방식 자체의 신뢰성이 상실된 상황이라는 점이다. 하지만 이와는 반대로 여론조사 방식이 정당정치의 위기 속에서 나온 것이지 방식 자체가 위기를 불러온 것은 아니며, 신뢰성의 문제는 방법적 측면의 개선을 통해 보완할 수 있다는 주장들이 존재하기도 한다.

이처럼 국민참여경선제를 통한 예비선거제도의 도입에 대한 기대와 우려를 담은 다양한 연구들이 존재한다. 정치권에서도 이런 기대와 우려 속에서 최근에는 미국식 예비선거제도인 오픈 프라이머리를 법적으로 도입해야 한다는 목소리도 나오고 있으며 실제로 국회에서 입법발의가 이루어지기도 하였다. 하지만 우리나라 현실에는 맞지 않는다는 반대의견도 존재하기 때문에 대부분의 관련 법안은 회기만료로 폐기되었다. 이 시점에서 우리가 생각해 볼 문제는 미국의 경우에도 예비선거제도가 처음 도입되자마자 미국 전역으로 바로 확산된 것이 아니라 대공황시기엔 수그러들었다가 다시 실시됨을 반복하면서 70여년이 지난 뒤에야 일반적인 방법으로 자리 잡았다는 것이다.[62] 우리나라의 경우 국민참여경선제가 도입된 지 이제 10년이 조금 넘은 상황이고, 이로 인한 정당정치의 쇠퇴에 대한 우려도 지속적으로 나오고 있는 상황이기 때문에 무조건적인 개방과 참여가 우리나라의 정당정치의 현실 속에서 맞는 것인지에 대한 고민이 필요할 것이다. 또한 한국에서 이 제도의 도입으로 인해 나타난 부작용과 문제점들이 있더라도 선출과정의 민주화는 유지하면서 문제점들을 없애거나 최소화시킬 수 있는 제도적 보완과 개선이 이루어지는 것이 바람직할 것이다.[63]

5. 한국 당원의 양과 질

당원의 수준은 다양하다. 정당 명부에 등록된 모든 당원들이 진성당원(또는 기간당원)은 아닐 것이다. 일시적으로 특정 인물(특히 대통령 후보자 내지는 당선자)에 대한 지지의 일환으로 당원에 등록했지만, 후에 인물에 대한 실망으로 정당을 떠날 사람들도 있다. 정당이란 기관을 보고 당원이 된 것이 아니라, 특정 인물에 대한 선호를 통해서 당원이 되었다는 의미이다. 당비를 지속적으로 내지 않는 사람들도 있을 것이다. 자발적으로 등록되었다기보다는 동원되어 등록된 사람들도 있을 것이다.[64]

정당공천의 문제는 정당내부의 문제이기에 정당이 자율성을 갖고 결정하면 된다. 그런데, 한국정당들은 1987년 민주주의 체제의 기점 이후에도 정당간 이합집산을 지속하고 있다. 이러한 상황에서 당원구조가 견고하리라고 보는 것은 애시당초 어폐가 있을 것이다. 이러한 한국정당의 당원 현실 속에 존재하는 공천모델이 결과론적으로 '혼합형'인데, 당원이외에 비당원들이 참여하는 것이다. 미국은 시작점부터 보다 소수만이 참여하는 '코커스 형태'와 다수가 참여하는 '프라이머리 형태'에서

에 영향을 미칠 수밖에 없다면, 여론조사의 공정성과 방법이 더욱 구체적으로 논의될 필요가 있다. 심광호 · 백승준 · 오성덕, "선거여론조사의 공정성과 제도적 영향요인들의 관계 연구: 제20대 국회의원선거 사례를 중심으로", 『정치정보연구』 21:2 (2018), pp. 1-36.

62 안순철, 『미국의 예비선거: 비교정치학적 접근』 (서울: 단국대학교출판부, 2005).

63 신유섭, "대통령선거와 정치발전 : 국민경선을 통한 대통령 후보 선출과 정치발전", 『의정연구』 23 (2007), pp. 59-77.

64 한국의 당원 현실에 관한 종합적 논의는 윤종빈, 정수현(편), 『한국의 당원을 말한다』(서울: 푸른길, 2019)를 참조할 수 있다. 허석재의 경험적 분석에 따르면, 유럽과 비교해서도 한국의 당원규모가 결코 작은 수가 아니며, 당비를 내는 비율도 점자 확대되어 왔다고 본다. '당심과 민심의 괴리'는 당원들보다 지지층 사이에서 더 크게 나타난다고 본다. 허석재, "누가 당원으로 가입하나?" 윤종빈, 정수현(편), 『한국의 당원을 말한다』(서울: 푸른길, 2019), pp. 13-35. 한정훈의 경험적 분석에 의하면, 정당에 자발적으로 가입했는지의 여부와 당비를 납부할 것인가의 문제는 연관성을 지니는 것으로 나타났다. 자발적으로 정당에 가입한 비율이 60.5%였으며, 이들 가운데 73%는 당비를 납부하는 것으로 나타났다. 주변의 권유로 당원에 가입한 경우는 39.5%였고, 이들의 당비 납부비율은 54%였다. 중요한 것은 정당의 정책적 영향력을 실현하거나 이념적 지향을 실현하고자 하는 유인이 당비납부에 영향을 미치고 있다는 것인데, 이는 간접적으로 한국의 주요 원내정당들의 당원들 간에는 특히 외교안보이슈나 경제이슈를 중심으로 분명한 이념적 차이가 존재함을 통해서 알 수 있다. 자유한국당 당원들은 보수적 성향이 강했고, 더불어민주당과 정의당의 당원들은 진보적 성향이 나타났다. 바른미래당과 민주평화당은 중도적 성향이 강했는데, 바른미래당의 경우, 경제이슈에 관해서는 자유한국당보다 더 보수적인 성향이 있었다 (필자의 의견으로는 당원수가 적어서 더 보수로 파악되었을 가능성도 있다고 본다). 한정훈, "누가 왜 당비를 내는가?" 윤종빈, 정수현(편), 『한국의 당원을 말한다』(서울: 푸른길, 2019), pp. 39-78.

지금의 형태로 제도화되었다. 반면에 한국에서 '국민참여경선제'란 선거과정에서 보다 다수가 참여하는 형태로서, 국민의 관심을 집중시켜 흥행몰이를 할 수 있으며, 이로 인해서 본선에서의 후보자의 선거경쟁력을 높이고자하는 기관 목적이 당내민주주의의 요구에 대한 시대적 흐름과 맞아 떨어지면서 도입된 것이다.

정당공천의 문제에 관한 한, 소수의 사람들이 결정하는가, 아니면 다수의 사람들이 결정하는가의 문제는 더 이상 논의대상이 아니라고 본다. 시대정신은 정당의 공천이 다수의 뜻을 반영하여 결정되어야 함을 말하고 있다. 문제는 당원이 중심이 된 다수인지, 아니면, 일반유권자가 중심이 된 다수인지, 아니면, 일정한 조합비율 통해서 이들 모두가 참여해야하는지의 문제가 남아있을 뿐이다.

교과서적으로 바람직한 공천제도가 있다고 하더라도 현 시점의 한국정치현실에서 정당들이 이를 실제로 채택하는가의 여부는 별개의 문제이기에 단순히 특정 공천제도들에 대한 선호에 집중하는 것은 현실적으로 유익하지 않은 듯하다. 상향식 공천이 대세라면 그 논의는 '당원의 문제'로 환원될 수밖에 없다. 정당공천이란 개별 정당 조직 내부에서 결정하는 것이어서 '당원의 문제'와 무관할 수 없다. 진성당원이 존재하는 곳(적어도 존재했던 역사를 갖고 있는 곳)에서의 공천제도와 진성당원이 존재하지 않는 곳에서의 정당공천제도에 대한 논의는 근본적으로 차이가 있다. 한국의 현재 정치현실을 고려할 때, 정당입장에서 "공천권을 국민에게 돌려주자"는 논의에서 '국민'이란 것의 범위를 '지지자들'(supporters)까지 포함하는 것을 넘어 단순히 '일반 유권자'로 확대하는 것은 신중할 필요가 있다.[65]

보다 현실적 접근을 위하여 진성당원의 존재유무 기준으로 경우의 수를 나누어 정당공천의 문제를 바라보며, 최근 정치권에서 회자되는 '오픈프라이머리'(open primary: 당내 예비선거에 당원이 아닌 사람들도 참여하는 것)와 연관된 주요 변수들을 중심으로 정당공천제도를 논의해 보고자 한다. 결국 한국의 정당정치과정에서 진성당원의 규모와 수준을 어떻게 파악하느냐에 따라서 적절히 대처할 수 있는 방안이 무엇인지 논의할 수 있을 것이다.

1) '기간당원'이 당원의 주종인 경우

2017년에 더불어민주당은 자칭 100만 '권리당원' 시대를 선언한 바 있다.[66] 2018년 중앙선거관리위원회 사이트에서 보고된 정당별 '당원' 수 등록 현황을 보면 두 개 주요 정당의 당원수는 각각 300만명을 넘는 규모이다. 2018년에 더불어민주당이 3,568,111(명), 자유한국당이 3,227,703(명)이다. 제3당인 바른미래당이 364,834(명), 민주평화당 96,109(명), 정의당 49,670(명) 등이 당원으로 등록된 것으로 되어 있다.[67]

일정의 자격요건을 지닌 권리당원은 일반 등록 당원과는 달리 기간당원의 성격인 것으로, 이들이 곧 '진성당원'이라고 동일시 할 수 있을지는 논란이 있을 것이다. 일반적 의미에서 기간당원 내지는 권리당원이란 최소한의 요건으로 당비를 내는 당원들이다. 하지만, '진성당원'이란 단순히 당비 납부만으로는 충분치 않고, '활동가'(activists)에 더 유사한 개념일 수 있다.[68] 권리당원의 수는 선거를 앞두고 증가

65 정당입장에서 신중할 필요성의 가장 세속적인 이유는 '역선택'(逆選擇)에 대한 우려때문일 것이다. 역선택이란 본선거에서 상대방 후보자에 대하여 가장 경쟁력이 없는 후보를 선택하는 것을 말한다. 국민참여경선인단에 일반유권자들이 포함될 때, 오히려 경쟁정당에 우호적인 유권자가 포함될 가능성을 배제할 수 없기 때문이다. 최태욱은 진성당원의 부족과 당원이 불균형적 분포 상태에서 '완전국민경선제'는 바람직한 대안이 아니며, '준(準)폐쇄형 예비선거제도'를 도입하여 당원과 대의원 외에 '등록된 지지자들'(registered supporters)을 참여시키는 것이 좋다고 본다. 최태욱, "해법이 될 수 없는 완전국민경선제, 대안은?" [프레시안] (2014. 5. 1.). 여기서 핵심은 단순히 '지지자'가 아니라 '등록된 지지자'라는 것인데, 정당입장에 등록과정을 진행한다면, (당비를 내는 것은 아니어도) 최소한의 등록 요건을 규정할 수 있다. 국민참여경선인단의 개방성을 '등록된 지지자'까지만으로 한정하는 것은 '역선택'의 가능성을 최소화한 개방형의 형태가 될 수 있다.

66 연합뉴스, "與 권리당원 100만 시대…선거특수, 지지율 고공행진 효과" (2017년 5월 22일 서혜림기자). 해당 기사에 따르면, 민주당은 2017년 6월초에 '100만 당원운동'에 착수하였고, 착수할 당시의 당원수는 24만명이었다. 이 같은 급증세는 2018년 6월의 지방선거 영향이 큰 것으로 분석했는데, 민주당은 2018년 지방선거에서 당원으로서 권리를 행사할 수 있는 '권리당원'의 입당 기준 시점을 2017년 9월말로 정했기 때문에 서둘러서 입당한 결과물이란 해석이다. 민주당은 정당발전위원회의 활동을 통해서 권리당원의 권한을 강화하는 방향의 혁신안을 마련한 바 있다. 종합적으로 당원수의 급등은 대통령과 당의 지지율이 높은 상황에서 선거직전에서 당원수의 증가로 이어진 것이다. 참고로 갤럽의 조사에 따르면, 2017년 5월 20에 갤럽에서 조사된 문재인 대통령의 지지율은 70%로 높게 나타나고 있다. 정당지지율은 민주당 48%, 한국당 12%, 국민의당 7%, 바른정당 6%, 정의당 5%로 나타나고 있다.

67 중앙선거관리위원회, "2018년도 정당의 활동개황 및 회계보고" (2019). http://www.nec.go.kr/portal/bbs/view/B0000338/39743.do?menuNo=200185 (검색일 2019. 12. 3.)

68 듀베르제(M. Duverger)는 정당정치에 대한 관여 정도를 중심으로 '활동가'(activists), '당원'(members), '지지자'(supporters), '유권자'(voters)로 나누었다. Maurice Duverger, Political Parties: Their Organizations and Activity in the Modern State (London: Methuen, 1954), pp. 90–91. 해당 분류에서 규모의 크기는 유권자〉지지자〉당원〉활동가 로 될 것이다. 해당 분류를 중심으로 하자면, '진성당원'이란 용어는 주로 '활동가'를 말하는 것에 유사한 것이고, 한국정치권에서 쓰는 '기간당원'이나 '권리당원'이란 용어는 단순히 정당에 등록한 당원이 아니라 당비를 내는 당원들을 기준으로 한 것이어서 '활동가'에 당비를 내는 당원들을 포함한 개념일 것이다. 그런데, 논의가 단순치 않은 이유는 온라인(on-line)정치가 활성화된 현대사회에서 비록 당비는 납부하지 않고 당원에 등록하지 않았어도 단순 '지지자'의 입장에서도 과거 '활동가'로 분류되는 적극적 정당활동을 보일 수 있다는 것이다. 한국정치과정에서 이러한 현상이 일어난 것은 2002년 15대 대통령선거과정에서 있었던 '노사모' 회원들이었다. 이상근 · 진영재, "한국정치과정에 나타난 특정 정치인 지원세력 형성과 정치참여 과정: '친노집단들'을 중심으로", 『한국사회학』 41:2 (2007), pp. 175–210.

될 수 있지만, 권리당원은 한시적인 당원의 성격도 있는 반면에, 상대적으로 진성당원이란 선거시기에 상관없이, 정당의 선거득세에 상관없이 장기적인 정당 충성도를 지닌 자들이다. 그러므로 350만 등록당원, 100만 권리당원 중에서, 소위 교과서적 의미의 진성당원이 어떤 규모인가는 별개의 문제이다. 한국의 주요 정당들이 진성당원으로 구성된 정당조직을 지니고 있는가에 대해서 여전히 의문을 품고 있는 사람들이 많다.

많은 수의 당원이 진성당원이라고 할 수 없다 하더라도, 당원 숫자 자체가 많다는 것은 진성당원 체제의 정당으로 가는 것에 대해서 비관적인 상황은 아니며, 중장기적으로 희망도 가져볼 수도 있을 것이다. 2017년 대통령탄핵과 후임 대통령에 대한 지속적인 정권퇴진운동의 보수-진보 진영의 극한대결논리는 정당의 당원수를 부추길 수도 있을는지 모른다. 이렇게 본다면, '정당일체감'의 약화나 당원수 감소추세라는 세계적 흐름과 반대로 갈는지도 모르는 한국적 분위기가 한국정치의 또 다른 역동성일런지도 모른다.

정당이란 기관의 기관목적 및 기관특성 차원에서, 정당이 다수의 '진성당원'을 보유한다면 가장 이상적이다. 정당이란 '사회균열'(social cleavage)이 '정치균열'(political cleavage)로 전환된 기관이며, 그 사회균열은 진성당원에 의해서 대표되기 때문이다.[69] 이상형의 정당정치를 상정하자면, 한국정당이 선거 시기에 반복해왔던 탈당, 합당, 신당 창당 등의 이합집산을 끝내야 하는데, 이를 위해선 당원 조직이 튼튼해야 한다. 정당은 당원들이 정당 내의 다양한 결정사항들에 참여할 수 있도록 제도를 정비하여 진성당원들을 유인할 수 있어야 한다. 어렵겠지만 보다 긴 호흡을 하면서 정당은 노력하여야만 한다. 당원들이 당 조직 내의 작은 정책결정이라도 참여할 수 있는 권한이 주어진다면 보다 장기적으로 진성당원의 수를 늘려갈 수 있을는지도 모른다. 단적으로, 다수의 진성당원이 정당 기능의 주요한 축으로 존재하는 곳에선 중앙당 중심체제의 하향식 공천제도도 자신있게 채택할 수 있다. 정당의 진성당원이 다수라면 그 정당의 공천제도의 결과물은 형식이 하향식이어도 상식이나 다수의 뜻에 부합하지 않을 경우 언제든지 거부될 수 있기에 내용은 상향식에 버금가는 것이 될 수 있다. 다수의 진성당원들이 존재하는 곳에서 정당지도부는 그들의 의중을 상당부분 고려할 수밖에 없다.

'진성당원'을 어떻게 규정하는가는 그렇게 단순한 문제가 아니다. 진성당원에 대한 스테레오타입은 일시적이거나 즉흥적으로 정당에 관여하는 당원이 아니라, 일상생활 속에서 장시간 동안 정당관련 사무에 관여하고 공헌해 온 당원을 말한다. 진성당원의 수준을 어떤 수준으로 규정하는가와 관계없이, 적어도 한국정당정치에서 진성당원들이 다수 존재하고 그들이 목소리를 내면서 그들이 정당정치에 상당한 영향력을 행사한다고 보는 사람들은 거의 없다. 주요 서구 민주주의 국가들에서도 유권자들에게 '정당일체감'(party identification)이 과거보다는 약화되었고, 소위 20세기 중반과 같은 진성당원들에 의한 정당체제는 아닌 것이 현실이다. 일상생활 속에서 정당과 일체감을 지닌 진성당원들이 선거 시기에만 정당에 관심을 지니는 '정당지지자'로 대체되고 있다는 것이 대세이다. 이러한 경향을 볼 때, 한국의 정당정치에서 진성당원의 확대를 논하는 것은 시대역행적이란 관점도 가능하다. 하지만, 현재 진성당원들의 규모나 수준이 축소됨을 논하더라도, 한국과 서구를 구분할 점이 있다. 과거 일정 수준이상의 정당일체감을 지닌 당원들이 존재하던 서구의 주요 정당들을 원래부터 다수의 진성당원이 존재했던 역사가 없으며 지금도 그러한 상태의 한국정당들과 직접 비교해서는 곤란하다. 현재 외국의 주요정당들도 어차피 진성당원이 과거보다 축소되어 이제는 진성당원 중심으로 정당을 이해할 필요가 없다는 주장에는 그래서 일부 한계가 있을 수밖에 없다.

문제는, 한국정당정치과정에 '선거 시기'를 전후하여 등록된 당원들의 규모와 '평소 시기'에도 실질적으로 정당활동에 연관된 당원의 규모 사이의 편차가 크다는 것이다. 정당지지자는 높은 수준의 정당일체감을 지닌 유권자의 수준은 아니지만, 일반적 의미에서 특정 정당의 스테레오타입에 선호를 갖고 있다거나, 특정 정당의 정책에 대해 선호를 갖고 있는 경우를 의미하는 것으로 해석할 수 있다. 하지만, 정당지지자들의 범주는 다양할 것이다. 어떤 특정정당을 타정당보다 지속적으로 선호하는 경우, 특정 정당을 특정 시대상황에서만 선호하는 경우, 여러 정당들 사이에서 특정 정당에 대한 반감때문에 반대급부적으로 어떤 정당을 막연히 선호하는 경우 등으로 범주내 편차가 존재한다.

69 사회균열이 정치균열화(또는 정치화)한 결과물이 정당이지만, 역으로, 정치균열화된 정당이 선거에서의 승리에 집착하면서 사회균열을 창조하는 경우도 있다. 예를 들면, 한국의 '지역주의'는 정당간 선거경쟁을 통해서 확대재생산된 결과물이란 논의가 그것이다.

2) 기간당원보다는 '지지자들' 및 '관련자들'이 주종을 이루는 경우

한국정치에서 더불어민주당이 권리당원 100만당원 시대를 연 것은 상징적 의미가 크다. 하지만, 그러한 규모가 어느 수준으로 유지될 것인지에 대해선 시간을 좀 더 두고 보아야 한다. 더불어민주당의 기관효과보다 문재인 대통령 개인에 대한 지지효과와 연관되어 100만당원이란 숫자가 형성되었을 수 있고, 문재인 대통령의 인기는 정치적 사건들과 연계되어 일시적일 수도 있기 때문이다.[70] 2018년 현재, 중앙선거관리위원회에 등록된 한국의 두 개 주요정당의 당원수는 대략 350만명을 전후하고 있다.[71] 영국이나 독일의 주요 정당의 당원수와 비교하여도 많은 수치이다. 문제는 양(量, quantity)보다 질(質, quality)에 있다. 해당 당원들의 수준이 지지자인지 교과서적 의미에서 말하는 '진성당원'인지는 논란의 여지가 많다.

한국정당정치에서 '진성당원'을 기대하기는 쉽지 않을 것이다. 더욱이 SNS시대의 도래와 함께 '정당지지자'들이 주종을 이루며, '기간당원'들의 공고화나 확장은 기대하기 어렵다. 정당의 기반인 진성당원이 존재하지 않는 곳에선, 존재하는 곳과 비교하여, 어떤 공천제도를 채택해도 권력투쟁의 성격이 기본적으로 내재된 공천과정에선 후유증이 남을 수밖에 없다. 다수의 진성당원이 존재하는 곳에선 진성당원들이 정당과 공천지망생들 사이에서의 갈등에 대한 '완충지대'[또는 '방역대'(防役帶, cordon sanitaire)]의 역할을 할 수 있는 것이다. 진성당원이 다수 존재하는 곳에선, 그렇지 않은 곳과 비교하여, 정당은 상향식과 하향식을 선택함에 있어서, 보다 자유로울 수 있다. 더욱이, 중앙당이 권위를 가지고 하향식 공천심사를 하는 것이 무조건 잘못된 것은 아니다. 정당의 생존과 득세에 대해서 가장 고민하는 사람들은 그 누구보다도 역시 정당지도자들이다. 그럼에도 불구하고 다수의 진성당원이 존재하지 않는 곳에선, 역설적으로, '상향식 공천'이 강조될 수밖에 없다. 단지 형식만을 지닌 조작되고 불공정한 상향식 공천은 공정하게 기능하는 하향식 공천보다도 위험할 수 있다.

당원투표와 대의원투표를 하면서도 당지도부에 의해서 동원된 당원이거나 조종받는 대의원에 의해서 상향식 공천이란 형식만 유지하는 것에 유의해야 한다. 진정한 의미의 상향식 공천이란 당원 및 대의원 및 유권자들의 표심을 파악하여 이를 최종 결정의 기준으로 삼는 것이며, 이를 역행하여 당원, 대의원, 일반유권자들을 동원하며 형식적 요건을 갖추는 것이 아님은 자명하다. 그렇다면, 역(逆)의 논리도 가능하다. 한국정당은 진성당원의 수준이 낮기에 오히려 '오픈프라이머리'를 채택하기 용이한 환경에 있다고 할 수 있다. 한국에서 정당이 '오픈프라이머리'를 수행하려는 가장 큰 동인은 정당이 선거에서 국민적 관심을 집중시켜서 공천후보자의 본선 경쟁력을 높이는 '세몰이' 선거전략의 일환에 있다. 오픈프라이머리를 시행할 때, 현재 한국의 정당공천과정에서 발생하게 되는 유의사항들을 논의해 보고자한다.

(1) 개방의 범위와 권한

일반적 의미에서 '오픈프라이머리'란 당원이 아닌 일반 유권자들이 후보자 공천과정에 참여하는 것이다. 오픈프라이머리에도 그 개방 형식에 따라서 몇 가지로 분류된다. 한 경우는 다른 정당의 당원(또는 정당지지자)까지도 구분없이 포함하는 것이며, 또 다른 한 경우는 다른 정당원(또는 정당지지자)은 제외하는 경우이다. 기실 당원은 명부에 등록되어 있어서 확인이 가능하지만, 정당지지자는 등록되어 있지 않으니, 당원과 정당지지자를 더 면밀하게 구분한다면 경우의 수는 더욱 복잡해진다. 그래서 정당조직은 지지자들을 등록시켜서 소위 '등록된 지지자들'의 명부를 관리할 수도 있다. 어떤 경우이든 오픈프라이머리를 시행하는 경우 주의해야 할 점이 있다. 다음과 같은 분류 속에서 보다 구체적인 방식들을 생각해 볼 수 있다.

한국정당정치에서 당원들은 소수의 경우를 제외하고는 모두 동원된 당원에 불과하다는 반성의 목소리가 여전하다. 실제로 자신의 이름이 당원 명부에 올라와 있는지도 모르는 당원들도 있다고 하는데, 정당은 당원 명부의 공개를 꺼리고 있는 것이 현실이다. 지방선거시 작은 지역단위별로 당원이나 대의원을 소집하고 그들의 결정에 의존한다는 것은 쉽지 않은 일이다. 작은 소지역단위별로 당원이나 대의원이 정당조직내의 체계화된 하부 조직들로서 존재하기도 어렵고, 그런 경우 당원이나 대의원은 해당 지역에 입김을 지닌 정치세력가에 의해서 동원된 표일 가능성 때문에

70 2019년 9월부터 시작된 '조국법무장관임명건'에 대한 사회의 여론에는 문재인 대통령 지지자들 사이에서 '대통령에 대한 지지철회'란 의견들이 다수 포함되어 있다.

71 2018년 기준 중앙선거관리위원회의 자료에 의하면 한국민 중에서 당원에 등록한 사람들의 수는 780만명정도이고, 이 중에서 2개의 주요 양당의 당원수를 보면, 더불어민주당 350만명, 자유한국당 330만명 정도로 추산된다. 이렇게 본다면, 선거를 앞둔 시기에 권리당원의 최대치는 전체 등록된 당원수의 1/3 수준이 된다.

문제가 되기도 한다. 그래서, 한국정당정치에서 당원이란 '자발성'보다는 '동원'에 기초했다는 이유로 사실상 '허수'(虛數)라고 보는 사람들이 적지 않다. 이런 상황은 오픈프라이머리의 범위를 단순히 당원과 지지자를 넘어서서 최대한으로 확대하여야 한다는 주장의 근거가 된다.

오픈프라이머리의 방점을 '오픈'(open)에만 찍는 사람들이 있지만, '프라이머리'(primary)에도 동시에 방점이 있는 것이다. 정당이란 기관의 책임성 있는 공천이란 기관 본연의 의무를 생각한다면, 프라이머리에 방점이 있다고 하는 것이 정확하다. 어떤 이유에서이건 오픈프라이머리를 채택하는 경우, 당내 진성당원, 기간당원, 권리당원에게 상대적 가중치를 둘 수밖에 없을 것이다. 그러면 공천선거인단을 구성함에 있어서 정당 내부인과 외부인의 어떤 조합비율이 바람직한 것인가? 오픈프라이머리를 채택하는 경우, 소위 '국민경선제'라는 이름을 사용하면서 다양한 집단들(당원, 대의원, 정당지지자, 일반유권자)을 일정 비율로 조합해 내왔는데, 바로 이 조합비율을 어떻게 찾을 것인가의 문제이다.

이것은 개별 정당조직의 상황에 따라서 규칙을 정하기 나름이겠지만,[72] 당원과 일반유권자가 똑같은 후보 결정권을 갖는 것은 피하는 것이 좋다. 당원이 취약한 현재 상태에서 선거인단을 구성하는 경우 최종 투표수 할당이 '당원:일반유권자'의 비율을 6:4 내지는 최대 5:5까지 할 수 있으나, 역으로 4:6 내지는 3:7 등의 일반유권자 우위의 조합비율은 바람직하다고 보기 어렵다. 앞으로의 시대상황 속에서도 진성당원이 크게 확대될 가능성은 희박하기 때문에 진성당원만으로 정당정치를 이끌어 간다는 것은 현실적으로 기대하기 어렵다. 진성당원모델의 지나친 강조는 오히려 한국정치현실을 왜곡하고 해칠 가능성마저 있는 것이다. 그렇다고 하여 오픈프라이머리가 일반인들이 정당원들을 압도하는 행사로 치러지면 이것은 '주객전도'(主客顚倒)의 상황이 된다. 결론적으로, 오픈프라이머리에서 일반유권자가 포함되는 최대 한계는 절반 수준인 50%가 아닐까 생각해 본다. 역으로, 오픈프라이머리 전체 선거인단의 최소한 절반 수준 이상은 당원들로 구성되는 것이 바람직하다는 의미이다. 정치과정에서 당원들이 일반인들과 차별성을 갖지 못한다면 정당조직의 발전에 유익할 것이 없다.

만약 진성당원이 취약하여 일반유권자의 비율을 더욱 크게 해야만 한다면, 예를 들어서, 일반유권자가 2/3 또는 3/4의 가중치로 참여하여, 소위 정당원들의 공천결정력이 대략 30% 미만인 경우엔, 진성당원 내에서의 가중치 할당이 관건이 된다.[73] 일반적으로 진성당원은 좁게는 세 부류로 나눠진다: 중장기적으로 당비를 납부한 당원들, 대의원, 그리고 최고위원들이다. 네 가지 부류로 나눌 수도 있다: 그 세 부류에 '적극적 지지자'를 포함하는 것이다. '적극적 지지자'는 당비를 납부하지 않았어도 자신 주변의 사람들을 설득하여 자신이 지지하는 정당의 지지자로 끌어들이는 행태를 지닌 사람들을 말한다.

한국정당사의 특성을 고려할 때, 진성당원들이 '캐스팅보트'를 행사하는 제도도 생각해 볼 수 있다. 이런 경우엔, '상계제'(上階制) 투표제도를 도입하는 것이 유용한 방법이 된다.[74] 상계제란 최종결정을 함에 있어서 단계를 구분하는 제도이다. 첫째, 일반 유권자 '여론조사'(opinion poll)를 시행하고서, 정당이 정한 규칙에서 후보자간 격차가 인정되는 경우엔 거기서 단계를 끝내게 된다. 둘째, 만약, 오차범위내에 있거나 정당이 정한 격차 내에 있는 경우엔, 다음단계로 넘어가서, 당내에서 정한 권리당원들만의 투표로 결정하는 것이다. 해당 방식은 프라이머리의 일반유권자 참여의 포괄성을 최대로 하면서도 당원들의 권리를 유지할 수 있는 장점이 있다. 물론, 그 관리에 있어서 더 세심한 관리가 필요할 것이다.

처음 단계에서, 공천결정과정에 당원, 대의원, 일반유권자들을 일정 부분으로 조합하여 선거인단을 구성하지 않고, 아예 일반유권자만으로 100% 완전 오픈프라이머

72 필자는 모든 정당조직이 똑같은 정당개혁의 방향을 제시받는 것이 결코 바람직하지 않다는 입장을 갖고 있다. 어떤 정당은 원내정당조직적 성격이 강조되고, 또 다른 어떤 정당은 원외정당조직적 성격이 강조될 수 있는 것이다.

73 진성당원 내에서 '대의원'의 존재는 없애는 것이 좋을 것이다. 사실 지금까지 필자의 경험을 통해서 본다면, '대의원'은 오히려 진성당원의 확대에도 걸림돌이 된다고 본다. 이제 '전체당원'과 '지도부'(또는 운영위원회) 정도로 구분을 단순화하여, 비생산적인 중간적 존재이자 동원된 성격의 존재인 대의원회를 없애는 것이 시대정신에 부합한다. 현실적으로 이렇게 하기 위해선 '전자민주주의'에 의한 '모바일회동및투표'가 활성화되어야만 한다. 물론 정당조직내에서 모바일투표를 신뢰성있게 관리하는 것이 중요하고, 그 업무는 사무처와 정당연구소가 함께 공유(필요하다면, 외부감독위원 투입)하여 투명성을 높이는 것이 좋다고 생각한다. 정당내의 후보자 프라이머리를 '중앙선거관리위원회'에 맡기자는 주장도 있지만, 이것은 오히려 중앙선거관리위원회의 정당성을 해할 수 있다. 중앙선거관리위원회는 정당간의 경쟁을 관리하는 것으로 역할을 한정하여야만 한다. 자칫 특정 정당 내부의 문제에 개입하여 논란이 되면, 본선거에서의 권위를 크게 침해받을 수 있는 위험성이 있어 유의할 필요가 있다.

74 '상계제'(上階制) 선거제도는 해방직후인 1946년 12월에 '과도입법의원'을 구성할 때 임명직과 선출직으로 구성되어 있었는데, 선출직 과도입법위원의 선출을 위해서 도입된 제도이다. 보다 자세한 내용은 진영재, 『한국정치: 통치구조, 정당, 선거』(파주: 법문사, 2017), pp. 74-76. 상계제의 핵심은 작은 부락단위로부터 대표자들을 선출하면서 그들이 모여서 다시 상위의 부락단위 대표자를 선출해 나가는 것이다. 리(里), 정(町), 읍(邑), 면(面) 구(區), 군(郡), 부(府), 시(市), 도(道) 단위로 올라가면서 대표자를 선출해 나가는 것이다. 이렇게 되면 개인들 입장에서 직접선거보다 간접선거의 성향이 강화되는 측면이 있다. 국회의원지역구별 당원협의회나 지역위원회에서 대의원를 구성할 때도 고려해볼만하다고 생각한다.

리를 수행할 수도 있는데, 이것은 결국 공천후보자들에 대한 일반 유권자 '여론조사'를 수행하는 것과 같다.[75] 여론조사로 후보자를 공천하는 것은 갈등이 극화된 곳에서 궁여지책이며, 관리에 있어서 매우 조심스러운 제도이다.[76] 여론조사의 방식은 물론이고, 신뢰성을 인정할 수 있는 여론조사기관의 선정이 매우 중요하다. 여론조사가 단순히 참고자료가 아닌 결정자료로 사용되는 경우, 여론조사기관 선정 및 정당의 관리에 대한 후보자간 합의가 가장 중요하다.[77] 여론조사를 활용하는 경우에 특히 문제가 되는 것은 지역구의 크기이다. 대통령선거와 같이 전국이 단일광역구인 경우에는 여론조사를 활용하는 것에 큰 어려움이 없다. 단지 응답률의 문제가 남을 것이다. 반면에 작은 지역구를 단위로 할수록 여론조사결과에 대한 신뢰성을 확보하기 어렵다. 응답율의 문제는 차치하고라도, 개별 지역구 특성이 적합하게 반영된 샘플링(sampling)을 개별 지역구마다 확보하는 과정이 어렵다.

(2) 일반유권자들의 '명부등록'과 '여론조사'의 문제

공천과정상에서 당원들은 명부등록이 되어 있으며, 당원들에 대해선 여론조사 방식을 활용하는 경우는 드물다. 대부분의 경우 여론조사는 특정 지역을 기준으로 일반유권자들의 선호를 파악하기 위해서 시행될 것이다. 일반유권자에 대한 여론조사를 활용하는 경우 다음의 두 가지 사항에 대해서 생각해 볼 필요가 있다.

일반유권자들이 오픈프라이머리를 통해서 정당후보공천과정에 참여할 때 크게 두 가지 방식으로 대별된다. ⓐ정당이 공천결정과정에 참여할 일반유권자들을 모집할 때, 일반 유권자들이 이에 응하면서 선거인단 명부에 등록하는 것이다. 차후 명부에 등록된 일반유권자 선거인단은 투표일에 투표(현장투표, 모바일투표, 인터넷투표 등)를 하게 된다. ⓑ모집절차를 통하지 않고, 해당 지역 일반시민 여론조사를 통해서 일반 유권자들의 표심을 알아보는 방식이다. 이 경우엔 투표를 할 필요가 없다. 일반적으로 전자는 전화조사를 통해서 투표를 원하는 사람들의 명부를 만들거나, 인터넷 사이트에 일정기간 게시를 하면 그 사이트에 본인 확인여부를 거쳐 등록하는 방식을 취한다. 후자는 해당 지역내의 유권자들에 대해 무작위 추출방식에 준하는 방식으로 여론조사를 시행하는 방식이다. 국민경선제를 시행하는 경우에, 이 두 가지는 방식에 있어서 상호배타적이라기 보다는 중첩적 성격이 강하기 때문에 한 가지 방식을 선택해서 시행하는 것이 더 바람직하다고 생각된다.

① 일반 유권자 선거인단 명부 작성

오픈프라이머리를 시행하여 일반 유권자가 선거인단 명부에 등록하는 방식을 채택하는 경우, 그 성패는 일반유권자들의 선거관심도(또는 투표율)와 깊은 연관성을 지닌다. 일반유권자들은 정당공천과정에 그다지 관심이 없을 가능성이 크다. 그래서, 국민참여선거인단에 등록이 되더라도 막상 선거에는 참여하지 않을 수도 있다. 이미 과열된 공천과정에선 당내 후보자 캠프 사람들에 의해서 외부 사람들이 동원될 가능성에 유의하여야 한다. 동원된 사람들이 국민참여선거인단에 등록할 가능성이 상존한다 것이다. 대통령선거, 국회의원선거, 지방선거 순으로 그 선거지역단위가 작아지면서 선거관심도가 낮아지며, 그래서 비자발성에 의한 동원성은 높아질 가능성이 크다.

모집하는 선거인단이 단순히 선착순에 의한 선거인단이 아니려면, 적어도 투표

75 나아가선, 해당 인식조사 단위에서 본선거를 치루는 것과 동일하다고 할 것이다. '국민참여선거인단'이란 용어와 '국민선거인단'이란 용어를 구분하여 사용할 필요가 있다. '국민참여선거인단'이란 당원과 대의원에 일반유권자가 일정 비율로 참여하여 조합된 선거인단을 말한다. '국민선거인단'이란 당원과 대의원이 아닌 일반 국민 유권자들로만 구성된 선거인단을 말한다. 여론조사는 해당 조사단위에서 '국민선거인단'과 동일하다.

76 강원택, "당내공직후보 선출과정에서 여론조사 활용의 문제점"『동북아연구』 14 (2009), pp. 35-62. 윤종빈, "19대 총선 '후보 공천의 과정과 결과, 그리고 쟁점: 새누리당과 민주통합당을 중심으로", 『한국정당학회보』 11:2 (2012), pp. 5-37. 지병근, "서베이 민주주의(Survey Democracy)? : 6.2지방선거 후보공천사례를 중심으로", 『한국정치연구』 19 (2010), pp. 29-51. 윤종빈 · 박병훈, "당내 후보선출과정의 갈등과 여론조사: 최근 선거 사례를 중심으로", 『분쟁해결연구』 9 (2011), pp. 167-192.

77 여론조사가 대선후보를 결정하고 여론조사로 후보로 지명된 후보가 본선에서 승리했다. 2002년 17대 대통령선거에서 노무현 후보의 선거캠프와 정몽준 후보의 선거캠프는 후보단일화를 위하여 1회 TV토론후에 여론조사를 하기로 합의하였다. 단일화의 이유는 두 후보가 연합하지 않고는 야당후보인 이회창 후보에 대해서 승리하기 어렵다는 판단 때문이었다. 문제는 여론조사를 할 때 한나라당 이회창후보를 지지하는 사람들의 '역선택' 문제였다. 이회창 후보의 지지자들은 대선 경쟁에서 오히려 자신에게 약한 후보자를 선택할 수 있다는 것인다. 그래서 설문항목을 만들고 합의하는데 어려움을 겪었다. 노무현 후보측은 "이회창 후보에 대항할 후보"라는 문구를 선호했고, 정몽준 후보측은 "이회창 후보에게 경쟁력 있는 후보"라는 문구를 선호했다. 결국, "한나라당 이회창 후보와 경쟁할 단일후보로 노무현 후보와 정몽준 후보 중 누구를 지지하십니까?"로 실시하기로 했고, 이회창 후보의 역선택을 막기 위해서 두 가지 선택을 했다. 첫째, 설문조사는 이회창 후보 지지자들을 제외하고 실시하기로 했다. 둘째, 역선택을 방지하는 방안으로 여론조사에서 나온 이회창 후보 지지율이 가장 최근의 조사 결과 지지율 최저치(30.4%)를 밑돌 경우 해당 조사 결과를 무효화하기로 합의했다. 여론조사시간대도 직장인 지지층이 많은 노후보는 휴일을 주장했고 주부 지지층이 두터웠던 정후보는 평일 낮 시간대를 주장했다. 결국 토요일(11월 24일) 오후 3시에서 11시에 실시되었다. 2개 여론기관(월드리서치와 리서치앤리서치)이 전국 성인남녀 2천명(95%신뢰수준에서 2.1% 오차범위)을 대상으로 조사했고, 오차범위에 들어오더라도 승부를 인정하기로 했다. 리서치앤리서치의 조사결과는 노후보 46.8%, 정후보 42.2% (이후보 32.1%), 월드리서치의 조사결과는 노후보 38.8%, 정후보 37.0% (이후보 28.7%가 나왔는데 이것은 유효기준인 30.4%를 밑도는 기준)로 나왔다. 결국 리서치앤리서치의 결과로 노후보로 단일화되었다.

를 원하는 사람들을 등록시키는 방식에서 성별 또는 연령별로 할당된 인원수들을 지켜야 하는데, 그런 명부를 만들기가 소지역으로 내려 갈수록 어려울 것이다. 모집된 투표 희망자 명부가 만들어지고 난 후에도 현장투표의 투표율이 낮아 모바일투표나 인터넷투표를 활용할 수도 있는데, 이를 당내에서 공정하게 관리하기 쉽지 않을 것이다. 부득이 모바일투표나 인터넷투표를 채택하여야 한다면, 선거 공정성을 위해선 중앙선거관리위원회 차원에서의 관리가 필요할 수도 있다.

② 일반유권자 여론조사

후보 경선과정에서 전체표수를 정해 놓고서 그에 해당하는 투표수로 환산하는 경우엔, 신뢰수준(confidence level)과 표본오차(standard error)의 문제를 고려해야 한다. 예를 들어 여론조사 결과에 3,000표가 할당되어 있을 때, 1,000명을 조사한 후에 그 결과를 3,000명으로 환산하는 경우와, 아예 처음부터 3,000명을 조사하는 것은 서로 다른 결과를 가져올 수 있다는 것이다.[78] 공천후보자간 경합성이 높을수록, 그래서 후보자간의 표 차이가 오차범위내에 있을 때 특히 그러할 것이다.[79] 왜 이런 사항이 중요한 것인가 하면 바로 '국민경선제'라는 제도 자체가 여러 집단들의 선호를 조합하여 전체 공천인단의 인원수로 환산하는 과정에서 문제를 발생시킬 수 있기 때문이다. 여론조사는 보통 95%±3.1%의 수준에서 여론조사를 시행하게 되어, 95%의 신뢰수준과 1,000명을 기준으로 하는 것이 일상적이다. 하지만, 1,000명을 조사하여 이를 5,000명의 투표수로 환산할 때, 그 여론조사의 수준이 95%±3.1%, 95%±1.3%, 99%±3.1%, 99%±1.1% 중에서 어떤 것이냐에 따라서 투표수 환산 결과는 달라질 수 있기 때문이다. 여론조사자의 수를 크게 하면 좋겠지만, 선거비용이 기하급수적으로 증가한다.

중앙선거관리위원회 내에는 '여론조사심의위원회'(이후 '여심위')가 있어서 정당이나 후보자들이 공표하는 여론조사결과를 '사전신고제'로써 모니터링하고 있다. 현재의 모니터링 과정을 보면, 정당이나 후보자가 여론조사를 발표하기 3일전에 설문지와 여론조사결과의 공표 계획에 대하여 신고, 등록하도록 하고 있다. 문제는 여론조사가 원칙에 따라서 공정하게 이루어졌는지인데, 이에 대해서 평가하기는 전문가들도 사실상 역부족이다. 제출된 조사기법과는 별도로 현장에서 이루어지는 실제 조사현장의 문제점을 판단할 수 없기 때문이다. 특히 한자리 미만의 저조한

'응답률'을 바탕으로 이루어지는 조사결과는 이를 어떻게 가중치화하느냐에 따라서 상이한 여론조사 결과를 만들어 낸다. 어떤 조사는 1,000명의 응답했다고 해서 마치 95% 신뢰수준에서 ±3.1%의 오차범위를 지닌 조사가 성공적으로 수행된 것처럼 말하지만, 원래 샘플의 크기가 100,000명이었고 이 중에서 1%만이 응답한 1,000명인 경우도 있다.

근본적으로, 한국적 기준에서의 '응답율'(response rate)의 기준 그 자체가 문제의 소지가 있다. 20대 총선에서 정당들이 실시했던 안심번호 공천제도는 실제 제도를 적용함에 있어서 10%가 안되는 한자리수의 응답율이 문제점으로 지적되었다.[80] 앞서 살펴보았듯이 한국의 국민참여경선제에서 자주 사용되었던 여론조사 방식은 낮은 응답율의 문제로 인해 신뢰성을 상실했다. 여론조사 방식의 가장 큰 장점은 일반 유

78 여론조사 그 자체의 문제와는 별도로, 여론조사결과의 반영비율도 중요하다. 선거인단에서 직접 투표하는 경우엔, 1인 1표에 해당하지만, 여론조사 결과의 숫자를 다시 총투표수 중에 할당된 비율에 맞는 투표수로 환산하는 경우 1인 다수표에 해당하는 결과로 해석될 수 있다.

79 정당간의 본선거에서는 후보자간 경합성이 높은 지역이 다수이지만, 대개 당내 예비선거에서 공천후보자간 경합성이 높은 지역은 상대적으로 적게 발생할 수 있다. 신뢰수준과 오차범위에 따라서 조정되는 조사 인원수는 $z\cdot\sqrt{\frac{p(1-p)}{n}}=e$에서 n을 계산하면 된다[z: 공천심사에서 얻기를 원하는 신뢰수준에 대한 표준점수; e: 표본오차의 비율; p: 해당 주제관련 추정비율로서 후보자간 경합성의 정도인데 보통 0.5를 이용한다; n: 조사해야 할 유권자의 수]. 만약 후보자간의 경합성이 치열한 경우엔, 오차범위 바깥에 있도록 더 작은 오차범위로 조정하여야 할 것이다. 그러기 위해선 선거비용이 문제가 될 수도 있다.

80 선거여론조사에서 안심번호 활용은 2018년 2월에 공직선거법 개정을 통해 도입되었다. 가장 큰 목적은 응답율 증가를 통한 여론조사의 신뢰성을 확보하기 위해서인데, '중앙선거관리위원회'가 안심번호를 활용하지 않은 선거여론조사 결과는 공표하거나 보도하지 못하도록 한 것이다. 개정된 공직선거법 규정에 따르면, 여론조사기관이 이동통신사로부터 안심번호를 받으려면, 해당 조사 개시 10일전까지 여론조사의 목적, 기간, 성별 · 연령별 · 지역별 휴대전화 안심번호 수 등을 기재한 요청서를 관할 '선거여론조사심의위원회'(여심위)에 제출해야 한다. 현재 대부분의 여론조사업체는 집전화조사와 안심번호조사를 병행하는데 안심번호를 활용한 여론조사는 응답율을 높일 수 있다. '여심위' 자료에 따르면, 2018년 6월지방선거 관련 여론조사 수 1,337건 가운데, 안심번호 활용 조사가 992건으로 약 75%에 달했다. 문제는 여전히 여론조사에서의 응답율에 의한 공정성 시비가 끊이지 않는다는 점이다. 한자리수의 응답율이 통계적 의미에서 문제가 되는 것은 아닐 수도 있지만, 응답율은 높을수록 좋은 것 역시 통계적으로 당연한 것이라는데 문제가 있는 것이다. 보통 두자리수의 응답율(즉, 최소한 10% 이상의 응답율)을 위해서 2번내지 3번 반복하여 조사를 하게 되는데, 이런 경우 시간이 걸리게 된다. 여론조사 회사들이 말하는 한국에서의 '응답율'이란 통화를 시도했지만, 거절자들을 포함하지 않고 계산된 수치이다. 미국에서는 '협조율'(cooperate rate)에 불과한 개념일 뿐이다. 즉, 한국의 여론조사 회사가 공표하는 '응답율'은 한자리 수 미만임에도 이마저도 과장된 숫자라는 해석이 가능하다. 정리하면, 한국에서의 '응답율'이란 $\frac{\text{응답자}}{\text{응답자 + 거절자}}$로 표시되는 반면에, 미국에서의 '응답율'이란 $\frac{\text{응답자}}{\text{응답자 + 거절자 + 비수신자}}$이다. 유권자들의 여론조사 응답문화가 개선되지 않거나 이로 인해 낮아진 여론조사의 신뢰성을 확보하기 위한 대책들이 명확히 세워지지 않는다면 여론조사 방식을 배제하거나 최소화해야 할 것이다.

권자들이 참여하기 쉽다는 점인데 한국의 유권자문화는 자발적 참여문화가 약하기 때문에 그러한 장점을 살리는 제도로 작용하기 보다는 조직동원을 더 수월하게 하는 제도로 작용하고 있는 것이다. 그렇기 때문에 현실적으로 여론조사 방식은 참여경선의 방식에서 배제하고 참여경선 방식은 현장투표로 실시하는 것이 국민참여경선 제의 신뢰성을 높이는 방법이 될 것이다. 또한 여론조사 방식을 포함시킬 경우 10~20% 정도의 최소한의 비율로만 반영하여 '여론수렴' 정도의 의미를 부여하는 것이 제도의 신뢰성을 확보하는 데 도움을 줄 것이다.

정확하지도 않은 여론조사결과의 가장 큰 문제점은, 잘못된 여론조사결과가 유권자들의 인식에 영향을 미쳐서 실제 선거결과에도 영향을 미친다는 것이다. 여론조사결과를 믿으며, 자신이 지지하는 후보자가 선거에서 승리할 것이라고 예측하면서, 자신이 구태여 선거장에 나서지 않을 수도 있기 때문이다. 소위 동원효과와 역동원효과에 대한 책임에서 여론조사결과가 자유로울 수 없는 것이다. 더욱이 정확하지 못한 여론조사결과는 개인들의 '순수한 선호에 의한 투표'(sincere voting)에 장애가 될 수 있다는 의미에서 정치결과를 호도할 수도 있다.

결론적으로, 올바른 여론조사가 이루어진다는 것을 전제로 하여, 여론조사방식이란 조직적 동원이 있는 곳에서 편파적인 경쟁구도를 막기 위한 방식으로 활용될 때, 그 활용도가 가장 효과적이다. 대통령 선거와 달리, 국회의원선거 및 특히 지방선거에선 동시에 수많은 선거구별 조사를 해야하니 정확한 여론조사를 시행하는 것에는 어려움이 따른다.[81] 역설적으로, 수 많은 작은 선거 단위에선 그만큼 더 당원의 구조가 취약하기에 지방선거에선 오픈프라이머리의 대표적인 방식으로 해당 지역구민들에 대한 여론조사 방식이 더 적합하게 활용될 수도 있어, 상황에 따라서 여론조사는 소기의 성과를 거둘 수도 있다. 사실 풀뿌리 단위의 소지역정치는 '생활정치'이지 '정당정치'와는 무관하기에 당파성을 띤 당원구조가 체계적으로 형성될 필요성이 낮다. 중앙당에서 소지역구의 공천분쟁을 중재하기가 어려운 상황에서 경쟁하는 공천후보자들이 여론조사에 합의한다면 '여론조사방식'은 일정 수준 오픈프라이머리의 대안적 방식으로서 사용될 수도 있다.

6. 상향식 공천과 대의원제도의 활용 문제

다수의 당원과 극소수의 정당지도부 사이에 중간 규모의 '대의원'(代議員)이 존재한다. '대의원'이 과연 상향식 공천의 주요 통로로 작용할 수 있는가에 대해서 판단해 볼 필요가 있다. 현재 1명의 국회의원 지역구에 보통 2~4명의 광역의회의원이 존재하고, 다수의 기초의회의원이 존재하는 구조로 되어 있다. 진성당원의 구조가 허약한 곳에서 '대의원'이란 사실상 '국회의원'의 지역구 단위로 '지역위원장'이나 '당협위원장'을 중심으로 그들이 동원했거나 연관된 사람들의 조직일 개연성이 높다는 것이다.

현재, 정당들은 선거지역구 국회의원별로 '지역위원회'(더불어민주당)나 '당원협의회'(자유한국당)을 두고 있는데, 대략 구성원이 100명에서 500명 규모이다. 현역의원이건 원외위원장이건 지역위원장이나 당협위원장과 연계된 대의원 구조는 하나의 선거지역구 단위의 정당조직 차원에서 현실적인 것일 수도 있지만, 후보공천과정에서 보자면 바람직한 변화의 물결을 만들어내지 못하고 현재의 구도를 안착시킬 가능성이 크다. 현재 한국정치에선 지역위원장이나 당협위원장이 가장 큰 권한을 갖고 있다는 것이 중론이다. 현행 공천을 하향식 공천이라고 하는 가장 큰 이유는 여기에서 비롯된다. 물론 지역위원장이나 당협위원장도 중앙당에서 자유롭다고 보기 어려우며, 공천의 종결자인 중앙당의 심사를 거스르기 어렵다. 공천과정에서 중앙당 중심의 하향식 공천이란 형식이 만들어지게 된 것에는 한국정당발전과정의 특수성과 한국정치문화적 요인 등이 복합적으로 작용했겠지만, 특히 대통령선거에서 대통령 후보를 중심으로 형성된 정치과정과 정치일정에 모든 정치일정들이 회오리바람처럼 빨려들어가는 것이 가장 큰 원인일 것이라고 보는 것이 사실에 가까울 것이다.

대의원의 결정이 형식적으론 상향식 공천이나, 내용적으론 하향식 공천과 유사하다면 이것은 문제이다. 정당은 대의원을 어떻게 구성할 것인지 고심해야 한다. 어차피 진성당원의 정당으로 진화하기에는 시대상황이 녹록하지 않다. 이런 경우, 건강한 대의원 조직을 갖고 있다면 나름대로 진성당원에 의한 정당에 버금가는 건전한

81 여론조사기관들 간에 조사 결과가 다른 것도 무시할 수 없으며, 특히 작은 지역을 조사할수록, 특정 지역내부에서 또 다른 소지역주의가 존재할수록 그 오차는 커지게 된다.

상향식 정당문화를 만들어 낼 수 있다.[82] 대의원제도의 장점은 일반인들보다도 이들 대의원들의 정치적 식견이 더 나으므로 정당이 정책전문성과 선거경쟁력을 지닌 후보자를 공천하는데 도움이 될 것이라는 데 있다. 미국의 경우 민주당에서 1980년에 도입된 '슈퍼대의원회'(superdelegate)라는 제도가 있는데, 이는 정치적 식견을 발휘할 수 있는 주지사, 연방의원, 전국위원회 위원 들과 같은 정당내 실력자들로 구성된다. 해당 제도는 1970년대 이전까지 미국정치에서 정당보스들에 의한 정치를 침식시키고 정당기관 중심의 선거를 유인하기 위한 '1971년의 연방선거운동법'(Federal Election Campaign Act) 통과 이후,[83] 오히려 정당보스들의 목소리를 다시 높여주는 것이 아닌가 하는 비판에 휩싸이기도 하였다. 하지만, 필자는 슈퍼대의원제도는 보스인물중심의 정치와 정당기관중심의 정치를 균형있게 해결하는 제도로 해석한다. 특히, 전체 대의원의 규모에서 슈퍼대의원이 차지하는 규모가 크지 않을 경우엔, 보스인물중심의 정치를 걱정할 사안은 아니라고 본다.[84]

7. 각급선거와 공천제도

정당은 위에 언급된 각급 단위의 선거에 후보자를 공천한다. 한국선거과정은 1994년이후 대통령선거, 국회의원선거, 지방선거로 구성된다. 가장 임기가 긴 대통령선거 5년를 중심으로 대통령선거, 국회의원선거, 지방선거 3종류 선거를 치루게 되니 대략 1년 6개월마다 한 번씩 선거를 치루게 되는 셈이다. 개별 정당들마다 태생이 다르고, 지지기반이 다르고, 처한 상황이 다르기 때문에 정당들 간의 공천제도는 동일할 필요가 없다. 민주사회에선 각 정당의 특성에 따라서 정당들마다 서로 다른 공천제도를 갖는 것이 오히려 자연스럽다. 정당마다 각급 선거마다 공천심사제도가 다를 수 있다면, 공천제도를 논하는 것은 복잡한 일이다.

오픈프라이머리 제도는 대통령선거, 국회의원선거, 지방선거에 따라서 그 제도적 장점과 문제점이 다르기 때문에, 각급 선거별로 구분하여 해당 제도를 논의하는 것이 중요하다. 일단 각급 선거별로 지역규모가 다르기 때문에, 여기에 참여하는 '공천인단'(selectorate)의 내용이 다를 수밖에 없다. 각급선거와 '선거주체'[즉, 공천인단(selectorate)+선거인단(electorate)]의 상호관계를 다음과 같이 개념화할 수 있다.

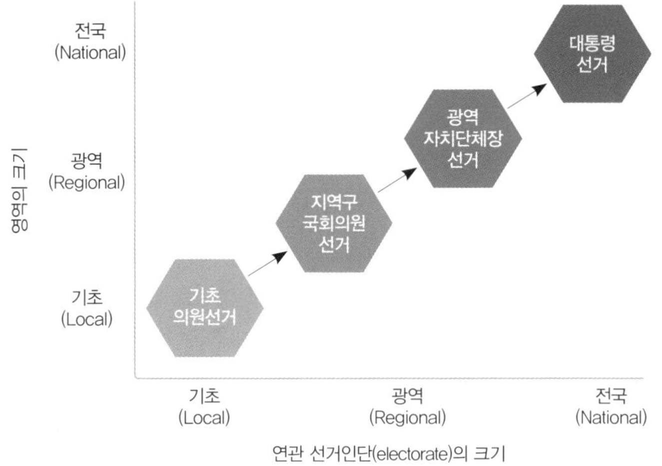

정당이 '국민들'에게 공천권을 돌려주려고 할 때, 두 가지 논점이 있다. 첫째, '국민들'이 당원을 중심으로 한 국민인지 아니면 유권자로서의 모든 국민들을 말하는 것인지 구분해야 한다. 둘째, 당원으로 구성한다고 해도, 대선이나 총선과 다르게, 기초단위 지방선거(정당공천제가 있는 경우)는 소지역 단위여서 당원들이 거의 없을 수도 있다. 결국 공천과정에서 공천인단을 구성하는 과정은 결국 각급선거별로 공천인단 구성의 현실성과 연관될 수밖에 없다. 각급 선거별로 정당의 공천제도는

82 상향식 정당문화를 형성하는데 있어서 대의원제도는 양날의 칼이다. 당원보다 소수로 구성되는 대의원은 일사불란한 동원 조직이 될 수 있음에도 유의해야 한다. 그렇다면, 아예, 중앙당의 책임하에 하향식으로 능력과 양심있는 자를 선별하여 지목하는 것이 더 좋을 수도 있기 때문이다. 결론적으로, 대의원제도가 형식만 상향식이고, 실질은 하향식의 들러리로 기능하는 것을 유의해야 한다.

83 신명순, 진영재, 『비교정치』(파주: 박영사, 2017), pp. 260–263.

84 필자의 판단에서 "크지 않다"는 규모는 슈퍼대의원의 규모가 전체 대의원수에 대비하여 대략 최대 1/4(25%) 내지 1/5(20%) 이하인 경우를 말한다. 실제 미국 민주당의 슈퍼대의원의 규모는 전체 대의원 규모에서 차지하는 비율이 2012년 이전에는 20%는 유지되었지만, 그 이후 14%정도로 감소되었다. 김선화, "미국 대통령 선거제도의 변화와 쟁점", 『공법학연구』 13:4 (2012), pp. 3–28. 가장 최근에 슈퍼대의원의 역할이 부각된 것은 두 가지 사건과 관련하여서이다. 첫째는 2008년 민주당 대선후보 지명전의 경우, 오바마와 힐러리의 대통령지명전이었는데 오바마는 각 주의 대의원 1,764표, 슈퍼대의원 438표를 얻었고, 힐러리는 각 주의 대의원 1,640표와 슈퍼대의원 256표를 얻은 바 있다. 이렇게 본다면, 슈퍼대의원들은 후보선택에 자율성이 있지만, 자신의 속한 주의 예비선거 결과(주별로 진행되는 대선후보 경선에서 뽑힌 선출직 대의원들은 주의 합의에 따라 특정 후보에게만 표를 줄수 있다)를 따르는 경향이 있다고 볼 수 있다. 둘째, 2016년 민주당 대선후보 지명전의 경우 초기부터 '힐러리'와 '샌더스'의 2파전으로 치러진다. 슈퍼대의원제도의 어찌보면 단점일 수 있는 특징이 발현된 것이다. 후보지명 초기부터 슈퍼대의원들이 대거 특정후보를 지지하기 시작하면 '기울어진 운동장'이 만들어진다. 정치적 식견에 의한 판단임을 인정하더라도, 특정 후보들을 중심으로 '쏠림현상'이 생기면서 후보지명 경쟁이 맥빠진 경쟁이 될 수 있는 것이다.

말 그대로 '예선'인 것이며, '본선'이 아니다. 모든 국민들은 각 당이 후보자들을 정해서 경쟁하는 '본선거'에 관여하는 것이며, 각 당이 자당의 후보자를 결정하는 '예비선거'에서는 '기간당원'이나 '지지자들'을 중심으로 공천권을 갖는 것이 상식에 부합한다. 권력과 권한이란 것은 최소한의 의무를 행한 자들에게 주어지는 것이지, 그러한 권력과 연관된 의무에 무관심하거나 행하지 않은 자들에게 주어지는 것은 상식에 부합하지 않는다.

조감도를 보자면, '한국은 대통령제 권력구조를 채택하고 있으며, 행정부 선거와 입법부 선거를 분리한다. 한국의 선거제도를 보면, 중앙정부 수준에서 행정부의 수반을 선출하는 대통령선거, 입법부의 대표자들을 선출하는 국회의원선거, 그리고 지방정부수준에서 행정부와 입법부를 구성하는 자치단체장선거와 의회의원선거를 광역단위와 기초단위를 구분하여 시행한다.[85] 정당이 후보자를 공천하는 데 관여하는 수준과 방식이 모든 종류의 각급선거에서 모두 일치할 필요도 없을 것이고, 또한 정당마다 같아야만 할 절대성도 없다. 하지만, 선거제도가 '정당공천'을 필요로 한다면, 과연 정당공천이 바람직한 것인지 아닌지에 대해선 논의해 볼 수 있을 것이다.

1) 국회의원선거

"정당이 '좋은 후보자'를 공천해야 정치가 발전한다"라는 의미는 두 가지 차원에서 해석될 수 있다. 일반명사 차원에서 '좋은 후보자'란 '능력'과 '양심'을 겸비한 사람임은 물론이다. 문제는 그런 좋은 후보자들을 공천하려면, '선거제도'와의 조응성이 중요하게 작용한다. 정당이 후보자를 공천함에 있어서 가장 근본적으로 영향을 미치는 요소는 '선거제도'이다. 그러니까, 해당 정치체계에서 발생하는 부정적 요소를 최소화시키는 공천제도는 선거제도와의 연관성 속에서 고려되어야 한다는 의미이다. 정당조직이 후보자를 공천할 때, 경우의 수는 크게 두 가지로 환원된다: 하나는 개별인물을 공천하는 것이고, 또 다른 하나는 여러 사람들을 함께 공천하는 경우이다.

한국 국회의원선거제도는 지역구와 비례구 병립형제도이다. 지역구 소선거구제에서 정당은 1명을 공천한다. 반대로 전국구 비례구제에서 정당은 여러 명의 후보자들의 순위를 정하여 함께(즉, 명부를) 공천한다. 대통령선거의 경우 정당은 하나의 전국단일광역구역에서 한 명의 후보자를 공천한다. 선거제도가 중 · 대선거구제도라면, 정당은 선거법에 따라서 한 명이 아닌 2내지 3명을 단위 지역구에 공천하게 될 것이다. 정당명부제의 경우에도 폐쇄형이 아닌 개방형이라면 유권자들은 정당이 제공한 명부에 적힌 후보자들에게 기표를 할 수 있을 것이다.[86]

총선 단위에서 '개방형 경선제'를 하는 경우엔 아무래도 정당조직의 기관자율성을 약화시킬 가능성이 있는 것이 사실이다.[87] 완전개방형 보다는 부분개방형을 도입함으로써 유권자들로 하여금 제도의 친숙성을 좀 더 높일 수 있는 적응기간이 필요할 것으로 보인다. 미국에서도 완전 개방형 제도가 정착되기까지 오랜 시간이 걸렸다. 주민투표를 통해 확정된 이 제도에 반대표를 던진 사람도 40%나 되었고, 다른 주들이 이 제도를 수용하기까지는 70년이라는 시간이 걸렸으며 여전히 이 제도를 도입하지 않고 있는 주들도 존재한다. 한국에서도 일반 유권자들의 정치참여문화가 성숙되어 참여경선 제도에 자발적으로 참여하는 분위기가 형성되기 전까지는 부분개방형 제도를 통해 일반 유권자들이 제도의 친숙성을 높일 수 있도록 하는 과정이 필요할 것이다. 또한 정당들의 합의를 통해 부분개방형 국민참여경선제의 비율이 결정

85 각급 선거는 임기에 따른 주기가 있으며, 시작된 시기에 따라서 각급 선거간 조합이 형성되고, 이에 따라 선거상호간에 '동시선거', '중간선거', '밀월선거'의 관계가 형성된다. 대통령선거와 국회의원선거의 선거관계를 본다면, 5년임기의 대통령선거는 12월이고, 4년임기의 국회의원선거는 4월이어서 20년을 주기로 한 번씩 밀월선거가 있었고, 네 번은 사실상 중간선거의 성격이었다. 1988년 4월선거이후 2008년 4월의 국회의원선거(18대 총선)가 '밀월선거'였다. '박근혜대통령탄핵'으로 2017년이후엔 대통령선거가 5월에 치러지게 되면서부터 20년주기 다섯 번의 선거 모두가 사실상 '중간선거'적 성격으로 치러지게 된다. 지방선거도 4대선거(광역단체장, 기초단체장, 광역의원, 기초의원)는 모두 동시선거로 치러진다. 지방선거 자체도 중앙정부에 대한 중간선거적 성격으로 치러질 수 있다.

선거 수준	구성 기관	선거명칭	선거주기	시작점(년,월)	선거시기의 성격
중앙 정부	행정부	대통령 선거	5년	1987, 12	2017년 조기 대선이후엔 12월에서 5월선거로 변경됨
	입법부	국회의원 선거	4년	1988, 4	20년에 한번 밀월선거; 중간선거의 성격이 강함
지방 정부	행정부	광역자치단체장	4년	1995	1995년 6월부터 동시선거
		기초자치단체장	4년	1995	
	입법부	광역의회의원	4년	1991	
		기초의회의원	4년	1991	

86 정당명부 '폐쇄형'(closed list)은 정당내부에서 알아서 고정된 순위를 만드는 것이고, 유권자들은 정당만을 선택한다. '개방형'(open list)은 정당은 후보자들을 제시하되, 유권자들은 정당내 후보자들 개인에게 기표할 수 있어서 후보자들의 당선 순위를 사실상 유권자들이 정하게 된다. 개방형 정당명부의 경우, 기표(記票: casting ballot) 방식은 선호기표를 할 수도 있고 단순기표를 할 수도 있다. 이에 대한 보다 자세한 논의는 신명순, 진영재, 『비교정치』(파주: 박영사, 2019), 제5판, pp. 370-373.

87 이정진 · 민태은, "개방형 경선과 여성대표성: 제도적 고찰과 미국사례를 통해", 『정치 · 정보연구』 18:3 (2015), pp. 75-98. 연구자들은 개방형 경선이 정당의 자율성을 약화시킬뿐더러, 여성을 비롯한 정치적 약자들에게 불리한 제도로 작동할 가능성을 경계하고 있다.

되면 세부적인 실행방식을 포함하여 이견이 생길 수 있는 부분들에 대한 당론화와 제도화 과정을 거쳐야 할 것이다. 단순히 '부분개방형'이라는 부분만 합의할 경우 선거가 있을 때마다 반복되었던 그 비율에 대한 논쟁과 부분적인 룰 싸움이 또 다시 발생할 것이다.

2002년 대선에서 국민참여경선제가 도입된 이후 총선에서도 이 제도가 도입되기 시작했다. 2004년 제17대 총선을 앞두고 각 당은 기존의 공천심사위원회에 의한 하향식 공천방식과 당원과 일반국민들에 의한 상향식 공천을 병행할 것을 발표하였다.

표 3-1 제17대~20대 국회의원선거 주요 정당 지역구후보 공천방식

<table>
<tr><th></th><th>정당</th><th>국민참여경선제 방법</th><th>국민참여경선제
실시지역 비율</th></tr>
<tr><td rowspan="3">17대
2004</td><td>한나라당</td><td>당원 10% +일반 유권자 90%</td><td>15곳(6.6%)</td></tr>
<tr><td>열린우리당</td><td>일반유권자 100%</td><td>86곳(37.6%)</td></tr>
<tr><td>민주당</td><td>당원 100%
또는 당원 50%+일반 유권자 50%</td><td>73곳(33.6%)</td></tr>
<tr><td rowspan="2">18대
2008</td><td>한나라당</td><td rowspan="2">국민참여경선제 미실시</td><td rowspan="2">없음</td></tr>
<tr><td>통합민주당</td></tr>
<tr><td rowspan="2">19대
2012</td><td>새누리당</td><td>당원 20%+일반 유권자 80%</td><td>44곳(19.1%)</td></tr>
<tr><td>민주통합당</td><td>모바일/현장투표 70%+여론조사 30%
* 후보 합의 시 : 100% 국민여론조사</td><td>79곳(37.8%)</td></tr>
<tr><td rowspan="2">20대
2016</td><td>새누리당</td><td rowspan="2">국민여론조사 100%
(안심번호 국민경선)</td><td>140곳(56.45%)</td></tr>
<tr><td>더불어민주당</td><td>108곳(43.55%)</td></tr>
<tr><td rowspan="2">21대
2020</td><td>자유한국당</td><td>'한국형' 완전 국민경선제</td><td rowspan="2"></td></tr>
<tr><td>더불어민주당</td><td>권리당원 여론조사 50%, 일반 여론조사 50%</td></tr>
</table>

17대 총선에서 정당들은 상향식 공천방식을 도입했지만 실제로 경선이 실시된 곳은 한나라당 15곳, 민주당 73곳, 열린우리당 86곳으로 경선실시지역 비율이 6.6%, 33.6%, 37.6%에 그쳤으며 나머지는 예전과 같이 하향식에 의한 단일후보공천이 이루어졌다. 또한 경선을 실시한 경우에도 평균 선거인단의 수가 한나라당은 1,837명, 열린우리당은 876명에 그쳤으며 당선자들이 받은 평균 표 수가 한나라당 534표, 열린우리당 244표에 그쳤다. 100표에도 못 미치는 표를 받고 승리하기도 하는 등 참여 경선 자체의 공정성과 효용성에 있어 제대로 된 상향식 공천이라는 평가를 받지 못했다.[88]

이렇게 국민참여경선제를 통한 상향식 공천으로 변해가던 분위기는 4년 뒤 2008년 제18대 총선에서 다시 뒤바뀌었다. 당시 총선을 앞두고 각 정당들의 공천에 관한

분위기는 하향식 공천 일변도로 바뀌면서 당 지도부의 의중이 크게 작용했다. 특히 한나라당의 경우 총선 4개월 전에 실시된 대통령 선거에서 압승한 이후 공천을 두고 '친이명박계'와 '친박근혜계'의 갈등이 심화되었고 공천에서 탈락한 '친박근혜계' 후보들이 모여 '친박연대'라는 정당을 창당하여 선거에 출마하여 대거 당선되기도 하였다. 이처럼 18대 총선은 하향식 공천이 가져올 수 있는 부작용들을 보여준 선거였다고 볼 수 있다.

2012년 19대 총선을 앞두고 2011년부터 정치개혁안으로 또 다시 논의되던 것이 개방형 경선제도의 도입이었다. 그러한 논의가 계속해서 이어지자 중앙선거관리위원회에서는 정치권을 비롯한 시민단체와 전문가들의 의견을 수렴하여 선거법 개정안을 국회에 제출하였다. 당시 중선관위의 안은 전국동시 국민경선제도로 모든 정당이 당내 후보경선을 국민경선 방식으로 같은 날 동시에 실시하고 그 선거에 대한 관리를 중앙선관위가 맡는 것이었다. 하지만 이 안은 정책적 차별성에 근거한 책임정치를 위한 정당정치를 약화시킨다는 점과 정당의 후보경선 비용을 국민의 세금으로 부담하는 것에 대한 비판여론에 부딪혀 받아들여지지 않았다.[89] 표면적으로는 정당정치를 강화하고 국민 세금을 쓰지 않겠다는 것이 명분이었지만 현실적으로 현직 정치인들의 기득권을 지켜내기 위해서 개혁안을 받아들이지 않은 것으로 보는 것이 맞을 것이다. 그럼에도 불구하고 개혁에 대한 사회적 요구가 있었기 때문에 새누리당과 민주통합당은 개방형 경선제도를 어느 정도 받아들이는 안을 수용하였다. 국민선거인단의 규모가 17대 총선에서 실시했던 경선과 크게 다르지 않은 1,500명에 불과했던 19대 새누리당의 제도를 완전개방형 국민참여경선제로 보기는 힘들다. 반면에 민주통합당은 선거인 명부에 올라 있는 사람을 선거인으로 규정하여 선거인단 모바일 투표와 현장 투표를 병행하여 실시하되, 모바일 투표와 현장 투표의 유효투표 결과를 합산하여 최고득표자를 후보로 결정하는 방식을 채택하였고, 조직적 동원에 의한 선거를 막기 위해 여론조사방식을 포함시켰다. 하지만 후보자 선정을 위한 최

88 김영태, "17대 국회의원선거의 공천제도와 공천과정 : 지역구 후보공천을 중심으로", 『한국정당학회보』 3:2 (2004), pp. 107-124.

89 이동윤, "정당의 후보선출제도와 정당정치의 문제점: 제17대 대통령선거를 중심으로", 『한국정당학회보』 7:1 (2008), pp. 5-37. 이동윤, "한국 정당의 후보공천과 대표성: 제19대 국회의원선거를 중심으로", 『정치 · 정보연구』 15:1 (2012), pp. 93-126.

종 합산단계에서 여론조사의 비율을 어떻게 정할 것인지는 이후 대통령선거 경선을 비롯한 전당대회 규칙을 정하는데 있어서 계속해서 논란이 되고 있다. 이러한 원칙에 의거하여 양 당은 공천을 실시하였는데 결과적으로 보면 국민참여경선제의 도입은 반쪽짜리 도입에 그치고 말았다. 새누리당의 경우 전체 246개의 지역구 중 '국민경선'이나 '경선+여론조사'방식을 실시한 곳은 44곳으로 19.1%에 불과하였고, 민주통합당은 '국민경선'과 '여론조사'를 통해 경선이 이루어진 곳이 37.8%인 79개로 새누리당보다는 많았지만 이 역시 전면적인 도입이라고 보기에는 부족한 부분이 많았다. 또한 민주통합당의 경우 통합진보당을 비롯한 다른 야권 정당들과의 후보단일화 과정을 또 거쳐야 했다. 92개 지역 중 76개 지역에서 여론조사 경선이 실시되었고 민주통합당이 협상과 경선을 포함하여 59곳에서 단일후보를 배출했다. 이 과정에서도 역시 경선이 치러진 일부 지역은 갈등이 유발되었다. 특히 통합진보당의 이정희 대표와 민주통합당의 김희철 의원의 경선과정에서 부정투표 논란이 불거지면서 이정희 대표는 후보사퇴를 하였으며 이 대표를 대신하여 출마한 이상규 후보가 야권단일후보로 결정되자 김희철 의원이 이에 반발하여 출당 후 무소속 출마를 하기도 하였다.

2016년 4월에 실시된 20대 국회의원 선거의 경우 새누리당과 더불어민주당이 모두 '안심번호 경선제도'를 도입하였다. '안심번호 경선제도'란 휴대전화 여론조사를 통해 후보자를 결정하는 방식으로 각 정당이 중앙선거관리위원회로부터 안심번호를 부여받은 유권자 명단을 제공받아 그들에게 여론조사를 실시하는 방식이다.[90] '상향식 공천'에 대한 새누리당 김무성 대표의 의지가 강했기 때문에 새누리당은 공천지역의 절반이 넘는 140곳(56.45%)에서 경선을 실시하였다. 더불어민주당의 경우 56곳(23.93%)에서만 경선을 실시하였다.

20대국회 말기인 2019년 9월 이후엔 '조국법무부장관임명건'을 중심으로 '광장민주주의'가 정치과정을 주도하면서, 기존 정치세력들의 기득권유지를 위하여 보수-진보간 '진영정치'를 확대강화하는 정당정치의 한계가 노정되었다. 보수는 박근혜 탄핵찬성과 반대로 나뉘어서 진영내 세력경쟁을 하고 있으며, 진보는 '정권재창출'을 위한 정치권 재편성과 세력확장에 몰두하고 있다. '민생복리'를 위한 정책적 결실을 기대하는 국민들은 없다. '광장민주주의'로 정당정치에 대한 한계와 무능력이 노정된 20대 국회 말기의 화두는 '정당개혁'이며, '정치개혁'인데, 이러한 분위기는 '공천개혁'으로 실현될 것이다. 그럼에도 불구하고, 21대 국회를 위한 정당후보의 공천개혁으로 이어질지는 아직 미지수이다. 2020년 4월의 21대 국회의원 선거를 불과 3개월

반을 앞둔 시점에서도 여야는 선거법협상이 지속하면서 선거구획정조차하지 못하고 있다.[91] 선거구획정이 안되다보니 정치 신인들은 차기 선거를 준비하기에 더욱 어려움을 겪고 있다. 공천을 결정하는 주체들이 바뀌지 않는 한 변화를 기대하기는 어렵다. 정당의 문제를 정당에 맡기는 것이 좋음을 알면서도, 정당에게만 맡겨서는 당내 기존의 일부 기득체제의 수성에 집착하는 본능 때문에 한국의 정당정치가 바뀌기 어려운 이유이다.

당내 기득권 세력들만의 정치를 극복하기 위해선, 정당 지지자들의 정당참여 요인을 높여야 하고, 이를 위해선 모바일을 통한 정당지지자들의 정당 활동 참여 등과 같이 일상생활에 크게 방해를 받지 않으면서도 정치에 관여할 수 있도록 적절한 온라인 참여방식을 도입하기 위한 정당들의 노력이 수반되어야 한다. 정당의 당직자,

90 '안심번호제'는 자동응답방식(ARS: Automatic Response System)이 갖는 표본의 문제점(대표적으로 응답률 저하)을 일정수준 극복할 수 있다. 안심번호제란 일시적으로 모바일 핸드폰에서 파생된 개인들의 가상번호를 설정하는 것을 의미한다. 일시적으로 가상번호를 사용하는 경우, 응답자 입장에서 비밀이 지켜진다는 안심감이 더 높을 수도 있다. 그렇지만, 이것 역시 여론조사의 응답과정에서 발생하는 소위 'TPO'(Time, Place, Occasion)의 문제에서 자유롭지 않다. 예를 들면, 응답자가 어떤 상황에, 어떤 장소에서, 어떤 경우에 처해있는지 모르고 전화할 수 있다는 것이다. 응답자가 극장에서 영화를 관람하는 경우, 고속도로에서 운전하는 경우 전화를 받고 응답할 수 없다. 물론 반복하여 전화할 수는 있으나, 여전히 선호 조사요구에 응하는 것을 불편해 하는 사람들이 적지 않다. 정치혐오감이 높은 사회에서 여론조사결과에 응하는 것 자체가 스트레스일 수 있으며, 유독 많은 기관이 반복해서 여론조사의 응답을 요구할 경우 스트레스의 수준은 더욱 높아진다. 자신이 스스로의 의지로 자신의 선호를 표출하지 않는 이상, 정확한 조사라고 말하기 어렵다. 자동응답방식도 만족스럽지 않다. 사실상 자동응답방식을 시행할 수 있는 기계가 저렴화되어, 1인당 조사비용이 현저히 낮아졌다. 이러한 사실은 어떠한 응답율도 받아들여지는 현실에선 누구나 ARS기계를 설치만 하면, 전문성을 지닌 여론조사 기관이 아니어도 여론조사가 가능하다는 말이 된다. 이것은 너무 많은 여론조사기관들이 난무하면서 다양한 결과의 여론조사결과를 보여주게 되고, 오히려 혼란스럽다는 반응을 설명해 주는 이유이다. RDD(Random Digit Sampling)방식이라고는 하지만, 이것 역시 현재 전화번호부를 기준으로 할 때, 전화번호부에 등재되기를 동의한 사람들만이 전화번호부에 등재된 것이어서 이들을 바탕으로 이루어지는 여론조사의 표본(sampling)은 근본적인 한계를 지닌 것이다. 대략 전체 전화소유자의 40%의 사람들만이 전화번호부에 등재된 것으로 알려진다. 당연히 결과는 왜곡된다.

91 2019년 20대국회의 정치개혁특별위원회가 제안한 '준(準)연동형비례대표제'(지역구 225석, 비례구 75석; 여기서 '준'이란 100% 연동형이 아닌 50% 연동형이란 의미)의 도입을 놓고 여야의 줄다리기가 계속되다가 12월말에 이르러서 현행 지역구 253석을 그대로 유지하면서 현행 비례구 의석 47석내에서 30석만 연동형을 적용하는 제도로 귀결되었다. 하지만 21대 총선에 한해서 비례구내 30석만 연동형으로 하는 것으로 합의하였으니 차후 어떤 제도로 변환될지는 지켜봐야 한다. '연동형'(즉, 100% 연동형)이라는 것은 지역구 의석과 비례구(전국구 또는 광역구)의 의석을 연동시키는 것이다. 비례구에서 얻은 정당득표율로 먼저 의원 총의석수에 대한 득표율 대비 의석수를 계산하고, 지역구에서 얻은 의석수가 그에 못 미칠 경우엔 해당 의석수를 보장해 주는 것을 말한다. 예를 들어, A정당이 지역구 선거에서 선전하여 A정당이 비례구에서 얻은 정당득표율로 계산한 정당의 의석수를 넘어서면, 더 이상 비례구 의석을 배분하지 않는다. 만약 A정당이 지역구 선거에서 거의 의석을 얻지 못했다면, 비례구에서 얻은 정당득표율로 계산한 정당의 의석수를 채워주게 된다. 이런 배분 방식이기에 국회의원 정원보다 초과의석이 발생하는 것이다. 전자의 상황은 A정당이 주요정당일 때 발생할 개연성이 높고, 후자의 상황은 A정당이 군소정당일 때 발생할 개연성이 높다. 20대국회에서 합의한 내용은 비례구내의 47석 가운데, 30석에 연동형을 적용하고, 나머지는 병립형으로 한다.

당원, 지지자가 시간과 공간에 구애받지 않고 모두 참여하는 환경을 만들기 위해선 인터넷 사이트를 통한 '전자투표'를 활용해야 한다. 해당 정당의 인터넷 사이트의 관리는 개별 정당 내부의 문제인데, 당내 신뢰성 수준에 대한 당내 합의가 있기 이전에는 '중앙선거관리위원회'가 할 수도 있다.[92] 지금까지 국민참여경선제의 도입 과정 속에서 일반 유권자들의 권한이 높아지면서 상대적으로 당원들의 권한은 그렇지 못한 경향이 있다. 당원의 한 표가 일반 유권자와 비슷한 권한을 갖는 것은 당원으로서의 활동 요인을 떨어트릴 수밖에 없다. 당원들이 당비를 내면서 활동할 정도의 동기부여를 할 수 있도록 당원들에게 '차별적 권한'을 부여해야 할 것이다. 당원 안에서도 일반당원들의 자격과 당원활동을 오래하면서 획득할 수 있는 대의원의 자격을 구분하여 당 기여도가 높은 사람들의 목소리가 더 커질 수 있도록 해야 한다. 반대로, 모든 당원들에게 대의원이 될 동등한 기회를 제공하는 유인도 당원들의 정당에 대한 소속감을 늘릴 수 있다.[93] 당원들의 소속감을 높이기 위해서 어떤 옵션을 활용할지는 정당의 자유이며, 정당이 고민하면 된다. 단순히 선거를 앞두고 후보자 공천을 할 때만 당원에게 역할을 부여하는 것이 아니라 당원들이 좀 더 다양한 영역에서 쉽게 참여할 수 있는 방법들을 각 정당들이 고민해야 할 것이다.

동원화 가설(mobilization hypothesis)을 고려하면, '온라인 플랫폼'(on-line platform)은 정치 무관심층을 정치에 조금 더 다가설 수 있도록 하는데 도움이 되는 것으로 파악된다.[94] 피파 노리스(Pippa Norris)는 개인들이 인터넷을 통해 쉽게 접촉이 가능한 접촉면(interface)이 확대되면 참여가 활성화된다고 분석하였다.[95] 더불어 민주당의 경우 2015년 12월부터 온라인 당원가입 시스템을 도입하면서 10만 명의 온라인당원이 가입하는 등 흥행을 일으킨 바 있다. 이는 일반 유권자들이 좀 더 편한 방식으로 당원에 가입하고 활동에 참여하고자 하는 열망이 있었음을 증명한다. 이러한 유권자 문화에 부응하기 위해서는 각 정당들이 이러한 모바일 등의 온라인 플랫폼을 활용하여 좀 더 다양한 참여 방안을 마련하는 것이 필요하다. 예를 들면 당의 정책방향을 결정할 때 모바일을 통해 당원들의 의사를 물어서 반영한다든지, 당원들에게 온라인 정책공모를 하여 뽑힌 정책들을 실제로 당의 정책에 반영하고 입법화하는 모습을 보여 주는 것이 필요하다. 이러한 과정을 통해 자신들의 작은 참여가 사회의 큰 변화로 이어질 수 있음을 느끼도록 해준다면 더 적극적인 참여로 이어질 수 있을 것이다. 또한 다양한 교육 프로그램과 일상적인 참여 프로그램 등을 통해 당원으로 활동하면서 얻을 수 있는 다양한 기회들을 만들어 가는 것이 일반 유권자들의 정당활동 참여를 증가시켜 정당정치를 발전시켜나가는 길이 될 것이다.

마지막으로, 후보자 공천과정에서 심의과정이 필요한 경우엔 당직자들의 회의 이외에도 당원이나 지지자들 중 일부가 참여하는 '배심원단'이나 '대의원회'를 구성할 필요가 있는데, 이 때 '추첨제'(lottery)를 활용하면 공천심사과정에서의 민주성이 보장되어 심사결과에 대한 승복이 용이해질 수 있을 것으로 조심스럽게 예상해 본다. 이런 과정에서 정당은 혐오감이나 불만의 대상으로 전락하여 권위가 실추되지 않고 시민들과 함께 호흡할 수 있을 것이다.[96]

2) 지방선거

페이트먼(C. Pateman)은 루소(J.J. Rousseau)의 주장을 인용하여 '민주시민교육'

92 일반론의 입장에서, 개별 정당 내부의 문제에 중앙선거관리위원회가 너무 깊이 개입하는 것은 바람직하지 않다. 기본적으로 중앙선거관리위원회는 정당간 선거경쟁에 관여하는 것이지, 개별 정당차원의 후보자가 어떻게 결정되는지에 관여하는 기관은 아니다. 만약, 중앙선거관리위원회가 온라인선거를 포함하여 당내 예비선거에도 관여하는 경우, 이를 착오없이 관리하기 위해선 업무가 폭증할 것으로 예상된다. 국가 전체적으로 공무원의 수는 줄여야한다는 것이 필자의 소신이지만, 중앙선거관리위원회의 공무원 수는 일정 기간 그렇지 않을 수 있다.

93 아니면, 대의원을 임기제로 하고 당원들 중에서 추첨으로 선출하여 누구든지 대의원이 될 수 있다는 소속감을 갖게 할 수도 있다. 추첨제를 활용할 경우엔, 당원들간의 질적 편차가 크지 않은 곳에서 도입하는 것이 바람직할 것이다. 추첨제를 도입하는 경우엔, 임기가 길지 않아야 한다. 최대한 2년을 넘지 않는 것이 좋을 듯하다. 특정한 임기를 두지 않고, 특정 선거를 기점으로 해당 선거기간에 활동하는 대의원을 선거 몇 달 전에 구성하고, 선거가 끝나면 임기가 끝나는 방식도 고려해 볼 만하다.

94 김범수 · 문상석, "인터넷의 등장과 정치변동 : 정보화시대 국민참여경선의 등장의 의의와 한계" 『사회 이론』 47 (2015), pp. 157-193.

95 Pippa Norris, *Digital Divide: Civic Engagement, Information Poverty, and the Internet World Wide* (Cambridge: Cambridge University Press, 2001). Pippa Norris, *Electoral Engineering: Voting Rules and Political Behavior* (Cambridge: Cambridge University Press, 2004). Pippa Norris, *Why Electoral Integrity Matters* (Cambridge: Cambridge University Press, 2014).

96 추첨시민의회의 철학적 이론적 논의에 대한 문제는 이지문, "광장정치와 제도정치의 보합으로서 추첨시민의회 모색" 『NGO연구』 12:1 (2017), pp. 1-40. 이지문, "민주주의 가치 구현을 위한 추첨제 의회 모색" 『대한정치학회보』 19:3 (2012), pp. 71-98. 2017년 신고리 5 · 6호기 공론조사는 무작위 추첨과 숙의 과정을 내용으로 하는 추첨형 시민조직의 사례이며, 우려했던 것과는 달리, 성공적인 사례로 평가되고 있다. 이에 대해서는 서경석, "선거형 대의제의 대안으로서 추첨형 대의제" 『민주법학』 66 (2018), pp. 77-108. 서경석은 추첨절차와 숙의절차가 추첨제의 궁극적인 질을 결정할 것으로 본다. 통계적 '표본'으로서 의미를 지닌 추첨절차의 방법론적 논의는 진영재, 『사회과학연구조사방법론』 (서울; 박영사, 2011), '층화표본추출' (pp. 141-143) 부분에 그 예제가 자세히 소개되어 있다. 이관후는 추첨형 시민의회가 '참여민주주의'와 '숙의민주주의' 전개과정에서 나타난 산물로서, 여전히 그 개념의 불확정성 문제를 충분히 해결하지 못하고 있다고 본다. 이관후, "'시민의회'의 대표성", 『한국정치학회보』 52:2 (2018), pp. 31-51.

이란 지방자치가 기본이며 이를 통해 이루어진다고 주장한다.[97] 지방의 발전을 꾀하기 위해선 한국사회와 같이 '관료제'적인 전통과 문화가 강한 곳에선 '지방자치단체장'의 카운터파트로서 '지방의회'의 기능은 중요하다. 이런 경우, 지방의회는 소극적인 의미에서 지방자치단체의 행정감사나 예산 · 결산의 승인을 넘어서서, 보다 적극적으로 구체적인 현장 중심의 의정활동을 통해서 지역민들의 민의를 수렴하고, 지역발전이슈를 지방의회내에서 제기하고, 대안을 모색하여 이를 지방자치단체에 전달하는 역할을 수행하여야 한다. 그러기 위해선, 지방의회가 단순히 조례의 발의가 아닌, 조례의 개정발의 및 심의기능 강화, 전반적인 행정감사의 실시가 아닌, 특정주요사안들에 대한 행정조사, 기획감사, 시정질문, 특위활동이 진행되어야 한다. 상식에 기반한 일정 수준 이상의 정책전문성이 요구되는 것이다. 그렇기 때문에, 지방의회가 이러한 소기의 조직 목적을 수행하는 관건은 지방의원의 질에 달려있다고 해도 과언이 아니다.[98]

지방선거의 목적은 지방정치가 중앙정치에 예속되는 것에서 벗어나서 자율성을 갖기 위한 것이다. 행정적 형식으로 보자면, 지방자치단체장을 지방 자체적으로 선거하지 않고 중앙에서 임명하는 경우, 지방은 중앙에 예속된다. 그런데, 선거정치차원에서 보자면, '자치단체장'에 대한 '정당공천제'가 '중앙의 논리'와 '지방의 논리'를 결정하는 가장 큰 핵심 변수가 된다.[99] 이른바 정당공천제는 중앙의 논리이고 정당공천제의 폐지는 지방의 논리라는 것인데 민주주의와 정당정치 발전의 복합적 차원에서 볼 때, 사안이 생각보다 복잡하다. 지방선거의 목적이 중앙정부와의 조화를 통한 지방자치 수준의 고양인 것이지, 단순히 지방독립을 위한 지방세력의 득세를 말하는 것은 아니기 때문이다.

정치지망생들의 공천과정의 치열성을 고려할 때, 그 과정에서의 잡음은 필연적이지만, 그러한 잡음은 공천이후 공천의 '질'(質, quality)이 떨어질 때 더욱 거세진다.[100] 지방선거에서 공천의 사각지대(死角地帶)는 기초단위에서이다. 한국정당정치의 지방정치와의 연계과정에서 가장 큰 폐해는 정치제도와 정치문화의 복합적 결과물로서 '후견주의'(後見主義, patron-clientalism) 구조에서 비롯될 것이다.[101] 후견주의란 제도와 법치가 권력을 통제하지 못하는 체제에서 나타나는 정치질서로, 소위 두목-부하의 관계로 얽힌 개인적 거래 관계가 그 특징이다. 지방정치의 발전을 위한 지역일꾼 공천과정에서 정당 중앙당의 개입문제 및 후보선출인단(selectorate)의 개방정도와 분권화 정도는 지방선거 후보자 공천의 핵심 의제이다.[102] 2006년 기초의원선거에서 '정당공천제' 도입이후 정당공천이 당락을 결정짓게 되면서 정당의 지역위원장과 공천후보자들 사이에는 '후견주의' 관계가 성립하였다.[103] 지방선거에서 '정당공천제'는 올바른 정당정치의 기본을 닦는 연습장으로 활용되기보다는, 철저히 하향식 정치문화를 강화하여 왔다. 더욱 큰 문제점은 현재 한국정치 중앙차원에서의 보수-진보간 이념갈등이 기초단위의 생활정치에까지 확산되어 강화될 위험이 발견되고 있다는 것이다. 지방정치를 담당하는 지방의원들의 지방정치는 그들의 정당과의 관계에, 더 정확하게는 정당내에서 자신의 정치적 입지에 생사여탈권을 쥐고 있는 정당

97 Carole Pateman, *Participation and Democratic Theory* (Cambridge: Cambridge University Press, 1974).

98 엄태석, "충청북도의 지역발전을 위한 지방의회의 정치 리더십", 『정치정보연구』 3:2 (2000), pp. 243–274. 엄태석은 지역발전을 위한 지역의원 공천의 중요성을 지적하면서, 뉴튼과 킹덤의 지방의원이 자신의 공동체 및 선거구민을 어떻게 대표하는가에 따른 유형을 인용하여 정리하고 있는데 내용은 다음과 같다: ㉠향리형(parochials)으로 자신을 지역 사회사업전문가나 옴브즈맨 정도로 생각하고, 이데올로기나 정당정치에는 관심이 별로 없고 지역과 지역민들에게만 관심이 있다; ㉡시민대리형(people's agents)으로 향리형보다 보다 광범위한 지역에 대한 관심과 함께 지역민들의 이익 대변에 보다 공격적 성향을 지닌다; ㉢정책옹호인형(policy advocates)은 주민 개인의 이익보다는 전체로서의 도시를 운영하는 데 더 주안점을 두고 정당지향적이며 의회내에서 간부직위를 추구한다; ㉣정책중개인형(policy brokers)은 정책옹호인형보다 온건하고 실리적인 입장을 취하며, 타협과 협상을 중시한다; ㉤정책대변인형(policy spokesmen)은 특정 사례들보다 포괄적인 정책형성이라는 거시적 틀의 관점에서 행동한다; ㉥경력관리형(personal careerist)은 지방의원직을 사다리로 하여 또 다른 직위로의 진출을 위한 동기가 강한자를 말한다; ㉦이익집단대표형(interest group representatives)은 해당 지역에 기반을 둔 이익집단을 대변하여 해당 이익집단과 연계된 지역정책에 중심을 둔다. J. Kingdom, *Local Government and Politics in Britain* (London: SAGE publications, 1995), pp. 120–121. B. Newton, *Second City Politics* (Oxford: Clarendon press, 1976), pp. 136–142.

99 박재욱, "지방자차제 위기론과 기초자치단체장의 권한 및 위상", 『지방정부연구』 6:1 (2002), pp. 117–134.

100 박명호, "2006 지방선거의 공직후보자 선정과정에 대한 분석: 열린우리당과 한나라당을 중심으로", 『정치·정보연구』 10:2 (2007), pp. 79–95. 모종린 · 전용주, "후보경선제, 본선경쟁력 그리고 정당 민주화: 2002년 6·13기초자치단체장선거를 중심으로" 『한국정치학회보』 38:1 (2004), pp. 233–253.

101 '후견주의' 관계 구조의 특성은, 그 관계에 있는 사람들간에는 주요 이슈에 대한 충분한 논의(토론)과정이 생략된다는 것이다. 최창수, 강문희, "지방정치의 후견주의 구조와 지방정부 통합: 창원시 통합 결정과정의 분석", 『한국행정학보』 47:4 (2013), pp. 167–187. 해당 연구는 지역 국회의원과 지방의원들의 후견주의적 권력관계가 나타남을 주장한다. 해당 연구는 '반구조화 심층면담'의 방법으로 수집된 자료들을 분석하는 데, 창원시 통합이 지역 국회의원들이 시장과 지방의원들에게 압력을 행사해서 이루어진 강요된 통합이었다고 본다. 지역 국회의원들과 지방의원들의 관계는 소위 공천권을 중심으로 한 '후견주의' 구조가 작동하고 있음을 의미한다. 시를 통합하는 문제와 같은 주요 갈등이슈들에 대해서 충분한 논의과정이 생략된 채 후견주의적 관계에 있는 자들 간의 잠정적 합의하에 통합이 결정되어 해당 지역에 심각한 수준의 갈등을 유발하고 있다. 기존의 '자치단체장–의회의원'간의 후견주의 구조가 '국회의원–지방의원 및 단체장'으로 바뀌었음을 지적하고 있다.

102 지병근, "후보선출권자(selectorate)의 개방과 분권화가 대안인가?: 6·2 지방선거에서 한나라당과 민주당의 공천방식에 관한 사례연구" 『현대정치연구』 3:2 (2010), pp. 217–249.

103 김범수 · 서정민, "지방정치 공천권력의 변화: 다원적 구조의 등장", 『한국정당학회보』 14:2 (2015), pp. 225–255.

인과의 관계에 구속된다.[104] '생활중심의 정치' 내지는 '현장중심의 정치'로서 지역구의 세세한 생활 이슈들을 챙기는 '지역민대리인'이 아니라, 부정적 의미에서의 '정당대리인'으로 전락하기 십상인 것이다.

한국 지방정치에서 가장 큰 문제는 단체장중심의 후견주의이다. 이렇게 본다면, 기초의원들의 정당공천제를 폐지하는 것이 좋은 듯한데, 대안으로 제시되는 '정당표방제'가 과연 '후견주의'를 극복할 수 있다고 확언할 수 있을지 분명하지 않다는 문제가 있다. 정당표방제란 후보자가 자유롭게 자신의 성향이 동시대 상황에서 어떤 정당과 더 일체감이 있는지 밝혀서 유권자들로 하여금 투표를 보다 용이하게 하는 효과가 있으며, 어떤 정당과도 일체감이 없다면, 아니면 어떤 필요에 의해서 굳이 밝히지 않아도 되는 제도이다. 후보자가 전략적 필요에 의해서 정당연계를 명시화하지 않는 것은 "후견주의적 정치 네트워크"를 음지에서 심화시켜 선거경쟁을 비밀스럽고, 불투명하게 만드는 원인이 될 수도 있으며, 당내 파벌들을 조장할 수도 있다는 우려는 여전히 남는다.

후견정치는 '파벌정치'의 또 다른 이름이다. 일본에서도 중선거구제도가 당내 파벌을 강화했으며, 소선구제 도입이후 당내파벌이 약화되었음은 주지의 사실이다. 정당정치의 형식과 내용은 역시 선거제도와 가장 기본적 함수관계를 맺는다. 그렇다면, 정당표방제와 정당공천제는 각각 어떤 선거제도와 더 제도적 조응성이 있을까? 한 연구에 따르면, 정당공천제가 유지될 경우엔 중선거구제, 정당표방제가 새로이 도입될 경우에는 소선거구제가 서로 바람직한 제도적 조응성이 있다고 주장한다.[105] 핵심은 지방의원선거가 지역일꾼을 선출하는 것인데, 소선거구제하에서 한 사람만 정당공천을 받게 하면, 유능하고 전문성을 지닌 지역일꾼이 정당에 줄을 제대로 서서 정치권에 진입하기 쉽지 않기에, 여러 사람이 단위지역구에 추천되는 중선거구제가 더 바람직하다고 본다. 만약, '정당표방제'라면 이것은 인물본위선거의 경향이 강해지며, 그런 경우엔 소선구제를 통해서도 지역에서 유능하고 양심있는 인사들을 지방제도권의 정치로 끌어들일 수는 있는 개연성이 높아진다. 그런데, 문제는 선거정치하에선 '정당표방제' 역시 음지에서 형성되는 후원주의나 정당조직이 후원하는 정파성에서 벗어나기 어렵다는 것에 고민이 있는 것이다.[106]

정당공천제가 있는 한, 지역구 국회의원이나 지역위원장이 자신보다 유능한 정치인을 지역위원으로 공천하는 것을 저어한다.[107] 유능하고 양심있는 일꾼들을 지방선거에 유입하는 효과를 거두기 위해선 지방선거에 출마하는 후보자들을 '정당공천'

으로부터 자유롭게 해야만 한다. 한국의 정치문화하에서는 그리고 지금의 제도하에서 지방선거에서 실시되는 정당공천제는 폐해만이 노정된다.[108] 지역 후보자들이 지역적 권력자에게서 공천을 받아 위계구조 속에 함몰되는 '정당공천제'는 '정당표방제'로 바뀌는 것이 상대적으로 더 적합할 수도 있다.[109] 그러나 현실상황이 단순하지 않아서 확신은 없다. 정당공천제가 폐지된다고 해도 정당표방제하에서 후견주의는

104 엄태석, "충청북도의 지역발전을 위한 지방의회의 정치 리더십", 『정치정보연구』 3:2 (2000), pp. 243–274. 엄태석은 니시오 마사루(西尾 勝), 이와사키 다다오(岩崎忠夫)의 지방의원 유형을 소개하고 있는데, 해당 유형은 입후보의 결정을 정당이나 조직에 의한 것인지, 개인에 의한 것인지, 지지기반이 일원적인지 다원적인지를 기준으로 2×2 도표로 만든 것이다. ㉠이익대변형(조직대리자형): 정당입후보, 일원적 지지기반; ㉡명망가형(상승지향형): 개인입후보, 일원적 지지기반; ㉢정당종속형(수입정치가형): 정당입후보, 다원적 지지기반; ㉣catch-all형(특권적 정치가형): 개인적, 다원적 지지기반. 西尾 勝, 岩崎忠夫 編輯, 『地方政治と議會–21世紀地方自治戰略』 2巻 (東京: きょうせい, 1994), pp. 12–13. 이외에도, 니시오 마사루와 이와사키 다다오는 지방의원의 유형을 전업직인지 겸직인지를 기반으로 지역이익 및 의견반영에 중심을 두는지 아니면 의회심의 자체에 치중하는지에 따른 2×2 도표도 제시한다. ⓐ이익대표형: 전업적, 이익 · 의견반영; ⓑ지역보스형: 겸업적, 이익 · 의견반영; ⓒ직업정치가형: 직업적, 의회심의치중; ⓓ명예직형; 겸업적, 의회심의치중의 4가지 경우의 수가 있다.

105 금창호 · 라휘문, "지방선거제도의 역할제고를 위한 개혁과제와 논의", 『한국정책연구』 14:2 (2014), pp. 23–43. 금창호와 라휘문은 정당공천제가 유지될 경우엔 중선거구제, 정당표방제가 새로이 도입될 경우에는 소선거구제, 그리고 정당표방제하에서 비례대표의 문제에 대해선 여성전용명부투표제를 제안하고 있다.

106 선거경쟁은 당파성을 조장하게 된다. 교육감선거는 당파성을 조장할 수밖에 없다. 국가대계에서 교육, 외교, 안보의 문제는 당파성을 초월해야만 한다.

107 필자의 평소 정당에 대한 생각들이 '서구의 정당이론'에 함몰되어 있는 것은 아닌지 고민한 적이 있다. 한국정당정치의 현실을 이해하기 위해서 공천과정에 참여를 결심하게 된 적이 있다. 지방선거에서 특정 정당의 '중앙당 공천심사위원회'의 외부위원으로 참여하게 되었다. 그 때, 정당공천제도의 가장 큰 문제점으로 느낀 사안이다. 지역구 의원들이 자신의 지역구에 유능하고 참신한 자치단체장이나 의회의원에 대해서 거부감을 넘어서서 두려움을 갖고 있음을 체감할 수 있었다. 지역구 국회의원들은 다음 선거에 더 이상 출마하지 않겠다고 결심하지 않는 이상, 자신의 지역구에 미래의 적을 심어 놓지는 않을 것이다. 이런 의미에서 볼 때, 공천혁명은 중앙당이 하향식으로 전권을 쥐고 유능하고 참신한 정책전문가들을 대거 영입하는 것이다. 상향식을 통한 공천이란 해당 공천관련단위에서의 기득권들의 세력 유지가 가장 큰 힘으로 작용하여 긍정적인 방향으로의 변화가 어렵다. 상향식이 갖는 긍정적 측면을 활용하되, 상향식에 대한 지나친 환상은 금물이다.

108 기초단위의 정치와 행정은 당파성에 의한 정치와는 별로 상관이 없으며, 생활정치이며 생활행정이다. 진영재, "분할정부는 지방선거에서도 연장되는가", 조중빈(편), 『한국의 선거 Ⅲ』 (서울: 푸른길, 1999), pp. 293–344. 현실적으로 주요 정당들은 선거법을 개정함에 있어서 '자치단체장 공천권'을 포기할 가능성이 매우 낮다. 대통령제하에서 '광역자치단체장'은 사실상 대선후보의 잠재성을 지닌 후보자들이다. 지방의회선거와 달리 지방자치단체장의 경우에만 정당공천제를 폐지하자고 하기도 한다. 유능한 지역자치단체장을 공천하는 것은 차후 지역구 국회의원직을 유지하는데 가장 큰 '미래의 적'이기 때문이다. 이러한 부정적 상황은 극복되어야 할 것이다.

109 금창호 · 라휘문, "정치분권의 수준과 향후과제", 『한국정책연구』 16:1 (2016), pp. 35–51. 최영출 · 이기주, "지방선거에서의 정당공천의 핵심이슈 도출과 제도개선 방향", 『한국자치행정학보』 29:4 (2015), pp. 393–408. 김현조 · 이수구 · 박영강, "기초단체 정당공천제 폐지에 따른 보완과제", 『지방정부연구』 17:4 (2014), pp. 51–74.

더욱 더 음성화하여 그 통제가 불가능할는지 모른다. 모든 지역에는 자신의 영역에서 득세한 소이익집단들이 있게 마련이다. 이들은 지역구 의원과 무관할 수가 없다. 정당공천제가 폐지되어 정당표식이 제거되면서 지방선거가 인물본위의 선거로 치러지면서 호인 뽑기, 직간접적인 인맥으로 엮인 사람 뽑기라는 인기투표로 변할 가능성이 발생할 수 있다. 기초지방정부의 단체장과 의회의원을 선출하는 선거에서 정당이 후보자에 대하여 공천하는 것을 금지하는 것은 단기적 처방임과 동시에 장기적으론 지방정치에서의 "지방현안의 부각"과 "다원적 정당경쟁"을 효과적으로 실현하기 어려울 수도 있다. 지방선거의 개편 방향은 단순히 후견주의 극복은 아니며, 파편화된 지역 유지들간의 개인경쟁을 정책 집단간 경쟁(즉, 정당간 경쟁)으로 전환시키는 방향성도 필요한 것이다.[110] 궁극적으론 "지방정당(local party)의 제도화"가 한 대안이 될 수 있지만, 지역주의 폐해가 장기적인 과제였던 한국에서 쉽지 않은 문제이다.

이상에서 논의된 복잡다기한 상황들을 종합적으로 고려할 때, 기초단위에서 정당공천제를 폐지하는 것이 좋을 것으로 생각한다. 지방정치를 중앙정치 아래에 두지 않는 가장 기본적이고 명료한 방식이라고 생각한다. 이제까지 실험한 기초단위에서의 정당공천제는 긍정효과보다 부정효과가 많았기 때문이다. 국민들의 눈높이에서 볼 때도, 기초의원들의 정책전문성과 질이 너무 낮다는 것이다. 광역단위까지 정당공천을 없애는 경우 광역후보자들이 자신의 정책적 성향을 모호하게 할 가능성이 커져 정책경쟁과 책임정치가 실종할 가능성이 있다.[111] 포괄정당(catch-all party)은 현대 정당에 대한 설명이지만, 표를 얻기 위해 좌우를 넘나든다는 면에서 대중영합주의(populism)의 한 요소이다. 포괄정당은 그나마 정치적 결사체이기 때문에 정책의 책임을 묻을 대상이 있지만, 포괄정책을 전략으로 하는 개인 정치인은 그 책임을 묻기 어렵다. 정당공천제의 폐지는 지방선거의 성격을 정책경쟁(policy-seeking)을 "지지표 구입(vote-seeking)"경쟁으로 만들고, 정당간 경쟁을 개인간 경쟁으로 변화시킬 가능성이 있다.

대조적으로, 지방기초단위를 정당정치를 통한 정파성에서 독립시켜 현장위주의 생활정치와 밀착시키기 위해선 정당공천제를 폐지하는 것이 필요하다는 시각이 있다. 이런 경우, 정당공천의 배제에 대한 논의의 핵심은 기초의회가 아니라 기초단체장이어야 할 수도 있다.[112] 자치단체장은 일정 수준 당파성에서 배제되는 것이 더 바람직하지만, 의회 기능만큼은 당파성을 배제할 수 없기에 획일적으로 기초단위에서 공천제를 폐지하자는 논의는 바람직하지 않다고 본다. 아마도 기초의회의원 정당공천제를 폐지하면, 후보난립사태와 유권자들의 후보자에 대한 정보부족 속에서 바람직한 기초의회 구성이 제약될 것으로 추측해 본다. 정당의 후보자 책임공천이 실천되면 유권자들은 정당을 믿고 정당이 공천한 후보자를 선택할 수 있다. 정당공천은 투표과정에서 필연적으로 발생하는 유권자들의 '요약적 심리성향'(psychological predisposition)에 긍정적인 도움을 준다. 기초의원은 지역구만 대략 2,500명에 이른다. 기초단위 지방선거에서야 말로 정당의 책임공천이 필요하다. 책임정당으로의 출발점은 능력있고 양심있는 자를 선택하여 공천하는 것에서 비롯된다.

지방정치의 궁극적 목적인 '풀뿌리 정치'는 후보공천권을 지역유권자들에게 돌려줄 때 보다 직접적으로 현실화될 수 있다.[113] 따라서, 정당들이 자신들의 이익을 위해서 정당공천제를 포기할 수 없다면, '개방형 명부식 비례대표제'의 도입을 고려해 볼 수 있을 것이다. 그리고 유권자들이 2-3표를 행사하는 경우에 하나의 정당명부만이 아니라 여러 정당의 정당명부들에서 자신이 선호하는 후보에게 투표할 수 있는 '파나샤지(panachage)'제도를 도입하여 교차정당투표로서 서로 다른 정당의 후보들

110 현실 정치조직 내부의 구성원들간의 관계의 핵심은 권력관계일 것이다. 결벽증적으로 후견주의가 없는 정치에 집착하는 것은 비현실적이다.

111 대조적으로, 정당공천을 구태여 없애려면, 기초단위(기초단체장, 기초의원)이 아닌, 행정부에 해당하는 단체장(광역, 기초)의 정당공천을 폐지하고, 입법부에 해당하는 정당공천은 남겨두어야 한다는 논의도 있다. 지방정치 수준에서 행정부는 당파성을 배제해고 지방의회가 결정한 사안들을 그대로 집행한다는 의미이다. 마치, 대통령이 당파성을 배제하고 중립성을 확보해야 한다든지, 국회의장이 당적이탈을 통해서 중립성을 확보하는 것과 일맥상통할 수 있다.

112 행정전문성을 위해서 기초단체장을 임명제로 하자는 주장이 있지만, 기초의원을 선출직으로 하면서 기초단체장을 임명직으로 하는 경우 행정부-입법부 균형은 깨진다. 기초단체장을 임명직으로 한다는 것은 결국 기초의회 폐지 논의를 하는 것과 같은 부담을 지니게 된다. 우선, 임명제를 시행하는 경우, 피임명자는 '정치인'의 역할이 아닌 '관료'의 역할로 제한된다. 이를 판단하는 것이 중요할 것이다. 결론적으로, 민주주의 사회에서 선출직과 임명직은 역할 면에서 대조적으로 존재한다는 것이다. 임명제 단체장은 관료이며, 선출직 단체장은 정치인이다. 달튼이 주장하듯 탈물질주의와 시민정치의 등장으로 주민은 투표외에 직접적으로 정치참여에 적극 나서고 있다. 이러한 변화된 사회에서의 사회의 요구를 수용하고 각기 다른 이해를 상호 조정하는 역할은 관료보다는 정치인에게 적합하다고 볼 수 있다. 추가적으로, 미국에서는 단체장을 선출할 것인가 아니면 의회에서 임명할 것인가는 주민들이 결정하기도 한다(주민들은 지방정부의 구조 선택권도 있고, 임명할 경우에 의회를 통해 임명권도 행사). 반면에 한국에서 임명제로 단체장을 선출한다는 것은 대통령, 집권당, 행정안전부 등 중앙정부와 관료의 권한 강화를 의미한다. 탈물질주의와 시민정치에 관한 자세한 내용은 다음을 참고. Russell J. Dalton, Citizen Politics: Public Opinion and Political Parties in Advanced Industrial Democracies 4th ed. (Washington, D.C.: CQ Press, 2006).

113 기초단위의 단체장선거에서만 정당공천을 없애는 이유를 하향식 공천의 폐해 때문에 공천제를 폐지한다고 할 수도 있다. 하향식 공천 문제의 개선을 위한 대안은 정당 공천제의 폐지가 아닌 강력한 상향식 공천의 도입일 것이다. 만약, 상향식을 적합하게 수행할 조직정비가 되어 있지 않다면, 앞서 지적한대로, 하향식이 필요할 것이다.

에게도 표를 던질 수 있도록 하면 좋을 것으로 생각한다.[114] 기초단위에서 정당공천제를 유지하는 경우에도, 기초단체장은 한 명을 선택하는 것이니만치 정당공천제를 폐지하고, 기초의회만 정당공천제를 유지하는 것이 좋을 듯하다.[115]

기초의회의원들의 역할과 질을 고려하여 기초의회를 폐지하자는 논의도 있으나, 기초의원을 없애고 광역의원이 기초의원의 역할을 대신 한다는 것은 주민의 참여기회와 정치와 지역사회의 소통의 기회를 축소시킨다. 더욱이 기초단체장을 함께 없애지 않는다면 입법부는 없애고 행정부만 남겨놓은 것이 된다. 전반적인 지방정치의 취지를 볼 때 (주요 외국들의 사례에서도) 지방행정체제는 2층제 혹은 3층제로 되어 있지 단층제로 된 곳은 찾기 어렵다. 효율성을 위해 기초의회를 폐지한다는 것은 지방자치의 자기결정성 원리에 반하는 선택이 될 가능성이 높다. 기초의원들의 자질이 떨어진다면 자질을 높이는 보다 구체적인 다른 방안이 필요한 것이며, 단순히 기초단위를 폐지한다는 명분은 설득력이 약하다.[116]

지방선거의 기초단위에서 공천권을 유지하느냐, 폐지하느냐의 문제도 '오픈프라이머리' 방식의 도입문제와 연관성을 지니고 있다. 오픈프라이머리란 말 그대로 정당이란 주체가 있을 때, 가능한 것이며, 정당이 주체가 아닐 때는 오픈프라이머리란 개념이 존재할 수 없기 때문이다. 앞으로 정당이 오픈프라이머리 제도를 체계적으로 관리하고 정착시키려면 지방선거 기초단위에서의 오픈프라이머리제도부터 관리하려는 노력이 필요하다. 그것은 단순히 전국규모의 대통령선거에서 오픈프라이머리를 채택하여 선거운동 효과의 극대화를 노리는 선거전략차원의 것이 아니다. 당원구조가 취약할수록 오픈프라이머리의 제도의 이용 필요성은 배가되는데, 바로 지방선거와 같이 소지역 단위로 갈수록 정당의 당원구조는 취약하며 그래서 오픈프라이머리 도입의 논리가 정당성을 얻게 된다. 소지역 단위로 갈수록 한국 정당의 당원은 지역구 국회의원, 지역위원장, 당협위원장 등과 연계된 세력일 가능성이 크기에 기실 한국정당의 오픈프라이머리 제도 도입의 성공적 정착을 위해선 지방선거 및 국회의원 선거에서의 오픈프라이머리 제도의 투명한 관리가 중요한 것이다.

정당정치의 입지를 강화한다는 측면에서만 보자면 '정당공천제'는 나름의 효과와 의미를 지니고 있다.[117] 만약, 정당공천제가 폐지된다는 것을 전제한다면, 지방정치의 후견주의 성향은 내향적으로(implicitly) 더 심화될 가능성도 배제할 수 없기에 조심스럽다. 단체장은 좌파와 우파를 떠나 정치적 거래를 통해 양쪽의 지지를 얻어낼 수 있는 자원(예산, 정책, 인사)을 독점한다. 따라서, 정당공천제가 폐지된다는 것을 전제로 할 때, 토착세력들의 부패 및 독점구조에 대한 '위험회피적인 결정 행태'(risk-aversive behavior)라는 관점에선, 중임제 정도로 임기제한을 도입할 수 있다. 임기 제한을 더 짧은 수준으로 개편하는 것은 유권자의 선택을 법률로 강제한다는 면에서 반정치적이며, 파벌의 등장을 우려하여 자유를 제한한다는 면에서 선진적 개편이라고 하기 어렵다.

결론적으로, 저자는 이런 생각을 해 본다. 특정 제도가 또 다른 제도보다 우월하다는 생각에 집착할 필요가 없다는 것이다. 한국사회는 어떤 현상에서 문제가 발생하면 제도적 연관성에 집착하는 경향이 강한 듯하다. 어떤 제도건 장점이 있고, 단점이 있으며, 필연적 결과도 생기고, 운영하는 사람들과 시대적 사건 사고들에 따라서 예상하지 못한 결과도 생긴다. 제도를 운용하는 것은 일부 실험정신이 요구되는 것이다. 제도에 참여하는 모든 사람들의 관심과 긍정적 운용을 위한 노력이 동시에 요구될 수밖에 없는 것이다.

114 신명순 · 진영재 『비교정치』 제5판 (서울: 박영사, 2019), pp. 372-379. 파나샤지 제도를 선택한다는 것은 '개방형명부제'를 선택하는 것과 병행되어야 한다. 파나샤지 제도는 룩셈부르크, 스위스, 모나코 등에서 사용하고 있다. 해당 선거제도는 유권자들에게 정당선호기표와 인물선호기표의 혼합심리를 제공하여 보다 더 많은 선택의 자유를 누리게 하는 효과가 있다.

115 다만, 정당공천제를 현실적으로 변경하기 어렵다면, 기호제를 폐지하는 안이 더 바람직할 수 있다. 그 이유는 민주당이 정당표방을 대안으로 도입한 것이 2003년 헌법재판소의 판결에 따른 헌법적 규범때문이라는 점에 주목하고자 한다.(2003. 1. 30. 2001헌가4, "기초의회의원 정당표방 금지사건") 헌법적 규범에 따라 후보자가 정당을 표방하는 것을 금할 수 없다. 그렇다면 정당공천폐지는 정당표방제로의 변화이며, 정당이 후보자를 내되, 공천을 하지 않는다는 것은 정당의 공천과정이 '음성화' 내지는 '비공식화'된다는 것을 의미한다. 지구당위원장이 여러 명을 추천도 하고, 임의적으로 결정도 할 가능성이 높다. 현행 헌법의 규범하에서 기초단위 선거에서의 정당공천제 폐지는 정당표방제로의 전환을 의미하는 것이고, 그러한 제도적 변화는 지방선거를 개인간 경쟁으로 만들고, 포괄이라는 명분하에 정책적으로 모호한 경쟁, 후견적 네트워크를 음성적으로 심화시키는 선거경쟁을 낳을 것이다.

116 Kevin O'Leary, *Saving Democracy* (Palo Alto, CA: Stanford University Press, 2007). 올리어리(K. O'Leary)는 선출직 대표자 1인당 대표하는 유권자 수가 지나치게 많은 것을 극복하는 것이 미래 민주주의의 방향이라고 말한다. 다시 말해서, 전체 인구대비 대표자의 수가 너무 적은 것이 현대민주주의의 문제라는 것이다. 국민들이 자신들의 직접적 대표성을 늘리기 위해서 'community' 마다 집단을 형성하여 다수의 대표자를 뽑아(즉, 10,000명의 community마다 200명씩을 뽑는다든지) 구성원들의 대표하는 자가 너무 소수인 것을 극복하는 것이 필요하다고 주장한다. 다수에 대한 소수의 대표성을 지양하고, 다수에 의한 다수의 대표성이 강조되는 방향이 선진적 국민의식과 자치의식을 함양하는데 유리하며, 국민의 자기결정권을 축소하지 않을 수 있어 국민의 정치적 역량을 강화시키는 결과를 가져올 수 있다는 것이 올리어리의 주장이다.

117 정연주, "기초지방선거 정당공천제 폐지의 문제점", 『법조』 63:6 (2014), pp. 5-43. 정연주는 정당공천을 폐지하더라도 동일한 또는 유사한 문제가 발생될 수 있고, 나아가 '위헌문제'까지 야기할 수 있다고 본다. 정당공천제를 폐지하더라도 정당의 영향을 통한 지방분권 및 지방의 자율성회복이라는 소기의 목적은 달성될 수 없다고 본다.

3) 대통령선거

아무래도, 국민참여경선제를 하기 가장 용이한 선거단위는 대통령선거일 것이다. 전국단일광역구로 선거가 치러지기 때문이다. 한국 정당들은 민주화 이후 대의원 선거인단을 통한 대선후보 선출방식을 추구했다.[118] 그 동안 선거인단의 규모가 조금씩 증가하는 변화는 있었지만 당내에서 후보자를 선출한다는 원칙은 변하지 않았다. 한국에서 정당의 공직후보자 선출에 국민참여경선제가 처음 도입된 것은 2002년 제16대 대통령선거를 앞두고 실시된 각 정당들의 후보자 경선에서부터였다. 가장 먼저 국민참여경선제를 실시한 새천년민주당은 당원 50%(대의원 20%+일반당원 30%), 일반 유권자 50%의 비율로 부분개방형 경선방식을 결정하였다. 당시 경선이 실시되기 전에는 군소후보에 불과했던 노무현 후보는 국민참여경선제의 바람을 타고 정당의 후보로 당선되었다. 이와 같은 경선과정에서의 흥행과 드라마적인 요소가 노 대통령의 당선요인 중 하나로 뽑히고 있다. 당시 경선에서는 3만 5천명을 모집하는 공모 선거인단에 184만 명이 지원하였는데, 상당수가 각 후보자들의 조직에 의해 동원된 것이라 하더라도 200만 명에 가까운 정당의 행사가 실시된 것은 획기적이었다는 평가가 주를 이루었다. 한나라당도 민주당의 참여경선이 흥행을 이루자 같은 비율로 5만 명의 선거인단을 모집해서 국민참여경선제를 실시하였으나 이회창 후보의 독주로 인해 사람들의 관심을 끌지 못해 흥행에는 실패했다.

(1) 대통령 선거 경선에서의 국민참여경선제

16대 대선이후 정당들은 공천과정에 국민참여경선제를 좀 더 적극적으로 반영하기 시작했다. 2007년 제17대 대선 경선에서는 한나라당은 부분개방형 경선방식을, 대통합민주신당은 완전개방형 경선방식을 채택했다. 하지만 정당들은 경선과정에서 나타난 문제점들로 인한 당내갈등으로 내홍을 겪었다. 한나라당의 경우 상대방에 대한 비방과 의혹제기가 고소, 고발까지 이어지면서 합동연설회가 중단되기도 하였고 '당심'과 '민심'이 다르게 나타난 경선 결과를 두고 개방형 경선제도 자체에 대한 비판이 제기되기도 하였다. 당시 박근혜 후보는 사실상의 당심이라고 볼 수 있는 경선 선거인단의 현장투표에서는 앞섰으나, 민심을 나타내는 여론조사에서 이명박 후보에게 뒤처지면서 결국 경선에서 패배하였다. 이후 유권자의 민심이 당심을 왜곡한다

표 3-2 제16대-19대 주요 정당 대통령후보 선출방식

	정당	종류	방식 및 규모
16대 2002	한나라당	부분 개방형	대의원 30%+당원 20%+일반 유권자 50% 선거인단 규모 48,391명
	새천년민주당		대의원 20%+당원30%+일반 유권자 50% 선거인단 70,769명(인구 1,000명당 1명)
17대 2007	한나라당	부분 개방형	선거인단 80%(대의원2 : 당원3 : 일반5)+여론조사 20% 선거인단 184,709명(유권자의 0.5%), 여론조사 6천명
	대통합민주신당	완전 개방형	선거인단 90%+여론조사 10% 지역 1,680,840명+모바일 238,725명, 여론조사 5천명
18대 2012	새누리당	부분 개방형	선거인단 80%(책임2 : 당원3 : 일반3)+여론조사 20% 선거인단 201,320명, 여론조사 6천명
	민주통합당	완전 개방형	완전국민경선 100% 선거인단 1,083,589명
19대 2017	자유한국당	부분 개방형	책임당원 현장투표 50% + 국민 여론조사 50% 책임당원 181,480명, 여론조사 6천명
	더불어민주당	완전 개방형	완전국민경선 100% 선거인단 2,144,840명

는 비판과 국민참여경선제가 정당정치를 약화시킨다는 비판이 지속적으로 제기되었다. 이러한 갈등과 비판들은 제도 도입의 긍정적 취지에도 불구하고 제도의 적실성에 대한 의문들로 발전하였다.

여당이었던 열린우리당으로부터 수차례 탈당과 통합을 거치며 탄생한 대통합민주신당(이하 '통합신당')도 국민경선위원회를 구성하고 후보경선을 실시하였다. 16대 대선에서 국민경선을 흥행시키며 본선에서의 승리까지 이어졌던 통합신당이었기에 국민경선을 이어가는 것은 당연한 선택이었다. 통합신당의 국민참여 선거인단은 당원 선거인단과 일반 선거인단으로 구분하였으나 사실상 누구나 선거인단으로 참여할 수 있는 완전개방형방식이었다. 통합신당 역시 경선과정 속에서 갈등이 증폭되어

118 일반적으로 대의원들이 당원들과 뜻을 같이 할 수도 있지만, 반드시 그런 것은 아니다. 2018년 미국 민주당의 '슈퍼대의원'제도를 참조해 볼 필요가 있다. 슈퍼대의원은 전직 대통령, 전직 부통령, 연방 의원, 전국위원회 위원 등 당의 고위 지도자들로 구성된 당연직 선거인단이라고 할 수 있다. 슈퍼 대의원은 일반 대의원들과는 달리 자신의 주에서 가장 많은 표를 받은 후보를 뽑을 수도 있고, 자신의 소신대로 지지후보를 뽑을 수도 있다. 이렇게 본다면, 당원-대의원의 관계는 유권자-선출직 공무원의 관계에서 보다 위임성의 수준이 더욱 강하다. 말하자면, '대리인모델'(delegate model)이라기 보다는 '수탁자모델'(trustee model)에 가깝다.

경선이 중단되었고 한 번의 경선을 통해 후보자를 결정하는 '원샷'경선이 실시되면서 전국순회경선을 통한 흥행에 실패하였다. 이 외에도 특정 후보가 특정 지역에서 무더기로 지지세력을 동원하는 '박스떼기' 논란도 불거졌으며 경선투표가 진행되는 과정에서도 세칙이 개정되는 등 경선 운영에 있어 부실한 측면들을 여실히 드러냈다. 결국 통합신당의 국민참여경선제는 참여 선거인단의 평균 투표율이 16.2%에 그치면서 흥행에 실패하였고, 갈등으로 얼룩진 당내 경선과정은 본 선거에서의 처참한 패배와 정권교체로 이어지고 말았다.

한나라당과 통합신당 외에도 제3당이었던 민주당도 대통령 후보 경선에 국민선거인단을 포함시켜 실시하였다. 민주당 후보 경선은 이인제 후보의 압도적인 승리로 막을 내렸으나 민주당 역시 경선 과정에서 발생한 조직적 동원선거에 대한 비판이 발생하였고, 경선 중단, 후보 사퇴 등 갈등이 표출되면서 국민들의 관심 속에서 멀어졌다. 경선에 참여한 국민 선거인단은 투표율이 8.86%에 그쳤으며 여론조사 응답률 역시 10.25%에 그치면서 국민참여경선제라는 이름이 무색하게 되었다. 이처럼 경선과정의 갈등이 총선에서의 공천갈등까지 이어지는 등 부작용이 많았지만 국민참여경선제는 계속되었다. 어느 정도 문제점이 발생하더라도 하향식 공천이나 지도자들의 내부적 결정에 의한 방식과 비교하여 이 제도가 갖는 장점이 더 크다는 생각이 주를 이루었다. 제18대 대통령선거를 앞두고 새누리당의 경우 박근혜 후보가 경선이 실시되기 전부터 압도적인 지지를 받고 있었음에도 불구하고 나머지 후보들이 경선과정에서 각자의 존재감을 부각시키기 위한 경선 규칙과 방식을 갖추기 위한 주장을 내세우면서 갈등이 발생했다. 하지만 박근혜 후보의 지지도가 견고했기 때문에 갈등이 크게 두드러지지는 않았다.

하지만 야당인 민주통합당의 경선의 경우는 달랐다. 문재인 후보가 지지도 측면에서 앞서고 있기는 하였으나 새누리당의 박근혜 후보와 같은 압도적 우위를 점하고 있는 것은 아니었기 때문에 경선과정에서 갈등이 표출되었다. 결과적으로는 문재인 후보가 압승을 하였지만, 경선 중후반까지는 대의원 투표인 순회투표에서는 손학규 후보가 1등을 하고, 전체 투표의 90%이상을 차지하는 모바일 투표에서 문재인 후보가 1등을 하면서 '당심의 왜곡'이라는 비판의 목소리가 나왔다. 또한 모바일 투표에 참여하기 위해 신청하는 국민들의 숫자 역시 당초 200만 명을 목표로 세웠던 당의 목표와는 달리 100만 명을 겨우 넘기면서 흥행에도 실패했다. 민주통합당의 경선은 일반 국민들의 참여를 높이기 위한 모바일 투표의 비율이 결과적으로 전체 투표의 94.5%를 차지하면서 모바일 선거가 과잉 대표되었다는 반대 여론도 생겨났다. 문재인 후보의 경우 민주통합당의 후보로 선출된 이후에도 무소속 후보였던 안철수 후보와의 단일화를 놓고 또 한 번의 갈등을 연출하였다. 양 측은 단일화를 합의하였으나 전 국민을 대상으로 한 경선을 하기에는 물리적 시간이 부족한 상황에서 단일화 합의가 이루어졌고, 그 방식에 대한 의견차이도 컸기 때문에 단일화 방식에 대한 논의는 진척이 되지 못하고 갈등은 커져갔다. 결국 두 후보 간 단일화는 안철수 후보의 사퇴로 이루어졌고, 사퇴 이후 안철수 후보가 문재인 후보의 선거운동을 간접적으로 돕기는 했지만 매끄럽지 못했던 단일화 과정은 국민들의 신뢰를 전폭적으로 얻어내지 못했고 결국 본선에서 패배하였다. 선거 이후 대선 패배에 대한 각종 토론회와 보고서 등에서는 당내 경선과정에서의 갈등과 그 이후 안철수 후보와의 단일화 과정에서의 갈등이 항상 대선 패배의 원인으로 지목될 수밖에 없었다.

사람들의 생활과 문화가 다양화되고 파편화된 현대사회에서 정당의 목표와 비전을 실행하는 방법에 대한 논쟁이 다양화 될 수밖에 없다.[119] 2002년 이후 한국의 주요 정당들은 공직선거 후보선출을 비롯한 당내 선거에 국민참여경선제를 반영해왔다. 국민참여경선제의 제한적 도입, 정당들의 당원 권한 확보와 모바일 등을 비롯한 온라인 플랫폼을 활용한 정당정치 강화 노력, 신뢰성이 담보되기 전까지 여론조사 방식의 축소, 여성대표성 확보를 위한 제도적 보완 등이다. 이 제안들은 단기적 제안이 아닌 중 · 장기적 제안이 될 것이며 이러한 현실적인 제안들이 한국정치의 고질적 문제인 정당공천의 문제점들에 대한 해결책이 될 것이다.

부득이 오픈프라이머리를 수행하더라도 당원의 공천결정권에 대한 권한은 상대적으로 충분히 커야만 한다.[120] 정당공천관련 현재의 시대정신은 '상향식 공천'이다. 당원구조가 취약한 한국정당정치의 특성상 당원과 대의원이 모여서 공천 후보자를 정하는 경우, 이를 진정한 의미에서 상향식 공천이라고 생각하는 사람들이 현 단계에선 많지 않을 듯하다. 현 단계에서 오픈프라이머리제도는 분명 취약한 당원구조하에서의 후보공천의 문제점을 보완하며, 현직자(incumbents)에게 절대적으로 유리한

119 김용복, "2002년 대선과 정당구조의 변화–정당민주화는 이루어지는가?" 『경제와 사회』 56 (2002), pp. 57–84.

120 윤종빈, 정회옥(외), 미래정치연구소(편), 『정치현장에서 진단하는 한국정당과 민주주의』 (서울: 푸른길, 2017), p. 140 ('인터뷰 대상자 01'). 인터뷰 대상자가 생각하는 '충분히'란 표현의 의미는 '당원: 일반유권자'의 비율이 5:5는 부적합하며, 7:3 (최소 6:4) 정도는 되어야 한다고 말하는 것이다.

선거구도 속에서 능력 있는 정치지망생들(challengers)을 정치권에 유입할 수 있는 최소한의 통로라고 인식되기도 한다.[121]

현 단계에서 오픈프라이머리를 도입하는 경우, 몇 가지 유의할 점으로 생각되는 것들을 다시 한 번 정리해 보면 다음과 같다. ①일반유권자, 당원, 대의원을 조합한 공천선거인단 구성시에 일반유권자의 비율이 50%를 넘어서는 것은 바람직하지 않다. ②당원구조가 너무 취약하거나 선거공정성에 문제가 있다고 판단된 경우에, 일반유권자들이 참여하는 공천선거인단과 여론조사를 병행하는 것은 바람직하지 않다. 왜냐하면, 공천선거인단에도 일반유권자가 포함되고, 여론조사도 일반유권자들을 대상으로 하는 것이어서 상호배타성이 없기 때문이다. 이런 경우엔, 100% 여론조사로 하는 것이 단순명료하여 공정성에 도움이 될 것으로 판단한다. ③공천 참고자료가 아닌 최종 결과자료로 여론조사를 활용할 때, 사전에 신뢰수준과 오차범위를 정해놓아야 한다. 특히 여론조사에서 조사된 투표수보다 할당된 투표수가 커서 확대되어 환산되는 경우엔 1인 다수표에 해당되는 상황을 초래할 수도 있음에 유의해야 한다. ④당원구조가 취약한 곳에서 대의원이 상향식 공천의 기제인지에 대해서 고심해 보아야 한다. ⑤현 단계에서 오픈프라이머리의 성공적 운영은 대통령선거와 같은 전국단위의 선거가 아닌, 당원구조가 취약한 소지역 단위의 지방선거단위에서 적절한 시행여부에 달려있다.

오픈프라이머리는 당원기반이 옹색한 정당들이 선거과정에서 유권자들의 관심을 얻기 위한 차선책이라는 비판도 있다. 하지만, 비록 진성당원들을 기반으로 운영되는 정당이 있다고 할지라도 이것은 과거에 그러했고, 작금의 선거과정에서는 보다 다수의 유권자들의 관심을 얻기 위한 전략을 도외시 하기 어렵다. 전자민주주의, SNS시대의 흐름 속에서 정치과정에 참여민주주의의 속성이 과거보다 두드러지고 있다. 소위 '광장민주주의'라는 것이 '대의민주주의'의 대체제는 될 수 없지만, 보완재로서 역할을 부분적으로 받아들일 수밖에 없다.

보다 긴 호흡을 통하여 정당이 다수의 건강한 당원들을 확보하는 방향으로 노력하는 것에 문제를 제기할 사람들은 없을 것이다. 정당의 당원 조직기반이 일정 수준에 이른다면, 다수의 당원과 대의원만으로 정당이 후보공천을 긍정적 측면에서 수행해 나갈 수 있을 것이다. 정당은 오픈프라이머리를 채택하는 상황에서도 건전한 당원조직 구축 사업에 소홀할 수 없다. 당내의 작고 다양한 정책결정과정에 당원을 참여하도록 하여 당원들이 주인의식과 책임의식을 갖도록 하여야 할 것이다. 당원에 참여하려는 사람들이 늘어나도록 하는 정책을 통해서 선순환 구조를 만들어야 한다. 일정 수준의 건전한 당원조직이 있는 상태에서 오픈프라이머리를 채택하는 것과 부실한 당원조직의 상태에서 할 수 없이 오픈프라이머리를 채택하는 것에는 차이가 있다.

예상컨대 다양한 조합의 공천제도가 존재하기에 그리고 어떤 공천제도가 항상 여타의 공천제도보다 좋다고 주장할 수 없다. 공천제도의 정당성은 어떤 제도이냐 보다는 특정 공천규칙을 채택하는 과정에서의 공정성과 그러한 공천제도를 집행하는 과정에서의 공정성이 요체이다. 큰 그림에서 볼 때 오픈프라이머리는 공천과정에서의 균형을 위한 것이다. 국민들은 정당의 후보공천 결과가 국민의 상식과 눈높이에서 거리가 먼 상황을 종종 목도하며, 이 때 정당혐오감은 증가된다. 오픈프라이머리제도는 그런 차원에서 국민의 상식과 눈높이를 후보공천에 이용하려는 제도로 활용될 때, 그 의미가 가장 크게 부각될 것이다.

한국적 상황에서 국민참여경선에서의 '부정투표행태'의 완화된 형식으로 소위 대선후보 선거인단내의 '역(逆)선택'이 걱정된다면 아르헨티나의 경우를 참고할 수도 있다. 아르헨티나에선 대선 본선거 두 달전에 행하는 예비선거에서 비당원에게도 투표권을 부여하는 개방형 선거제도를 채택했고, 의무투표제에 동시선거로 치루게 된다.[122]

8. 결론과 예상: 무엇을 생각할 것인가?

공천제도는 정당이 자율적으로 결정할 일이다. 정당공천권은 개별 정당의 몫이며, 하나의 획일화된 제도로서 존재하는 것은 바람직하지 않다. 그런데 군소정당들

121 '현직자'에 대한 '물갈이 공천'이 바람직하다는 이야기는 아니다. 국회의원들의 다양한 활동들에 대한 적합한 평가 없이 선거때마다 이미 의정 경험을 쌓은 현역의원들을 대거 교체한다면 국회 전체의 전문성을 현저히 약화시킬 우려가 있다. 김도종, "국회의원 후보에 대한 정당공천의 효과성 평가: 의정활동 평가를 중심으로", 『21세기정치학회보』 25:2 (2015), pp. 51-76. 국회의원 의정활동의 최대 목적은 '재선'(reelection)이다. 국회의원직이란 경륜과 경험을 필요로 한다. 현직자 물갈이 공천은 국회의원의 질을 저하시킬 우려가 있다. 직종에서 능력과 전문성을 인정받은 자가 아예 국회의원직에 나가려고 하지 않게 된다. 한마디로 적합한 평가가 결여된(특히, 주요 당직자들의 인물 네트워크에 의한) '물갈이 공천'은 국회에 "악화가 양화를 구축하는 현상"을 초래할 수 있다. '현직자'효과가 당선결정요인으로서 중요하지만, 해당 지역구에서 활동한 현직인 경우가 중요했다. 김한나 · 박원호, "제20대 총선의 후보자 당선결정요인: 정당의 공천방식과 후보의 경쟁력을 중심으로", 『21세기정치학회보』 26:2 (2016), pp. 51-76.

122 강경희, "2011년 아르헨티나 대선", 『선거연구』 2:1 (2012), pp. 159-169.

은 아니어도, 주요정당들만큼은 상호 견제와 경쟁 속에서 제도가 수렴하게 되어 유사한 공천시스템을 갖게 되는 것이 현실이다. 정당의 공천이 잘못되면 본선거에서 해당 정당은 경쟁력이 저하될 수밖에 없다. 정당의 공천파동은 정당과 대통령이 운명을 결정하기도 한다. 정치역학의 관점에서 보자면, 박근혜 대통령의 탄핵이 실현될 수 있는 단초는 2016년 20대 국회의원선거를 위한 공천과정에서의 당내 자중지란(自中之亂)에서 비롯된다. 해당 공천파동으로 일정 수준의 압승이 예상되던 새누리당은 예상을 완전히 깨고 제2당으로 전락하게 된다.[123] 새누리당의 공천과정에서 원수처럼 싸우던 '친박'(親朴)과 '반박'(反朴)은 '반박'계 의원들이 야당에 탄핵소추안의결에 합세하면서 '대통령탄핵소추안'이 국회에서 통과되며, 새누리당에서 '반박'계 의원들이 분당하여 '바른정당'을 창당한다.[124] 국회의 대통령탄핵소추안의결에 찬성하였으며, 정당은 분당된다. 정당내 공천파동이 결국 정당파멸의 원인이었던 것이다.

공천결과에 가장 큰 영향을 미치는 것은 공천주체의 문제이다. 공천주체는 각급 선거종류에 따라서 달리 구분되는 것이 바람직하다. 당내민주주의는 공천제도를 통해서 수행된다. 일반적으로 선거인단(electorate)의 규모가 큰 선거일수록 후보선정주체(selectorate)의 규모도 클 것이 예상된다. 대통령선거는 전국이 하나의 단일 광역구로서 가장 큰 규모의 선거인단이 형성된다. 이에 공천후보자들간의 공정한 경쟁을

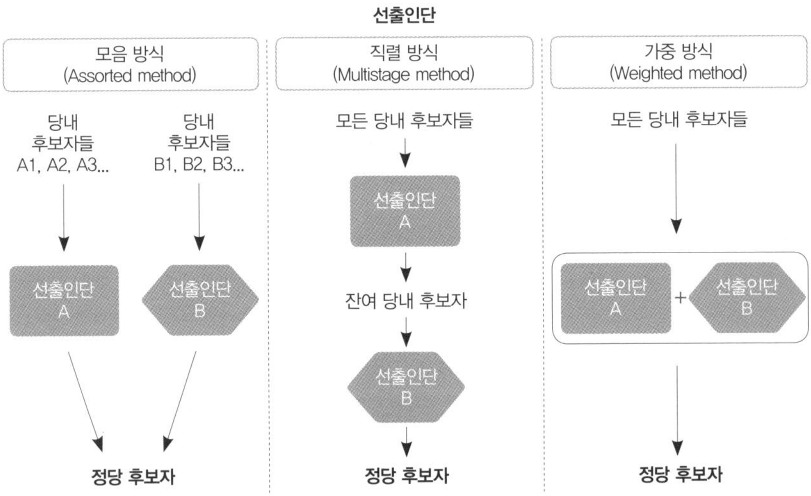

Reuven Y. Hazan and Gid'on Rahat, Democracy within Parties, (New York: Oxford University Press, 2010), p. 37.

그림 3-2 후보 선정 방법들

담보할 수 있는 제도적 장치가 있어야 한다. 하잔과 라핫은 정당의 후보자선택 분석틀을 구성하는 요소들로서 '후보자격요건'(candidacy), '공천주체'(the selectorate), '분산화'(decentralization), '지명 대 선출'(appointment and voting systems)이라는 4가지 요소를 중심으로 살펴보면서, ①'모음 방식'(assorted method), ②'가중 방식'(weighted method), ③'단계별 방식'(multistage method)의 세 종류로 분류한다.[125]

'모음 방식'이란 두 개 이상의 선출인단이 구성되고 각 선출인단별로 후보자들의 지원을 받아서 심사하는 것이다. 병립적 위치에 있는 다수의 선출인단 별로 후보자를 결정하면 그들 후보자들 중에서 최종 정당후보자를 결정하는 것이다. 하지만, 독립적 위치에 있는 다수의 선출인단이 각자의 주장을 강하게 하는 경우엔, 최종 조율단계가 쉽지 않을 것이다. 특히 현재 한국정치문화하에선 그렇게 바람직한 방법이 아닌 듯하다. '가중 방식'은 '모음 방식'의 최종 후보자 결정단계에서 문제점을 해결하기 위한 것으로 다수의 선출인단을 하나의 조직밑에 두는 것이다. 최종 후보자 결정과정은 '모음 방식'보다 수월할 수 있지만, 문제는 하나의 심사표에 선거인단의 평가를 종합하는 과정에서 영역별 점수 배분(즉, 점수 가중치)이 필요한데, 점수영역

123 2016년 4월 선거를 앞둔 시점에서 3월중에 모든 여론조사회사들과 언론사들은 새누리당의 의석수를 150석-170석으로 예견하고 있었다. 심지어는 공천파동이 있는 상황에서도 그러했다. 반면에 더불어민주당은 김종인을 공천심사위원장으로 영입하면서 공천개혁과 인재영입을 통해서 국민들의 마음에 다가섰다. 그 결과 20대국회의원선거에서의 1당은 더불어민주당이 되고 사실상 누구도 예견하지 않았던 새누리당의 2당 전락이 현실화된다. 제3당이었던 안철수의 '국민의당'이 (특히, 정당득표에서) 선전한 것이 새누리당에 더 영향을 끼쳤는지 더불어민주당에 더 영향을 끼쳤는지는 논란의 여지가 있다. 당시 국민의당은 정당득표에서 26.74%를 획득하여 13석의 비례대표를 확보했다. 새누리당은 33.50%, 더불어민주당이 25.54%을 정당득표에서 획득했다. 이에 대한 추가적인 논의는 다음을 참고. 장승진, "제20대 총선의 투표선택: 회고적 투표와 세 가지 심판론", 『한국정치학회보』 50:4 (2016), pp. 151-169. 주민혜, "국민의당 투표자 분석: 새누리당과 더불어민주당 이탈자를 중심으로", 『사회과학연구』 44:2 (2018), pp. 249-277.

124 공천파동은 국민들이 마음을 정당에서 떠나가게 하는 주요 원인이다. 정치인 박근혜는 2003년 국회에서 노무현 대통령에 대한 탄핵소추안의결이후 한나라당에 불어닥친 '탄핵역풍'으로 약화된 정당을 이끌게 된다. 2004년 4월 국회의원선거에 불어닥친 '탄핵역풍'으로 한나라당의 의석수가 2당으로 전락한다. 당시 탄핵풍속에서 치러진 국회의원선거에서 노무현 대통령이 새롭게 창당한 '열린우리당'이 과반수를 차지하며 제1당이 된다. 국민의 마음은 노무현 대통령에게 있었던 것이다. 이후 헌법재판소는 국회가 의결한 탄핵소추안을 부결시키고, 노무현 대통령은 대통령직에 복귀한다. 동시에 한나라당 이회창 후보의 대선과정에서의 '불법정치자금' 문제가 겹치면서 위기에 빠진 한나라당을 구하기 위해서 박근혜는 당대표를 맡아 기존 당사를 포기하고 '천막 당사'에 근무한다. 박근혜 당대표의 '천막 당사'에서의 근무는 국민의 마음을 샀다. 이후 거의 모든 선거에서 박근혜의 한나라당은 승리하게 된다. 정치인 박근혜는 2012년 대통령에 당선되었으나, 2016년 국회의원 공천에 청와대의 지나친 개입은 당내 분란을 일으키고 국민의 마음이 떠나면서 제2당으로 다시 전락한다. 이후 국정농단사건으로 탄핵소추안이 국회에서 의결되고, 헌법재판소는 국회의 탄핵소추안의결을 인용한다.

125 Reuven Y. Hazan and Gideon Rahat, *Democracy within Parties* (Oxford: Oxford University Press, 2010), p. 37.

은 어떻게 나누어 결정할 것이며, 가중 점수는 어떻게 배분할 것인지 사실상 주관성의 영역이 된다. 정당충성도를 30%로 할지, 50%로 할지, 정책전문성을 30%로 할지, 아니면 50%로 할지, 당선가능성을 50%로 할지, 70%로 하여 점수를 합산할 것인지의 문제이다. 결론적으로, 하잔과 라핫은 "3단계 후보선택방식"[후보스크린위원회 1차심사 → 정당위원회의 2차심사(후보자의 축소 및 현역위원 평가) → 당원들(최종후보결정)]에 선호를 두고 있는데, 이 방식이 국가와 각급 선거 모두에서 폭 넓게 사용될 수 있는 방식일 것이다.[126]

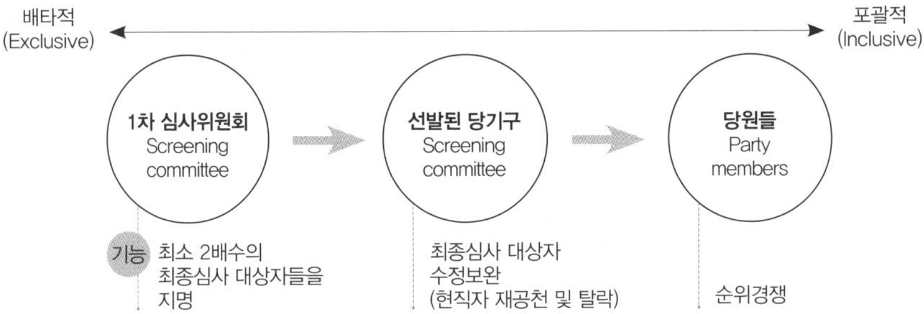

Reuven Y. Hazan and Gid'on Rahat, Democracy within Parties (New York: Oxford University Press, 2010), p. 174.

하잔과 라핫의 '단계별 선택방식'에서 두 가지의 특성을 발견하게 된다. 첫째, 정당공천의 단계가 점점 더 큰 선출인단로 올라가는 것을 알 수 있다. 둘째, 공천주체는 정당내부에서 결정하며, 외부에서 개입하는 경우는 후보스크린위원회라는 1차심사모임에 참여하는 것이다. 외부참여자들은 다수의 공천후보자들을 몇 배수로 걸러내면서 복수 후보자들을 추천하는 데만 관여하며, 최종 의결권은 철저히 당원들에게 있다는 것이다. 하잔과 라핫의 해당 모델은 한국의 국회의원선거나 지방선거 수준에서 활용하기에 적합한 것으로 생각된다. 공천분란을 해결하기 위해 궁여지책으로 여론조사를 활용하기도 하지만, 바람직한 방법이라고 보기 어렵다. 해당 지역구 단위에 소속된 당내 구성원들이 내부 대의체를 구성하되 대의체의 형식, 규모, 내용은 정당별로 합의에 의해서 해결하는 것이 좋겠다. 물론, 단계별 방식 역시 가중치 방식의 한계를 극복한 것은 아니다. 1단계 평가에서는 가중치 방식을 사용하는 경우가 많기 때문이다. 단계별 방식이 갖는 가장 큰 특성은 최종 단계에선 다수의 후보자선출인단이 공천후보자들을 결정한다는 것이며, 만약 최종단계에서 이전 단계보다 다수가 결정하는 체계가 아니면 이 역시 공천결과에 대한 논란은 있을 수 있다. 단, '모음 방식'과 유사한 수준의 거래비용이 들지만, '모음 방식'보다 '순응 비용'은 더 높을 수 있을 것으로 예상된다.

지역구 단위의 선거공천에서 또 다른 논점의 하나는 '현직자 프리미엄'(incumbent premium)의 문제이다. 현직의원은 평소의 활동이 곧 선거활동이라고 보아도 과언이 아니다. 현직의원은 지역구 내의 당원들과의 관계에서도 유리하다. 하지만, 이런 현상은 어디에서나 있는 것이다. 특정 정치인이나 정치후보가 지역구내 몇몇 이익집단들과 보다 특별한 관계에 있는 것은 어떤 제도로 막을 수 있는 것이 아니다. 어느 곳에서나 공천과정은 과열되기 마련이다. 현직자와 신인을 별도의 심사서류기준을 마련하는 것은 복잡한 일이며 공정성을 보장해 주는 것이 아니다. 1차 스크린과 2차 후보자축소를 넘어서는 과정에서 정치신인은 인정받도록 노력할 필요가 있다. 선출직의 문턱이 낮으면 높은 것보다 더욱 문제가 발생한다. 그대로 경쟁하는 것이며, 최종 결정은 해당 지역구 당원들의 '대의체'(代議體)나 '전원체'(全員體)에서 결정하면 된다. 지역구내 최종 공천후보를 대의체에서 결정할지, 전원체에서 결정할지의 문제는 정당내부의 문제이며, 어떤 정당에게나 획일적으로 통용되는 기준이 있을 수 없다. 심지어는 모든 지역구에서 그렇게 할 필요도 없다. 이것은 해당 정당의 지역구내 당원들의 합의에 의한 것이다. 그래서, 당원제도는 사실상 전국 단위에서의 당원보다 지역구 단위에서의 당원이 더욱 중요한 것이다. 지역구 단위에서 당원들은 동원된 사람들로 구성되어서는 안 되는데, 그렇게 본다면 여전히 지역구민들의 정당정치에의 관심도와 참여율이 숙제로 남는다. 특정 지역구의 당원이 부실하거나 부패한 경우, 중앙당은 해당 지역구에 전략공천을 할 수도 있는 것이다. 정당공천의 질(質)은 상대정당 후보뿐만이 아니라, 같은 정당내 다른 지역간의 비교에 의해서도 영향받게 되는 것이다.

지방선거에선 기초단위가 문제이다. 기초단위에서 '정당공천제'를 폐지해야만 한다. 현실정치의 차원에서 '정당공천제'에 대해서 일부 기대도 있었다. 하지만, 그 결과는 바람직하지 못하다. 지역구의원들이 선별하는 기초의원들은 정당공천제하에선 사실상 준(準)임명제'에 가깝다. '기초자치단체장'은 정당공천에서 해방시키는 것이 좋다. 생활정치, 골목정치에 당파성이 있을 이유가 없다. '기초자치단체장'을 정당공천에서 해방시키면 카운터파트인 '기초의원'도 동시에 정당공천제를 폐지하는 것

126 Reuven Y. Hazan and Gideon Rahat, *Democracy within Parties* (Oxford: Oxford University Press, 2010), p. 174.

이 좋겠다. 행정부인 단체장을 견제하는 것이 입법부 의원들이다. 한쪽은 당파성이 있고, 한쪽은 당파성이 없는 경우, 그 결과는 여전히 당파성에 의한 정치이다. 행정부가 당파성이 없어도 당파성을 지닌 입법부가 견제하는 경우, 의제설정과 정책결정은 당파성으로 흐르게 된다는 의미이다. 현재의 '정당공천제'를 '정당표방제'로 바꾸자는 의견도 있지만, '정당표방제'가 존재하는 상태에서 기초자치단체장과 기초의회의원의 당파성은 한국정치문화의 속성을 고려할 때, 골목정치에서 당파성을 제거하는 효과가 일부 인정되지만, 그렇다고 해서 그다지 커다란 효과는 없으리라고 예상한다. 정당표방제하에선 기초의원선거에 많은 수의 후보자들이 자유롭게 출마한다고 해도, 결국 선거에서 승리하는 후보는 지역구 국회의원들이나 광역의원들에 의해서 정당조직의 도움을 받는 후보자일 것이기 때문이다. 이런 의미에서 정당표방제는 후견주의가 음지화되는 효과를 배제할 수 없다.

대통령선거수준에서는 상황이 다르다. 공천주체가 외부로 열리면서 보다 더 큰 규모의 공천선거인단이 형성되는 것은 오히려 정당이 바라는 바일 것이다. 이제 정당은 자신의 '정보 기반'을 확대함으로써만이 좀 더 효과적으로 활동할 수 있게 된다.[127] 정당이 선거공천에서 국민참여경선제를 활용하는 것은 기관의 이익을 위해서이다. 국민들의 관심과 흥행에 국민참여경선제가 도움이 되기 때문이다. 따라서 정당과 대중들의 이해관계가 맞아 떨어지는 국민참여경선제는 지속적으로 활용되면서 확대될 가능성이 있다. 더욱이 시대 배경도 참여민주주의적 속성이 정치과정에서 빈번히 나타나고 있다.

한국에서 국민참여경선제는 유권자들의 적극적인 참여문화가 필수적인 제도임에도 불구하고 그 도입 과정에 있어서 자발적인 참여문화가 형성되지 않은 채 정치권에 의해 선거전략적 차원에서 도입되었다는 태생적인 한계점을 갖고 있다.[128] 이러한 한계점은 당대표 및 대선후보 공천과정에서 당내갈등의 가장 주요한 원인이 된다.[129] 또한 젊은 세대로 갈수록 정당 활동에 참여하지 않는 사회문화 속에서 국민참여경선제가 당원 활동의 필요성을 더욱 낮추게 되면서 정당정치를 더욱 악화시키게 될 것이라는 점도 고민해봐야 한다.[130] 이와 더불어 정치혐오감으로 인해 여론조사 응답을 거부하는 문화 속에서 낮은 응답율로 인한 여론조사의 신뢰성 하락으로 인해 국민참여경선제의 신뢰성도 함께 낮아졌다. 마지막으로 여성의 고위공직 진출이 여전히 쉽지 않은 한국적 문화 속에서 선호투표형식인 국민참여경선제는 그렇지 않아도 낮은 여성대표성을 더욱 악화시킬 것이라는 문제점도 제기되었다.

베버는 그의 연구인 '직업으로서의 정치'에서 대중들이 "감정에 치우치는 성향"으로 인해서 공적인 문제를 판단함에 있어서 부적절하다고 생각했다. 베버는 대중들이 공적차원에서 정책을 이해하고 판단하는 데는 부족하지만, 지도자를 선택하는 일은 할 수 있다고 보았다.[131] 이런 점은 슘페터도 마찬가지이다. 슘페터는 대중이 할 일은 지도자를 선택하는 것이고, 그 이후에 선택된 지도자는 본인의 판단으로 알아

127 B. Ackerman and J. Fishkin, "Deliberation Day", J. Fishkin and P. Laslett (eds.) *Debating Deliberative Democracy* (Oxford: Blackwell, 2003).

128 한국정치에서 국민참여경선제의 긍정적 효과보다는 부정적 측면이 더 부각된 이유 중 하나는 제도가 도입되는 과정에서 찾아볼 수 있을 것이다. 미국의 예비선거제도의 경우 코커스나 전당대회를 통해 후보자를 결정하게 된 것은 당원과 일반 국민들이 제도의 개혁을 요구하여 얻어낸 성과물이라고 볼 수 있다. 즉, 국민참여경선제라는 상향식 공천제도를 얻어내는 과정 자체가 상향식으로 이루어졌다고 볼 수 있는 것이다. 하지만 한국의 경우에는 그 도입의 배경과 과정이 미국과는 달랐다. 2002년 새천년민주당의 국민참여경선제는 당시 각종 여론조사에서 한나라당의 이회창 후보가 압도적인 우위를 보이자 분위기 반전을 꾀하기 위한 궁여지책으로 나온 방안이었다. 그 뒤에도 각 정당들은 2002년의 사례처럼 각 정당이 처한 불리한 상황을 돌파하기 위한 방법으로 주로 흥행을 일으키기 위한 수단으로서 국민참여경선제를 선택한 경우가 많았다. 그러다보니 이 제도를 도입하고 결정하는 과정이 당 지도부들에 의해 이루어졌고, 대부분의 경우 제도의 세부적인 규칙들에 대한 합의가 이루어지지 않은 채로 도입이 결정되었다. 이처럼 제도의 도입이 일반 당원과 어울림이 적극적인 참여문화가 형성되는 과정 속에서 이루어진 것이 아니었기 때문에 제도와 문화의 적합성이 낮을 수밖에 없었고, 이로 인해 제도의 근본이자 장점을 가장 잘 살려낼 수 있는 원동력인 참여율이 저조할 수밖에 없었던 것이다. 수십 만, 많게는 백만을 넘는 국민 참여 선거인단이 모집된 이후에 경선에선 절반에도 못 미치는 낮은 참여율을 보였다는 점은 선거인단 참여자의 다수가 자발적인 참여가 아닌 조직적 동원에 의한 참여였음을 반증한다.

129 이처럼 제도가 자발적 참여의지가 아닌 지도부의 결정에 의해 결정된 것은 또 다른 문제점을 유발했다. 제도를 도입한 당사자들은 제도의 세부적인 내용을 결정하는 데 있어서 한국적 상황을 고려한다거나, 이 제도의 장점을 잘 살려내기 위한 방안을 고려하는 것이 아니라 각자에게 유리한 방식이 무엇인지를 고민하면서 제도를 구체화시켰기 때문에 그 과정에서의 갈등이 유발된 것이다. 국민참여경선제를 완전개방형으로 할 것인지, 부분개방형으로 할 것인지를 비롯하여 개방형 경선의 구성 비율은 어떻게 할 것인지, 경선 방식은 현장 투표로 할 것인지, 모바일 투표로 할 것인지 ARS전화로 할 것인지 등이 명확하게 제도화되어있지 않았기 때문에 이를 둘러싼 당내 갈등이 발생하였다. 이처럼 제도의 불안정에서 오는 갈등은 경선이 치러지는 중간에도 발생하였고, 경선 중간에 룰이 바뀌는 경우도 생겨났다. 문제는 이러한 경선의 세부 방식에 대한 갈등은 지금까지도 이어지고 있다는 것이다. 이는 정치인들이 세부 방식에 대한 확고한 신념을 갖고 주장하는 것이 아니라 선거 때마다의 상황과 분위기에 따라 자신들에게 유리한 방식을 주장하다보니 발생한 것으로 각자의 이해관계를 버리고 제도의 본질에 대한 근본적인 논의를 거쳐서 합의를 이끌어내지 못한다면 이러한 갈등은 계속될 것이다.

130 한겨레 신문, 2016. http://www.hani.co.kr/arti/society/society_general/727772.html (검색일 : 2016.12.1.). 한국에서 정당 활동 참여문화가 점점 하락하고 있는 것은 주요 정당들의 당원 연령을 통해 가늠해 볼 수 있다. 2015년 기준으로 더불어민주당의 대의원 평균 연령은 58세이며 20~30대 비율은 9%에 그치는 것으로 알려졌으며 새누리당의 경우에도 공개하고 있지는 않지만 이와 비슷한 수준인 것으로 알려져 있다. 이처럼 한국에서는 젊은 세대로 갈수록 기성세대와 비교하여 정당 활동에 참여하는 문화가 형성되어 있지 않기 때문에 참여를 독려하는 제도가 도입되더라도 그 제도가 오롯이 효력을 발휘하지 못하는 것이며 온라인, 모바일과 같이 참여를 좀 더 쉽게 만들어주는 기제가 제 역할을 하지 못하는 것이다.

131 여기서 지도자를 선택한다고 함은 투표장에서 투표행위를 한다는 협의의 차원이며, "지도자를 제대로 선택한다"는 의미와는 거리가 있다.

서 정치를 하게 된다고 보았다. 베버에 따르면, 민주주의는 지도자가 있는 민주주의와 소명의식없는 직업정치인들의 민주주의로 구분되는데, 근래 한국의 정치상황은 국가, 사회, 민족에 대한 소명의식없는 직업정치인들의 민주주의가 아닌지 걱정해야 할 단계이다. 국민참여경선제와 극단의 대비를 보이는 제도로서 '인재영입위원회' 제도가 있다. 최근에 이를 통해서 발탁되는 인재들이 알고보면 당내의 당직자들과 연줄로 이어져 있거나 이미지 정치로 한정되는 경우가 대부분이어서 소명의식없는 직업정치인을 재생산할 가능성이 있다. 인재영입위원회와 단적으로 대조되는 제도라는 차원에서 본다면, 국민참여경선제가 소명의식없거나 이미지 정치를 양산하는 정치인들을 몰아내는데 기여할 수도 있을지 기대해 본다.

지도자를 제대로 선택하는 일이 정책을 제대로 평가하는 일과 구분되는지 아닌지에 대해서는 논란의 여지가 있다. 한국정치에서 국민참여경선제가 갖는 문제점은 인기영합식 정치행태가 확산될 수 있다는 우려이다. 정책적 능력과 정치적 협상능력을 기르기 위해서는 현실정치에 뛰어들어서 활동하는 것이 가장 좋은 방법이다. 하지만 정치권에 대한 불신이 높은 한국정치의 현실 속에서 현실정치에 뛰어들게 되면 정치권에 속해있다는 것 자체가 국민들로부터 참신한 평가와 인기를 얻기 어려운 요소로 작용할 수 있다. 그렇기 때문에 출마를 목표로 하는 사람들이 정당 활동이나 현실정치에 참여하는 것보다는 인기를 얻고 대중적 인지도를 높이기 위한 활동에만 몰두할 수 있다. 이렇게 될 경우 정당들도 외부에서 인지도가 높은 인재들을 영입하는 것에 집중하게 되면서 정당의 가치관에 맞는 인재를 육성하는 일에 소홀해질 수밖에 없다. 실제로 한국의 정당들은 외국의 선진정당들과는 달리 인재육성시스템이 존재하지 않는다. 국민참여경선제가 제도화된 정당이 없는 한국 정당정치의 현실 속에서 책임정당정치의 후퇴에 대한 우려를 낳고 있는 것도 사실이다. 2011년 서울시장 재・보궐선거에서 민주당의 후보가 무소속 후보에게 단일화과정에서 패배하며 민주화 이후 처음으로 제1야당이 서울시장 선거에 후보를 내지 못했고, 2012년 대선을 앞두고도 무소속 안철수 후보가 대선후보 지지도에서 1위를 달리면서 정당정치 위기의 심각성에 대한 문제제기가 계속되어 왔다. 대선후보로 거론되었던 반기문 UN사무총장 역시 정당에서 정치활동을 한 사람이 아니다. 정당의 공직후보자 선출 과정을 비롯하여 당의 지도부를 선출하는 데 당원을 포함한 당내의 동력에 기반하기 보다는 정당 외부의 일반 참여자들에 의존한다는 것은 과거 고전적 의미에서의 정당정치에서는 상상하지 못할 일이다. 이처럼 허약한 정당정치의 약점을 보완하기 위해

외부의 동력에 의존하는 제도가 오히려 정당정치 제도화의 근본을 계속 허약하게 할 수도 있는 점은 계속 주시하며 유의할 필요가 있다. 외부로부터의 국민참여란 동력은 정당이 포용하면 대의제 기능에 도움이 되지만, 정당과 호의적 관계가 아닌 경우엔 '참여제' 기능으로의 광장정치의 기제인 것이다.

한국민들은 여전히 한국이라는 국가를 높은 수준의 경제발전과 낮은 수준의 정치발전이 공존하는 국가로 인식한다. 한국민들은 높은 수준의 정치적 불신감과 정치혐오감을 나타내며 정치개혁을 주문하고 있다. 2012년 12월 제18대 대통령 선거에서도 '정치개혁'은 주요 이슈였다. 정치개혁의 내용은 다양한 차원에서 접근이 가능하지만, 한국정치과정에서 정치개혁의 근본적 출발점이자 직접적 대상은 '정당개혁'이다.[132] 한국민의 정치 불신감은 근본적으로 한국 정당정치에 대한 불신감에서 비롯된다. 따라서 정치개혁 프로그램은 정당개혁에서 출발할 수밖에 없다. 가장 체감도가 높은 방안은 정당의 후보자 공천심사권을 '국민'에게 돌려주는 일이다. 얼마전만 해도 국민이란 해당 정당의 구성원인 당원과 지지자 다수로 한정되었지만, 2017년 이후엔 '완전국민경선제'가 도입되면서 당원과 지지자뿐만이 아니라 모든 일반시민들이 예비경선에 참여하는 제도로 진화하고 있다. 2017년 제19대 대통령선거를 앞두고 더불어민주당은 100% 완전국민경선제를 실시하였다. 카운터파트로서 자유한국당은 국민여론조사 비율을 50%로 하였는데, 서로의 경쟁 속에서 두 주요 정당이 모두 완전국민경선제를 동시에 채택하면서 경쟁하게 될 개연성도 배제할 수 없다. 실제로, 2016년 20대 국회의원선거에서 두 정당은 지역구후보 공천방식의 하나로 국민여론조사 100%(안심번호 국민경선)을 실시한 바 있다. 이것은 정당 진화의 방향이 다수의 기간당원을 두는 조직적 차원을 강화하면서도, 그와는 별도로 보다 다수의 일반

132 1987년체제이후 한국의 정당개혁은 급류를 타고 진행되었다. 카리스마적인 1인 보스들의 정치적 퇴장, 선거문화 및 투표행태의 변화, 유권자들의 정치 불신 팽배 등 기성 정당을 둘러싼 정치적 환경이 급변하였고, 정치가들은 스스로의 생존을 위해 정당개혁에 나서지 않을 수 없었다. 그럼에도 불구하고 기성 정당 및 기득권을 가진 정치인들의 변화에 대한 저항 또한 만만치 않았다. 시대의 대세는 '개방형 정당'으로 가고 있는데, 이러한 흐름을 거스르기 어려울 것이며, 당분간 정당진화의 방향에 '개방성'이란 속성이 영향을 미칠 수밖에 없을 것이다. 이제까지의 정책정당화는 "원내기능의 강화"에 방점을 두어 왔다. 한국 정당개혁의 요체가 1인 지배의 사당적 구조를 탈피하고 국민참여의 책임있는 정책정당을 만드는 것이라면, 그 방향의 한축은 참여당원의 확충과 당내민주주의의 실현이며, 다른 한축은 의회 정상화와 민주주의의 발전을 위한 원내정당화이다. 모바일 SNS시대에 정당 개혁의 가장 핵심적인 과제는 국민참여의 정당이자 책임있는 정책정당의 실현이다. 국민참여정당과 정책정당화의 실현은 상호 모순적인 것이 아니라 상호 보완적으로 동시에 추구해야 하는 것이다. 국민참여는 한편으로는 기존에 껍데기만 있던 "기반조직"의 창조와 강화를 통하여, 다른 한편으로는 "국민경선"과 같은 상향식 공천 참여를 통하여 가능하다.

시민들에게도 공천에 관여할 수 있는 권한을 주는 방향으로 흐르고 있음을 나타낸다. 물론 그렇게 하는 것이 정당의 득세에 유리하기 때문일 것이다.[133]

이제까지 정당의 국회의원, 지방자치단체장, 지방의회의원의 공천심사권은 중앙당 공천심사위원회의 소수 당직자 및 일부의 외부 심사위원에게 있었다. 국민들은 선거에서의 후보자들에 대한 투표 행위 이외에는 정치권과 연계될 수 없었다. 공천권을 국민에게 돌려주는 것만으로도 정당개혁을 통한 정치개혁의 대강이 완성될 수 있다. 그리고 공천주체(selectorate)의 규모가 확대되는 경우 이념적 집착과 이로 인해 과열된 정당간 경쟁에 함몰되지 않는 정책적 유연성을 지닌 정책정당을 유인해 낼 수 있을 것으로 예상해 본다. 특히 '완전국민경선제'의 방향으로 흐른다면 앞으로 그런 경선에서 선출된 자들은 이념적 유연성을 지닌 '중도정책' 정당으로써 국가의제를 설정하고 의회정치를 이끌 가능성이 있지 않을까 예상해 본다.

국민 입장에선 정당이 정책으로 국민들과 소통하며 그러한 정책을 실현할 수 있는 후보자를 공천하기를 원한다. 정당의 소수 당직자뿐 아니라 보다 많은 정당 구성원들이 후보자 공천에 관여할 수 있는 인터넷 사이트를 개설하고 '전자투표'를 활용하여 그들의 의견을 반영하는 것만으로도 정당은 더 이상 국민들에게 결코 애물단지가 아니다. 한국정치과정에서 정치개혁은 국민들의 정치 불신감을 해소하는 것이어야 하며, 이를 위해서 정당의 후보 공천심사권을 국민에게 돌려주어야 한다. 공천심사권을 보다 많은 사람들이 공유하는 것이 가장 직접적이며 효과적인 정치개혁 프로그램이 될 것이다.

한국에서 '중도층'이나 '무당층'은 선거경쟁에서 선택지가 없다는 말이 있다. 역설적으로 유권자들 입장에서 자신들을 대변하는 기관들이 모두 존재하여 완전한 선택지를 갖게 되는 경우엔, '국민참여경선제'라는 것은 필요없을는지 모른다. 만약, 몇 개의 군소정당이 존재한다고 해도, 결국 두 개의 주요 정당을 위주로 정치가 펼쳐지는 현실하에선 국민들의 선택지는 제한받을 수밖에 없다. 중도정당이 기관으로서 존재하지 않고, 시대상황에 맞추어서 정책적 유연성을 갖고서 경쟁구도상에서 기능적으로 중도정당이 존재하도록 하려면, 유권자들이 단순히 정당간 선거에만 참여하여 투표하는 것이 아니라, 공천과정에서부터 더욱 적극적으로 참여할 필요가 있다.[134] 정당조직의 성격은 정당조직 자신이 선택할 문제이지만, 바람이 있다면, 특히 정치과정을 지배하고 있는 두 개의 주요정당은 기능적으로 '중도정책정당'으로 거듭날 필요가 있다. 중도우파-중도좌파의 주요한 두 개 정당은 중도정책정당이 되어야 한다는 것이다. 단순히 유능한 정책전문가를 정당이 공천하는 데 성공한다고 해서 끝이 아닐 수 있는 것이, 유능한 정책전문가도 특정 정당의 의원으로서 의회에 진출하면 투사로 변신하는 것이 한국정치문화의 현실이기 때문이다.

국가단위에서 민생을 위한 정책결정을 담당하는 정치행위는 중(重)한 것이며, 문제는 이를 담당할 수 있는 자질과 격이 있는 자들이 정치를 해야한다는 것이다. 그렇다면, 문제는 이것이다. 공천제도 역시 근본적인 문제 해결책이 아니라는 것이다. 어떤 좋은 공천제도가 있어서 이를 채택한다고 하더라도 자질과 격을 지닌 지원자들이 없다면, 공천제도는 사상누각(砂上樓閣)이다. 현재, 한국정치과정에 '유능하지만 부패한 보수', '청렴하지만 무능한 진보'라는 이미지로부터 '양쪽 모두 무능'하고 '양쪽 모두 부패'했다는 스테레오타입이 형성되고 있다. 포퓰리즘에 기대는 정치꾼들을 몰아내고, 유능하면서 국가와 사회에 대한 사명감과 이를 정책적으로 구현하는 능력과 양심을 겸비한 자들이 정치권을 채워야만 한다. SNS상에서 난무하는 정제되지도 않고 사실과 부합하지도 않은 채 난무하는 의견들 속에서 자신을 정체화시킨 자들이 정치를 해서는 안된다. 양심과 능력을 겸비한 정책전문가들이 선출직에 지원하도록 사회 분위기를 형성해야만 한다. 정당에 공천을 받기 위해 지원하는 자들의 자질과 격이 낮다면 공천제도를 논하는 것은 아무런 의미가 없다.

정치권에서 갈등이 조정되어 축소되지 않고, 갈등이 확대 재생산되는 것은 정치를 모르는 사람들로 구성된 집단이 정치를 하고 있기 때문이다.[135] 대통령제를 유지

133 정당은 특히 선거과정에서 정당이 민심을 반영하고 있다는 선전전략으로서 '여론조사방식'을 사용할 수 있다. 후보자 공천결정방식으로서 여론조사방식은 그 방법론과 신뢰성에 있어서 유의해야 할 점이 많음은 앞서 지적한 바와 같다. 여론조사방식은 후보자공천의 결정방식보다는 참고방식으로 활용되는 것이 현 단계에서는 더 바람직해 보인다. 2019년 국회에서 '패스트트랙'(신속처리안건)의 하나로 선거연령이 '만19세'에서 '만18세'로 낮추어 지면서 이제 2020년 4월 15일 제21대 국회의원선거에서 '고(高)3학생들'이 투표를 하게 되었다. 이러한 시대적 변화는 양분적 논의로 하자면, 정당이 당원중심의 기관적 성격보다 보다 포괄적인 '국민참여'의 기관적 성격과 더 경선제'로의 방향과 친화력이 있는 변화라고 할 수 있을 것이다.

134 채진원, "진영논리의 극복과 중도정치에 대한 탐색적 논의", 『민주주의와 인권』 14:1 (2014), pp. 307–343. 채진원에 따르면, '진영논리'가 긍정적 의미(한국의 민주화과정에서 반독재화 진영)와 부정적 의미(일종의 교조주의로서 시대착오적 패러다임의 성격)로 모두 사용될 수 있는데, 우리사회의 문제는 부정적 의미가 정치과정을 지배하고 있다는 것이다. 시간의 흐름속에서 진보는 더욱 더 진보적으로, 보수는 더욱 더 보수적으로 양극단화되는 경향이 있다는 것인데, 이는 이념을 대변해 온 정당이나 엘리트들의 이념적 양극화가 강하게 나타나는 반면에 유권자층에서는 중도층(또는 무당층)이 늘고 있다는 것이 문제라는 것이다. 결국, 채진원은 한국사회에서 이념중심의 대중정당모델은 한계가 있으며, 진정한 유권자속의 정당으로 거듭나는 길은 유권자네트워크정당–원내정당을 실현하기 위해선 '완전국민경선제도'가 유용한 수단이라고 주장한다.

135 전국의 정치외교학과는 앞으로 학과 명칭에 걸맞게 예비 정치인들을 길러내는 곳으로 변화할 수 있는 교육

하는 한 대통령도 대한민국헌법이나 국가관에 대한 최소한의 소양도 없이 선거캠프에서 작성한 공약집에 의존하는 정치를 끝내야만 한다. 이것은 단순히 공천제도의 문제는 아니다. 시민교육과 최소한의 정치적 자질에 대한 문제이다. 루소(J.J. Rousseau)의 지적처럼 교육이 중요하다.[136] 앞으로 민주시민으로서의 자질을 갖추지 못한자는 민주사회의 지도자가 될 수 없다. 다양한 내용들의 핵심은 '정치가'들의 자질과 격에 대한 불신으로 회귀된다. 국회에 대한 불신은 다차원적인 문제임에도 불구하고 결국 대통령이나 국회의원의 자질에 대한 불신이다. 대통령제에 대한 불신이라기보다 대통령에 대한 불신이다.[137] 국민들은 그들의 대표자가 능력이나 도덕에서 그들과는 차별성을 지닌 사람이기를 원하거나, 최소한 그들과 공감할 수 있는 일반적 시민의 성향을 갖기를 원한다. 그런 자질을 지닌 정치인이 의정활동을 할 때, 국민들은 대의민주주의에 대한 불신이 낮아진다.

시대환경이 급변하고 있다. 시민들의 교육수준은 높아지고 따라서 시민들 개개인에게 있어서 국가의 정치제도나 경제제도에 대한 높은 수준의 불만감과 정치효능감이 상반되어 동시에 작동하게 된다. 그런 상황에선, 역설적으로 '철인'(哲人)이 필요할는지 모른다.[138] 공공성이 강조되는 사회에서 그람시가 말하는 '유기적 지식인'이란 인간 자질이 대표자들에게 필요하다. 대의민주주의의 중심인 정당을 기준으로 한 국정치과정에서 '유기적 인간'으로 정의한다면, 대통령은 자신을 당선시킨 정파와 지지층에 대한 공약을 잊지 않으면서도 동시에 자신의 반대세력을 포용하는 탕평에 능한 인간일 것이다. 국회의원들은 자신을 공천한 이념적 기관인 정당의 뿌리를 잊지 않으면서도, 정당을 넘어선 국가와 전체시민의 이익을 대표한다는 유연성있는 책임의식을 지니는 인간일 것이다. 지방의원들은 지방자치사무에 전념하면서도 지방자치사무가 단순히 소지역단위의 '정체성의 정치'(identity politics)적 차원을 넘어서 이웃지역과의 공존에 대한 책임의식이 있는 인간일 것이다. 창조적 인간을 선택하여 공천한다는 것이 쉽지 않을 것이다. 그렇지만, 그런 자질을 지닌 인물을 공천해야만 대의민주주의에 대한 불신이 극복된다. 달리 길이 없다. 과거 '철인'과 '유기적 지식인'에 대한 의미는 현대 한국사회에서 소위 '창조적 인간'이라는 용어로 포괄된다고 본다. '창조적 인간'이란 자신이나 소속 기관의 입장과 더불어 전체 집단의 마음을 헤아리는 인간이다. '창조적 인간'으로 구성된 국회를 확보하는 길이 대의민주주의에 대한 시민 불만을 최소화 하는 길이다. 그러면 어떻게 '창조적 인간'을 국회의원으로 보낼 것인가? 정치과정에서 '정당공천'이 중요한 이유이다.

정당이 창조적 인간을 국회로 보내기 위해선 결국 '정당공천제도'가 중요할 수밖에 없다. 두 가지의 논점이 핵심이다. 시대정신에서 자유로운 것은 드물다. "국민들에게 공천권을 돌려준다"라는 시대적 정신이 문제라고 보기 어렵다. 문제는 국민들이 공천권을 돌려받을 준비가 되어 있는가 하는 점이다. 상향식 공천의 형식을 배제할 수 없는 경우, 상향식 공천을 하는 집단 구성원들의 성격이 중요하다는 의미이다. 현재 한국정치과정에서처럼 정치적 무관심 수준이 높은 곳에서 '상향식 공천집단'이란 결국 소수 기득권자에 의해서 동원된 사람들로 구성된 집단일 개연성에 대해서 걱정하는 목소리가 있다. 형식은 상향식 공천인데, 내용은 가장된 하향식 공천이라는 것이다. 한국정당들이 진성당원을 얼마나 갖고 있느냐는 꾸준히 제기되어온 문제이다. 국회의원을 '오픈프라이머리'(소위 '국민공천제')에 의해서 공천할 때, 보다

기관의 역할을 해야 한다. 정치외교학과는 예비 정치인들에게 건전한 국가관, 도덕성, 사회적 책임에 대한 프로그램을 마련해야 할 필요가 있다. 나아가 사회에는 정치인들을 재교육하는 정치교육기관이 필요하다. 정치인들도 최소한의 정치적 자질에 대한 교육을 받고서 정치를 해야만 한다. 그렇지 않으면 국민들은 혼란스러운 '정체성의 정치'(identity politics)의 시대에 이익집단들의 입장만 강변하거나 정책전문성을 결여한 자질과 격이 낮은 정치인들과 맞닥트리게 될 것이다. 정치를 할 사람들은 정치, 경제, 법률, 정책에 대한 기본 소양이 요구된다. 자신은 정치적 소양도 없으면서 참모들의 도움만으로 정책을 입안하는 자들을 경계해야 한다.

136 함성득은 성공한 대통령이란 실패하지 않는 대통령이라고 정의한다. 이렇게 본다면, 중간만 해도 실패한 것은 아니니 성공한 대통령이 되는 것이다. 함성득은 대통령이 실패하지 않는 국가정책을 수행하는 것으로서 대통령 자신의 삶과 괴리되지 않는 정책을 추구하는 것을 지적한다. 자신의 인생역정의 연장선상에 있을 때 국민들의 공감도도 높아지고 정책을 보다 자신감있게 몰아부칠 수 있다는 것이다. 김영삼 대통령의 하나회 척결과 신한국건설, 문민정부 수립은 그의 인생역정과 연계된 것이어서 강력한 추진이 가능했지만, 세계화 정책은 그의 인생역정과는 별 상관이 없는 것이었다. 김대중의 대북정책과 햇볕정책은 그의 인생역정과 연계된 것이었기에 강력히 추진할 수 있었다. 노무현대통령의 탈권위주의와 참여정부는 그의 인생역정과 상관있지만, 비자금문제가 불거졌을 때, 대통령의 자살이라는 비극적 상황이 발생했다. 이에 대해서는 함성득 『제왕적 대통령제의 종언』(파주: 섬앤섬, 2017)에서 특히 "성공하려는 패러다임"(pp. 77-169) 부분을 참조하면 된다. 물론, 대통령의 국가정책은 궁극적으로 정책을 통한 국론분열이나 갈등을 확대 재생산하여 국가통합에 실패하는지의 여부로 판단될 것이다.

137 통치구조의 문제가 정당정치에 영향을 강하게 미친다는 측면에서 '대통령제' 자체를 문제삼는 시각들이 존재한다. 그러한 시각에 따르면, 한국의 대통령제는 지역중심의 정당이란 구조를 완화시키는데 실패하고 있고, 대통령 단임제는 인물중심의 정당구조를 정착시키는데 기여하고 있다. 한마디로, 한국의 정당은 사회적 균열을 건강하게 반영한 기관중심의 정책정당으로 제도화되는데 정당 내부만의 문제를 벗어나 정당 외적인 대통령제의 영향을 받고 있는 셈이다. 한국의 대통령제하에서 국회는 입법부-행정부 구도로 움직이지 못하고, 여당-야당의 대결구도로 움직이는 성향이 강하다. 국회가 여야 한통속의 입법부로서 행정부에 대한 건강한 견제 및 감시장치로 기능하지 못한다는 것이다. 그러다 보니, 정책산출기능, 예산안 처리기능, 국정감사 및 조사기능이 국민의 눈높이와는 너무도 멀다. 정부형태에서 근본적인 문제를 찾는 연구자들은 의원내각제로의 전환을 포함하여, 정치권이 국민의 혈세를 함부로 걷어서 방만하게 쓰는 국가공공기구들에 대한 근본적인 대수술이 필요하다고 본다.

138 커넬은 국민들이 대통령이 슈퍼맨이기를 바라는 심리가 있다고 보았다. 이것은 단순히 '영웅사관'을 말하는 것은 아니다. Samuel Kernell, *Going Public* (Washington, D.C.: CQ Press, 1986).

소지역 단위인 지방의회의원과 지방자치단체장 공천에서도 과연 오픈프라이머리란 형식이 가능할 것인지에 대해서 의문을 제기하는 사람들이 많다. 오픈프라이머리에 의한 선거인단이 구성되더라도 이에 포함된 다양한 집단들의 투표율이 다르거나 투표하지 않는다면 이는 문제이다. 오픈프라이머리의 완성된 형식과 내용이란 결국 '여론조사'의 형식과 내용에서 일치하게 된다. 여론조사가 문제라면(조사기관의 문제이든, 아니면 응답율의 문제이든) 결국 '전자민주주의' 이외엔 현 시점에서 뾰족한 방안이 있기 어렵다. '모바일전자투표'를 도입하는 경우, 투표권은 당원명부를 중심으로 이루어져야 명분과 실제에서 오히려 혼란이 없을 것이기에, 상향식공천이란 명분하에 오픈프라이머리까지 견강부회적으로 논의할 필요가 없다. 자신의 모바일기기로 자신이 편한 시간에 편한 장소에서 자신의 생각대로 자신이 공천하고 싶은 인물을 공천하거나 투표하니 동원투표의 가능성은 오히려 염려할 바 아니다. 현 단계에서 당원집단의 질적 한계가 있더라도, 모바일투표 방식에 의해서 당원들만으로 상향식 공천을 하는 경우, 중장기적으로 진성당원들이 증가되고 한국정당들의 당원구조가 개선될 가능성을 기대해 본다. 한국정치과정의 개선과 개혁을 위해선 '수요측면의 효과'(demand-side effect) 이상으로 콜만이나 그로프만 류의 주장처럼 '공급측면의 효과'(supply-side effect)에 주목해야 한다고 믿는다.[139] 당원들 모두가 동등하게 참여하는 모바일전자투표제도가 공급되면 한국정당의 당원구조가 긍정적으로 개선되는 유인책으로 작용하리라고 믿는 것이다. 한국은 세계 최초로 그리고 최고의 전자민주주의를 실행할 수 있는 잠재성이 충분하다. 이를 긍정적으로 활용해야 한다.

전자투표제를 통한 공천방식은 과연 창조적 인간을 공천하는데 더 유리한가? 현 단계에선 명분에 의한 규범적 수준의 대답만이 가능할 것이다. 정당공천에 보다 많은 사람이 보다 편리한 수단을 통해서 관여한다면 그만큼 대의민주주의에 대한 권한을 국민들이 갖는 것이다. 스틴치콤(A. Stinchcombe)은 보다 많은 사람들이 참여한 결정이 보다 합리적일 수 있다고 했다. 보다 많은 사람들이 공천과정에 참여하면 경쟁력이 있는 사람이 공천받을 확률이 높아진다. 보다 많은 사람이 참여하여 선출한 그 사람이 민주사회에서 정당성을 담보하는데 유리하며 보다 적극적인 대의자로서 기능할 개연성이 커질 수 있다. '중우정치'(衆愚政治)를 걱정하는 목소리들을 기우(杞憂)로만 폄하할 수 없지만, 이제 다수에 의한 정치관여 현상을 되돌린다는 것은 시대를 역행하는 길이 될 것이다. 다수가 중우가 되지 않도록 노력하는 것이 필요하다. 당원의 의무와 상관없이 당원의 권리에 상응하는 공천권만을 갖겠다는 것이 책임있는 유권자의 행태라고 믿는 사람은 없다. 전자투표제를 통한 공천제도의 도입이 어렵지 않다고 본다. 투표할 당원 명부에 대한 관리가 확실하고 그들의 개인소유 모바일의 전자인증방식만 담보한다면 이것처럼 강력한 방식은 없다. 전체의 의사를 확인하는데, 70%나 80%도 결코 많은 숫자가 아니다. 국민통합이 필요하다면 95%이상이 투표에 참여해서 절대 다수의 의지를 확인할 필요가 있다.

공천과정에 보다 많은 사람들이 참여하는 전자투표에서의 부정행위는 대세가 될 수 없다. 실질적으로 개인의 모바일을 통해서 시간과 공간을 초월하여 이루어지는 전자투표제는 대의민주주의를 직접민주주의 내지는 참여민주주의를 통해서 구현하는 방식이라고 해도 과언이 아니다. 상향식 공천을 현실화하여 효율적으로 유지하기 위해선 한국민의 삶에 침투한 모바일기기를 통한 투표방식이 긴요하다. 정당공천제도에서 모바일투표제도 방식은 하버마스(J. Habermas)의 '생활세계'와 제도권 영역이 일치되게하는 수단으로 기능할 수 있다. 공천행사가 바로 '공론장'의 하나로 기능하게 된다. 당원명부가 부실한 초기 단계에선 폐해도 예상되지만, 폐해가 극복되는데 그리 오랜 시간을 필요치 않을 것으로 낙관해 본다. 당원들은 자신들이 만드는 공천명부에 애착을 보이고 성의를 보일 것이다. 그리고 대의민주주의하에서 적절한 '정치효능감'을 담보하게 된다. 정치효능감을 갖는 사람들이 '정치적 인내심'도 갖게 된다. 참여의식뿐만이 아니라 정치적 인내심을 동시에 지니면 사회적 안정 효과도 동시에 유발할 것으로 예측해 본다.

139 유사한 논의가 의원내각제와 정당의 함수관계에서도 있음은 주지의 사실이다. 제도화된 정당이 존재하지 않고 이합집산을 거듭하는 곳에선 의원내각제를 채택하기 어렵다는 주장은 '수요차원의 효과'를 중시한 이론이다. 대조적으로 의원내각제를 채택하면 의원내각제의 공급효과로 제도화된 정당을 유인할 수 있다는 주장은 '공급차원의 효과'를 중시한 이론이다.

제 4 장

정당체계와 선거정치

제 4 장

정당체계와 선거정치

정당은 국가 공무를 담임하기 위해서 상호간 선거경쟁을 한다. 선거경쟁은 정당의 진화 방향에 영향을 미친 중요한 요인이다. 정당들을 통해 이루어지는 경쟁이야말로 '대의민주주의'(representative democracy)의 핵심이라 할 수 있기 때문이다. 정당간 경쟁의 장(場)을 '정당체계'(political party system)라고 부른다.[1] 달리 말하자면, '정치체계'는 서로 경쟁하는 정당의 '수'와 '규모'에 의거하여 구성되는 체계를 말한다. '양당체계', '다당체계', '일당체계' 라는 것이 바로 그것이다. "정치발전에 정당의 역할이 가장 중요하다"라는 말은 단순히 어떤 한 정당의 역할이 중요하다는 것이 아니고, 개별 정당들의 독자적인 역할이 중요하다는 것이라기보다는, '정치체계'(political system) 안에 존재하는 정당들과 그들의 역학관계 및 정치운용과정으로 구성되는 '정당체계'가 중요하다는 것을 의미한다. 자유주의 국가체제에서 정치발전이란 정당상호간의 작용의 결과물이지, 어떤 특정한 한 정당의 원맨쇼의 결과는 아닌 것이다. 이렇게 본다면, 어떤 정당들이 상호경쟁하는가는 정치발전의 내용을 결정하게 되는 것이다.

정당체계를 규정하는 것은 단순한 일이 아니다. 어떤 사회를 양당체계로 규정하는지, 다당체계로 규정하는지도 단순한 것은 아니어서 논의가 필요하다. 직관적으로 정당체계를 규정할 수도 있지만, 보편적으로 다음의 두 이론화된 방식이 표준이다. 첫째, 정당체계를 규정하는 고전적인 방식은 엑스타인(H. Eckstein)의 방식이다. '일당체계'란 의석수 제1정당과 제2정당의 의석수 비율이 2:1 이상인 경우를 말한다. '양당체계'란 의석수 제1정당과 제2정당의 의석수 비율이 2:1보다 작으면서, 의석수 제1정당과 제2정당의 의석수 비율이 전체 의석수의 2/3 이상을 차지하는 경우를 말한다. '다당체계'란 세 개 이상의 정당이 의회에 의석수를 갖고 있으면서 이상에 정의된 일당체계와 양당체계의 경우에 해당되지 않는 경우를 말한다.[2] 이런 시각에 따르면, 세 개 정당의 의석수 점유율이 각각 47%, 33%, 13%이고, 나머지 7%가 무소속인 예는 '양당체계'로 정의된다.[3] 이 방법은 2:1과 2/3란 기준수 때문에 양당체계로 정의

1 'political party system'을 번역할 경우 '정당체제'로 번역하기도 한다. 이것은 'system'을 '체제'로 번역한 것인다. 그렇게 번역하는 이유에 대해선 이정식, "정당체제", 윤정석(외) 『한국정당정치론』 (서울: 법문사, 1996), pp. 167-206을 참조할 수 있다. 일반적으로 '체제'(體制)에 상응하는 용어로 'regime'이 연상되기에 해당 연구서에서는 '체계'로 직역하기로 한다. 일반적으로 '체제'라고 할 때는 구조적 성격이 강하고, 체계라고 함은 기능적 성격이 강하다. 우리는 종종 '양당제도', '다당제도'라고 하는데, 이는 잘못된 용어이다. 'party system'은 제도와는 무관한 것이다. 선거결과로 형성된 정당의 영향력(득표수, 의석수)을 기준으로 관념화된 정당의 지형도이다. 다시 말해서, 양당제도를 채택한다거나 다당제도를 채택한다거나 하는 것은 존재하지 않는다는 의미이다. 준말로는 '양당제', '다당제'라는 용어가 보편화되어 있는데, 이는 '양당체제', '다당체제'의 준말이지 '양당제도', '다당제도'의 준말이 아니다. 만약, 'party system'을 한국어 준말로 표현할 경우, 양당체, 다당체라는 용어로 표기할 것을 제안해 본다.

2 Harry Eckstein, "Parties, Political: Party Systems," *International Encyclopedia of the Social Sciences*, Vol. 11, David L. Shills(ed.) (New York: Macmillan Company and Free Press), pp. 441-443.

3 정당체계를 구분하는 방법은 그리 간단하지 않다. 다음의 두 가지 관점을 동시에 갖고 있다면 매우 유용할 것이다. 예를 들어 어떤 의회에서 세 개 정당의 의석수 점유율이 각각 47%, 33%, 13%이고, 나머지 7%가 무소속이라고 가정하자. 이런 경우, 양당체계인지, 삼당체계인지, 아니면 심지어 일당체계에 가까운지를 판단하는 것은 그리 간단한 문제가 아니다. 47%와 33%의 정당이 주요한 두 개의 정당이지만, 13% 의석수를 지닌 정당도 주요한 두 개의 정당과 정당연합을 통해서 나름대로 영향력을 지닐 수 있기에 13%의 정당도 존재감을 지니는 한 해당 의회는 단순히 양당체계가 아니라 삼당체계로 기능할 수도 있다. 또, 반대로 생각하면, 33%의 정당과 13%의 정당이 연합해도 가장 큰 정당인 47%를 넘어서지 못하니 사실상 가장 큰 정당의 47%라는 숫자의 의미는 '일당체계'의 성격마저도 지니고 있다. 한국의 20대 국회에서 의석수를 보면, 더불어민주당 128석, 자유한국당 110석, 바른미래당 28석, 정의당 6석 민주평화당 4석, 우리공화당 2석, 민중당 1석 무소속 18석으로 총 297석이다 (이것은 20대 국회가 출범하던 당시의 의석수가 아니고, 임기중에 새로운 정당의 창당, 의원 탈당, 당적 변경, 의원직 상실 등의 결과이다. 형식적으로는 분명히 다당체계이다. 크게 보아 네 가지 관점이 가능하다. 첫째, 정당체계를 규정하면서 계산을 하는 사람들은 드물 것이다. 직관적으로 정당간 의석수가 2개 정당에서 300석 중에서 대략 250석에 상응하는 의석수를 점유하고 있다. 두 개의 정당이 두드러지면서 여타의 정당들의 의석수와 편차가 심하다. 이런 경우, 군소정당들이 존재하는 양당체계로 규정할 수 있다. 두 번째는, 우리나라의 '국회법'을 적용하는 것이다. 한국의 국회법에 따르면(국회법 제33조 1항) 의원수 20석 이상의 정당은 '원내교섭단체'를 구성할 수 있다. [물론 '원내교섭단체'는 반드시 정당별로 구성하는 것은 아니다. 국회법 제33조 1항에 따르면 다른 교섭단체에 속하지 아니하는 20명 이상의 의원으로 따로 교섭단체를 구성할 수도 있다.] 이런 경우, 더불어민주당이나 자유한국당과는 의석수 편차가 크지만, 바른미래당 28석을 포함하여 3당체계로 규정할 수도 있다. 일반적으로 국회내의 상임위원회가 대략 15-20개라고 할 때, 정당의 의원수가 20명 정도는 되어야만 각 상임위원회에 한 명씩 파견할 수가 있다. 대통령이 정당대표들을 만날 때, 원내교섭단체를 구성할 수 있는 규모의 정당대표들을 만날 수도 있다. 셋째, 엑스타인의 규정을 적용하는 것이다. 넷째, '유효정당수' 계산법을 활용하는 것이다.

되는 경우가 많아서 '순수 양당체계'인지 '삼당체계로 기능할 수도 있는 잠재성을 지닌 양당체계'인지는 실제로 개별 정당의 의석수를 참고해야만 한다.[4] 결론적으로 한 국가의 정당체계를 규정하기 위해선 의석수를 중심으로 하되, 실제적인 정당간 구체적인 경쟁 상황(예를 들면, 정당연합을 포함하여)을 참고하여야 할 것이다.

한 국가에서 의회에 형성된 정당체계를 객관적으로 인식하기 위한 또 다른 방식은 특정 공식에 의해서 정당체계를 계산하는 것이다. 락소와 타가페라는 '유효정당수'(*N*: 'effective' number of parties)란 개념을 제시하였는데, 이것은 선거이후 형성된 의회내 각 정당들의 의석수를 기준으로 소수 정당에게 얼마나 많은 의석수가 집중되는지를 계산하여 이를 기준으로 정당체계를 산출하는 것이다.[5] 특정 정당에게 의석수가 집중될수록 작은 유효정당수가 산출되고, 다수의 정당이 의석수를 나누어 갖을수록 많은 유효정당수가 산출되는 방식으로 연산구조가 형성되어 있다. 락소와 타가페라의 유효정당수 계산법을 적용하면 2.8로 계산되는 경우가 있다. 이 수치의 의미는 양당체계가 아니며, 삼당체계에 유사한 의석수라는 것이다. 하지만, 해당 방식은 일일이 계산을 하여야 하는 번거로움이 있고 연산 기법상 군소정당들은 무시되는 경향이 있다.[6]

정치체계내에 존재하는 모든 개별 정당들은 '정당체계'의 구성원이다.[7] 모든 정당들은 크고 작음에 상관없이 존재의 이유가 있는 소중한 존재이다. 그런데, '정당체계'란 단순히 정치권에 존재하는 정당의 수로 구성되는 것이 아니고, '규모'를 고려하여 규정하게 된다. '규모'를 고려한다는 것은 선거에서 정당이 얻은 '득표수'(votes) 또는 의회에서 정당이 차지하는 '의석수'가 좋은 기준이 된다.[8] 입법부에서 의석수의 규모가 큰 정당은 '정치과정에서의 상대적으로 큰 영향력'을 발휘한다. 정당체계가 정치과정에서 정당간 역학을 반영하는 것이라면, 정당체계가 어떠한 모습인가에 따라서 정치과정은 영향을 받게 된다.

정당체계는 정치가 작동하는 게임의 성격을 규정한다. 우리는 보통 '제도화된 정당'을 언급하면서 개별 정당이 제도화되는 것에만 정치발전의 주안점을 둔다. 마찬가지로 정당체계가 제도화될 수도 있다. 어떤 사회의 정당체계가 반복되는 선거에서 지속적으로 양당체계라든지, 다당체계라든지 하는 것이다. 어떤 사회가 선거때마다 양당체계와 다당체계를 왔다갔다한다면 이것은 제도화된 정당체계가 아니다. '제도화된 정당체계' 역시 정치과정의 예측가능성을 높이는데 중요한 변수이다. 정치과정에서 주요한 협상 주체의 숫자가 양자인지 다자인지는 협상결과를 예측하는데 긴요한 변수이다. 선거를 거치면서, 개별 정당들의 부침이 있지만, 대개 '정당체계'는 거의 변화가 없는 경우가 많다. 한국의 정당체계는 실질적으로 '양당체계'에 가까운 형식으로 정착되는 경향이 있지만, 2019년 20대국회에서 통과된 '준(準)연동형비례대표제'로 인해 '3당~5당체계'로 변환될 가능성도 있다.[9]

4 2:1이 아닌 1.5:1의 기준을 적용하거나, 2/3가 아닌 1/2의 보다 완화된 기준을 적용하게 되면 양당체계와 다당체계로 해석될 잠재성이 커질 것이다. 정당체계에서 유효정당수 적용의 이론과 실제는 Youngjae Jin, "Testing Political Party Institutionalization: A Theory and Practice," *Journal of Political and Military Sociology* 23:1 (1995), pp. 43–63. 진영재, "'유효정당수'(Effective Number of Parties) 계산법의 문제점: 정당연합이론을 중심으로", 『한국정치학회보』 33:4 (1999) pp. 329–334을 참조할 수 있다.

5 Markku Laakso and Rein Taagepera, "The "Effective" Number of Parties: A Measure with Application to West Europe", Comparative Political Studies, 12:1 (1979) pp. 3–27. '집중지수'(concentration index)를 계산하여 그 값의 역수를 취한 값이 최종적으로 '유효정당의 수'이다. '집중지수'는 시장에서 몇 개의 기업이 시장을 점유하느냐를 판단하기 위해서 고안된 지수인 '허핀달–허쉬만 지수'[Herfindahl–Hirschman(HH) index]를 사용한다. 집중지수와 유효정당수의 계산식은 다음과 같다. $N=1/HH$인데, 여기서 $HH=\sum_{i=1}^{n}P_i^2$ (P: 각 정당의 의석수 비율; i: 개별 정당; n: 의석수를 갖고 있는 정당의 수; $P_1+P_2+P_3+....+P_n=1$)로 계산된다. 참고로 래(Douglas Rae)가 주장한 정치체계에서 정당들의 '파편화지수'(fractionalization index)는 $F=1-\sum_{i=1}^{n}P_i^2$으로 계산된다. 정리하자면, 집중화지수와 파편화지수를 합하면 1이 되는 것이니, 두 지수는 개념상 서로 여집합의 관계에 있다. 자세한 논의는 Douglas Rae and Michael Taylor, *The Analysis of Political Cleavages* (New Haven, Conn: Yale University Press, 1970), pp. 22–44.

6 진영재, "'유효정당수'(Effective Number of Parties) 계산법의 문제점: 정당연합이론을 중심으로", 『한국정치학회보』 33:4 (1999) pp. 329–334. 의회에서 10석 미만의 군소정당도 때로는 캐스팅보트(casting vote)를 쥘 수가 있어서 유효정당으로 포함되어야 하는 경우가 적지 않다.

7 해당 시기에 적법한 절차를 거쳐서 중앙선거관리위원회에 등록된 모든 정당들이 모여서 '정당체계'를 구성한다. 중앙선거관리위원회의 정당등록을 위한 요건은 다음과 같다. ①5개 이상의 시·도당을 가져야 하고, ②시·도당은 관할 구역 안에 주소를 둔 1천인 이상의 당원을 가져야 함.

8 '유효정당수'(effective number of parties)란 것이 그것이다. 정당이 입법정책결정과정에서 유효한 영향력을 갖기 위해선 의석수를 갖고 있어야 하며, 나아가 정당간 의석수의 상호 규모를 비교하여 '정당체계'를 관념화하게 된다. '의석수'의 대체 개념으로 정당의 선거 '득표수'를 사용하기도 한다. Markku Laakso and Rein Taagepera, "The "Effective" Number of Parties: A Measure with Application to West Europe", *Comparative Political Studies*, 12:1 (1979) pp. 3–27. Rein Taagepera and Matthew Soberg Shugart, *Seats and Votes* (New Haven: Yale University Press, 1991). Reuben Kline, "How we count counts: The empirical effects of using coalitional potential to measure the effective number of parties", *Electoral Studies* 28:2 (2009), pp. 261–269.

9 '연동형비례제'란 정당의 득표율(전국별 합산 내지는 광역별 합산)로서 전체 의석수에 대한 정당의석수를 먼저 할당한 후에, 정당의석수에 할당된 의석수를 먼저 지역구 당선 의석수로 채우는 것이다. 물론 지역구 당선의석수가 정당의 할당된 의석수를 넘어서면, 그 초과의석은 '잉여의석수'가 된다. 하지만 2019년 한국 국회의 '정치개혁특별위원회'에서 논의하는 것은 '준(準)연동형비례제'이기에 전체의석수의 50%만 할당하게 되어(즉 300석의 경우 150석을 기준으로 연동), 남는 비례구 의석수는 기존의 방식대로 '병립형'으로 채운다. 해당 '준연동형 비례제'는 정당득표의 합산단위도 '광역별 합산'을 하기에 광역별로 할당된 의석수를 단위로 계산한다. 연동형비례제는 군소정당들의 의석수를 늘리는 효과를 가져오는데, 지역구 의석수 대비 비례구 의석수가 많을수록 군소정당에게 유리할 것이다. 주요 정당들은 정당득표율에 해당하는 의석수를 이미 지역구에서 채울 가능성이 크기 때문에 더 이상 비례구 의석수를 배분받지 못하고, 반대로 군소정당은 정당득표

포괄적으로 '양당체계', '다당체계'라는 명칭으로 일반화하여 부르지만, 정당간 의석수 규모에 의해서 정치역학과 정치협상의 내용은 현저한 차이를 보이게 된다.[10] 정당사를 보면, 미국은 형식적으로도 실질적으로도 양당체계이지만, 영국은 형식적으로 다당체계여도 실질적으론 양당체계처럼 기능한다. 양당체계에서 집권한 정당은 입법부 선거에서 전체 의석수의 과반을 넘거나 과반에 근접하는 것이 일반이다. 다당체계여도 독일은 3개~4개의 주요정당을 중심으로 다당체계가 형성된 반면에 이탈리아는 5개~7개의 정당이 경쟁하는 보다 파편화된 다당체계의 모습을 보여 왔다. 한국은 영국에 유사한 양당체계로 보는 것이 합당하다. 형식적으로는 다당체계이지만, 의석수 차이가 압도적인 두 개의 커다란 정당을 중심으로 기능하는 양당체계의 모습을 보이고 있다.

양당체계와 다당체계의 장점과 단점을 단정적으로 규정하는 것은 사실을 호도할 가능성이 크다. 예를 들면, '양당체계'가 정치안정에 유리하고, '다당체계'는 정치혼란으로 갈 가능성이 많다는 것이다. '다당체계'도 다당체계 나름이다. 의회에 10개 이상의 정당이 난립할 수도 있고, 4-5개 정당이 존재할 수도 있다. 한국정치과정은 '양당체계'가 주종을 이루어 왔다. 그리고 2019년 현재도 다당체계의 형식을 취하고 있지만, 사실상 양당체계로 기능하고 있다. 한국의 정치문화에 양당체계를 형성하는 힘이 있는지도 모른다.[11] 현재 여당과 제1야당의 심화된 갈등의 정치를 보면서 한국정치를 안정적인 정치라고 말하는 사람은 드물 것이다. 오히려 제3당이나 제4당이 정치과정에서 영향력을 갖는다면, 제1당과 제2당의 갈등의 골을 중재할 수 있을지도 모른다. 현실정치에서 전반적인 정치과정을 평가할 때, 양당체계나 다당체계의 특성을 도식화하여 이를 현실정치 과정에 적용하지 말아야 한다.

1. 한국 정당체계의 특질: 무엇이 문제인가?

역사적으로 한국의 정당체계는 형식적으로는 '다당체계'를 취하면서도, 커다란 두 개의 주요 정당을 중심으로 실질적인 정국의 운영은 '양당체계'의 형식을 취해 왔다. 국회에서 두 주요 정당간의 극단의 대치는 집권을 위한 경쟁이며, 집권에 성공한 정당은 자신의 정치이념 및 지지자들의 이익에 부합하는 정책을 수립하고 집행하게 된다. 이념적 균열의 정도가 심한 양당체계 하에서는 집권 정당이 바뀌면 정책이 극

단적으로 바뀔 개연성이 높은 것이다.[12]

이론적으로, 해당 정당체계내에 '중도정당'이 존재하느냐, 존재하지 않느냐의 문제는 해당 정치체계의 성격을 결정하는데 중요한 요인이다.[13] 왜냐하면, 정책으로서의 모든 국민을 포괄하는 평균값은 중도값에 수렴하기 때문이며, 따라서 이를 대표하는 정당이 존재하는 것이 이론적으로 자연스럽기 때문이다.[14] 그런데, 선진민주주의

율에 해당하는 의석수를 지역구에서 채우지 못하더라도 비례구 의석수로 모두 배정받을 수 있기 때문이다. 2019년 12월에 국회를 통과된 선거법은 21대총선에서 지역구 253석 변동없이, 비례구 47석 내에서 30석만 연동형을 적용하는 것으로 하였다. 그러나 두 주요정당이 비례구 추천에 '위성정당'을 설립하여 활용함으로써 선거결과 의석수는 '양당체계'적 경향이 더욱 강화되었다.

10 사르토리(G. Sartori)는 어떤 정치체계가 일정 기간에 거쳐서 '양당체계'(two-party system)로 유인하는 동력은 정치체계내에서 ㉠특정 정당의 단독정부구성의 의지와 가능성, ㉡대항 정당으로 정권교체의 기대감과 가능성이 있을 때 발생한다고 하였다. Giovanni Sartori, *Parties and Party Systems* (Cambridge: Cambridge University Press, 1976). 양당체계에도 다양한 형식이 있고, 그 형식에 따라서 내용도 다양한 것이다. 레입하트(A. Lijphart)는 양당체계의 이념형[즉, 양당체계가 다당체계(multi-party system)에 대해서 갖는 상대적인 특성]을 특정한 전제를 바탕으로 하여 다음과 같이 정리한다. ①유권자로 하여금 두 개의 대비된 입장에 대해서 분명한 선택을 가능하게 하는 정당경쟁구도, ②정책대결이 극단으로 가지 않고 완화된 형태로 나타나는 정당경쟁구도라고 하였다. 그리고 특정한 전제란 두 정당의 성격이 각각 '중도우파'와 '중도좌파'의 이념적 상대성에 기반하고 있다는 것이다. Arendt Lijphart, *The Patterns of Democracy: Government Forms and Performance in Thirty-Six Countries* (New Haven: Yale University Press, 1999). 여기서 레입하트가 특히 ②번과 관련하여 주장한 내용은 결국 양당체계의 경쟁은 장기적으로 '중위투표자'(median voters)를 획득하려는 경쟁방식(보다 많은 득표를 하기 위하여)으로 수렴한다는 경험적 사실을 반영하고 있는 듯하다. 이에 대한 자세한 논의는 Scott Page, Ken Kollman, and John H. Miller, "Adaptive Parties and Spatical Voting Theory", In *Information, Participation, and Choice*, Bernard Grofman (ed.) (MI, Ann Arbor: University of Michigan Press, 1995), pp. 161–172.

11 그레고리 헨더슨의 관점을 참고하면, 한국의 정치문화는 모든 것이 중앙으로 빨려들어가는 회오리바람의 정치와 무관하지 않을 것이다. 파편화되는 것보다는 집중화되는 힘이 있는 듯하다. Gregory Henderson, *Korea: the Politics of the Vortex* (Cambridge, M.A.: Harvard University Press, 1968).

12 정치적 편향성이 클수록 정책 편향성이 큰 것으로 나타난다. '포용적인 정치인'(encompassing politicians)은 유권자들의 후생 손실의 극소화를 위해 '중위값'(median)보다 '평균값'(mean)에 가까운 정책으로서 '평균정책'을 선택하려 한다. 이상학, 이성규, "양당제 하에서의 정치적 편향성과 정책 편향성: 중위정책, 포퓰리즘 정책, 보복 정책, 평균 정책의 비교", 『제도와 경제』 12:3 (2018), pp. 41–63.

13 중앙선거관리위원회의 시뮬레이션은 2019년 정기국회 말 패스트트랙에 올라가 있는 의원총수 300석에서 75석 정도의 비례구기준의 '준(準)연동형비례대표제'(50% 연동제)가 '제3당'을 유인하기에 충분함을 보여준다. '국민의 당'이 60석으로 제3당이 되며, 이런 경우 국민의 당은 쪼개지지 않았을 수도 있다. 그렇다면 100석 정도로 늘렸을 때, 30–40석 정도의 제4당이 유입될 가능성이 크다. 결국, 준연동형비례대표제는 2020년 4월 15일의 21대총선에서 지역구 253석, 비례구 47석을 그대로 유지한 상태에서 비례구 47석 내에서 30석에만 적용하는 것으로 여야에 합의가 이루어지며(자유한국당은 제외) 국회를 통과하였다. 통과된 선거법은 당장은 문제가 없지만, 이를 추가로 논의하는 과정에서 한국의 병립형(1인2표제)의 적절성 여부는 논쟁거리이다. 2004년에 1인2표제의 도입취지는 비례구의석과 지역구의석의 배분방식을 구분하여(병립하여), 지역구와 비례구가 연계되는(연동되는) 것을 막기 위한 것이었다.

14 Bernard Grofman, "Downs and Two-Party Converngence", *Annual Review of Political Science* 7 (2004), pp. 25–46.

국가들의 정당사를 보면, 현실적으로는 중도정당이 존재한다기보다 이념성을 띤 중도우파 내지는 중도좌파 정당이 선거시에 유불리에 따라서 중도정당으로 수렴하는 형태가 주종을 이룬다.[15] 정당이 '중도정당'을 표방하는 것은 정당이 자신의 의지로 정체성을 '중도정당'이라고 표방할 수도 있지만, 정당의 의지와 상관없이 정당간 상대적 경쟁구도 속에서 상대적으로 중도정당의 위치에 자리매김 되기도 한다.[16] 더 중요한 것은 유권자들의 인식의 문제인데, 중도를 표방하는 정당도 우파나 좌파로 인식되는 일이 많기 때문이다.[17]

맥키와 로즈가 기록한 '세계선거사연감'에 나타난 '유럽선거정당사'의 특징들 중의 하나를 보면 사실상 중도정당이 있기 어렵다. 왜냐하면, 정당은 유사한 이념성을 지닌 정당과는 같은 이념내에서 주도권 경쟁을 해야하고, 다른 이념성을 지닌 정당과는 이념경쟁을 해야한다. 따라서 이념적 차별성과 선명성 경쟁이 정당의 숙명인 것이다. 정당은 기존의 입지에 따른 유권자들의 선입견에 의해서, 또는 다양한 정책들 속에서 유권자들에게 그 평균값으로서 종합하여 평가되는 것이다. 자신이 원하지 않아도, 상대 정당들과의 경쟁구도속에서는 상대적 좌파, 상대적 우파로 전락할 수도 있는 것이다.[18] 내가 좌파라고 해도 더욱 좌파가 존재하면 나는 상대적 우파가 되는 것이다.[19] 마찬가지로, 유럽적 시각에서 미국의 '민주당'과 '공화당'의 경쟁구도가 중도파끼리 경쟁하는 맥 없는 모습으로 비춰질 수도 있지만, 정당경쟁구도 속에선 상대적 좌파이고 상대적 우파로 자리매김 될 수밖에 없다는 것이다.[20]

우리는 지금까지 '다당체계'에 비교하여 '양당체계'가 '정치안정'에 유리하다고 배워 왔다. 하지만 현재 시점에서의 한국정치과정을 보면 과연 양당체계가 다당체계보다 정치안정에 유리한지에 대한 반문을 하게 된다. 극단적 대립이 격화되면서 갈등의 골이 깊어가는 과정에서 '서로 발목잡기'하는 정치문화가 형성된다면 양당체계야말로 해결책이 없는 '막다른 골목'(cul de sac)일 뿐인 것이다. 오히려 4당이나 5당체계 정도가 더 유리할 수도 있다.

1948년에 제1공화국 건립이후, 그리고 현재의 제6공화국체제 이후에 거시적으로 보면 한국의 정당체계는 '양당체계'의 모습을 지니고 있다. 대한민국임시정부 시절에는 임시정부와 '사회-공산주의자'들의 이분화된 구조였음은 앞서 살펴보았다. 이렇게 일제로부터 국가해방과 독립의 과정에서 '민족주의' 우파세력과 '공산-사회주의' 좌파세력의 '이념분화'에 따른 경쟁은 결국 1945년 국가해방과 함께 한반도의 분단으로 이어진다. '자유주의세력'의 남한과 '공산주의세력'의 북한으로 분단된 것이다. 남한은 '자유주의'를 표방하는 곳이어서 1945년 해방 이후 수 백개의 정당들이 난립하였지만, 결국 양당체계로 수렴하게 된다. 제1공화국에서의 가장 큰 정당균열의 동인은 '장기집권세력' 대 '정권교체세력'이었다. 무리한 개헌의 과정 속에서 유지된 '장기집권'이었으므로 '독재' 대 '반독재'라는 표현도 가능할 것이다. 제2공화국에서 정당활동의 자유가 보장되면서 다시 '이념적 균열'이 급부상하게 된다. 제3공화국, 제4공화국, 제5공화국에서는 '군사정부' 대 '문민정부', '장기집권세력' 대 '정권교체세력', '산업화세력' 대 '민주화세력'이란 균열구조가 두드러졌다.[21] 1987년 대통령직선제개

15 Thomas T. Mackie and Richard Rose, *The International Almanac of Electoral History Fully Revised Third Edition* (Washington D.C.: Congressional Quarterly, 1991)

16 과거 노무현-이회창-권영길 3자구도에서 노무현은 중도적 입장에 서게 된다. 이것은 민주노동당 권영길 후보의 존재로 인해서 상대적으로 위치된 것이다. 노무현은 권영길보다 우파였으며, 이회창보다 좌파였다. 선거승리를 위한 유리한 구도였다.

17 김재한, "양당제하에서의 선거: 중간투표자 정리", 이남영(편) 『한국의 선거 I』 (서울: 나남, 1993), pp. 365-377. 중간투표자정리(median voter theorem)가 말하는 양대 정당의 수렴현상은 이질적 사회나 진영정치가 있는 곳에선 찾아보기 힘들다. 박경산, "한국선거의 정치경제학", 이남영(편) 『한국의 선거 I』 (서울: 나남, 1993), pp. 379-400. 일반적으로 보수정당이 물가문제에 진보정당이 실업문제에 상대적으로 주안점을 둔다고 본다. 유권자들의 인식문제는 보다 복잡한 양상을 띠게 된다. 한국선거에서도 정당이 '분배정책'이라는 어휘를 쓰면 이는 좌파정당으로 인식되고, '경제민주화'란 용어를 쓰면 중도정당으로 인식될 수 있어, '분배'보다는 '경제민주화'란 용어를 쓰는 것이 정당득표전략에 더 유리할 것이라는 정치현장의 목소리가 있다. 윤종빈, 정회옥(외), 미래정치연구소(편), 『정치현장에서 진단하는 한국정당과 민주주의』 (서울: 푸른길, 2017), p. 163 ('인터뷰 대상자 02'). 어떤 사회에서 정당에 대한 인식의 문제에는 '요약적 심리성향'(psychological predisposition)이 작용한다. 유권자들의 요약적 심리성향은 정당의 역사성을 반영하여 장시간 형성된 인식으로 특정 정당에 대한 일종의 '스테레오타입'(stereotype)이다. 유권자들에게 더불어민주당은 '민주주의'란 스테레오타입으로 인식되는 경향이 강하며, 자유한국당은 '경제성장'이란 스테레오타입으로 인식되는 경향이 있다. 이상을 종합하면, 유권자들 입장에서, 경제민주화는 자유한국당에게는 중도정책이 되지만, 더불어민주당에게는 중도정책이 되기 어려울 수 있다.

18 노무현정부를 진보정부(또는 좌파정부)라고 부른다. 하지만, 선거과정에 형성된 정당후보자 경쟁구도를 보면 사뭇 다르다. 당시 민노당의 권영길후보, 한국당의 이회창 후보가 존재하던 3파전 속에서는 분명 상대적 중도파로서 입지했으며, 이것은 노무현 후보의 대선승리에도 기여한 바가 있다는 것이 필자의 판단이다. 당시 대통령선거를 리뷰한다면, 이회창 후보의 아들병역문제가 크게 이슈화되면서 영향을 미쳤고, 노무현 후보의 '수도이전' 이슈도 충청권의 표심을 자극하였다. 하지만, 정당후보자간의 경쟁구도에서 노무현 후보의 입지를 보면, 당시 선거에서 선전을 거듭했던 민노당 권영길 후보의 존재로 인해서 좌파로 인식된다기 보다는 중도 개혁의 성향으로 인지되고 있어서 보수적 서민들의 표를 상당히 흡수하였다고 볼 수 있다.

19 Bernard Grofman, "Toward an Institution-Rich Theory of Political Competition with a Supply Side Component", In *Information, Participation*, and Choice Bernard Grofman (ed.) (MI, Ann Arbor: University of Michigan Press, 1995), pp. 179-193.

20 James Coleman, "The Positions of Political Parties in Elections", In Richard G. Niemi and Herbert F. Weisberg (eds.), *Probability Models of Collective Decision Making* (Columbus, OH: Merrill, 1972), pp. 332-357. Douglas A. Hibbs, *The American Political Economy: Macroeconomics and Electoral Politics* (Cambridge, MA: Harvard University Press, 1987).

헌과 함께 시작된 제6공화국에서 '문민정부'가 들어서고, 민주적 정권교체가 일어나고, 특히 '탈산업주의'의 흐름이 사회에 유입되면서, 다시 한국사회에 '이념분화'가 주요 균열구조로 부활한다.[22] 현재 한국의 양당체계를 이끄는 가장 중요한 힘은 무엇보다도 우파인 '보수'와 좌파인 '진보'의 대립 균열구조이다.[23] '계층균열구조', '세대균열구조', '지역균열구조' 등도 주요 균열축으로 논의되지만, 정당균열구도의 압도적 형태는 보수-진보 균열구조이다.

한국정당정치가 인물중심의 정치라고 볼 때, 현재 한국정당정치의 경쟁구도는 우파-좌파의 또 다른 명칭인 보수-진보 균열구도(더 정확하게는 '중도좌파'와 '중도우파')가 중심이 되어 있지만, 과거 '3김시대'(김영삼, 김대중, 김종필) 이전에는 사실상 '보수여당'과 '보수야당'의 경쟁구도였다.[24] '중도좌파-중도우파'의 경쟁구도는 정책대결의 성격을 강하게 나타내지만, '보수야당-보수여당'의 구도는 과거 민주화투쟁시기의 정치현실을 반영하고 있다.[25] 소위 '입장이슈'(position issue: 지역적이고 구체적인 관련 이슈들)보다는 '양태이슈'(style issue: '민주화 투쟁', '부패추방운동'과 같이 보다 전국적인 관련 이슈)가 중심이 된 정당간 경쟁구도였던 것이다.[26]

그 사회에 형성된 주요한 균열축의 성격이란 그 사회 구성원들의 속성을 반영하는 것이기에 주요한 균열축의 내용 그 자체가 문제가 되는 것은 아니다. 원론적으로, 문제는 그러한 균열축을 담는 그릇들인 정당이 과연 그러한 균열축을 제대로 담아내는가에 있을 것이다. 몇 가지 경우의 수들이 존재할 것이다. 정당이 자신의 입지에 유불리와 연계하여 사회균열축을 재해석하여 확대재생산한다면 문제일 것이다. 기존의 사회갈등 축(지역갈등, 이념갈등, 계층갈등 등)에 연관하여 정치인들이 종종 피해자 코스프레를 통해서 갈등구조를 부추기는 경우가 있다. 그러한 갈등구조를 자신을 중심으로 뭉쳐서 해결하자는 외침은 이른바 자신들의 기득권 유지를 위한 정치전략의 일환일 가능성이 농후하다. 물론 이러한 전략을 경쟁하는 정당이 서로 사용하게 된다면 그 사회의 갈등은 증폭될 수밖에 없다. 정당이 기관으로서 제도화되지 못하고 인물중심으로 기능하면서 부실하거나 불안정할 때 이런 일이 일어날 개연성이 높다. 과거-현재-미래를 반영하는 장기적 관점에서 한국정당체계의 특징은 제도화된 정당이 부재한 상황에서도 양당체계로 수렴하는 경향을 보인다는 것이다.

21 특히 1971년의 대통령선거를 계기로 현재 우리가 부정적으로 언급하는 '지역주의'가 현시화된다. 1971년의 선거는 박정희 후보가 3번째 대통령직에 도전한 선거였으며(1969년 '3선개헌'), 경상도의 박정희 후보와 전라도의 김대중 후보가 맞붙게 된다. 이후 '지역주의' 균열 축은 한국사회의 가장 주요한 사회균열 축으로 자리매김한다. 이후 1997년에 김대중 정권이 들어서면서 보수–진보간의 '이념균열' 축이 두드러지면서, 한국사회의 가장 주요한 양대 균열 축은 '이념균열'(보수–진보)과 '지역균열'(영남–호남)이 된다. 이 외에도 2003년 노무현 정권을 계기로 '세대균열', 이명박 정권과 박근혜 정권을 계기로 '계층균열'도 한국사회의 주요한 균열 축으로 자리매김한다.

22 '탈산업주의'(post–industrialism)는 '후기산업주의'라고도 번역한다. 탈산업주의란 1970년대까지 '성장'과 '풍요'로 대변되는 '산업주의'(industrialism)에 반하여 개인적인 작은 생활 속에서 '삶의 질'(quality of life)를 중시하는 풍조를 말한다. 이것은 특히 유럽과 미국을 중심으로 1970년대 중반이후 현시화된 흐름이며, 한국의 경우엔 2000년대 이후에 사회현상으로 자리잡는다. 마인섭, "한국 사회균열구조의 변화와 민주주의적 정착", 『한국정당학회보』 2:1 (2003), pp. 31–69.

23 대한민국의 다양한 사회균열구조에 대한 내용은 다음을 참고. 최준영·조진만, "지역균열의 변화 가능성에 대한 경험적 고찰: 제17대 국회의원선거에서 나타난 이념과 세대 균열의 효과를 중심으로", 『한국정치학회보』 39:3 (2005), pp. 375–394. 정기진·이훈영, "사회균열구조의 선거 영향력에 대한 유권자 인식에 관한 실증 연구: 투표에서 유권자의 정당 선택 기준을 중심으로", 『한국정당학회보』 7:1 (2008), pp. 39–75. 장승진, "2012년 양대 선거에서 나타난 계층균열의 가능성과 한계", 『한국정치학회보』 47:4 (2013), pp. 51–70. 노환희·송정민·강원택, "한국 선거에서의 세대 효과: 1997년부터 2012년까지의 대선을 중심으로", 『한국정당학회보』 12:1 (2013), pp. 113–140. 이용마, "2000년대 이후 한국 사회 계층균열 구조의 등장", 『한국정치학회보』 48:4 (2014), pp. 249–270. 장은영·엄기홍, "한국 지역주의 투표행태에 대한 경험적 분석: 민주화 이후 대통령 선거를 중심으로", 『21세기정치학회보』 27:1 (2017), pp. 1–20.

24 '3김씨'의 경쟁구도는 '자유당–민주당' 경쟁구도(1955–1961)에서 1963년 이후 '민주공화당'이 창당되면서 만들어진 것이다. 특히, 김영삼–김대중 양김씨의 경쟁구도는 보수 야당인 '민주당' 내의 '구파'와 '신파'에 뿌리를 둔 것이다. 진덕규, 『한국정치의 역사적 기원』 (서울: 지식산업사, 2002). 심지연, 『한국정당정치사: 위기와 통합의 정치』 (서울: 백산서당, 2004). 이정복, 『한국정치의 분석과 이해』 개정증보 4판 (서울: 서울대학교출판문화원, 2011).

25 이렇게 본다면, 한국정치과정에서 '여당성향'과 '야당성향'의 균열구도를 상정하는 것도 가능하다. 장시간 동안, 군부정권–산업화세력은 여당이었고, 문민정부–민주화세력은 야당이었기 때문이다. 조중빈, "유권자의 여야성향과 투표행태", 이남영(편) 『한국의 선거 I』 (서울: 나남, 1993), pp. 49–63. 지역구도로서 김영삼의 부산–마산–경남, 김대중의 목포–광주–전남은 전통적인 '야당성향'이었지만, 이는 김영삼과 김대중이 대통령이 되고 난 이후엔 해당 지역이 여당성향이 되어 지역구와 연계된 여당성향, 야당성향의 개념은 희석된다. 립셋에 따르면, 서구 민주국가들에선 산업노동자들은 사민주의 정당에, 중산층과 상층계급은 보수정당에 지속적으로 투표하는 안정적인 계급투표 행태가 이루어진다. Seymour Martin Lipset and Stein Rokkan, "Cleavage Structures, Party Systems, and Voter Alignment: An Introduction", In *Party Systems and Voter Alignments*, Lipset and Rokkan (eds.) (New York: Free Press, 1967), pp. 1–61. Seymour Martin Lipset, *Political Man: the Social Bases of Politics* Expanded ed. (Baltimore: Johns Hopkins University Press, 1981). 하지만 한국의 정치사는 분단 이후 보수 진영 내부의 갈등의 연속이었으며, 서구와 같은 사회균열이 아닌 여야균열이 지속되었다. 특히 한국의 여야균열은 정권교체가 이루어지기 전까지 영원한 여당과 영원한 야당의 공존을 허용하였다. 강명세, "여야 균열구조와 한국 정당체제의 역사적 변화". 1998년 한국정치학회 춘계학술회의, pp. 251–270.

26 진영재, 『한국정치론: 통치구조 · 정당 · 선거』 (서울: 법문사, 2017) 2판, p. 195. Bernard R. Berelson, Paul F. Lazarsfeld, and William N. McPhee, *Voting: A Study of Opinion Formation in a Presidential Campaign* (Chicago: University of Chicago Press, 1954). Russell J. Dalton, *Citizen Politics: Public Opinion and Political Parties in Industrial Democracies* 5th ed. (Washington, D.C.: CQ Press, 2008)

1) 제도화된 정당의 부재

유권자들의 정당에 대한 '정당일체감'(party identification)의 수준이 과거보다 불안정하거나 낮은 상태에 있는 것은 주지의 사실이다. 최근에, 흥미로운 연구는 정당 정체성 약화의 원인을 개인들의 성격적 차이에서 비롯된 것으로 주장한 연구가 있었다.[27] 해당 연구는 개인들 고유의 성격에 따라서 정당일체감에 차이가 있는 것으로 본다. 해당 연구는 '제도화된 정당'(institutionalized parties)이 존재하지 않는 한국에서 그 시사하는 바가 크게 느껴진다. 지금도 반복되면서 거의 상수취급을 받고 있는 '정당이합집산'은 한국정당정치의 특질이다. 모든 정당이합집산이 정당정치의 내용에 커다란 변화를 가져온다고 할 수는 없다. 1990년에 있었던 '3당합당'과 같이 지각변동에 가까운 것도 있었고, 지역구도 하에서 같은 지역의 정당들이 선거경쟁력을 강화하기 위한 지엽적인 것들도 있다.

정치체계에 '제도화된 정당'이 존재하는 것은 민주주의의 공고화에 중요한 변수이다. '제도화된 정당'이란 그 사회의 구성원들로부터 존재가치를 인정받아서 그 사회에 장시간동안 존재해 오면서 정치를 담당하는 기관을 말한다.[28] 왜 제도화된 정당이 정치체계에 존재할 때 민주주의가 공고화되는데 유리할까? 이유는 단순하다. 정당이 '기관중심'으로 기능할 때, 예측가능한 정치가 가능하기 때문에 사회안정을 유도한다. 반복되는 이합집산을 통해서 분당, 합당, 당명개정이 반복되는 한 그러한 과정에서 주요한 역할을 맡았던 정치인 중심의 정치과정이 형성되면 예측가능성이 낮아진다. '인물중심'으로 기능하는 정당은 전횡이 일어난다.[29]

전 세계 국가들을 대상으로 정당제도화의 성공 요인을 연구했던 로즈(R. Rose)와 맥키(T. Mackie)는 경험적 연구를 통해 다음의 4가지 요인을 도출한 바 있다: (1) 최초의 전국적 선거에 참여했던 정당이 (이후에 참여한 정당에 비해) 더 많은 비율로 최소한 세 번의 선거에서 참여 또는 승리하였음; (2) 특정 정당을 지지하는 조직화된 사회적 기반의 존재; (3) 비례대표제도하에서 정당들의 생존에 유리함; (4) 정당이 태동하여 첫 선거에서 일정 수준 이상의 성공여부가 그것이다.[30] 이 중, 4번째 요인은 서구 민주주의 국가에서 제도화된(선거에 3회 이상 참여한) 정당들은 첫 선거에서 일정 수준의 득표 우위(winning votes)로 성공한 정당들이었다는 것을 밝혔는데, 이는 곧 정당이 제도화 되는 데 있어 첫 선거에서의 성공이 중요하다는 것을 시사해주고 있다. 하지만, 한국의 정당정치 상황을 반추해 볼 때, 이 요인(첫 선거 성공 여부-

제도화)은 다시 한 번 면밀히 검토될 필요가 있다. 한국과 같이 첫 선거를 위시하여 두 세 번의 선거에서 성공해도 (예를 들면, 의석수에서 40-50% 점유) 제도화되지 못하고 사멸한 정당들이 많다. 중요한 것은 (정당 제도화에 있어, 한국과 같은 국가에 있어) 첫 선거에서의 성공이란 변수는 결국 정당 제도화에 필요조건일 수는 있지만, 충분조건은 아니라는 것이다.

로즈와 맥키는 경험적 분석을 통해서 정당제도화를 위한 요인들 중에서 "첫 선거에서 성공"이라는 변수에 주목한다. 하지만 한국정당사에 나타난 정당들의 반복되는 이합집산을 보면, 한국의 역대 정당들은 후보자만 많이 동원할 수 있다면, (그리고 때에 따라 제도적 왜곡을 통해) 첫 선거에서 성공할 수 있다. 정당이 창당되고 첫 선거의 성공에는 "후보자를 낼 수 있는 상대적 능력"이 중요한 것이다. 경쟁력있는 후보자들을 전국에서 입후보시키는 것은 쉬운 일이 아니다. 그렇다고 해서 해당 정당이 장기적으로 살아남느냐는 것은 또 다른 문제였다. 예를 들면, 정당이 살아남기 위해서는 일정 규모의 당원에 의한 사회적 기반이 필요하다. 유럽의 경우, 제도화된 정당들은 적어도 20세기 말까지 일정 수준의 사회적 기반으로서의 당원들을 확보한 정당

27 Bert N. Bakker, David Nicolas Hopmann, and Mikael Persson, "Personality traits and party identification over time", *European Journal of Political Research*, Vol. 54 (2015), pp. 197-215.

28 그래서 헌팅턴(Samuel Huntington)은 '생존'이란 가치를 기관 제도화에 근본적인 변수로 상정한다. Samuel Huntington, *Political Order in Changing Societies* (New Haven: Yale University Press, 1968).

29 우리는 인물이 기관을 압도할 때, 그 극단적 현상을 '전체주의'(totalitarianism) 또는 '파쇼'(Fascio)라고 부른다. 제도화된 정당이 있는 곳에선 기관중심의 정치가 일어나니 인물중심의 정치가 상대적으로 자제되는 효과를 가져온다. '제도화된 정당'(institutionaized politial party)이 부재한 곳에서는 인물중심의 정치가 발현하거나 극성을 부릴 수밖에 없을 개연성이 크다는 의미이다. 정당에서 특정한 '인물'과 기관으로서 '정당'의 관계는 '국가'와 '정부'의 관계에서도 동일하게 유추된다. '정당'은 지속적인 것인데, '인물'은 한시적인 것이다(빈번히 이합집산하는 한국의 정당들에게 적용되기에는 무리가 있다). '국가'는 지속적인 것이며, '정부'란 임기를 지닌 한시적인 것이다. '대한민국'을 미워하는 것과 특정 '정부'를 미워하는 것은 다른 차원의 이야기이다. '정당'을 미워하는 것과 임기를 지닌 정당의 '당대표'를 미워하는 것은 다른 차원의 것이다. 선순환 구조의 민주주의를 성취하기 위해서는 어떤 인물이 기관으로서의 정당을 압도해서는 곤란하다. 어떤 정부도 국가를 압도해서는 안 된다. 당대표가 바뀔 때마다 정당의 방향이 정도와 상식에서 벗어나 급변해서는 안된다. 정부가 바뀔 때마다 국민의 상식을 벗어나서 '조변석개'(朝變夕改)하는 정치와 정책은 잘못된 것이다. 예측가능성이 낮은 사회는 불안정한 사회이며, 이는 자유민주주의 성취에 불리하다. 불안정한 사회에는 전체주의와 파시즘이 스며든다. 정당도 마찬가지이다. 정당이란 최소한의 정체성을 지니고 그 사회에 제도화된 기관이기에, 당대표가 들어설 때마다 정당을 압도하며 정당의 성격이 바뀌게 되면 바람직한 정치가 이루어지지 않는다. 이것은 '개혁'이란 가치를 거부하거나, 단순히 '안정'이란 가치를 맹종하는 것과는 전혀 다른 차원의 논의임을 인식할 필요가 있다.

30 Richard Rose and Thomas T. Mackie, "Do Parties Persist Or Disappear?: The Big Trade-off Facing Organizations", In Kay Lawson and Peter Merkl (eds.) *When Parties Fail: Emerging Alternative Organizations* (Princeton: Princeton University Press, 1988), pp. 533-558.

조직이었다. 로즈와 맥키의 연구결과는 정당의 첫 선거 성공과 정당 제도화의 상관관계를 암시하고 있지만, 이 논문의 경험적 결과가 보여주는 것처럼, 한국과 같이 첫 선거 성공에 영향을 주는 '단기적 요인'과 제도화에 영향을 주는 '장기적 요인'이 다를 경우 정당의 초기적 성공은 정당제도화를 위한 충분조건이 되지 못할 것이다. 결론적으로, 한국의 정당들이 특정 인물에 기대어서(즉, 특정 인물을 중심으로 창당한 정당으로서) 초기에는 높은 정당득표율과 의석수를 기록했더라도, 해당 인물의 부침과 함께 급격히 망가지거나 약화될 수 있다.

2) 양당체계적 경향성과 취약한 군소정당들

군소정당들이 정치체계에서 군소정당으로 존재할 수밖에 없는 이유는 다양할 것이다. 군소정당의 득세 전략이 유권자들에게 어필하지 못해서, 대다수의 유권자들이 선거에서 지지를 보내지 않기 때문에 군소정당으로 남을 수도 있다.[31] 정당정치에도 '규모의 경제학'이란 논리가 적용되어, 군소정당이 이를 극복하기 위해선 군소정당들이 살아남기에 우호적인 법적 제도적 환경과 관련이 있다.[32] 정치시장에서 큰 정당은 생존에 유리하고 작은 정당들은 살아남기 어려운 것이다. 이것이 '카르텔정당체계'(cartel party system)에 대한 논의이다.[33] 한국은 제5공화국 이후 '국고보조금'제도를 채택하고 있다. '국고보조금'의 의미는 대의민주주의의 보루인 정당에 대한 재정적 부담을 국가가 담당함으로써(국민의 세금으로써 충당함으로써) '금권정치'(金權政治)를 막아 건전한 민주주의를 성취하려는 것이다. 당연히 큰 정당은 국고보조금을 많이 할당받게 된다. 여기서 문제가 발생한다. 정당보조금을 풍부하게 받는 주요 정당들은 보다 많은 프로그램을 개발하고 운영하는데 유리한 반면에, 군소정당은 항상 활동비에 쪼들리게 되면서 군소정당으로서 남게 되는 것이다. 그렇다면 '국고보조금제도'를 유지해야 하는가? 아니면 폐지해야 하는가?의 문제가 남는다.

'국고보조금' 제도를 문제 삼는 경우, 국고보조금 제도 내부에서의 보완책은 있어도, 이를 대체하는 제도는 찾기 쉽지 않다. 정당이 당원들이나 일반인들의 기부금에 의존하다면 그 결과는 명약관화할 것이다. 돈을 많이 기부한 사람들의 영향력을 중심으로 정당이 운영될 수밖에 없다.[34] 독일에서 국고보조금 제도의 근본 취지는 군소정당들을 보호함으로써 '복수정당제'(複數政黨制)를 성취하려는 것이다.[35] 국고보조금제도가 결코 큰 정당에게만 유리한 것이 아니며, 국고보조금제도가 없다면 군소정당들은 오히려 더욱 생존해 나가기 어렵게 된다. 해당 논쟁의 핵심은 오히려 '양당체계에 대한 국민적 인식' 및 '선거제도와의 연계성'에서 찾아야 할 것이다.

한국정당체계에서 군소정당들이 존재해 왔지만, 군소정당의 위치에서 주요정당으로 전환하며 발전한 경우는 없었다. 정당경쟁구도에서 군소정당이란 이념적으로 양 극단에 가까이 위치하며, 그래서 유권자들의 분포를 생각할 때, 소수자들의 균열구조를 반영하게 된다. 하지만, 현대사회에서 이제 '경제적 차원'(시장에 대한 국가개입의 정도)이나 '정치적 차원'(국가공권력의 개인생활에 대한 개입의 정도)에 의한 우파-좌파의 정치 뿐만이 아니라, '정체성의 정치'(identity politics)에 대한 흐름이 중요

31 정재관, 김인원, 정은아, "틈새정당의 전략과 제도화", 『한국정치학회보』 50:2 (2016), pp. 125-149. 저자들은 2000년에 등장하여 2014년에 소멸한 '민주노동당'(2011년에 '통합진보당'으로 출범)을 분석하면서, '틈새정당'(niche parties)의 최선의 전략은 '중화전략'과 '유인전략'의 조합이라고 주장한다. 틈새정당이 중화-유인전략을 일관되게 추진하기 위해선 조직적 체계성, 지도부 의사결정의 자율성, 당구성원들 사이의 가치의 동질화, 유권자들로부터의 지속적 실체성으로 평가되는 정당제도화가 뒷받침되어야만 한다고 주장한다. '민주노동당'에 대한 또 다른 연구에 따르면, 민주노동당의 '분당'이 대중적 신뢰구축에 실패했다고 본다. 조현연은 권영길대표체제-김혜경대표체제-문성현대표체제 하에서 당내 정파간 갈등구조와 정치적 파행 사건들을 다루면서, 민주노동당의 분당사태는 내부성찰과 혁신에 실패한 결과물인데, 그 핵심은 지배정파 및 내부헤게모니 집단의 '종북-패권주의' 때문이었다고 주장한다. 조현연, "민주노동당의 분당과정 연구: 정파 · 제도 · 리더십을 중심으로", 『기억과 전망』 20 (2009), pp. 71-109. 최종숙은 민주노동당이 당내민주주의과정에서 평소 조직이 강조하던 '심의적 참여모델'을 제대로 수행하지 못하고 '수동적인 심의적 참여모델'을 수행하는데 그쳤다고 본다. 특히 '북한문제'에 있어서 그러했다고 주장한다. 최종숙, "민주노동당의 당내민주주의 분석: 원내진입시기에서 분당국면까지(2004.6-2008.3)", 『경제와 사회』 83 (2009), pp. 169-197. 김윤철은 민주노동당내의 정파간 갈등은 분당의 전제조건일 뿐이며, 민주노동당의 생성과 성장을 가능하게 하였던 연대 유인이 '다층적'으로 (공동 목표의 부재와 이념갈등, 당권교체 가능성에 대한 평등파의 좌절감, 분당파 형성과 대중정치인의 합류를 통한 분당요인 증가 등) 약화되었다고 본다. 김윤철은 이러한 다층적 요인의 복합적 발생의 경우, 분당세력들간의 재통합이 쉽지 않은 것으로 예상했다. 김윤철, "민주노동당의 '분당': 연대유인의 '다층적' 약화와 '대안'으로서의 분당", 『한국정당학회보』 10:1 (2011), pp. 101-136.

32 A. Gauja, "Building Competition and Breaking Cartels: The Legislative and Judical Regulation of Political Parties in Common Law Democracies", *International Political Science Review*, 35:3 (2014), pp. 339-354.

33 장훈, "카르텔 정당체제의 형성과 발전: 민주화이후 한국의 경우", 『한국과 국제정치』 19:4 (2003), pp. 31-59.

34 이것은 교육기관에 기부금을 내는 것과는 성격이 다른 것이다. 일반적으로 교육기관(반드시 교육기관이 아니어도)에 기부금을 내는 경우엔 (반드시는 아니어도) 목적기금의 형태를 띠게 된다. 장학금이라든지, 연구단지 조성이라든지, 석학들의 강의프로그램이라든지 하는 것이 그것이다. 현실적으로, 정당에 기부금을 낸다는 것은 구체적인 목적기금의 형태를 띤다기 보다는 포괄적인 정치자금일 수밖에 없을 것이다.

35 독일은 '나치체제'에 대한 기억과 연관하여, 다시는 이러한 체제를 반복하지 않기 위해서, 두 가지 헌법적 장치를 마련하고 있다. 하나는 '연방제'이다. 헌법 개헌시에도 연방제를 포기할 수 없도록 하고 있다. 이것은 정부를 한 개로 하지 않고, 다수의 연방정부체제로 하여 나치정당과 같은 정당이 쉽게 전국을 휩쓰는 것을 막기 위한 것이다. 또 다른 하나는 '복수정당제'의 보호와 정당운영비를 국가가 의무한다는 것이다. 정치체계에 다수의 정당이 존재하면서 경쟁할 때, 어떤 한 정당이 의회를 장악하기 어렵다.

해 지면서, 이제 군소정당이 일정한 영향력을 갖고 정당체계내에 존재하는지의 여부는 주요한 사안이 되었다.[36] 사회구성원들에게 두 개의 시각이 존재할 것이다. 하나의 시각은 양당체계내에서 두 개의 주요 정당이 군소정당의 이슈를 포괄하는 것도 무방하다고 보는 것이다. 반면에 큰 정당이 소수자이 이슈를 포괄하는 경우 상대적으로 소홀히 다루어지기 때문에 군소정당의 문제는 군소정당들이 존재함으로서 제대로 다루어질 수 있다고 보는 시각도 있다. 궁극적으로 정당체계란 사회구성원들이 선거를 통해서 만들어내는 결과물이기 때문에 둘 중 어떤 시각을 더 선호하는지의 여부는 국민들의 의지인 선거결과를 보면 된다. 그러니까, 선거결과에 따르면 되는 것인데, 선거결과란 것이 선거제도에 영향을 받기 때문에 결국 사회구성원들의 시각은 사실 선거제도에 의해서 여과된 결과물임을 염두에 두어야 한다.

'단순다수-소선거구제'하에선 경험적으로 '양당체계'가 유인된다. 전국적인 수준에서 커다란 정당 두 개만이 정치적 영향력을 지닌 정당으로 살아남게 된다는 의미이다. '단순다수-소선거구제'하에선 유권자가 투표할 때 '사표(死票)방지심리'가 작동하여 당선되기 어려운 군소정당후보자는 표를 얻기 어렵다는 것이 핵심이다. 지역구를 단위로 한 개의 정당(후보자)만이 선출되고(즉 소선거구제), 또한 선출될 때 한 표라도 많으면 당선되니까(단순다수제), 자연스럽게 전국적 수준에서는 커다란 두 개의 정당만이 살아남고 군소정당들은 영향력 있는 의석수를 차지할 수 있는 정당의 위치로 나갈 수 없는 것이다.[37]

선거제도의 영향력하에 '양당체계'적 경향이 계속되고 있는 한국의 경우, 진영논리로서의 이념갈등이 확대재생산되고 있다. 양당경쟁체제에선 두 정당이 이념에 대한 선명성과 정책차별성 경쟁을 벌이면서 갈등이 증폭될 수 있다. 이러한 이념갈등을 약화시키기 위해서 보수정당 2개(a, b)와 진보정당 2개(c, d)으로 이루어지는 '4당체계'를 상정해 본다. 정치체계 내에서 보수도 보수끼리 합리적 보수를 위해서 서로 경쟁해야(a-b) 하고, 진보도 진보끼리 합리적 진보를 위해서 서로 경쟁해야(c-d) 하는 정당정치가 이상적이라고 생각한다. 보수와 진보의 경쟁만이 있으니 상호간에 이념적 경직성에 따른 정책유연성이 낮고, 이로 인해서 특정 이념 정파가 정권을 잡았을 때 정당간에 갈등이 확대 강화되고 있다. 유권자들도 단순히 2개의 선택지에서 정당을 선택해야하는 고충도 없어질 것이다. 보수정당 2개, 진보정당 2개로 구성되는 4당체계하에서 정권을 잡는 특정 이념 중 한 개의 정당은 '중도정당'적 성격을 갖고 정국을 운영할 가능성이 높다. 이념내부의 경쟁이 정당을 이념적 집착이나 극단으로 몰아낼 가능성이 낮기 때문이다. 좌파끼리 경쟁할 때, 중도좌파가 극좌파보다 선거경쟁에서 유리하고, 우파끼리 경쟁할 때, 중도우파가 극우파보다 선거경쟁에서 유리하다. 그러니까, 정치체계에 '중도정당'을 보유한다는 것은 중도정당으로 기능할 수 있는 정당이 가능한 정당경쟁구도를 형성하는 것이다. 2019년 말에 2020년 국회의원선거를 앞두고 이뤄지고 있는 정계 개편의 흐름이 보수도 2개의 정당이 형성되고, 진보도 2개의 정당으로 재편되기를 기대해 본다. 보수도 보수끼리 경쟁하면서 보수층의 선택을 받아야하며, 진보도 진보끼리 경쟁하면서 진보층의 선택을 받아야만 한다. 어떠한 정당간 경쟁도 없이, 단순히 진보니까, 단순히 보수니까 진보층과 보수층으로부터 선택받는 정당정치에는 미래가 없다.

복지정책에 관해 정당간 경쟁에서 정책적 유연성에 대한 경험적 증거를 찾아본다. 즉, 정책이 분화되지 않고 수렴한다는 것이다.[38] c와 d가 주요 정당이고, a와 b가 군소정당이라고 할 때, 양당체계로 c와 d가 경쟁하는 것보다, 적당한 의석규모의 a와 b가 있음으로서 c와 d는 정책적으로 수렴한다. 복지정책에서 중도우파를 더욱 중도

36 '정체성의 정치'란 구체화되고 특정한 이익과 연계된 사람들이 모인 사회집단의 정치를 말한다. 다양한 이익단체, NGO단체, 신사회단체운동 등이 이에 해당한다. 예를 들면, 노인복지회, 탈북자인권단체, 장애인복지단체, 올바른교육을위한모임 등이다. '정체성의 정치'에 대한 보다 자세한 논의는 다음을 참고. Herbert Kitschelt, "Social Movements, Political Parties, and Democratic Theory", The *Annals of the American Academy of Political and Social Sciences* 528 (1993), pp. 13–29. Mary Bernstein, "Identity Politics", *Annual Review of Sociology* 31 (2005), pp. 47–74.

37 '단순다수대표제 소선거구제'(특히 소선거구제)에서는 선거공학적으로, 유권자의 '사표방지심리'(死票防止心理)도 함께 작용한다. 유권자들의 사표방지심리는 일종의 '전략투표행태'(strategic voting) 내지는 '복잡투표행태'(sophisticated voting behavior)와 연결된다. 유권자 입장에서 자신이 가장 좋아하는 후보의 선거경쟁력이 약한 경우, 자신이 가장 싫어하는 후보자가 당선되는 것을 막기 위해서 차선의 후보를 선택하는 투표행태를 말한다. 단순다수제 소선거구제하에서 '순수투표행태'(sincere voting behavior)가 강조되면 주요한 2개 정당을 넘어서서 제3의 정당 정도이 득세할 가능성이 있다. 한국선거에선 단순다수 소선구제하에서 지역주의와 더불어 순수투표행태가 나타나면서 충청권의 1996년에 김종필의 '자유민주연합'(자민련)이 득세하여 '3당체제'를 이루면서 이후 10년간 득세하였다.

38 마인섭, "한국정당의 복지정책과 선거", 『의정연구』 34 (2011), pp. 29–62. 지병근, "한국정당들의 복지정책 당헌 및 강령분석을 중심으로", 『선거연구』 2:1 (2012), pp. 59–95. 권혁용, "정당: 선거와 복지국가: 이론과 선진민주주의 국가의 경험" 『의정연구』 34 (2011), pp. 5–28. 임유진, "정당경쟁과 국민연금개혁의 복지정치", 『한국정치학회보』 48:1 (2014), pp. 99–118. 임유진, "정당정치와 한국 복지정치의 전환", 『한국정당학회보』 14:1 (2015), pp. 5–35. 이지수, 『거대보수정당의 위기인식으로 인한 한국복지정치의 수렴현상』 (연세대학교 대학원 정치학과 석사학위논문, 2019) 정당간의 정책차별성을 갖는 것과 수렴성을 갖는 것은 궁극적으로 '정당체계'의 문제이며, 동시간대에 일어나는 일은 아닐 것이다. 복지정책의 경우, 진보진영 내에서의 민주당과 민노당(또는 정의당)의 정책차별적 관계에서 시작하여, 민주당이 결국 민노당과 보수정당들과의 사이에서 매개 역할을 하게 된다. 결론적으로 복지정책은 '수렴현상'으로 나타난다.

쪽으로 이동시킨 동인은 중도좌파의 위치보다도 좌파인 민노당의 영향력이었다.[39] 좌파인 민노당(또는 정의당)의 존재가 없이 단순히 중도우파-중도좌파의 경쟁구도에선 중도우파가 중도쪽으로 이동하기는 어려웠을 것이다.

2. 한국정당체계에 영향을 미치는 요인들

정당이 기관의 이익과 생존을 위해서 합당하거나 분당하는 것은 어찌 보면 자연스러운 일이며, 한국만의 배타적 현상은 아니다.[40] 문제는 정도(程度)이다. 선거철에 이합집산이 너무 빈번한 것이다. 정당들의 가장 기본적인 의무는 시민사회의 균열을 반영하는 것이다. 정당은 시민사회의 균열이 정치균열화한 결과물이기 때문이다. 대의민주주의를 수행하는 유권자들의 대표기구로서 한국의 개별 정당들의 수행 능력을 좋게 평가하는 사람들이 그렇게 많지 않을 것이다.[41] 대의민주주의의 한 시대를 볼 때, 한 사회에 형성되어 있는 균열이 고정되어 있는 것은 아니지만, 그렇다고 매일 변하는 것은 아니다. 중장기적으로는 변화가 감지되지만, 단기적으로 하나의 사건만으로 사회균열의 변화를 판명할 수는 없다.

1987년 민주주의체제 성립이후 한국의 정당들은 선거때마다 이합집산을 계속하고 있으며, 그러한 이합집산의 동인을 제공하는 한국의 시민사회의 균열 축에는 세대균열, 계층균열, 지역균열, 이념균열 등이 존재하지만, 이 중에서 가장 큰 정당경쟁의 균열 축은 '이념균열'이다.[42] 궁극적으로 정당균열구조는 정당체계를 통해서 파악되는데, 균열구조가 점진적으로 변화하면서 정당체계도 변화하게 된다. 이상적인 경우는 주요한 사회균열의 수를 반영하여 정당들이 존재하는 것이며, 한 사회에 형성된 주요한 사회균열의 수는 양당체계나 다당체계가 형성되는데 영향을 미치게 될 것이다. 하지만, 사회균열이 존재한다고 해서 그것이 모두 정치균열화하여 그 결과 정당의 존재로 반영되는 것은 아니다. 특히 한국의 정당체계는 선거때마다 정당간의 이합집산에 영향을 받고 있다.

모든 형식과 내용에는 장단점이 공존한다. 따라서 '양당체계'보다 '다당체계'가 우월하다거나, 반대로 '다당체계'가 '양당체계'보다 더 적합하다는 논의는 상황적 평가를 포함한 매우 복잡한 사안이다. '정당체계'에 영향을 미치는 가장 큰 변수를 한 개만 선택하라면 '선거제도'라는 것이 중론이다. 한국의 각급 선거제도들을 기본으로 하여, 한국의 '양당체계' 형성에 영향을 미치는 변수를 모두 4개로 정리해 보았다. ① 정당간 정책연합은 빈곤하고 선거연합이 우월한 상황에서 반복되는 정당간 이합집산; ② 한국대통령제하에서 대선경쟁구도; ③ 각급선거간의 선거주기와 여당프레미엄; ④ 국회의원 정수의 문제이다. 하나씩 설명해 보고자 한다.

1) 반복되는 정당이합집산

개인이건 기관이건 국가이건 이 세상에 혼자서 독자적으로 할 수 있는 일은 거의 없을 것이다. 다양한 종류의 개체들은 그래서 연합하거나 통합하면서 일을 도모하게 된다. 소위 '정책연합'이란 것이 그것이다. 역으로, 일을 도모함에 있어서 하나의 개체가 분리되기도 한다. 그래서, '통합과 분리', '합당과 분당'은 비록 한국정당정치에

39 이성희 · 진영재, "민주노동당의 국회진출과 한국 정당의 정책차별화 가능성", 『의정연구』 12:2 (2006), pp. 223-254.

40 대통령제 국가들에서 한국의 정당정치와 관련하여 시사적 연관성을 지닌 정당분열 사례가 있다. 프랑스를 보면, 2005년 프랑스의 유럽헌법안 관련 국민투표 당시 사회당내 분열이 프랑스 유권자들의 유럽헌법안 부결에 결정적 요인이 되었으며, 이러한 사회당내의 부결은 멀게는 2016년 사회당의 쇠퇴와 '전진하는 공화당'의 진출에 전조로서 작용하는 것으로도 해석할 수 있다. 2005년과 2016년 사례 모두 유럽 사안들(프랑스의 국제화문제)에 대한 프랑스인들의 태도에 관한 것이기 때문이다. 홍지영, "유럽통합 지지에서의 국내정치적 요인의 중요성: 프랑스 사회당내 분열과 유럽헌법안 부결을 중심으로" 『동서연구』 21:1 (2009), pp. 317-353. 정치문화적 유사성이 언급되는 멕시코의 경우, 2018년 멕시코 대선에서 처음으로 좌파인 로페스 오브라도르(López Obrador)가 정권을 잡게 된다. 1988년 이후 멕시코 정당체계는 PRI(중도파)의 일당 헤게모니 체제가 무너지고 PRI(중도파), PAN(우파), PRD(좌파)의 3당 경쟁 체제로 재편된다. 멕시코에서 주요 3당 외에 군소정당들이 지속적으로 존재하기도 하는데, 그 이유는 비례대표제와 더불어 주요 3당에서의 탈당이 빈번하기 때문이다. 김기현, "멕시코 좌파정당의 지형 변화: 민주혁명당의 분열과 모레나의 등장", 『라틴아메리카연구』 31:3 (2018), pp. 71-99. 이상에서 정당분열 및 쇠퇴의 의미를 반추한다면, '카리스마적 리더십'을 지닌 인물이 정당에서 갖는 역할의 중요성일 것이다.

41 박영환, "한국의회민주주의의 대표성 평가: 정당의 대표역할을 중심으로", 『국제정치연구』 19:1 (2016), pp. 245-268. 연구자는 정당과 시민사회의 연계를 판단하는 응답성, 안정성, 유권자와의 상호작용, 정치충원, 책임성, 소수자 대표 등의 기준들을 통해서 볼 때, 한국정당들은 낮은 수준의 대표기능을 수행하고 있다고 보았다.

42 곽진영 · 김은경, "한국정당체계의 사회적 이익 반영 패턴의 변화: 13대총선-20대총선", 『사회과학연구』 44:3 (2018), pp. 161-184. 저자들은 다른 여타의 균열축들(나이, 소득, 지역) 보다도 '이념균열'이 강화되면서 정당간 이합집산이 형성되고 있다고 본다. 이렇게 본다면, 한국사회에서 이념갈등은 정당들의 이합집산을 위한 명분 때문에라도 더욱 확대재생산될 가능성이 크다. 일반 시민들의 관심이 '생활정치'라면 정당은 시민사회와의 관계에서 이념이 확대재생산될 가능성을 축소시켜야만 할 것이다. 한국사회갈등의 가장 큰 요인 역시 '이념갈등'이기 때문이다. 한국민들의 이념형성에 영향을 미치는 변수는 '대북정책'과 '복지정책' 중에서 '대북정책'이 더 영향을 미치는 것으로 나타난다. 문우진, "한국 선거경쟁에 있어서 이념갈등의 지속과 변화", 『한국정당학회보』 15:3 (2016), pp. 37-60.

만 나타나는 현상이 아니라 세계 도처에 편재된 현상이다. 정당간 이합집산을 무조건 부정적으로만 볼 것은 아닐 것이다. 정당간 합당과 분당은 정당이 생존하기 위한, 그래서 어떻게 보자면 정당이란 기관이 갖고 있는 본능인지도 모르겠다. 그러나, 정당간 이합집산이 기관의 생존과 관련된 것이 아니라 정치인들의 기득권 유지를 위한 것이라면 이야기는 달라진다. 그래서 민주주의 성취와 정당정치의 순기능을 위해선 '제도화된 정당'(institutionalized parties)의 존재가 중요한 것이다. 결국, 정당이합집산이란 그 정도가 지나친지, 상식적으로 납득할 수 있는 것이지, 정치과정상에서 긍정적인 효과를 가져오는지를 놓고서 판단할 문제일 것이다.

'제도화된 정당'이란 그 사회내에서 장기간 존속하면서 사회구성원들로부터 존재이유를 인정받는 정당을 말한다.[43] 정치체계내에 '제도화된 정당'들이 존재한다는 것은 정치과정의 '예측가능성'을 높이며, 예측가능성이란 자유민주주의 질서를 지탱해주는 '법치주의'를 가능케하는 가장 기본적인 동력이다. 제도화된 정당이란 반드시 '주요 정당'(major parties)으로 존재하는 것은 아니며, 군소정당의 형태로도 존재한다. 주요 정당도 짧은 시간내에 그 생명력이 끊길 수도 있다. 결국 정당이 오랜 시간 그 사회내에서 사회구성원들과 존재가치를 공유하면서 존재하는 것이 중요한 것이다.

1987년 민주주의체제 성립 이후 이제 한국정치과정에서도 정당간 이합집산이 줄어들고 장기적으로 존속하는 '제도화된 정당'이 정착하게 되리라고 기대하기도 했다.[44] 그런데, 1945년부터 1987년까지 약 40년, 그리고 1987년 이후 2019년까지의 약 35년의 세월을 보면 정당들은 이합집산을 거듭하며, 당명을 바꾸거나 분당과 합당을 지속하고 있다.[45] 더 심각한 것은 선거용으로 정당의 내용은 거의 그대로이고 당명만 바꾸는 것이다. 여전히 이런 일이 새로운 정권이 탄생하기 직전과 직후에 버젓이 일어나고 있다. 정당간 이합집산의 본류는 선거용 합당과 분당이고, 정책연합의 성격을 지닌 것은 거의 없다. 그리고 그 뒤에는 정치인들의 기득권 유지가 핵심이다. 정당간에 정책연합을 구현하는 과정에선 합당, 분당, 당명개정 등은 필요없다. 1987년 민주주의체제가 출범한 이후 10년 내에 두 번의 커다란 지각변동이 있었는데, 하나는 1990년 1월에 있었던 '3당합당'이고 또 다른 하나는 1997년 11월에 있었던 'DJP연합'이다.[46] 관점에 차이가 있을 수 있지만, 두 개 모두 본질은 '선거용'이었는데, 하나는 합당이고 하나는 연합이었다. 3당합당은 여당과 야당의 선거연합이었고, 의석수는 여당인 '민주정의당'이 가장 컸으나, 야당인 김영삼의 '통일민주당'이 키플레이어였다. DJP연합은 김대중의 '새정치국민회의'와 김종필의 '자유민주연합'의 야당간의 선거연합이었으며, 역시 선거용이었다. 사실, 1987년 6공화국의 헌법제정 주체세력인 김영삼과 김대중은 '3당합당'과 'DJP연합'이 없었으면 정권의 창출이 어려웠을 것이라는 것이 중론이다. 따라서, 1987년 체제가 '절차적 의미의 민주주의 체제'를 넘어서서 '실질적 의미의 민주주의체제'로 전환이 민주화의 두 거인의 집권을 통해서 구현된 것으로 본다면, 두 개의 선거용 합당과 연합은 나름대로의 명분을 인정받을 수 있을 것이다.

정당들은 생존을 위해서 이합집산하며, 궁극적으로 선거 결과가 생존 여부를 좌우하게 된다.[47] 정당의 궁극적 목적이 선거 승리를 통한 권력획득이라는 것과 관련하여 정당들의 통합 및 연합 유형은 선거에서의 승리를 예측한 움직임에서 비롯된다.[48] 어떤 해당 선거 전에 선거결과의 유불리를 미리 판단한 정당들은 '통합'이나 '연합'을 시도한다. 소위 "뭉치면 살고 헤어지면 죽는다"라는 진리가 적용된다고 볼 수 있다.[49]

43 Samuel Huntington, *Political Order in Changing Societies* (New Haven: Yale University Press, 1968). Angelo Panebianco, *Political Parties: Organization and Power* (Cambridge: Cambridge University Press, 1988).

44 Youngjae Jin, "Testing Political Party Institutionalization: A Theory and Practice," *Journal of Political and Military Sociology* 23:1 (1995), pp. 43-63.

45 한태수, 『한국정당사』 (서울: 신태양사, 1961), 이기하, 『한국정당발달사』 (서울: 의회정치사, 1961), pp. 5-8. 김현우, 『한국 정당통합 운동사』 (서울: 을유문화사, 2000), 진덕규, 『한국정치의 역사적 기원』 (서울: 지식산업사, 2002), 심지연, 『한국정당정치사: 위기와 통합의 정치』 (서울: 백산서당, 2004)

46 3당합당의 성격에 대해서는 김희민, "한국 3당합당의 원인과 결과", 김재한 (편), 『정당구도론』 (서울 : 나남, 1994), pp. 45-83. 김희민은 정당지도자들 사이의 조화가능성이 3당합당의 형성에 가장 결정적인 기여를 하였다고 본다. 특히 한국은 짧은 시간내에 급격한 경제성장과 중산층을 경험한 나라였기에 시민들의 안정욕구가 더 강하고 그 결과 여당성향을 지니고 정치를 바라봄으로써 여당의 정치행태에 더 관대한 경향이 있었다고 본다. 김재한, "한국 거대여당 체제의 등장과 쇠퇴". 김재한 (편), 『정당구도론』 (서울 : 나남, 1994), pp. 13-41. 김재한은 한국정당구도의 재편이 대통령제와 당내비민주화가 주요하게 작용하고 있다고 본다. 특히 당내민주화가 덜 된 국가에서는 정당공천이나 대통령후보결정이 정당이합집산의 원인이 된다. 박명림, "연합 정치, 정권 교체, 대통령 리더십", 박명림(편) 『1987년 민주헌정체제의 등장과 운영 II: 김대중』 (파주: 카오스북, 2017). pp. 25-71.박명림은 DJP연합의 성격을 단순히 선거연합에 한정하지 않고 정책연합으로 확장되는 과정으로 보고 있다.

47 Thomas T. Mackie and Richard Rose, *The International Almanac of Electoral History* Fully Revised Third Edition, (Washington D.C.: Congressional Quarterly, 1991), pp. 160-162.

48 사르토리는 정당을 "선거에 후보자를 배출하여 공직에 오를 수 있게 하는 정치집단"으로, 웨어는 "정부의 공직을 차지하여 국가에 대한 영향력을 행사하고, 공통의 사회적 이익을 추구하기 위해 구성된 기관"이라고 정의한다. Giovanni Sartori, Parties and Party Systems (Cambridge: Cambridge University Press, 1976). Alan Ware, *Political Parties and Party Systems* (Oxford: Oxford University Press, 1996).

49 심지연, 『한국정당정치사: 위기와 통합의 정치』 (서울: 백산서당, 2004), pp. 489-491.

아쉬운 것은, 선거승리와 정권획득 차원으로 진행되는 정당간 이합집산이 유권자들의 선택을 인위적으로 일거에 변화시킬 수 있어서 시민사회의 균열을 긍정적으로 반영할 수 없다는데 있다.[50] 어찌보면, 정당간의 이합집산이 군소정당들끼리 이루어지기보다는 주요정당과 군소정당간에 이루어지는 경우엔, 정당간 이합집산이 일어나도 여전히 '양당체계'의 모습을 유지하기에 정당체계 자체가 변화하는 것이라고 볼 수는 없다. 하지만, 정당체계 형식은 몰라도 속성은 분명 차이를 지니게 될 것이다.[51]

1987년 민주화 이후부터 현재까지 한국정당정치사에서 다양한 유형의 통합 및 연합이 빈번하게 이루어지고 있다. 대표적인 예로, 13대 총선에서 여당인 민주정의당(이하 민정당)은 비록 선거에서는 승리했지만 과반수 의석 확보에는 실패했다. 이에 위기감을 느낀 민정당은 통일민주당과 민주공화당과의 합당을 시도하여 3당합당을 이루게 된다.[52] 이후 15대 총선에서 역시 여당인 신한국당이 과반수 의석 확보에 실패함과 동시에, 당시 만연해 있던 반DJ정서를 극복하며 정권창출을 이루고자 했던 DJ는 JP와의 DJP연합을 성사하여 15대 대선에서 승리하기에 이른다. 또한 17대 대선 이전에는 당시 정권에 대한 지지율 하락과 한나라당의 높은 지지율로 인해 정권재창출에 위기감을 느낀 '열린우리당'을 비롯한 범여권 진영 내에서 분열과 결합의 양상이 반복되었다.[53] 열린우리당은 노무현대통령이 지역주의구도 타파를 명분으로 하여 당시 여당이던 '새천년민주당'에서 분당하여 창당한 정당이다. 정권창출에 성공한 여당이 분당한 것이다. 2017년 박근혜대통령 탄핵 이후엔 여권이었던 새누리당에서 탄핵반대세력이 분리하여 '우리공화당'을 창당했고, 새누리당은 다시 '자유한국당'으로 당명을 바꾸었다. 물론 '새누리당'이란 이름도 이명박정부와 차별성을 시도한 박근혜정부가 '한나라당'에서 '새누리당'으로 당명을 바꾸고, 당의 상징색도 푸른색에서 붉은색으로 바꾼 것이다. 이러한 일련의 사례들을 통해 알 수 있듯이 당명 변경, 창당, 분당, 통합 및 연합이 정당이란 기관의 이름으로 행했다기보다는 주요 정치지도자들 각자의 이해관계에 따라 시도했다.[54] 이렇게 본다면, 한국정당의 창당, 분당, 합당에 가장 큰 영향력을 지닌 정치인들은 대통령이거나 대통령이 될 잠재력을 지닌 자들이다.

정당들을 시기별 여 · 야로 구분해 볼 때 총선의 경우 여당은 선거 승리와 과반 이상의 의석 확보를 통한 원활한 국정운영을 위해, 제1야당 및 제2야당은 선거 승리를 통한 여당 견제와 향후의 정계개편에서 보다 유리한 입지를 확보하는 것 등을 그 목적으로 통합과 연합을 한다. 대선의 경우 여당에게는 정권재창출이, 제1야당 및 제2야당에게는 정권창출이 주된 목적이다. 이와 더불어 군소야당들의 경우에는 총선과 대선을 통해 최대한 자신들의 세력과 지분을 확장하여 제도권 내 정치구도의 한 축이 되고자 하는 목적도 지닌다.

'정당통합'과 '정당연합'은 서로 구분되는 개념으로서 다음과 같이 정의될 수 있다. '정당통합'은 어떤 기준 정당에 타당이 흡수되거나 통합되는 경우를 말하며, 이러한 경우 과거에 쓰던 이름을 포기하는 경우가 일반적이다. 특히 통합을 통해 창당된 신당이 내부 갈등을 해소시키지 못할 경우 당 운영이 마비되고 분당되는 등의 심각한 합당 후유증을 유발하게 되며, 정치에 대한 국민의 불신을 초래하게 된다.[55] 이에 반하여 '정당연합'은 각각의 개별 정당이 정당명을 유지하면서 정당끼리 동아리를 형성하는 경우를 의미하며, 의회 내의 의석수를 차지할 때는 각 정당끼리 협의된 지분을 중심으로 의석수를 나누어 갖게 되는 것이 통례라 할 수 있다.[56] 무엇보다 정당연합은 정당통합과는 달리 해당 정당들이 자신들의 정당명과 조직을 그대로 유지한 상태에서 한시적으로 정책적 협력관계를 추구하는 행위이며 궁극적으로는 권력의 공유 및 유지에 더 큰 비중을 두고 있다.[57]

50 최창렬, "민주화 이후의 연합정치의 함의", 『대한정치학회보』 22:3 (2014), pp. 25-48.

51 현재호, "민주화 이후 정당 간 경쟁의 성격: 노동 없는 정당체제를 중심으로", 『아세아연구』 49:2 (2006), pp. 42-78.

52 김희민, "한국 3당합당의 원인과 결과", 김재한 (편), 『정당구도론』 (서울 : 나남, 1994), pp. 45-83. 김재한, "한국 거대여당 체제의 등장과 쇠퇴". 김재한 (편), 『정당구도론』 (서울 : 나남, 1994), pp. 13-41. '3당합당'이 야당의 지구당의 구조와 활동 리더십, 재정, 당원구성 등에 미친 파급효과에 관한 연구는 정상호, "정당재편 시기(1990-1995) 야당의 지구당 연구: 민주당 충주 · 중원 지구당의 사례 분석", 『한국정치연구』 20:1 (2011), pp. 259-290를 참조할 수 있다.

53 형은화, "열린우리당의 생성과 소멸에 관한 연구", 『현대사회과학연구』 17 (2013), pp. 147-173. 형은화는 열린우리당의 생성배경, 탄핵, 분열, 소멸을 통한 정당존립의 '도전과 실패'를 분석하면서 정당이 나름의 이념적, 정책적 정체성을 확립하고 이를 꾸준히 정책에 반영하고 실천할 때 비로소 국민적 지지가 지속될 수 있다는 것을 지적한다.

54 정당통합의 유형들은 크게 '신설합당', '흡수합당', '의사합당'으로 구분할 수 있다. '신설합당'은 합당의 당사자들이 대의기관의 결의를 통해 서로 대등한 입장에서 새로운 정당을 창당하는 유형이며, '흡수합당'은 하나의 정당이 다른 하나의 정당을 흡수 · 합병하는 경우이다. '의사합당'은 위의 두 유형 이외에 법적으로 합당으로 볼 수 없는 유형이다. 예를 들어, 비록 해당 정당들의 대표자들이 합당을 발표했음에도 불구하고, 어느 한 정당이라도 중앙선거관리위원회에 정당등록이 되어 있지 않으면 정당법상 합당으로 성립되지 않는다.

55 김현우, "한국 정치와 정당 통합의 문제: 해결 방안을 찾아서", 『사회이론』 17 (1999), pp. 165-194.

56 정당 간의 협의에 의해서 각 정당의 독립성을 유지하지 않고, 의회 내에서 또 다른 하나의 단체로 행동하며 의석수를 나누어 갖지 않을 수도 있다. 따라서 각 개별 정당이 각각의 정체성을 유지하면서 제휴하는 경우 이들의 정체성 유지에 대한 판단하는 기준으로서 기존의 정당명을 계속 쓰는가, 아니면 과거에 자신들이 쓰던 정당명을 변경하는가로 하는 것이 무난할 것이다.

57 김현우, "한국 정치와 정당 통합의 문제: 해결 방안을 찾아서", 『사회이론』 17 (1999), pp. 165-194.

정당통합 및 연합과 관련한 기존 연구들은 한국정당정치의 발전을 저해하는 요인으로 정당 간의 빈번한 통합과 연합으로 인한 정당정치의 유동성 및 불안정성에 대해 지적하고 있다. 1987년 민주화선언 이후부터 현재까지 빈번하게 전개되었던 정당들의 통합 및 연합은 한국정당정치의 유동성을 증가시켜 정당다원주의의 공고화에 부정적 영향을 끼쳤으며, 민주화로 인해 정치적 불확실성이 증가한 상황 하에서 정당 간의 통합 및 연합 현상이 매우 심하여 아직도 안정된 지지기반을 가진 정당이 등장하지 못하고 있다.[58] 한국정당들의 통합 및 연합에는 첫째, 그 동기나 형태에 관계없는 반복성, 둘째, 그러한 과정에서 정당지도자들이 당원과 유권자들에 대하여 무책임했던 비민주성, 셋째, 당 내부 구성원간의 이질적 성분에 따른 대립요인과 분리성향이 상존하는 중층적 구조 등이 발견된다.[59] 정당통합과 연합의 시기와 관련하여 대체로 한국의 정당들은 여야 구별 없이 위기 시에 결합하려는 경향이 있으며, 이러한 경우 유권자의 의사와는 무관하게 정당지도자의 의사에 따라 당이 새로 생겨나거나 명칭이 바뀌는 등의 불안정한 풍토가 조장된다.[60]

정당통합의 유형들은 크게 '신설합당', '흡수합당', '의사합당'으로 구분할 수 있다.[61] '신설합당'은 합당의 당사자들이 대의기관의 결의를 통해 서로 대등한 입장에서 새로운 정당을 창당하는 유형이며, '흡수합당'은 하나의 정당이 다른 하나의 정당을 흡수 · 합병하는 경우이다. '의사합당'은 위의 두 유형 이외에 법적으로 합당으로 볼

표 4-1 민주화 이후 정당들의 통합 및 연합 사례 연대기 (1987-2007)

<table>
<tr><th>각급선거 시기</th><th>통합 및 연합 사례</th><th>통합 및 연합 유형</th><th>각급선거 시기</th></tr>
<tr><td rowspan="8">13대 총선
(1988.4.26) 이후</td><td>진보정당건설을 위한 정치연합 (1988.9.14)
=한겨레민주당+민중의 당</td><td>의사합당</td><td rowspan="8">14대 총선
(1992.3.24)</td></tr>
<tr><td>민자당 (1990.1.22)
=민주정의당+통일민주당+신민주공화당</td><td>신설합당</td></tr>
<tr><td>민주당 (1991.2.3)=(꼬마)민주당+민주연합</td><td>의사합당</td></tr>
<tr><td>신민주연합당 (1991.3.23)
=평화민주당+신민주연합당</td><td>의사합당</td></tr>
<tr><td>(통합)민주당 (1991.9.10)
=신민주연합당+민주당</td><td>신설합당</td></tr>
<tr><td>새한당 (1992.2.6)=새한당+신신민당</td><td>의사합당</td></tr>
<tr><td>민중당 (1992.2.7)=민중당+한국노동당</td><td>민중당에 의한
흡수합당</td></tr>
<tr><td>통일국민당 (1992.2.7)=통일국민당+새한당</td><td>의사합당</td></tr>
<tr><td>14대 총선 이후</td><td>통일국민당 (1992.11.16)
=통일국민당+새한국당</td><td>의사합당</td><td>14대 대선
(1992.12.18)</td></tr>
</table>

각급선거 시기	통합 및 연합 사례	통합 및 연합 유형	각급선거 시기
14대 대선 이후	신민당 (1994.5.30) =통일국민당+신정치개혁당	신설합당	제1회 전국동시지방선거 (1995.6.27)
	민주당 (1995.2.13) =민주당+새한국당+통일시대국민회의	의사합당	
	자민련 (1995.5.17) =신민당+자민련	신설합당	
제1회 지방선거 이후	통합민주당 (1995.12.4) =민주당+개혁신당	의사합당	15대 총선 (1996.4.11)
15대 총선 이후	DJP 연합 (1997.11.3) =새정치국민회의+자민련	선거연합 (후보단일화)	15대 대선 (1997.12.17)
	한나라당 (1997.11.21) =신한국당+민주당	신설합당	
15대 대선 이후			제2회 전국동시지방선거 (1998.6.4)
제2회 지방선거 이후			16대 총선 (2000.4.13)
16대 총선 이후	3당 정책연합 (2001.4.16) =새천년민주당+자민련+민국당	정책연합	제3회 전국동시지방선거 (2002.6.13)
제3회 지방선거 이후	노무현 · 정몽준 후보단일화 (2002.11.25) =새천년민주당+국민통합21	선거연합 (후보단일화)	16대 대선 (2002.12.19)
16대 대선 이후			17대 총선 (2004.4.15)
17대 총선 이후			제4회 전국동시지방선거 (2006.5.31)
제4회 지방선거 이후	중도통합민주당 (2007.6.4) =중도개혁통합신당(열린우리당 탈당파) +민주당(새천년민주당의 개명)	신설합당	17대 대선 (2007.12.19)
	대통합민주신당 (2007.8.18) =대통합민주신당(중도통합민주당계열) +열린우리당	대통합민주신당에 의한 흡수합당	
17대 대선 이후	자유선진당 (2008.2.12) =자유선진당+국민중심당	자유선진당에 의한 흡수합당	18대 총선 (2008.4.9)
	통합민주당 (2008.2.18) =대통합민주신당+민주당	신설합당	
18대 총선 이후	6 · 2지방선거 범야권연대 (2010.1.12) =민주당+민주노동당+창조한국당+ 국민참여당+4개 시민단체(진보신당은 초기에 참여했으나 협상과정에서 이탈)	선거연합 (후보단일화)	제5회 전국동시지방선거 (2010.6.2)

58 김용호, 『한국정당정치의 이해』 (서울: 나남, 2001), pp. 292-293.

59 김현우, 『한국정당통합운동사』 (서울: 을유문화사, 2000), pp. 72-75.

60 심지연, 『한국정당정치사: 위기와 통합의 정치』 (서울: 백산서당, 2004), pp. 15-16.

61 주요 정당통합 유형에 대해 다음의 연구를 참조할 수 있다. 김현우, 『한국정당통합운동사』 (서울: 을유문화사, 2000).

각급선거 시기	통합 및 연합 사례	통합 및 연합 유형	각급선거 시기
제5회 지방선거 이후	자유선진당 (2011.10.17) =자유선진당+국민중심연합	자유선진당에 의한 흡수합당	19대 총선 (2012.4.11)
	통합진보당 (2011.12.13) =민주노동당+국민참여당	신설합당	
	민주통합당 (2011.12.23) =민주당+시민통합당	신설합당	
	새누리당 (2012.2.2) =새누리당+미래희망연대	새누리당에 의한 흡수합당	
	공동선거대책위원회 (2012.3.25) =민주통합당+통합진보당	선거연합 (후보단일화)	
19대 총선 이후	새누리당 (2012.11.16) =새누리당+선진통일당	새누리당에 의한 흡수합당	18대 대선 (2012.12.19)
18대 대선 이후	새정치민주연합 (2014.3.26) =민주당+새정치연합	신설합당	제6회 전국동시지방선거 (2014.6.4)
제6회 지방선거 이후	정의당 (2015.11.22) =정의당+국민모임	정의당에 의한 흡수합당	20대 총선 (2016.4.13)
20대 총선 이후	국민의당 (2016.2.5) =국민의당+국민회의	국민의당에 의한 흡수합당	19대 대선 (2017.5.9)
	더불어민주당 (2016.9.18) =더불어민주당+민주당	더불어민주당에 의한 흡수합당	
19대 대선 이후	자유한국당 (2018.2.12) =자유한국당+늘푸른한국당	자유한국당에 의한 흡수합당	제7회 전국동시지방선거 (2018.6.13)
	바른미래당 (2018.2.19) =바른정당+국민의당	신설합당	
제7회 지방선거 이후	민주평화당 =민주평화당+'대안신당' 바른미래당 =바른미래당+'변화와혁신'('새로운보수')	대안신당 탈당선언 (2019.8.12) 변화와혁신 발기인대회 (2019.12.8) 국민통합연대 발기인대회 (2019.12.22)	21대 총선 (2020.4.15)
	미래통합당 (2020.2.17) =자유한국당+새보수당+전진당		

수 없는 유형이다. 예를 들어, 비록 해당 정당들의 대표자들이 합당을 발표했음에도 불구하고, 어느 한 정당이라도 중앙선거관리위원회에 정당등록이 되어 있지 않으면 정당법상 합당으로 성립되지 않는다. 이런 개념을 사용하여 1987년에서 2019년까지 지난 35년간의 정당 통합 유형을 정리해보면 〈표 4-1〉과 같다.

〈표 4-1〉에 따르면, 민주화 이후부터 현재까지 한국 정당들은 매우 빈번하게 다

양하 형태의 통합 및 연합을 시도했다는 것을 알 수 있다.[62] 특히 한국정당들의 통합 선택비율이 연합 선택비율보다 높게 나타났다. 정당들은 각 정당들의 이념적 정체성을 유지하며 한시적으로 정당간 정책적 협력을 꾀할 수 있다는 점에서 연합의 매력을 느낄 수 있다. 그렇지만 지금까지의 연합 사례들은 일반적 이론에서 말하는 '정당연합이론'에 기반 한 정책연합유형이 아니며, 각 후보들 간의 이해관계에 따라 원리 · 원칙 없이 이루어진 후보단일화 중심의 선거연합이라는 한계를 지닌다.[63]

1987년 이후 한국정당통합운동과정에서 조금 더 긍정적이고 실험적인 시도를 구태여 찾아보고자 하는 경우, '중도연합'의 정책연합으로 해석될 여지가 있는 것들에서 찾아볼 수도 있을 것이다. 일반적으로 정당간 연합을 하게 되면, 정당 개체들간의 이념적 대푯값으로 수렴하기에 중도적 연합의 성격이 두드러진다.[64] 두 가지의 사례를 비교해 볼 수 있다. 하나는 중도적 기관이 있었던 것이고, 하나는 중도적 기관이 없었으면서 중도적 연합의 성격이 있는 경우이다. 첫째, 2001년에는 새천년민주당 · 자민련 · 민국당 간의 3당 정책연합을 볼 수 있다. 이때, 중도적 위치에 있는 것은 '민국당'이었는데, 당시 이러한 연합에 참여했던 정당 간의 이념적 차이가 컸다는 한계와 더불어 정당지도자들 간의 갈등으로 인해 3당 정책연합은 약 5개월 만에 붕괴되고 만다. 결과론적으로 보자면, 정책연합을 가장한 사실상의 선거연합이었기에(즉, 정책연합의 성격이 약했기 때문에) 단기간에 붕괴된 것으로도 이해될 것이다.

둘째, 2012년 대선과정에서 두드러졌던 중도개혁의 '안철수 정치'는 '국민의당'과

62 정당들의 통합 및 연합에 있어 세부적인 원인과 경과에 대해서는 김현우, 『한국정당통합운동사』 (서울: 을유문화사, 2000). 심지연, 『한국정당정치사: 위기와 통합의 정치』 (서울: 백산서당, 2004).

63 정당연합이론은 크게 6가지로 대별된다. 정당연합의 종류로는 ㉠'최소승자연합'(Minimum Winning Coalition: 연합으로 의석수의 50%를 넘기는 연합형태들을 망라함), ㉡'최소크기연합'(Minimum Size Coalition: 의석수의 50%를 넘기지만 불필요하게 많이 넘기지 않고 가장 가까스로 50%를 넘기는 연합형태); ㉢'최소행위자연합'(Smallest Number of Actor Coalition: 두 정당의 연합으로 50%를 넘기는 경우); ㉣'최소범위연합'(Minimun Range Coalition: 정당간 이데올로기의 범위를 최소화하되, 필연적으로 의석수를 50%가 넘도록 하는 연합); ㉤ '최소범위연결연합'(Minimun Range Connected Coalition: 50%를 넘기되 이데올로기적으로 중간자 역할의 현실적 필요성을 강조하는 연합); ㉥'최소승자연결연합'[Minimal Connected Winning Coalition: 연합의 중간매개자를 가장 강조하면서 50%를 넘어서 다다익선(多多益善)의 관점에서 접근한 연합]. 구체적인 숫자를 통한 논의는 진영재, "'유효정당수'(Effective Number of Parties) 계산법의 문제점: 정당연합이론을 중심으로", 『한국정치학회보』 33:4 (1999) pp. 334-338 부분을 참조하면 된다.

64 Abram De Swaan, Coalition Theories and Cabinet Foramtions: *A Study of Formal Theories of Coalition Formation Applied to Nine European Parliaments after 1918* (Amsterdam: Elsevier, 1973. Robert Axelord, *Conflict of Interest: A Theory of Divergent Goals with Applications to Politics* (Chicago: Markham, 1970)).

‘바른미래당’의 형성을 통해서 한국정당체계에서 중도정당의 존재의 가늠여부를 판단할 수 있는 좋은 예가 될 것이다.[65] 2012년 대선과정에서 후보를 사퇴한 안철수는 2016년 총선에서 ‘국민의당’으로 돌아온다. ‘국민의당’은 중도정치를 표방했지만, 호남을 지지기반으로 하는 지역구도에 갇혀 있었다. 시간이 흘렀어도 호남지역은 김대중의 유산아래 진보적 색채의 정치로 이어지고 있음은 주지의 사실이다. 안철수는 다시 한 번 중도정치를 구현하기 위해서 이른바 ‘중도개혁정당’을 표방하면서 ‘개혁보수정당’이었던 유승민의 ‘바른정당’과 통합하여 ‘바른미래당’을 창당한다.[66] 선거전략적으로 중도적 위치의 유리함은 반드시 기관의 존재만으로 되는 것이 아니고 득표전략차원에서 유의미해야 한다.[67] 그런 경우, 중도정당은 이슈에서 기계적인 중간위치만으로 상대적 다수 득표가 보장되지 않으며, 때로는 분명한 입장을 견지하거나 기존의 정파와 세력들을 끌어안아야만 한다. 아무래도, 안철수의 ‘바른미래당’은 지역구도를 탈피하면서 일종의 ‘보수대통합’의 전진기지적 성격이 있다. 안철수 본인은 호남기반을 유지하고, 유승민이 영남기반을 보조하면서 ‘새누리당’을 극복하는 정치세력을 기획한 것이다. 그런데, 정치게임이란 나의 움직임만으론 충분하지 않다. ‘국민의당’ 세력이 온전히 ‘바른미래당’으로 움직이지 않고, ‘민주평화당’으로 분당된 것이다. 물론 호남의 지역기반은 ‘민주평화당’이 갖게 되었다.

2017년 박근혜대통령탄핵으로 보수와 진보의 이념갈등은 확대재생산되는 상황에 있다. 박대통령에 대한 탄핵 찬성과 반대로 분열되었던 보수세력은 2019년 11월에 ‘보수대연합’의 기치를 내걸고 다시 한 번 제3지대에서 정당을 신설하여 창당하는 것을 논의중이나 결과는 지켜봐야 한다.[68] 정당간의 통합과 연합이 선거승리를 목적

표 4–2 여 · 야 구분에 따른 통합 및 연합의 대상과 유형별 분류

	통합			연합		
	사례	대상	유형	사례	대상	유형
여	민자당 (1990.1.22)	여당(민주정의당) +제2야당(통일민주당) +군소야당(신민주공화당)	신설 합당	3당 정책연합 (2001.4.16)	여당 (새천년민주당) +제2야당 (자민련) +군소야당 (민국당)	정책 연합
	한나라당 (1997.11.21)	여당(신한국당) +군소야당(민주당)				

	통합			연합		
	사례	대상	유형	사례	대상	유형
여	중도통합민주당 (2007.6.4)	소수여당 (중도개혁통합신당) +군소야당(민주당)				
여	대통합민주신당 (2007.8.18)	소수여당 (대통합민주신당) +소수여당(열린우리당)	흡수 합당	노무현 · 정몽준 후보단일화 (2002.11.25)	여당 (새천년민주당) +군소야당 (국민통합 21)	선거 연합 (후보 단일화)
여	새누리당 (2012.2.2)	여당(새누리당) +군소야당(미래희망연대)	흡수 합당			
여	새누리당 (2012.11.16)	여당(새누리당) +군소야당(선진통일당)	흡수 합당			
야	(통합)민주당 (1991.9.10)	제1야당(신민주연합당) +군소야당(민주당)	신설 합당			
야	신민당 (1994.5.30)	제2야당(통일국민당) +군소야당(신정치개혁당)	신설 합당			

65 안철수, 『안철수의 생각』 (파주: 김영사, 2012).

66 유창선, "바른미래당, 다당제의 발전인가 후퇴인가?", 『인물과사상』 239 (2018), pp. 118-130.

67 박명림은 1996년 김대중-김종필의 대선과정에서 'DJP연합'을 '중도정책을 유인한 연합'으로 해석한다. 김대중의 집권후 경제 및 노동정책이 중도좌파에서 우측으로 이동하는 정책적 유연성을 가질 수 있었던 것은 'DJP연합'에 영향을 받았다는 것이다. 이렇게 본다면, 'DJP연합'은 단순히 선거연합이 아니고 정책연합의 성격도 내포한다. 이에 대해서는 박명림, "연합정치, 정권교체, 대통령리더십", 박명립(편) 『김대중: 1987년 민주헌정체제의 등장과 개헌 논의』 (파주: 카오스북, 2017), pp. 24-71.

68 보수대연합을 하는 경우, 보수의 주요 정당인 자유한국당을 중심으로 할 수도 있지만, 입장들이 다른 경우, '제3지대'에서 새로이 모일 수도 있는데, 이런 경우 '제3지대'라는 것이 '중도'를 포괄하는 것이어서 '중도-보수 대연합'의 형태를 꾀한다면 또 다른 형태의 진보에 대한 견제세력을 모을 수도 있다. 선거전략차원에서 '중도'의 영역은 보수와 진보가 모두 공략할 수 있는 고지로서 중도층은 때로는 진보를 지지하며 보수의 견제세력이 되고, 때로는 보수를 지지하며 진보의 견제세력이 될 수도 있다. 2019년 12월에 조직된 '국민통합연대'는 일종의 제3지대에 설치된 '우산조직'(umbrella orgazation)의 성격의 조직이다. 박근혜대통령탄핵에 대한 반대세력(우리공화당)과 찬성세력(새누리당에서 나갔던 바른미래당의 일부세력들)이 자유한국당(새누리당의 후신)과 함께 '보수대연합'을 꾀하고 있는데, 그 성격은 철저히 21대 총선에서의 진보세력을 견제하기 위한 선거연합이다. 문제는 박근혜대통령탄핵에 대한 입장을 하나로 정리하기 쉽지 않다는데 있지만, 정치가 '가능성의 예술'이라고 본다면 이는 지켜볼 문제이다. 보수-중도의 통합의 대상은 '자유한국당', '새로운 보수'(바른미래당 유승민계), '우리공화당'(조원진과 태극기부대) 등이다. 이에 대항하는 진보 계열은, '더불어민주당', '민주평화당', '대안신당'(민주평화당 비당권파), '정의당' 등이다. 상대적 의미에서 '바른미래당'(손학규)은 중도파로의 분류가 가능하다. 손학규는 안철수가 바른미래당으로 돌아올 것을 촉구하는 상황에 있다. 결론적으로, 중도파가 독자세력을 구축할지, 보수와 함께 할지, 진보와 함께 할지는 지켜볼 일이다.

<table>
<thead>
<tr><th rowspan="2"></th><th colspan="3">통합</th><th colspan="3">연합</th></tr>
<tr><th>사례</th><th>대상</th><th>유형</th><th>사례</th><th>대상</th><th>유형</th></tr>
</thead>
<tbody>
<tr><td rowspan="14">야</td><td>자민련
(1995.5.17)</td><td>제2야당(신민당)
+군소야당(자민련)</td><td></td><td rowspan="10">DJP연합
(1997.11.3)</td><td rowspan="10">제1야당
(새정치국민회의)
+제2야당
(자민련)</td><td rowspan="10">선거
연합
(후보
단일화)</td></tr>
<tr><td>민중당
(1992.2.7)</td><td>군소야당(민중당)
+군소야당(한국노동당)</td><td>흡수
합당</td></tr>
<tr><td>진보정당건설을
위한 정치연합
(1988.9.14)</td><td>군소야당
(한겨레민주당)
+군소야당(민중의 당)</td><td></td></tr>
<tr><td>민주당
(1991.2.3)</td><td>군소야당(꼬마 민주당)
+군소야당(민주연합)</td><td rowspan="7">의사
합당</td></tr>
<tr><td>신민주연합당
(1991.3.23)</td><td>제1야당(평화민주당)
+군소야당(신민주연합당)</td></tr>
<tr><td>새한당
(1992.2.6)</td><td>군소야당(새한당)
+군소야당(신신민당)</td></tr>
<tr><td>통일국민당
(1992.2.7)</td><td>군소야당(통일국민당)
+군소야당(새한당)</td></tr>
<tr><td>통일국민당
(1992.11.16)</td><td>제2야당(통일국민당)
+군소야당(새한국당)</td></tr>
<tr><td>민주당
(1995.2.13)</td><td>제1야당(민주당)
+군소야당(새한국당)
+군소야당
(통일시대국민회의)</td></tr>
<tr><td>통합민주당
(1995.12.4)</td><td>제1야당(민주당)
+군소야당(개혁신당)</td></tr>
<tr><td>자유선진당
(2008.2.12)</td><td>제2야당(자유선진당)
+군소야당(국민중심당)</td><td>흡수
합당</td><td rowspan="4">6 · 2지방선거
범야권연대
(2010.1.12)</td><td rowspan="4">제1야당(민주당)
+군소야당
(민주노동당)
+군소야당
(창조한국당)
+군소야당
(국민참여당)
+4개 시민단체
(진보신당은
초기에 참여했으나
협상과정에서 이탈)</td><td rowspan="4">선거
연합
(후보
단일화)</td></tr>
<tr><td>통합민주당
(2008.2.18)</td><td>제1야당(대통합민주신당)
+군소야당(민주당)</td><td>신설
합당</td></tr>
<tr><td>자유선진당
(2011.10.17)</td><td>제2야당(자유선진당)
+군소야당(국민중심연합)</td><td>흡수
합당</td></tr>
<tr><td>통합진보당
(2011.12.13)</td><td>군소야당(민주노동당)
+군소야당(국민참여당)</td><td>신설
합당</td></tr>
</tbody>
</table>

	통합			연합		
	사례	대상	유형	사례	대상	유형
야	민주통합당 (2011.12.23)	제1야당 (민주당) +군소야당 (시민통합당)	신설 합당			
	새정치민주연합 (2014.3.26)	제1야당 (민주당) +새정치연합 (군소야당)	신설 합당			
	정의당 (2015.11.22)	제2야당(정의당) +군소야당 (국민모임)	흡수 합당			
	국민의당 (2016.2.5)	제2야당 (국민의당) +군소야당 (국민회의)	흡수 합당			
	더불어민주당 (2016.9.18)	제1야당 (더불어민주당) +군소야당 (민주당)	흡수 합당	공동선거 대책위원회 (2012.3.25)	제1야당 (민주통합당) +군소정당 (통합진보당)	선거 연합 (후보 단일화)
	자유한국당 (2018.2.12)	제1야당 (자유한국당) +군소야당 (늘푸른한국당)	흡수 합당			
	바른미래당 (2018.2.19)	제2야당 (국민의당) +군소야당 (바른정당)	신설 합당			
	미래통합당 (2020.2.17)	제1야당 (자유한국당) +군소야당 (새보수당, 전진당)	신설 합당			

으로 하는 것이 주된 것이라고 할 때 그 성과는 여당이나 제1야당의 위치에 있는 정당이 포함되느냐의 여부가 큰 변수로 작용한다. 〈표 4-2〉는 여당과 야당에 따른 통합여부를 정리한 것이다.

민주화 이후 여 · 야 정당들의 통합 및 연합에 있어 그 대상과 유형들에 대한 보다 구체적인 내용은 다음과 같이 정리될 수 있다. 첫째, 전체적으로 야당의 통합 횟수가 여당보다 많은 것으로 나타났다. 무엇보다 제1야당이나 제2야당의 주된 목적은 총선에서 승리하여 여당을 견제함과 동시에 향후 정계개편에서의 보다 유리한 입지를 확보하기 위함이고, 대선에서는 승리를 통해 정권창출을 이루는 것이다. 군소야당들의 경우에는 선거를 통해 최대한 자신들의 세력과 지분을 확장하여 제도권 내에서 큰 비중을 차지하기 위한 목적을 지닌다.

둘째, 제1야당에 대항하여 여당의 주요 통합 대상은 대체로 제2야당이나 군소정당들이었다. 통합은 약세에 있는 정당들이 집권에 다가서기 위해서 추구하는 전략이지만, 한국정당사에서는 독특하게 집권에 성공한 정당이 분당한 경우도 있다. 2002년 대선에서 새천년민주당이 대선에서 승리하였지만, 노무현 대통령은 새천년민주당에서 일부 세력들을 이끌고 2003년에 열린우리당을 창당하게 된다. 이후 2004년 총선에서 열린우리당은 의석수 제1당이 된다.[69] 노무현 대통령의 낮은 지지도로 열린우리당이 정권재창출이 어렵게 되자, 다시 분열과 통합이 발생한다. 열린우리당의 탈당파인 '중도개혁통합신당'과 새천년민주당이 개명한 '민주당'이 우선 '중도통합민주당'을 창당한다(2007.6.4). 이후 다시 중도개혁통합신당에서 탈당한 세력과 열린우리당에서 탈당한 세력이 '대통합민주신당'을 창당한다(2007.8.18). 대통합민주신당은 열린우리당 내의 일부 탈당 세력을 흡수하며 시민사회세력이 당내 지분을 각각 50:50으로 소유키로 하면서 창당되었고, 이들이 다시 잔류해 있던 나머지 열린우리당 세력과의 합당을 시도하였다. 이쯤되면, 열린우리당은 당대당 통합으로 생존한 것이 아니라 탈당파들이 만든 대통합민주신당에 흡수된 상황이라 할 것이다. 실제로 대통합민주신당과 열린우리당이 합당하는데 당명이 그대로 '대통합민주신당'이었다. 비록 시민사회세력이 일정 지분을 지니며 제도권 정치에 참여했다고 할지라도, 결국 대통합민주신당과 열린우리당의 합당 사례는 기존의 집권세력이었던 열린우리당 내 탈당 세력과 잔류 세력이 재결합했다는 차원에서 당시 '도로 우리당'이라는 비난을 면치 못했다. 그리고 나서 2007년 대선에서 참패한다. 2020년의 '미래통합당'도 도로 '새누리당'이다. 그리고 나서 2020년 4.15총선에서 참패한다. 더 큰 그림에서 보자면, 새천년민주당에서 분당한 열린우리당이 다시 새천년민주당의 변신인 대통합민주신당에 흡수된 것이니, '도로 민주당'인 것이다. 대통합민주신당의 합당 사례는 한국정당정치사에 있어 여당의 분열과 재결집이라는 새로운 화두를 제시했으며, 기존의 여당의 합당 사례들과는 다른 새로운 유형의 분열과 통합이라 할 수 있다. 2002년 17대 대선을 앞두고 소위 범여권 진영에서 전개되었던 분열과 탈당, 합당의 반복은 국민들로 하여금 혼란을 초래하기도 하였다.

그런데, 이와 흡수한 상황이 2017년 박근혜대통령탄핵 이후에 보수진영에서 벌어지고 있다. 새누리당은 탄핵찬성세력인 '바른정당'과 '탄핵반대세력'인 '우리공화당'이 분당해서 나가고, 이후 '자유한국당'(2018.2.12)로 개명하였다. 우파인 '바른정당'은 중도파인 '국민의당'과 연합하여 '바른미래당'을 만들었지만, 바른미래당은 다시 분열하여 '새로운보수'가 분당한 상황이다. 여기에 보수진영의 단합을 촉구하는 엄브렐러 조직인 '국민통합연대'를 2019년 12월에 출범하였다. 그리고 나서, 결국 2020년 4.15총선을 위한 '미래통합당'이 창당되나 선거에서 참패한다. 이후 '국민의힘'으로 개명하지만 '도로 새누리당'인 것이다. 향후 통합 및 연합을 시도하고자 하는 정당들은 무분별한 통합 및 연합의 시도보다는 국민들이 납득할 수 있는 당위성을 확보함과 동시에 제도적 절차에 따르고자 하는 노력을 기울여야 한다. 선거를 100일 앞두고 벌어지는 정당들의 이합집산은 정당이 민생복리를 위한 정책개별과 정책합

표 4-3 통합 통합 유형과 각급선거 시기와의 연관성

통합 유형		합당 시기 및 사례	
신설합당	총선 이전: 6번	14대 총선 (1992.3.24) 이전	* 민자당(1990.1.22): 2년 2개월 전 * (통합)민주당(1991.9.10): 6개월 전
		18대 총선 (2008.4.9) 이전	* 통합민주당(2008.2.18): 2개월 전
		19대 총선 (2012.4.11) 이전	* 통합진보당(2011.12.13): 4개월 전 * 민주통합당(2011.12.23): 4개월 전
		21대 총선 (2020.4.15) 이전	* 미래통합당(2020.2.17): 2개월 전
	지방선거 이전: 4번	제1회 지방선거 (1995.6.27) 이전	* 신민당(1994.5.30): 1년 1개월 전 * 자민련(1995.5.17): 1개월 전
		제6회 지방선거 (2014.6.4) 이전	* 새정치민주연합(2014.3.26): 3개월 전
		제7회 지방선거 (2018.6.13) 이전	* 바른미래당(2018.2.19): 4개월 전
	대선 이전: 2번	15대 대선 (1997.12.17) 이전	* 한나라당(1997.11.21): 1개월 전
		17대 대선 (2007.12.19) 이전	* 중도통합민주당(2007.6.4): 6개월 전

69 이때 노무현 대통령 탄핵소추안이 입법부를 통과하였고, 이에 대한 역풍(逆風)이 불면서 한나라당이 선거에서 크게 패한다. 헌법재판소는 총선이후로 판결을 미루어 국회에서 결의된 탄핵소추안을 기각(棄却)하였다. 노무현의 '열린우리당'이 1당으로 득세한 민심의 결과를 고려하지 않을 수 없었을 것이다.

<table>
<tr><th colspan="2">통합 유형</th><th colspan="2">합당 시기 및 사례</th></tr>
<tr><td rowspan="4">의사합당</td><td rowspan="2">총선 이전: 6번</td><td>14대 총선
(1992.3.24) 이전</td><td>* 진보정당건설을 위한 정치연합
(1988.9.14): 3년 6개월 전
* 민주당(1991.2.3): 1년 1개월 전
* 신민주연합당(1991.3.23): 1년 전
* 새한당(1992.2.6): 1개월 전
* 통일국민당(1992.2.7): 1개월 전</td></tr>
<tr><td>15대 총선
(1996.4.11) 이전</td><td>* 통합민주당(1995.12.4): 4개월 전</td></tr>
<tr><td>지방선거 이전: 1번</td><td>제1회 지방선거
(1995.6.27) 이전</td><td>* 민주당(1995.2.13): 3개월 전</td></tr>
<tr><td>대선 이전: 1번</td><td>14대 대선
(1992.12.18) 이전</td><td>* 통일국민당(1992.11.16): 1개월 전</td></tr>
<tr><td rowspan="8">흡수합당</td><td rowspan="4">총선 이전: 5번</td><td>14대 총선
(1992.3.24) 이전</td><td>* 민중당(1992.2.7): 1개월 반 전</td></tr>
<tr><td>18대 총선
(2008.4.9) 이전</td><td>* 자유선진당(2008.2.12): 2개월 전</td></tr>
<tr><td>19대 총선
(2012.4.11) 이전</td><td>* 자유선진당(2011.10.17): 6개월 전
* 새누리당(2012.2.2): 2개월 전</td></tr>
<tr><td>20대 총선
(2016.4.13) 이전</td><td>* 정의당(2015.11.22): 5개월 전</td></tr>
<tr><td>지방선거 이전: 1번</td><td>제7회 지방선거
(2018.6.13) 이전</td><td>* 자유한국당(2018.2.12): 4개월 전</td></tr>
<tr><td rowspan="3">대선 이전: 4번
3번?</td><td>17대 대선
(2007.12.19) 이전</td><td>* 대통합민주신당(2007.8.18): 4개월 전</td></tr>
<tr><td>18대 대선
(2012.12.19) 이전</td><td>* 새누리당(2012.11.16): 1개월 전</td></tr>
<tr><td>19대 대선
(2017.5.9) 이전</td><td>* 국민의당(2016.2.5): 1년 3개월 전
* 더불어민주당(2016.9.18.): 8개월 전</td></tr>
</table>

의점을 찾는데 근본적 장애이다. 통합 유형들과 이에 대한 사례들을 중심으로 각급 선거 시기와의 연관성을 살펴보면 다음과 같다.

〈표 4-3〉은 거의 모든 통합이 대선과 총선 직전에 발생하고 있음을 보여준다. 보다 구체적으로 내용을 보자면, 첫째, 1987년 체제가 들어선 직후에는 의사합당의 사례가 많았지만, 시간이 흐르면서 신설합당이나 흡수합당이 두드러진다. 의사합당은 흡수합당처럼 상대적으로 영향력이 큰 정당에 의해 군소정당이 흡수되는 유형이다. 하지만 정당 간의 통합에 있어 정당등록 여부가 그 차이점이라 하겠다. 1987년 민주화 직후에는 다양한 정치세력들이 흩어져 있었다. 소위 민주세력들도 YS와 DJ로 나뉘었고, 그 연장선상에서 지역균열이 있었다. 5공화국의 군부세력과 연관되었던 세력들도 노태우와의 차별성을 꾀하고 있었다. 민주화와 동시에 이념적 자유로 인해 진

보 · 혁신 계열도 민주세력들 내에서 차별성을 추구했다. 다양한 정치세력들이 등록된 정당까지는 만들지 못하고 정당의 이름만 내건 채 흩어져 있던 상황이었다. 따라서 이들 정치세력들끼리 이합집산을 통해서 세력의 확장을 꾀하였기 때문에 1987년체제의 성립이후에 의사합당 사례들이 많았던 것이다. '진보정당건설을 위한 정치연합(1988.9.14)'은 진보 · 혁신 계열이 주축이 된 '한겨레민주당'과, 백기완 중심의 '민중의 당'이 통합한 사례이다. 당시 '민중의 당'은 정당등록이 취소되었던 상태였다. '민주당(1991.2.3)'은 이기택 총재가 사임한 이후 잔류세력이 주축이 된 '민주당'과, 이부영 중심의 '민주연합'이 통합한 사례이다. '민주당'은 정당등록이 되어 있었던 반면에, '민주연합'은 정당등록이 되어 있지 않은 정치세력에 불과했다. '신민주연합당(1991.3.23)'은 김대중 총재의 '평화민주당'과, 김대중 총재가 재야의 다른 파벌 조직을 후원해 결성되었던 '신민주연합당'이 통합된 사례이다. 통합 이전의 '신민주연합당'은 정당등록이 되어 있지 않던 상태였다. '새한당(1992.2.6)'과 '통일국민당(1992.2.7)'의 통합 사례는 전형적인 의사합당 유형을 보여준다. 우선 1992년 1월 29일, '민주한국당' 출신 의원들이 중심이 되어 창당된 '신신민당'은 2월 6일에 김동길 교수의 '새한당'과 통합한다. 그리고 다음날인 3월 7일, '새한당'의 김동길 창당준비위원장과 '통일국민당'의 정주영 창당준비위원장은 통합을 선언하기에 이른다. 이러한 일련의 합당 과정에서 발견할 수 있는 특징으로는 '신신민당', '새한당', '통일국민당' 모두 당시 정당등록이 되어 있지 않은 상태로서, 계파와 세력들 간에 이루어진 의사합당 유형들이었다는 것이다.

신설합당의 경우 그 정치적 파급효과는 의사합당보다 크게 작용한다. 대표적으로 14대 총선 이전에 있었던 '3당합당'과 '(통합)민주당'의 사례를 들 수 있다. 1990년의 3당합당의 경우는 13대 총선에서 과반수 의석 확보에 실패하고 향후 안정적인 국정운영에 대한 위기감을 느꼈던 여당인 '민정당'이, 각각 제2야당과 군소야당으로서의 한계를 느낀 '민주당' 및 '공화당'과 통합한 사례이다.[70] 이처럼 3당합당을 통해 '민자당'이라는 거대여당이 탄생하자, 야권에서도 '(통합)민주당(1991.9.10)'이라는 거대야당을 창당하기에 이른다. 사실 '(통합)민주당'의 창당 과정은 그리 순탄치 않았다.

70 3당합당에 대해 한국정당사 최초로 여당과 야당 간에 합당이 성사되어 강력한 국정운영주체가 탄생되었다는 점에서 긍정적으로 바라보는 시각도 있으나, 정강과 정책이 서로 달랐던 여당과 야당이 통합됨으로써 유권자의 정당선택권이 무시되었다는 부정적인 시각도 함께 존재한다. 김현우, 『한국 정당통합 운동사』 (서울: 을유문화사, 2000) p. 657.

우선 '통일민주당'내에서 3당합당에 참여하지 않은 이기택 중심의 잔류세력이 '(꼬마)민주당'을 창당한 후 김대중 총재의 '평화민주당'과의 합당을 시도한다. 하지만 이들 모두 당권 문제에 발목을 잡혀 통합에 성공하지 못했다. 이후 '(꼬마)민주당'은 이부영 중심의 '민주연합'을 흡수하고 '신민주연합당(前평화민주당)'과의 통합을 다시 시도한다. 결국 기존의 야권 분열에 대한 위기감이 크게 작용하자, 양당 모두 통합에 임하게 되면서 '(통합)민주당(1991.9.10)'이 창당되게 된다. 이들의 통합은 '민자당'이라는 거대집권당의 출현 앞에서 당의 이념이나 지지기반, 정강 · 정책을 초월하는 '운명적인 것'이었으며, 단지 당권과 당직 배분 등을 둘러싸고 이견을 조정하는 데 시간이 걸렸을 뿐이다.[71] 2019년 11월 현재도 '보수대통합'이 논의되면서 '자유한국당'의 보수리더십에 회의를 품는 분위기가 강하기 때문에 '제3지대'에서 보수통합을 위한 매개체로서 엄브렐러 조직을 통한 신설합당이나 신당창당이 논의되고 있으니, 가히 한국정치의 정당이합집산의 수준을 짐작케 한다.[72]

둘째, 대선 이전의 통합 유형에서 신설합당, 흡수합당, 의사합당 등이 고르게 나타났으며, 이들 사례들은 주로 대선에 임박하여 시도되었다는 것이 특징이다. 우선 신설합당의 경우 짧게는 1개월(한나라당) 전에 이루어지기도 한다. '한나라당(1997.11.21)'은 15대 대선 이전에 이회창 총재의 '신한국당'과 조순 총재의 '민주당'이 신설합당 한 사례이다. '신한국당'은 15대 대선을 불과 한 달여 앞둔 11월 2일에 후보경선에서 패배한 이인제 후보가 경선 결과에 불복하고 탈당한 상황에 있었다.[73] 신한국당의 표가 분산되는 상황에서 다음날인 3일에 '민주당' 조순 총재가 이회창 후보와의 연대 가능성을 내비치자 양당 간의 통합 논의가 급진전되었다. 결국 1997년 11월 7일, 대선 이전에 '당 대 당' 통합을 통해 당명을 변경하고 이회창 총재를 통합신당의 대통령후보로, 조순 총재를 당 총재로 각각 추대하기로 합의하였다. 사실 이들 양당 간의 통합은 DJP연합에 맞서 여권의 통합을 모색하기 위한 전략의 일환이었으나, 통합 이전 신한국당 내에 존재해 있던 분열적인 요소를 극복하지 못한 한계로 인해 소기의 성과를 거두지는 못했다.[74]

중도라는 명칭을 사용한 정당이 눈에 띈다. '중도통합민주당(2007.6.4)'의 경우는 17대 대선을 6개월 여 앞두고 김한길 의원을 포함한 23명의 의원들이 열린우리당을 탈당하여 창당한 '중도개혁통합신당'과, 평소 범여권 통합에 있어 '특정 인물 배제론'을 주창해왔던 박상천 대표의 '민주당'이 신설합당 한 사례이다. 양당은 신당 지도체제를 김한길 · 박상천 공동대표가 2인 합의제로 운영하는 단일지도체제로 하고, 최고위원 · 당직자 · 중앙위원 선임에서는 철저한 5 대 5 룰을 적용키로 합의하였다. '중도통합민주당'의 창당은 소위 범여권 세력들의 분열과 통합을 가속화시키는 계기가 되었으며, 결국 두 달여 후 김한길 의원 세력이 다시 '대통합민주신당'으로 합류하게 되면서 '중도통합민주당'은 해체되고 만다.

흡수합당의 사례 역시 대선 직전(4개월 전)에 시도되었다. 앞서 살펴 본 바와 같이, '대통합민주신당'은 '열린우리당'에서 탈당하여 '민주당'과의 합당을 주도했던 세력들이 일부 시민단체와 '열린우리당' 추가 탈당 세력들과 재결집하여 창당된 사례이다. 의사합당의 사례도 대선 직전(한 달 전)에 시도되었으며, 14대 대선 이전의 '통일국민당' 사례가 유일하다. '통일국민당(1992.11.16)'은 정주영 대표의 '통일국민당'과 채문식 · 이종찬 중심의 '새한국당'이 합당한 경우인데, 당시 '새한국당'은 정당 등록이 되어 있지 않은 상태였다. 하지만 이들의 통합은 본래의 합당과정에서 논의되었던 '당 대 당' 통합이 아닌, 부분 통합의 성격을 띠었다. '새한국당' 내의 채문식 세력만이 '통일국민당'과의 통합에 참여하였고, 이종찬 세력은 참여하지 않았기 때문이다. 통합에 참여하지 않은 이종찬 중심의 잔류세력은 11월 17일에 전당대회를 열고 '새한국당'으로 출범하였다.[75] 대선 이전의 통합과 관련하여 이처럼 승자가 모든 것을 취하는(winner takes all) 대통령제하에서 한국의 정당들은 자신들의 일정 지분을 보장받을 것인지(신설합당), 그렇지 않으면 상대적으로 자신들보다 영향력 있는 정당으로 흡수될 것인지(흡수합당), 아니면 창당했음에도 불구하고 정당등록을 하지 않은 상태에서 타 정당과 통합할 것인지(의사합당) 등을 고려하면서 택일하는 것으로 나타났다.[76] 신설합당의 경우는 정당들이 각급선거에 임하는데 있어 신당 창당을 통

71 김현우, 『한국 정당통합 운동사』(서울: 을유문화사, 2000), p. 672.

72 '엄브렐러 조직'(unbrella organization)의 필요성은 기존의 정당에 대한 기득권을 견제하기 위해서이다. 기존에 주요 정당을 중심으로 유사한 이념의 세력들이 연합하는 경우엔 주요 정당내 기존 정치인들의 기득권 밑으로 세력들이 흡수되는 효과가 있을 수밖에 없다.

73 래니는 정당의 후보 선택 과정에 있어 대부분의 정당지도자나 핵심 인물들은 정당 내의 상대 파벌과의 경쟁에서 승리하는 것을 상대당과 경합에 승리하는 것만큼이나 중요하게 여긴다고 밝히고 있다. Austin Ranney, *Governing: An Introduction to Political Science* (New Jersey: Englewood Cliffs, 1993).

74 심지연, 『한국정당정치사: 위기와 통합의 정치』(서울: 백산서당, 2004), p. 445.

75 하지만 전당대회에서 대통령후보로 선출되어 '새 정치'의 기적을 구현하겠다고 다짐한 이종찬 대표는, 선거를 불과 엿새 앞둔 12월 12일에 후보직을 사퇴하고 정주영 지지를 선언했다. 심지연, 『한국정당정치사: 위기와 통합의 정치』(서울: 백산서당, 2004), p. 412.

76 강명세, "한국 정치체제와 연합정부의 구조와 조건", 『노무현 정권 후반기 정치쟁점과 전망』, 제6차 한국학술연구원 코리아 포럼 (2005), pp. 1–19.

표 4-4 여당의 시기별 통합 및 연합의 최종 유형과 선거 승리와의 관계

	시기	사례	통합 및 연합 유형	선거 승리 여부
총선	14대 (1992.3.24) 이전	민자당 (1990.1.22) =민주정의당+통일민주당+신민주공화당	신설합당 : 여당+제2야당+군소야당	승리
	19대 (2012.4.11) 이전	새누리당(2012.2.2) =새누리당+미래희망연대	흡수합당 : 여당+군소야당	승리
대선	15대 (1997.12.17) 이전	한나라당 (1997.11.21) =신한국당+민주당	신설합당 : 여당+군소야당	패배
	16대 (2002.12.19) 이전	노무현 · 정몽준 연합 (2002.11.25) =새천년민주당+국민통합21	선거연합(후보단일화) : 여당+군소야당	승리
	17대 (2007.12.19) 이전	대통합민주신당 (2007.8.18) =대통합민주신당+열린우리당	흡수합당 : 소수여당+소수여당	패배
	18대 (2012.12.19) 이전	새누리당(2012.11.16) =새누리당+선진통일당	흡수합당 : 여당+군소야당	승리

해 유권자들에게 새로운 정치세력의 면모를 보이려 했다는 것을 의미한다. 사실 타 정당과의 통합을 통해 신당을 창당한다는 것은 상대적으로 영향력이 적은 군소정당의 지분이 어느 정도 보장될 때에만 가능한 것이다. 따라서 정당들은 타 정당과의 통합을 결정할 때 신당 내에서의 자신들의 입지에 대해 신중히 고려했을 것이며, 최대한 동등한 위치에서 타 정당과의 통합을 원했을 것이다.

그렇다면 궁극적으로 이상의 통합 및 연합 유형들이 선거 결과와 어떤 상관성을 갖고 있는가? 앞서 지적했듯이 통합과 연합에는 여당과 야당이라는 각 정당들의 입지가 가장 기본적인 요소라 하겠다. 따라서 〈표 4-4〉에 나타난 여당과 야당의 시기별 통합 및 연합의 대상과 유형별 분류가 선거 결과와 어떠한 연관성이 있는지를 다음과 같이 규명해 보았다.

(1) 여당의 연합 및 통합 유형과 선거 승리와의 관계

총선의 경우 1990년 당시 여당이었던 민정당 주도로 이루어진 '3당합당'은 각 정당들 간의 이념적, 정책적 차원을 고려한 정당통합이기보다는, '거대(巨大)여당화'

를 통해서 여소야대 정국을 타개하고 정권의 재창출을 위한 통합 유형이라 할 수 있다.[77] 결과론적으로 김대중만 제외된 3당합당은 호남배제를 통해 지역주의를 강화하고, 정당지도자들이 비민주적인 방법으로 정치야합을 주도했다는 비난을 감수해야 했다. 물론 지역이 정치의 균열을 이루는 것은 어느 사회에서나 보편적이라는 주장도 있다.[78] 하지만 이때부터 매 선거 때마다 한국의 정당구도는 지역주의 위주로 재편성되어 왔으며, 현재에도 지역주의는 한국의 선거와 정당정치에서 무시할 수 없는 영향력을 발휘하고 있다.[79]

대선의 경우 여당은 15대 대선 직전의 통합 이후부터 현재까지 선거에서의 승리를 위해 통합 및 연합을 계속 시도해 오고 있는 양상이다. 15대 대선에서 'DJP연합'을 통해 정권교체가 이루어진 이후, 16대 대선을 앞두고 노무현 후보와 정몽준 후보간의 선거연합(후보단일화)이 추진된다. 하지만 이들의 연합 또한 15대 대선에서의 DJP연합과 마찬가지로 이념이나 정책적 차이를 전혀 고려하지 않은 대선후보 지지율 2등과 3등 후보간의 선거연합 유형이었으며, 정몽준 후보는 대선일 하루 전날에 노무현 후보와의 연대를 철회하기에 이르렀다. 17대 대선을 앞두고서는 정권에 대한 국민들의 실망이 지지율 하락으로 이어져 정권재창출에 위기감을 느낀 열린우리당 내 일부 세력들이 분열과 결합을 거듭했다.[80] 이런 측면에서 대통령 단임제하의 한국 정당들은 경쟁력있거나 상징성이 있는 대통령후보를 배출하지 못하면 여당도 언제든지 분열할 수 있다는 것을 보여주는 것이락 해석할 수 있다. 대선결과는 노무현 후보의 승리였는데, 이회창 후보가 패한 가장 큰 원인은 '아들의 병역비리문제'와 더불어 새로운 시민정치세력인 '노사모'(노무현을사랑하는사람들의모임)의 존재에 있다. 정책선거의 성격도 일부 있었는데, 특히 '수도이전공약'을 통해서 노무현 후보는 충청도에서 이전의 열세를 극복하고 승리하였는데, 충청표의 역전은 노무현 후보의 60만표 승리에 일등공신일런지도 모른다.

77 단적으로, 당시 여당이었던 민정당의 거대여당화를 추구한 연합이었다. 민주화 이후 치러진 첫 총선이었던 13대 총선(1988.4.26.)에서 당시 여당이었던 민정당은 선거에서 승리했음에도 불구하고, 전체 299석 중에 125석을 획득함으로써 과반수 의석 획득에는 실패했다. 이러한 과반수 의석 획득의 실패는 한국정치사에서 분점정부가 처음으로 등장하게 된 계기가 되었다.

78 김만흠. "정치균열, 정당정치 그리고 지역주의." 『한국정치학회보』 28:2 (1994), pp. 215-238.

79 조기숙, "정당과 정책." 심지연 (편), 『현대 정당정치의 이해』, (서울: 백산서당, 2003), pp. 267-296.

80 열린우리당 의원들의 탈당 러시가 이어지자, 잔류해 있던 의원들은 2007년 8월 전당대회를 통해 대통합민주신당에 합류하기로 결의하고, 결국 8월 18일에 대통합민주신당과 합당하게 된다.

(2) 야당의 통합 및 연합 유형과 선거 승리와의 관계

다음의 〈표 4-5〉를 통해 민주화 이후 야당이 선거에서의 승리를 위해 시도했던 통합 및 연합의 최종 유형은 다음과 같이 나타난다.

〈표 4-5〉를 통해 한국의 정당들은 여 · 야 구별 없이 위기 시에 결합하려는 경향이 있으며, 위기로부터 탈출해 정국을 주도하려는 의도에서 결합을 하지만,[81] 이러

표 4-5 야당의 시기별 통합 및 연합의 최종 유형과 선거 승리와의 관계

	시기	사례	통합 및 연합 유형	선거 승리 여부
총선	14대(1992.3.24) 이전	통합민주당(1991.9.10) =신민주연합당+민주당	신설합당 : 제1야당+군소야당	패배
	15대(1996.4.11) 이전	자민련(1995.5.17) =자민련+신민당	신설합당 : 제2야당+군소야당	패배
		통합민주당 (1995.12.4) =민주당+개혁신당	의사합당 : 제1야당+군소야당	
	18대(2008.4.9) 이전	자유선진당(2008.2.12) =자유선진당+국민중심당	흡수합당 : 제2야당+군소야당	패배
		통합민주당(2008.2.18) =대통합민주신당+민주당	신설합당 : 제1야당+군소야당	
	19대(2012.4.11) 이전	자유선진당(2011.10.17) =자유선진당+국민중심연합	흡수합당 : 제2야당+군소야당	패배
		통합진보당(2011.12.13) =민주노동당+국민참여당	신설합당 : 군소야당+군소야당	
		민주통합당(2011.12.23) =민주당+시민통합당	신설합당 : 제1야당+군소야당	
		공동선거대책위원회(2012.3.25) =민주통합당+통합진보당	선거연합(후보단일화) : 제1야당+군소야당	
	20대(2016.4.13) 이전	정의당(2015.11.22) =정의당+국민모임	흡수합당 : 제2야당+군소야당	패배
	21대(2020.4.15) 이전	미래통합당(2020.2.17) =자유한국당+새보수당+전진당	신설합당 : 제1야당+군소야당	패배
대선	14대(1992.12.18) 이전	통일국민당(1992.11.16) =통일국민당+새한국당	의사합당 : 제2야당+군소야당	패배
	15대(1997.12.17) 이전	DJP연합(1997.11.3) =새정치국민회의+자민련	선거연합(후보단일화) : 제1야당+제2야당	승리
	19대(2017.5.9) 이전	국민의당(2016.2.5) =국민의당+국민회의	흡수합당 : 제2야당+군소야당	패배
		더불어민주당(2016.9.18) =더불어민주당+민주당	흡수합당 : 제1야당+군소야당	승리

한 결합이 꼭 선거에서의 승리를 보장해 주지는 않는다는 점을 위의 사례를 통해 도출해 낼 수 있다. 야당의 통합 및 연합 유형과 선거 승리와의 관계를 〈표 4-5〉를 통해 보자면, 총선과 대선에서 야당의 통합 유형은 거의 모든 선거에서 패배한 것으로 나타났다. 선거에 승리한 경우도 합당의 효과보다는 여당의 실정이나 악재에 기인한 것이었다. 이렇게 본다면, 제1당인 여당에 맞서, 제2당과 제3당이 통합하는 것은 선거승리의 충분조건은 아니다. 여당에게 실정과 악재로 인한 정당통합 외적요인이 중요하게 작용하고 있는 것이다.

1997년의 DJP연합은 호남표와 충청표가 결합했지만, 이는 수적으로 영남표를 이길 수 없었으며, 영남표가 이회창과 이인제로 분열되었기에 가능한 것이었다. 2017년의 대선에서도 민주당이 승리한 것은 박근혜대통령탄핵사태라는 외부요건이 작용했기에 가능한 것이었다. 지금까지의 정당이합집산에서 야당의 통합의 선거승리와의 함수관계를 정리하면 야당통합은 선거승리를 위한 필요조건이지 충분조건은 아니었고, 충분조건은 외부적 여건이었다. 15대 대선을 앞두고 시도된 DJP연합은 한국정치사에 있어 첫 연립정부(공동정부)의 탄생이라는 의미를 지닌다. 이와 더불어 DJP연합은 통합이 아닌 연합의 유형으로 각자의 정체성을 유지했을 뿐만 아니라, 군소정당들보다 규모가 큰 제1야당과 제2야당 간의 연합으로 여당을 견제할 수 있었다는 점에서 그 영향력이 상당했다. 그럼에도 불구하고 DJP연합은 자신들의 이념이나 정책의 차이를 고려한 정책연합이 아닌, 정권창출이 목적이었던 DJ와 세력 확장 및 내각제 개헌이 목적이었던 JP의 이해관계가 맞물려 이루어진 인물중심의 후보단일화라는 점,[82] 그리고 상대적으로 경상도에 비해 유권자수의 열세를 보이는 충청도와 전라도 지역의 지역주의에 근간한 연합이었다는 점에서 그 한계성도 인정될 것이다.

선거경쟁과정에서 정당은 경쟁만 하는 것이 아니고 선거상황의 유불리를 생각해 정당간 '합당'을 하기도 한다. 공천과정에서의 불협화음은 '탈당'이나 '분당'으로 이어지기도 한다. 한국정당정치의 특색은 정당간 이합집산이 빈번하기에 이를 '변수'라기

81 심지연, 『한국정당정치사: 위기와 통합의 정치』 (서울: 백산서당, 2004), p. 15.

82 사실 연합을 위한 논의 도중, 정책연합이 거론되었으나 양당은 각각 대통령제와 내각제를 주요한 정책의제로 설정해 온 터라 정책연합의 성격은 강하지 않았다. 이후 양당 간의 대통령후보 단일화협상은 더욱 적극적으로 전개되기 시작했다. 김현우, 『한국 정당통합 운동사』 (서울: 을유문화사, 2000), p. 748. 이에 대해서 박명림은 'DJP연합'은 선거연합이었음에도 선거연합으로 한정되지 않고 김대중의 집권후에 정책연합으로 발전한 사례라고 해석한다. 박명림, "연합정치, 정권교체, 대통령리더십", 박명림(편) 『김대중: 1987년 민주헌정체제의 등장과 운영 II』 (파주: 카오스북, 2017), pp. 23-71.

보다는 '상수' 취급을 하는 것이 보다 더 현실적이지 않을까 생각한다.[83] 한국에서 정당연합이라고 하면 '정책연합'을 떠올리는 경우는 드물고 '선거연합'이 의례 연상된다. 정당통합 및 연합과 관련한 기존 연구들은 한국정당정치의 발전을 저해하는 요인으로 정당 간의 빈번한 이합집산을 꼽고 있으며, 이로 인한 정당정치의 유동성 및 불안정성에 대해 지적하고 있다. 실제 한국 정당들의 통합 및 연합의 경우를 통해 첫째, 그 동기나 형태에 관계없는 반복성, 둘째, 그러한 과정에서 정당지도자들이 당원과 유권자들에 대하여 무책임했던 비민주성, 셋째, 뿐만 아니라 1987년 민주화선언 이후부터 현재까지 빈번하게 전개되었던 정당들의 통합 및 연합은 한국정당정치의 유동성을 증가시켜 정당다원주의의 공고화에 부정적 영향을 끼쳤으며, 민주화로 인해 정치적 불확실성이 증가한 상황 하에서 정당 간의 통합 및 연합 현상이 매우 심하여 아직도 안정된 지지기반을 가진 정당이 등장하지 못하고 있다.[84] 정당통합과 연합의 시기와 관련하여 대체로 한국의 정당들은 여야 구별 없이 위기 시에 결합하려는 경향이 있으며, 이러한 경우 유권자의 의사와는 무관하게 정당지도자의 의사에 따라 당이 새로 생겨나거나 명칭이 바뀌는 등의 불안정한 풍토가 조장된다.[85]

정당들의 통합 및 연합 유형이 항상 선거에서의 승리를 보장해 주지는 않는다. 여당의 경우에도 승률로 따지자면 2019년 현재 50%이다. 야당의 경우 총선에서는 모두 패배, 대선에서는 1번 승리하는데 그쳤다. 특히 선거에서 승리했음에도 불구하고 (3당합당, DJP연합, 노무현 · 정몽준 후보단일화), 이들 사례들은 지역주의에 얽매이거나 그 당위성이 떨어진다는 비난에서 자유롭지 못했다. 이러한 현상은 매 선거 때마다 지역주의와 인물 중심의 정당정치가 큰 영향력을 발휘하는 한국의 특수적 상황에서 기인한 것이다. 1987년 이후 2019년까지의 경험적 사실에 근거하자면, 정당들의 통합 및 연합이 선거에서의 승리로 직결되는 것은 아니었다. 여당통합은 야당통합보다 선거승리에 다소 유리한 듯도 하지만, 선거분위기가 자당에 유리하다면 구태여 타당과의 정당통합을 시도할 필요가 없었을 것이다. 특히 야당의 승리는 단순히 연합 자체가 선거 승리를 가져온 것이 아니고, 여당의 분열이 동시에 있었기에 가능한 것이었다. 이처럼 타 정당과의 통합 및 연합이 항상 선거에서의 승리를 보장해 주지 않기 때문에 각 정당들은 무분별한 통합을 극복하고, 보다 장기적인 관점에서 책임 있는 정당정치를 구현하기 위해 노력해야 할 것이다. 점차 무분별한 통합 및 연합의 시도 횟수가 감소할 것을 기대해 보지만, 대통령제하에서 당선가능성이 있는 인물을 중심으로 여전히 정치세력들이 이합집산을 거듭하고 있어 낙관은 금물이다.

헨더슨은 한국정치의 특질을 '회오리바람의 정치'(politics of vortex)라고 표현하였는데, 이는 한국정치 전반에 걸쳐서 설명력을 지녔다.[86] 정당간 이합집산을 헨더슨의 언급과 연관하여 두 가지로 해석이 가능하다. 첫째, 앞서 보았듯이, '다당체계'보다는 '양당체계'를 유인한다는 것이다. 이렇게 해석하는 경우엔, 특정한 선거제도를 통해서 양당체계가 유인되는 효과도 있지만, 소위 '사표방지심리'가 더 큰 양당체계 유입의 원인으로 지목받을 수 있을 것이다. 그러니까, 양당체계 유인에 제도적 요인보다 선거문화의 요인이 클 수도 있다는 의미이며, 그렇게 본다면, 경상-전라-충청의 지역주의문화를 고려할 때, 한국에선 '단순다수-소선거구' 선거제도하에서도 '양당체계'를 넘어서서 '삼당체계'를 유인할 수 있다고 추론할 수 있다.[87]

둘째, 한국의 모든 정치일정은 '대통령선거'일정을 중심으로 진행된다는 것이다.[88] 국회의원선거도, 지방선거도 모두 대통령에 대한 평가이다. 지역구별로 다양한 지역정책 이슈로 선거를 치루지 않는다. 대통령의 임기가 중반을 넘지도 않았는데

83 정당(보다 정확히는 특정한 정당지도자를 중심으로)이 과거 기관의 내용을 거의 그대로 두고 '당명'(黨名)만 변경하는 경우도 있는데, 이것은 이합집산보다도 더 미개한 형태일런지도 모른다. 정당의 쇄신노력의 일환이겠지만, 쇄신노력은 당명이 아닌 '정책프로그램'의 쇄신이 기본일 뿐이다. 당명 개정은 특정 정치인이 기관을 압도하는 극단적인 예가 될 수밖에 없다. 현실적으로 당명의 개정은 특정 정치인과 그 정치인의 선거캠프가 중심이 되어 이루어진다. 이른바 '캠프정치'(camp politics)인 것이다. 학교가 학생모집을 위하여 내용은 그대로 두고서, 학교 이름을 바꾸는 것의 폐해와 비교해서 생각할 수도 있는데, 당명의 개정은 그것 이상으로 폐해가 있음을 인지해야만 한다. 사립학교의 명칭을 변경하는 것의 명분과 정당의 명칭을 변경하는 것의 명분을 비교해보면 알 것이다. 현재 우리 정당법에 의거하면 당명을 변경하기 위해선 선거관리위원회에 변경등록을 신청하기만 하면 된다. 당명의 개정이 불러일으킬 수 있는 피해에 비해 그 제한장치가 부족하다고 볼 수 있는 것이다.

84 김용호, 『한국 정당정치의 이해』 (서울: 나남, 2001), pp. 292-293.

85 심지연, 『한국정당정치사: 위기와 통합의 정치』 (서울: 백산서당, 2004), pp. 15-16.

86 지방분산화는 구호이며, 모든 현상이 서울로 집중화되는 것도 헨더슨의 이론으로 충분히 설명된다. Gregory Henderson, *Korea: the Politics of the Vortex* (Cambridge, M.A.: Harvard University Press, 1968).

87 강원택은 한국의 '지역주의'는 '단순다수-소선거구' 제도 하에서도 '다당체계'를 유인하는 요인이라고 보았다. 예를 들면, 영-호남 균열에서는 양당체계이지만, 영남-호남-충청의 균열은 삼당체계라는 것이다. 그 예로 김영삼정부 시절의 김종필이 주도한 충청도 기반의 '자유민주연합'의 존재를 지적하였다. 강원택, "지역주의 투표와 합리적 선택: 비판적 고찰", 『한국정치학회보』 34:2 (2000), pp. 51-67. '3김시대'(1979-2003)에는 영남-호남-충청의 삼자구도인데, 박정희 시대(1963-1979)에는 영남-호남의 구도가 있었다. 1979년 박정희 사후에 김종필은 충청의 지역적 맹주로서 활동한다. 김종필의 '자유민주연합'(자민련)은 1996년 국회의원선거를 계기로 충청지역에서 득세한 이후 10년이상 3당체제를 형성했었다. 영남-호남 지역구도를 양자경쟁구도라고 본다면 자민련은 일종의 '제3정당'의 의미가 있다.

88 안순철, "내각제와 다정당체제: 제도적 조화의 모색", 진영재(편), 『한국 권력구조의 이해』 (서울: 나남, 2004), pp. 111-146.

방송에서는 대선후보자 인기도 조사가 난무한다. 모든 것이 정도와 수준의 문제인데, 이러한 한국의 상황을 정상이라고 하기 어렵다. 이것은 차기 선거에서 대통령을 배출할 수 없거나 그럴 가능성이 희박한 정당들은 정치과정에서 활동이 위축될 수밖에 없다는 간접적 의미이다. 결론적으로, 한국정당정치에서 반복되는 정당이합집산의 주요한 요인은 두 가지인데, 하나는 '국회의원들의 재선에 대한 욕구'이며 또 다른 하나는 '대통령 배출정당으로의 입지' 때문이다.[89] 정당이란 기관중심이 아니고 기득세력의 유지를 위한 정치인들이 수단으로 행하는 정당이합집산이 중심인 것이다. 한국정당이 지나친 이념적 집착에 의해서 이념적 유연성을 갖지 못하면 정당상호간의 협상을 통해서 정책결과물을 만들어 내는데 (즉, 정책정당으로 거듭나는데) 문제가 된다. 중요한 이유중의 하나는 정당이 주요 정치세력들의 기득권 유지를 위한 수단으로 전락하며, 이를 위해서 정당들이 선거때마다 이합집산하게 되고, 정당의 목적이 정책정당화되는 것을 오히려 방해하기 때문이다.[90]

정당이합집산에 있어서 군소정당으로의 분화를 통한 분당의 힘보다도 덩치가 큰 주요 정당으로의 통합하는 힘이 강하다면 정당체계는 양당체계를 유지하려는 성향을 지속할 것이다. 다음은 반복하는 정당이합집산 및 정당체계와 주요한 함수관계에 있는 것들은 무엇인지 살펴보고, 제도개편의 필연성과 가능성을 함께 살펴보고자 한다. 정당일체감이란 것이 선거를 통해서 만들어지는 것이라면, 한국 유권자들의 정당일체감은 선거에서 자신이 지지한 정당을 중심으로 형성되어 유지될 가능성이 클 수밖에 없다.[91] 이렇게 이합집산을 거듭하는 한국정치에선 '긍정적 정당일체감'보다 '부정적 정당일체감'을 중심으로 '정당일체감'이 형성될 수 있을 것이다.[92]

2) 대통령제 권력구조

한국정당체계가 양당체계적 성향이 유지되면서 군소정당들이 힘을 쓰지 못하는 이유가 대통령제란 권력구조에 기인한 것이라고 생각하는 사람들이 많다. 대통령제하에서 대통령을 배출하지 못하는 정당은 사실상 사멸하거나 군소정당화 되고, 대통령을 배출할 수 없는 정당들은 정당이합집산을 통해서 정권창출을 시도하게 된다는 것이다. 대통령제는 단일 정당에 의한 정국운영이 보편적이며, 대통령제하에서 군소정당은 의원내각제하에서 군소정당들이 연합내각에 참여할 수 있는 기회가 희박하다. 이런 시각에서 볼 때, 정당정치의 형태를 규정하는 가장 거시적 변수는 '정부형태'(the type of government)이다. 우리는 보통 '권력구조'(power structure)라고 부른다.[93] 정당정치의 모습은 '의원내각제' '대통령제', '이원집정부제' 라는 정부형태에 따라서 정당의 작동과정과 행태는 다르게 나타난다. 현재 한국은 대통령제를 채택하고 있는데, 의원내각제를 주창하는 학자들의 주장은 한국정치의 낙후성은 정당정치가 제대로 서지 못하고 있기 때문이며, 정당정치가 제대로 서지 못하는 이유는 '대통령제'라는 권력구조에서 비롯된다는 것이다. 정당간의 이합집산은 대통령제하의 대통령선거가 인물위주의 정치를 조장하기 때문이라는 주장이다.[94] 그러니까, 보다 더

89 정치인들 내부에선 대통령제하에서 대통령을 배출하지 못하는 정당에 대해서 '불임정당'(不姙政黨)이라는 극단적 표현을 쓰기도 한다. 만약, 국회의원들의 재선을 추구하는 (또는 기득권을 유지하려는) 본능적 동기가 정당이합집산의 원인이라면, 여전히 국회의원 선거제도로서 '단순다수-소선거구' 대표제는 정당간 이합집산에 영향력을 지닌 변수라고 볼 수 있다. 정당소속이면서 공천을 못 받거나 불만이 세력들에겐 '분당'의 원인이 되는 것이다. 국회의원들에겐 누가 대통령이 되느냐보다 자신의 재선여부가 정당에 남을지, 아니면 분당 및 합당을 통해서 당선가능성을 유지하거나, 아니면 신당에 참여할지를 결정하는 요인이 된다. 또 다른 무질서의 모습도 있다. 선거중간에 탈당했던 자들이 선거직전에 다시 입당하는 것이다. 정당은 몸집 불리기를 위해서 자신들이 공천에서 배제한 자를, 정당을 떠나면서 해당(害黨) 행위를 했던 분열세력을 다시 입당시킨다. 정치인 자신들의 기득권 유지라는 개인적 실리이외에는 사회적 명분을 찾아볼 수가 없다. 이것은 제도의 문제이기 이전에 정치문화의 문제이다. 승리는 고귀한 것이며, 축하받을 일이지만, 도가 지나친 '승리지상주의' 문화는 사회병폐로 이어지게 된다. 이렇게 되면, 오히려 무소속이 순수한 것이다. 시민들이 입후보자들의 자질을 평가할 때 정당의 이름만 갖고 판단할 것은 아니며, 무소속도 유심히 관찰할 필요가 있다.

90 정당은 기업이나 여타의 사회집단들과는 다르다. 한국 선거법이나 정당법에서 정치인이 정당에 대하여 책임을 지도록 하는 제도를 법제화할 필요가 있다. 정당론 수업 토론시간에 제기된 학생의 주장인데 이런 방안이 있었다. "정당의 책임정치란 궁극적으로 정당 소속 정치인들이 행하는 것이다. 그런데, 정치인이 자신의 입지를 위하여 정당을 버리고 이합집산하는 것은 책임정당정치의 포기로 연결된다. 따라서, 어떤 정치인이 특정 정당에 관여하는 것을 1회로 제한하고, 정치생활을 하는 동안에 선출직 공무를 담당할 경우 한 개 정당의 명칭만을 사용할 수 있는 제도를 채택하여야만 한다. 즉, 정치인이 정당과 운명을 같이 하는 것을 법제화)할 필요성이 제기되고 있다. 만약 관여했던 정당이 통폐합되는 경우 무소속으로 출마하면 되니, 피선거권에 제한을 받는 것은 아니다. 해당 사안을 정당활동의 자유가 보장되는 범위에서 심각하게 고려해야만 한다" 다같이 함께 생각해 볼 필요가 있다.

91 Elias Dinas, "Does Choice Bring Loyalty?: Electoral Participation and the Development of Party Identification" *American Journal of Political Science*, 58:2 (2014), pp. 449-465.

92 오스트렐리아, 캐나다, 뉴질랜드, 미국, 프랑스 등에서도 '부정적 정당일체감'이 선거결과에 주요한 영향을 미치고 있다. Mike Medeiros and Alain Noël, "The Forgotten Side of Partisanship: Negative Party Identification in Four Anglo-American Democracies", *Comparative Political Studies*, 47:7 (2014), pp. 1022-1046.

93 상대적 의미에서 보자면, '정부형태'는 행정학 용어로서의 성격이 강하고, '권력구조'는 정치학 용어로서 '체제유형'(regime type)이란 내용의 성격이 강하다. '체제유형'은 정치과정을 결정하는 원초적 동력(dynamics)을 강조하는 것이다. Matthew Shugart and John Carey, *Presidents and Assemblies: Constitutional Design and Electoral Dynamics*, (NY: Cambridge University Press, 1992), p. 1-27.

94 안순철, "내각제와 다정당체제: 제도적 조화의 모색", 진영재(편), 『한국 권력구조의 이해』 (서울: 나남, 2004), pp. 111-146.

정당정치 중심으로 기능하는 의원내각제로 개헌해야 한다는 주장인 것이다. 더 나아가, 한국의 '지역주의'도 대통령제하의 경쟁구도의 결과라는 주장도 있다.[95] 이 두 가지의 주장은 분명히 경험적 근거도 있고 따라서 설득력이 있다.

그런데, 문제는 한국민들은 대통령제를 포기하기 쉽지 않다는데 있다.[96] 특히 참여민주주의의 성향이 강조되는 SNS시대에 내 손으로 직접 내가 대표자를 선출한다는 욕구를 대체할 수 있는 기제는 있기 어렵다. 더욱이 우리는 1공화국 이후 대통령제에 익숙하다.[97] 무분별한 선거용 정당이합집산은 대통령제에 국한된 문제가 아니며, 어떤 형태의 권력구조에서도 마찬가지이다. 문제는 '회오리바람의 정치'라는 한국정치문화라든지, 보수-진보간에 '진영정치'(陳營政治) 대결구도는 대통령선거에서 세속적으로 한 순간에 결판나면서 구현된다. 그렇다면, 앞서 제기한 무분별한 정당이합집산의 문제와 함께 종합된 문제는 이것이다. "대통령제를 유지하면서 어떻게 무분별한 선거용 정당간 이합집산을 약화시킬 것인가? 이를 위한 특별한 제도적 유인책이 존재하는가?" 이상의 질문에 답하기 위해서, 권력구조-선거정치-정당정치의 3각함수에 대해서 구체적으로 논의해 보고자 한다.

정당간의 선거용 합당 분당이 반복되면서 인물중심의 정치가 지속되는 한 정치권은 불안정하다. 역시 정당이란 기관을 중심으로 정치가 운용되어야 정책적 안정성을 기하기 용이하다. 많은 사람들이 한국정당에 대해서 갖는 대표적 이미지는 항시 "싸운다"는 것이다. 해도 해도 너무 싸운다는 것이다. 그러면 정당은 왜 싸울까? 앞서서 '경제시장'과 '정치시장'에 대한 차이점을 지적하면서 원래 정치란 것이 그런 것이라고 했지만, 제도적으로 보자면, 특히 한국 대통령제라는 정부형태가 가장 원초적인 변수라고 필자는 생각한다.[98] 야당은 분명 권력게임에서 패했기 때문에 해당 임기동안 '정치적 선제권'을 여당에게 인정해야만 한다. 그럼에도 불구하고 야당은 여당에 협조할 동기가 전혀 없다. 아니, 어찌 보면 절대 협조해서는 안 된다. 만약 야당이 여당에 협조하여 여당의 정책공약이 수월하게 진행된다면, 다음 번 선거에서 여당은 다시 득세할 것이다. 여당이 잘하면 정권교체를 못하니까, 죽어도 발목잡기를 하는 것이고, 이래서 정치권에 있는 의원들은 '이원집정부제'만이 한국식 정당대결구도를 완화시키는 처방이라고 주장하곤 한다. 나름대로 일리가 있는 주장일 것이다. 그러면, '이원집정부제'로 행정부 내부에서 권력을 이원화하면, 덜 싸울까? 오히려 더 싸우지 않을까? 이원집정부제로 행정부와 입법부의 갈등이 완화되리라는 보장이 없다. 입법부 내에서 상임위원회 중심구조가 본회의 중심구조보다 갈등의 수준이 낮다고 하는데 과연 한국정치에서 그런가? 한국 국회는 상임위원회 중심구조인데, 상임위원회에서도 싸우고 본회의에서도 싸운다. 본회의가 아예 없다면 몰라도 상임위원회장과 본회의장에서 두 번 싸운다. 만약, 대통령을 집단지도체제로 하면 어떨까 하는 조금 도발적인 생각도 하게 된다. 1인대통령제도로는 우리 사회를 도저히 만족스럽게 이끌 수가 없다고 본다면, 앞으로 3인 내지 5인의 '집단대통령제'도 고려해 봄 직할 것이다.[99]

정당발전을 논함에 있어서 기본적인 문제는 유권자들이 나름대로 친밀성을 갖는 조직으로서의 정당이 정치체계에 존재하고 있는가이다. 정당이란 시민사회에 형성된 '사회균열'을 '정치균열'로 바꾸어 놓은 기관이다. 사회균열이 정치균열로 변환될 때 그러한 정치균열을 대표하는 정당들이 정당체계를 이룬다. 특정한 선거제도는

95 이갑윤, 『한국의 선거와 지역주의』 (서울: 오름, 1998).

96 정치개혁에서 정부형태에 대한 개혁을 논의하게 되고, 그러면서 대통령제의 문제점을 논의하면서 '의원내각제'를 대안으로 논의하는 경우가 많다. 그러나, 구체적인 논의를 진행하다가 "국민들은 절대적으로 대통령제를 선호한다"라든지 "한국 국민들은 절대로 대통령제를 포기 못한다"라는 주장이 나오면, 거기서 의원내각제에 대한 논의는 한 걸음도 나가지 못하게 된다. 개혁의 실행에는 일정 수준의 '결기'(決氣)가 있어야 한다고 본다면, 의원내각제를 채택하려면 결기가 있어야 하는지도 모를 일이다. 최근에 정치권에서의 개헌 논의들이 '분권형 대통령제'로서 '이원집정부제'에 초점이 맞추어지는 경우가 많다. 권력구조에서 중요한 것은 단순히 행정부 수반의 존재가 아니다. 국가원수의 존재이다. 한국에는 왕조(王朝, dynasty)가 단절되었다. 국가 원수를 세워야만 하는 것이다. 국민들이 선출하지 않은 자를 단순히 행정부의 수반으로 할 수는 있지만, '국가원수'로 할 수 있겠느냐는 질문도 가능하다. 대통령은 단순히 행정부의 수반이 아니라 국가원수이다. 삼권분립이 되어 있는 곳에서 대통령이 대법원장을 만나는 것은 국가원수로서 만나는 것이지, 행정부의 수반으로서 만나는 것이 아니다.

97 1960년 6월 15일에 '제3차개헌'의 결과 '제2공화국'이 시작된다. 2공화국은 의원내각제를 채택한 바 있다. 대통령이란 직위는 "국가의 원수이며 국가를 대표한다"라는 상징적 지위로 변모하고(제51조), 행정권은 국무총리와 국무위원으로 구성되는 '국무원'에 속하며, 국무위원들이 '민의원'에 대해서 연대책임을 진다고 규정하고(제68조) 있다. 국무총리의 선출 방식은 '양원합동회의'에서 선출된 대통령이 지명하되 민의원의 동의를 받아야 한다(제69조). 대통령의 지명권은 민의원에서 다수 의석을 차지한 제1정당의 지도자를 지명하여야만 민의원이 동의할 것이므로 국무총리 임명절차는 형식적 권한에 불과하다. 1960년 6월헌법은 불과 1년도 안되어서 1961년 5월 16일 '군사정변'(軍事政變)으로 마감하게 된다. 당시 의원내각제하에서 여당이었던 '민주당' 내의 심각한 '당파'간 분열은 정치과정을 낙후시켰다. 이렇게 본다면, 의원내각제의 문제점이 정당간 경쟁이나 제도화된 정당들의 부재에서 비롯된되기 보다는, 당내 (특히 정권을 잡은 여당내) 분열과 경쟁에서 비롯된다고 볼 수 있다. 당시 민주당내 파벌과 정치역학에 대해서는 진영재, 『한국정치: 통치구조, 정당, 선거』 (서울: 법문사, 2018), 2판, pp. 202-208.

98 '문화변수'에 대해서도 언급할 필요가 있다. 소위 한국정치문화에서 언급되는 '강자의 문화' '사생결단의 문화' 등이다. 배려와 여유라고는 찾기 힘들다. 한국정치과정에 '승복의 문화' '정치적 인내심'이 필요하다. John L. Sullivan, James Piereson, George E. Marcus, *Political Tolerance and American Democracy* (Chicago: University of Chicago Press, 1993) 2nd Edition.

99 홀수로 한 이유는 이견이 있을 경우 결정을 위해서이다.

특정한 정당체계를 유인하는 효과가 있으므로 한국정당발전모델에 있어서 선거제도에 대한 어느 정도의 보완이 있다면 더 바람직할 것이다. 선거제도하에서 정당간 선거경쟁에 따라서 형성된 정치체계내에서 정당간의 역학을 정당체계로 보는 것이다.[100] 이렇게 본다면 '정당체계'란 '선거제도'의 산물일 수도 있다. 앞서 정당의 '득표수'와 '의석수'를 해당 정당이 갖는 정치과정에서의 영향력이라고 했지만, 보다 정확히 이야기하자면, 득표수와 의석수 사이에는 '선거제도'가 개입하게 된다. '득표수'를 '의석수'로 전환하는 것이 선거제도라고 생각하면 용이하다.

1948년 5월 10일에 제헌국회의원 선거가 처음 실시된 이후 한국의 선거는 여러 가지 유형의 선거를 경험하였다. 대통령 선거, 국회의원 선거, 지방 선거, 대통령선거인단 선거의 네 가지 유형으로 구분될 것이다.[101] 각급 선거제도와 선거제도 사이의 조합문제는 정당간 역학에 영향을 미쳐 왔다. '절차적 민주주의'(procedural democracy)가 정착되기 시작한 1987년 대통령 직선제 재도입 이후 현행 한국의 선거는 대통령 선거, 국회의원 선거, 지방자치 선거의 3가지 유형으로 정리된다. 본 장의 목적은 현행 각급 선거간의 상대성을 선거구 문제, 여당프레미엄 문제 등과 연관시켜 이들 각급 선거제도(대통령 선거제도, 국회의원 선거제도, 지방선거제도)간에 어떠한 제도적 조화를 꾀할 것인가에 대한 논리적 근거를 생각해 보는 것이다. 1987년 민주주의 체제의 '정초선거'(定礎選擧)는 1987년 12월의 대통령선거와 1988년 4월의 국회의원선거이다. 지방선거를 포함하게 되면 1993년의 지방선거가 정초선거가 된다. 1987년 이후 각급 선거선거제도 간의 바람직한 제도적 조화문제를 종합적으로 고려하면서 개별선거단위로 살펴보고자 한다.

(1) 대통령선거와 정당정치

한국정치문화와 연계 속에서 한국선거에서 '5년단임제 대통령제'가 갖는 불가피한 성격은 '정당의 대통령화'와 더불어 레임덕이 동시에 발생된다는 문제가 있다. '정당의 대통령화'란 의미는 대통령을 배출할 수 있는 정당의 능력 여부에 따라서 정당존립이 달려있고 이에 따른 정당의 이합집산이 정당체계의 불안정성에 영향을 준다는 뜻이다.[102] YS의 개혁정치가 안고 있었던 문제와 왜 YS시대에 IMF 경제위기와 같은 위기가 초래되었는가에 대해서 단임대통령제의 한계와 레임덕현상을 들기도 한다.[103]

현행 한국대통령제의 단임제도는 '책임성'의 측면에서 긍정적으로 기능하는 것에 어려움이 있다. 대통령의 책임성 있고 일관성 있는 정책 수행을 위해서는 4년 내지 5년의 단임보다는 중임제가 낫다. 책임성이 존재하기 위해서는 정책에 대한 결과를 국민에게 평가받아야 한다. 중임제는 대통령 개인에 대한 중간평가의 의미도 동시에 갖게 된다. 5년 단임보다는 2.5년 중임제가 낫고, 8년 단임보다는 4년 중임이 낫고, 10년 단임보다는 5년 중임이 낫다. 정책에 대한 평가는 어느 정도 장기적인 시점을 기준으로 이루어지는 경우가 대부분일 것이다. 단임제를 계속하는 한 한국의 대통령들은 '실패한' 대통령으로 남을 가능성이 매우 높다.[104] 중임제(重任制)를 하는 경우에 '현직자 효과'(incumbent effect)를 걱정하는 사람들이 있으나 이는 몇 번이고 대통령직을 유지할 수 있는 연임제(連任制)를 할 경우와는 달리 별반 걱정할 것이 못된다.[105]

'양당체계'가 다당체계보다 더 안정된 체계라거나, 또는 대통령제가 '양당체계'와 제도적 정합성이 있다는 주장이 있다.[106] 이것은 경험적으로나 이론적으로 확고한 것은 아니다. 우선 미국이 '대통령제'의 원형국가이자 '양당체계'의 국가로서 일정 수준의 모범적인 정치를 하고 있다는 연상이 깊게 작용한다. 따라서, '미국 대통령제'와

100 결국, 득표수(votes)가 의석수(seats)로 환원되는 과정을 말한다. Rein Taagepera and Matthew Soberg Shugart, *Seats and Votes: The Effects and Determinants of Electoral Systems* (New Haven: Yale University Press, 1989).

101 신명순, "한국정치에서의 선거," 『한국의 정치』, 민준기, 신명순, 양성철, 이정복, 장달중(편) (서울: 나남, 1998), pp. 102-108. 참고로 선거가 아닌 국민투표(referendum) 유형도 있었다.

102 곽진영, "한국정당의 이합집산과 정당체계의 불안정성", 『한국정당학회보』 8:1 (2009), pp. 115-146.

103 서진영, "정책기획위원장이 본 문민정부 5년", 함성득(편), 『김영삼정부의 성공과 실패』 (서울: 나남, 2001).

104 많은 연구들이 대통령제하에서 대통령들의 국정운영에 대한 성공과 실패는 사실상 그들의 '지도력'(leadership)과 연관된 문제이지 대통령제 자체의 문제는 아님을 분명히 하고 있다. 한국의 경험을 고려해 볼 때 단임제라는 제도는 짧은 국정운영의 기회로 인해서 실패한 대통령이 양산될 가능성이 크다. Colin Campbell, *The U.S. Presidency in Crisis: A Comparative Perspective* (Oxford: Oxford University Press, 1998).

105 두 번의 임기를 수행하고 한 번 쉬었다가 다시 임기를 수행하는 제도는 '연임제'이지 중임제가 아니다. '연임제'와 '중임제'의 구분은 두 번 하느냐, 세 번 이상을 하느냐의 문제이지, 임기 중간에 한번의 임기를 건너띄건, 두 번의 임기를 건너띄건의 문제가 아니다. 중임제란 한번 임기를 수행하고 낙선했다가 다시 수행할 수도 있지만, 총합으로 두 번만 하는 것을 말한다. 연임제는 중간에 임기를 쉬건 아니건 상관없이 지속할 수 있는 것을 말한다. 현실적으로는 한 번 낙선하게 되면 정계를 은퇴하는 것이 인지상정일 것이다.

106 Scott Mainwaring, "Presidentialism, Multipartism, and Democracy: The Difficult Combination", *Comparative Political Studies* 26:2 (1993), pp. 198-228. Scott Mainwaring, Matthew Soberg Shugart, and Peter Lange eds. *Presidentialism and Democracy in Latin America* (Cambridge: Cambridge University Press, 1997).

'미국 양당체계'의 연관적 사고와 이에 따른 현상 해석이 가져온 주장이라는 것이 필자의 생각이다.[107] 이론적으로 본다고 해도, 미국식 양당체계는 지구상에 존재하는 극단의 양당체계이다. 그리고 프랑스와 같은 국가는 다당체계로서 대통령제(이원집정부제)를 수행하고 있다. 한국도 사실 다당체계적 형식의 양당체계적 기능으로 대통령제를 수행하고 있다. 앞으로 한국정치에서 이론적으로도 현실적으로도 미국식 양당체계가 구현될 가능성은 희박하다. 군소정당들이 2개내지 3개 정도 더 존재하면서 2개의 주요정당이 경쟁하는 그러니까 총 4~5개의 정당이 입법부에 진출하여 경쟁하는 정당체계가 구현될 가능성이 훨씬 더 높다.

그렇다면, 문제는 한국의 모든 정치일정은 '대통령선거'를 중심으로 형성된다는 점이지, 다당체계여서 대통령제가 제대로 수행되지 않는다거나 양당체계로 가지 못하는 대통령제가 문제라고 보기는 어렵다. 따라서, 형식적으론 다당체계이지만 기능적으로는 양당체계에 가까운 한국의 정당정치의 현실과 대통령선거의 함수관계를 파악하는 것이 필요하다. 대통령제는 의원내각제보다 더 권력분립적인 체제이며, 따라서 대통령제 하에서 국회의원 선거는 행정부를 견제한다는 의미에서 중요하다. 단, 국회의원은 지방 사무보다는 국가사무에 전념하여야 한다. 현행 소선거구제에서 국회의원은 자신을 뽑아준 지역의 이익과 국가이익 사이에서 갈등하게 된다. 지방자치선거는 상대적으로 권력구조에 상관없이 주민자치와 생활정치를 실현한다는 입장에서 민주주의 실현을 위한 중요한 선거이지만, 사실 마을자치나 생활정치가 당파성을 지닌 정당정치와는 상관없다. 한국정당체계가 다당체계로 가지 못하고 양당체계에 가깝게 기능하는 이유는 지방정치가 없고 중앙정치만 있기 때문이다. 따라서, 국회의원 선거와 지방선거간의 조응성이 중요하다. 지방선거가 존재하여 지방일꾼을 따로 선거하는 체제하에서 국회의원은 국가적인 사무에 전력하여야 한다. 현재 한국의 선거제도를 보면 국가적 사무에 전념해야 하는 국회의원은 소지역 단위의 소선거구제로 뽑고 있으나, 국회의원은 국가적인 사무에 전념하여야 하기 때문에 '포크배럴'(pork barrel: 예산안 배정에서 자기지역 예산우선할당 추구현상)이 발생한다. 4,000명 이상을 선출하는 대규모의 지방선거(기초단위, 광역단위)가 별도로 있기 때문에 국회의원 선거를 통해서 지역일꾼을 뽑을 필요는 없다. 지방의 업무는 지방선거를 통해서 선출된 일꾼들에 의해서 구현될 필요가 있다. 지방정치는 인물중심이어도 좋고, 오히려 정당정치가 갖는 당파성에서 일정 수준 해방될 필요가 있다.

2012년 대선 정국에서 제3의 후보인 안철수 현상은 한국정치과정에서 인물중심의 정당정치를 이해하는 주요 변수들 중 하나이다. 안철수 후보는 여론조사만을 참조할 때, 당시 야권에서 가장 인기있는 후보자이기에 '제3의 후보'라는 말이 무색할 정도이다. 단지 제1 야당인 민주당의 후보가 아니기에 '제3의 후보'라고 불리고 있는 것이다. 대통령 선거에서 '제3의 후보'가 출마하는 현상은 정당발전에 해가 되는가, 득이 되는가? '제3의 후보'에는 선거 결과에 영향력 있는 후보자도 있고, 선거 결과에는 영향을 미치지 못하는 후보들도 있다. 대통령 선거에서 영향력 있는 '제3의 후보'의 존재는 그만큼 기존 정당정치가 낙후되었다는 증거가 아니겠냐고 반문할 수도 있다. 2002년 대통령선거에서도 '제3의 후보'로 문국현 후보가 있었는데 안철수 후보의 파괴력과 비할 바는 아니었다. 미국의 제도화된 양대 정당체계 하에서도 영향력 있는 제3의 후보는 주기적으로 존재해 왔다. 1968년 월러스(G. Wallace), 1992년 페로(R. Pero), 1996년 네이더(R. Nader)와 같이 대략 15-20년 주기로 나타나 기존 정당이 다룰 수 없는 특정 이슈를 중심으로 활약한 바 있다. 어찌 보면, 2016년의 트럼프(D. Trump) 역시 1980년대 이후에 무소속을 꿈꾼적이 있으며, 공화당에서 탈당후 재입당을 한 바 있다. 결론적으로, 대통령제하에서 무소속의 대통령 후보를 제도적으로 막는 것은 바람직한 것은 아닐 것이다. 문제는 대통령 선거제도이다. 권력구조의 형태가 대통령제인 경우 대통령을 선출하는 특정한 선거제도는 인물중심의 정치가 아닌 정당이란 기관중심의 정치를 유인하는 데 도움이 된다. 바로 결선투표제의 도입이다.[108]

한국선거정치에서의 후보자들끼리의 연합은 전적으로 인물간의 연합이었지 제도화된 정당간의 정책적 실현가능성을 담보한 책임성 있는 기관 사이의 연합은 아니었다고 보는 것이 중론이다. 1987년 민주화 이후 대통령 선거에 나타났었던 제3의 후보들을 포함하여 대선 경쟁 구도를 표로 정리하면 다음과 같다.

107 Youngjae Jin, The Pattern of Political Party Institutionalization: The Analysis of 15 Advanced Democratic Societies, Ph.D. Dissertation Thesis, University of California Irvine (1997).

108 2012년 대선 정국에서 정치개혁이 화두인데, 정치개혁의 핵심이 정당구조개혁이라면 대통령중임제와 같은 문제는 정치개혁의 핵심 주제까지는 아닐 것이다. 물론 중임제가 단임제보다 더 바람직하다는 주장 자체는 나름대로 의미가 있다. 단적으로, 정책 추진과 집행 기관의 일관성 문제가 나름 심각하다. 정부조직법 통과를 기준으로 볼 때, 김영삼 정부 2원 14부 5처 13청; 김대중 정부 18부 4처 16청; 노무현 정부 18부 4처 18청; 이명박 정부 15부 2처 18청이며, 박근혜 정부 17부 3처 17청; 문재인 정부 18부 4처 15청(개편 18부 5처 17청)으로 기관의 갯수에 상관없이 그 내용은 훨씬 복잡하다. 그렇지만, 한국정치현실과 연계시킬 때, 특히 한국의 정당정치현실과 연계시킬 때, 중임제를 채택하면 당 · 정분리가 약화될 개연성이 크기 때문에 대통령의 입김이 강하게 작용하는 정당정치로 회귀할 가능성이 높다. 중임제를 시행하는 경우 대통령은 중임을 위해서 정당의 상황에 신경 쓸 수밖에 없기 때문에 지속적으로 정당을 자신의 의도대로 관리하려고 할 것이다.

대선 연도	여당후보	야당후보	제3의 후보	선거과정
1987	(노태우)	김영삼, 김대중		김영삼-김대중 연합 실패
1992	(김영삼)	김대중	정주영	다자구도
1997	이회창, 이인제	(김대중), 김종필		김대중-김종필 연합 성공
2002	(노무현)	이회창	정몽준	노무현-정몽준 연합 성공
2007	정동영	(이명박)	문국현	정동영-문국현 연합 실패
2012	(박근혜)	문재인	안철수	안철수 중도사퇴
2017	홍준표	(문재인)	안철수	5자구도(유승민, 심상정)

*(　)안이 당선자
** '제3의 후보'는 여당이나 제1야당이 아닌 무소속 내지 비정치인 출신인 경우로 정의함

대한민국은 1987년 제6공화국 성립과 함께 단순다수대표제의 대통령 직선제를 채택했다. 결선투표 없는 삼자경쟁구도 하에선 압도적 지지를 받는 후보가 아닌 경우 선거승리를 위해서 선거연합을 모색하게 된다. 선거연합을 시도하여 성사시킨 쪽은 선거에서 승리했다. 반면 분열되거나 연합시도에서 실패한 쪽은 패배했다. 선거에서 승리한 김대중 후보는 김종필 후보와 연합을 성사시켰고, 마찬가지로 승리한 노무현 후보도 정몽준 후보와 연합을 성사시켰다. 반면에 야권이 패배한 1987년 선거에서 김영삼-김대중 후보는 분열되었다. 여권이 패배한 1997년 선거에서도 이회창-이인제 후보는 분열되었다. 2007년 선거에서 약체였던 정동영 후보는 문국현 후보와의 연합을 성사시키지 못하고 대선에서 패배하였다. 선거결과로만 말하자면 선거직전 연합을 시도하여 성공한 세력은 선거 승리를 얻었다. 그러나 선거승리만 생각하여 정책적 조합의 가능성이나 정책적 실현 가능성을 생각하지 않는 연합은 한국정치발전에 부정적 측면이 강하다고 판단된다. 선거승리만이 지상의 목표가 되는 곳에서 이념적 정체성과 선명성을 고집하는 정당은 설 자리가 약화될 수밖에 없는 것이다. 선거승리를 위해서 정당을 급조하기도 하고, 정당끼리 연합하는 과정에서 분당이 되기도 하고, 무소속으로 먼저 출마한 후에 자신의 정당을 만들거나 특정 정당과 연합하여 후보자 연합의 새로운 정당을 만들 것이라고 공언하기도 한다. 그렇다고 정당 창당, 분당, 개명 등의 상황을 통제하여 '정당정치의 자유', '정당설립의 자유'를 해할 수는 없을 것이다. 결국 최소한의 제도적 보완책을 생각케 하는 것이다.

대통령 선거 과정에서 후보자간 연합은 정치행위로서 통제할 수 있는 성격의 것이 전혀 아니다. 앞으로도 대통령 선거에서 다수의 후보가 경쟁하며 후보자간 선거연합은 중단되지 않을 것이다. 문제는 그러한 연합이 인물들 사이의 정치적 약속이

나 기껏해야 각서의 형태로 마련되기에 사후 그 책임성을 보장할 수 없다는 것이다. 국민들을 대상으로 한 책임성 있는 약속이 되기 위해선 인물들 사이의 연합이 아닌, 기관으로서 정당간의 기관 연합이어야 할 것이다. 기존의 정당은 후보자들을 공천하고 공천된 후보자들은 연합을 하되 최종적인 정치적 책임은 정당이 지게 되는 것이다. 정책연합을 시도할 경우 정당이란 기관 중심이어야 하며, 기관 중심의 정책 연합에 있어서는 '절대다수대표제'가 '단순다수대표제'보다 더 큰 유인 효과를 갖게 된다. 절대다수대표제를 선택한다는 것은 결국 일차 투표에서 과반수를 얻는 후보자가 없는 경우 일차투표에서 상위 득표자 2인이 결선투표를 행한다는 것을 의미한다. 반면에 단순다수대표제를 선택하는 경우엔 한 표라도 많은 사람이 당선되기 때문에 한 번의 선거로 결판을 내게 된다.

다당체계 하에서 결선투표제가 있는 경우 정당들은 각개 약진하려는 성향이 더 강하다. 선거를 앞두고 자신의 정당조직을 온전히 유지하면서도 선거후에도 집권당에 영향력을 행사할 수 있는 정당연합을 이룰 수 있어서 조직을 해체하면서 정당간 이합집산을 할 가능성이 더 낮아질 것이다. 군소정당이라고 하더라도 일단 일차 투표에서 한 표라도 더 얻어서 정당의 존재감을 확인하며, 이차 투표에 나가지 않더라도 상황에 따라서 캐스팅 보트를 쥘 가능성이 열려있기 때문이다. 심지어 기존 정당조직을 유지해야만 더 영향력 있는 캐스팅 보트를 시행할 수 있다. 한국의 정당체계는 형식적으로는 다당체계와 유사하고, 기능적으로는 양당체계에 유사하다고 할 수 있다. 결선투표를 시행하는 경우 정당이란 기관중심의 정치가 유인되는 효과가 어느 정도 인정된다.

대통령 선거를 결선투표가 없는 단순다수대표제로 하는 경우엔 한 번의 선거로 승자가 결정되기 때문에 첫 번째이자 마지막인 한 번의 선거에서 정당이나 인물이 존재감을 확인하지 못하면 정치생명이 연장되지 않는다는 위기감이 크다. 따라서 정당이란 기관을 그대로 둔 정책연합보다 승리할 수 있는 후보자나 정당을 중심으로 한 선거승리연합이 성립될 가능성이 크다. 특히 '사생결단', '결사항쟁'과 같은 승부욕이 높은 정치문화가 있는 곳에서 선거를 앞두고 정당들이 선거승리연합을 위해선 조직의 모습도 변경할 수 있다는 실험정신이 절대다수대표제보다 단순다수대표제하에서 나타날 개연성이 더 크다.

단순다수대표제의 더 큰 문제는 한국의 정치문화와 정당구조 하에서 실패한 대통령을 양산할 가능성이 크다는 것이다. 대통령 당선자를 결정하는데 '결선투표제'

를 도입한다고 함은 국민들로부터 과반수 이상의 지지를 얻는 당선자를 만드는 의미를 지닌다. 임기후 많은 대통령들은 사법적 심사의 대상으로 논의되어 왔다. 한국에는 '성공한' 대통령이 있기 어렵다고들 한다. 한국의 대통령이 '실패할' 대통령이 되는 '근본적인' 이유는 바로 대통령 선거제도에 있다. 한국의 현행 대통령 선거제도는 상대보다 한표라도 많으면 당선되는 '단순다수대표제'이다.

한국의 정당들이 선거에서 일단 승리하더라도 성공한 대통령을 품기 어렵기 때문에 정당도 기관적 생명력을 이어갈 분위기가 형성되지 않는다. 정치인들에게는 새로운 정치를 위해서 자신이 몸 담았던 정당마저도 개명, 분당, 창당의 대상이 되는 것이다. 한 마디로, 성공한 대통령을 만들어 낼 수 있는 제도가 있다면 한국의 정당구조 개선을 위해서 의미가 있다는 것이다. 성공한 대통령이 되기 위해서는 일단 참여 유권자들의 50% 이상의 지지로 대통령직에 취임하여 국정을 시작하는 것이 최소한의 요건이다.

결론적으로 기권자를 제외하고 50% 이상의 유효득표율을 갖는 대통령이 선출되도록 강제하는 것은 제도적으로 고려할 만한 가치가 있다고 본다. 1차 투표에서 한 후보의 득표수가 50%를 넘지 않는 경우 상위 득표자 1등과 2등이 재선거를 실시하게 된다. 결선투표시 합종연횡이 이루어지면서 후보간 야합이라는 단점이 있을 수도 있으나, 한쪽으로 치우친 후보가 당선되기 어려워 정책의 '국민대변성'(citizen representativeness)에 유리하기 때문에, 오히려 장점이 더 크리라고 본다.

대통령 선거에서 결선투표제를 도입하는 것이 인물 경쟁보다 기관으로서의 정당간 경쟁을 유도할 가능성이 높으며 선거 직전 정당간 이합집산의 가능성이 낮아질 것으로 판단된다. 대통령 후보 등록일도 조정하여야 한다. 대통령 후보 등록일과 대통령 선거일 사이의 간극이 너무 짧아서 책임성 있는 경쟁의 시기가 단축되고 있다. 2017년 대선주자였던 안철수는 결선투표제를 주장한 적이 있다. 이것은 군소정당의 대선후보자가 대선에서 승리할 수 있는 최선의 제도일른지도 모른다. 안철수는 2012년 대선과정에서 '안철수 현상'을 몰고 왔다. 안철수 후보는 전형적인 중도수렴의 정치를 표방하였으며, 연장선상에서 '정치개혁'의 이미지를 갖고 있었다.[109] 그렇다면 안철수의 중도정치에 대한 실험은 왜 실패하였을까? 이것은 보수와 진보라는 기성 정치세력들의 대결구도에서 중간지대에 위치하려는 노력이 결국에는 강단없는 모습에 익숙하지 않은 기성정치세력들과의 일체감을 형성하는데 실패했기 때문일 것이다. 안철수는 '중도정치'로서 미래를 언급하는데, 과거의 역사적 사건들을 평가해야

하는 정치과정은 과거에 대한 안철수의 평가(즉, 이념과 연계된)를 묻는다.[110] 그러니까, 중도정치라는 것이 기존에 존재하는 이념적 대립구도에서 유리되어 중간부분에 위치한다고 해결될 문제는 아닌 것이다. 방법은 두 가지일 것이다. 하나는 양쪽 모두를 끌어안는 어떤 중간지대이거나, 또 다른 하나는 한 쪽을 끌어안은 상태에서 다른 쪽의 일부도 끌어안을 수 있는 상태로서의 중간지대인 것이다.

(2) 여당프레미엄과 선거주기

제도적 특성상, 의원내각제는 정권교체의 유연성과 수월성에서 대통령제보다 우위에 있다. 대통령제하에서도 여당이 못하는 경우엔 언제든지 정권을 교체할 수 있는 제도적 수월성이 있어야만 국민들은 심리적 안정감을 갖게 된다. 그래야 거시적 차원에서 광장민주주의보다 대의민주주의를 신뢰하고 의존하게 된다. 특히 대통령제에서 대의민주주의의 기능은 대통령선거, 국회의원선거, 지방선거 간의 '선거주기'

109 정치개혁의 이미지와 중도정치의 이미지는 일맥상통하게 된다. 노동당 토니 블레어의 제3의 길도 블레어가 보다 중도적인 제3의 길을 표방함으로써 가능했다. 영국병과 함께 연상되는 노조문제나 대처리즘의 신자유주의가 아닌 것이다.

110 고원, "안철수 '중도정치'의 효과성에 관한 연구: 방향이론(directional theory)의 관점을 중심으로", 『한국정치연구』 23:3 (2014), pp. 83-109. 고원은 그의 연구에서 안철수의 중도정치의 실패 원인을 이해하기 위하여 '안철수 현상'과 '안철수 정치'를 구분하고 있다. '안철수 현상'은 안철수의 의지와는 무관하게 대중들에 의해서 만들어진 것이 안철수에게 투영된 것인데, 소위 사회양극화에 의해서 누적된 사회적 갈등균열, 대중의 좌절과 분노, 사회변화에 대한 기대를 '상식 대 비상식', '정의 대 특권'과 같은 대립틀에 투영시킨 현상물이라고 보고 있다. 반면에 '안철수 정치'는 기성정치세력들간의 대결구도에서 자신을 중간지대에 위치시키는 것이었다. 결론적으로 '안철수 정치'는 '안철수 현상'을 적확하게 현실에서 해결할 수 없었던 것이다.

111 선거주기에서 '중간선거'와 '동시선거'를 인지하기 위해서 미국은 좋은 예가 된다. 미국대통령은 임기가 4년이고 하원의원은 2년이어서 한번은 동시선거, 한번은 중간선거가 반복된다. 윤광일은 미국의 선거주기분석에서의 함의를 한국선거에 적용하면서 한국에서도 동시선거가 진행되는 경우 여당의 '싹쓸이 효과'가 있을 것으로 예상한다. 국회의원만을 선출하는 중간선거를 따로 진행하는 경우 여당은 불리한데, 단, 이것은 반드시 이데올로기적 균형을 위한 유권자들의 의도라고 확증하기는 어렵다는 입장이다. 윤광일, "선거주기에 대한 이론적 고찰: 미국 사례를 중심으로", 『의정연구』 17:1 (2011), pp. 5-31. 각급 선거들 사이에 시차가 존재하는 경우 유권자들은 정당들에 대하여 '방향자동조절적 투표행태'(gyroscopic voting behavior)를 가질 개연성이 높다는 시각도 있다. 즉, 민주사회에서 유권자들은 여당이 독주하면 다음 선거에선 회전의[回轉儀, 또는 환동륜(環動輪)] 기능을 통해서 야당을 지원하면서(또는 여당으로 복원시키면서) 정당세력간 균형을 맞추면서 민주사회의 방향을 자동적으로 조절하는다는 의미이다. 한 개의 정당의 독주하면 민주주의 사회가 아니라 전체주의 사회이다. 방향자동조절적 투표행태 관한 철학적 논의는 Jane Mansbridge, "Rethinking Representation", *American Political Science Review*, 97(4): 515-528를 참조할 수 있다. 개별 정당입장에서 당해 선거에서 승리하면 다음 선거에선 불리한 상황이 전개된다는 소위 '시계추 이론'(좌우로 왔다 갔다 함)이라는 것도 비슷한 맥락의 이론이다. 이번 총선에서 패배가 오히려 다음 대선에서의 승리를 가져온다는 시각이 그런 류의 것이다.

에 의존할 개연성이 크다.[111] 따라서 행정부의 효율성을 위해선 대선-총선의 동시선거 내지는 '밀월선거'(honeymoon election)가 유리하지만, 총선이 대선에 대해서 중간선거로 작용하는 것은 대통령에게 직무수행을 성공적으로 해야 한다는 긍정적 의미의 긴장감을 불러일으킬 수 있다. 총선이 '중간선거'(midterm election)로 치러지는 경우엔 국민들 입장에서는 대통령에게 경고를 보내는 의미도 있다. 대통령이 잘못하는 데도 어차피 선거하면 여당이 이길 것 같은 분위기는 시민들을 거리로 내몰 개연성이 크며, 이는 시민들을 '광장민주주의'로 이끄는 폐해를 가져오게 된다. 따라서 '여당프레미엄'은 최소한화해야만 한다. 문제는 여당의 프레미엄을 최소화하면 '정국안정'에 악영향을 미칠 수도 있기 때문에 균형이 중요할 것이다.

한국은 대통령제 국가이기에 행정부 선거와 입법부 선거를 구분한다. 또한 선거시기의 성격을 보면 지방 정부 수준에서는 '동시선거'를 하고 있으며 중앙정부 수준에서는 사실상 '중간선거'와 '밀월선거'(즉 20년에 한 번의 주기)를 하게 됨을 알 수 있다. 대통령제 하에서 밀월선거란 일반적으로 대통령 선거가 끝난 후 입법부 선거나 지방선거가 이어지는 경우를 말하며, 여당에 유리한 선거결과를 만든다. 검증되지 않은 여당프레미엄이 발생하는 것이다. 반면에 중간선거는 대통령의 임기의 중반을 전후하여서 이루어지기 때문에 중간평가적인 성격이 나타나면서 여당에 불리한 선거결과를 만든다. 중앙정부 수준에서 대통령선거와 국회의원 선거를 동시선거로 하여 행정부의 국정운영 효율성을 높이자는 주장이 있지만, 경험적으로 이것은 사실이 아님이 입증되고 있다. 노무현 정부하에서의 여대야소 정부, 이명박과 박근혜 정부하에서 여대야소 정부 모두 국정운영의 효율성과는 거리가 멀었으며, 오히려 적은 의석수의 야당은 사생결단의 투쟁 성향마저 보였다.

일반적으로 중간선거가 실효를 거두게 되면, 여당은 독주가 어려우며 야당과의 합의를 통한 정국운영이 불가피하다. 물론 중간선거에서 여당에 힘을 줄지 야당에 힘을 실어줄지는 국민들의 선택하는 것이므로 선거결과에 따르면 된다. 국회의원선거나 지방선거가 중간선거로 치러지는 경우 중간선거의 특성이 나타나야만 한다. 중간선거로 치러지면서도 여당에 유리하게만 나타난다면 그것은 합의제적 민주주의 형태에 역행하는 다수제적 민주주의의 형태를 의미한다. 정치시장은 완전한 자유경쟁시장도 아니며, 특히 선거경쟁에서는 여당프레미엄 또는 현직자효과가 두드러진다.[112]

현대민주주의는 '다수적 민주주의' 형태보다는 '합의적 민주주의'의 형태를 바람직한 것으로 보는 것이 대세이다. 현대사회는 사회구성원과 이익구조 자체가 워낙 복잡다기하기 때문이다. 그리고 이러한 합의적 형태의 유무는 단순히 의원내각제나 대통령제와 같은 권력구조논쟁을 넘어서는 중요성을 가지고 있다.[113] 행정부의 수반을 뽑는 대통령선거와 입법부를 구성하는 국회의원 선거는 어떤 일정한 간극을 갖고서 형성될 때가, 그렇지 않을 때보다도 국민들이 행정부와 입법부에 대한 통제력을 더 갖게 된다. 무능한 대통령에게 동시선거로 여대야소를 만들어주는 것이 얼마나 위험한 것인지를 경험해 왔다. 행정부와 입법부가 공모하면 심지어 국가정체성마저 흔들릴 수 있는 것이다. 밀월선거적인 성격을 배제하고 중간선거의 성격을 강화하여 입법부와 행정부간의 중간평가를 2년마다 엇박자식으로 제도화하는 것이 바람직하다.[114] 예를 들어, 대통령의 임기와 국회의원의 임기를 같게 한 상태에서 대통령의 임기 중반에 국회의원의 임기를 시작한다고 보면, 두 임기는 서로 엇박자식으로 맞물리게 된다. 이런 경우, 행정부 선거도 입법부 선거에 대해서 중간평가적인 성격을 지니게 됨은 물론이다. 입법부에서 특정 정당의 정책수행능력이 낮거나 국민눈높이에 맞지 않으면, 국민들은 다른 정당의 후보자를 대통령을 선출할 가능성이 있다. 물론, 이런 경우, 합의적 민주주의에 근거할 때, 국정운영의 비효율에 대한 비판이 상존하게

112 현직자가 무조건 유리한 것은 아니다. 종합적이고 경험적으로 입증된 시각에서 '현직자효과'를 바라볼 필요가 있다. 노정호의 경험적 분석에 따르면, 한국의 국회의원선거에서 현직자들의 당선확률은 20~30% 정도 낮고, 득표율은 3~7% 정도 낮은 것으로 나타난다. 노정호는 그 주된 이유를 시민들의 기존 공직자들에 대하여 높은 수준의 불만감에서 찾고 있다. 시민들의 불만감은 주로 현직자들의 부패 문제에서 비롯된다. Jungho Roh, "The Incumbency Disadvantage in South Korean National Assembly Election: Evidence from a Regression Discontinuity Approach", *Electoral Studies*, 46(2017), pp. 112-122.

113 김재한 · 아렌트 레입하트, "합의제와 한국의 권력구조", 『한국정치학회보』 31:1 (1997), pp. 99-120.

114 한국에서 최근에 대통령을 잘 못 선출했을 때 이를 제어할 수 있는 수단에 대해서 관심이 높아지고 있다. 대통령을 견제할 수 있는 것은 야당이다. 대통령과 여당이 어떤 행동을 해도 국민들은 쳐다만 보게 되는 상황은 '자유민주주의' 체제의 유지에 매우 위험한 것이다. 입법부는 행정부를 견제할 수 있어야 하면, 국민들은 상시로 행정부와 입법부의 행태를 평가하고 심판할 수 있어야만 한다. '엇박자식' 선거주기는 국회의원선거는 대통령선거의 중간선거로 치러지고 대통령선거는 국회의원선거의 중간선거로 치러지는 것을 말한다. 이렇게 하기 위해선 대통령의 임기와 국회의원의 임기가 같아야 한다. 예를 들면, 대통령선거를 2000년, 2004년, 2008년, ...에 실시하고, 국회의원선거를 2002년, 2006년, 2010년, ...에 실시하는 것이다. 엇박자식 선거주기는 정당이 잘하면 격려받고, 못하면 견제받는 속성이 강한 선거주기이다. 반면에, 밀월선거주기는 대통령 정당에 유리하며 대통령에의 현실적 권력독점 효과가 상대적으로 커질 가능성이 크다. Matthew Shugart and John Carey, *Presidents and Assemblies: Constitutional Design and Electoral Dynamics*, (NY: Cambridge University Press, 1992), pp. 263-264. 대통령에게 의회다수파의 힘을 실어주는 것이 대통령의 국정운용의 효율성을 위해서 유리함은 재론의 여지가 없다. 그럼에도 불구하고, 2010년대의 한국정치과정은 대통령이 의회다수파에 의해서 보조되는 것에 대해서 다시금 생각하게 한다. 대통령의 독선과 무능이 의회에서 견제되고 제어받지 않는 경우 국가미래에 더욱 치명적인 상황을 만들 수 있음을 알 수 있다. 대통령의 정당이 의회소수파인 경우 대통령은 '의회리더십'(또는 '입법리더십')을 통해서 이를 극복하는 것이, 의회다수파에 둘러 싸여 독선과 오만에 빠지는 것보다 나을 수 있다. 이에 대해서는 함성득, 『제왕적 대통령의 종언』 (파주: 섬앤섬, 2017), pp. 305-323.

된다. 그렇다면, "여대야소는 정국안정을 보장하는가?" 결코 그렇지 않다는데 문제가 있다. 여대야소정국이 행정부의 안정적인 국정운영을 유인한다는 경험적 증거는 없다. 특히 21세기 시점에 입법부 170석의 이명박정부에서도 160석의 박근혜정부에서도 국정운영은 파행의 연속이었다. 입법부의 정당들은 어려워도 함께 가야만 한다.

현재 한국의 선거는 크게 세 가지 수준의 선거로 나누어진다. 대통령 선거, 국회의원 선거, 그리고 지방선거로 구분되는 것이다. 현행의 대통령제를 바꾸지 않는 이상 대통령제가 합의제적 민주주의라는 차원에서 기능할 수 있게 하는 각급 선거간의 제도적 조응성은 중요하다. 각급 선거간 역학관계에 대한 논의의 핵심은 두 가지로 정리된다. 첫째, 대통령제 하에서 국회의원 선거구와 지방선거구 간의 상대성 문제이다. 선거구들 간의 상대성 문제가 중요한 이유는 각급 선거단위에서 뽑히는 대표자들의 역할과 연관성을 맺고 있기 때문이다. 둘째, 대통령선거와 관련하여 국회의원선거나 지방선거가 밀월선거나 중간선거로서의 특성을 어떻게 나타내고 있는가 하는 문제이다. 대통령제 하에서 입법부선거나 지방선거는 대통령선거 결과에 영향을 받는다.[115] 중요한 것은 국회의원 선거이건 지방선거이건 시기가 중간선거로 치러진다면 여당에 대한 비판 기능이 강화되면서 중간선거의 특성이 나타나는 것이 합의제적 민주주의를 형성하는데 바람직하다고 본다.

한국 선거에서 여당 프레미엄 현상은 1987년 절차적 의미의 민주주의가 생기기 이전 독재 군부정권하에서 매우 심각한 문제였다.[116] 문제는 한국 선거에서 프레미엄 현상이 1987년 이후의 선거에서도 계속 나타나고 있는가 하는 점이다. 여당프레미엄이 비록 제도적 효과만이 반영된 결과는 아닐지라도 한국 선거제도가 해결해야할 문제이다. 특히 국회의원 선거의 경우 중간선거로 치루어지는 경우도 여당프레미엄이 여전했다. 여당 프레미엄을 줄이는 방법은 앞에서 다뤄진 선거구 문제와 연관되어 있다고 본다. 지방선거에서는 중간선거의 경우엔 여당프레미엄이 보이지 않았지만, 국회의원선거에서는 중간선거로 해도 여당프레미엄이 여전했다. 이러한 상황 역시 국회의원선거의 1인2표제하에서 지역구와 비례구의 숫자를 같게 하거나, 아니면 비례구의 숫자를 늘리면 좀 더 개선되는 효과가 있으리라고 예상해 본다.

① 국회의원선거와 정당정치

반복되는 선거용 이합집산과 정당의 정책정당화를 지향하기 위한 현실적 처방의

첫걸음은 '국회의원선거제도'의 문제라고 생각한다.[117] 선거제도를 개편할 '필요성'이 있는가? 이합집산을 제어하고 정책정당화를 유인할 수 있는 선거제도가 있는가? 있다면 그런 선거제도를 국회에서 채택하며 현행 선거제도를 개편할 '가능성'은 있는가? 필자는 개편의 필요성은 있는데, 개편의 가능성이 낮다고 생각한다. 가능성이 낮은 이유는 결국 '정당개혁의 주체' 문제 때문이다.[118] 현직 국회의원들의 이익과 절대적으로 유리되는 경우엔, 선거제도 개편의 어떤 규범적 명분과는 별도로 실현가능성이 매우 낮을 수밖에 없다. 따라서 제도개편의 '필연성'과 '가능성'을 조합하여 두 가지 경우의 수로 나누어서 국회의원 선거제도 개편의 내용을 살펴보고자 한다.

2019년 국회 내부에서 '정치개혁특별위원회'를 통해서 제시한 국회의원선거제도 개편안은 '준(準)연동형비례대표제'이다.[119] 해당 제도에 모든 사람들이 동의하지는 않겠지만, 한국 국회의원선거제도의 많은 고민들과 문제의식들이 복합되어 있는 것도 사실이다. 개편의 필요성에 대한 다양한 의견들은 차치하고라도, 해당 제도는 국회에서 합의되기 매우 어렵다. 실현가능성이 낮은 것이다. 지역구를 축소해야만 하는데, 이것이 국회를 통과하기 어렵기 때문이다. 실제로 2019년 12월에 원안(225석

115 Matthew Shugart and John Carey, *Presidents and Assemblies: Constitutional Design and Electoral Dynamics*, (NY: Cambridge University Press, 1992), pp. 250–253.

116 여당 프레미엄 현상은 여촌야도, 도저촌고, 불비례성(malapportionment), 전국구제도의 악용등이 조합된 결과였다. 공화국별로 대표적인 사례를 뽑아보면 다음과 같다.

	여당 득표율(%)	여당 지역구 의석율(%)	여당 전체 의석율(%)
3대 총선 (1공화국)	36.8	56.2	56.2
6대 총선 (3공화국)	33.5	67.2	62.8
9대 총선 (4공화국)	38.7	50.0	66.7
11대 총선(5공화국)	35.6	48.9	54.7
14대 총선(6공화국)	38.5	48.9	49.8

117 정당활동가들을 표적집단 면접조사를 통해 조사한 결과 정당개혁이 내부의 동인으로부터 올 수도 있지만, 선거제도 개편과 같은 외부요인으로부터 올 수 있음을 알 수 있다. 정당활동가들은 정당개혁의 한 방향으로 선거제도와 정당정치의 관계에 대한 숙고의 필요성을 지적한다. 박지영 · 박기영 · 한정훈, "정당개혁의 필요성과 방향: 정당활동가들의 시각을 중심으로," 『미래정치연구』, 7:2 (2017), p. 43

118 윤종빈, 정회옥(외), 미래정치연구소(편), 『정치현장에서 진단하는 한국정당과 민주주의』 (서울: 푸른길, 2017), p. 173 ('심층면접 대상자 02').

119 한국정치에서 독일식 선거제도가 본격적으로 논의된 것은 김대중대통령 집권 초기인 1998년이다. 'DJP연합'으로 정권을 창출한 김대중대통령과 자민련의 김종필 총재 두 사람은 1998년 1월 30일 정치권의 구조조정을 이루기로 합의하고 '정치구조개혁위원회'를 설치한다. 이 때, 선거제도개혁에 대하여 1인2표제 도입을 논의하면서 독일식과 일본식이 언급되었고, 일본식을 최종안으로 선택하였다. 새정치국민회의가 발표한 독일식 제도를 채택하지 않았던 이유는 "정치안정을 해칠 우려가 있어서"였다. (연합뉴스; 인터넷 1998년 8월 5일자) 정치안정을 해할 우려가 있다는 것은 당시의 기준에서 군소정당들의 득세로 의회가 파편화되는 것을 염두에 둔 것으로 해석해 볼 수 있을 것이다.

지역구, 75석 비례구에 50% 연동형 적용)은 현행대로 253석 지역구 유지, 47석 비례구내에서 30석 연동형 적용으로 합의처리 되었다.[120] 사실상 거의 변한 것이 없었던 것이다. 준연동형비례대표제의 원안이 비례성을 높이기 위한 제도였다고 하지만 "누구를 위한 비례성이고 대표성이며, 무엇을 위한 비례성이고 대표성인가?"에 대한 철학적 근거가 매우 빈약한 상태였다. 직능대표성이고 직능비례성인지, 단순히 실제 투표자들에 대한 비례성이고 대표성인지 설명이 없다. 정당의 전국득표율에 대한 비례성이라고 하지만, 그렇다면 왜 비례구 의석수를 늘리지 않고 지역구 의석에 연동하는가? 독일식 연동형과는 달리, 한국의 국회의원 선거제는 지역구표와 전국비례구표는 엄연히 구분되어 존재하는 '병립형'(竝立型)으로서의 1인2표제여서, 지역구와 비례구의 임의적 연동은 위헌의 소지마저 있는 것이다. 국회의원선거제도를 어떻게 하는 것이 한국민주주의를 고양하는 바람직한 수단으로서의 정당정치를 담아낼 수 있는지 해석해 보고자 한다. 이슈는 몇 가지로 정리된다.

첫째, 국회의원선거란 어떤 의미의 선거인가? 국가사무를 담당하는 의원을 선출하는 것인지, 지방사무를 담당하는 의원을 선출하는 것인지, 아니면, 국가사무에 방점을 두되, 지방사무를 연계하기 위한 의원을 선출하는지의 문제이다. 현재의 1인2표제 혼합선거구제는 전체 300석의 의석을 지역구 대표자들이 5/6 정도, 정당비례구의원들이 1/6 정도의 구성비를 보이고 있다. 의석수의 비중을 볼 때, 절대적으로 지역구 중심에 대한 전국비례구 보완의 선거제도이다.[121] 지역구에서 단순다수제-소선거구제로 1명의 대표자를 선출하는 것은 제4공화국과 제5공화국의 독재체제하에서 '여당동반당선'(2인선출시 여당후보는 1등으로 당선되건 2등으로 당선된다는 어쨌든 당선된다는 의미)의 수단이었던 '중선거구제'를 극복하기 위한 국민의 염원으로 도입된 것이다. 어찌보면, 제6공화국의 민주주의를 위한 전리품과 같은 성격마저 있는 것이다. 그렇다고 해서, 민주화시대에 과거의 전리품에 안주할 수는 없다. 지역구중심의 선거제도가 국회의원의 본연의 목적인 국가사무에 전념하지 못하게 한다면 그것은 문제다.

둘째, 선거구제(District Magnitude: *M*)[122]의 문제다. 어떤 기준의 '대표성'에 의한 선거구제를 만들 것인가의 문제이다. 즉, 선거에서 경쟁하는 정당들의 사표(死票) 비율을 최소화하도록 '군소정당들의 대표성'을 강조할 것인지, 아니면 책임의 소재를 명확히 하는 대표성을 강조할 것인지 비례성을 강조할 것인지의 문제이다.[123] 앞서 이야기한 대로 소선거구-단순다수대표제를 통해 1인대표제를 선택하고 있기에 책임의 소재를 명확히하는 대표제를 선택하고 있다. 또한 비례구는 광역비례구를 제안하고 있는데, 이는 전국의 광역성보다는 좁은 범위에서 지역광역을 보이고 있다. 광역비례구는 한국의 지역주의를 완화시키는데 도움이 될 수 있지만, 근본적으로 지역대표성이 돋보이는 제도이다. '중 · 대선거구제'가 적절히 활용되면 한국사회의 정당

120 현행 1인 2표제의 국회의원 선거에서 '비례구'란 용어보다는 '전국구'(全國區)란 용어가 더 적절할 것이다. '지역구'(地域區)에 대비되는 개념이기 때문이다. 더 정확히 말하자면, '비례구'란 득표환산 방식을 말하는 것이다.

121 기존에 '1인2표제' 병립형을 시행해 오던 한국의 경우엔 매우 구조적인 변화이다. 음선필은 역사적 전통과 문화, 정치적 상황으로서 국가형태, 정부형태, 정당민주주의에 대한 이해가 종합적으로 필요하다고 본다. 참고로 연동형을 사용하는 독일은 나치체제 방지를 목적으로 한 정당민주주의와 연방제를 채택한 국가이다. 음선필, "독일연방의회의원의 선거체제", 『사회과학연구』 12:2 (2006), pp. 333-358. '연동형비례대표제'(비례제를 위한 정당득표율로 지역구 의석수를 포함한 총 의석수의 대강을 정하는 제도)라면, 이는 비례구가 중심이 되는 제도를 의미하고, 마치 지역구는 보완적 제도처럼 인식될 수 있다. 그렇다면 전체 의석수의 5/6가 지역구로 구성된 현행 선거제도의 취지에 반할 수도 있다고 본다. 1인2표를 행사하는 경우, 2표의 성격은 분리되어 있는 것이며, 비례구의 표를 지역구를 포함하는 전체 의석수에 연동하는 것 자체를 명분상 바람직하다고 보기 어렵다. 만약 군소정당의 의석수를 늘리는 것이 사회적 합의라면, 현 선거체제 하에선 비례구 의석수 자체를 늘려야만 한다. 비례구 의석수 자체를 늘리기 위해선 300석인 의원정수를 늘리거나, 아니면 300석을 고정으로 할 경우, 지역구 의석수를 줄이고 비례구 의석수를 늘려야만 한다. 신옥주, "선거제도 개선을 통한 국회의원의 대표성, 비례성 강화방안연구–독일 연방선거법에 대한 비교법적 고찰을 중심으로", 『공법연구』 459:3 (2017), pp. 1-33. 정준표는 기존의 한국제도에서 비례대표 비율을 일정정도 확대하여 시행하고, 권역별 명부제를 도입하여 지역구도를 명시적으로 완화할 것을 주장한다. 정준표, "독일선거제도–작동 원리와 한국선거에의 적용 가능성" 『한국정치학회보』 48;2 (2014), pp. 29-56. 선거제도를 개편하면서 지금 있는 비례구 의석수를 몇 석 보완하여 군소정당에 유불리를 논하는 것에 의미를 두기는 어려울 것이다. 비례구, 이양방식, 개방식, 부분개방, 권력구조와의 종합적 연계를 통한 의회선거제도의 논의를 참고하는 것이 유용할 것이다. 이에 대해서는 김용철, "민주주의 질적심화의 관점에서 본 권력구조 개편: 의원내각제의 도입과 비례대표제의 확대", 『21세기정치학회보』 27:3 (2017), pp. 1-25.

122 우리가 보통 중선거구와 대선거구를 규정지을 때, 몇 명의 선출인원을 기준으로 할 것인지에 대해서는 언급하는 사람들마다 차이가 존재한다. 예를 들어 2명인 경우를 중선거구로, 그 이상은(즉 3명 이상은) 무조건 대선거구로 볼 것인지, 아니면 5명 이상은 되어야 대선거구라고 할 수 있는지 명칭이 불분명하다. 이러한 문제를 해결하기 위해선 중선거구, 대선거구란 말을 자의적으로 사용하지 말고 몇 명이라는 숫자를 사용하는 것이 분명하다. *M*(District Magnitude)=1, *M*=2, *M*=3 등으로 표시하는 것이 학문적 공용어이다. Rein Taagepera and Matthew Soberg Shugart, *Seats and Votes: The Effects and Determinants of Electoral Systems* (New Haven: Yale University Press, 1989), p.13.

123 우리는 "대표성이 있다"라는 말을 "비례성이 있다"라는 말과 동의어처럼 사용하는 경향이 있다. 그러나, '대표성'이란 말은 '비례성' 이외에도 '책임소재'라는 개념과도 연계되어 있어 주의가 요구된다. 특히 '비례성'과 '책임소재'라는 두 개념은 상치되는 의미를 내포하고 있기 때문이다. ①군소정당들의 득표율이 사표가 되지 않고 의석수로 반영되는 상황을 비례성이 반영되고 있다고 한다. 선거에서 정당의 득표율이 의회내 정당의 의석수 비율과 근접할수록 "의회가 대표성이 있다"라고 한다. ②책임의 소재가 분명한 경우에 대표성이 있다라고 말할 수도 있다. 정당들이 연합하여 정치를 책임지는 것이 아니고 한 개의 정당이 정치를 책임지는 상황을 의미한다. 항간에서 '대표성'이란 말을 보통 ①을 의미하는 것으로 한정하는데, ②의 상황을 의미할 경우도 있다. 예를 들면, 연방제 국가인 미국의 대통령선거에서 '주'별로 대통령선거인단을 결정할 때 단순다수제를 사용하는 것은, 한 표라도 많은 정당이 주의 합의라는 것을 나타내며, 이것은 주민들 입장에서 대표성의 소재를 명확히 하기 위한 의미도 지닌 것이다. 주민들의 입장에서 "우리 주의 합의는 ○○당이 대표한다"라는 의미인 것이다. 달리 표현하자면, 주의 대표성이 여러 정당의 지지율에 따라서 비례적으로 할당되는 것이 아니고, 한 표라도 많이 득표한 한 개 정당으로 통합되어 반영되기에 대표되는 정당은 더욱 강력한 대표성을 보장받게 되는 것이다.

간 이념갈등을 완화하는데 도움이 될 수도 있다.[124] 아무래도 1구1인선거제도는 경쟁을 첨예화시킨다. '중 · 대선거구제'의 경우 파벌정치를 조장한다는 주장이 일반이지만, 파벌정치가 없는 정당은 없으며, 이 역시 정도의 문제인데, 오히려 파벌간 지분을 인정하는 것이 당내갈등을 증폭하지 않을 수도 있다.

셋째, 현재의 '혼합형 선거제도'는 '지역구'와 '비례구'를 조합하고 있다.[125] 비례구의 문제는 여러 가지 제도적 이슈들을 포함하고 있다. ㉠의석수 환원을 위한 계산 단위를 '전국구'로 할 것인지, 아니면 '광역구'로 할 것인지, ㉡지역구 의원수에 대비하여 비례구 의원의 숫자는 어떻게 할 것인지, ㉢비례구의 정당명부는 폐쇄식으로 할 것인지, 개방식으로 할 것인지, ㉣동시입후보(중복입후보)제도를 허용할 것인지,[126] ㉤그리고, 마지막으로, 어찌보면, 가장 단순하지만, 가장 현실적인 문제를 담고 있는 문제라고 할 수 있는, 비례구와 지역구를 연동제로 할 것인지, 아니면 병행제로 할 것인지의 문제이다.

현실정치에서 제도개선의 문제는 개편의 현실성이 개편의 필연성만큼이나 중요하다. 사실, 제도의 개선 문제는 그 사회의 그릇 크기만큼 담길 수밖에 없을 것이다. 이상은 높을수록 좋지만, 어느 한계선이라는 것이 있음을 숙지해야 하는데, 그 선이 바로 지금의 정치상황과 무관하지 않을 것이다. 이상의 문제를 쉽게 이해하기 위해서 경우의 수로 나누어 논해보고자 한다. 대통령제하의 한국정치의 특질상, 대통령선거제도가 선거정치의 핵심으로 작동되지만, 국회의원선거는 지역구에 더욱 밀접한 영향력을 지닌다.[127] 현재 한국의 정당정치는 당권과 대권의 분리를 일반화하고 있다. 이것은 행정부의 수반이 정당의 당대표를 겸하지 않는다는 것이다.[128] 그렇다면, 국회의원선거가 바람직한 정당정치를 유인하려면 어떤 제도이어야만 하는지가 문제이다. 세 가지 옵션이 있다. ①현재와 같이 지역구와 전국구(즉, 비례구)를 섞어서 운용하되, 비례구를 조금 더 늘려서 운용하는 것이다. ②모든 의석수를 정당득표 비례에 따라서 전국 단일 광역구로 하는 것이다. ③모든 의석수를 지역구로 하는 것이다.

국회의원의 존재이유가 국가사무에 전념하는 것임을 유념할 때, 선거제도의 명분은 두 번째가 가장 높지만, 현실성은 첫 번째와 세 번째가 가장 크다고 본다. 특히 세 번째의 경우엔 지금까지 운용되어온 비례구에 대해서 국민들이 그 차별성을 느끼지 못하고 있다. 오히려 선거를 거치지 않은 사회적 인지도나 상징성을 위주로 후보자를 선별하다 보니 후보자들의 의정능력이 낮다고 보는 것이 중론이다. 어떤 이유에서 이건 지역구를 대폭 줄이기는 쉽지 않다고 본다. 일본의 경우도 좋은 예가 된다. 일본은 1994년 1월에 중의원 선거제도를 1구 2-6인 선출의 '중 · 대선거구제도'에서 '소선거구 · 비례대표 · 병립제'로 바꾸었다. 이는 거대 정당인 '자민당'과 그 밖의 이해관계가 조정될 수 있었기 때문이다.[129] 먼저 '소선거구제'는 거대 정당에게 유리하게 작용한다. 소선거구제하에서 득표율과 의석율과의 차이가 확대될 수 있으나, 이것은 '비례대표제'를 부분적으로 도입한다면 일부 완화할 수 있는데, 이는 군소정당들에게 유리하게 작용한다. 따라서, '소선거구 · 비례대표 · 병립제'는 여러 정당들

124 일반적으로, '중·대선거구제'는 선거경쟁에서 정당간 갈등은 완화시키고 당내갈등은 고조되는 제도로 인식된다. 현재 정치권의 정당간 갈등수준이 확대재생산되고 이것이 사회구성원들의 보수-진보간의 갈등을 확대재생산하는 데 기여한다고 본다면 정당간 갈등수준을 완화하기 위해서 비례구 없이 모든 의석수를 '중·대선거구'로 변화하는 상황도 생각해 볼 수 있을 것이다. 도시지역구는 3-5석, 지방지역구는 2-3석으로 하는 경우, 군소정당들도 나름대로 운신의 폭이 생길 수 있으며, 주요 정당들도 여야협상의 대상이 될 수 있다고 본다. 단, 과거 일본선거에서 '중·대선거구제'는 당내 파벌정치를 강화시켰다는 점을 상기할 때, 한국정치문화하에서 당내갈등이 격화될 수도 있다. 하지만, 당내 파벌 문제가 서로의 지분을 인정하는 경우에 덜 격화될 수도 있으니 한 지역구에 여러 명을 공천할 수 있는 '중·대선거구제'가 오히려 당내 경쟁을 어느 정도 선에서 누그러뜨릴 수도 있지 않을까 조심스럽게 예상해 본다.

125 '혼합형'이란 의미는 두 가지로 구분된다. 첫째, 하나의 선거조직체 단위에 하나의 당선결정방식을 적용하는 것이 아니고, 복수의 당선결정방식을 적용하는 경우를 말한다. Louis Massicote and Andre Blais, "Mixed Electoral Systems: A Conceptual and Empirical Survey", *Electoral Studies* 18(1999), p. 345. 하나의 선거조직체 내부에서도 다수제를 우선하느냐 비례제를 우선하느냐에 따라서 '혼합형 다수제'(MMM: Mixed-Member Majoritarian)와 '혼합형 비례제'(MMP: Mixed-Member Proportional)로 구분될 수도 있다. 일반적으로, 병립형은 MMM으로, 연동형은 MMP로 구분할 수도 있다. 둘째, 혼합형의 의미를 선거구역단위를 중심으로 '다층선거구역'(multi-tier districting)을 통해서 정의할 수도 있다. Matthew S. Shugart and Martin P. Wattenberg (eds.), Mixed-Member Systems: The Best of Both World? (New York: Oxford University Press, 2001).

126 해당의 문제는 소위 '석패율제도' 논쟁과도 연관되어 있다. 석패율제도 논쟁은 두 가지 차원으로 나뉜다. 하나는 석패율제도 자체가 한국선거제도에서 갖는 의미이고, 또 다른 하나는 석패율에서 그 비율을 어떻게 계산할 것인지의 문제이다. 정준표, "중앙선거관리위원회 선거제도 개정안의 비판적 분석", 『국제정치연구』 18;1 (2015), pp. 197-220.

127 안용흔은 경험적 분석을 통해서 한국선거에서 '국가경제정책'과 '선거제도' 사이에 함수관계가 존재함을 주장하고, 국회의원 '정당명부식 비례대표제'와 대통령 '결선투표제'가 무역개방의 확대 및 축소에 결정적인 변수로 작용함을 밝힌다. 안용흔의 경험적 분석 결과를 보면, 비례대표제를 채택한 국가들은 그렇지 않은 국가들에 비해서 '무역개방'의 정도가 낮다고 본다. '결선투표제'를 선택한 국가들은 그렇지 않은 국가들에 비해서 무역개방의 정도가 낮다. 안용흔, "비례대표제, 결선투표제, 그리고 무역개방: 무역개방과 의회 및 대통령선거제도 간의 제도적 친화성에 관한 연구", 『평화연구』 23:1 (2015), pp. 217-260. 이는 로고우스키(Rogowski)의 연구를 한국에서 검증하고 있는 것이다. Ronald Rogowski, "Trade and the Variety of Democratic Institutions", *International Organization* 41:2 (1987), pp. 203-223.

128 현실 정치인들은(특히 여당의원들을 중심으로) 한국정치에서 당권과 대권의 분리가 충분히 이루어지지 않았다고 보고 있다. 그만큼 정당에도 입법부에도 청와대의 입김이 강하게 작용한다는 것이다. 특히 국회의원공천이나 광역단체장공천에서 청와대의 입김은 주효한 것이 현실이다.

129 고선규, "일본의 정치개혁과 선거정치의 변화", 『일본연구논총』, 13 (2001), pp. 59-95.

의 이해관계가 맞았기에 가능한 것이었다. 한국의 경우엔 이미 '소선거구 · 비례대표 · 병립제'를 시행하고 있다. 문제는 '비례대표' 의석수의 산정 방법및 증가여부에 관한 것이다. 비례대표 의석수를 얼마나 많이 늘리느냐는 군소정당의 주요관심사이며, 구체적으로 비례구 의석수를 어떻게 산정하느냐의 문제로 발전된다.

정부당파성은 비례대표제보다 단순다수제에서 더욱 크게 나타날 수 있다.[130] 대통령제 하에서 합의제적 민주주의를 구현하기 위해서는 3-5정당 다당체계가 유리하다. 입법부가 양당체계로 기능하는 경우도 '분할정부'(divided government)가 형성되면 입법부-행정부간에 합의제적 민주주의가 형성될 수 있으나,[131] 정국의 운영이 입법부 대 행정부의 구도가 아니라 여당 대 야당의 구도로 기능하는 한국정치과정의 특질상 정국의 '교착상태'(cul de sac)가 나타날 수 있다. 정당간 이념 갈등의 첨예화를 생각할 때, 단일 보수정당과 단일 진보정당이 주도하지 않고 보수정당도 2개, 진보정당도 2개가 존재하면서 이념간 경쟁뿐만이 아니라 이념 내부에서(즉, 보수내에서 진보내에서)의 경쟁도 있었으면 한다. 단순히 보수와 진보의 경쟁만 있으니 보수-진보 경쟁구도만 첨예화되고 악화된다. 이런 경우, 특히 집권하는 정당은 보수이건 진보이건 정책적 유연성을 지닌 중도정당에 유사하게 기능하는 효과를 지닐 수 있을 것으로 기대해 본다. 따라서 단순다수대표제(plurality system)의 소선거구제보다는 비례대표제(proportional representation)가 바람직하며, 이것은 단순히 비례구를 몇 석 늘리는 것으로 해결될 문제가 아니다. 전국을 하나로 묶는(M=국회의원 총수) 선거구를 중심으로 정당이 명부를 관리하게끔 하여야 한다. 이때 유권자들은 단지 정당에만 투표하면 되며, 정당 득표율에 의거해서 각 정당은 당선자 수를 결정하게 된다. 의석수는 정당별 득표수로 완전 비례배분하는 것이다.

제도개편의 가능성에 상관없이 이론적으로 국민이 주인이 된 정당구조를 위한 정치개혁이 더 심화된다면 국회의원 선거제도를 보다 근본적으로 수정해 볼 수도 있다. 대통령의 선거이익과 국회의원의 선거이익이 일치하는 것이 중요하고, 그들 모두 정당공천을 받아서 정치생활을 지속하는 것이 보편적 정치과정이라면, 대통령의 선거이익과 국회의원의 선거이익이 일치하는 선거제도를 고려해 볼 수 있다는 의미이다. 지역구 국회의원보다는 비례구 의원이 대통령과의 선거 이익이 일치할 가능성이 높다.[132] 지역구별로 국회의원을 선출한다면 국회의원들은 지역사무에 더 민감할 수밖에 없다. 국회의원을 정당득표 비례에 의해서 '전국단일광역구'로 선출한다면 대통령과 국회의원은 상대적으로 더 중앙정부 수준에서 국가사무에 전념할 수 있다고 예상한다. 지방자치단체장과 지방의회의원은 상대적으로 더 지방사무에 전념하여야 한다.

국회의원을 '전국단일광역구'에 의해 정당명부를 만드는 과정에서 중앙당의 독선이 있을 것이라는 걱정이 있으나, 이제 정당도 독선에 의한 명부작성으로는 국민으로부터 득표율을 높이는데 실패할 것이므로 정당이 국민의 눈높이에 맞추려는 노력을 할 것으로 기대한다.[133] 이때 유권자는 정당에만 기표하는 방식을 취하게 된다. 또한 정당명부식 비례대표제 하에서 국회의원의 자율성 문제가 제기되기도 하나 지역구를 관리하는 소선거구제에서처럼 국가적인 업무에서 국회의원들의 자율성이 정당의 입장을 초월하여서 다원화될 필요한 경우는 그다지 많지 않을 것이다. 사실 국회의원 개인들의 자율성이 강조되면 정당의 이념 정체성이 분산되고 약해지면서 이념적 유연성이 발생한다는 점에서 오히려 장점이 될 수 있다. 정당이 이념적 고착에 빠질 때가 문제인 것이지, 일정 수준의 이념적 유연성을 갖는 것은 비판의 대상이 될 수 없다. 정당의 역할이 강조되는 전국 단일의 다당제가 형성된다면 다당제 자체가 국가적 업무에 대한 다양한 입장을 대변할 수 있으므로 정당내에서의 다원성 그 자체가 문제가 되는 것은 아니다. 정당내의 의견수렴 과정에서의 민주적 절차는 사실 소선거구제냐 대선거구제냐와는 별도의 문제이다.

한국의 국회의원선거는 지역구를 주축으로 하여 전국구로서 정당득표에 의한 비례제를 보완하고 있다.[134] 지역구별로 국회의원을 선출한 후에 자신을 공천하고 당선시킨 지역구민의 의사를 무시하고 국가사무에 더 전념하라는 것은 억지일 것이다.

130 권혁용 · 김항기, "소득세의 정치경제학" 『한국정당학회보』 14:3 (2015), pp. 119-151. 저자들은 정부소득세의 정치경제(복지정책, 재분배정책, 조세정책)를 정부당파성과 선거경쟁의 상호작용을 통해서 이해할 수 있다고 보는데, 정부당파성의 효과에 영향을 미치는 변수로서 선거경쟁의 치열성과 단순다수선거제도를 지적한다. 현재 국회의원 선거제도의 경우, 지역구 단순다수 의원이 전체의석수의 5/6에 해당되기에 '비례구 혼합제'라고는 하지만 비례구의 역할은 미미하다.

131 김용호는 우리나라에서 행정부만을 통치기관으로 생각하고 입법부를 경시하는 잘못된 풍조로 인하여 분할정부(김용호는 '분점정부'란 용어를 사용한다)의 단점만이 강조되는 분위기는 시정되어야 함을 지적한다. 김용호, "21세기 새로운 의회정치의 모색: 분점정부 운영방안," 『의정연구』 10 (2000), pp. 32-54.

132 김욱, "대통령-의회 관계와 정당의 역할", 『의정연구』 14 (2002), pp. 6-32.

133 명부관리를 민주적으로 하기 위해선 정당이 후보명부를 확정하는 '폐쇄형'을 사용하지 않고, 후보자의 명단을 공개하면 유권자들이 이에 표기하는 '개방형'을 사용할 수 있다. 정당명부에 열거된 후보에게도 기표할 수 있는 '개방형'을 하거나, 아니면 정당을 가로질러서 두 명의 후보를 기표하면서 서로 다른 정당의 후보들에게 자유롭게 기표할 수 있도록 할 수도 있다.

134 선거제도의 큰 틀은 그대로 유지되면서, 지역구와 비례구의 의석수 비율이 변화해 왔다. (1) 13대 총선(1988.4.26.): 선거구는 중선거구에서 소선거구제로 하여 1구 1인제; 총의석수는 제 12대에서 지역구 92

국회의원을 지역구별 소 단위가 아닌 국가 단위에서 선출하여야 한다. 지금의 지역구를 확장시킨 광역구를 언급하기도 하는데, 이것은 또 다른 형태의 '지역주의'를 양산할 가능성이 있다. 만약 광역구별 지역주의가 발생한다면 이중 삼중의 지역주의가 발호하는 정치과정이 초래될 수 있으며, 정당이 국민적 요구에 응답하는 구조도 더욱 복잡해질 것이다. 의원 선출 구역의 획정 기준은 단순해야 한다.[135] 지역구의 경우엔 소선거구제 단순다수대표제로, 전국구의 경우엔 전국단일광역 비례구가 되어야 단순 명료하다. 한국선거에서 아쉬운 것은 정당이란 기관 중심으로 투표하는 전국단일광역 비례구로 선출되는 의원 수가 지역구에 비해서 너무 적다는 것이다. 따라서 현행 지역구 의원 수는 그대로 유지하되 비례구의 의원 수를 늘려야 한다.[136] 네덜란드는 모든 국회의원을 전국단일광역구로(즉, 비례구로) 선출하는 국가이다.

네덜란드는 다양한 민족과 다양한 언어 체계를 가진 국가여서 전국단일광역구로 중앙정부 수준의 국회의원을 선출할 필요성이 더 강하게 요구될 것이다. 모든 의원을 비례구로 선출할 수도 있고, 최소한 지역구 의원 수와 비례구 의원 수를 동수로 하면 바람직할 것이다. 비례구 의원 수를 늘려서 그 중요성을 강조하는 경우엔 비례구에 공천 지원 횟수를 제한하지 말아야 할 것이다. 한국은 단일 언어에 단일 민족을 기반으로 하는 국가이면서도, 통일 한국시대를 대비한다는 필요성에서 전국단일광역구의 국회의원선거제도를 고민해 볼 필요가 있다. 유권자들은 정당명에 기표하면 되고 전국에서 합산한 정당 득표율을 가지고 전체 의원의석수를 나누면 된다. 이때, 정당별로 '비례구' 명부를 만드는데 바로 여기에 당원과 지지자들이 참여하는 것이 핵심이다. 비례구 정당 명부를 만들 때도 앞서 언급한 방식을 사용하면 된다. 당내에서 주요 당직자 및 당원과 지지자들 중에서 추첨으로 선출된 배심원단과 대의원단이 모여서 명부를 만들고 전체 당원과 지지자들이 최종 확인 결정을 할 수 있을 것이다. 동시에 통일 후에도 남한과 북한 전국단일광역구로 국회의원을 선출하는 것이 바람직할 것이다. 통일 후에 지역구별 국회의원 선출제도는 국가통합을 더디게 할 개연성이 높다. 선거제도와 정당구조 개혁이 유권자들이 주인이 되는 개혁임과 동시에 통일 한국을 대비하는 개혁이라면 금상첨화일 것이다. 통일 한국을 위한 권력구조로서 '의원내각제'가 '대통령제'보다 더 바람직하다는 논의가 존재한다. 문제는 역사적으로 한국민들에게 익숙한 '대통령제'를 현실적으로 포기하기 어렵다는 것이다. 이런 경우, 대통령제를 유지하면서 통일한국을 대비하는 최소한의 형태가 '전국단일광역구'로 모든 국회의원을 선출하는 것이다. 전국단일광역 비례구로 한다면 통일 후에도 남한과 북한을 합해 전국단일광역구로 정당명부식 비례대표제를 시행하면 국가 통합에 유리할 것이다.

전국단일광역구 비례대표제를 활용하는 경우 다당체계 유인효과는 분명히 존재하여 보다 많은 국민들이 당원과 지지자에 등록할 개연성도 커진다.[137] 미국 선거에서 유권자들의 가장 큰 불만은 선택할 대상이 고정된 두 개 정당뿐이란 것이다. 현재 한국 정당정치의 유동성을 오히려 긍정적 전환의 계기로 삼을 수도 있다. 사회균열이란 그 사회의 '주요한 이슈(salient issue)'를 중심으로 형성된 축이다. 레입하트는 정당체계와 그 사회에 형성된 이슈와의 관계를 경험적으로 연구한 결과 일반적으로 "N(유효정당의 수) = I(사회의 주요 이슈의 수) + 1"의 관계가 있다고 주장한다.[138] 양당체계는 말 그대로 그 사회에 1개의 주요이슈로 모든 것이 수렴되는 사회이다.

개 선거구에서 184석을 선출하던 것을 40석이 늘어난 224석, 전국구에서 75석으로 제 12대보다 23석이 늘어난 총 299명(지역구=224, 전국구=75); 전국구 배분방식: 제 1당에 2분의 1우선배분. 나머지 2분의 1은 제 1당을 비롯하여 5명 이상의 지역구 의석을 차지한 정당들에 의석수 비율로 배분. (2) 14대 총선(1992. 3.24.): 선거구는 제 13대와 동일하게 소선거구제를 유지하였고, 단순다수대표제의 투표방식; 의원정수는 299명으로 제 13대와 동일하고, 투표가치의 등가성을 확보하기 위하여 지역구는 13개 선거구를 증구하여 237개 선거구로 하며, 대신 전국구는 62석(지역구=237, 전국구=62); 전국구 배분방식: 의석률에 따라 배분. 지역구 당선자가 없는 정당도 전국 유효 투표의 3% 이상을 얻은 경우 우선적으로 1석 배분. (3) 15대 총선(1996. 4.11.): 선거구는 제 14대와 동일하게 1선거구 1인의 소선구제로 단순다수 대표제의 투표방식을 채택; 의원정수는 299명으로 제 14대와 동일하지만, 지역구는 16개선거구를 증구하여 253개 선거구로 하며 대신 전국구는 46석(지역구=253, 전국구=46); 전국구 배분방식: 득표율에 따라 배분(지역구에서 5석 이상 또는 5% 이상 득표한 정당만 참여). 지역구 당선자가 없는 정당도 전국 유효투표의 3% 이상을 얻는 경우 우선적으로 1석 배분. (4) 16대 총선(2000.4.13.): 선거구는 제 15대와 동일하게 1선거구 1인의 소선구제로 단순다수 대표제의 투표방식을 채택; 의원정수는 299명에서 273인으로 축소됨. (지역구=227, 전국구=46); 전국구 배분방식: 득표율에 따라 배분(지역구에서 5석 이상 또는 5% 이상 득표한 정당만 참여); 지역구 당선자가 없는 정당도 전국 유효투표의 3% 이상을 얻는 경우 우선적으로 1석 배분. (5) 17대 총선(2004. 4) 이후에 1인2표제(병립형)의 도입으로 총 의원수의 약 5/6에 해당하는 지역구 의원 선출에 1표, 약 1/6에 해당하는 비례구 의원에게 정당기표로 1표를 행사한다.

135 이런 측면에서 '중·대선거구제'는 같은 정당내 같은 지역의 후보자들끼리 지역구 관리 역할에서 구분될 수도 있어서 국민적 요구에 응답하는 대표성의 구조가 단순명료하지 않다. 강원택, "정치개혁의 과제와 전망: 정당, 선거, 정치자금", 임혁백 외,『21세기 한국정치의 비전과 과제』. (서울: 민음사, 2005), pp. 183-210.

136 정준표, "한국 정당개혁의 모델: 프로그램정당",『21세기 정치학회보』 18;2 (2008), pp. 69-91. 조기숙, "국회의 위상강화를 위한 정당 및 선거제도의 개혁",『한국정당학회보』 창간호. (2002), pp. 235-265.

137 이런 경우 군소정당들이 난립하는 것을 걱정하는 의견도 있다. 하지만, 현실적으로 국민들의 선택을 받는 정당은 10개를 넘기 어려울 것이다. 그래도 걱정된다면, 문턱조항을 늘리면 된다. 전국 득표율을 상황에 따라서 3%, 5%, 7% 등으로 사회합의를 통해서 조정할 수 있을 것이다. 결론적으로, 선거에서 군소정당 난립의 유무는 논의의 핵심이 될 수 없다는 것이다. 선거후에 입법부에 진출하는 정당체계가 분극적 다당체계가 아니라면 큰 문제는 없을 것이다.

138 Arend Lijphart, *Patterns of Democracy: Government Forms and Performance in Thirty-Six Countries* (New Haven: Yale University Press, 1999), pp. 62-89.

별반 바람직하지 않은 것이다. 기능적으로는 양당체계여도 형식적으로는 다당체계이어야지 보다 많은 유권자들을 제도권적인 정치과정에 참여시킬 수 있는 것이다. 주요 양당은 제 3당이 존재하는 경우 그렇지 않은 경우보다 더 정책적 차별성을 가지고 정책 경쟁을 하게 되는 효과가 생긴다.[139] 영국과 독일은 모두 의원내각제로 형식적 다당체계이지만 기능적으론 양당체계인 국가들이다. 정치가 안정되어 있으며 최상위의 민주주의 실현 국가들이다.

한국은 단원제이며 국민 인구를 고려해도 결코 국회의원의 수가 많은 나라가 아니다. 그렇다고 적다고만 할 수도 없다. 국회의원 정수 산출의 기준을 어디에 두느냐에 따라서 적정한 규모의 국회의원 정수는 다양하게 계산된다.[140] 복잡한 계산을 하지 않더라도, 지방선거에서 4,000명 이상의 선출직을 선출하는 환경을 고려할 때, 국가사무로 기능이 분리된 국회의원의 숫자가 과연 지금의 300명 이상이 되어야 하는가에 대해서는 의문이다. 종합하면, 현재의 300명이란 그런대로 적절한 수라고 볼 수 있다. 물론 숫자가 더 많아서 나쁠 것은 없다. 현재 민주주의 체제의 근본적 위기는 시민 자신들을 대표할 수 있는 자가 너무 적다는 데서 온다. 다시 말해서 한 명의 대표자가 너무 많은 사람들을 대표하기에 발생하는 것이며, 오히려 그런 경우에 발생하는 정치비용은 막대하다.[141] 단순히 국회의원 수를 늘리는 것이 비효율이라는 발상에는 주의를 요한다. 국회의원 증원에 대한 국민들의 반감이 있는 경우, 늘이는 것은 아니더라도, 줄이는 것은 바람직할 수 없다.

그렇다면, 국회의원을 증원할 때, 국회의원 선거제도가 '지역구'를 기반으로 구성되며, '비례구'를 보완적 형태로 채택한 병립형제도라면, 지역구를 늘려야 하는지, 비례구를 늘려야 하는지도 논의의 대상이다.[142] 국민들의 눈높이에서 현재 정당정치에 대한 국민 신뢰도가 최악에 가까운 상황에서 국회의원을 늘리는 것은 쉽지 않을 것이다. 아니 한국정치에서 국회의원의 의석수를 늘리자는 것은 금기(禁忌, taboo)어이다. 그런 경우, 전체의석수를 그대로 둔 상태에서 비례구를 늘린다면, 지역구가 줄어들 수밖에 없어서 지역구의원들의 반발과 함께 선거법 개정이 난항을 겪을 수밖에 없다. 비례구의 숫자를 늘려야 한다는 주장의 가장 직접적인 근거는 정당의 사표(死票)를 가능한 줄여서 '비례대표성'의 수준을 높이는 효과를 기대하는 것이다.

비례구는 일반적으로 '직능대표성'의 효과를 기대하는 것인데, 달리 말하자면, 국회의원의 선출유형에 따라서 의정활동에 어떤 유의미한 차이가 발생하는가의 문제이다.[143] 한국의 경우, '소선거구제'에 의해서 선출된 지역구 의원과 '정당명부식 비례제'에 의해서 선출된 비례대표 의원들 사이에는 정책적 산출물들에 차이점이 있는가 하는 의문이 제기될 수 있다.[144] 마찬가지로 시대적 필연성과 사회적 요구를 반영하여 비례제로 국회에 진출한 여성의원들의 의정활동이 여성들을 위한 제반 정책들을 실제로 산출하고 있는지 의문이 제기될 수 있다.[145]

'비례대표성'을 늘리기 위해서 '비례구' 의원수를 늘려야 한다고 하지만, 대의제 하에서 '대표성'이란 개념의 의미는 단순히 '비례성'의 의미와 동일시 할 수 없기에 그리 단순하지 않다. 선거는 '간접민주주의'를 위한 것이며 대표자(the representatives)를 선출하여 권한을 위임하기 위한 절차이다. 일반적으로, '대표성'(representativeness)이란 개념의 의미를 '비례성'(proportionality)이란 용어와 동일시하는 경우엔, 정당이 얻는 득표수가 의석수에 반영되어 사표가 적게 발생하고, 따라서 다양한 사회 구성원들의 대표성이 포함되는 것을 말한다. 하지만, 사회내 구성원들의 계층, 연령, 지역 규모에 대한 대표성을 생각하여, 그들의 대표하는 '책임성'을 포함한 의미로

139 이성희 · 진영재, "민주노동당의 국회진출과 한국 정당의 정책차별화 가능성", 『의정연구』 12:2 (2006), pp. 223–254.

140 양규식, 진영재, "대한민국 국회의원 정수논의: 권력구조 유형을 중심으로", 『의정논총』 12:1 (2017), pp. 5–24.

141 Kevin O'Leary, *Saving Democracy: A Plan for Real Representation in America* (Stanford, C.A.: Stanford University Press, 2006).

142 현재 사용되는 용어상 일반인들이 보다 용이하게 이해하는 데 개념의 혼란을 초래할 수 있다. '지역구'에 대비되는 말은 '전국구'이다. '비례구'보다는 '전국구'라는 표현이 더 조응성이 있다고 본다. '비례구'는 투표수의 의석수 전환에 관련된 용어인데, 그렇다면, '비례구'와 조응성이 있는 용어는 '지역구'보다는 '소선거구(또는 1인대표구)'가 더 적합할 수도 있다. 정리하면, 지역구–전국구, 소선거구–비례구로 용어를 조합하여 사용할 때 개념적 혼란이 발생하지 않을 수 있다.

143 윤종빈, 정회옥(외), 미래정치연구소(편), 『정치현장에서 진단하는 한국정당과 민주주의』 (서울: 푸른길, 2017), p. 137 ('인터뷰 대상자 01'). 인터뷰 대상자는 현재 한국의 비례대표제는 '직능대표제'의 의미로 운영된다기 보다는 계파간, 유력정치인간 '나눠먹기', '자리싸움'의 이미지만 있다고 비판한다. 직능대표제가 되기 위해선 사회의 각종 시민단체들과의 연계성 속에서 직능후보자를 정할 수 있어, 정당–시민사회의 연계에 도움이 된다. 하지만, 하나의 직능으로 분류된 내부에도 다양한 직능단체들이 있어서 결국 각 직능별 대표단체가 우선 순위를 갖게 되어, 소위 '위계적인'(hierarchical) 조합주의(corporatism)의 성향을 보인다. 또한, 직능단체간의 우선 순위를 정하는 문제는 쉽지 않은 문제이다. '직능단체'의 대표성을 강화하기 위한 비례구제도는 단지 선거시기가 아닌 평소에 충분한 시간을 갖고서 정당이 이에 대한 프로그램을 마련하여야 할 것이다.

144 전진영은 경험적 분석을 통해서 지역구 의원과 비례대표 의원의 정책적 관심과 정책적 영향력 사이에 유의미한 차이가 있다고 본다. 전진영, "국회의원의 대표유형에 따른 정책적 관심과 영향력의 차이분석: 제18대 국회 의원발의안을 중심으로" 『한국정치연구』 23:2 (2014), pp. 211–234.

145 박상현 · 진영재, "국회 여성의원의 여성 관련 의제에 대한 투표행태: 제17 · 18 · 19대 국회 성평등 관련 법안을 중심으로", 『21세기정치학회보』 27:2 (2017), pp. 111–136.

생각해 보면 '대표성'이란 용어 자체가 '비례성'뿐만이 아니라 대의제하에서 '책임성'을 포함한 복합적인 의미임을 알 수 있다.[146] 이런 경우엔, 오히려 다수가 책임지는 것이 아니라 1인이 책임질 때 '책임의 소재'(accountability)가 명확해 진다. 그리고 국민들에 대한 대표자의 '책임의 수행'(즉, 응답성, responsiveness)도 다수가 소수보다 더 효과적이라는 확증하기 어렵다.

제도적으로 볼 때, 이 들 두 가지 성격을 선거에 반영하기 위한 비례대표제 방식은 '보상식', '대안식', '이양제' 방식 등으로 매우 다양하다.[147] 또한 비례성 보장의 단위도 '전국단위'와 '권역단위'로 할 수 있으며, 비례성의 반영 정도에 있어서도 다양한 의견이 존재한다.[148] 결론적으로, 정당정치의 궁극적 목적이 대의제하에서 책임정치를 말하는 것이라고 본다면 선거제도 논의의 종착역은 '대표성'에 관한 것이지 기계적인 '비례성'이 아니다. 지나친 비례성 위주의 논의에 대하여 강박관념을 가질 필요가 없을 것이다. 대통령이 국민의 60% 지지로 당선되었다고 해도 60%의 비례적 권한만 갖는 것이 아니고, 100%의 국민을 대표한다는 의미인데, 이것은 어떤 단위의 선거에서도 마찬가지인 것이다. 결국 대표성이란 것은 비례성의 정도와는 별개의 문제로 사회적 합의의 산물이며 구성원들이 존중해야 되는 규칙인 것이다.

㉮ 제도개편의 높은 필연성과 낮은 가능성

국민들이 체감하는 정당간 갈등의 수준은 매우 높다. 사회갈등의 원점은 정당갈등이다. 유권자들의 정당일체감이 감소하고, 정치혐오감은 증가하는 분위기를 바탕으로 '대의민주주의'의 수행능력에 대한 의구심이 존재함에도, 여전히 거의 모든 정치일정과 정책결정의 단위는 정당일 수밖에 없다.[149]

대통령제하에서 정당에게 요구되는 '책임정당'의 개념은 '위임민주주의'와 연관되어 문제가 발생할 수 있다.[150] 대통령이 많은 권한을 위임받는 경우, 대통령의 뜻대로 하면서 심지어 '반헌법적 행위'를 할 수도 있기 때문이다. 정당이 기관중심으로 기능할 때 그 가능성이 높은 '책임정당제'가, 인물중심적 성향이 강한 대통령제하에서도 실현가능한 것인가에 대해서도 여러 관점이 있을 것이다.[151] 분명한 것은 정당의 대선후보공천과정이나 대선공약의 문제는 정당차원의 것임이 분명하다.[152]

메이어(P. Mair)는 현대사회(특히 서구민주주의사회)에서 정당정치의 위기가 '대표성'과 '책임성' 사이의 괴리가 증가하고 있다고 주장하면서, 사실 뾰족한 해결책이 있기 어렵다고 실토하고 있다.[153] 해당 문제는 심각한 것이다. 대의민주주의 하에서 시

146 특히 사회적 갈등수준이 높은 한국사회에서 정치적 대표를 선출할 때 그들이 대표해야 할 책임성의 근거를 어떤 유권자성(constituency)에 두어야 할지는 중요한 철학적 논제이다. "무엇을 대표할 것인지(무엇에 대한 대표성인지)" 그리고 "무엇을 비례할 것인지(무엇에 대한 비례성인지)"의 문제가 중요하다. 예를 들면, ㉠ 단순히 유권자에 대한 대표성이고 비례성인지, 아니면 투표수에 대한 대표성이고 비례성인지; ㉡ 대표해야 할 책임성의 근거를 둘 때, 계층대표성을 우선할 것인지, 직업대표성을 우선할 것인지, 지역대표성을 우선할 것인지, 연령대표성을 우선할 것인지, 성별대표성을 우선할 것인지 등은 논의되어야만 하는 근본적인 철학적 논제이다. 이관후, "연동형비례대표제와 주권의 재구성: 한국선거제도 변화에 대한 정치철학적 고찰", 『현대정치연구』 12:1 (2019), pp. 146–175.

147 박동천, "비례대표 선거제도의 간추린 역사", 『인문사회과학연구』 49 (2015), pp. 5–31. 보다 자세한 논의는 신명순 · 진영재, 『비교정치』 5판 (서울: 박영사, 2019)의 "제5장, 선거와 선거정치"를 참고.

148 한국의 국회의원선거제도와 관련하여, '비례성'을 강조한 개편의 경우, 독일식 제도를 많이 언급하게 된다. 김종갑은 전국단위의 상위배분에서만 연동형을 적용하고 권역단위의 하위배분에서는 현행의 병립형을 유지하는 '선연동–후병립'제도 제안한다. 김종갑, "2011년 개정 독일선거제도와 한국적 적용방안", 『현대정치연구』 5:2 (2012), pp. 45–74. 김영태는 비례대표 의석배분제도를 도입함에 있어서 특히 비례성이 더욱 높은 생라게(Saint–Lague)방식을 동드(D'Hondt)방식보다 더 선호한다. 김영태, "독일연방의회 선거체계의 제도적 효과" 『국제정치논총』 41:3 (2001), pp. 279–296.

149 피오리나(M. Fiorina)는 현실보다 과장되게 '정당정치의 쇠퇴'를 주장하는 연구가 많다고 주장하면서, 이는 경험적 근거가 희박하다고 본다. 정당일체감이나 진성당원이 줄었다는 경험적 연구들의 '정당정치'(*Party Politics*) 쇠퇴 주장은 과장되었다고 지적한다. 현대사회에선 대중들이 과거보다 더 복잡다기한 이슈들이 난무하는 사회 속에서 '불안정한 다수'(unstable majorities)를 형성하게 된다고 본다. 그 불안정한 다수가 반드시 '정당'이나 '정책'과 멀어져 있는 것은 아니다. 피오리나는 1990년대말 이후에 '정당조직'이나 '정부에서 정당의 역할'은 강화된 부분이 있어서 오히려 '정당부활'(party resurgence)의 조짐이 있다는 역제안을 한다. Morris P. Fiorina, "Parties and Partisanship: A 40–Year Retrospective", *Political Behavior*, 24:2 (2002), pp. 93–115. Morris P. Fiorina, "Parties, Participation, Representative in America: Old Theories face New Realities", In Ira Katznelson and Helen V. Milner (eds.) *Political Science: The State of the Discipline* (New York: Norton, 2002), pp. 511–541. Morris P. Fiorina, *Unstable Majorities: Polarization, Party Sorting, and Political Stalemate* (Stanford, C.A.: Hoover Institution Press, 2017).

150 현재호, "위임민주주의 관점에서 본 대통령제와 정당정치: 민주적 책임성을 중심으로", 『동서연구』 29:4 (2009), pp. 39–68.

151 권찬호, "대통령제 국가에서 정당의 책임성에 관한 이론적 고찰", 『의정논총』 8:1 (2013), pp. 5–34. 해당 연구에서 권찬호는 책임정당제가 원내외에서 필요한데, 원외에선 정당중심성 확립을 위해서, 원내에선 국정과정의 효율성을 위해서 그렇다고 주장한다. 단, 정치행위자들의 보상구조에 따라서 정당의 책임성이 영향을 받게 된다. 또한 대통령의 리더십 스타일이나 유권자 투표행태와 같은 행태변수도 책임정당의 실현가능성에 영향을 미친다고 지적한다.

152 대통령이 직을 얻은 후에 당적을 이탈해야 한다는 주장도 있다. 하지만 대통령이 당선후에 당적을 이탈하는 문제는 '국회의장'이 당선후에 당적을 이탈하는 것과는 차원이 다른 것이다. 그 차원이란 바로 '책임정당'의 문제와 직결된다. 큰 그림에서 국회의장은 입법부내에서 의사진행권한을 중심으로 그 권한이 형성된다. 반면에 대통령은 행정부의 수반으로 국가통치권한을 갖게 된다. 역으로, 그렇기에 대통령이야말로 당파성에서 자유롭기 위해선 당적을 갖지 말아야 한다는 주장이 그래서 존재한다.

153 Peter Mair, *Representative versus Responsible Government*, Max Planck Institute for the Study of Societies, Cologne, Working Paper (September 2009). Retrieved from Cadmus, European University Institute Research Repository (http://hdl.handle.net/1814/12533) 메어의 주장은 17개 국가의 비교연구에 근간한 주장이다.

민들은 자신들이 선출한 대의기구가 대표성을 결여하고 있다고 생각하고, 그 대의기구는 시민들에 대한 책임성을 상실할 수 있는 것이다. 전국수준의 책임정당이 되는 길은 국가사무에 전념하는 국회의원을 선출하는 선거제도로 개편하는 일에서 시작될 것이다. 이제 한국은 지방선거를 제도화하고 공고화한 단계에 이르렀다. 국가사무와 지방사무를 분리할 필요가 있다. 국회의원들은 국가사무에 전념해야 할 필요가 있다. 국회의원들이 지역사무에 전념하면서 국가사무에 전념하는 것은 어려운 일이다. 돈 안 쓰는 정치를 한다고 하지만, 국회의원이 지역사무에 몰입되는 경우엔, 지구당을 없애도 소용없다. 현실적으로 국회의원의 정치활동에 과거보다 돈이 더 적게 드는 것이 결코 아니라는 목소리도 있다.[154] 지역사무는 광역단체장, 기초단체장, 광역의회의원, 기초의회의원에게 맡기고, 국회의원은 국가사무에만 전념하는 것이 바람직하다. 현재 한국의 정당구조는 구성원 차원에선 지역 사무에 얽매일 수밖에 없는 지역구 의원들 중심으로 되어 있음을 알 수 있다. 이런 상황 하에선 정당구조가 지역구에서 선출된 중앙정부 수준의 국회의원에 지방의회 의원이 종속되는 형태로 형성될 수밖에 없다. 한국의 정당구조가 중앙정부 수준에서의 중앙당 중심으로 서열화 될 수밖에 없는 것이다. 물론 앞부분에서 제안한 방식대로 국민들에게(당원과 지지자들에게) 후보자 공천 심사권을 돌려준다는 것을 전제로 한다면 국회의원에게 지방의원이 종속될 가능성에 대한 걱정은 크게 줄어든다.

정당개혁과 선거제도 개편이 함수관계를 지닌다면 국회의원선거제도를 개편하는 것이 지름길이라고 본다. 국회의원선거를 전국단일광역구로 하여 유권자들이 정당기표방식으로 선출하는 것이 옳다고 본다. 정당은 전국득표율에 따라서 의석수를 배분받게 된다. 국회의원선거를 전국단일광역구로 하고 유권자들은 정당기표방식을 하는 경우, 정당은 미디어를 통해서 전국수준에서 선거운동을 통합적으로 하면 된다. 지역구별로 모든 정당 후보자들이 선거운동을 별개로 할 필요가 없으며, 돈 안 쓰는 정치에 더 다가서게 된다. 이런 경우 논란의 대상이 되는 것은, 그렇다면 누가 명부를 만들 것인가 하는 것인데, 그 명부는 앞서 언급한 '정당협의체'에서 만들면 된다. 개방형 명부제를 병행한다면, 보다 많은 사람들이 공천과정에 참여하는 효과를 보게 된다.[155]

'개방형' 명부제로 할 때, 명부제의 단위가 중요하다. 전국단위로 할 경우, 명부에 포함되는 명단이 길고 장황해지면서 유권자들은 편안하게 선택하기 어렵다. 그래서 권역단위로 하는 '권역별 비례대표제'를 채택하는 것이 바람직할 것이다.[156] 비례구

의원을 선출함에 있어서 보다 현실적인 문제는 누가 비례구 의원의 순위명부를 결정할 것인가이다. 해당 문제는 지역구 의원 공천문제보다 더 복잡하다. 왜냐하면 명부에서 후보자들의 순위를 정하는 문제가 간단한 문제가 아니고, 이를 유권자에게 결정하게 하는 경우엔 전면적인 선거법의 개정 없이는 사실상 불가능하다. 정당명부를 부분개방형으로 할 것인지, 전면개방형으로 할 것인지는 선거경쟁에도 영향을 미치게 된다.[157] 정당이 명부를 일방적으로 정하는 '폐쇄형'보다는 유권자들의 선택에 의해서 정하는 '개방형' 명부가 시대정신에 부합한다는 것이 중론이지만, 이것도 궁극적으론 정당이 선택할 문제이다.

국회의원 선거구제 개편 사안이야말로, 시간을 두고서 의견수렴을 할 필요가 있다. 당연히 현재 지역구의원이 기반이 된 국회에서 이러한 선거구개편안을 통과시키기 어려울 것이다. 개혁은 주체가 중요하다.[158] 선거법 개정안을 당사자들인 국회의원이 처리하는 것은 그다지 바람직해 보이지 않는다. 현재 헌법기관의 지위를 지닌 '중앙선거관리위원회' 차원에서 선거, 정당 전문가들을 중심으로 선거제도안(案)을 단수 또는 복수(전문가들 사이에 합의가 안된 경우)로 만들고 이에 대해서 국민투표를 통해서 최종 결정하는 것이 바람직할 것이다. 선거법 개편에 관한 좋은 안이 있더라도, 선거법 개편은 국회의 합의사안으로 현직 국회의원들의 유불리에 의존하기 때문에 그 안에 대한 실현가능성이 낮다는 문제가 있다. 선거법 개정에 대한 최종 결정을 국민투표에 부의하는 방안에 대해서 생각해 볼 필요가 있다.

154 장훈(외)『한국의 정치자금』(서울: 동아일보사, 2002).

155 한규섭에 따르면 결론적으로 연동형 비례대표제 도입을 논하기 위한 선행 조건은 개방형 공천 제도이다. 비례대표제의 확대가 잠재적으로 다당제 정착을 돕고 대화와 타협의 정치를 촉진할 수도 있지만 이를 위해서는 각 정당의 지도부가 공천권을 내려놓는 공천개혁에 대한 논의가 우선이라는 것이다. 공천개혁에 대한 논의는 전무한 상황에서 2019년 국회에서 있었던 '(준)연동형 비례대표제'에 대한 논의만 무성한 현 상황을 우려스럽게 바라보기도 한다. 한규섭, "선거제도 개혁, 개방형 공천이 먼저다", 〈동아광장〉 (2019년 1월 1일).

156 황아란의 시뮬레이션 분석에 따르면, 현재의 비례구 의석수인 50석 전후를 가지고도 전국단위가 아닌 권역단위로 하는 경우, 주요 정당들의 의석수에는 변화가 적으면서도 지역주의에 의한 지역구도가 완화되는 효과가 있어서 제도개편의 실현가능성이 높다고 보았다. 황아란, "국회의원선거의 권역별 비례대표제 도입의 대안 제시", 『21세기정치학회보』 25:4 (2015), pp. 1-24.

157 부분개방형명부는 좌파정당의 득표율, 의석율에 긍정적 의미를 미친다고 본다. 문우진, "선거제도의 구성요소와 소득불평등: 선거공식, 비례대표성, 명부유형의 기계적 행태적 효과", 『한국정당학회보』 18:1 (2019), pp. 65-101.

158 윤종빈, 정회옥(외), 미래정치연구소(편), 『정치현장에서 진단하는 한국정당과 민주주의』 (서울: 푸른길, 2017), p. 173 ('심층면접 대상자 02').

㉯ 제도개편의 낮은 필연성과 높은 가능성

국회의원 의정활동의 최고 목적은 '재선'(再選, reelection)이다. 현재 한국 국회의원 정수의 5/6는 '단순다수제 소선거구제'에 의해서 선출된 '지역구' 출신 의원들이다. 치열한 선거경쟁을 거쳐 자신의 지역구를 갖게 된 의원들은 그 어떤 정치적 현안보다도 지역구 의원수를 줄이거나, 그로 인해서 자신의 지역구를 없애거나 통폐합하는 문제에 민감할 수밖에 없다. 현재 국회에서 지역구 의원 정수를 줄이는 제도로의 개편은 실현가능성이 낮을 수밖에 없다.[159] 이렇게 본다면, 300석 모두를 지역구 의원으로 하는 방법은 명분과 상관없이 실현가능성이 일정수준 인정된다.[160]

현행 한국의 지역구와 비례구 혼합형 선거제도는 지역구만으로 이루어지거나 비례구만으로 이루어진 선거구들의 극단성을 완충할 수 있는 제도로서의 명분을 가지고 있다.[161] 그렇다면 지역구 의원들이 태반인 곳에서 어떤 선거제도로의 개편이 나름대로의 명분도 있으면서 높은 실현가능성을 담보할 수 있을까?

개혁은 수단이지 그 자체가 목적은 될 수 없다. 정치개혁과 정당개혁은 국민통합이란 목적을 이루기 위한 수단인 것이다. 그렇게 본다면, 경착륙으로 혼란과 불안감을 최소화하는 조기개편이 바람직할 수도 있을 것이다. 그러한 제도개편은 지금 제도의 단점을 최소화하는 것인데, 아예 비례구를 없애고 전원 지역구의원으로 국회의원을 구성하는 것이다. 비록 국회의원의 존재이유란 차원에서 명분은 낮지만, 실현가능성을 종합적으로 고려할 때, 현행제도를 '전국단일선거구제'로 하는 것보다 결코 '전원지역구제'로 하는 것보다 열등하지도 않은 듯하다. 특별히 어떤 경우의 수가 더 정치적 결과에 우월하다는 경험적 증거를 아직 찾지 못했기 때문이기도 하다.

현재, 단순다수 1인선거구제에 의한 지역구가 양당체계를 유인하는데 가장 큰 원인이며, 또한 정당정치란 것이 다양한 국민들의 요구를 반영하는 다당체계로 가는 것이 좋다는 규범론이 존재할 수도 있지만 확증이 있는 것은 아니다. 양당체계이건 다당체계이건 사회내에 존재하는 주요한 이슈들에 대한 책임정치가 주요 사안인데, 역시 주요 정당들이 책임정치에 강하다는 경험적 연구도 있음에 유의해야 한다.[162] 군소정당이 사멸할 수 있다는 걱정의 목소리가 있겠지만, 지역구별 정당득표율을 합산하여 전국에서 5% 이상 얻었다면 국고보조금을 계속 지급할 수도 있어서 군소정당의 존립에 치명적인 상황은 막을 수도 있다. 단순다수제하에서 비록 군소정당이라도 좋은 후보를 공천하여 얼마든지 지역구 유권자의 마음을 살 수가 있다. 그런 각오로 정치활동도 하고 정당활동도 하는 것이 우리 정치를 선순환 구조로 만들 것이다. 단순히 큰 정당에서 공천받아야만 승산이 있다는 자세는 결코 바람직하지도 않고, 현재 한국정당정치의 부정적 모습들을 개선할 수 없다.

국회가 비례구의원들만으로 구성된다면 모두가 동일한 상황을 전제로 의정활동

159 한국에서 국회의원이란 직책은 여전히 선망의 대상이다. 비록 정치혐오감이 강하다고는 하지만, 그럼에도 불구하고, '국회의원'이란 직책은 정치지망생은 물론이고, 법조인, 언론인, 심지어는 학계까지 포함하여 인생 최후의 경력으로 존중받는 분위기가 여전하다. 그 이유는 간단하다고 본다. 국회의원의 '특권'(特權) 때문이다. 특권이 나쁜 것이 아니고 특권의 남용이 나쁜 것이다. 국회의원은 개개인이 헌법기관으로 특권으로 보호받아야 함은 물론이다. 그래서 시중에는 "한국국회의원들은 국회의원 수를 줄이는 법안보다 늘리는 법안에 더 반대할 것"이라는 소리도 있다. 필자는 대의민주주의의 수준을 높이기 위해선, 국회의원 1인이 담당하는 시민의 수가 적을수록 좋으며, 그런 경우엔, 국회의원 수를 우리 인구규모에 걸맞게 350명 수준으로 늘리는 것도 무방하다고 본다. 물론 현재 300명이란 규모에 큰 문제가 있는 것은 아니다. 국민들은 의원수의 증가가 세비(稅費)의 낭비라고 생각한다. 오히려 우리 사회에서 국민의 세금을 아무 곳에나 낭비하는 것을 감독할 수 있는 의원수의 증가는 전반적으로, 대국민 서비스의 질의 향상을 기대할 수도 있을 것이다. 오리어리는 현대 사회에서 대의민주주의의 문제점은 너무 소수의 사람들이 지나치게 다수의 시민들을 대변하면서 '숙고하며 사려깊게 일을 처리하는 능력'이 저하되는 것이라고 본다. 다시 말해서, 일의 양이 폭주하면 일들을 건성 건성 처리한다는 것이다. Kevin O'Leary, *Saving Democracy: A Plan for Real Representation in America* (Stanford, C.A.: Stanford University Press, 2006). 너무 숫자가 많아도 질이 떨어진다고 보지만, 너무 문이 좁아도, 많은 능력있는 사람들이 정치인 되기를 아예 포기하면서, "악화(惡貨)가 양화(良貨)를 구축(驅逐)하는 현상"이 일어날 수 있다는 것이 필자의 소신이다.

160 반론도 존재한다. 지역구 의원들이 지역구 수가 늘어나는 것을 별반 좋아하지 않는다는 것이다. 첫째, 특권은 소수가 누릴 때 특권이다. 다수가 될수록 특권에 대한 만족감은 낮아진다. 둘째, 지역구가 다수가 되면 오히려 정치신인들이 대거 유입될 가능성이 높아질 수도 있다는 것이다. 단순히 새로 신설되는 지역구 뿐만이 아니라, 전체적으로 국회의원직 도전을 위한 신인들의 문호가 개방되는 효과로 인해서 현직의원들이 보다 강력한 정치신인들의 도전에 직면한다는 것이다. 역으로 생각하면, 기득권 세력을 바꾸고 싶다면, 국회의원 수를 늘리는 것도 방법일 듯싶다.

161 Matthew S. Shugart, "Extreme Electoral Systems and Appeal of the Mixed Member Alternative" in *Mixed Member Electoral Systems: The Best of Both Worlds?*, Matthew S. Shugart and Martin P. Wattenberg (eds.) (New York: Oxford University Press, 2001), pp. 25-51. 문우진은 한국선거과정에서 슈가트의 '혼합형선거제도'(mixed member system)의 장점으로 거론될 수 있는 지역주의 약화 효과나 의원들의 정책대변 효과가 나타나기 위해선 정당민주화, 지역주의구도의 약화, 비례대표의석 확대 등이 선행되어야 한다고 주장하고 있다. 덧붙여서 문우진의 분석을 2019년 국회의 정치개혁특별위원회를 통해서 입법과정에 있는 '준연동형비례대표제'에 적용하자면, 해당 제도가 상당한 수의 초과의석을 발생시킬 것으로 예측할 수 있을 것이다. 문우진, "한국선거제도의 설계방향: 슈거트(Shugart) 모형의 비판적 검토와 개혁방안", 『한국정치학회보』 53:4 (2019), pp. 101-128. 덧붙여서 정치제도 개편은 정당들의 역학(力學)관계가 작용한다. 성치훈, 「한국선거제도 개편과정에의 역학(力學) 분석: 20대 국회 선거제도 개편논의를 중심으로」, 연세대학교 대학원 정치학과 박사학위논문 (2019).

162 '선거사국제연감'(International Almanac of Electoral History)에서 덴마크는 전형적인 다당체계 국가이다. Thomas T. Mackie and Richard Rose, *The International Almanac of Electoral History Fully Revised Third Edition* (Washington D.C.: Congressional Quarterly, 1991). 레입하트는 덴마크를 대략 유효정당 수가 '5정당체계'에 가까운 정당체계(4.5-5정당체계)로 구분하고 있다. Arendt Lijphart, *The Patterns of Democracy: Government Forms and Performance in Thirty-Six Countries* (New Haven: Yale University Press, 1999), p. 88. 그런데, 지난 50년간 덴마크에서 주요정당과 군소정당들의 이슈 응답성을 조사한 경험

을 하는데 문제가 없지만, 다수의 지역구의원들 속에서 소수의 비례구의원들에겐 당연히 중책이 맡겨질 리가 없다. 비례구의 원래 의도대로 직능별 단체 의원들의 의정활동 수행능력이 더 높은 것에 대해 확신도 없다.[163] 치열한 선거과정을 거치지 않은 자가 그 자리의 귀중함을 알기 어려울 것이라는 비판도 있다. 다시 말해서, 국회의원의 자리는 유권자들과 접촉하면서 치열한 선거과정을 거친 자들에게 주어질 때 그 자리의 귀중함을 알고 더 열심히 일할 수 있다는 것이다.

우리사회는 앞으로 계층갈등이 심화될 가능성이 크다. 자원배분의 불공정성 극복을 위한 방식으로 비례대표제 확대의 필요성이 제기되기도 한다.[164] 비례구가 되는 경우, 비례구의 숫자를 늘리는 것 이상으로 그 비례구의 내용을 어떻게 채울지가 중요하다. 경쟁이 있는 곳은 부패할 가능성이 낮다. 하지만, 현재의 비례구와 같이 소위 정당내 계파간 '나눠먹기'나 영향력 있는 정치인들의 인맥관리와 영향력 행사를 위한 창구로 전락할 가능성을 배제하는 것이 우선이다.[165] 비례구-지역구 연동형선거제도의 경우 문제가 있다면, 초과의석수가 문제가 아니라, 지역구의 득세가 비례구의 감소로 이어진다는 것이다. 이것은 '무비판적 평등주의'와 다를 바 아니다.

혼합형의 조합은 두 가지 경우의 수로 대별된다. 하나는 현행처럼 '지역구 의원과 전국비례구 의원'이 하나이고, 이를 개편했을 때 나올 수 있는 나머지 하나의 경우는 '지역구 의원'과 '권역별비례구 의원'의 조합이다.[166] 국회의원 정수 모두를 정당명부비례제로 선출하지 않고, 지역구-비례구 혼합형에서 비례구는 오히려 '권역별비례제'가 '전국형 비례제'보다 우월한 제도라고 본다. 이것은 지역구 의원들과의 제도적 조합에서 그러하다. 지금의 국회의원 정치현실을 보면, 지역구 의원보다 전국구 의원들인 비례구는 오히려 국가사무를 논하기에 유리한 형식이지만, 비례구 의원들에겐 '정치적 선제권'이 없다. 이것은 지역구 의원들이 공천과정과 지역구 선거에서 치열한 경쟁을 넘어선 반면에 비례구는 사실상 무혈입성한 일종의 '지위'라는 것에 대한 반증일 뿐이다. 선수(選數)에 따라서 지역구-비례구 출신에 따라서, 같은 국회의원이라고 하지만, 같지 않은 것이다. 권역별 비례제로 하는 경우 비례제의 경쟁력은 현재보다 상당히 증가되리라고 본다. 우선 지역전문가들이 대거 지원하여 경쟁력이 강화될 것이다. 본선거는 없어도, 비례구 진입과정 자체에서 형식과 내용 모두에서 경쟁력과 전문성이 지금의 '전국비례구'에 비교하여 증가되리라고 예측해 본다.

한국정치과정에서 나타나는 지역갈등, 이념갈등, 여야갈등 등을 최소화하기 위해선 장기적으로 국회의원 선거제도와 지방선거제도를 구분해야 될 필요가 있다. 대통령과 국회의원은 국가사무에 전념하고, 지방의원이나 지방자치단체장은 지방사무에 전념할 필요가 있다. 특히 통일시대를 내다보는 현시점에서 이에 대한 인식이 필요하다. 가장 혁신적인 방안은 네덜란드류의 방식을 참고하여 국회의원선거는 전국단일광역구 정당명부식 비례대표제라는 큰 틀 속에서 정당을 중심으로 시민의 대표자를 선출하는 것이다. 정당은 전국단위에서 정책공약을 발표하면 국민이 판단하게 된다. 지방선거는 기초단위 및 광역단위 별로 시민의 대표자를 선출하면 된다. 한국민들의 '정치권'에 대한 불신의 내용은 무엇일까? '정치인들의 자질' 문제가 가장 크다.[167] 국회의원 선거를 전국단일광역구로 하는 경우 공천의원명부는 누가 어떻게 만들 것인지가 핵심이다. 해당 정당이 공천적격기준을 마련한 후에, 정당의 당원들은 국회로 보낼 사람들을 추천하여 다득표자 순으로 명부를 만드는 것이 당원들의 의사를 가장 충실히 반영하는 방식이다. 좋은 정당명부만이 선거에서의 승리를 보장할 것이다. 당원들은 자신들이 만드는 공천명부에 애착을 보이고 성의를 보일 것이다. 그렇다고 '중우정치'(衆愚政治)에 대한 우려가 전혀 없다고 할 수는 없지만, 그럼에도

적 연구에 따르면, 사회내의 주요 이슈들(즉, 다른 정당들과의 공통된 이슈들)에 대한 주요정당과 군소정당들의 이슈 응답성은 틈새정당들(niche parties)보다 주요정당들에게서 높게 나타난다. C. Green-Pederson, P. B. Mortensen, "Avoidance and Engagement: Issue Competition in Multiparty System", *Political Studies*, 63:4 (2015), pp. 747-764.

163 비례구와 지역구의 의정수행능력 비교는 다음을 참고. 김기동 · 이재묵, "국회의원 선출유형에 따른 입법활동 차이 분석", 『한국정당학회보』 16:1 (2017), pp. 101-135.

164 현재의 국회의원 선거제도의 특성상, 비례구의 대폭 확대는 실현가능성이 낮다. 김용철은 우리사회에서 자원배분의 불공정성을 해소하기 위해선(즉, 사회경제적 약자 및 소외집단들의 정부정책의제로의 진입을 용이하게 하기 위해선) 비례대표제를 대폭 확대할 필요성이 있음을 주장한다. 근본적으로 '의원내각제'로의 권력구조 개편과 함께 이루어질 필요가 있음을 동시에 주장한다. 김용철, "민주주의 질적심화의 관점에서 본 권력구조 개편: 의원내각제의 도입과 비례대표제의 확대", 『21세기정치학회보』 27:3 (2017), pp. 1-25.

165 김종갑, "중앙선거관리위원회의 권역별 비례제: 제도적 특징 및 장 · 단점 분석", 『이슈와 논점』 제1028호 (국회입법조사처: 2015. 6. 30). 김종갑은 초과의석수를 문제점으로 파악한다. 필자의 생각은 '초과의석수'는 사실상 문제가 아니라고 본다. 일반적인 상황에서 초과의석수는 10석 미만일 것이기 때문이다.

166 이정진, "'권역별 비례대표제'를 어떻게 볼 것인가", 『황해문화』 87 (2015), pp. 179-193.

167 이것은 우리 교육의 문제이기도 하다. '정치학개론', '민주주의론', '한국정치사'에 대한 최소한의 학습을 통해서 건전한 정치의식이 필요하다. '공공성'이나 '민주시민의식'에 대한 의식이 희박하거나 없는 자들이 일상생활 속에서의 경험만으로 정치인의 직위를 갖고 정치활동을 하고 있다. 앞으로, 정치인들은 반드시 민주시민의 자질을 위한 기본 교육을 이수하도록 국가가 관리해야만 한다. 국회의원은 사회균열에 기반한 이념적 정당에 연계되더라도, 국가사무에 전념하는 시민의 대표자로서 소위 그람시(A. Gramsci)가 주창했던 '유기적 지식인'(organic intelligentia)이자 '창조적 인간'이어야 한다. 자신의 정체성을 잃지 않으면서도, 자신의 입장에 함몰되거나 고착되지 않고, 다른 사람들의 정체성을 포괄하고 융합하여 새로운 정체성을 창조할 줄 알아야만 한다는 것이다. 진영재, 『정치학총론』 5판 (서울: 연세대학교 대학출판문화원, 2019), p. 57.

불구하고, 급변하는 사회상 속에서 한국정치과정의 부정적 측면을 최소화하는 제도가 될 것이라고 예측해 본다. 둘째, 국회의원 정당공천제도의 경우 그것이 소선거구제이든, 비례구이든, 당원들의 의사가 반영되는 절차가 포함되어야 한다. 당원 상향식 공천을 기동적으로 효율적으로 유지하기 위해선 역시 '모바일투표' 방식이 적절히 활용되는 것이 필요하다. 당원명부가 부실한 초기 단계에선 폐해가 있다고 하더라도, 근본적인 문제는 발생하지 않을 것이다. 복합적인 선거방식은 복잡한 결과를 낳을 뿐이다. 몇 %는 현장투표, 몇 %는 여론조사, 몇 %는 당원투표, 몇 %는 대의원투표로 집합수준을 구성하기 위한 할당비율일 뿐이며, 선거결과의 정당성을 담보하는데 있어서 할당비율에 따른 논쟁에 집착할 필요는 없다. 종합적으로 복합선거인단 구성의 할당비율은 정당내부에서 당지도부와 당원들이 토론과 합의를 통해서 자유롭게 정하면 될 문제일 뿐이다.

② 지방선거와 정당정치

대통령제는 행정부 선거와 입법부선거를 구분하여 두 번의 선거인단이 구성된다. 이것은 중앙정치수준은 물론 지방정치 수준에서도 그렇게 된다. 현재 한국의 지방선거는 4개 영역(광역자치단체장, 기초자치단체장, 광역의회의원, 기초의회의원)에 대한 '동시선거'로 치러진다. 이런 경우, '일괄투표'가 행해지는 것이 대세일 수밖에 없다.[168]

지방정치에서 요구되는 리더십은 소지역단위 현장위주의 생활정치 리더십이다.[169] 지역일꾼을 정당과 관계없이 인물중심으로 뽑는 것은 장기적인 시각에서 주민자치와 생활정치의 구현이라는 차원에서 바람직하다고 본다. 조화롭지 못한 선거제도가 바로, 국회의원 선거제도는 소선거구제를 유지하면서 지방선거제도는 중 · 대선거구제를 유지하는 경우이다. 국가적 업무에 주력해야하는 국회의원은 소지역단위로 뽑고, 지방적 업무에 주력해야하는 지역의원을 중 · 대선거구제로 광역화하여서 뽑는다는 것은 아무래도 어색하다. 지역의 일꾼은 기본 지역단위에서 일꾼을 뽑는다는 의미에서 소선거구제를 채택하는 것이 바람직하다. 이때 유권자들은 후보자 1인에게 기표하면 된다.

지방선거를 소선거구제로 하는 경우 항상 문제가 되는 것이 바로 지방의회선거에서 표의 '비등가성'(非等價性, malapportionment)의 문제이다. 이것은 기우(杞憂)라고 본다. 지방자치는 지방의 특수성을 인정하기에 차별화가 불가피한 것이다. 사실 지방선거에 관한 한 헌법재판소가 내린 1:4 또는 1:3 조항을 그대로 적용하는 것은 지극히 기계적이고 법적인 논리에 머무르는 愚를 범하게 된다.[170] 대의민주주의는 '대표성'(representativeness)이 골간이며, 여기에 '비례성'(proportionality)으로 보조하는 것이다. 역으로 비례성이 골간이면서 대표성으로 보조된 것이 아니라는 의미이다. 해당 헌법재판소의 판결은 아무래도 현 상황에서 비례성을 중시한 판결이라는 느낌이다. 현재 대한민국의 국가대계는 지역균형발전이다. 지역대표성의 강화와 완화는 국가대계에 맞추어서 하는 것이고 그러한 정신을 구현하는 것이 헌법재판소가 할 일이라고 생각한다. 지방선거가 있고, 대통령당선자마다 지역균형발전을 외친다. 산업시설을 지방에 유치하는 것만이 지역균형발전이 아닐 것이다. 현재 한국적 상황에서 지역균형발전을 고려한다면, '선거인단'(the electorate) 사이의 인구편차 3:1, 4:1이 갖는 의미도 반추할 필요가 있을 것이다. 선거인단의 규모가 작아지면 그 속에서 유권자 한 표의 가치는 증가한다. 내 한 표의 가치가 큰 것도 분명한 혜택인 것이다. 선거제도상의 논리는 근본에 있어서만큼은 법적인 논리가 위헌여부에 절대성을 지녀서는 안되며, 정치적인 논리가 공존하여야만 한다.[171] 지나치게 기계적이고 법적인 기준은 무법적인 기준만큼이나 위험할지도 모른다. 이것은 결코 군사정권하에서 농촌지역에서는 보다 작은 인구를 묶어서 국회의원을 뽑아 여당에 유리하게끔 하는 선거구 획정에서의 조작을 인정하는 것이 아니다. 지역대표를 뽑는 이상, 지역간의 상이성이나 기존 동네의 특성(지리적, 인구적 특성들)을 배려하여 특정 지역이 갖는 선거 특권을 인정하는 것이 필요하다는 점을 강조하려는 것이다. 지역마다 표의

168 선거에 임박한 시기까지 마음을 결정하지 못한 사람들(the undecided)의 경우는 대략 두 가지 경우로 나뉠 것이다. 보다 더 신중한 선택을 위해서일수도 있고, 아니면 별로 관심이 없어서 일 수도 있다. 특히 후자처럼 소극적 유권자 행태를 지닌 사람들에게는 기호배정방식이 큰 영향을 미칠 수 있을 것이다. 문은영, "투표용지의 정치적 효과", 『선거연구』(2011), pp. 243–264.

169 엄태석, "충청북도 지역발전을 위한 지방의회의 정치 리더십", 『정치정보연구』 3:2 (2000), pp. 243–274.

170 1996년 1월 9일 헌법재판소의 국회의원선거구획정 관련 선거구 인구편차에 관한 결정문을 참고할 필요가 있다. 헌법재판소도 재판관 5명의 다수의견으로 선거구 인구수가 평균인구수의 상, 하 60%의 편차, 즉 4:1을 초과하여 선거구를 획정하는 것은 위헌이라는 의견과, 재판관 3명의 보충의견으로 최대, 최소 인구 선거구의 차이가 2배를 넘지 않는 수준으로 조정하는 것이 바람직하다는 의견을 내놓았다. 2001년 10월 25일에는 헌법재판소가 최대, 최소 선거구의 인구편차 기준을 3:1 미만으로 하라고 제시하면서 2003년 12월 31일까지 관련 법규 개정의 유예기간을 두어 헌법불합치 결정을 내렸다. 지방선거 관련하여 헌법재판소는 인구편차기준을 4:1에서 3:1로 변경하는 것이 타당하다고 판결하였다. 해당 판결은 2022년부터 적용된다.

171 만약 1:4나 1:3이라는 기준이 어떤 엄격한 논리를 지닌 것이라고 한다손 치더라도 결국 유권자 1인의 표에 대한 효능감은 지극히 적기 때문에 설득력이 없다.

비등가성이 있는 것은 지방선거에서 너무도 자연스러운 것이다. 유권자 입장에서도 자신의 한 표가 더 큰 영향력을 발휘한다면 그것은 그 지역에 사는 유권자들의 정치적 혜택일 뿐이다. 염려는 소선거구제에서 뽑힌 지역대표들이 자기 지역 우선주의에 따른 '포크 배럴'(pork barrel)식의 예산할당으로 인해 지역예산이 효율적으로 쓰이지 못할 수도 있다는 점이다.[172] 하지만 이는 선거제도상의 논리가 아니다. 지역예산이 얼마나 효율적으로 쓰이는지에 대한 감사 기능이 제도화되면 해결될 문제이지 선거구제 자체에 영향을 미치는 논리는 아니다.[173]

한국지방선거제도는 기초단위에서의 정당공천제 채택여부와 비례구 도입문제로 몇 번의 변화가 있어 왔다.[174] 지역주의구도의 정치하에서 한국지방선거의 특징을 보면, 실질적으로 정당간 경쟁이 일어나는 지역들이 있고, 그렇지 않은 지역들이 있다. 전통적으로, 영남과 호남에서는 특정 정당의 압도적 득세가 대체적인 경향이었다. 경험적으로 지역에서 정당간 실질적인 경쟁이 일어나는지의 여부는 중앙당의 지방당에 대한 예산과 자원배분에도 영향을 미치게 된다.[175] 결국 정당공천의 문제는 이러한 문제점과도 연관된다. 현재 선거법을 보면, 지방정치를 담당하는 지방의회의원들은 모두 정당공천제의 대상이 된다. 지방의회의 의원들은 사실상 국회 지역구 의원들의 위계질서 속에 존재한다.[176] 개략적으로 의원수를 중심으로 보자면, 지역구 의원 한 명이 두 명 정도의 광역의회의원 공천에 관여하고 있고, 해당 지역구의 기초의회의원 공천에 관여한다. 그래서 지방선거후보자 정당공천제 논쟁은 지방정치 정착과 정당정치개혁의 중심적 이슈가 된다.[177]

지방선거는 '단체장'선거가 '의회의원'선거보다 유권자들의 관심의 대상이 된다. 지방선거에서는 1인당 투표수가 다수여서 '분할투표'의 가능성이 가장 크게 대두될 수 있다. 지방선거에서 사다리식 책임 공천은 정치발전은 물론이고 선거경쟁에서 불리하다. 왜냐하면 지방선거에서는 광역단체장에 출마하는 자의 인물효과가 크게 작용하기 때문이다.[178] 따라서, 특히 경쟁하는 정당들에 대한 선호도와 후보요인이 '분할투표'에 영향을 미칠 수밖에 없다.

지방선거가 '풀뿌리 생활정치'를 강조하는 경우, 과연 유권자들이 정당간 정책적 차별성이나 정책이 가져오는 유불리에 대해서 확실히 인식하느냐의 문제는 중요하다.[179] 이론적으로 보자면, '기초단체장' 선거가 지방자치 선거의 꽃이라고 할 수 있을 것이다. 하지만, 이전과 이후 대통령선거와의 연계 속에서 행해지는 총선처럼, 기초단체장 선거도 광역단체장과의 연계 속에서 이루어진다.[180] 극단에서 보자면, 지방

172 하지만 지방자치가 시행되는 과정에선 항상 나타날 수밖에 없는 사안일 수도 있다.

173 지방의회가 제대로 기능하기 위한 논의는 지방정부가 인구나 행정업무의 복잡성과 관련하여 어떠한 형태를 갖느냐와 연관성이 있다. 미국의 경우를 보면 위원회형(Commission Form), 의회-임명행정관형(Council-Administrator Form: Council-Manager Type, Chief Administrative Officer Type, Chief Administrative Assistant Type), 의회-민선행정관형(Council-Elected Executive Form)등이 있다. 행정자치부, 『선진외국의 지방자치제도(Ⅱ)』(서울: 행정자치부 자치제도과, 2000), pp. 9-16.

174 지방선거제도의 제도적 변화의 초점은 기초의원선거에서 비례대표제를 포함할 것인지, 정당공천제를 채택할지의 여부이다. (1) 시·도의회 의원선거 (1991. 6. 20.): 지역구: 소선거구, 단순다수 대표제 채택 (866석); 비례대표제 없음; (2) 제 1회 전국동시지방선거 (1995. 6. 27.): ㉮ 시·도의원: 972인 [㉠ 지역구: 국회의원 지역구선거와 동일한 소선거구, 단순다수 대표제 채택(875인); ㉡ 비례대표: 시·도를 단위로 비례대표국회의원선거와 동일한 정당별 득표비례구속명부제 채택(97인)]. ㉯ 구·시·군의원: 시·도 조례에 의하여 정해진 읍·면·동을 단위로 하는 소선거구, 단순다수대표제 채택(정수 : 4,541석). ㉰ 자치단체장선거 [㉠ 정수(선거구수): 시·도지사 15, 구·시·군의 장 230; ㉡ 소선거구, 단순다수득표제(후보자가 1인일 때에는 투표자총수의 3분의 1이상 득표 요함)]. (3) 제 2회 전국동시지방선거 (1998. 6. 4.): ㉮ 시·도의원: 690인; ㉠ 지역구: 국회의원지역구선거와 동일한 소선거구, 단순다수 대표제 채택(616인); ㉡ 비례대표: 시·도를 단위로 비례대표국회의원선거와 동일한 정당별 득표비례 구속명부제 채택(74인). ㉯ 구·시·군의원: 시·도 조례에 의하여 정해진 읍·면·동을 단위로 하는 소선거구, 단순다수대표제 채택 (정수 : 3,490 인). ㉰ 자치단체장선거: ㉠ 정수(선거구수): 시·도지사 16, 구·시·군의 장 232; ㉡ 소선거구, 단순다수득표제(후보자가 1인일 때에는 투표자총수의 3분의 1이상 득표 요함).

175 박찬영의 경험적 연구에 의하면, 자원분배정치의 양상에 지방선거경쟁의 실질성 여부가 관여되어 있다. 선거경합으로 1위와 2위 후보간의 격차가 적었던 지역에서는 어렵게 이겼거나 아깝게 진 기초단체에 중앙당은 특별조정교부금을 더 많이 교부하였다 ['부동층가설'(부동층이 많은 지역에선 표를 얻기 위해서 더 많은 자원을 투입할 것으로 예상)이 지지됨]. 기초단체장 선거에서 1위와 2위 후보자의 정치적 기반이 동일한(즉, 유사한 정당성향을 지닌) 지역에서는 기초 및 광역 모두에서 쉽게 이겼을수록 중앙당에서 특별조정교부금이 더 많이 교부되었다[자신을 지지하는 세력이 확고하게 자리 잡은 지역에 더 많은 자원을 투입할 것이라는 파르티잔(partisan) 가설의 입증]. 박찬영, "지방자치단체장의 선거 경쟁이 특별조정교부금 배분에 미치는 영향: 정당간 경쟁과 후보자간 경쟁이 갖는 차이를 중심으로", 『지방행정연구』 31:4 (2017), pp. 145-176.

176 문상석 · 김범수 · 서정민, "정당공천제도와 지방정치 변화에 대한 고찰: 제도의 전용에 대한 분석을 중심으로", 『한국정치학회보』 51:1 (2017), pp. 129-152. 해당 연구는 현재 한국 지방정치의 수준에 대해서 매우 비관적이다. 현재 지방선거에서 시행되는 '정당공천제'라는 제도 자체가 중앙당에 의해서 임명된 지역위원장에 의해 지방정치구조가 식민화되고 있다고 주장한다. 문제점은 현재의 정당공천제도가 세부 규정없이 도입되었고, 일부 존재하는 상향공천규정도 사실상 실효적 처방이 되지 못하고 있다고 주장한다. 이것은 근본적으로 지방정치가 중앙정치에 자원(표와 돈)을 제공하는 식민지로 기능하고 있기 때문이라는 것이다.

177 이정희, "지방정치와 정당정치의 윈윈 전략연구: 지구당부활과 지방선거 정당공천제 논쟁을 중심으로", 『현대정치연구』 8:2 (2015), pp. 71-95. 이정희는 지방정치와 중앙정치를 배타적으로 설정하는 것이 바람직하지 않다는 입장하에, 지방선거후보자 정당공천제 폐지보다는 보완의 길을 주장한다.

178 지방선거에서 인물효과가 중요한 경우, 그 인물효과는 '광역단체장선거' 출마자들이 중심이 되어 나타난다. 최효노, "경쟁정당에 대한 선호도와 후보요인이 분할투표에 미치는 영향 분석: 2014년 지방선거를 중심으로", 『한국정당학회보』 14:2 (2015), pp. 55-82. 최효노는 2014년 제6회 지방선거를 분석하며, 지지정당과 다른 정당과의 선호도 차이가 적을수록 분할투표 확률이 크며, 지지정당후보보다 광역단체장 후보를 더 선호하는 경우에 분할투표의 확률이 크다고 보았다.

179 이에 대해서 한 경험적 연구는 유권자들이 정당간 정책적 차별성에 대해서는 인식할 수 있지만, 이러한 인식이 정책투표에 유리한 방향으로 수렴되는 수준은 아니라고 본다. 한정훈, "한국 지방선거와 정책투표의 가능성: 후보자 정책에 대한 지역별 유권자 인식을 중심으로", 『평화연구』 23:2 (2015), pp. 5-41.

180 선거과정에서 광역단체장과 기초단체장의 연계성을 파악하기 위한 가장 명확한 지표는 '선거공약'일 것이다. 한정훈, "지방선거의 투표율과 후보자들의 정책공약: 서울경기지역 기초단체장 선거구를 중심으로", 『한국

정치를 가장 잘 이해하고 수행하기 위해선 별도의 '지방정당'이 필요할 수도 있다.[181] 한국의 정당조직이 진화되어온 방향은 철저히 '중앙당' 중심 구조 였다. 이것에는 헨드릭스가 말한 이른바 한국정치의 가장 큰 특질인 '회오리바람의 정치'라는 문화적 변수도 복합적으로 작용했을 것이다. 지역정당에 대한 일체감이 지방정치에 대한 만족도를 높이는데 기여할 수 있다.[182] 이런 경우, 지역의 일꾼은 기본 지역단위에서 일꾼을 뽑는다는 의미에서 소선거구제를 채택하는 것이 바람직하다. 이전에 언급하였듯이, 국가적 업무에 주력해야하는 국회의원은 소지역 단위로, 지방적 업무에 주력해야하는 지역의원을 중.대선거구제로 광역화하여 뽑는다는 것은 제도적 궁합이 매우 어색하다. 지방선거에서는 지역주의가 나타난다고 해도 국가수준의 선거에서 (즉, 국회의원 선거나 대통령 선거에서) 나타나는 지역주의처럼 그 폐해가 큰 것은 아니라고 본다.

소선거구제를 실시하면서 정당의 공천을 남겨놓을 경우엔 현재의 한국 정치상황을 볼 때 지방일꾼을 뽑는다는 취지가 희석될 가능성이 있다.[183] 현재 광역의원들에게서 국회의원의 들러리적인 성격이 누누이 지적되고 있음은 주지의 사실이다. 결론적으로 지방선거의 경우는 정당공천을 배제하고 소선거구제로 순수한 지역의 일꾼을 뽑아야 한다. 소선거구제를 계속 실시하면서 재정이 허락한다면 구태여 현재의 지방의회의원의 경우는 인원수를 줄이지 않아도 무방하다. 단 재정적인 요인이 커서 인원수를 줄여야만 한다면 광역의회의원과 기초의회의원 양쪽에서 다음과 같은 논리를 생각해 볼 수 있다. ①광역의회의원: 적어도 현행의 국회의원 선거제도가 소선거구제로 그대로 유지된다면, 국회의원과 똑같은 지역에서 똑같은 수를 뽑는다. 즉 지역구민들은 국가를 위해서 일할 사람을 한 사람 뽑고, 지역을 위해서 일할 사람 한 사람을 뽑는 셈이다.[184] 사실 지방선거가 실시되는 이상 이제 국회의원은 보다 국가적인 일에 주력해야하며, 광역의회의원은 보다 지역적인 일에 주력하는 기능적 분화가 필수적이다. ②기초의회의원: 촌(村)의 읍 · 면 단위에서는 그대로 기초의회의원을 뽑아야 한다. 촌의 경우 읍 · 면 단위를 무시하고 2-3개를 하나로 묶는다면 자기의 읍 · 면 단위에서 대표자를 내려는 폐단이 보이기 쉽다. 반면에 도시에서는 2~3개를 한 개로 묶어도 별 무리가 없으리라고 본다. 왜냐하면 상대적으로 촌보다는 면적이 좁으며, 오히려 도시에서는 구분을 하는 것에 어려움이 클 수도 있기 때문이다. 물론 이런 경우 도시와 촌간에는 표의 등가성 문제가 발생한다. 하지만, 앞서 지적한 것처럼, 지방자치와 관련하여 볼 때 표의 등가성의 차이를 인정하는 것이 오히려 자연스러운 것일 수도 있다.

첫째, 지방자치라는 것은 지방민들의 살림을 지방민들이 결정하자는 것이다. 지방이 중앙에 예속되어서는 지방자치를 시행하는 근본 취지가 무색해진다. 따라서 지방의회의원들은 중앙당의 공천을 받지 않는 것이 바람직하다. 현실적으로도 한국의 정당은 지역주의를 반영하고 있다. 어떤 정당에 소속되지 않고 의회의원이 된다면 중앙에 대한 충성보다는 지역민의 대민봉사에 더 신경을 기울일 수 있게 된다. 그렇지 못하면 "도대체 지방자치 왜 하는가?"하는 의문이 생길 수밖에 없다.

둘째, 지방의회라는 것은 지방단위의 행정부들을 견제하기 위해서 지방민들이 구성하여 놓은 것이다. 한국의 지방선거를 보면, 지방의회와 지방자치단체의 경우 동일 정당에 의해서 점유되는 경향이 강해서 견제와 균형이라는 측면을 무색케 한다.[185] 자치단체장과 의회의 다수를 모두 같은 정당이 차지하는 것은 동시선거의 효과 때문이다. 이것은 대통령선거와 국회의원선거를 같은 날 하는 것과 마찬가지이다. 필요하다면, 자치단체장 선거일과 지방의회선거일을 구분하는 것도 필요할 것이다.

셋째, 풀뿌리 민주주의의 기본 단위인 기초단위의 정치가 당파성에서 자유롭지 않다는 것이다. 생활정치, 골목정치는 당파성과 무관한 경우가 대부분이다. 생활

정치학회보』 48:5 (2014), pp. 143-163. 한정훈은 2014년 제6회 지방선거를 분석하면서, 각 선거구의 후보들이 동일정당에 소속된 광역단체장 후보와 선거공약을 공유하는 정도가 높을수록 해당 선거구의 투표율이 하락하며, 반면에 경쟁하는 후보들이 선거공약을 공유하는 정도가 높을수록 투표율이 상승한다고 보았다.

181 정당조직 차원에서 보면 '정당정치'란 일사불란한 '정당조직'의 강화라는 측면이 강조된다. 각 지방의 '생활정치'와 연계된 다양한 이슈들의 발호는 사실상 중앙당 중심의 개혁 프로그램과 상반되는 경향이 있다. 이정진, "지방정치 활성화를 위한 제도적 개선방안: 지방선거와 정당의 역할을 중심으로", 『한국동북아논총』 23:4 (2018), pp. 121-141. 이정진은 지역정당의 허용문제를 비롯하여, 지방선거의 동시선거 폐지(즉, 분산선거 실시), 공천투명성 강화 등을 주장한다. 한국사회에서 '지역정당'의 허용문제는 상당히 무거운 주제이다. 앞으로 심화된 연구가 필요할 것이다. 지방정치의 활성화를 위한 다양한 제도적 개편은 중앙당의 기능 약화와 연계된 것들이 보통이다. 중앙당의 기능 강화와 연계된 것이 있다면, 오로지 중앙당이 지방당에 대한 공천권을 행사하는 것이다.

182 강명구 · 하세헌, "지역정당에 대한 정당일체감과 지방정치: 대구와 광주 사례를 중심으로", 『한국정치학회보』 48:1 (2014), pp. 55-77.

183 물론 소선거구제하에서 정당공천이 없이 후보자 인물 중심으로 투표할 경우 지역특수주의(local particularism)의 폐해가 생길 가능성도 있다.

184 그러나 국회가 이러한 법안을 통과시킬지에 대해서는 지극히 회의적이어서, 현실성이 없다는 비판에 직면할 수 있다. 하지만 논리만큼은 아주 상식적이다. 지방선거를 실시하는 이상 지방사무는 지방의회의원이 맡고, 전국적인 수준의 국가사무는 국회의원이 맡는 것이 당연하다.

185 진영재, "분할정부는 지방선거에서도 연장되는가," 조중빈(편) 『한국의 선거 III』 (서울: 푸른길, 1999), pp. 293-344.

자치인 기초단위는 당파성에서 자유롭게 하는 것이 좋다. 기초단체장과 기초의원 모두 정당공천과 무관하게 선출되어야 한다. 자치단체장의 정당공천은 그대로 둔 상태에서 지방의회의원만의 정당공천 배제를 논하는 것은 기형적일 수 있다.[186] 정당들은 지방행정의 실세들인 자치단체장과의 연계를 위하여 정당공천에 집착할 것이다. 지방자치단체장선거도 정당공천을 배제하는 것이 지방자치의 순기능을 위해서 보다 바람직할 수 있다. 광역단위는 기초단위와 달리 국가사무와 지역사무의 중간에 위치한다. 광역단위는 일정 수준 국가정책이 지방으로 연계되는 중간지대에 있기에, 광역단체장과 광역의원 모두에게 정당공천제를 시행하는 것이 유권자들의 선택을 수월하게 하는 효과가 있을 것이다.

지방선거가 대통령선거의 중간선거로 치러지는 경우 '중간선거 효과'(여당 견제 효과)가 나타나게 된다. 국회의원선거보다도 지방선거에서 중간선거의 효과가 더 크게 나타날 수도 있다.[187] 비록 집합적인 수준에서 직관을 위한 논의임에도 한국 각급 선거제도를 어떠한 궁합으로 만드는 것이 좋은가에 대한 시사점이 있다고 본다. "현재 여당이 정치를 잘하고 있다"에 대한 판단기준을 유권자들이 국회의원 선거보다는 지방선거에서 보다 더 구체화하면서 현실적으로 투표할 개연성이 크기 때문이 아닌가 추측해 본다. 하지만 어차피 지방선거에서 정당공천을 없애면서 지역일꾼을 뽑는데 주력한다면, 밀월선거나 중간선거 효과에 신경 쓸 필요는 없을 것이다. 반면에 국회의원 선거에서는 현재 여당의 국정수행능력과는 별반 상관없는 변수로서 보수와 진보간에 '진영정치'의 논리가 작용할 가능성이 지방선거보다 상대적으로 더 크다고 본다. 그런 연유로 보수-진보의 대결이 첨예화될수록 국회의원선거의 중간선거효과는 지방선거보다 낮게 나타날 것으로 예상해 본다.

지방선거에서 번호표 배정의 문제도 논란의 대상이다. 번호표가 큰 정당에게 우선적으로 배정되는지, 아니면 후보자들의 이름 순서인지는 군소정당이 영원한 군소정당으로 남게 되는 중요한 이유가 된다. 같은 지역구에 복수의 후보자를 추천하는 중 · 대선거구제도에선 번호순서배정은 당락에 가장 중요한 요소일 수밖에 없다. 특히, 유권자들의 선거에 대한 '관심도'가 높지 않거나, 후보자들에 대한 '인지도' 및 '정책차별성'이 높지 않은 경우, 선거결과를 좌우하는 것이 후보자에 대한 '번호순서배정'이다. '거대정당 우선 고정방식'으로 정해지는 번호의 순서는 경쟁하는 정당간에 일종의 '권력관계'로 작용할 수 있으며, 번호의 순서가 곧 정당의 순서라는 이미지 효과까지 있어, 선거결과에 영향을 미치는 가장 직접적인 변수가 될 수 있다.[188] 각급

선거를 고려할 때, 특히 '지방선거'에서는 후보자에 대한 번호순서배정이 결정적인 당락의 요인이 될 수 있다. 모든 선거구가 중선거구였고, 정당의 복수후보공천이 허용된 2008년 5 · 31 기초의원선거에서 동일정당의 후보자는 성명의 '가나다 순'에 의해서 기호를 받았는데, '가'후보가 '나', '다'의 기호를 받았던 후보들 보다 압도적으로 많이 당선되었다.[189]

국가 교육정책의 중요성을 과소평가하는 사람은 없다. 경험적 연구들은 교육감선거가 '거대정당 우선 고정방식'으로 치러지는 경우, 순서효과, 기호효과, 후광효과가 발생하며 공정선거를 실현하기 위한 '평등선거'에 입장에 부합하지 않음을 지적하고 있다. 이에 대한 개선책으로 2014년 교육감선거에서 '순환배열방식'을 도입했다.[190] '순환순번제'가 도입되면 투표용지의 순서효과로 인한 득표이득이 모든 후보에게 분산되어 공정한 경쟁이 실현될 수 있다. 일렬투표에 의한 후광효과도 방지할 수 있다.[191] 보다 근본적으로 투표용지설계에 대한 고민으로서 '회전식 투표용지'가 논의

186 제도를 만들 때 각 제도간의 궁합은 중요하다. 일반적으로 비례대표제(Proportional Representation System)와 중 · 대선거구는 정당본위투표(party voting)와 잘 어울리는 제도이다. Matthew Soberg Shugart and John M. Carey, *Presidents and Assemblies: Constitutional Design and Electoral Dynamics* (Cambridge: Cambridge University Press, 1992), p. 9. 하지만 정당정치가 제도화되어 있지 않은 곳에서는 비례대표제하에서도 후보자본위투표(candidate voting)가 보이기도 한다. 이에 대해서는 Barry Ames, *Political Survival in Latin America* (Berkeley: University of California Press, 1987)를 참조할 수 있다.

187 진영재, "분할정부는 지방선거에서도 연장되는가," 조중빈(편)『한국의 선거 III』(서울: 푸른길, 1999), pp. 293-344.

188 김범수, "한국투표용지 기호배정 제도변화에 나타난 권력관계: 추첨방식과 의석수순방식을 중심으로",『선거연구』 3 (2012), pp. 65-85. 투표용지에 기호배정 제도는 제헌국회에서 현재에 이르기까지 5번 변화가 있었는데 다음과 같이 정리된다. ① 1공화국-2공화국: 선거구별 추첨방식, ② 3공화국: 전국통일 추첨방식도입 후 1969년이후 전국통일 의석수순방식으로 전환, ③ 4공화국: 전국통일 의석수순방식유지, ④ 5공화국: 선거구별 추첨방식, ⑤ 6공화국: 선거구별 의석수순방식. 참고로, 영국의 경우, 지역구별로 후보자 알파벳 순이다. 신명순, 진영재,『비교정치』(서울: 박영사, 2016)

189 정준표, "5·31 기초의원선거에서 나타난 후보자 게재순위의 효과와 그 함의"『대한정치학회보』17:2 (2009), pp. 395-422. 정준표는 이것을 '초두(初頭)효과'라고 칭한다. 이재훈·고선규, "2014년 기초의회의원선거의 기호효과 분석"『한국정당학회보』13:3 (2014), pp. 99-122.

190 교육감 후보자들의 순서가 기초의원 선거구를 단위로 하여 순환하는 '교호순번제방식'으로 게재된다. 김범수, "투표용지의 순서효과, 기호효과, 후광효과: 2014년 서울시 교육감선거"『선거연구』(2014), pp 253-287.

191 김범수, "순환순번제와 순서효과, 기호효과, 일렬투표의 후광효과: 2014년 기초의회의원선거 사례 분석"『선거연구』 7 (2016), pp. 203-228. 그러나 '순환순번제' 도입 이후에도 첫 순위에 대한 이익은 여전하며, 일부지역에서는 두 번째 순위가 우위에 서기도 하였다는 연구도 존재한다. 정우승, "투표용지 순서효과에 대한 지역의 조절효과: 2010년 및 2014년 한국 교육감 선거에 대한 경험적 분석"『한국지방자치학회보』28:1 (2016), pp. 129-153. 정우승은 교육감선거에서 '정당표방제' 금지에도 불구하고 그 효과가 나타나고 있다

되기도 한다.[192]

이상의 논의들을 두 가지로 정리하여 결론지으면 다음과 같다. 첫째, 선거구와 관련된 국회의원 선거와 지방선거의 제도적 궁합 문제이다. 현재 실시되는 지방선거는 민주주의를 구현하기 위해 주민자치와 생활정치를 위한 토대가 된다. 지방선거가 있는 한 국회의원 선거와 지방선거가 역할을 분담해야만 한다. 국회의원 선거는 국가적 사무에 전담할 수 있는 입법부 의원을 뽑는 것이며, 지방선거는 지방단위에서의 사무에 전념하는 지방일꾼을 뽑는 선거이다. 이러한 이유로 국가적 사무에 전담할 수 있는 국회의원을 뽑기 위해서는 전국을 단일의 선거구로 하여 지역적 구분을 없애는 것이 바람직하다. 이를 위해서는 전국을 단일 선거구로 하여서 완전한 정당명부식 비례대표제로 하며, 유권자들은 정당에게만 기표하는 방식을 취하 반면에 지역일꾼을 뽑는 지방선거는 소지역단위에서 단순다수대표제 소선거구제를 적용할 수 있다. 이때 유권자들은 후보자에게만 기표하는 방식을 취한다. 만약 지방선거를 중 · 대선거구로 개편한다면 "지역들을 하나로 묶어서 선거한다면 무엇하러 지방선거를 하는가?"하는 기본적인 비판에서 자유로워질 수 없다. 일단 거시적인 그림은 이렇게 그려보는 것이 바람직하다고 본다.

3) 의원정수문제

국회의원의 정수 문제는 양당체계와 다당체계를 결정하는 또 다른 요인이다.[193] 현재, 한국의 의원정수가 작다는 의견도 있고, 그런대로 적합하다는 의견도 있다. 의견이 다양한 이유는 양원제 국가와 비교하는지, 단원제 국가와 비교하는지, 아니면 대통령제 국가와 비교하는지, 의원내각제 국가와 비교하는지, 경제규모가 유사한 국가와 비교하는지에 따라서 천차만별이다. 저자의 소견은, 통일시대를 상정한다면, 국민들의 국회에 대한 반감이 높은 상태에서 현재의 의원정수를 구태여 늘릴 필요는 없다고 본다. 의원수가 적정 규모로 많은 것은 대의제의 질적 향상을 위해서 바람직하지만, 통일이후에 국회의원의 수가 자연스럽게 많아질 것이기 때문이다.

정당체계와 관련하여 의원정수기준에 대한 논거의 철학적 배경을 어떻게 규정하느냐가 중요하다. 필자의 생각은 의원정수의 증감은 대표자의 성격과 이를 뒷받침하는 선거제도에 의해서 결정하는 것이다. 의원정수를 늘리려면 지역 및 커뮤니티의 대표성을 강화하기위하여 모든 의원들을 지역구 단위(소선거구제이건 중 · 대선거구제이건)에서 단순다수제로 선출하는 좋을 것으로 판단한다. 왜냐하면, 대표자 1인이 보다 적은 규모의 집단을 대표하는 것이 바람직하기 때문이다.

우리는 보통 의원정수와 선거제도를 분리하는데, 현실성을 위하여 이를 통합하여 생각할 필요가 있다. 예를 들면, 전국수준의 국회의원을 선출한다면, 전원 비례구로 선출하면서 그 수는 적어도 되지만, 지역과 연계된 전국수준의 국회의원을 선출한다면, 지역구로 선출하면서, 그 수는 일정수준 이상의 숫자가 되는 것이 바람직하다. 지역 및 커뮤니티를 대표하는 1인의 대표자는 지역사무와 국가사무를 동시에 처리하여야 하므로, 그 수가 많은 것이 좋을 것이다. 의원수가 다수가 될 경우엔(특히, 중 · 대선거구제로 할 경우엔) 다당체계가 형성될 가능성이 높다. 반면에 의원정수를 줄이려면 국회의원이 국가사무에만 전념하면서 지역사무는 지방선거 선출자들에게 맡기는 것이다. 국가사무에만 전념하기 때문에 지역사무와 국가사무를 함께 담당할

고 본다. 필자의 생각으론, 한국의 선거결과는 '지역주의' 효과라는 그림 속에 있기 때문에, 어떤 상황에서도 특정 후보와 특정 정당의 친화력 문제 및 선거에서의 득세는 피할 수 없는 현상일 수 있다.

192 김범수 · 서재권, "투표용지의 순서효과와 기호효과" 『한국정치학회보』 46:2 (2012), pp. 141–161. 이것은 과거 '동학혁명'과정에서도 나타난 '사발통문'(四鉢通文)이라는 형식에서도 발견된다.

1) 가장 현실적인 대안은 회전식 투표용지로 예상된다. 여기에는 세 가지 안이 있다.

㉠ 동학혁명때 사용하였던 사발통문식(원형으로 이름을 적음; 즉 사건을 모의하는 구성원들이 모두 동등한 지분과 책임을 표하는 방식)과 같이 원형 배치의 투표 용지를 의미한다. 하지만, 이런 경우에도 상–하–좌–우가 존재할 것이다. 결국, 가장 두드러지게 되는 위치는 존재하는 것이다.

㉡ 미국의 10여개 주에서 사용하는 회전식(rotating ballot)이 그것이다. 회전식 투표용지는 선거구에 따라 후보자의 투표용지 기재순서를 다르게 하는 것으로 세 후보자가 출마한 선거에서 선거구가 세 곳이라면, 한 후보가 A 선거구에서는 첫 번째에, B 선거구에서는 두 번째, C 선거구에서는 세 번째에 기재하는 방식인데, 집계시에 어떤 혼란을 극복할 수 있는 체계가 분명해야 할 것이다. 하지만 이런 경우에도 결국 선거구의 크기에 따라서 1번을 배치받은 사람의 유불리가 정해지는 불합리성이 있다.

㉢ 현행 방식보다는 추첨방식을 주장하지만 추첨방식은 첫 번째 기재 후보자에게 아무런 의미없이 보너스를 준다는 면에서 사실상 로또(lotto)이다. 추첨방식으로 기호배정방식을 정하는 경우엔, 유권자들 입장에서 후보자들의 번호가 추첨된 번호임을 확실히 알고 투표에 임해야만 한다. 중앙선거관리위원회에서 유권자들에게 각별히 주지시켜야만 한다.

2) 현재와 같이 국회의석수를 기준으로 제1당이 전국 통일기호 1번을 2당이 전국통일기호 2번을 받는 것은 불공정한 경쟁이라는 주장이 많다. 하지만, 국회에서 현재 가장 다수 의석을 차지하는 정당과 차석을 차지하는 정당이 어떤 당인지 유권자들이 알 수 있다는 측면에서 반드시 불공정 경쟁은 아닐 수 있다. 앞서 제시한 세 가지 방식인 사발통문식, 회전식, 추첨방식에서도 모두 유권자 입장에서 1번에 위치한다고 생각되는 위치가 중요하다는 인식은 없어지지 않기 때문이다. 그런 경우, 1번과 2번의 의미가 무엇인지(즉, 여당, 제1야당, 나머지는 군소정당) 정해진 것으로 인식한 상태에서 투표하는 것이 오히려 유권자의 분명한 판단을 도울 수도 있다.

193 한국에서 선거법 제도개편을 논할 때, 그 중요성에도 불구하고 도외시 되는 것이 의원정수 개편의 문제이다. 사실 의원정수를 어떻게 정하느냐에 따라서 현행 제도개편의 수월성이 결정된다. 여야가 선거법 협상을 하더라도, 의원 정수를 늘린다는 전제하에, 선거법 협상을 한다면 여야 내에선 합의를 끌어내는데 보다 수월할 것이다.

때만큼 숫자가 많을 필요가 없다. 이런 경우에 선거제도는 정당기표에 의한 명부식 비례제를 채택하게 되는데, 폐쇄형 명부식으로 한다면 양당체계에 유사한 정당체계가 유인되고, 개방형 명부식으로 한다면 폐쇄형 명부식보다는 상대적으로 더 다당체계에 유사해 질 것으로 예상한다.

정치체계내의 '유효정당수'(effective number of parties)는 의원정수의 규모와 연관된 가장 직접적인 변수이다. 의회의 의원정수는 근본적으로 그 사회의 인구수와 연관되겠지만, 인구수를 제외한다면, 가장 중요하게 연관된 변수는 경험적 연구를 통해서 '유효정당수'로 판명되고 있다.[194] 처음에 의회가 설립될 때 가장 영향을 미치는 변수가 그 사회의 인구 규모인 반면에, 일단 의회가 설립되면, 의회의 규모는 다시 유효정당의 수에 영향을 미치게 되는 셈이다. 결론적으로, 해당 경험적 연구는 의회의 규모가 큰 경우에 유효정당수의 숫자도 많고 이는 다당체계가 형성될 개연성이 높음을 보여주고 있다. 유효정당수는 선거제도와도 연관되어 있기 때문에, 결국, 의원정수-유효정당수-선거제도가 함께 연관되어 있게 된다. 그렇다면, 선거제도를 군소정당에게 유리한 제도로 하는 경우, 동시에 의원정수를 일정 수준 늘리는 것도 생각해 볼 수 있을 것이다. 의원수의 규모가 큰 곳에서 군소정당이 존재할 개연성이 클 수 있기 때문이다. 만약, 사회적 여론을 포함하여 어떤 이유에서이건 의원정수를 늘릴 수 없다면, 그 때는 구태여 선거제도를 군소정당에게 유리한 것으로 해야만 하는가에 대해서도 생각해 볼 필요가 있을 것이다. 국회의원수가 많은 것에 부정적인 연구에 따르면, 국회의원의 수가 지나치게 많은 경우에는 의회에서의 관료주의(또는 형식주의, red tape)에 얽매이거나 의회발전을 위한 실험정신(entrepreneurship)에 방해가 되는 것으로 나타났다.[195] 정치개혁에는 국민이 동의할 수 있는 명분이 가장 중요하다. 의원정수를 늘이는 명분은 무엇인가? 국민들의 정치혐오감 때문에 국회의원의 숫자를 늘리는 것에 큰 반대가 있다. 만약 세비가 문제라면, 같은 세비를 유지하면서도 국회의원의 숫자를 늘려서 의원 한명이 담당하는 지역인들의 숫자를 줄이는 것이 바람직할 수 있다.[196]

의회의원의 정수는 '공직선거법'에 의거하고 있지만, 궁극적으로 '헌법' 사안이어서 헌법재판소의 지역구 인구편차에 의한 '표의 등가성'(apportionment)에 의거하게 된다. 헌법재판소는 국회의원선거구의 경우 인구편차의 허용기준을 상한인구수와 하한인구수의 편차비율이 2:1을 넘지 않도록 조정할 것을 판결한 바 있다.[197] 마찬가지로 헌법재판소는 지방의원 지역선거에 있어서 상한인구수와 하한인구수의 편차비

율이 3:1을 넘지 않도록 판결하였다.[198]

지방의회의원 의원정수는 상임위원회를 중심으로 할 때 복수상임위원회에 의원들이 포함될 것인지 아닌지가 궁극적으로 의원정수를 정하는 기준이 될 수 있다.[199]

2017년의 기준에서 현재 우리나라가 채택하고 있는 대통령제를 기준으로 하여 여타의 대통령제 국가들과 비교할 때, 국회의원 정수의 적정 규모는 270석 정도로 파악된다.[200] 이는 기존의 연구들이 제시하는 적정 규모보다는 작은 것인데, 그 이유는 기존의 연구들과는 달리 대통령제라는 권력구조 유형을 분리해서 국제수준의 비교를 진행하였기 때문이다. 따라서 대통령제를 유지할 경우, 현재 대한민국의 국회의원 정수는 적정하거나 오히려 많을 수도 있는 것이다. 대통령제의 핵심 원리인 권력의 분립의 원칙이 작동하기 때문에 대통령제에서 적정한 국회의원 정수가 다른 두 권력구조 유형에 비해 작다고 해석할 수 있다.[201] 대통령제에서 적정한 국회의원 정수가 다른 두 권력구조 유형에 비해 작은 것은 서로 다른 권력기반을 지닌 입법부와

194 제이콥스와 오쳐는 1945년부터 2008년까지 의원정수가 증가한 경우들과 감소한 경우들에 어떤 요인이 영향을 미쳤는지를 경험적으로 분석한다. 연구에 의하면 처음에 의회가 시작할 때는 그 사회의 인구수에 의해서 가장 큰 영향을 받지만, 의석수 증가는 유효정당수의 많고 적음과 상관관계가 있었다. 의석수의 감소는 경제불황과 상관관계가 있는 것으로 나타났다. Kristof Jacobs and Simon Otjes, "Explaining the size of assemblies: A longitudinal analysis of the design and reform of assembly size in democracies around the world", Electoral Studies, 40 (2015), pp. 280–292.

195 오리올과 게리-보보는 전체인구 대비 면적비율로서 국가들의 의원수 규모를 파악한다. 대략 100개 국가는 지나치거나 모자라지 않는 수준에 있었다. 하지만, 미국은 의원의 수가 너무 적었고, 프랑스와 이탈리아는 너무 많은 수의 의원이 있는 것으로 나타났다. Emmanuelle Auriol and Robert J. Gary-Bobo, "On the optimal number of representatives", Public Choice, 154:3/4 (2012), pp. 419–445.

196 윤종빈, 정회옥(외), 미래정치연구소(편), 『정치현장에서 진단하는 한국정당과 민주주의』 (서울: 푸른길, 2017), p. 200 ('심층면접 대상자 04').

197 2014헌마53[병합] 공직선거법 제25조 제2항 별표1 위헌확인

198 2018년 6월 28일 헌법재판소는 '시도의원 지역구 획정건'(2014헌마189)과 '자치구시군 선거구 획정건'(2014헌마166)을 판결하였다. 헌법이 허용하는 인구편차 기준을 인구편차 상하 50% (인구비례 3:1)로 변경하였다. 이것은 인구편차 상하 60%(인구비례 4:1) 기준을 적용하라고 판단한 2007년의 결정을 바꿨다. 다만 헌법재판소는 '1차적 고려요소'(인구비례의 원칙)와 '2차적 고려요소'(지역간 불균형)를 폭넓게 고려하기 위하여 인구편차 상하 33.3%(인구비례 2:1)와 인구편차 상하 60%(인구비례 4:1)을 적용하지 않고 인구편차 상하 50%(인구비례 3:1)로 바꾼다고 판정하였다.

199 이청수, "지방의회 의원 지역 선거구 획정과 의원 정수에 관한 논의", 『지방의정』 4 (2016), pp. 58–63.

200 대통령제 국가들(73개국)에 대한 분석결과이다. 대통령제 국가들의 보다 자세한 내용은 신명순, 진영재, 『비교정치』 제5판 (파주: 박영사, 2019), pp. 131–132.

201 양규식 · 진영재, "대한민국 국회의원 정수 논의: 권력구조 유형을 중심으로", 『의정논총』 12:1 (2017), pp. 5–23.

행정부의 존재로 인해서 정치적 책임의 소재가 명확함과 동시에 견제와 균형이 가능하기 때문이다. 행정부에 대통령이라는 정치적 책임성과 대표성을 지닌 인물을 보낼 수 있기 때문에 입법부에 더 많은 수의 대표자를 보낼 유인이 상대적으로 적다고 볼 수 있다.

만약 대한민국이 2017년 현재의 인구와 경제수준으로 의원내각제를 실시한다면, 위의 분석에 대입한 결과 국회의원 정수는 357석이 도출된다.[202] 따라서 의원내각제로의 개헌을 실시한다면 국회의원 정수 역시 현재의 300석보다는 늘리는 방안을 고려할 수 있을 것이다. 의원내각제의 경우 입법부와 행정부의 권력이 분립된 대통령제와는 달리 한 번의 선거만을 통해서 권력융합적인 입법부와 행정부를 구성하게 된다.[203] 국민들이 정치과정에 능동적으로 참여할 수 있는 방안은 사실상 의회에 대표를 보내는 일이 유일한 것이다. 따라서 상대적으로 대통령제보다 많은 수의 대표자들이 존재하는 경향을 보인다고 볼 수 있다.

현재의 대한민국이 개헌을 통해서 이원집정부제를 채택할 경우에 국회의원 정수는 적정한가에 대한 분석을 추가적으로 실시할 경우, 국제적 비교를 통해서 산출된 적정 국회의원 정수는 459석으로 현재의 300석에서 상당한 수준의 증원이 요구된다는 것을 알 수 있다.[204] 막연한 개념으로 이원집정부제를 권력분립의 수준에 있어서 의원내각제와 대통령제의 사이에 있는 정부형태로 이해하는 것보다는 두 정부형태 합체적형태로 보다 큰 규모의 의원정수가 필요하다고 해석할 여지가 존재한다. 이원집정부제는 단순히 대통령제와 의원내각제의 요소들을 혼합한 체제가 아닌 독특한 운영방식과 정치문화에 의한 권력구조 유형임에 유의해야 한다. 서로 다른 선출기반으로 인해서 행정부와 입법부의 권력이 분립되어 있는 동시에 입법부에 책임을 지는 수상 및 내각의 존재라는 권력융합적 요소를 강하게 지니고 있는 것이다. 권력분립과 권력융합의 원리가 동시에 작동한다는 것을 대통령제(권력분립)와 의원내각제(권력융합)의 중간수준의 의원규모가 적정한 규모라고 예단하기보다는 두 수준을 합친 정도의 정치능력이 필요하다는 것으로 보아야 할 것이다. 이원집정부제 특유의 운영원리와 더불어 독특한 정치문화가 작용하기 때문에 상대적으로 많은 수의 국회의원들이 정치적 능력을 발휘해야 하는 정부형태라고 해석할 수 있을 것이다. "보편선거를 통해 고정된 임기로 선출된 대통령이 의회에 책임을 지는 수상 및 내각과 공존하는 체제"인 이원집정부제는 단순히 대통령제와 의원내각제의 요소들을 혼합한 체제가 아니며 운영의 묘에 의존한다는 점에서 특유의 '정치의 예술'(Art of Politics)이 요

구된다.[205]

권력구조 개편을 앞두고 국회의원 정수 문제를 논의하는 것은 권력구조 개편과 마찬가지로 국회의원 정수 조정 문제가 개헌사안이 될 수 있기 때문이다. '200인 이상'을 명시하는 헌법이 국회의원 정수의 세부사항을 선거법에 위임한다고 해석할 수도 있지만, 헌법학계에서는 국회의원 정수의 문제가 헌법적 문제이며 헌법적 사고에 기반한 인식과 검토가 요구된다고 주장하고 있다.[206] 대통령제가 아닌 의원내각제 혹은 이원집정부제로의 제도적 변화를 추구한다면 현재의 200인 이상 규정을 300인 이상 등으로 조정하는 것이 제도적 개선을 앞두고 요구된다. 특히 현재 한국에서의 개헌 논의가 분권형 대통령제 혹은 이원집정부제 권력구조에 대한 논의라고 할 때, 국제적 비교수준에서 의원규모를 상정한다면 큰 규모의 인원증가를 예측해 볼 수도 있을 것이다. 그리고 이러한 국회의원 정수의 확대는 헌법적 관점에서 권력구조 개편과 함께 논의되어야 한다.

3. 결론과 예상

선거법 개정은 국회에서 여-야 정당간 협상의 결과물이어서 개편의 필요성과 함께 개편가능성을 동시에 보아야 한다. 현재의 상황이 불만족스러워서 제도개편을 논한다면 각급 선거제도 자체를 개편할 수도 있지만, 선거주기를 개편할 때도 정당체계나 정당간 선거경쟁의 속성에 큰 영향을 미칠 수 있다.[207] 하지만, 선출직들의 직무는 현재 진행형이어서 임기 도중에 선거주기를 개편하는 것이 더 어려울 수도 있으며, 결국 정당간 경쟁을 규율하는 선거제도개편이란 각급선거들에 대한 제도개편

202 의원내각제(83개국)에 대한 분석결과이다.

203 Matthew Shugart and John Carey, *Presidents and Assemblies: Constitutional Design and Electoral Dynamics*, (NY: Cambridge University Press, 1992).

204 이원집정부제(19개국)에 대한 분석결과이다.

205 Robert Elgie, "The Politics of Semi-Presidentialism", In Robert Elgie, ed. *Semi-Presidentialism in Europe* (Oxford: Oxford University Press, 1999), pp. 1-21.

206 조소영, "국회의원 정수에 관한 헌법적 고찰", 『공법학연구』 13:2 (2012), pp. 37-52.

207 윤광일, "선거주기에 대한 이론적 고찰: 미국 사례를 중심으로", 『의정연구』 17:1 (2011), pp. 5-31.

논의가 중심이 될 수밖에 없다. 이런 경우, 각급선거들 모두의 조응성을 생각하여 모든 제도를 연계하여 개편할 수도 있지만 이는 현실성이 매우 낮고, 각급선거마다 독립적으로 제도개편을 논의하는 것이 현실에 부합할 것이다.

i) 국회의원 선거에서 개편가능성을 생각해 볼 때, 지역구는 유지된 상태에서 소위 '혼합형 다수대표제'(MMM: Mixed Member Majoritarian; 현재 제도인 '지역구' 의석과 '비례구' 의석의 병립형)나 '혼합형비례대표제'(MMP: Mixed Member Proportional; 지역구 의석과 비례구 의석의 연동형) 사이에서 움직일 가능성이 크다.[208] 지역구 의원들이 지역구를 포기하는 것은 쉽지 않은 것이다. 현재 대한민국은 지방선거를 통해서 무려 4,300명의 선출직 공무원을 배출하고 있다. 샷츠슈나이더(E.E. Schattschneider)가 설파했듯이 정당은 소지역 붕당이나 사당이 아닌 국가적 차원의 전국적 정당이어야 바람직하다.[209] 현재 실시되는 지방선거는 민주주의를 구현하기 위해 주민자치와 생활정치를 위한 토대가 된다. 지방선거가 있는 한 국회의원 선거와 지방선거가 역할을 분담해야만 한다. 국회의원 선거는 국가적 사무에 전담할 수 있는 입법부 의원을 뽑는 것이며, 지방선거는 지방단위에서의 사무에 전념하는 지방일꾼을 뽑는 선거이다. 한국의 국회의원들의 업무수행이 국익차원에서의 일보다는 자신을 선출해준 지역사무에 매몰되는 경향이 강하다.[210] 이제 지방사무는 지방선거 선출자들에게 맡겨 놓고, 국회의원은 국가사무에만 전념해야 한다. 그렇지 않고서는 국회의원의 행태나 한국정치가 바뀌지 않는다. 국회의원이 지방사무까지 모두 신경쓰고 관여하다 보니 특권만 있는데, 쓸데없이 바쁜 것이다. 이러한 이유로 국가적 사무에 전담할 수 있는 국회의원을 뽑기 위해서는 전국을 단일의 선거구로 하여서 정당명부식 비례대표제를 하는 것이 바람직하다. 전국단일광역구로서(즉 비례구로서) 의원 전체를 뽑는 경우 정당명부의 중요성이 대두된다. 유권자들의 선택권을 보호하기 위해 '권역별'로 할 수도 있다. 전국별로 하건 권역별로 하건 '개방형 명부'로 한다면 좋을 것이다. 유권자들이 권역별로 마련된 정당명부에서 후보자를 선택하고, 권역내에서 정당득표율과 정당내 후보자 득표수대로 정당의석수와 당내의 당선후보가 결정되는 것이다. 정당이 권역별로 명부를 만들고, 명부는 개방식으로 한다면, 유권자들 입장에선 자신이 선택한 정당내의 후보자들에게 투표하는 일종의 '유사공천효과'가 발생한다. 한 정당이 한 후보만이 제시되는 현행 지역구 선거구제보다도 오히려 더 유권자들의 후보자 선택권이 확장되는 셈이기 때문이다. 권역별

명부를 마련한다면 유권자들이 후보자들을 선택하는데 더 용이할 수 있지만, 권역별은 국가사무보다 여전히 지역의원의 성격이 강하다.[211] 어떤 제도도 완벽할 수 없음을 알 수 있다.

ii) 기초단위의 지방선거에서 정당공천제를 폐지하는 것이 좋겠다. 지방선거에서 기초의원을 없애자는 논의가 빈번히 발생하는 것이 지역구 의원들의 '정당공천제'의 폐해때문임은 앞서 지적한 바와 같다. 주민들의 자치, 골목정치, 생활정치는 당파성과 무관하다. 기초의원은 물론 기초단체장 모두에 대한 정당공천제를 없애야만 한다. 정당표방제로 대체할 수도 있지만, 정당표방제로써는 지역구 의원들의 '후원주의'가 사라지지 않을 것이며, 일부에선 오히려 여러 사람을 다발적으로 후원하는 부작용이 없으리라는 확신이 없다. 최소한 광역단위에서는 남겨 놓아야만 한다. 정당표방제가 필요하다면 기초단위에서만 그렇게 하거나, 특히 기초자치단체장의

208 신명순 · 김재호 · 정상화, "시뮬레이션(Simulation) 분석을 통한 한국의 선거제도 개선방안", 『한국정치학회보』 33:4 (1999), pp. 165-183. 문우진, "한국 선거제도 설계방향: 슈거트(Shugart)모형의 비판적 검토와 개혁방안", 『한국정치학회보』 53:4 (2019), pp. 101-128. 용어에 주의해야 한다. 두 가지이다. 하나는 현재 우리는 '비례구'라는 말을 '지역구'에 대비되는 용어로 쓰고 있는데 혼란을 자초하는 경우가 많다. '지역구'(地域區)에 대비되는 말은 '전국구'이며 학문적으로 더 적확한 용어이므로 '전국구'(全國區)로 바꿀 것을 제안한다. 비례구라는 것은 의석수환산방식이다. 지역구의 의석수환산방식은 단순다수제(plurality: 한표라도 많은 자가 승리하는 것)이다. 종합적으로 우리가 한국의 현행 병립형 국회의원선거제도를 말할 때 단순다수제-비례제 라는 조합으로 언급하지는 않는다. 물론, 많은 사람들이 '비례구'라고 부르는 것에 익숙하기에 저자만의 생각으로 사회에서 통용되는 용어를 바꿀 수는 없을 것이다. 두 번째는 MMM에서 마지막 M에 해당되는 Majority를 다수대표제라고 번역하고 있는 것이다. 다수대표제는 일반적으로 plurality로서 단순다수제를 말한다. 하지만, MMM에서 마지막 M은 절대다수도 포함할 수 있지만, 오히려 단순다수인 경우가 더 많다는 것에 유의해야 한다. 그러니까, 다수제방식이라고 하면 plurality와 majority의 방식 모두를 종합적으로 지칭한다고 볼 수도 있다. Douglas W. Rae, *The Political Consequences of Electoral Laws* (New Haven: Yale University Press, 1967.). Richard S. Katz, *A Theory of Parties and Electoral Systems* (Baltimore: Johns Hopkins University Press, 1980). Gary Cox, "Centripetal and Centrifugal Incentives in Electoral Systems", *American Journal of Political Science* 34 (1990), pp. 903-935. Rein Taagepera and Matthew Soberg Shugart, *Seats and Votes* (New Haven: Yale University Press, 1991). Arendt Lijphart, *The Patterns of Democracy: Government Forms and Performance in Thirty-Six Countries* (New Haven: Yale University Press, 1999).

209 Elmer Eric Schattschneider, *The Semisovereign People: A Realist's View of Democracy in America* (New York: Holt, Rinehart and Winston, 1960).

210 윤종빈, 정회옥(외), 미래정치연구소(편), 『정치현장에서 진단하는 한국정당과 민주주의』 (서울: 푸른길, 2017), p. 284 ('심층면접 대상자 10').

211 일본사례에서도 보듯이 권역별비례제는 가짜 비례제라는 주장도 제기된다. 윤종빈, 정회옥(외), 미래정치연구소(편), 『정치현장에서 진단하는 한국정당과 민주주의』 (서울: 푸른길, 2017), p. 181 ('심층면접 대상자 03'). 지하철을 타면 노약자석이 있듯이, 아예 전국을 단일광역구로 하여서 사회인구적 특성이나 지역적 특색에 의한 인구배분으로 국회를 구성할 수도 있다.

경우 그렇게 하는 것이 어떨까 한다. 기초단위에서 정당공천제를 없애도 사실상 형식만 그럴 뿐 한국의 정치문화상 국회의원이나 광역단위의 정치인들과의 연계 및 줄서기는 계속되어 뒷거래 정치가 형성될 수도 있다. 정당 공천권이 국민에게 있는 이상 풀뿌리 정치는 정당공천제를 통해서 정당정치와 연계되어 양성화되는 것이 바람직하며 음성화된 정당정치의 형식은 오히려 또 다른 혼란을 초래할 수 있다. 지방선거는 결코 국회의원 선거의 들러리적인 선거로 전락되어서는 안 되며, 나름대로의 존재의미가 부각되는 방향에서 바람직한 제도가 고려되어야 한다. 가장 이상적으로 본다면, 국가적 차원의 업무에 기능하는 국회의원은 지역을 뛰어넘어 전국적 차원에서 대선거구(전국이 하나의 선거구)로 뽑아야 하며, 소지역적 주민정치를 실현하는 지방의원은 소선거구로 뽑아야 한다. 또한 국회의원 선거에서는 정당의 역할이 강조되어야 하며, 지방선거에서는 정당의 역할이 강조될 필요가 없다고 본다.

'선거제도'의 개혁은 정치의 수준을 결정하는 가장 중요한 변수이기에 '헌법'의 개혁과 같은 수준에서 "무겁게 다루어져야 한다"는 것이 필자의 소신이다. 여기서 무겁게 다루어져야 한다는 것은 단순히 개정절차를 신중하게 하기위한 '경성법'(硬性法) 차원의 것이라기보다는, 국민들의 대다수가 동의하는 경우에만 그렇게 한다는 차원의 것이다. 따라서, 기준은 다소 주관적인 것이겠지만, '선거제도'의 개정사안은 중앙선관위원회에서 당파성을 배제한 다수의 선거정책전문가들이 종합적이고 장기적인 안을 도출한 후에, 그 어떤 중간적 방해요소가 없이 대통령이 '국민투표'에 회부하여 찬반으로 다루는 것이 적절하다고 생각한다.[212]

2012년 대선에서 '안철수 현상'은 대선 후보 경쟁의 차원이 아닌 한국의 정당정치의 현주소를 대변하는 사건이라고 이해하는 사람들이 많다. 안철수 후보가 강력한 후보인 이유는 문재인 후보는 정권교체의 이미지로 한정되지만, 안철수 후보는 정권교체와 정치개혁의 이미지를 동시에 갖고 있기 때문이다. 그만큼 많은 국민들이 정치개혁을 요구하고 있으며, 이러한 정치개혁의 중심에는 정당구조 개혁이 자리잡고 있다. 안철수 현상 자체가 정치권에 대한 개혁 요구를 보였다는 측면에서 단기적인 관점에서는 긍정적 평가를 내릴 수 있지만, 기존의 선거과정에서 나타났던 병폐현상이 치유되었다기보다 오히려 혼란이 가중된 측면도 크기 때문이다. 장기적인 관점에서는 아직 평가가 이르다. 2020년 1월에 안철수가 정계로 복귀하여 4월의 총선을 준비하지 않을까 예측하고 있다.

정당구조가 인물보다 기관이나 조직중심으로 운영되기 위해선 '의원내각제'로의 개헌이 필요하다는 주장은 설득력을 지닌다. 개별 정치인들이 주도하는 인물 중심의 정치보다 정당이란 기관중심의 정치를 상대적으로 강화하는 방안을 개헌의 테두리에서 생각한다면 '의원내각제'가 대통령제보다 강력한 유인책이 된다는 것이다.[213] 정당정치가 제도화되어있지 않은 곳에선 의원내각제를 채택하면 혼란이라는 주장보다는 오히려 의원내각제의 채택이 공급측면의 효과를 지니기 때문에 생명력있게 제도화된 정당구조를 지닌 정당들을 정치체계 내에 유인하는 효과가 있다는 주장이 더 설득력이 있다. 그러기에 의원내각제로의 개헌을 생각해 볼 수 있을 것이다. 문제는 대통령제가 우리에게 이미 익숙한 제도이고 국민정서를 포함한 모든 변수를 고려할 때 이를 포기하는 것이 쉽지 않다는 것이다.

대통령제를 유지하면서 인물 중심이 아닌 기관과 조직 중심의 정당구조를 만들어 내기 위해선 다음과 같이 현행 제도들을 보완하면 정당이란 기관 중심의 정치를 함에 있어서 의원내각제 도입에 못지않은 효과를 기대해 볼 수 있다고 판단된다. 한국정당발전모델은 유권자 중심의 정당구조를 형성하는 것을 말하며 그렇게 하기 위해서 의원내각제가 필연적인 것은 아니다. 2017년 6공화국 30주년을 기점으로 국회에서 논의된 개헌의 내용을 보면 아무래도 정치권의 관심은 '분권형 대통령제'로서 '이원집정부제'에 유사한 듯도 하다.[214] 모든 권력구조 형태는 상황에 따른 장점과 단점이 있기 때문에 어느 하나에 대한 우열을 가리기란 쉽지 않다. 국가가 원활히 돌아가기 위해서 권력구조의 개편이 불가피하다는 국민적 동의가 있다면 그래야만 한다. 그러나, 국민들이 사실상 대통령제이냐, 내각제이냐, 이원집정부제이냐 하는 제도 논쟁 그 자체에 관심이 있다고 보기는 어렵다.[215] 국민들이 원하는 것은 현실적으로

212 이를 도해화하면 다음과 같다.
1. 대통령의 선거법개정 국민투표회부 제안.
2. '중앙선관위원회' 산하에 '국민대의원회'(가칭)를 설치하고, 이에 대한 '선거제도(안)'을 도출.
3. 해당 '선거제도(안)'을 직접 국민투표에 회부.
4. 국민투표에서 선거제도(안)은 유권자 총수의 1/2(또는 2/3)의 찬성으로 결정.
5. 결정된 선거제도는 최소 15년에서 20년(대략 5번의 선거)을 시행한 후에 변경.

213 안순철, "내각제와 다정당체계: 제도적 조화의 모색", 진영재 (편), 『한국 권력구조의 이해』 (서울: 나남, 2004), pp. 111-146.

214 진영재(편) 『개헌: 1987년 제6공화국 헌법과 2017년 개헌논의』 (서울: 카오스북, 2017).

215 김재한 교수는 한국 유권자들의 권력구조 선호는 지지하는 정치인의 권력구조 입장의 변화에 따라서 바뀌는 면이 있음을 지적하고 있다. 김재한, "한국의 권력구조 선호," 국제평화전략연구원(편), 『한국의 권력구조

어떤 제도가 되건 간에 "정치가 잘 기능하여 민생복리나 민생안심이 이루어지기"를 희망하는 것이다. 그렇다면 단순히 권력구조 차원에서 내각제-대통령제-이원집정부제가 아니라 합의제적 민주주의를 구현하는 것이 중요하다고 본다.[216] 다원화되어 가는 사회에서의 민주주의란 결국 합의제적 민주주의의 실행이 바람직하며, 권력구조는 수단적 성격이 강하기 때문이다. 현행 대통령제를 내각제로 개편하는 문제보다는, 대통령제를 유지하면서 대통령제 하에서 합의제적 민주주의가 구현될 수 있는 조건들에 더 관심을 갖는 것이 필요한 것이다.[217]

현재 진행되고 있는 많은 선거법 개정 논의들이 개별 선거수준에 집중되는 경향이 있다. 하지만 왜 그러한 제도적 수정이나 채택이 이루어졌는가에 대한 논리는 궁극적으로 대통령제나 내각제와 같은 권력구조의 형태나 바람직한 민주주의 유형이라는 틀 속에서 조화롭게 찾아야 한다.[218] 여기서 바람직한 민주주의 유형이란 일인에 의한 독주가 아닌 합의체적 성격을 갖는 것이 미래사회에서 안정과 발전을 가져오지 않을까 생각한다. 앞으로 대통령을 집단지도체제로 하면 어떨까 하는 조금 도발적인 생각을 하게 된다. 도저히 1인대통령제도로는 우리 사회를 만족스럽게 이끌지 못할 수도 있다. 대통령제는 책임의 소재가 대통령 1인에게 귀결되는 제도적 특색을 지니지만, 사회의 모든 책임이 대통령 1인의 문제는 아니다. 따라서, 대통령 1인의 자질 문제가 거론되는 현실에서 3인 내지 5인을 한 조로 공동출마하는 '집단대통령제'를 고려해 보는 것도 한국사회에서 의미가 있지 않을까 하는 생각도 하게 된다. 대통령 1인의 성향에 의존하기에는 사회는 너무도 복잡다기하다. 대통령 1인의 성격과 성향에 따라서 국가의 존망과 성쇠가 좌지우지되어서는 곤란할 것이다. 대한민국의 헌법체제와 현재의 상황을 필요이상으로 거부하고 무시하는 대통령의 행태가 사회를 극단의 불안정과 갈등을 심화시키기 때문이다.

'의원내각제'나 '이원집정부제'보다도 '대통령제'가 오히려 '엘리트민주주의'를 제어할 수 있는 국민들의 기제가 될 수 있기에 시대정신에도 부합하는 측면도 있다. 대통령의 권한을 낮추는 것에만 신경 쓸 것이 아니다.[219] 전 국민이 하나의 선거인단으로 구성되어 선출하는 '대통령'이란 존재는 단순히 행정부의 수반이 아니며, 국가의 원수이다. 대통령제이기 때문에, 대통령을 배출하지 못하는 군소정당들이 존재하기 어렵고, 대통령선거를 위해서 정당들은 세를 불리는 것이 긴요하기에 창당, 분당, 합당, 당명개정 등이 반복되고 있음은 주지의 사실이다. 따라서 대통령제하의 한국정당정치의 긍정적인 미래를 위해서 다음의 두 가지 사안을 유의해야만 한다.

i) 한국정치사를 반성해 볼 때, 특정 선거를 앞둔 일정 시기 동안 창당 · 분당 · 당명 개정과 같은 정치 행위는 법으로 규제될 필요가 있다. 창당 · 분당 · 당명 개정이 필요가 있다면 선거직전이 아닌 평소시기에 진행되어야만 한다. 한국정당정치가 시대적 변화에 발맞추어 변화하려는 노력이 있었음은 앞서 지적했지만, 정치인들의 생명연장이란 측면에서 이해되는 당명개정, 분당, 합당은 지양되어야만 한다. 규제는 적을수록 좋지만, 정치인들의 당적변경이나, 분당, 합당의 행태를 기한으로 규제해야 한다. 기한은 국회의원 임기를 기준으로 최소 3~4번의 선거기한 기준에 해당하는 15년 정도가 좋을 것이다. 한국정치가 긍정적으로 시민들의 눈높이에 맞지 않는 것은 정치인들이 바뀌지 않기 때문이며, 정치인들이 창당, 분당, 당명개정을 통해서 기득권을 유지하며 형식적 변신 뒤에 숨기 때문이다. 경제시장에서 기업들도 함부로 분할하고 통합하거나 명칭을 변경하지 않는다. 교육기관인 학교가 강의와 연구의 내

논쟁』(서울: 풀빛, 1997), pp. 175-213. 덧붙여서 이갑윤 교수는 한국의 지역주의가 대통령제하에서 더 고착되는 성향이 있음을 지적하고 있다. 만약 지역주의가 한국의 고질적 병폐이고 대통령제가 지역주의에 책임이 있다는 주장을 받아들인다면 의원내각제를 고려하는 것은 의미있는 작업이 될 수도 있다. 이갑윤, 『한국의 선거와 지역주의』(서울: 오름, 1998).

216 김재한 · 아렌트 레입하트, "합의제와 한국의 권력구조", 『한국정치학회보』 31:1 (1997), pp. 99-120.

217 다당체계를 형성하는 (즉, 군소정당들도 국회에 진입할 수 있는) 선거제도(말하자면 정당득표율에 기초한 의석수 배분의 제도)를 채택하는 것인데, 두 가지 상반된 견해가 존재한다. 대통령제와 다당체계는 제도적 조응성이 낮다는 것이다. 여당이 의회에서 과반수 의석수를 차지하기 어려워서 여소야대 정국이 형성되면서 국정효율성이 떨어진다는 것이다. 반면에, 여당의 의회에서 과반수 의석을 확보한다고 해도 정국의 효율성과 별 상관이 없다는 시각도 있다. 한국의 경우, 노무현, 이명박, 박근혜 정권 모두 여당이 국회에서 과반수를 차지했어도 국정효율성이 낮았다. 야당이 사생결단의 투쟁을 하기 때문이다.

218 현실정치를 보면, 정부유형과 선거제도간에 일정수준 상관관계가 존재한다고 생각해 볼 수 있다. 일반적으로 의원내각제의 경우 MMP(지역구-비례구 연동형)를 사용하는 국가들이 많고, 대통령제와 이원집정부제의 경우엔 MMM(지역구-비례구 병립형)을 사용하는 국가들이 많다. 신명순 · 진영재, 『비교정치』 5판 (서울: 박영사, 2019). 하지만, 이것은 권력구조와 선거제도 간의 경향성에 따른 상관관계적 논의일 뿐, 양자간의 인과관계적 논의는 결코 아니다. 예를 들면, "대통령제는 양당체계와 어울린다"라든지 "의원내각제는 다당체계와 어울린다"라는 등의 논의는 그나마 경향성도 높지 않은데, 회자되는 주장이어서 유의할 필요가 있다. 정당체계는 정치문화적 성격이 선거제도를 통해서 발현된 결과물이라고 보는 것이 적합하다. 권력구조도 해당 국가의 정치사와 연계된 성향이 강한 것이지, 유불리를 고려하여 선택된 제도가 아니다. 유의할 필요가 있다. 이에 대해선 진영재, "정당제도화의 유형과 체제선택의 경험적 논의: 15개 선진자본국가들의 비교연구", 『한국정치학회보』 31:4 (1997), pp. 161-185.

219 김종철은 한국의 개헌논의가 대통령제를 유지하는 한 논의를 권력분산에만 지나치게 집중하는 것이 바람직하지 않다고 본다. 특히, 대중들은 약한 대통령에 관심을 둘 이유가 없으며, 정치일정에도 바람직하지 않다고 본다. 앞으로 한국사회에서 개헌이 이루어지는 경우, 이는 통일한국을 바라보면서 이루어져야만 하는데, 그런 경우, 대통령은 일정 수준 이상의 권한을 지니는 것이 바람직하다. 김종철, "정부형태의 법제도적 특성과 통일한국의 정부형태에 대한 전망", 진영재(편) 『개헌: 1987년 제6공화국헌법과 2017년 개헌논의』 (파주: 카오스북, 2017), pp. 397-430.

용의 실질적 변화를 보장하지 못하면서, 몇 년 주기로 합교와 분교를 지속한다면 동의할 시민이 어디에 있겠는가? 그래서, 한국정치과정의 특질상, 정당의 창당, 분당, 당명개정은 기한 규정을 통해서 보다 엄격히 관리할 필요가 있다.

ii) 정당들이 선거직전에 이합집산하는 행태의 가장 중요한 유인(誘因)과 정치일정은 '대통령선거'이다. 정당이 온전하게 기관을 지키면서 자신의 이름으로 경쟁하기 위해선 대통령 선거에서 결선투표제를 도입하는 것이 좋겠다. 인물 경쟁보다 기관으로서의 정당간 경쟁을 유도할 가능성이 높으며 선거 직전 정당간 이합집산의 가능성이 상대적으로 낮아질 것으로 예상된다. 물론 확신할 수는 없다. 앞서 언급한대로 정당의 당명개정, 합당, 분당 등에 시기적 제한을 둔다면 구태여 결선투표제를 선택하지 않더라도 정당이합집산은 어느 정도 수준에서 약화시킬 수 있을 것이다. 결선투표제 도입이 중요한 이유는 정당간 정책연합을 선거과정에서 노골화하고 명시하여 보다 합의제적인 정치과정을 만들 수 있다는 유인(誘引) 때문이다. 과반수를 얻지 않으면 승자가 될 수 없기에 정당간 정책연합을 해야만 한다. 정치과정에서부터 합의의 정치가 이루어질 수 있다. 한국의 입법과정은 정당간 갈등의 심화되어 결과물인 정책을 산출하는데 매우 취약하다. 선거과정에서부터 기존의 정당이 자신의 정책적 선호와 정당간 정책연합의 가능성을 보여준다면 정치일정에 예측가능성이 높아질 것이다.

자유주의 체제에서 정당간의 이합집산은 자유로운 정당활동의 일환이라고 주장한다면, 오히려 이러한 행태가 정치를 망치고, 나아가 '자유민주주의' 체제를 흔들 수도 있다는 것이다. 지나친 실험정신과 안하무인적 자유분방함이 약(藥)을 독(毒)으로 만들고 있다. 왜냐하면 정당정치에의 혐오는 광장민주주의로의 직행이기 때문이다. 광장민주주의는 보완재이지 대의제의 대체재가 될 수 없다. 정당간의 지나친 이합집산을 통한 창당, 분당, 합당의 반복이 한국의 자유민주주의 체제에 해가 되고 있다. 그리고 보다 실용적 차원에서 보자면, 지나친 정당간 이합집산이 한국정치에서 '중도파'가 들어설 가능성을 약화시키고 있다.[220] 세력을 하나로 모아서 정권창출과 집권에만 열을 올리기 때문에 차별성과 선명성의 논쟁만이 승리하는 곳에선, 기관으로서의 중도정당이 들어서기 어려운 것이다. 국민의 민생복리 정책은 극좌나 극우가 아니며, 중도정책에 더 깊은 관련이 있다. 한국의 현실정치에서 기관으로서의 중도정당이 존재하기 어렵다면, 기능적인 차원에서 중도좌파정당이나 중도우파정당이 중도정당으로 기능하는 경우를 생각해 볼 수 있다.

그렇다면, 먼저, 정당간 이합집산이 왜 기관으로서 중도정당이 존재하는데 방해가 되는지를 생각해 보기로 하자. 우파정당과 좌파정당이 각각 1개만 존재하는 경우와 우파도 2개의 정당이 존재하고, 좌파도 2개의 정당이 존재하는 정치체계를 비교해 보면 된다. 우파와 좌파가 경쟁하는 것이 아니고 우파와 좌파의 경쟁 이전에 우파는 우파끼리 좌파는 좌파끼리 경쟁하는 구도에선 극단을 배제한 합리적 경쟁구도 속에서 합의가 만들어질 가능성이 커진다. 추가로 지금 한국의 소지역주의를 생각해 본다면 더욱 쉽게 해당 내용을 이해할 수 있다. 예를 들면, 강남의 서초구의 경우 이제까지 우파만이 당선되었고 그러다보니 지역구 의원은 '맹목적인 우파'가 당선된다. 만약 서초구에서 우파도 2명이 나오고 좌파도 2명이 나오면 우파가 당선되더라도 더욱 '합리적인 우파'가 당선된다. 우파는 당선될 때, 단순히 우파지지자들의 표뿐만이 아니라 중도좌파의 표까지도 얻으려고 노력한다. 좌파의 경우도 마찬가지이다. 우파우세지역에선 좌파도 어느 정도 중도파에 다가서는 정책공약으로 지역구민을 설득하면서 선거경쟁을 하게 되는 것이다. 그래서 우파와 좌파가 각 1개 정당만 존재하면 경쟁하는 구도보다는 우파와 좌파가 각각 다수가 존재하면서 4-5개 정당이 경쟁할 때 일반적으로 합리적이고 생활중심의 경쟁구도가 형성되는 것이다.[221]

220 아니면, 현재의 지역구 위주의 선거제도 (300석 기준으로 지역구가 5/6, 비례구가 1/6의 배분)에선 군소정당이 들어서기 어렵다. 기관으로서의 중도정당은 군소정당으로 존재할 가능성이 크다. 이런 경우, 중도정당이 두 정당을 견제할 수 있는 기관으로서 존재할 수 있기 위해선 두 개의 주요정당이 120석-130석이라고 할 때, 이에 비교하여 제3당으로서 중도정당이 50석에서 60석 규모정도는 되어야 하는데, 이는 선거제도가 최소한 비례구와 지역구의 비율이 50:50의 구도가 되는 경우 현실화될 것으로 예측한다. 2017년에 '국민의당'이 그런 유사한 성격이 있었는데, 20대국회의원선거득표로 시뮬레이션을 하면 대략 60-70석 규모가 된다.

221 선거제도보다 더 근원적인 것은 국민들이 갖는 선택지이다. 즉, 선택지가 두 개밖에 없을 때 국민들은 양극화되고 정당들은 정책적 유연성이 약화된다. 특히 한국에서 그런듯하다. 전자는 국민들의 정치적 무의미감이나 소외감과 연관되고, 후자는 한국식 사생결단의 정치문화와 연관되어 있다고 본다. 선거 투표행태에 있어서 정치적 소외감이라는 심리적 차원을 요인분석해 본 결과 냉소주의, 정치적 무능감, 정치적 무의미감의 세 가지 심리적 차원으로 이루어진다는 것을 알았다. 그러나 이 세 가지 중에서 유권자의 투표기권행태에 영향을 미치는 차원은 정치적 무능감과 정치적 무의미감의 두 가지로서 이 중 특히 정치적 무능감은 많은 사람이 참여하는 선거의 속성상 당연한 것인지도 모르며 정치적 무의미감은 특히 완벽한 양당제라는 정당제도와 관련한 문제인 것 같다. 거대한 유권자 집단 속에서 유권자 개개인의 한 표가 회고적(retrospective) 투표행태를 통해 정당이나 정치인을 심판할 수 있음으로써 생기는 정치적 유능감이란 심리상태의 확보는 쉽지 않으며 따라서 선거와 관련한 개인적 차원의 정치적 무능감이 그다지 병리적인 현상은 아닌 것이다. 반면에 정치적 무의미감은 정치체제내에 집단의 이익을 대변할 수 있는 정당이 없거나 아니면 소홀함으로 인해서 유권자에게 생길 수 있는 심리적 상태로서 결국 정치체제의 효율성의 문제와 상관되어 있는 듯하다. 이는 정치체제 내에서 영향력을 가진 활동정당의 수와 관련하여 서로 투표율이 다르게 나타날 가능성이 있음에서도 볼 수 있으며 특히 제도화된 군소정당이 전혀 존재하지 않고 오로지 두 개의 정당만이 존재하는 완벽한 양당제

2개의 주요 양당이 정치를 이끌어가는 정치과정에서 경쟁구도는 '중도우파-중도좌파'의 이념균열구도이다. 레입하트는 이런 경우, 정치경쟁과 균열구도를 온건적 중도우파와 온건한 중도좌파의 이념적 균열구도로 상정하며, 중도를 중심으로 멀어지지 않을 것으로 보았다.[222] 레입하트가 이렇게 상정한 이유는 극좌나 극우에 유권자들이 분포할 가능성이 낮고, 다수의 유권자들이 중위적 위치를 중심으로 그 부근에 분포하기 때문에, 이들을 잡기위한 선거전략적 측면이 강하다. 일반적으로 양당체계의 정책경쟁구도는 정당들을 '구심적 정당'(centripetal party)으로 유인하는 효과가 있다.[223] 반면에 다당체계의 정책경쟁구도는 정당들을 상대적으로 '원심적 정당'(centrifugal party)으로 유인하는 효과가 있다.[224] 양당체계에서 정당들의 정책경쟁에 구심성이 있다는 것은 정책들이 중위적 위치로 몰린다는 것이며, 이는 상대적으로 다수를 형성하는 중도성향의 유권자들을 잡기 위한 것이다. 보다 근본적으로, 공직을 점하기 위하여 득표를 최대화하는 정당의 선거전략으로 환원하여 생각할 수 있을 것이다.

중도정당(center party)이 2개의 주요 정당에는 미치지 못하는 제3의 기관으로서 존재하는 경우, 그렇지 않은 경우와 비교하여, 두 개의 주요정당(즉, 중도우파, 중도좌파)의 정책경쟁은 '원심적 정당'의 성격을 띨 것이다.[225] 선거제도로서 기대할 수 있는 것은, 해당 선거제도에 이득을 많이 받는 정당들은 정책경쟁에서 정당 상호간에 구심적으로 움직이지만, 선거제도에서 많이 득표하지 못하고 소외되는 군소정당들은 보다 분화된 정책경쟁으로의 동기가 커진다.[226] 그러니까, 일반적 의미에서 선거제도는 주요정당과 군소정당에 다른 방향으로의 영향을 주고 있는 셈이다.

그런데, 중도정당이 기관으로서 존재하는 경우, 중도정당의 좌측과 우측에 있는 2개의 주요정당들에 비해서 선거경쟁력이 떨어진다. 중도좌파-중도추파 정당은 두 개의 주요 정당으로 존재하는 반면에 중도정당은 대개 제3당으로 존재하고 있는 것이다. 예를 들면, 독일의 FDP, 영국의 자민당은 그 대표적인 예이다.[227] 이것은 극단보다 중도에 보다 많은 유권자들이 분포한다는 상념이나 경험적 증거에도 반하는 것인데, 중도정당은 선거경쟁에서 두 개의 주요 정당들을 상대하기에 기관으로서 약점들이 존재한다.[228] 첫째, 중도정당은 기관으로서의 정체성 때문에, 원래의 중도적 이미지를 조금만 바꾸어도 부정적인 이미지로 추락할 가능성이 크다. 둘째, 실제 정치과정에서는 어떤 특정한 정치적 위치를 점해야 하는 것이며, 특정한 위치는 유권자들에게 좌나 우로 인식될 수도 있다. 그래서, 실제의 정치과정에서는 기관으로서 존재하는 중도정당은 중도좌파 정당이나 중도우파 정당보다도 자신의 정책적 입장을 유연하게 변경하면서 상황에 대처하는 능력이 떨어지게 된다.

한국정당의 잦은 이합집산은 정당정치에 불신을 초래하며, 한국사회에서 다수의 '부동층'(浮動層)이 형성되는 것과 무관할 수 없다. 부동층의 존재는 휘발성이 강한 다양한 이슈들이 다양하게 제기되고 복잡다기하게 얽히는 'SNS시대'의 흐름과도 무관할 수 없다.[229] 한국사회에서 대략 40% 정도로 파악되고 있는 다수 부동층의 존재는 '진성당원' 형성의 어려움을 겪어온 한국정당정치의 현실과 맞물려서, 후보공천에 '개방형 경선제'를 주장하는 요구들과도 멀게는 맞닿아 있을 것이다.[230] 일반적으로

는 소위 정치적 경제적으로 소외되거나 힘없는 계층들의 기존 정당체제에 대한 정치적 무의미감을 발생시켜 결국 투표기권행태로 이어지게 된다. 다원화된 사회로 갈수록 적당한 수의 정당들이 정치체계내에 활성화될 필요가 있다. 이것은 결코 4-5개의 정당이 정치체계내에 존재한다고 해서 4-5개의 정당 모두가 비슷한 의석 점유율을 가지고 제도화되어 존재해야 한다는 의미는 아니다. 적어도 정치체계내에는 다양한 정당이 존재하고 그들에 대한 선택의 폭이 다양할 때 정치적으로 소외된 유권자들의 정치참여에 보다 바람직하다는 의미로 해석되어야 한다.

222 Arendt Lijphart, *The Patterns of Democracy: Government Forms and Performance in Thirty-Six Countries* (New Haven: Yale University Press, 1999), pp.62-89.

223 Anthony Downs, *An Economic Theory of Democracy* (New York: Harper & Row, 1957). Giovanni Sartori, *Parties and Party Systems* (Cambridge: Cambridge University Press, 1976).

224 Gary Cox, "Centripetal and Centrifugal Incentives in Electoral Systems", *American Journal of Political Science* 34 (1990), pp. 903-935.

225 Christoffer Green-Pedersen, "Center Parties, Party Competition, and the Implosion of Party Systems: A Study of Centripetal Tendencies in Multiparty Systems", *Political Studies* 52:2 (2004), pp. 324-341. Arendt Lihphart, *The Patterns of Democracy: Government Forms and Performance in Thirty-Six Countries* (New Haven: Yale University Press, 1999), pp. 62-89.

226 Ernesto Calvo and Timothy Hellwig, "Centripetal and Centrifugal Incentives under Different Electoral Systems", *American Journal of Political Science*, 55:1 (2011), pp. 27-41.

227 캐나다의 자유당이나 핀란드의 중도당은 주요 정당들 중의 하나이다. Roi Zur, "Stuck in the Middle: Ideology, Valence, and the Electoral Failures of Centrist Parties", *British Journal of Political Science* (published online 25 September 2019)

228 Roi Zur, "Stuck in the Middle: Ideology, Valence, and the Electoral Failures of Centrist Parties", *British Journal of Political Science* (published online 25 September 2019)

229 박근영, "뉴미디어의 소비가 선거에서 지지후보자 변경에 미치는 영향: 2014년 서울시장선거의 예", 『사회과학연구』 31:1 (2015), pp. 29-55. 박근영의 경험적 분석 결과에 따르면 '전통미디어'보다 '뉴미디어'(인터넷과 눈)의 영향력이 유권자의 결정을 바꾸는 데 더 중요한 역할을 하고 있다.

230 이현우는 '유동(流動)투표자'라는 용어를 사용하는데, 지방선거 기준으로 대략 25%로 보고 있으며, 유동투표로 인한 선거결과의 변화는 없다고 본다. 선거결과의 변화가 없었던 이유는 정당별로 지지와 이탈의 상쇄가 일어났기 때문이다. 이현우, "2006년 지방선거의 유동투표자 분석: 패널 자료를 바탕으로", 『국가전략』 13:3 (2007), pp. 143-170.

부동층은 정치와 선거에 무관심해서는 성립할 수 없으며, 오히려 선거관심도가 높거나 고학력에서 자주 일어나는 현상인데, 한국의 경우에도 경험적 연구 결과들을 살펴보면 그런 경향을 발견할 수 있다.[231] 부동층은 누구를 지지할지를 결정함에 있어서 부동층이 아닌 사람들보다 고민을 많이 하며, 그렇기 때문에 본선거과정에서 지지후보자를 결정하는 시기가 늦어지는 경향이 있다.[232]

박명림은 그의 글에서 정책적 유연성에 의한 '중도로 이동하는 정치'가 중요한 이유로 김대중정부의 경험을 꼽았다. 그는 김대중 정부의 위대함을 DJP연합의 경험을 단순히 선거연합으로 한정하지 않고, 집권과정에서 국가의제설정과 정책결정과정에서 정책적 유연성을 갖고 '중도로 이동하는 정치'를 행했기 때문이라고 보고 있다. 다음 장에서 정당과 국가의제설정 및 정책결정과정을 보기로 한다.

정치 일선에 있는 사람들의 목소리를 들어보면, 한국사회가 직면한 가장 심각한 문제라고 할 수 있는 '계층갈등'의 문제를 해결하기 위해선 '정당'보다는 '정부' 또는 '국회'가 사회통합의 주체가 되어야 한다고 주장하기도 한다. 한편으로 정부 또는 국회라는 것의 정치구성단위는 정당이어서 정당의 '소통능력'이 사회통합에 중요할 수밖에 없다.[233] 이러한 두 가지의 견해를 종합할 수 있을 것이다. 정당, 정부, 국회라는 기관을 일정 수준 독립된 기관으로 상정하고 생각한다면, 결국 이들 기관들의 매개체로서 중심적 역할을 하는 기관은 정당이 단위가 될 수밖에 없을 것이다. 정당-유권자의 관계, 정당-입법부의 관계, 정당-행정부의 관계에 영향을 미치는 것들에 대해서 다음 장에서 살펴본다.

231 문은영, “한국 부동층의 특성에 관한 연구: 민주화 이후 각 선거에서 미결정 부동층을 중심으로”, 『한국정당학회보』 16:2 (2017), pp. 35–71. 문은영은 대통령선거, 국회의원선거, 지방선거 등 총 17차례 실시된 선거들을 종합해 볼 때, 한국사회에서 부동층은 ‘무지한 유권자’로 분류되기 보다는 소위 ‘합리적 유권자’로 분류하는 것이 적합하다고 주장한다. 미국 유권자들도 비슷한 성향으로 해석될 수 있다. 잘러는 미국 부동유권자들의 ‘비정향성’(non–attitudes)보다는 ‘정향성’(attitudes)을 발견한다. John Zaller, “Floating Voters in US Presidential Elections, 1948–2000”, In Willem E. Saris and Paul M. Sniderman (eds.), *Studies in Public Opinion: Attitudes, Nonattitudes, Measurement Error, and Change* (Princeton: Princeton University Press, 2004), pp. 166–214. 또 다른 경험적 연구에 의하면, 부동층의 규모를 각급 선거와 연결시키는 경우, 지방선거, 총선, 대선의 순서대로 부동층이 많았다. 류재성, “부동층은 누구인가?: 2012년 총선 및 대선, 2014년 지방선거 비교분석”, 『평화연구』 22: 2 (2014), pp. 113–144.

232 한 경험적 연구에 따르면, 선거관심도를 기준으로 하여 부동층을 ‘적극적 부동층’과 ‘소극적 부동층’으로 분류하는 경우, 적극적 부동층은 상대적으로 고학력이며 정당관련요인들에 영향을 받지 않고 상대적인 자율성을 지닌 판단을 하고 있다. 조성대, “부동층에 관한 연구: 19대 총선에서 정당선호, 선거쟁덤과 투표결정시기”, 『한국정치학회보』, 47:3 (2013), pp. 109–129. 한국 유권자들의 심리상태로서 특정 정당을 지지함에 있어서 ‘정당 상충성’(partisan ambivalence)을 지닌 사람들은 ‘당파심’(黨派心)이 낮은 사람들이다. ‘상충 유권자’(ambivalent voters)는 ‘일방 유권자’(one–sided voters)보다 교육수준이 동등하거나 높고, 높은 내적 정치효능감과 선거관심을 지니고 있어, 인터넷을 통한 활발한 정보수집과 해석활동을 통해서 지지후보결정이 늦어지고 있다고 한다. 김연숙, “한국유권자의 투표결정시기에 관한 연구: 제18대 대통령선거에 나타난 상충적(ambivalent) 유권자 분석을 중심으로”, 『한국정당학회보』 13:1 (2014), pp. 33–63.

233 정수현 · 한의석 · 정회옥, “한국사회의 갈등양상과 사회통합을 위한 정당의 역할: 표적집단면접(FGI)을 통한 분석”, 『미래정치연구』 7:2 (2017), pp. 115–140.

제 5 장

정당과 입법부, 행정부 관계: 국가의제설정 및 국가운영

제 5 장

정당과 입법부, 행정부 관계: 국가의제설정 및 국가운영

정당이란 '대의민주주의'의 궁극적인 기제인데 기실 정당이 처리해야 하는 문제들의 핵심은 시민사회 속에서 "개인들의 파편화된 요구들"을 수행하는 데 있는 것은 아니다. 정당이 처리하는 문제들은 현실에선 '국가의제'가 핵심인 것이다.[1] 거시적 차원의 국가의제란 것은 포괄적인 것이어서 미시적 차원의 파편화된 구체적 요구들과는 거리가 있을 수밖에 없다. 이는 현실에서의 정당정치가 국민들의 실생활과 거리를 가질 수밖에 없는 근본적인 이유가 된다.

한 국가의 의제설정 및 정책입안과 결정에 가장 영향을 미치는 변수는 '정당지도자'이다. 정당의 지도자라고 함은 '당대표'와 '원내대표'를 축으로 한다.[2] 이것은 시대를 초월하여, 그리고 정부형태에 상관없이 사실일 것이다. 정당지도자가 모든 것을 마음대로 하는 것은 아니며, 행위에 제약들이 있다고 하더라도, 일반적으로 국가의 의제설정과 정책결정은 정당지도자의 리더십이나 정당간의 정치적 타협에 의해서 결정된다고 해도 과언은 아닐 것이다.[3] 좀 더 포괄적으로 말하자면, 정책적 결과물은 법적 · 제도적 절차만으로 생성되는 것이 아니며, '정치영역'에서 '정치행위'를 통해서 산출된다는 것이다. 국가의제설정과 정책결정을 정당과 입법부, 행정부, 권력구조와의 연관된 역학관계 속에서 논해 보고자 한다.

한국의 정당은 대통령제하에서 기능하고 있다. 정부형태의 특성 차원에서 의원내각제와 비교하여 대통령제는 특히 대통령의 권한이나 대통령의 리더십 스타일이 정당정치에 큰 영향을 미치게 된다. 이것은 비단 한국만의 일은 아니며 대통령제 국가들의 공통된 사항이다.[4] 대통령은 특정 정당 소속의 정치인이다. 그 정당의 대선후보로 지명받아서 대선에서 국민의 선택을 받은 자이다. 비록 정당조직은 형식적으론 당권(黨權: 당대표의 입법부에서의 역할)과 대권(大權: 대통령의 행정부에서의 역할)을 분리하였지만, 대통령은 여전히 자신을 공천한 정당의 집권을 창출한 자로서 정당정치과정에 막대한 영향을 행사하게 된다. 국가의제 설정이란 차원에서 볼 때, 대통령의 정치적 영향력은 막강하다. 그래서, 권력구조에서 파생되는 문제들을 제외하고 그 나라의 정당정치를 논하기 어렵다. 한마디로, 정당정치란 권력구조와의 함수관계 속에서 파악할 필요가 있다는 것이다. 이것은 한국만 그런 것이 아니다. 대통령제라는 권력구조 자체의 특성에서 비롯되는 것이다.

대통령제를 채택한 국가에서 대통령들은 모두 막강한 권한을 갖는다.[5] 역설적으로 막강한 권한을 갖지 않는 선출직을 국민들이 모두 모인 단일광역구에서 선출

1 이정호, "국정의제의 수립과 집행에 있어 시민사회의 영향력 분석: 국가균형발전정책과 미군기지 이전 사례의 비교분석", 『21세기정치학회보』 21:1 (2011), pp. 23-47. 이정호는 국가의제설정-정책형성-정책집행의 세 단계를 볼 때, 왜 어떤 정책 영역에서는 시민사회의 영향력이 강화되고, 다른 영역에서는 그렇지 못한지에 대해서 분석한다. 비록 시민사회에서 결집된 요청과 영향력이 의제설정의 초기단계에서 크게 작용하더라도, 다양한 요인들(정책 영역의 성격, 정부의 정책노선과 상응성, 정책결정의 구조, 결정된 정책에 대한 시민사회의 평가)이 작용하며, 시민사회의 초기 영향력이 감소되고 있음을 발견한다. 해당 연구에 필자의 생각을 첨언하면, 행정부(대통령과 청와대)의 정책노선과 상응성은 여당의 정책노선에 근거할 것이고, 정책결정의 구조란 궁극적으로 여당-야당의 역학관계로 환원될 것이다.

2 정당의 '정책위의장', '당대표비서실장', '당사무총장'을 포함하여 보통 '당5역'이라고 부른다. 이중에서 당대표비서실장과 당사무총장은 당대표가 임명하는 임명직이다. 반면에, 정책위의장은 원내대표와 러닝메이트로 출마하는 선출직이다(임명직으로도 한다). 당대표가 원외와 원내를 포괄하여 '전당대회'에서 선출되는 반면에, 원내대표와 정책위의장은 러닝메이트로 출마하여 '의원총회'에서 선출된다. 이렇게 본다면, 선출직은 3명인데, 당대표, 원내대표, 정책위의장이다. 이들을 '당3역'이라고 불러도 좋을 것이다.

3 Isabelle. Hertner, "Is it always up to the leadership?: European policy-making in the British Labor Party, Parti Socialiste(PS), and Sozialdemokratische Partei Deutschlands(SPD)", *Party Politics* 21:3 (2015), pp. 470-480.

4 나아가 '이원집정부제'도 예외가 아니다. 이원집정부제도 대통령을 국민들이 직선제로 선출하기 때문이다. 이원집정부제하에서 입법부에 '여대야소'가 형성되면, 이것은 일반 대통령제보다 더욱 강력한 대통령제로 기능하게 된다. 이렇게 본다면, 이원집정부제란 입법부에 '여소야대' 상황이 있을 때만 명실상부하게 행정부내에 야당의 수반이 들어오면서 '이원집정부제'가 형성된다고 할 수 있다.

5 단적으로, 대통령제는 행정부 수반이 국가원수의 지위를 겸하기 때문이다. 물론 상대적 관점에서 대통령의 권한의 크기를 분류할 수도 있다. Matthew Shugart and John Carey, *Presidents and Assemblies: Constitutional Design and Electoral Dynamics*, (NY: Cambridge University Press, 1992)

한다면 그것이 더 어색한 상황일 수 있다. 대통령제하에서 대통령의 권한이나 영향력은 지대하기 마련이다. 대통령제를 채택한 국가에서는 대통령의 권력자원이 계속하여 진화하고 증강될 개연성이 있다.[6] 세간에서는 한국의 권력구조를 '제왕적 대통령제'로 인식하고 있는 듯하다.[7] 개헌과 관련해 '이원집정부제'에 대한 논의는 그러한 시각에서 비롯된 것이다. 한국의 대통령제를 "제왕적 대통령제이다", "아니다"라고들 하는데, 이것은 바라다보는 시각에 달린 것이고 절대적인 답은 없다. 대통령이 다수의 국가권력기관들(검찰, 국정원, 감사원, 국세청 등)의 장에 대한 임명권과 해임권은 물론이고, 대법원장, 헌법재판소장에 대한 임명권을 갖는 한 '제왕적 대통령제' 임에 틀림없다. 반면에 국회에서 야당의 강력한 견제 때문에 원하는 바대로 국정운영을 할 수 없다는 측면에서 볼 때, 과연 한국의 대통령제가 정말로 '강한 대통령제' 인가라는 생각하게끔 되기도 한다.

많은 사람들의 직관은 여전히 정당의 책임정치는 '강한 정당'으로부터 비롯된다는 것이다. 고전적 의미에서 '강한 정당'이란 '입법 기강'(legislative discipline)이나 '프로그램화된 정강'(programatic platforms)를 소유하고 이를 실천하는 집행력을 지닌 정당을 말한다.[8] 대개 이들 두 가지는 상호작용을 하게 되는데, '입법기강'이란 정당과 입법부와의 관계 속에서 파악될 수 있고, '프로그램화된 정강'의 소유여부는 특히 정당과 행정부와의 관계 속에서 파악될 수 있다. 현대 사회에서 정당과 입법부의 관계는 두 가지의 관점이 대립할 수 있다.[9] 하나는 '당파이론'(partisan theories)으로 입법부내에서 다수정당을 중심으로 당파(즉, 당파성을 지닌 사회 구성원들)의 이익을 구현해야 한다는 것이다. 또 다른 하나는 '무당파이론'(non-partisan theories)인데 입법부가 무당파들의 이익을 함께 구현해 주어야 한다는 것이다. 무당 성향을 지닌 사람들도 사회구성원으로서 이익 실현의 대상에서 배제될 수는 없다는 것이다. 이런 관점은 마찬가지로 정당과 행정부의 관계에도 적용될 것이다. 대통령이 소속된 여당은 국정주도권을 쥐게 되지만, 입법부 내에서 1당인지 아닌지, 과반수 의석을 점하는지 아닌지에 따라서 국정주도의 현실적 구현에는 편차가 발생한다.

국정(國政)을 위한 의제설정과 정책결정의 정당정치란 단순히 정당과 정당간의 관계를 넘어서서 '행정부'와 '입법부'내에서 정당의 역할을 의미한다. 입법부란 법을 만드는 기능을 하는 곳이고, 행정부는 그렇게 만든 법을 집행하는 기관이다.[10] 선거경쟁에서 정당정치는 정당간 무한 경쟁이지만, 입법부내에서 정당정치는 정당간에 경쟁과 협력이 조합되는 과정이다. 행정부는 행정부의 수반을 선출하는 선거에서 승리한 정당이 점유한 곳이다. 국정운영은 '행성부'가 홀로 하는 것은 아니다. 당연히 '입법부'와 함께 한다.[11] 국정운영을 위하여 기능분화된 행정부와 입법부란 곳은 사실상 '정당'이란 기관이 두 곳에 모두 관여하고 있다. 달리 말해서 행정부와 입법부의 공약수는 '정당'이고, '정당'이 국정운영을 위해서 기능을 분화한 영역이 법을 만드는 입법부와 그렇게 만든 법을 집행하는 행정부인 것이다. 정리하자면, 정당은 입법부와 행정부에 진출하여 국가의제를 설정하고 설정된 의제를 입법화하며, 입법화된 정책을 집행하게 된다.[12] 결론적으로, 국가정책은 정당이 만든다.

6 백창재, "미국 대통령의 권력자원과 리더십", 『국가전략』 24:4 (2018), pp. 135–173

7 정치인들은 학자들보다 한국의 대통령제가 '제왕적 대통령제'라는 것을 체감한다. 국회에서 일을 하다보면, 청와대의 입김과 영향력이 지대하다고 느끼며, 학자들이 현재 한국의 대통령은 마음대로 일을 하지 못한다는 것이 현실 감각이 없는 이론적인 것이라고 말한다. 적어도 필자가 만났던 많은 정치인들이 예외없이 한결같이 하는 주장이었다. 조정관, "민주화이후 국회–대통령–정당의 상생관계?: 역사적 관점에서", 『의정연구』 15:1 (2009), pp. 5–38. 함성득, 『대통령학』 제3판 (파주: 나남, 2016). 함성득, 『제왕적 대통령의 종언: 한국의 대통령은 왜 계속 실패하는가 대통령 성공의 다섯 가지 조건』 (고양: 섬앤섬, 2017), pp. 252–323.

8 John Carey and Andrew Reynolds, "Parties and Accountable Government in New Democracies", *Party Politics*, 13:2 (2007), pp. 255–274. 정당이 프로그램화된 강령을 마련했다는 의미는 '중 · 장기적으로' 시민사회에 정착하려는 정당 의지의 표현이다. '전자민주주의'시대, '혼합민주주의'(대의민주주의+직접민주주의)시대에 시사적으로 언급되는 '플랫폼정당'(platform party)은 오히려 반대의 의미임에 유의해야 한다. 이 때의 플랫폼정당이란 일시적으로 사람들을 모으는 정거장의 역할만 하는 정당을 의미할 수 있다. 인물중심으로 작동되는 한국선거과정에서 반복되는 이합집산 속에 존재하는 군소정당도 플랫폼정당의 역할이 성공적인 경우, 대통령후보자를 내고 당선시킬 수도 있을 것이다. 사회구성원들의 기존 정당에 대한 혐오감이 클수록 이는 실현가능성이 높을 것이다. 즉, 사회에서 인지도가 있고 인기가 있는 어떤 인물을 중심으로 정당이 '단기적으로' 급조되며 유권자들을 기동성있게 조직하여 후보의 지지도를 최대로 끌어 올리는 중앙정거장의 역할을 성공적으로 수행한다면, 해당 정당은 플랫폼정당이 되는 것이다.

9 Gary W. Cox and Mathew D. McCubbins, *Setting the Agenda: Responsible Party Government in the House of Representatives* (Cambridge: Cambridge University Press, 2005).

10 현대국가들에서는 전문인력을 확보하고 있는 행정부의 법안발의가 두드러질 수 있다. 하지만, 법안발의와 통과는 별개의 문제이다. 비록 행정부법안의 발이안들이 더 통과될 가능성이 높다고 하더라도 궁극적으로 법안을 통과시키는 문제는 입법부의 권한이다. 정치역학적으로 말하자면 입법부내의 여당세력이 있기에 가능한 것이다.

11 번역된 언어가 갖는 문제는 상이한 어감 또는 실질적 내용의 차이 등을 통해서 독자들에게 상이한 직관을 심어주게 된다. 우리는 보통 '정부'(政府)라고 하면 '행정부'를 의미한다. 일반적으로 신문 기사나 대화에 있어서 행정부의 준말로 정부를 사용하는 것이 보통이다. 김영삼 정부, 김대중 정부 등이 그것이다. 하지만, 우리는 'The Administrative' 또는 'The Executive'란 용어 이외에도 'Government'란 용어도 '정부'라고 번역한다. 'Government'는 행정부와 입법부를 모두 합한 것을 의미(즉, 대의제하에서 '통치'의 의미를 강조)하며, 단순히 '행정부'만을 의미하는 것이 아니다. 소위 '분할정부(또는 분점정부)라고 할 때, 'divided government'라는 것은 행정부가 그 내부에서 분리된 상황을 말하는 것이 아니며, 입법부를 장악한 정당과 행정부를 장악한 정당이 다를 때의 국정상황을 말하는 것이다. 현재 한국 '제6공화국헌법'의 경우에도 제4장 '정부'라고 되어있는데, 이것은 '행정부'를 말하는 것이다. 헌법 개정시에는 '정부'와 '행정부'의 용어 구분이 필요하다.

12 그래서 함성득은 대통령집무기간동안 실패하지 않는 대통령이 되기 위해선 대통령의 입법부와 관계속에 '입법리더십'이 가장 중요하다고 본다. 보다 자세한 논의는 함성득, 『제왕적 대통령의 종언: 한국의 대통령은 왜

입법부 내에서 정당간의 관계, 그리고 정당과 행정부의 바람직한 관계는 '비판적 협력'과 '창조적 제안'과 같은 것이다. 갈등수준이 격화되어 '싸우는 국회'로 인식되는 한국 입법부에 나타난 양극화 현상은 결국 사람들의 문제일는지도 모른다.[13] 많은 사람들은 정당들 사이에서 그리고 정치인들 사이에서 갈등이 과열되는 것을 보면서 정치를 비난하지만, 정치현실은 개선되지 않는다. 때로는 정치라는 영역의 특수성을 고려하지 않고, 도덕률과 규범론의 잣대로만 정당간의 싸움을 무조건 비난만 한다면 이는 현실을 호도(糊塗)할 수도 있다. 이유는 국가의제설정이나 정책결정과정이 원초적으로 당파성을 지닌 정당간의 '권력투쟁'의 속성을 지니고 있기 때문이다.[14] 산출되는 정책의 통과와 부결 여부는 차후의 선거에서 정당간의 유불리에 큰 영향을 미친다. 그리고 그러한 권력투쟁 속에서 가려지는 '시시비비'(是是非非)를 가리는 것은 '필요악'(必要惡)의 측면이 있다. 의제설정과 이에 따른 정책결정이 현행 헌법(자유민주주의 체제)에 적합한 것인지, 정치인의 사익을 위한 것은 아닌지, 사회의 공공성에 위해가 되는 것은 아닌지, 정당간에 싸움이 있더라도 때로는 시시비비를 분명히 가려야만 하는 것이다. 그렇게 본다면, 정치에 일정 수준의 잡음이 없다면 오히려 비정상일지도 모른다. 정당은 상호경쟁을 기본 관계로 하지만, 모든 입법과정이나 정책결정과정은 정당간 타협과 합의로 이루어진다. 그렇다면, 정당은 서로 투쟁하다가도 일정 시점에는 서로 타협할 줄을 알아야 하는 것이다.

분명한 것은 정치인들이 자신의 정당에 소속감을 갖건, 아니면 자신의 정당을 넘어서서 입법부에 소속감을 갖건, 정치인들 개개인이 기관 소속감을 갖기 때문에 발생하는 문제이다. 정당 내지는 입법부라는 기관만으로 의제설정과 운영이 이루어진다면, 상황이 보다 단순하겠지만, 대통령제하에서 국정 의제설정과 운용에 개입하는 또 다른 기관이 바로 '대통령선거캠프'라는 것이다. 이런 면에서 행정부는 대통령과 보좌진으로 이루어진 '청와대'와 각 행정부서의 장관이 모인 '국무회의'로 분리된다.[15]

대통령후보들에게 선거캠프가 차려지고, 특정 후보가 대선에서 승리하게 되면, 그 후보의 선거캠프에 관여하던 사람들은, 정당이란 기관을 넘어서서, 행정부(청와대 비서실, 장관, 자치단체장, 국공립기관장 등), 입법부(국회의원)에 진출하면서 기존의 정당조직을 혼란스럽게 한다. 전적으로 비선(非線)이라고 하기까지는 곤란하더라도 공식적 정당정치과정과는 또 다른 선이 발생하는 것이다. '캠프정치'가 '정당정치'를 넘어서게 되어 권력을 지니게 되면, 소위 강한정당에 의한 책임정치는 사실상 약화될 수밖에 없다. 캠프정치의 문제점은 대통령의 임기중에 당내에서 권력갈등의 진앙지(震央地)라는 것이다. 이러한 현상을 극복하기 위해서 정당은 당내에 상근직인 '정책연구소'의 운영을 적극적으로 활성화할 필요가 있다. 정당은 조직내 공식화된 기구로서 '정책연구소'를 통해서 평소에 정책을 회람하고 시민들의 의견을 받아 이를 통합

계속 실패하는가 대통령 성공의 다섯 가지 조건』(고양: 섬앤섬, 2017) "제2장: 무엇이 문제인가" 부분을 참조할 수 있다.

13 가상준, "정책영역별로 본 국회 양극화", 『OUGHTOPIA』 31:1 (2016), pp. 327-354. 가상준은 16대부터 19대 국회를 분석하면서 국회의 양극화는 다선의원들의 적응효과, 그리고 (초선의원들의 대체효과를 통해서 나타난다고 본다. 국회내 갈등의 양극화 현상이 비례구의원들에 의해서 완화될 것으로 기대할 수도 있지만, 경험적으로는 그렇지 않은 것으로 나타났다. 가상준은 양극화 현상은 보다 근본적으로 정당의 공천과 깊은 관련을 지닌 것으로 보고 있다.

14 마키아벨리(N. Machiavelli)는 '로마사논고'에서 권력을 지닌 정치인보다 관중으로서의 시민들이 더 정치상황에 대해서 객관적이고 이성적일 수 있음을 설파한 바 있다. Niccolò Machiavelli, *Discourses on Livy* translated by Harvey C. Mansfield and Nathan Tarcov (Chicago: University of Chicago Press, [1517], 2009). 시민들이 바라보는 정치인들의 모습을 두 가지 차원에서 설명할 수 있다. 첫째, 우리는 보통 정치인들이 "싸운다"라는 표현을 쓴다. "정치인들은 왜 그렇게 싸우는가?" "제발 싸우지 않았으면 좋겠다"라고들 한다. 안 "싸우면" 더 좋겠지만, 시민들도 정당이나 정치인들을 무조건 "싸운다"는 눈으로 보는 것보다는 정책을 생산하는 과정에서 '시시비비'(是是非非)를 가리는 과정으로 이해하는 것이 더 좋지 않을까 생각한다. 정치인들만 싸우는 것은 아니다. 경제시장에서 기업과 기업인들은 사실상 더 치열한 싸움을 하고 있다. 경제시장에서 기업들이나 기업인들은 상품으로 싸우지만 그 과정이 드러나지 않고 소비자들은 결과물인 상품만 보게 된다. 정치시장은 전혀 반대인 상황에 있다. 정당들이나 정치인들은 '언어'로 싸우는데 실시간으로 그 과정이 현장중계가 된다. 이정희의 주장처럼 정치인들은 경쟁상대와의 대화과정에서 불필요한 적대감을 누그러뜨릴 '격'(格)과 '품위'(品位)가 요구되는 이유이다. 이정희, 『사랑의 정치: 이정희 교수의 정치평론』(고양: 인간사랑, 2013). 정치인들의 '싸움'은 '이념싸움'이어서 어찌 보자면 답이 없는 싸움이다. 정당과 정치인들이 생산한 결과물인 정책에 대한 공적은 현시점과는 유리되어 후일에 드러난다. 길무어(Gilmour)나 설리반(Sullivan)의 지적처럼, 시민들에게도 최소한의 수준에서 '정치적 인내심'이 요구된다. John L. Sullivan, James Piereson, and George E. Marcus, *Political Tolerance and American Democracy* (Chicago: University of Chicago Press, 1982), Robert S. Gilmour and Robert B. Lamb, *Political Alienation in Contemporary America* (New York: St. Martin's Press, 1975), James L. Gibson, "Political Intolerance in the Context of Democratic Theory", in Russell J. Dalton and H. D. Klingemann (eds.) *The Oxford Handbook of Political Behavior* (Oxford, UK: Oxford University Press, 2007), pp. 323-341. 둘째, "인류는 '지식'(知識: knowledge)은 늘었어도 '지혜'(智慧: wisdom)는 변화하지 않았다"는 경구가 있다. 동서고금을 막론하고 온화한 모습의 권력투쟁은 없었음에 틀림없다. 정치과정에서 권력을 가진자(또는 기관)에게 선제권(initiative)이 있는 것이다. '정치'란 영역은 원래 '권력투쟁'이 내재화되어 존재하는 곳이기에, 그렇게 온화하고 부드러운 영역이 아니다.

15 프랑스의 이원집정부제하에서 대통령의 정당이 의회의 소수당일 때, 대통령의 의회의 다수당인 야당의 대표를 총리로 임명한다. 물론 장관은 총리의 제청으로 대통령이 임명한다. 총리가 내각을 관할하는 셈이다. 그렇다고, 국민의 직선으로 선출된 대통령이 여기서 멈추는 것은 아니다. 여소야대 정국에서 대통령은 '부엌내각'(kitchen cabinet)을 강화한다. 부엌내각이란 대통령의 거처인 샹젤리제궁의 부엌에 있는 내각이란 뜻인데, 즉, 대통령이 비공식적으로 운영하는 내각이란 의미이다. 그러니까 야당의 대표인 총리가 공식 '내각'을 주도하는데 반하여, 대통령은 비공식 '부엌내각'을 운영하는 셈이다. 물론 대통령은 자신의 세력형성을 위해서 여대야소 정국에서도(즉 자신의 정당의 사람을 총리로 임명하는 경우에도) 부엌내각의 운영 여부는 전적으로 대통령의 의중에 달려있다.

수렴하여 정책수렴과 발현의 선순환 구조의 공식적 기관이 되어야만 한다. 대선과정에서도 비선조직인 '캠프'를 넘어서는 공식화된 기구가 되어야만 한다. 현실정치에서 '캠프정치'의 연장인 '참모정치'(politics by staffs)를 억제하고, 정당내의 공식기구인 '정책연구소'가 대선과정에서부터 실질적이고 효과적인 정책개발을 주도해야만 한다. 심지어 청와대 비서진들의 참모정치는 정당정치를 넘어서는 것은 물론이고, 정당내부에 특정한 연계를 형성하며 파벌을 조장하거나, 행정부처 장관이나 기관장들의 공식 권한을 넘어서는 만용을 부리게 된다. 한국정당정치가 혼란한 이유다. 한국의 대통령제가 정당정치와 조응성이 없다는 것은 바로 이런 측면 때문이다.

국가의제설정과 국정운영에 있어서 정당정치에 영향을 미치는 주요한 변수들의 연관성을 이해하기 위한 준거틀을 설정한 후에 정당-대통령, 정당-입법부, 정당-대통령-입법부의 관계 속에서 정당정치과정을 하나씩 논의해 보고자 한다.

1. 정당과 대통령

국가운영을 위한 의제설정과 정책결정의 메커니즘을 이해하기 위한 다양한 논의들이 있어 왔다. 거의 대부분의 연구는 한국의 국가의제설정 및 국정운영을 위한 정책 결정 메커니즘을 이해하는 것과 관련하여, 대통령과 비서실 내지는 관료조직들을 중심으로 논의가 진행하기도 했다.[16] 한편으로는, 이승만 정부, 장면 정부, 박정희 정부, 전두환 정부, 노태우 정부, 김영삼 정부, 김대중 정부, 노무현 정부, 이명박 정부, 박근혜 정부, 문재인 정부로 이어지는 시기에 대통령 개인의 리더십 스타일과 함께 국가운영을 위한 의제설정과 정책결정의 메카니즘을 이해하기도 한다.[17] 하지만, 한국정치과정에서 "1987년 민주화 이후"란 단서가 붙게 되면, 단순히 대통령 또는 행정부의 의사 독점이나 결정과정에서의 두드러진 역할에 대한 논의는 행정부만의 권력관계로 한정할 수 없으며, 정당이 대통령, 행정부, 입법부와의 관계 속에서 형성하는 상호 역학관계를 복합적으로 고려해야 할 필요성이 있다.[18]

국가운영을 위한 의제설정과 정책결정의 메카니즘을 이해하기 위한 '분석틀'의 형태가 어떤 것인지 도출하는 과정에서 두 가지 방법론적인 문제가 발생한다. 첫째, 1987년 민주화 이후를 그 이전과 구분하는 특성의 하나가 정책결정과정에서 영향력을 미치는 보다 다양한 세력이나 집단들을 인정하는 것이라면, 그 세력 및 집단의 범위를 어디까지로 규정해야 할 것인가 하는 문제가 생긴다. 대통령 자신, 비서실, 관료조직, 정당, 대중매체, 이익집단, 여론주도층, 노동집단, 외부전문가 등으로 많은 행위자들이 존재한다. 적어도 민주화 이후 국가의제설정과 운영을 위한 정책 결정에서 도외시되었거나, 포함되어야만 하는 가장 큰 변수를 무엇으로 규정하여 이들의 다양한 행위자들간의 관계를 체계화할 것인가를 생각할 필요가 있다. 둘째, 동시에, 1987년 민주화 이후에 다양한 정책결정자들이 존재한다고 하지만, 한국 정치과정은 여전히 행정부 우위적인 행태가 사라진 것은 아니다. 문민통치시대에는 상대적으로 입법부의 국가 의제 형성과 결정에 대한 영향력이 증대된 것도 사실이다. 하지만, 대통령 1인의 역할이 강조되는 현행 헌법상의 제도적 특성, 낮은 수준의 정당 제도화, 한국 정치문화적인 특성이 혼합되면서 여전히 행정부의 역할, 특히 대통령의 역할이 주도적이다. 대통령의 역할은 리더십 스타일에 따라서 다양하게 나타난다.

이러한 두 가지의 서로 모순된 성향을 포괄하면서 한국 정치과정에서 국가 의제설정과 정책결정을 이해하기 위하여 ①입법부-행정부 역학관계, ②정당정치적 특성, ③비공식적 기구에 의존 정도로 나누어 살펴보고자 한다. 1987년 이후 6공화국 헌법체계라는 제도적 특성과 현행 한국정치 문화를 복합적으로 고려할 때, 국가운영을 위한 의제설정과 정책결정의 메카니즘을 이해하는데 이상의 세 개 영역을 복합적으로 고려하는 것이 바람직할 것으로 판단된다. 한국 정치과정에서 국가 의제설정 및 정책결정이 시대 상황이나 제도적인 보완에도 불구하고 기본적으로 대통령을 중심으로 형성된 '위임 민주주의'(delegative democracy)라는 구조 속에 있는 것으로 가정하는

16 박동서 · 함성득 · 정광호, 『장관론』(서울: 나남, 2003). 함성득, 『대통령학』 제3판 (파주: 나남, 2016).

17 안병영, "정치인과 한국의 정책결정구조", 『한국행정학회 1994년도 국제학술대회 논문집』(1994), pp. 285-300. 한국대통령평가위원회 한국대통령학연구소, 『한국의 역대 대통령 평가』(서울: 조선일보사, 2002). 이종수, "우리나라 역대 행정부의 정책체제의 특징에 관한 고찰," 『한국행정사학지』 23 (2008), pp. 77-103. 이연호, 『불평등발전과 민주주의: 한국정치경제론』(서울: 박영사, 2013).

18 김욱, "대통령-의회관계와 정당의 역할," 『의정연구』 14 (2002), pp. 6-32. 조정관, "한국에서의 행정입법과 행정부·의회관계," 한국정치학회(편) 『한국의회정치와 제도개혁』(서울: 한울, 2004), pp. 156-179. 정진민, "정책정당 실현을 위한 내부 조건," 『한국정당학회보』 창간호 (2002), pp. 7-24. 이창길, "국정운영 조직의 시대적 변천과 미래 발전방향," 『한국조직학회보』 4:2 (2007), pp. 113-137. 김수진, 『한국 민주주의와 정당정치』, 서울: 백산서당, 2008). 박찬표, 『한국의회정치와 민주주의: 비교의회론의 시각』(서울: 오름, 2002). 김용호, 『한국정당정치의 이해』(서울: 나남, 2001). 김재한, 『분열의 민주주의』(서울: 소화, 2001). 김현우, 『한국정당통합운동사』(서울: 을유문화사, 2000). 강원택, 『한국의 정치개혁과 민주주의』(서울: 법문사, 2005). 김현우, 『한국국회론』(서울: 을유문화사, 2001).

것은 불가피할 것이다. 대통령제에서 정치과정은 그렇게 가정하는 것이 비현실적이기보다는 그렇게 가정하지 않는 것이 비현실적이다.[19] 그런 이유로 몇 가지 사항들에 유의하고자 한다.

첫째, 제도적으로 권력구조의 특성에 유의하고자 한다. 대통령의 리더십과 국가개혁과 관련하여 국가 의제 설정과 결정 과정에 나타나는 '위임 민주주의'가 형성되는 상황을 파악하는 것이 현실적이라는 의미이다. 1987년 이후 6공화국의 헌법은 대통령 1인에게 모든 힘이 집중된 상태에서 국가 의제설정과 정책결정이 진행될 가능성을 보여준다. 이것은 단순히 제도적 차원의 문제가 아니다. 설혹 정치제도적 차원에서 한국의 '대통령제'가 '제왕적 대통령제'가 아니더라도, 현실 정치과정에 정치문화적 차원이 혼합되면서 제왕적 대통령제처럼 기능하는 것이 사실이기 때문이다.[20] 위임 민주주의를 형성하는 상황을 대통령의 행정부 내에서의 위임의 정도와 입법부와의 관계 속에서의 위임의 정도를 두 축으로 하여 살펴볼 것이다. 민주 사회에서 권력은 분립되어 존재하지만, 대통령에게 지나치게 권한이 위임되는 형태로 운영될 수도 있다.

둘째, 해당 의제에 관한 아이디어가 도출된 맥락이 무엇인지는 단순히 권력구조적 형태뿐만이 아니라 한국 정치과정상에서 정당정치 그 자체가 갖는 특성과도 연관되어 있다. 한국 정치과정에서 국회에 소속된 정당들은 입법부로서 행정부를 견제한다기 보다는 국회 내부에서 여당과 야당으로 나뉘어서 국가 의제 설정과 결정을 한다. 한국의 입법부는 '대(對)행정부견제기능'이 강화되어 '입법부-행정부' 구도라기보다는 '여당-야당'의 구도로 기능하는 것이 현실이다. 이런 이유로 '당-정-청 협의회'는 정책수립과 집행의 효율성을 위한 긍정적 측면에도 불구하고, 자칫 입법부내에서 여당과 야당의 갈등구도를 확대재생산할 개연성이 존재한다. 의제설정과 결정과정에 정당이 지나친 선제권을 행사하는 경우엔 행정부와 입법부는 각각의 역할에 충실하기 위한 권력을 정당에 위임한 것이 된다.

셋째, 해당 의제가 설정되고 결정되는데 있어서 정책 결정 기구의 공식성 여부를 살펴보고자 한다. 대통령의 의제설정이 각 부처 장관이나 공무원들을 통한 '라인'(line)에 의해서 이루어진 것인지, 아니면 최고 권력자 주위의 보좌관 등의 가신(家臣)그룹이나 비공식적 조직 내지는 임의적인 기구들을 통한 '스탭'(staff)에 의해서 이루어졌는지를 판단하는 것이다. 특히 국가 의제의 설정이나 결정이 공식 라인을 통해서 이루어지지 않는 경우. 이는 정책의 정당성 차원에서 바람직한 것은 아닐 수 있다. 국가 의제설정과 정책결정은 대통령과 국무회의에 위임된 것이지 청와대 보좌관 회의에 위임된 것이 아니다.[21] 청와대 보좌진이 대통령의 참모로서 대통령의 국가의제설정과 정책입안과정을 보좌할 수는 있어도 정책결정의 내용이나 방향을 결정하는 식으로 영향을 미치는 것은 곤란하다. '위임민주주의'(delegative democracy)의 형식과 내용에서 반헌법적일 수 있는 것이다. 나아가, '위임민주주의'의 문제점은 행정-입법-사법부간의 권력분립의 원칙에도 불구하고 대통령이 사실상 이들 3부처에 대한 영향력을 행사할 수 있는 행정부의 독주적 상황하에서 나타난다. 입법부와 사법부가 독자적으로 권한을 행사하지 못하고 대통령 권한을 위임받아서 통치한다는 의미이다. '위임민주주의'가 극단적으로 나타나면 정치과정에서 입법부는 행정부의 시녀로 전락하게 된다.[22]

1) 대통령과 내각 및 입법부와의 관계

위임민주주의가 배태될 수 있는 권력 구조 상황은 슈가트와 캐리가 제시했던 ⓐ대통령의 내각과의 역학관계 및 ⓑ내각과 입법부의 역학관계로 설정된 '민주주의체제' 유형을 참조할 수 있을 것이다.

19 함성득, 『대통령학』 제3판 (파주: 나남, 2016).

20 함성득, 『제왕적 대통령의 종언』 (파중: 섬앤섬 2017).

21 第6공화국 헌법 제2절 제1관(款) 국무총리와 국무위원(제86조–제87조), 제2관(款) 국무회의(제88조–93조), 제3관(款) 행정각부(제94조–96조)에 권한의 소속과 내용을 명시하고 있다. 대표적인 것이 노무현 행정부에서 빈번했던 '위원회'의 설치이다. '위원회'는 대통령의 뜻을 더 직설적으로 받아들이고 수행하는 일종의 참모기관적 성격이 강한 곳이어서, 대통령의 뜻을 어느 정도 여과하여 받아들이고 수행하는 공식 라인조직인 '공무원조직'과 갈등을 유발할 수 있다.

22 대의제에서 국민으로부터 정치인이나 정치기관에 권한을 위임한다. 그런데 권한을 위임받은 자가 자신의 의지대로 할 수 있는지, 아니면 견제와 제어를 받아야 하는지에 대해선 시각 차이가 있을 것이다. '위임 민주주의'(delegative democracy)란 국민에게서 선출된 대통령이 임기동안 자신의 의지와 판단대로 국가를 통치하도록 권한을 위임받았다고 전제하는 민주주의 형태를 말한다. 이런 경우, 대통령을 견제할 수 있는 입법부와 사법부를 우회하며 대통령의 권력을 최대한 이용하여 의제를 설정하거나 정책을 결정한다. 위임민주주의의 정도가 지나친 경우엔, 민주주의라는 이름으로 행해지는 권위주의 체제에 가까운 기능을 보일 수 있어, 특정 인물이나 특정 기관으로 위임적 성향이 강력하게 나타나는 경우 '권위주의적 민주주의'(authoritarian democracy)라고 부르기도 한다. Guillermo O'Donelle, "Delegative Democracy"*Journal of Democracy*, 5:1 (1994), pp. 55–71. Catherine M. Conaghan, James M. Malloy and Luis A Abugattas, "Business and the 'Boys': The Politics of Neoliberalism in the Central Andes", *Latin American Research Review* 25:2 (1990), pp. 3–30.

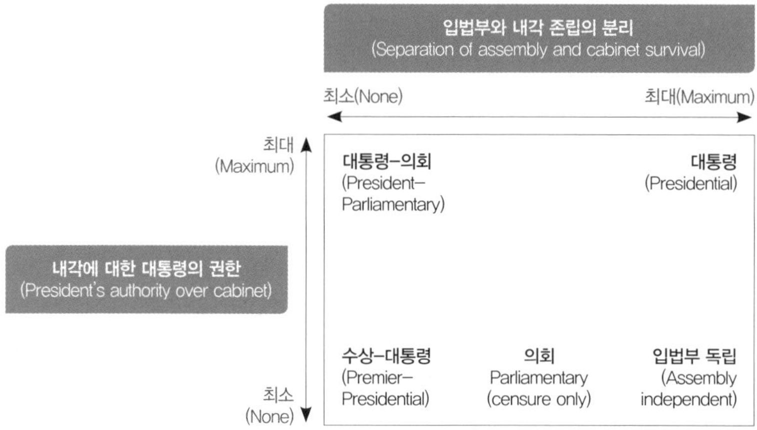

출처: "A typology of democratic regimes in two dimensions", Shugart and Carey, *Presidents and Assemblies: Constitutional Design and Electoral Dynamics*, Cambridge: Cambridge University Press, p. 26.

슈가트와 캐리의 민주주의 체제 유형을 참조하여, 국가 의제 설정과 결정의 유형을 '위임민주주의'의 내용과 연관시켜 이해한다면, 위의 그림에서 4개 꼭지점을 기준으로 다음과 같이 정리될 수 있을 것이다.

첫째, 국가 의제설정과 정책결정에 있어서 행정부 내에서 대통령과 장관들 사이에 권한 위임이 가능한 체제이다. 대통령의 내각(內閣)에 대한 권한이 강한 경우엔 사실상 부처별 모든 권한은 대통령에게 위임된 것이나 다름이 없을 것이다. 대통령은 총리의 제청으로 장관을 임명하지만, 대통령이 총리에 대한 임명권과 해임권을 갖고 있다면, 총리는 대통령에게 사전허가를 얻어서 대통령이 원하는 사람을 장관으로 제청할 것이다. 이것은 행정부내에서만 발생하는 위임민주주의적 상황이라고 할 수 있다. 위의 그림에서 '대통령-의회'(president-parliamentary)체제는 대통령이 임명하는 내각이 입법부의 신임과 불신임의 대상이 되기 때문에 행정부가 입법부에 대해서 위임민주주의적 행태를 보이기는 어렵다. 결론적으로 행정부 내부에서만 대통령의 장관들에 대한 위임민주주의적 행태가 나타난다.

둘째, 대통령의 내각에 대한 권한은 약하면서도 행정부의 내각이 의회로부터 독립하지 못하는 경우(즉, 의회의 신임이나 불신임에 종속되는 경우)인데, 이런 경우엔 국가 의제설정과 정책결정과정에서 입법부와 행정부가 상호간에 위임민주주의적 행태를 보이게 된다. 그림에서 '수상-대통령제'(premier-presidential)의 경우에 해당한다. 프랑스의 '이원집정부제'(semi-presidentialism)에서처럼 '여대야소'일 때에는 행정부가 입법부에 대해서 위임민주주의적 행태를 보이며, '여소야대'일 때에는 입법부가 행정부에 대해서 위임민주주의적인 행태를 보인다.

셋째, 그림에서 '입법부 독립'(assembly independent) 체제는 '여대야소' 및 '여소야대' 정국에 상관없이 행정부와 입법부 상호간에 위임민주주의적 행태를 보일 수 있는 체제이다.[23] 대통령의 내각에 대한 권한이 약하기에 내각은 일부 집단지도체제적 성격을 보일 수 있다. 국가 의제설정과 정책결정에 정치과정에서도 행정부 내부는 입법부의 위임민주주의적인 행태에 대항하여 집단지도체제적 위임민주주의적 성격을 띨 개연성이 높은 형태이다.

넷째, 대통령의 내각에 대한 권한이 강함과 동시에 내각이 국회로부터 독립성을 동시에 보장받는 곳인데, 위의 그림에서 '대통령제'(presiential)는 행정부 내부에서는 물론이고 행정부의 존립이 입법부의 신임이나 불신임에 종속되지 않음으로 인해서 대통령 중심의 '위임민주주의'가 가장 강하게 나타날 수 있다. 이런 경우는 다른 권력구조들과 비교하여 상대적으로 국가 의제설정과 정책결정에 있어서 대통령 중심의 위임민주주의적 행태가 나타나는 정도가 가장 높을 것이다. 1987년이후 한국의 경우는 이 경우에 해당되는 것으로 분류해 볼 수 있다.

1987년 이후 6공화국 헌법에서 대통령은 국무회의를 주관하며, 총리와 각 부 장관들을 임명하고 해임할 수 있다.[24] 이렇게 본다면, 한국의 국가운영을 위한 의사 및 정책결정에 있어서 대통령을 중심으로 한 내각은 대통령이 자신의 의도대로 독선적인 운영을 할 수 있는 제도적 근거는 분명하다. 비록 국회가 인사청문회라든지 임명동의안의 권한을 수행하지만 해임권은 유일무이하게 대통령만이 갖고 있으며 행사할 수 있다는 점에서 임명동의안은 사실상 허무한 피상적 권한에 불과하다. 1987년 이후에도 한국 국가 의제 설정과 결정에 '위임 민주주의'의 성향이 존재할 수밖에 없다. 포괄적으로 말하자면, 위임 민주주의란 '민주적 정책 결정'여부에 대한 대조적

23 내각이 입법부로부터 위임된 권한을 행사할 가능성은 정당의 성격과도 연관되어 있을 것이다. 행정부를 구성한 정당이 원외(院外) 정당의 성격을 갖고 있는 경우엔 '입법부 독립' 체제에서도 행정부 내각은 입법부로부터의 독립성이 반드시 보장되지 않을 것이다. 왜냐하면 행정부와 입법부는 원외 정당이라는 고리로 연결되어 있기 때문이다.

24 슈가트와 캐리는 대통령의 장관들에 대한 권한은 '해임권'의 소유여부가 결정적 권한이라고 보았다. '임명권'만 있고 '해임권'은 없는 경우, 대통령의 장관들에 대한 통제력은 현저히 저하된다고 본 것이다. Matthew Shugart and John Carey, *Presidents and Assemblies: Constitutional Design and Electoral Dynamics*, (NY: Cambridge University Press, 1992)

의미를 지니고 있다고도 볼 수 있을 것이다.

그렇다면, 1987년 6공화국 헌법이후 대통령의 민주적 정책 결정여부를 어떻게 평가할 수 있을 것인가? 이에 가장 근접한 의미에서 시행되었던 조사는 한국대통령평가위원회와 한국대통령학연구소가 다양한 분야의 전문가 500명을 대상으로 시행했던 "한국의 역대 대통령 평가"를 참조할 수 있을 것이다.[25] 김대중 대통령 이전의 한국의 역대 대통령에 대해서 '비전제시 능력', '인사관리 능력', '위기관리 능력', '민주적 정책결정 능력', '도덕성'의 항목을 대상으로 전문가 조사를 실시한 바 있다. 해당 조사보고서는 민주화된 정부에서도 김영삼, 김대중 대통령의 정치행태는 권위주의를 청산하지 못했다고 규정하고 있다. 궁극적으로 위임민주주의를 해하는 것은 대통령의 행태와 더불어 대통령의 '비선실세'들에 대한 정치과정에 개입에 있다. 노무현, 이명박, 박근혜, 문재인 정부에서도 예외없이 '비선라인'의 문제들이 지적되곤 했는데, 박근혜 대통령은 결국 탄핵까지 당하게 된다.

그럼에도 불구하고, 노무현 정부는 김영삼 정부나 김대중 정부와는 '위임민주주의'의 수준에서 차이를 보였다. 노무현 대통령이 창당했던 '열린우리당'은 분명 입법부에서 과반수 의석을 차지한 제 1당이었음에도 불구하고, 대통령의 의제설정과 정책결정과정은 김영삼, 김대중 두 대통령과 비교하여 보다 민주적인 것이었다는 것이 중론이다. 그렇다면, 같은 헌법 체계 하에서 왜 이러한 차이점이 발생하였는가? 당내 민주주의의 정도란 변수가 그 차이점을 이해하는데 중요한 변수일 것이다.

2) 당권과 대권의 분리 및 당내 민주주의와의 연관성

한국 정치과정에서 정당에 대한 대통령의 우월적 관계라는 현상은 위임민주주의의 또 다른 면모이다.[26] 이에 대한 치유책은 정당의 당내 민주주의를 강화하는 것이다. 위임 민주주의와 정당 정치의 특성을 반영하는 분석틀을 고안하여 사용하고자 한다. ⓐ 당권(黨權)과 대권(大權)의 분리, ⓑ 당내 민주주의의 정도라는 두 가지 차원으로 구분해서 다음과 같은 이론틀을 생각할 수 있다.

당권과 대권의 분리는 행정부의 수반인 대통령이 입법부에 진출한 정당의 수장인 당대표의 역할을 겸하지 못함을 의미한다. 즉, 과거 권위주의 정권하에서 대통령이 자신의 정당 총재를 겸하는 경우 이는 입법부 통제를 의미하기에 이를 극복하기 위한 것이다. 하지만 국가 의제 설정이나 결정과 관련하여, 민주화 시대 이후에 실질적인 당권과 대권의 분리가 일어났는가에 유의해야 할 것이다. 대통령 선거에서 대통령에 당선된 자를 도와주었던 정당 관계자들은(원내건 원외건 상관없이) 지속적으로 대통령과 정치적 유대감을 형성하는 것이 현실이다. 따라서 형식적으론 당권과 대권이 분리되어 있더라도 현실적으론 정당에 남아있는 대통령의 세력들은 여전히 대통령과 정치적 행보를 같이 하게 된다. 대통령은 후보 시절 당내 최대 계파이기에 당에서 후보로 공천되었을 가능성이 크기 때문에 대통령 당선 이후 정당은 여전히 대통령의 영향력에서 자유로울 수 없는 것이다. 물론 상대적인 관점에서 대통령의 정당에 대한 영향력은 과거보다 약함을 인정해야 하며, 이는 특히 노무현 대통령 임기 후반기 이후 나타난 현상이었다.

당내 민주주의 문제도 마찬가지이다. 비록 당권과 대권이 분리되었다고 해도, 당내 민주주의가 낮은 수준에 있는 경우엔, 특정 인물이나 당 대표를 중심으로 정당이 운영될 것이다. 6공화국 내에서 김영삼 정부, 김대중 정부, 노무현 정부는 어느 정도 차이를 보이기도 한다. 김대중 정부에서는 당권과 대권의 분리라는 현상이 나타났지만, 실질적인 차원으로 보기는 어렵다.

25 한국대통령평가위원회 한국대통령학연구소, 『한국의 역대 대통령 평가』 (서울: 조선일보사, 2002)는 응답자들에 대한 설문조사 기법은 '다속성 의사결정'(multi-attribute decision-making) 방식을 준용하기 위해 소위 '스윙기법'(swing weighting)이 사용된 조사이다. 이런 경우, 응답자들은 먼저 대통령 평가에 필요한 각 속성들에 대해서 먼저 순위를 나열하고, 그 후에 점수를 배정하게 된다. 따라서, 이런 조사기법을 쓰게 되면, 적어도 각 대통령들의 상대적 순위만큼은 분명해 질 것이다. 물론 국민들의 역대 대통령에 대한 평가결과는 조사시점과 시대변화에 따라서 변화할 가능성이 있다.

26 윤영오, "국회개혁에 관한 연구", 『한국정치학회보』 29:4 (1996), pp. 275-289. Cho Jung-Kwan, *From Authoritarianism to Consolidated Democracy in South Korea* (2000) Ph.D. dissertation, Yale University. 박찬표, "의회-행정부 관계의 유형과 변화: 약한 정책적 통제와 강한 정치적 통제의 부조화", 『의정연구』 12 (2001), pp. 71-98. 박찬표, 『한국의회정치와 민주주의: 비교의회론의 시각』 (서울: 오름, 2002). 조정관, "한국에서의 행정입법과 행정부·의회관계," 한국정치학회(편) 『한국의회정치와 제도개혁』 (서울: 한울, 2004), pp. 156-179.

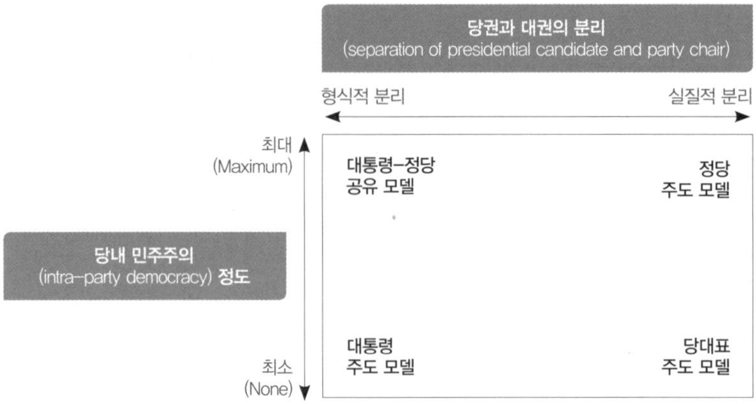

당내 민주주의의 정도는 노무현 정부로 오면서 더 높아졌다. 노무현 정부에서도 당권과 대권의 분리가 이루어졌다고 하지만 열린우리당은 노무현 대통령이 창당을 주도하였으며, 이는 또 다른 의미에서의 대권과 당권의 융합이다. 당권과 대권이 실질적으로 분리가 이뤄졌다고 보기 어려운 것이다. 단, 한국의 대통령제가 단임제임을 고려한다면, 레임덕(lame duck) 현상이 일찍 오며, 집권 전반기와 후반기는 국가 의제 설정과 결정에 있어서 대통령의 입김의 정도에 차이가 있을 수도 있다. 그럼에도 불구하고 종합적으로 한국의 국가 의제 설정과 결정 과정은 대통령 주도 모델에 가까울 것이다.

앞서 김영삼과 김대중 정부하에선 국회의원 공천권이 대통령의 의중에 있다고 해도 과언이 아니었다. 노무현 정부하에선 비록 완전하지는 않아도 상대적으로 그 입김이 약화되었으며, 이것은 당내 민주주의의 수준이 상대적으로 진일보한 것을 의미한다. 국가 운영을 위한 의제 설정과 정책결정 과정에서 공천권보다 더 직접적인 변수는 대통령과 입법부 내의 여당의 관계 속에서 규정된다. 대통령의 행정부와 입법부의 여당은 소위 '당정협의회'를 운영하면서 대통령과 내각의 입김이 입법부내의 여당에 스며들게 된다.[27] 단적으로, 당정협의회가 존재하는 경우엔 국가 의제설정이나 정책 운용과 결정 능력을 행정부에게 의존하는 형태로 나타나게 될 것이다. 노무현 행정부에선 일시적으로 '당정협의회'가 중단되기도 하였지만, 임기 말엔 다시 당정협의회의 부활가능성이 논의되면서, 당정협의회에 준하는 모임들이 회복되기도 하였다. 이것은 '위임 민주주의'보다는 '참여 민주주의'의 성향으로 대변되는 노무현 대통령의 리더십 스타일이 비록 '제퍼슨 모델'(Jefferson model: 의제설정과 정책결정과정에서 행정부와 입법부가 상호 대등한 관계의 모델)을 지향하였지만, 한국대통령 제도가 운용되어 온 관성 때문에 '해밀턴 모델'(Hamilton model: 의제설정과 정책결정에서 행정부가 입법부를 포괄적으로 지배하는 모델)에서 실질적으로 벗어났다고 단언하기 어렵다.

3) 법적 공식적 조직 및 선거 캠프조직에의 의존도

마지막으로, 국가 의제 설정과 결정에 있어서 논쟁적인 부분은 대통령이 공식적 법적 조직에 의존하느냐, 아니면 비공식적이고 임의적인 선거캠프 관련조직들에 의존하느냐의 문제이다. 대통령 선거에서의 승리를 도와준 선거 참모들이 대통령의 임기 내내 국가 의제 설정과 결정에 핵심적으로 참여하는 경우가 많다. 대통령도 그들이 정권 창출의 1등 공신이기 때문에 심지어는 그들에게 권한을 위임하기도 한다.

과거 기나긴 야당 생활을 했던 김영삼과 김대중 대통령은 정치적 운명을 같이한 가신 그룹을 갖고 있었으며, 이들을 중심으로 한 선거 참모들은 대통령 임기 동안 국가 의제의 형성과 결정에 많은 영향력을 행사하였다.[28]

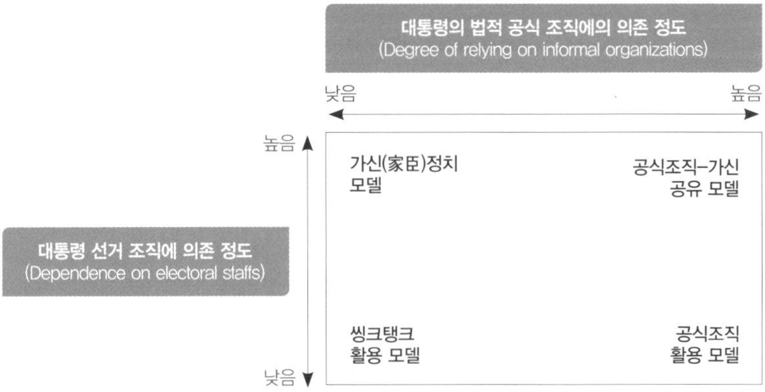

27 대통령제하에서 '당정협의회'의 필요성에 관한 대립되는 입장이 존재한다. 당정협의회가 있어야만 책임정치가 가능하다는 입장도 있고, 당정협의회는 행정부와 입법부내의 여당의 밀착관계로 행정부-입법부의 견제 구도를 무너트린다는 입장도 있다. 후자의 경우엔 입법부는 여당과 야당이 협력하여 행정부를 견제하여야 한다는 입장이며, 전자는 대통령의 선거 공약을 지키기 위해선 여당이 임기동안 입법부에서 대통령의 의중을 반영하는 정책결정을 하여야 한다는 입장이다.

28 함성득, 『제왕적 대통령의 종언: 한국의 대통령은 왜 계속 실패하는가 대통령 성공의 다섯 가지 조건』(고양: 섬앤섬, 2017) 제2장 참조. 해당 내용을 보면, 비교 관점에서 보자면, 박정희 대통령의 경우엔 전문 관료들이 상대적으로 더 국가 의제 형성과 결정에 관여하였다고 판단된다.

한국적 정치문화하에선 대통령 선거참모들의 역할이 대통령의 당선으로 한정되는 것이 아니고, 대통령직을 수행하는데까지 연장되어, 국가 의제 형성과 결정에 중요한 역할을 한다는 것이다. 노무현 정부까지의 국가 의제 형성과 결정 과정에 나타난 특성들은 일반적으로 공식조직-가신 공유 모델에 유사한 것으로 사료된다.

'절차적 의미의 민주주의'(procedural democracy)만을 성취한 노태우 정부와 '실질적 의미의 민주주의'(substantive democracy)를 성취해 나가기 시작한 김영삼 정부를 비교하면, 국가의제 설정과 정책결정 과정에서의 가장 큰 차이점이 '관료집단'의 역할일 것이다. 6공화국의 초대 정부인 노태우 정부는 과거 군사정부와의 연관성이란 단점을 극복하기 위해서 장관이나 관료들에게 더 많은 자율적 권한을 인정하였다. 역설적으로, 초대 문민정부인 김영삼 정부에서는 관료집단들의 역할이 상대적으로 축소되고 그 자리를 선거에서 핵심적 역할을 담당했던 가신그룹들이 차지하게 된다. 이것은 김대중 정부에서도 예외없이 동일하게 나타났으며, 가신그룹들의 역할은 오히려 더 강화되는 성향마저 보인다. 단, 김대중 정부에서는 임기 초반인 1998년에 '노사정 협의회'가 구성되어 제도권 내의 정책결정과정에 지속적으로 배제되었던 노동의 영역을 포함시키는 계기를 마련한다.

노무현 정부 이후엔 다양한 위원회들을 설립하여 공식조직의 활용 이상으로 자신과 국정 철학이 비슷한 싱크탱크 집단을 국가 의제설정과 정책결정과정에서 활용하게 된다. 하지만 이러한 싱크탱크 집단은 어떤 의미에서 선거 당선을 도와준 참모들을 중심으로 확장된 것이어서 진정한 의미에서[즉, 국정운용을 위한 '탕평책'(蕩平策)이란 의미에서] 싱크탱크의 활용과는 거리가 있다. 따라서, 그 어느 때보다도 국가운용을 위한 정책결정과정에서 '코드인사'란 비난에 시달렸음은 주지의 사실이다. 선거 참모를 중심으로 형성된 싱크탱크는 노무현 정부의 국정철학인 '권력의 분권'과 '대중들의 참여'를 반영하는 것과는 거리가 있었다. 노무현 대통령의 정책결정과정에 대한 철학을 반영하는 가장 큰 결과물은 아마도 지방선거에서 '주민소환제'(recall)를 제도화해 나가기 시작한 것으로 보는 것이 타당할 것이다. 그리고 이러한 직접 민주주의와 참여 민주주의적 행태는 이후 사회 구성원들이 국가 정책결정과정에 대한 불만 여부를 표출하는 '촛불시위'라는 행태로 이어지는 계기가 된다.[29]

국가 의제의 설정과 결정은 선거를 통해서 그러한 권한을 위임받은 행정부의 고유 권한이라고 주장하는 사람들도 있다. 비록 이러한 입장을 용인해 준다고 하더라도, 민주사회에서 국가 의제의 설정과 정책의 결정이 사회 구성원들로부터 정당성을 확보하려면 입법부로 부터의 합의가 필요하며 법적으로도 공식화된 기구를 통해서 이루어져야 할 것이다. 더 분명한 것은 앞서 제시한 세 가지의 분석틀이 국가의 의제설정과 정책결정 과정에 복합적으로 작용하는 역학이라는 것이다. 결론적으로 앞 부분에 제시된 세 가지 개념도를 통해서 국가 의제설정과 정책결정에 관여하는 주체들의 역학관계를 입체적으로 이해할 수 있을 것이다.

국가 의제 설정과 결정은 대통령의 개인적 자질과 리더십 스타일에 영향을 받게 된다. 즉, 자신이 모든 의제를 설정하고 결정해 나갈 능력이 부족한 대통령은 그렇게 할 수 있는 권한이 있어도 자신의 권한을 내각에게 위임할 수도 있다. 반면에 그럴 능력이 있는 대통령은 자신에게 그러한 권한이 제한적으로 주어져도 모든 의제 설정과 결정에서 주도적인 역할을 할 수도 있을 것이다. 국가 의제설정과 정책결정 과정에 관련해서는, 대통령에 의한 것이든, 내각에 의한 것이든, 입법부에 의한 것이든, 아니면 행정부-입법부 상호간에 의한 것이든, 다양한 형태의 '위임민주주의'적 특성이 나타날 수 있다.

어디까지가 위임이고 어디까지가 위임이 아닌가를 판단하는 것은 단순하지 않은 문제일 것이다. 동시에 민주사회에선 '합리적 무지'(rational ignorance)라는 현상도 존재할 것이다. 공공선택이론(public choice theories)에선 인간들이 모든 정보를 알 수도 없으며, 시간이 한정되어 있기 때문에 당장 자신에게 돌아올 혜택이 한정되거나 극히 적은 것이라면 다른 사람들이 누리는 혜택에 대해서는 합리적으로 무시한다는 것이다.

국가 의제의 설정과 결정에는 '정치적 선제권'(political initiative)이란 개념이 기본이 되어야 할 것이다. 위임의 정도나 합리적 무지란 개념에 상관없이 다음과 같은 내용들을 논할 수 있을 것이다. 한국은 대통령제 국가이다. 의원내각제와 비교하여 대통령제가 갖는 특성들 중의 하나는 정치적 책임의 소재가 분명하다는 점이다. 따라서 책임을 지게 되는 대통령 1인이 보다 막강한 권한을 행사하며 정치적 선제권을 쥐게 되는 것은 당연할 수도 있다. 정치적 선제권이란 현실적 개념에 의존한다면, 국가 의제 설정 과정에서 해당 의제에 관한 아이디어가 도출된 맥락이 무엇인지, 해당 의제가 설정되는데 있어서 대통령의 상황인식이 어떠했는지, 어떠한 옵션이 있었는지 어떠한 사회적 갈등과 쟁점들에 대한 정책적 대응으로서 그러한 국가의제가 우선

29 한국 정치사회과정에서 '촛불시위'의 원동력을 2002년 월드컵에서의 시민응원문화와 연관시키기도 한다.

순위를 점할 수 있었던 것인지, 국가의제의 내용적, 절차적 합의를 어떠한 방식으로 이끌어 냈는지에 관해서 논할 수 있는 준거점이 제공될 것이다.

1987년 체제 이후 한국 정당정치는 여전히 공식조직-가신 공유 모델의 형식을 취하고 있으며, 인물 중심의 정치체계이다. 중요한 것은, 인물중심의 정치체계이다 보니 몇몇의 인물로부터의 유산 정치적 성향이 강하게 나타난다. 그 인물들은 보수 2명, 진보 2명으로 정리되며, 특히 몇몇 인물들의 남겨진 정치적 '유산'(遺産; 레거시: legacy)이 지속적으로 한국 정치과정에 영향을 미치게 되며 '레거시 정치'(legacy politics)를 형성한다. '박정희 레거시', '김영삼 레거시', '김대중 레거시', '노무현 레거시' 등이다. 박근혜는 '박정희 레거시'의 연장선상에 존재하고 있으며, 문재인은 '노무현 레거시'의 연장선상에 존재하고 있다.[30]

2. 정당과 입법부

21세기에 들어서면서 한국의회정치과정에서의 시대적 요구는 '정책정당화'였으며 이를 위해서 '원외'보다 '원내'의 역할이 강조되었다.[31] 의회정치의 입법과정에서 논의의 출발점은 바로 '교섭단체'(交涉團體) 제도이다. '의회정치'는 '정당정치'를 근간으로 하기에 순조롭기 어렵다. 정당들과 의원들의 첨예한 요구들로 가득찬 국회의 운영을 원활하게 하는 취지로 현재 한국의 국회법은 '교섭단체' 제도를 활용하고 있는데, 교섭단체를 구성하는 방식에는 두 가지가 있다.[32] 첫째, 20인 이상의 소속의원을 가진 정당은 하나의 '교섭단체'를 구성할 수 있도록 하고 있다. 둘째, 어떤 다른 교섭단체에 속하지 않는 20인 이상의 의원으로도 따로 교섭단체를 구성할 수 있다. 정당의 교섭단체장은 '원내대표'이다.[33]

입법과정에서 정당은 경쟁전략과 타협전략이란 두 개의 전략을 복합적으로 구사한다. 단순히 제도적 차원을 넘어서 한국의 정치문화를 복합적으로 고려할 때, 국회 내에서의 입법과정은 '원내대표'의 정치력에 좌우될 소지가 크다. 물론, 원내대표의 리더십은 정당기율이 강한 곳에서 더욱 효율적으로 발휘될 것이다.[34] 원내대표의 정치력은 국회내의 여타 원내대표들과의 입법과정에서 두드러지게 된다.

대한민국의 모든 법률 즉 국회에서 의결되어 대통령 또는 국회의장이 공포하여 시행되었거나 시행된 모든 법률은 그 명칭과 번호를 가진다(법령 등 공포에 관한 법률 제10조 제1항). 법률은 국회의원 10명 이상의 찬성으로 발의하고(국회법 제79조), 이는 해당 상임위원회에 회부되는데(국회법 제81조), 위원회에서 심사를 마친 법률안 또는 위원회가 입안한 법률안은 법제사법위원회에 회부하여야 한다(국회법 제86조 제1항). 이렇게 법제사법위원회의 심사를 마친 법률안은 본회의에 상정되고, 국회의원 과반수의 출석과 출석의원 과반수의 찬성으로 의결한다(국회법 제109조).

행정부의 수반인 대통령과 같은 당 즉 여당(與黨)이 정부의 정책을 뒷받침하기 위한 법률을 제정하려 하거나, 국회의 다수당인 야당(野黨)이 정부의 정책과 배치되는 법률을 제정하려고 시도하는 경우, 이에 반대하는 상대 당의 대응방법은 위의 법률 제정절차에 따르면 비교적 단순하다. 즉 해당 상임위에서의 심사 및 의결을 저지하거나, 상임위를 거친 법률을 법제사법위원회에서 본회의에 상정하지 않는 것이다. 특히 국회의 관행상 법제사법위원장은 야당(野黨)의 몫으로 배당되므로, 이와 같은 저지책은 특별한 의미를 가지게 된다.

민주적인 합의 도출을 강조하는 상황에서 정당간에 높은 갈등수준을 보이는 경우엔 원내대표의 리더십에 의존하는 데 한계가 있다. 한국의 경우, 최종 정책결정을

30 '레거시 정치'(legacy politics)는 선임자의 유산(遺産)의 연장선상에서 현재의 정치가 자리매김하는 것을 말한다. 함성득, 『제왕적 대통령의 종언: 한국의 대통령은 왜 계속 실패하는가 대통령 성공의 다섯 가지 조건』 (고양: 섬앤섬, 2017). Christopher H. Achen and Larry M. Bartels, *Democracy for Realists: Why Elections Do Not Produce Responsive Government* (Princeton: Princeton University Press, 2016). 조찬수, "Policy Legacy, Asymmetric Polarization, and Obamacare", 『평화연구』 26:1 (2018), pp. 399–434.

31 정책정당, 원내정당화를 강조하는 연구들은 다음을 참조할 수 있다. 조기숙, "정당과 정책." 심지연 (편), 『현대 정당정치의 이해』, (서울: 백산서당, 2003), pp. 267–296. 임성호, "원내정당화와 정치개혁: 의회민주주의 적실성의 회복을 위한 소고", 『의정연구』 9:1 (2003), pp. 133–166. 정진민, "정당정치의 제도화와 한국 정당의 과제", 『한국정치연구』 17:2 (2008), pp. 33–53. 김민전, "민주적인 의회운영과 정당", 『정치와 평론』 2 (2008), pp. 7–22. 정진민, "원내정당론을 둘러싼 오해들에 대한 정리", 『한국정치연구』 18:1 (2009), pp. 29–49. 채진원, "원내정당모델의 명료화: 대안적 정당모델과의 비교 논의", 『의정연구』 16:2 (2010), pp. 5–37. 안철현, "대중정당론과 원내정당론 논쟁에 대한 비판적 고찰", 『사회과학연구』 28:4 (2012), pp. 117–133. 채진원, "진영논리의 극복과 중도정치에 대한 탐색적 논의", 『민주주의와 인권』 14:1 (2014), pp. 307–343.

32 국회법 제33조 1항 참조.

33 한국 국회사를 볼 때, 현재 정당의 '원내대표'라는 직함은 과거 '교섭단체장', '교섭단체대표의원'의 명칭을 거쳐서 지금의 '원내대표'로 변화한 것이다.

34 Barbara Sinclair, "The Emergence of Strong Leadership in the 1980s House of Representatives", *The Journal of Politics*, 54:3 (1992), pp. 657–684. 싱클레어에 따르면, 미국 의회에서 정당리더십의 발현이 입법 성공의 확률을 증가시키는 것으로 나타난다. 하지만, 싱클레어의 연구는, 정당리더십이 기회주의적인 경향을 배제할 수 없음을 동시에 보여준다. 의회에서 정당리더십은 당의원들이 도움을 필요로 하거나, 그러한 도움을 행할 때 발생하는 비용이 최소한화 될 때 가장 크게 발현되었다. 정당기율이 있는 조직에선 당내 의원들에게 정당리더십을 행사함에 있어서 비용이 최소화될 개연성이 크다.

위해 소위 '국회선진화법'이란 것을 만들어서 운영하고 있다.[35] 시중에서 '국회선진화법'이라는 것의 구체적 내용은 ① 국회의장의 의안에 대한 본회의 직권상정의 제한, ② 안건신속처리제[이른바 '패스트트랙'(fast track)], ③ 합법적 의사진행 방해(이른바 '필리버스터'), ④ '국회 회의 방해 금지와 이에 따른 처벌'로 구성되는 종합적인 것이다.

1) 국회의장 직권상정의 제한

달(R. Dahl)은 민주주의가 순기능하기 위해서 많은 사람들이 공감하는 '의제설정'(agenda setting)의 중요성을 강조한 바 있다.[36] 그리고 다양한 의제설정의 우선순위를 어떻게 정할 것이며, 이를 민주적인 절차로 운영되느냐가 해당 정치체계의 정치적 순기능에 중요한 요소라고 보았다.[37]

이해관계가 첨예하게 대립되는 법률에 대하여 이를 반대하는 정당은 거의 대부분의 경우 해당 법률의 제정을 저지하는 것이 가능하다는 결론에 이른다. 그런데 이와 같은 개별 상임위원회 및 법제사법위원회의 심사를 거치지 않고, 국회의장이 바로 본회의에 해당 안건 즉 법률안을 상정할 수 있다면 어떻게 될 것인가? 국회의 본회의는 재적의원 과반수의 출석과 출석의원 과반수의 찬성으로 의결한다(헌법 제49조; 국회법 제109조). 즉 이에 따르면 재적 과반수를 확보한 다수당은(다수당은 당연히 국회의장을 내게 됨) 반대 정당의 의사에도 불구하고 법률안을 통과시킬 수 있게 된다.[38]

'직권상정'이란 위 국회법 규정에 따라 국회의장이 정한 심사기간을 도과(徒過)한 안건에 대해 국회의장이 바로 본회의에 부의하는 권한을 행사하는 경우를 의미하는데, 그 자체로 국회법 상의 용어는 아니다. 하여간 위 구법(舊法) 규정에 따르면 국회의장은 특정 법률안에 대하여 무제한적으로 본회의에 회부할 수 있는 권한을 가지게 된다. 환언하면 국회의장은 해당 상임위원회 또는 법제사법위원회에서 처리가 지연되고 있는 법률안에 대하여 일정한 기간 내에 처리할 것을 명하고, 해당 위원회가 이 기간이 지나도록 법률안을 본회의에 부의하지 않는 경우, 이를 바로(=職權으로) 본회의에 부의할 수 있었던 것이다. 이와 같은 직권상정에 의한 법률안의 국회 의결에 대하여 다수당의 횡포라는 의미를 담아 '날치기'라는 표현을 사용하는 경우가 적지 않았다. 따라서, 2012. 5. 25. 법률 제11453호로 일부 개정된 국회법은 국회의장이 특별한 경우에만 심사기간을 지정하고, 이를 도과한 경우 본회의에 부의할 수 있도록 하였다. 한편 이 조항은 2018. 4. 17. 법률 제15620호로 다시 일부 개정되었는데, 이는 표현의 일부를 수정한 것에 불과하고 전체적인 내용은 2012년 법률과 동일하다.[39]

국회의장은 천재지변, 국가비상사태와 같은 특수한 경우에만 상임위를 거치지 아니한 법률안을 본회의에 부의할 수 있는 것이다. 즉 이에 따르면 구법(舊法)상의 이른바 '직권상정'(職權上程)은 평시에는 거의 기능할 수 없게 되는 것이다. 이것은 국회의장이 당적을 벗어나서 중립성을 강조함에도 당파성에서 자유롭기 어려운 상황을 반영한 것이다. 최종 정책입안을 함에 있어서 국회의장의 직권상정의 권한을 크게 제한하는 것은 반대급부적으로 국회의장의 정치력이나 리더십에 의존하게 됨을 의미한다.

한국의 경우를 보면, 국회의장의 리더십 스타일은 의장 개인의 고유한 스타일이며, 이러한 스타일은 제도적, 정치적 상황에 영향을 받아서 변하지 않는다는 연구가 있다.[40] 이것은 한국의 국회의장이 국회 제1당의 의원총회에서 선출되느니 만치,

35 대한민국의 모든 법령 및 자치법규(폐지된 것을 포함한다)를 제공하는 법제처의 '국가법령정보센터'에서는 '국회선진화법'이라는 명칭의 법률을 찾을 수 없다. 周知하는 것과 같이 대한민국에 '국회선진화법'이라는 법률은 존재하지 않는다. 흔히들 '국회선진화법'이라고 하는 존재의 실체는 개별의 單行法이 아닌, 국회에서의 법률의 의결절차에 관련된 「국회법」의 일부 조항의 群, Group, 集團 등으로 보는 것이 적확할 것이다.

36 Robert A. Dahl, *Democracy and its Critics* (New Haven: Yale University Press, 1989). Robert A. Dahl, *On Democracy* (New Haven: Yale University Press, 2000).

37 정치일정에서 '투표의 순환현상'(cyclical effect)을 해결하는 것은 정치인의 리더십을 통해서 안건에 대한 우선 순위를 결정하는 것 이외에는 뾰족한 묘수가 없다. Kenneth Joseph Arrow, *Social Choice and Individual Values* (New York: Wiley, 1951). James M. Buchanan and Gordon Tullock, *The Calculus of Consent: Logical Foundations of Constitutional Democracy* (Ann Arbor: University of Michigan Press, 1962).

38 舊 국회법(법률 제7614호)의 규정은 다음과 같다. 제85조 (심사기간) ①의장은 위원회에 회부하는 안건 또는 회부된 안건에 대하여 심사기간을 지정할 수 있다. 이 경우 의장은 각 교섭단체대표의원과 협의하여야 한다. 〈개정 2005.7.28.〉 ②제1항의 경우 위원회가 이유없이 그 기간내에 심사를 마치지 아니한 때에는 의장은 중간보고를 들은 후 다른 위원회에 회부하거나 바로 본회의에 부의할 수 있다.

39 2018. 4. 17. 법률 제15620호는 다음과 같다. 제85조(심사기간) ①의장은 다음 각 호의 어느 하나에 해당하는 경우에는 위원회에 회부하는 안건 또는 회부된 안건에 대하여 심사기간을 지정할 수 있다. 이 경우 제1호 또는 제2호에 해당할 때에는 의장이 각 교섭단체 대표의원과 협의하여 해당 호와 관련된 안건에 대해서만 심사기간을 지정할 수 있다. 1. 천재지변의 경우, 2. 전시·사변 또는 이에 준하는 국가비상사태의 경우, 3. 의장이 각 교섭단체 대표의원과 합의하는 경우. ②제1항의 경우 위원회가 이유 없이 지정된 심사기간 내에 심사를 마치지 아니하였을 때에는 의장은 중간보고를 들은 후 다른 위원회에 회부하거나 바로 본회의에 부의할 수 있다.

40 최준영·신택수, "민주화 이후 역대 국회의장의 리더십 스타일: 새로운 측정과 분석", 『한국정치연구』 24:3 (2015), pp. 29–53.

입법부내 정당의 상황을 신경쓸 필요는 없다는 것이다. 한국 입법부에서 국회의장의 당파적 리더십 스타일은 의장직 수행시 '당적이탈의무' 조항이나 '직권상정권한'의 엄격한 제한과 더불어서 과거와 비교하여 당파성의 정도에 변화가 있는 것이 사실이다. 그럼에도 불구하고, 현실정치에선 입법부의 중립적인 중재자의 역할을 넘어서서 때로는 당파적인 역할 수행의 첨병으로 행동해야 하는 강제적 분위기가 당내에 형성될 수 있다.[41]

입법부 수장들의 리더십 행태는 입법부 수장이 속한 정당이 의회에서 강한 힘을 발휘할 수 있는 상황인지(여당의 위치 내지는 다수의석 점유 상황) 아닌지에 따라서 다르게 나타날 것이다. 일반적으로 기대할 수 있는 상황은, 입법부 수장이 소속된 정당의 정치적 입지에 따라서 리더십스타일이 영향을 받는 것이다. 경험적 연구를 보면, 입법부 수장이 소속된 정당이 강한 힘을 발휘하는 정치적 상황에 있다면, 업적이나 목표지향적인 리더십스타일을 보이고, 반대로 강한 힘을 발휘할 수 없는 상황에선 교섭이나 정비지향적인 리더십스타일을 보이게 될 것이다.[42]

2) 안건의 신속 처리

입법지연을 방지하기 위한 가장 현실적인 방안은 국회의장이 역할하는 것인데, 궁극적으로 당파성에서 자유롭기 어려운 국회의장에게 직권상정제도는 극도로 제한되기 마련이다.[43] 어떠한 법률안에 대하여 국민적 공감대가 형성되어 있고, 이에 대하여 여야의 의사합치가 존재하면서 또한 해당 법률안의 신속한 통과가 요망되는 경우에는 오랜 시간이 걸리는 해당 상임위 및 법제사법위원회의 심사를 거칠 필요가 없는 경우가 있을 수 있다. 특히 위에서 보는 것과 같이 법률안의 신속한 처리를 위한 국회의장의 '직권상정'이 사실상 봉쇄된 상황에서는 더욱 그러하다. 이와 같은 현실적 필요성에 따라 국회법은 국회의원 재적 과반수의 동의로 법률안 등의 '신속처리안건지정동의'가 가능하고, 해당 법안은 본회의(또는 소관 위원회)에서 재적 국회의원 5분의 3 이상의 찬성으로 의결된다.[44]

신속처리대상안건에 대해 해당 상임위는 최장 180일, 법제사법위원회는 최장 90일 내에 각 심사를 마쳐야 한다. 한편 해당 안건에 대하여 본회의 부의가 없는 경우이는 60일 내에 본회의에 상정되어야 한다. 그렇다면 회기 내에 있는 한 신속처리대상안건은 최장 330일 이내에 본회의에 상정될 수 있다. 2019년 20대국회 '공직선거법

개정안'과 '공수처설치법'을 '패스트트랙'에 올리게 되었다. 그 과정에서 여야의 대치가 극한 상황으로 치닫게 되었다.

41 전진영, "역대 국회의장의 제도적 권한 및 당파적 역할의 변화와 지속", 『의정논총』 13:1 (2018), pp. 211-231.

42 Joseph Cooper and David W. Brady, "Institutional Context and Leadership Style: The House From Cannon and Rayburn", *American Political Science Review*, 75:2 (1981), pp. 411-425.

43 이송호, 정원영, "국회의장의 갈등조정력 강화 방안에 관한 연구" 『의정논총』 9:1 (2014), pp. 5-41.저자들은 쟁점법안에 대하여 여야협상이 결렬될 경우, 국회의장이 합의요청-재협상지원-양보유도-중재안설득 등의 방식을 순차적으로 사용하도록 법적 의무화를 마련해야 한다고 본다. 여야간에 첨예한 대립을 보이는 쟁점법안에 대해서 의장의 중재적 행동이 효과를 가질지는 미지수이다.

44 다음과 같은 규정을 두고 있다. 아래의 규정은 2012. 5. 25. 법률 제11453호로 신설된 조문이, 2018. 4. 17. 법률 제15620호로 다시 개정된 것인데, 양자의 내용상의 차이는 없다. 즉 이 규정은 2012년의 이른바 '국회선진화법'의 제정 이전에는 존재하지 않던 것이다.

85조의2(안건의 신속 처리)

① 위원회에 회부된 안건(체계 · 자구 심사를 위하여 법제사법위원회에 회부된 안건을 포함한다)을 제2항에 따른 신속처리대상안건으로 지정하려는 경우 의원은 재적의원 과반수가 서명한 신속처리대상안건 지정요구 동의(動議)(이하 이 조에서 "신속처리안건 지정동의"라 한다)를 의장에게 제출하고, 안건의 소관 위원회 소속 위원은 소관 위원회 재적위원 과반수가 서명한 신속처리안건 지정동의를 소관 위원회 위원장에게 제출하여야 한다. 이 경우 의장 또는 안건의 소관 위원회 위원장은 지체 없이 신속처리안건 지정동의를 무기명투표로 표결하되, 재적의원 5분의 3 이상 또는 안건의 소관 위원회 재적위원 5분의 3 이상의 찬성으로 의결한다.

② 의장은 제1항 후단에 따라 신속처리안건 지정동의가 가결되었을 때에는 그 안건을 제3항의 기간 내에 심사를 마쳐야 하는 안건으로 지정하여야 한다. 이 경우 위원회가 전단에 따라 지정된 안건(이하 "신속처리대상안건"이라 한다)에 대한 대안을 입안한 경우 그 대안을 신속처리대상안건으로 본다.

③ 위원회는 신속처리대상안건에 대한 심사를 그 지정일부터 180일 이내에 마쳐야 한다. 다만, 법제사법위원회는 신속처리대상안건에 대한 체계 · 자구 심사를 그 지정일, 제4항에 따라 회부된 것으로 보는 날 또는 제86조제1항에 따라 회부된 날부터 90일 이내에 마쳐야 한다.

④ 위원회(법제사법위원회는 제외한다)가 신속처리대상안건에 대하여 제3항 본문에 따른 기간 내에 심사를 마치지 아니하였을 때에는 그 기간이 끝난 다음 날에 소관 위원회에서 심사를 마치고 체계 · 자구 심사를 위하여 법제사법위원회로 회부된 것으로 본다. 다만, 법률안 및 국회규칙안이 아닌 안건은 바로 본회의에 부의된 것으로 본다.

⑤ 법제사법위원회가 신속처리대상안건(체계 · 자구 심사를 위하여 법제사법위원회에 회부되었거나 제4항 본문에 따라 회부된 것으로 보는 신속처리대상안건을 포함한다)에 대하여 제3항 단서에 따른 기간 내에 심사를 마치지 아니하였을 때에는 그 기간이 끝난 다음 날에 법제사법위원회에서 심사를 마치고 바로 본회의에 부의된 것으로 본다.

⑥ 제4항 단서 또는 제5항에 따른 신속처리대상안건은 본회의에 부의된 것으로 보는 날부터 60일 이내에 본회의에 상정되어야 한다.

⑦ 제6항에 따라 신속처리대상안건이 60일 이내에 본회의에 상정되지 아니하였을 때에는 그 기간이 지난 후 처음으로 개의되는 본회의에 상정된다.

⑧ 의장이 각 교섭단체 대표의원과 합의한 경우에는 신속처리대상안건에 대하여 제2항부터 제7항까지의 규정을 적용하지 아니한다.

3) '무제한토론' 제도의 도입

국회운영에서 정당간 경쟁규칙은 공정한가? (교섭단체, 원내대표 중심의 의사진행)[45] 어차피 정당간 의석수의 크기가 경쟁의 본질을 좌우하게 되는 것이 현실이다. 국회의장의 직권상정이 불가능하다고 하더라도, 위에서 본 것과 같이 특정한 법률안의 통과에 찬성하는 세력이 국회의원 재적의 5분의 3(대략 180석)이상인 경우, 위에서 살펴본 이른바 'fast track'의 절차에 의하여 본회의 통과가 가능하다는 결론에 이른다.

그렇다면 특정한 안건의 본회의 통과를 저지하기 위해, 결국, 유형력(有形力)을 사용하지 않는 형태로 본회의 등의 의사절차를 방해할 수 있는 절차를 생각해 볼 수 있다. 이는 이른바 '필리버스터'(filibuster)라는 명칭으로 외국에서는 빈번히 행해진 반면, 우리 법에서는 이에 대한 특별한 규정이 없었으나, 2012년 국회법 개정 당시'무제한 토론'이라는 명칭으로 처음 도입된 것이다. 이는 시간의 제한을 받지 않는 토론으로, 재적의원 3분의 1 이상의 요구로 가능하다.[46] 해당 의회기(議會期: 19대 국회, 20대 국회 등)가 임기만료로 막을 내리면 회기에 있던 안건들도 모두 폐기되므로(헌법 제51조) 임기만료시까지 토론을 지속하여 표결할 수 없도록 한다는 취지이다. 무제한 토론의 주제는 특별한 제한이 없으므로, 현행법의 해석으로는 안건과 관계가 없는 사항을 장시간 낭독하는 형태도 허용된다고 볼 여지가 있다. 현행법에 따르면, 무제한토론은 의원 1명당 1회만 할 수 있지만, 무제한토론에 나설 의원이 있는 한 회기가 종료되는 시점까지 가능하게 되는 것이다. 20대 국회에서 필리버스터는 두 번 사용되었는데 한 번은 '테러방지법'에 반대하는 열린우리당 의원들의 무제한 토론이 있었고, 또 한 번은'선거법개정안'에 반대하는 자유한국당 의원들의 무제한 토론이 있었다.

4) 회의방해금지와 처벌

특정한 안건 등의 처리를 위해 가능한 방법으로는 위에서 살펴본 국회법의 절차에 의한 저지 외에도, 사실상의 힘 즉 물리력을 동원하는 경우를 생각해 볼 수 있다. 예를 들어 본회의장을 점거하는 경우 또는 본회의를 진행하는 국회의장의 이동의 자유를 박탈하는 경우 등이다. 이와 같은 사실상의 저지방법은 우리 헌정사에도 여러 번 확인할 수 있다. 그런데 위에서 살펴본 것과 같이 소수당이 합법적으로 다수당의 일방적인 안건의 통과를 저지할 방법을 가지고 있는 이상, 물리력을 이용한 강압적 수단에 의한 국회의 회의 저지는 허용되지 않아야 한다는 결론에 이를 수도 있다.

종래 국회의 회의를 방해하는 것에 대한 일반적인 처벌규정은 존재하지 않았다. 물론 개별사안에 대하여 폭행 등으로 공소를 제기하는 것은 가능했지만, 국회 내에서의 물리적 회의 저지는 의정활동의 연장선상에 있다는 인식과 함께, 국회의 자율영역에 속하는 사항에 대하여 검찰과 법원이 개입하는 것이 적절하지 않았다는 고려에 기인한 것으로 볼 여지가 있을 것이다. 한편 2013. 8. 13. 법률 제12108호로 일부 개정된 국회법은 국회의 회의를 방해할 목적으로 폭력행위 등을 하여서는 안된다는 의무를 부과하고, 이를 위반한 경우 처벌하도록 하는 규정을 신설하였다.[47]

45 음선필, "한국정치의 경쟁규칙은 공정한가?" 『제도와 경제』 9:1 (2015), pp. 7–17.

46 **제106조의2(무제한토론의 실시 등)**

① 의원이 본회의에 부의된 안건에 대하여 이 법의 다른 규정에도 불구하고 시간의 제한을 받지 아니하는 토론(이하 이 조에서 "무제한토론"이라 한다)을 하려는 경우에는 재적의원 3분의 1 이상이 서명한 요구서를 의장에게 제출하여야 한다. 이 경우 의장은 해당 안건에 대하여 무제한토론을 실시하여야 한다.

② 제1항에 따른 요구서는 요구 대상 안건별로 제출하되, 그 안건이 의사일정에 기재된 본회의가 개의되기 전까지 제출하여야 한다. 다만, 본회의 개의 중 당일 의사일정에 안건이 추가된 경우에는 해당 안건의 토론 종결 선포 전까지 요구서를 제출할 수 있다.

③ 의원은 제1항에 따른 요구서가 제출되면 해당 안건에 대하여 무제한토론을 할 수 있다. 이 경우 의원 1명당 한 차례만 토론할 수 있다.

④ 무제한토론을 실시하는 본회의는 제7항에 따른 무제한토론 종결 선포 전까지 산회하지 아니하고 회의를 계속한다. 이 경우 제73조제3항 본문에도 불구하고 회의 중 재적의원 5분의 1 이상이 출석하지 아니하였을 때에도 회의를 계속한다.

⑤ 의원은 무제한토론을 실시하는 안건에 대하여 재적의원 3분의 1 이상의 서명으로 무제한토론의 종결동의(終結動議)를 의장에게 제출할 수 있다.

⑥ 제5항에 따른 무제한토론의 종결동의는 동의가 제출된 때부터 24시간이 지난 후에 무기명투표로 표결하되 재적의원 5분의 3 이상의 찬성으로 의결한다. 이 경우 무제한토론의 종결동의에 대해서는 토론을 하지 아니하고 표결한다.

⑦ 무제한토론을 실시하는 안건에 대하여 무제한토론을 할 의원이 더 이상 없거나 제6항에 따라 무제한토론의 종결동의가 가결되는 경우 의장은 무제한토론의 종결을 선포한 후 해당 안건을 지체 없이 표결하여야 한다.

⑧ 무제한토론을 실시하는 중에 해당 회기가 끝나는 경우에는 무제한토론의 종결이 선포된 것으로 본다. 이 경우 해당 안건은 바로 다음 회기에서 지체 없이 표결하여야 한다.

⑨ 제7항이나 제8항에 따라 무제한토론의 종결이 선포되었거나 선포된 것으로 보는 안건에 대해서는 무제한토론을 요구할 수 없다.

⑩ 예산안등과 제85조의3제4항에 따라 지정된 세입예산안 부수 법률안에 대해서는 제1항부터 제9항까지를 매년 12월 1일까지 적용하고, 같은 항에 따라 실시 중인 무제한토론, 계속 중인 본회의, 제출된 무제한토론의 종결동의에 대한 심의절차 등은 12월 1일 밤 12시에 종료한다.

47 이는 2018. 4. 17. 법률 제15620호로 일부 개정되었으나, 그 내용은 동일하다.

제165조(국회 회의 방해 금지)

누구든지 국회의 회의(본회의, 위원회 또는 소위원회의 각종 회의를 말하며, 국정감사 및 국정조사를 포함한다. 이하 이 장에서 같다)를 방해할 목적으로 회의장이나 그 부근에서 폭력행위 등을 하여서는 아니 된다.

정당들간의 입법부내 법안처리과정에서 경쟁과 타협은 이슈의 성격에 따라서, 또는 정당내 당헌과 당규에 따른 정당들의 정책 유연성의 정도와 연관된다.[48]

3. 정당-대통령-입법부

이상에서 논의한 내용은 입법부내에서 이뤄지는 정당간의 게임의 법칙이다. 그런데, 입법부내에서 정책입안 및 결정과정은 결코 정당간의 양자 역학관계로 한정되지 않는다. 대통령이 개입하는 3자역학관계로 이해하는 것이 현실에 가깝다. 1987년 이후에도 '3김시대'에는 정당-입법부-대통령의 관계에서 대통령의 입지는 압도적이었다. 경쟁 상대도 삼김 상호간의 존재감만을 권위로 인정하거나 정치적 파트너로 삼는 바탕위에서 이루어졌다는 것이다. 이러한 분위기가 전환된 것은 '3김시대'가 끝나는 무렵 2003년 노무현대통령의 등장과 2004년 선거에서 '열린우리당'의 등장이후라고 볼 수 있다. 당시 '열린우리당'의 정당정치과정에 나타난 소위 '당-정-청' 관계는 한국정치과정의 또 다른 출발점이 되었다.[49] 그러니까, 1987년 민주주의 체제의 정당-대통령-입법부의 관계에 대한 시대구분을 김영삼, 김대중, 김종필의 '3김시대'(1987-2002)와 그 이후(2003-현재)로 나누어 볼 수 있다. 특히 노무현의 '열린우리당'은 '새천년민주당'이 분당한 정당으로서 정권창출에 성공하자마자 여당이 분당되는 것은 매우 드문 일이다. 특히 김대중 정권시절 논의된 '당권'과 '대권'의 분리를 실질적 수준으로 구현하기 시작한 정당이 노무현 정권하의 '열린우리당'이다. '3김시대' 이후라고 해서 대통령의 입김이 입법부에 미치지 않은 것은 결코 아니다. '3김시대'와 비교하여 약화되었다는 것인데, 노무현, 이명박, 박근혜, 문재인 정부에서의 패턴은 대개 대통령의 스타일에 따라서 편차는 있지만 대략적인 '당-정-청'의 역학관계는 유사한 경향을 띠고 있다.

대통령제의 권력구조 형태하에서는 한국정치과정의 제반 특성상 정당들의 이합집산이 반복될 개연성이 높다. 대통령선거에서 대통령을 배출할 수 있는 정당들을 중심으로 정당간 이합집산이 반복될 가능성이 높다는 의미이다. 정당이 인물을 배출하는 것이 아니고, 인물이 정당을 창출하게 된다.[50] 대통령선거에서 대통령을 배출할 수 있는가 없는가의 여부가 정당의 생존에 중요하다는 의미이다. 군소정당이나 신생정당들은 '플랫폼 정당'의 형태가 대세일 것이라는 예측도 존재한다.[51] 대통령제라는 것을 감안하더라도 한국정치과정에서 대통령의 인물효과가 정당의 기관효과를 압도하는 현상이 발생할 수밖에 없다. '당정청협의'제도도 이런 현상의 연장선상에서 논의되기에 그 협의회 자체가 갖는 긍정적 측면에 더하여 부정적 측면에 대해 걱정하는 목소리가 있는 것이다. '청와대'의 대통령비서실은 사실상 대통령의 선거캠프 출신 및 연관 인사들로 채워지고, 이들의 목소리가 장관의 목소리를 압도하게 될 수

제166조(국회 회의 방해죄)

① 제165조를 위반하여 국회의 회의를 방해할 목적으로 회의장이나 그 부근에서 폭행, 체포 · 감금, 협박, 주거침입 · 퇴거불응, 재물손괴의 폭력행위를 하거나 이러한 행위로 의원의 회의장 출입 또는 공무 집행을 방해한 사람은 5년 이하의 징역 또는 1천만원 이하의 벌금에 처한다.

② 제165조를 위반하여 국회의 회의를 방해할 목적으로 회의장 또는 그 부근에서 사람을 상해하거나, 폭행으로 상해에 이르게 하거나, 단체 또는 다중의 위력을 보이거나 위험한 물건을 휴대하여 사람을 폭행 또는 재물을 손괴하거나, 공무소에서 사용하는 서류, 그 밖의 물건 또는 전자기록 등 특수매체기록을 손상 · 은닉하거나 그 밖의 방법으로 그 효용을 해한 사람은 7년 이하의 징역 또는 2천만원 이하의 벌금에 처한다.

48 설동훈 · 전진영, "국회의 이민정책 결정과 정당정치: 제18대 국회를 중심으로", 『한국과 국제정치』 32;2 (2016), pp. 137-172. 해당 연구에 따르면, 한국사회에 '다문화사회' 이슈와 연관되어, 대부분의 이민정책 관련법안은 높은 찬성률로 의결되어 원내정당간에 정책선호에 차이점이 거의 없이 수렴되어 있었다. 단, '출입국관리법개정안'(출입시 안면정보제공 의무화)이나 '국적법개정안'(복수국적을 제한적으로 허용)의 경우에는 민주통합당은 반대의견의 경향이 강하고, 보수적 성향의 의원들은 찬성의견이 강하게 나타났다. 당헌과 당규에 따른 정당의 스테레오타입적 행위유형도 의제설정과 타협에 영향을 미칠 수밖에 없다. 지병근, "한국정당들의 복지정책: 당헌 및 강령 분석을 중심으로", 『선거연구』 2:1 (2012), pp. 지병근은 한나라당, 민주당, 민노당, 진보신당, 자유선진당 등 5개 정당의 당헌과 강령에 제시된 정치 및 경제체제에 대한 지향과 복지정책의 특성을 분석하여 입법부에서 복지정책에 대한 수렴가능성을 분석한다. 해당 연구에 따르면, 한국의 진보정당들은 민주당을 포함하여 진보정당들간에 이념적 선명성 경쟁이 이루어지면서 이념적으로 경직되어 있어서 이들이 정책적 입장을 선회할 가능성이 낮은 반면에 한나라당은 이념적으로 유연하여 진보적인 복지정책을 수용할 가능성이 상대적으로 높다고 본다. 물론, 어떤 이념의 정당이 행정부를 장악했는가에 따라서, 또는 입법부와 교감하는 대통령의 리더십 스타일에 따라서 정당의 정책적 유연성은 영향을 받게 될 것이다.

49 과거에는 '당정협의'라는 이름으로 존재했었는데, 근래에는 '당정청협의'라는 이름으로 더 많이 불리고 있다. '당정협의회'는 여당과 장관들의 회의로 입법부 내에서 여당과 야당의 갈등을 증폭시킬 개연성이 높다. 국가의제설정과 정책입안 및 결정과정에서 야당은 배제되기 때문이다. 구체적인 국가의제설정 및 정책입안과 결정을 위한 당정협의회를 주도하는 기관은 여당도 장관도 아니며 대통령의 참모기관인 청와대이다. 명칭이 당정협의회라고 하지만, 사실상 대통령의 공약이나 주요 관심정책을 입법부에서 효율적으로 추진하기 위하여 청와대가 주도하는 회의인 것이다. 필연적으로 청와대 대통령 비서실 관계자들이 배석할 수밖에 없는 것이다. 그래서 '당-정-청 협의회'가 더 정확한 명칭이 되고 요즘에는 '당정청협의'라는 명칭으로 부르고 있다. 당정협의회가 존재하는 것이 바람직하다는 견해도 있고, 당정협의회는 불필요하다고 보는 견해도 있다. 권찬호, "한국 당정협의 제도의 정치적 기능 연구: '거부권행사자 이론'에 의한 접근", 『의정연구』 31 (2010), pp. 95-125. 가상준 · 안순철, "민주화 이후 당정협의의 문제점과 제도적 대안", 『한국정치연구』 21:2 (2012), pp. 87-114. 김용호, "민주화 이후 한국 정당정치의 제도화 연구를 위한 예비적 고찰", 『미래정치연구』 6:1 (2016), pp. 5-25. 김용호, "민주화이후 한국 대통령제의 진화과정 분석", 『의정연구』 50 (2017), pp. 37-79.

50 아이러니하게도, 대부분의 사람들이 부정적으로 언급하는 '진영논리'가 때로는 인물들의 난립과 정당의 난립을 제어하며 보수와 진보라는 2개의 진영으로 정리하는 역할을 하고 있다고 생각한다.

51 박지영 · 윤종빈, "정보화 시대 대의민주주의 위기 극복을 위한 한국형 정당모델의 모색", 『미래정치연구』 9:1 (2019), pp. 119-142.

있는 것이다. 동시에 '정당정치' 역시 '캠프정치'의 시녀가 된다.[52] 그렇다면, 한국대통령제의 운영상 대통령의 지나친 인물효과나 캠프정치를 일정 수준 극복하고 기관중심의 정당정치가 뿌리내리기 위해선 어떤 방향성이 필요한 것인가?

1987년 직선제 개헌 이후 한국의 정치과정은 김영삼, 김대중, 김종필과 같은 지역주의에 기반한 정당 보스들에 의해 이루어져 왔다. 2003년 2월에 출범한 노무현 정권은 과거 세 김씨와 같이 지역주의를 바탕으로 한 카리스마적 인물 중심의 정치와는 구분된다. 노무현 후보의 대선 공약과 당선자 시절 화두는 '정치개혁'이었다. 이를 포괄적으로 반영한 노무현 정권의 명칭이 '국민 참여정부'였으며, 노무현 정권 정치개혁의 핵심은 '정당개혁'이었다.[53] 김영삼, 김대중 정부를 거치면서 군부통치의 종식, 평화적 정권교체라는 나름대로의 정치발전에도 불구하고, 국민의 이해와 요구를 반영할 수 있는 현대적 정당체계의 정착이라는 과제는 이룩하지 못했다는 문제의식에서 출발한 것이다. 이는 결국 한국 정치과정에서 '제도화된 정당'(institutionalized political parties) 없이는 근본적인 정치발전이 어렵다는 시각인 것이다. '제도화된 정당'이란 정당조직이 대중들로부터 가치를 인정받아 지속적으로 그 조직을 유지할 수 있는 정당을 말한다. 대통령제하에서도 국가의제설정이나 정책입안 및 결정과정에서 캠프정치에 흔들리지 않는 '제도화된 정당'의 존재는 정책 중심의 정당경쟁을 유인할 수 있는 궁극적 방향이다. 이외에 또 다른 방향이 있기 어렵다. 두 가지 논지가 그 핵심이다.

첫째, 정당이 중심이 되어 정치가 운영되는 것이 바람직한가? 아니면 의회가 중심이 되어 정치가 운영되는 것이 바람직한 것인가의 문제이다. 시대적 상황에 대한 판단을 위해서 "의회-정당"관계의 과거 주요 연구들을 살펴볼 필요가 있다. 1980년대 초반 길승흠(1983)은 미국을 의회중심주의 국가로, 영국을 정당중심주의 국가로 규정하면서, 과거 5공화국 초기 민정당의 정당발전 방향과 관련하여 "한국의 현실을 고려할 때," 영국의 정당중심주의보다는 미국형의 의회중심주의가 더 강하게 뿌리내릴 수 있음을 언급하였다.[54] 의회중심주의 국가에서 의원들은 소속 정당에 크게 규제되는 일이 없이 자신의 선거구민의 의사나 자신의 의지에 따라 자유롭게 입법활동을 펼친다. 상대적으로 정당중심주의 국가에서 의원들은 정당 지도자의 의지나 당기율(party discipline)에 크게 좌우되어 당론에 따른 입법활동을 하게 된다. 1980년대 초반 "입법과정에서의 정당" (즉 국회와 정당의 관계)을 논한 또 다른 연구에선 "한국의 정당제도가 국회의원들로 하여금 필연적으로 그가 소속한 정당의 일원으로서 발언하고 행동하게 함으로써 입법과정에 있어서의 정당의 영향은 절대적이어서 사실상 국회 내에서의 토의는 형식화되고 있는 실정"임을 지적하고 있다.[55] 그 당시는 당내 민주주의 수준이 매우 낮아서 의원 개인들은 정당 보스의 의중을 넘어서는 행동을 하기 어려운 시대였다. 당연히 의회는 정당 보스들의 자아(自我)를 실현하는 장(場)에 머무를 수밖에 없었다. 정치의 중심이 의회가 아닌 정당이었다. 과거와는 시대적 상황이 많이 바뀌었지만, 최근에 정당발전방향과 관련하여 활발히 논의되고 있는 '원내정당', '원외정당'의 문제는 이러한 논지에 포함된다.[56] 일반적으로 의회중심주의는 원내정당과 더 친화력을 갖는 개념으로 정리할 수 있다면,[57] 정당중심주의는 원외정당과 더 친화력을 갖는 개념으로 정리해 볼 수 있을 것이다.

둘째, 한국의 정치과정에서 국회-정당간의 관계란 특수한 환경에 있다. 입법부 선거를 통해서 선택된 정당이나 국회의원들이 입법부의 일원으로서 대(對)행정부 기능보다는, 국회 내에서 '여당'과 '야당'을 구분하여 對행정부 기능을 수행한다.[58]

52 캠프정치가 주무 부서 장관을 넘어서는 일이 있다. 대통령 비서실은 '참모'이며, '기관장'이 아니다. 비서실 참모는 국무회의에 배석하는 것이지, 국무회의의 주체가 아니다. 장관은 주무 부서의 기관장이다. 2019년 국회 외교상임위원회에서 정진석 의원의 질문으로 공개된 외교부 강경화 장관과 청와대 외교안보실과의 갈등설은 시사점이 있다. 청와대 비서실의 참모들은 결코 주무부서 장관을 넘어서서는 안된다. 정치권에서 포괄적 의미의 권력갈등은 불가피한 현상이라고 하더라도, 참모가 기관장에게 월권하여 권력을 행사하는 것은 오히려 대통령에게 해를 끼치는 일이다.

53 국정홍보처, 「참여정부의 국정비전 4: 국민과 함께하는 민주주의」, 2003. 8; 대통령직인수위원회 정치개혁연구실, 「참여와 통합의 정치개혁 실현」, 2003. 2.

54 길승흠, "한국의 정당과 의회관계: 공화당과 민정당의 경우", 『한국정치학회보』 17 (1983), pp. 31-47. 길승흠의 연구는 제5공화국 초기 민정당의 당내외 사정을 기반으로 對의회관계가 영국형으로 갈 것인지, 아니면 미국형으로 갈 것인지를 논하고 있다. 여기서 길승흠이 언급한 한국의 현실은 1980년대 초반의 상황이며, 미국의 의회중심주의가 더 강하게 뿌리를 내릴 수 있는 이유로 두 가지를 들고 있다. 하나는 정당은 계급지향적일 수밖에 없는데 한국의 유권자는 비계급적 행태를 지니고 있으며, 정치인들도 비계급적인 정책 표방을 통해 유권자에게 접근한다는 것이다.

55 윤형섭, "한국정치과정", 김운태 외, 『한국정치론』 (서울: 박영사, 1983), pp. 334-335.

56 정진민, "정책정당 실현을 위한 내부조건", 『한국정당학회보』 창간호 (2002), pp. 7-24. 김민전, "정당과 국회", 심지연 (편), 『현대 정당정치의 이해』 (서울: 백산서당, 2003), pp. 209-238. 박찬표, "한국정당민주화론의 반성적 성찰", 『사회과학연구』 11 (2003), pp. 137-166.

57 임성호, "원내정당화와 정치개혁", 『의정연구』. 15 (2003), pp. 133-166.

58 배성동은 한국정당정치의 역사적 배경으로 조선당쟁을 언급하면서 '與黨'을 "pro-government party 이며 권력을 비호하고 도와주는 정치조직"으로 '野黨'을 "outside party로서 말 그대로 在野로서 정책결정에서 완전히 소외되는 존재라고 정의하였다. 배성동, "정당정치의 역사적 배경-조선당쟁", 윤정석 · 신명순 (편), 『한국정당정치론』 (서울: 법문사, 1996), pp. 43-72. 강원택, "의회정치와 정당", 한국정치학회 (편) 『한국의회정치론』 (서울: 건국대학교출판부, 1999), pp. 257-282.

여당은 야당과 견제와 협조를 통한 對행정부 기능보다는 여당 · 행정부 對 야당이란 형식으로 기능하고 있는 것이다. 한국의 국회는 외부 기관인 행정부에 대한 견제기능 이상으로 국회 내에서 여당과 야당 사이의 견제와 대결 기능이 두드러졌다는 의미이다.[59] 입법부내에서 여야 정당 상호간의 대결은 정책개발과 관련된 것이 아니며 때로는 장외(장외)로 진출하여 대결의 전선을 넓힌다. '여대야소' 정국에서는 야당이 비협조적이고, '여소야대' 정국에서는 여당이 비협조적인 경향이 있다.[60] 이것은 A정당이 B정당의 의도된 법안을 처리해 주면 그것은 B정당의 업적이 되어 차기 선거에서 불리하는 인식 때문이다. 일반적으로 한국의 대통령제하에서는 야당이 여당에 협조할 동기가 약한데, 이것은 야당이 여당에 협조하는 경우 그것은 여당의 업적으로 야당이 집권하는데 불리하기 때문이다. 그래서 권력구조를 이원집정부제나 의원내각제로 하자는 의견도 제시되고 있다.[61] 대통령제라는 권력구조하에서 여당이 되는 경우 비록 입법부에서 제1당이 아니더라도 당-정-청 협조를 통해서 야당에 대해 정치적 우위를 유지할 가능성이 여전히 있다. 정당들은 바람직한 의회정치를 위한 노력보다는 행정부 장악을 위한 대통령선거에서 이기기 위해 수단과 방법을 모두 동원하는 폐해가 생길 수 있다. 정당의 역할을 제고한다는 의미는 한국 국회 운영의 자율성, 전문성, 책임성을 저해하고 파행과 비능률로 국회를 몰고 가는 요인이 결국 "국회 밖의 정당이 모든 것을 지배하는 체제"라고 하여 정당내 권력구조의 비제도화나 경직된 정당규율과 같은 '정당조직'의 문제를 지적한다.[62] 현실적으로 한국정치과정에 이념적으로 유연성을 지닌 '제도화된 정책정당들'이 정착해 나갈 수 있는 상황이 필요할 것이다.

1) "정당 중심의 정치" 대 "의회 중심의 정치"

의회정치와 정당정치에 대한 연구는 서로 보완적 관계에 있으면서도 대립하는 부분이 많다. 정당발전 방안이나 의회정치 발전 방안에 대한 연구들을 보면 의회정치와 정당정치 어디에 중점을 둘 것인지에 대한 선호의 차이점이 사실상 정당 발전 방안이나 의회 발전방안에 대한 다양한 의견을 만들어 내고 있다.[63] 그렇다면, 의회정치와 정당정치 중에서 어느 것을 기본으로 하여서 두 정치 영역 사이의 바람직한 관계 설정을 할 것인가? 한국정치과정의 최대 문제점은 무엇인가? 왜 한국의 정치에서 국회의원들은 불신받고 있으며, 의회정치가 제대로 되지 않는가? 근본적으로 한국정치체계 내에 제도화된 정당이 없이 정당간 이합집산이 지금도 계속되고 있기 때문이다. 제도화된 정당이 없는 정치과정이 지속되는 한 단순히 의회중심의 정치 방안을 마련한다고 해도 단기적이고 사상누각적 정치개혁이 된다. 의회의 구성단위이자 행위 주체인 정당들이 부실하기 때문이다. 의회개혁안은 한국 정당조직의 특성을 고려하면서 진행되어야 하며, 시차적으로 정당조직에 대한 특성 파악이 단순히 선진국들의 의회정치를 소개하는 것에 앞서 진행되어야 할 것이다. 선진국들은 제도화된 정당들을 그들의 정치체계 내에 소유하고 있으며, 우리는 그렇지 못하다는 차이점이 인식되어야만 한다.

2004년 17대 총선에서 '1인 2표제'가 도입되었다. 지역구와 비례구의 병립형 선거제도하에서 지역구의 인물득표를 합산하여 비례구의 정당의석배분에 그대로 사용하는 것이 하자가 있다는 법률적인 이유가 있다. 하지만, 비례구의 정당기표가 분리되면 군소정당의 의석수 비례성을 높이는 효과뿐만이 아니라, 거시적으로는 정당본위

59 신명순은 "그러나 과거의 국회가 가졌던 문제들은 국회 자체의 원인보다는 국회 외의 전반적인 정치에 기인한 원인이 더 많았고 더 결정적이었다"고 지적한다. 군부세력 주도의 권위주의 정치하에서 야당은 정책대결보다는 대여 민주화투쟁에 전념할 수밖에 없었다. 신명순, "한국의 의회정치", 민준기 · 신명순 · 양성철 · 이정복 · 장달중, 『한국의 정치』 (서울: 나남, 1996), p. 233.

60 곽진영, "국회-행정부-정당 관계의 재정립: 분점정부 운영의 거버넌스", 『의정연구』 9:2 (2003), pp. 161-185. 함성득, "의회, 정당, 대통령과의 새로운 관계", 『의정연구』 4:1 (1998), pp. 54-77. 장성훈, "한국 분점정부의 운영과 결과: 의회 운영 결과에 대한 경험적 분석을 중심으로", 『한국정당학회보』 3:2 (2004), pp. 225-253.

61 안순철, "내각제와 다정당체제: 제도적 조화의 모색", 진영재(편), 『한국 권력구조의 이해』 (서울: 나남, 2004), pp. 111-146.

62 김형준, "한국 의회정치의 과제와 전망", 『한국정치과정 선진화를 위한 모색』, 제4차 한국학술연구원 코리아포럼 (2004), pp. 77-130. 김형준은 한국의회정치 발전을 위해 자율성의 강화방안 (당정협의회의 폐지, 상임위원회 사 · 보임 규정 강화, 예결산 심의의 정상화), 전문성 강화방안 (입법지원체제강화, 상임위 위원 선임우선제 도입, 청문회 및 국정조사 활성화), 책임성 강화 방안 (소위원회 회의록 공개, 기록투표제 강화, 윤리위원회 위상 강화)에 대해 지적한다. 동시에 국회법, 정당법, 선거법, 헌법등의 개정이 필요한 사안들도 언급하고 있다. 특히 정당과 관련하여서는 국민참여형 경선제도 확립, 중앙선거관리위원회의 경선관리, 경선시기 제도화, 원외대표체제의 폐지, 비례대표후보 선정의 제도화, 지구당(위원장)직 폐지 등을 들고 있다.

63 정당개혁에 초점을 맞춘 연구도 의회정치에 비중을 두는 연구와 상반되지 않게 원내정당을 주장할 수도 있다. 이에 대해서는 김용호, "정당구조 개혁방안", 박세일 · 장훈(편), 『정치개혁의 성공 조건: 권력투쟁에서 정책경쟁으로』 (서울: 동아시아연구원, 2003), pp. 143-177. 원내정당에 초점을 맞추는 경우엔 의원들의 '자유투표'[또는 '교차투표', cross-voting)]가 용인된다. 반면에, 자유투표가 '정당정치'와 '책임정치'의 근간을 흔들 수 있다고 보는 입장도 존재한다. 박찬표, 『한국 의회정치와 민주주의: 비교 의회론의 시각』 (서울: 오름, 2002), pp. 205-242. 국회의 입법활동에서 국회의원 개개인의 자율성이 존중되어야 한다는 논의를 인정하더라도, 정당의 공천을 받고, 선거를 통해 국회의원이 되는 구조를 무너뜨리지 않는 한, 개인은 역시 정당 속의 개인일 수밖에 없다. 의회의 기본 구성단위는 의원들 개개인도 중요하지만, 역시 정당일 수밖에 없기 때문이다.

의 투표를 유입할 수 있는 정치적 효과도 있다. 이런 차원에서 본다면, 인물본위투표보다는 정당본위투표를 유도할 때 더 정당중심의 정치를 예측할 수 있다. 하지만, 비례구의 의석수는 전체 의석수의 1/6 정도에 불과하여 정당본위투표로 인한 효과가 극대화되는 것은 아니다. 한국정치과정은 선거를 전후하여 정당 이합집산의 과정이 반복되고 있고, 정당정치에 대한 예측가능성이 낮다.[64] 정당이 제도화되지 못하고 정당의 이합집산이 제도화된 것이다. '정당정치'를 활성화시키느니 '의회정치'를 활성화시키는 것이 정치발전의 지름길일 수도 있지만, 제도화된 정당들이 존재한지 않기에 의회정치 역시 이합집산된 정당들이 상황적으로 만들어내는 정치에 의존하게 된다. 의회개혁과 정당개혁이 분리된 것이 아니고 서로 연관된 것이다. 의회개혁보다 정당개혁은 시간과 노력이 더 필요한 사안이며 그 결과도 불투명하다는 문제점이 존재한다.

정치의 중심을 정당에서 국회로 옮긴다는 것은 정당이나 특정 정당 보스의 정략적 이해를 극복한다는 의미이며, 정당정치보다 의회정치가 중요하다는 의미는 아니다.[65] 정당이란 "비슷한 주의 주장을 가진 사람들이 모여서 국민복리를 위해 정권 획득을 목적으로 하는 단체"이고 보면 큰 골격에서 정당 구성원 개인의 의도는 정당의 의사와 그다지 어긋날 일은 아닌 것이다. 만약 정당구성원들 사이에 정당정책 사사건건이 이견이 존재한다면, 여전히 또 다른 정당의 이합집산이 필요할런지도 모른다. 사실 국회법 114조 2항에 "의원은 국민의 대표자로서 소속 정당의 의사에 기속되지 아니하고 양심에 따라 투표한다"고 하는 자유투표 규정이 있으며 이것은 의원 개인 차원의 신분보장적 조항에 머무르는 의미로 보는 것이 더 현실에 맞다.[66] 정당 내부의 민주주의가 결여된 상태에서 독선적이고 강요된 정책결정을 개인에게 부과하지 못한다는 의미이지, 민주적 절차를 거쳐 수렴된 당론을 거부하란 의미는 아닐 것이다. 국회가 어떻게 운영되는가에 대한 모델을 정해놓고서, 이에 따라 원내정당이 되어야만하며, 이에 따른 정당의 발전방향을 논하는 것은 오히려 이상과 현실사이의 괴리를 불러일으킬 가능성이 높다고 본다. 국회운영모델은 짧은 시간에 간단히 만들어 놓을 수 있지만, 예측가능성을 지닌 제도화된 정당이 되기위해선 시간이 걸린다. 국회운영의 바람직한 모델을 먼저 정해 놓고서 이를 실현하려고 하지만, 국회를 구성하는 기본 요소인 정당에게 그러한 것을 실행할 능력이 현실적으로 빈약한 경우에는 의회개혁 모델이 성공하기 어려울 것이다.

노무현 정부는 '정치개혁'이 주요 화두들 중의 하나였는데, 정치개혁의 핵심은 정당개혁이었다. 노무현 정권 출범 당시 국정홍보처(2003)의 자료를 보면, "정당정치의 개혁"이란 용어를 써서 정치발전에 대한 구체적인 언급을 하고 있다.[67] 노무현 정부의 정당 개혁은 '국민참여형 정책정당'을 실천하는 것을 목적으로 하고 있으며,[68] 이의 실천을 위해서 3가지 실천 사안을 제시한 바 있다. 첫째, 지역정치 · 계보정치를 극복하며, 민주적이고 개방화된 정당구조를 만드는데 있다. 3김 시대까지의 정당은 지역에 기반한 인물정당으로서 정당 보스의 권력욕구를 충족시키는 선거기구에 지나지 않았다는 판단을 하고 있다. 이를 극복하기 위해서 당원직선제, 당원 · 지지자 정책투표, 국민경선의 확대, 세대교체, 파벌구조 혁파를 통해 역동적 국민참여를 증진시키고자 하고 있다. 참여정당에서 당원은 단순히 당의 선출직 공직후보 공천에만 관여하는 것이 아니라, 직접 투표를 통해서 당대표, 지구당 · 시도지부당 · 중앙당의 운영위원회 위원을 선출하며, 당의 정강 정책 작성이나 총선 및 대선 공약 작성에도 참여하려는 목적을 가지고 있었다. 둘째, 당의 지배구조를 권위적인 하향식 정당에서 민주적인 상향식 정당으로 개혁하며, 중앙집권적 당 구조를 지방분권적 당 구조로 바꾸려고 했다. 시도지부당은 중앙당의 구성주체로서 중앙당 운영위원회의 실무주체가 된다. 중앙당은 시도지부에서 선출된 운영위원들로 구성되는 전국운영위원회를 최고의사결정기구이자 집행기구로 만들어 당 지도부를 수평적으로 분권화하려 했다. 단, 중앙당을 전국운영위원회와 원내대표부로 이원화하며, 원내대표부의 자율성을 보장하여 정책정당을 지향하고자 하였다. 원외정당과 원내정당의 복합적 성격을 지닌 정당인 셈이다. 셋째, 정당의 공천권이나 정책 결정권 때문에 과거 국회의원들이 국회직보다 당직을 선호하는 경향이 정책정당으로의 방향을 막고 있다고 보았다. 따라서 중앙당의 사무총장, 정책위의장, 대변인제를 폐지하고, 중앙당의 정책기능을 원내대표부로 이관하고자 하였다. 이런 측면은 원내정당을 강조하는 항목이다.

64 김현우, 『한국 정당통합 운동사』 (서울: 을유문화사, 2000). 심지연, 『한국정당정치사: 위기와 통합의 정치』 (서울: 백산서당, 2004).

65 진영재 · 함성득 · 임동욱, "한국의 여소야대 정국과 교차투표", 『의정연구』 8:1 (2002), pp. 124-157.

66 국회법 114조2(자유투표) [본조신설 2002. 3. 7.].

67 국민과 함께하는 정치개혁의 5가지 항목은 ①수평적 협력정치 구축, ②투명한 정치와 정치자금개혁, ③정당개혁: 국민참여형 정책정당, ④선거제도 개혁, ⑤디지털 정치이다. 국정홍보처, 『참여정부의 국정비전 4: 국민과 함께하는 민주주의』 (2003), pp. 42-61.

68 이것은 '국민참여형 경선제'로 이어지면서 어떤 정부에서의 정당개혁보다 지속적으로 발전된 모델이었다.

2002년 12월 제16대 대통령 선거에서 승리하여 정권 재창출에 성공한 새천년민주당이 대통령 임기 첫 해를 넘기지 못하고 분당되어, 2003년 11월 열린우리당이 탄생하였다. 과거엔 "정권 창출에 실패한 경우" 또는 "정권 창출을 위한 경우"에 정당이 분당하거나 통합하면서 새로운 정당이 탄생하였다. 하지만 노무현 정권하에선 정권 창출에 성공한 여당이 얼마되지 않아서 새로운 정당을 창당한 셈이다. 열린우리당은 노무현대통령탄핵정국하의 2004년 4월 17대 총선에서 총 152석을 얻었다. 열린우리당의 당헌은 2003년 11월 11일 제정되어 2004년 9월 22일과 2005년 4월 2일 두 번에 걸친 개정이 있었다. 당헌을 통해서 열린우리당의 성격을 보면 대중정당적 성격이 있으나, 원내정당-원외정당의 복합적 성격을 지닌 정당으로서 의회와 관계 설정이 되고 있다. 열린우리당의 당헌에 따르면, 당무집행에 관한 최고 의결기관이 '중앙위원회'이며 '의원총회'가 아니라는 점은 원외정당적인 요소이다.[69] 또한 중앙위원회는 원내대표 및 기타 모든 당직자에 대한 당무활동 보고 요구 권한이 있는 것이나, 중앙위원회 · 의원총회 연석회의 개최 의결 권한은 원외적 요소이다.[70] 동시에 국회의원이 중앙위원회에 출석하여 발언할 수 있다고 규정한 것은 원내적 요소를 복합적으로 가지고 있음을 의미한다.[71] 당의 입법 및 입법에 필요한 정책 결정의 최고의결기구인 '의원총회'는 '원내대표,' 정책위원회 의장, 상임분과위원장을 선출하게 되어 있다.[72] 하지만, 상임고문, 고문, 중앙위원은 의원총회에 참석하여 발언할 수 있어 원외정당적인 요소도 혼합하고 있음을 보여준다.[73]

정당내의 중요 이슈는 역시 "당내민주주의"(intra-party democracy)와 관련하여 정당통제의 문제이다. 고전적 의미에서 정당이 민주적이란 것은 당원들이 정책결정 과정에 참여하는 것이나, 현실적으로 정책결정은 다른 곳에서 행해진다. 현대의 정당조직은 아래로부터의 요구의 통로로 일하는 것을 중시한다. 정당 조직이 그 자체의 생명력을 발전시킴에 있어서, 정당 자체의 보호와 유지는 정당원의 궁극적 목표와는 구분되는 또 다른 하나의 목표가 된다. 특히 선거에 승리하여 의회에 진출한 정당의 원내세력들은 그에 관련해 '위험회피적 행태'(risk-averse)를 보이는 것이 일반적이다. 왜냐하면 그들은 자신들의 직업을 위험하게 하는 것을 원치 않으며, 동시에 그들 자신이 조직을 보호하기 위한 의무를 갖고 있다고 인식하기 때문이다. 그들의 견해는 조직에 의해서 개별화되어진 정당이 현재 당원들의 특정한 요구에 상관없이 생존해야만 한다는 것이다. 이러한 이유 때문에, 정당의 존재를 위협하는 과격한 정책과 전략이 당원들에게서 나올 때 정당의 당직자들은 그것들을 거부하는 정책이나 전략에 몰두하게 되는 듯하다. 하지만 정당은 미래의 당원들을 위해서도 기능되고 보호되어야 한다. 지금의 상황을 살펴보았을 때, 조직에 의해서 제공된 자원은 평당원들보다도 당직자들이나 지도자들에게 좀 더 접근성이 높다보니 어떤 정당에서도 정책이나 전략적 선제권은 당원들보다는 주요 당직자들에게 주어지는 듯하다. 열린우리당의 당헌을 살펴보면, 하나의 집단이 당을 통제하는 것이 아니고 (비록 힘의 균형이 완전한 상태는 아니지만), 원내와 원외 두 개의 집단이 당을 통제하는 형태를 띠고 있다. 형식적으로는 두 개의 집단이지만, 실질적으론 원내에 더 힘이 실려서 운영되는 것이 현실일 것이다. 따라서 원내세력과 원외세력이 균형을 찾아가는 과정이 당내 민주주의 실현의 주요한 요소가 될 것이다.

정당정치를 중시했기에 근간에서는 원외정당적 형태를 예상하면서도 국회운영의 정상화를 고려하면서 원내정당적 형태를 따랐던 노무현 정권의 정치개혁은 정당-의회관계에서 이중적 성격이 존재하는데 이는 결코 부정적인 것이 아니다. 제도화된 국민의 정책정당이란 위에서도 보았듯이 원외정당이나 원내정당 중에서 하나의 유형중에서 선택할 수 없는 성격의 것이다. 열린우리당이 국회개혁과 관련하여 원내정당적 요소를 강조함에도 불구하고, 원외 정당적인 요소를 나타내는 또 다른 특징은 바로 시민사회와의 연계성이다. SNS시대에 정당은 진성당원에게만 의지할 수 없다. 시민사회와 정당간의 관계가 활성화되는 것은 문민정부이후 어느 정도 예정된 바였다. 하지만 노무현 정권의 경우 '노사모'가 정권 창출에 결정적인 역할을 했다는 점에서 과거와 구분된다. 따라서 김대중정부 이후 노무현 정부로 이어지면서 정당과 시민사회단체의 상호 공존과 연계를 통한 정당정치 개혁안이 제시되었다.[74]

69 열린우리당 당헌 제 18조 [중앙위원회 지위와 구성] ①항, ②항 (개정 2005. 4. 2.). 중앙위원회는 당의장과 상임중앙위원, 원내대표와 정책위원회 의장; 16개 시·도별로 선출된 지역대표 72인; 청년대표 5인; 장애인대표 2인; 65세이상 노인대표 2인; 노동자, 농어민, 중소상공인 등 각계 각층 직능대표성을 반영하여 중앙위원회의 의결로 선출하는 10인 이하의 위원으로 구성된다.

70 열린우리당 당헌 제 19조 [중앙위원회 권한] 22항, 26항 (개정 2005. 4. 2.).

71 열린우리당 당헌 제 20조 [중앙위원회 소집] ③항 (개정 2005. 4. 2.).

72 열린우리당 당헌 제 48조 [의원총회와 원내대표 권한] ③항 (개정 2005. 4. 2.). '원내대표'란 명칭도 원내총무를 변경한 것으로 이는 원내정치를 강화하겠다는 의도를 반영한다.

73 열린우리당 당헌 제 49조 [의원총회 소집등] ③항 (개정 2005. 4. 2.).

74 이정희, "한국의 시민사회와 정당정치: 상호침투와 공존" 『한국정치과정 선진화를 위한 모색』 제4차 한국학술연구원 코리아포럼 (2004), pp. 31-51.

나아가 정치적 이니셔티브를 "시민사회가 주도하는 정당개혁"으로 핀트를 맞추기도 했다.[75] 원내의 의원활동 조차도 시민단체들의 감시가 강화되면서 원내중심의 의원들은 사실상 원외의 감시단의 평가에 노출되어 있다. 일반적으로 의정감시단들의 활동은 국회의 입법활동에서 국회의원이 얼마나 성실하고, 자율적으로 입법활동에 임하고 있는지에 대해 초점이 맞추어져 있다.[76] 노무현 정권의 탄생에 결정적이었던 시민단체의 역할은 정당-의회관계에 또 다른 변수로 작용하게 된다. 정당-의회관계에서 비롯되는 정치과정은 제도권적인 것이며, 상대적으로 시민단체의 개입은 비제도권적인 측면이 강해서 노무현 정권의 정당제도화와 국회개혁은 제도권적인 것과 비제도권적인 것이 융합된 형태의 것으로 진행되는 측면이 나타났다. 시민단체의 제도권 정치에 대한 이니셔티브의 장악은 정당정치의 발전에 득보다 실이 많을 수도 있다.[77] 정당 스스로가 자체적으로 개혁하는 권한을 존중하고 지켜볼 수 있는 '정치적 인내심'(political tolerance)이 필요하다. 정당이 제도화되는 시작단계에서 정당 외적 간섭들이 제도화된다면 정당 조직의 기관 자율성을 약화시킬 수 있다.

2) 국회외부(對 행정부) vs 국회내부(여당 對 야당)

국회는 입법부로서 對행정부 기능을 수행한다. 하지만 한국의 국회와 정당의 관계를 논할 때 가장 혼란스러운 부분은 국회를 구성한 정당들이 입법부의 일원으로서 對행정부 기능에 국한되지 않고, 오히려 국회내부에서 '여당'과 '야당'의 관계로 재편된다는 점이다. 한국 정치과정에서 입법부는 여당-야당의 관계로 기능한 것이 현실이었고, 행정부와 여당이 하나였고, 이에 야당이 견제의 역할을 해왔다. 따라서 정당-의회의 관계는 행정부 · 여당 대 야당의 의회 정치과정으로 속성화되어 왔다. 손병권(2004)은 그의 경험적 연구에서 여당의원과 야당의원간에 입법능력이나 상임위 활동에 차이가 있다고 주장한다.[78] 현실적으로 당정협의회가 바람직한지 아닌지에 대한 다양한 논의들 자체도 실상은 한국의 국회가 행정부대 입법부의 관계로 존속했다기보다는, 정부-여당과 야당의 구도 속에서 운영되었다는 점에서 비롯된 것으로 이해해 볼 수 있다.[79]

그렇다면 1987년 이후 작금의 정당-의회관계는 정부 · 여당 및 야당의 이원적 구조에 머물렀는가? 아니면 입법부 대 행정부란 구도로 탈바꿈하였는가? 만약 정당-의회관계가 전자였다면 이것은 정당조직의 어떠한 속성 때문에 그러한 것인가? 각 정당에 이용 가능한 특정 종류의 사원이 결국 각 정당의 조직의 형태를 결성하는데 주요한 영향을 미친다고 본다. 선거 유세시 정당이나 후보자에 의해서 사용되는 자원들이 대표적 사례이다. 정당조직은 다양한 활동을 취한다. 선거 유세를 행하고, 지도자나 행동가 사이에서 계약을 하기도 하고, 이슈에 대한 공공 지원을 동원하기도 한다. 모든 이러한 활동은 돈이나 열성당원들의 노동력과 같은 자원들을 필요로 한다. 일반적으로 카리스마적 지도자와 같은 요소는 자원이 빈곤한 정당으로서는 영향을 받기 쉬우나, 돈이나 당원수가 풍부한 정당은 그러한 영향에서 상대적으로 자유롭다. 이제 한국의 어떠한 정당도 카리스마적 정당이 될 수 없음은 반드시 카리스마적 인물의 부재 때문이라기보다, 다양하고 신속한 정보망에 휩싸여 있는 정당의 주위 환경 자체 때문에 카리스마적 인물에 의해서 이끌리는 정당이 만들어지기 어렵다. 역으로 한국의 경우 세 김씨와 같은 카리스마적 지도형태가 정당조직을 규정하였음은 제도화된 정당자금의 통로나 정보망이 상대적으로 빈곤하여 정당 지도자와 가신들이 모든 것을 통제할 수 있는 상황때문에 나타난 현상이라고 볼 수 있는 것이다. 큰 규모의 자금에 접할 수 있는 정당은 대규모 당원수에 관심이 없을 수 있다. 20세기말까지 한국정치과정에서 주요 정당과 대기업간의 거액의 정치자금 거래를 통한 정경유착은 당원에 의지할 필요 없는 정당조직을 유지시켜 왔다. 그러나 21세기가 시작되면서 정당사에 보기 드물게 여당이 분열하며 창당된 열린우리당은 한국정당사에서 '정당 지지자'(supporters)를 가용하는 계기가 된 듯하다. 한국선거사에서 2002년 대통령선거에서 노무현 후보의 승리는 젊은층, 인터넷 자원들, 진성당원이 아니어도 정당지지자로 구분될 수 있는 자들을 효율적으로 동원한 결과였다.

75 문병주, "시민사회 주도적 정당정치 개혁의 가능성",『한국정당학회보』창간호(2002), pp. 115-147.

76 진영재·함성득·임동욱,『국회의 국민적 요구투입과 수용의 활성화』(서울: 국회사무처, 2001), pp. 84-99. 의안·법률안 심의활동 모니터는 의제설정단계, 상임위원회심사단계, 본회의 심사단계, 입법과정전반에 대한 모니터, 예결산 심의과정 모니터, 본회의 모니터등으로 나뉘어져 있다.

77 陳英宰. "市民運動團體の 政治的 主導權: 16代 國會議員選擧に見る Realignmentと Dealignment," 韓·日共同政治學會. 2001, 8, 21. 日本 東京.

78 손병권, "의원의 의정활동: 의원의 상임위원회 활동 참여에 대한 평가와 전망",『한국정당학회보』3:2 (2004), pp. 199-224. 여당의원에 비해서 야당의원의 입법능력이 떨어지는 것을 막기 위해서 국회 내에 '입법지원처'(미국 의회의 CRS와 비교됨)와 같은 조직을 구상해 볼 수 있다. 노무현 정부 김원기 국회의장 시절에 국회에 '입법조사처'가 설치되었다.

79 이정희, "黨政관계의 역동성과 제도화",『한국정치의 현황과 발전 전략』. 2001년 한국정치학회 추계학술대회.

이러한 자원동원의 속성은 과거 한국의 정당정치에서는 볼 수 없었던 자원동원의 형식이었다. 정당이 발전하고 제도화되는지는 잠재하고 있는 새로운 자원을 어떻게 인식하고 이를 이용하는가에 달려 있다. 진성당원이 아니어도 '정당 지지자'들이 역할을 할 수도 있다. 만약 정당을 지지하지만 적극적으로 참여하여 정당활동을 할 시간이 없는 사람들이 있다면 직접 현장활동에 참여하지 않고도 그러한 역할을 하게 할 수 있다. 현재 '전자민주주의'의 틀에서 '인터넷, 모바일 선거운동'과 같은 것은 그런 예이다.

노무현대통령이 집권후에 창당한 열린우리당은 그 정당조직에 있어서 영토적 침투 조직, 지도력의 정통성이 외부에 기인한다는 점에서 행정부 · 여당 대 야당의 구도로 의회관계를 설정할 가능성이 크다. 반면에 카리스마적 지도자에 의존하는 것은 아니라는 점에서 입법부 대 행정부의 구도로 의회관계를 설정할 가능성도 있다. 하지만 당정협의회의 존속은 여전히 행정부와 여당을 묶어주는 역할을 한다. 종합적으로, 행정부 · 여당 對야당의 구조가 입법부 對행정부 구조로 의회가 운영될 가능성을 여전히 압도하고 있다.

정당조직에 관한 논의의 핵심은 정당의 기원과 제도화 사이에 어떤 관계가 형성되는가 하는 점일 것이다. 영토적 침투를 통해서 발전된 정당은 강력한 기관으로 발전되는 경향이 있다. 왜냐하면 창당 엘리트들이 처음부터 취한 정당형태를 통제할 수 있기 때문이다. 하지만 열린 우리당의 경우를 생각해 보면, 창당 엘리트들이 정권창출에 힘입어 정치개혁이란 명분아래 영토적 침투의 형태로 발전시킨 정당이며, 따라서 이러한 정당은 정권 재창출에 실패할 경우 사라질 가능성도 농후한 것이다. 정권재창출의 연장선상에서 정당과 의회관계를 규정하는 경우엔 행정부 · 여당 대 야당의 구조로 의회과정이 형성될 수밖에 없는 가능성이 농후하다.[80] 외부에서 정당화된 정당은 (초국가적으로 정당화되는 경우들은 예외로 하고) 약한 제도화를 경험하는데, 왜냐하면 후원단체들이 정당을 통제하려고 하기 때문이다. 이 경우는 정당의 강력한 제도화와 후원단체의 이익이 서로 상충될 수 있는 셈이다. 따라서 후원단체의 성격이나 이익이 행정부(또는 대통령)와 함께 하는 경우 여당과 야당이 입법부에서 협조하여 대 행정부 기능을 수행하는 것은 어렵다. 카리스마적 지도자들은 그들 자신의 권력에 대한 위협으로서 그들의 정당이 제도화되는 것을 거부하는 경향이 있다. 정당이 제도화 되는 경우 차기 정당 지도자를 정당이 선출하게 되는 것이다. 기득권을 가진 정당 지도자는 자신이 정당을 통제하려는 성향이 있기에 또 다른 정당

시도자를 만들어 내려는 정당을 거부하게 되는 것이다. 과거 박정희의 공화당은 그 좋은 예이다. 박정희는 공화당의 일부 측근에게 3선개헌을 지시했으며, 김종필과 같은 제2의 지도자를 인정하지 않았다. 하지만 노무현 정권의 열린우리당은 당권과 대권의 분리라는 원칙을 지키려고 노력했었다고 판단되며, 이런 측면에선 노무현 정권이 자신의 권력에 대한 위협 때문에 정당이 제도화되는 것을 거부할 이유는 없을 것이다.

파네비앙코의 경우 '내적 정통성'(internal legitimation)이 영토적 침투와 병행하는 곳에서는 매우 강력한 제도화가 이루어질 것이라고 보았었다.[81] 비교적 관점에서 한국의 경우를 예시하여 본다면, 박정희의 공화당은 영토적 침투는 있었지만 진정한 의미에서 내적 정통성이 있었다고 보기 어려우며, 이는 공화당이 강력한 조직으로 생명을 유지할 수 없는 이유이다. 반면에 내적 정통성은 인정되지만 영토적 침투가 한계에 있는 경우도 있다. 예를 들면, 김영삼의 신한국당이나 김대중의 새천년민주당은 나름대로의 내적 정통성은 있었으나, 전국적 수준에서의 영토적 침투가 불가능하여 지역정당으로 남았다. 지역주의 타파가 사회이슈로 되어 있는 곳에서 그러한 정당들은 강력한 제도화에 한계를 보일 수밖에 없었다.[82] 노무현 정권의 열린 우리당은 김영삼이나 김대중의 정당과 비교하여 내적 정통성과 영토적 침투 모두에서 좋은 대조를 이룬다. 열린우리당은 김영삼, 김대중의 정당과 비교하여 '자원동원 접근법'에서 그 차이가 난다.

그렇다면 이러한 자원동원의 형식에 영향을 받은 정당들은 어떠한 정당-의회

80 하지만 열린우리당은 영토적 확산을 통해서 발전된 정당이 아님에도 불구하고 뚜렷한 리더십이 없다는 측면에선 자원들을 통제하기 위한 경쟁이 창당 엘리트들 사이에 존재한다. 단임제하에서 노무현대통령의 정당지분은 한시적인 것이다. 1960년대부터 30년동안 장기집권이나 장기적 민주투쟁과정에서 소수의 정치리더들의 정당지분은 한시적인 것이 아니었다. 민주화과정에서 김영삼과 김대중은 반복적인 이합집산에서 정당소유권을 유지하고 있었고, 이것은 집권이 성취될 때(각각 2002년과 2007년)까지 지속되었다.

81 파네비앙코는 영국 보수당이 그 예라고 보았다. 비슷하게, 초국가적인 "외부적 정통성"(extra-national external legitimation)은 매우 강력한 제도화를 일으키는 영토적 침투를 가져온다. 공산당은 이러한 예이다. 반면에 영토적 확산이 국가안에서 후원하는 조직을 보완하는 경우, 결과는 매우 제한된 제도화가 일어난다. 파네비앙코는 이러한 예로서 영국 노동당과 종교적 정당들을 언급한다. 마지막으로, 그는 내적 정통성이 있으나 집단들이 중앙부에 대한 거부권을 행사할 수 있는 집단들(프랑스의 사회당과 독일 기독교 민주당 등)에 주목하면서, 이런 정당들의 제도화는 약하게 될 것이라고 하였다. Angelo Panebiance, Political Parties: Organization and Power (Cambridge: Cambridge University Press 1988), pp. 51-52, p. 67.

82 이갑윤, 『한국의 선거와 지역주의』(서울: 오름, 1999). 특히 "제3장: 지역격차와 지역감정: 기존연구의 검토" (pp. 41-62)를 참조할 수 있다.

관계를 갖게 되는가? 진성당원이 아니며 단순히 정당 지지자들인 경우엔 일관적 이념적 정향을 가졌다기보다는 시류에서 주요한 이슈들(salient issues)에 따라서 정책적 입장을 견지하게 된다.[83] 현대사회에서 정당은 당원의 기반을 발전시키면서 대중당원으로부터 전문화된 직업주의나 소비자주의로의 조직 변화가 감지되기도 한다.[84] 나아가 단순히 어떤 특정 이슈 때문에 특정 정당을 지지하는 유권자들이 많은 경우 경쟁하는 정당들은 이들을 붙잡기 위해서 이슈 논쟁과 경쟁이 치열해지게 된다. 합의주의적 성격보다는 승자독식의 성격이 강한 '한국의 정치문화' 속에선, 정당간의 이러한 경쟁이 입법부를 對행정부 기능으로 묶어 놓지 않고, 행정부 · 여당 대 야당의 관계로 묶어 놓게 된다. 결론적으로 의회-정당 관계는, 비록 원내정당모델을 도입하기 위해서(또는 행정부 · 여당 대 야당의 구조가 아닌 입법부 대 행정부 구조로 고치기 위해서) 제시되는 많은 의회제도 개선 논의에도 불구하고, 행정부 · 여당 대 야당의 구도 속에서 심화된 갈등구조를 벗어나기가 힘들다고 본다.[85] 국가의제설정과 정책결정과정에서 '여당 대 야당'의 심화된 갈등구조를 벗어나기 위한 기본은 개별 정당조직 자체가 이념적 유연성을 지닌 '제도화된 정당'으로서 '국민참여형정책정당'의 성격을 지니고 있을 때 개연성이 높아진다.

4. 정당, 포퓰리즘, 대통령리더십

대통령제하에서 국가의제설정과 정책결정을 통한 국가운영은 당대표, 원내대표의 지도력이 대통령의 정당에 대한 영향력을 현실적으로 넘어서기가 어렵다. 대통령은 입법부에도 자신을 공천한 정당이 있을뿐더러, 행정부에서 국무회의를 주재하면서 대통령이 국가의제설정과 정책결정의 종결자이기 때문이다. 앞으로 개헌을 통해서 대통령의 입김이 줄어드는 정치로 변화가 지속되더라도 여전히 상대적 입장에서 보자면, 대통령제의 큰 틀을 유지하는 한(즉, 이원집정부제 하에서도), 정치권에서 가장 강력한 영향력을 지닌 한 개인은 대통령일 수밖에 없을 것이다.

대통령제 하에선 정책적 성공과 실패에 대한 책임이 대통령 1인에게 돌아간다. 의원내각제 하에서 행정부인 수상과 내각은 집단지도체제적인 성격이 강한 반면, 대통령제 하에서 대통령은 행정부의 수반으로서 그 책임의 소재가 대통령 1인으로 환원되기 때문이다.[86] 이는 대통령제가 입법부 선거와 행정부의 수반을 뽑는 대통령 선거를 따로 치루는 제도적 효과가 그 근본적 원인이다.[87] 행정부의 수반 1인을 별도의 선거로 뽑아 놓은 만큼 상응하는 최고의 권력이 주어지지만 동시에 그 책임이 한 사람에게 지워지는 것이다. "대통령제 하에서 국가가 시끄러운 것은 여하튼 대통령의 책임이다"는 주장은 일리가 있는 셈이다. 따라서 정치지도자 가운데 '최고지도자'라고 할 수 있는 대통령을 중심으로 "정치적 리더십"을 논하는 것은 자연스러운 것이다.[88] 국민들은 자신들이 뽑은 대통령에게 기대가 크다. 기대가 큰 만큼 실망도 클 것이다. 국민의 기대에 부응하기 위해 대통령이 리더십을 구현하는 과정에선 종종 입법부와 연계나 정치 조율을 생략하고 국민과 직접적인 대화를 생각하기에 정치적 혼란이 야기되기도 한다.[89]

정당경쟁과정에서 정당들은 특히 인기정책에 집중하고 비인기정책은 회피하려는 성향이 나타난다. 복지정책은 인기정책으로 시행할 수도 있고, 비인기정책으로

83 한국 정당지지 균열구조에 관한 강명세의 연구를 보면 민주화 과정을 거쳐 문민정부 이후엔 한국 유권자의 선택범위가 확장되어 지지정당을 바꿀 수 있는 환경이 조성되었음을 지적한다. 즉 정치엘리트들의 경쟁적 선거전략은 유권자를 한국의 전통적 균열구조에만 머물러 있게 하지 않는다는 것이다. 이에 대해서는 강명세, "여야균열구조와 한국정당체제의 역사적 변화 1948-1996", 『국가전략』 4:2 (1998), pp. 169-191. 마인섭 · 장훈 · 김재한, "한국사회에서의 탈물질주의적 가치관의 등장과 사회균열구조의 변화," 『한국과 국제정치』 13:2 (1997), pp. 29-52. 한국의 유권자들은 어떤 이슈에서는 진보성향, 어떤 이슈에는 보수성향을 보이며, 소위 '이념적 혼재' 상황이 나타난다. 대략 40-45% 정도가 이념적 혼재상황에 있는 것으로 나타난다. 이념적 혼재상황에 있는 사람들은, 그렇지 않은 사람들(대부분이 이슈에서 일관된 보수이거나 일관된 진보)과 비교하여, 자신의 지지 정당에 대한 불만이 다른 정당으로의 지지 변경으로 수월하게 이루어진다. 이에 대해서는 진영재, 김민욱, "한국인의 이념성향 인식과 후보자 및 정당 지지 행태와의 상관관계: 16대 대통령 선거와 17대 국회의원선거 비교 분석", 『한국과국제정치』 23:4 (2007), pp. 65-98. 더 자세한 내용은 6장을 참조할 수 있다.

84 Alan Ware, *Political Parties and Party Systems* (Oxford: Oxford University Press, 1996), pp. 101-103.

85 의회에서 정당간 갈등수준을 완화하기 위해선, 지나치게 당대표와 원내대표 등의 소수의 당지도부를 중심으로 국회가 운영되는 것보다 국회의원들 모두가 주인이 되어서 국회가 운영되는 것이 오히려 입법부내의 '진영(陣營)대결'로 갈등의 심화를 막을 수 있을 것으로 예상한다.

86 Juan J. Linz and Arturo Valenzuela (eds.) *The Failure of Presidential Democracy: Comparative Perspectives* (Baltimore: Johns Hopkins University Press, 1994), pp. 11-12

87 Matthew Shugart and John Carey, *Presidents and Assemblies: Constitutional Design and Electoral Dynamics* (New York: Cambridge University Press, 1992), pp. 1-29.

88 박찬욱 · 정윤재 · 김남국, 『미래 한국의 정치적 리더십』 (서울: 미래인력연구센터, 1997) 한국대통령평가위원회 · 한국대통령학연구소 (편), 『한국의 역대 대통령 평가』 (서울: 조선일보사, 2002). 함성득, 『대통령학』 제2판 (서울: 나남, 2002). 정윤재, 『정치리더십과 한국민주주의』 (서울: 나남, 2003).

89 Samuel Kernell, *Going Public: New Strategies of Presidential Leadership* (Washington, D.C.: CQ Press, 1986). Roderick D. Kiewiet and Mathew D. McCubbins, *The Logic of Delegation: Congressional Parties and Appropriations Process* (Chicago: University of Chicago Press, 1991).

도 시행할 수 있는 대표적 예이다.[90] 국가의제설정과 정책입안에서 가장 곤혹스러운 것은 행정부의 수반으로 정치지도자가 특히 자신이 속한 정당과도 상의없이 진행하는 '포퓰리즘'일 가능성이 크다. '포퓰리즘'은 일반대중의 인기에 영합하는 정치형태(인기영합주의 또는 대중추수주의)로 대중동원의 호소력을 높이기 위해서 기존 질서나 경쟁관계의 정치인들과 대립각을 세우는 형식으로 표현된다.[91] 얀-베르너 뮐러(J. Müller)는 '누가 포퓰리스트인가' 라는 저서에서 포퓰리스트들의 공통점을 ①자신을 반대하는 정치세력들은 인정하지 않는 반(反)다원주의, ②기득권 엘리트들을 부패하고 부도덕한 집단으로 매도하는 반(反)엘리트주의, ③권력을 차지한 이후에도 여전히 학대받는 '정의로운 희생자'로 행세, ④무차별 복지로 대표되는 '국가후견주의'와 반대파에 대하여만 적용하는 '차별적 법치주의', ⑤법보다 우선하여 국민의 뜻을 따른다고 하면서, 진영논리에 의한 편가르기와 자신을 추종하는 세력들만 '진정한 국민'으로 취급. 이상이 바로 얀-베르너 뮐러가 분석한 포퓰리스트의 두드러진 특색이다. 그래서 포퓰리스트의 정치전략과 통치기법은 국가권력의 사유화, 반대세력에 대한 탄압, 지지세력에 대한 퍼주기 정책으로 대변된다.[92] 대중들에 대한 호소력을 높이기 위해서 대항 엘리트들과 대립각을 세우면서 상대 엘리트들에 대한 불신을 조장하는 경우, 포퓰리즘은 '애국심'이나 '민족의식'과 연계되어 나타나기도 한다.[93]

포퓰리즘은 대개 '사회변혁기' 내지는 '파괴적 환경' 속에서 발현하는 것으로 알려져 있다. 현대사회는 SNS와 같은 모바일 대중매체를 기반으로 사회구성원들에게 모든 상황이 '실시간'(real-time)으로 중계되고 의견들이 개진되며 '급변하는 환경'을 생산하게 된다. 대의민주주의체제하에서 정치지도자들의 '포퓰리즘'의 유혹에 노출되어 있다. 포퓰리즘은 정치지도자에 의해서 창조되기도 하지만, 대중들의 고단한 삶이 기존의 제도권내에서 또 다른 출구를 찾을 수 없을 때 정치지도자가 이러한 사회적 분위기를 이용하면서 정치권내의 역학 속에서 자신의 정치적 입지를 다지기 위해서 발현되기도 한다. 이렇게 본다면, 사회불만족을 지닌 대중들의 요구와 정치지도자들의 권력창출이나 권력강화를 위한 방식이 접점을 이룰 때 포퓰리즘은 극대화될 것이다.[94]

대부분의 포퓰리즘이 대중들로부터 자생적으로 발현한 '수요측면의 효과'(demand-side effect)보다 대의제 선거정치하에서 정당후보자들의 '공급측면의 효과'(supply-side effect)로 발생하고 있다는 것이 문제이다. 이러한 포퓰리즘은 예산집행권을 지닌 다양한 수준의 기관장들에게서 기관구성원들을 대상으로 발생하게 된

90 은민수, “유럽복지국가의 연금정치(pension politics): 연금개혁과 정치적 경쟁구조”, 『한국정치학회보』 42:4 (2008), pp. 475-497. 해당 연구는 영국의 1986년 연금개혁, 독일의 1989년과 1992년 연금개혁, 스웨덴의 1998년 연금개혁을 비교분석하면서 정당이 사회적 지출삭감이나 연금축소개혁과 같은 비인기정책을 추진하는 경우, 당시사회상황-정치경쟁구도-집권정당이 혼합적으로 작용하고 있음을 보여준다. 영국의 경우 대처의 보수당정권은 당시 노동당 세력이 약해진 가운데 과감하게 연금개혁을 진행할 수 있었다. 독일의 경우, 강력한 우파정당이 없는 상태에서 기민당-사민당은 급격한 사회지출 축소가 어려웠으며, 서로 일정한 책임을 공유하는 리스트 분산책으로 비인기정책을 수행하였다. 온건한 개혁책에 타협하면서 두 정당이 한 발씩 물러선 것이다. 상대적으로 스웨덴은 사민당이 압도적인 지형에서 비인기적 연금축소정책을 과감히 추진할 수 있었다. 참고로 독일의 경우엔 반드시 사민당과 기민당의 역학관계 속에서 비인기 정책이 시행된 것은 아니다. 국가운영에 대한 정치인의 결단에 의해서도 비인기정책은 시행된다. 1990년대 슈뢰더의 사민당 정부에서도 복지비 축소에 대한 뼈를 깎는 노력이 있었음도 참고할 필요가 있다. 장기적으로(1999-2003) 복지비의 대폭 삭감 선언으로, 브레멘과 작센 지역에서 발생한 노동자들의 시위는 전투에 가까운 격렬한 것이었다. 비인기정책을 수행하는 정당정치의 역학에 관한 보다 종합적인 논의는 다음의 두 연구를 참조할 수 있다. Herbert Kitschelt, “Partisan Competition and Welfare State Retrenchment: When Do Politicians Choose Unpopular Policies?”, Paul Pierson (ed.), *The New Politics of Welfare State* (New York; Oxford University Press, 2001), pp. 265-302. Evelyne Huber and John D. Stephens, *Development and Crisis of the Welfare State: Parties and Policies in Global Markets* (Chicago: University of Chicago Press, 2001).

91 Torcuato S. Di Tella, “Populism”, In Seymour Martin Lipset (ed.) *The Encyclopedia of Democracy* (Washington, D.C.: Congressional Quarterly Books, 1995), pp. 985-989. 김현준 · 서정민, “포퓰리즘 정치 개념 고찰: 문화적 접근의 관점에서”, 『한국정치학회보』 51:4 (2017), pp. 49-74.

92 Jan-Werner Müller, *What is Populism?* (Philadelphia: University of Pennsylvania Press, 2016). 폴란드의 대표적인 포퓰리스트 정당이었던 ‘법과정의당’은 “국민의 이익이 법에 우선한다”는 그럴듯한 구호를 통해 영구집권을 꾀한 바 있다. 포퓰리스트 전략은 특히 인물중심의 정당정치가 두드러지는 곳에서 행해진다고 할 때, 대통령제하에서 포퓰리스트 전략이 더 횡행할 것으로 생각할 수도 있다. 2019년 10월 27일 실시된 아르헨티나 대통령선거에서 ‘페론주의’ 포퓰리즘 정당인 ‘모두의 전선’(중도좌파연합)의 알베르토 페르난데스가 당선되었다. 페르난데스는 IMF와 긴축재정조건 재협상을 기치로 산업국유화와 복지비확대를 공약으로 내걸고 대통령에 당선되었다(조선일보 2019년 10월 29일 A1). 기관중심의 정당정치는 ‘의원내각제’가 ‘대통령제’보다 더 제도적 조응성이 높다. ‘인물중심’의 정치는 의원내각제하에서도 수상 개인의 리더십 성향에 따라서 얼마든지 나타날 수 있다. 김종법, “이탈리아 포퓰리스트 정당을 통해 본 분리와 통합의 딜레마”, 『유럽연구』 37:2 (2019), pp. 147-171. 2019년 9월 이탈리아에서 쥬세페 콘테 총리를 중심으로 극우포퓰리즘성향의 ‘오성운동’과 중도좌파인 ‘민주당’간 새로운 연립정부가 출범하면서, 우파와 좌파의 포퓰리즘이 결합하면서 소위 좌-우 종합판 포퓰리즘이 대두하고 있다. 이탈리아는 국가부채 규모가 GDP위 130%가 넘고 있으며, 세금감면과 재정지출확대를 동시에 진행하겠다는 것이어서, EU(유럽연합)의 부채감축의무에 적절히 대응하고 있지 않아, 유럽연합 집행부와 갈등을 겪고 있다 (한국경제 2019년 9월 12일 A11). 하지만, 복지정책에 대한 강화를 반드시 포퓰리즘과 연결시킬 수는 없다. 2012년 일본중의원선거에서 아베 내각이 재등장한 것에는 민주당정부의 약한 리더십과 복지정책후퇴에 대한 실망감이 작용하고 있다. 쥬세페 콘티 총리의 확장경제, 빈곤층 부가가치세 인상폐지, 최저임금제, 난민완화정책 등이 어떤 결과를 만들어 낼지는 더 지켜보아야 할 것이다.

93 베네수엘라 유고 차베스 정권의 경우엔 과도한 복지비지출로 국가재정이 파탄에 이른 경우인데, 차베스 정권하에서 ‘국가자부심’ 지수가 매우 높게 나타난 바 있다. Tom W. Smith and Seokho Kim, “National Pride in Comparative Perspective, 1995/96 and 2003/04”, *International Journal of Public Opinion Research*, 18:1 (2006), p. 129.

94 포퓰리즘의 형식과 내용은 다양하다. 정치지도자의 포퓰리즘은 정치지도부 내의 권력역학과 장기집권과도 연계된 것이다. 중국 공산당 마오쩌둥의 ‘문화혁명’은 권력통제를 위한 수단이다. Byungjun Byung-joon Ahn, *Chinese Politics and Cultural Revolution: Dynamics of Policy Processes* (Seattle: University of Washington Press, 1976). 이탈리아 언론재벌출신 베를루스코니 총리의 ‘전진이탈리아’(Forza Italia)정당은 ‘국민동맹’(Alleanza Nationale: 네오파시스트정당인 사회운동당의 후신) 및 ‘북부동맹’등과 연합하며 정권을

다. 정당지도자, 광역단체장, 교육감, 조합장 등 예산집행권을 지닌 모든 사람들이 대상이 된다. 정당정치에서 '원외정치'가 막강한 영향력을 지닌 경우, '포퓰리즘'은 단순히 정권을 담당한 정당이나 지도자와 대중들의 관계에서 뿐만이 아니라 입법부 내의 정당간 경쟁에서, 정당과 행정부 관계에서 폭넓게 나타난다.[95] 대중들의 무차별적이고 단기적인 요구가 대의민주주의의 초석인 '정당정치'로부터 비롯되는 것이라고 한다면, 정당지도자들에게 '포퓰리즘'은 국민통합을 위해서 기본적으로 극복해야만 하는 과제이다.[96]

포퓰리즘의 문제점은 그 종말이 비참할 수 있다는 것이다. 그렇다면, '포퓰리즘'을 극복하기 위하여 정당과 당내 지도자들은 어떤 리더십 행태를 지녀야 하는가? 중도적 입장이 중요하다. 그것 이외에는 방법이 없다. '중도적 입장'이라는 것은 자신이 절대적인 중도의 입장에 서는 것만을 의미하는 것이 아니다. 자신의 정책에 반대하는 정책적 입장에 조금 더 다가서는 경우에도 중도의 입장이 된다. "중도의 입장이라는 것이 '정책'을 말하는 것이지, '리더십'에도 중도의 리더십이 있겠는가?"라고 반문할 수도 있지만, 리더십에 관한 고전적 연구들을 바탕으로 생각할 때, 다음의 두 개의 차원으로 구성된 경우의 수들에서 한 쪽으로 치우지지 않고 사회적 요구에 따라서 균형을 잡을 수 있는 리더십을 중도적 리더십이라고 할 수 있다. 포퓰리즘이란 것도 따지고 보면 상당 부분 정치지도자의 리더십 스타일에 관련된 것이다. '리더십'이란 개념은 스테레오타입화된 유형으로 이해되기도 하지만, 매우 복합적인 개념이다.[97] 대통령 자신이 소속된 정당의 이념적 정체성에 대한 과도한 집착으로 국가정책의 유연성이 없는 상황을 연출하는 것이 결국 포퓰리즘이고 극좌, 극우, 진영정치는 모두 포퓰리즘의 일종이다. 특히, 포퓰리즘적 정당은 유권자들의 정치지형이 중도화함에 따라서 약화될 가능성도 있다.[98]

2019년 4월에 입소스(IPSOS)에서 조사된 포퓰리즘에 관한 비교자료가 있는데, 한국의 정당들은 유념할 만하다. 한국이 포퓰리즘의 잠재성이 가장 높은 나라로 평가되고 있기 때문이다. 근자에 가장 대표적인 포퓰리스트 정치인은 베네수엘라의 (故)차베스 대통령이었다. 포퓰리즘에 대한 전세계적인 경각심이 나타난 것은 2008년 금융위기를 계기로 포퓰리즘 세력들이 선거에 득세하고 있기 때문이다.[99] 세력들은 정치인도 있고, 정당도 있다. 미국의 우파 포퓰리스트인 트럼프, 좌파 포퓰리스트인 샌더스가 있었는데, 결국 힐러리의 대선 패배를 여러 가지 측면에서 분석할 수 있겠지만, 힐러리가 이들 두 명의 포퓰리스트를 모두 넘어서는 데 실패한 것으로 인식해 볼 수도 있다. 영국에서도 보리스 존슨의 행보는 분명 우파 포퓰리스트적인 것임에 틀림없다. 영국 국민들은 모든 정당의 반대에도 불구하고 영국의 EU탈퇴인 '브렉시트'를 결정하기도 하였다. 이탈리아의 포퓰리즘연정('동맹당'과 '오성운동'), 헝가리 연정('피데스'와 '기독민주국민당'), 독일의 '국민을위한대안'도 포퓰리즘적 정당의 예

잡았다. 단적으로, 베를루스코니는 '금권정치'를 통해서 언론 및 정치권내 자신의 세력들을 형성하였다. 최을영, "실비오 베를루스코니: 위기마다 살아 돌아오는 미디어재벌 총리", 『인물과사상』 (2011), pp. 48-66.

95 장문석, "이탈리아의 '정상국가' 담론과 포퓰리즘: 파스시트 포퓰리즘에서 포스트모던 포퓰리즘으로", 『역사비평』 (2013), pp. 157-181. 장문석은 루차(Carlo Ruzza)와 펠라(Stehano Fella)의 연구를 인용하면서, 베를루스코니가 정치적으로 득세한 이유를 정당간 역학의 관점에서 보자면, 좌파정당들이 대안이데올로기를 형성하지 못하고 지리멸렬해 있는 동안 베를루스코니를 중심으로 우파 정당들은 '혁신적인 포퓰리즘 이데올로기'(즉, 카톨릭교회에 기초한 보수적 가치와 대중들의 반정치적 감정을 결합)를 선보이게 된다. 즉, 권력의 득세를 위한 정치세력들간의 역학이 포퓰리즘을 유인한 것이다. 루파와 펠라는 이것을 좌파와 우파의 정치역학 속에서 '우파의 재발명'이라고 부른다. 비슷하게, 2019년 12월 영국의 브렉시트(Brexit) 논쟁속에서 치러진 영국 선거에서 보수당이 압도적으로 승리한 것은 보리스 존슨 수상의 무리수를 보면서도 노동당이 대안을 제대로 제시하지 못한 상황 때문이다. 영국 유권자들에게 "어떤 대안이 있는 것도 아니고, 그렇다면 그냥 한 번 보수당의 브렉시트로 가 보자"는 분위기가 팽배했던 것이다.

96 윤종성, "대한민국 역대 대통령 리더십에 관한 권력기반 및 정당성 비교 연구", 『사회과학연구』 31:3 (2015), pp. 83-111. 동시에, 윤종성은 그러한 국민통합적 자질을 갖는 대통령후보자를 국민들이 식별할 수 있는 안목을 갖는 것이 중요함을 함께 지적한다.

97 바버는 직무 열성도에 따라서 적극형(active)과 소극형(passive), 성격에 따라서 긍정적(positive, 만족과 낙관)이고 부정적(negative, 비관적이고 신경질적)으로 나누어 2x2 도표로 대통령들을 정형화한다. James D. Barber, *Presidential Character: Predicting Performance in the White House, 3rd ed.* (Englewood Cliffs, NJ: Prentice-Hall, 1985). 제퍼슨이나 케네디는 active-positive형으로, 후버와 닉슨은 active-negative, 매디슨이나 레이건은 passive-positive, 와싱턴과 아이젠하워는 passive-negative로 스테레오타입화가 된다. 물론 이러한 단순형 모델에 의한 스테레오타입적 분류는 현실을 왜곡할 수도 있으나 바버는 대통령 개인의 개성은 변하지 않고 지속되는 측면이 강하기 때문에 나름대로 타당성이 있다고 본다. 에델만도 정치에 대한 대중들의 인식은 상징화를 통해서 이루어지는 것이 자연스러운 것임을 지적한다. Edelman, Murray, 1972, *The Symbolic Uses of Politics* (Urbana, IL: University of Illinois Press, 1964), pp. 73-94, 95-113, 172-187. 대통령의 성장 환경이나 정신분석에 보다 초점을 맞추는 경우도 있다. 이정식, "해방기 한국의 정치 지도자 4인에 관한 연구: 이승만, 김구, 김규식, 여운형", 『계간 사상』 14 (1992), pp.96-146. 김종석, "노무현 대통령의 성격유형과 리더십 스타일에 관한 연구: Jung의 심리학적 유형론을 중심으로", 2003년 한국정치학회 연말학술대회.

98 정병기, "정치변동과 정당특성 분석을 통해 본 전진이탈리아(Forza Italia)의 성공요인과 전망", 『국제 · 지역연구』 12:1 (2003), pp. 91-111. 정병기는 1990년대 이탈리아 유권자들에게 '중도화 경향'이 나타나고 있기 때문에 베를루스코니의 포르자이탈리아가 고정된 이념보다는 실용적인 마케팅전략의 기반위에서 극우적 포퓰리즘에서 벗어나 중도화 경향을 쫓아갈 수 있다고 분석한다.

99 일반적으로 포퓰리즘이 발생하고 성행하는 이유는 금융위기, 고용불안, 노후불안 등 대중들의 경제적 불안감이 가장 큰 요인이다. Norman Pollack, *The Humane Economy: Populism, Capitalism, and Democracy* (New Brunswick N.J.: Rutgers University Press, 1990). Gabriel Leon, "Strategic Redistribution: The Political Economy of Populism in Latin America", *European Journal of Political Economy* 34 (2014), pp. 39-51. Petar Stankov, "The Political Economy of Populism: An Empirical Investigation", *Comparative Economic Studies* 60:2 (2018), pp. 230-253. 테러, 이민, 난민 등으로 인한 안전 및 생활 불안감도 또 다른

로 종종 거론된다.

포퓰리즘은 기존의 정치체계 속에서는 별 문제가 아닌 것으로 여겨지던 것도 다수의 대중적 입장 속으로 파고 들어 다수 대중의 이름을 빌어 제시되는 대안들로 발전되면서 그 문제점이 뚜렷하게 표출된다. 포퓰리즘이 요구하는 내용들은 많은 사회적 비용을 지출하거나 그간의 사회적 합의를 파괴하거나 무시하는 극단적 성격의 것으로 사회갈등을 증폭시킨다. 포퓰리즘에 관련된 한국민의 의식 현황을 보면 사회시스템에 대해서 부정적이고, 기존의 정치권에 대한 불신과 엘리트계층에 대한 불만이 높은 수준이다. 이러한 인식과 더불어, 엘리트들이 일반 시민들을 이해하기 어렵기 때문에 일반인들이 직접 나서는 것이 좋겠다는 인식과 함께 자신의 경제적 문제를 해결해 줄 지도자의 탄생을 바라는 경우, 포퓰리스트가 탄생하기 최적의 조건이 형성되는 것이다.

이는 한국정당정치과정에선 여전히 지난 2011년과 2012년에 사회를 강타했던 '안철수 현상'과 같이 대중이 새롭고 참신한 개혁적 인물에게 모든 것을 기댈 수 있는 정치적 상황이 재현될 수 있음을 의미한다. 한국정당발전과정에서 반드시 주요 정당이 아니어도 일종의 정거장의 역할을 하는 '플랫폼 정당'이 대선후보를 만들어 대통령에 당선시킬 수 있는 가능성을 보게 한다. 앞으로 한국정당정치에서 대통령 후보자의 리더십 자질이 더욱 중요한 이유가 된다.

바람직한 의미에서 리더십 구현의 첫 번째 선결 요건은 리더가 추종자들의 가치,

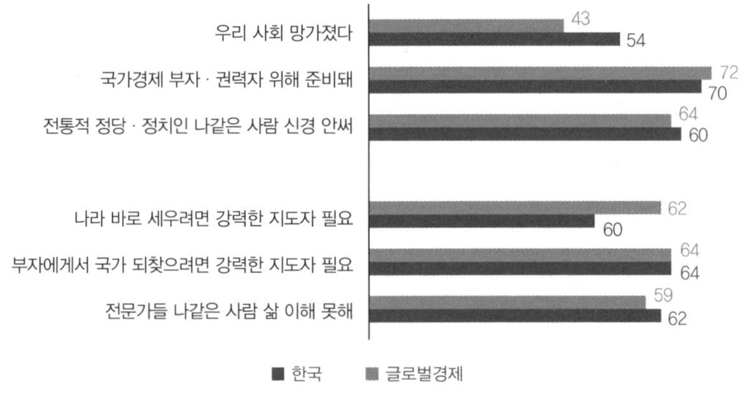

(자료:입소스,2019년 4월 조사/단위:%)

그림 5-1 포퓰리즘 관련 한국민 의식 종합

요구, 목표를 인시하는 것이다.[100] 이때 리더가 추종자들의 가치, 요구, 목표 중에서 어떤 것을 가장 잘 인지하느냐, 어떤 것에 중점을 두어서 인지하느냐에 따라서 리더가 추구하는 리더십의 성격이 결정된다. 리더가 추종자들의 가치에 중점을 둘 수도 있으며, 아니면 목표를 달성하는 것에 중점을 둘 수도 있다. 대통령 후보 시절엔 자신을 지지하는 세력의 후보이나, 대통령이 되고 난 후엔 자신을 지지했던 세력과 반대했던 세력 모두의 대통령이다. 대통령의 경우 자신을 지지했던 세력과 지지하지 않는 세력들 간의 상이한 가치와 상이한 목표 사이에서 갈등할 수 있으며, 지지하는 세력들과의 내부 상호 관계에서도 가치와 목표 달성 사이에서 갈등할 수 있다. 그러한 갈등상황에서의 현명한 선택이 리더십 옵션의 모든 것은 아니다. 더 중요한 점은 대통령이 되고 난 후 자신이 생각하는 것과 국민들의 생각(또는 자신이 지지했던 집단의 생각)이 다른 경우 자신의 방향으로 몰고 가는 것도 옵션의 하나라는 것이다.

이상의 상황들을 반영하면서 리더십의 성격을 유형화하기 위해선, 소위 막스 베버(Max Weber)의 '책임윤리'(Verantwortungsethik)와 '신념윤리'(Gesinnungsethik)라는 개념을 이용하여 첫 번째 개념 차원을 구성하는 것이 바람직하다고 본다.[101] '책임윤리'가 강조된 리더십이란 국가적 이슈나 정책을 제안하고 구현하는 과정에서 사회적 파급효과를 생각하며, 책임질 수 있는 부분, 그리고 혼란을 최소화할 수 있는 부분을 고려해서 국가를 이끌고 가는 것을 뜻한다. 반면에 본 논문에서의 '신념윤리'란 대통령 자신이 신념하는 가치를 우선적으로 생각하기에 사회적 파급효과에 대한 생각보다는 어떤 희생을 치르고라도 그러한 가치를 구현시키는 방향으로 갈 것을 국민에게

원인이다. 이런 경우 '자국민중심주의'나 '민족주의'와 같은 소위 'ethnocentrism'이 기승을 부리게 된다. Rogers Brubaker, *Nationalism Reframed: Nationhood and the National Question in the New Europe* (Cambridge: Cambridge University Press, 1996). Rogers Brubaker, "Populism and Nationalism", *Nations and Nationalism* (2019), pp. 1–23.

100 사회구성원들이 특정한 설문을 통해서 구체적인 변수들을 가지고 리더십을 평가하지 않는 이상, "○○○ 대통령이 리더십이 있었는가? 없었는가?"에 답하기 위한 일반적이고, 종합적 기준은 "시대적 소명을 잘 이끌었는가 아닌가"에 달려 있다고 본다. 따라서 리더십 유무를 넘어서서 리더십의 성격에 대한 논의 역시 리더의 시대적 소명이 무엇인가에 연관되어 논하는 것이 바람직하다고 본다. 결과론적인 이야기일 수도 있지만, 한국의 대통령들은 나름대로의 시대적 소명을 갖고 있었다. 이승만 대통령은 국가건설, 박정희 대통령은 경제발전과 근대화, 김영삼 대통령은 민주화 한국 건설, 김대중 대통령은 IMF 사태 극복과 남북관계 개선 등이다. 노무현 대통령의 소명은 "정치개혁"이라고 본다. 정치개혁이란 화두는 "집권 後 여당의 분당"이라는 한국 정치 초유의 사태를 가져오기도 했다.

101 김성호, "주객의 저편: 막스 베버에게 있어서 신념과 책임의 문제", 『한국정치학회보』 37:2 (2003), pp. 173–196. 공보경, "막스 베버의 정치지도자론", 『21세기정치학회보』 13:2 (2003), pp. 1–21.

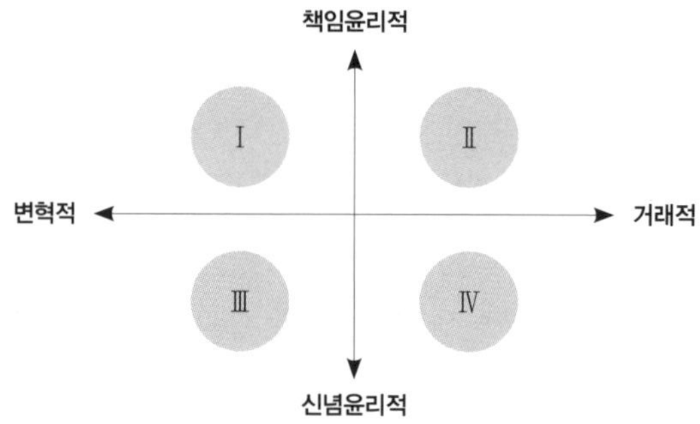

그림 5-2 리더십 성격을 인식하기 위한 개념틀

요구하는 리더십이다. 부수적으로 책임윤리적 리더십은 "변할 수 있는 것과 변할 수 없는 것"을 구분하는 데 초점이 있고, 신념윤리적 리더십은 "변해야만 하는 것과 변하지 말아야 하는 것"을 구분하는 데 주안점이 있다고 보면 논의의 편리성이 생긴다. 첫 번째 개념차원은 〈그림 5-2〉에 나타난 Y축을 말한다. Y축 양의 방향(+)은 책임윤리적 리더십 성향의 크기를, 음의 방향(-)은 신념윤리적 리더십 성향의 크기를 나타낸다.

두 번째의 차원의 구성 개념은 제임스 번즈(James M. Burns)의 용어를 빌리자면 소위 '거래적 리더십'(transactional leadership)과 '변혁적 리더십'(transforming leadership)이다. 번즈에 따르면 거래적 리더십의 특색은 공동의 목적 달성보다는 절차나 수단적 가치를 중시하는 교환관계, 거래관계, 계약관계 정신에 입각한 '합리성'을 강조하는 것이다. 정치 경제적으로 제도화된 체제인 서구 선진자본국가들의 리더십이 대개 이런 유형일 것이다. 반면에 변혁적 리더십이란 절차나 수단의 가치보다는 공동목표를 정해놓고 리더와 추종자가 연대감을 갖고서 이를 추구하는 것이다. 간디나 마틴 루터 킹의 리더십 등이 그 예가 될 수 있다. 정리해 본다면, '거래적 리더십'은 정치체계 내에서 존재하는 보다 제도화된 통로를 이용해서 국정을 처리해 나가려는 성격의 리더십이다. '변혁적 리더십'은 절차적인 규범보다는 도덕적 규범에 얽매여서 연대감을 추구하며 따라서 체제내의 제도화된 통로를 뛰어넘어서 국민과의 직접적인 대화를 강조하는 성격의 리더십이다. 두 번째 개념차원은 〈그림 5-2〉에 나타난 X축을 말한다. X축 양의 방향(+)은 거래적 리더십으로 치중되는 크기를, 음의 방향(-)은 변혁적 리더십으로 치중되는 크기를 나타낸다.

대통령의 중도적 리더십이란 결국 이들 두 차원에서 중심 부근에 자리잡아야 할 것이다. 결론적으로 거래적-변혁적, 책임윤리-신념윤리 라는 두 개의 차원에서 신념윤리-변혁적 리더십만이 강조되는 정치는 포퓰리즘의 위험에 노출된다. 한국의 현실 정치에서 대통령의 리더십이 거래적 리더십보다는 변혁적 리더십의 형태로 구현되는 가장 큰 이유는 여소야대 정국하에서 입법부와의 힘겨루기가 가져다주는 고통일 것이라고 추측해 본다. 문화적, 관습적으론 여전히 대통령의 심중이 국가 운영에 영향을 미치는 강력한 대통령제일 것이다. 현재 한국의 환경은 비록 과거처럼 대통령이 국정원, 검찰, 감사원, 경찰, 국세청과 같은 권력기관을 마음대로 이용하지 못한다고 하더라도, 여전히 대통령의 일거수일투족은 상위 권력기관에 큰 파장을 미치고 있다.

입법부에서 대통령의 주도권은 총선에서의 승리에 기반한다. 당권 · 대권의 분리에서 더 나아가 여소야대 정국과 같은 상황에선 대통령이 정국 운영에 주도권을 행사하기 어렵다. 2003년 12월 노 대통령의 "리멤버 1219 행사"가 야당으로부터 불법사전선거운동이란 비난을 받으면서도 구현되었던 것은 노대통령 자신의 제17대 총선에 대한 인식을 추측케 한다. 제17대 4.15 총선은 노무현 대통령의 리더십 성격과 관련해서 크게 두 가지 시나리오를 가능케 한다.[102] 첫째, 만약 노무현 대통령의 정당이 국회에서 제2당이나 제3당이 된다면, 변혁적 리더십이 남은 임기동안 유지될 것이다. 대통령과 입법부의 힘겨루기에서 입법부 제1당에게 정치적 선제권의 상당 부분을 뺏긴 이상 국민이나 지지집단과 직접적으로 상대하는 변혁적 리더십을 지속할 가능성이 높기 때문이다. 둘째, 만약 노무현 대통령의 정당이 국회에서 제1당이 된다면, 거래적 리더십의 성격으로 변환될 가능성도 있다고 본다. 앞서서 언급했던 "........프로세스와 시스템을 만들어서 결과에 동의하지 않아도 프로세스에 동의할 수 있도록 신뢰와 권위를 높여 나가려 한다...."라는 의지가 노무현 대통령의 이상이라면, 그러한 이상은 노 대통령의 정당이 국회 제1당이 되는 경우 실천될 가능성도 있기 때문이다. 한미FTA나 이라크파병과 같이 노무현 정부는 일정 수준 변혁적 리더십이 인정되며 긍정적으로 재평가 받고 있다.[103] 상대적으로 신념적 리더십이 강한 박근혜정부나 문재인정부의 경우엔 성공보다는 실패를 예상하는 목소리가 다수이다.

다원화된 사회에서의 안정된 민주주의를 위해선 결과보다는 절차에 대한 국민적

102 노무현 지지파나 그 반대파가 공히 하는 언급은 서로 "4월 총선으로 결판내야 한다"이다.

103 박용수, "노무현대통령의 한미FTA 추진 이유: 대통령리더십을 통한 접근", 『평화연구』 19:1 (2011), pp. 39–74.

공감대가 필수적이며, 따라서 신념윤리적 리더십보다는 책임윤리적 리더십이, 변혁적 리더십 보다는 거래적 리더십이 필요할 것이다. 단 한국 사회도 이제 사회적 집단이 다원화되고 있다고 볼 때, 책임윤리적 · 거래적 리더십으로 국정을 운영하는 경우 그 효과는 단기간에 나타나기 어려울 것이다.[104] 그럼에도 불구하고 신념윤리적 · 변혁적 리더십의 조합적 유형은 다음의 4가지 측면에서 책임윤리적 · 거래적 리더십보다 약점이 있다: (1) 명령이 미칠 결과에 대해서 현실적으로 평가하는 힘이 결여될 수 있다; (2) 명령이 내려지면 예외가 있을 수 있다는 점에 대해서 인정하기 어렵다; (3) 일을 해 나가는 데 필요한 사안들을 다른 사람들에게 설명하고 협조를 구하는 것에 소홀할 수 있다; (4) 명령이 잘못된 것으로 밝혀진 경우에 이를 인정하고 취소하기 어렵다. 이상의 네 가지 점은 다원화된 집단들로 구성된 국가를 운영하는데 있어 극복되어야만 될 장애임에 틀림없다.

대통령으로 선출된 이후의 대통령은 단순히 특정 진영의 대통령이 아니며 모든 국민들의 대통령이다. 대통령제하에서 대통령과 정당의 관계는 여러 가지 모순을 낳을 수 있다. 일단, 대통령선거를 통해서 대통령에 당선된 경우, 청와대와 정당간 '선거캠프요원'과 '정당요원' 사이에 갈등이 발생하게 된다. 선거과정에서 선거캠프와 정당은 상당 부분 겹치게 되지만, 대통령 후보자를 지근거리에서 도와주는 요원들은 정당과 무관한 외부인들일 가능성이 매우 높다.[105] '청와대'가 '선거캠프요원'들로 채워지면, 정당과 의제나 정책 우선순위와 처리과정에서 그 갈등의 골이 깊어질 수도 있다.[106]

"리더십이 있다"는 것의 의미는 무엇인가? 리더십에 관한 주요 연구들에서 제시된 정의들을 종합하여 정리해 보면, '리더십'이란 "지도자와 추종자 양측 모두에 의해 상호 수용된 목적을 현실화시키기 위한 과정에서 발휘되는 상호작용"이다.[107] '권력' 개념이 리더와 추종자 사이의 일방적 관계에 중점을 두는 반면에, 리더십 개념은 '상호관계'[108] 내지는 목표를 공유하고 달성해 나가는 '과정적인 의미'[109]를 강조한다. 현실 세계에서 리더십은 특정 동기와 목적을 가진 사람들이 다른 사람들과 경쟁하거나 갈등하면서 추종자들의 동기를 일깨우고, 이끌어낸다. 리더십이란 지도자와 추종자 사이의 쌍무적 관계로 공동의 목표를 공유하고 달성해 나가는 과정을 의미하기에, 어떤 지도자가 리더십을 갖추기 위해서는 추종자들의 필요 및 목표를 인지하는 것이 선결 조건이다. 따라서 리더들의 첫 번째 임무는 추종자들의 요구, 가치 그리고 목적을 의식하는 것이다. 리더십의 성격은 지도자들이 그들 자신과 추종자들의 가치와 동기를 파악하고 만족시키기 위해서 제도적, 정치적, 심리적 그리고 기타 다른 자원을 동원하는 방식에 달려 있다.

그렇다면 지도자들이 추종자들의 가치와 동기를 파악하고 그에 따라서 행동하는 방식이란 현실 정치세계에서 어떻게 구현되는가? 한국사회도 이제 지역갈등과 더불어서 보수-혁신과 관련된 제반의 사회적 이슈들이 다원화된 사회적 갈등 축을 형성해 가고 있다. 예상컨대, 다원화된 민주화 시대 환경에서의 리더십의 구현은 갈등하는 여러 영역들이 대화할 수 있는 場을 마련해 주고, 나아가 대화가 타협점을 찾도록 "만들어 가는 과정"을 의미할 수 있다. 리더십의 유무에는 결과론보다도 과정적 의미가 중요할 수 있다. 이때 만들어 가는 과정은 기계적 과정이 아닌 종합적이고 예술적인 과정이어서 무조건적으로 대중들의 뜻을 따르는 것이 아니고, 대중의 뜻과 상반된 자신의 신념이 옳다고 판단되는 경우엔 대중들을 설득할 수도 있어야 한다. 대통령을 둘러싸고 있는 환경도 중요하다. 타협과 협상 문화의 존재 유무나 협상을 유

104 대통령 재임기간 중 단기간에 효과를 보려는 국정운영의 조급함을 극복하기 위해서도 단임제를 중임제로 바꾸어야 한다고 본다.

105 '진보집권플랜'은 외부 전문가에 의해서 작성된 것이지, 정당의 주요 당직자들 중심으로 작성한 것은 아니다. 오연호 · 조국, 『진보집권플랜』 (서울: 오마이북, 2010).

106 국회의원선거를 앞두고 공천시기에는 정당이 보다 일사불란할 수 있지만, 국회의원선거가 대선이후에 있는 상황에선 정당의 의원들은 대통령의 정책사안에 협조적이지 않을 개연성이 높아진다.

107 『계간 사상: 특집·정치지도자론』 가을호(1992); 한국리더십연구회(옮김) 『제임스 M. 번즈의 리더십 강의』 (서울: 미래인력연구센터, 2000).

108 쌍무적(mutual obligation between 'to aid' and 'to protect')인 관계의 대표적인 형태들 중의 하나는 중세 봉건시대에 영주와 기사 사이의 관계이다. Marc Bloch, *Feudal Society I*, translated by L. A. Manyon (Chicago: University of Chicago Press, 1961), p. 219.

109 과정적 의미란 "리더십이 리더십답기 위해서는 어떤 과정에 있어야 하는가?"하는 문제에 답을 찾는 것과 관련된다. 송복은 그 답을 公正性(公明正大)과 公平成(公平無私)에서 찾는다. 전자는 투명성과 올바름을 뜻하는 것이며, 누가 보아도 거짓이 없도록 리더가 집단 관리를 투명하게 하는 것이다. 후자는 집단 성원 누구에게든 똑같이 기회를 보장하는 기회평등과 부당이득을 챙기지 않는 것을 의미한다 [송복, "왜 리더십인가," 송복(서문)/한국리더십연구회(역), 『제임스 M. 번즈의 리더십 강의』 (서울: 미래인력연구센터, 2000), p. 9-19]. 리더십의 본심이 공정성과 공평성이면 더할 나위 없이 좋겠지만, 현실 세계의 정치적 리더십의 구현 과정은 라스웰(Harold Lasswell)이 언급한 '정치적 인간'(political man)[개인의 사적 동기를 전체의 이익 추구와 연계시켜 합리화하는 행동을 보이는 인간]이란 전제에서 완전히 자유로울 수 없을 것이다. 번즈(James M. Burns)가 '도덕적 리더십'(moral leadership)을 강조하는 이유가 이에 대한 반증일 것이다. 번즈가 말하는 도덕적 리더십에선 리더와 추종자 모두 분명한 역할이 있다. 리더는 단순한 훈계나 설교를 통한 경건함이나 사회적 순종을 강요하는 것이 아니고 추종자들의 욕구를 만족시키는 사회적 변화를 실제로 만들어 내는 능력까지를 의미한다. 추종자의 역할도 '대안적 지도자 프로그램'에 대한 적절한 지식을 가지고 여러 지도자들 중에 한 사람의 지도자를 선택할 능력을 갖추어야 한다 [송복(서문)/한국리더십연구회(역), 『제임스 M. 번즈의 리더십 강의』 (서울: 미래인력연구센터, 2000), p. 29].

인하는 제도 여부가 리더십에 영향을 미치게 된다. 설득이란 설득하는 주체도 중요하지만 설득당하는 객체들의 성향에 대한 이해도 중요하다. 따라서 유권자 국민들의 시민의식 수준, 정치 인내성(political tolerance)[110], 변덕성(volatility)[111]이 지도자 리더십의 성격과 상호작용을 하게 된다. 어떤 특정 대통령의 리더십을 논함에 있어서 환경적인 부분을 종합적으로 고려하는 것은 매우 의미 있는 일이다.[112]

행정부와 입법부의 관계를 보면, 단점정부하에서는 제왕적 대통령제적 성향이 보다 강화되지만, 이 때 오히려 야당의 여당에 대한 사생결단식의 저항에 부딪칠 가능성이 높다. 분점정부하에서는 여당과 야당의 대립과 교착이 심화된다.[113] 정당들은 자신이 행정부를 장악했을 때와 그렇지 않을 때 (즉, 여당인 경우와 야당인 경우), 입법부에서 제1당 내지는 과반다수의석을 차지했을 때와 그렇지 않을 때에 행태적 차이를 보이게 되고, 나아가 이러한 상황적 변화는 이념적 변화에 영향을 미치기도 한다.[114] 대통령이 행정부의 수반으로서 국정을 운영하는 과정에 가능하면 일사불란한 '정당기율'(party discipline)이 있다면 보다 효과적이지만,[115] 이것은 그나마 여대야소 정국일 때의 이야기이다. 정당과 행정부의 관계에는 '관료제도'가 매개되어 있어 상황이 좀 더 복잡하다. '관료사회'는 여당의 뜻대로 움직이지 않을 수도 있으며, 야당에게는 또 다른 하나의 정당처럼 느껴질 수도 있다.[116] 이런 경우, 관료사회를 움직일 수 있는 제도적 장치가 하나의 정당이 관여하는 행정부 내부에 있는지, 아니면 여러 정당들 모두가 관여하는 입법부에게 있거나 공유되는지에 따라 정치과정은 상이한 양상을 띠게 된다.[117] 결론적으로 이 모든 복잡한 상황에서 국정의제를 설정하고, 정책을 입안하고, 성공적인 정책결정으로 이끄는 데는 포괄적으로는 '여당의 정치행태'가 중요하며, 특히 그 중심에는 대통령의 리더십 행태가 있다.

대통령제하에서 국가의제설정과 운용은 선거를 통해서 권한을 위임한 국민들의 이익이 정부의 조직과 행위의 목적에 반영될 때 그 정당성이 배가될 것이다.[118] 이것은 대통령 당선과 함께 시작되는 정부조직개편에서부터 시작되어 정부조직 내에 정무기능의 강화, 당 · 정 · 청 협의의 활성화, 대통령 리더십의 발휘 등을 통해서 구현된다.[119] 이런 경우, 부서의 변화는 대통령의 전략적 의도와 리더십에 따라서 다르게 나타난다.[120] 대통령은 어떤 현안에 대해서 정책 우선 순위를 두게 되면, 행정부 내부는 물론이고 입법부의 어젠다 형성과정에 가장 큰 영향을 미친다.[121] 그런데, 대통령의 성공적인 국가의제실현은 궁극적으로 '리더십'이 매개되면서 정치적으로 구현된다.[122]

궁극적으로 대통령제 하에서 성공한 대통령이 된다는 것은 국민들의 평가에서

110 Robert S. Gilmour and Robert B. Lamb, *Political Alienation in Contemporary America* (New York: St. Martin's, 1975).

111 Courtney Brown, *Ballots of Tumult: A Portrait of Volatility in American Voting* (Ann Arbor: University of Michigan Press, 1991).

112 이정희 "제2공화국의 정치환경과 장면의 리더십," 김호진(편)『한국현대정치사』(서울: 법문사, 1995)

113 반드시 그런 것은 아니다. 이것은 정책이슈에 따라서 차이가 있을 수 있다. 법인세 정책의 경우, 단점정부와 분점정부 모두에서 국회와 대통령 사이의 갈등이 표출되었으나, 양자간의 갈등이 대립과 교착으로 가지 않고, 타협하며 귀결점을 찾았다. 박현석, "1990년대 이후 법인세율 결정과정을 통해 본 대통령과 의회의 갈등과 타협",『한국정당학회보』15:1 (2016), pp. 159–186. 그린-페데르센은 가장 중요한 예산 타결분야인 복지비 문제에서도 당시의 정치적 상황(단점, 분점), 경제상황(호황, 불황) 보다도 타협과 합의를 이끌어내는 정치인들의 '정치적 행위'가 중요했음을 지적한다. Christoffer Green-Pedersen, "Welfare-State Retrenchment in Denmark and the Netherlands, 1982–1998: The Role of Party Competition and Party Consensus", *Comparative Political Studies* 9 (2001), pp. 963–985.

114 양당체계의 미국정치의 경우, 민주당과 공화당 여부에 상관없이, 분점정부가 아닌 단점정부로서 기간이 지속되는 경우에 여당이었던 정당의 위치에서는 자신의 본래 위치보다 경제간섭을 강하게 하는 경향이 있고, 야당이었던 정당의 위치에서는 경제간섭을 적게 하는 경향이 발견된다. Verlan Lewis, "Party Control of Government and American Party Ideology Development", *Studies in American Political Development* 32:2 (2018), pp. 188–216.

115 허석재, "대통령제에서 정당기율과 재정기율",『한국정당학회보』17:3 (2018), pp. 35–66. 허석재에 따르면 정당의 기율이 강할수록 대통령 국정운영을 위한 재정건전성이 높아졌고, 대통령정당의 의석수가 많을수록 재정균형이 달성되었다.

116 이연호, "한국의 규제국가적 개혁과 관료제의 강화",『동서연구』28:1 (2016), pp. 233–258.

117 한정훈, "한국의 행정개혁: 행정부와 입법부의 협치 강화", 민주화운동기념사업회 연구소 학술행사 자료집 (2017), pp. 33–48. 한정훈은 한국의 국회가 행정관료를 통제할 수 있는 제도적 방안을 마련하는 것이 바람직하다고 본다. 동시에 당정협의제도의 기능확대를 통한 행정부와 국회의 협치 강화가 필요함을 지적한다.

118 이윤경, 문명재, "국정의제의 변화와 정부조직 개편에 대한 연구",『한국조직학회보』8:1 (2011), pp. 59–106.

119 윤종빈, "정부조직의 구조와 운영: 정치학적 접근",『한국조직학회보』7:2 (2010), pp. 23–45.

120 유현종 · 이윤호, "제도적 대통령 부서이 발전에 관한 역사적 분석",『한국행정학보』44:2 (2010), pp. 111–136. 대통령을 보좌하는 기구는 대통령의 성공적인 국정운영에 필수적일 것이다. 저자들은 대통령의 목표와 의도, 리더십의 특성에 따라서 대통령을 가장 효율적으로 보좌할 수 있는 대통령 부서를 초기에 설계하는 것이 바람직하다고 본다. 저자들은 '대통령부'의 신설을 생각하고 있다. 필자의 의견으로는 해당 부서의 신설 여부는 '청와대 비서실'이 현재 담당하고 있기에 형식상의 문제로 한정될 가능성이 크고, 근본적인 문제는 아닌 듯하다. 어떤 부서와 조직의 형태를 취하더라도 궁극적으로 대통령의 리더십 스타일이라는 소위 '공룡 변수'에 영향을 받을 것이다. 부서와 조직을 나누거나 신설하여도 대통령의 의중에 따라서 부서와 조직간 업무 편중 서열이 정해질 것이며, 통합하여도 마찬가지일 것이다.

121 차재훈은 김영삼, 김대중, 노무현, 이명박 정부를 대상으로 국정 어젠다와 이를 실현하기 위한 정책화 과정을 분석하고 있다. 차재훈, "대통령의 국정 어젠다와 정책화 과정 평가",『정치·정보연구』15:1 (2012), pp. 67–92.

122 박명림, "헌법, 국가의제, 그리고 대통령 리더십: '건국 헌법'과 '전후 헌법'의 경제조항 비교를 중심으로",『국제정치논총』48:1 (2008), pp. 429–454. 박명림은 '시장경제'를 지향한 1948년 건국헌법과 1954년 전후헌법의 경제조항의 비교를 통해서 헌법(제도)–국가의제(경제조항)–리더십(대통령) 사이의 관계 동학을 분석한다. 해당 연구는 헌법적 가치와 국가의제가 실현된 것에는 대통령의 리더십이란 매개 효과와 역학관계가 긴요함을 보여주고 있다.

성공한 대통령으로 인지되는 것이다. 대중들은 변덕스러운 측면이 있다. 또한 완전한 정보를 갖지 않은 상태에서 감정적일 수도 있다. 시대가 바뀌면서 평가도 바뀔 수 있다. 당시대의 국민적 인기와 역사적 업적 평가는 다를 수 있기 때문이다. 대통령제 하에서 국민들은 대통령을 뽑으면서 큰 기대를 건다. 큰 기대만큼 큰 실망을 하게 된다. 이는 결코 부자연스럽거나 비합리적인 것이 아니다. 대통령제 하에서 국민들은 행정부의 수반인 대통령을 자기들의 손으로 직접 뽑는다. 따라서 평가도 그들이 직접 한다. 변덕스러운 국민을 만났다면 그것은 대통령제 하에서 대통령이 갖는 업보일 뿐이다.

마키아벨리는 현실정치에서 통치자의 리더십이 구현될 때 '비르투나'(virtuna) 못지 않게 '포르투나'(fortuna)가 중요하다고 말했다. 조금 세속적으로 표현하자면, 통치자는 자신이 지닌 '실력'도 중요하지만, 그를 둘러싼 당시 시대적 상황 속에서 '운'도 중요하다는 말이다. 어떤 군주는 좋은 자질과 덕성에도 불구하고, 공교롭게도 더욱 강대한 주변의 군주들을 만나서 요절하기도 한다. 어떤 군주는 선대로부터 '태평치세'를 이어받아 당분간 특별한 능력 없이도 세상을 무리없이 다스리기도 하는데, 어떤 군주는 풍전등화 상황에서 군주 직위를 물려받게 된다. 중세사회의 상황을 현대사회에 그대로 이입할 수 없더라도, 마키아벨리의 생각은 현대사회에서 대통령의 '상황적 자질'의 중요성을 일깨워 줄 것이다. 국민들이 싫어하는 정책이라고 할지라도 국가의 장래를 위해서 필요한 정책이라고 생각된다면 담대한 의지를 갖고서 국민을 설득하여 실행에 옮기는 것이 대통령 리더십의 요체이다.[123] 이러한 리더십은 '보편적 자질'로서 이해된다기보다 특정 대통령이 특정 시대, 특정 사건 및 환경 속에서 발휘되는 '상황적 자질'로서 이해되는 것이 보다 적합할 것이다.[124] 특히, 대통령의 개혁리더십의 경우, '상황적 자질'이 더욱 중요하다.[125]

대통령리더십의 성공적 발현과 실천에는 도덕성, 정직성 등과 연계된 과거지향의 '회고적 자질'(retrospective traits) 보다 국가비전제시능력에 기초한 미래지향의 '전망적 자질'(prospective traits)이 필요하다.[126] 대통령의 리더십 스타일은 포괄적으로 형성될 수도 있지만, 특정 정책영역에 따라서 보다 구체적인 모습으로 나타날 수 있다.[127]

5. 결론과 예상

현대 민주주의 사회에서 정부들은 '과부하 위기'에 있다. 이러한 현상은 특정 이념의 정파가 집권했을 때 발생하는 문제가 아니다. 사회는 더욱 더 '숙의(숙고)민주주의'(deliberative democracy)를 요구하고 있으며, 성공한 정당이 되기 위해선 정당에 기반을 둔 '심의적 직접민주주의'에 대해서 생각해 볼 수 있다.[128] 쉽지 않겠지만, 지금의 정당정치가 현대사회에서 '숙고민주주의'의 중요성을 간과하게 되면, '이것은 국민들이 선거를 통해서 대의기관으로서의 정당을 선택하지만, 대의기관인 정당을 선택한 이후엔 그러한 의회에 진출한 정당의 일원으로서 행동하게 되는 것을 의미한다. 의제 관련 당사자들이 의안에 관여하여 의사를 표출하거나 직접 표결에 참여하는 것을 말한다.

123 이현출 · 김영삼, "전환기 대통령 리더십의 성공조건", 『유라시아연구』 14:3 (2017), pp. 27-44.

124 한국의 시대상황을 특정 대통령과 연관시켜볼 때, 이승만은 자유주의 공화국 건립, 박정희는 경제부흥, 김영삼은 문민정부수립, 김대중은 경제환란극복, 노무현은 권위주의청산 등의 시대적 과제가 있었다. 이들 시대적 과제는 나름대로 해결되었던 것으로 평가해 본다. 하지만, 한국의 역대 대통령들에 대한 평가는 이보다 더 낮을 수 있다. 이에 대한 보다 자세한 논의는 한국대통령평가위원회 · 한국대통령학연구소 (편), "낮게 평가된 대통령에 대한 후기", 『한국의 역대 대통령 평가』 (서울: 조선일보사, 2002), p. 124을 참조하면 된다. 별도로, 박근혜의 당선인 시절의 리더십에 대해서는 윤종성 · 김영오, "박근혜 대통령 당선인의 리더십에 관한 연구", 『사회과학연구』 29:1 (2013), pp. 71-93을 참조할 수 있다. 박근혜의 리더십 추구 목표가 '국민행복시대'라는 비전과 이에 대한 실천이었다면, 실패했다는 것이 중론일 것이다.

125 프랑스 대통령 니콜라 사르코지(Nicolas Sarkozi)의 초기 개혁이 나름의 성공을 가져온 이유를 시대의 흐름을 제대로 파악한, 소위 상황대처 능력(국민여론을 등에 업고 탁월한 협상능력의 발휘)에 기인한 것으로 해석한다. 이에 대해서는 오일환, "사르코지 프랑스 대통령 임기 초반의 개혁 리더십 연구", 『동서연구』 20:1 (2008), pp. 117-141.

126 함성득, "문헌고찰을 통한 한국 대통령의 자질연구: 전망적 자질연구의 중요성", 『정부학연구』 13:4 (2007), pp. 41-62. '전망적 자질'이 소위 이성에 호소해야 하는 '크레덴다'(credenda)적 방식이라면, 대조적으로, 감성에 호소하는 '미란다'(miranda)적 방식으로서 '진실한 리더십'이 국정과제 수행과 사회통합에 더 유리하다는 연구도 있다. 진실한 리더십은 리더가 국민들에게 리더의 가치와 신념을 공유하는 일체감을 형성하며 국민들로 하여금 긍정적 정서와 신뢰감을 상승시키게 된다. 박상만 · 김강훈, "사회적 통합을 위한 21세기 정치리더십 연구: 진실한 리더십을 중심으로", 『한국동북아논총』 73 (2014), pp. 317-342.

127 함성득 · 양다승, "한국 대통령의 과학기술 리더십 연구: 민주화 이전과 이후의 비교론적 관점에서", 『한국정치학회보』 46:1 (2012), pp. 141-173.

128 숙의민주주의, 심의민주주의, 토론민주주의라고도 한다. Jon Elster (ed.), *Deliberative Democracy* (Cambridge: Cambridge University Press, 1998). Michael A. Neblo, Deliberative Democracy between Theory and Practice (New York: Cambridge University Press, 2015). 장동진, 『심의 민주주의: 공적 이성과 공동선』 (서울: 박영사, 2012).

'중앙집권화'는 '대의제'를 효율적으로 추구할 수 있도록 하는 측면이 있다. 중앙집권이 강화된 대의제 국가제도들은 법률을 제정하여 새로운 정책을 공포하고 개별이익들간의 갈등을 통제한다. 이런 경우, 국가의제를 설정하고 입법화하는 '의회'와 선거제도를 통한 경쟁적 정당들은 중앙집권화된 대의제가 기능하기 위한 중추적 제도가 된다.[129] 이렇게 본다면, 숙고민주주의는 정당정치의 필요성을 감소시킬 수 있다. 정당은 경제문제를 해결하고 끊임없이 증가하는 요구들을 중재하기 위한 전략(선거전략이 되었건, 입법전략이 되었건)을 모색하지만, 다양한 이익집단들의 기능적 대표들에 의해서 대표성이 약화된다. 새로운 국가 및 사회의제나 입법과정에서 배제된(또는 배제되었다고 생각하는) 자들로부터 저항이 발생하며 공공정책의 수립 및 전개와 관련하여 의회정치나 정당정치의 적실성은 쇠퇴하게 된다. 따라서, 정당들은 숙고민주주의적 상황에 적응할 필요가 있으며 이는 정당이 정책적 유연성을 지닐 때 가장 효율적으로 구현될 수 있음은 자명하다.

정책적 경직성보다는 정책적 유연성을 지닌 정당으로 거듭나기 위한 내부조건과 외부조건은 무엇일까? 정책정당으로의 발전을 위한 외부적 요인의 핵심은 명부식 비례대표제의 '선거체계'에서 찾곤 한다.[130] 하지만, 한국정치문화의 특성상 자칫 정당명부의 작성시 정당 보스의 전횡이 강화될 가능성을 걱정하는 경우엔, 대선거구제하에서 다수대표제(단기이양식 또는 단기비이양식)를 대안으로 생각해 볼 수도 있고,[131] 명부를 개방형 명부제로 하는 것을 대안으로 생각해 볼 수도 있다. 정책정당 실현을 위한 내부조건의 핵심은 당내민주화의 진전과 원내중심정당으로 기능하는 것에서 찾곤 한다.[132]

그렇다면, 두 개의 정책정당이 경쟁하게 될 때는 어떤 결과를 만들어 낼 것으로 예상할 수 있을까? 두 개 주요 정당의 정책경쟁에선 주요 정당 상호에 대해서 같은 방향으로 움직일 개연성이 크지만, 군소정당에 대해선 다른 방향으로 움직일 개연성이 크다. 두 개의 주요 정당은 제3당으로서 '중도정당' 이 존재할 때만 좀 더 정책분화적으로 경쟁할 가능성이 크게 나타난다.[133]

대통령제에서는 정당간 연합정치가 구성될 가능성이 의원내각제보다 낮다고 하더라도, 개별 정당들이 국가의제설정과 정책결정에 있어서 중도적 위치로 수렴할 가능성은 일정 수준 존재한다고 볼 수 있다. 선거경쟁을 해야만 하기 때문이다. 그러니까, 대통령제하에선 야당들이 여당에 협조하여 여당의 정책적 성공을 기원할 가능성은 매우 낮지만(여당이 잘하면 정권교체를 할 가능성이 낮아지므로), 선거에서 유불리를 따질 때, 야당이 정책적으로 여당의 흉내를 낼 가능성은 있다는 의미이다. 대통령제하에서 정당들이 표에 집착하게 될 때 포퓰리즘이 성행할 가능성은 상존한다.

국가의제설정과 정책결정과정의 가장 구조적인 변수는 권력구조형태임은 분명하다. 대통령제가 양당체계가 아닌 다당체계로 운영되는 경우 입법부는 비생산적이며, 행정부와 입법부의 관계는 교착된다고 보는 시각이 있다.[134] 그렇게 보는 가장 핵심적 이유는 대통령제하에서 '분할정부' (divided government: 즉 입법부에서 '여소야대') 정국이 만들어지기 때문이라는 것이다. 이런 시각에 따르면, 정당체계가 파편화되지 않을수록 대통령제는 보다 원활하게 운영된다고 볼 수 있다. 반면에, 다당체계하에서도 대통령제는 정당간 입법교착상태를 피하면서 나름대로 안정된 정국이 운영될 수 있다는 시각도 있다.[135] 대통령제하에서 여소야대의 정국보다 오히려 여대야소정국에서 더 심각한 정국교착(또는 입법교착) 상태가 발생하기도 하는데, 이는 특히 한국정치문화하에서 그러하다고 본다. 행정부와 입법부를 모두 여당에게 장악당한 여대야소 정국에서 야당은 오히려 더욱 '사생결단'의 결의를 다지기 때문일 것이다. 그러니까, 다당체계와 대통령제는 필연적으로 정국의 교착을 만드는 것이 아니다. 한국지형에서 다당체계로의 전환이 오히려 입법효율성이 증진시킬 수도 있다.[136]

129 박찬표(역), 『민주주의 모델들』 데이비드 헬드(저), (서울: 후마니타스, 2010), pp. 514–517.

130 김욱, "정책정당으로의 발전을 위한 외부적 요인: 선거제도를 중심으로", 『한국정당학회보』 1:1 (2002), pp. 25–46.

131 조정관, "국회의원선거제도의 개혁대안의 검토" 한국선거연구회 춘계세미나 『선거법 개정: 쟁점과 논의』 발표논문.

132 정진민, "정책정당 실현을 위한 내부조건", 『한국정당학회보』 1:1 (2002), pp. 7–24.

133 James Adams and Samuel Merrill, III, "Why Small, Centrist Third Motivate Policy Divergence by Major Parties", *The American Political Science Review* 100:3 (2006), pp. 403–417.

134 Scott Mainwaring, "Presidentialism, Parliamentarism and Democracy: the Difficult Combination", *Comparative Political Studies* 26:2 (1993), pp. 198–229. Scott Mainwaring and Matthew S. Shugart, "Juan Linz, Presidentialism and Democracy" *Comparative Politics* 29;4 (1997), pp. 449–471.

135 Jose Antonio Cheibub, "Minority Government, Deadlock Situation, and the Survival of Presidential Democracy", *Comparative Political Studies* 35:3 (2002), pp. 284–312.

136 2016년 20대총선이후 입법부에 다당체계가 형성되고, 2017년 19대 대선 역시 다자구도로 치러졌다. 문우진은 다당체계하의 대통령제의 입법효율성을 점검한다. 문우진에 따르면, '단점정부'(여대야소)에서는 양당체계가 입법효율성에 유리하고, '분점정부'(여소야대)에서는 다당체계가 입법효율성에 유리할 수 있다고 본다. 단, 해당 연구는 그러한 다당체계하에서 중도정당의 위치에 있는 군소정당의 입법적 영향력이 과도하게 증대될 수 있음을 지적한다. 문우진, "다당 대통령제에서 입법제도와 입법효율성: 거부권행사자 모형", 『한국정당학회보』 17:1 (2018), pp. 5–37.

우연인지 필연인지 몰라도, 한국정치는 프랑스정치와 대비되는 것이 많다. 대한민국 임시정부시절과 대조적으로 프랑스에서는 드골의 망명정부와 임시정부가 있었다. 박정희의 4공화국에서 '유신헌법'은 '강력한 대통령제'로서의 '드골헌법'을 참조했었다. 또한 다당체계적 성향하에 운영되는 대통령제라는 측면은 아무래도 미국식 대통령제보다는 프랑스식 이원집정부제가 한국의 대통령제와 더 친밀해 보이기도 한다. 물론, 프랑스의 대통령제는 '이원집정부제'라는 이름으로 불리우니 아예 한국식 대통령제와는 거리가 있다고 보는 사람들도 있을 것이다. 2017년 프랑스 대통령 선거에서 승리한 마크롱(Emmanuel Macron) 대통령은 이른바 '중도정치'를 실험하고 있다고 판단해 본다. 우선 마크롱은 본인 자신을 '진보적 중도주의자'(progressive centrist)라고 칭하고 있다.[137] 마크롱은 자신 이전에 두 번의 정부, 즉 중도우파였던 사르코지(Nicolas Sarkozy) 정권과 중도좌파였던 올랑드(Hollande) 정권이 매우 비효율적인 정부였음을 비판하고 있다. 여기서 비효율적 정부였다는 것은 이념적 집착이 높아서 세상변화에 대처하여 선순환적인 경제정책과 사회정책을 배출하는 정당의 정책적 유연성이 낮았다는 의미이다. 마크롱은 사실 이념적 유연성을 기존의 정당내에서 구하지 않고 새로운 정당을 창당함으로써 이루려고 하고 있다. 사실 모든 민생도탄의 책임은 결국 정당 내지는 정당이 산출하는 정책에 있는 것이다. 물론 국가정책과 사회정책은 정당간 경쟁의 결과로 만들어진 것이다. 이념적 유연성을 지닌 새로운 정당을 만드는 상황이 되건, 기존의 정당들이 이념적 유연성을 지니는 상황이 되건, 어떤 상황이든 한국정당정치과 민생복리와 유리되는 상황을 시정할 수 있을 것으로 기대해 본다.

마찬가지로, 한국정치에서 정국운영이 '행정부 대 입법부' 구도라기보다 '여당 대 야당' 구도로 움직이면서 정당간에 극단적으로 대치하는 상황에 대해 반드시 '강력한 대통령제'라는 권력구조에서만 그 이유에서 찾을 필요는 없다고 본다. 단순히 한국 정당들의 정책적 유연성의 수준이 낮기 때문에 발생하는 문제로 볼 수 있다. 보수-진보의 정치갈등이 확대재생산 되는 것을 완화하기 위해선 보수계열 정당도 2개가 경쟁하고, 진보계열 정당도 2개가 경쟁할 필요가 있으며 이로써 보수-진보 갈등구조는 보다 완화될 수 있음은 앞서 지적한 바 있다. 보수계열 내에서 그리고 진보계열 내에서 극우나 극좌로 이동하는 것보다는 조금 더 중도로 이동하면서 완화된 중도적 정책을 제시하는 것이 선거경쟁에 유리하다. 선거가 끝나고 집권후에 중도좌파 정당이건 중도우파 정당이건, 정책적 유연성을 지니고 중도로 다가설 가능성이 높아진다.

대다수의 한국민들은 한국의 의회정치와 국회의원에 대해 불신하며, 따라서 그 구체적인 대안이야 어떻든 간에 그러한 불신의 근원지인 정당개혁이 필요하다고 본다. 한국에서 바람직한 의회상의 정립을 위해선 국회사무처를 개편하거나 국회법을 개정하여 국회운영을 효율적으로 하는 것 등으론 부족하다. 보다 더 근본적인 문제는 개별 정당들의 노력과 함께 시민들이 제도화된 정당을 정치체계 속에 심어가는 일이다. 의회의 구성 단위는 결국 정당이며, 정당정치가 제대로 되지 않는 경우 정당에 대한 '대체 조직들'(alternative organization; 일반적으로 정치집단화한 시민단체를 말함)의 다양화로 인한 유사정부적(quasi-governmental) 혼란 상태가 올 수도 있다.[138]

첫째, 정당체계적인 측면에서, 의회운영의 경우를 예상해 볼 수 있다. 캣츠(Katz)와 메어(Mair)는 정당의 새로운 형태인 '카르텔 정당'(cartel parties)이 자유 민주주의 체제에서 발생하고 있다고 주장한 바 있다.[139] 카르텔 정당은 정당과 국가의 상호침투나 정당상호간의 공모에 의해서 특징지워진다. 캣츠와 메어에 따르면 존재하는 정당들은 그들 자신을 유지하기 위해 그리고 새로운 정당의 탄생을 막기위해서 자원에 대한 통제를 하게 된다. 국가 안에서 정당 (갑)이 좀 더 많은 자원을 가질수록, 정당 (을), (병)은 선거에서 정당 (갑)과 경쟁하기가 더욱 어려워지는 셈이다. 정당사이의 '카르텔화'(cartelization)는 단순히 그것이 정당 사이의 조직 경쟁의 수단을 변화시키는 것이 아니다. 카르텔화는 당원과 활동가에 의해 제공되는 자원의 대체 가능한 자원을 국가가 제공하는 정도에 따라서, 개별 정당들이 당원적 기반을 발전시키고 확장시키는 동기를 없앤다. 노무현 정권의 열린우리당은 한국정치에서 카르텔 정당의 근본적 원인인 지역주의를 깨려는 시도를 했지만 결과는 실패했다. 노무현 정권하에서 1인 2표제의 도입은 민주노동당의 국회진입을 가능하게 하였다. 이런 면에서 노무현 정권의 정당-의회관계는 이념이나 이와 연관된 정책 논쟁이 수반되는 의회운영이 과거보다 더 활성화될 수 있었다. 민주노동당의 국회진입에 따라 의회운영의 형태도 양당제보다

137 George Ross, "The French Enigma: Macron, Centrist Reformism, and the Labor Movement", *New Labor Forum* 28:1 (2019), pp. 76–83. 로스는 마크롱이 '부자들의 대통령', '우파 인간', '프랑스의 토니 블레어', '보나파르티스트' 등의 다양한 별칭으로 불리우고 있지만, 그의 공약집 '혁명'을 반영하여 일종의 '혁명가'로 보고 있다. 물론 여기서의 혁명이란 '중도파로의 혁명'을 말한다. 혁명의 목적은 세계화의 흐름 속에서 보다 업그레이드된 프랑스의 전진을 말한다.

138 J. Patrick Dobel, "The Corruption of a State", In Robert Williams (ed.), *Explaining Corruption* (Cheltenham: Edward Elgar Publishing, 2000), pp. 138–171.

139 Richard S. Katz and Peter Mair, "Changing Models of Party Organization and Party Democracy: The Emergence of the Cartel Party", *Party Politics* 1:1 (1995), pp. 5–28.

는 '완화된 다당체계'(moderate multi-party system) 속에서 의회 운영이 될 가능성이 크다. 완화된 다당체계란 3-4개의 정당이 두 개의 대치되는 이념으로 나뉜 정당체계를 말하며, 이는 현재 유럽정치에 나타나고 있는 보편적 현상이기도 하며 적당하게 다원화되면서도 혼란스럽지 않은 의회운영이 가능한 정당체계이다.[140]

둘째, 개별 정당 조직의 차원에서, 의회와의 관계를 생각해 볼 수 있다. 한국의 정당은 때로는 원내정당으로 때로는 원외정당으로 기능하는 혼합형태의 정당이다. 과거보다 더 의회중심의 정치로 옮겨가는 측면도 있다고 생각되나 반대로 장외로 나가서 의견을 표출하는 전략을 진보와 보수가 모두 사용하고 있다. 원내중심의 의회정치를 성공적으로 수행한다고 해도 여전히 또 다른 문제가 남는다. 한국적 대통령제하에서 입법부가 '행정부 · 여당' 대 '야당'의 구조로 나뉘기 때문이다. 원내중심의 정치는 행정부와 여당의 합작이 야당에 큰 짐이 되는 경우 효과적으로 실현되기 어렵다. 행정부 · 여당 대 야당의 구도가 아닌 입법부 대 행정부의 구도로 정당-의회관계를 구성해 나갈 필요가 있다. 이런 경우 정당이 반드시 원내정당이 될 필요는 없다고 본다. 의회는 모든 개인 의원들이 자유롭게 의정활동을 하면서도 정당의 통합된 의견들이 효과적으로 제시되어야 국정혼란을 막을 수 있다. 국회의원 개개인의 자유로운 의정활동을 중심으로 하되, 지나치게 다양한 의견들이 의회수준에서 난무한다면 이는 국정난맥을 부채질 할 수 있다. 정치적 책임은 국회의원 개개인이 지게 하는 것보다 정당이 지게 하여야 하며, 책임정당을 만들기 위해서는 매번 이합집산하는 정당이 아닌 '제도화된 정당'을 우선적으로 우리 정치체계 내에 만들어야 한다.

문제는 의회중심의 책임정당정치란 앞서 언급한 '강한 정당'과 더 친화력이 있다는 것이다. 앞서 언급한 것처럼 고전적 의미의 '강한 정당'을 '입법 기강'(legislative discipline)이나 '프로그램화된 정강'(programatic platforms)를 소유하고 실천할 수 있는 힘을 지닌 정당에서 찾아 볼 수 있다. 하지만, 변화하는 세상 속에서, 특히 정당간 이합집산이나 당명변경을 거듭하는 한국정당정치의 특성상 '정책적 유연성'을 지닌 '중도정당'을 현대적 의미의 '강한 정당'의 모습으로 상정해 볼 수도 있다. 정당의 정책적 유연성은 선거경쟁에서 유리하기 때문이다.[141] 정책적 유연성은 소속정당으로부터 의원들 개인들의 자율성이 일정 수준에서 확보될 때 가능하다. 같은 대통령제이면서도 미국정치에서 합의를 이루어내는 과정이 한국 국회보다 더 우월한 이유를 '의원들의 정당에 대한 높은 자율성'에서 찾는 경우가 많다.[142] 미국의 공화당-민주당 양당체제에서 두 정당은 이념적 거리가 유럽정당들에 비해서 짧다. 경험적으로, 의원들 개개인의 자율성에 따른 '당론이탈투표율'은 입법과정에 영향을 미치게 된다.[143] 한국정치의 경우, 특히 '진영정치'의 대결구도하에서 당론이탈투표의 경향은 낮다. 특히 특정 이념진영을 대표하는 대통령에 대한 일반인들의 기대는 양분화되어 존재한다.

모바일시대에 미디어접근 및 이용의 수월성으로 인한 정치정보에 대한 실시간적인 근접은 정당정치에 위임하려는 성향을 약화시킬 수 있다.[144] SNS시대가 도래한 이

140 B. Guy Peters and Christian Hunold, *European Politics Reconsidered* (New York: Holmes & Meier, 1999), pp. 188–193.

141 Bernard Grofman, "Downs and Two-Party Convergence", *Annual Review of Political Science* 7 (2004), pp. 25–46. Guillermo Owen and Bernard Grofman, "Two-stage electoral competition in two-party contests: persistent divergence of party positions", *Social Choice and Welfare* 26:3 (2006), pp. 547–569.

142 조정관, "민주화 이후 국회-대통령-정당의 상생관계?: 역사적 관점에서", 『의정연구』 15:1 (2009), pp. 5–38.

143 강신재 · 최선, "정당간 합의와 의원 자율성 문제: 상가건물 임대차보호법과 조세특례제한법 개정안 입법과정을 중심으로", 『의정논총』 14:1 (2019), pp. 163–191. 강신재와 최선은 20대국회 전반기에서 정당간 합의에 의해 본회의에 상정되었지만 반대표와 기권표의 비중이 크게 나타났던 '임대차보호법'과 '조세특례제한법 개정안'에 대해서 의원들의 자율성에 의한 '당론이탈투표율'을 분석한다. 20대 국회 전반기에 당론이탈투표율이 높은(즉, 의원개인의 자율성이 높은) 의원일수록 당론과 달리 두 법안 모두에 반대율 혹은 기권율이 높게 나타났다. 또한 상가공실율이 높은 지역구의 의원들은 당론에 무관하게 두 법안 모두에 찬성율이 높게 나타났다.

144 많은 선행연구에서 정치관심도는 미디어 이용과 높은 관련성이 있음을 제시하고 있다. 송종길 · 박상호, "뉴스 미디어 이용이 유권자의 정치 행태에 미치는 영향에 관한 여구: 17대 총선에 나타난 유권자의 정치 뉴스 이용과 투표 행위를 중심으로", 『한국방송학보』 19:2 (2005), pp. 126–163. Bruce E. Pinkleton and Erica Weintraub Austin, "Individual Motivations, Perceived Media Importance, and Political Disaffection", *Political Communication* 18:3 (2001), pp. 321–334. 정치관심도가 정치 또는 공공정보에 관한 정보 추구를 자극하는 동기로 작용하기 때문이다. Steven Chaffee and Stacey B. Kanihan, "How Americans Get Political Information: Print Versus Broadcast News", *The Annals of the American Academy of Political and Social Science* 546:1 (1996), pp. 48–58. 이는 이용과 충족 이론과 관계시켜 생각해 볼 수 있다. 즉, 어떻게 사람들이 자신의 동기를 충족시키기 위해 미디어를 이용하게 되는가를 규명한 것이 바로 이용과 충족 이론이기 때문이다. 선별적 효과이론 중 하나인 이용과 충족 이론에 의하면 미디어 이용자는 피동적인 존재가 아니라 미디어 메시지를 능동적으로 선택하고 처리하는 사람이다. 고전적인 효과 연구와 비교하였을 때, 이용과 충족 이론은 미디어의 메시지가 아니라 미디어 이용자를 출발점으로 선택하여, 미디어와의 직접적인 경험이란 측면에서 개인의 커뮤니케이션 형태를 분석하였다 Elihu Katz, Jay G. Blumler, and Michael Gurevitch, "Use of mass communication by the individual", In W. P. Davidson and F. Yu (eds.) *Mass Communication Research: Major Issues and Future Directions* (New York: Praeger, 1974), pp. 11–35. 즉 이용과 충족 이론은 수용자가 수동적으로 미디어의 영향을 받아 행동하는 것이 아니라, 수용자는 자신들의 욕구를 파악하고 충족시키는 방법을 알고 또 충족시키기 위해 미디어를 선택한다고 보았다. Mark R. Levy and Sven Windahl, "Audience Activity and Gratifications: A Conceptual Clarification and Exploration", *Communication Research* 11:1 (1984), pp. 51–78. 물론 이용과 충족 이론이 개인적인 차원에서 미디어 이용을 설명하는 한계를 지니고 있기 때문에 공적인 문제 즉, 정치관심도를 설명하기에는 부적절 할 수 있다. 정치관심도는 좁게는 유권자의 정치참여라는 행동적 차원으로 정의될 수 있지만, 이를 넓게 해석할 경우 행동적 차원뿐만 아니라 태도나 인지의 차원

후에 '강한 정당'에 대한 기대감과 존재 가능성은 약화되는 듯하며, 이른바 '약한 정당'의 시대인지도 모른다. 궁극적으로 '강한 정당'이란 정당이 시민사회에 대해서 사회 규범에 대한 명분을 창출하는 교조적 기능을 갖는 것을 말한다. 정당이 단순히 여론을 수동적으로 반영하는 기관이 아닌, 정당이 사회통합을 위하여 바람직한 여론을 창출하는 능동적 기관으로서의 역할이 강한 정당의 요소인 것이다. 이렇게 민주주의를 구현하는 데 있어서 '강한 정당'에서 '약한 정당'으로 생각이 이동하는 것은 '대의민주주의'만으로는 어렵다는 시민들의 불만감과 함께, '참여민주주의'가 가능한 환경이 조성되는 SNS시대라는 것과 무관하지 않을 것이다.

정치과정에서 전체 국민으로부터 선출된 대통령이 갖는 가장 큰 정치적 무기는 대통령의 국민들과의 직접 대화이다.[145] 하지만 '권력의 독점'보다는 '권력의 공유'에 더 무게 중심이 있는 현대의 정치과정에선 대통령이 국민들만의 지지로 정책을 주도하는 방식은 이제 한계에 이르렀다고 보는 것이 적합하다.[146] 대통령의 설정된 국가의제가 성공적인 입법과정을 이끌어내기 위해선 대통령이 입법부와의 정치적 합의를 도출해 낼 수 있는 입법리더십이 중요할 것이다.

그렇다면 대통령 입법리더십의 요체는 무엇일까? 필자는 대통령이 갖는 '정책적 유연성'이라고 생각한다.[147] 대통령이 자신의 정당에 대한 지나친 이념적 확신과 교조적 신념을 갖고 있는 경우, 소위 정당편향적 의회전략은 '정치과정'에 근원적 갈등을 심화시키게 되어, 정치적 교착상태가 일상화되고, 이는 국민들의 정치권에 대한 불신을 초래하는 가장 큰 원인이 된다.[148] 역으로 행정부의 수반인 자가 현실 입법과정에서 보수-진보의 이념적 거리를 좁혀가는 경우, 이는 국가의제설정과 입법과정 및 정책산출에서 생산적인 정치를 만들어내며 정권재창출에도 유리한 위치에 설 수 있다.[149] 대통령과 측근들 나아가 정당의 이념적, 정책적 교조주의는 입법과정의 경직을 가져오며, 효과적인 입법에 실패하며, 그 부담은 고스란히 국민들의 몫인 것이다. 기실, '대통령이 입법부에 대한 리더십'을 제대로 수행하는 경우, 국민들이 정당이나 정치인에 대하여 갖는 불만은 총체적 차원에서 풀릴 수 있다고 생각한다.

까지 포함시킬 수 있다. 안병만, “제14대 총선에 있어서 유권자들의 정당관여와 투표형태”, 『한국정치학회보』 26:4 (1992) pp. 175-193. Barbara S. Romzek and J. Stephen Hendricks, “Organizational Involvement and Representative Bureaucracy: Can We Have It Both Ways?”, *The American Political Science Review* 76:1 (1982), pp. 75-82. 즉, 투표행위나 정당 활동과 같은 행동적 차원뿐만 아니라, 정치에 대한 관심, 정당지지, 선거참여 의사도 정치에 대한 관심으로 볼 수 있는 것이다. 이에 본 연구에서는 정치관심도를 광의(廣義)의 의미로 선거 기간 동안 일어나는 선거에 대한 정보추구의 욕구로 보았으며, 이러한 개인의 심리적 욕구를 추구하기 위해 유권자들은 미디어를 이용한다고 가정하였다. 보다 구체적으로 본 연구에서는 정치관심도를 심리적 변인으로 설정하였으며, 선거가 진행될수록 정치관심도가 증가한다고 가정하였다. 또한 이용과 충족 이론의 관점에서 정치관심도가 증가할수록 개인의 정보추구에 대한 욕구가 함께 증가하기 때문에 미디어 이용 역시 증가할 것이라고 가정하였다.

145 Samuel Kernell, *Going Public: New Strategies of Presidential Leadership* (Washington, D.C.: CQ Press, 1986).

146 ‘독점’의 가치보다 ‘공유’의 가치에 더 무게가 있는 상황에서 대통령은 ‘명령자’(commander)이기 보다는 ‘조정자’(broker)로서 행위할 때 리더십이 실효성을 갖게 될 것임은 자명하다. 함성득, “한국 대통령의 새로운 역할과 리더십: 명령자에서 조정자로”, 『행정논총』 40:3 (2002), pp. 97-121.

147 박용수, “노무현대통령의 한미FTA 추진 이유: 대통령리더십을 통한 접근”, 『평화연구』 19:1 (2011), pp. 39-74. 박용수는 해당 논문에서 노무현대통령의 리더십에서 ‘현실주의’를 발견하는데, 이는 필자가 생각하는 ‘정책적 유연성’과 상응하는 내용이다. 박용수에 따르면, 자신에게 불리한 결정을 마다하지 않는 비정치적인 노무현 대통령의 변혁적 리더십의 내용을 신념윤리나 이상주의로 규정하는 항간의 평가를 부정한다. 노무현 대통령의 변혁적 리더십의 내용은 책임윤리나 현실주의에 기반한 ‘정책합리성’에 기반한 것으로 파악한다. 그 내용이 한미FTA에 나타나 있는데, 국가이익에 대한 책임성에 기반한 한미FTA에 대한 적극적 인식, 한미FTA와 양극화해소 전략 병행, 한미FTA와 한미동맹이라느 안보이슈 연계 배제 등은 자신의 이념적 성향에 대한 항간의 기대치로는 이해할 수 없는 정책적 유연성에 기반한 것으로 해석할 수 있다.

148 의회내 정당간 ‘합의문화’의 전통이 있는 미국의 경우에도 대통령의 ‘정당편향적 의회전략’은 바람직한 상황을 초래할 수 없다. 손병권, “부시(George W. Bush) 대통령의 정당편향적 의회전략: 유권자 성향과 개인적 리더쉽 스타일을 중심으로”, 『한국과 국제정치』 23:1 (2007), pp.33-65.

149 정주신, “영국정치에서 수상의 리더십과 정권 재창출의 상관관계 비교분석: 보수당 정부(마가릿 대처)와 노동당 정부(토니 블레어)를 중심으로”, 『한국동북아논총』 20:4 (2015), pp. 291-312.

제 6 장

보완재, 대체재 논쟁: 정당정치 무엇을 할 것인가?

제 6 장

보완재, 대체재 논쟁: 정당정치 무엇을 할 것인가?

기존의 '법과 제도'는 급격한 사회변화상을 제대로 반영하면서 기동성 있게 변화하는 것이 쉽지 않다. 이런 경우, 기존의 법과 제도가 사회 내에서 발생하는 다양한 갈등을 조정하고 중재하는 역할을 하기 쉽지 않다. 법, 제도, 정치에 대한 사회구성원들의 '순응비용'이 증가하는 것이다. 달리 말해서, 시민들이 사회의 기존 권위체계를 잘 인정하려 들지 않는 것이다. 그런데, 역설적으로, 정치권의 갈등이 심화되는 경우엔, 갈등의 조정을 사법적 해결에 맡기는 상황이 발생하면서, 시민들의 정치권에 대한 불만과 권위추락을 더욱 부추기게 될 가능성이 있다. 종합하면, 정치권을 포함하여 사회내의 모든 분쟁을 사법적 판단에 맡기게 되고, 사법적 판단이 권위를 상실하는 상황이 발생한다는 것이다. '인공지능'(AI: Artificial Intelligence)이 심판과 중재 및 갈등조정의 역할을 맡게 될지도 모른다.[1]

한국정치사에서 소위 시민들이 보다 '직접적으로' 정당정치에 관여하기 시작한 시점은 21세기가 시작되는 즈음이다. 여기서 '직접적으로' 관여하기 시작했다는 의미는 시민들이 기존의 정당조직 내부의 역학이나 운용과정을 바이패스하며 정당정치에 개입하는 것을 말한다. 21세기가 시작되면서 한국정당선거사에 획기적인 사건이

연이어 발생하게 되었는데, 2000년 총선과정에서의 '낙천 · 낙선운동', 2002년 대선과정에서의 '국민참여경선'과 2003년 대선과정에서의 '노사모'(노무현을 사랑하는 모임)의 활동이 그것이다.[2] 해당 시기는 김대중 집권(1997. 12.-2002. 12.)이 끝나는, 그래서 '3김시대'가 저물어가는 시점이었는데, 해당 사건들은 모두 시민들이 정당을 바이패스하며, 사실상 '대의민주주의'(정)에 대한 누적된 불만이 표출되면서, '참여민주주의'(반)적 특성이 분출되는 계기가 되어, 이른바 '혼합민주주의'(합)적 성격으로 흐르는 계기가 된다.[3] 참여민주주의가 의도하는 형식은 직접참여이지만, 내용적 핵심사안은 '협의체'로서의 정치이다.[4] 올리어리(O'Leary)는 현대 대의민주주의의 위기를 말하면서 시민사회의 각 코뮤니티별 '협의체' 구성의 중요성을 말한다.[5] 사실 협의체 자체도 대의제적인 성격을 전적으로 배제할 수 없지만, '전자민주주의'가 가능한 현대에 완전한 협의체 구성이 불가능한 것도 아니다.

정당은 기관 생존을 위해서 본능적으로 환경에 맞추어서 진화하게 된다. 현실정치에서 진화의 방향을 결정짓는 힘은 선거경쟁에서의 권력의 득세가 되는데, 결국, 한국정당정치의 미래를 보는 일은 두 가지 사안에서 비롯된다. (1) 과연 현재와 같은 진보-보수 갈등이 어떤 강도를 지녔는지의 문제이고, (2) 우리사회가 그러한 보수-

1 바둑에서 인간은 인공지능에게 완패했다. 최근 야구에서도 스트라이크-볼 판정을 인공지능이 판정하는 실험을 했다. 앞으로 의사들의 처방을 인공지능이 담당하기 시작할 수 있으며, 법정에서 판사, 검사, 변호사의 역할을 인공지능이 맡을 수도 있다. 연구와 교육도 인공지능이 담당할 시대가 조만간 도래할 것인가?

2 김용호, "네티즌 포퓰리즘이냐, 새로운 형태의 정치참여인가?: 「노사모」사례연구" (2004), IT정치연구회 월례회 발표논문. 이 세 가지 사건 중에서 '국민참여경선'과 '오픈프라이머리'의 문제는 제2장 정당조직과 정당개혁 부분을 참조할 수 있다.

3 최근 한국에서는 특히 '광장민주주의'라는 용어가 보편화되고 있다. '광장민주주의'는 거리행진과 광장집결을 통한 시위행태를 말하는데, 한국에서 보수우파의 '태극기집회' 진보좌파의 '촛불시위'는 참여민주주의 중에서도 광장민주주의라는 세부영역으로 분류되고 있다. 또 다른 의미에서 '거리응원문화'는 일종의 '스포츠 내셔널리즘'인데, 포괄적으로 광장민주주의의 형식의 연장선상에 있는 것으로 해석할 수도 있을 것이다. Chwe Michael, *Rational Ritual: Culture, Coordination, and Common Knowledge*, (Princeton: Princeton University Press, 2001). 이윤희, "2002년 월드컵 길거리 응원의 축제 공동체적 특성", 『사회와 이론』 3 (2003), pp. 125-156. 임석준 · 윤성민 · 한병진, "사회적 임계현상의 사례 연구: 2002 월드컵 길거리응원과 2008 광우병 촛불시위의 비교 분석", 『세계지역연구논총』 31:1 (2013), pp. 55-80. 장우영, "정치참여와 사회통합: 태극기집회 참가자조사에 의거해서", 『선거연구』 1:9 (2018), pp. 357-382. 2002년 한일월드컵에서 한국의 시위문화는 세계를 감동시켰다. 이제 '태극기집회' 및 '촛불시위'는 시민들의 정치권에 대한 하나의 표현형식으로 정착되었다.

4 "왜 우리는 '회장'선거만 하고, '협의체 구성'은 하지 않았을까?" 윤종빈, 정회옥(외), 미래정치연구소(편), 『정치현장에서 진단하는 한국정당과 민주주의』 (서울: 푸른길, 2017), p. 180 ('심층면접 대상자 03').

5 Kevin O'Leary, *Saving Democracy: A Plan for Real Representation in America* (Stanford, C.A.: Stanford University Press, 2006).

진보의 지나친 진영대결구도에서 벗어날 추동력은 어느 정도인지에 대해서 추론해 보는 일이다. 결론적으로, 전자는 한국사회의 이념지형에 달려있고, 후자는 부동층의 크기와 질에 달려있다. 앞에서 한국정치 태동기에서 알아보았듯이 보혁갈등은 한국정당사의 100년 이상의 역사를 지닌 가장 큰 갈등축이었다. 보수와 진보의 행태간 갈등이 '북한에 대한 태도'와 가장 연관성이 높다면 통일이후에야 없어질 것이라고 생각해 볼 수도 있지만, 국가분단이전의 국가독립운동과정에서도 극명한 대립축이었음을 고려하면 남북통일과 상관없는 균열축이란 생각도 가능하다. 보수-진보간 이념대립은 세계 도처에서 사회에서 가장 큰 갈등 축이기도 하다.

21세기 들어서 한국 유권자의 보수-진보 이념지형의 변화를 파악하면 한국정당정치의 현주소를 아는데도 도움이 될 것이다. 흥미로운 것은, 우리사회의 보수-진보 갈등이 소위 시민들로부터의 시원치 않은 정치를 지속하며 불만스러운 대의제에서 대리기구로서의 정당의 존속에 오히려 도움이 되고 있음이다. 역설적으로, 시민사회의 보수-진보 갈등은 '대리인'이 필요한 것이다. 두 개의 주요한 정당이 보수-진보의 대리인으로 사회내 이념갈등을 확대재생산하고 있다는 의미이다.[6]

포괄적 관점에서 볼 때, '대의민주주의'(representative democracy)는 '참여민주주의'(participatory democracy)와 대척점에서 이해되는 것이 상례이다. 전 세계 국가들의 민주주의 지수를 평가하는 과정에서 참여민주주의의 한 형태인 '시위'는 서구 선진민주주의 국가들에서도 보편적 현상에 가까울 정도로 빈번하게 발생하고 있음을 알 수 있다. 참여민주주의의 한 형식인 시위가 빈번히 대두되는 것은 대의민주주의에 대한 불신이나 혐오감이 가장 큰 이유이다. 한국정치과정에서 참여민주주의의 형식의 하나로 소위 진보진영의 '촛불시위' 보수진영의 '태극기집회'는 단순히 불만의 표출이란 차원을 넘어서서, 정치권에 영향을 미치는 일종의 '정치적 선제권'(political intitiative)적 성격이 있다.[7] 정치학도들은 '대의민주주의'에 대한 불신의 내용이 무엇인지 구체화하여 논의할 필요가 있다. 동시에 대의민주주의에 대한 불신에 대한 근본적인 해결책이 무엇인지 찾아야 할 것이다. 본 소고는 현대사회에서 민주주의 운영을 위해서 시간과 공간상의 제약으로 인해서 '대의민주주의'란 형식을 포기하는 것이 거의 현실성이 없는 문제라면, 어떻게 한국 대의민주주의를 최대한 순기능화시킬 수 있느냐에 대한 논의이다.

1. 정당과 참여민주주의

대의민주주의 형식을 혼돈없이 지속하기 위해선, 결국 '정당정치'에 대한 유권자들의 신뢰성을 최대화하는 것에서 출발하여야 한다. 시민들의 정당정치에 대한 신뢰도를 높이는 방식은 무엇일까? 정치권에 몸 담고 있는 사람들의 목소리를 들어보면, 가장 기본적으로, 당론을 수렴하고 표출하는 과정이 혼돈스럽고 효과적이지 않다는 의견이 있다.[8] 심지어는 당원모집과 당원들의 당비의 중요성을 강조하면서도 당원들

6 그렇다면, 올리어리(O'Leary)의 지적처럼, 대의제에서 '대리인들'의 숫자가 너무 적은 경우 대의민주주의를 건강하게 유지하는데 문제가 발생하게 된다. 대리인들이 특권층화하거나 소수의 생각이 다수를 선동하는데도 유리하게 작용할 수 있는 폐해가 발생한다. 대리인들의 숫자를 소수가 아닌 일정 수준 이상에서 규모있게 운영하는 것이 필요하다는 것이 올리어리의 주장이다. Kevin O'Leary, *Saving Democracy: A Plan for Real Representation in America* (Stanford, C.A.: Stanford University Press, 2006). 이런 관점은 SNS시대에 모든 국민들이 정치를 실시간으로 접하는 현실에서 한국 국회의원의 수가 너무 적다는 문제의식과도 일치한다. 현재 국회의원선거제도에서 헌법재판소의 인구편차 2:1 규정은 국회의원의 수를 늘리는 것을 제한하는(또는 선거구 획정을 복잡한 상황으로 유인하는) 효과가 있다. 헌법재판소는 재판관 6:3 의견으로 최대선거구와 최소선거구의 인구편차가 3:1에 달하는 것에 헌법불합치이며 2:1로 조정하라고 판결하였다(2014. 10. 24). 필자는 헌법재판소의 이러한 판결에 대해서 아쉬움을 갖고 있다. '대의민주주의'(representative democracy)를 채택하는 정치체계는 '선거'가 필연적이다. 대의민주주의는 '대표성'(representativeness)이 골간이며, 여기에 '비례성'(proportionality)으로 보조하는 것이다. 역으로 비례성이 골간이면서 대표성으로 보조된 것이 아니라는 의미이다. 해당 헌법재판소의 판결은 아무래도 현 상황에서 비례성을 중시한 판결이라는 느낌이다. 현재 대한민국의 국가대계는 지역균형발전이다. 지역대표성의 강화와 완화는 국가대계에 맞추어서 하는 것이고 그러한 정신을 구현하는 것이 헌법재판소가 할 일이라고 생각한다. 지방선거가 있고, 대통령 당선자마다 지역균형발전을 외친다. 산업시설을 지방에 유치하는 것만이 지역균형발전이 아닐 것이다. 현재 한국적 상황에서 지역균형발전을 고려한다면, '선거인단'(the electorate) 사이의 인구편차 2;1이 갖는 의미도 반추할 필요가 있을 것이다. 선거인단의 규모가 작아지면 그 속에서 유권자 한 표의 가치는 증가한다. 내 한 표의 가치가 큰 것도 분명한 혜택인 것이다. 만약, 인구편차 2:1 (국회의원), 또는 3:1 (지방의원) 규정이 없다면 행정구역의 분리 통합을 신경쓰지 않고서 보다 수월하게 국회의원 인구수를 늘릴 수 있다.

7 '태극기집회'는 '촛불시위'에 대한 '대항운동'(counter movement)적 성격이 있다. 김진욱·허재영, "인정을 위한 저항: 태극기 집회의 감정 동학", 『한국정치학회보』 52:2 (2018), pp. 53-80. 진보진영의 '촛불집회'가 주요 연혁들이 정리되는 것과 대조적으로 보수진영의 '태극기집회'는 보다 빈번하고 상설화되어 있다. '촛불집회'와 관련된 주요 연구들을 종합해보면, 촛불집회의 주요 연혁은 다음과 같다. 1차: 미군 장갑차에 의한 여중생 사망 규탄 촛불집회(2002년 11월-12월); 2차: 노무현 대통령 탄핵반대 촛불집회(2004년 3월-4월); 3차: 미국산 쇠고기 수입반대 촛불집회(2008년 5월-7월); 4차: 박근혜 대통령 퇴진촉구 촛불집회(2016년 10월-2017년 4월). 장우영, "촛불집회의 지속과 변화: 역사적 제도주의의 시각에서", 『한국정치연구』 27:3 (2018), pp. 109-144. 이에 덧붙여서 2014년 세월호 참사와 관련된 집회를 '촛불집회'로 규정하기도 한다. 주성수, 『한국시민사회사: 민주화기 1987-2017』, (서울: 학민사, 2017), pp. 228-229.

8 해당 심층면접자에 의하면, 한국정당의 문제점은 오히려 당령에 따라서 기계처럼 움직이는 상황이 아니라, 하나의 적합한 과정을 거쳐서 산출된 '당론'이라는 것 자체가 없다는 것이다. 윤종빈, 정회옥(외), 미래정치연구소(편), 『정치현장에서 진단하는 한국정당과 민주주의』 (서울: 푸른길, 2017), p. 395 ('심층면접 대상자 18'). 정당은 자당이 배출한 행정부의 수반으로서 대통령과 정책적 엇박자를 낼 수도 있다. 과거 박근혜 정부 시절에 "증세없는 복지는 허구다"라는 주장이 있었는데, 이때 정와대와 당은 어떠한 상의도 없었던 것으로

의 당비를 어떻게 사용할지에 대한 프로그램도 사실상 존재하지 않는다는 것이다.[9] 만약 권한과 의무를 함께 물어서 정당의 신뢰도를 높인다면, '입법발의권' 자체를 입법부의 고유권한으로 한다면 더욱 바람직하다는 의견도 있다.[10] 행정부의 발의도 사실상 여당과의 연계 속에서 발의하기 때문에 정당과 무관한 것은 아니지만, 국민들이 바라보는 정치현장은 국회에서 행하는 정당정치이기 때문으로 해석해 볼 수 있을 것이다. 언론의 보도 태도를 지적하는 현장이 목소리도 있다.[11] 정치문화 측면에서, 토론문화의 부재로 인해, 소위 하버마스가 중요하게 지적한 '공론장'이 부재한 것을 지적하기도 한다. 토론문화가 제대로 정착되어야지만 정당간 합의에 의한 결과물을 산출하여 이를 시민들에게 설명할 수 있을텐데, '내편'과 '네편'만을 생각하면서 진행되는 진영간 토론으로 시민에게 돌아가는 정책 산출물은 없다는 것이다.[12] 아예 '선출직'이란 제도 자체가 근본적으로 문제라고 보기도 한다.[13] 그런데 제도변경과 달리 문화의 형성과 변화에는 많은 시간이 소요된다. 여기에 국정과제를 맡기에는 소양과 자질이 없는 의원들이 결국 정당정치를 망친다는 것이다.[14]

'정당정치'가 시민들에게 신뢰를 얻기 위해서는 정당간의 정치가 공개되지 않는 '원내대표간의 정치게임'에만 국한해서는 안되고, 정국현안들과 주요한 사회문제가 발생했을 때, 국회의원 개개인의 역할들이 있어야 하며, 당대표간의 토론, 원내대표토론, 정책위의장간의 토론 등이 공개화되고 활성화되어야만 한다.[15] 어떤 특정한 '하나의 정당'이 시민들에게 신뢰를 얻기 위해서 '여론'을 따르는 선택과 '지지층의 의사'를 따르는 선택은 양날의 칼과 같다. 정당의 업무 매뉴얼이 정당의 가치를 지키는 것일 때, 여론과 부합하지 않을 수 있다. 국민의 여론과 표심을 위주로 움직이다보면, 지지층의 의사를 따르지 못할 수 있다.[16]

정치선진국들은 '제도화된 정당들'(institutionalized political parties)에 의해서 정치가 운영된다. 한국의 정치는 '제도화된 정당'이 없는 상태에서 운영되고 있으며, 이 때문에 후진성을 면치 못한다고 이야기하는 사람들이 많다. 그렇기 때문에 제도화된 기관으로서의 정당이 없는 곳에서 반대급부적으로 '참여민주주의'적 속성의 정치과정이 한국정치의 특색으로 나타나는지도 모른다. 대의민주주의를 최선의 보루로 생각하기 어려운 분위기는 정치과정의 악순환을 초래할 수도 있다. 제도화된 정당이 없는 상태에서 진행되는 한국의 정치가 보다 선진화되는데 있어 가장 큰 논쟁거리는 (1) 시민들이 원하는 기능을 할 수 있는 제도화된 정당을 시민들이 만들어 갈 것인가? 아니면 (2) 'NGO'(Non-Government Organization)와 같은 또 다른 대용기구

(alternative organization)[17]의 보조적 역할을 십분활용할 것인가? 하는 점이다. 이러한 논의가 중요한 이유는 두 가지 차원에서 정리된다.

(1)의 시각은 현대 간접민주정치의 현실적 운용의 장이 의회일 수밖에 없으며 정당이 의회의 구성단위라는 시각에서 출발한다. 따라서 유권자들은 기존의 정당들에 불만이 있는 경우 새로운 정당들을 지지하게 된다. 의회에서 정당들이 기능을 잘 못한다면 제대로 된 정당을 의회에 진출시킴으로써 해결된다는 것이다. 이러한 입장은 기존의 정당정치가 변화하는데 있어서 '리얼라인먼트'[realignment; 재정렬(再整列);

알려진다. 이렇게 본다면, '당정협의회'(즉, 청와대-내각과 여당이 함께 하는 회의체)는 '여 · 야구도'로 움직이는 입법부에서 볼 때 '필요악'(必要惡)이 될 수도 있다. 한국의 정치과정이 '입법부 대(對) 행정부'의 구도로 움직이기보다는 '여당 대 야당'구도로 움직이기에 지나친 국회내 정당간 갈등이 있다고 보기 때문이다. '당정협의회'를 별도로 할 경우, 입법부는 더욱 '여당 대 야당' 구도로 대치국면이 발생할 개연성이 증가할 것이다.

9 악순환의 고리일 것이다. 당비를 내는 당원들이 많지 않다보니 별도로 목적된 사업비로 용도를 분류하기도 어려울 것이다. 그럼에도 불구하고, 먼저 정당사업용도를 지정하여 개략적인 모금액을 정하고 이를 추구하는 것도 중요할 것이다. 윤종빈, 정회옥(외), 미래정치연구소(편), 『정치현장에서 진단하는 한국정당과 민주주의』 (서울: 푸른길, 2017), p. 379 ('심층면접 대상자 17').

10 윤종빈, 정회옥(외), 미래정치연구소(편), 『정치현장에서 진단하는 한국정당과 민주주의』 (서울: 푸른길, 2017), p. 206 ('심층면접 대상자 04'). 입법부에서만 발의되는 법안은 '소위원회', 해당 '상임위원회', '본회의'를 거치면서 결정되는 과정이 '국회의사정보시스템'에서 생중계되는 것을 접할 수 있다.

11 국회의원들이 결코 나태한 사람들이 아니고 분 · 초를 다투면서 일하는데 (자신의 재선을 위해서), 입법정책과 관련된 보도는 없고 해프닝에 대한 흥미위주의 보도에 집착한다는 것이다. 윤종빈, 정회옥(외), 미래정치연구소(편), 『정치현장에서 진단하는 한국정당과 민주주의』 (서울: 푸른길, 2017), p. 198 ('심층면접 대상자 04').

12 윤종빈, 정회옥(외), 미래정치연구소(편), 『정치현장에서 진단하는 한국정당과 민주주의』 (서울: 푸른길, 2017), p. 339 ('심층면접 대상자 13').

13 선출직이란 바람직하고 적합한 정책을 쫓아가지 못하고 눈치보기에 급급하다는 것이다. 윤종빈, 정회옥(외), 미래정치연구소(편), 『정치현장에서 진단하는 한국정당과 민주주의』 (서울: 푸른길, 2017), p. 308 ('심층면접 대상자 12'). 선출직이란 '중우정치'(衆愚政治)를 양산할 수 있다는 관점과 연결된다. 이를 방지하기 위한 극단의 관점은 플라톤의 '철인정치'일 것이다.

14 소위 '악화가 양화를 구축하는 현상'은 경제의 법칙일 뿐만이 아니라 정치영역에도 적용되는 법칙이다. 윤종빈, 정회옥(외), 미래정치연구소(편), 『정치현장에서 진단하는 한국정당과 민주주의』 (서울: 푸른길, 2017), p. 183 ('심층면접 대상자 03'); p.221 ('심층면접 대상자 05'). 결국, 정당공천이 중요하며, 공천제도가 중요한 것이다. 슘페터(Schumpeter)는 결국 민주사회의 성취는 선출직의 역량에 따르는 것이라고 보았다.

15 현재 정당의 5역은 당대표 당원내대표, 정책위의장, 당대표비서실장, 당사무총장을 말한다. 이들 당 5역 중 진간에 활성화된 토론이 필요하다. 윤종빈, 정회옥(외), 미래정치연구소(편), 『정치현장에서 진단하는 한국정당과 민주주의』 (서울: 푸른길, 2017), p. 398 ('심층면접 대상자 18).

16 윤종빈, 정회옥(외), 미래정치연구소(편), 『정치현장에서 진단하는 한국정당과 민주주의』 (서울: 푸른 길, 2017), p. 165 ('심층면접 대상자 02).

17 Kay Lawson and Peter H. Merkl, *When Parties Fail: Emerging Alternative Organizations* (Princeton, NJ: Princeton University Press, 1988).

재편성(再編成)]라는 옵션과 관련되어져 있다.[18] 리얼라인먼트의 방식은 세 가지 정도로 구분된다. ① 주요정당들이 변경되는 경우이다. ② 제3의 정당이 들어서는 경우이다. 마지막으로, ③ 소위 '틈새정당'(niche parties)이 일정 수준 정치체계에서 그 존재감을 부각시키는 경우다.[19] 틈새정당이란 정치체계내에서 경쟁자들이 소홀히 하거나 무시하는 이슈들이지만 사회내에서 의미와 필요성이 있는 이슈들에 집중하는 정당을 의미한다.[20] 틈새정당의 부각은 정치권에 구조적인 영향을 미치는 것은 아니어서 '리얼라인먼트' 옵션에 포함될지 여부는 시각에 따라서 차이가 있을 것이다.

(2)의 시각은 좀 다르다. 대의적 기구로서 정당에 대한 불신이며, 기존의 정당체계 이외의 수단들을 정치개혁으로 이용하게 되는데 '디얼라인먼트'[dealignment; 탈편성(脫編成); 탈정렬(脫整列)]라는 옵션으로 표시된다.[21] 이러한 시각은 제도화된 정당들을 정치체계(political system) 내에 갖고 있다고 해서 정치기능이 제대로 이루어지는 것이라는 확신을 갖지 않는다. 궁극적으로 '대의민주주의'에 대한 불신이며 시민들 개개인의 '참여민주주의'적 속성이 강화되는 보다 근본적인 차원의 정치변화를 꾀한다. 유권자들은 낮아지는 정당일체감(party identification)하에서 정당보다는 '시민단체운동'(NGO movements)과 같은 새로운 정치기능을 택한다. 그러니까 한국에서 '광장민주주의'라는 것은 일종의 '탈편성'에 유사한 현상으로 이해될 것이다. 최근에는 '블록체인정당'까지도 논의되고 있다.[22] 인터넷, 모바일시대가 열리면서 시민 개개인별로 자기조직의 기관이 될 수도 있고, 실시간의 정책결정에 근접하는 '온라인정당' 시대가 가능할 수도 있다.[23] 이제, 대의체로서 매개적 역할을 하는 정당이 아니라 직접민주주의의 수단으로서의 정당이 존재할 수도 있는 시대로 들어서고 있는 것이다. 1990년대이후 2010년대까지의 디얼라인먼트의 주된 수단이 '시민단체'였다면, 2020년대 이후의 장래에는 파편화된 개인들이 자기조직화된 형태로 '블록체인'을 형성한 '온라인정당' 시대가 열릴 수 있다는 것이다. '블록체인'이란 소위 '분산장부기술'(distributed ledger technology)에 의한 것이기에 거래자들 이외에 별도의 공인된(예를 들면, 화폐거래에서 은행과 같은) 기관을 둘 필요가 없다. 개인들의 거래에서 공인된 기관이 관리하는 1개의 장부가 아닌 모든 거래자들이 공유하는 분산된 장부들로 인해서 투명성과 안정성이 보장된다. 그렇다고 해서, 현재의 대의기관들과 정당들이 하는 모든 역할들을 '블록체인'이 대신할 수는 없다. 디얼라인먼트 옵션으로 정치개혁 및 정당개혁이 이루어지는 경우, 대의제 법체계에 익숙한 사람들에겐 그 범위와 내용이 천재지변에 가까운 변화라고 느껴질 수 있다. 그런 경우, 변화는 저항에 직면한다.

2000년에 있었던 제16대 총선은 시민단체운동이 정치적 주도권을 상당부분 행사하였으며 영향력 또한 컸다는 점에서 한국 정당정치의 변화가 디얼라인먼트적인 흐름과 유사하게 나타난 듯하다.[24] 소위 '광장민주주의'라는 형식도 그러한 연장선상에 있다고 보아도 무리가 없을 것이다. 제도화된 정당이 없는 상태에서 NGO 단체의 지나친 정치적 개입과 주도권의 획득은 바람직한 방향이 아니라고 본다. 장기적 시각에서 볼 때 리얼라인먼트적인 옵션으로 한국의 정치가 발전하는 것이 사회혼란을 가중시키지 않을 것으로 보기 때문이다.

한국의 현행 제도들(단순다수1인선거구제, 국고보조금제도 등) 하에선 리얼라인먼트 옵션이 있기 어렵다. 지역주의 정치문화도 과거보다 약화되기는 했지만 리얼라인먼트적 옵션이 나타나는데 어려움을 제공한다.[25] 선거제도의 개혁이 또 다른 공천제도의 변화를 필연적으로 수반하는 것은 아니다. 이런 면에서 선거제도 개편만으로

18 이러한 입장은 사회계층에 따른 정당의 지지가 분화된 곳에서 나타난다. Russel J. Dalton, *Citizen Politics in Western Democracies* (Chatham, NJ: Chatham House, 1988). Russell J. Dalton, S. Flanagan, and P. Beck (eds.), *Electoral Change in Advanced Industrial Democracies* (Princeton, NJ: Princeton University Press, 1984).

19 Bonnie M. Meguid, "Competition between Unequals: The Role of Mainstream Party Strategy in Niche Party Success", *The American Political Science Review* 99:3 (2005), pp. 347–359.

20 메이어와 밀러의 분석에 의하면, 틈새정당들이 집중하는 정책들이란 '경제차원'(economic dimension)의 정책들과 같이 가지 않는 정책들이다. 경제차원의 이슈들은 좌파-우파를 구분하는 가장 주요한 차원이다. Thomas M. Meyer and Bernhard Miller, "The Niche Party Concept and its Measurement", *Party Politics* 21:2 (2015), pp. 259–271. 반면에 에즈로우의 연구를 보면, 현대사회에서 녹색정당뿐만이 아니라 공산당과 같은 경제차원에서의 극좌정당이나 민족주의자당과 같이 정치-사회차원에서의 극우정당을 틈새정당으로 보기도 한다. Lawrence Ezrow, "Research Note: On the Inverse Relationship between Votes and Proximity for Niche Parties", *European Journal of Political Research* 47:2 (2008), pp. 206–220. 한국정당정치에서 '민주노동당'을 틈새정당으로 보기도 한다. 정재관 · 김인원 · 정은아, "틈새정당의 전략과 제도화: 민주노동당의 성공과 실패에 대한 연구", 『한국정치학회보』 50:2 (2016), pp. 125–149.

21 B. Guy Peters and Christian Hunold, *European Politics Reconsidered* (London: Holmes & Meier, 1999).

22 허태욱, "스마트폰이 바꾼 세상, 블록체인이 한 번 더 바꿀 것: 유럽, 미국에서 확산되는 '디지털 사회혁신', '디지털 민주주의'", [여시재 인사이트/디지털과 사회] (2019. 10. 15.)

23 인터넷 모바일 시대에 실시간으로 개인들의 의견이 통합될 수 있다면, 궁극적으로 '숙의민주주의'의 효과가 있다고 보기도 한다. 즉, 개인들의 모든 의사가 통합될 수만 있다면, 일부의 대의자들은 구태여 국민 개개인들의 의사가 어떤지 숙고할 필요가 없다는 의미이기도 하다. 하지만, 개인들의 모든 의사를 포괄한다는 것이 '포퓰리즘'과 이로 인한 '중우정치'의 폐해가 없다는 의미는 아니어서 '숙의민주주의'와는 구분되기에 이를 유의할 필요가 있다.

24 한 연구는 '집중낙선대상'일수록, '지역주의' 성향이 약한 곳일수록, 시민단체의 낙천낙선운동의 효과가 있었다고 본다. 조진만, "낙선운동이 16대 총선에 미친 영향", 『연세사회과학연구』 7 (2001), pp. 167–194.

25 2000년 16대 국회의원 선거를 계기로 처음으로 노동자 정당이 의회에 진출하는 것이 아닌가 하는 예상이

시민들의 대의민주주의에 대한 불만족을 개선하기에 미흡하다. 선거제도가 정당간의 역학에 영향을 미치는 변수라면, 공천제도는 정치과정의 내용과 질에 영향을 미치는 변수가 된다. 2000년 제16대 총선 과정에서 있었던 '낙천 · 낙선운동'은 시민들이 정당의 공천과정에 개입한 한국선거정당사의 획기적 사건일 것이다.

2. 시민단체의 낙선 · 낙천운동

16대 총선에서 낙천낙선운동은 한국 선거역사상 커다란 획으로 기록될 사건이다. 정당의 후보자 공천과 선거과정에 시민운동단체가 개입하여 영향력을 행사한 초유의 사건이었다. 이것은 미국에서 후보들의 지역구별로 전개되는 소위 '네가티브 캠페인'(negative campaign)과는 그 강도가 다른 전국적 규모의 운동이었다.[26] 공천부적격자를 골라내는 낙천운동이 먼저 일어났고, 공천부적격자로 언급된 후보자가 정당의 공천을 받아낸 경우 낙선운동이 계속되었다. 실로 16대 총선에서 후보자의 당락과 득표율에 그 영향력도 분명히 존재했다고 보아야 한다.[27] 선거가 끝나고 한참 후에야 헌법재판소가 시민운동단체의 낙천낙선운동을 위헌으로 규정했으나, 16대 총선 직전에는 시민운동단체가 정치개혁을 위한 사회분위기 형성 차원에서 '정치적 주도권'(political initiative) 을 행사하고 있었다.[28]

'총선시민연대'는 16대 총선을 앞둔 2000년 1월 18일 전국 교수 147명으로 구성된 정책자문교수단을 발족, 선거법 개정과 낙천낙선운동에 대한 이론적 근거를 마련하고 향후 선거법 개정을 위한 토론회와 여론조사, 외국시민단체와의 연대지원 등을 구체화하기로 했다. '시민불복종운동'을 선언했던 '경제정의실천시민연합'(경실련)도 19일 오후 서울 중구 명동 한빛은행 앞에서 불복종운동의 정당성을 알리는 거리 캠페인을 벌이고 시민들의 동참을 호소했다. 경실련은 "단체의 선거운동을 금지한 선거법 87조의 폐지와 사전선거운동에 관해 규정한 58조 등의 개정을 위해 불복종운동을 계속 전개할 것"이라고 밝혔다. '공명선거실천운동협의회'(공선협)도 19일 오후 정기총회 겸 대표자회의를 갖고 선거운동기간 중 불법타락선거를 일삼는 후보를 추적, 검찰에 고발하는 등 적극적인 선거감시활동을 펼치겠다고 밝혔다.[29]

주요 정당들은 전반적으로 이러한 시민운동단체의 정당에 대한 정치적 간섭에 반발하였다. 하지만 '새천년민주당'이 '총선시민연대'의 공천부적격자 명단을 조직책선정 및 공천 작업에 참고 자료로 활용하겠다는 방침을 공론화하기 시작하면서 시민운동단체의 정치적 주도권이 인정된 셈이 되었다. 여권(민주당) 인사들도 거의 대부분 시민단체들의 공천부적격자 명단이 민주당의 중요한 공천 참고자료가 될 것임을

있었다. 민주노동당은 '단순다수대표 선거구제'(지역구 단위로 1표라도 많은 사람 1인만이 당선되는 제도) 하에서 한 석의 의석도 획득하지 못했다. 선전한 지역과 후보는 공업단지가 몰려 있는 경남 창원(을)의 권영길 후보와 경남 울산(북)의 최용규 후보이다. 권영길 후보(지지율 38.7%)는 15대 대통령선거에 출마했던 인지도에도 불구하고 한나라당의 이주영 후보(지지율 44.1%)에게 5,150표 차이로 졌다. 최용규 후보(지지율 41.8%)는 더 박빙 승부였다. 한나라당 윤두환 후보(지지율 43.0%)에게 563표 차이로 졌다. 그러면 왜 권영길 후보와 최용규 후보가 승리하지 못했는가? 여러 가지 지엽적 원인들이 많겠으나 아무래도 영남지역을 휩쓸어 버린 한나라당의 지역주의 바람의 결과가 그 중심적 원인일 수 있다고 본다. 이것은 민주노동당이 의석수 진출에 실패한 책임과 관련하여 호남이 상대적으로 지역주의에서 자유롭다는 것을 의미하는 것은 아니다. 호남에서 민주노동당이 나왔더라도 새천년민주당의 싹쓸이식 지역주의의 결과 한 석도 얻지 못했을 것이라는 상상에 대부분의 사람들이 공감하리라는 심증이 있으며, 설혹 이에 반대하는 사람들이 있다고 할지라도 그 역시 상상일 뿐이다. 참고로 당시『정당법 38조』에 따르면 총선에서 의석을 얻지 못하고 2% 미만의 득표율을 기록한 정당은 정당등록이 취소된다. 따라서 민주노동당은 제16대 총선의 결과 일단 해체한 뒤 다시 창당하는 수순을 밟아야 한다. 여기서 중요한 것은 두 가지이다. 그 하나는 재창당에 대한 민주노동당의 기관으로서의 의지이며, 또 다른 하나는 적어도 자신을 노동자 계층으로 분류하는 사람들의 노동자 정당에 대한 의식문제이다. 최용규 후보는 신설된 울산 북구가 현대자동차 노조원들이 전 거주민의 68%를 차지하는 거주지역이기에 표의 결집을 예상하면서 큰 기대를 걸었다. 현대자동차 노조위원장을 지냈으나 후보 경선에서 탈락한 이상범과의 갈등이라는 노동계 내부의 악재도 있었다. 그러나 자동차 산업 해외매각 반대를 위한 완성차 업체의 파업이 선거 기간 중 진행되면서 노동계 표의 결집을 가져올 것이라는 호재도 있었다.

26 '네거티브 캠페인'(negative campaign)의 성격에 관해서는 Shanto Iyengar and Stephen Ansolabehere, *Going Negative: How Political Advertisements Shrink and Polarize the Electorate* (New York: Free Press, 1955). David Mark, *Going Dirty: the art of negative campaigning* (Lanham: Rowman & Littlefield Publishers, 2006) 등을 참조할 수 있다. 이병하,『총선시민연대를 통해서 본 시민운동 연대형성과 낙천, 낙선운동』(2000), 연세대학교 대학원 정치학과 석사학위논문. 진영재, "시민운동단체의 정치적 주도권: 16대 국회의원 선거에 나타난 Realignment와 Dealignment", 한 · 일공동정치학회 발표논문, 일본, 동경 (2001. 10. 13.).

27 낙천운동 이후 국회의원들을 대상으로 한 사이버증권 사이트 포스닥 홈페이지(www.posdaq.co.kr)에서는 명단에 포함된 의원들의 주가가 일제히 하락세를 보이는 가운데 김종필 자민련 명예총재의 주가는 명단발표 이전보다 1만800원이나 떨어진 5만6,000원을 기록했다(ruchi@donga.com). 16대 총선이 끝난 후에 실시된 조선일보와 갤럽의 공동여론조사를 참조하면 가장 큰 영향을 준 잇슈 세 가지는 ①시민단체 낙선운동(45.5%), ②납세병역 전과 공개(40.7%), ③남북정상회담성사(17.4%)의 순서로 나타났다(조선일보, 2000. 4. 15. 5면).

28 낙천 · 낙선운동 이후 이에 대한 논의는 두 가지 차원에서 진행되었다. 첫째는 규범적 차원의 논의이다. 낙천 · 낙선운동이 과연 우리의 정치발전을 위해서 바람직한 것인가에 대한 논의이다. 정치발전을 위해서 정치를 제도권에 맡겨서는 안된다는 주장과 시민단체의 지나친 정치개입은 오히려 혼란을 가중시킨다는 논란이 계속되었다. 전자는 제도권이 자정(自淨)하는 것이 백년하청이어서 시민단체의 개입은 불가피하다는 논리에 기반한다. 반면에 후자는 제도권이 잘못되었는지 그 판단은 궁극적으로 유권자가 선거를 통해서 하면 된다는 논리를 따른다. 법률적 해석을 별개로 할 때 이는 "혁명이냐? 개혁이냐?"하는 논쟁과 마찬가지로 정답을 구하기 어렵다. 두 번째는 실증적 차원의 논의로서 "과연 낙천 · 낙선운동이 '실제적 효과'가 있었는가? 아니면 사실상 별반 차이가 없었는가?"에 대한 논쟁이다. 이갑윤 · 이현우, "국회의원 선거에서 후보자 요인의 영향력: 14-16대 총선을 중심으로",『한국정치학회보』34:2 (2000), pp. 149-170.

29 동아일보 (2000. 1. 20.) 31면.

부인하지 않았다. 여권은 1월 19일 시민단체의 공천부적격자 명단에 대한 '선별적 참고' 입장을 밝혔으며, 민주당의 이재정 총무위원장, 정동채 의원 등도 이를 '대세'로 인정했다.[30] 여권의 이 같은 움직임은 시민단체의 낙천낙선운동을 중심으로 한 정치적 활동에 대해 여당이 '공인' 해주는 결과로 연결되고 있었다.

총선연대는 1월 24일 전 현직의원 329명을 대상으로 심사를 거쳐 66명의 낙천운동대상자 1차 명단을 발표하였다. 총선연대는 명단 발표이후 정치권의 항의가 잇따르는 데 대해 "정치권이 명단공개에도 불구하고 자숙하지 않을 경우 1차 명단에 오른 66명에 관한 세부 추가자료를 언론에 공개할 것"이라고 경고했다. 이에 그치지 않고 총선연대는 추가로 20명 안팎의 2차 명단 발표를 계획하였고, '정치개혁시민연대'(정개련)도 독자적인 명단을 작성하고 공개하려는 시도를 지속했다. 총선연대 김기식 부대변인은 25일 기자회견에서 "1차 명단에서 누락됐으나 국회의원으로서 '함량미달'인 인사를 20명 가량 선정, 정치권에 추가 전달한 뒤 기자회견 등을 통해 이를 공개할 방침"이라며 "이것 역시 명백히 공천반대 명단이지만 가장 '문제'가 많다고 판단되는 66명과 변별성을 두기 위해 분리해서 공개하는 것"이라고 밝혔다.[31] 정개련도 1월 27일 현역의원들을 대상으로 범법행위, 지역감정 조장, 철새정치인, 폭언 폭력 전력 등 6가지 기준으로 60~70명의 '공천부적격자 명단'을 선정, 발표할 계획을 공언하였다. 특히 정개련 명단에는 총선연대 명단과 일치하지 않는 새로운 인물이 절반 가량 선정될 것으로 알려지면서, 정당에선 공천자 명단의 재논의 필요성이 제기되기도 하였다. 정치권에 대한 시민운동단체의 낙천운동은 확실히 정치적 주도권을 갖고 있었던 셈이다. 그런가 하면 이미 독자적으로 4명의 공천부적격자를 선정한 '인천행동연대'를 비롯, 상당수 지역단체들이 별도의 '낙천낙선운동'을 추진하였다.

이에 대해서 검찰은 선거법 개정안이 국회에서 통과된 직후인 2월 9일 시민단체 등이 개정 선거법에서 불허하고 있는 낙선운동을 강행할 경우 엄중대처하기로 했다. 중앙선거관리위원회도 이날 시민단체가 계획하고 있는 일반유권자 대상의 거리캠페인, 옐로카드, 유권자 행동지침, 낙천낙선운동 동참 안내문 등 배부 행위에 대해 강력한 단속에 나서겠다고 밝혔다.[32] 정당도 이러한 분위기 하에서 다시 정치적 주도권을 찾겠다는 입장을 천명하며 공천부적격자를 공천하고 안하고는 전적으로 정당의 고유 권한임을 내세웠다. 후보자가 공천부적격자인지 아닌지는 궁극적으로 선거에서 유권자들이 판단해야지 시민단체가 판단해서는 안된다고 공언했다. 논리는 적절하나 정치권에 대한 혐오감 때문에 유권자들의 반응은 시큰둥하였다.

총선시민연대의 낙천낙선운동이 "민주주의 이행기의 시민반란"이라는 학자들의 평가가 나온 가운데, 정치권의 공천 부적격자 공천 움직임에 대한 시민단체들의 규탄과 실력행사가 이어졌다. 2월 17일 참여연대 2층 강당에서 열린 총선시민연대 정책자문교수단의 '낙천낙선운동의 중간평가와 향후 전망' 토론회에서 주제발표한 조희연은 "낙천낙선운동은 민주주의 이행기인 한국에서 정당이 시민사회의 대의기구로서 역할을 수행하지 못하자 시민단체들이 직접 시민사회의 의견을 반영하는 '대의의 대행' 현상"이라고 설명했다. 또 다른 주제발표자인 홍윤기도 "낙천낙선운동의 기본방향인 국회의원에 대한 '시민의 직접견제'와 실천방식인 '시민불복종'은 역사적으로 민주주의의 가장 발전된 형태인 '시민민주주의'를 대변한다"고 밝혔다.[33] 이러한 논리에 시민들이 일방적으로 찬성하는 분위기는 아니었지만 기존의 정치권에 대한 심한 혐오감 때문에 그런대로 이유가 있다고 묵과하는 분위기였다고 보는 것이 사실에 가깝다.

낙천낙선운동이 있었던 16대 총선에서 돌풍을 일으킨 시민단체의 낙천낙선운동은 일단 소기의 성과를 거둔 것으로 평가된다. 세계적으로도 전례 없는 낙선운동을 통해 시민단체가 한국정치사회에 새로운 정치 견제세력으로 등장했다는 평가가 나오고 있다. 86명의 전체 낙선대상자 가운데 낙선자는 59명(68.6%), 22명의 집중낙선대상자 중의 낙선자는 15명(68.2%)이었다. 총선연대 관계자들조차 "우리도 놀랐다"는 반응을 보였을 정도로 성공작이었다. 이같은 성과는 일차적으로 유권자들의 정치의식이 변했기 때문일 것이다. 즉 유권자들의 상당수는 시민단체가 적어도 낡은 정치권보다는 훨씬 믿을 만하다고 생각했기 때문에 낙선운동에 동참했다고 보여진다. 이같은 현상은 보스정치, 지역정치에 식상해 있던 수도권 유권자들에게 특히 두드러져 수도권 20명의 낙선대상자 중 19명이 무더기로 낙마했다.

시민운동단체의 논리적 한계점은 시민단체가 갖고 있는 문제점에서 비롯된다. '정치개혁과 낙천낙선운동'이라는 주제 발표에서 조희연은 먼저 "낙천낙선운동은 시민사회의 활성화와 변화에 부응하지 못하는 '정치 지체(遲滯)'에서 비롯된 현상으로

30 조선일보 (2000. 1. 20.) 5면.

31 동아일보 (2000. 1. 26.) 31면.

32 한겨레 (2000. 2. 10.) 15면.

33 한겨레 (2000. 2. 17.) 14면.

비교적 성공적이라는 평가를 받고 있다"고 진단하면서도 "그러나 이같은 평가에도 불구하고 총선연대가 극복해야 할 과제가 많다"고 전제하였다. 부패무능정치인 척결을 넘어 어떻게 구조적인 정치개혁으로 나아갈 것인가? 지역주의 등 '의도하지 않은 결과'들을 어떻게 통제할 것인가? 새로운 정치세력이나 정당의 출현을 어떻게 지원할 것인가? '유권자참여를 통한 유권자혁명'을 어떻게 이룰 것인가? 운동역량을 어떻게 지속적인 개혁동력으로 삼을 것인가? 등의 5가지 고민을 제시했다. 조희연 교수는 특히 "공천반대인사 상당수가 낙선되더라도 밀실정치 돈선거 돈공천 지역주의로 점철된 '옛정치'의 구조는 변하지 않을지 모른다"며 "보수일색, 지역주의적 정치구도를 어떻게 상향식 민주정치구조로 바꿀 수 있는지를 고민해야 한다"고 주장했다.

적어도 16대 총선을 중심으로 한국 정치의 미래를 조감하여 본다면 새로운 정당이 태동할 가능성은 실패로 끝났어도, 정당에 대한 대용기구로서 시민단체의 낙천낙선운동은 일정 수준 성공한 셈이다. 리얼라인먼트적인 변화가 아니라 디얼라인먼트적인 변화의 옵션으로 나타난 셈이다. 그렇다면 과연 한국정치의 미래와 관련하여 디얼라인먼트적인 정치변동 경로가 바람직한가? 바람직하지 않은가?

단기적인 관점에서는 정치권에 대한 개혁 요구를 보였다는 측면에서 긍정적 평가를 내릴 수 있지만, 장기적인 관점에서는 별로 바람직하지 않다고 본다. 정치권 자체적으로도 변화해야 진정한 변화가 있는 것이다. 시간이 조금 걸리더라도, 역시, 정당의 문제는 정당이 해결하도록 유도하는 것이 좋다. 기존의 선거과정에서 나타났던 병폐현상이 치유되었다기보다 혼란이 가중된 측면도 크기 때문이다. 각종 시민단체들의 공천부적격자 명단 발표의 후유증으로 경쟁자들에 대한 음해와 인신공격이 어느 때보다 기승을 부려 지역주의가 더욱 과열양상을 보였다. 현장에 근무했던 중앙선관위 위원들은 시민단체의 낙천낙선운동 여파 때문에 불법 선거운동 단속도 느슨해질 것이라고 기대하는 분위기가 만연돼 있음을 지적했다. 이런 혼란의 '틈새'를 파고드는 각종 편법 선거전략도 어느 때보다 다양했던 것으로 지적된다. 금품제공, 각종 행사에 찬조금 주기 등 각종 불법 편법 선거운동이 판을 치고 있어 그 여파로 인한 후보 음해 양상이 위험수위를 넘어서는 분위기가 조장되었다. 시민단체가 법의 테두리를 넘어서서 공천과정에까지 나서서 정당정치의 주도권을 잡는다면 그 의도의 순수성과는 별도로 부정적인 대의제 상황을 초래할 수 있음에 유의해야 한다.

한국 유권자들의 보다 근본적인 문제는 정치에 대한 냉소주의(cynicism)나 무의미감(meaninglessness)의 혼재로 표시되는 정치혐오이지, 정당정치 자체가 필요없다고 무시하는 것은 아니다. 이러한 심리상태를 치유하는 길은 보다 장기적인 관점에서 유권자들이 정당에 대한 신뢰감을 형성하면서 리얼라인먼트적인 정치변동의 옵션을 택하는 일이다. 즉, 공천을 잘 못하는 기존의 정당을 본선거에서 심판하여 사멸하고, 공천을 잘 하는 신생정당을 지지하여 새로운 정치세력이 형성되면, 기존의 정당체계에는 변화가 생기고, 이는 리얼라인먼트적 변화가 발생함을 의미한다. 낙선낙천운동이 있었던 16대총선과정의 결과 한국정당체계에 리얼라인먼트적 수준의 변화가 있었다고 보기는 어렵다. 그래서, 해당 시기 낙천낙선운동의 문제는 신생정당의 필요성 차원으로 연결된 것은 아니었고, 기존 정당내에서 특정 인물들에 대한 낙천낙선운동이었던 것이다.

16대 총선에 있어서 낙천 · 낙선운동은 선거참여율, 득표, 당락, 그리고 정당지지 모든 면에 있어서 영향력을 발휘하고 있었다. 낙선운동은 선거참여율을 높였으며, 관련 낙선대상 후보는 득표에 있어 치명적인 손실을 보았고 이는 당락 결정에 중요한 역할을 한 것으로 보여진다. 16대 총선에서 낙천 · 낙선운동이 후보자의 당락과 득표에 영향력이 존재했다는 주장은 경험적 연구에 의하여 뒷받침되고 있다.[34] 끝으로 낙선운동은 정당지지 결정과정에 영향을 미쳤으며, 특히 자민련에 긍정적인 역할을 한 것으로 경험적 결과는 뒷받침하고 있다. 선거가 끝나고 한참 후에야 헌법재판소는 시민운동단체의 낙천 · 낙선운동을 위헌으로 규정하였으나, 16대 총선의 낙선운동은 시민운동단체의 사실상 '정치적 주도권' 행사를 입증하고 있다. 물론 시민단체의 낙천 · 낙선운동이 소기의 목적을 거두었지만, 운동이 궁극적인 정치권의 변화를 가져왔는가는 또 다른 질문이다. 현재, 정당은 '국민참여경선'을 시행하면서 이를 제도화하는 단계에 들어서 있다. 정당의 원래 의도가 관심을 끌기 위한 것이라고 하더라도, 분명히 결과는 "다수의 국민들과 공천권을 공유하자"는 효과가 있음이 인정된다. 이런 의미에서 '낙선낙천운동'의 역사성에 대해서 기억을 되 살릴 필요가 있다.

34 시민단체의 낙천 · 낙선운동에 대한 효과가 현실적으로 없었다고 보는 통계분석이 있기는 하지만 이는 앞서서 논의했던 통계분석 상의 오류일 가능성이 높다. 특히 영향력이 별로 존재하지 않았다고 보는 연구들은 변수조작에 있어서의 문제점 때문에 그러한 결론이 도출된 듯하다. 진영재 엄기홍, "낙선, 낙천운동의 선거적 결과: 선거참여율, 득표, 당락, 그리고 정당지지를 중심으로", 진영재(편) 『한국의 선거 IV』 (서울: 한국사회과학데이터센터, 2002), pp. 173-222. 조진만, "낙선운동이 16대 총선에 미친 영향", 『연세사회과학연구』 7 (2001), pp. 167-194.

중요한 것은 유권자들이 투표기권행태를 보인다든지, 시민운동단체와 같은 대행기구에 의존한다든지 하는 행태에 기본 원인을 제공하는 요인이 무엇인가 하는 점이다. 一群의 학자들은 이들 심리적 변수가 구조적으로 유권자를 둘러싸고 있는 정당환경에서 온다고 보는데,[35] 이러한 주장에 귀를 기울일 필요가 있다. 다원화된 사회에서는 다당제하에서 보다 더 큰 정당일체감이 기대될 수 있다. 현재 한국에는 제도화된 정당이 없으며, 인물중심의 지역정당이 있을 뿐이다. 다원화된 사회로 갈수록 적당한 수의 정당들이 정치체계내에 활성화될 필요가 있다. 이것은 결코 4-5개의 정당이 정치체계내에 존재한다고 해서 4-5개의 정당 모두가 비슷한 의석 점유율을 가지고 제도화되어 존재해야 한다는 의미는 아니다. 적어도 정치체계내에는 다양한 정당이 존재하고 그들에 대한 선택의 폭이 다양할 때 정치적으로 소외된 유권자들의 정치참여에 보다 바람직하다는 의미로 해석되어야 한다. 궁극적으로 유권자들은 의회정치라는 기본틀이 정당을 중심으로 이루어지는 한, 선거에서 보다 신선하고 올바른 정책을 제시하는 군소정당들에게도 표를 던져야만 한다. 너무 사표(死票)를 두려워해서는 안된다. 유권자들의 사표에 대한 두려움은 의회정치 발전에 초석인 정당정치 제도화를 가로막는 중대한 장애물이 될 것이다.

3. '노사모'와 '개혁당'

한국정치과정에서 정당이 없어지는 것이 아니라면, 그리고 시민들의 정당정치에 대한 불신 수준이 높은 상황이라면, 어떤 모습의 정치과정이 형성되고 있는 것인가? 그런 와중에 정당의 진화방향은 무엇이겠는가? 시민들의 정당정치에 대한 불신이 높은 경우, 크게 두 가지의 정치적 옵션을 상정할 수 있다. 하나는, 정당정치 불신의 감정이 대의제에 대한 불신의 감정으로 확산되면 소위 '광장민주주의'가 활성화되는 옵션이다. 또 다른 하나는 사회개혁적 인물을 중심으로 모임을 만들어서 그 인물을 정치과정에 지원하는 것이다. '○○○를 사랑하는 모임'이란 형태로 나타난다. 이것은 기관으로서의 정당을 바이패스하고 인물을 직접적으로 지원하는 것이다. SNS상의 팔로우어(follower)는 인물에 대한 것이지 정당에 대한 것이 아니다. 그 인물이 정당을 떠나도 '○○○를 사랑하는 모임'은 그 인물을 추종한다. 특정 인물이 특정 정당 소속인 경우에, 인물지지성향과 정당지지성향이 완전히 배타적인 것은 아니지만,

중요한 것은 방점은 너무도 분명하게 인물에게 찍혀 있다는 것이다. 한국선거정치에서 2002년 16대 대통령선거가 '중대선거'(重大選擧, critical election)였던 이유는 바로 '노무현을 사랑하는 모임'이 노무현을 대통령을 만든 사건이었기 때문이라고 해도 과언이 아닐 것이다.[36]

한국 정당정치는 '당원 없는 정당'으로 특징지어지며, 이는 '자발적이고 적극적인 정치참여'의 부재라는 측면에서 심각한 문제점으로 지적되어 왔다. 2002년 16대 대통령선거에서 '노사모'(노무현을 사랑하는 사람들의 모임)를 주축으로 한 노무현 후보 지지자들의 활동이 주목받은 것은 이들이 자발적 정치참여의 새로운 모델을 제시할 가능성을 보여주었기 때문이다.[37] 이제 모바일 SNS시대가 정착되어 가면서, 정당을 바이패스하여 비슷한 정치적 생각으로 인터넷에서 연결된 일군의 집단이 행하는 정치행위는 '선거정치' 영역에서 후보자들에 대한 지지를 보이는 것에만 한정되지

35 Walter Dean Burnham, "Class Gap", *Republic* 198 (1988), pp.30–34; Walter Dean Burnham, "The 1980 Earthquake: Realignment, Reaction, or What?" In Thomas Ferguson and Joel Rogers (eds.), *The Hidden Election* (New York: Pantheon Books, 1981), pp. 98–140.

36 16대 대통령선거를 '중대선거'의 범위를 넘어서서 일종의 '정초선거'(定礎選擧, founding election)적 의미로 확장하여 해석해 볼 수도 있다. 그 정도로 2002년의 대선은 한국선거사의 이정표라고 해도 과언이 아니다. '정초선거'라고 함은 선거의 최초의 시발점이 되는 선거를 말하며, 앞서 언급했듯이, 시간의 흐름 속에서 초기값은 시작점으로서 그 후에 영향을 미치는 중요한 의미를 지닌다. 1987년 민주주의 체제 (제6공화국)의 정초선거로서 대선은 1987년 12월에 있었고, 총선은 1988년 4월에 있었다. 대선에서는 민주세력이 분열하며 과거 군부 연장세력의 승리였고, 총선은 '여소야대'로 나타났다. 그러니까, 2002년 12월의 대선은 6공화국 네 번째 대선이었고 (1987, 1992, 1997에 이어서), 형식적 의미에서는 '정초선거'라고 할 수는 없다. 그렇지만, ㉠인터넷시대(동일 정체성을 지닌 세력들의 연계와 결집), ㉡세대균열(젊은층의 지지), ㉢당내 비주류의 득세(새천년민주당내의 영남세력)의 상황들 속에서 노무현이 대통령으로 당선되었는데, 일등 공신은 '노사모'란 사회세력이었다. 2002년 12월의 대선은 한국선거사의 이정표였으며, 이를 '전자민주주의' 시대 개막의 '정초선거'로 해석해 볼 수도 있다는 의미이다.

37 페이트먼(Pateman)은 '정치참여'란 대표자를 뽑는 영역에 대한 논의(즉 정당이나 선거 중심의 논의)에 머물러서는 안되며, 보다 포괄적으로 다양한 유형의 정치참여 그 자체로 논의가 확장되어야 함을 강조한다. Carole Pateman, *Participation and Democratic Theory* (Cambridge: Cambridge University Press, 1970). 이후 버바, 나이, 킴(Verba, Nie, Kim)등은 정치참여의 개념에 대표자를 선택하는 선거행위에 덧붙여 보다 소소한 정치참여의 개념(예를 들면, 국회의원에게 편지 보내기 등)을 포함시킨다. Sidney Verba, Norman H. Nie, and Kim Jae-on, *Participation and Political Equality: A Seven-Nation Comparison* (Chicago: University of Chicago Press, 1987). 이후 로손과 머클(Lawson and Merkl)은 현대 사회에서 비제도권적인 정치참여는 제도권적인 정치참여의 대안(alternatives)적 기제로도 작용할 수 있음을 언급하였다. '친노세력'의 정치참여는 노무현대통령 만들기라는 차원에서는 제도권적인 정치참여의 성격이 있으나, '노사모' 등 친노집단들이 정치인 노무현이 소속한 정당에 소속된 보조적인 기구라기보다는 정당의 대안적 기구(alternative organization)로 기능했다는 점에서 로손과 머클이 언급한 비제도권적인 정치참여의 성격도 동시에 갖고 있었다. Kay Lawson and Peter H. Merkl, *When Parties Fail: Emerging Alternative Organizations* (Princeton, NJ: Princeton University Press, 1988).

않는다.[38] 한국사회에서 '촛불시위'라는 현상은 '진영논리'를 대변하는 '정당정치'의 영역을 넘어서며, 다양한 사회갈등현안들에 나타나고 있다.[39]

'친노세력'은 2000년 4월 총선거에서 노무현이 낙선한 직후 인터넷상에 '노사모'가 출현함으로써 형성되기 시작했다.[40] 그 뒤 2년가량 노사모를 중심으로 유지되던 '친노세력'은 2002년 민주당 대선후보 경선과 대선을 거치면서 새로운 '친노집단'이 속출하고 각 집단의 구성원이 급증한 결과 큰 규모와 다양성을 갖춘 정치세력으로 등장하게 되었다. '친노세력'이란 구체적으로 2002년 대선 이전에는 '노사모', '개혁국민정당', 인터넷 정치웹진 '서프라이즈'(www.seoprise.com) 등을 중심으로, 대선 이후에는 위의 집단들에 더하여 '국민의힘', '국민참여1219', '노하우21(www.knowhow21.com)', '참여정치실천연대' 등을 통해 정치에 참여한 노대통령 지지자들을 총체적으로 지칭한다고 볼 수 있다.[41]

친노세력 구성원들이 가졌던 목적의식은 노무현의 당선이라는 당면목표를 넘어서는 보다 추상적이고 포괄적인 것이었다고 본다. 그 목적의식이란 결국 노무현을 통해 진보적 가치가 보다 많이 구현되는 방향으로 한국사회를 변화시키려는 것이었다. 친노세력이 구현하려는 진보적 가치란 이념적 보수-진보의 차원에 한정되지 않고 '개혁성'의 의미를 포함하는 개념인 것으로 보인다.[42] 친노세력이 한나라당은 물론 상대적으로 '진보적인' 정책을 펴 온 민주당까지 '낡고 부패한 정당'으로 비판하며, 노무현정권과 이전 정권들의 차별성을 도덕성의 차이에서 찾으려는 태도를 보이는 것은 이들이 생각하는 진보가 '개혁성' 내지 '도덕성'의 의미를 포함하고 있기 때문인 것이다.[43]

여러 친노집단들이 유사한 목적의식을 공유하고 있으며 그 내용이 개혁성을 포함한 진보적 가치의 추구라는 점은 각 집단이 공식적으로 제시한 조직목표나 친노세력 주요 인물들의 발언을 통해 쉽게 확인할 수 있다. 예컨대 노사모의 회칙을 대신하는 '노사모의 약속'은 국민통합, 민주실현, 참여민주주의 정신, 전자민주주의 발전 등을 조직이 지향하는 목표로 내세우고 있다.[44] 한편, 개혁당의 '창당 4대원칙'은 반부패, 국민통합, 참여민주주의, 인터넷정당이었다. 개혁당 4대원칙은 노사모와는 직접 관련이 없는 인물들에 의해 제안된 것임에도 '노사모의 약속'이 내세운 목표와 대단히 유사하다.[45] 즉, 노사모와 개혁당은 공통적으로 지역통합(국민통합)과 함께 민주적 '참여'의 문제를 강조하며 이를 위한 수단으로 전자민주주의나 인터넷정당을 제시하고 있다. 또, 개혁당은 반부패를 창당원칙으로 적시하여 정치에서의 도덕성 및 개

혁성 구현을 목적의식으로 가진 집단임을 드러냈다.[46]

중앙선거관리위원회에 보고된 개혁당의 '2002년 정책추진내용 및 결과'는 정당개혁을 위한 법률 개정안 및 공직후보 여성 할당에 대한 추진계획 수립을 내용으로 하고 있었다. 함께 보고된 '2003년도 주요정책 추진계획'은 선거 기탁금 및 선거연령의 하향조정, SOFA 개정 등 자주외교 실현, 자발적 남북 교류협력사업 전면 보장, 군축실현, 전시 작전수행권 환수, 소수자 문화권 확대, 표현의 자유 보장, 친환경농업

38 2019년 9월은 문재인대통령의 조국법무부장관 지명과 임명이 모든 현안들(남북문제, 한일갈등, 한미정상회담 등)을 무색하게 하는 '블랙홀'로 작용하였다. 2019년 9월 28일 저녁 6시 서초동에서 벌어진 '촛불집회'에서 '사법적폐청산범국민시민연대'는 내용과 규모에서 '더불어민주당'을 바이패스하고 있었다. 마찬가지로, 2019년 10월의 '조국임명철회' '문재인하야'를 외쳤던 '광화문집회'도 '자유한국당'을 바이패스하고 있었다. 광화문집회에 모인 사람들은 "나라가 걱정되서 나왔지 자유한국당을 보고 나온 것이 아니다"라는 말을 공공연히 하고 다녔다. 적어도, 그러한 분위기가 대세였다. 결론적으로, '광장민주주의'가 지지정당과의 연계와 완전히 무관하다고는 할 수 없겠지만, 적어도 정당을 바이패스하고 있다고 보는 것이 더 정확할 것이다.

39 '광장민주주의'에 나타난 이슈들은 세월호문제, 난민문제, 동성애문제 등으로 다양하다.

40 신원, "정치혐오의 진흙탕에서 피운 정치사랑의 연꽃", 노혜경 외, 『유쾌한 정치반란, 노사모』 (서울: 개마고원, 2002), pp. 7-44.

41 '친노세력'이란 다양한 개개의 '친노집단'들로 구성되어 있다. 따라서 '친노세력'이라는 친노무현적 집단들 모두를 포괄하는 용어와 '친노집단'이라는 개별 집단을 나타내는 용어를 구분하여 사용할 것이다. 열린우리당 내 의원모임인 '의정연구센터'(의정연)는 직업정치인만의 모임이기 때문에, '조선일보 없는 아름다운 세상'(조아세)은 안티조선활동에만 집중하여 정치참여가 미미하기 때문에 명백한 친노성향에도 불구하고 각각 본 논문의 친노세력 규정에 적합하지 않다. 위의 집단들 외에도 16대 대선 이전에는 '노랑나랑,' '노무현을 사랑하는 문화인 모임'(노문모), '노무현을 지지하는 IT인 모임' 등의 친노집단들이 활동했었다.

42 친노세력이 가진 이러한 진보개념은 2002년 대선을 전후한 시기에 한국의 유권자들이 일반적으로 가졌던 '진보'에 대한 생각과도 일치하는 것이다. 일례로 2003년 1월 중순에 실시된 한 조사는 노무현을 지지한 유권자들이 이회창을 지지한 유권자들에 비해 노무현을 더 진보적이라 인식하고 있었음을 보여준다. 이 조사에서 응답자들은 김대중을 진보보다는 보수에 가까운 인물로 인식하였고 김대중의 지지기반인 호남의 유권자들만 김대중이 진보와 보수의 중간정도에 위치하는 것으로 평가하였다. 호남유권자들은 이회창에 대해서는 다른 지역 응답자들보다 더 보수적인 인물로 평가했다. 이런 조사결과는 진보라는 개념에 개혁성이 포함되는 것으로 인식한 조사대상자들이 각종 스캔들로 얼룩진 김대중 정부를 개혁적이지 못하다고 평가한 때문이라고 보아야 할 것이다. 강원택, "노무현 정부의 성격: 김대중 정부와의 연속성과 차별성", 이내영 · 이하경(편), 『노무현 정부의 딜레마와 선택: 국민여론 · 소수정부 · 정책선택』 (서울: 동아시아연구원, 2003). 진보정치인 지지세력들 내에서 '노사모'와 '문팬'의 경우에도 유사성 이상으로 차별성이 있다. 최은재, 「정치인 팬클럽 비교분석: '노사모'와 '문팬'을 중심으로」, 연세대학교 대학원 정치학과 석사학위논문 (2019).

43 이종태 · 정재현, "노무현 아니면 민주당 찍지 않겠다", 『말』 (2002, 5월호), pp. 60-65.

44 신원, "정치혐오의 진흙탕에서 피운 정치사랑의 연꽃", 노혜경 외, 『유쾌한 정치반란, 노사모』 (서울: 개마고원, 2002), pp. 7-44.

45 중앙선거관리위원회, 『2002년도 정당의 활동개황 및 회계보고』 (과천: 중앙선거관리위원회, 2003), pp. 430-437; pp. 497-502.

46 유시민 · 김진석, "대담: 개혁의 기본은 리버럴이다", 『사회비평』 35 (2003), pp. 106-142.

지원, 핵에너지 중심의 전력정책 전환 및 대체에너지개발, 남북 전력협력 추진, 비정규직차별 철폐, 공공임대주택 공급 및 주거비 보조, 호주제 철폐, 여성채용목표제 등의 항목을 담고 있다. 이 보고내용을 통해서도 개혁당이 '참여'의 확대와 정치개혁을 강조하고 있음이 드러난다. 또, 통일 · 외교문제에서는 강한 민족주의적 성향을 보이고 있으며, 여성, 환경, 인권, 복지 등 '신사회운동'(new social movement)이 제기하는 의제들을 주요 정책으로 포용하고 있음이 확연하다. 이런 정책목표들은 개혁당의 지향이 '진보적'이라는 사실을 보여주는 동시에, 노동 · 농민 · 빈민운동으로 대표되는 '구사회운동'의 계급적 의제들을 대거 수용한 민주노동당과는 그 지향점이 다르다는 점도 확인할 수 있게 한다.[47]

친노세력의 대규모 정치참여 과정에서 목적적 유인의 중요성은 또 하나의 친노집단인 개혁국민정당(약칭 개혁당)의 사례에서도 분명히 드러난다. 개혁당 창당작업은 2002년 6월 지방선거 및 8월 재보선에서 민주당이 패배한 뒤 민주당 내에 대통령후보 교체론이 대두하자 '국민후보 지키기 시민운동'을 벌이던 인물들 중 일부가 "기존 정당과 근본적으로 다른 새로운 정당"을 창당할 것을 발의함으로써 시작되었다.[48] 8월 29일의 창당에 관한 '국민토론회'를 시작으로 창당 작업을 진행하여, 11월 16일 3만 2000명의 당원 및 당우를 기반으로 창당하였다.[49]

개혁당도 노사모와 마찬가지로 참여에 따른 가시적 이익을 기대할 만한 조직이 못되었다. 개혁당이 대통령후보로 지지한 노무현은 다른 정당 소속인데다 창당을 전후한 시기에는 지지도가 몹시 떨어져 당선을 기대하기도 어려웠으므로 집권을 바랄 수 없었다. 게다가 언론의 지속적 조명을 받은 노사모와도 달리 개혁당은 발기인대회와 창당대회조차 거의 보도되지 않을 정도로 언론의 관심에서 벗어나 있는 형편이었다.[50]

이런 조건에서 수만 명의 개혁당원 및 당우들이 정치에 참여한 까닭을 인터넷의 비용절감효과나 연대적 유인의 제공만으로는 설명하기 어려울 것 같다. 개혁당도 노사모에 못지않게 적극적으로 인터넷을 활용한 조직이었음은 분명하다. 지도부 선출과 주요 정책결정은 물론 당의 해산마저 인터넷과 휴대전화를 이용한 전당원 투표로 결정할 정도였다.[51] 심지어 지구당 사무실이 따로 없이 당원의 거주지를 지구당 주소로 등록하고 인터넷을 통해 의사소통을 하며 정당활동을 벌인 지역도 적지 않았다.[52] 그러나 당원 개개인의 입장에서는 개혁당에서 정당활동을 하는 데 드는 시간과 비용이 결코 적다고 할 수 없었다. 예를 들어, 기존정당의 당원들은 당비를 납부하지 않아도 되고 각종 모임에 드는 비용도 지구당이나 지구당위원장 개인이 부담하는 데 비해, 개혁당원은 매달 당비를 납부해야만 당원자격이 유지될 뿐 아니라 각종 모임 후 식사를 할 때마다 1만 원씩의 비용을 참석자 전원이 부담하는 불문율이 있었다.[53] 게다가 16대 대선의 선거운동도 당원 각자가 식비 등을 부담하며 수행했던 것으로 알려져 있다. 따라서 인터넷이 조직으로서의 개혁당 결성 및 유지에 드는 비용을 절감하는 데에는 도움이 되었다고 할 수 있지만 당원 개인의 정치참여에 드는 비용을 크게 절감하여 이들의 정치참여를 유인했다고 보기는 어렵다.

인터넷이나 오프라인 모임을 통해 연대적 유인을 제공함으로써 개혁당원들의 정당참여를 가능케 했다고 보기에도 어려움이 있다. 앞에서 소개된 창당 일정을 통해 알 수 있듯이 개혁당 창당은 발의된 뒤 불과 두 달여 만에 완료되었고 창당작업과 선거

47 친노집단들 중 가장 이념적 지향이 분명한 개혁당의 정책적 지향이 민노당과 상당한 차이를 보인다는 점은 왜 386세대 등 진보적 시민들이 민노당 등 진보적 정당에 참여하지 않고 노무현 개인을 중심으로 뭉쳐 정치에 참여하려 했는지를 이해하는 하나의 단서가 된다. 친노세력 구성원들이 굳이 친노집단들을 통해 정치에 참여하려 했던 이유로는 다음과 같은 점들을 꼽을 수 있을 것이다. 첫째, 누가 대통령이 되느냐에 따라 정책의 방향이 크게 달라질 수 있는 대통령제의 특성 상 친노세력 구성원들 중 상당수에게는 정당이 아닌 대통령 후보를 중심으로 정치적 변화를 시도하는 것도 합리적이라고 받아들여졌을 것이다. 둘째, 개혁당의 정책이나 서프라이즈 논객들의 주장에서 보듯이 친노세력 구성원 다수가 생각하는 진보적 지향은 민노당의 계급론적 지향과는 상당히 달랐다. 이에 대해선 김동렬, "노무현 정권의 개혁, DJ정권과 무엇이 다른가: 재건축보다 어려운 리모델링", 『사회비평』 35 (2003), pp. 84-97을 참조. 셋째, 친노집단들이 정치참여과정 자체를 즐기며 정치활동을 '놀이'로 보는 경향을 보였다는 점을 볼 때, 친노세력의 정치문화는 정치참여를 '투쟁'으로 여기는 경향이 강한 민노당 지지자들의 문화와는 상이하였다. 이에 대해선 김용호, "네티즌 포퓰리즘이냐, 새로운 형태의 정치참여인가:「노사모」사례연구", IT정치연구회 월례회 (2004) 발표논문 참조.

48 유시민. 2002. "개혁적 국민정당 국민토론회 발제문." http://ohmynews.com/articleview/article_view.asp?at_code=85887 (검색일: 2006년 1월 27일).

49 이한기. 2002. "'고래를 삼킨 새우' 개혁당원 3만2천명 노-정 후보단일화 '환영' 혹은 '착잡'." http://www.ohmynews.com/articleview/article_view.asp?at_code=94821 (검색일 2006년 1월 30일). 당우는 당원이 아니나 의결권 이외의 당원의 권한을 가지는 자를 말한다. 유병권, "개혁당 조직 · 운영형태-68개 지구당에 진성당원 1만1000명 인터넷 직접투표로 주요정책 결정", 『문화일보』(2003. 4. 26.). 진성당원만을 당원으로 인정하는 개혁당의 엄격한 당원규정 때문에 생긴 일종의 '준당원'이라고 할 수 있다.

50 개혁당의 발기인대회는 한겨레 신문이 사진과 함께 3단기사(546자), 경향신문이 1단 기사(556자), 한국경제신문이 1단기사(363자)로 보도했다. 조선일보, 한국일보, 서울신문은 발기인대회가 아니라 노무현 후보가 발기인대회에서 발언한 내용을 위주로 간략히 보도했다. 개혁당의 창당대회는 한겨레신문에 1단 기사(190자)로 실렸다. 나머지 중앙일간지들은 발기인대회나 창당대회를 아예 보도하지 않았다.

51 유병권, "개혁당 조직 · 운영형태-68개 지구당에 진성당원 1만1000명 인터넷 직접투표로 주요정책 결정", 『문화일보』 (2003년 4월 26일). 이승헌, "개혁당 해산 열린우리당에 합류", 『동아일보』 (2003. 11. 1.).

52 중앙선거관리위원회, 『2002년도 정당의 활동개황 및 회계보고』 (과천: 중앙선거관리위원회, 2003), p. 35.

53 유시민 · 김진석, "대담: 개혁의 기본은 리버럴이다", 『사회비평』 35 (2003), p. 141.

운동은 사실상 동시에 이루어졌다. 따라서 이처럼 단기간에 인터넷을 통해 수만 명의 당원, 당우들이 연대감을 형성했다고 볼 수는 없다. 연대적 유인이 작용했다면 개혁당 자체의 연결망이 아니라 개혁당보다 먼저 형성된 노사모의 연결망이 개혁당으로 옮겨졌을 가능성이 크다. 정확히 집계된 적은 없지만 상당수의 노사모 회원들이 개혁당 창당과정에 참여한 것으로 알려져 있기 때문이다.[54] 그러나 노사모 출신이 아닌 당원들도 많았던 것은 물론, 노사모 출신들이 개혁당 참여 후 노사모의 활동에 참가하지 않거나 개혁당 당적만을 가진 채 노사모를 통해 활동하는 등 개혁당과 노사모의 선거운동이 별도로 이루어졌다는 점을 고려하면 개혁당원들의 정치참여를 노사모 활동을 통해 형성된 연대감만으로 설명할 수는 없다.[55] 더욱이 노사모를 통해 형성된 연대감을 맛보기 위해서라면 이미 지역별로 활발한 활동을 벌이고 있는 노사모를 통하지 않고 왜 굳이 개혁당을 통해 정치에 참여하려 했는지도 설명하기 어렵다.

개혁당의 경우에도 정치참여의 근본적 이유는 결국 목적적 유인의 작용에서 찾을 수 있다. 창당을 주도한 인물들의 의도가 어떠하였건, 개혁당원 다수는 정당에 가입하여 본격적인 노무현 지지활동을 벌이려는 의도를 가지고 있었던 것으로 보인다.[56] 한편, 일부 당원들은 노무현 지지는 개혁을 위한 수단일 뿐 목적일 수 없다고 보고 당내민주주의가 실현되지 못하는 기존 정당들의 한계를 뛰어넘는 제대로 된 '당원중심정당'을 건설하여 정당개혁을 실현하는 것을 목표로 삼고 있었다.[57] 창당 발의 자체가 민주적으로 선출된 대통령후보인 노무현을 낙마시키려는 민주당 의원들에 대한 반감에 기인했다는 점, 당원 대다수가 노무현의 소속 정당인 민주당과의 합당에 절대로 반대했다는 점, 노무현의 당선 이후에도 개혁당 지도부가 끊임없이 민주당을 비판한 점 등은 이들이 민주당이라는 기성정당을 통해서는 정당개혁과 정치개혁을 이룰 수 없다고 보고 자신들의 손으로 모범적 정당을 건설하려 했다는 사실을 보여준다.[58] 요컨대, 개혁당원들의 정치참여는 주로 노무현정권의 창출과 더불어 모범적 민주정당의 건설이라는 목적적 유인에 바탕을 둔 것이었다고 볼 수 있다.

노사모가 초기의 유지기를 벗어나 많은 회원과 강력한 정치적 영향력을 지닌 집단으로 커나간 '성장기'에는 인터넷의 비용절감이나 온라인과 오프라인 모임을 통한 연대적 유인의 제공보다는 목적적 유인의 작용이 훨씬 더 중요했던 것으로 판단된다. 요컨대 노사모가 초기에 '팬클럽'으로 결성되고 오랫동안 유지될 수 있었던 요인으로는 인터넷의 비용절감 효과나 연대적 유인의 제공을 꼽을 수 있지만 기존의 정치상식으로는 당선가능성이 전혀 없는 인물이 대통령에 당선되는데 크게 기여할 만큼 강력한 정치집단으로 성장할 수 있었던 것은 공통의 경험을 통해 이미 일정한 정체성을 공유하고 있던 세대집단을 대거 끌어들인 (즉 '세대효과'에 의한) 목적적 유인의 작용 때문이라는 것이다.[59]

노무현 후보의 적극적 지지자들 중 상당수는 노무현 후보가 대통령으로 당선되는 과정에서만이 아니라, 정권 출범 이후에도 열린우리당 창당, 탄핵반대시위, 17대 총선, 열린우리당 당내경선 등에 적극적으로 참여해 왔으며 이 과정에서 대중매체에 의해 '친노세력,' '친노그룹' 등의 명칭을 얻었다.[60] 근래 한국의 정치과정에서는 '특정 정치인을 사랑하는 사람들의 모임' 등의 이름으로 모인 지지자조직들이 그 정치인을 대통령으로 만드는 과정에서 정당보다 더 폭넓은 정치적 파급효과를 발생시키는 측면이 적지 않다.[61] '박사모'(박근혜를 사랑하는 사람들의 모임) 등의 예에서 볼 수 있듯이, 특정정치인의 지지자들이 결집하여 집단적으로 정치활동에 나서는 새로운 참여모델이 한국정치의 한 특징으로 자리잡아가는 경향마저 나타나고 있는 상황이다. 어찌보면, 정당은 정당을 바이패스하는 정치인 후원집단이 활성화되는 환경속에서 기관을 유지하는 형식으로 진화해 나가게 된 것이다.

한국의 정치체제에는 아직 제도화된 정당이 존재하지 않는다. 1987년 직선제 개헌이후 절차적 의미의 민주주의를 시작한 지 20년이 가까워오지만 정당의 이합집산은 현정권에서도 계속되고 있다. 그러한 이합집산의 결과로 주요 정당들은 진성당

54 고영만, 『노사모 연구: 사이버 공동체의 생성 · 발전과 정치참여에 대하여』 서강대학교 대학원 정치외교학과 석사학위 논문 (2002), p. 45

55 고영만, 『노사모 연구: 사이버 공동체의 생성 · 발전과 정치참여에 대하여』 서강대학교 대학원 정치외교학과 석사학위 논문 (2002), pp. 45-48.

56 고영만, 『노사모 연구: 사이버 공동체의 생성 · 발전과 정치참여에 대하여』 서강대학교 대학원 정치외교학과 석사학위 논문 (2002), p.

57 이를 위해 민주당과의 공조를 거부하고 독자 행보를 할 것을 주장하는 당내모임(대선이후를 준비하는 모임)이 꾸려지기도 했다. 천도경, "개혁당원! 정치실험의 대상이었나?" 『말』 (5월호) (2003), pp. 148-153.

58 유시민 · 김진석, "대담: 개혁의 기본은 리버럴이다", 『사회비평』 35 (2003), pp. 106-142.

59 한국사회과학데이터센터(Korean Social Science Data Center)의 2002년 대통령 선거전 설문조사 분석을 참조하면, 세대현상이 대선 구도를 뚜렷이 규정하고 있음을 보여준다. (대한매일, 2002. 7. 9. 7면).

60 본 저서에서는 다양한 친노적 집단들을 포괄적으로 호칭할 때에는 '친노세력', 개별집단을 지칭할 때에는 '친노집단'이라는 명칭을 사용할 것이다. 용어 구분의 보다 구체적인 내용은 본 연구의 "정의와 기존 연구들" 부분을 참조할 수 있다.

61 이는 한국정치에서 ①폭 넓게 나타나는 정치혐오감, ②상시적인 정당의 이합집산에 따른 제도화된 정당의 부재, ③인터넷 정치과정의 보급 등과 종합적으로 연관되어 있을 것이다.

원을 가지지 못했고 이념적 일관성에 기반한 정책정당으로 진화하지도 못했다. 이런 상황에서, 정당정치에 대한 유권자의 혐오감이 큰 한국정치과정의 특성에 기인하여 '정당을 통하지 않는 정치참여'라는 현상이 나타나고 있다. 대표적인 방식이 특정 정치인 지지자들의 집단형성을 통한 정치참여이다.[62]

친노세력에 대한 이와 같은 내용들이 자발적인 정치인 지지집단 전체에 그대로 적용될 수는 없을 것이다. 그러나 친노세력의 사례가 다른 정치인 지지집단들을 이해하는 단서가 될 수 있음을 보여주는 현상들도 적지 않다. 우선, 어느 정도 규모를 갖춘 정치인 지지집단들은 지역별 모임은 물론, 취미활동을 함께 할 수 있는 소모임을 홈페이지를 통해 구성하는 등 친노집단들의 '연대적 유인' 제공 방식을 따르고 있다. 또, '박사모'가 한나라당 '소장파'와 논쟁을 벌이고 '김근태친구들'은 2005년 및 2006년 열린우리당 전당대회에서 공식적인 지지후보를 선정하는 등, 정당경선에 관여하거나 정당에 집단적으로 참여해 당내세력을 구축하려 한 친노세력의 참여방식을 다른 정치인 지지집단들도 답습할 가능성이 보인다.[63]

더욱 주목할 만한 현상은 소위 '대권주자'들 중 이념적 색채가 분명한 인물들일수록 지지자 모임들의 활동이 활발하다는 점이다. 예를 들어, 박사모 등 박근혜 지지자 집단들이 박근혜의 당내 경쟁자들의 지지집단들을 회원수나 활동범위 면에서 압도하고 있으며, 김근태 지지모임들은 여론 지지도가 훨씬 높았던 당내 경쟁자의 지지집단보다 훨씬 강한 결속력을 보여준 바 있다.[64] 이러한 현상을 통해 친노세력의 예와 같이 결국 특정 정치인 지지자들의 자발적인 집단행동을 끌어내는 데에 가장 효과적인 것은 목적적 유인이며 지지자 집단이 이념에 바탕한 정체성을 공유할 경우 목적적 유인이 훨씬 원활하게 작용한다는 점을 확인할 수 있다. 노무현대통령 당선 이후 친노집단들의 내부갈등을 통해서 알 수 있듯이 지지하는 정치인의 대통령 당선 등으로 특정인 지지자 집단들의 당면 목표가 달성될 경우 집단 유지에 있어서 목적적 유인의 상대적 비중이 낮아지고 인적 연결망을 통한 사회적 유인의 중요성 등이 커짐에 따라 집단 간 갈등이 확산될 가능성이 있음도 조심스럽게 예측할 수 있을 것이다. 이념에 기반한 정책정당의 등장과 정당의 제도화 등의 변화가 일어나지 않는다면 목적의식을 가진 특정 정치인의 지지자들이 정당 밖에서 집단화되어 정당정치에 영향력을 행사하려 드는 현상도 상당기간 계속될 수밖에 없을 것이다.

4. 유권자 이념지형과 남남갈등 속의 정당정치

시공간(視空間)적인 제약때문에라도, 그리고 여전하게 존재하는 일부 '중우정치'에 대한 우려가 여전한 상황에선 '대의민주주의'가 골간이 될 수밖에 없지만, 그렇다고 SNS 모바일 시대로 이전하면서 이제 '대의민주주의'에만 의존하는 시대는 지났다. 인터넷 모바일 매체의 변화로 실시간 중계되고 있는 정치상황은 미디어 이용과 정치적 행위가 높은 관련성을 지니게 한다.[65] 사용자들은 특정 미디어에 집중하면서,

62 이상근 · 진영재, "한국정치과정에 나타난 특정 정치인 지원세력 형성과 정치참여 과정: '친노집단들'을 중심으로", 『한국사회학』 41:2 (2007), pp. 175–210.

63 류이근, "박사모, 노사모될라", 『한겨레21』 562 (2005년 5월 31일). 박종찬, "흩어지는 친노파, 노사모는 소멸상태?" http://www.hani.co.kr/popups/print.hani?ksn=95755 (검색일: 2006년 2월 28일).

64 2006년 3월 2일 당시의 상황을 기준으로 하면, 박근혜 지지모임인 '박사모'(대한민국 박사모 http://cafe.daum.net/parkgunhye)의 회원은 38,126명, '싸이월드 박사모'(www.okhye.net) 회원은 11,261명인 반면, 이명박 지지모임인 '나라사랑 이명박'(www.ilovemb.org)의 회원은 3,016명, '명박사랑'(www.mblove.org)의 회원은 4,430명이다. 2006년 전당대회 경선에서 '정동영과함께' 등 정동영 지지모임들이 별다른 활동을 보이지 못한 반면, '김근태친구들'은 전당대회 직전 지방에서 가진 등산모임에 회원의 70%이상이 참여할 정도로 강한 결속력을 보이고 있다. 박종찬, (박종찬 2006).

65 다양한 선행연구들에서 미디어 이용과 정치적 행위가 높은 관련성이 있다고 제안하고 있다. William L. Benoit, Mitchell S. McKinney, and R. Lance Holbert, "Beyond learning and persona: extending the scope of presidential debate effects", *Communication Monographs* 68 (2001), pp. 259–273. Pippa Norris, "Does Television Erode Social Capital? A Reply to Putnam", *Political Science and Politics* 29:3 (1996), pp. 474–480. David H. Weaver, "What Voters Learn from Media", *The Annals of the American Academy of Political and Social Science* 546 (1996), pp. 34–47. David H. Weaver and Dan Drew, "Voter learning in the 1992 presidential election: Did the 'nontraditional' media and debates matter?" *Journalism and Mass Communication Quarterly* 72:1 (1995), pp. 7–17. 이와 관련하여 미디어로 야기된 정치에 대한 냉소주의가 정치참여와 투표율을 낮춘다는 논의가 있는 반면, 유권자들의 능동적인 미디어 이용이 오히려 투표행위에 긍정적인 영향을 미친다(McLeod & McDonald, 1985; Pinkleton, Austin, & Fortman, 1998; Pinkleton & Austin, 2001)는 논의도 있다. Joseph N. Cappella and Kathleen Hall Jamieson, *Spiral of Cynicism: The Press and the Public Good* (New York: Oxford University Press, 1997). Jack M. McLeod and Daniel G. McDonald, "Beyond Simple Exposure: Media Orientations and Their Impact on Political Processes", *Communication Research* 12:1 (1985), pp. 3–33. Bruce E. Pinkleton, Erica Weintraub Austin, and Kristine K. J. Fortman, "Relationships of media use and political disaffection to political efficacy and voting behavior", *Journal of Broadcasting and Electronic Media* 42 (1998), pp. 34–49. Bruce E. Pinkleton and Erica Weintraub Austin, "Individual Motivations, Perceived Media Importance, and Political Disaffection", *Political Communication* 18 (2001), pp. 321–334. 미디어와 정치참여에 대한 상반된 논의가 있지만, 미디어의 이용이 정치참여와 높은 관련성이 있는 것은 주지의 사실이다. 실제로 다양한 선행연구들에서 미디어 이용 형태와 정치행위가 높은 관련성이 있음을 제시하고 있다. 반현 · 최원석 · 신성혜, "유권자의 투표 선택과 뉴스 미디어의 점화효과: 17대 총선의 선거 이슈를 중심으로", 『한국방송학보』 18:4 (2004), pp. 398–443. 송종길 · 박상호, "뉴스 미디어 이용이 유권자의 정치 행태에 미치는 영향에 관한 연구: 17대 총선에 나타난 유권자의 정치 뉴스 이용과 투표 행위를 중심으로", 『한국방송학보』 19:2 (2005), pp. 126–163. 이효성 · 허경호, "미디어 이용이 정치 지도자의 평가와 정당 지지에 미치는 효과", 『한국방송학보』 18:4

미디어의 색채와 내용에 의해 영향을 받게 된다.[66] '대의민주주의'가 격변하는 세상에서 복잡다기한 시민들의 욕구를 만족시켜준다는 것은 사실상 불가능에 가깝다. 그렇다면 대답은 무엇인가? 대의민주주의를 유지하되, 참여민주주의적 속성이 혼합되면서 정당정치가 적응해 나가게 될 개연성이 커졌다. 이른바 '혼합민주주의'시대이다. 대의민주주의적 속성에 덧붙여서 참여민주주의적 속성이 정치과정에 출현되는 경우, 이념적 갈등은 심화될 가능성이 있다.

한국정당정치가 이념적 갈등을 극복하고 정책정당으로 거듭날 수 있는 방법은 이념적 교조나 이념적 집착을 버리고, 이념적 유연성을 통해 정책적 유연성을 확보하며 '중도정당정치'를 할 수 있는 정당으로 적응해 나가는 것 이외에는 뾰족한 수가 없다. 이것은 중도우파가 정책적 중도로 조금 더 다가설 수 있고, 중도좌파 역시 정책적 중도에 유연성있게 다가설 수 있는 정당정치로 진화하는 것을 말한다. 한국정당정치의 바람직한 진화방향은 국가운영에 있어서 '중도정치'를 실현할 수 있는 정당으로 거듭나는 것이다. 그렇다면 정당을 둘러싼 환경은 과연 '중도정치'를 실현하기에 우호적인지, 유권자들이 원하고 있는지 살펴볼 필요가 있다. 정당이 적응할 환경에서 가장 중요한 것은 '유권자들의 지형'이다.

현대 참여민주주의의 문제는 동일한 정체성을 지닌자들끼리 끼리끼리 모인다는 것인데, 이것은 정당내에서의 분파들끼리도, 사회속에서의 분파들끼리도 마찬가지

표 6-1 주관적 이념성향: 2003~2018

[설문 문항] 귀하는 자신이 정치적으로 어느 정도 진보적 또는 보수적이라고 생각하십니까?

	전체	조사년도													
		2003	2004	2005	2006	2007	2008	2009	2010	2011	2012	2013	2014	2016	2018
사례수	19,636	1,315	1,312	1,613	1,605	1,431	1,508	1,599	1,576	1,535	1,396	1,294	1,370	1,051	1,031
DK	4.2	7.1	5.0	6.7	4.5	3.7	2.5	4.5	4.8	6.6	5.5	1.1	0.4	2.6	2.7
매우 진보적	4.4	4.8	3.3	2.3	3.5	3.2	3.8	4.1	5.1	4.5	6.2	5.7	5.8	3.1	6.8
다소 진보적	27.5	24.4	28.0	26.9	25.5	26.0	23.2	28.3	25.3	28.4	28.7	27.2	30.5	29.5	37.7
중도	30.9	24.8	27.9	29.9	32.3	35.6	34.6	30.3	33.3	28.7	27.9	30.7	28.7	36.7	31.7
다소 보수적	28.2	32.3	32.7	30.9	30.1	28.2	30.1	28.0	25.5	27.3	25.6	30.0	29.5	24.3	17.5
매우 보수적	4.7	6.7	3.0	3.4	4.2	3.4	5.8	4.8	6.0	4.5	6.2	5.2	5.0	3.8	3.5

* 한국종합사회조사(KGSS) 2003~2018 통합데이터. 통합가중치 FINALWT 적용.

이다.[67] 그렇다면 한국민들의 이념성향의 구성비는 어떻게 나타나고 있는가? 한국정치과정에서 진보와 보수의 분포가 어느 정도인지, 이념지도를 살펴보면 다음과 같다.

해당 도표를 보면 한국의 진보층은 대략 35% 정도인데 최소 25% 정도인 적도 있지만 2018년에 급격히 45%에 가깝게 증가된 것이 눈에 띈다. 보수정권과 진보정권

(2004), pp. 191–226. Glenn Leshner and Michael L. McKean, "Using TV News for Political Information During An Off-Year Election: Effects on Political Knowledge and Cynicism", *Journalism and Mass Communication Quarterly* 74:1 (1997), pp. 69–83. Glenn Leshner and Esther Thorson, "Overreporting Voting: Campaign Media, Public Mood, and the Vote", *Political Communication* 17 (2000), pp. 263–278. 예를 들어 케벨(Kebbel, 1985)은 정치행위는 연령, 교육 수준과 같은 인구통계학적 변인보다는 미디어 이용과 더 관련성이 있음을 제시하였다. Gary Kebbel, "The Importance of Political Activity in Explaining Multiple News Media Use", *Journalism and Mass Communication Quarterly* 62:3 (1985), pp. 559–566. 강내원은 텔레비전 시청시간은 정치참여와 유의미한 관계에 있음을 밝혀냈다. 또한, 김무곤과 김관규는 신문과 인터넷 이용이 정치적 효능감을 가지고 오고, 이러한 효능감이 투표로 이어지면서 미디어 이용이 투표에 영향을 미친다고 주장하였다. 강내원, "인터넷과 대중매체 이용이 참여에 미치는 영향에 관한 연구", 『한국언론학보』 48:3 (2004), pp. 116–143. 김무곤 · 김관규, "대학생 유권자집단의 미디어 이용과 평가: 제17대 총선의 조사결과를 중심으로", 『한국방송학보』 18:3 (2004), pp. 134–174.

66 여기서 중요한 쟁점은 정치에 대한 관심으로 인해 미디어를 이용할 시, 그 미디어에 대한 의존도가 높아지고, 정치적 사안에 대해 미디어의 영향을 받을지의 여부이다. 이와 관련하여 미디어 의존 이론에서는 사람들이 특정 미디어를 빈번히 이용할수록 그 미디어에 대한 의존도가 강화된다고 보고 있다. Sandra J. Ball-Rokeach, "The Origins of Individual Media-System Dependency: A Sociological Framework", *Communication Research* 12:4 (1985), pp. 485–510. 예를 들면, TV, 신문, 인터넷과 같은 특정 미디어에 의존하는 이용자는 자신이 선호하는 미디어의 메시지에 많은 관심을 기울이게 된다는 것이다. 김진영, "미디어 의존 이론 연구: 미국 유학생들의 인터넷 이용, 민족정체성, 미디어 의존, 그리고 인지적, 행동적 변화와의 관계를 중심으로", 『언론과학연구』 3:2 (2003), pp. 119–154. 미디어 의존 이론을 통해 미디어의 이용과 정치행위의 관계를 고려했을 때, "자주 이용하는 미디어에 대한 의존도가 높을수록 정치행위를 할 때 그 미디어의 영향력이 높게 나타날 것인가?"라는 의문이 생길 수 있다. 미디어 의존 이론에 따르면 TV를 자주 보는 사람들은 TV에 대한 의존도가 높을 것이고, 인터넷을 자주 이용하는 사람들은 인터넷에 의존도가 높을 것이다. 하지만 다양한 미디어가 공존하는 환경 속에서 특정 미디어의 영향력이 유독 크다고 할 수는 없기에 단순히 미디어에 대한 의존이 높다고 해서 미디어의 이용과 정치행위 사이의 관계를 단언하기는 힘들다.

67 온라인시대에 '유유상종'(類類相從)의 정치현실이 대세이다. 코거(G. Koger) 등에 따르면 미국의 소셜네트워크는 '정보획득집단' 또는 '정당의 확장된 집단'으로 구분될 수 있다. 해당 네트워크들을 살펴보면, 크게 '자유주의/민주당 집단'과 '보수주의/공화당 집단'으로 그룹핑될 수 있다. 정당의 확장된 집단으로서 두 개의 집단 내에는 다수의 분파들이 존재하는데 이들간에 높은 수준의 협력관계가 유지되고 있음이 발견된다. 이렇게 본다면, 소셜네트워크 상에서의 유대감을 기반으로 '자유주의/민주당 집단'과 '보수주의/공화당 집단'의 그룹핑은 매우 견고한 모습을 보일 수 있다. 예비선거에 대한 이견들이나 또는 정책적 논쟁들을 당파 그룹내에서 조정하면서 당파 그룹의 협력을 유인한다. Gregory Koger, Seth Masket, Hans Noel, "Cooperative Party Factions in American Politics", *American Politics Research*, 38:1 (2010), pp. 33–53. 사이버 공간에서 블로그(blog)도 유유상종의 정치를 보여준다. 박한우의 연구에 따르면, 유명한 시민의 블로그는 자신의 의견을 능동적으로 제시하는 블로그가 많았는데, 국회의원이 이웃으로 지목한 시민 블로그는 (정치인은 분명한 이념을 지니고 있음) 시민 상호간에 이웃을 맺고 있었다. 결론적으로 보수와 진보라는 이념에 기초한 이웃맺기가 나타났다. 박한우, "사이버 공간의 정치 커뮤니케이션에 대한 네트워크 분석: 17대 국회의원의 이웃 시민 블로그를 중심으로" 『대한정치학회보』 15:1 (2007), pp. 1–19.

에 모두 실망한 사람들이 증가했다는 의미로 해석할 수 있다. 한국의 보수층은 대략 35% 정도인데, 2018년에 급격히 20% 정도로 줄어든 것이 눈에 띈다. 대략 진보와 보수의 유동성은 조사시기의 집권정부성향과도 무관하지 않을 것이고, 특히 2017년 박근혜탄핵사건을 계기로 보수가 탄핵찬성과 탄핵반대로 분열되었다. 한국의 중도층은 시기마다 차이는 있지만 대략 25%에서 35% 정도로 조사되고 있다. 그렇다면, 거시적 차원에서 진보-중도-보수의 이념분포의 규모를 대략 '3분구도'(三分構圖)로 보아도 무방할 것이다. 도표를 보면, 중도좌파-중도파-중도우파의 크기가 3분되는 형태 (1:1:1)를 갖고 있다. 따라서, 중도좌파-중도우파가 크고, 중도파의 크기가 작은 소위 $2\frac{1}{2}$의 형태(1:1:1)에서 $\frac{1}{2}$의 형태로서 중도파가 존재하는 것이 아니라는 점이다.[68]

그렇다면, 진보와 보수의 이념성향 분포도가 이렇게 편차를 보이는 것은 왜 그럴까? 이유는 중도세력의 유동성 또는 스윙행태(swing behavior) 때문으로 보는 것이 적합하다. 중도세력 중의 일부가 보수와 진보 사이를 왔다 갔다 할 수 있는 소위 유동성을 지닌 선거에서의 '부동표'(floating voters)라는 의미이다.[69] 한국정치과정에서 '스윙보터'(swing voters)를 '회귀성향'(回歸性向)을 지닌 존재로 볼 수도 있다. 보수정권에 실망하여 차기 선거에서 진보정당 후보자를 지지할 수 있지만, 다시 보수정당을 지지할 수도 있다는 것이다. 마찬가지로 진보정권에 실망하여 차기 선거에서 보수정당 후보자를 지지할 수도 있다. 그렇지만, 스윙보터가 한 번 이념성향을 바꾸더라도, 차후의 또 다른 기회에 원래의 이념적 성향으로 돌아와서 이전에 선호하던 이념의 정당을 지지하는, 소위 회귀성향이 존재한다면, 역시 보수와 진보의 입장을 그렇게 쉽게 자주 변경하는 것은 아니라는 추측이 가능하다.[70] 이러한 추측은 두 가지 사안에 대해서 생각하게끔 한다. 첫째, 중도파에 보수와 진보를 왔다갔다하는 스윙보터로서 중도인 집단도 있지만, 그러한 집단의 규모가 부동층의 모두가 아니라면, 부동층에는 보수와 진보를 왔다갔다 하는 스윙보터가 아닌 순수한 중도집단도 있다는 의미로 해석될 수도 있다. 둘째, 더 중요하게, 스윙보터 집단의 회귀성향을 인정한다면, 한 번 이념성향을 변경했다가 다시 원래의 이념성향으로 돌아왔다면 그 자리에 있어야 한다. 그래야만 '회귀'가 되는 것이다. 보수와 진보를 횟수에 상관없이 언제든지 왔다갔다 하는 집단을 회귀성향을 지닌 집단이라고 보기는 어려운 것이다. 이것은 부동층을 형성하는 스윙보터는 같은 이념성향을 지닌 정당들 사이에서 지지를 변경할 가능성은 높아도, 완전히 다른 이념의 정당들 사이를 오가면서 지지를 변경할

가능성은 높지 않다.[71]

어떠한 이유에서이건, 기존에 확고히 지지하는 후보자나 정당이 있던 사람들은 부동층으로 움직이기가 어렵다.[72] 만약 어떤 유권자가 선거운동 기간동안 다른 정당

68 관념적 차원에서 본다면, 즉, 중도세력이 보수세력 및 진보세력과 동등한 상황[말하자면, 삼분구조(三分構造)로 보수 1/3, 진보 1/3, 중도 1/3]에 있다면, 보수와 진보의 진영정치로 인하여 이념갈등이 심화될 가능성은 높지 않다. 반면에, 중도는 소수이고 보수와 진보는 다수인 사회는 사실상 양분구조(兩分構造)로서 이념갈등이 심화될 가능성이 높을 것이다. 현실적 차원에서 본다면, 한국정치는 중도세력[어떤 의미에서는 '스윙보터'(swing voter)]이 1/3에 해당함에도 사회의 갈등수준이 매우 높다. 이는 중도세력이 정치세력화되는데 실패했기 때문일 것이다. 이런 입장에선, 단순히 중도좌파와 중도우파가 보다 중도로 이동하는 중도정치를 행하면서 사회갈등을 완화시키는 것은 이상론이며, 중도정당이 기관으로서 실재해야 사회갈등을 완화시킬 수 있다고 볼 수도 있을 것이다.

69 Richard W. Boyd, "Electoral Change and the Floating Voter: The Reagan Elections", Political Behavior 8:3 (1986), pp. 230–244. 일반적으로 '부동층'은 특정 정당이나 후보를 지지하던 유권자가 새로운 정당이나 후보로 지지를 바꾸는 집단을 의미한다. 보다 세밀하게 부동층을 이해하기 위한 논리틀은 다음과 같다. 첫째, 부동층 유권자들 내에서 소집단으로 나누어 "원래 지지했던 후보에서 다른 후보로 바꾼 부동층 집단"과 "원래 지지했던 후보에서 마음을 바꾸었다가 다시 원래 지지후보로 바꾼 부동층 집단"을 구분하는 것이다. 둘째, 첫 번째의 상황에 추가하여, 부동층이 "비슷한 성향의 후보자들 사이에서 움직이는 부동층 집단"과 "서로 다른 성향의 후보자들로 옮겨가는 부동층 집단"을 구분하는 것이다. 이상의 구분들의 다양한 조합을 통하여 전체 부동층을 이해할 수 있다. 셋째, 선거 당일에 임박하는 시기까지 후보자 선택을 고민하기 때문에 부동층일 수도 있고, 단순히 정치에 관심이 없어서 부동층일 수도 있다. 이에 대해서는 진영재, 『부동층 유권자 형태 분석』(서울: 집문당, 2002). 진영재, "부동층집단의 세분화를 통한 부동층의 이해", 이현우 · 권혁용(편), 『변화하는 한국 유권자 2』(서울: 동아시아연구원, 2008), pp. 207–228.

70 '회귀성 부동층'의 경우는 사실상 후보자들에 대한 적극적 지지층이 아니어도, 선거과정에서 여론조사 기간 나타나는 지지도 결과와 비슷하게 비율화되어서 지지층이 나타난다. 따라서 '회귀성 부동층'이 부동층 전체 비율에서 대략적으로 평균 2/3 이상을 차지하며, 동시에 '회귀성 부동층'이 선거과정에서 여론조사 기간에 나타나는 지지도 결과와 비슷하게 나타난다면, 소위 "이번 선거결과는 부동층의 향배가 선거결과를 좌우할 것이다'라는 말은 제한적으로만 사용될 수 있을 것이다. 즉, '선거경합도'(electoral closeness)가 높아서 오차범위 내에서 후보자들이 각축을 벌이는 경우에만 제한적으로 사용될 수 있다는 의미이다.

71 2007년 17대 대통령선거에서 부동표에 대한 경험적 분석을 참고할 수 있다. 진영재, "부동층집단의 세분화를 통한 부동층의 이해", 이현우 · 권혁용(편), 『변화하는 한국 유권자 2』(서울: 동아시아연구원, 2008), pp. 207–228. 단순히 경제적 양극화를 해결할 목적이었다면 이명박 후보의 지지표가 정동영 후보로 옮겨갈 수도 있고, 경제활성화를 해결할 경제대통령이 목적이었다면 정동영후보의 지지표가 문국현 후보로 옮겨갈 수도 있다. 부동층에 대한 경험적 분석에 의하면, 부동층 내부에서 진보성향의 정동영후보 지지표가 이명박 후보의 지지표로 옮겨가지 않았다. 마찬가지로, 진보적 성향을 지녔다가 부동표가 된 집단들은 "경제적 양극화를 해소할 수 있는" 경제대통령을 선택하기 위해서 성공한 기업인 출신으로 보수적 색채도 동시에 갖고 있는 중도적 성향의 문국현으로 가지 않았다. 진보성향의 여당후보였던 정동영이 있기 때문이다. 동시에, 당해 선거 내에서 이념적으로 선호하는 정당이 있지만 후보자를 결정하지 못하던 부동표의 대부분이 원래의 지지정당 후보자로 회귀하였다. 대통령제하에서 한국의 선거정치가 당선가능성이 있는 인물들을 중심으로 정당이합집산이 반복되는 현상이 있음에도 불구하고, 인류 정치역사의 보편적 경쟁 구도였던 보수–진보의 구도내에서 정당경쟁이 이루어진다면, 역시 기존의 영향력 있는 정당에서 배출한 후보가 중심이 되어 선거가 치루어질 수밖에 없는 것이다. 나아가 이념성향을 넘나들기면서까지 후보자의 지지를 옮겨가기는 어려웠던 것이다. 또한 보수화정도와 상관없이 보수성향의 대표는 이명박후보였기에 이회창 후보도 한계를 가질 수밖에 없다.

72 인지균형이론(cognitive consistency theory)의 관점에서 후보자에 대한 평가는 새롭게 만들어 지고 외부에

을 지지할 마음이 있었다고 하더라도, 선거 당일에 결국 이전 선거에서와 같은 정당에게 투표했다면 부동층이라고 판단하기 어려우며, 공고하게 제도화된 정당들이 존재하는 정치체계하에서는 더욱 그러하다. 한국과 같이 실질적으로 제도화된 정당의 역사가 일천하고 정치에 대한 냉소적인 시각이 존재하는 경우에, 유권자들은 최종 지지의 확정을 선거 직전 마지막 순간까지 미루는 경향이 있다. 이들의 주된 관심사가 '덜 나쁜 후보(less evil)'를 선택하는 것이기 때문이다.

유권자가 지지 정당을 바꿀 때 고려되어야 하는 또 다른 요인은 '이념적 선호도(ideological preference)'에 따른 지지 행태의 변화이다. 경험적으로 한국의 정당들을 이념적 축에 따라 보수적 혹은 진보적으로 구분할 수 있다고 할 때, 부동층 유권자가 지지 정당을 변경하는 경우 '유사한' 이념 성향을 지닌 정당으로 바꾸는 지, 아니면 '상이한' 이념 성향을 지닌 정당으로 바꾸는 지에 대한 분석이 여기에 해당한다. 유권자들이 지지정당을 바꾼다 하더라도 다양한 이슈에 관해서 일반적으로 기존의 지지정당과 이념적으로 유사한 정당으로 옮겨갈 가능성이 크며 이것은 인물효과에 따른 것으로 나타난다.[73] 물론 유권자들의 인물에 대한 평가라는 것도 근본적으로는 정당 경쟁구도에서 개별 정당이 갖고 있는 상대적 위치에 근거한 것이다.[74] 그리고 그 선거구도가 이념을 대표하는 정당간 경쟁구도로 치러질 가능성이 크고, 그런 경우, 중도우파와 중도좌파의 경쟁일 것이어서, 중도정당이 기관으로서 선거경쟁력을 갖기는 쉽지 않다. 이런 이유로 인해서, 이념적 극단의 정치로 흐르지 않는 '중도의 정치'가 실현되기 위해선, 중도우파나 중도좌파가 집권정당이 된 후에는 조금 더 중도로 다가서면서 야당을 맞이하며 의제설정과 의사결정을 하는 것이 현실적이다. 중도정당에 의한 중도정치의 실현이 그래서 쉽지 않은 것이다.

이것은 현재 한국의 정당정치와 관련하여 시사점을 제공한다. 부동층이 대선 후보자들을 비슷한 성향의 후보자들이나, 서로 상이한 성향의 후보자라고 규정짓는 가장 큰 판단기준은 역시 연관된 정당들의 이념적 색채일 수밖에 없는 듯하다. 이것은 과거 한국 정당이 지역정당이란 이미지에서 한걸음 더 나아가 보수정당, 진보정당이라는 이념적 색채와 연관되어 있다고 생각된다. 그 동안 한국의 정당들은 끊임없는 이합집산을 통해 한국의 유권자들에게 신뢰를 스스로 잃었다. 경쟁하는 정당들이 이념에 볼모가 되어 정책 산출에 유연성을 갖지 못하면 대의제 정당정치는 실패한 것이다. 한국의 정당들이 한국 부동층 유권자의 규모를 생각하면서 좀 더 이념적 유연성을 지닌 정책정당으로 거듭날 것을 기대해 본다. 유권자 분포에서 많은 수의 부동층은 정당정치가 개편될 가능성을 높이고 진영정치가 확대재생산되는 갈등수준이 높은 사회에선 오히려 진영정치를 순화시킬 가능성을 높일 수 있을 것으로 긍정적인 기대를 해 본다.

표 6-2 북한에 대한 인식: 2003~2018

[설문 문항] 귀하는 북한이 우리에게 어떤 대상이라고 생각하십니까? 다음 중 하나만 골라주십시오.

	전체	조사년도													
		2003	2004	2005	2006	2007	2008	2009	2010	2011	2012	2013	2014	2016	2018
사례수	19,636	1,315	1,312	1,613	1,605	1,431	1,508	1,599	1,576	1,535	1,396	1,294	1,370	1,051	1,031
DK	2.1	3.7	2.9	4.4	2.3	1.8	1.5	2.6	1.7	2.1	1.9	1.6	0.1	1.1	1.7
지원대상	15.8	20.7	19.5	16.4	17.2	20.0	19.7	14.5	12.4	13.7	13.2	11.8	16.2	8.8	16.7
협력대상	31.3	36.7	38.7	43.4	37.6	39.9	34.6	31.0	24.4	20.9	23.6	21.9	20.2	20.7	44.3
경계대상	36.3	29.4	30.6	26.9	31.9	28.8	34.0	35.4	39.1	45.8	42.6	45.9	42.9	49.5	28.6
적대대상	14.3	9.4	8.3	8.9	11.0	9.5	10.3	16.4	22.4	17.6	18.8	18.8	20.7	19.9	8.7

* 한국종합사회조사(KGSS) 2003~2018 통합데이터. 통합가중치 FINALWT 적용.

서 수용되는 것이 아니라, 수용자들이 이미 가지고 있는 선호에 의해 형성된다고 보았다. 인지균형이론에 따르면 심리상의 조화가 깨어져서 불균형을 이루거나, 부조화로 인해 심리적 긴장감과 불균형을 이룰 때, 인간은 이를 해소하기 위해 기존 태도나 의견을 변화시키거나 거부하여 심리적 균형 상태를 이루려 한다. 이에 대해서는 하이더, 아벨슨의 종합적 연구가 존재한다. Fritz Heider, The Psychology of Interpersonal Relations (New York: Wiley, 1958). Robert P. Abelson, Elliot Aronson, William J. McGuire, Theodore M. Newcomb, Milton J. Rosenberg, and Percy H. Tannenbaum (eds.), Theories of Cognitive Consistency: A Sourcebook (Chicago: Rand McNally & Company, 1968). 즉 인지태도에 균형적인 정보에 더 많은 관심을 가지고, 불균형적 정보는 가능한 회피하려는 경향이 있는 것이다. 예를 들어, 정치캠페인이나 선거 관련 TV 토론에서 기존에 가지고 있는 태도에 맞춰 자신이 선호하는 후보의 신뢰할 만한 요인만 중점 부각시켜본다든지, 지지후보에게 유리한 정보만 통과하거나, 바람직하지 못한 속성이라는 불균형상태를 균형 상태로 회복하기 위해 지지 후보의 이미지보강이나 정당화가 가능한 것이다. 김환열, "TV토론 시청자의 후보자 변인 인식: 제 15대 대통령 선거를 중심으로", 『정치정보 연구』 2:2 (1999), pp. 129-155.

73 2007년 17대 대통령선거는 좌파-우파의 선상에서 권영길-정동영-이명박-이회창의 대결구도가 있었으며, 보수와 진보 모두 2개의 정당(또는 후보자)이 경쟁하고 있었다. '비회귀성 부동층'의 경우, 이명박 후보는 같은 진영내의 유사후보인 이회창으로부터 건너온 표가 많았다. 반대로 정동영은 같은 진영내의 유사후보라고 할 수 있는 권영길로부터 온 표는 소수에 불과하고, 오히려 기타 후보들에게서 온 표가 많았다. 이명박 후보의 경우 유사한 진영내의 다른 후보라 할 수 있는 이회창으로부터 온 표가 많았지만, 정동영과 이회창 후보 모두는 각각 권영길과 이명박으로부터 온 표가 많은 것이 아니라 기타 후보들로부터 온 표가 많았다는 것을 말한다. 이명박 후보의 경우엔 대통령 당선 가능성 1위라는 분위기하에 보수 진영의 표가 이회창으로 분산되지 않았다. 진영재, "부동층집단의 세분화를 통한 부동층의 이해", 이현우 · 권혁용(편), 『변화하는 한국 유권자 2』 (서울: 동아시아연구원, 2008), pp. 207-228.

74 노무현-이회창 경쟁구도에서 노무현은 좌파이지만, 권영길-노무현-이회창 경쟁구도에서 노무현은 중도이다. 이것은 권영길이란 좌파와 이회창이란 우파와의 경쟁구도에서 자리매김된 후보의 상대적 입지이다. 유권자들의 정당(또는 후보자)의 이념적 위치에 대한 인식에 대한 보다 자세한 이론적 논의는 Bernard Grofman, "Toward and Institutional-Rich Theory of Political Competition with a Supply Side Component", Bernard Grofman (eds.) Information, Participation, and Choice: An Economic Theory of Democracy in Perspective (Ann Arbor, MI: University of Michigan Press, 1995), pp. 179-196을 참고하면 된다.

한반도 분단이라는 특수 상황은 남북갈등 이외에도 남한 내에 존재하는 갈등양상에도 영향을 미쳐왔다. 통일이라는 명제를 놓고 볼 때, 남북분단의 상황에서 남북갈등의 관리 이상으로 남한내부의 갈등관리는 그 중요성이 크다.[75] 그 원인이 무엇이든 간에 민주화이후 남한 내부에 존재하는 여러 종류의 갈등상황 중에서 '이념갈등'은 앞으로 '지역갈등'을 넘어서는 보다 더 큰 핵으로 작용할 잠재성을 갖고 있다. 그리고, 대한민국 사회구성원들의 이념갈등의 핵심 축은 바로 북한에 대한 태도에서 비롯된다.

최근 20년간 대한민국 국민들의 북한에 대한 태도를 보면 집권정부의 이념성향을 반영하여 보수정권에서는 북한을 적대적으로, 진보정권에서는 북한을 협력대상으로 생각한다는 것을 알 수 있다. 만약 협력대상과 경계대상의 테두리에서 보자면 북한을 협력대상으로 인식하는 비율은 최저 20%에서 최고 45% 정도 사이에 있다. 북한을 경계대상으로 인식하는 비율은 최저 27%에서 최고 50% 정도로 나타난다. 아무래도 북한을 경계대상으로 인식하는 비율이 약간 더 많은 수준이다. 그런데, 협력대상-지원대상을 하나의 입장으로 묶고, 경계대상-적대대상을 하나의 입장으로 묶었을 때도 그 비율은 집권정당의 이념적 성향에 따라서 각각 60:40 내지는 40:60으로 나타나는 성향이 있다고 해석해 볼 수 있다. 역으로, 이렇게 집권 여당의 성향이 변화함에 따라서 북한에 대한 인식이 바뀌는 것은 집권정당의 대북정책이 일관성을 갖지 못고 있음을 보여주는 것이다.[76]

외국과 비교하여 현 시점에서 한국사회의 정치적 상황을 요리해 온 '현저한'(salient) 사회갈등 유형은 '지역갈등'과 '이념갈등'이라는 두 개의 축으로 형성된다. 다소 시차적인 차이가 존재하겠지만 이 두 가지 갈등 유형은 1987년 민주주의 체제 이후 남한내의 정치적 갈등을 근본적으로 구조 짓는 듯하다. 이념갈등은 1919년 이후 독립운동가들 사이에서, 1945년 해방 이후 남 · 북한 및 남한내부에서 존재하면서 "대한민국의 이념적 모순, 대립, 그리고 타협"을 형성해 왔다.[77] 지역갈등은 대통령제하의 남한에서 1971년 대통령선거를 계기로 영호남 갈등이 현시화된다. 1945년 해방 이후 상당기간을 반공의 이데올로기 하에서 보낸 남한내부에서 정당간의 경쟁은 이념적 차별성을 통해서 이루어지지는 않았다.[78] 오히려 1970년대 이후 한국정치과정은 지역갈등으로 대표되었다. 1987년 민주주의 체제 이후, 남한내부는 '보혁(保革: 보수-혁신; 보수-진보)갈등'이라는 틀로 대표되고 있다. 여전히 남한 내부의 정치과정에서 정당간의 경쟁은 지역갈등과 맞물려 있다. 지역갈등은 1970년대 이후 민주화

과정 속에서 인물중심의 선거과정과 맞물려서 우리의 정치갈등을 사실상 결정지워 온 '공룡변수'였다. 여기서 지역변수가 공룡변수라고 함은 한국사회의 정치역동성을 설명하는데 이보다 더 큰 단일의 변수는 없다는 의미이다. 반면에 보수-진보 논쟁과 같은 이념갈등이 현재 우리 사회에서 가장 큰 사회균열의 축을 형성해 가고 있다.[79]

지역갈등에 대해서는 경험적 차원에서 많은 논의와 이해가 있었다. 그러나 민주화 이후 노사갈등과 햇볕정책에 대한 이견들을 중심으로 현 시점에서 특히 거대화되고 있는 이념갈등의 문제는 규범적 차원과 더불어 보다 실증적 차원의 논의를 필요로 하고 있다.[80] 이러한 실증적 논의는 앞으로 사실에 근거한 규범적 차원의 논의로 나가는 기초작업이 될 수 있을 것이다. 현재 남한 사회에서 지역갈등, 이념갈등이 어떻게 나타나고 있으며, 어떠한 상관관계 속에서 변화의 과정을 겪을지에 대해서 논의해 보고자 한다.

1987년 6공화국 출범 이전과 이후를 통합하여 남한의 정치과정을 결정짓는 산물을 한 가지 갈등 유형으로 지적하라고 한다면 지역적 갈등을 지적하는 사람이 많을 것이다. 영남-호남-충청의 지역경합구도였던 '3김정치'는 막을 내린 지 오래지만, 여전히 그에 대한 기억이 있는데다, 정치과정의 핵심인 선거과정이 지역주의의 영향하에 있기 때문이다. 지역변수는 사회배경변수들 가운데 지지정당의 선택에 가장 큰

75 진영재 · 노정호, "한반도 갈등과 통일 논의: 남한내 인식구조와 통일유형에 따른 갈등양태를 중심으로", 『한국사회학』 36:3 (2002), pp. 6–23. 문정인 외, 『남북한 정치갈등과 통일』 (서울: 오름, 2002).

76 진영재, "신지정학과 한국민의 통일인식", 서울대학교–연세대학교 통일대비국가전략연구(팀), 『통일의 신지정학』 (서울: 박영사, 2017), pp. 121–140. 김병연, "청년세대의 통일인식", 서울대학교–연세대학교 통일대비국가전략연구(팀), 『평화의 신지정학』 (서울: 박영사, 2019), pp. 143–169. 진영재, "인식조사에 나타난 통일과 평화: 공존선호자와 통합선호자들의 행태차이를 중심으로", 서울대학교–연세대학교 통일대비국가전략연구(팀), 『평화의 신지정학』 (서울: 박영사, 2019), pp. 103–142.

77 함재봉, "한국의 이념적 갈등 구조와 그 역사", 『계간사상』 51 (2001), pp. 7–22.

78 모종린, "세계화와 한국의 이념정치: 한국 예외론에 대한 비판적 고찰", 『계간사상』 51 (2001), pp. 23–44. 황성모, "민주화과정에 있어서의 이념논쟁: 정당의 이념적 성격을 중심으로", 현대사회연구소, 1989년 제1차 정책세미나.

79 유권자 행태에 정당이나 후보자의 이념성향과의 연계연구가 그 중요성을 더해가고 있다. 강원택, "유권자의 이념적 성향과 투표행태," 이남영(편) 『한국의 선거 II』 (서울: 푸른길, 1998), pp. 45–96. 안순철, "한국정치의 이데올로기적 예측공간 분석: 16대 총선을 중심으로", 『한국정치학회보』 35:3 (2001), pp.153–171. 김영태, "당원의 이념적, 정책적 태도와 정당경쟁구도", 『한국정당학회보』 8:1 (2009), pp. 197–224.

80 김재한, 『합리와 비합리의 한국 정치사회: 맑은 물에도 정치가 산다』(서울: 소화, 1998), pp. 130–137. 김동성, 『한국민족주의연구』 (서울: 오름, 1995)에서 "제2장: 한국민족주의 실증분석(I)"과 "제3장: 한국민족주의 실증분석(II)" 등을 참조해 볼 수 있다.

영향을 미쳐 왔으며, 선거결과를 좌지우지하여 왔다.[81] 지역주의 선거행태는 1960년대 말 이후 영남과 호남 사이에서 두드러지게 나타나는데, 1967년 5월 3일에 실시되었던 제6대 대통령선거에서 민주공화당의 박정희 후보가 윤보선 후보에게 영남지역에서 압승을 거둔 것을 시작으로 하여, 본격적으로는 1971년 4월 27일에 실시되었던 제7대 대통령선거에서 나타난 김대중 후보에 대한 호남지역의 몰표가 가미되면서 지역적 갈등은 지금까지 확대 재생산되어왔다. 한국의 정치과정에서 지역주의란 인물위주의 정치환경에서 가능한 것이다. 경합하는 정치지도자들이 이 두 지역 출신이었던 것이다. 특히 1990년대 이후에는 김종필씨의 충청권이 '자유민주연합'(자민련)이란 영향력 있는 정당 세력을 형성함으로써 지역갈등의 한 축으로 덧붙여지게 되어 지역 갈등은 더욱 복잡한 양상으로 전개되었다. 영-호남의 갈등만큼 큰 축을 형성하지는 못했지만 충청권이 지역적 세력갈등의 캐스팅보트(casting vote)적 역할을 하고 있는 것이다.

한국의 지역주의는 여론조사에 따르면 일반 시민들이 사회생활을 영위함에 있어서 영남지역뿐만 아니라 여타 지역까지도 호남지역에 대하여 반감을 갖는 것으로 나타난 바 있다. 이것은 호남 출신자들에 대한 여타 지역의 사회적 편견과 차별을 가져와 지역갈등을 전국적인 수준으로 연결시키는 고리가 되기도 하였다.[82] 영남과 호남 사이의 지역적 라이벌 의식과 상관없는 여타의 지역민들이 호남에 대한 반감을 영남사람 못지않게 갖고 있다는 것이다. 이는 사회화과정 속에서 잘못된 정보와 편견에 의한 교육 때문일지도 모른다. 통일을 지향하는 관점에서 남한 사회의 지역적 갈등이 보다 사회 전반으로 확산된 것이라면, 계속되는 선거를 통하여 지역균열이 유지되고 있는 상황 속에서 남북정상회담을 시작으로 하는 남북관계의 진척과 그 보를 같이 하면서 더욱 가속화되고 있는 이데올로기 균열은 그것이 호남 정권의 통일 정책에 대한 찬반으로 갈리는 중첩성을 띄게 될 때 더욱 강한 현상으로 나타날 수 있다.[83]

지역주의란 집단 구성의 주된 유대가 공동지역에 생활한다는 사실을 기초로 하여 지역 주민의 상호부조적 성격을 지닌 집단들이 그 토대를 형성하고 있는 것이다. 여기서 집단이란 촌락 또는 동네 등이 그 예이며, 현대에 이르러서는 '지역집단'(locality group)이라는 개념 하에 근린집단(neighborhood group)이나 지역공동사회(community)를 일컫기도 한다. 근린집단 및 공동사회는 중심지에 있는 서비스 시설에 대한 주민들의 귀속의식의 동일화에 의해 형성된다고 할 수 있다. 결국 지역주의가 극히 자연스러운 사회현상임에도 불구하고 정치갈등구조에서 심각한 문제를 제기하는 것은 한국의 지역주의가 '지역패권주의'와 관련하여 국가의 통합성을 저해할 소지가 있기 때문이다. 남북한이 통일로 가기 위해서는 남한 내부의 갈등관리를 통해서 분열된 이익들을 수렴하면서 하나의 통합된 의견으로 만들 필요가 있다.[84] 현재와 같은 형태의 지역주의는 국가차원의 일관성 있고 통합된 의견을 형성하는데 있어서만큼은 분명 장애가 된다.

절차적 의미에서 민주주의가 실현되기 시작한 1987년의 대통령직선제 개헌 이후 선거가 보다 일상적 의미로 다가오기 시작하였고, 이후 있었던 선거들에서는 그 수준을 가리지 않고(국회의원선거, 대통령선거, 지방선거) 지역주의가 강력하게 나타났었다. 이는 선거에서 승리하기 위한 선거전략 자체가 지역주의와 연관되어 있다는 의미에서 더욱 그러하다.[85] 중요한 것은 선거를 통해서 나타나는 지역패권의 획득 경쟁은 통일로 가는 과정에서 어떠한 지역적 배경을 가진 정부가 들어서 그 정부가 어떠한 통일정책을 수립하고 추진하느냐는 문제로 환원된다. 특히 대통령 단임제 하에서는 정부가 일관성 있는 정책을 추진하기도 어려워진다. 김대중 정부는 대북 유화정책인 '햇볕정책'(engagement policy, sunshine policy)을 추진하면서 '남북정상회담'을 성사시켰다. 햇볕정책의 통일에 대한 효율성 논쟁은 차치하더라도, 진보-보수 정권의 교체에 따른 통일정책의 일관성과 이와 연계된 미국-일본-중국-러시아와의 외교관계성향에서 변덕이 발생하고 있다. 노무현정부, 이명박정부, 박근혜정부, 문재인

81 이갑윤, 『한국의 선거와 지역주의』 (서울: 오름, 1998). 이남영, "유권자의 지역주의 성향과 투표", 이남영 (편), 『한국의 선거 II』 (서울: 푸른길, 1998), pp. 11–44. 박찬욱, "제14대 총선거에서의 정당지지분석", 이남영(편), 『한국의 선거 I』 (서울: 나남, 1992), pp. 67–114.

82 한국사회과학데이터센터, 『제15대 대통령선거에 대한 국민조사』(1997)를 보면 지역출신에 따른 배우자 선정 가능성과 동업가능성에 관한 설문들에서 영남(각각 반대 7.5%, 반대 8.0%)은 여타지역과 반대수치가 비슷하였으나 호남(각각 반대 21.2%, 반대 25.2%)은 뚜렷이 높게 나타났다. 한국심리학회(편), 『심리학에서 본 지역감정: 지역간 고정관념과 그 해소방안』 (서울: 성원사, 1988). 한국사회학회 (편), 『한국의 지역주의와 지역갈등』 (서울: 성원사, 1990).

83 김재한, "서문: 분열과 민주주의", 김재한 (편), 『분열의 민주주의』 (서울: 소화, 2001), pp. 9–10. 두 종류의 균열이 만나서 형성하는 균열의 모습은 '교차균열'(cross-over cleavage)와 '중첩균열'로 구분될 수 있다. 교차균열이란 호남이면서 진보도 있고, 보수도 있으며, 영남이면서 보수도 있고 진보도 있는 경우를 말한다. 이런 경우, 지역균열과 이념균열이 교차하고 있어서 교차균열이라고 한다. 반면에 호남은 모두 진보, 영남은 모두 보수라면, 이것은 지역균열과 이념균열이 중첩하고 있어서 중첩균열이라고 한다.

84 김재한, "주적 · 국익 · 색깔 논쟁과 통일정책 결정", 『지성의 현장』 9 (1999), pp. 90–102. 진영재 · 노정호, "한반도 갈등과 통일 논의: 남한내 인식구조와 통일유형에 따른 갈등양태를 중심으로", 『한국사회학』 36:3 (2002), pp. 6–23. 문정인 외, 『남북한 정치갈등과 통일』 (서울: 오름, 2002).

85 정영국, "지역주의와 선거전략", 『한국과 국제정치』 9:2 (1993), p. 39.

정부를 거치면서 냉탕과 온탕을 반복하여 오가는 통일정책과 외교정책은 결국 중도우파-중도좌파 정당 경쟁이 중도에서 만나 일관된 국가정책을 산출하는데 실패했기 때문이다. 결국 외교정책의 실패는 정당이 입법부 및 행정부 관계 속에서 의제설정과 의사결정을 제대로 하지 못했기 때문이며, 이는 정당정치의 실패를 의미한다.

지역 갈등은 남한에서 현재 가장 큰 사회적 잇슈 중의 하나로 자리매김되고 있는 보혁갈등의 문제와 연관될 수 있다. '보수주의'란 일반적으로 보수적인 정치 이데올로기 또는 진보주의에 반(反)하여 현상 유지적인 행태 일반을 지칭한다. 여기서 현상 유지적 행태라고 함은 과거로부터 이어온 습관을 고수함을 의미한다. 따라서 보수주의는 안전에 대한 본능적 욕구에 뿌리를 둔 개인 또는 집단의 심리적 특성을 반영하는 자연스러운 측면도 있으나, 다른 한편으로 과거에 대한 집착 내지는 고집으로도 해석되는 부정적 측면도 있어서 매우 양면적이다. 현재 남한에서의 보수주의는 해방 이후 한국의 분단사 속에서 이해되는 것이 현실적이다. 이를 한마디로 정의한다면, 자본주의 옹호와 '반공주의'(反共主義)이다. 그러나 반공을 국시로 하던 군사정부 이후 민주정부가 들어선 현재에 이르러 남한의 보수주의 지지층은 적극적 지지층만으로 구성된 것이 아니며, 지지 수준 또한 다양화되고 있다. 이는 교육 수준이 전반적으로 높아지면서 비롯된 측면도 있으나, 급속한 고도 경제성장을 이룩한 가운데 나타나는 사회적 병폐현상과도 밀접한 관련이 있다.

급속한 산업발전으로 심각한 과잉생산 공황이 일어나 노동쟁의가 격화되는 가운데 개척정신이 소멸되었다는 위기의식이 강해졌다. 이런 상황 속에서 과잉생산에 따른 공황을 타개하고, 독점자본의 각종 폐해에 대처하기 위해 정부 권한을 확대 · 강화하고자 전개된 광범위한 정치 · 사회 개혁운동을 일반적으로 '혁신주의'(progressivism)라고 할 수 있다. 이러한 운동은 소위 개혁운동의 차원으로 진행되는 양상을 보이는 바, 민주주의 범위 내에서의 사회개혁운동이며, 자본주의의 성숙으로 나타난 여러 가지 모순을 급진적 수단에 의하지 않고 해결하려는 운동이고, 주로 '평등'의 가치를 강조하게 된다. 따라서 그 시책들은 반트러스트법 제정, 노동쟁의 조정, 자연 · 자원보호, 소비자보호, 은행제도 개혁, 여성 · 아동노동 보호와 산업재해보상법 제정, 누진소득세 부과, 상속세 중과세등과 같은 수정자본주의적 형상을 보이게 된다. 현재 남한에서 가장 사회적인 잇슈화의 물결을 타고 있는 것은 노동자들의 지위 문제이며, 이는 선거에서 노동자 정당의 의회 진출 시도로 나타난다.

앞으로 더 심층적인 '보혁갈등'이 이루어질 잠재성도 있다.[86] 1948년 이승만 정부가 수립된 이후 1980년대 초반까지 남한 정부의 일관된 모습은 약간의 변동을 인정하더라도 결국 반공 이데올로기가 주류를 형성하였다. 특히 6 · 25 이후 남한 정부의 반공 이데올로기는 남한 내부에서 좌파적 이념의 논의나 좌-우파 사이의 이념적 갈등이 사회 전반으로 확산되는 것을 철저히 봉쇄하고 있었다. 그러나 1980년대 후반 절차적 민주주의가 나름대로 성립되어 남한체제가 사회 내부의 다양한 의견들을 수렴하기 시작하면서부터 이데올로기 갈등은 사회 전반에 표출되게 되었다. 예를 들어서 학생운동권과 종교계에서는 북한으로 대표들을 빈번히 파견하기 시작하였다.[87] 그런데 이러한 움직임은 통일과 관련하여 반드시 부정적인 시각만을 남한 내부에 일으킨 것은 아니었으며, 정부가 학생이나 시민세력들을 포함하는 통일정책을 만들어야 한다는 분위기에 일조하였다.[88] 더 나아가서는 평등이라는 사상이 산업화과정 속에 노정된 복지국가 개념과의 연계 속에서 우리에게 '사회민주주의'라는 가치를 인식하게 만들었다. 현재의 노사분규도 결국 평등이라는 가치의 사회적 실현이라는 측면에서 이해해 볼 수 있다.[89] 중요한 것은 자유-평등, 통일-평화, 성장-분배, 안보-민주 등의 가치들 사이의 갈등과 혼란이 남한내부에서 통일로 가는 길목에 도사리고 있다는 점이다.[90]

21세기가 시작되는 시점에 한국사회과학데이터센터(Korean Social Science Data Center)는 한국민들의 이념 성향에 대한 경험적 판단을 위해 전화설문조사를 2002년 5월 14일 부터 5월 20일까지 진행하였다.[91] 이를 분석해 보면, 두 가지 성향이 나타난

86 2002년 6월 29일의 서해교전사태는 주요 일간지와 방송매체들의 보도내용 사이에 많은 차이점이 있었다. 이는 (조선일보 2002년 7월 10일 독자와의 대화 별지인쇄본 1면)에 게재된 조선일보-동아일보/ MBC 뉴스데스크/경향신문-한겨레에 대한 보도 내용 차이점 비교분석을 참조할 수 있다.

87 대표적으로 임수경과 문익환 목사의 예를 들 수 있는데, 임수경은 89년 전대협 대표로서 45일간 북한을 방문하였고, 문익환 목사는 89년 3월 25일 부터 4월 13일까지 북한을 방문하는 동안 김일성 주석과 두차례 회담을 가졌었다.

88 통일 문제에 대한 민간 단체들의 관심은 90년대 들어 레드콤플렉스(Red Complex) 내지는 반공의식이 점차 체제우위에 대한 자신감으로 전환되었기 때문일 것이다. 제성호, "국민의 정부의 대북 정책과 민간 통일 운동의 방향", 『지성의 현장』 9 (1999), pp 107-110.

89 송복, 『한국사회의 갈등구조』 (서울: 경문사, 1997), p. 231.

90 최상용, 『중용의 정치』 (서울: 나남, 2004), pp. 116-118.

91 한국민 이념성향 설문문항 및 응답분포는 한국사회과학데이터센터가 전국의 성인남녀 1천명을 대상으로 하여 5월14일부터 20일까지 진행된 전화조사이며 오차범위는 95% 신뢰수준에서 약 ±3%이다. 특히 전화조사의 특성에서 야기되는 중도성향의 과도분포를 막기위해서 '그저그렇다', '중간이다'라는 유목값은 제외시켜 이념분포가 어디로 치우치는지를 파악하려고 했다. 전화조사라는 특성상 조사일 수를 충분히 잡았

다. 첫째, 이에 따르면 현재 남한 사회의 보수-진보 성향은 서구의 좌-우 이데올로기 성향과는 구분되는 것으로 보다 복잡다기한 양상을 보이고 있다. 앞서서 자유와 평등이란 개념으로 가치간의 갈등을 언급하였지만, 한국민들은 자신이 '보수'인지 '진보'인지를 규정함에 있어서 자유와 평등이란 개념보다는 '약자배려'와 '국가안보'라는 두 개의 차원을 중심으로 자신의 이념적 정체성을 규정하고 있음이 발견된다. 둘째, 종합적으로 보수와 진보라고 자칭하면서도 구체적인 보수관련 또는 진보관련 이슈들과 관련하여서는 개인 차원에서 이념의 일관성을 갖지 않은 사람들이 많다는 것이다.[92]

따라서 남한내부의 이념갈등은 어떤 의미에선 보다 더 혼란스러울 수도 있고, 또 다른 의미에서는 보다 덜 균열적일 수도 있다. 더 혼란스러울 수 있다는 의미는 서구의 기준이나 잣대를 들이댈 경우 서구의 기준과 맞지 않으니 이해하는데 복잡하다는 의미이고, 덜 균열적이라는 의미는 보수집단과 진보집단이 여러 잇슈 들의 '중첩균열'로 이루어지지 않고 '교차균열'로 이루어질 가능성 때문이다. 앞서 지적한 대로 교차균열의 사회는 중첩균열의 사회보다 덜 분열적이다. 이념적 성향에 연관된 다양한 이슈들(남북문제, 외교, 통일, 경제정책, 교육, 복지, 환경 등)에서 보수집단의 구성원들이 모든 이슈들에서 보수성향을 보이고, 진보집단의 구성원들은 모든 이슈들에서 진보성향을 보인다면 이것은 다양한 이념관련 이슈들에 대해서 '이념적 일관성'을 지닌 것이다. 보수와 진보의 구성원들이 이념적 일관성을 지니고 있다면, 당연히 보수와 진보사이의 이념갈등의 골이 깊을 것이다. 한국사회의 구성원들 개개인들이 이념적 일관성보다는 '이념적 혼재성'을 갖고 있다면, 보수집단과 진보집단의 사회균열의 강도가 강하지 않고 약한 것이어서 사회갈등의 수준이 걱정할 정도는 아니라는 의미도 된다. 많은 사람들이 어떤 잇슈에서는 우파이고, 어떤 이념은 좌파에 가까운 경우 대다수의 국민들은 '골수 우파'나 '골수 좌파' 그룹으로 나뉘어 싸우지는 않는다는 의미이다. 이것은 한국정치과정에 많게는 40%에 이르는 '부동층'(또는 유동표심: swing voters)가 존재한다는 것과 일맥상통한다. 오히려 정치과정에서 이념균열이 강화되는 것을 막는 긍정적 신호라고 해석해 본다. 사회균열 축의 심도가 깊어지지 않도록 하는 가장 중요한 역할은 정당이 해야만 한다. 정당이 이념간 진영정치를 확대재생산하지 않도록 노력해야만 한다.

한국민들의 '이념적 일관성'이 낮게 나타날 (즉, 한 사람이 다양한 이념관련 이슈들에 대하여 자신의 생각을 답하는 과정에서, 어떤 이슈에서는 우파적 성향이고, 또 다른 이슈에서는 좌파적 성향인 경우) 이유는 무엇인가? 한국민들은 1945년 해방 이으며, 엄격한 확률표집을 적용하여 자료의 신뢰성을 높였다. 특히 이 자료를 이용한 것은 이 조사가 확률표집의 원칙을 엄격히 지킨 자료로서 여타자료들과 비교하여 상대적 신뢰성을 갖고 있기 때문이다. 전화조사의 경우에도 재통화 조사, 예약조사, 가구내 선택 방식(in-house selection), 3단계 시간별 조사 확립등을 적용한 것이 그 예이다. 이에 대해서는 안순철 · 김형준, "한국전화여론조사의 새로운 모델 모색", (한국조사연구학회, 통계청 공동 2002년도 춘계 학술발표회, 6월 8일 정부대전청사). 이 자료들은 김형준 · 안순철 · 조정관 · 진영재의 공동집필로 한겨레신문, 2002년 6월 3일, "한국인 절반 진보 · 보수이념 혼재"(1면), "체제-민족민족문제 진보-보수 팽팽"(3면), 2002년 6월 4일 "북한지원 보안법 개폐 찬반따라 노무현-이회창 후보 지지갈려"(1면), "분단 등 한국적 특수성탓 이념적 일관성 낮아"(4면)에 특집 게재되었었다.

한국인들이 주관적이고 종합적인 차원에서 자신의 보수-진보를 판단하는데 가장 중요한 '국가안보'와 '약자배려'라는 두 범주를 기준으로 한국민들의 이념성향에 대한 지도를 그려볼 수 있다. 그림에서 0을 기준으로 (+)는 보수, (-)는 진보를 나타낸다. 보수-진보의 혼재가 51.3%(=23.5%+27.8%)에 이르고 있어, 진보-보수 혼재성향이 일관된 진보성향(31.3%)이나 일관된 보수성향(17.4%)보다 월등히 높게 나타남을 알 수 있다. 국가안보와 약자배려라는 두 가지 주요 이념성향에 대해서 일관적으로 우파, 좌파적 입장을 견지한다기 보다 혼재되어 있는 경우가 다수 조사되고 있는 것이다. 따라서 구체적인 잇슈를 고려함이 없는 단순합의 차원에서 섣부른 좌-우, 보-혁 논쟁은 한국민들의 실제적 성향과는 유리된 것으로 단순 색깔논쟁으로 몰고가 한국사회를 보다 혼란스럽게 할 가능성이 있다. 예를 들어 노조활동에는 우호적이지만 국방에는 철저히 보수적인 사람을 단순 좌파로 매도하는 것은 국가통합의 관점에서 결코 바람스럽지 않을 수 있다. 한국민들이 자신을 보수와 진보로 인식하는데 가장 중요한 두 개의 축인 '안보'(북한에 대한 태도)와 '약자배려'라는 가치를 중심으로 두 개의 차원을 구성하고 여기서 나타난 보수와 진보는 다음과 같이 분포된다. 두 차원 모두에서 보수일 수도 있고 한 차원에서만 보수일 수도 있다. 진보도 마찬가지이다.

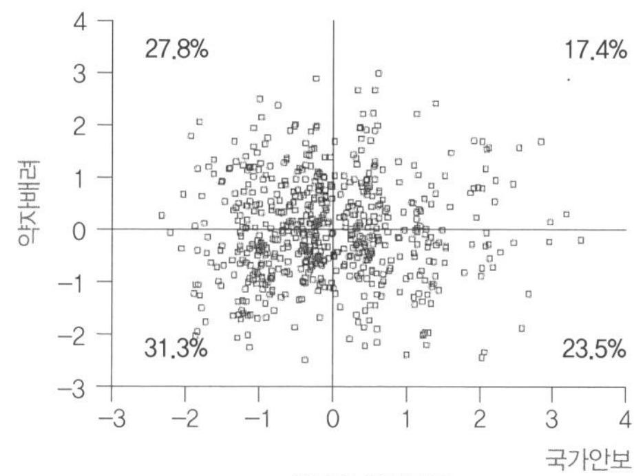

한국의 이념지도

92 이념은 개인적 사고의 수준에서 일관성이 중요하다. 이론적으로 본다면, 개인의 사고에서 일관성이 없으면 이념이라는 이름으로 불러주는 것은 어폐가 있을 수 있다는 의미이다. Melvin J. Hinch and Michael C. Munger, Ideology and the Theory of Political Choice (Ann Arbor, MI: The University of Michigan Press, 1994). 보수와 진보를 판단하는 데 가장 복잡할 수 있는 현실적 문제는, 특히 한국민들의 경우, 국민 개개인들이 서양적 시각에서 나타나는 보수와 진보라는 기준을 정하는 다양한 차원들에 대해서 일관성을 갖고서 보수와 진보로 나타나지 않는다는 점에서 비롯된다. 특정한 개인 甲을 가정해 보자. 甲은 어떤 몇몇의 차원에서는 보수로, 또 다른 몇몇의 차원에서는 진보로 나타날 수 있다. 그러면 갑은 보수인가? 진보인가? 이에 대한 답을 구하는데 있어서 절대로 다양한 차원값들의 '단순한 평균값'을 기준으로 갑의 보수, 진보성향이 결정되는 愚를 범해서는 안된다. 예를 들어 4개의 항목을 조사했는데, 2개의 항목에서는 극단적 진보로, 2개의 항목에서는 극단적 보수로 나타났다. 이런 경우 甲의 이념 평균값은 중도로 나타나며 甲은 극단적 진보도 극단적 보수도 아닌 셈이다. 이것은 지극히 비상식인 결론이라고 할 수 있다. 갑은 상황에 따라 극단적 진보주의자이거나 극단적 보수주의자일 뿐이지 결코 중도파가 아니기 때문이다. 따라서 어떤 한 인물의 진보 · 보수 성향은 종합적 파악을 전제한다고 할지라도, 구체적인 사안별로 평가에 대한 신뢰성 있는 종합을 전제로 하지 않는한 무의미한 것이다. 또 다른 연구에서도 한국의 이념성향을 단순히 보수-진보의 구도가 아닌 진보주의자, 비판적 현실주의자, 자유민주주의자, 보수주의자의 4개로 나누고 있다. 이것 역시 진보-보수의 개념이 보다 구체적인 하위 개념들로 나뉘어져야 함을 지적하고 있다. 최석만 · 국민호 · 박태진 · 한규석, "한국에서의 진보-보수적 태도의 구조와 유형에 관한 연구", 『한국사회학』 24 (1990), pp. 83-102.

후 정치과정에서 정책과 연계된 이념정당을 상대로 정치경험을 했다고는 볼 수 없다. 진보-보수에 대한 이념적 일관성을 갖고서 정치사회화 되기 어려운 환경에 있었던 것이다. 특히 1950년대 이후 한국민들의 정치사회화 과정은 이념적 논쟁에 의한 것이라기보다 인물위주의 정치과정이나 지역주의에 따른 정치선택에 머물러 온 것이다. 우리나라의 정치는 선진 민주주의 국가들과는 달리 제도화된 이념적 정책정당에 의해서 주도되었다기 보다는 지역주의와 인물주의적 성향에 따라서 상황지어졌다. 그러한 한국정당사는 한국민들의 이념지도에 나타난 '이념적 혼재성'에 영향을 미쳤을 것이다.[93] 국민들의 이념적 혼재성 자체는 결코 문제가 될 수 없으며, 국민들의 이념적 혼재성을 한국의 정당들이 성공적으로 담아내지 못하는 것이 문제이다.

남한의 북한에 대한 태도는 집권정부가 진보정부일 때는 협력적 상황으로 인식하는 경향이 높고, 집권정부가 보수정부일 때는 경계의 대상으로 생각하는 경향이 있다. 이처럼 사안별로 집권정부의 성격에 따라서 국민의 의견이 진보와 보수로 엇갈려 나타나고 있는 것이다. 이념지향이 일관되지 않은 상황에서 서구적인 진보 - 보수라는 일원적인 이념 축을 사용해 국민 전체의 이념 분포도나 위치를 잡는다는 것은 쉽지 않다. 앞으로의 진보-보수 논쟁이 구체적인 사안별 이슈를 중심으로 이루어져야만 하며, 구체적인 정책 이슈와 연계되지 않는 진보-보수 논쟁은 바람직하지 않음을 의미한다. 구체적인 이슈별로 보수-진보 논쟁이 다원화되지 않는다면 한국의 이념논쟁은 지역주의와 중첩되어서 어떤 특정지역은 보수, 어떤 특정지역은 진보, 특정 지역 인물을 지지하는 무리는 보수, 어떤 특정 지역 인물을 지지하는 집단은 진보로 규정되면서 극복하기 어려운 균열구조로 이어질 가능성도 있으며 이념갈등을 확대재생산 할 수 있다. 지역적 갈등구조에 대한 폐해가 너무 크다는 국민적 인식 때문에 지역갈등이 해체되기를 바라는 것이 대세이다. 하지만 딜레마는 남는다. 지역갈등이 해체된다는 것은 바로 이념갈등이 이를 대체할 만큼 큰 갈등의 축으로 등장하는 경우에 그럴 가능성이 크다고 본다. 영남의 노동계층과 호남의 노동계층이 영남지역주의, 호남지역주의를 뛰어 넘어서 계층적 이익으로 단합하는 경우 남한 내부는 지역갈등을 벗어나 계층간에 보혁갈등이나, 보다 다차원적인 이념갈등으로 갈 수도 있다. 최악의 시나리오는 보혁갈등이 기존의 지역갈등에 중첩되어 혁신은 호남, 보수는 영남이라는 지역과 이념이 일치하는 갈등구도가 생겨 남한 내부가 기능적으로나 구조적으로 완전한 동서분할구도가 탄생되는 경우이다. 결론적으로 이념갈등이 지역적 대표성과 동일한 중첩성을 띠고 나타나는 경우 한국사회는 보다 더 큰 혼란에 빠질 수도 있다. 한국사회의 현저한 균열축이 지역균열축에서 이념균열축으로 대치되는 과정에서 이념균열축이 지역주의와 중첩균열화 되지 않고, 교차균열화되는 과정이어야만 남한 내부 갈등심화에 대한 최악의 시나리오를 막을 수 있을 것이다.

5. 결론: 중도정책정당을 위하여

1987년 대통령 직선제 도입으로 절차적 의미의 민주주의가 천착되기 시작한 이후 작금에 이르기까지도 한국의 정당정치는 사회의 민주화에 상응하는 정당의 기능을 제대로 수행해왔다고 보기 힘들다. 정당과 대중과의 연계가 약하였고, 그로 인해 사회적 요구에 기반하여 정책을 제안하는 기능이 제대로 이루어지지 못했기 때문에 한국정당의 정책 기능은 민주화 이후에도 계속 정당 개혁 논의의 주요 의제였다.[94]

93 한국사회과학데이터센터(KSDC)의 설문조사(2002. 5. 14.-5. 20.)의 내용을 보다 구체적으로 보면, 한국사회의 지배적인 이념 균열로 예측한 체제안보와 민족문제에 있어서 우리 국민 내부에 상당한 의견차이가 있음이 드러나고 있다. 먼저 체제와 상관없이 민족적 차원에서 북한에 대한 지원은 가능한 한 많이 해야한다는 명제(설문1)에 대해 찬성 59%, 반대 41%로, 조건없는 북한 지원을 지지하는 의견이 6대4 정도로 우세한 가운데 국민의 의견이 크게 갈리고 있음이 나타났다. 그리고 응답자가 국가안보와 인권존중 중 하나를 택하도록 요구한 설문14)의 경우 국가보안법의 폐지 또는 북한의 변화와 관계없는 개정에 동의하는 진보적 태도는 전체의 53.6%, 이에 반대하는 보수적 태도는 46.3%로 나타났다. 이는 이 이슈에 관한 국민의 견해가 오차범위 근처에서 거의 반분되고 있음을 알려준다. 안보에 대한 국민의 이념정향 분포에서 과거보다 진보적 태도가 오차범위에 근접된 수준에서 높게 나타난 것은 한국 사회가 근대화 및 탈근대화와 민주화의 지속적 진전, 그리고 조사 당시의 김대중-노무현 정부 들어서 현격히 추진된 남북화해 정책 등의 영향때문인 것으로 해석할 수 있다. 그러나 설문1) 및 설문14)와 같은 체제·민족영역에 함께 속한다고 볼 수 있는 설문7)에 대한 국민들의 태도 분포는 상당히 달랐다. 한국의 전형적인 보수논리의 소유자라면 미국추종적인 안보관을 강하게 보일 것으로 예상했지만, 결과는 응답자 중 겨우 20% 정도만이 그러한 선택을 하였다. 이것은 장기적으로 형성된 우리 국민의 대외적 자존심의 향상 및 민족주의의 고양 등과 더불어, 아마도 최근의 여러 가지 반미감정을 부추기는 사건들의 영향을 강하게 받은 결과로 추정된다. (1-12번 질문 답 항목은 ①전적으로 찬성한다 ②대체로 찬성한다 ③대체로 반대한다 ④전적으로 반대한다로 이루어져 있음); 참고로 설문들과 응답분포는 다음과 같다. 문1)체제와 상관없이 민족적 차원에서 북한에 대한 지원은 가능한 한 많이 해야 한다 ①13.9% ②45% ③31.1% ④10% ; 문7)한반도 안보문제와 관련하여 우리와 의견이 다르더라도 우방인 미국의 의견을 따르는 편이 낫다 ①3.9% ②16.1% ③40.1% ④39.9% ; 문14)(들어본 적이 있다면)선생님은 국가보안법 문제와 관련해서 다음 네 가지 중 어느 의견에 동의하십니까? ①절대 폐지해서는 안된다(12.3%) ②북한의 변화에 따라 처리해야 한다(34%) ③북한의 변화와 관계없이 부분적으로 개정해야 한다(46.1%) ④전면 폐지해야 한다(7.5%)

94 임성호, "원내정당화와 정치개혁: 의회민주주의 적실성의 회복을 위한 소고", 『의정연구』 9:1 (2003), pp. 133-166. 정진민, "정책정당 실현을 위한 내부조건", 『한국정당학회보』 1:1 (2002), pp. 7-24. 김욱, "정책정당으로의 발전을 위한 외부적 요인: 선거제도를 중심으로", 『한국정당학회보』 1:1 (2002), pp. 25-46.

일반적으로 한국 정당들의 정책적 기능이 미약하였던 이유는 서구와는 달리 근대화 과정에서 계급분열이 드러나지 않은 채 개발논리를 내세운 권위주의 시대를 겪었다는 정당사적 관점에서 본 구조적 측면의 문제와, 이 과정에서 강한 대통령과 행정부의 역할로 인해 의회의 정책적 기능이 부각되지 못하였다는 점을 들 수 있을 것이다.[95] 그러나 1987년 대통령 직선제 도입으로 권위주의 정권이 막을 내린 민주화 이후의 시기에도 정당의 정책적 기능이 그다지 활성화 되지 못하였는데, 여기에는 크게 두 가지 원인이 있다.

하나는 인물중심정당운영으로 인한 정당내부의 비민주성이며 다른 하나는 지역대표성만을 부각시킨 지역정당체제의 존속이 그것이다. '삼김(三金)정치'라는 지역적 맹주를 기반으로 한 지도자 중심의 정당 정치는 비민주적이고 불투명하게 운영되었고, 이것이 선거에서는 지역주의 투표행태로 이어져 이념적 요소나 사회 문제가 부각되기 어려웠던 측면이 있었다.[96] 즉 권위주의 시대에는 정당이 정책적 차이를 드러내는 데 기반이 되는 이념적 요소와 사회적 균열이 권위적 정권에 억눌려 표출되지 못하였고, 이어 민주화 이후의 시기에는 지역주의로 인해 정당의 정책적 기능이 제대로 작동하거나 표출되지 못하였던 것이다. 이렇듯 인물중심정당과 정당의 지역적 대표성으로 인해 한국정당은 오랜 시간 제도화되지 못하고 대통령 선거를 기준으로 정당명이 바뀌고 이합집산을 하는 단명성(短命性)을 특성으로 갖게 되었다. 수명이 짧은 정당으로 구성된 정당체계는 유권자에 대한 정당의 정책적 반응성(responsiveness)과 책임성(responsibility)의 수준이 낮고, 정책경쟁이 이루어지기 어렵다는 한계가 있다.

여기서 '정책정당화'는 정책적 성격이 두드러지지 않은 정당으로 구성된 정당체계가 좀 더 정책적 기능에 주력하는 정당으로 구성되는 과정 및 그 결과를 말한다. 한국에서의 정책정당화는 크게 정당내부의 민주화와 정당외적인 제도변화라는 두 가지 조건이 전제되어야 가능한 것으로 지적되어 왔다.[97] 정책정당화를 위한 내부적 조건인 정당민주화의 경우, 16대 대통령선거 후보선출을 위시하여 진행된 당내민주화와 대통령의 당대표겸임 포기와 같은 일련의 변화로 나타났으며 이것은 원내정당화를 위한 과정으로서 정책정당화로 이어질 수 있다는 지적이 있다.[98] 또한 선거법 변화라는 외부적 요인은 17대 국회의원 선거 결과 이념정당(민주노동당)의 제도 진입을 가능케 하였다.[99] 독일을 비롯한 유럽국가에서 제3정당의 약진이 주요정당에 충격을 가함으로써 정당개혁이 일어났다는 것에 비추어 볼 때, 이러한 제도변화는 한국에서도 정책정당화를 추동할 근거를 마련해 준 것도 사실이지만, 보다 근본적으로, 헌법체계 아래에서 정당정치와 운동권정치가 구분되지 못했던 현실은 통합진보당의 정당해산판결로 귀결되기도 하였다.[100]

정당의 정책적 기능은 특정한 정책적 이슈를 제기하거나 사회적으로 제시된 이슈를 정책화하려는 정책과정 속에서 나타난다. 국회 내에서 정당은 정책을 입안하고, 발의한 안건이 통과되도록 하는 과정에서 대립, 협상, 조정 등의 주체가 된다. 이 때 정당은 각자의 이념과 지향하는 가치, 그리고 지지자들의 요구를 반영하여 정책적 지향점을 설정하게 되는데, 이 때 정당들이 보이는 정책에 관한 '입장표명'(positioning)은 사회적 요구가 반영되는 지점이 된다. 정당들의 입장표명 지점이 차별화되어 나타나지 않는다면, 다양한 사회적 요구가 정치로 반영되고 있다고 말하기 어렵다. 이처럼 정책적 반응성이 낮고 그로 인해 정책적으로도 차별성을 보이지 않는 정당들

95 김현우, 『한국 정당통합 운동사』 (서울: 을유문화사, 2000). 김용호, 『한국정당정치의 이해』 (서울: 나남, 2001). 심지연, 『한국정당정치사: 위기와 통합의 정치』 (서울: 백산서당, 2004).

96 이갑윤, 『한국의 선거와 지역주의』 (서울: 오름, 1998). 이남영, "유권자의 지역주의 성향과 투표", 이남영(편), 『한국의 선거 Ⅱ』 (서울: 푸른길, 1998), pp. 11-44. 이남영, "1998 지방선거와 지역주의: 대통령 선거와 비교의 관점에서", 이남영(편), 『한국의 선거 Ⅲ』 (서울: 푸른길, 1990), pp. 13-42.

97 정진민, "정책정당 실현을 위한 내부조건", 『한국정당학회보』 1:1 (2002), pp. 7-24. 김욱, "정책정당으로의 발전을 위한 외부적 요인: 선거제도를 중심으로", 『한국정당학회보』 1:1 (2002), pp. 25-46.

98 정진민, "정책정당 실현을 위한 내부조건", 『한국정당학회보』 1:1 (2002), pp. 7-24.

99 이성희 · 진영재, "민주노동당의 국회진출과 한국 정당의 정책차별화 가능성", 『의정연구』 12:2 (2005), pp. 223-254. 정치 환경변화가 정당의 정책적 기능에 있어 변화를 이끌어 낸다. 정치 환경의 변화란 2004년 17대 국회의원 선거부터 정당명부식 비례대표제(1인2표제)가 실시됨에 따라 상대적으로 정책적 입장이 분명한 '민주노동당' (이후 '민노당')이 국회에 진입하게 되고, 이를 기점으로 정책적 차별성이 두드러지지 않았던 기존 정당들이 정책정당으로 변화하고 있다. 정책 차별성은 정책정당들의 경쟁의 토대가 된다는 점에서 정책정당화의 가장 중요한 특징이기 때문이다. 따라서 '민노당의 국회진입 이후 여타 한국 정당들의 정책적 기능이 정책 차별성 측면에서 어떤 변화를 보이는지'를 살펴보기 위해, 본 논문에서는 첫째, 16대와 17대 국회 기간 주요 정책이슈에 대한 정당의 입장표명(positioning)과 둘째, 국회에서의 실제 정책결정과정을 비교 및 분석하였다. 그 결과 비록 실제 국회 본회의 표결이 정당이 표명한 정책적 입장들과는 약간의 괴리가 있었지만, 정당의 입장표명 차원에서는 민노당과 여당, 그리고 제1야당은 정책 차별성을 나타내는 방향으로의 변화가 감지된다.

100 통합진보당 해산 결정(2014. 12. 19. 2013헌다1). 헌법재판소의 판결 주문은 "1. 피청구인 통합진보당을 해산한다. 2. 피청구인 소속 국회의원 김미희, 김재연, 오병윤, 이상규, 이석기는 의원직을 상실한다."이다. 347쪽에 달하는 2013헌다1 결정문에서 정당을 해산할 수 있는 상황에 관련한 주요 논점은 다음과 같다. ㉠정당해산심판제도는 매우 엄격하고 제한적으로 운영되어야 한다. ㉡정당의 위헌적 문제성을 해결할 수 있는 다른 대안적 수단이 없고, 정당해산결정을 통하여 얻을 수 있는 사회적 이익이 정당의 정당활동 자유제한으로 인한 불이익과 민주주의 사회에 대한 중대한 제약이라는 사회적 불이익을 초과할 수 있을 정도로 큰 경우에 한하여 정당해산결정이 헌법적으로 정당화 될 수 있다. ㉢정당의 목적이나 활동 중 어느 하나라도 민주적 기본질서에 위배된다면 정당해산의 사유가 될 수 있다고 해석된다. 한 마디로 정리한다면, "민주사회에서 이념논쟁은 가능하지만, 체제를 흔드는 체제논쟁은 오히려 민주질서를 위해하므로 허용할 수 없다"는 것이다.

을 정책정당으로 볼 수는 없다. 그러므로 정당체계를 구성하고 있는 정당들이 '경쟁성'과 '차별성'을 띠고, 개별 정당의 정책적 지향이 (통시적으로) 일관성을 보일 때 정책정당들이 제도화되었다고 말할 수 있다. 다시 말해, 정당 간 차별성을 보이는 유의미한 정책이슈의 분야가 다양하게 존재하고[101], 정당의 정책적 지향이 상대적 좌파, 중도, 우파 등으로 영속성이나 일관성을 가진다면 보다 분명한 의미에서 정책정당화되었다고 할 수 있는 것이다. 따라서 정책정당화는 정당의 정책 및 입법능력에 있어서 정당 간 차별성이 전제되어야 가능하다.

정당이 정책생산과 심의능력을 가지고 정책 생산에 있어 보다 많은 정책 안건들을 심의하고 결정한다는 의미의 양적측면도 중요하지만, 그것이 정당정치의 측면에서 차별성과 경쟁성만큼 중요한 요소는 아니다.[102] 정책정당이 반드시 정당의 이념성을 전제로 할 필요는 없으며, 의원의 자율성을 보다 보장하는 형태의 정당의 모습도 정책정당이라고 말할 수 있다는 견해가 있다. 이는 현대사회의 포괄정당화(catch-all party)현상에 비추어볼 때 일견 타당한 측면이 있는 것처럼 보이지만, 정책정당(화)의 본질적 특징을 나타내는 데는 몇 가지 미흡한 점이 있다. 첫째, 의원자율성을 보장하는 대표적 정치체제인 미국의 경우에도 중요한 지점에서 민주당과 공화당은 이념적 차원에서 근접해 있다고 할지라도, 항상 '상대적' 차별성을 띠고 경쟁해왔다는 것이다. 둘째, 의원발의 법률안건수나 통과건수 등의 양적 측면으로 정책능력을 측정하는 것은, 행정부와 여당의 관계에 따라 많은 오류를 내포할 수 있기 때문이다.[103] 그렇다고 해서, 정당간 정책적 차별성에 대한 의미 부여가 한국사회에 이념갈등을 확대재생산을 방향으로 진행되어서는 안된다. 정당간 이념적 정체성의 차이와 정책 차별성에 의한 경쟁은 사회갈등의 확대재생산과는 무관한 것이며, 정당간 정책적 차별성이란 민생복리를 증진시키기 위한 수단에 불과한 것이다. 그렇지 않은 것에 한국정치의 비극이 존재한다. 말하자면, 정책적 차별성을 지닌 정책정당이라고 하기에도 모호하고, 그렇다고 정책을 양적으로 풍부하게 생산하는 정책활동에 전념하고 있다고 보기도 어려운데, 보수와 진보의 진영정치를 대리하며 사회의 갈등수준만 확대재생산하고 있다는 의미이다. 정책적 차별성을 지닌 정당은 민생복리를 위하여 의회에서 정책적 타협을 이루어내야만 한다.

이제 한국정치에서 정책적 차별성이란 이념갈등, 진영정치, 세대결이란 용어와 동의어로 인식되는 수준에 이르렀다. 한국정당정치에서 '중도정책정당'으로 기능할 수 있는 정당정치가 필요하다는 의미는 정책적 차별성을 지닌 정책정당이되, 이념적 유연성을 지니고 의제설정과 정책입안에 임해야 한다는 것을 뜻한다. 정당의 이념이란 수단에 불과하며, 정당의 목적은 민생복리이다. 그렇게 하기 위해서 정당체계내의 주요 정당들은 '중도정책정당'으로 기능해야만 한다.[104] 여기서 '중도'(中道)라는 것은 상황적이고 기능적인 것이다. 당시의 정당경쟁구도에서 중도좌파정당은 조금 더 우측으로 다가서야 하고, 중도우파정당은 조금 더 좌측으로 다가서면서 중도정책정당으로 기능하여야만 한다. 이념이란 인간의 삶을 조화롭고 평안하게 하는 수단이지 그 자체에 집착하거나 권력의 목적이 되어서는 안된다. 한국정당정치는 수단과 목적이 전치된 현재의 상황을 극복해야만 한다. 그렇지 않으면, 온라인과 오프라인의 혼재하며 대의제와 참여제가 논쟁하는 '혼합민주주의' 시대에 정치는 더욱 혼란으로 점철될 것이다.

전지구적 온라인시대의 현대인들은 삶의 기반은 국지적 공간에 한정되면서도, 전지구적인 가치체계에 노출되어 있는 양면성을 지니고 있다. 이것은 국가 사무에 있어서는 '대의민주주의'를 기반으로 하되, 생활 공간에서는 '참여민주주의'가 보완재적 역할을 하며 혼재하여 존재할 개연성을 보여주는 것이다.

직접민주주의를 실현하기 위한 조건들을 현대사회가 모두 충족하고 있는 것은

101 정당 간 차이가 다양한 정책분야로 확대되는 것이 사회분열이나 정치갈등과 같은 부정적 측면만 있는 것은 아니다. 기본적으로 정당 간 정책적 차이는 다양한 사회적 의사의 반영이며, 이것은 책임정당정치의 기본적인 요소이다. 이러한 차별성이 정치 과정에서 갈등을 일으킬 수도 있지만, 한편으로는 협의와 조정, 타협을 거치면서 수렴될 수도 있다.

102 정책정당의 특성을 정책생산의 양적측면만으로 규정하는 입장은 정당자율성보다 의원자율성을 강조하는 입장과 이어지는 측면이 있다.

103 여당의원 발의법률안의 대부분은 실제로는 행정부에 의해 발안된 것이며, 여당의원 명의를 빌어 발의되는 경우가 많다. 따라서 이를 토대로 의회의 자율성 정도를 평가한다는 것은 바람직하지 못하며 가능한 일도 아니다. 야당의원의 경우에도 정부나 여당이 법안을 제안한 직후 법안 심의과정상의 협상을 유인하기 위해 전략적으로 필요한 법안 제안자로서의 명의를 정부나 여당에게 독점시키지 않으려는 의도에서 유사법안을 모방하는 사례를 빈발하고 있다. 따라서 의원발의 법률안건수를 기준으로 여야당의 정책능력을 측정한다는 것은 많은 오류를 내포할 수도 있음에 유의할 필요가 있다. 의원발의 법률안건 수가 증가하였다는 사실은 의안발의 과정상의 행정적 관리나 관료적 통제가 증가하였음을 보여주는 것이라고 해석해 볼 여지도 있기 때문이다. 박재창, 『한국의회행정론』(서울: 법문사, 1995), p. 170.

104 '중용'(中庸)의 개념과 일맥상통한다. 일반적으로 중용의 개념은 '시중'(時中)으로 설명한다. 최상용은 맹자(孟子)의 인성론과 정치론에 나타난 '시중'(時中)적 사고를 다음과 같이 설명한다. 시(時)는 단순히 시간이 아니라 상황을 말하며, 중(中)이란 저울눈에 정해져 있는 것이 아니고 물건을 달 때마다 즉, 사물의 관계와 인간행위를 둘러싼 환경에 따라서 달라진다. '시'란 '중'을 둘러싼 환경적 조건들, 즉 상황성을 의미하기에 아리스토텔레스의 『우리에 관련된 중용'(mean related to us)』에서 말하는 상황성과 같다. 결론적으로 '시중'이란 상황성을 매개로 하여 '중'을 파악하는 것인데, 참다운 중용이란 양쪽 끝의 산술석 중간이 아니라, 상황에 따라서 다양하게 변화하는 것이다. 최상용, 『중용의 정치』(서울: 나남, 2004), pp. 35-36.

아니다. 특히 구성원들의 숫자, 사회적 지위 등을 볼 때 그러하다.[105] 정당의 활동과 진화는 사회의 구성원들이 국가의 정체성이나 삶의 가치를 어떻게 설정하고 공유하느냐에 달려있다.[106] 해당 문제를 단순화시키면, 결국 정당정치를 어떤 선거정치로 구현하느냐의 문제로 환원된다. 선거구제(district magnitude)는 한 지역구 단위에서 대표자를 몇 명 선출하는가의 문제이다. 선거구제의 크기는 정당들의 정책경쟁에 영향을 미친다. 큰 선거구제(즉, 소선거구제<중선거구제<대선거구제)일수록 보다 극단적인 정책적 분화가 나타날 개연성이 높아진다.[107] 그런데, 한국의 선거제도는 소선거구제 도입에도 불구하고, 의회에서 정당간 정책결정과정에 보다 극단적인 정책적 분화가 나타나고 있다. 한국의 정치문화에 '사생결단'(死生決斷)의 모습이 있기 때문이다.

정당간 경쟁구도에서 '사생결단'의 문화가 작동하는 한국정치과정은 정당간 그 갈등의 골이 매우 심하다. 그 갈등의 골이 심한 정도가 국회에서 합의처리하지 못하고, 광장민주주의에 의해 '대리전'(代理戰)의 양상을 보인다. 관점은 둘로 나뉜다. 한 시각은 한국사회 구성원들이 이념적으로 양분화되어 있으며 이것이 자연스럽게 정치과정에 반영되고 있다는 것이다.[108] 또 다른 시각은 한국정치권이 양극화되어 한국사회의 갈등구조를 확대재생산하고 있다는 것이다.[109] 전자는 사회학적이고, 후자는 정치학적 경향이 있다. 물론, 두 개 시각의 혼합도 가능할 것이다. 한국정치과정에서 나타난 보수-진보 진영정치가 한국사회 구성원들의 양극화와 정치권의 양극화의 성격을 모두 갖고 있다는 것이다. 정당의 행태는 여론에 점점 더 민감해 지고 있다. 따라서 정당은 사회에 주요하게 작동하고 있거나 영향력있는 균열구도를 이용하고 반영하는 것이지, 그것을 넘어서서 나가기는 쉽지 않다. 동시에 정치권은 사회균열을 정치에 반영함에 있어서 이를 자당에 유리하게 이용하며 집권과 연결시키려 한다.

'디지털거버넌스'(digital governance)의 시대이다. 민주사회에서 주인은 시민일 수밖에 없다. 디지털 거버넌스의 파급효과가 가장 극적일 수 있는 것은 대의민주주의의 중심축인 정당정치이다. 국민들의 정당정치에 대한 불만에도 불구하고 당분간 주요 정당들이 일정 수준 정치적 권한을 행사한다고 해도, 정부를 대변하는 핵심단위인 정당이 최종 정책결정의 역할을 배타적으로 독점한다기보다는 시민-정당-기업 등이 함께 운명을 결정하는 소위 지분경쟁에서의 변화가 기술적으로 가능해지고 있음을 의미한다. 기술의 발달이 단순히 행정적 수단에 한정되는 것이 아니고, 정책결정체계로 확산되고 있음을 뜻한다.

헤터라키시대에 기동성이 극대화된 정거장으로서의 정당인 플랫폼정당이 주요

정당들을 대체할 가능성마저도 제기되고 있다. 시대정신에 따라서 특정한 사회주요 이슈에 따라서 정당들이 기동성 있게 헤쳐모여를 통해서 다수를 형성하고 소기의 목적이 달성되면 헤치는 경우이다. 긍정적으로만 보자면, '제도화된 정당'을 만들어야 한다는 강박관념에서도 해방될 수 있을 것이다. 정당간 이합집산은 오히려 창조성과 생산성이 뛰어난 선진정당체계의 특징으로 볼 수도 있다. 부정적으로 보자면, 정치권에서의 일정 수준의 혼란과 불안정은 피하기 어려울 것이다. 정당체계가 주요정당체계로 갈지, 플랫폼정당체계로 갈지, 기존의 주요 정당들이 어떻게 사회구성원들을 만족시키면서 변화하는 사회에 적응하여 진화해 나가느냐에 달려있다. 2016년 6월에 다보스포럼의 의장인 슈밥(K. Schwab)은 앞으로 '4차혁명'이 지구를 지배할 것이라고 예견하였다.[110] 그런데 이것이 한국에서 정당정치와 무관해 보이지 않는다. 이제 모바일 SNS시대에 시민들은 두 개의 세계에 살고 있다. 하나는 오프라인의 세계이고, 또 다른 하나는 온라인의 세계이다. 대중들이 몰두하고 더 친밀성을 느끼는 것이 인터넷 모바일 세상에서의 온라인 세상일수도 있으니 이제 온라인 세상을 오프라인 세상보다 폄하할 일도 아니다. 한국정치과정에서 이념갈등의 확대재생산이 유투브(YouTube)를 통해서 교환되고 공유된 지식으로 현실을 평가하는 과정과 무관하지 않음은 주지의 사실이다. 두 개는 하나로 연결되어 있는 것이다. 정당정치도 예외일 수 없으며 온라인과 오프라인의 두 세계가 동시에 존재하는 환경에 적응하여 진화할 수밖에 없을 것이다.

105 베버(M. Weber)는 직접민주주의가 가능한 전제조건을 국지적인 공간, 구성원수의 제한, 구성원 사회적 지위의 유사성, 행정기능의 단순성과 안정성, 수단과 방법을 객관적으로 결정하는 것에 대한 사전 훈련 등을 들고 있다. Max Weber, *Economy and Society* vol. II. (Berkeley: University of California Press, 1968[1921]), p. 949.

106 국가의 정체성은 민주주의의 다양한 구현 방식들에 영향을 받을 수도 있다. David Held, *Models of Democracy* (Cambridge: Polity Press, 1987).

107 Ernesto Calvo and Timothy Hellwig, "Centripetal and Centrifugal Incentives under Different Electoral Systems", *American Journal of Political Science*, 55:1 (2011), pp. 27-41.

108 송복, 『한국사회의 갈등구조』 (서울: 경문사, 1997).

109 채진원, "남남갈등에서의 정치적 양극화와 중도정치," 『통일인문학』 69 (2017), pp. 161-199.

110 1차산업혁명은 영국의 증기기관발명(1784)을 말한다. 2차산업혁명은 전기동력의 발명(1870)과 이로 인해 대량생산으로 이어지는 것을 말한다. 3차 산업혁명은 인터넷으로 컴퓨터정보화(1969) 및 자동화생산시스템으로 이어지는 것을 말한다. 4차 산업혁명은 인공지능(AI), 사물화인터넷(IoT: Internet of Things; 현실세계에 존재하는 유형의 사물들을 인터넷이란 가상공간에 존재하는 것으로 만들어주는 것), 가상현실(VR) 등이 주도하는 산업혁명이다. 2020년 전세계적 '코로나 사태'이후 온라인 체계가 더욱 강화되는 추세에 있다.

부록

– 대한민국의 정당연대표
– 찾아보기(용어/인명)

대한민국의 정당연대표

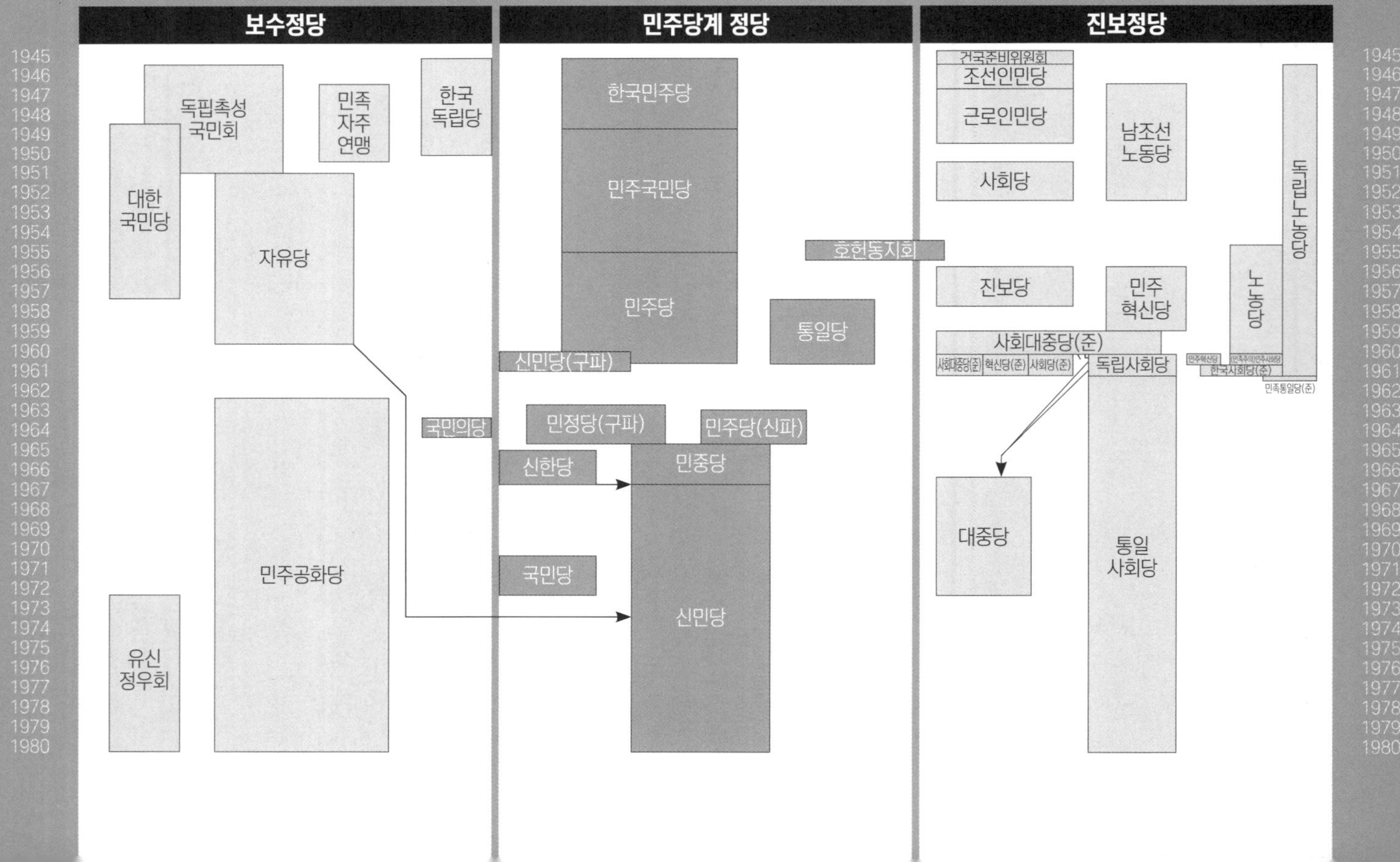

보수정당
민주당계 정당
진보정당
1945
1946
1947
1948
1949
1950
1951
1952
1953
1954
1955
1956
1957
1958
1959
1960
1961
1962
1963
1964
1965
1966
1967
1968
1969
1970
1971
1972
1973
1974
1975
1976
1977
1978
1979
1980
독립촉성 국민회
대한 국민당
민족 자주 연맹
한국 독립당
자유당
민주공화당
유신 정우회
국민의당
한국민주당
민주국민당
민주당
신민당(구파)
통일당
호헌동지회
민정당(구파)
민주당(신파)
신한당
민중당
국민당
신민당
건국준비위원회
조선인민당
근로인민당
사회당
진보당
남조선 노동당
민주 혁신당
사회대중당(준)
사회대중당(준)
혁신당(준)
사회당(준)
독립사회당
대중당
통일 사회당
노농당
독립노농당
민주혁신당
(민족주의)민주사회당
한국사회당(준)
민족통일당(준)

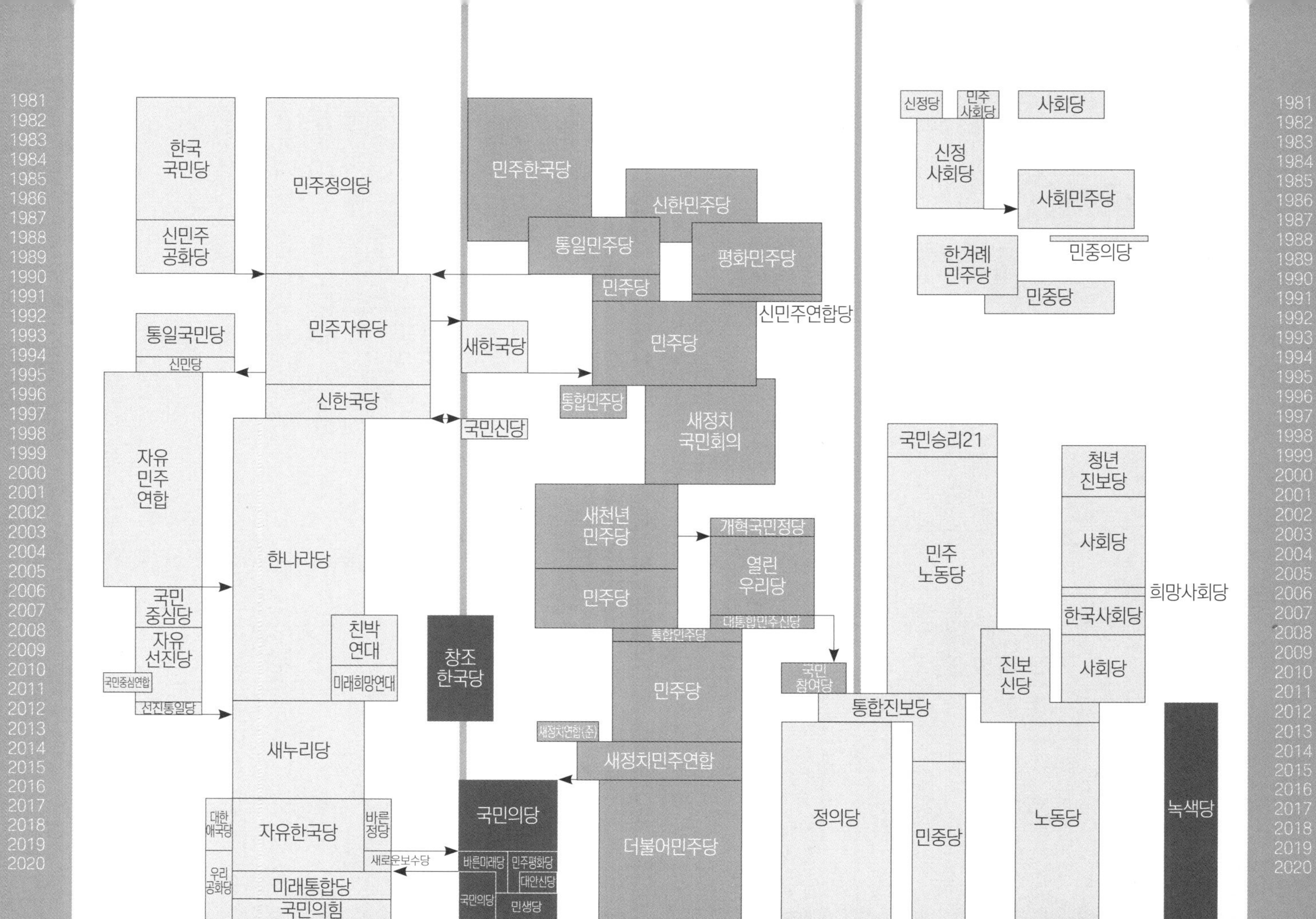

출처 : 위키피디아 수정 보완(2020. 2.)

용어 찾아보기

|ㄴ|

|ㄷ|

|ㄹ|

|ㅁ|

|ㅂ|

|ㅅ|

|ㅇ|

|ㅈ|

|ㅊ|

|ㅋ|

|ㅌ|

|ㅍ|

|ㅎ|

인명 찾아보기